Duden Bildwörterbuch Deutsch als Fremdsprache

Herausgegeben vom Wissenschaftlichen Rat
der Dudenredaktion:
Dr. Matthias Wermke (Vorsitzender)
Dr. Kathrin Kunkel-Razum
Dr. Werner Scholze-Stubenrecht

Duden

Bildwörterbuch
Deutsch als Fremdsprache

Herausgegeben von der Dudenredaktion

Dudenverlag

Berlin

Projektleitung Karin Rautmann M. A.
unter Mitwirkung von Dr. Werner Scholze-Stubenrecht †
Herstellung Monika Schoch

Die **Duden-Sprachberatung** beantwortet Ihre Fragen
zu Rechtschreibung, Zeichensetzung, Grammatik u. Ä.
montags bis freitags zwischen 09.00 und 17.00 Uhr.
Aus Deutschland: **09001 870098** (1,99 € pro Minute aus dem Festnetz)
Aus Österreich: **0900 844144** (1,80 € pro Minute aus dem Festnetz)
Aus der Schweiz: **0900 383360** (3,13 CHF pro Minute aus dem Festnetz)
Die Tarife für Anrufe aus den Mobilfunknetzen können davon abweichen.
Den kostenlosen Newsletter der Duden-Sprachberatung können Sie
unter www.duden.de/newsletter abonnieren.

Bibliografische Information der Deutschen Nationalbibliothek:
Die Deutsche Nationalbibliothek verzeichnet diese Publikation in der
Deutschen Nationalbibliografie; detaillierte bibliografische Daten sind
im Internet über http://dnb.dnb.de abrufbar.

Dieser Titel ist identisch mit der 6. Auflage
des Dudenbands 3, »Das Bildwörterbuch«.

© Duden 2005, Nachdruck 2016
Bibliographisches Institut GmbH, Mecklenburgische Str. 53, 14197 Berlin
I   H
Redaktion Kontor Korrekt, Agentur für redaktionelle Dienste, Hamburg
Zeichnerisches Konzept Nicole Krohn, Hamburg
Illustrationen Nicole Krohn, Dieter Duneka, Manuela Heins
Typografisches Konzept und Satz
Farnschläder & Mahlstedt GmbH, Hamburg
Umschlaggestaltung Bender + Büwendt, Berlin
Druck und Bindung Livonia Print, SIA, Riga
Printed in Lettland
ISBN 978-3-411-72011-8

Auf mehr als 400 farbigen Bildtafeln präsentiert das Bildwörterbuch Deutsch als Fremdsprache rund 30 000 Begriffe aus allen wichtigen Bereichen des Lebens.

Es berücksichtigt Dinge des Alltags wie Kleidung, Küchengeräte oder Sportartikel ebenso wie spezielle Pflanzen, Werkzeuge oder Maschinen.

Das Prinzip des Bildwörterbuchs ist denkbar einfach: Die Bedeutung eines Wortes wird durch ein Bild erklärt – anschaulich, präzise und ohne lange Definitionen. Umgekehrt gelangt der Benutzer über das Bild zum Wort – und kann so auch Wörter finden, die ihm vorher unbekannt waren.

So einfach wie das Prinzip des Bildwörterbuchs ist auch seine Handhabung: Die gesuchte Bildtafel findet man über das thematisch gegliederte Inhaltsverzeichnis am Anfang des Buches. Die Suche nach einem Wort erleichtert das alphabetisch geordnete Register am Ende des Buches. Damit auch Wörter gefunden werden, die im Bildwörterbuch nur in Zusammensetzungen vorkommen (z. B. *Stiefel* in *Winterstiefel* oder *Ampel* in *Verkehrsampel*), enthält das Register auch einen Eintrag unter dem jeweiligen Grundwort (*Stiefel* oder *Ampel*).

Die Fülle des Vokabulars, die Erklärung durch das Bild und das benutzerfreundliche Register machen das Bildwörterbuch zu einem hilfreichen und unentbehrlichen Nachschlagewerk für alle, die Deutsch als Fremdsprache lernen und unterrichten.

Mannheim, im Juni 2005
Die Dudenredaktion

Atom, Weltall, Erde

Atom I **1**
Atom II **2**
Astronomie I **3**
Astronomie II **4**
Astronomie III **5**
Astronomie IV **6**
Atmosphäre **7**
Meteorologie I
   (Wetterkunde) **8**
Meteorologie II (Wetterkunde)
   und Klimakunde **9**
Meteorologische
   Instrumente **10**
Allgemeine Geografie I **11**
Allgemeine Geografie II **12**
Allgemeine Geografie III **13**
Allgemeine Geografie IV **14**
Allgemeine Geografie V
   (Küstenformen) **15**
Landkarte I **16**
Landkarte II **17**
Stadtkarte **18**

Mensch und soziale Umwelt

Mensch I **19**
Mensch II **20**
Mensch III **21**
Mensch IV **22**
Mensch V **23**
Mensch VI **24**
Mensch VII **25**
Erste Hilfe (Unfallhilfe) **26**
Arzt I **27**
Arzt II **28**
Zahnarzt **29**
Krankenhaus I **30**
Krankenhaus II **31**
Krankenhaus III **32**
Säuglingspflege und
   Babyausstattung **33**
Kinderbekleidung **34**
Damenkleidung I **35**
Damenkleidung II **36**
Wäsche, Nachtkleidung **37**
Herrenkleidung
   (Männerkleidung) **38**
Sportbekleidung **39**
Haar- und Barttrachten
   des Mannes **40**
Haartrachten der Frau **41**
Kopfbedeckungen **42**
Schmuck **43**
Haus und Haustypen I **44**
Haus und Haustypen II **45**
Dach und Heizkeller **46**
Küche **47**
Küchengeräte **48**
Diele **49**
Wohnzimmer **50**
Schlafzimmer **51**
Esszimmer **52**
Tafelzubehör **53**
Apartment **54**
Kinderzimmer **55**
Haushaltsgeräte **56**
Bad und Toilette **57**
Schuhe **58**

Öffentlichkeit und Gemeinwesen

Geld I **59**
Geld II (Euro) **60**
Fahnen und Flaggen **61**
Heraldik und Kronen **62**
Streitkräfte I (Heer) **63**
Streitkräfte II
   (Luftwaffe I) **64**
Streitkräfte III
   (Luftwaffe II) **65**
Kriegsschiffe I **66**
Kriegsschiffe II
   (moderne Kampfschiffe) **67**
Polizei **68**
Wahl I **69**
Wahl II (Medien) **70**
Kindertagesstätte **71**
Schule I **72**
Schule II **73**
Universität **74**
Café **75**
Restaurant und Weinstube **76**
Selbstbedienungsrestaurant **77**
Hotel **78**
Stadt (Innenstadt) **79**
Wasserversorgung **80**
Abfallkreislauf
   (Wertstoffkreislauf) **81**
Feuerwehr **82**
Kaufhaus (Warenhaus) **83**
Park **84**

Inhalt *Die farbigen Zahlen sind die Nummern der Bildtafeln*

Sport, Spiel, Freizeit

Freizeit- und Abenteuerpark 85
Zoo (zoologischer Garten) 86
Kinderspielplatz 87
Kurbad 88
Roulette 89
Brett- und Gesellschaftsspiele 90
Billard 91
Camping 92
Tauchen 93
Surfen 94
Strandbad 95
Schwimmbad 96
Wellnessbad (Erlebnisbad) 97
Schwimmsport 98
Rudern und Paddeln 99
Segeln I 100
Segeln II 101
Motorboote und Wasserski 102
Flugsport I 103
Flugsport II (Segelflug) 104
Pferdesport 105
Rad- und Motorsport 106
Ballspiele I (Fußball) 107
Ballspiele II 108
Ballspiele III 109
Ballspiele IV 110
Fechten 111
Fitnessstudio 112
Geräteturnen I 113
Geräteturnen II und rhyth-
   mische Sportgymnastik 114
Gymnastik 115
Leichtathletik 116
Schwerathletik 117
Bergsport 118
Wintersport I (Skisport) 119
Wintersport II (Eissport) 120
Wintersport III 121
Winterlandschaft 122
Verschiedene Sportarten 123

Unterhaltung, Kunst und Kultur

Karneval (Fasching,
   Fastnacht) 124
Zirkus (Wanderzirkus) 125
Rummelplatz 126
Flohmarkt 127
Stierkampf, Rodeo 128
Diskothek 129
Nachtlokal 130
Film I
   (Filmaufnahme) 131
Film II
   (Filmaufzeichnung) 132
Film III
   (Filmvorführung) 133
Film IV
   (Filmkameras) 134
Ballett 135
Theater und Oper I 136
Theater und Oper II 137
Musiknotation I 138
Musiknotation II 139
Musikinstrumente I 140
Musikinstrumente II 141
Musikinstrumente III 142
Musikinstrumente IV 143
Musikinstrumente V 144
Fabelwesen 145
Vorgeschichte 146
Ritterwesen (Rittertum) 147
Kirche I 148
Kirche II 149
Kirche III 150
Kirche IV
   (Sakralbauten) 151
Kunst I 152
Kunst II 153
Kunst III 154
Kunst IV 155
Kunst V 156
Bildende Kunst I (Mal-
   und Zeichenatelier) 157
Bildende Kunst II
   (Bildhaueratelier) 158
Bildende Kunst III
   (grafische Kunst) 159

Völkerkunde I 160
Völkerkunde II 161
Völkerkunde III 162
Schrift I (Schriften
   und Schreibgeräte) 163
Schrift II (Schriften, Satz-
   und Sonderzeichen) 164
Zeitung 165
Farbe 166
Mathematik I 167
Mathematik II 168
Mathematik III
   (Geometrie I) 169
Mathematik IV
   (Geometrie II) 170
Mathematik V
   (Mengenlehre) 171
Chemielabor
   (Laborgeräte) I 172
Chemielabor
   (Laborgeräte) II 173
Kristalle, Kristallkunde 174

Tiere und Pflanzen

Gliederfüßer
(Arthropoden) 175
Wirbellose Tiere
(Wirbellose) 176
Vögel I 177
Vögel II 178
Vögel III (einheimische
Vögel) 179
Vögel IV (einheimische
Vögel) 180
Vögel V (exotische
Vögel) 181
Fische, Lurche
und Kriechtiere 182
Schmetterlinge 183
Säugetiere I 184
Säugetiere II 185
Säugetiere III 186
Tiefseefauna 187
Allgemeine Botanik 188
Laubhölzer 189
Nadelhölzer 190
Ziersträucher
und Zierbäume I 191
Ziersträucher
und Zierbäume II 192
Wiesenblumen und Blumen
am Wegrand I 193
Wiesenblumen und Blumen
am Wegrand II 194
Wald-, Moor- und
Heidepflanzen 195
Alpen-, Wasser- und
Sumpfpflanzen 196
Giftpflanzen 197
Heilpflanzen 198
Speisepilze 199
Tropische Genussmittel
und Gewürzpflanzen 200
Industriepflanzen 201
Südfrüchte 202

Natur als Umwelt, Land- und Forstwirtschaft

Ziergarten 203
Nutzgarten 204
Zimmerpflanzen 205
Pflanzenvermehrung 206
Gärtnerei (Gartenbaubetrieb) 207
Gartengeräte 208
Gemüsepflanzen 209
Küchenkräuter 210
Beeren- und Kernobst 211
Steinobst und Nüsse 212
Gartenblumen 213
Wildkräuter 214
Bauernhof 215
Landwirtschaft 216
Landwirtschaftliche
Maschinen I 217
Landwirtschaftliche
Maschinen II 218
Landwirtschaftliche Geräte
(Garten- und Hofpflege) 219
Beregnung 220
Feldfrüchte 221
Futterpflanzen 222
Hunde 223
Haustiere 224
Pferd I 225
Pferd II 226
Huhn, Hühnerhaltung 227
Viehhaltung 228
Molkerei (Milchhof) 229
Bienen und Bienenzucht 230
Weinbau 231
Weinkeller 232
Ungeziefer, Schädlinge
und Schmarotzer 233
Garten- und Ackerbau-
schädlinge 234
Forstschädlinge 235
Pflanzenschutzgeräte 236
Forstwirtschaft I 237
Forstwirtschaft II 238
Jagd 239
Jagdwaffen, Jagdgeräte 240
Wild 241
Fischzucht 242
Angelsport 243
Seefischerei 244

Handwerk und Industrie

Mühlen 245
Mälzerei und Brauerei I 246
Brauerei II 247
Schlachthof 248
Schlachttierteile 249
Fleischerei 250
Bäckerei 251
Supermarkt 252
Schuhmacher 253
Handarbeiten 254
Damenschneider 255
Herrenschneider 256
Damenfriseur 257
Herrenfriseur 258
Tabakwaren und
Rauchutensilien 259
Gold- und Silberschmied 260
Uhrmacher 261
Uhren 262
Optiker 263
Optische Geräte I 264
Optische Geräte II 265
Fotografie I 266
Fotografie II 267
Fotografie III 268
Digitale Fotografie I
(Bildaufnahme) 269
Digitale Fotografie II
(Bildentwicklung) 270
Baustelle I 271
Baustelle II 272
Zimmerer 273
Dach, Holzverbände 274
Dach und Dachdecker 275
Fußboden, Decke,
Treppenbau 276

Inhalt   *Die farbigen Zahlen sind die Nummern der Bildtafeln*

Glaser 277
Klempner 278
Installateur 279
Elektroinstallateur 280
Tapezierer 281
Maler und Lackierer 282
Böttcher und Behälter-
   bauer 283
Kürschner 284
Tischler I 285
Tischler II 286
Heimwerker 287
Drechsler 288
Korbmacher
   (Korbflechter) 289
Schmied I 290
Schmied II (Landfahrzeug-
   technik) 291
Gesenk- und Freiform-
   schmiede (Warmmassiv-
   umformung) 292
Schlosser 293
Autogenschweißer 294
Elektroschweißer 295
Profile, Schrauben und
   Maschinenteile 296
Steinkohlenbergwerk 297
Erdöl 298
Offshorebohrung 299
Eisenhüttenwerk
   und Stahlerzeugung 300
Eisengießerei
   und Walzwerk 301
Werkzeugmaschinen I 302
Werkzeugmaschinen II 303
Kraftwerk I 304
Kraftwerk II 305
Kernenergie 306
Erneuerbare Energie I
   (Kraftwerke) 307
Erneuerbare Energie II
   (Gebäudetechnik) 308
Kokerei 309

Zementherstellung 310
Sägewerk 311
Steinbruch 312
Ziegelei (Ziegelwerk) 313
Konstruktionsbüro I
   (Zeichenbüro) 314
Konstruktionsbüro II
   (CAD-Arbeitsplatz) 315
Porzellanherstellung 316
Glasherstellung 317
Spinnerei 318
Weberei 319
Wirkerei, Strickerei 320
Textilveredelung 321
Chemiefasern 322
Textile Bindungen 323
Papierherstellung I
   (manuell) 324
Papierherstellung II
   (maschinell) 325

Grafisches Gewerbe

Setzerei I (Typografie
   und Korrekturzeichen) 326
Setzerei II (digitale
   Vorlagenherstellung) 327
Mediengestaltung von
   Digital- und Printmedien I
   (Mediendesign) 328
Mediengestaltung von
   Digital- und Printmedien II
   (Medienoperating) 329
Fotoreproduktion 330
Galvanoplastik und
   Klischeeherstellung 331
Offsetkopie (analoge
   Vorlagenherstellung) 332
Offsetdruck 333
Hochdruck (Buch-
   und Zeitungsdruck) 334
Tiefdruck 335
Buchbinderei I 336
Buchbinderei II 337
Buchbinderei III 338

Verkehrs- und Nachrichtenwesen, Informationstechnik

Fahrrad I **339**
Fahrrad II **340**
Motorisierte Zweiräder **341**
Motorräder **342**
Verbrennungsmotoren **343**
Automobil I **344**
Automobil II **345**
Automobil III **346**
Lkw, Omnibus **347**
Kfz-Werkstatt **348**
Tankstellenshop **349**
Tankstelle **350**
Straßenbahn, elektrische
 Überlandbahn **351**
Straßenquerschnitt **352**
Straßenreinigung **353**
Straßenbau I **354**
Straßenbau II **355**
Eisenbahnstrecke I **356**
Eisenbahnstrecke II **357**
Bahnhofshalle **358**
Bahnsteig **359**
Schienengüterverkehr **360**
Eisenbahnfahrzeuge I **361**
Eisenbahnfahrzeuge II **362**
Eisenbahnfahrzeuge III **363**
Eisenbahnfahrzeuge IV **364**
Eisenbahnfahrzeuge V **365**
Eisenbahnfahrzeuge VI **366**
Eisenbahnfahrzeuge VII **367**
Bergbahnen **368**
Brücken **369**
Fluss und Flussbau **370**
Wasserbau **371**
Historische Schiffstypen **372**
Segelschiff I **373**
Segelschiff II **374**
Schiffstypen I **375**
Schiffstypen II
 (Kreuzfahrtschiff) **376**
Schiffstypen III
 (Kombischiff) **377**
Schiffbau **378**
Navigation auf See I **379**
Navigation auf See II **380**

Hafen I **381**
Hafen II **382**
Bergen und Schleppen **383**
Rettungswesen **384**
Flugzeuge I **385**
Flugzeuge II **386**
Flugzeuge III **387**
Flugzeuge IV **388**
Flughafen **389**
Piktogramme **390**
Raumfahrt I **391**
Raumfahrt II
 (Mondlandung) **392**
Raumfahrt III **393**
Raumfahrt IV **394**
Post **395**
Telekommunikation I **396**
Telekommunikation II **397**
Rundfunk I
 (digitaler Hörfunk) **398**
Rundfunk II (Hör-
 und Fernsehfunk) **399**
Rundfunk III
 (Fernsehtechnik) **400**
Unterhaltungselektronik I **401**
Unterhaltungselektronik II **402**
Unterhaltungselektronik III
 (Videospielgeräte) **403**
Videogeräte **404**
Internet **405**
Personalcomputer I **406**
Personalcomputer II
 (mobile Computer) **407**

Büro, Bank, Börse

Büro I (Sekretariat) **408**
Büro II (Chefzimmer) **409**
Büro III (Büromaterial) **410**
Büro IV (Großraum-
 büro) **411**
Büro V (Maschinen
 und Geräte) **412**
Bank I **413**
Bank II **414**
Börse **415**

Zur Einrichtung des Buches
 Seite 740

Register Seite 741

1–17 Atommodelle *n*

1 **das Atommodell des Wasserstoffs** *m* **(H)**
2 der Atomkern des Wasserstoffs *m*, bestehend aus einem Proton *n*
3 das Elektron
4 der Elektronenspin

5 **das Atommodell des Heliums** *n* **(He)**
6 die Elektronenschale

7 **das Pauli-Prinzip**
8 die abgeschlossene Elektronenschale des Na-Atoms *n* (Natriumatoms)

9 **das 2p-Orbital** (das Orbitalmodell)
10 die Ausrichtung entlang der x-, y-, z-Achsen *f* des kartesischen Koordinatensystems *n*
11 die Knotenfläche
12 die erste Oberschwingung eines Elektrons *n*

13 **das Quarkmodell**
14 das Proton, bestehend aus 2 Up-Quarks *n* und 1 Down-Quark
15 das Up-Quark
16 das Neutron, bestehend aus 2 Down-Quarks *n* und 1 Up-Quark
17 das Down-Quark

18–23 Gitterstrukturen *f*
18 der Kochsalzkristall
19 das Chlorion
20 das Natriumion
21 der Quarzkristall
22 das Sauerstoffatom
23 das Siliciumatom

24 **das Energieniveauschema** (Termschema, mögliche Quantensprünge *m*) des Wasserstoffatoms *n* (25–34)
25 der Atomkern
26 das Elektron
27 das Energieniveau des Grundzustands *m*
28 ein angeregter Zustand *m*

29–34 die Quantensprünge *m*
29 die Lyman-Serie
30 die Balmer-Serie
31 die Paschen-Serie
32 die Bracket-Serie
33 die Pfund-Serie
34 das freie Elektron

35 **das bohr-sommerfeldsche Atommodell des H-Atoms** *n* (Wasserstoffatoms)
36 die Elektronenbahnen *f* des Elektrons *n*

37 **der spontane Zerfall eines radioaktiven Atoms** *n*
38 der Atomkern
39, 40 das Alphateilchen (α, die Alphastrahlung, der Heliumatomkern)
39 das Neutron
40 das Proton
41 das Betateilchen (β, die Betastrahlung, das Elektron)
42 die Gammastrahlung (γ, eine kurzwellige elektromagnetische Strahlung)

43 **die Kernspaltung**
44 ein schwerer Atomkern *m*
45 der Neutronenbeschuss
46, 47 die Kernbruchstücke *n*
48 das freigesetzte Neutron
49 die Gammastrahlung (γ, eine kurzwellige elektromagnetische Strahlung)

50 **die Kettenreaktion**
51 das kernspaltende Neutron
52 der Kern vor der Spaltung *f*
53 ein Kernbruchstück *n*
54 ein freigesetztes Neutron *n*
55 die nächste Kernspaltung
56 ein Kernbruchstück *n*

57 **die kontrollierte Kettenreaktion in einem Atomreaktor** *m* (Kernreaktor)
58 der Atomkern eines spaltbaren Elements *n*
59 der Beschuss durch ein Neutron *n*
60 ein Kernbruchstück *n* (ein neuer Atomkern *m*)
61 ein frei werdendes Neutron *n*
62 die absorbierten Neutronen *n*
63 der Moderator, eine Bremsschicht *f* aus Grafit *m*
64 die Wärmeableitung (die Energiegewinnung)
65 die Gammastrahlung (γ, eine kurzwellige elektromagnetische Strahlung)
66 der Beton-Blei-Schutzmantel

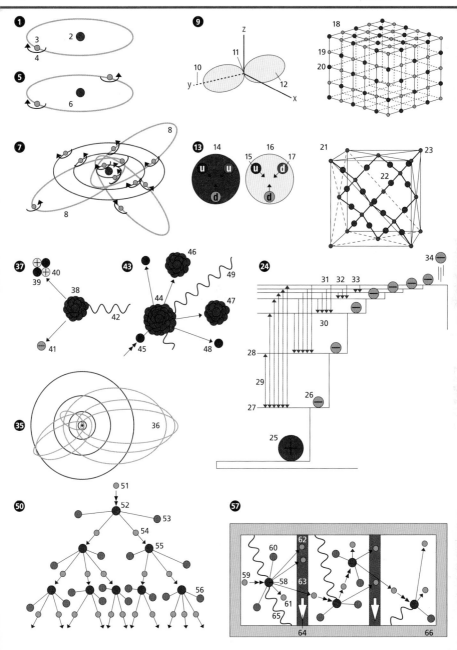

1–23 **Strahlungsmessgeräte** *n*

1 **das Strahlenschutz-**
  messgerät
2 die Ionisationskammer
3 die Innenelektrode
4 der Messbereichswähler
5 das Instrumentengehäuse
6 das Ableseinstrument
7 die Nullpunkteinstellung

8–23 **Dosimeter** *n*

8 **das Filmdosimeter**
9 das Filter (*ugs.* der Filter)
10 der Film

11 **das Fingerring-Film-**
  dosimeter
12 das Filter (*ugs.* der Filter)
13 der Film
14 der Deckel mit Filter *n*
  (*ugs. m*)

15 **das Taschendosimeter**
16 die Schauöffnung
17 die Ionisationskammer
18 die Taschenklemme

19 **das Zählrohrgerät**
  (der Geigerzähler)
20 die Zählrohrfassung
21 das Zählrohr
22 das Instrumentengehäuse
23 der Messbereichswähler

24 **die wilsonsche**
  Nebelkammer
  (Wilson-Kammer)
25 der Kompressionsboden

26 **die Nebelkammer-**
  aufnahme
27 der Nebelstreifen eines
  Alphateilchens *n*

28 **die Kobaltbestrahlungs-**
  apparatur
  (*ugs.* die Kobaltkanone)
29 das Säulenstativ
30 die Halteseile *n*
31 der Strahlenschutzkopf
32 der Abdeckschieber
33 die Lamellenblende
34 das Lichtvisier
35 die Pendelvorrichtung
36 der Bestrahlungstisch
37 die Laufschiene

38 **der Kugelmanipulator**
39 der Handgriff
40 der Sicherungsflügel
  (der Feststellhebel)
41 das Handgelenk
42 die Führungsstange
43 die Klemmvorrichtung
44 die Greifzange
45 das Schlitzbrett
46 die Bestrahlungsschutzwand, eine Bleiwand
  [im Schnitt]

47 **der Greifarm eines**
  Parallelmanipulators *m*
  (Master-Slave-
  Manipulator)
48 der Staubschutz

49 **das Synchrotron**
50 die Gefahrenzone
51 der Magnet
52 die Pumpen *f* zur Entleerung *f* der Vakuum-
  kammer *f*

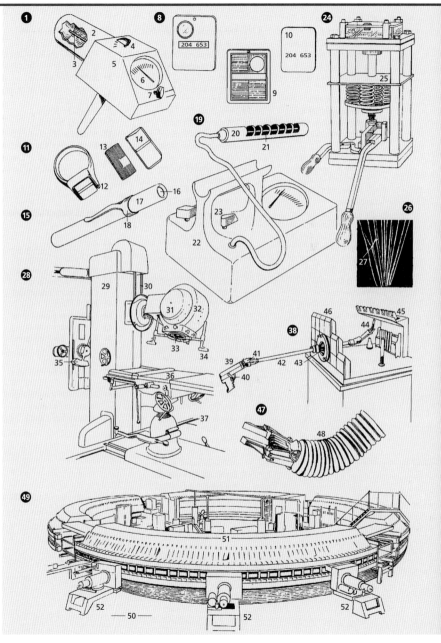

1–35 die Sternkarte des nördlichen Fixsternhimmels *m* (der nördlichen Hemisphäre *f*), eine Himmelskarte *f*

1–8 die Einteilung des Himmelsgewölbes *n*
1 der Himmelspol mit dem Polarstern *m* (Nordstern)
2 die Ekliptik (die scheinbare Jahresbahn der Sonne *f*)
3 der Himmelsäquator
4 der Wendekreis des Krebses *m*
5 der Grenzkreis der Zirkumpolarsterne *m*
6, 7 die Äquinoktialpunkte *m* (die Tagundnachtgleichen *f*, die Äquinoktien *n*)
6 der Frühlingspunkt (Widderpunkt, der Frühlingsanfang)
7 der Herbstpunkt (der Herbstanfang)
8 der Sommersonnenwendepunkt (Sommersolstitialpunkt, das Solstitium, die Sonnenwende)

9–48 Sternbilder *n* (Gruppen *f* von Fixsternen *m*, Gestirnen *n* zu Bildern *n*) **und Sternnamen** *m*
9 Adler *m* (Aquila) mit Hauptstern *m* Altair *m* (Atair)
10 Pegasus *m*
11 Walfisch *m* (Cetus) mit Mira *f*, einem veränderlichen Stern *m*
12 Fluss *m* (Eridanus)
13 Orion *m* mit Rigel *m*, Beteigeuze *m* u. Bellatrix *f*
14 der Große Hund *m* (Canis Major) mit Sirius *m*, einem Stern *m* 1. Größe *f*
15 der Kleine Hund *m* (Canis Minor) mit Prokyon *m*
16 Wasserschlange *f* (Hydra)
17 Löwe *m* (Leo) mit Regulus *m*
18 Jungfrau *f* (Virgo) mit Spika *f*
19 Waage *f* (Libra)
20 Schlange *f* (Serpens)
21 Herkules *m* (Hercules)
22 Leier *f* (Lyra) mit Wega *f*
23 Schwan *m* (Cygnus) mit Deneb *m*
24 Andromeda *f*
25 Stier *m* (Taurus) mit Aldebaran *m*
26 Plejaden *pl* (das Siebengestirn), ein offener Sternhaufen *m*
27 Fuhrmann *m* (Auriga) mit Kapella *f* (Capella)
28 Zwillinge *m* (Gemini) mit Kastor *m* (Castor) u. Pollux *m*

29 der Große Wagen (Großer Bär *m*, Ursa Major *f*) mit Doppelstern *m* Mizar u. Alkor *m*
30 Bootes *m* (Ochsentreiber *m*) mit Arktur *m* (Arcturus)
31 Nördliche Krone *f* (Corona Borealis)
32 Drache *m* (Draco)
33 Kassiopeia *f* (Cassiopeia)
34 der Kleine Wagen (Kleiner Bär *m*, Ursa Minor *f*) mit dem Polarstern *m*
35 die Milchstraße (Galaxis)

36–48 der südliche Sternhimmel
36 Steinbock *m* (Capricornus)
37 Schütze *m* (Sagittarius)
38 Skorpion *m* (Scorpius)
39 Kentaur *m* (Centaurus)
40 Südliches Dreieck *n* (Triangulum Australe)
41 Pfau *m* (Pavo)
42 Kranich *m* (Grus)
43 Oktant *m* (Octans)
44 Kreuz *n* des Südens *m* (Crux, Südliches Kreuz *n*)
45 Schiff *n* (Argo)
46 Kiel *m* des Schiffes *n* (Carina)
47 Maler *m* (Pictor, Staffelei *f*, Machina Pictoris)
48 Netz *n* (Reticulum)

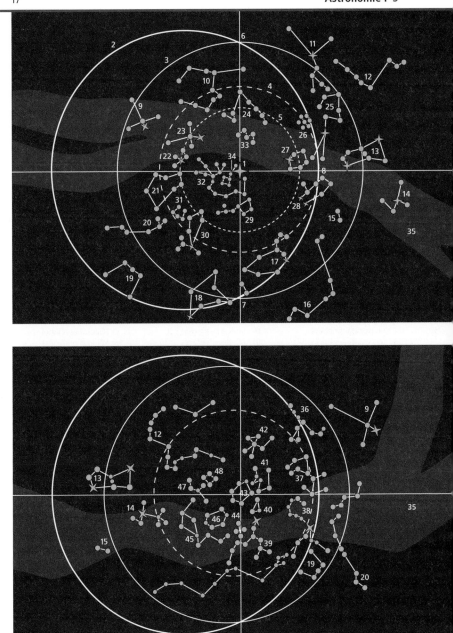

1–9 der Mond
1 die Mondbahn (der Mond-
umlauf um die Erde)

2–7 die Mondphasen *f*
(der Mondwechsel)
2 der Neumond
3 die Mondsichel
(der zunehmende Mond)
4 der Halbmond
(das erste Mondviertel)
5 der Vollmond
6 der Halbmond
(das letzte Mondviertel)
7 die Mondsichel
(der abnehmende Mond)
8 die Erde (die Erdkugel)
9 die Richtung der
Sonnenstrahlen *m*

**10–21 die scheinbare Sonnen-
bahn zu Beginn** *m*
der Jahreszeiten *f*
10 die Himmelsachse
11 der Zenit
(der Scheitelpunkt)
12 die Horizontalebene
13 der Nadir (der Fußpunkt)
14 der Ostpunkt
15 der Westpunkt
16 der Nordpunkt
17 der Südpunkt
18 die scheinbare Sonnen-
bahn am 21. Dezember *m*
19 die scheinbare Sonnen-
bahn am 21. März *m*
u. 23. September *m*
20 die scheinbare Sonnen-
bahn am 21. Juni *m*
21 die Dämmerungsgrenze

22–28 die Drehbewegungen *f*
der Erdachse *f*
22 die Achse der Ekliptik *f*
23 die Himmelssphäre
24 die Bahn des Himmels-
pols *m* (Präzession *f*
und Nutation *f*)
25 die momentane
Rotationsachse
26 der Himmelspol
27 die mittlere
Rotationsachse
28 die Polhodie
(der Gangpol)

29–33 die Sonnenfinsternis
29 die Sonne
30 der Mond
31 die Erde
32 der Kernschatten
33 der Teilschatten

34–38 die Mondfinsternis
34 die Sonne
35 die Erde
36 der Mond
37 der Kernschatten
38 der Teilschatten

39–44 die Sonne
39 die Sonnenscheibe
40 Sonnenflecken *m*
41 Wirbel *m* in der
Umgebung *f* von
Sonnenflecken *m*
42 die Korona (Corona),
der bei totaler Sonnen-
finsternis *f* oder mit
Spezialinstrumenten *n*
beobachtbare Sonnen-
rand *m*
43 Protuberanzen *f*
[beobachtet bei totaler
Sonnenfinsternis]
44 der Mondrand bei totaler
Sonnenfinsternis *f*

45–55 die Planeten *m*
(das Planetensystem,
Sonnensystem)
[nicht maßstäblich] **und
die Planetenzeichen** *n*
(Planetensymbole *n*)
45 die Sonne
46 der Merkur
47 die Venus
48 die Erde mit
dem Erdmond *m*,
einem Trabanten *m*
49 der Mars mit zwei
Monden *m*
50 der Planetoidengürtel,
eine Häufung *f*
von Planetoiden *m*
(Asteroiden *m*) zwischen
Mars *m* und Jupiter *m*
51 der Jupiter
52 der Saturn
53 der Uranus
54 der Neptun
55 der Pluto

56–67 die Tierkreiszeichen *n*
(Zodiakussymbole *n*)
56 Widder *m* (Aries)
57 Stier *m* (Taurus)
58 Zwillinge *m* (Gemini)
59 Krebs *m* (Cancer)
60 Löwe *m* (Leo)
61 Jungfrau *f* (Virgo)
62 Waage *f* (Libra)
63 Skorpion *m* (Scorpius)
64 Schütze *m* (Sagittarius)
65 Steinbock *m*
(Capricornus)
66 Wassermann *m*
(Aquarius)
67 Fische *m* (Pisces)

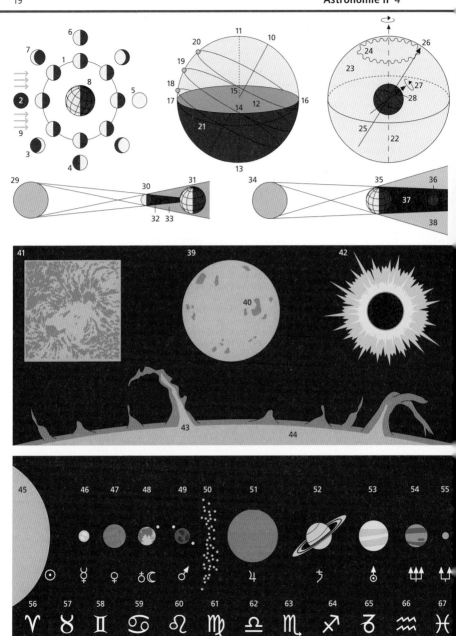

1 **das Europäische Südobservatorium (ESO)** auf dem *La Silla* in *Chile*, eine Sternwarte *f* (Observatorium *n*) [Schnitt]

2 der Hauptspiegel von 3,6 m Durchmesser *m*

3 die Primärfokuskabine mit der Halterung *f* für die Sekundärspiegel *m*

4 der Planspiegel für den Coudé-Strahlengang *m*

5 die Cassegrain-Kabine

6 der Gitterspektrograf

7 die spektrografische Kamera

8 der Stundenachsenantrieb

9 die Stundenachse

10 das Hufeisen der Montierung *f*

11 die hydraulische Lagerung

12 Primär- und Sekundär- fokuseinrichtungen *f*

13 das Kuppeldach (die Drehkuppel)

14 der Spalt (Beobachtungsspalt)

15 das vertikal bewegliche Spaltsegment

16 der Windschirm

17 der Siderostat

18 **das Planetarium** *Stuttgart* [Schnitt]

19 der Verwaltungs-, Werk- statt- und Magazinbereich

20 die Stahlspinne

21 die glasvertafelte Pyramide

22 die drehbare Bogenleiter

23 die Projektionskuppel

24 die Lichtblende

25 der Planetariums- projektor

26 der Versenkschacht

27 das Foyer

28 der Filmvorführraum

29 die Filmvorführkabine

30 der Gründungspfahl

31 **das Sonnenobservatorium** *Kitt Peak* bei *Tucson, Arizona* [Schnitt]

32 der Sonnenspiegel (der Heliostat)

33 der teilweise unterirdische Beobachtungsschacht

34 der wassergekühlte Windschutzschild

35 der Konkavspiegel

36 der Beobachtungs- und Spektrografenraum

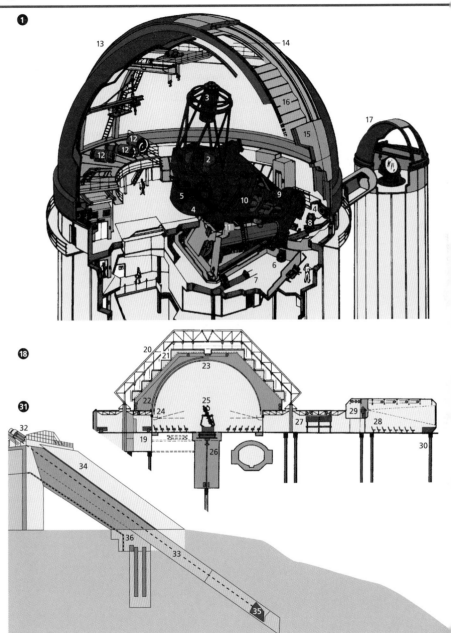

6 Astronomie IV

1 **das Weltraumteleskop Hubble**
2 der Deckel
3 die Hauptblende
4 der Sekundärspiegel
5 die Sonnenkollektoren *m*
6 die Zentralblende
7 die rückwärtige Abdeckung
8 das Instrumentenmodul
9 der Hauptspiegel
10 die Richtantenne

11 **die Raumsonde Voyager**
12 der Detektor für kosmische Strahlung *f*
13 die Plasmadetektoren *m*
14 die Weitwinkel-TV-Kamera
15 die Schmalwinkel-TV-Kamera
16 die TV-Elektronik
17 das Ultraviolett-Spektrometer
18 das Infrarot-Radiometer, -Interferometer und -Spektrometer (IRIS)
19 das Fotopolarimeter
20 die Detektoren *m* für Teilchen mit geringer Energie *f*
21 die Schubdüsen *f*
22 die Elektronikfächer *m*
23 die Kalibrierplatte für die wissenschaftlichen Instrumente *n*

24 der Treibstofftank
25 die Planeten-radiostrahlungs- und Plasmawellenantenne
26 der thermoelektrische Isotopenstrahlungsgenerator
27 das Magnetometer (insg. 4)
28 der ausfahrbare Ausleger
29 die hoch verstärkende oder High-Gain-Richtantenne
30 der mitgeführte Datenträger (die goldene Schallplatte mit den Signalen *n* der Erde *f*)

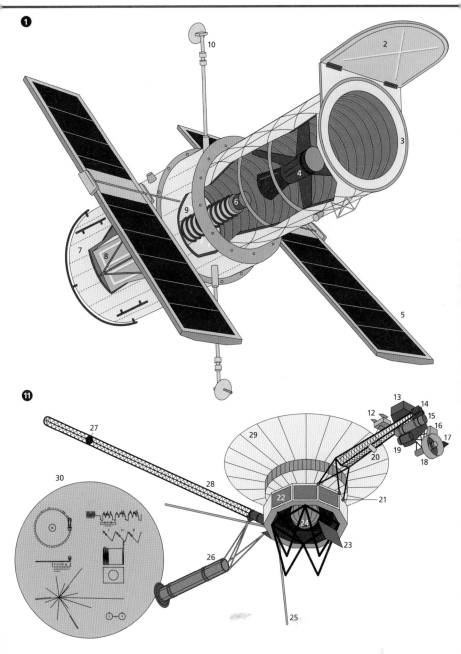

1 der Meeresspiegel

2 **die Troposphäre**
3 der Mount Everest,
   der höchste Berg der
   Erde f [8846 m]
4 Gewitterwolken f
5 der Regenbogen
6 das Verkehrsflugzeug
7 die Grundschicht
8 die Starkwindschicht
9 die Nullschicht
   (die Umkehr
   der senkrechten
   Luftbewegungen f)
10 die Tropopause

11 **die Stratosphäre**
12 die Trennschicht
   (Schicht schwächerer
   Luftbewegungen f)
13 die Ozonschicht
14 die Explosionswolke einer
   Atombombenexplosion f
15 die Explosionswolke einer
   Wasserstoffbomben-
   explosion f
16 die Schallwellen-
   ausbreitung
17 das Stratosphären-
   flugzeug
18 der bemannte Ballon
19 die Radiosonde
20 der Meteor
21 die Obergrenze
   der Ozonschicht f
22 die Stratopause

23 **die Mesosphäre**
24 die Nullschicht
25 der Aschekegel des
   Krakatau-Ausbruchs m
   im Jahre n 1883
26 leuchtende Nachtwolken f
27 die Mesopause

28 **die Ionosphäre**
29 die Forschungsrakete
30 die Sternschnuppe
31 Kurzwellen f und
   ihre Reflexionen f
   an den Schichten f
   der Ionosphäre f
32 die E-Schicht
33 die F_1-Schicht
34 die F_2-Schicht
35 das Polarlicht

36 **die Exosphäre**
37 der Messsatellit
38 der Übergang zum
   Weltraum m
39 die Temperaturlinie
40 die Höhenskala
41 die Temperaturskala

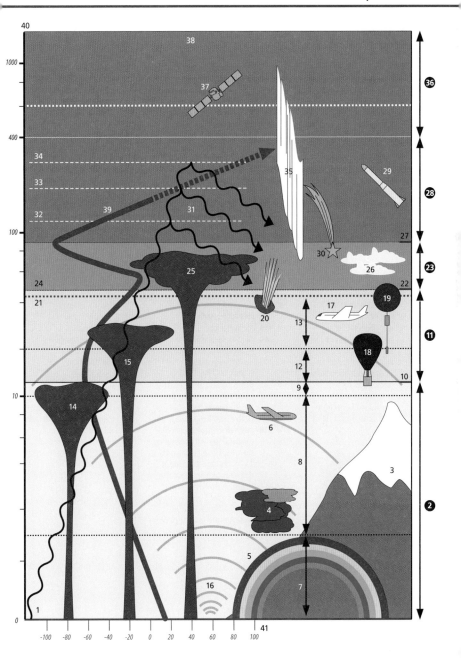

**1–19 die Wolken *f*
und die Witterung
(das Wetter)**

**1–4 die Wolken *f*
einheitlicher Luftmassen *f***
1 der Kumulus
(Cumulus, Cumulus
humilis),
eine Quellwolke *f*
(flache Haufenwolke,
Schönwetterwolke)
2 der Cumulus congestus,
eine stärker quellende
Haufenwolke *f*
3 der Stratokumulus
(Stratocumulus),
eine tiefe gegliederte
Schichtwolke *f*
4 der Stratus (der Hoch-
nebel), eine tiefe gleich-
förmige Schichtwolke *f*

**5–12 die Wolken *f*
an Warmfronten *f***
5 die Warmfront
6 der Zirrus (Cirrus),
eine hohe bis sehr hohe
Eiswolke *f*, mit mannig-
faltigen Formen *f*
(in bis zu 10 km Höhe)
7 der Zirrostratus
(Cirrostratus),
ein Eiswolkenschleier *m*
(in bis zu 8 km Höhe)

8 der Altostratus,
eine mittelhohe
Schichtwolke *f*
(in bis zu 5 km Höhe)
9 der Altostratus praecipitans, eine Schichtwolke *f*
mit Niederschlag *m*
(Fallstreifen *m*) in der
Höhe *f*
(in bis zu 6 km Höhe)
10 der Nimbostratus,
eine Regenwolke *f*,
eine vertikal sehr
mächtige Schichtwolke,
aus der Niederschlag *m*
(Regen *m* oder Schnee *m*)
fällt (in bis zu 3 km Höhe)
11 der Fraktostratus
(Fractostratus),
ein Wolkenfetzen *m*
12 der Fraktokumulus
(Fractocumulus),
ein Wolkenfetzen *m*

**13–17 die Wolken *f*
an Kaltfronten *f***
13 die Kaltfront
14 der Zirrokumulus
(Cirrocumulus), eine feine
Schäfchenwolke *f*
(in bis zu 7 km Höhe)
15 der Altokumulus
(Altocumulus), eine grobe
Schäfchenwolke *f*
(in bis zu 5 km Höhe)
16 der Altocumulus castellanus und der Altocumulus
floccus, Unterformen zu
15 (in bis zu 5 km Höhe)
17 der Kumulonimbus
(Cumulonimbus), eine
Quellwolke *f*, eine vertikal
sehr mächtige Haufen-
wolke, eine Gewitterwolke
(in bis zu 8 km Höhe)

18–19 die Niederschlagsformen *f*
18 der Dauerregen (der Landregen) oder der verbreitete
Schneefall, ein gleich-
förmiger Niederschlag *m*
19 der Schauerniederschlag
(der Schauer),
ein ungleichmäßiger
(strichweise auftretender)
Niederschlag *m*

20–28 der Hurrikan
20 der Zirrus-Wolkenschirm
21 der Wolkenwall
22 das Auge
23 die Kaltluft
24 die Warmluft
25 der Drift
26 die Sturmböen *f*
und Regenbänder *n*
in Bodennähe *f*
27 die horizontale Aus-
dehnung (bis zu 300 km)
28 die vertikale Ausdehnung
(bis zu 15 km)

29–35 der Tornado
29 die Ambosswolke
30 die Windhose
31 die Warmluft
32 die Kaltluft
33 der Luftstrudel
34 die horizontale Aus-
dehnung (bis zu 10 km)
35 die vertikale Ausdehnung
(bis zu 15 km)

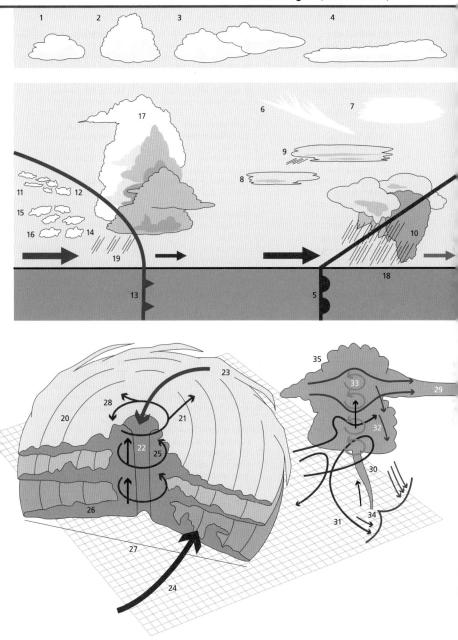

1 die Wetterkarte
2 die Farbskala für
  die unterschiedlichen
  Temperaturbereiche *m*
  [Angaben in der
  Wetterkarte in Grad *n*
  Celsius *m* (°C)]
3 die Isobare (die Linie
  gleichen Luftdrucks *m*
  im Meeresniveau *n*)
4 die Isobare über 1000
  Hektopascal (hPa)
  mit Angabe *f* des
  Luftdrucks *m* in hPa
5 die Isobare unter 1000
  Hektopascal (hPa) mit
  der Angabe *f* des Luftdrucks *m* in hPa
6 das Tiefdruckgebiet
  (das Tief, die Zyklone,
  die Depression)
7 das Hochdruckgebiet
  (das Hoch, die Anti-
  zyklone)

8 **die Darstellung**
  des Windes *m*
9 das Wetterbeobachtungs-
  schiff od. die Wetter-
  beobachtungsstelle
  (die meteorologische
  Station, Wetterstation),
  ein Stationskreis *m* mit
  Angabe *f* des Bedeckungs-
  grades *m* (hier: schwarz
  ausgefüllter Kreis *m* =
  bedeckter Himmel *m*)
10 der Windpfeil zur
  Bezeichnung *f* der
  Windrichtung *f*
11 die Windstärkenfahne
  zur Bezeichnung *f* der
  Windstärke *f* (der Windgeschwindigkeit *f*)
  in Knoten *m*
  (1 Knoten = 1 Seemeile/h
  = 1,852 km/h)

12 der Stationskreis mit den
  Bedeckungsgraden *m*
  der Himmelbedeckung *f*
  (der Bewölkung *f*):
  wolkenlos, heiter, bewölkt
  u. stark bewölkt
13 die Windstille (die Kalme)

14 **die Fronten** *f* **und**
  die Luftströmungen *f*
15 die Okklusion
16 die Kaltfront
17 die Warmfront
18 die warme Luftströmung
19 die kalte Luftströmung

20 **Wettererscheinungen** *f*
21 das Niederschlagsgebiet
22 Nebel *m*
23 Regen *m*
24 Sprühregen *m* (Nieseln *n*)
25 Schneefall *m*
26 Graupeln *n*
27 Hagel *m*
28 Schauer *m*
29 Gewitter *n*
30 Wetterleuchten *n*

31 **die Klimakarte**

32–34 **die Isothermen** *f*
  (Linien *f* gleicher
  Temperaturwerte *m*)
32 die Nullisotherme
  (die Linie durch alle
  Orte *m* mit 0 °C mittlerer
  Jahrestemperatur *f*)
33 die Isochimene
  (eine Linie gleicher mittlerer Wintertemperatur *f*)
  von 10 °C im Januar *m*
  auf der Nordhalbkugel *f*
34 die Isochimene
  (eine Linie gleicher mittlerer Wintertemperatur *f*)
  von 10 °C im Juli *m* auf der
  Südhalbkugel *f*

35–39 **die Windsysteme** *n*

35, 36 **die Kalmengürtel** *m*
35 der äquatoriale
  Kalmengürtel
36 die Rossbreiten *f*
  (die Stillengürtel *m*,
  die subtropischen
  Kalmengürtel)
37 der Nordostpassat
38 der Südostpassat
39 der Sommermonsun

40–44 **Klimate** *n* **der Erde** *f*
40 das äquatoriale Klima:
  der tropische Regengürtel
41 die Trockenzonen *f*
  (die Wüsten- und
  Steppenzonen *f*)
42 der boreale Klimagürtel
  (das Schnee-Wald-Klima)
43, 44 die polaren Klimate *n*
43 der Tundren-Klimagürtel
44 der Klimagürtel
  des ewigen Eises *n*

45–49 **die Klimazonen** *f*
  [in Farbdarstellung]
45 die polare Klimazone
46 die subpolare Klimazone
47 die gemäßigte Klimazone
48 die subtropische
  Klimazone
49 die tropische Klimazone

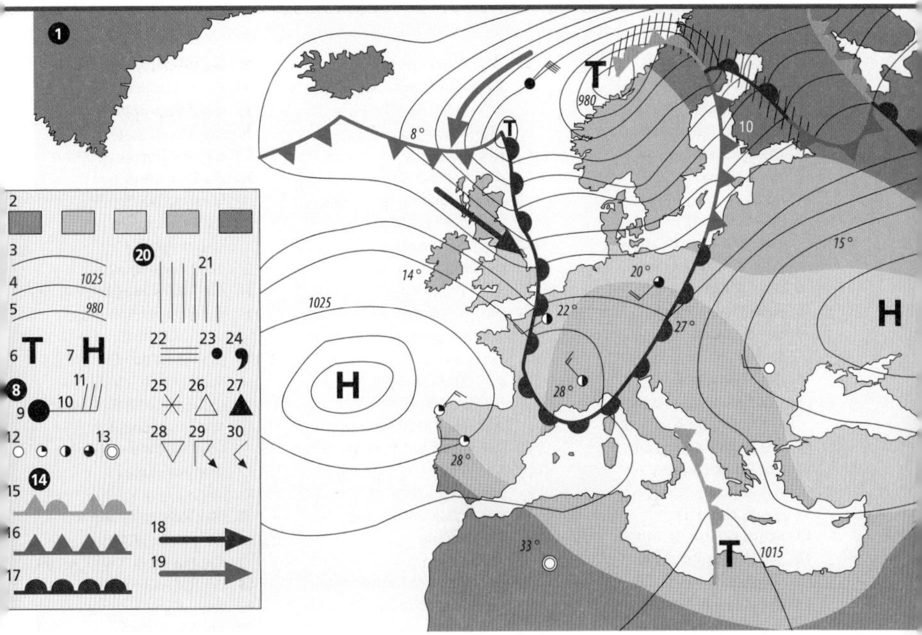
1
T
980
10
8°
T
14°
1025
20°
22°
27°
15°
H
H
28°
28°
33°
T
1015
2
3
4 1025
5 980
6 T
7 H
8
9
10
11
12
13
14
15
16
17
18
19
20
21
22
23
24
25
26
27
28
29
30

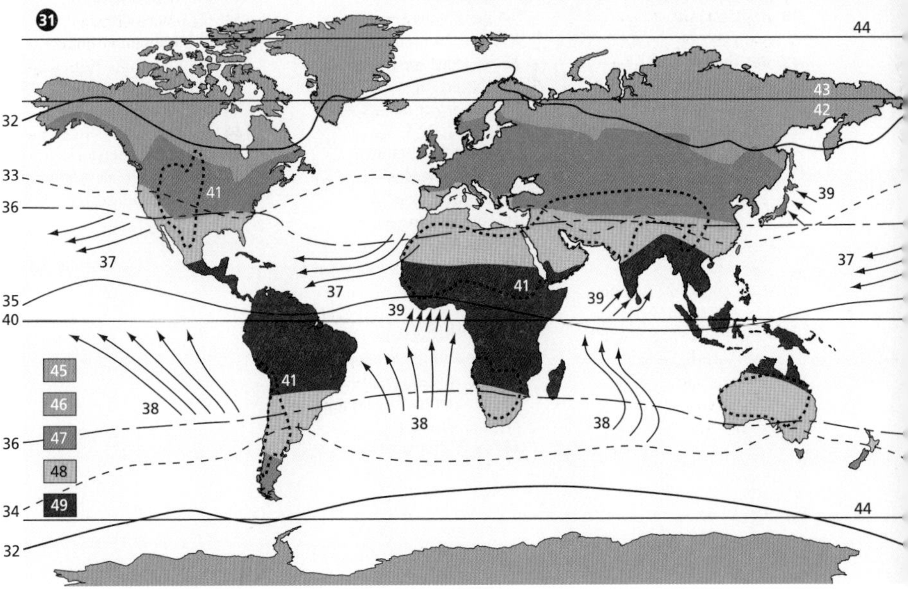
31
44
43
42
32
33
41
39
36
37
37
37
41
35
39
39
40
41
45
46
38
38
38
36
47
48
34
49
44
32

1 **das Quecksilber-**
barometer,
ein Heberbarometer,
ein Flüssigkeitsbarometer
2 die Quecksilbersäule
3 die Druckskala

4 **der Barograf,**
ein selbstschreibendes
Aneroidbarometer *n*
5 die Trommel
6 der Dosensatz
7 der Schreibhebel

8 **der Hygrograf**
9 das Feuchtigkeitsmess-
element (die Haarharfe)
10 die Standkorrektion
11 die Amplituden-
einstellung
12 der Schreibarm
13 die Schreibfeder
14 die Wechselräder *n*
für das Uhrwerk
15 der Ausschalter für
den Schreibarm *m*
16 die Trommel
17 die Zeitteilung
18 das Gehäuse

19 **der Thermograf**
20 die Trommel
21 der Schreibhebel
22 das Messelement

23 **das Silverdisk-**
Pyrheliometer,
ein Instrument *n*
zur Messung *f*
der Energie *f*
der direkten Sonnen-
strahlung *f*
24 die Silberscheibe
25 das Thermometer
26 die isolierende
Holzverkleidung
27 der Tubus mit
Diaphragma *n*

28 **das Windmessgerät**
(der Windmesser,
das Anemometer)
29 das Gerät zur Anzeige *f*
der Wind-
geschwindigkeit *f*
30 der Schalenstern mit
Hohlschalen *f*

31 **der Windrichtungsmesser**
32 die Windfahne

33 **das Aspirations-**
psychrometer
34 das trockene
Thermometer
35 das feuchte Thermometer
36 das Strahlungsschutzrohr
37 das Saugrohr

38 **der schreibende**
Regenmesser
39 das Schutzgehäuse
40 das Auffanggefäß
41 das Regendach
42 die Registriervorrichtung
43 das Heberohr

44 **der Niederschlagsmesser**
(Regenmesser)
45 das Auffanggefäß
46 der Sammelbehälter
47 das Messglas
48 das Schneekreuz

49 die Thermometerhütte
50 der Hygrograf
51 der Thermograf
52 das Psychrometer
53, 54 Extremthermometer *n*
53 das Maximum-
thermometer
54 das Minimum-
thermometer

55 **das Radiosondengespann**
56 der Wasserstoffballon
57 der Fallschirm
58 der Radarreflektor mit
Abstandsschnur *f*
59 der Instrumentenkasten
mit Radiosonde *f*
(ein Kurzwellensender *m*)
und Antenne *f*

60 **das Transmissometer,**
ein Sichtweiten-
messgerät *n*
61 das Registriergerät
62 der Sender
63 der Empfänger

64 **der Wettersatellit**
(ITOS-Satellit)
65 Wärmeregulierungs-
klappen *f*
66 die Solarzellenausleger *m*
67 die Fernsehkamera
68 die Antenne
69 der Sonnensensor
70 die Telemetrieantenne
71 das Radiometer

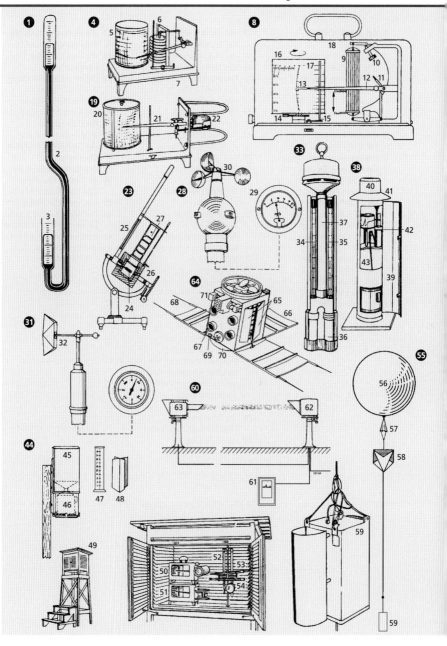

1 **der Schalenaufbau der Erde** *f*
2 die Lithosphäre (die Erdkruste und die obersten Teile *m* des Erdmantels *m*), eine 80–120 km dicke Schicht *f* aus Gesteinen *n* und Mineralien *n*
3 die Asthenosphäre (die Low-Velocity-Zone), eine fast schmelzflüssige Zone in 80–200 bzw. 120–200 km Tiefe *f*
4 der obere Erdmantel (200–400 km Tiefe *f*)
5 die Übergangszone mit Hochdruckmodifikationen *f* in 400–670 km Tiefe *f*
6 der untere Erdmantel (670–2900 km Tiefe *f*)
7 der äußere Kern (2900–5200 km Tiefe *f*)
8 der innere Kern (5200–6371 km Tiefe *f*)

9 **die hypsografische Kurve der Erdoberfläche** *f*
10 das Hochgebirge
11 das Mittelgebirge
12 das Hügelland
13 das Tiefland
14 das Schelfgebiet
15 die Kontinentalböschung
16 der ozeanische Rücken und der Übergang zum Tiefseebecken *n*
17 das Tiefseebecken
18 die Tiefseerinne

19–42 **die Plattentektonik**

19 **die schematische Darstellung des Meeresbodens** *m* mit einem angrenzenden Kontinent *m*
20 der mittelozeanische Rücken
21 der Tiefseegraben
22 der Meeresspiegel
23 die ozeanische Platte
24 die Transformstörung (der Querbruch mit Horizontalverschiebungen *f* von mehreren hundert Kilometern und großen vertikalen Sprunghöhen *f*)
25 der *od.* das Schelf
26 der Kontinent (die kontinentale Platte)
27 die Erdkruste
28 das Erdbebengebiet
29 das Magma

30–42 **die plattentektonische Struktur der Erde** *f*
30 die Grenzlinie der Großplatten *f*
31 die Bewegungsrichtung der Großplatten *f*
32 die Pazifische Platte
33 die Amerikanische Platte
34 die Cocosplatte
35 die Karibische Platte
36 die Ostpazifische Platte (Nazcaplatte)
37 der Afrikanische Platte
38 die Eurasische Platte (die Eurasiatische Platte)
39 die Arabische Platte
40 die Indisch-Australische Platte
41 die Philippinische Platte
42 die Antarktische Platte

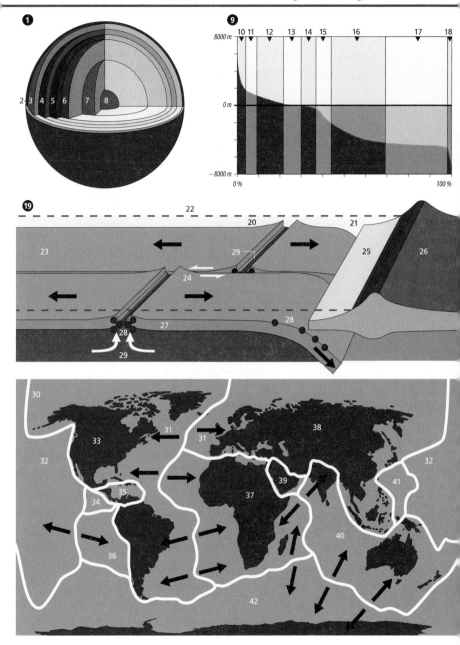

1 der Vulkanismus
2 der Schildvulkan
3 die Lavadecke
(der Deckenerguss)
4 der tätige Vulkan,
ein Stratovulkan
(Schichtvulkan)
5 der Vulkankrater
(Krater)
6 der Schlot
(der Eruptionskanal)
7 der Lavastrom
8 der Tuff (die vulkanischen
Lockermassen f)
9 der Subvulkan, ein nahe
der Erdoberfläche f
stecken gebliebener
Intrusivkörper m
(der Lakkolith)
10 der Geysir (der Geiser,
die Springquelle)
11 die Wasser-und-Dampf-
Fontäne
12 die Sinterterrassen f
13 der Wallberg
14 das Maar
15 der Tuffwall
16 die Schlotbreccie
(Schlotbrekzie)
17 der Schlot des
erloschenen Vulkans m

18 der Tiefenmagmatismus
(19–21)
19 das magmatische
Tiefengestein
20 der Batholith,
eine Intrusion f,
ein in die Erdkruste
aufgestiegener
Tiefengesteinskörper m
21 der Lagergang einer
Intrusion f, eine magmatische Erzlagerstätte f

22 das Erdbeben
(*Arten:* das tektonische
Beben, das vulkanische
Beben, das Einsturz-
beben) und die Erdbeben-
kunde (die Seismologie)
23 das Hypozentrum
(der Erdbebenherd)
24 das Epizentrum
(der Oberflächenpunkt
senkrecht über dem
Hypozentrum n)
25 die Herdtiefe
26 der Stoßstrahl
27 die Oberflächenwellen f
(Erdbebenwellen)
28 die Isoseiste (die Verbin-
dungslinie f der Orte m
gleicher Bebenstärke f)
29 das Epizentralgebiet
(das makroseismische
Schüttergebiet)

30 der Seismograf
(das Seismometer,
der Erdbebenmesser)
31 der Horizontalseismograf
32 die Feder
33 der Hebel
34 die Blattfeder
35 die Pendelmasse
(die stationäre Masse)
36 die Bewegungsrichtung
der Pendelmasse f
37 die Induktionsspulen f für
den Anzeigestrom m des
Registriergalvanometers n
38 der Vertikalseismograf
39 das kurzperiodische
Pendel
40 die Registriertrommel
mit dem fotografischen
Registrierpapier n
41 das Seismogramm

42 Erdbebenwirkungen f
(43–50)
43 der Wasserfall
44 der Bergrutsch
(Erdrutsch, der Felssturz)
45 die Abrissnische
46 der Schuttstrom im
Ablagerungsgebiet n
47 der Einsturztrichter
48 die Geländeverschiebung
(der Geländeabbruch)
49 der Schlammerguss
(der Schlammkegel)
50 die Erdspalte
(der Bodenriss)
51 die Flutwelle
(der Tsunami)
52 der gehobene Strand

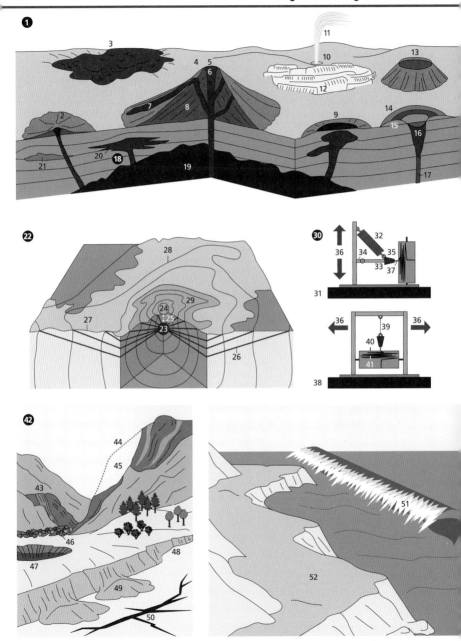

1–61 Geologie

1 die Lagerung der
Sedimentgesteine *n*
2 das Streichen
3 das Fallen
(die Fallrichtung)

4–23 die Gebirgsbewegungen *f*

4 das Bruchschollengebirge
5 die Verwerfung
(der Bruch)
6 die Verwerfungslinie
7 die Sprunghöhe
8 die Überschiebung

9 zusammengesetzte
Strömungen *f*
10 der Staffelbruch
11 die Pultscholle
12 der Horst
13 der Grabenbruch

14 das Faltengebirge
15 die stehende Falte
16 die schiefe Falte
17 die überkippte Falte
18 die liegende Falte
19 der Sattel (die Antiklinale)
20 die Sattelachse
21 die Mulde (die Synklinale)
22 die Muldenachse
23 das Bruchfaltengebirge

24 das gespannte (artesische)
Grundwasser
25 die wasserführende
Schicht
26 das undurchlässige
Gestein
27 das Einzugsgebiet
28 die Brunnenröhre
29 das emporquellende
Wasser, ein artesischer
Brunnen *m*

30 die Erdöllagerstätte
an einer Antiklinale *f*
31 die undurchlässige
Schicht
32 die poröse Schicht
als Speichergestein *n*
33 das Erdgas in der
Gaskappe *f*
34 das Erdöl
35 das Wasser (Randwasser)
36 der Bohrturm

37 das Mittelgebirge
38 die Bergkuppe
39 der Bergrücken
(der Kamm)
40 der Berghang
(der Abhang)
41 die Hangquelle

42 das Hochgebirge
43 die Bergkette,
ein Bergmassiv *n*
44 der Gipfel (Berggipfel,
die Bergspitze)
45 die Felsschulter
46 der Bergsattel
47 die Wand (Steilwand)
48 die Hangrinne
49 die Schutthalde
(das Felsgeröll)
50 der Saumpfad
51 der Pass (Bergpass)

52 der Gletscher,
eine sich stromförmig
bewegende Eismasse *f*
53 das Firnfeld (das Kar)
54 der Talgletscher
55 die Gletscherspalte
56 das Gletschertor
57 der Gletscherbach
58 die Seitenmoräne
(Wallmoräne)
59 die Mittelmoräne
60 die Endmoräne
61 der Gletschertisch

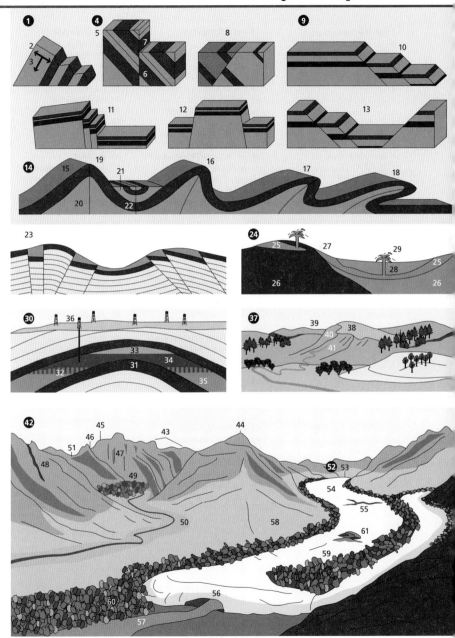

1 **die Flusslandschaft**
2 das Delta, eine Fluss-
   mündung *f*
3 der Mündungsarm,
   ein Flussarm
4 der See
5 das Ufer
6 die Halbinsel
7 die Insel
8 die Bucht
9 der Bach
10 der Schwemmkegel
11 die Verlandungszone
12 der Mäander
   (die Flusswindung)
13 der Umlaufberg
14 die Wiesenaue

15 **das Moor**
16 das Flachmoor
17 die Muddeschichten *f*
18 das Wasserkissen
19 der Schilf- und Seggentorf
20 der Erlenbruchtorf
21 das Hochmoor
22 die jüngere Moos-
   torfmasse
23 der Grenzhorizont
24 die ältere Moostorfmasse
25 der Moortümpel
26 die Verwässerungszone

27 **Talformen** *f* [Querschnitt]
28 die Klamm
29 das Kerbtal
30 das offene Kerbtal
31 das Sohlental
32 das Muldental

33 **die Tallandschaft**
   (das Flusstal)
34 der Prallhang (Steilhang)
35 der Gleithang (Flachhang)
36 der Tafelberg
37 der Höhenzug
38 der Fluss
39 die Flussaue (Talaue)
40 die Felsterrasse
41 die Schotterterrasse
42 die Tallehne
43 die Anhöhe (der Hügel)
44 die Talsohle
   (der Talgrund)
45 das Flussbett
46 die Ablagerungen *f*
47 die Felssohle

48 **der Cañon**
49 das Plateau
   (die Hochfläche)
50 die Felsterrasse
51 das Schichtgestein
52 die Schichtstufe
53 die Kluft
54 der Cañonfluss

55 **die Karsterscheinungen** *f*
   im Kalkstein *m*
56 die Doline,
   ein Einsturztrichter *m*
57 das Polje
58 die Flussversickerung
59 die Karstquelle
60 das Trockental
61 das Höhlensystem
62 der Karstwasserspiegel
63 die undurchlässige
   Gesteinsschicht

64 **die Tropfsteinhöhle**
   (Karsthöhle)
65 der Stalaktit, ein von oben
   nach unten wachsender
   Tropfstein *m*
66 der Stalagmit, ein von
   unten nach oben
   wachsender Tropfstein *m*
67 die Sintersäule
   (Tropfsteinsäule)
68 der Höhlenfluss

69 **die Steilküste**
70 die Klippe
71 das Meer (die See)
72 die Brandung
73 das Kliff (der Steilhang)
74 das Brandungsgeröll
   (Strandgeröll)
75 die Brandungshohlkehle
76 die Abrasionsplatte
   (Brandungsplatte)

77 **das Atoll**
   (das Lagunenriff, Kranzriff), ein Korallenriff *n*
78 die Lagune
79 der Strandkanal

80 **die Flachküste**
   (die Strandebene,
   der Strand)
81 der Strandwall
   (die Flutgrenze)
82 die Uferwellen *f*
83 die Buhne
84 der Buhnenkopf
85 die Wanderdüne,
   eine Düne
86 die Sicheldüne
87 die Rippelmarken *f*
88 die Kupste
89 der Windflüchter
90 der Strandsee

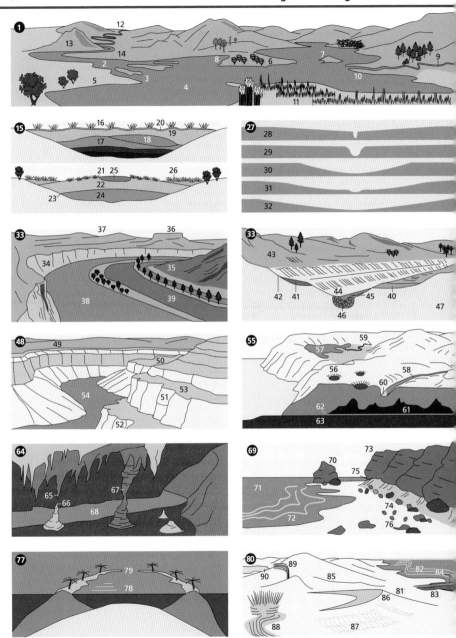

1 **Küstenlandschaften
an Nord- und Ostsee** f
[Satellitenperspektive]
2 die Nordsee
3 die Ostsee

4 **die Fjordküste
Norwegens** n [Ausschnitt]
5 der Sognefjord, ein Fjord,
ein glazial ausgestaltetes
Trogtal n, in das das Meer
eingedrungen ist, mit bis
zu 1263 m Wassertiefe f
6 die vorgelagerte Küstenzone mit bis zu 200 m
Wassertiefe f

7 **die Fördenküste
Schleswig-Holsteins,**
eine glaziale Aufschüt-
tungslandschaft f mit
lang gestreckten Meeres-
buchten f
8 die Förde, eine subglaziale
Schmelzwasserrinne f
9 die Schlei, eine flussartig
verengte Förde f

10–18 **die Ausgleichsküste,**
eine durch Strand-
versetzung f
und Abrasion f
begradigte Küste f

10 **die Westküste
Dänemarks** n
[Ausschnitt]
11 der Strandwall
12 die durch Strand-
versetzung f
abgeschnürte Bucht

13 **die Haffküste
in der Danziger Bucht** f
14 die Frische Nehrung, eine
Nehrung (Landzunge f)
15 das Frische Haff,
ein Haff (eine durch eine
Nehrung f abgetrennte
Meeresbucht f)

16 das Tief (die Unter-
brechung der Nehrung f)
17 der Haken (*hier:*
die Putziger Nehrung,
poln. Hela), eine
entstehende Nehrung
18 das Putziger Haff, ein Haff

19 **die Boddenküste
der Insel** f **Rügen,**
ein vom Meer n
überflutetes flaches
Grundmoränenrelief n
20 der Bodden, eine
seichte Meeresbucht f
mit unregelmäßigen
Umrissen m

21 **die Trichtermündung
der Elbe** f,
eine durch Gezeiten-
wirkungen f
offen gehaltene
Flussmündung f
22 die Unterelbe
23 die Marsch
24 die Fließrichtung
25 die Flussmündung

26 **die Wattenküste
Nordfrieslands,**
eine Gezeitenküste f
27 das Wattenmeer
(das Watt), ein bei Tide-
wasser n vom Meer n
bedecktes und bei Tide-
niedrigwasser n vom
Meer n trocken gelegtes
Gebiet n
28 die Hallig, eine flache,
bei Sturmflut f überflutete
Insel f
29 der Priel

30 **das Wattenmeer
und das Marschland
an Ems** f **und Weser** f
31 die Ems
32 die Weser
33 die Marsch

34 das Wattenmeer
(das Watt)
35 die Ostfriesischen Inseln f,
ein zerteilter ehemaliger
Strandwall m

36 **die Schärenküste
vor Stockholm,**
eine wellige Felsenküste f
mit geringen Höhen-
unterschieden m
37 die kleinen Buchten f
38 die Schäre, eine kleine
buckelartige Felseninsel f
od. Felsenklippe f
39 Stockholm, die Haupt-
stadt von Schweden,
eine Stadt f

40–48 **die künstliche Küste**

40 **das Ijsselmeer,**
ein durch Abdämmung f
einer Meeresbucht f
künstlich erzeugter
Binnensee m
41 der Abschlussdamm
42 die Seeschleuse
43 der künstlich erzeugte
Binnensee
44 der Polder, ein künstlich
gewonnenes Landstück n

45 **das Deichland
in Dithmarschen,**
ein Gebiet n an
der Nordseeküste f
in Norddeutschland n
46 der Koog (der Polder),
aus dem Meer n gewon-
nenes, eingedeichtes
Marschland n
47 die Lahnungen f, niedrige
Doppelreihen f aus Pfäh-
len m und verschnürtem
Buschwerk n
48 die Grüppen f (die Ent-
wässerungsgräben m)

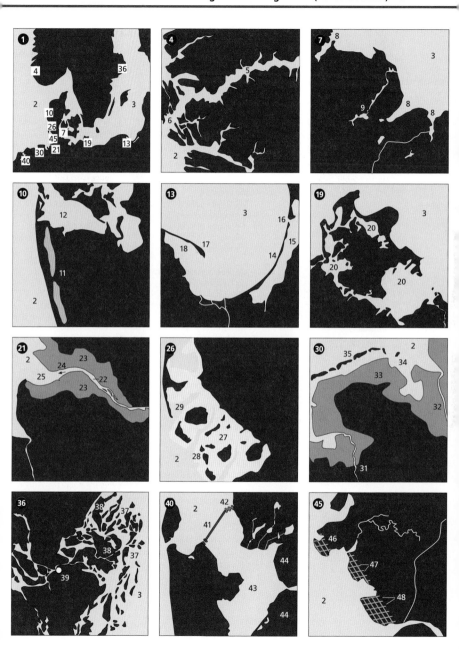

1–7 das Gradnetz der Erde f
1 der Äquator
2 ein Breitenkreis *m*
3 der Pol (Nordpol od. Südpol), ein Erdpol
4 der Meridian (der Längenhalbkreis)
5 der Nullmeridian
6 die geografische Breite
7 die geografische Länge

8–10 Kartennetzentwürfe *m*
8 die Azimutalprojektion
9 die Kegelprojektion
10 die Zylinderprojektion

11–46 die Erdkarte (Weltkarte)
11 die Wendekreise *m*
12 die Polarkreise *m*

13–19 die Erdteile *m* (die Kontinente *m*)
13, 14 Amerika *n*
13 Nordamerika *n*
14 Südamerika *n*
15 Afrika *n*
16, 17 Eurasien *n*
16 Europa *n*
17 Asien *n*
18 Australien *n*
19 die Antarktis

20–27 das Weltmeer
20 der Pazifische (Stille, Große) Ozean
21 der Atlantische Ozean
22 das Nördliche Eismeer
23 das Südliche Eismeer
24 der Indische Ozean
25 die Straße von Gibraltar, eine Meeresstraße *f*
26 das Mittelmeer (das europäische Mittelmeer)
27 die Nordsee, ein Randmeer *n*

28–30 die Legende (die Zeichenerklärung)
28 die kalte Meeresströmung
29 die warme Meeresströmung
30 der Maßstab

31–46 die Meeresströmungen *f*
31 der Golfstrom
32 der Kuroschio
33 der Nordäquatorialstrom
34 der Äquatoriale Gegenstrom
35 der Südäquatorialstrom
36 der Brasilstrom
37 der Somalistrom
38 der Agulhasstrom
39 der Ostaustralstrom
40 der Kalifornische Strom
41 der Labradorstrom
42 der Kanarenstrom
43 der Humboldtstrom (Perustrom)
44 der Benguelastrom
45 die Westwinddrift
46 der Westaustralstrom

47–63 die Vermessung (Landesvermessung, Erdmessung *f*, Geodäsie *f*)

47 die Nivellierung (die geometrische Höhenmessung *f*)
48 die Messlatte
49 das Nivellierinstrument, ein Zielfernrohr *n*

50 der trigonometrische Punkt
51 das Standgerüst
52 das Signalgerüst

53–63 der Theodolit, ein Winkelmessgerät *n*
53 der Mikrometerknopf
54 das Mikroskop-Okular
55 der Höhenfeintrieb
56 die Höhenklemme
57 der Seitenfeintrieb
58 die Seitenklemme
59 der Einstellknopf für den Beleuchtungsspiegel *m*
60 der Beleuchtungsspiegel
61 das Fernrohr
62 die Querlibelle
63 die Kreisverstellung

64–67 die Luftbildmessung (Bildmessung, die Fotogrammetrie, die Fototopografie)
64 die Reihenmesskammer
65 das Stereotop
66 der Storchschnabel (der Pantograf)
67 der Stereoplanigraf

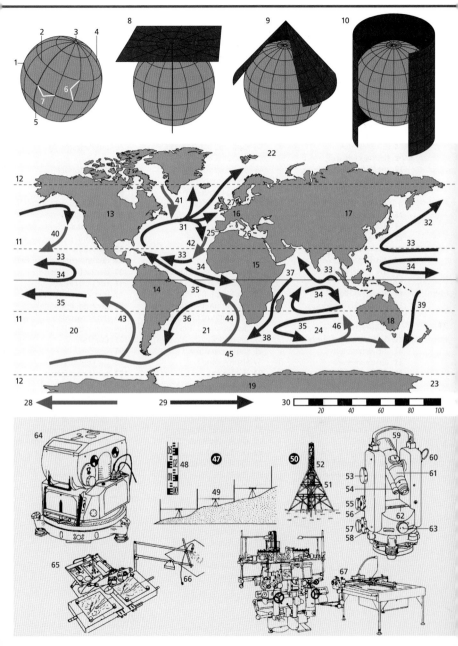

1–114 die Kartenzeichen *n* einer topografischen Karte *f* 1 : 25 000

1 der Nadelwald
2 die Lichtung
3 das Forsthaus
4 der Laubwald
5 die Heide
6 der Segelflugplatz
7 der Sand
8 der Strandhafer
9 der Leuchtturm
10 die Wattgrenze
11 die Bake
12 die Tiefenlinien *f* (die Isobathen *f*)
13 der Mischwald
14 das Buschwerk
15 die Autobahn mit Auffahrt *f*
16 die Bundesstraße (Fernverkehrsstraße)
17 die Wiese
18 die nasse Wiese
19 der Bruch (das Moor)
20 die Bahnlinie (die Hauptstrecke, die Hauptbahn)
21 die Bahnunterführung
22 die Nebenbahn
23 die Blockstelle
24 die Kleinbahn
25 der Planübergang (der schienengleiche Übergang)
26 die Haltestelle
27 die Villenkolonie
28 der Pegel
29 die Straße III. Ordnung *f*
30 die Windmühle
31 das Gradierwerk (die Saline)
32 der Funkturm
33 das Bergwerk

34 das verlassene Bergwerk
35 die Straße II. Ordnung *f*
36 die Fabrik
37 der Schornstein
38 der Drahtzaun
39 die Straßenüberfahrt
40 der Bahnhof
41 die Bahnüberführung
42 der Fußweg
43 der Durchlass
44 der schiffbare Strom
45 die Schiffbrücke
46 die Wagenfähre
47 die Steinmole
48 das Leuchtfeuer
49 die Steinbrücke
50 die Stadt
51 der Marktplatz
52 die große Kirche mit 2 Türmen *m*
53 das öffentliche Gebäude
54 die Straßenbrücke
55 die eiserne Brücke
56 der Kanal
57 die Kammerschleuse
58 die Landungsbrücke
59 die Personenfähre
60 die Kapelle
61 die Höhenlinien *f* (Isohypsen *f*)
62 das Kloster
63 die weit sichtbare Kirche
64 der Weinberg
65 das Wehr
66 die Seilbahn
67 der Aussichtsturm
68 die Stauschleuse
69 der Tunnel
70 der trigonometrische Punkt
71 die Ruine
72 das Windrad
73 die Windenergieanlage, eine Windkraftanlage
74 die Festung
75 das Altwasser
76 der Fluss
77 die Wassermühle
78 der Steg

79 der Teich
80 der Bach
81 der Wasserturm
82 die Quelle
83 die Straße I. Ordnung *f*
84 der Hohlweg
85 die Höhle
86 der Kalkofen
87 der Steinbruch
88 die Tongrube
89 die Ziegelei
90 die Wirtschaftsbahn
91 der Ladeplatz
92 das Denkmal
93 das Schlachtfeld
94 das Gut, eine Domäne *f*
95 die Mauer
96 das Schloss
97 der Park
98 die Hecke
99 der unterhaltene Fahrweg
100 der Ziehbrunnen
101 der Einzelhof (der Weiler, der Einödhof)
102 der Feld- und Waldweg
103 die Kreisgrenze
104 der Damm
105 das Dorf
106 der Friedhof
107 die Dorfkirche
108 der Obstgarten
109 der Meilenstein
110 der Wegweiser
111 die Baumschule
112 die Schneise
113 die Starkstromleitung
114 die Hopfenanpflanzung (der Hopfengarten)

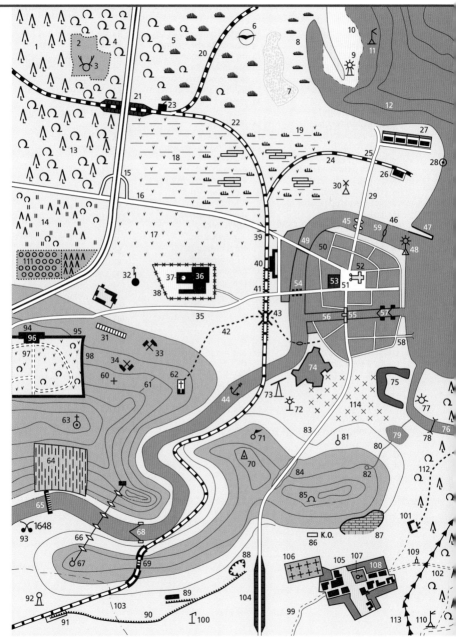

1–38 die Kartenzeichen *n*
 eines Stadtplans *m*
 1 die bebaute Fläche
 2 das öffentliche Gebäude
 3 das Industriegelände
 4 der Kleingarten (Garten)
 5 der Park,
  eine Grünanlage *f*
 6 die Fußgängerzone
 7 die Bushaltestelle
 8 die U-Bahn
  (die überwiegend unter-
  irdisch verlaufende Bahn)
 9 die S-Bahn (die Schnellbahn *od.* die Stadtbahn)
 10 die Eisenbahn (Fernbahn)
 11 die Personenfähre,
  eine Fähre
 12 der Parkplatz
 13 das Parkhaus

 14 die Einkaufspassage
  (das Einkaufszentrum)
 15 die Informationsstelle
  (die Information,
  das Fremdenverkehrsamt,
  die Touristeninformation)
 16 die Kirche
 17 die Synagoge
 18 die Moschee
 19 das Museum
 20 das Theater (die Oper),
  eine Kunststätte *f*
 21 das Denkmal
 22 die Postfiliale (die Post)
 23 die Polizeistation
  (die Polizei)
 24 das Krankenhaus
  (die Klinik)
 25 das Hallenbad,
  ein Schwimmbad
 26 die Jugendherberge
 27 das Stadion,
  eine Sportanlage *f*
 28 der schiffbare Fluss

 29 die Steinbrücke
 30 die eiserne Brücke
 31 der christliche Friedhof
 32 der jüdische Friedhof
 33 die Stadtmauer
 34 das Wärmekraftwerk
 35 die Kläranlage
 36 die Müllverbrennungs-
  anlage
 37 die Böschung
 38 der Bahnhof

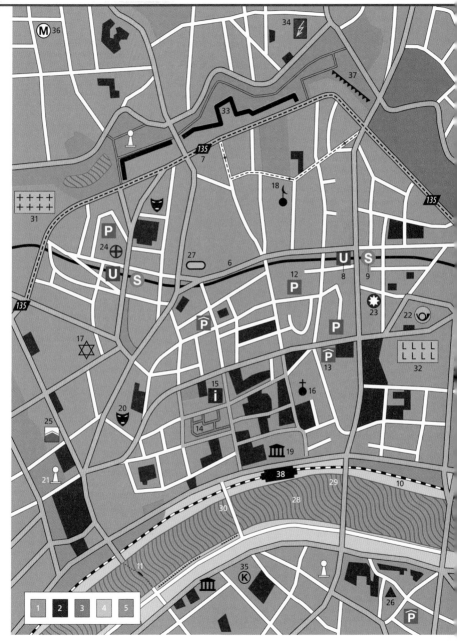

1 der menschliche Körper
(2–104)

2 die Frau

3 der Mann

4 der Kopf
(das Haupt)
5 der Scheitel (der Wirbel)
6 der Hinterkopf
(das Hinterhaupt)
7 das Kopfhaar (Haar)

8 das Gesicht (das Antlitz)
(9–24)

9 die Stirn (10 u. 11)
10 der Stirnhöcker
11 der Stirnwulst
12 die Schläfe
13 das Auge
14 das Jochbein (Wangen-
bein, der Backenknochen)
15 die Wange (die Kinn-
backe, Backe)
16 die Nase
17 die Nasen-Lippen-Furche
18 das Philtrum
(die Oberlippenrinne)
19 der Mund
(mit den Lippen *f*)
20 der Mundwinkel
21 das Kinn
22 das Kinngrübchen
(Grübchen)
23 die Kinnlade
24 das Ohr

25 der Hals
26 die Kehle (die Gurgel)
27 *ugs.* die Drosselgrube
28 der Nacken (das Genick)

29 der Rumpf (30–56)

30 der Rücken (31–34)
31 die Schulter
32 das Schulterblatt
33 die Lende
34 das Kreuz
35 die Achsel (die Achselhöhle, die Achselgrube)
36 die Achselhaare *n*

37 die Brust
(der Brustkorb)

38 die Brüste *f*
(die Brust, die Büste)
(39–41)
39 die Brustwarze
40 der Warzenhof
41 der Busen
42 die Taille
43 die Flanke (die Weiche)
44 die Hüfte
45 der Nabel

46 der Bauch
(das Abdomen)
(47–49)
47 der Oberbauch
48 der Mittelbauch
49 der Unterbauch
(der Unterleib)
50 die Leistenbeuge
(die Leiste)
51 das Schambein
(mit Schamhaaren *n*)
52 der Penis
53 der Hodensack

54 das Gesäß
(*ugs.* der Po,
das Hinterteil)
55 die Afterfurche
(die Gesäßspalte,
ugs. die Poritze)
56 die Gesäßfalte
(*ugs.* die Pofalte)

57 die Gliedmaßen *f*
(die Glieder *n*) (58–104)

58 der Arm
59 der Oberarm
60 die Armbeuge
61 der Ellbogen (Ellenbogen)
62 der Unterarm
63 die Faust

64 die Hand
65 der Daumen
66 der Zeigefinger
67 der Mittelfinger
68 der Ringfinger
69 der kleine Finger

70 der Speichenrand
71 der Ellenrand
72 der Handteller
(die Hohlhand)
73 die Handlinien *f*
74 die Daumenfurche
(*ugs.* die Lebenslinie)
75 die Fünffingerfurche
(*ugs.* die Kopflinie)
76 die Dreifingerfurche
(*ugs.* die Herzlinie)
77 der Daumenballen
78 das Handgelenk
(die Handwurzel)
79 das Fingerglied
80 die Fingerbeere
81 die Fingerspitze
82 der Fingernagel (Nagel)
83 das Möndchen
84 der Knöchel
85 der Handrücken

86 das Bein
87 der Oberschenkel
88 das Knie
89 die Kniekehle
(die Kniebeuge)
90 der Unterschenkel
91 die Wade

92 der Fuß
93 die große Zehe
(der große Zeh)
94 die zweite Zehe
95 die Mittelzehe
96 die vierte Zehe
97 die kleine Zehe
98 der Zehennagel
99 der Ballen
100 der Wadenbeinknöchel
(Knöchel)
101 der Schienbeinknöchel
102 der Fußrücken
(der Spann, der Rist)
103 die Fußsohle
104 die Ferse (die Hacke,
der Hacken)

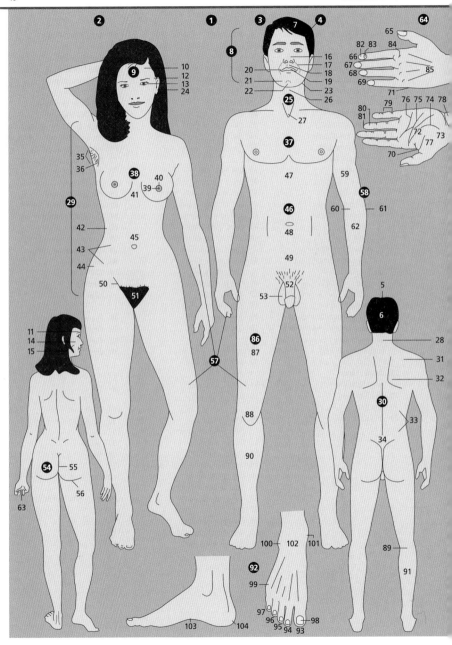

1 das Skelett (2–37)

2 die Wirbelsäule
(das Rückgrat) (3–6)
3 der Halswirbel
4 der Brustwirbel
5 der Lendenwirbel
6 das Steißbein
7 der Schultergürtel
8 das Schlüsselbein
9 das Schulterblatt
10 der Brustkorb
11 das Brustbein
12 die echten Rippen *f*
(wahren Rippen)
13 die falschen Rippen *f*
14 der Rippenknorpel

15 der Arm
16 das Oberarmbein
(der Oberarmknochen)
17 die Speiche
18 die Elle

19 die Hand
20 der Handwurzelknochen
21 der Mittelhandknochen
22 der Fingerknochen
(das Fingerglied)

23 das Becken
24 das Hüftbein
25 das Sitzbein
26 das Schambein
27 das Kreuzbein

28 das Bein
29 das Oberschenkelbein
30 die Kniescheibe
31 das Wadenbein
32 das Schienbein

33 der Fuß
34 die Fußwurzelknochen *m*
35 das Fersenbein
36 die Vorfußknochen *m*
37 die Zehenknochen *m*

38 der Schädel
39 das Stirnbein
40 das linke Scheitelbein
41 das Hinterhauptbein
42 das Schläfenbein
43 der Gehörgang
44 das Unterkieferbein
(der Unterkiefer)
45 das Oberkieferbein
(der Oberkiefer)
46 das Jochbein
47 das Keilbein
48 das Siebbein
49 das Tränenbein
50 das Nasenbein

51 der Kopf [Schnitt]
52 die Speiseröhre
53 die Luftröhre
54 der Kehldeckel
55 die Zunge

56 das Gehirn
[innere Strukturen]
57 das Großhirn
58 das Zingulum
59 der Balken
60 die Nervenbahn
61 das Ammonshorn
62 das Kleinhirn
63 die Brücke
64 das Stammhirn
65 das verlängerte Mark
66 das Rückenmark

67 das Zwischenhirn
68 der Thalamus
69 der Hypothalamus
70 die Hirnanhangdrüse
71 der Stirnlappen

72 das äußere Gehirn
73 die Zentralfurche
74 die Scheitellappen *m*
75 die Hinterhauptlappen *m*
76 die Sylvius-Furche
77 die Schläfenlappen *m*
78 die Gehirnwindung

79 die Gehirnhäute *f*
80 die weiche Hirnhaut
81 die harte Hirnhaut
82 der Schlemmkanal
83 die Spinnenhautzotten *f*
84 die Spinngewebshaut
85 die Arterie
86 die Hirnrinde
87 die zarte Bindegewebshülle

88 die Gehirnhälften *f*
89 die linke Hemisphäre
90 die rechte Hemisphäre
91 die Längsfurche

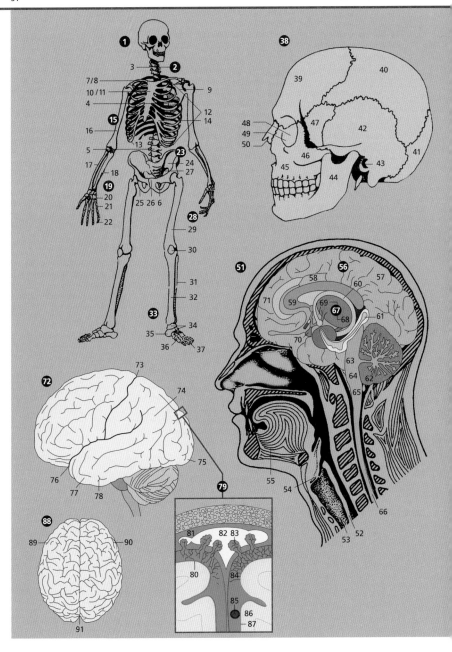

1–21 der Blutkreislauf
1 die Halsschlagader,
eine Arterie *f*
2 die Halsblutader,
eine Vene *f*
3 die Schläfenschlagader
4 die Schläfenvene
5 die Stirnschlagader
6 die Stirnvene
7 die Schlüsselbein-
schlagader
8 die Schlüsselbeinvene
9 die obere Hohlvene
10 der Aortenbogen
(die Aorta)
11 die Lungenschlagader
mit venösem Blut *n*
12 die Lungenvene
mit arteriellem Blut *n*
13 die Lungen *f*
14 das Herz
15 die untere Hohlvene
16 die Bauchaorta
(die absteigende Aorta)
17 die Hüftschlagader
18 die Hüftvene
19 die Schenkelschlagader
20 die Schienbeinschlagader
21 die Pulsschlagader

22–33 das Nervensystem
22 das Großhirn
23 das Zwischenhirn
24 das verlängerte Mark
25 das Rückenmark
26 die Brustnerven *m*
27 das Armgeflecht
28 der Speichennerv
29 der Ellennerv
30 der Hüftnerv
(Beinnerv, Ichiasnerv)
[hinten liegend]
31 der Schenkelnerv
32 der Schienbeinnerv
33 der Wadennerv

34–64 die Muskulatur
34 der Kopfhalter
(der Nicker)
35 der Schultermuskel
(Deltamuskel)
36 der große Brustmuskel
37 der zweiköpfige Arm-
muskel (der Bizeps)
38 der dreiköpfige Arm-
muskel (der Trizeps)
39 der Armspeichenmuskel
40 der radiale Handbeuger
41 die kurzen Daumen-
muskeln *m*
42 der große Sägemuskel
43 der schräge Bauchmuskel
44 der gerade Bauchmuskel
45 der Schneidermuskel
46 der Unterschenkelstrecker
47 der Schienbeinmuskel
48 die Achillessehne

49 der Abzieher der großen
Zehe *f*, ein Fußmuskel *m*
50 die Hinterhaupt-
muskeln *m*
51 die Nackenmuskeln *m*
52 der Kapuzenmuskel
(Kappenmuskel)
53 der Untergrätenmuskel
54 der kleine runde
Armmuskel
55 der große runde
Armmuskel
56 der lange radiale
Handstrecker
57 der gemeinsame
Fingerstrecker
58 der ulnare Handbeuger
59 der breite Rückenmuskel
60 der große Gesäßmuskel
61 der zweiköpfige
Unterschenkelbeuger
62 der Zwillingswaden-
muskel
63 der gemeinsame
Zehenstrecker
64 der lange Wadenbein-
muskel

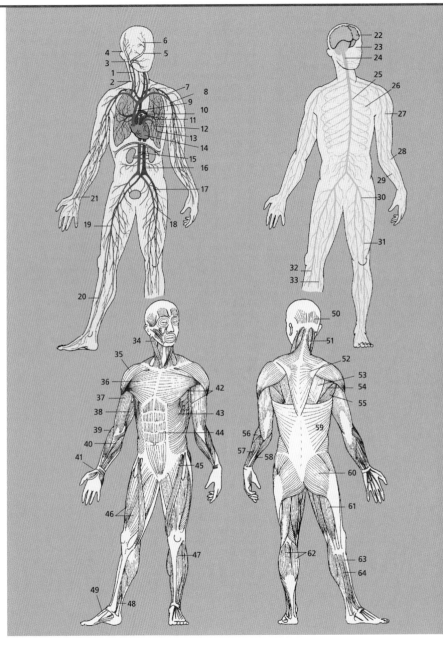

1 **der Kopf und der Hals**
2 der Kopfhalter
(der Kopfnicker, Nicker)
3 der Hinterhauptmuskel
4 der Schläfenmuskel
5 der Stirnmuskel
6 der Ringmuskel
des Auges *n*
7 die mimischen Gesichts-
muskeln *m*
8 der große Kaumuskel
9 der Ringmuskel
des Mundes *m*
10 die Ohrspeicheldrüse
11 der Lymphknoten
12 die Unterkieferdrüse
13 die Halsmuskeln *m*
14 der Adamsapfel
[nur beim Mann]

15 **der Mund und der Rachen**
(16–41)
16 die Oberlippe
17 das Zahnfleisch

18 **das Gebiss**
(19–21, 31–42, 45)
19 der Schneidezahn
20 der Eckzahn
21 die Backenzähne *m*
22 der Mundwinkel
23 der harte Gaumen
24 der weiche Gaumen
(das Gaumensegel)
25 das Zäpfchen
26 die Gaumenmandel
(Mandel)
27 die Rachenhöhle
(der Rachen)
28 die Zunge
29 die Unterlippe
30 der Oberkiefer

31 **der Zahn**
32 die Krone
33 die Wurzel

34 **der Backenzahn**
35 die Wurzelhaut
36 der Zement
37 der Zahnschmelz
38 das Zahnbein
39 die Pulpa (das Zahnmark)
40 die Pulpahöhle
41 die Nerven *m* und
Blutgefäße *n*
42 der Wurzelkanal
43 der Oberkieferknochen
44 der Alveolarknochen
45 die Zahnwurzelkanal-
öffnung

46 **das Auge**
47 die Augenbraue
48 das Oberlid
49 das Unterlid
50 die Wimper
51 die Pupille
52 die Iris (die Regen-
bogenhaut)
53 die Augenmuskeln *m*
54 der Augapfel
55 der Glaskörper
56 die Hornhaut
57 die Linse
58 die Netzhaut
59 der blinde Fleck
60 der Sehnerv

61 **die Haut**
62 das Haar
63 die Pore
64 die Hornhaut
(die Epidermis)
65 die Oberhaut
66 die Lederhaut
67 die Unterhaut
68 das Bindegewebe
69 das Fettgewebe
70 die Talgdrüse
71 der Haarbalg
(der Haarfollikel)
72 die Schweißdrüse
73 der Nerv
74 das Blutgefäß

75 **die Nase**
76 die Nasenhöhle
77 die Nasenmuscheln *f*
78 die Keilbeinhöhle
79 die Stirnbeinhöhle
80 das Nasenbein
81 die Nasenscheidewand-
knorpel *m*
82 der Nasenknorpel
83 die Ohrtrompete

84 **das Gleichgewichts-
und Gehörorgan**
85 das äußere Ohr
86 die Ohrmuschel
87 das Ohrläppchen
88 der Gehörgang
89 das Mittelohr
90 das Trommelfell
91 die Paukenhöhle
92 die Gehörknöchelchen *n:*
der Hammer, der Amboss,
der Steigbügel

93 **das innere Ohr**
94 das Labyrinth
95 die Schnecke
96 der Gehörnerv
97 die eustachische Röhre

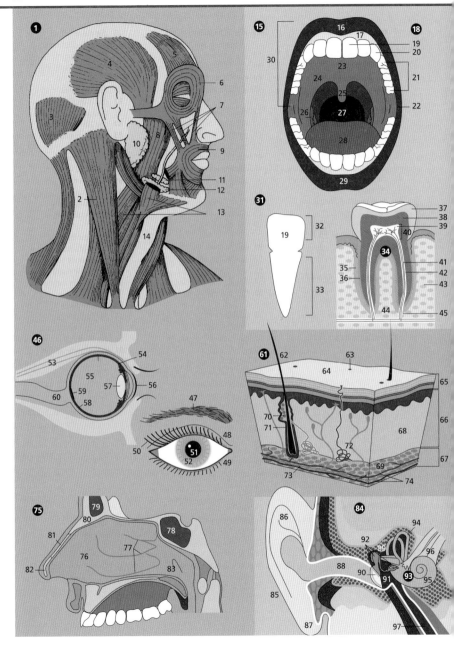

1 **die inneren Organe** *n*
[von vorn] (1–41)
2 die Schilddrüse

3 **der Kehlkopf** (4 u. 5)
4 das Zungenbein
5 der Schildknorpel
6 die Luftröhre
7 der Luftröhrenast
(die Bronchie)

8 **die Lunge** (9 u. 10)
9 der rechte Lungenflügel
10 der obere Lungenlappen
[Schnitt]
11 das Herz
12 das Zwerchfell
13 die Leber
14 die Gallenblase
15 die Milz
16 der Magen

17 **der Darm** (18–28)

18 **der Dünndarm** (19–21)
19 der Zwölffingerdarm
20 der Leerdarm
21 der Krummdarm

22 **der Dickdarm** (23–28)
23 der Blinddarm
24 der Wurmfortsatz
25 der aufsteigende
Grimmdarm
26 der quer liegende
Grimmdarm
27 der absteigende
Grimmdarm
28 der Mastdarm
29 die Speiseröhre

30 **das Herz** (31 u. 32)
31 das Herzohr
32 die vordere Längsfurche
33 das Zwerchfell
34 die Milz
35 die rechte Niere
36 die Nebenniere

37 **die linke Niere**
[Längsschnitt]
38 der Nierenkelch
39 das Nierenbecken
40 der Harnleiter
41 die Harnblase

42 **die Leber** [hochgeklappt]
(43 u. 44)
43 das Leberband
44 der Leberlappen
45 die Gallenblase
46 der gemeinsame Gallen-
gang
47 der Gallenblasengang
48 der Lebergang
49 die Pfortader
50 die Speiseröhre

51 **der Magen** (52 u. 53)
52 der Magenmund
53 der Pförtner
54 der Zwölffingerdarm
55 die Bauchspeicheldrüse

56 **das Herz**
[Längsschnitt] (57–70)
57 der Vorhof

58 **die Herzklappen** *f* (59 u. 60)
59 die dreizipflige Klappe
60 die Mitralklappe
61 das Segel
62 die Aortenklappe
63 die Pulmonalklappe
64 die Herzkammer
65 die Kammerscheidewand
66 die obere Hohlvene
67 die Aorta
68 die Lungenschlagader
69 die Lungenvene
70 die untere Hohlvene
71 das Bauchfell
72 das Kreuzbein
73 das Steißbein
74 der Mastdarm
75 der After
76 der Schließmuskel
77 der Damm
78 die Schambeinfuge

79 **die männlichen
Geschlechtsorgane** *n*
[Längsschnitt]
80 das männliche Glied
(der Penis)
81 der Schwellkörper
82 die Harnröhre
83 die Eichel
84 die Vorhaut
85 der Hodensack
86 der Hoden
87 der Nebenhoden
88 der Samenleiter
89 die Cowper-Drüse
90 die Vorsteherdrüse
91 die Samenblase
92 die Harnblase

93 **die weiblichen
Geschlechtsorgane** *n*
[Längsschnitt]
94 die Gebärmutter
95 die Gebärmutterhöhle
96 der Eileiter
97 die Fimbrien *f*
98 der Eierstock
99 der Follikel mit dem Ei *n*
100 der äußere Muttermund
101 die Scheide
102 die Schamlippe
103 der Kitzler

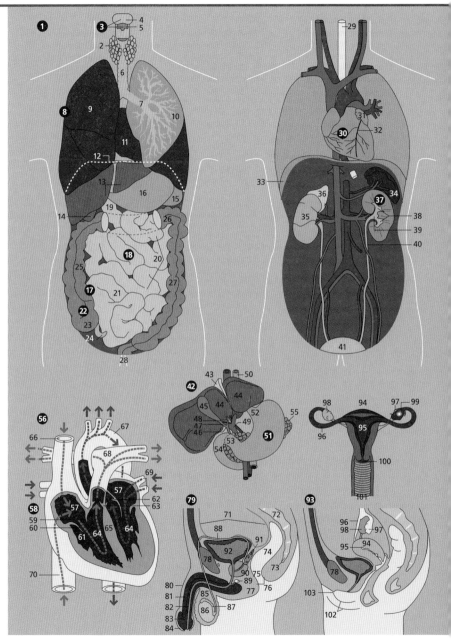

1 **die menschliche Zelle und ihre Organellen** *f*
2 die Zellmembran
3 das Zytoplasma (Grundplasma)
4 der Zellkern mit Kernpore *f*
5 das Chromosom (das Erbkörperchen)
6 das endoplasmatische Netz (das endoplasmatische Retikulum)
7 das Zentralkörperchen (die Zentriole)
8 der Golgi-Apparat
9 das Lysosom
10 die Ribosomen *n*
11 das Fetttröpfchen
12 eine Ausstülpung der Zellmembran *f*
13 das Mitochondrium

14 **das Chromosom**
15 das Chromosom (diploid)
16 der Chromosomenarm (das Chromatid)
17 der kurze Chromosomenarm
18 der lange Chromosomenarm
19 der Zentromer
20 das Gen
21 das Nukleosom, bestehend aus ca. 8 Histonen *n* und 200 Basenpaaren *n*
22 das Histon (das Bindemolekül)

23 **die Desoxyribonukleinsäure-Struktur** (DNS-Struktur)
24 die Doppelhelix
25 das Basenpaar aus zwei Nukleinbasen *f* (Adenin *n* [A] und Thymin *n* [T] oder Cytosin *n* [C] und Guanin *n* [G])
26 das Basentriplett aus drei Basenpaaren *n*

27 **die Zellteilung** (die Mitose)
28 die Prophase (Vorphase)
29 die Zentralspindel
30 der Zellkern (der Nukleus) mit Nukleolus *m*
31 die fortschreitende Prophase
32 die Metaphase

33 der Spindelapparat
34 die Anaphase
35 die Spindelfaser
36 die Äquatorialebene
37 die Tochterchromosomen *n* am Spindelpol *m*
38 die Telophase (Endphase)

39 **die Reifeteilung** (die Meiose)
40 die erste Reifeteilung
41 die Chromosomenfäden *m*
42 die Paarung
43 die Verdickung
44 die Überkreuzung (das Crossing-over)
45 die ausgetauschten Bruchstücke *n*
46 die Zellteilung
47 die Chromatiden *n*

48 **die zweite Reifeteilung**
49 die Keimzellen *f*

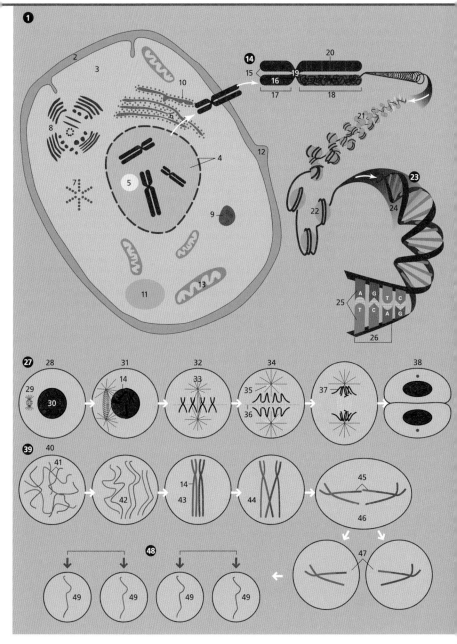

1 **die Befruchtung
der Eizelle** f (2–29)

2 **die Samenzelle**
3 der Zellkern der Samen-
zelle f
4 die Akrosomen n
5 die Zellmembran

6 **die Eizelle**
(die Oozyte, das Ei)
7 die Follikelepithelzellen f
8 die Zona pellucida
(die Glashaut)
9 das Polkörperchen
(Richtungskörperchen)
10 die zweite Reifeteilung
11 die Akrosommembran
12 der weibliche Vorkern

13 **der Eileitertransport**
14 der Gelbkörper
15 der Follikel
16 der Eierstock
17 die Fimbrien f
18 der Eileiter
19 der männliche Vorkern
20 die Eizelle
nach der Ovulation f
21 die Befruchtung
der Eizelle f
22 die Eizelle mit männ-
lichem und weiblichem
Vorkern m
23 die erste Furchungs-
teilung
24 das Zweizellenstadium
nach 30 Stunden f
25 das Morulastadium
nach 3 Tagen m
26 der Eintritt
in die Gebärmutterhöhle
nach 4 Tagen m
27 die Gebärmutterhöhle
28 die Blastozyste
nach 4,5 bis 5 Tagen m
29 die Einnistung

30 **die Schwangerschaft**
31 der Embryo
32 der Uterus
33 der Mutterkuchen
(die Plazenta)
34 die Nabelschnur
35 der Gebärmutterhals
36 der Schleimpfropf
37 die Fruchtwasserhöhle
(Amionhöhle mit Frucht-
wasser n)
38 die Schwangerschaft
in der Frühphase f
(bis zur 12. Woche f)
39 der Fetus (der Fötus)
in der 28. Schwanger-
schaftswoche f
40 die Schwangerschaft
in der 40. Woche f

41 **die Geburt**
42 der Gebärmutterhals
43 der äußere Muttermund
44 die Scheide
45 die Fruchtwasserblase
46 das Steißbein
47 der Geburtskanal
48 die Bandscheibe zwischen
5. Lendenwirbel m
und Kreuzbein n
49 die Symphyse
50 das Neugeborene

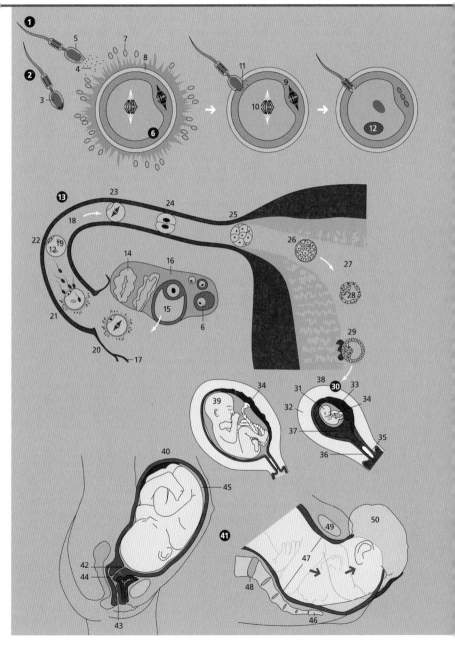

1 **die Notverbände** *m*
2 der Armverband
3 das Dreieck[s]tuch
  als Armtragetuch
  (die Armschlinge)
4 der Kopfverband
5 das Verbandspäckchen
6 der Schnellverband
7 die keimfreie Mullauflage
8 das Heftpflaster
9 die Wunde
10 die Mullbinde
11 der behelfsmäßige
  Stützverband eines
  gebrochenen Glieds *n*
12 das gebrochene Bein
13 die Schiene
14 das Kopfpolster

15 **Maßnahmen** *f*
  zur Blutstillung *f*
  (die Unterbindung
  eines Blutgefäßes *n*)
16 die Abdrückstellen *f*
  der Schlagadern *f*
17 die Notaderpresse
  am Oberschenkel *m*
18 der Stock als Knebel *m*
  (der Drehgriff)
19 der Druckverband

20 **die Bergung**
  und Beförderung *f*
  eines Verletzten *m*
  (eines Verunglückten *m*)
21 der Rautek-Griff
  (zur Bergung *f* eines
  Verletzten *m* aus einem
  Unfallfahrzeug *n*)
22 der Helfer
23 der Verletzte
  (der Verunglückte)
24 der Kreuzgriff
25 der Tragegriff
26 die Behelfstrage
  aus Stöcken *m*
  und einer Jacke *f*

27 **die Lagerung Bewusst-**
  loser *m od. f* **und**
  die künstliche Atmung
  (die Wiederbelebung)
28 die stabile Seitenlage
  (die NATO-Lage)
29 der Bewusstlose
30 die Mund-zu-Mund-
  Beatmung
  (*Variante:* Mund-zu-Nase-
  Beatmung)
31 die Elektrolunge,
  ein Wiederbelebungs-
  apparat *m*, ein Atem-
  gerät *n*
32 die Wiederbelebung
  (die Herzmassage)

33 **die Rettung**
  bei Eisunfällen *m*
34 der im Eis *n*
  Eingebrochene
35 der Retter
36 das Seil
37 der Tisch
  (o. ä. Hilfsmittel *n*)
38 die Leiter
39 die Selbstrettung

40 **die Rettung**
  Ertrinkender *m od. f*
41 der Befreiungsgriff
  bei Umklammerung *f*
42 der Ertrinkende
43 der Rettungsschwimmer
44 das Abschleppen
  (Transportgriffe *m*)
45 der Achselgriff
46 der Kopfgriff

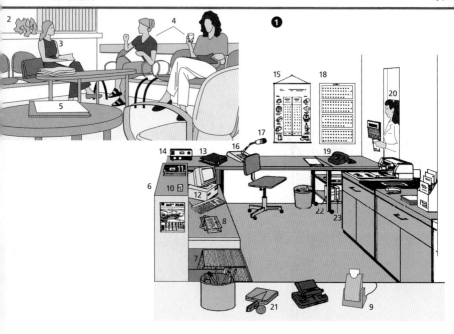

1 die Praxis für **Allgemeinmedizin** *f* (2–60)	6 die Annahme (die Auf- nahme, die Rezeption)	18 der Wandkalender 19 das Telefon
2 der Warteraum (das Wartezimmer)	7 die Patientenkartei 8 die Patientenkarte	20 die Arzthelferin 21 die Büromaterialien *n*
3 die Patientin (*männl.* der Patient)	(das Krankenblatt) 9 das Chipkarten-Lesegerät	22 das medizinische Wörterbuch
4 die (zur Routine- untersuchung *f* oder Rezepterneuerung *f*) vorbestellten Patienten *m*	10 die Chipkarte für Patienten *m* 11 das Vorbestellbuch 12 der Personalcomputer	23 die Rote Liste® der zugelassenen Arzneimittel *n*
5 die ausgelegten Zeit- schriften *f*	(der PC) 13 der Schriftverkehrsordner 14 der Anrufbeantworter 15 die Schautafel 16 die Gegensprechanlage 17 das Mikrofon	

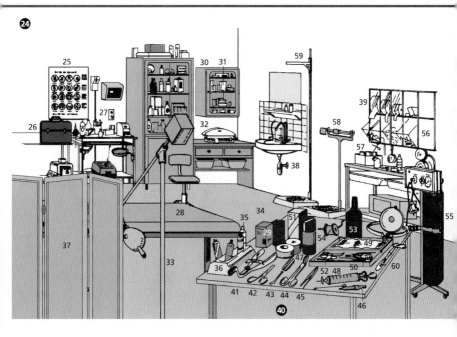

24 der Behandlungsraum
(25–60)
25 die Augenhintergrundtafel
26 die Arzttasche
27 das Raumsprechgerät,
ein Gegensprechgerät *n*
28 die Untersuchungsliege
29 der Tupferspender
30 das Wandschränkchen
31 die Ärztemuster *n*
32 die Babywaage
33 der Beleuchtungsstrahler
34 der Verbandstisch
35 die Salbentube
36 der Tubenständer
37 der Paravent
38 das Handwaschbecken
39 das Verbandsmaterial

40 die Behandlungs-
instrumente *n* **für**
die kleine Chirurgie
(41–57)
41 der Mundsperrer
42 die Kocher-Klemme
43 der scharfe Löffel
44 die gekröpfte Schere
45 die Pinzette
46 die Knopfsonde
47 das Heftpflaster
48 die Spritze für Spülungen *f*
von Ohr *n* oder Blase *f*
49 das chirurgische Nahtmaterial
50 die gebogene chirurgische
Nadel
51 die sterile Gaze
52 der Nadelhalter
53 die Sprühdose zur
Hautdesinfektion *f*
54 der Fadenbehälter

55 das Vereisungsgerät
für kryochirurgische
Eingriffe *m*
56 der Pflaster- und
Kleinteilespender
57 die Einmalinjektions-
nadeln *f* und -spritzen *f*
58 die Personenwaage,
eine Laufgewichtswaage *f*
59 der Körpergrößenmesser
60 der Reflexhammer

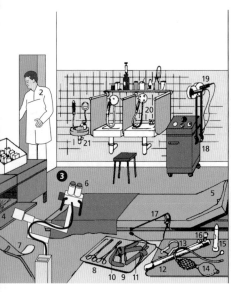
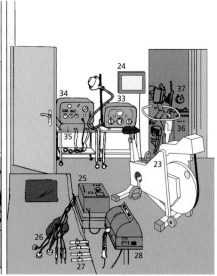

1 **das Sprechzimmer**
(Konsultationszimmer)
2 der Arzt für Allgemein-
medizin *f* (der Allgemeinmediziner; *früher:*
der praktische Arzt)

3 **gynäkologische**
und proktologische
Untersuchungs-
instrumente *n* (4–17)
4 die Vorwärmung
der Instrumente *n* auf
Körpertemperatur *f*
5 die Untersuchungsliege
6 das Kolposkop
7 der Beinhalter
(der Beinkloben)

8 die Kornzangen *f*
(die Tupferhalter *m*)
9 das Scheidenspekulum
(der Scheidenspiegel)
10 das untere Blatt
des Scheidenspiegels *m*
11 die Platinöse
(für Abstriche *m*)
12 das Rektoskop
13 die Biopsiezange
für das Rektoskop
14 der Luftinsufflator
für die Rektoskopie
15 das Proktoskop
16 das Führungsgerät
für das Proktoskop
17 der Harnröhrenkatheter
(das Urethroskop)
18 das Diathermiegerät
(Kurzwellengerät, Kurz-
wellenbestrahlungsgerät)
19 der Radiator
20 der Inhalator
21 das Spülbecken
(für Auswurf *m*)

22 **die Ergometrie**
23 das Fahrradergometer
24 der Monitor
(die Leuchtbildanzeige
des EKGs *n* und der
Puls- und Atemfrequenz *f*
während der Belastung *f*)
25 das EKG-Gerät
(der Elektrokardiograf)
26 die Saugelektroden *f*
27 die Anschnallelektroden *f*
zur Ableitung *f* von den
Gliedmaßen *f*
28 das Spirometer
(zur Messung *f*
der Atemfunktionen *f*)

29 **die Blutdruckmessung**
   (30–32)
30 der Blutdruckmesser
31 die Luftmanschette
32 das Stethoskop
   (das Hörrohr)
33 das Mikrowellengerät
   für Bestrahlungen *f*
34 das Faradisiergerät
   (zur Anwendung *f* nieder-
   frequenter Ströme *m*
   mit verschiedenen Impuls-
   formen *f*)
35 das automatische
   Abstimmungsgerät
36 das Kurzwellengerät
   mit Monode *f*
37 der Kurzzeitmesser

38 **das Labor**
   (das Laboratorium)
39 die medizinisch-
   technische Assistentin
   (die MTA)
40 der Kapillarständer
   für die Blutsenkung
41 der Messzylinder
42 die automatische Pipette
43 die Nierenschale
44 das tragbare Elektro-
   kardiogrammgerät
   (EKG-Gerät) für den
   Notfalleinsatz *m*
45 das automatische
   Pipettiergerät
46 das thermokonstante
   Wasserbad
47 der Wasseranschluss
   mit Wasserstrahlpumpe *f*
48 die Färbeschale
   (für die Färbung der Blut-
   ausstriche *m*, Sedimente *n*
   und Abstriche *m*)

49 das binokulare
   Forschungsmikroskop
50 der Pipettenständer
   für die Fotometrie
51 das Rechen- und
   Auswertegerät
   für die Fotometrie
52 das Fotometer
53 der Kompensations-
   schreiber
54 die Transformationsstufe
55 das Laborgerät
56 die Harnsedimenttafel
57 die Zentrifuge

1 der Zahnarzt	**7** die Mehrfachfunktions-	**16** die Behandlungslampe
2 der Patient	spritze (für kaltes und	**17** die Deckenleuchte
3 der Patientenstuhl	warmes Wasser n, Spray m	**18** das Röntgengerät
(Behandlungsstuhl)	$od.$ n oder Luft f)	für Panoramaschicht-
4 der Schwebetisch		aufnahmen f
5 der Instrumentenhalter,	**8 die Helferineinheit** (9–11)	**19** das Mikrowellengerät,
das Instrumententablett	**9** das Speibecken	ein Bestrahlungsgerät
6 die Bohrinstrumente n	**10** das Wasserglas	**20** der Sitzplatz
mit verschiedenen Hand-	mit automatischer	
und Winkelstücken n	Füllung f	
	11 die Absauganlage	
	12 der Instrumentenschrank	
	13 das Bohrerfach	
	14 das Waschbecken	
	15 die zahnmedizinische	
	Fachangestellte	
	(die Zahnarzthelferin)	

21 die Zahnprothese
  (der Zahnersatz,
  das künstliche heraus-
  nehmbare Gebiss)
22 die Brücke (der fest
  sitzende Zahnersatz)
23 der präparierte Zahn-
  stumpf
24 die Krone als Brücken-
  anker *m* (*Arten:* die
  Keramikkrone, Verblend-
  krone, Vollgusskrone)
25 das Brückenglied
26 die Füllung (Zahnfüllung,
  veraltet: die Plombe)
27 der Stift-Stumpf-Aufbau
28 die Krone
29 der Stumpf
30 der Stift (Wurzelstift)
31 die Karborundscheibe
32 die Kavitätenbohrer *m*
33 der Finierer
  (der flammenförmige
  Bohrer)
34 die Fissurenbohrer *m*
35 der Diamantschleifer
36 der Mundspiegel
37 die Mundleuchte
38 der Elektrokauter
  (Kauter)
39 die Platin-Iridium-
  Elektrode
40 die Zahnreinigungs-
  instrumente *n* (Scaler *m*)
41 die Sonde
42 die Extraktionszange
43 der Wurzelheber
44 der Knochenmeißel
45 der Zungenspatel
46 das Füllungsmischgerät
47 die Zeitschaltuhr
48 die Injektionsspritze zur
  Anästhesie *f*
49 die Injektionsnadel
50 das nadelfreie Injektionssystem
51 der Matrizenspanner
52 der Abdrucklöffel
53 die Spiritusflamme

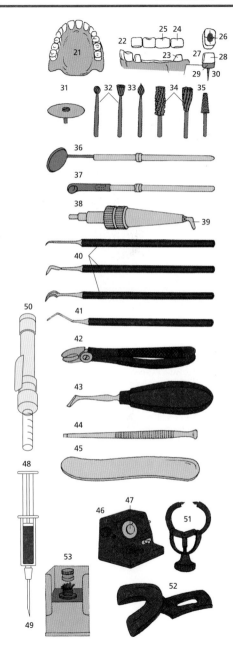

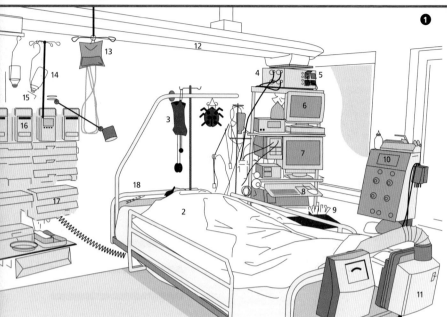

1 **die Intensivstation**
  (Intensivpflegestation)
2 das Patientenbett
3 die Druckmanschette
  zur arteriellen
  Blutdruckmessung *f*
4 die Anschlüsse *m*
  für Sauerstoff-
  und Druckluftzufuhr *f*
5 die Steckdosen *f*
  mit Notstromversorgung *f*

6 der Monitor für
  die Herzstromkurven *f*
  und den Blutdruck *m*
7 der Monitor für Röntgen-
  bilder *n*
8 die Beatmungsmaschine
9 der Absauger mit Absaug-
  kathetern *m*
10 die Hämofiltration
  (ein Verfahren *n*
  zur Blutwäsche *f*)
11 die Luftpumpe und
  Heizung *f* für die
  Lagerungsmatratze *f*

12 die Geräteträgerschiene
13 der Bluttransfusions-
  beutel
14 die Infusionsflaschen *f*
15 der Tropfenzähler
16 die Infusionsautomaten *m*
  (der Durchflussregler)
17 die Spritzpumpen *f*
18 die Hahnenbank

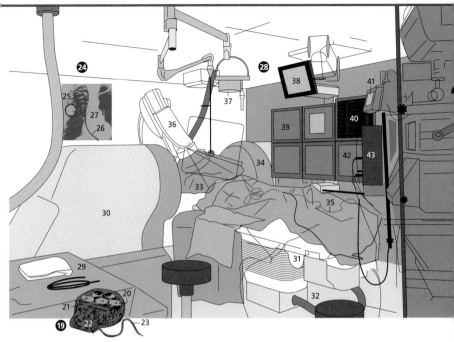

19 der Herzschrittmacher
20 die Quecksilberbatterie
21 der programmierbare
   Taktgeber
22 der Elektrodenausgang
23 die Elektrode

**24 die Herzschrittmacher-
   implantation**
25 der intrakorporale
   Herzschrittmacher
   (Schrittmacher)
26 die transvenös geführte
   Elektrode
27 die Herzsilhouette im
   Röntgenbild *n*

28 die Herzkatheterisierung
29 der Instrumententisch
   für die Einführung
   der Herzkatheter *m*
30 die Steuermagnete *m*
31 die Steuereinheit
   für den beweglichen
   Tisch *m*
32 das Fußpedal
   für die Katheterablation
33 die sterile Abdeckung
34 der Motorvorschub
   für den Katheter *m*
35 das Anschlusskabel
   für den Katheter *m*
36 die Durchleuchtungs-
   einheit
37 die Operationstischlampe
   (OP-Lampe)

38 der Monitor für
   die Tischsteuerung
39 die Röntgenmonitore *m*
40 der Monitor für das
   Elektrokardiogramm
   (der EKG-Kurvenmonitor)
41 der Blutdruckkontroll-
   monitor
42 der Magnetfeldmonitor
43 der Generator
   für Hochfrequenzstrom *m*
   zur Ablation *f*

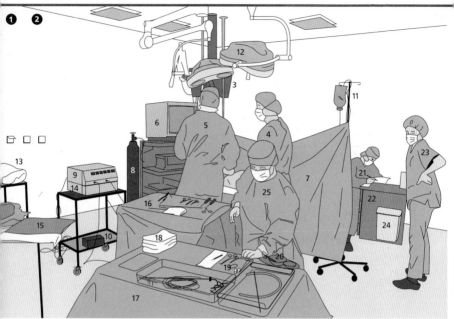

1 **die chirurgische Abteilung**
   (die chirurgische Klinik)
   (2–47)

2 **der Operationssaal**
   (OP-Saal *m*) (3–25)
3 das Beatmungsgerät
4 der Operateur
5 der erste Assistent
   (führt die Kamera)
6 der Videoturm
   mit Monitor *m*, video-
   optischem Kameraein-
   schub *m*, Videorekorder *m*
   und Drucksteuerung *f*
   zur Befüllung *f* der Bauch-
   höhle *f* mit Gas *n*

7 der Operationstisch
   (OP-Tisch *m*) mit
   der sterilen Abdeckung *f*
8 die Druckgasflasche
9 das elektrische
   Koagulationsgerät
10 das Fußpedal
   für das Koagulationsgerät
11 der Ständer für Tropf-
   infusionen *f*
12 die schwenkbare,
   schattenfreie Operationsleuchte (OP-Lampe *f*)
13 das Sterilgut (die Abdeck-
   tücher *n*, der Kittel etc.)
14 die Kaltlichtquelle für
   die Beleuchtung im
   Bauchraum *m* während
   des minimalinvasiven
   Eingriffs *m*
15 der Abwurftisch

16 der Instrumententisch
17 der Instrumenten-
   beistelltisch mit dem
   Instrumentensieb *n*
18 die sterilen Bauchtücher *n*
19 das Nahtmaterial
20 das Schälchen mit
   Desinfektionsmittel *n*
   zur Befeuchtung *f*
   von Tupfern *m*
21 der Anästhesist
22 der Narkosewagen
23 die Springerin
24 der Abfallbehälter
25 die OP-Schwester

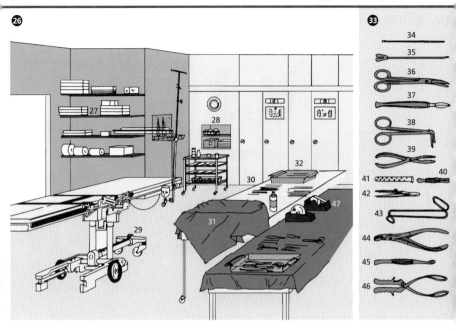

**26 der Vorbereitungs-
und Sterilisierraum**
27 das Verbandmaterial
28 der Kleinsterilisator
29 das Operationstisch-
fahrgestell
30 der fahrbare
Instrumententisch
31 das sterile Tuch
32 der Instrumentenkorb

33 chirurgische Instrumente *n*
(34–46)
34 die Knopfsonde
35 die Hohlsonde
36 die gebogene Schere
37 das Skalpell
38 der Ligaturführer
39 die Sequesterzange
40 die Aderpresse
(die Aderklemme)
41 das Dränrohr
(Dränagerohr)
42 die Arterienpinzette
43 der Wundhaken

44 die Knochenzange
45 der scharfe Löffel
(die Kürette) für die Ausschabung (die Kürettage)
46 die Geburtszange
47 die Heftpflasterrolle

❶

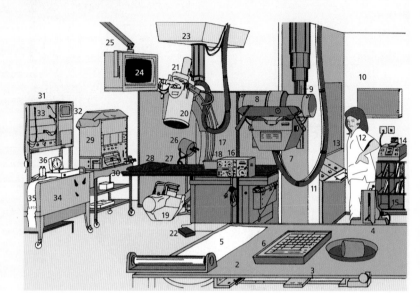

1 **die Röntgenstation**
2 der Röntgen-
   untersuchungstisch
3 die Röntgenkassetten-
   halterung
4 die Höheneinstellung
   für den Zentralstrahl *m*
   bei Seitenaufnahmen *f*
5 die Kompresse bei Nieren-
   und Gallenaufnahmen *f*
6 die Instrumentenschale
7 die Röntgeneinrichtung
   zur Aufnahme *f*
   von Nierenkontrast-
   darstellungen *f*
8 die Röntgenröhre
9 das ausfahrbare
   Röntgenstativ

10 der zentrale Röntgen-
   bedienplatz
11 das Schaltpult
12 die Röntgenassistentin
13 das Blickfenster
   zum Angiografieraum *m*
14 das Oximeter
15 die Kassetten *f* für
   Nierenaufnahmen *f*
16 das Druckspritzengerät
   für Kontrastmittel-
   injektionen *f*
17 das Röntgenbild-
   verstärkergerät
18 der C-Bogen
19 der Röntgenkopf mit
   der Röntgenröhre *f*
20 der Bildwandler mit
   der Bildwandlerröhre *f*
21 die Filmkamera
22 der Fußschalter
23 die fahrbare Halterung
24 der Monitor
25 der schwenkbare
   Monitorarm

26 die Operationslampe
   (die OP-Lampe)
27 der angiografische
   Untersuchungstisch
28 das Kopfkissen
29 der Achtkanalschreiber
30 das Aufzeichnungspapier
31 der Kathetermessplatz für
   die Herzkatheterisierung
32 der Sechskanalmonitor
   für Druckkurven *f*
   und EKG *n*
33 die Druckwandler-
   einschübe *m*
34 die Papieraufzeichnungseinheit mit Entwickler *m*
   für die Fotoaufzeichnung
35 das Aufzeichnungspapier
36 der Kurzzeitmesser

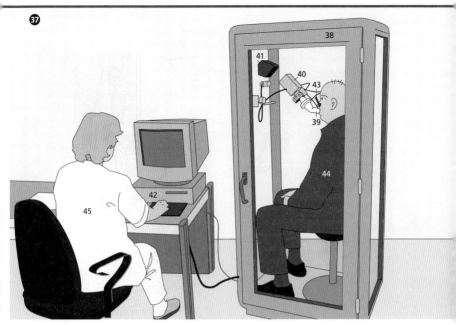

37 die Spirometrie
38 die luftdichte Kammer
39 das Mundstück
40 der Pneumotachograf
     zur Messung f des Atem-
     stroms m

41 der Lautsprecher
42 der PC zur Auswertung f
     des Druckströmungs-
     diagramms n
43 die Nasenklammer
44 der Patient
45 die Assistentin
     (die Arzthelferin)

1	das Kinderreisebett	11	die Wickelkommode	23	die Windelhose
2	die Babywippe	12	der Beißring	24	das Kinderhemdchen
3	die Säuglingsbadewanne	13	die Cremedose	25	die Strampelhose
4	die Wickelauflage	14	der Puderstreuer		(der Strampler)
5	der Säugling (das Baby,	15	die Wegwerfwindeln *f*	26	das Babyjäckchen
	das Wickelkind)	16	die Stoffwindeln *f*	27	das Häubchen,
6	die Mutter	17	das Babyfon®, eine mobile		ein Mützchen *n*
7	die Haarbürste		Babyüberwachung *f*	28	die Kindertasse
8	der Kamm	18	der Babyschlafsack	29	der Kinderteller,
9	das Kapuzenbadetuch	19	die Pflegebox (Babybox)		ein Warmhalteteller *m*
10	die Schwimmente	20	die Milchflasche	30	das Badethermometer
		21	der Sauger		
		22	die Warmhaltebox		
			(Flaschenbox)		

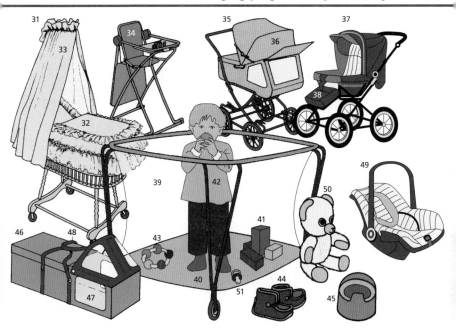

31 der Stubenwagen,
   ein Korbwagen
32 die Stubenwagengarnitur
33 der Baldachin
   (der Himmel)
34 der Kinderstuhl,
   ein Klappstuhl

35 der Kinderwagen,
   ein Kombikinderwagen
36 das zurückklappbare
   Verdeck
37 der Buggy
38 der Fußsack
39 der Laufstall (das Laufställchen, Ställchen)
40 der Laufstallboden
41 die Bauklötze *m*
42 das Kleinkind
43 die Rassel,
   ein Rasselring *m*

44 die Babyschuhe *m*
45 das Töpfchen (der Topf)
46 die Babytragetasche
47 das Sichtfenster
48 die Tragegriffe *m*
49 der Maxi-Cosi®,
   ein Autositz *m*
50 der Kuschelbär,
   ein Schmusetier *n*
51 der Schnuller
   (*ugs.:* der Lutscher)

1 **die Babykleidung** (2–14)

2 **die Ausfahrgarnitur** (3–7)
3 das Mützchen
  (Bindemützchen)
4 der Pompon
  (die *od.* der Bommel,
  die Quaste)
5 das Ausfahrjäckchen
6 die Fäustlinge *m*
7 die Babyschuhe *m*
  (die Erstlingsschuhe)
8 das Achselhemdchen
9 das Schlupfhemdchen
10 das Flügelhemdchen
11 das Babyjäckchen
  (Bindejäckchen)
12 das Windelhöschen
13 das Strampelhöschen
  (der Strampler)
14 der zweiteilige Babydress

15 **die Kleinkinderkleidung**
  (16–33)

16 **das Sommerkleidchen,**
  ein Trägerkleidchen
  (17 u. 18)
17 der Flügelärmel
18 das gesmokte Oberteil
19 der Sommerhut
  (Sonnenhut)
20 der einteilige Jerseyanzug
21 der Vorderreißverschluss
22 der Overall
23 die Applikation
24 das Spielhöschen
25 der Spielanzug
26 der Schlaf- und
  Strampelanzug
27 der Bademantel
28 die Kindershorts *pl*
29 die Hosenträger *m*
30 das Kinder-T-Shirt
31 das Jerseykleidchen
  (Strickkleidchen)
32 die Stickerei
33 die Kindersöckchen *n*

34 **die Schulkinderkleidung**
  (35–63)
35 der Regenmantel

36 **die Lederhose**
  (die Lederhosen *pl*)
37 der Hirschhornknopf
38 die Lederhosenträger *m*
39 der Hosenlatz

40, 41 **das Kinderdirndl**
41 die Zierkordel
  (die Zierverschnürung)
42 der Schneeanzug
  (Steppanzug)
43 die Steppnaht
44 der Winteranorak
45 die Kapuze mit Fleece-
  futter *n*
46 die Latzhose
47 der Latzrock (Trägerrock)
48 die Strumpfhose
49 der Nickipulli (der Nicki)
50 das Teddyjäckchen
  (die Plüschjacke)
51 der Fleecepullover
52 die Gamaschenhose
53 der Mädchenrock
54 der Kinderpulli
55 die Jeansjacke
56 die Jeans[hose]
57 der Strickpullover
  in modischer Übergröße *f*
  (XXL-Form *f*)
58 das Minikleid
59 die Schirmmütze
60 die Schlaghose

61 **der** *od.* **die Wetterparka**
62 der Durchziehgürtel
63 die aufgesetzten Taschen *f*

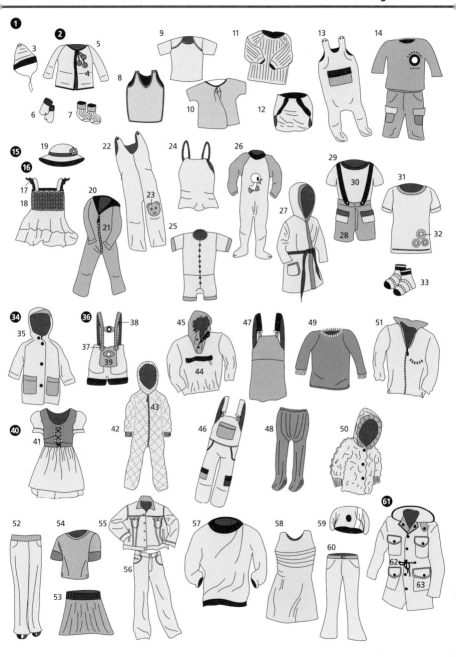

1 das Nerzjäckchen
2 die Angorajacke
3 der Pelzmantel
(*Arten:* der Persianer,
der Breitschwanz,
der Nerz, der Zobel)
4 die wattierte Steppweste
5 die Reißverschlusstasche
6 die Steppnaht
7 die Winterjacke
8 der Lederbesatz

9 **der taillierte**
Wintermantel
(Tuchmantel,
die Redingote)
(10–13)
10 der Pelzkragen
11 der Ärmelpelzbesatz
12 der Reverskragen
13 die Längsteilungsnähte *f*
14 der Blazermantel
15 der Lodenmantel
16 die Knebelknöpfe *m*
17 die Pelerine
18 der Daunenmantel
19 das Ponchocape
20 die Kapuze
21 der Janker
22 der Rollkragenpullover
(der Rolli)

23 der halsferne Rollkragen
24 der kurzärmelige
Unterziehrolli
25 der halsnahe Rollkragen
26 das Ringelmuster
27 der Überziehpullover
28 der Umschlagkragen
29 der Umschlagärmel
30 der Schalkragenpullover
31 der Lumber
32 das Zopfmuster
33 die Reverskragenbluse
34 die sportliche Tasche
35 die Polobluse
36 die Hemdbluse
37 der Trägerrock
(Kleiderrock)
38 der Plisseerock
39 der Seitenschlitzrock
40 der Untertritt
41 der Lodenrock
42 das Hemdblusenkleid,
ein durchgeknöpftes Kleid
43 der Kleidergürtel

44 **das Winterkleid** (45–47)
45 die Paspel
46 die Manschette
47 der lange Ärmel
48 das Wickelkleid
49 das Folklorekleid
50 die Blümchenborte
51 die Tunika (die Tunique,
das Tunikakleid)
52 das aufgesteppte Muster
53 der Armbund

54 **das zweiteilige Strickkleid**
(55–58)
55 der Ärmelaufschlag
56 das eingestrickte Muster
57 der Bootsausschnitt,
ein Halsausschnitt
58 der angeschnittene Ärmel
59 das knielange Wollkleid

60 **das Kasackkleid** (61–64)
61 die Schleife
62 die Blende
63 der Ärmelschlitz
64 der Seitenschlitz
65 das Chasuble

66 **das Kostüm** (67–69)
67 die Kostümjacke
(Tailleurjacke)
68 der Kostümrock
69 der Seitenschlitz
70 der Hosenanzug
71 die Paspeltasche
72 die lange Winterhose

1 **die Popelinejacke**
2 die aufgesetzte Tasche
3 die Steppnaht
4 der Ärmelaufschlag

5 **die Kurzjacke**
6 der Reißverschluss
7 die Raffung
8 der Stehkragen
  mit Riegel *m*
  und Druckknöpfen *m*

9 **der Satinblouson**
10 der Stretchbund
11 der Stretchkragen

12 **der taillierte Blazer**
  (13–15)
13 die Paspel (die Ziernaht)
14 die Unterbrustnaht
15 das Revers
16 der Bolero
17 der Sommermantel
18 die abknöpfbare Kapuze
19 die Sommerbluse
20 der Krempelärmel
21 die aufgesetzte Tasche
22 die Wickelbluse
23 die Stickerei
24 die Zierperlen *f*
25 die Jeansweste
26 das T-Shirt
27 der V-Ausschnitt
28 das Shirt-Top
29 das tiefe Dekolleté
30 der verspielte Volant
  (die Rüschenbordüre)
31 das gesmokte Top
32 die Jeanskorsage
33 die Zierschnürung

34 **das Twinset** (35–37)
35 das ärmellose Top
36 die Strickjacke
37 das breite Bündchen
38 der Sommerpullover
39 die Schulterknöpfe *m*
40 der Bahnenrock
41 die Vorderfalte

42 **der Minirock** (43–45)
43 der breite Bund
44 der Zierverschluss
45 die aufgesetzte Tasche
46 der Wickelrock
47 das seitliche Bindeband
48 der Knoten
49 der Faltenrock
50 der Seitenschlitz
51 die abgesteppte Falte
52 der Hosenrock
  (die Rockshorts *pl*)
53 der Gürtel
54 die Marlenehose
55 die Stretchhose
56 der Umschlag am
  Beinsaum *m*
57 die Leistentasche
58 die Bundfaltenhose
  in V-Form *f*
59 die seitliche Eingrifftasche
60 die knielange Caprihose
61 der Saumschlitz
62 der Stretchgürtel
63 die Steghose
64 der Steg

65 **die Bermudashorts** *pl*
  (66–70)
66 der Hosenaufschlag
  (Saumaufschlag)
67 die Bundfalte
68 die Seitentasche
69 der Textilgürtel mit Ösen *f*
70 die Gürtelschnalle
  (die Schließe)
71 die Damenshorts *pl*
72 der Gürtel (Kleidergürtel)
73 die kleine Vordertasche

74 **der Sommerhosenanzug**
75 die Blusenjacke
  mit geschlitztem Arm *m*
76 die Teilungsnaht mit
  Nahttasche *f*
77 die eng geschnittene Hose
  mit Bügelfalte *f*

78 **das Sommerkleid** (79–84)
79 die durchgehende
  Knopfleiste
80 der tiefe Rundhals-
  ausschnitt
81 der Blumendruck
82 der Spaghettiträger
83 der Spitzenbesatz
84 der gekräuselte
  Saumabschluss
85 das Jerseykleid
86 der Tunnelzug
87 der Lederbindegürtel
88 das Trägerkleid

89 **das Dirndl**
  (das Dirndlkleid)
90 das Mieder
91 die Dirndlbluse
92 der Puffärmel
93 die Dirndlschürze
94 der Spitzenbesatz
  (die Spitze),
  eine Baumwollspitze *f*

1 Damenunterkleidung *f*
und -nachtkleidung *f*
(Damenunterwäsche *f*,
Damenwäsche *f*,
die Dessous *n*) (2–46)

2 der Schlafanzug
(der Pyjama) (3–5)
3 das Oberteil
4 die lange Schlafanzughose
5 die kurze Schlafanzug-
hose
6 der Bademantel
7 der Kimono
8 das Nachtkleidchen
(das Negligé)
9 das Nachthemd

10 der Büstenhalter
(*ugs.* der BH) (11–13)
11 der Träger
12 die Büstenschale
13 der Mittelsteg
14 der Push-up-BH
15 das Bustier
16 der Sportbüstenhalter
17 der trägerlose Büsten-
halter (die Korsage)
18 der Formstab

19 das Torselett (20–22)
20 der Formbügel
21 der Strumpfhalter
22 der Strumpfhaltergürtel
23 das Korselett
24 die Magenstütze

25 der Slip (26–29)
26 der Stringtanga
27 der Minislip
28 der Hüftslip
29 der Taillenslip
30 die Miederhose
31 der Schlankformschlüpfer
32 der Bodysuit (der Body)
33 der Teddy
34 das Unterhemd
35 der Spitzeneinsatz
36 das Unterkleid
37 der Unterrock

38 die Strümpfe *m*
39 die Strumpfhose
40 der Netzstrumpf
41 das Söckchen
42 der Kniestrumpf

43 der dreiteilige Hausanzug
44 das Oberteil
45 die lange Hose
46 die kurze Hose

47 Herrenunterwäsche *f*
und -nachtkleidung *f*
(Herrenunterkleidung,
Herrenwäsche)

48 die Herrensocken *f*
49 die wadenlange Socke
(Kurzsocke)
50 die knielange Socke
51 der elastische Sockenrand

52 der Schlafanzug (53 u. 54)
53 die lange Schlafanzughose
54 die kurze Schlafanzug-
hose
55 das Schlafhemd
56 der kurze Seiden-
morgenmantel
57 der lange Bademantel

58 der Slip (59–61)
59 der Deckverschluss
mit Eingriff *m*
60 der Minislip
61 der Sportslip
62 die Boxershorts *pl*
63 die lange Unterhose
64 die Leggings *pl*
65 das ärmellose Unterhemd
66 das langärmelige
Unterhemd
67 das Viertelarmunterhemd
68 das Unterhemd
mit V-Ausschnitt *m*
69 das Muskelshirt

1 **der Partyanzug,**
  ein Partydress *n*
2 das Partyhemd
3 der Kläppchenkragen
4 der Manschettenknopf
5 der Kummerbund
6 die klassische Hose
7 der *od.* das Plastron
  (die breite Seiden-
  krawatte)

8 **der Smoking,**
  ein Abendanzug *m*
9 das Smokingsakko
10 das Seidenrevers
11 das Smokinghemd
12 die Smokinghose
13 das Hosenbein mit
  Bügelfalte *f*
14 die samtbesetzte
  Hosennaht
15 die Fliege

16 **der Frack,**
  ein Gesellschaftsanzug *m*
  (17–19)
17 die Frackschleife
18 die Brusttasche
19 die Frackweste
20 das Einstecktuch
  (Ziertaschentuch)

21 **der Anzug,**
  ein Geschäftsanzug *m*
  (22–24)
22 der Einreiher (das Sakko,
  das Herrenjackett)
23 die Taschenklappe
  (die Patte)
24 die Bundfaltenhose
25 der Blazer
26 der Metallknopf
27 die Pattentasche
28 der Janker
29 die Paspeltasche oder
  Stecktasche
30 das Knopfloch
31 der Lederblouson
32 der abtrennbare Ärmel
33 der lange Stoffmantel
  (Tuchmantel)
34 die Brusttasche
35 der Taillenabnäher
36 der Kurzmantel

37 **der Trenchcoat** (38–41)
38 die Schulterklappe
39 der Raglanärmel
40 die Ärmellasche mit
  Riegel *m*
41 der Gürtel mit Gürtel-
  schlaufe *f* und Gürtelschnalle *f*
42 der Staubmantel
  (Popelinemantel)
43 der Tellerkragen

44 **die Sportjacke** (45–48)
45 der verdeckte Reiß-
  verschluss
46 die Druckknopfleiste
47 der Cordkragen
48 die aufgesetzte
  Jackentasche
49 der Caban,
  ein Kurzmantel *m*
50 der Schal

51 **das langärmelige
  Oberhemd** (52–55)
52 die Krawatte
53 die Krawattennadel
54 die Hemdtasche
55 die Manschette
56 das kurzärmelige
  Freizeithemd
  mit Karomuster *n*
57 der Hemdkragen
58 das Jeanshemd
59 der Ärmelschlitz
60 der Pulloverblouson
61 der Herrenpullover
62 der Rundhalsausschnitt
63 die Freizeitweste

64 **die Freizeithose** (65–67)
65 der teilelastische
  Hosenbund
66 die Schubtasche
67 die Beintasche
68 die Jeanshose
69 der Ledergürtel

70 **die Latzhose** (71–73)
71 der Hosenschlitz
72 die Latzbrusttasche
73 die Hosenschnalle
74 der Overall
75 die kurze Hose
  (die Bermudashorts *pl*)
76 der Hosenaufschlag
77 der Lederhandschuh
  (Fingerhandschuh)

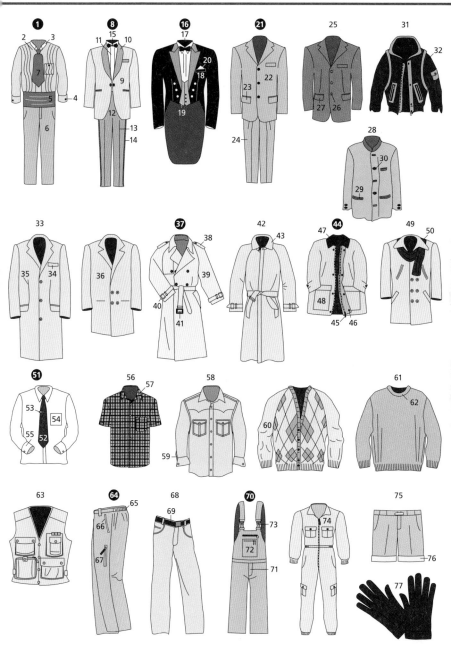

1 Sportjacken *f* (2–12)

2 die Kapuzenjacke
(der Kapuzensweater,
die Sweatjacke) (3–6)
3 die Kapuze
4 das Kapuzenband
5 die angeschnittenen
Taschen *f* (Känguru-
taschen)
6 das elastische Arm-
bündchen (der Strick-,
Jerseybund)
7 die Trainingsjacke
8 die Reißverschlusstasche
9 der hohe Kragen
10 die Labelstickerei
11 die Laufjacke
12 der Reflektorstreifen

13 die Funktionswinterjacke
(die Skijacke)
14 die Innentasche
15 die seitliche Eingrifftasche
mit Reißverschluss *m*
16 die abnehmbare Kapuze
17 der Fleece-Innenkragen
18 die Ventilationsöffnung
unter dem Arm *m*
19 der abtrennbare
Schneefang
20 das verstellbare
Ärmelbündchen

21 Sportoberteile *n*
(22–33)
22 das Standard-T-Shirt
23 der Rundhalsausschnitt
24 das Kapuzenshirt mit
Kängurutasche *f*
25 das Poloshirt
26 das Muskelshirt
27 das Trikot
28 das Trägerhemd
29 das Top
30 das Bustier
31 das Langarmshirt
(das Sweatshirt)
32 der Skipullover
33 der Schnürkragen

34 Sporthosen *f* (35–44)
35 die Trainingshose
36 der seitliche Reiß-
verschluss
37 die Jogginghose
38 das elastische Bündchen
39 die Skaterhose
40 die Shorts *pl*
41 die Hotpants *pl*
42 die Jazzpants *pl*
43 die Radlerhose
44 die Leggings *pl*
45 der Beinwärmer
(die gestrickte Stulpe)
46 das Stirnband
47 der Schal
48 die Mütze
49 der Fausthandschuh

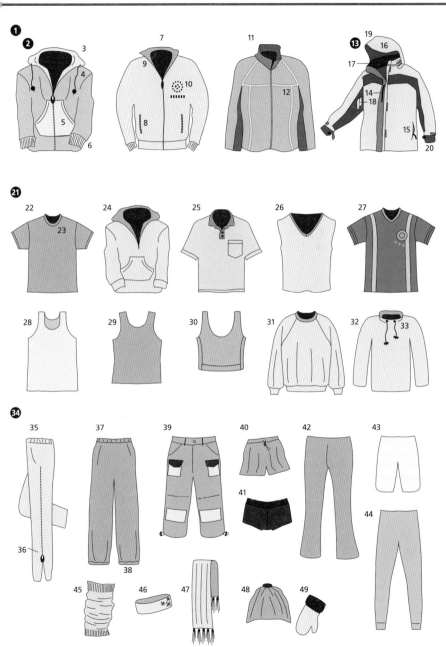

1 das lange, offen getragene
 Haar
2 die Allongeperücke
 (Staatsperücke, Locken-
 perücke), eine Perücke

3 die Zopfperücke
4 der Mozartzopf
5 die Zopfschleife
 (das Zopfband)

6 **die Beutelperücke** (7–9)
7 die Schillerlocken *f*
 an den Seitenpartien *f*
8 der Haarbeutel
9 die Samtschleife
10 der Mittelscheitel
11 der Schnauzbart
 (*ugs.* der Schnauzer)
12 der Bürstenhaarschnitt
 (der Igelkopf, *ugs.* Stiftenkopf, die Bürste)
13 der Spitzbart,
 ein Kinnbart
14 der Backenbart
15 der Henriquatre,
 ein Spitz- und
 Knebelbart *m*
16 der Seitenscheitel
17 der Vollbart
18 der Stutzbart
19 die Fliege
20 der Lockenkopf
 (Künstlerkopf)
21 der englische Schnurrbart
22 der Glatzkopf

23 die Glatze (*ugs.* die Platte)
24 der Haarkranz
25 der Kahlkopf
26 der Stoppelbart (Drei-
 tagebart, die Stoppeln *f*,
 Bartstoppeln)
27 die Koteletten *pl*
28 die glatte Rasur,
 die Glattrasur
29 die Halbperücke,
 das Toupet
30 die Halbstarkenfrisur,
 die Bombagefrisur
31 die pomadisierte
 Stirnlocke
32 der Pilzkopf
33 die Hippiefrisur
34 der Punklook,
 der Irokesenschnitt
35 die Zopffrisur
36 die halblange Frisur

1 die Knotenfrisur
2 die Verzierungen *f*
3 die gezupften Stirnhaare *n*

4 die Garcettefrisur (5 u. 6)
5 das gekräuselte
Seitenhaar
6 der kurze, glatte Pony
7 die Hochfrisur mit
elastischen Unterkissen *n*
8 die Frisur mit Locken-
tuff *m*
9 der Bubikopf

10 der Pagenkopf
11 die Ponyfransen *f*
(*ugs.* Simpelfransen)

12 die Wellenfrisur
13 die Olympiarolle

14 die Kopftuchfrisur
(Trümmerfrauenfrisur)
15 das drapierte Kopftuch
(der Turban)

16 die Kranzfrisur
(Gretchenfrisur)
17 die geflochtenen Zöpfe *m*

18, 19 die Schneckenfrisur
19 die Haarschnecke
über den Ohren *n*
20 die Zopffrisur
(die Hängezöpfe *m*)

21 die weich fallende Lockenfrisur (das Lockenhaar)
22 die Pferdeschwanzfrisur
23 die toupierte Frisur
24 die gewellte Frisur mit
aufgestecktem Knoten *m*
25 die Löwenmähne
26 der Afrolook (für Frauen *f*
und Männer *m*)
27 die Kurzhaarfrisur
mit Haargel *n*
28 die Glamourfrisur
29 der Fransenschnitt

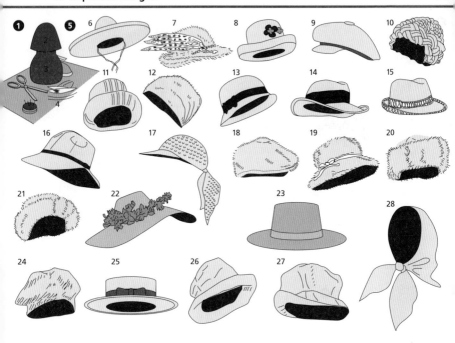

1 **die Werkzeuge
des Hutmachers** *m*
2 der Stumpen
3 die Form
4 die Putzteile *m od. n*

5 **Damenhüte** *m*
und -mützen *f*
6 der Sonnenhut
(der Sombrero)
7 der Mohairhut mit
Federputz *m*
8 der Modellhut
mit Schmuckgesteck *n*
9 die Ballonmütze
mit Schirm
10 die Mütze aus dicker
Dochtwolle *f*
11 die Strickmütze
12 die Mohairstoffkappe
13 der Topfhut
14 der große Herrenhut
aus Sisal *m* mit Rips-
band *n*

15 die Herrenhutform
mit Schmuckband *n*
16 der weiche Haarfilzhut
17 der Japanpanamahut
18 die Nerzschirmkappe
19 der Nerzpelzhut
20 die Fuchspelzmütze
mit Lederkopfteil *m*
21 die Nerzmütze
22 der Florentinerhut
23 der Bolerohut
24 die Baskenmütze
25 der Matelot
26 der Stoffaufschlaghut
27 die Fuggermütze
28 das Kopftuch

29 **Herrenhüte** *m*
   und -mützen *f*
30 der Filzhut im Citystil *m*
31 der Lodenhut
32 der Rauhaarfilzhut
   mit Quasten *f*
33 die Cordmütze
34 die Wollmütze
35 die Baskenmütze
36 der Bowler
   (*ugs. scherzh.* die Melone)
37 die Schirmmütze
   (Seglermütze)
38 der Südwester

39 die Fuchsfellmütze
   mit Ohrenklappen *f*
40 die Ledermütze mit
   Fellklappen *f*
41 die Bisamfellmütze
   (Schiwagomütze)
42 die Schiffchenmütze,
   eine Fell- oder Krimmermütze
43 der (graue od. schwarze)
   Zylinder (der Zylinderhut) aus Seidentaft *m*,
   zusammenklappbar:
   der Klapphut
   (der Chapeau claque)
44 der Sommerhut
   aus Stoff *m*
   mit Täschchen *n*
45 der Strohhut
   (die Kreissäge)

46 die Arbeitsmütze
   (für Landwirte *m*,
   Forstbeamte *m*,
   Handwerker *m*)
47 der Reisstrohhut
48 das Basecap
   (die Baseballkappe)
49 der Safarihut
50 der Fahrradhelm
51 die Pudelmütze
52 der breitrandige Hut
   (der Kalabreser,
   Zimmermannshut,
   Künstlerhut)
53 die Zipfelmütze
   (Skimütze)

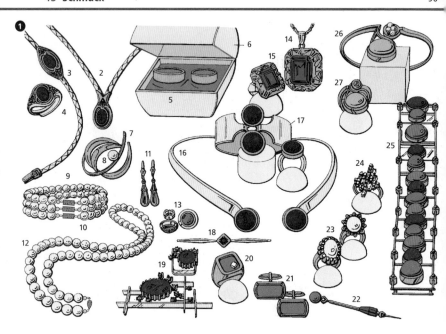

1 **die Schmuckgarnitur**
   (das Schmuckset)
2 das Kollier
3 das Armband
4 der Ring
5 die Trauringe *m*
6 das Trauringkästchen
7 die Brosche,
   eine Perlenbrosche
8 die Perle

9 das Zuchtperlenarmband
10 die Schließe,
   eine Weißgoldschließe
11 das Ohrgehänge
12 die Zuchtperlenkette
13 die Ohrstecker
14 der Farbsteinanhänger
   (Edelsteinanhänger)
15 der Ring mit Farbstein *m*
   (der Edelsteinring)
16 der Halsreif
17 der Armreif
18 die Anstecknadel
   mit Brillant *m*

19 der Ansteckschmuck
20 der Herrenring
21 die Manschettenknöpfe *m*
22 die Krawattennadel
23 der Perlring
   mit Brillanten *m*
24 der Brillantring
25 das Farbsteinarmband
   (Edelsteinarmband)
26 der asymmetrische
   Armreif
27 der asymmetrische Ring

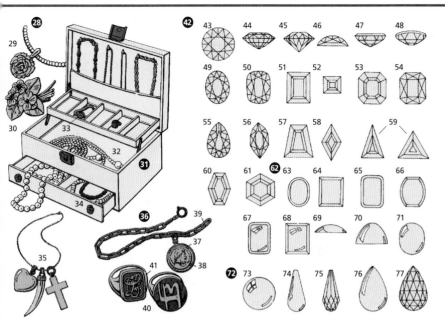

28	**die Elfenbeinkette mit Anhänger** *m*	
29	die Elfenbeinrose (die Erbacher Rose)	
30	die Elfenbeinbrosche	
31	**die Schmuckkassette** (die Schmuckschatulle, der Schmuckkasten, das Schmuckkästchen) (32–34)	
32	die Zuchtperlenkette mit Schließe *f*	
33	die Schmuckuhr	
34	die Korallenkette	
35	das Charivari	
36	**die Kette mit Münzanhänger** *m*	
37	die Goldmünze	
38	die Münzfassung	
39	das Kettenglied	
40	**der Siegelring**	
41	die Gravur (das Monogramm)	

42 **die Schliffarten** *f*
   und Schliffformen *f*
43 der Sternschliff
44 der Ceylonschliff
45 der Brillantschliff
46 der Rosenschliff
47 der Tafelschliff
48 der gemischte Schliff
   (*oben:* der Cabochon,
   unten: der facettierte
   Schliff)
49 das Oval
50 der Altschliff
51 die Baguette
52 der Karreeschliff
53 der Achteckschliff
   (Smaragdschliff)
54 der Scherenschliff
   (der Pendeloque)
55 der Tropfen
56 die Navette (die Marquise)
57 der Trapezschliff
58 die Raute
59 die Dreiecke *n*
   (die Triangeln *m*) im
   Treppenschliff *m*

60 das Sechseck (das Hexagon) im Treppenschliff *m*
61 das runde Sechseck
   im Treppenschliff *m*

62 **die Siegelsteine** *m*
63 die ovale Tafel
64 die rechteckige Tafel
65 die achteckige Tafel
66 die fassförmige Tafel
67 die antike gewölbte Tafel
68 die rechteckige gewölbte
   Tafel
69 der Cabochon
70 der Kegel
71 der ovale Cabochon

72 **die Kugeln** *f*
   und die Pampeln *f*
73 die Kugel
74 die Pampel
75 die facettierte Pampel
76 der Cabochontropfen
77 das facettierte Briolett

1 das frei stehende
Einfamilienhaus
2 das Erdgeschoss
(das Parterre)
3 das Obergeschoss
4 das Dachgeschoss
(der Dachboden)
5 das Dach, ein ungleiches
Satteldach
6 die Traufe
7 der First
8 der Ortgang
9 der Dachvorsprung
(das Dachgesims),
ein Sparrengesims
10 der Schornstein
11 der Giebel
(die Giebelseite)
12 das Giebelfenster
13 die Fensterbrüstung
mit Fensterbank f
14 der Fenstersturz
15 die Fensterlaibung
16 die Wandscheibe
17 die Loggia
18 das Geländer
19 der Blumenkasten
20 die zweiflügelige
Balkontür
21 das zweiflügelige Fenster
22 das einflügelige Fenster
23 das Kellerfenster
24 der Rollladen

25 der Rollladenaussteller
26 die Garage mit
Geräteraum m
27 das Spalier
28 die Brettertür
29 das Oberlicht mit
Kreuzsprosse f
30 die Terrasse
31 die Gartenmauer
mit Abdeckplatten f
32 die Gartenleuchte
33 die Gartentreppe
34 der Steingarten
35 der Plattenweg
36 der Hausgarten
37 der Schlauchhahn
38 der Gartenschlauch
39 der Rasensprenger
40 das Planschbecken
41 der Liegestuhl
42 der Sonnenschirm
43 der Gartentisch
44 der Gartenstuhl
45 die Garageneinfahrt
46 die Einfriedung,
ein Holzzaun m

47 die Siedlung
48 das Siedlungshaus
49 das Dachflächenfenster
50 die Dachrinne
51 der Einlaufstutzen
52 das Regenfallrohr
53 das Standrohr
54 die Haustür
55 die Hausbeleuchtung
56 die Eingangstreppe
57 das Treppengeländer
58 der Briefkasten
59 der Vorgarten
60 der Pflanzenzaun
61 der Gehweg
62 die Straßenleuchte
(die Straßenlampe,
die Straßenlaterne)

63 das gestaffelte
Reihenhaus,
ein Reihenhaus
64 die Spitzgaube
65 das Schleppdach
66 die Straße

67 das Apartmenthaus
68 die Dachterrasse
69 das Penthouse
(die Penthousewohnung,
Dachterrassenwohnung)
70 die Balkonpflanze
71 der Balkonstuhl
72 der Balkontisch

73 das Lofthaus
74 die Fassadenverschalung
aus Holz n
75 das Fensterband
76 der *od.* das Loft
(die Loftwohnung)

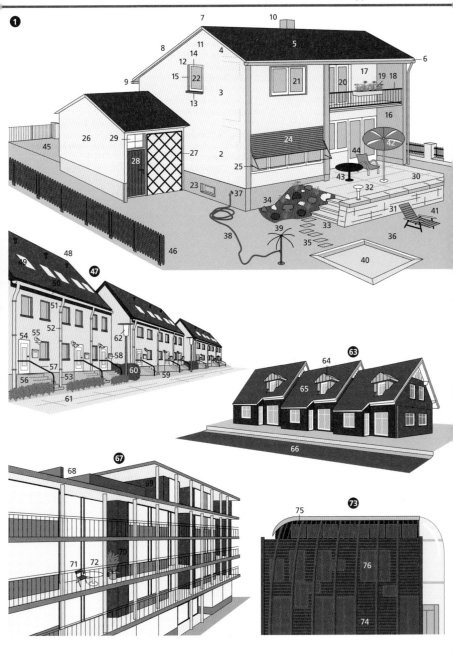

1 **die Stadtvilla**
2 die Veranda
3 der Fassadenstuck
4 das Stuckelement
5 das Sprossenfenster
6 das verzierte Oberlicht
7 die frei stehende Säule
8 das Kapitell

9 **das Wochenendhaus,**
ein Holzhaus
10 das asymmetrische
Satteldach
11 der Fensterladen
(Klappladen)
12 der Ladenfeststeller
13 das gelagerte Kaminholz

14 **der Plattenbau**
15 das Laubenganghaus
16 der Laubengang
17 das Treppenhaus
18 die Grünfläche

19 **das mehrstöckige**
Zeilenhaus
20 das Flachdach
21 das Pultdach
22 die Garage
23 die Pergola
24 das Treppenhausfenster

25 **das Bürohochhaus**

26 **das Wohnhochhaus**

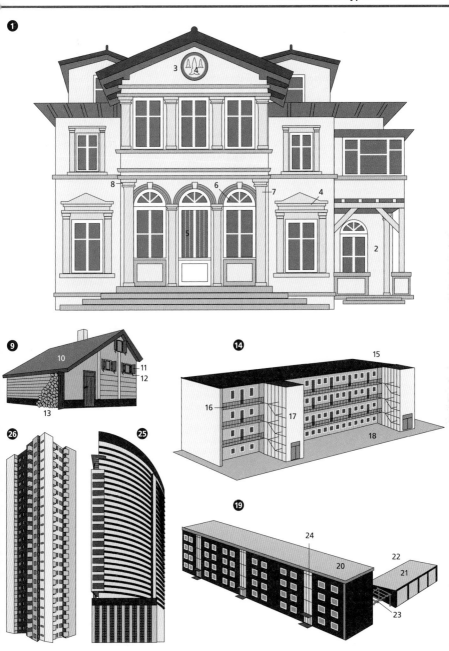

1 **das Dachgeschoss** (2–38)
2 die Dachhaut
3 das Dachfenster
4 das Laufbrett
5 die Steigleiter (Dachleiter)
6 der Schornstein
 (der Kamin, die Esse)
7 der Dachhaken
8 die Dachgaube (die Dachgaupe, Gaube, Gaupe)
9 das Schneefanggitter
10 die Dachrinne
11 das Fallrohr
12 das Hauptgesims
 (Dachgesims)
13 der Spitzboden
14 die Falltür
15 die Bodenluke

16 **die Sprossenleiter**
17 der Holm
18 die Sprosse

19 **der Dachboden**
20 der Holzverschlag
 (Verschlag)
21 die Bodenkammertür
22 das Vorhängeschloss
 (Vorlegeschloss)
23 der Wäschehaken
24 die Wäscheleine
25 das Ausdehnungsgefäß
 (Expansionsgefäß)
 der Heizung *f*

26 **die Holztreppe und
 das Treppengeländer**
 (27–30)
27 die Wange
28 die Stufe
29 der Handlauf
30 der Geländerpfosten
31 der Blitzableiter

32 **der Schornsteinfeger**
 (der Kaminkehrer,
 Essenkehrer)
33 die Sonne mit
 dem Kugelschlag-
 apparat *m*
34 das Schultereisen
35 der Rußsack
36 der Stoßbesen

37 **der Handbesen**
38 der Besenstiel

39 **die Warmwasserheizung,**
 eine Sammelheizung
 (Zentralheizung) (40–86)

40 **der Heizraum**

41 **die Koksfeuerung**
42 die Aschentür
43 der Fuchs
44 das Schüreisen
45 die Ofenkrücke
46 die Kohlenschaufel

47 **die Ölfeuerung**
48 der Öltank
 (der Ölbehälter)
49 der Einsteigschacht
50 der Schachtdeckel
51 der Einfüllstutzen
52 der Domdeckel
53 das Tankbodenventil
54 das Heizöl
55 die Entlüftungsleitung
56 die Entlüftungskappe
57 die Ölstandsleitung
58 der Ölstandsanzeiger
59 die Saugleitung
60 die Rücklaufleitung

61 **der Zentralheizungskessel**
 (Ölheizungskessel)
62 der Ölbrenner
63 das Frischluftgebläse
64 der Elektromotor
65 die verkleidete Brenndüse
66 die Fülltür
67 das Schauglas
 (die Kontrollöffnung)
68 der Wasserstandsmesser
69 das Kesselthermometer
70 der Füll- und Ablasshahn
71 das Kesselfundament
72 die Schalttafel

73 **der Warmwasserboiler**
 (Boiler)
74 der Überlauf
75 das Sicherheitsventil

76 **die Hauptverteilerleitung**
77 die Isolierung
78 das Ventil
79 der Vorlauf
80 das Regulierventil

81 **der Heizkörper**
82 die Heizkörperrippe
 (das Element)
83 der Raumthermostat
84 der Rücklauf
85 die Rücklauf-
 sammelleitung
86 der Rauchabzug

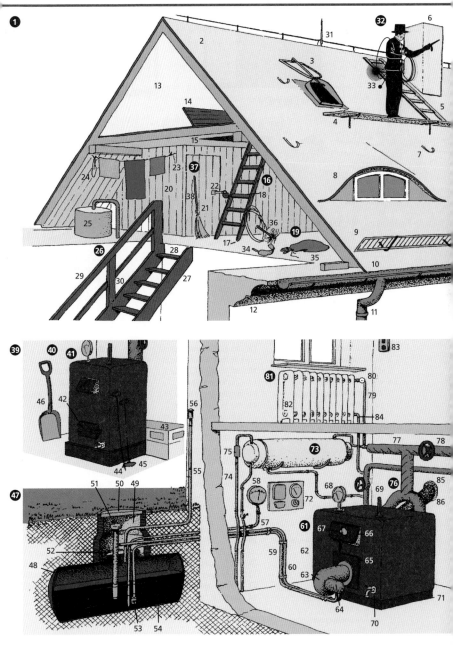

1 die Küchenlampe
2 der Brotkasten
3 die Küchenmaschine
4 die Getreidemühle
5 der Trinkwassersprudler
(der Mineralwasser-
bereiter)
6 der Spülplatz
7 der Wasserhahn
(die Wassermischbatterie)
8 die Geschirrspüle (Spüle,
das Spülbecken)
9 der Abtropfständer
10 die Frühstücksteller *m*
11 die Kaffeemaschine
(der Kaffeeautomat)
12 die elektrische Kaffeemühle, eine Schlagwerk-
kaffeemühle
13 das Gewürzregal
14 das Gewürzglas
15 die elektrische Zuleitung
(das Leitungskabel)
16 die Küchenuhr
17 der Kurzzeitmesser
18 die Wandsteckdose

19 der Hauptarbeitsplatz
(Vorbereitungsplatz)
20 das Handrührgerät
(der Handrührer)
21 der Schlagbesen
22 der Wrasenabzug
(Dunstabzug, die Dunst-
abzugshaube)
23 der Topflappenhalter
24 der Topflappen
25 der Koch- und Backplatz
26 der Wasserkessel
(Flötenkessel)
27 das Kochfeld aus Ceran®
(das Ceranfeld®)
28 der Elektroherd
(*auch:* Gasherd)
29 der Backofen
30 das Backofenfenster
31 der Messerblock
32 die Messer *n*
33 der Toaster
34 der Grill
35 der Grillspieß
36 der Mikrowellenherd
(*ugs.:* die Mikrowelle)

37 der Kühlschrank
38 das Gefrierfach
39 das Kühlfach
40 die Gemüseschale
41 das Türfach für Flaschen *f*
42 der Gefrierschrank
43 der Oberschrank
(Hängeschrank),
ein Küchenschrank
44 die Glastür
45 der Unterschrank
46 die Besteckschublade
47 der Eckschrank
48 das Drehtablett
49 der Kochtopf
50 die Kanne
51 der Küchentisch
52 der Küchenstuhl
53 der Teller mit Essen *n*
54 die Geschirrspülmaschine
(der Geschirrspülautomat,
ugs. der Geschirrspüler)
55 der Geschirrwagen
56 die Essteller *m*

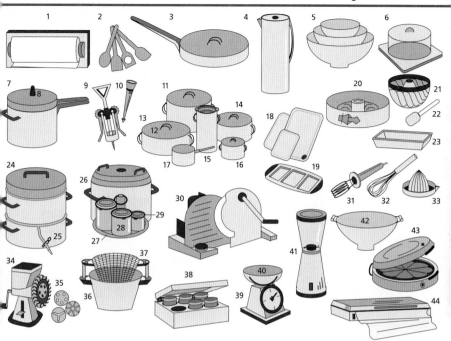

1 der Küchenpapierabroller
(mit Küchenpapier *n*)
2 die Kochlöffelgarnitur
3 die Bratpfanne
4 die Isolierkanne
5 die Küchenschüsseln *f*
6 die Käseglocke
7 der Schnellkochtopf
(Dampfkochtopf)
8 das Überdruckventil
9 der Hebelkorkenzieher
10 der Flaschenverschluss
11 der Fleischtopf
12 der Topfdeckel
13 der Bratentopf
14 der Suppentopf
15 der Spaghettitopf
mit Einsatz *m*
16 der Milchtopf
17 die Stielkasserolle
18 die Arbeitsbretter *n*
19 das Kabarett
20 die Springform
21 die Napfkuchenform
22 der Teigschaber

23 die Kastenkuchenform
24 der Entsafter
25 die Schlauchklemme
26 der Einkocher
(Einwecker *m*)
27 der Einweckeinsatz
28 das Einweckglas
(Weckglas)
29 der Einweckring
30 die Brotschneidemaschine
31 der Tauchsieder
32 der Schneebesen
33 die Zitruspresse
34 der Fleischwolf
35 die Schneidscheiben *f*
36 der Pommes-frites-Topf
37 der Drahteinsatz
38 der Joghurtbereiter
39 die Küchenwaage
40 die Waagschale
41 der Mixer
42 der Wok
43 der Waffelautomat
(das Waffeleisen)
44 das Folienschweißgerät

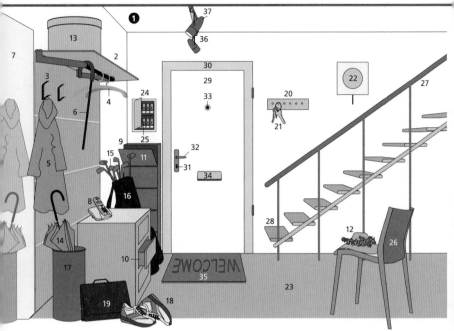

❶

1 **die Diele**
   (der Flur, der Korridor,
   der Vorraum,
   der Vorplatz)
2 die Garderobe
   (Flurgarderobe,
   die Garderobenwand)
3 der Kleiderhaken
4 der Kleiderbügel
5 das Regencape
6 der Spazierstock
7 der Garderobenspiegel
8 das Telefon

9 der Schuhschrank
10 die Schublade
11 die Klapplade
12 der Damenhut
13 die Hutschachtel
14 der Regenschirm
15 die Golfschläger *m*
16 der Golfsack
17 der Schirmständer
18 die Schuhe *m*
19 die Aktentasche
20 das Schlüsselbord
21 der *od.* das Schlüsselbund
22 die Wandleuchte
   (Treppenleuchte)
23 der Teppichboden
24 der Sicherungskasten
25 der Sicherungsautomat
26 der Stahlrohrstuhl
27 der Handlauf

28 die Treppenstufe
29 die Abschlusstür
   (Korridortür, Haustür,
   Eingangstür)
30 der Türrahmen
31 das Türschloss
32 die Türklinke
33 das Guckloch (der Spion)
34 der Briefschlitz
35 die Fußmatte
   (der Fußabtreter)
36 die Beleuchtungsleiste
37 das Spotlight (der Spot)

1 die Regalwand	13 die Blumenvase, eine Vase	28 die Wolldecke (das Plaid)
(2 u. 3, 12, 15 u. 16)	14 die Blumen *f*	29 der Couchtisch
2 das Regal	(der Blumenstrauß)	30 der Aschenbecher
3 die Bücherreihe	15 das mehrbändige Lexikon	31 die Obstschale
4 der Unterschrank	16 der Fotorahmen	32 das Obst
5 der Hängeschrank	17 die Polsterelementgruppe,	33 die Zeitschriften *f*
6 der Fernseher	eine Sofakombination *f*	34 der Beistelltisch
7 die Stereoanlage	18 das Sofa	35 die Tischleuchte
8 die Lautsprecherbox	19 die Armlehne	(die Tischlampe)
9 der Bilderrahmen	20 das Sitzkissen	36 die Whiskyflasche
10 das Bild	21 das Rückenkissen	37 die Sodawasserflasche
11 die Wanduhr	22 das Sofakissen	38 die Stehlampe
12 die Porträtbüste	23 der Sessel	39 der Store
	24 der Hocker	40 die Übergardine
	25 das Tablett	(der Vorhang)
	26 die Teekanne	
	27 die Teetasse	

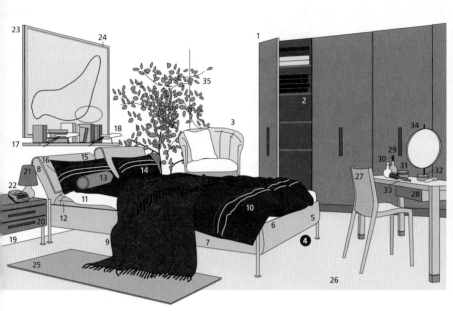

1 der Schlafzimmerschrank,
   ein Hochschrank *m*
2 das Wäschefach
3 der Korbstuhl

4 **das Doppelbett**
   (*ähnl.* das französische
   Bett) (5–16)
5 das Bettgestell
6 das Fußende
   (der *od.* das Fußteil)
7 der Bettkasten
   mit Lattenrost *m*
8 das Kopfende
   (der *od.* das Kopfteil)
9 die Tagesdecke

10 die Schlafdecke (Bett-
   decke), eine Steppdecke
11 das Betttuch (das Bettlaken), ein Leintuch
12 die Matratze (*Arten:*
   Federkernmatratze,
   Latexmatratze,
   die Schaumstoffauflage)
   mit Drillichüberzug *m*
13 das Gesundheitskissen,
   ein Nackenkissen
14 das Kopfkissen
15 der Kopfkissenbezug
16 das Inlett
17 das Bücherregal
18 die Leselampe
19 der Nachttisch
20 die Schublade
21 die Nachttischlampe
22 der elektrische Wecker
23 der Kunstdruck

24 der Bilderrahmen
25 der Bettvorleger
26 der Teppichboden
27 der Frisierstuhl
28 die Frisierkommode
29 der Parfümzerstäuber
30 der *od.* das Parfümflakon
31 die Puderdose
32 der Cremetopf
33 die Haarbürste
34 der Frisierspiegel
35 der Ficus (die Birkenfeige),
   eine Zimmerpflanze *f*

1 die Essgruppe (2–9, 11 u. 12)	10 der Kerzenleuchter	**24 das Kaffeegeschirr** (25–29)
2 der Esstisch	11 der Esszimmerstuhl	25 die Kaffeekanne
3 das Tischbein	12 die Sitzfläche	26 die Kaffeetassen *f*
4 die Tischplatte	13 die Deckenlampe	27 die Untertassen *f*
5 das *od.* der Set	14 das Raffrollo	28 das Milchkännchen
6 das Gedeck	15 die Gardine	29 die Zuckerdose
7 der Suppenteller (der tiefe Teller)	16 die Gardinenleiste (die Gardinenschiene)	30 die Essteller *m*
8 der flache Teller	17 der Teppichboden	31 die Weingläser *n*
9 die Suppenterrine		32 die Sektgläser *n*
	18 der Geschirrschrank (die Vitrine) (19–33)	33 die Karaffen *f*
	19 die Glastür	34 das Sideboard
	20 der Einlegeboden	35 der Sockel
	21 die Besteckschublade	36 der Drachenbaum, eine Topfpflanze *f*
	22 die Wäscheschublade	
	23 das ovale Tablett	

1 **der Esstisch**
2 das Tafeltuch,
  ein Damasttuch

3 **das Gedeck** (4–13)
4 der Grundteller
  (Unterteller)
5 der flache Teller
  (Essteller)
6 der tiefe Teller
  (Suppenteller)
7 der kleine Teller
  für die Nachspeise
  (der Dessertteller)

8 das Essbesteck
9 das Fischbesteck
10 die Serviette
  (das Mundtuch)
11 der Serviettenring
12 das Messerbänkchen
13 die Weingläser *n*
14 die Tischkarte
15 die Suppenschüssel
  (die Terrine)
16 der Suppenschöpfer
  (die Suppenkelle)
17 der Tafelleuchter
  (Tischleuchter)
18 die Sauciere
  (die Soßenschüssel)
19 der Soßenlöffel
20 der Tafelschmuck
21 der Brotkorb

22 das Brötchen
23 die Scheibe Brot *n*
  (die Brotscheibe)
24 die Salatschüssel
25 das Salatbesteck
26 die Gemüseschüssel
27 die Bratenplatte
28 der Braten
29 die Dessertschüssel
30 das Dessert
31 die Kartoffelschüssel

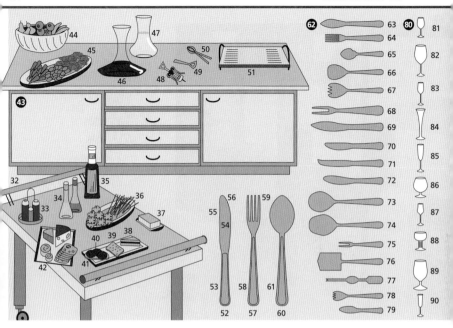

32 die fahrbare Anrichte
(der Servierwagen)
33 die Menage
34 die Essigflasche und
Ölflasche
35 der *od.* das Ketchup
36 das Salzgebäck
37 die Butterdose
38 der *od.* das Sandwich
39 der Toast
40 das belegte Brot
41 der Brotbelag
42 die Käseplatte

43 die Anrichte (44–51)
44 die Obstschale
45 die Gemüseplatte
46 der Dekanter
(die Dekantierflasche)
47 die Wasserkaraffe
48 der Korkenzieher
49 der Flaschenöffner
50 der Nussknacker

51 die elektrische
Warmhalteplatte
52 das Messer
53 das Heft (der Griff)
54 die Klinge
55 der Rücken
56 die Schneide
57 die Gabel
58 der Stiel
59 die Zinke
60 der Löffel (Esslöffel,
Suppenlöffel)
61 der Stiel

62 das Tafelbesteck
63 das Fischmesser
64 die Fischgabel
65 der Gourmetlöffel
(Dessertlöffel)
66 der Salatlöffel
67 die Salatgabel
68 die Vorlegegabel
69 das Vorlegemesser
70 das Obstmesser
71 das Käsemesser
72 das Buttermesser

73 der Gemüselöffel,
ein Vorlegelöffel
74 der Kartoffellöffel
75 die Aufschnittgabel
76 der Spargelheber
77 die Hummergabel
78 die Austerngabel
79 das Kaviarmesser

80 die Trinkgläser *n*
81 das Weißweinglas
82 das Rotweinglas
83 das Sherryglas
84 das Sektglas
85 das Champagnerglas
86 der Kognakschwenker
87 das Digestifglas
88 der Römer
89 das Seidel (Bierseidel)
90 das Grappaglas

1 **die Apartmentwand**
   (Schrankwand,
   Regalwand, Studiowand)
   (2–14, 17–25)
2 die Schrankfront
3 der Korpus
4 der Stollen
5 die Blende
6 das zweitürige
   Schrankelement
7 das Bücherregal
   (Vitrinenregal)
8 die Bücher *n*

9 der Plattenspieler
10 die Schublade
11 die Konfektdose
12 der Fernseher
13 die Schallplatten *f*
14 die Compact Discs (CDs) *f*
15 der Futon, ein Schlafsofa *n*
16 das Kissen
17 der Schreibplatz
18 der Schreibtisch
19 die Schreibunterlage
20 die Schreibtischlampe
   (die Arbeitsleuchte)
21 das schnurlose Telefon
22 der Papierkorb
23 die Schreibtischschublade
24 der Schreibtischsessel
25 die Armlehne

26 **die Küchenwand**
   (die Anbauküche) (27–30)
27 der Oberschrank
28 der Wrasenabzug
   (die Dunsthaube, Dunstabzugshaube)
29 der Elektroherd
30 der Kühlschrank
31 der Esstisch
32 der Tischläufer
33 der Orientteppich
34 der *od.* das Laptop
   (der tragbare Computer)
35 das runde Tablett
36 die Stehlampe
37 die Zimmerpflanze

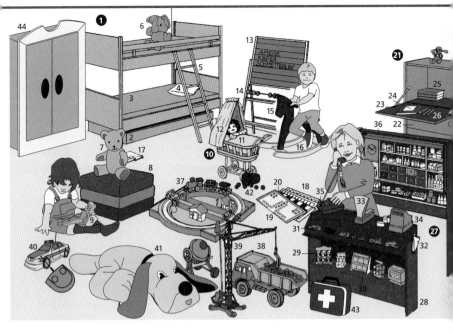

1 **das Kinderbett,**
   ein Etagenbett
   (Stockbett) (2–5)
2 der Bettkasten
3 die Matratze
4 das Kopfkissen
5 die Leiter
6 der Stoffelefant,
   ein Kuscheltier *n*
   (Schlaftier *n*)
7 der Teddy
8 das Sitzkissen
9 die Barbiepuppe

10 **der Puppenwagen**
    (11 u. 12)
11 die Puppe
12 der Baldachin
13 die Standtafel
14 die Rechensteine *m*
15 das Schaukelpferd
16 die Schaukelkufen *f*
17 das Kinderbuch
18 das Spielemagazin
19 das Mensch-ärgere-
    dich-nicht-Spiel
20 das Schachbrett

21 **der Kinderzimmerschrank**
22 die Wäscheschublade
23 die Schreibplatte
24 das Schreibheft
25 die Schulbücher *n*
26 der Bleistift
    (*auch:* Buntstift, Filzstift,
    Kugelschreiber *m*)

27 **der Kaufladen**
    (Kaufmannsladen)
    (28–36)
28 der Verkaufsstand
29 der Gewürzständer
30 die Auslage
31 das Bonbonsortiment
32 die Bonbontüte
33 die Waage
34 die Ladenkasse
35 das Kindertelefon
36 das Warenregal
37 die Holzeisenbahn
38 der Muldenkipper,
    ein Spielzeugauto *n*
39 der Hochbaukran
40 das ferngesteuerte
    Spielzeugauto
41 der Stoffhund
42 der Würfelbecher
43 der Arztkoffer
44 der Kleiderschrank

1 **Bügelgeräte** *n* (2–21)
2 der elektrische
  Bügelautomat
3 der elektrische
  Fußschalter
4 die Walzenbewicklung
5 die Bügelmulde
6 das Bettlaken

7 **das elektrische Bügeleisen**
  (der Leichtbügelautomat)
8 die Bügelsohle
9 der Temperaturwähler
10 der Bügeleisengriff
11 die Anzeigeleuchte

12 **das Dampfbügeleisen**
  (der Dampfbügelautomat)
13 der Einfüllstutzen
14 die Spraydüse
  zum Befeuchten *n*
  der Wäsche *f*
15 die Dampfaustritts-
  schlitze *m*

16 **der Bügeltisch**
17 das Bügelbrett
  (die Bügelunterlage)
18 der Bügelbrettbezug
19 die Bügeleisenablage
20 das Aluminiumgestell
21 das Ärmelbrett

22 **die Wäschetruhe**
23 die schmutzige Wäsche

24 **Wasch- und
  Trockengeräte** *n* (25–36)
25 die Waschmaschine
  (der Waschvollautomat)
26 die Waschtrommel
27 der Sicherheits-
  türverschluss
28 der Drehwählschalter
29 die Mehrkammer-
  Fronteinspülung
30 der Trockenautomat,
  ein Abluftwäsche-
  trockner *m*
31 die Trockentrommel
32 die Fronttür
  mit den Abluftschlitzen *m*
33 die Arbeitsplatte

34 **der Wäschetrockner**
  (der Wäscheständer)
35 die Wäscheleine
36 der Scherenwäsche-
  trockner

37 **die Haushaltsleiter,**
  eine Leichtmetallleiter
38 die Wange
39 der Stützschenkel
40 die Stufe (Leiterstufe)

41 **Schuhpflegemittel** *n*
  (42–46)
42 die Schuhcremedose
43 der *od.* das Schuhspray,
  ein Imprägnierspray
44 die Schuhbürste
45 die Auftragebürste
  für Schuhcreme *f*
46 die Schuhcremetube
47 die Kleiderbürste
48 die Teppichbürste

49 **der Besen**
  (Kehrbesen) (50–53)
50 die Besenborsten *f*
51 der Besenkörper
52 der Besenstiel
53 das Schraubgewinde
54 die Spülbürste
  (Abwaschbürste)

55 **die Bodenpflege**
56 die Kehrschaufel
57 der Handfeger
  (der Handbesen)
58 der Putzeimer (Scheuereimer, Aufwascheimer)
59 das Scheuertuch (Putz-
  tuch, *nd.* der Feudel)
60 die Scheuerbürste
61 der Teppichkehrer

62 **der Handstaubsauger**
63 die Umschalttaste
64 der Gelenkkopf
65 die Staubbeutel-
  füllanzeige
66 die Staubbeutelkassette
67 der Handgriff
68 das Rohr
69 der Kabelhaken
70 das aufgewundene Kabel
71 die Kombidüse

72 **der Bodenstaubsauger**
73 das Drehgelenk
74 das Ansatzrohr
75 die Kehrdüse
  (*ähnl.* Klopfdüse)
76 die Saugkraftregulierung
77 die Staubfüllanzeige
78 der Nebenluftschieber
  zur Luftregulierung *f*
79 der Schlauch (Saug-
  schlauch)

80 **das Kombinations-
  teppichpflegegerät**
81 die elektrische Zuleitung
82 die Gerätesteckdose
83 der Teppichklopfvorsatz
  (*ähnl.* Teppichshampo-
  niervorsatz, Teppichbürstvorsatz)

84 **der Allzwecksauger**
  (Trocken- und Nass-
  sauger) (85–90)
85 die Lenkrolle
86 das Motoraggregat
87 der Deckelverschluss
88 der Grobschmutzschlauch
89 das Spezialzubehör
  für Grobschmutz *m*
90 der Staubbehälter
91 der Einkaufswagen
92 der Dampfreiniger
93 der Dampfschlauch
94 die Handdüse
95 die Punktstrahldüse
  mit Rundbürste *f*
96 die Fensterdüse

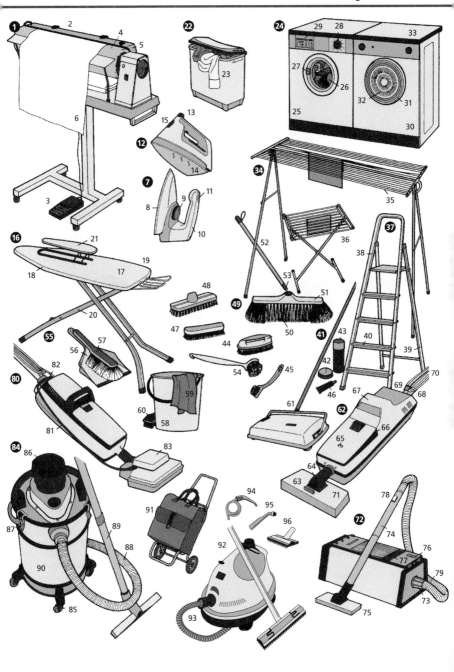

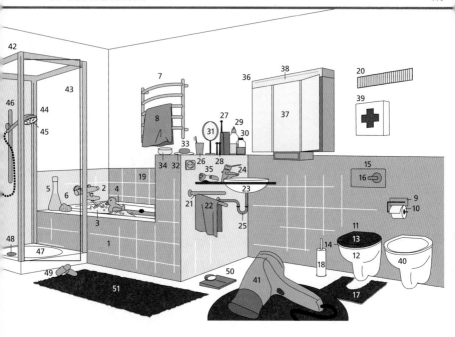

1 die Badewanne	14 die Klosettbrille	32 die Seifenschale
2 die Mischbatterie	(*ugs.* Klobrille)	33 die Seife
für kaltes und warmes	15 der Wasserkasten	34 die Puderdose
Wasser *n*	16 der Spülhebel	35 der elektrische Rasier-
3 das Schaumbad	17 die Klosettumrahmung	apparat
4 die Schwimmente	(die Klosettumrandung)	36 der Spiegelschrank
5 der Badezusatz	18 die Toilettenbürste	37 der Spiegel
6 der Badeschwamm	(*ugs.* Klobürste)	38 die Leuchtröhre
7 der beheizte Handtuch-	19 die Wandkachel	39 die Hausapotheke
halter	20 die Abluftöffnung	40 das Bidet
8 das Badetuch	21 der Handtuchhalter	41 der Haartrockner
9 der Toilettenpapierhalter	22 das Handtuch	(der Föhn)
10 das Toilettenpapier	23 das Waschbecken	42 die Duschkabine
(Klosettpapier,	24 die Einhandmischbatterie	43 die Duschkabinentür
ugs. Klopapier)	25 das Abflussrohr	44 die verstellbare Hand-
11 die Toilette (das Klosett,	26 das Zahnputzglas	brause (die Handdusche)
ugs. das Klo, der Abort,	(der Zahnputzbecher)	45 der Brausenkopf
ugs. der Lokus)	27 die elektrische Zahn-	46 die Verstellstange
12 das Klosettbecken	bürste	47 das Fußbecken
(*ugs.* Klobecken)	28 der Zahnbürstenaufsatz	(die Duschwanne)
13 der Klosettdeckel	29 das Mundwasser	48 der Wannenablauf
(*ugs.* Klodeckel)	30 das Rasierwasser	49 der Badepantoffel
mit Frottierüberzug *m*	(das Aftershave,	50 die Personenwaage
	die After-Shave-Lotion)	51 der Badevorleger
	31 der Vergrößerungsspiegel	(die Badematte)

1 der Winterstiefel
2 die PVC-Sohle
  (Kunststoffsohle,
  Plastiksohle)
3 das Plüschfutter
4 das Anoraknylon
5 der Herrenstiefel
6 der Innenreißverschluss
7 der Herrenschaftstiefel
8 die Plateausohle
9 der Westernstiefel
10 der Fellstiefel
11 die Schalensohle
12 der Damenstiefel
  (Damenstraßenstiefel)
13 der Herrenstraßenstiefel
14 der nahtlos gespritzte
  PVC-Regenstiefel
15 die Transparentsohle
16 die Stiefelkappe
17 das Trikotfutter
18 der Wanderstiefel
19 die Profilsohle

20 der gepolsterte Schaftrand
21 die Verschnürung
22 die Badepantolette
23 das Oberteil
  aus Frotteestoff *m*
24 die Pololaufsohle
25 der Pantoffel
26 das Breitcordoberteil
27 der Spangenpumps
28 der hohe Absatz
  (Stöckelabsatz)
29 der Pumps
30 der Mokassin
31 der Halbschuh
  (Schnürschuh)
32 die Zunge
33 der Halbschuh mit
  hohem Absatz *m*
34 der Slipper
35 der Sportschuh
  (Turnschuh)
36 der Tennisschuh
37 die Kappe
38 die Transparent-
  gummisohle
39 der Arbeitsschuh

40 die Schutzkappe
41 der Hausschuh
42 der Hüttenschuh
  aus Wolle *f*
43 das Strickmuster
44 der Clog
45 die Holzsohle
46 das Oberteil aus
  Softrindleder *n*
47 der Töffel
48 die Dianette
49 die Sandalette
50 das orthopädische
  Fußbett
51 die Sandale
52 die Schuhschnalle
53 der Slingpumps
54 der Stoffpumps
55 der Keilabsatz
56 der Lauflernkinderschuh
57 der Freizeitsportschuh

1–16 Münzen *f*
(Geldstücke *n*,
Hartgeld *n*)
1 die Tetradrachme
[Athen, 5. Jahrhundert
v. Chr.]
2 die Eule, das Symbol
der Göttin *f* Athene
3 der Solidus Kaiser *m*
Konstantins [Römisches
Reich, 4. Jahrhundert
n. Chr.]
4 der Brakteat Kaiser *m*
Friedrichs I. Barbarossa
[Heiliges Römisches
Reich, 12. Jahrhundert]
5 der Louisdor König *m*
Ludwigs XV. [Frankreich,
18. Jahrhundert]
6 der Reichstaler König *m*
Friedrichs II.
[Preußen, 1765]
7 der Vereinstaler
König Karls
[Württemberg, 1866]
8 1 Mark *f*
(die 1-Mark-Münze)
[Deutsches Reich, 1909]

9 200 Mark *f*
(die 200-Mark-Münze)
[Deutsches Reich, 1923]
10 1 Deutsche Mark *f*
(die 1-Mark-Münze)
[Bundesrepublik
Deutschland, 1950–2002]
11 1 Mark *f* (die 1-Mark-
Münze) [Deutsche
Demokratische Republik,
1968–1990]
12 1 Dänische Krone *f*
(die 1-Kronen-Münze)
[Dänemark]
13 1 Złoty *m*
(die 1-Złoty-Münze)
[Polen]
14 1 Neuer Schekel *m*
(die 1-Schekel-Münze)
[Israel]
15 1 Australischer Dollar *m*
(die 1-Dollar-Münze)
[Australien]
16 1 Renminbi Yuan *m*
(die 1-Yuan-Münze)
[Volksrepublik China]

17–21 die Münzprägung
17, 18 die Prägestempel *m*
17 der Oberstempel
18 der Unterstempel
19 der Prägering
20 das Münzplättchen
(die Platte, die Ronde)
21 der Prägetisch

22–24 Banknoten *f*
(Noten, Geldscheine *m*,
Scheine, Papiergeld *n*)
22 10 Mark *f*
(der 10-Mark-Schein)
[Deutsches Reich, 1920]
23 10 Mark *f*
(der 10-Mark-Schein)
[Deutschland, ausgegeben
von der Alliierten Militär-
behörde, 1945]
24 100 Deutsche Mark *f*
(der 100-Mark-Schein)
[Bundesrepublik
Deutschland, 1990–2002]

1–23 **Eurobanknoten** *f*
(Euroscheine *m*)

1 die **20-Euro-Note**
(der 20-Euro-Schein)
2 das Architekturmotiv
3, 4 die Wertbezeichnung
3 die Wertzahl
4 die Währungseinheit
in lateinischer und
in griechischer Schrift *f*
5 die europäische Flagge
6 die Abkürzungen *f*
des Namens *m* der Euro-
päischen Zentralbank *f*
in den verschiedenen
Sprachen *f* der Europä-
ischen Union *f*
7 die Unterschrift
des Präsidenten *m*
der Europäischen
Zentralbank *f*
8 das Bildwasserzeichen
mit dem Architektur-
motiv *n*
9 das Wertwasserzeichen
mit der Wertzahl *f*
10 das Balkenwasserzeichen
11 der Sicherheitsfaden
12 das Durchsichtsregister

13 der Spezialfolienstreifen
mit Eurosymbol *n*
und Wertzahl *f*
als Hologramm *n*
14 die Seriennummer
15 das Brückenmotiv
16 der Perlglanzstreifen
(Iriodinstreifen)
mit Eurosymbol *n*
und Wertzahl *f*
17 die Landkarte von
Europa *n*
18 die 5-Euro-Note
(der 5-Euro-Schein)
19 die 10-Euro-Note
(der 10-Euro-Schein)
20 die 50-Euro-Note
(der 50-Euro-Schein)
21 die 100-Euro-Note
(der 100-Euro-Schein)
22 die 200-Euro-Note
(der 200-Euro-Schein)
23 die 500-Euro-Note
(der 500-Euro-Schein)

24 die **1-Euro-Münze**
25 die Vorderseite
(der Avers)
26 der Kern
27 der Ring
28 die Rückseite
(der Revers) der
deutschen
1-Euro-Münze *f*
29 das Münzzeichen
(der Münzbuchstabe
zur Kennzeichnung *f*
der Prägestätte *f*)
30 die Jahreszahl für
das Prägejahr oder
das Ausgabejahr

31–37 **Vorderseiten** *f*
von Euromünzen *f*
31 die 1-Cent-Münze
32 die 2-Cent-Münze
33 die 5-Cent-Münze
34 die 10-Cent-Münze
35 die 20-Cent-Münze
36 die 50-Cent-Münze
37 die 2-Euro-Münze

38–49 **Rückseiten** *f*
von Euromünzen *f*
38 die deutsche
1-Cent-Münze
39 die deutsche
2-Cent-Münze
40 die deutsche
5-Cent-Münze
41 die deutsche
10-Cent-Münze
42 die deutsche
20-Cent-Münze
43 die deutsche
50-Cent-Münze
44 die deutsche
2-Euro-Münze
45 die niederländische
1-Euro-Münze
46 die griechische
1-Euro-Münze
47 die französische
1-Euro-Münze
48 die finnische
1-Euro-Münze
49 die irische
1-Euro-Münze

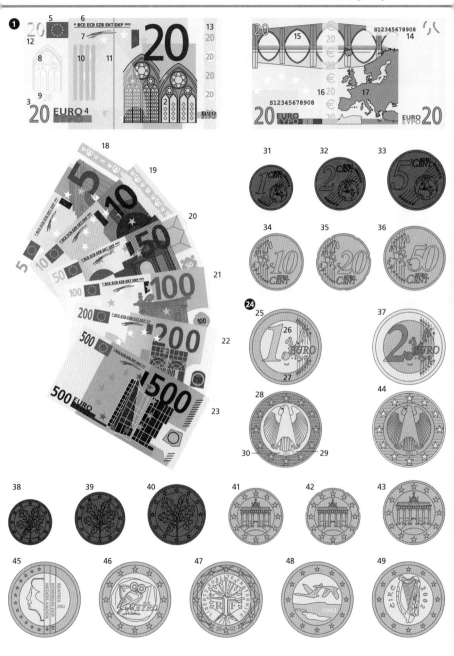

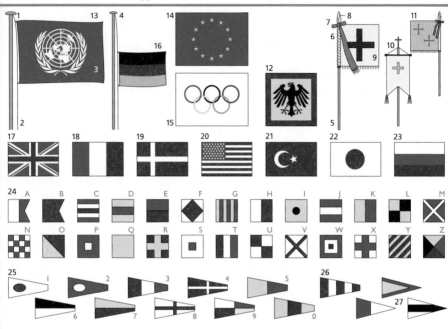

1–4 die Flagge
1 der Flaggenmast
(der Flaggenstock) mit
dem Flaggenknopf *m*
2 die Flaggenleine
(Flaggleine)
3 das Flaggentuch
4 die Flagge auf Halbmast
(Halbstock)

5–9 die Fahne
5 der Fahnenschaft
6 der Fahnennagel
7 das Fahnenband
8 die Fahnenspitze
9 das Fahnentuch
10 das Banner
11 die Reiterstandarte,
ein Feldzeichen *n*
der Kavallerie *f*
12 die Standarte,
das Abzeichen eines Staats-
oberhaupts *n* [*hier*:
des Bundespräsidenten
der Bundesrepublik
Deutschland]

13–15 Flaggen *f* internationaler
Organisationen *f*
13 die Flagge der
Vereinten Nationen *pl*
14 die Flagge des Europa-
rates *m* (die Europaflagge;
zugl. das Symbol der
Europäischen Union *f*)
15 die olympische Flagge
mit dem Emblem *n*
des Internationalen
Olympischen Komitees *n*

16–23 Staats- und
Nationalflaggen *f*
16 die Flagge der Bundes-
republik Deutschland *f*
17 der Union Jack, die Flagge
des Vereinigten König-
reiches von Großbritannien
und Nordirland
18 die Trikolore, die Flagge der
Französischen Republik *f*
19 der Danebrog, die Flagge
des Königreiches Dänemark
20 das Sternenbanner,
die Flagge der Vereinigten
Staaten von Amerika *pl*

21 die Flagge der Türkei *f*
mit Halbmond *m*
und Stern *m*
22 das Sonnenbanner,
die Flagge von Japan
23 die Flagge der Russischen
Föderation *f*

24–27 Signalflaggen *f*

24 die Buchstabenflaggen *f*
(das Flaggenalphabet)
[A und B: zweizipfeliger
Doppelstander; C bis Z:
rechteckige Flaggen;
zusätzliche Bedeutungen:
G: Lotsenrufsignal;
H: »Lotse ist an Bord«;
L: »Stopp, wichtige Mit-
teilung«; P: »Schiff verlässt
binnen 24 Stunden den
Hafen« (Blauer Peter);
V: »Hilfe benötigt«]
25 die Zahlenwimpel *m*
26 der Signalbuch-
und Antwortwimpel
27 die Hilfsstander *m*

1–38 **die Heraldik**
(die Wappenkunde)

  1 **das Vollwappen**
  2 der Schild
  3 der Helm
  4 die Helmdecke
  5 die Helmwulst
  6 die Helmzier

7–10 **Wappenhelme** *m*
  7 der Kübelhelm
  8 der Spangenhelm
  9 der offene Helm
  10 der Stechhelm
  11 der Wellenbalken,
ein Heroldsbild *n*
  12 die Lilie, eine gemeine Figur *f*
  13 die Helmkrone (Laubkrone)

14, 15 **das Ehewappen**
(Allianzwappen)
  14 das Wappen des Mannes *m*
auf der heraldisch rechten
Seite *f*
  15 das Wappen der Frau *f* auf
der heraldisch linken Seite *f*
  16 der Wappenmantel
(das Wappenzelt)

17, 18 **Schildhalter** *m*
  17 der Stier
  18 das Einhorn

19–25 **die Wappenbeschreibung**
(die Blasonierung) mit
den Wappenfeldern *n* und
den heraldischen Seiten *f*
[heraldisch links *od.* rechts:
vom Schildträger aus gesehen]
  19 die Herzstelle
  20 das rechte Obereck
  21 das linke Obereck
  22 die rechte Hüftstelle
  23 die linke Hüftstelle
  24 das rechte Untereck
  25 das linke Untereck

26–31 **Tinkturen** *f*
(heraldische Farben *f*)

26, 27 **Metalle** *n*
  26 Gold *n*
[ersetzbar durch Gelb *n*]
  27 Silber *n*
[ersetzbar durch Weiß *n*]

28–31 **Farben** *f*
  28 schwarz

  29 rot
  30 blau
  31 grün

32–38 **Helmzierden** *f*
  32 die Straußenfedern *f*
  33 der Kürissprügel
  34 der wachsende Bock
  35 die Turnierfähnchen *n*
  36 die Büffelhörner *pl*
  37 die Harpyie
(der Jungfrauenadler)
  38 der Pfauenbusch

39–48 **Kronen** *f*
  39 die Tiara, die Krone
des Papstes *m*
  40 die Kaiserkrone des Heiligen
Römischen Reiches *n*
  41 der Herzogshut
  42 der Fürstenhut
  43 der Kurfürstenhut (Kurhut)
  44 die englische Königskrone
  45 die Mauerkrone eines Stadt-
wappens *n*

46–48 **Rangkronen** *f*
  46 die Grafenkrone
  47 die Freiherrnkrone
  48 die Adelskrone

1–96 **die Bewaffnung**
des Heeres *n*

1–28 **Handwaffen** *f*

1 **die Pistole P1**
2 das Rohr (der Lauf)
3 das Korn
4 der Schlaghebel
(der Hahn)
5 der Abzug
6 das Griffstück
7 der Magazinhalter

8 **die Maschinenpistole MP2**
9 die Schulterstütze
10 das Gehäuse
11 die Rohrhaltemutter
12 der Spannschieber
13 der Handschutz
14 die Handballensicherung
15 das Magazin

16 **das Sturmgewehr G36**
17 der Mündungsfeuer-
dämpfer
18 das Griffstück mit
der Abzugseinrichtung
19 die optische Ziel-
vorrichtung (die Kimme)
20 der Handschutz
21 die Schulterstütze

22 **die leichte Panzerfaust**
44 2A1
23 die Granate
24 das Zielfernrohr
25 der Wangenschutz

26 **das Maschinengewehr MG3**
27 der Rückstoßverstärker
28 die Rohrwechselklappe

29–61 **Artilleriewaffen** *f*
auf Selbstfahrlafetten *f*

29 **die Haubitze SF M 100 A2**
30–32 das Fahrgestell
30 das Antriebsrad
31 die Kette
32 die Laufrolle
33 die Wanne

34 der Schaufelsporn
35 der Schaufelzylinder
36 die Hydraulikanlage
37 der Hubzylinder
38 das Bodenstück
39 das Rohr
40 die Mündungsbremse
41 die Rohrbremse

42 **die Panzerhaubitze**
M 109 A3 G
43 der Panzerturm
44 der Kampfraum
45 die Rohrstütze
46 der Rauchabsauger
47 der Rohrvorholer
48 das Fliegerabwehr-
Maschinengewehr
(Fla-MG)

49 **das Raketenwerfersystem**
(der Raketenwerfer)
SF Lance
50 die Kettenschürze
(die Kettenblende)
51 das Kettenfahrzeug
52 die Rakete (Lenkrakete)
53 die Höhenrichteinrichtung
54 die Startrampe

55 **der Raketenwerfer 110 SF 2**
56 die Zielzeigereinrichtung
57 die Raketenrohre *n*
58 die Rohrpanzerung
59 die Drehringlafette
60 die Fahrzeugstütze
61 das Führerhaus

62–87 **Panzer** *m*

62 **der Kampfpanzer Leopard 2**
63 die Glattrohrkanone
64 die Fahrerluke
65 das Kommandanten-
periskop
66 der Nebelwurfbecher

67 **der Spähpanzer Luchs,**
ein Amphibienfahrzeug *n*
68 die Bordmaschinenkanone
(BMK)
69 die Luke
70 die Antenne
71 der Propeller (für die Fahrt
im Wasser *n*)

72 **der Jagdpanzer Jaguar 1**
(HOT)
73 die Lenkeinrichtung
(oberer Teil) mit Richt-
kopf *m*
74 das Startrohr
für Lenkflugkörper *m* HOT
75 die Abfeuerungseinrichtung
(oberer Teil)
76 die Kommandantenkuppel

77 **der Schützenpanzer Marder**
78 der Scheinwerfer
79 das Panzerabwehr-
Lenkwaffensystem MILAN

80 **der Transportpanzer Fuchs,**
ein Amphibienfahrzeug *n*
81 die Hecktür

82 **der Fliegerabwehrkanonen-**
Panzer (Flak-Panzer)
Gepard
83 der *od.* das Rundsuchradar
84 der *od.* das Zielfolgeradar
für die Feuerleitung
85 die Zwillings-
maschinenkanone

86 **der Mannschafts-**
transportwagen (MTW)
M 113 A1 G
87 das Maschinengewehr
(MG) auf Drehringlafette *f*

88–96 **Hubschrauber** *m*

88 **der Transporthubschrauber**
CH-53 G
89 der Einzelrotor
90 die Turbine
91 die Ausgleichsschraube
92 der Rumpf
93 die Kanzel

94 **der Panzerabwehr-**
hubschrauber BO-105P
95 die Kufe
96 das Rohr für die Panzerabwehr-Lenkrakete HOT

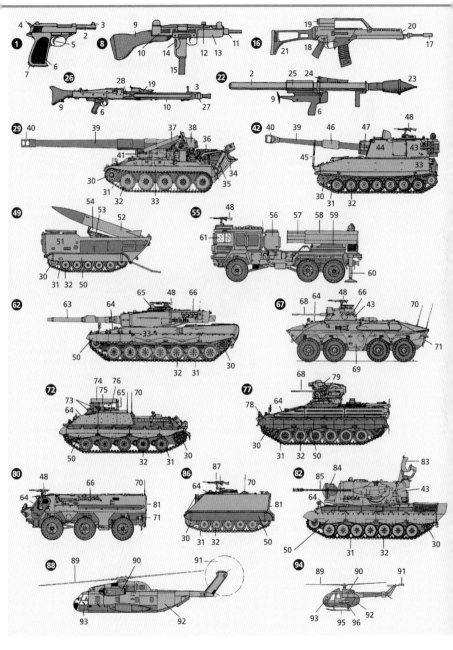

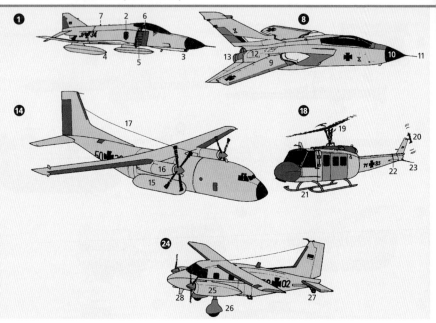

1 **der Abfangjäger
   und Jagdbomber**
   McDonnell-Douglas
   F-4F Phantom II
2 das Geschwaderabzeichen
3 die Bordkanone
4 der Flügeltank
   (Unterflügeltank)
5 der Lufteinlass
6 die Grenzschichtschneide
7 der Flugbetankungs-
   stutzen

8 **das Mehrzweck-
   kampfflugzeug**
   (MRCA, Multirole Combat
   Aircraft) Panavia 200
   Tornado
9 die schwenkbare
   Tragfläche
   (der Schwenkflügel)
10 die Radarnase
   (der Radarbug,
   das Radom)

11 das Staurohr
12 die Bremsklappe
   (die Luftbremse)
13 die Nachbrennerdüsen f
   der Triebwerke n

14 **das Mittelstrecken-
   transportflugzeug** C 160
   Transall
15 die Fahrwerkgondel
16 das Propeller-Turbinen-
   Triebwerk
   (Turboproptriebwerk)
17 die Antenne

18 **der leichte Transport- und
   Rettungshubschrauber**
   Bell UH-1D Iroquois
19 der Hauptrotor
20 der Heckrotor
   (die Steuerschraube)
21 die Landekufen f
22 die Stabilisierungs-
   flossen f
23 der Sporn

24 **das STOL-Transport-
   und Verbindungsflugzeug**
   Dornier DO 28 D-2
   Skyservant
25 die Triebwerksgondel
26 das Hauptfahrwerk
27 das Spornrad
28 die Schwertantenne

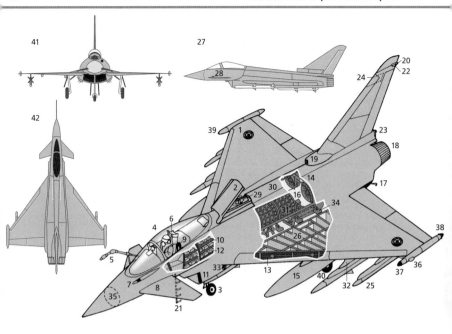

1–42 der Eurofighter
1 das Vier-Nationen-Abzeichen
2 die Dachbremsklappe
3 das Bugrad
4 die nach oben öffnende
   Cockpit-Haube
5 der einziehbare
   Luftbetankungsstutzen
6 der Schleudersitz
   (Martin Baker 16A Zero-Zero)
7 der in Flugrichtung
   wirkende Infrarotsensor
8 der Backbord-Entenflügel
9 die Ventile *n* für die
   Kabinendruckbelüftung
10 der Avionikraum,
   backbord und steuerbord
11 der Lufteinlauf des
   Backbordtriebwerks *n*
12 die Klimatisierungssysteme *n*
   unterhalb des Avionik-
   raumes *m*
13 die Schraubfassungen *f*
   und die Drehkraftwelle für die
   Führungskanten-Vorflügel *f*
14 das Zweistromturbinen-
   Luftstrahltriebwerk

15 der externe Treibstofftank
   auf dem Innenbordträger *m*
16 der Raum für das sekundäre
   Energieversorgungssystem;
   der motorbetriebene,
   am Flugwerk befestigte
   Hilfsausrüstungsbehälter
17 der Fanghaken
   (für die Rollbahn)
18 die regelbaren
   Nachbrennerdüsen *f*
19 der Staulufteinlauf
   für den Wärmetauscher
20 die Heckpositionsleuchte
21 die ausgefahrene
   Einstiegsleiter
22 die Tankentlüftungsdüse
23 die Bremsschirmklappe
24 die HF-Antenne
   (HF = high frequency)
25 der moderne Mittelstrecken-
   Luft-Luft-Flugkörper
   (AIM-120 AMRAAM)
26 der Integraltragwerkstank
   backbord
27 die Seitenansicht
28 der Drehzapfen für
   den Entenflügel

29 der Hydraulikzylinder
   für die Bremsklappe
30 der unter die Dachverkleidung
   versetzte Avionikraum
31 der integrierte Rumpf-
   zentraltank
32 der mittlere Flugkörperträger
33 der Druck-
   betankungsanschluss
34 die Tragwerk-
   anschlussbeschläge *f*
   aus Titan
35 das Mehrbetriebsarten-
   Puls-Doppler-Radar
   (Marconi Avionics ECR-90)
36 die Backbord-
   Positionsleuchte
37 die vordere Antenne
   für das Radarwarnsystem
38 die hintere Antenne
   für das Radarwarnsystem
39 der Frühwarnsystembehälter
   an der Flügelspitze
40 das Hauptfahrwerk backbord
41 die Frontansicht
42 die Draufsicht

1 der Raketenzerstörer
der »Hamburg«-Klasse
2 der Glattdecksrumpf
(Flushdecksrumpf)
3 der Bug (der Steven)
4 der Flaggenstock
(Göschstock)
5 der Anker,
ein Patentanker *m*
6 das Ankerspill
7 der Wellenbrecher
8 das (*auch:* der) Knickspant
9 das Hauptdeck

10–28 die Aufbauten *pl*
10 das Aufbaudeck
11 die Rettungsinseln *f*
12 der Kutter (das Beiboot)
13 der Davit (der Boots-
aussetzkran)
14 die Brücke (Kommando-
brücke, der Brückenaufbau)
15 die Positionsseitenlampe
16 die Antenne
17 der Funkpeilrahmen
18 der Gittermast
19 der vordere Schornstein
20 der achtere (hintere)
Schornstein
21 die Schornsteinkappe
22 der achtere (hintere)
Aufbau (die Hütte)
23 das Spill
24 der Niedergang (das Luk)
25 der Heckflaggenstock
26 das Heck, ein Spiegelheck *n*
27 die Wasserlinie
28 der Scheinwerfer

29–37 die Bewaffnung
29 der Geschützturm (Turm)
100 mm
30 der U-Boot-Abwehr-
Raketenwerfer,
ein Vierling *m*
31 die Zwillingsflak 40 mm
32 der Flugabwehrraketen-
starter MM 38 im
Abschusscontainer *m*
33 das U-Boot-Jagd-
Torpedorohr
34 die Wasserbomben-
ablaufbühne
35 der Waffenleitradar
36 die Radarantenne
37 der optische Entfernungsmesser

38 der Raketenzerstörer
der »Lütjens«-Klasse *f*
39 der Buganker
40 der Schraubenschutz
41 der Dreibeingittermast
42 der Pfahlmast
43 die Lüfteröffnungen *f*
44 das Rauchabzugsrohr
45 die Pinass
46 die Antenne
47 die radargesteuerte
Allzielkanone 127 mm
im Geschützturm *m*
48 das Allzielgeschütz 127 mm
49 der Raketenstarter
für Tartar-Flugkörper *m*
50 der Asroc-Starter
(U-Boot-Abwehr-
Raketenwerfer *m*)
51 die Feuerleit-
Radarantennen *f*
52 das Radom (der Radardom)

53 die Fregatte
der »Bremen«-Klasse *f*
54 die radargesteuerte
Schnellfeuerkanone 76 mm
55 die Schiff-Luft-Raketen *f*
»Sea Sparrow«
56 die Radar- und
Waffenleitanlage
57 die Schiff-Schiff-
Raketen *f* »Harpoon«
58 der Schornstein
59 der Rauchabweiser
(die Schornsteinkappe)
60 der *oder* das Luftraum-
Rundsuchradar
61 der Kutter
62 die Schiff-Luft-Raketen *f*
für den Nächstbereich *m*
63 das Hubschrauberdeck

64 das Unterseeboot
(U-Boot) der Klasse 206 *f*
65 die durchflutete Back
66 der Druckkörper
67 der Turm
68 die Ausfahrgeräte *n*

69 das Flugkörperschnellboot
der Klasse 148 *f*
70 das Allzielgeschütz
76 mm mit Turm *m*
71 der Flugkörper-
startcontainer
72 das Deckshaus
73 die Fla-Kanone 40 mm
74 die Schraubenschutzleiste

75 das Flugkörperschnellboot
der Klasse 143 *f*
76 der Wellenbrecher
77 das Radom (der Radardom)
78 das Torpedorohr
79 die Abgasöffnung

80 das Minenjagdboot
der Klasse 331 *f*
81 die Scheuerleiste
mit Verstärkungen *f*
82 das Schlauchboot
83 der Bootsdavit

84 das schnelle Minensuchboot
der Klasse 341 *f*
85 die Kabeltrommelwinde
86 die Schleppwinde
(die Winsch)
87 das Minenräumgerät
(die Ottern *m*,
die Schwimmer *m*)
88 der Kran

89 das Landungsboot
der »Barbe«-Klasse *f*
(90, 91)
90 die Bugrampe
91 die Heckrampe
92 der Tender
der »Rhein«-Klasse *f*
93 der Versorger
der »Lüneburg«-Klasse *f*
94 der Minentransporter
der »Sachsenwald«-Klasse *f*
95 der Bergungsschlepper
der »Helgoland«-Klasse *f*
96 der Betriebsstofftanker
»Eifel«

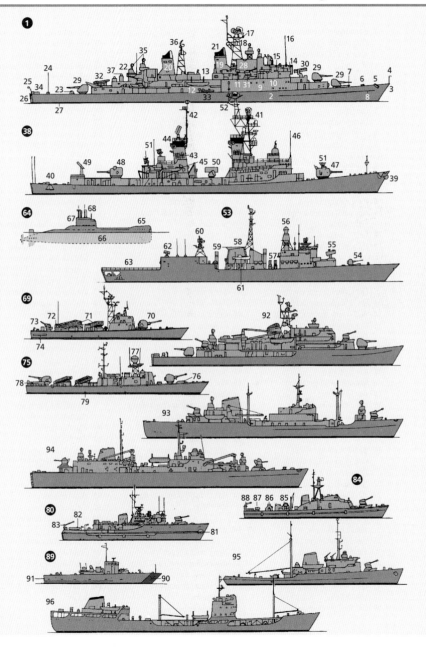

1 der atomgetriebene Flugzeugträger
»Nimitz I C V N 68« (USA)
(2–20)

2–11 der Seitenriss
2 das Flugdeck
3 die Insel (Kommandobrücke)
4 der Flugzeugaufzug
5 der Achtfach-Flarak-Starter
6 der Pfahlmast (der Antennenträger)
7 die Antenne
8 die Radarantenne
9 der voll geschlossene Orkanbug
10 der Bordkran
11 das Spiegelheck

12–20 der Decksplan
12 das Winkeldeck (Flugdeck)
13 der Flugzeugaufzug
14 das Doppelstartkatapult
15 die versenkbare Flammenschutzwand
16 das Landefangseil (Bremsseil)
17 die Barriere (das Notauffangnetz)
18 der Catgang
19 das Schwalbennest
20 der Achtfach-Flarak-Starter

21 der Raketenkreuzer
der »Kara«-Klasse (Russland)
22 der Glattdecksrumpf
23 der Decksssprung
24 der U-Jagdraketen-salvenwerfer, ein Zwölfling m
25 der Flugabwehrraketen-starter, ein Zwilling m
26 der Startbehälter für 4 Kurzstreckenraketen f
27 die Flammenschutzwand
28 die Brücke
29 die Radarantenne

30 der Fla-Zwillingsturm 76 mm
31 der Gefechtsturm
32 der Schornstein
33 der Fla-Raketenstarter-zwilling
34 die Fla-Maschinenkanone
35 das Beiboot
36 der U-Jagdtorpedo-fünflingssatz
37 der U-Jagdraketen-salvenwerfer, ein Sechsling m
38 der Hubschrauberhangar
39 die Hubschrauber-landeplattform
40 das tiefenveränderbare Sonargerät

41 der atomgetriebene Raketenkreuzer
der »California«-Klasse (USA)
42 der Rumpf
43 der vordere Gefechtsturm
44 der achtere (hintere) Gefechtsturm
45 der Backsaufbau
46 die Landungsboote n
47 die Antenne
48 die Radarantenne
49 das Radom (der Radardom)
50 der Luftzielraketenstarter
51 der U-Jagdraketen-torpedostarter
52 das Geschütz 127 mm mit Geschützturm m
53 die Hubschrauber-landeplattform

54 das U-Jagd-Atom-U-Boot
(55–74)

55–74 die Mittelschiffsektion
[schematisch]
55 der Druckkörper
56 der Hilfsmaschinenraum
57 die Kreiselturbopumpe
58 der Dampfturbinen-generator
59 die Schraubenwelle
60 das Drucklager
61 das Untersetzungs-getriebe
62 die Hoch- und Niederdruckturbine
63 das Hochdruckdampfrohr des Sekundärkreislaufs m
64 der Kondensator
65 der Primärkreislauf
66 der Wärmetauscher
67 der Atomreaktormantel
68 der Reaktorkern
69 die Steuerelemente n
70 die Bleiabschirmung
71 der Turm
72 der Schnorchel
73 die Lufteintrittsöffnung
74 die Ausfahrgeräte n

75 das Einhüllen-Küsten-U-Boot
mit konventionellem (dieselelektrischem) Antrieb m
76 der Druckkörper
77 die durchflutete Back
78 die Mündungsklappe
79 das Torpedorohr
80 die Bugraumbilge
81 der Anker
82 die Ankerwinsch
83 die Batterie
84 Wohnräume m mit Klappkojen f
85 der Kommandanten-raum (das Komman-dantenschapp)
86 das Zentralluk
87 der Flaggenstock

88–91 die Ausfahrgeräte n
88 das A-Sehrohr (Angriffssehrohr)
89 die Antenne
90 der Schnorchel
91 die Radarantenne
92 die Abgaslippen f
93 der Wintergarten
94 das Dieselaggregat
95 das hintere Tiefen- und Seitenruder
96 das vordere Tiefen-ruder

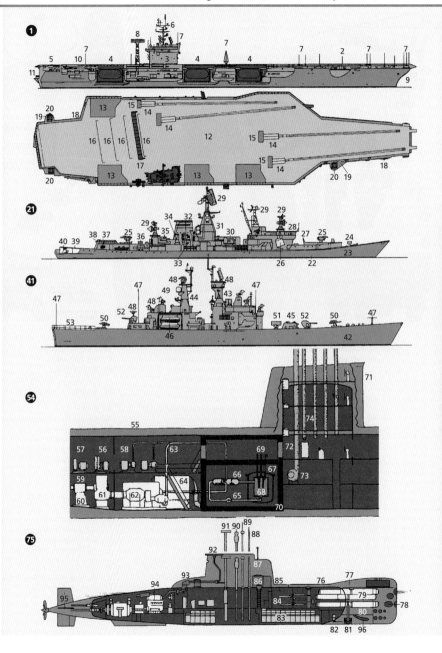

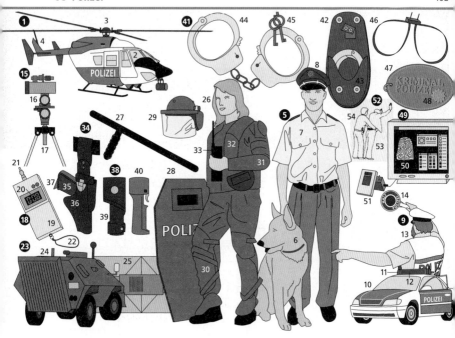

1–54 der Polizeivollzugsdienst
 1 **der Polizeihubschrauber**
   (Verkehrshubschrauber) zur
   Überwachung aus der Luft *f*
 2 die Pilotenkanzel
 3 der Rotor (Hauptrotor)
 4 der Heckrotor
 5 **der Polizeihundeeinsatz**
 6 der Polizeihund
 7 die Uniform
   (die Dienstkleidung)
 8 die Dienstmütze, eine
   Schirmmütze mit Kokarde *f*
 9 **die Verkehrskontrolle**
   einer motorisierten
   Verkehrsstreife *f* (10–22)
 10 der Streifenwagen
 11 das Blaulicht
 12 der Lautsprecher
 13 der Streifenbeamte
 14 der Verkehrsregelungsstab
   mit Lichtsignal *n* und
   Stoppmarkierung *f*
   (*ugs.* die Polizeikelle)
 15 **die Geschwindigkeitskontrolle**
 16 die Laserpistole zur
   Geschwindigkeitsermittlung *f*
 17 das Teleskoprohr
   zur Fixierung *f*

18 **die Alkoholkontrolle**
 19 das Alkoholmessgerät
 20 die Displayanzeige
   des Promillewertes *m*
 21 das Mundstück
 22 die Haltekordel
 23 **der Demonstrationseinsatz**
 24 der Sonderwagen
 25 das Sperrgitter (Absperrgitter)
 26 die Polizeibeamtin
   in Schutzkleidung *f*
 27 der Polizeistock
   (*ugs.* der Gummiknüppel)
 28 der Schutzschild
 29 der Schutzhelm
 30 der Schienbeinschutz
 31 der Ellenbogenschutz
 32 die Schutzweste
   (Splitterschutzweste,
   ballistische Schutzweste)
 33 das Funkgerät
 34 **die Dienstpistole**
 35 der Pistolengriff
 36 das Schnellziehholster
   (die Pistolentasche)
 37 das Pistolenmagazin
 38 **die Sprühpistole**
 39 das Holster zur Befestigung *f*
   am Gürtel *m*

40 die Sprühpistole
   mit Pfefferspray *n*
 41 **die Handfessel**
   (die Handschelle) (42–46)
 42 die Handfesseltasche zur
   Befestigung *f* am Gürtel *m*
 43 der Druckknopf
 44 die Handfessel aus Metall *n*
 45 der Schlüssel für
   die Handfessel *f*
 46 die Einweghandfessel
   aus Plastik *n*
 47 die Dienstmarke
   der Kriminalpolizei *f*
 48 der Polizeistern
 49 **der Fingerabdruckvergleich**
   (die Daktyloskopie)
 50 der Fingerabdruck
   auf dem Bildschirm *m*
   des Computers *m*
 51 der Fingerabdruckscanner
   zum Digitalisieren
   der Fingerabdrücke *m*
 52 **die körperliche Durchsuchung**
   (die Leibesvisitation)
 53 der Verdächtige
 54 der Kriminalbeamte
   in Zivilkleidung *f*

1–16 die Wahlversammlung
(Wählerversammlung),
eine Massenversammlung

1, 2 der Vorstand
  1 der Versammlungsleiter
  2 der Beisitzer
  3 das Vorstandspodium
  4 der Wahlredner
  5 das Rednerpult
  6 das Mikrofon
  7 das Wahlplakat
  8 die Projektionsleinwand
  9 das Parteiemblem
  10 die Versammlung
  11 der Flugblattverteiler
  12 das Flugblatt
  13 der Kameramann
  14 die Filmkamera
  15 der Reporter
  16 der Zwischenrufer

17–29 die Urnenwahl
im Wahllokal *n*

  17 das Wahllokal
  18 die Wahlhelferin *u.*
       der Wahlhelfer
  19 die Wählerliste
  20 der Computer
  21 die Wahlkabine
  22 der Wähler
  23 die Wahlordnung
  24 der Stimmzettel
  25 der Wahlumschlag
  26 die Wahlurne
  27 der Urnenschlitz
  28 die Wahl-
       benachrichtigung
  29 das Plakat mit dem
       Wahlaufruf *m* und
       der Wahllokalnummer *f*

1–4 die Wahlwerbung

1, 2 Wahlplakate *n*
  1 das Personenplakat
  2 das Themenplakat
  3 die Wahlanzeige
  4 der Wahlwerbespot

5–18 die Wahlberichterstattung
    im Fernsehen *n*
  5 das Wahlstudio
  6 der Scheinwerfer
  7 der Moderator der
    Wahlsendung *f*
  8 der Redakteur,
    ein Fernsehjournalist *m*
  9 die Nachrichten-
    sprecherin, eine Fernseh-
    journalistin *f*
  10 der Moderationstisch
  11 der kleine Vorschau-
    monitor
  12 der große Vorschau-
    monitor
  13 die Monitorkrippe
  14 die LED-Wand
    mit Blendrahmen *m*
  15 das Licht-Gobo
    mit dem Senderlogo *n*

16–18 die Präsentation
      der Wahlergebnisse
  16 das Wahlergebnis
    (die Hochrechnung,
    das vorläufige amtliche
    Endergebnis) in
    Prozenten *n* als Säulen-
    diagramm *n*
  17 die Sitzverteilung
    als Tortendiagramm *n*
  18 die Karte der gewonnenen
    Wahlbezirke *m*

19, 20 das Interview
  19 der interviewte Politiker
  20 der Interviewer,
    ein Fernsehjournalist *m*
  21 das Mikrofon
  22 die Runde der Parteien-
    vertreter *m*
    (*ugs.:* die Elefantenrunde)
  23 das Stehpult
  24 die Kulissenwand
    (die Studiokulisse)

1–46 die Kindertagesstätte
(Kita; *Arten:* der Kindergarten, die Kinderkrippe,
der Kinderhort)
1 die Erzieherin
(die Kindergärtnerin)
2 das Vorschulkind
3 die Bastelarbeit
4 der Kleister
5 das Wassermalbild
(Wasserfarbbild)
6 der Wasserfarbkasten
(Wassermalkasten)
7 der Malpinsel
8 das Wasserglas
9 das Puzzle
10 das Puzzlestück
(das Puzzleteil)
11 die Buntstifte *m*
12 die Knetmasse
(Plastilinmasse)
13 Knetfiguren *f*
(Plastilinfiguren)
14 das Knetbrett
15 die Schultafelkreide
16 die Schreibtafel
17 die Rechensteine *m*
18 der Fasermalstift
(der Fasermaler)
19 das Formlegespiel
20 die Spielgruppe

21–32 das Spielzeug
21 das Kubusspiel
22 der mechanische
Baukasten
23 die Bilderbücher *n*
24 die Babypuppe
25 der Puppenwagen
(Puppenkinderwagen)
26 der Baldachin
27 die Bauklötze *m*
28 das Holzhaus
29 die Holzeisenbahn
30 der Puppensportwagen
31 der Schaukelteddy
32 die Ankleidepuppe
33 das Kindergartenkind
34 die Garderobe

35–41 die Ruheecke
(der Ruhebereich)
35 die Hängematte
36 das Matratzenlager
37 die Kuschelkissen *n*
38 der Stoffhund,
ein Kuscheltier *n*
39 die Masken *f*
40 der Teddybär (der Teddy)
41 die Kommode

42–46 die Bewegungsecke
(der Bewegungsbereich)
42 das Turnseil
43 das Rollbrett
44 der Gymnastikball
45 die Turnmatte
46 die Sprossenwand

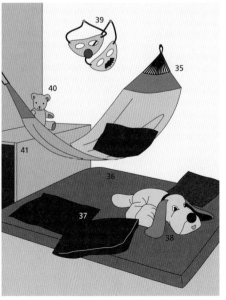

1–46 das Klassenzimmer
(der Klassenraum)
einer Grundschule *f*
1 der Vierertisch
2 die Schüler *m*
in Gruppenanordnung *f*
3 das Melden durch
Heben *n* der Hand *f*
4 der Lehrer

5–8 der Lehrertisch
6 das Klassenbuch
7 die Schreibschale
8 die Schreibunterlage
9 der Zeigestock
10 die dreiflügelige Tafel
(Schultafel, Wandtafel)
11 der Kartenhalter
12 die Kreideablage
13 die Kreide
14 die Tafelzeichnung
15 die Schemazeichnung
16 die umklappbare
Seitentafel
17 die Projektionsfläche
(die Projektionswand)
18 das Winkellineal
19 der Winkelmesser
20 die Gradeinteilung
21 der Tafelzirkel
(Kreidezirkel)
22 die Schwammschale
23 der Schwamm
24 der Klassenschrank
25 die Wandkarte
26 die Backsteinwand
27 die Fenstermalerei
mit Fingerfarben *f*
28 die Schülerzeichnungen *f*

29 **der Schulranzen**
(Ranzen)
30 das Vorfach
31 der Trageriemen
(Trageriemen,
Schulterriemen)

32 **die Schultasche**
(die Schulmappe,
der Schulranzen)
33 der Tragegriff
34 der Schulterriemen
(Trageriemen,
Tragriemen)

35–40 die Federtasche,
die Federmappe,
das Federmäppchen
36 der Reißverschluss
37 der Füllfederhalter
(der Füller)
38 der Bleistift
(Zeichenstift)
39 der Filzstift
40 der Buntstift
(Zeichenstift)
41 der Wachsmalstift
42 das Ringbuch
(der Ringhefter)
43 das Lesebuch
44 das Rechtschreibungs-
buch
45 das Übungsheft
46 das Schreibheft

47–85 der Werkraum
einer Hauptschule *f*
47 der Werktisch
48 die Schraubzwinge
49 der Zwingenknebel
50 die Schere
51 die Klebefläche
52 die Klebstofftube
53 der Tubenverschluss
54 die Laubsäge
55 das Laubsägeblatt
56 die Holzraspel

57 das eingespannte
Holzstück
58 der Leimtopf
59 der Leimpinsel
60 der Hocker
61 der Kehrbesen
62 die Kehrschaufel
63 die Scherben *f*
64 der elektrische
Emaillierofen
65 der Kupferrohling
66 das Emailpulver
67 das Haarsieb

68–81 die Schülerarbeiten *f*
68 die Tonfiguren
69 der Fensterschmuck
aus farbigem Glas *n*
70 das Glasmosaikbild
71 das Mobile
72 der Drachen
(Flugdrachen)
73 die Holzkonstruktion
74 die Flechtarbeit
aus Draht *m*
75 Kasperlefiguren *f*
76 Tonmasken *f*
77 gegossene Kerzen *f*
78 die Holzschnitzerei
79 der Tonkrug
80 geometrische Formen *f*
81 das Holzspielzeug

82–85 das Arbeitsmaterial
82 der Holzvorrat
83 Druckfarben *f*
für Holzschnitte *m*
84 die Malpinsel *m*
85 der Gipssack

1–40 die weiterführende Schule
(*Arten:* das Gymnasium, die Realschule, die Hauptschule, die Gesamtschule)

1–13 der Chemieunterricht
1 der Chemiesaal mit ansteigenden Sitzreihen *f*
2 der Chemielehrer
3 der Experimentiertisch
4 der Wasseranschluss
5 die gekachelte Arbeitsfläche
6 das Ausgussbecken
7 der Videomonitor, ein Bildschirm *m* für Lehrprogramme *n*
8 der Schülertisch mit Experimentiereinrichtung *f*
9 der Stromanschluss (die Steckdose)

10 **der Overheadprojektor** (Tageslichtprojektor) (11 u. 12)
11 die Auflagefläche für Transparente *n* und Folien *f*
12 die Projektionsoptik mit Winkelspiegel *m*
13 der Projektionstisch

14 **der Vorbereitungsraum für den Biologieunterricht** *m*
15 das Skelett (das Gerippe)
16 die Schädelsammlung mit Nachbildungen *f* und Abgüssen *m* von Schädeln *m* sowie Kalotten *f* (Schädeldächern *n*) verschiedener Entwicklungsstufen *f* des Menschen *m*
17 der Präpariertisch
18 die Chemikalienflaschen *f*
19 der Gasanschluss
20 die Petrischale
21 der Messzylinder
22 die Arbeitsbogen *m* (das Lehrmaterial)

23 das Lehrbuch
24 die bakteriologischen Kulturen *f*
25 der Brutschrank
26 der Probierglastrockner
27 die Gaswaschflasche
28 die Wasserschale
29 der Ausguss

30 **das Sprachlabor**
31 die Wandtafel
32 die Lehrereinheit mit dem zentralen Schaltpult *n*
33 der Kopfhörer
34 das Mikrofon
35 die Ohrmuschel
36 der gepolsterte Kopfhörerbügel
37 der Kassettenrekorder für die Lehrkassette *f*
38 der Lautstärkeregler für die Schülerstimme *f*
39 der Lautstärkeregler für das Lehrprogramm *n*
40 die Bedienungstasten *f*

1–28 die Universität
(die Hochschule;
ugs.: die Uni)

1 die Vorlesung
2 der Hörsaal
(das Auditorium)
3 der Dozent,
ein Hochschullehrer *m*
4 der *od.* das Katheder
(das Vortragspult)
5 das Mikrofon
6 die Tafel mit automa-
tischer Steuerung *f*
7 der Overheadprojektor
8 die Projektionswand
9 der Student
(der Studierende)
10 die Studentin
(die Studierende)

11–28 die Universitätsbibliothek
11 das Bücherregal
12 der Präsenzbestand
13 das Zeitschriftenregal
mit Zeitschriften *f*
14 das Zeitungsregal
15 die Bibliothekarin
am Auskunftsplatz *m*
16 die Bibliotheksangestellte

17 die Ausleihe
(der Ausleihbereich)
18 das Ausleihpult
19 das Ausleihterminal,
ein Computer *m*
zur Verbuchung *f*
entliehener Medien *n*

20 der Zettelkastenkatalog
21 der Karteischrank
22 der Karteikasten
(Zettelkasten)

23 die Bibliotheksbenutzerin
24 das Benutzerterminal,
ein Computer *m* für
die Recherche in
den EDV-Katalogen *m*
und mit Zugang *m*
zum Internet *n*
25 der *od.* das Laptop
(das Notebook),
ein tragbarer Computer
26 das Mikrofiche-Lesegerät
27 der Mikrofiche
28 das Bestellterminal,
ein Computer *m* für
die Recherche in
den EDV-Katalogen *m*
und die Bestellung
von Medien *n*

1 das Kuchenbüfett (das Kuchenbuffet)	**17** die Auszubildende	**35** der Bestellblock
2 die Kuchenteller *m*	**18** die Serviererin (die Bedienung)	**36** die Sahnemaschine
3 die Servietten *f*	**19** die Servierschürze	**37** das Sahneschälchen
	20 das Tablett (Auftragetablett, Serviertablett, das Servierbrett)	**38** die Kaffee- und Espressomaschine
4–6 **Plattenkuchen** *m* (Blechkuchen)		**39** die Dampfdüse zum Aufschäumen *n* von Milch *f*
4 der Butterkuchen	**21** das Papierdeckchen	**40** die Milchkaffeeschale
5 der Streuselkuchen	**22** der Cappuccino	**41** die Schalen *f* für Eis *n* und Desserts *n*
6 der Pflaumenkuchen	**23** der Eisbecher	**42** der Tresenhocker
7 das Sahnetörtchen (die Sahneschnitte)	**24** das Eisschirmchen zur Dekoration *f*	**43** das Zuckerschälchen
8 die Biskuitrolle		**44** das Milchkännchen (Sahnekännchen)
9 der Topfkuchen	**25** **der Kaffeehaustresen** (26–41)	**45** die Kaffeetasse
10 der Tortenheber	**26** der Zeitungshalter	**46** die Untertasse
11 der Berliner (der Berliner Pfannkuchen), ein Spritzkuchen *m*	**27** die Zeitung	**47** der Kaffeehausstuhl
	28 die Zeitschriften *f*	**48** der Kaffeehaustisch
12 die Obsttorte (Fruchttorte)	**29** der Espresso	**49** die Deckenlampe
13 die Sahnetorte	**30** der Eiskaffee	**50** der Tresenfluter, eine Tresenbeleuchtung *f*
14 die Etagere	**31** der Trinkhalm (Strohhalm)	**51** die Hängelampe
15 die Praline	**32** das Teegedeck	**52** die Pflanzendekoration
16 das Gebäck	**33** die Registrierkasse	
	34 der Kassenbon	

1–36 das Restaurant
(die Speisegaststätte,
das Speiselokal; *ähnl.:*
das Wirtshaus, Gasthaus)

1–11 der Ausschank
(die Theke, das Büfett,
das Buffet)
1 der Bierdruckapparat
2 der Zapfhahn
3 der Bierdeckel
(der Bieruntersetzer)
4 die Tropfplatte
5 das Bierglas
6 der Bierschaum
(die Blume)
7 der Bierkrug
8 der Büfettier
9 das Gläserregal

10 das Flaschenregal
11 der Tellerstapel
12 der drehbare Barstuhl
13 der Standascher
(der Standaschenbecher)
14 die Säule

15 der Kleiderständer
(Garderobenständer)
(16 u. 17)
16 der Huthaken
17 der Kleiderhaken
18 der Mantel
19 der Wandventilator
(der Wandlüfter)
20 die Tür
21 die Hausordnung
22 das Stück Kuchen *m*
zum Dessert *n*
(Nachtisch *m*,
Nachspeise *f*)
23 die Weinflasche
24 das Weinglas

25 die Bedienung
(die Kellnerin,
die Serviererin, *schweiz.*
die Saaltochter; *männl.:*
der Kellner, der Ober)
26 das Tablett
27 der Bierwärmer
28 das Gedeck
29 die Speisekarte
30 die Deckenbeleuchtung

31 die Menage
(32–34)
32 der Zahnstocherbehälter
33 der Salzstreuer
34 der Pfefferstreuer
35 der Tischaschenbecher
36 der Gast

37–57 die Weinstube
(das Weinlokal)
37 der Stammtischwimpel
38 der Stammgast
39 die Tischdecke
(das Tischtuch)
40 das Glas Wasser *n*
41 die Weinkarte
42 die Weinkaraffe
(der Dekanter)
43 der dreiarmige
Kerzenleuchter
44 die Kerze
45 der Weinkühler
46 die Eisstückchen *n*

47 die Besteckkommode
(Kommode)
48 die Dekoration
aus Weinlaub *n*
49 der Kachelofen
50 die Ofenkachel
51 die Ofenbank
52 das Holzpaneel (Paneel)
53 die Gardine
54 die Gardinenstange
55 das Fenster
56 der Sommelier
(der Weinkellner)
57 der Fassdeckel,
eine Wanddekoration *f*
(ein Wandschmuck *m*)

1–49 **das Selbstbedienungsrestaurant**
(SB-Restaurant,
die Selbstbedienungs-
gaststätte, SB-Gaststätte)
1 die Speisen- und
Getränkeübersicht
2 der Tablettstapel
3 die Trinkhalme *m*
4 die Servietten *f*
5 die Besteck-
entnahmefächer *n*
6 die Gläser *n*
7 die Tablettablage

8 **der Kühltresen**
9 das Honigmelonenstück
10 der Salatteller
11 der Käseteller
12 das Fischgericht
13 das belegte Brötchen
14 das Fleischgericht
mit Beilagen *f*
15 das halbe Hähnchen
16 das Rohkostmenü
17 der Früchteteller

18 **das Getränkefach**
(19–21)
19 die Milch im
Tetra Pak® *m*,
einer Kartonverpackung *f*
für flüssige Lebens-
mittel *n*
20 die Mineralwasserflasche
21 der Fruchtsaft
22 die Küchendurchreiche
23 das warme Gericht
24 die Kasse
25 die Kassiererin
26 der Pächter (der Chef)
27 die Kundin,
die Restaurantbesucherin
28 die Barriere

29 der Speiseraum	**38** das Fließband
30 der Bierzapfapparat	in die Küche *f*
31 das Bierglas	**39** die gepolsterte Sitzbank
32 der Getränkespender	**40** die Sitzbank
(der Getränkeautomat)	**41** die Rückenlehne
für Kaltgetränke *n*	**42** der Tisch
33 das Glas Cola *f* od. *n*	**43** der Tischschmuck
34 der Getränkespender	(Blumenschmuck)
(der Getränkeautomat)	**44** der Salzstreuer
für Heißgetränke *n*	**45** der Pfefferstreuer
35 die Tasse Kaffee *m*	**46** das Käsebrot
36 die gerahmte Grafik,	**47** der Eisbecher
eine Wanddekoration *f*	**48** die Deckenstrahler *m*
37 die Ablage für Tabletts *n*	**49** das Fenster
mit schmutzigem	
Geschirr *n*	

1–27 die Lobby
(das Foyer, das Vestibül,
der Empfangsraum,
die Eingangshalle)
1 der Portier
2 die Postablage mit
den Postfächern *n*
3 das Schlüsselbrett
4 die Kugelleuchte
5 der Nummernkasten
6 das Telefon mit
Lichtrufsignal *n*
7 der Empfangschef
8 der Computer mit
den gespeicherten
Daten *pl* der Gäste *m*

9 der Zimmerschlüssel
10 das Nummernschild
mit der Zimmernummer *f*
11 die Hotelrechnung
12 der Anmeldeblock mit
den Anmeldeformularen *n*
(Meldezetteln *m*)
13 der Reisepass
14 der Hotelgast
15 der Leichtkoffer
16 das Wandschreibpult
(Wandpult)
17 der Hausdiener

18 der Hotelboy
(Boy, der Hotelpage, Page)
19 der Hoteldirektor
20 der Speisesaal (*ähnl.:*
das Hotelrestaurant)
21 der Kronleuchter,
eine mehrflammige
Leuchte *f*
22 die Kaminecke
23 der Kamin
24 der *od.* das Kaminsims
25 das Kaminfeuer,
ein offenes Feuer
26 der Klubsessel
27 der Gummibaum

28–39 das Doppelzimmer mit Bad *n*, ein Hotelzimmer	**40** der Gesellschaftssaal (Festsaal)	**50 die Hotelbar**
		51 die Bartheke (Theke)
		52 der Barhocker
28 die Doppeltür	**41–44 die Tischgesellschaft,** eine geschlossene Gesellschaft, bei einem Festessen *n* (Festmahl *n*, Bankett *n*)	**53** die Fußleiste
29 die Klingeltafel		**54** der Bargast
30 der Kleiderschrank		**55** die Zigarette
31 das Kleiderabteil		**56** der Aschenbecher
32 das Wäscheabteil		**57** das Cocktailglas
33 das Doppelwaschbecken	**41** der Festredner beim Trinkspruch *m* (Toast *m*)	**58** das Whiskyglas
34 der Zimmerkellner		**59** der Eisbehälter
35 das Zimmertelefon	**42** der Tischnachbar von 43	**60** der Sektkorken
36 der Veloursteppich	**43** der Tischherr von 44	**61** der Sektkübel (der Sektkühler)
37 der Sitzhocker	**44** die Tischdame von 43	
38 das Blumenarrangement	**45** das Bartrio (die Barband)	**62** die Bardame (die Barfrau)
39 das Doppelbett	**46** der Stehgeiger	
	47 das Paar beim Tanzen *n* (das Tanzpaar)	**63** der Cocktailshaker (der Mixbecher)
	48 der Ober (der Kellner)	**64** das Messglas
	49 das Serviertuch	**65** das Flaschenbord
		66 das Gläserregal
		67 die Spiegelverkleidung
		68 der Barmixer (der Barkeeper)

1 der Parkautomat	14 der Zeitungsverkäufer	27 der Motorradfahrer
2 die Telefonsäule	15 die Zeitung	28 das Motorrad
3 die Buchhandlung	16 die Zeitungsbox	29 der Beifahrer (der Sozius)
4 das Straßenschild mit	(der Zeitungskasten)	30 die Touristeninformation
dem Straßennamen *m*	17 der Passant	31 das Touristen-
	18 der Fußgängerüberweg	informationsschild
5 der Herrenausstatter	(der Zebrastreifen)	32 das Versicherungsbüro
(6–8)		33 die Passantin
6 das Schaufenster	**19 die Straßenbahn-**	
7 die Schaufenster-	**haltestelle**	
dekoration	(20–26)	
8 der Eingang	20 der Stadtplan	
9 die Schaufensterauslage	21 die Legende	
10 das Fenster	22 die beleuchtete	
11 der Blumenkasten	Werbetafel	
12 die Leuchtreklame	23 das Haltestellenschild	
13 der Gully	24 der Straßenbahnfahrplan	
	25 der Fahrscheinautomat	
	26 der Abfallkorb	
	(der Abfallbehälter,	
	der Papierkorb)	

34 das Kaufhaus
(Warenhaus,
das Magazin)
(35–38)

35 die Schaufensterfront

36 die Werbetafel

37 die Beflaggung

38 die Dachwerbung
aus Leuchtbuchstaben *m*

39 der Straßenkehrwagen
mit rundem Kehrbesen *m*

40 der Straßenbahnzug
(die Straßenbahn)

41 die Straßenbahnschienen

42 der Möbelwagen

43 die Straßenüberführung

44 die Straßenbeleuchtung,
eine Straßenlampe *f*

45 der Bürgersteig

46 die Litfaßsäule

47 der Zigarettenautomat

48 die Fußgängerzone

49 das Straßencafé (50–52)

50 die Sitzgruppe

51 der Sonnenschirm

52 die Treppe zu
den Toiletten *f*

53 das Werbeplakat

54 die Kinoprogramm-
anzeige

55 die Haltelinie

56 die Fußgänger-
wegmarkierung

57 die Verkehrsampel

58 der Ampelmast

59 die Lichtzeichenanlage

60 die Fußgänger-
lichtzeichen *n*

61 der Straßenkehrer
(62 u. 63)

62 der Straßenbesen
(Kehrbesen)

63 die Straßenkehrschaufel
(Kehrschaufel)

64 der Abfall (der Straßenschmutz, der Kehricht)

65 der Taxistand
(Taxenstand) (66–68)

66 das Taxi (die Taxe,
schweiz. der Taxi)

67 das Taxischild

68 das Verkehrszeichen
»Taxenstand« *m*

69 die Postfiliale

70 der EC-Automat

71 der Briefkasten

72 das Verkehrszeichen
»Fußgängerüberweg« *m*

**73 die Verkehrspolizistin
bei der Verkehrsregelung** *f*
(74–76)

74 der Mantel

75 die Mütze

76 das Handzeichen

77 die Fahrbahnbegrenzung

78 der Einordnungspfeil
»links abbiegen«

79 der Einordnungspfeil
»geradeaus«

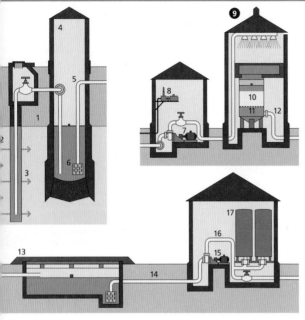

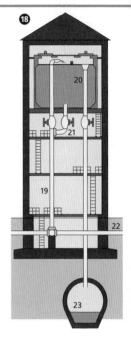

1–23 die öffentliche Trinkwasserversorgung
1 der Grundwasserspiegel
2 die wasserführende Schicht
3 der Grundwasserstrom
4 der Sammelbrunnen für das Rohwasser
5 die Saugleitung
6 der Saugkorb mit Fußventil *n*
7 die Schöpfpumpe mit Motor *m*
8 die Vakuumpumpe mit Motor *m*

9 die Schnellfilteranlage
10 der Filtersand
11 der Filterboden
12 die Ablaufleitung für filtriertes Wasser *n*
13 der Reinwasserbehälter
14 die Saugleitung mit Saugkorb *m* und Fußventil *n*
15 die Hauptpumpe mit Motor *m*
16 die Druckleitung
17 der Windkessel

18 der Wasserturm
(der Wasserhochbehälter, das Wasserhochreservoir)
19 die Steigleitung
20 die Überlaufleitung
21 die Fallleitung
22 die Leitung in das Verteilungsnetz *n*
23 der Abwasserkanal

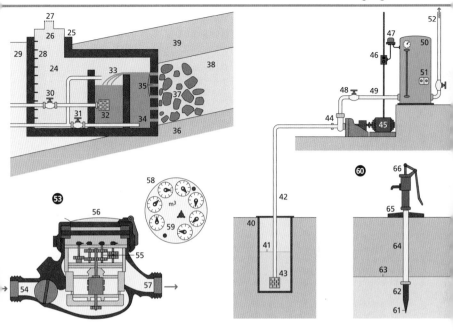

24–39 die Fassung einer Quelle f
24 die Quellstube
25 der Sandfang
26 der Einsteigschacht
27 der Entlüfter
28 die Steigeisen n
29 die Anschüttung
30 das Absperrventil
31 der Entleerungsschieber
32 der Seiher
33 der Überlauf
34 der Grundablass
35 die Einlaufrohre n
36 die wasserundurchlässige
    Schicht
37 die vorgelagerten
    Feldsteine m
38 die wasserführende
    Schicht
39 die Tondichtung

40–52 die Einzel-
    wasserversorgung
40 der Brunnen
41 der Grundwasserspiegel
42 die Saugleitung
    (die Brunnen-
    unterwasserpumpe
    mit Druckleitung f)
43 der Saugkorb
    mit Fußventil n
44 die Kreiselpumpe
45 der Motor
46 der Motorschaltschutz
47 der Druckwächter,
    ein Schaltgerät n
48 der Absperrschieber
49 die Druckleitung
50 der Windkessel
51 das Mannloch
52 die Leitung
    zum Verbraucher m

53 der Flügelrad-
    wasserzähler,
    ein Wasserzähler m
    (eine Wasseruhr f)
54 der Wasserzufluss
55 das Zählwerk
56 die Haube
    mit Glasdeckel m
57 der Wasserabfluss
58 das Zifferblatt
    des Wasserzählers m
59 das Zählwerk

60 der Rammbrunnen
61 die Rammspitze
62 das od. der Filter
63 der Grundwasserspiegel
64 das Brunnenrohr
    (Mantelrohr)
65 die Brunnenumrandung
66 die Handpumpe

1–10 die Abfalltrennung
(Mülltrennung)
1 das Recyclinglogo
2 der grüne Punkt
der Firma Duales System
Deutschland AG
3 die Biotonne
(grüne Tonne; *ähnl.:*
die braune Tonne)
für organische Abfälle *m*
4 die Wertstofftonne
(gelbe Tonne) für Ver-
packungsmüll *m*
mit dem grünen Punkt *m*
5 der gelbe Sack für Verpackungsmüll *m*
mit dem grünen Punkt *m*
6 die Restmülltonne
(graue Tonne)
7 der Weißglascontainer
8 der Grünglascontainer
9 der Braunglascontainer
10 der Altpapiercontainer

11–13 die Müllabfuhr
11 die Mülltonne
(Abfalltonne)
12 der Müllwagen
(das Müllauto)
13 der Müllwerker
(*ugs.:* der Müllmann)

14–19 der Recyclinghof
14 der blaue Container
mit der Müllpresse *f*
15 der Altkleidercontainer
16 der Schuhcontainer
17 das Fasslager für Altöle *n*
und Farben *f*
18 der Behälter für
Batterien *f*
19 die Container *m*
zur Aufteilung *f*
verschiedener Abfall-
stoffe *m* (Metalle *n*,
Holz *n*, Kunststoff *m*)

20–28 die Müllverbrennungs-
anlage
für die Fernwärme-
und Energieerzeugung *f*
[Schema]
20 der Anlieferungsschacht
21 der Müllbunker
22 der Kran
23 der Aufgabetrichter
24 der Dampferzeuger
25 die Filteranlage
26 der Verbrennungsraum
mit dem Rost *m*
27 der Rauchgaswäscher
28 der Schornstein

29, 30 die Wiederverwertungs-
anlage
(Recyclinganlage)
29 die Wertstoffanlieferung
30 die Wertstoffaufbereitung

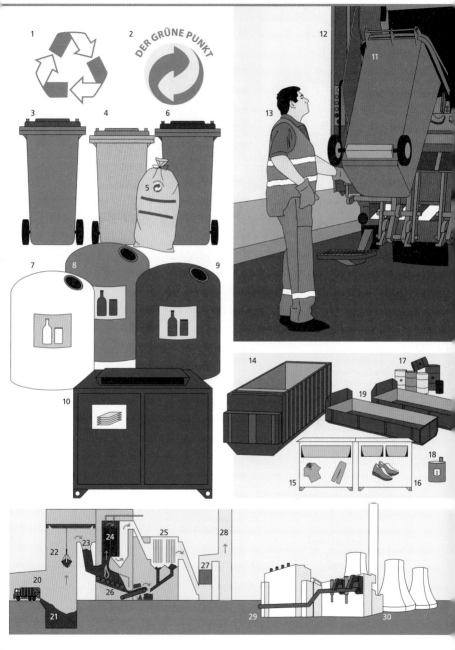

1–4 **die Feuerwache**
  1 das Rolltor
  2 die Mannschafts-
    unterkunft
  3 der Schlauchturm
  4 die Alarmsirene
  5 der Vollschutz
    der Chemiewehr *f*
  6 der Notarztwagen
    (Rettungswagen)
  7 die Notärztin
  8 die Einmalhandschuhe *m*
    (Wegwerfhandschuhe *m*)
  9 der Rettungsassistent
 10 der Bewusstlose,
    ein Notfallopfer *n*
 11 die Herzmassage
 12 die Beatmungsmaske
 13 die Infusionsflasche
 14 die Notfalltasche
 15 die Blutdruckmanschette
 16 das Verbandsmaterial
 17 die Augenspülflasche
 18 der Notfallkoffer

19 **der Feuerwehrmann**
   (20–26)

20–25 **die Schutzkleidung**
 20 der Feuerwehrhelm
    mit Nackenschutz *m*
 21 die Feuerwehrschutzjacke
    mit Reflexstreifen *m*
 22 die Feuerwehrleine
    mit Tragebeutel *m*
 23 die Feuerwehr-
    schutzhose
 24 die Feuerwehr-
    schutzstiefel
 25 der Feuersicherheitsgurt
 26 die Sauerstoffflasche
    (Atemgasflasche)

27 **das brennende Haus**
 28 die Rauchwolke
 29 das eingeschlagene
    Fenster

30 **die Teleskopdrehleiter**
 31 der Leiterkorb
 32 der hydraulische Antrieb
 33 die Hakenleiter

34 **der Einsatzleiter**
 35 das Handsprechfunkgerät
 36 die Feuerwehr-
    schutzweste mit Reflex-
    streifen *m*

37 **der Unterflurhydrant**
 38 das Standrohr
 39 der Hydrantenschlüssel
 40 der Verteiler
 41 die Druckleitung

42 **das Löschgruppen-
    fahrzeug**
 43 das Blaulicht
 44 das Einsatzhorn
 45 die Kabeltrommel
 46 das Sprungtuch
    in der Staukiste *f*
 47 das Material zur
    Straßensicherung *f*
 48 das Handwerkzeug
 49 der Hochleistungslüfter
 50 die Rettungsaxt

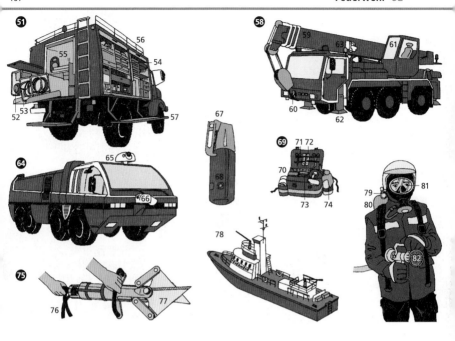

51 **der Rüstwagen**
52 der Stromerzeuger
53 die Hydraulikpumpe
54 die Werkzeug- und
   Notfallkoffereinschübe *m*
55 das tragbare
   Warnblinklicht
56 das begehbare
   Fahrzeugdach
57 der Klapptritt

58 **der Bergungskran,**
   ein Teleskopkran
59 der Kranausleger
60 der Traghaken
61 die Kranführerkabine
62 die hydraulischen
   Stützfüße *m*
63 die gelbe Rundumleuchte
   für Fahrbetrieb *m*

64 **das Großtank-**
   löschfahrzeug
   (65 u. 66)
65 die Schaumkanone
66 der Frontmonitor
   für Wasser *n*
   oder Schaum *m*
67 der kleine
   Handfeuerlöscher
68 das Sicherheitsprüfsiegel

69 **die Notfalltasche**
70 die Verbandsrolle
71 die Verbandsschere
72 die steril verpackte
   Einweginjektionsspritze
73 die Kompresse
74 die Medikamentenflasche

75 **die hydraulische**
   Rettungsschere mit
   Spreizer *m*
   (76 u. 77)
76 die Hydraulikzuleitung
77 die Spreiz-
   Schneidbacken *f*
78 das Feuerlöschboot
79 die einsteckbare
   Helmlampe
80 die Pressluftflasche
81 die Gesichtsvollmaske,
   eine Atemschutzmaske
82 das Nebelstrahlrohr

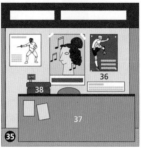

1 **die elektronische Registrierkasse,**
eine Scannerkasse (2–7)
2 die Tasten *f*
3 der Scanner
4 der Geldschub (der Geldkasten)
5 die Geldfächer *n* für Münzen *f* (Hartgeld *n*) und Geldscheine *m* (Banknoten *f*)
6 der Kassenzettel (der Kassenbon, Bon)
7 der Zahlbetrag (die registrierte Summe)
8 die Eingangstür, eine Drehtür
9 die Kassiererin

10 **die Herrenkonfektionsabteilung,**
die Abteilung für Herrenbekleidung *f*
11 die Hemden *n*
12 der Anzug
13 das Hemd mit Krawatte *f*
14 die sportliche Jacke
15 der Hut
16 die Schuhvitrine, eine Schauvitrine (die Innenauslage)
17 der Blazermantel
18 der Auslagentisch
19 die Freizeithosen *f*
20 die Hosen *f*

21 **die Damenkonfektionsabteilung,**
die Abteilung für Damenbekleidung *f*
22 der Spiegel
23 das Spiegelbild
24 die Käuferin, eine Kundin *f*
25 der Kleiderständer

26 der Dufflecoat, ein dreiviertellanger Mantel *m*
27 das Preisschild
28 der Feinstrumpf
29 die Beinattrappen *f* zur Dekoration *f*

30 **das Reisebüro**
31 das Werbeplakat
32 das Regal
33 der Stuhl
34 die geöffnete Tür

35 **die Theater und Konzertkasse,**
eine Kartenvorverkaufsstelle *f* (36–38)
36 die Veranstaltungsplakate *n*
37 der Bedienungstresen
38 die Kasse
39 die Ankleidekabine (die Ankleidezelle)

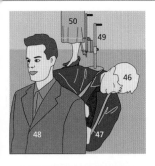
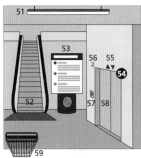

40 die gelegte und gestapelte
    Ware und die gehängte
    Ware
41 die dekorierte Ware
42 die Kleiderstange
43 das Konfektionskleid
    (*ugs.* Kleid von
    der Stange *f*)
44 der Sessel
45 das Modejournal
    (die Modezeitschrift)
46 der Schneider
    beim Abstecken *n*
47 das Bandmaß,
    ein aufrollbares
    Metermaß *n*
48 der Käufer, ein Kunde *m*
49 der Rockabrunder
    (Rockrunder)
50 der Rock
51 die Leuchtstoffröhre
    (die Leuchtstofflampe)
52 die Rolltreppe
53 die Informationstafel
    (Infotafel)

54 **der Personenaufzug**
    (der Lift)
    (55–58)
55 die Fahrtrichtungs-
    anzeigepfeile *m*
56 der Stockwerkanzeiger
57 die Steuerung
58 die Schiebetür
59 der Warenkorb
60 die Weißwaren *pl*
    (Tischwäsche *f*
    und Bettwäsche *f*)
61 die Wirkwaren *pl*

62 **die Abteilung für**
    modische Accessoires *n*
63 die Halstücher *n*
64 die Lederhandschuhe *m*
65 die gepolsterte
    Armauflage für
    die Handschuhanprobe

66 **die Stoffabteilung**
67 die Verkäuferin
68 die Gardinenstoffe *m*
69 der Stoffballen
    (Tuchballen)
70 der Torso zur Dekoration *f*
71 das drapierte Stoffmuster

72 **die Schmuckwaren-**
    abteilung
    (73–79)
73 die Uhrenauslage
74 die Halskettenauslage
75 die Kundenberaterin
76 die Verkaufstheke
77 die Broschen *f*
78 die Halskette mit
    dem Kreuzanhänger *m*
79 die Dekolleté-Attrappe
    zur Dekoration *f*
80 die Treppe
81 der Abteilungsleiter
    (*österr. u. schweiz.*
    der Rayonchef)
82 der Sondertisch
83 das Sonderangebotsschild

1–40 der barocke Schlosspark,
ein französischer
Garten *m*
  1 die Grotte
  2 die Quellnymphe,
     eine Steinfigur *f*
  3 die Orangerie
  4 das Boskett
  5 der Irrgarten,
     ein Labyrinth *n*
     aus Heckengängen *m*
  6 das Naturtheater
  7 das Barockschloss
  8 die Wasserspiele *n*
     (die Wasserkunst)
  9 die Kaskade,
     ein stufenförmiger
     künstlicher Wasserfall *m*
 10 das Standbild
     (die Statue)
 11 der Sockel
 12 der Kugelbaum
 13 der Kegelbaum
 14 der Zierstrauch
 15 der Wandbrunnen
 16 die Parkbank
 17 die Pergola
     (der Laubengang)
 18 der Kiesweg
 19 der Pyramidenbaum
 20 die Amorette
 21 der Springbrunnen
 22 die Fontäne,
     ein Wasserstrahl *m*
 23 das Überlaufbecken
 24 das Bassin
 25 der Brunnenrand
     (die Ummauerung)
 26 der Spaziergänger
 27 die Fremdenführerin
 28 die Touristengruppe
 29 die Parkordnung
 30 der Parkwächter
 31 das Parktor,
     ein schmiedeeisernes
     Gittertor *n*
 32 der Parkeingang
 33 das Parkgitter
 34 der Gitterstab
 35 die Steinvase
 36 die Rasenfläche
     (Grünfläche, der Rasen)
 37 die Wegeinfassung,
     eine beschnittene Hecke *f*
 38 der Parkweg
 39 die Parterreanlage
 40 die Birke

41–75 der Landschaftspark,
ein englischer Garten *m*
- **41** die Blumenrabatte
- **42** die Gartenbank
- **43** der Abfallkorb
- **44** die Spielwiese
- **45** der Wasserlauf
- **46** der Steg
- **47** die Brücke
- **48** der bewegliche
  Parkstuhl
- **49** das Wildgehege
  (Tiergehege)
- **50** der Teich

51–54 das Wassergeflügel
- **51** die Wildente
  mit Jungen *n*
- **52** die Gans
- **53** der Flamingo
- **54** der Schwan
- **55** die Insel
- **56** die Seerose
- **57** das Terrassencafé
- **58** der Sonnenschirm
- **59** der Parkbaum
- **60** die Baumkrone
- **61** die Baumgruppe
- **62** die Fontäne
- **63** die Trauerweide
- **64** die moderne Plastik
- **65** das Tropengewächshaus
  (Pflanzenschauhaus)
- **66** der Parkgärtner
- **67** der Laubbesen
- **68** die Laubharke

69 die Minigolfanlage
(70 u. 71)
- **70** die Minigolfbahn
- **71** der Minigolfspieler
- **72** die Mutter
  mit Kinderkarre *f*
- **73** das Liebespaar
  (das Pärchen)
- **74** die Spaziergängerin
- **75** das Kind auf
  einem Fahrrad *n*

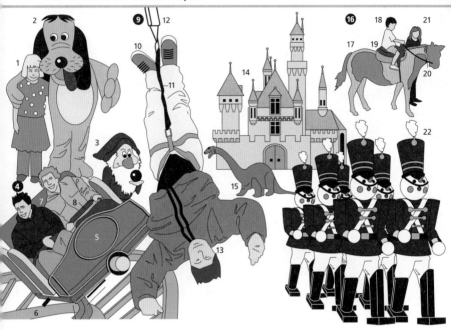

1 die Parkbesucherin,
  ein Kind *n*
2 der Parkangestellte
  im Hundekostüm *n*
3 der Zwerg,
  eine Märchenfigur *f*

4 die Achterbahn
5 der Wagen
6 die Schienen *f*
7 die Fahrgäste *m*
8 der Sicherheitsbügel

9 das Bungeespringen *n*
  (Bungeejumping *n*)
  (10–13)
10 der Bungeespringer
11 das Bungeeseil,
  ein Gummiseil
12 der Befestigungs-
  mechanismus
13 das *od.* der Blouson
14 das Märchenschloss
15 die Dinosaurierfigur

16 das Pferdereiten
  (17–21)
17 das Pferd
18 der Reiter,
  ein Junge *m*
19 der Sattel
20 der Zügel
21 die Pferdeführerin
22 die Spielzeugsoldaten-
  parade, eine Figuren-
  parade

23 die Baumhütte
24 die Hängebrücke
25 die Wellenrutschbahn
26 die Rohrrutsche

27 das Karussell
   (28, 29)
28 die Delfinfigur
29 die Gondel
30 der Free-Fall-Tower®

31 der Streichelzoo
32 das Kleinkind
33 die Zicke (*südd., österr.,*
   schweiz. die Geiß),
   eine weibliche Ziege *f*
34 der Ziegenbock,
   eine männliche Ziege *f*
35 das Zickel,
   ein Ziegenjunges *n*

36 die Wildwasserbahn
37 das Baumstammboot
38 der künstliche Fluss

39–49 die Westernshow
39 die Westerneisenbahn
40 der Indianer,
   ein Parkangestellter *m*
   im Indianerkostüm *n*
41 der Großwildjäger,
   ein kostümierter
   Parkangestellter *m*
42 der Westernhut
43 der Concho
44 der Zierkragen
45 die Weste
46 der Gürtel
47 die Gürtelschnalle
48 das Gewehr
49 der Revolver

1 **das Affenhaus**
(2 u. 4)
2 der Affe
3 die Zoobesucherin,
der Zoobesucher
4 die Erläuterungstafel
5 das Pinguinbecken
6 der Pinguin
7 das Aquarium
8 der Hai

9 **die Voliere**
(das Vogelhaus)
(10 u. 11)
10 der Ararauna
11 der Tukan
12 der Übersichtsplan

13 **das Giraffengehege,**
ein Freigehege *n*
(eine Freianlage *f*)
(14–16)
14 die Giraffe
15 das Giraffenhaus
16 die Schutzmauer
17 der Pandabär

18 **das Elefantengehege**
(19–22)
19 der Elefant
20 das Elefantenhaus
21 der Tierpfleger
bei der Fütterung
22 das Futter
23 das Terrarium
24 der Glasschaukasten

25 **das Löwengehege**
26 der Naturfelsen
27 der Wassergraben,
ein Absperrgraben
28 die Löwin
29 der Löwe

30 **das Reptiliengehege**
31 die Schlange
32 das Krokodil

1 die Drehscheibe
2 der Rundlaufpilz
3 das Kinderfahrrad
4 das Seilhüpfen
   (das Seilspringen)
5 das Hüpfseil (Springseil)
6 der Kletterturm
7 die Reifenschaukel
8 der Lkw-Reifen
9 der Hüpfball

10 **das Indianerfort**
   (11–13)
11 die Rundholzleiter
12 der Ausguck
13 die Rutschbahn,
   die Rutsche
14 der Abfallkorb
15 der Teddybär
16 die Holzeisenbahn

17 **das Planschbecken**
   (18 u. 19)
18 das Segelboot
19 die Spielzeugente
20 der Kinderwagen
21 das Reck
22 der Gokart
23 die Starterflagge
24 die Wippe
25 der Skateboarder
   (Skateboardfahrer *m*)
   mit dem Skateboard

26 das Modellflugzeug	**34 das Klettergerüst**	**46 die Winnetouhütte**
27 die Doppelschaukel	(35–37)	(47 u. 48)
28 der Schaukelsitz	**35** das Kletterseil	**47** das Kletterdach
(das Schaukelbrett)	**36** die Strickleiter	**48** die Fahnenstange
	37 das Netternetz	**49** das Spielzeugauto
29 das Drachen-	**37** das Kletternetz	**49** das Spielzeugauto
steigen-Lassen (30–32)	**38** die Berg-und-Tal-	**50** die Laufpuppe
30 der Drachen	Rutschbahn	
31 der Drachenschwanz	**39** die Reifendrahtseilbahn	**51 der Sandkasten**
32 die Drachenschnur	**40** der Sitzreifen	**52** der Spielzeugbagger
33 das Spinnennetz	**41** der Roboter	**53** der Sandberg
	42 der Traktor, ein Tretauto n	
	43 das Aufbauhäuschen	
	44 die Steckbretter n	
	45 die Sitzbank (Bank)	

1 **die Trinkkur**
2 der Trinkbrunnen
mit Zapfhahn *m*
3 das Heilwasser
4 der Trinkbecher

5 **das Freiluftschach**
6 der Kurpark
7 die Kurgäste *m*

8 **die Reizstromtherapie**
9 der Patient
(der Kurteilnehmer)
10 das Reizstromgerät
11 der Stromstärkeregler
12 die Gumminäpfe *m*
13 das Schwachstromkabel

14 **die Inhalation**
15 das Inhalationsgerät
(der Vaporisator)
16 das Medikament
(die Arznei)
17 die medizinische
Assistentin

18 **die Massage**
19 der Masseur
20 die Massageliege
21 das Handtuch

22 **die Bewegungstherapie**
23 der Physiotherapeut
24 die Schaummatte
25 die Gymnastikhalle
26 die Sprossenwand
27 der Gymnastikball

28 **die Liegekur**
29 der Liegeraum
30 die Kurliege

31 **die Fangopackung**
32 der Heilschlamm

33 **die Wassergymnastik**
34 die Badegäste *m*
35 der Trainer,
der Gymnastiklehrer
36 der Gymnastikreifen
37 das Schwimmbecken
38 die Schwimmhalle
39 das Kurhaus
40 die Kurpromenade
41 die Parkbank

42 **das Kurkonzert**
43 der Dirigent
44 die Musiker *m*,
das Kurorchester
45 die Konzertmuschel
46 die Konzertbühne
47 die Zuhörer *m*

1–31 das Roulette (Roulett),
ein Glücksspiel *n*
(Hasardspiel)

1 die Roulettemaschine
2 der Roulettekessel
3 das Hindernis
4 die Drehscheibe
mit den Nummern *f*
0 bis 36
5 das Drehkreuz
6 die Roulettekugel

7 der Roulettespielplan
(Spielplan, das Tableau)
8 die (das) Zero
(die Null, das Feld
zum Setzen auf die 0)
9 das Passe (das Groß,
das Feld zum Setzen
auf die Zahlen *f* 19–36)

10 das Manque (das Klein,
das Feld zum Setzen
auf die Zahlen *f* 1–18)
11 das Pair (das Feld zum
Setzen auf die geraden
Zahlen *f*)
12 das Impair (das Feld
zum Setzen auf die
ungeraden Zahlen *f*)
13 das Noir (das Schwarz)
14 das Rouge (das Rot)
15 das Douze premier
(das erste Dutzend,
das Feld zum Setzen
auf die Zahlen *f* 1–12)
16 das Douze milieu
(das mittlere Dutzend,
das Feld zum Setzen
auf die Zahlen *f* 13–24)
17 das Douze dernier
(das letzte Dutzend,
das Feld zum Setzen
auf die Zahlen *f* 25–36)

**18 der Roulettespielsaal
in der Spielbank *f***
(im Spielkasino *n*)
19 die Kasse
20 der Spielleiter
(der Chef de partie)
21 der Handcroupier
(Croupier)
22 das Rateau, die Geldharke
23 der Kopfcroupier
24 der Saalchef
25 der Roulettespieltisch
26 die Tischkasse (die Bank)
27 der Jeton (die Plaque,
die Spielmarke, das Stück)
28 der Einsatz
29 der Kasinoausweis
30 die Roulettespieler *m*
31 der Hausdetektiv

1–16 das Schachspiel
(Schach, das königliche
Spiel), ein Brettspiel
für zwei Spieler *m*

1 das Schachbrett,
ein Spielbrett *n*,
mit den Schachfiguren *f*
in der Ausgangsstellung *f*
2 das weiße Feld,
ein Schachbrettfeld *n*
3 das schwarze Feld,
ein Schachbrettfeld *n*
4 die weißen Figuren *f*
(die Weißen *pl*) als
Schachfigurensymbole *n*
5 die schwarzen
Figuren *f* (die Schwar-
zen *pl*) als Schachfigurensymbole *n*
6 die Buchstaben *m* und
Zahlen *f* zur Bezeichnung
der Felder *n* bei der Niederschrift *f* (Notation *f*)
der Züge *f* von Schach-
partien *f* und Schach-
problemen *n*

7 die Schachfiguren *f*
(Steine *m*)
8 der König
9 die Dame (die Königin)
10 der Läufer
11 der Springer
12 der Turm
13 der Bauer
14 die Gangarten *f* (Züge *m*)
der einzelnen Figuren *f*
15 das Matt (Schachmatt),
hier: ein Springermatt *n*
[S f3 ‡]
16 die Schachuhr, eine
Doppeluhr für Schach-
turniere *n* (Schach-
meisterschaften *f*)

17–19 das Damespiel
(Dame)

17 das Damebrett
18 der weiße Damestein;
auch: Spielstein *m*
für Backgammon-, Puff-
und Mühlespiel *n*
19 der schwarze Damestein

20, 21 das Saltaspiel
(Salta)
21 der Saltastein
22 das Spielbrett für
das Puffspiel
(Puff, Tricktrack) und
das Backgammonspiel

23–25 das Mühlespiel
(Mühle)
23 das Mühlebrett
24 die Mühle
25 die Zwickmühle
(Doppelmühle)

26–28 das Halmaspiel
(Halma)
26 das Halmabrett
27 der Hof
28 die Halmafiguren *f*
(Halmasteine *m*)

29 das Würfelspiel
(das Würfeln,
das Knobeln)
30 der Würfelbecher
(Knobelbecher)
31 die Würfel *m*
(*landsch.* Knobel *m*)
32 die Augen *n*

33 das Dominospiel
(Domino)
34 der Dominostein
35 der Pasch

36 Spielkarten *f*
37 die französische Spielkarte (das Kartenblatt)

38–45 die Farben *f*
38 Kreuz *n* (Treff)
39 Pik *n* (Pique, Schippen *n*)
40 Herz *n* (Cœur)
41 Karo *n* (Eckstein *m*)

42–45 die deutschen Farben *f*
42 Eichel *f* (Ecker)
43 Grün *n*
(Blatt, Gras, Grasen)
44 Rot *n* (Herz)
45 Schellen *f*

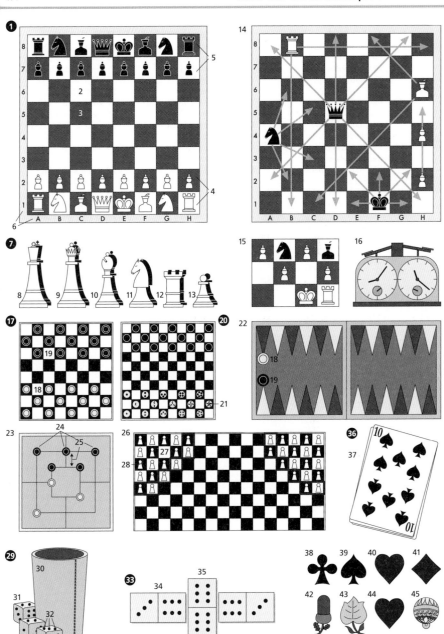

1–17 das Karambolagebillard
1 die Billardkugel
(der Billardball),
eine Elfenbein- oder
Kunststoffkugel

2–6 Billardstöße *m*
2 der Mittelstoß
(Horizontalstoß)
3 der Hochstoß
[ergibt Nachläufer *m*]
4 der Tiefstoß
[ergibt Rückzieher *m*]
5 der Effetstoß
6 der Kontereffetstoß

7–17 das Billardzimmer
7 der Billardspieler
8 das Queue
(der Billardstock)
9 die Queuekuppe,
eine Lederkuppe
10 der weiße Spielball
11 der rote Stoßball
12 der weiße Punktball
13 der Billardtisch
14 die Spielfläche mit
grüner Tuchbespannung *f*
15 die Bande
16 die digitale Anzeigetafel
zum Anzeigen *n*
des Spielstands *m*
17 der Queueständer

18–24 das Poolbillard
(das Pool)
18 der weiße Spielball

19–22 das 8-Ball-Spiel
(Eight Ball *n*, 8-Ball *n*)
19 die Ausgangsstellung
der Zielbälle *m*

20–22 die Zielbälle *m*
beim 8-Ball-Spiel *n*
20 die volle Kugel
[insgesamt 7 mit den
Nummern 1–7]
21 die halbe Kugel
[insgesamt 7 mit den
Nummern 9–15]
22 der 8er-Ball (die Acht,
die schwarze Acht,
die Schwarze)

23, 24 das 9-Ball-Spiel
(Nine Ball *n*, 9-Ball *n*)
23 die Ausgangsstellung
der neun Zielbälle *m*
24 der 9er-Ball (die Neun),
der Zielball, der als letzter
versenkt werden muss

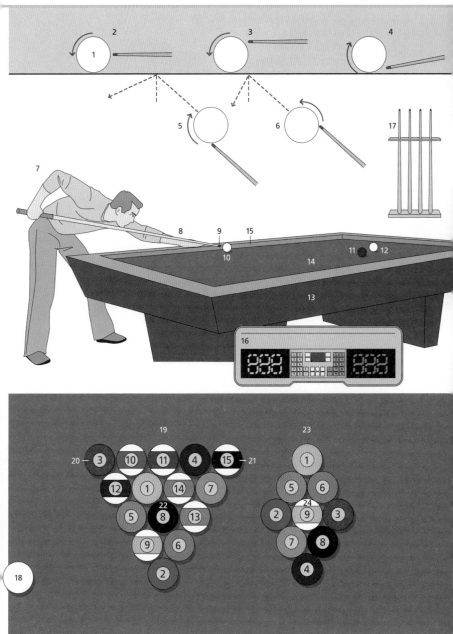

1 **der Campingplatz**
2 die Einfahrt
3 die Schranke
4 die Anmeldung
   (die Rezeption,
   das Informationsbüro)
5 der Informationskasten
   (Schaukasten)
6 der Einkaufsladen
   (der Kiosk)
7 der Campingplatzwart

8, 9 **der Sanitärtrakt**
   (die Sanitäranlagen *pl*)
8 die Toiletten *f* und
   die Waschräume *m*
9 die Wasch- und
   Spülbecken *n*
10 der Pkw, ein Personen-
   kraftwagen, mit
   Anhängerkupplung *f*
11 der Faltwohnwagen
   (der Campinganhänger,
   Klappanhänger), ein
   Anhänger *m*, der zu

einem Wohnwagen *m*
auseinander geklappt
werden kann
12 der Dachgepäckträger
13 der Dachkoffer

14 **das Wohnmobil**
15 das fest angebrachte und
   ausziehbare Vorzelt
16 die Dachleiter
17 der Dachgepäckträger
18 der Fahrradgepäckträger
19 die Klimaanlage
20 der Alkoven,
   eine Schlafkoje *f*
   über dem Fahrerhaus *n*
21 der Frischwassertank
22 die Abwasser-
   ablassvorrichtung
23 das Stromkabel

24 **der Wohnwagen**
   (der Wohnanhänger,
   der Caravan) **mit Vorzelt** *n*
   (25–29)

25 der Gasflaschenkasten
   (Deichselkasten)
26 das Buglaufrad
27 die Anhängerkupplung
28 der Dachlüfter
29 das Wohnwagenvorzelt
30 der Stellplatz

31 **das Igluzelt**
32 das ausgestellte Vordach
33 die Aufstellstange
34 die Abspannleine
35 der Zeltspannring
   für eine Abspannleine *f*
36 das Moskitonetz

37 **das Hauszelt** (38–41)
38 der hochstellbare Vordereingang
39 das Sichtfenster aus PVC
40 das Innenzelt
41 die Zeltapsis, eine Nische *f*
   zur Unterbringung *f*
   von Gepäck *n*

42 der Mumienschlafsack,
   ein Schlafsack
43 die selbstaufblasende
   Isomatte (Isoliermatte)
44 die Gaslampe
45 der Trinkwassersack
46 der zweiflammige Gas-
   kocher für Propangas n
   oder Butangas n
47 die Campinggasflasche,
   eine Propan- od. Butangasflasche
48 der Kochtopf
49 die Kühlbox

50 **das Bungalowzelt**
   (Steilwandzelt),
   ein geräumiges Zelt
   in Stehhöhe (51–57)

51 das Vordach
52 der wettergeschützte
   Eingang mit Rund-
   bogen m
53 die Zeltstange
54 die Zeltspannleine
   (Zeltleine)
55 das Innenzelt
56 das Lüftungsfenster
57 das Klarsichtfenster n
   aus durchsichtigem
   PVC n
58 der Hering
   (der Erdnagel,
   der Zeltpflock)
59 der Gummihammer
   zum Einschlagen
   der Heringe m
60 die Platznummer
61 der Campingstuhl,
   ein Klappstuhl
62 der Campingtisch,
   ein Klapptisch

63 das Campinggeschirr
64 die Hängematte
65 die Camperin
66 der Holzkohlengrill,
   ein Grill
67 die Holzkohle
68 der Blasebalg

69 **das Pfadfinderlager**
   (das Pfadfindertreffen,
   das Jamboree) (70–74)
70 das Rundzelt
71 der Fahrtenwimpel
72 das Lagerfeuer
73 der Pfadfinder
   (der Boyscout)
74 die Campingliege
75 der Mietbungalow
   (die Miethütte,
   schweiz. das Chalet)

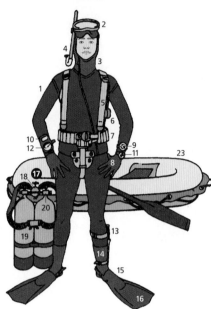

1–20 die Tauchausrüstung
1 der Tauchanzug
aus Neopren® *n*,
ein Kälteschutzanzug *m*
2 die Tauchmaske
(Tauchermaske), eine
Druckausgleichsmaske
3 die Tauchmütze
4 der Schnorchel
5 das Gurtwerk
(die Bebänderung) des
Presslufttauchgeräts *n*
6 der Druckmesser für
den Flascheninhalt *m*
7 der Bleigürtel
8 der Tauchhandschuh

9–12 die Anzeigeeinheit
9 der Tiefenmesser
10 der Temperaturmesser
11 die Taucheruhr zur
Tauchzeitüberwachung *f*
12 das Dekometer zur
Anzeige *f* der Auftauch-
stufen *f* (Dekompressions-
stufen)
13 das Tauchermesser
14 der Tauchschuh
15 die Schwimmflosse
16 das Blatt

17 das Tauchgerät
(Atemgerät)
18 der Lungenautomat
19 die Pressluftflasche
20 das Flaschenventil

21 der Tauchgang
(das Tauchen)
22 der Taucher
23 das Sportschlauchboot
24 die Harpune
25 die Unterwasserkamera
26 die Unterwasserlampe
27 die Ausatmungsluft
28 der Fischschwarm
29 der Clownfisch

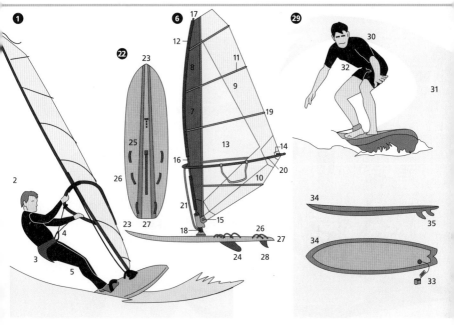

1 **das Windsurfing**
(das Windsurfen)
2 der Windsurfer
3 das Trapez, eine Gurt-
vorrichtung *f*
4 der Trapeztampen
(das Trapezband)
5 der Surfanzug
aus Neopren® *n*

6 **das Surfsegel**
7 das Segeltuch
8 das Vorliek
9 das Achterliek
10 das Unterliek
11 die Segeltasche
12 die Masttasche
13 das Fenster

14 das Horn
15 der Hals
16 der Mast
17 die Mastspitze
18 das Mastlager
19 die Segellatte
20 der Gabelbaum
21 die Schot

22 **das Windsurfbrett**
[Seitenansicht *u.*
Draufsicht]
23 der Bug
24 das Hauptschwert
25 der Schwertschacht
(der Hauptschwerteinzug)
26 die Fußschlaufe
27 das Heck
28 das Hilfsschwert
(die Finne)

29 **das Wellenreiten**
(das Surfing,
das Brandungsreiten)
30 der Surfer (der Wellenreiter, Brandungsreiter)
31 die Brandungswelle
32 der Shorty, ein kurz-
ärmeliger und kurz-
beiniger Surfanzug *m*
aus Neopren® *n*
33 die Fangleine,
eine Sicherungsleine
34 das Surfbrett
(das Surfboard)
[Seitenansicht *u.*
Draufsicht]
35 das Schwert

1 der Rettungsschwimmer-
   stand
2 der Rettungsschwimmer
3 der Fahnenmast mit
   gehisster grüner Fahne *f*
   [keine Gefahr]
4 der Sturmball, ein Warnball [ein roter Warnball:
   Baden *n* nur unter Auf-
   sicht *m* der Rettungsschwimmer *m* gestattet!;
   zwei rote Warnbälle:
   Baden verboten!]
5 die Warntafel
6 die öffentlichen Toiletten
   (das Toilettenhäuschen)
7 das Strandsegeln
8 das Tretboot

9–12 **das Wasserskifahren
   am Boot** *n* (hinter einem
   Motorboot *n*)
9 das Motorboot
10 der Monoskifahrer
11 der Monoski
12 der Wasserskifahrer
   mit Wasserskiern *m*
   (Sprungskiern)
13 die Strandgymnastik
14 die Strandmuschel
15 die Strandtasche
   (Badetasche)
16 der Strandwärter
   (der Kurtaxenkontrolleur)
17 das Badehandtuch

18–23 **die Strandkleidung**
18 der Badeanzug
   (Schwimmanzug)

19, 20 **der Bikini,**
   ein zweiteiliger Damenbadeanzug *m*
19 das Bikinioberteil
20 die Bikinihose
21 der Badelatschen
   (der Badeschuh,
   der Flipflop®)

22 die Badehose
(Schwimmhose)
23 der Strandhut,
ein Sonnenhut
24 der Badegast
25 der Wasserball
26 die Schwimmmatratze,
eine Luftmatratze *f*

27 die Strandburg
(Sandburg)
28 die Strandmatte
29 das Schwimmtier,
ein aufblasbares Wasser-
spielzeug *n*
30 der Strandkorb
31 der Badesteg
32 der Strandkorbvermieter
33 der Kiosk
34 die Kurtaxenhütte

35 die Anzeigentafel
für die Gezeiten *f*
(Ebbe *f* und Flut *f*)
und für die Wasser-
und Lufttemperatur-
angabe *f*
36 das Rettungsseil
37 der Rettungsring
38 der Strandzugang

1–7 das Wellenbad
(Brandungsbad),
ein Hallenbad
1 die künstliche Brandung
2 der Beckenrand
3 der Bademeister
4 der Liegesessel
5 der Schwimmring
6 die Schwimmflügel *m*
7 die Badekappe
(die Badehaube)

8–13 das Hallenbad
8 das Schwimmbecken
9 der Schwimmer
10 das Bademeisterbüro
11 der Zugang zu den
Duschen *f* und
zum Umkleidebereich *m*

12, 13 der Umkleidebereich
(der Umkleideraum,
die Umkleidekabinen *f*)
12 der *od.* das Spind,
ein schmaler Schrank *m*
zur Aufbewahrung *f*
von Kleidung *f*
13 der Wertfachschrank,
ein Schrank *m* zur
Aufbewahrung *f*
von Wertsachen *f*

14–26 die Sauna
(finnische Sauna,
das finnische Heißluft-
bad)
14 die Holzauskleidung
(die Holzverkleidung)
15 die Sitz- und Liegestufen *f*
16 der Saunaofen
17 die Feldsteine *m*
18 das Hygrometer
(der Feuchtigkeitsmesser)
19 das Thermometer
20 die Saunauhr,
eine Sanduhr
21 das Sitztuch
22 der Bottich mit Wasser *n*
für die Befeuchtung
der Ofensteine *m*
23 die Schöpfkelle
24 die Birkenruten *f* zum
Schlagen *n* der Haut *f*
25 die temperierte Dusche
26 das Tauchbecken
mit kaltem Wasser *n*

27–29 der Hot Whirlpool
(das Unterwasser-
massagebad,
das Strudelbad)
27 die Einstiegsstufe
28 das Massagebad
29 die umlaufende Sitzbank

30–32 das Solarium
(das künstliche
Sonnenbad)
30 die Liegefläche
31 die Sonnenbadende
32 die Solariumsröhre
(Besonnungsröhre),
eine Reflektorröhre

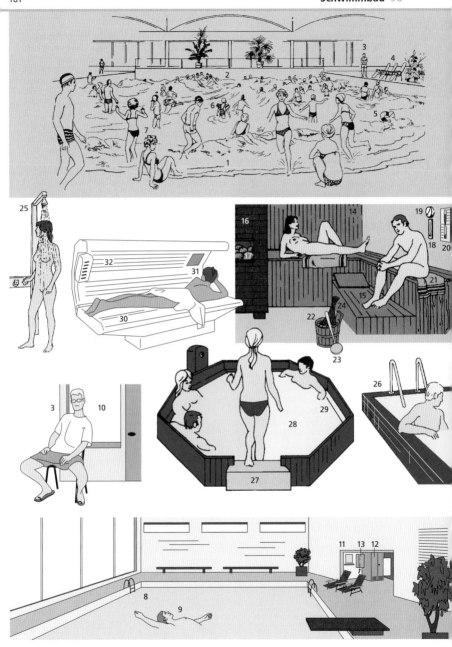

1 **die Pool-Landschaft**
(Beckenlandschaft)
2 das Schwimmbecken
3 die Schwimmerin,
die Badende
4 die Schwimmmatte
5 der Riesenschwimmreifen
6 die künstliche Landschaft
7 die Wasserfontäne
8 die künstliche Pflanze

9 **das Außenbecken**
10 der Wasserfall
11 der Wasserpilz
12 die Riesenrutsche

13 **das FKK-Gelände**
(das Freikörperkultur-
gelände)
14 die FKK-Anhängerin
(Anhängerin der
Freikörperkultur,
die FKKlerin)
15 der Sichtschutzzaun

16 **das Kinderbecken**
17 das Piratenschiff
18 das Kletternetz
19 das Schwimmkissen
20 der Strömungskanal
(Strudelkanal)
21 die Wasserkanone
22 der Schwimmreifen

23 **das Babybecken**
24 die Rutsche
25 die Wasser speiende
Schlange
26 das Wasserspielzeug
27 der Wasserball

28 **die Thermenlandschaft**
(der Thermenbereich,
Thermalbereich)
29 die künstliche Grotte
30 das Thermalbecken
31 der Whirlpool
(das Strudelbad)
32 die Ruhezone
(der Ruhebereich)
33 die Thermenbesucher *m*
34 der Bademantel

35 **die Ayurveda-Behandlung**
36 das Massageöl
37 der Ölbehälter

1–29 das Freibad,
eine Badeanstalt *f*
(ein Schwimmbad *n*)
1 die Liegewiese,
eine Grünfläche *f*
(Rasenfläche)
2 das Sonnenbad
(das Sonnenbaden,
das Luftbad)

3–9 die Sprunganlage
3 der Turmspringer
4 der Sprungturm
5 die Zehnmeterplattform
(der Zehner)
6 die Fünfmeterplattform
(der Fünfer)
7 das Dreimeterbrett
(der Dreier),
ein Sprungbrett
8 das Einmeterbrett
(der Einer)
9 das Sprungbecken
10 der gestreckte Kopfsprung
11 der Fußsprung
12 der Bademeister

13–17 der Schwimmunterricht
13 der Schwimmlehrer
(der Schwimmmeister)
14 der Schwimmschüler
beim Schwimmen
15 das Schwimmkissen,
eine Schwimmhilfe *f*
16 das Schwimmbrett
17 der Schwimmgürtel
(Korkgürtel)
18 das Nichtschwimmer-
becken
19 die Überlaufrinne
20 das Schwimmerbecken

**21–29 das Wettschwimmen
einer Schwimmstaffel** *f*
21 der Zeitnehmer
22 der Zielrichter
23 der Wenderichter
24 der Startblock
(der Startsockel)
25 der Anschlag eines
Wettschwimmers *m*
26 der Startsprung
27 der Starter
28 die Schwimmbahn
29 die Korkleine zur
Abgrenzung *f* der
Schwimmbahnen *f*

30–34 die Schwimmarten *f*
(die Schwimmstile *m*,
die Lagen *f*)
30 das Brustschwimmen
31 das Delfinschwimmen
(das Schmetterlings-
schwimmen,
der Butterfly)
32 das Rückenschwimmen
33 das Kraulschwimmen
(das Kraulen, das Kraul,
das Crawl)
34 das Tauchen (das Unterwasserschwimmen)

35–40 das Turmspringen
von einer starren Platt-
form *f*, eine Disziplin *f*
des Wasserspringens *n*
(*ähnl.*: das Kunstspringen
von einem federnden
Sprungbrett *n*)
35 der Hechtsprung aus
dem Stand *m*
36 der Auerbachsprung
[Absprung *m* mit
Drehung *f* rückwärts]
37 der doppelte Salto
rückwärts
38 die Schraube mit
Anlauf *m*
39 der Bohrer
40 der Handstandsprung

41–45 der Wasserball
(das Wasserballspiel)
41 das Wasserballtor
42 der Tormann
43 der Wasserball
44 der Verteidiger
45 der Stürmer

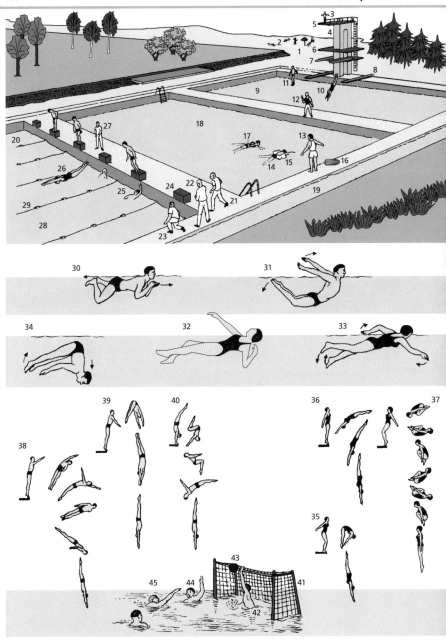

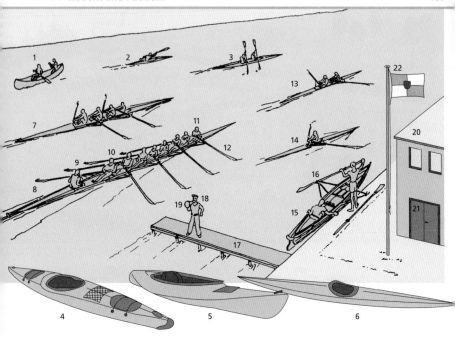

1–6 **Paddelboote** *n*
(Kanus *n*)
 1 der Kanadier, ein Kanu *n*
mit Stechpaddeln *n*

2–6 **Kajaks** *m od. n,*
Paddelboote *n*
mit Doppelpaddel *n*
 2 der *od.* das Einerkajak
 3 der *od.* das Zweierkajak
 4 der *od.* das Wildwasser-
Rennkajak
 5 der *od.* das Wanderkajak
 6 der *od.* das Eskimokajak

7–16 **Ruderboote** *n*

7–13 **Riemenboote** *n*
 7 der Vierer ohne Steuermann *m* (der Vierer ohne)
 8 der Achter (Rennachter)
 9 der Steuermann
 10 der Schlagmann,
ein Ruderer *m*
 11 der Bugmann
 12 der Riemen
 13 der Zweier
(Riemenzweier)

14–16 **Skullboote** *n*
 14 der Einer (Renneiner,
das Skiff)
 15 das Einerskullboot
mit Steuermann *m*
 16 das Skull
 17 der Steg (Bootssteg,
Landungssteg,
Anlegesteg)
 18 der Rudertrainer
 19 das Megafon
(das Sprachrohr,
scherzh.: die Flüstertüte)
 20 das Bootshaus (Klubhaus)
 21 der Bootsschuppen
 22 die Klubflagge
(der Klubstander)

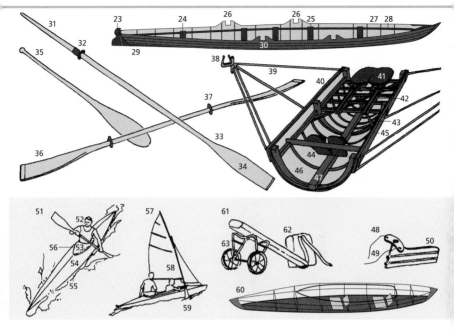

23–30 **die Gig** (das Gigboot),
      ein leichtes Tourenruder-
      boot *n*
23 das Ruder (das Steuer)
24 der Steuersitz
25 die Ducht (die Ruderbank)
26 die Dolle (die Riemen-
      auflage)
27 das Dollbord
28 der Duchtweger
29 der Kiel (Außenkiel)
30 die geklinkerte Außen-
      haut

31–34 **der Riemen**
      (*ähnl.:* das Skull)
31 der Holm (Riemenholm)
32 die Belederung
33 der Riemenhals
34 das Blatt (Riemenblatt)
35 das Stechpaddel,
      ein einfaches Paddel
36 das Doppelpaddel
37 der Tropfring

38–47 **der Rollsitz eines
      Ruderbootes** *n*
      (*hier:* eines Skullbootes *n*)
38 die Drehdolle
39 der Ausleger
40 das Spülbord
41 der Rollsitz
42 die Rollschiene
      (die Rollbahn)
43 die Versteifung
44 das Stemmbrett
45 die Außenhaut
46 das Spant
47 der Innenkiel

48–50 **das Ruder** (das Steuer)
48 das Ruderjoch
      (Steuerjoch)
49 die Steuerleine
50 das Ruderblatt
      (Steuerblatt)

51–60 **Faltboote** *n*
51 der Faltbooteiner,
      ein Sporteiner *m*
52 der Faltbootfahrer
53 die Spritzdecke
54 das Verdeck
55 die Gummihaut
      (Außenhaut, Bootshaut)
56 der Süllrand
57 der Faltbootzweier,
      ein Tourenzweier *m*
      zum Paddeln *n* und
      Segeln *n*
58 das Faltbootsegel
59 das Seitenschwert
60 das Gerüst eines
      Faltbootzweiers *m*
61 die Stabtasche
62 der Bootsrucksack
63 der Bootswagen

1–39 das Segelboot
1 das Vordeck
2 der Mast
3 der Trapezdraht
4 die Saling
5 der Wanthänger
6 das Vorstag
7 die Fock
8 der Fockniederholer
9 die Want
10 der Wantenspanner
11 der Mastfuß
12 der Baumniederholer
13 die Fockschotklemme
14 die Fockschot

15 der Schwertkasten
16 der Knarrpoller
17 das Schwert
18 der Traveller
19 die Großschot
20 die Fockschotleitschiene
21 die Ausreitgurte *m*
22 der Pinnenausleger
23 die Pinne
24 der Ruderkopf
25 das Ruderblatt
26 der Spiegel
    (das Spiegelheck)
27 das Lenzloch
28 der Großsegelhals
29 das Segelfenster
30 der Baum
31 das Unterliek
32 das Schothorn
33 das Vorliek
34 die Lattentasche
35 die Latte
36 das Achterliek
37 das Großsegel
38 der Großsegelkopf
39 der Verklicker

40–56 die Bootsklassen *f*
40 das Finn-Dingi, eine Jolle *f*
41 die 470er-Jolle
42 der Pirat, eine Jolle *f*
43 die Olympiajolle
44 die 49er-Jolle
45 der Flying Dutchman
46 das 12-m²-Sharpie
47 die Hansa-Jolle
    (eine Einheits-
    kielschwertjacht *f*)
48 der Star
49 der Drachen
50 das (der) Soling
51 der 20-m²-Jollenkreuzer
52 der Katamaran
53 der Doppelrumpf
54 der 30-m²-Schärenkreuzer
55 die 5,5-m-Klasse
56 die IMS-Klasse,
    eine Hochseejacht *f*

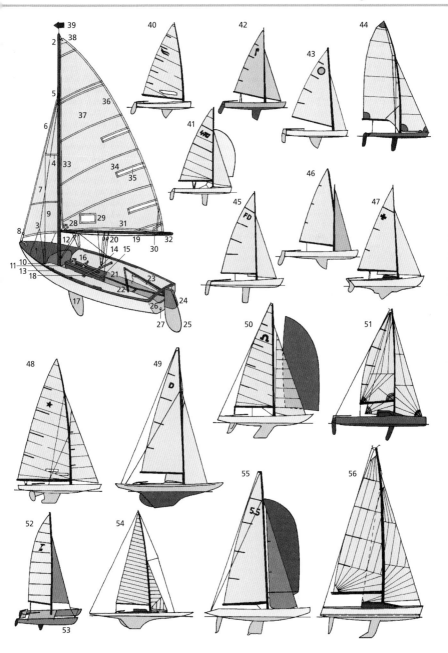

1–13 Segelstellungen f und Windrichtungen f
  1 das Segeln
    vor dem Wind m
  2 das Großsegel
  3 die Fock
  4 die Schmetterlings-
    stellung der Segel n
  5 die Mittschiffslinie
  6 die Windrichtung
  7 das Boot ohne Fahrt f
  8 das killende Segel
  9 das Segeln am Wind m
    (das Anluven)
 10 das Segeln hart (hoch)
    am Wind m
 11 das Segeln mit halbem
    Wind m
 12 das Segeln mit raumem
    Wind m
 13 die Backstagsbrise

14–24 der Regattakurs
 14 die Start- und Zieltonne
    (die Start- und Zielboje)
 15 das Startschiff
 16 der Dreieckskurs
    (die Regattastrecke)
 17 die Wendeboje
    (die Wendemarke)
 18 die Kursboje
 19 der erste Umlauf
 20 der zweite Umlauf
 21 der dritte Umlauf
 22 die Kreuzstrecke
 23 die Vormwindstrecke
 24 die Umwindstrecke

25–28 das Kreuzen
 25 die Kreuzstrecke
 26 das Halsen
 27 das Wenden
 28 der Verlust an Höhe f
    beim Halsen n

**29–41 Rumpfformen f
    von Segelbooten n**

29–34 die Fahrtenkieljacht
 29 das Heck
 30 der Löffelbug
 31 die Wasserlinie
 32 der Kiel (Ballastkiel)
 33 der Ballast
 34 das Ruder
 35 die Rennkieljacht
 36 der Bleikiel

37–41 die Jolle,
    eine Schwertjacht
 37 das aufholbare Ruder
 38 die Plicht (das Cockpit)
 39 der Kajütenaufbau
    (die Kajüte)
 40 der gerade Steven
    (Auf-und-nieder-Steven)
 41 das aufholbare Schwert

**42–49 Heckformen f
    von Segelbooten n**
 42 das Jachtheck
 43 der Jachtspiegel
 44 das Kanuheck
 45 das Spitzgattheck
 46 das Namensschild
 47 das Totholz
 48 das Spiegelheck
 49 der Spiegel

**50–57 die Beplankung
    von Holzbooten n**

50–52 die Klinkerbeplankung
 50 die Außenhautplanke
 51 das Querspant, ein Spant
 52 der Klinknagel
 53 die Kraweelbeplankung
 54 der Nahtspantenbau
 55 das Nahtspant,
    ein Längsspant n
 56 die Diagonalkraweel-
    beplankung
 57 die innere Beplankung

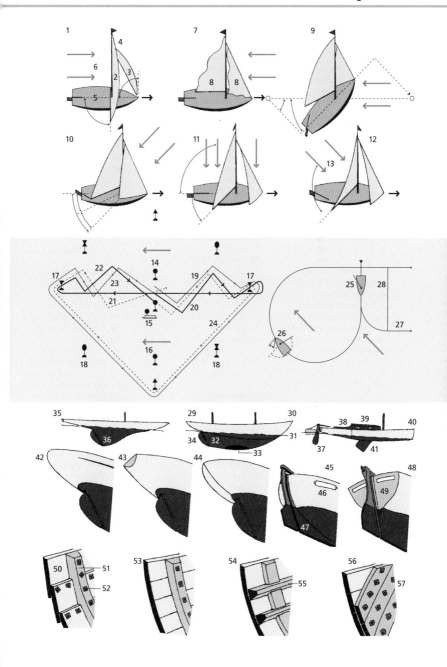

1–10 Motorboote *n*
(Sportboote)
1 das Sportschlauchboot
mit Außenbordmotor *m*
2 das Inbord-Sportboot
mit Z-Antrieb *m*
3 die Plicht
(das Cockpit,
der Sitzraum)
4 das Kajütboot
5 der Motorkreuzer
6 die 30-m-Hochseejacht
7 die Verbandsflagge
8 der Bootsname
(*oder:* die Zertifikats-
nummer)
9 die Klubzugehörigkeit
und der Heimathafen
10 die Verbandsflagge
an der Steuerbordsaling *f*

**11–15 die Lichterführung auf
Sportbooten *n* für Küsten-
und Seegewässer *n*
(die Positionslaternen *f*)
11 das weiße Topplicht
12 das grüne Steuerbordlicht
(die Steuerbordlaterne)
13 das rote Backbordlicht
(die Backbordlaterne)
14 das grünrote Buglicht
15 das weiße Hecklicht

16–19 Anker *m*
16 der Stockanker
(Admiralitätsanker),
ein Schwergewichts-
anker

17–19 Leichtgewichtsanker *m*
17 der Pflugscharanker
18 der Patentanker
19 der Danforth-Anker

20–40 Rennmotorboote *n*
20 der Außenbordkatamaran
21 das Hydroplane-Rennboot
22 der Rennaußenbordmotor
23 die Ruderpinne
24 die Benzinleitung
25 der Heckspiegel
(das Heckbrett)
26 der Tragschlauch
27 die Wendeboje

28–33 Verdrängungsboote *n*

28–30 das Rundspantboot
28 die Bodenansicht
29 der Vorschiff-
querschnitt
30 der Achterschiff-
querschnitt

31–33 das V-Boden-Boot
31 die Bodenansicht
32 der Vorschiff-
querschnitt
33 der Achterschiff-
querschnitt

34–40 Gleitboote *n*

34–37 das Stufenboot
34 die Seitenansicht
35 die Bodenansicht
36 der Vorschiff-
querschnitt
37 der Achterschiff-
querschnitt

38 das Dreipunktboot
39 die Flosse
40 die Tatze

41–58 Wasserski *n*
(der Wasserskisport)
41 die Wasserskiläuferin
42 der Tiefwasserstart
43 das Seil (Schleppseil)
44 die Hantel

45–51 die Wasserskisprache
(die Handzeichen *n*
des Wasserskiläufers *m*)
45 das Zeichen »Schneller«
46 das Zeichen »Langsamer«
47 das Zeichen
»Tempo in Ordnung«
48 das Zeichen »Wenden«
49 das Zeichen »Halt«
50 das Zeichen
»Motor abstellen«
51 der Wink »Zurück
zum Liegeplatz«

52–58 Wasserskier *m*

52 der Figurenski,
ein Monoski *m*
53, 54 die Gummibindung
53 der Vorfußgummi
54 der Fersengummi
55 die Stegschlaufe
für den zweiten Fuß *m*

56, 57 der Slalomski
57 der Kiel (die Flosse)
58 der Sprungski

59 das Luftkissenfahrzeug
60 die Luftschraube
61 das angeblasene Ruder
62 das Luftkissen
(das Luftpolster)

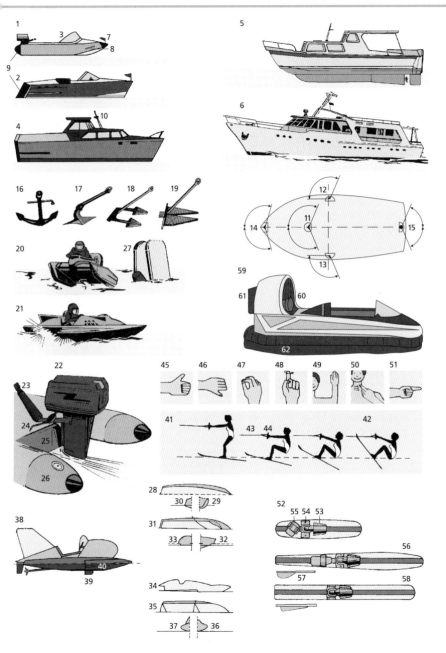

1–9 der Kunstflug
(die Kunstflugfiguren *f*)

1 der Looping
2 die liegende
Loopingacht
3 der Rollenkreis
4 der Turn
5 das Männchen
6 die Schraube
7 das Trudeln
8 die Rolle
9 der Rückenflug

**10 der Sport- und
Kunstflugzweisitzer**
11 die Kabine
12 die Antenne
13 die Seitenflosse
14 das Seitenruder
15 die Höhenflosse
16 das Höhenruder
17 die Trimmklappe
18 der Rumpf
19 der Tragflügel
(die Tragfläche)
20 das Querruder
21 die Landeklappe
22 die Trimmklappe
23 die Positionslampe [rot]
24 der Landescheinwerfer
25 das Hauptfahrwerk
26 das Bugrad
27 das Triebwerk
28 der Propeller
(die Luftschraube)

29–54 das Fallschirmspringen
(der Fallschirmsport,
das Fallschirmsport-
springen)

29 der Fallschirm
(Sprungfallschirm)
30 die Schirmkappe
31 der Hilfsschirm
32 die Fangleinen *f*
33 die Steuerleine
34 der Haupttragegurt
35 das Gurtzeug
36 der Verpackungssack
37 das Schlitzsystem
des Sportfallschirms *m*
38 die Steuerschlitze *m*
39 der Scheitel
40 die Basis
41 das Stabilisierungspaneel

42, 43 das Stilspringen
42 der Rückwärtssalto
43 die Spirale (die Drehung)

**44–46 die ausgelegten
Sichtsignale** *n*
44 das Zeichen
»Sprungerlaubnis« *f*
(das Zielkreuz)
45 das Zeichen
»Sprungverbot *n* –
neuer Anflug« *m*
46 das Zeichen
»Sprungverbot *n* –
sofort landen«
47 der Zielsprung
48 das Zielkreuz
49 der innere Zielkreis
[Radius *m* 25 m]
50 der mittlere Zielkreis
[Radius *m* 50 m]
51 der äußere Zielkreis
[Radius *m* 100 m]

52–54 Freifallhaltungen *f*
52 die X-Lage
53 die Froschlage
54 die T-Lage

55–76 das Ballonfahren
(Freiballonfahren)

55 der Gasballon
56 die Gondel
(der Ballonkorb)
57 der Ballast
(die Sandsäcke *m*)
58 die Halteleine
(das Halteseil)
59 der Korbring
60 die Bordinstrumente *n*
61 das Schlepptau
62 der Füllansatz
63 die Füllansatzleinen *f*
64 die Notreißbahn
65 die Notreißleine
66 die Gänsefüße *m*
67 die Reißbahn
68 die Reißleine
(Reißbahnleine)
69 das Ventil
70 die Ventilleine

71 der Heißluftballon
72 die Brennerplattform
73 die Füllöffnung
74 das Ventil
75 die Reißbahn
76 der Ballonaufstieg
(der Ballonstart)

77–83 der Modellflugsport

77 der funkferngesteuerte
Modellflug
78 das ferngesteuerte
Freiflugmodell
79 die Funkfernsteuerung
(das Fernsteuerfunkgerät)
80 die Antenne
(Sendeantenne)
81 das Fesselflugmodell
82 die Eindrahtfesselflugsteuerung
83 die fliegende Hundehütte,
ein Groteskflugmodell *n*

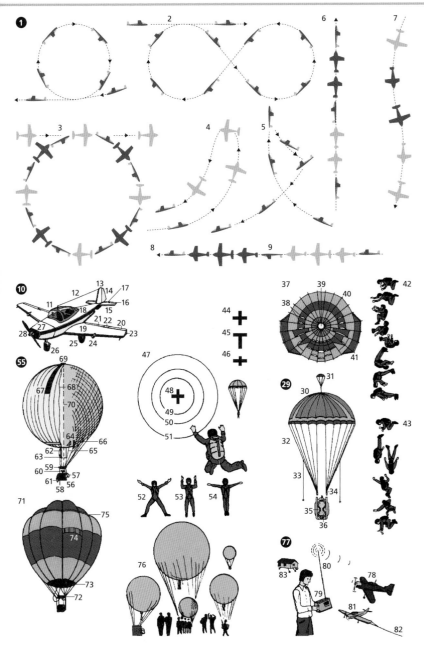

1 **das Drachenfliegen**
2 der Drachen
(der Hanggleiter,
Deltagleiter)
3 der Drachenflieger
4 die Haltestange

5 **der Holmflügel,**
eine Tragfläche *f*
6 der Hauptholm,
ein Kastenholm *m*
7 der Anschluss-
beschlag
8 die Wurzelrippe
9 der Schrägholm
10 die Nasenleiste
11 die Hauptrippe
12 die Hilfsrippe
13 die Endleiste
14 die Bremsklappe
(Störklappe,
die Sturzflugbremse)
15 die Torsionsnase
16 die Bespannung
17 das Querruder
18 der Randbogen

19 **der Flugzeugschleppstart**
(der Flugzeugschlepp,
Schleppflug, Schleppstart)
20 das Schleppflugzeug,
ein Motorflugzeug *n*
21 das geschleppte Segel-
flugzeug (Segelflugzeug
im Schlepp *m*)
22 das Schleppseil

23 **der Windenstart**
24 die Motorwinde
25 der Seilfallschirm
26 der Motorsegler

27 **das Hochleistungs-
segelflugzeug**
28 das T-Leitwerk
29 der Windsack
30 der Kontrollturm
31 das Segelfluggelände
32 die Flugzeughalle
(der Hangar)
33 die Start- und Landebahn
für Motorflugzeuge *n*

34 **das Wellensegeln**
35 die Leewellen *f*
(Föhnwellen)
36 der Rotor
37 die Lentikulariswolken *f*

38 **das Thermiksegeln**
39 der Aufwindschlauch
(Thermikschlauch,
der thermische Aufwind,
der Bart)
40 die Kumuluswolke
(Haufenwolke, Quell-
wolke, der Kumulus)

41 **das Frontsegeln**
(Frontensegeln, Gewitter-
segeln)
42 die Gewitterfront
43 der Frontaufwind
44 die Kumulonimbuswolke
(der Kumulonimbus,
die Gewitterwolke)

45 **das Hangsegeln**
46 der Hangaufwind

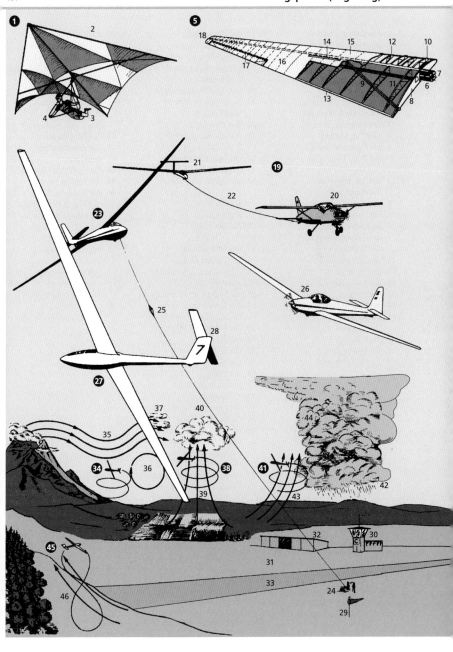

1–8 das Dressurreiten
(die Dressur)
1 das Dressurviereck
2 die Bande
3 das Dressurpferd
4 der Steigbügel
5 der dunkle Reitfrack
6 die weiße Stiefelhose
7 der Zylinder
(der runde Hut)
8 die Gangart (*auch:*
die Hufschlagfigur)

9–17 das Springreiten
(das Jagdspringen)
9 das Gatter, ein halbfestes
Hindernis (*ähnl.:* das
Rick, das Koppelrick,
die Palisade, der Oxer,
die Hürde)
10 das Springpferd
11 der Springsattel
12 der Sattelgurt
13 die Trense
14 der rote Reitrock
15 die Jagdkappe
(Reitkappe)
16 die Bandage
17 die Springglocke
(Sprungglocke)

18–21 der Geländeritt,
ein Teil der Vielseitig-
keitsprüfung *f* Military *f*
(neben Jagdspringen *n*
und Dressur *f*)
18 die Querfeldeinstrecke
19 der Wall, ein festes
Hindernis *n*
20 der Sturzhelm
21 die Streckenmarkierung

22–24 das Hindernisrennen
(Jagdrennen *n*)
22 die Hecke mit Wassergraben *m*, ein festes
Hindernis *n*
23 der Sprung
24 die Reitgerte

25–37 das Trabrennen
25 die Trabrennbahn
(Traberbahn, der Track,
das Geläuf)
26 der Sulky (der Trabwagen)
27 das Speichenrad mit
Plastikscheibenschutz *m*
28 der Fahrer im Trabdress *m*
29 die Fahrleine
30 der Traber
(das Traberpferd)
31 der Scheck
32 der Bodenblender
33 die Gamasche
34 der Gummischutz
35 die Startnummer
36 die verglaste Tribüne
mit den Totalisator-
schaltern *m*
(Totokassen *f*)
37 die Totalisatoranzeigetafel
(Totoanzeigetafel)

38–40 das Galopprennen
38 der Galopper,
ein Rennpferd *n*
39 der Jockey
40 die Galopprennbahn

41–50 die Schleppjagd,
ein Jagdreiten
(*ähnl.:* die Fuchsjagd)
41 das Feld (die Gruppe)
42 der rote Jagdrock
43 der Pikör
44 das Jagdhorn (Hifthorn)
45 der Master
46 die Hundemeute
(Meute, Koppel *f*)
47 der Hirschhund
48 der Schleppenleger
49 der Tropfbeutel,
ein mit Losung *f*
(Kot *m* vom Tier *n*)
gefüllter Beutel *n*,
mit dem eine künstliche
Fährte *f* gelegt wird
50 die Schleppe
(die künstliche Fährte)

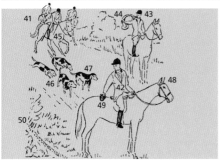

1–29 **der Radsport**

1 **das Sechstagerennen,**
ein sechs Tage *m* und
sechs Nächte *f* dauerndes
Bahnrennen *n*
2 die Radrennbahn
3 der Sechstagefahrer,
ein Bahnrennfahrer *m*
4 der Sturzhelm

5 **die Rennleitung**
(das Kampfgericht)
6 der Zielrichter
7 der Rundenzähler
8 die Rennfahrerkabine

9 **das Steherrennen**
(Dauerrennen)
10 der Schrittmacher
11 das Schrittmacher-
motorrad
12 der Ohrhörer
(der Ohrstecker)
für Anweisungen *f*
der Rennleitung *f*
13 der Bahnradfahrer
14 das Bahnrennrad

15 **das Straßenrennen**
16 der Straßenfahrer,
ein Radrennfahrer *m*
17 das Rennfahrertrikot
18 die Trinkflasche

19 **das Rennrad**
(die Rennmaschine)
für Straßenrennen *n*
20 der Rennsattel,
ein ungefederter Sattel *m*
21 der Rennlenker
22 der Schlauchreifen,
ein Rennreifen *m*
23 die Schaltungskette
24 die Tretkurbel
25 das Systempedal
(Klickpedal) mit Schuh-
adapter *m*

26 **das Mountainbike**
27 die Gangschaltung
mit Berggängen *m*
28 die Federgabel

29 **der Paralympics-
Radrennsportler**
30 der Handlauf
31 die Rennmaschine
32 der Handbremshebel

33 **der Motorradsport** (34–47)

34 **die verkleidete
Rennmaschine,**
ein Rennmotorrad *n*
35 die Verkleidung
36 der Rennfahrer
37 der Knieprotektor
für die Kurvenfahrt

38 **das Seitenwagengespann**
39 der Seitenwagen

40 **das Sandbahnrennen**
(41–46)
41 die Sandbahn
42 die Gras- oder Sandbahnmaschine
43 der stahlbewehrte Stiefel
44 die Lederschutzkleidung
45 die Startnummer
46 der horizontal eingebaute
Einzylindermotor
47 das Trial, ein Geschicklichkeitsfahren *n*
im Gelände *n*
48 der Formel-»König«-
Rennwagen
49 der Formel-1-Rennwagen
50 der Heckspoiler
51 der Kart
52 der Formel-3-Rennwagen
53 der GT-Rennwagen
(Grand-Touring-Renn-
wagen)

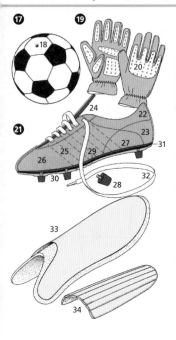

1–9 der Fußballplatz
- **1** das Spielfeld
- **2** der Mittelkreis
- **3** die Mittellinie
- **4** der Strafraum (Sechzehnmeterraum)
- **5** der Torraum
- **6** der Elfmeterpunkt (die Strafstoßmarke)
- **7** die Torlinie (Torauslinie)
- **8** die Eckfahne
- **9** die Seitenlinie

10–16 die Positionen *f* **der Fußballspieler** *m*
- **10** der Torwart (der Tormann)

11–13 die Abwehr (die Verteidigung)
- **11** der Libero
- **12** der Innenverteidiger
- **13** der Außenverteidiger
- **14** der Mittelfeldspieler

15, 16 der Angriff (der Sturm)
- **15** der Mittelstürmer
- **16** der Außenstürmer (der Linksaußen *od.* der Rechtsaußen)

17 der Fußball
- **18** das Ventil

19 die Torwarthandschuhe *m*
- **20** die Schaumstoffauflage

21 der Fußballschuh
- **22** das Lederfutter
- **23** die Hinterkappe
- **24** die Schaumstoffzunge
- **25** die Gelenkzugriemen *m*
- **26** der Oberlederschaft
- **27** die Einlegesohle
- **28** der Schraubstollen
- **29** die Gelenkrille
- **30** die Nylonsohle
- **31** die Brandsohle
- **32** der Schnürsenkel
- **33** die Beinschiene mit Knöchelschutz *m*
- **34** der Schienbeinschutz (der Schienbeinschoner)

35 **das Tor** (36, 37 u. 40)
36 die Querlatte (Latte)
37 der Torpfosten (Pfosten)
38 der Abstoß (Torabstoß)
39 die Käpitänsarmbinde
40 das Tornetz
41 der Strafstoß
   (der Elfmeter)
42 der Eckstoß (der Eckball)
43 das Abseits
   (die Abseitsstellung)

44 **der Freistoß** (45 u. 46)
45 der Freistoßschütze
46 die Mauer
47 das Trikot
48 die Trikothose
49 der Stutzen
50 der Fallrückzieher
51 der Kopfball
   (der Kopfstoß)
52 der Doppelpass
53 das Aus
54 das Foul (das Foulspiel),
   eine Regelwidrigkeit *f*
55 das Sperren
56 das Dribbling
57 der Einwurf
58 der Ersatzspieler
   (Auswechselspieler)
59 der Trainer
60 der Linienrichter (der
   Schiedsrichterassistent)
61 die Mittelfahne

62 **der Platzverweis**
63 der Schiedsrichter
   (der Unparteiische)
64 die rote Karte
65 die gelbe Karte
66 die Schiedsrichterpfeife

1 **der Handball** (Hallenhandball, das Handball-
spiel, Hallenhandball-
spiel)
2 der Feldspieler,
ein Handballspieler
3 der Kreisspieler
beim Sprungwurf *m*
4 der Abwehrspieler
5 die Freiwurflinie

6 **der Basketball**
(Korbball, das Basketballspiel, Korbballspiel)
7 der Basketball
8 das Korbbrett (Spielbrett)
9 der Korbständer
10 der Korb
11 der Korbring
12 die Zielmarkierung
13 der Korbleger,
ein Basketballspieler *m*
14 die Endlinie
15 der Freiwurfraum
16 die Freiwurflinie
17 die Auswechselspieler *m*

18 **der Football**
(American Football,
das Footballspiel)
19 der Ballträger,
ein Footballspieler *m*
20 der Helm
21 der Gesichtsschutz
22 die gepolsterte Jacke
23 der Ball

24 **das Kricket**
(das Kricketspiel, Cricket)
25 das Krickettor (das Mal)
mit dem Querstab *m*
26 die Abwurflinie
27 die Schlagmallinie
28 der Torwächter
der Fangpartei *f*
29 der Schlagmann
30 das Schlagholz
31 der Außenspieler
(der Werfer)

32 **das Krocket**
(das Krocketspiel,
Croquet)
33 der Zielpfahl
34 das Krockettor
35 der Krocketspieler
36 der Krockethammer
37 die Krocketkugel

38 **das Hockey**
(das Hockeyspiel)
39 das Hockeytor
40 der Tormann
41 der Beinschutz
(Schienbeinschutz,
Knieschutz)
42 der Kickschuh
43 die Gesichtsmaske
44 der Handschuh
45 der Hockeyschläger
(der Hockeystock)
46 der Hockeyball
47 der Hockeyspieler

48 **der Baseball**
(das Baseballspiel)
49 der Infield-Handschuh
des Feldspielers *m*
50 der Outfield-Handschuh
des Fängers *m*
51 der Baseball
52 die Schlagkeule
(der Baseballschläger)
53 der Schlagmann
beim Schlagversuch *m*
54 der Fänger
55 der Schiedsrichter
56 der Läufer
57 die Base, das Malkissen
58 der Werfer
59 die Werferplatte

1–32 das Tennis
(das Tennisspiel)

1 der Tennisplatz
2 die Grundlinie
3 die Seitenlinie für das Einzel (Herreneinzel, Dameneinzel)
4 die Seitenlinie beim Doppel
5 die Aufschlaglinie
6 die Mittellinie
7 das Mittelzeichen
8 das Aufschlagfeld
9 das Netz (Tennisnetz)
10 die Netzkante
11 der Netzhalter
12 der Netzpfosten
13 der Tennisspieler beim Aufschlag *m* (der Aufschläger)
14 der Gegenspieler in Erwartung *f* des Aufschlags *m*
15 der Stuhlschiedsrichter
16 der Schiedsrichterstuhl
17 das Schiedsrichter-mikrofon
18 der Balljunge oder das Ballmädchen
19 der Netzrichter
20 der Seitenlinienrichter
21 der Mittellinienrichter
22 der Grundlinienrichter
23 der Aufschlaglinienrichter

24 der Tennisschläger (das Racket) (25, 26)
25 der Schlägerschaft
26 die Bespannung (die Saite)
27 der Tennisball
28 die Anzeigetafel
29 die Rückhand (der Rückhandschlag)
30 die Vorhand (der Vorhandschlag)
31 der Flugball (der Volley)
32 der Schmetterball (der Smash), ein Überkopfball *m*

33–44 das Tischtennis
(das Tischtennisspiel)

33 der Tischtennistisch (33–37)
34 die Tischtennisplatte
35 das Tischtennisnetz
36 die Mittellinie
37 die Seitenlinie
38 der Tischtennisspieler beim Aufschlag *m* (der Aufschläger)
39 der Tischtennisspieler beim Rückschlag *m* (der Rückschläger)

40 der Tischtennisschläger (41–43)
41 das Schlägerblatt
42 der Schlägerbelag
43 der Schlägergriff
44 der Tischtennisball

45 das Badminton, ein Wettkampfsport *m* (*ähnl.:* der Federball, das Federballspiel)

46 das Spielfeld (47–54)
47 die Seitenlinie beim Doppel *n*
48 die Seitenlinie beim Einzel *n*
49 die Grundlinie (die hintere Aufschlaglinie beim Einzel *n*)
50 die hintere Aufschlaglinie beim Doppel *n*
51 die vordere Aufschlaglinie
52 das linke Aufschlagfeld
53 das rechte Aufschlagfeld
54 das Netz
55 die Badmintonspielerin
56 der Schmetterschlag (der Smash)
57 der Federballschläger (der Badmintonschläger)
58 der Federball

59–68 das Squash
(das Squashspiel)

59 das Spielfeld (der Squashkäfig) (60–65)
60 das Aufschlagviereck
61 die T-Position
62 die Mittellinie
63 das Brett (das Tinboard)
64 die Aufschlaglinie
65 die Auslinie
66 die Squashspielerin
67 der Squashschläger
68 der Squashball

69–77 das Lacrosse
(das Lacrossespiel)

69 das Spielfeld (70–72)
70 die Drittellinie
71 der Anstoßpunkt
72 das Lacrossetor
73 der Lacrossespieler
74 der Lacrosseschläger
75 die Handschuhe *m*
76 der Lacrossehelm
77 der Lacrosseball, ein Hartgummiball *m*

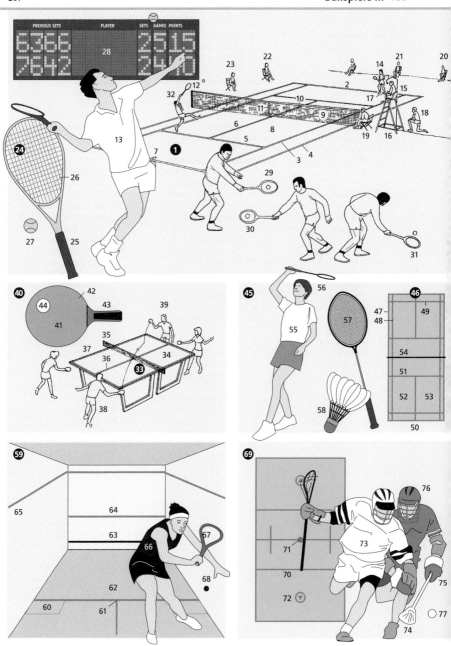

1–28 der Volleyball
(das Volleyballspiel)

1 das Spielfeld
2 der Aufgaberaum
(Angaberaum)
3 die Verteidigungszone
(der Hinterraum)
4 die Grundlinie
5 die Angriffslinie
6 die Angriffzone
7 das Volleyballnetz
8 der Netzpfosten

9–11 die Volleyballspieler *m*
9 der Aufgeber
10 der Grundspieler
11 der Netzspieler

**12–18 die Volleyballspiel-
aktionen** *f*
12 das Servieren des Volley-
balls *m* (der Schmetter-
lingsaufschlag)
13 das Pritschen
14 die Haltung der Hände *f*
beim Pritschen
15 das Baggern (der Bagger)
16 die Haltung der Hände *f*
und Unterarme *m*
beim Baggern

17 das Schmettern
18 der Block (Abwehrblock)
19 der Volleyball
20 der erste Schiedsrichter
21 der Schiedsrichterstuhl
22 der zweite Schiedsrichter
23 der Linienrichter
24 der Anschreiber
(Schreiber)
25 die Anzeigetafel

26–28 der *od.* **das Beachvolleyball**
(das Beachvolleyballspiel)
26 das Sandspielfeld
27 der Beachvolleyballspieler
28 das versteckte Handzeichen zur Verstän-
digung *f* über die Auf-
schlagvariante

29–37 der Faustball
(das Faustballspiel)

29 das Spielfeld
30 die Angabelinie
31 die Hinterlinie
32 die Leine

33–35 die Faustballspieler *m*
33 der Schlagmann
(der Angriffsspieler,
Vorderspieler,
der Überschläger)
34 der Mittelspieler
(der Mittelmann)
35 der Hintermann
36 der Faustball
37 der Hammerschlag

38–55 das Golf
(das Golfspiel)

38 der Golfplatz
39 der Abschlag
(der Abschlagplatz)
40 das Fairway
(die Spielbahn)
41 das Rough
42 der Bunker
(die Sandgrube)
43 das Grün (das Green)
44 der Golfspieler beim
Treibschlag *m*
45 der Durchschwung
46 der Caddie® (der Golfwagen, Caddiewagen),
ein Wagen *m* zum
Transportieren *n*
der Golfschläger *m*
47 der Caddie, ein Helfer *m*
des Golfspielers *m*,
der die Golfschläger *m*
mit sich führt
48 das Einlochen
(das Putten)
49 das Loch (das Hole)
50 die Flagge (die Fahne)
51 der Golfball
52 das Tee

53–55 die Golfschläger *m*
53 der Putter
54 das Eisen
55 das Holz

1–33 **das Sportfechten**

1–17 **das Florettfechten**
1 der Obmann
2 die Fechtbahn
(die Piste, die Planche)
3 die Startlinie
4 die Mittellinie
5, 6 die Fechter *m*
(Florettfechter)
beim Freigefecht *n*
(Assaut *m* od. *n*)
5 der Angreifer in
der Ausfallstellung *f*
(im Ausfall *m*)
6 der Angegriffene
in der Parade *f*
(Abwehr *f*, Deckung *f*)
7 der gerade Stoß
(der Coup droit, die Botta
dritta), eine Fechtaktion *f*
8 die Terzparade
(*ähnl.* die Sixtparade)
9 die Gefechtslinie
10 der Fechtabstand
(die Mensur; *Arten:* weite,
mittlere, enge Mensur)

11 das Florett,
eine Stoßwaffe *f*
12 der Fechthandschuh
13 die Fechtmaske
14 der Halsschutz an
der Fechtmaske *f*
15 die Metallweste
16 die Fechtjacke
17 die absatzlosen
Fechtschuhe *m*
18 die Grundstellung
zum Fechtergruß *m* und
zur Fechtstellung *f*

19–24 **das Säbelfechten**
19 der Säbelfechter
20 der Säbel, eine Hieb-
und Stoßwaffe *f*
21 der Säbelhandschuh
22 die Säbelmaske
23 der Kopfhieb
24 die Quintparade

25–32 **das Degenfechten
mit elektrischer Treffer-
anzeige *f***
25 der Degenfechter
26 der Elektrodegen
27 die Degenspitze
28 die optische Treffer-
anzeige
29 die Laufrolle (Kabelrolle)
30 die Anzeigelampe
31 das Rollenkabel
32 das Anzeigegerät
(der Meldeapparat)
33 die Auslage
(die Fechterstellung)

34–46 **die Fechtwaffen *f***
34 der leichte Säbel
(Sportsäbel), eine Hieb-
und Stoßwaffe *f*
35 die Glocke
36 der Degen,
eine Stoßwaffe *f*
37 die Glocke
38 das französische Florett,
eine Stoßwaffe *f*
39 der Pistolengriff
40 das italienische Florett
41 der Florettknauf
42 der Griff
43 die Parierstange
44 die Glocke
45 die Klinge
46 die Spitze

47 **die Klingenbindungen *f***
48 die Quartbindung
49 die Terzbindung
(*auch:* die Sixtbindung)
50 die Cerclebindung
51 die Sekondbindung
(*auch:* die Oktavbindung)

52–54 **die gültigen Treffflächen *f***
52 der Rumpf beim Florettfechten *n*
53 Kopf *m* und Oberkörper *m*
beim Säbelfechten *n*
54 der gesamte Körper
beim Degenfechten *n*

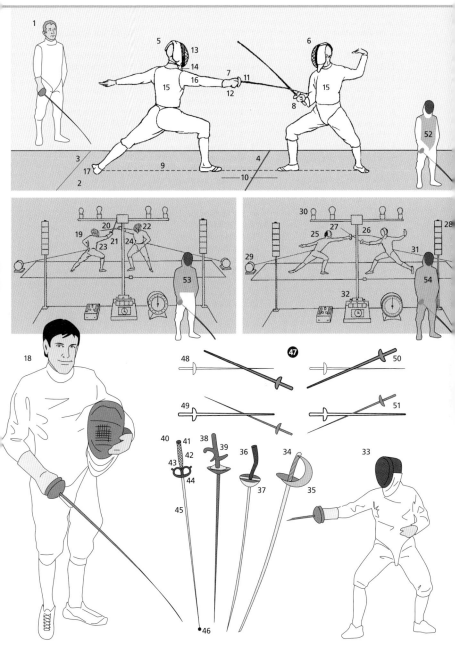

1 die Rezeption

2–7 das Bankdrücken
2 die Flachbank
3 die Langhantel
4 die Scheibengewichte *n*
5 die Ablage
6 der Gewichthebergürtel
7 die griffsicheren
Handschuhe *m*
8 die Kurzhanteln *f*
9 der Beinstrecker
10 der Beinbeuger
11 das Butterfly-Trainingsgerät

12 das Laufband
13 die digitale Anzeige zur
Leistungskontrolle *f*
14 das Rudergerät
15 der Rollsitz
16 die Fußrasten *f*
17 das Fahrradergometer
18 die Pulsuhr zur Herzfrequenzmessung *f*
19 das Deuserband
20 der Crosstrainer
21 der Stepper
22 das Steppbrett
23 der Bauchmuskeltrainer,
ein Abformer *m*

24 der Multitrainer (25–28)
25 die Flachbank
26 die Hanteloption
27 der Butterflytrainer
28 die Stange
zum Gewichtheben *n*
29 die Fitnessbar
30 der Eiweißdrink
31 der Kraftriegel

32–34 das Spinning®
(das Indoorcycling)
32 der Trainer
(der Instruktor)
33 das Mikrofon
34 das Spinning®-Bike
(das Indoorbike,
das Indoorcycle)
35 der Gymnastikball

1–11 die Turngeräte *n*
im olympischen Turnen *n*
der Männer *m*
1 das Sprungpferd,
   ein Langpferd *n*
   ohne Pauschen *f*
2 der Barren
3 der Barrenholm
4 die Ringe
5 das Pauschenpferd,
   ein Seitpferd *n*
6 die Pausche
7 das Reck (Spannreck)
8 die Reckstange
9 die Recksäule
10 die Verspannung
11 der Boden, eine
   12 m × 12 m große
   Bodenfläche *f*

12–21 Geräte *n* **und Hilfsgeräte** *n*
des Schul- und Vereins-
turnens *n*
12 das Sprungbrett
   (Reutherbrett)
13 die Niedersprungmatte
14 die Bank
15 der Sprungkasten
16 der kleine Sprungkasten
17 der Bock
18 die Weichbodenmatte
19 das Klettertau
20 die Sprossenwand
21 die Gitterleiter

22–39 das Verhalten zum Gerät *n*
(die Haltungen *f*,
Positionen *f*)
22 der Seitstand vorlings
23 der Seitstand rücklings
24 der Querstand vorlings
25 der Querstand rücklings
26 der Außenseitstand
   vorlings
27 der Innenquerstand
28 der Stütz vorlings
29 der Stütz rücklings
30 der Grätschsitz
31 der Außenseitsitz
32 der Außenquersitz
33 der Streckhang vorlings
34 der Streckhang rücklings
35 der Beugehang
36 der Sturzhang
37 der Sturzhang gestreckt
38 der Streckstütz
39 der Beugestütz

40–46 die Griffarten *f*
40 der Ristgriff am Reck *n*
41 der Kammgriff am Reck *n*
42 der Zwiegriff am Reck *n*
43 der Kreuzgriff am Reck *n*
44 der Ellgriff am Reck *n*
45 der Speichgriff
   am Barren *m*
46 der Ellgriff am Barren *m*
47 der lederne Reckriemen

48–60 Geräteübungen *f*
48 der Hechtsprung
   am Sprungpferd *n*
49 das Übergrätschen
   am Barren *m*
50 der Seitspannhang
   (Kreuzhang)
   an den Ringen *m*
51 die Schere
   am Pauschenpferd *n*
52 das Heben in den Hand-
   stand *m* am Boden *m*
53 die Hocke am Sprung-
   pferd *n*
54 die Kreisflanke
   am Pauschenpferd *n*
55 das Schleudern
   (der Überschlag rück-
   wärts) an den Ringen *m*
56 die Hangwaage vorlings
   an den Ringen *m*
57 die Schwungstemme
   rückwärts am Barren *m*
58 die Oberarmkippe
   am Barren *m*
59 der Unterschwung
   vorlings rückwärts
   am Reck *n*
60 die Riesenfelge vorlings
   rückwärts am Reck *n*

61–63 die Turnkleidung
61 das Turnhemd
62 die lange Turnhose
   (Gymnastikhose)
63 die Gymnastikschuhe *m*
64 die Bandage

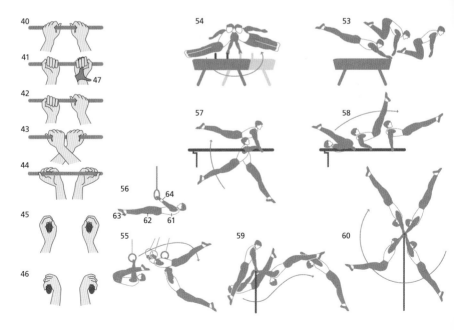

**1–6 die Turngeräte n
im olympischen Turnen n
der Frauen f**
1 das Sprungpferd,
ein Seitpferd
ohne Pauschen f
2 der Schwebebalken
3 der Stufenbarren
(das Doppelreck,
der Spannbarren)
4 der Barrenholm
5 die Verspannung
6 der Boden, eine
12 m × 12 m große
Bodenfläche f

**7–14 Geräte n und Hilfsgeräte n
des Schul- und Vereins-
turnens n**
7 die Niedersprungmatte
8 das Sprungbrett
(Reutherbrett)
9 der kleine Sprungkasten
10 das Trampolin
11 das Sprungtuch
12 der Rahmen
13 die Gummizüge m
14 das Absprungtrampolin

15–32 Geräteübungen f
15 der Salto rückwärts
gehockt vom kleinen
Sprungkasten m
16 die Hilfestellung
17 der Salto rückwärts
gestreckt am Trampolin n
18 der Salto vorwärts
gehockt vom Absprung-
trampolin n
19 die Rolle vorwärts
am Boden m
20 die Hechtrolle
am Boden m
21 das Rad (der Überschlag
seitwärts) am Schwebe-
balken m
22 der Handstandüberschlag
vorwärts am Sprung-
pferd n
23 der Bogengang rückwärts
am Boden m
24 der Flickflack
(der Handstand-
überschlag rückwärts)
am Boden m
25 der Schmetterling
(der freie Überschlag
vorwärts) am Boden m
26 der Schrittüberschlag
vorwärts am Boden m
27 die Kopfkippe
(der Kopfüberschlag)
am Boden m
28 die Schwebekippe
am Stufenbarren m
29 die freie Felge
am Stufenbarren m
30 die Wende
am Sprungpferd n
31 die Flanke
am Sprungpferd n
32 die Kehre
am Sprungpferd n

**33–48 die rhythmische
Sportgymnastik und
die Handgeräte n**
33–36 der Ball
33 der Bogenwurf
34 der Gymnastikball
35 der Hochwurf
36 das Prellen

37–39 die Keulen f
37 das Handkreisen
mit zwei Keulen f
38 die Gymnastikkeule
39 das Schwingen

40–42 das Seil
40 der Durchschlag
41 das Sprungseil
42 der Kreuzdurchschlag

43–45 der Reifen
43 das Springen
mit Durchschlag m
44 der Gymnastikreifen
45 das Handumkreisen

46–48 das Band
46 die Schlange
47 das Gymnastikband
48 die Spirale

49, 50 die Turnkleidung
(Gymnastikkleidung)
49 der Turnanzug
(Gymnastikanzug)
50 die Gymnastikschuhe m

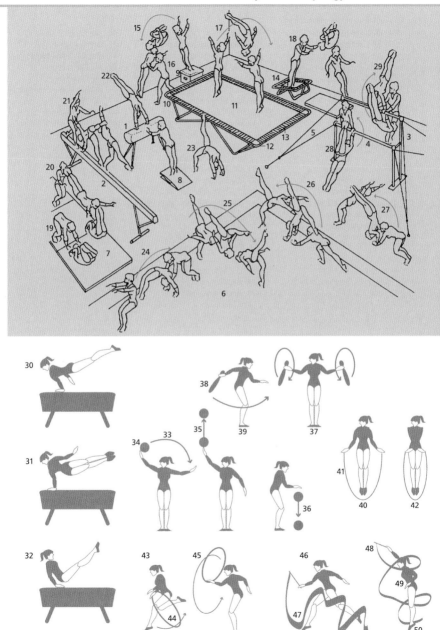

1 die Grundstellung
2 die Laufstellung
3 die Seitgrätschstellung
4 die Quergrätschstellung
5 der Ballenstand
6 der Hockstand
7 der Kniestand
8 der Fersensitz
9 der Hocksitz
10 der Strecksitz
11 der Schneidersitz
12 der Hürdensitz
13 der Spitzwinkelsitz
14 der Seitspagat
15 der Querspagat
16 der Winkelstütz
17 der Spitzwinkelstütz
18 der Grätschwinkelstütz
19 die Brücke

20 die Bank
   (der Knieliegestütz)
21 der Liegestütz vorlings
22 der Liegestütz rücklings
23 der Hockliegestütz
24 der Winkelliegestütz
25 der Liegestütz seitlings
26 der Unterarmstand
27 der Handstand
28 der Kopfstand
29 die Kerze
   (der Nackenstand)
30 die Waage vorlings
31 die Waage rücklings
32 die Rumpfbeuge seitwärts
33 die Rumpfbeuge vorwärts
34 die Rumpfbeuge
   rückwärts
35 der Strecksprung
36 der Hocksprung
37 der Grätschsprung
38 der Winkelsprung
39 der Schersprung
40 der Rehsprung

41 der Laufschritt
42 der Ausfallschritt
43 der Nachstellschritt
44 die Rückenlage
45 die Bauchlage
46 die Seitlage (Flankenlage)
47 die Tiefhalte der Arme *m*
48 die Seithalte der Arme *m*
49 die Hochhalte der Arme *m*
50 die Vorhalte der Arme *m*
51 die Rückhalte der Arme *m*
52 die Nackenhalte
   der Arme *m*

1–8 das Laufen

1–6 der Start
1 der Startblock
2 die verstellbare
  Fußstütze
3 der Startplatz
4 der Tiefstart
5 der Läufer; *Arten:*
  der Sprinter (der Kurz-
  streckenläufer), der
  Mittelstreckenläufer
  (der Mittelstreckler),
  der Langstreckenläufer
  (der Langstreckler)
6 die Laufbahn,
  eine Kunststoff- oder
  Aschenbahn

7, 8 der Hürdenlauf
7 das Überlaufen
8 die Hürde

9–27 der Hochsprung
9 der Fosburyflop (Flop)
10 der Hochspringer
11 die Drehung um die
   Körperquerachse
12 die Schulterlandung
13 der Sprungständer
14 die Sprunglatte (Latte)
15 der Parallelrücken-
   rollsprung
16 der Rückenrollsprung
17 der Rollsprung
18 die Rolltechnik
19 die Landung
20 die Höhenmarkierung

21 die Scher-Kehr-Technik
22 der Schersprung
23 der Straddle
   (der Wälzsprung)
24 die Wälztechnik
25 die Sechsuhrstellung
26 der Absprung
27 das Schwungbein

28–36 der Stabhochsprung
28 der Sprungstab
   (Stabhochsprungstab)
29 der Stabhochspringer in
   der Aufschwungphase *f*
30 die Schwungtechnik
   (das Flyaway)
31 das Überqueren
   der Latte *f*
32 die Stabhochsprung-
   anlage
33 der Sprungständer
34 die Sprunglatte
35 der Einstichkasten
36 der Sprunghügel
   (das Sprungkissen)

37–41 der Weitsprung
37 der Absprung
38 der Absprungbalken
39 die Sprunggrube
40 die Laufsprungtechnik
41 die Hangtechnik

42–47 der Hammerwurf
42 der Hammer
43 der Hammerkopf
44 der Verbindungsdraht
45 der Hammergriff
46 die Hammergriffhaltung
47 der Hammerwurf-
   handschuh

48, 49 das Kugelstoßen
48 die Kugel
49 die O'Brien-Technik

50–53 der Speerwurf
50 der Daumen-
   zeigefingergriff
51 der Daumen-
   mittelfingergriff
52 der Zangengriff
53 die Wicklung
54 die Drehstoßtechnik
   [beim Kugelstoßen]

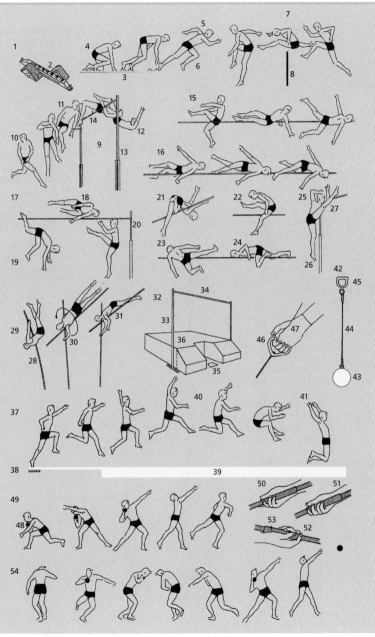

1–5 das Gewichtheben
1 die Hocke beim Reißen *n*
2 der Gewichtheber
3 die Scheibenhantel
4 das Stoßen
mit Ausfallschritt *m*
5 die fixierte Last

6–12 das Ringen
(der Ringkampf)

6–9 der griechisch-römische Ringkampf
6 der Standkampf
7 der Ringer
(der Ringkämpfer)
8 der Bodenkampf
(*hier:* der Ansatz
zum Aufreißen *n*)
9 die Brücke

10–12 das Freistilringen
10 der seitliche Armhebel
mit Einsteigen *n*
11 der Beinsteller
12 die Ringmatte (Matte)

13–17 das Judo
(*ähnl.:* das Jiu-Jitsu)
13 das Gleichgewichts-
brechen nach rechts vorn
14 der Judoka
15 der farbige Gürtel
(der Obi) als Abzeichen *n*
für den Leistungsgrad *m*
[*hier:* der schwarze Gürtel
(Meistergürtel für den
1.–5. Dan *m*)]
16 der Mattenrichter,
ein Kampfrichter
17 der Judowurf

18, 19 das Karate
18 der Karateka
19 der Seitfußstoß,
eine Fußtechnik *f*

20–50 das Boxen
(der Boxkampf, Faust-
kampf, das *od.* der
Boxmatch)

20–24 die Trainingsgeräte *n*
20 der Doppelendball
21 der Sandsack
22 der Punktball
23 die Maisbirne (Boxbirne)
24 der Punchingball
(Plattformball)
25 der Boxer [*hier:* der
Berufsboxer (Profiboxer;
kämpft ohne Trikot *n*);
ähnl.: der Amateurboxer
(kämpft mit Trikot *n*)]
26 der Boxhandschuh
27 der Sparringspartner
(Trainingspartner)
28 der gerade Stoß
(die Gerade)
29 das Abducken
mit Seitneigen *n*
30 der Kopfschutz
31 der Nahkampf
[*hier:* der Clinch]
32 der Haken
(Aufwärtshaken)
33 der Kopfhaken
(Seitwärtshaken)
34 der Tiefschlag,
ein verbotener Schlag *m*

35–50 die Boxveranstaltung
(das Boxmatch)
35 der Boxring
(Ring, Kampfring)
36 die Seile *n*
37 die Seilverspannung
38 die neutrale Ecke
39 der Sieger
40 der durch Niederschlag *m*
(Knock-out *m*, K. o.)
Besiegte (der k. o.
geschlagene Gegner *m*)
41 der Ringrichter
42 das Auszählen
43 der Punktrichter
44 der Coach (der Trainer)
45 der Boxmanager
(der Veranstalter)
46 der Gong
47 der Zeitnehmer
48 der Protokollführer
49 der Pressefotograf
50 der Sportreporter

1–61 das Bergsteigen
(das Bergwandern,
die Hochtouristik)
1 die Hütte (Alpenvereinshütte, Schutzhütte,
Berghütte, ein Unter-
kunftshaus im Gebirge *n*)

2–18 das Klettern
(das Felsgehen,
das Klettern im Fels *m*)
2 die Wand (Felswand,
die Steilstufe)
3 der Riss (*Arten:*
Längsriss, Querriss,
Diagonalriss)
4 das Band (*Arten:*
Felsband, Grasband,
Geröllband, Schnee-
band, Eisband)
5 der Bergsteiger
(der Kletterer, der Fels-
geher, der Alpinist,
der Hochtourist)
6 die Kletterjacke
7 die Bundhose
(Kletterhose)
8 der Kamin
9 der Felskopf
10 die Selbstsicherung
11 die Seilschlinge (Schlinge)
12 das Bergseil (Seil)
13 die Leiste

14 der Freeclimber
(der Freikletterer)
15 der Magnesiumbeutel
16 die Sicherungsschlinge
17 der Karabiner
(der Karabinerhaken)
18 das Sicherungsseil

19–24 das Eisgehen
(das Klettern im Eis *n*)
19 die Eiswand
(der Firnhang)
20 der Eisgeher
21 der Pickel
22 die Stufe
(der Tritt im Eis *n*)
23 die Gletscherbrille
(Schneebrille)
24 der Hochtourenanorak
mit Kapuze *f*
25 die Wechte (Schnee-
wechte, Firnwechte)
26 der Grat
(Eisgrat, Firngrat)
27 der Gletscher
28 die Gletscherspalte
29 die Schneebrücke
(Firnbrücke)

30–32 die Seilschaft
30 der Seilerste
31 der Seilzweite
32 der Seildritte
als Schlussmann *m*

33–35 das Abseilen
33 die Abseilschlinge
34 der Karabinersitz
35 der Dülfersitz

**36–61 die Bergsteiger-
ausrüstung**
(alpine Ausrüstung,
hochalpine Ausrüstung,
Kletterausrüstung,
Eistourenausrüstung)
36 der Pickel
37 der Handriemen
38 die Haue
39 die Schaufel
40 das Karabinerloch
41 das Eisbeil
42 der Eishammer,
ein Kombihammer
für Eis *n* und Fels *m*

43 der Universalkletterhaken
44 der Abseilhaken
(Ringhaken)
45 die Eisschraube
46 die Eisspirale
47 der Karabiner
(der Karabinerhaken)
48 die Schraubsicherung

49 der Kletterschuh
50 die Profilsohle
51 die aufgeraute
Hartgummikante
52 das Steigeisen
(*hier:* der Zehnzacker)
53 das Zwölfzacker-
Steigeisen mit Frontal-
zacken *f*
54 der Zackenschutz
55 die Steigeisenriemen
56 die Kabelbindung
des Steigeisens *n*
57 der Steinschlaghelm
58 die Stirnlampe
59 die Schneegamasche
60 der Klettergürtel
61 der Sitzgurt

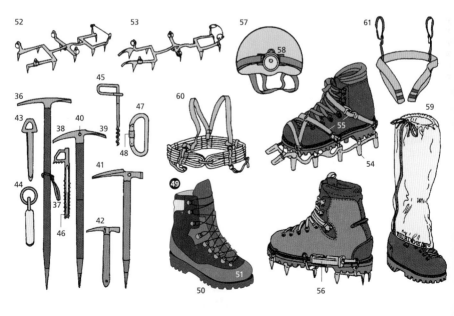

1–52 der alpine Skisport
(der Skilauf, das Skilaufen,
das Skifahren)
1 der Kompaktski
2 die Sicherheitsbindung,
eine Skibindung
3 der Skistock
4 der Stockgriff
5 die Handschlaufe
6 der Stockteller
7 der Carvingski
8 der einteilige Skianzug
(Skioverall *m*)
9 die Skimütze
10 die Skibrille
11 der Skischuh
(der Skistiefel)
12 der Skihelm

13–16 Skiwachsutensilien *pl*
13 das Skiwachs
14 der Wachsbügler,
eine Lötlampe *f*
15 der Wachskorken
16 das Wachskratzeisen
17 der Rennstock
18 das Aufsteigen
im Grätenschritt *m*
19 das Aufsteigen
im Treppenschritt *m*
20 die Hüfttasche

21 der Torlauf
22 der Rennanzug
23 die Kippstange

24 der Abfahrtslauf
25 die Abfahrtshocke
(Eihocke)
26 der Abfahrtsski

27 die Schichten *f*
(Lamellen *f*) **eines Skis** *m*
(28–33)
28 der Spezialkern
29 die Laminate *n*
30 die Dämpfungsschicht
31 die Stahlkante
32 die Aluminiumoberkante
33 die Kunststofflauffläche
34 der Sicherheitsbügel

35–37 die Bindungselemente *n*
(die Skibindung)
35 die Fersenautomatik
36 der Backen
37 der Skistopper

38–44 Skilifte *m*

38 der Doppelsessellift
39 der Sicherheitsbügel
mit Fußstütze *f*

40 der Schlepplift
41 die Schleppspur
42 der Schleppbügel
43 der Seilrollautomat
44 das Schleppseil

45 der Slalomlauf
46 das offene Tor
47 das blinde vertikale Tor
48 das offene vertikale Tor
49 das schräge Doppeltor
50 die Haarnadel
51 das versetzte vertikale
Doppeltor
52 der Korridor

53–65 der nordische Skisport

53 der Langlauf
54 der Langlaufski
55 die Langlaufbindung
56 der Langlaufschuh
57 der Rennoverall
58 der Langlaufstock
59 die Loipe
60 die Loipenmarkierung
mit Markierungs-
fähnchen *n*

61 das Skispringen
(der Skisprung)
62 die Flughaltung
63 der Sprungski
64 die Kabelbindung
65 der Sprungstiefel

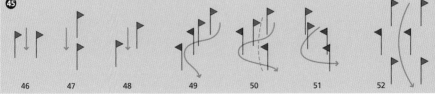

1–17 das Eislaufen
(Schlittschuhlaufen,
der Eislauf)

1–15 das Eiskunstlaufen
1 die Eisläuferin
(Schlittschuhläuferin,
eine Einzelläuferin *f*)
2 das Standbein
3 das Spielbein
4 der Spreizsprung
5 die Sitzpirouette
6 die Bielmannpirouette,
eine Standpirouette

7–9 der Paarlauf
7 der Paarläufer und
die Paarläuferin
8 die Hebefigur
9 die Todesspirale
10 der Eislaufstiefel,
ein Schlittschuh *m*
11 der Kufenschoner
12 die Kufe [Querschnitt]
13 die Kante
14 der Hohlschliff

15–17 der Eisschnelllauf
15 der Eisschnellläufer
16 der Klappschlittschuh
17 die glatt geschliffene
Kufe des Eisschnelllauf-
schuhs *m*

18–27 das Eishockey
18 der Eishockeyspieler
19 der Eishockeystock
(der Eishockeyschläger)
20 der Schlägerschaft
21 das Schlägerblatt
22 der Kopfschutz
23 der Eishockeyschuh
(der Eishockeystiefel)
24 die Eishockeyscheibe
(der Puck, eine Hart-
gummischeibe *f*)
25 der Torwart
(der Tormann)
26 der Schienbeinschutz
27 das Tor

28–30 das Eisstockschießen
(Eisschießen)
28 der Eisstockschütze
29 der Eisstock
30 die Daube

31–34 das Curling
31 der Curlingspieler
32 der Curlingstein
33 der Curlingbesen
34 das Haus, die Zielfläche
beim Curling *n*

35–37 das Eissegeln
35 die Eisjacht
(das Eissegelboot),
ein segelbootartiger
Schlitten *m*
36 die Kufe
37 der Ausleger

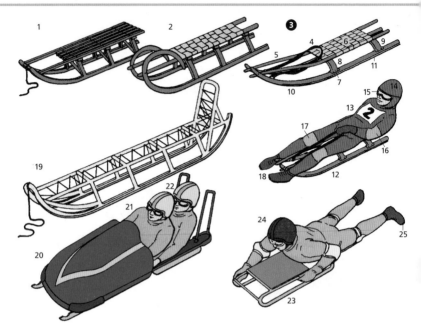

1 der Rodelschlitten
(der Rodel, Volksrodel),
ein Schlitten
mit starren Kufen *f*
2 der Rodelschlitten
mit Gurtsitz *m*

3 der Jugendrodel
4 der Lenkgurt
5 der Holm (die Spange)
6 der Sitz
7 das Kappenblech
8 der Vorderfuß
9 der Hinterfuß
10 die bewegliche Kufe
11 die Schiene

12–18 das Rennrodeln
(der Rodelsport)
12 der Rennrodel
13 der Rennrodler
14 der Sturzhelm
15 die Rennbrille
16 der Ellbogenschützer
17 der Knieschützer
18 der Rodelschuh
19 der Nansenschlitten,
ein Polarschlitten *m*

20–22 das Bobfahren
(der Bobsport)
20 der Zweierbob,
ein Bobschlitten
für zwei Bobfahrer *m*
21 der Steuermann
(der Bobführer)
22 der Bremser

23–25 das Skeletonfahren
23 der Skeleton
(der Skeletonschlitten)
24 der Skeletonfahrer
25 das Kratzeisen zum
Lenken *n* und Bremsen *n*

1 die Skipiste	**10** die Schneeballschlacht	**25** die Lawinengalerie
2 der Skifahrer	**11** der Schneeball	**26** der Lawinenschutz
3 die Schneedecke	**12** der Pferdeschlitten	**27** der Hundeschlitten
auf einem Dach *n*	**13** der Fußsack	**28** der Schlittenhund
4 die Skihütte	**14** die Schlittenschellen *f*	**29** der Diagonalpflug,
5 der Eiszapfen	**15** der Schneemann	ein Schneeräum-
6 die Rodelpiste	**16** die Schlitterbahn	fahrzeug *n*
(der Rodelhang)	**17** der Skianzug	**30** der Schneepflug
7 der Rodelschlitten	(Schneeanzug)	**31** die Schneeketten
8 die Sprungschanze	**18** der Schneehaufen	**32** das Schneemobil
9 das Snowboard	**19** der Schneeschieber	
(das Schneebrett)	**20** die Eisdecke	
	21 das Eissegelboot	
	22 die Schneelawine	
	23 der Sessellift, ein Skilift	
	24 das Schneetreiben	

1–9 das Kegeln

1–7 die Kegelaufstellung
(der Kegelstand)
1 der Vordereckkegel (der Erste, das Vorderholz)
2 der Vordergassenkegel (die Vorderdame)
3 die Vordergasse
4 der Eckkegel (der Bauer)
5 der König
6 der Hintergassenkegel (die Hinterdame)
7 der Hintereckkegel (der Letzte, das Hinterholz)
8 der Kegel
9 der Kegelkönig (König)

10–17 das Bowling
10 die Bowlingaufstellung (der Bowlingstand)
11 der Pin
12 die Bowlingkugel (Lochkugel)
13 das Griffloch

14–17 die Wurfarten f
14 der Straightball (Straight)
15 der Hookball (der Hook, der Hakenwurf)
16 der Curveball (der Bogenwurf)
17 der Back-up-Ball (der Rückhandbogenwurf)

18–21 das Boule
(das Boulespiel, das Pétanque; *ähnl.:* das *od.* die Boccia)
18 der Boulespieler
19 die Zielkugel (Malkugel, das Cochonnet)
20 die gerillte Wurfkugel
21 die Spielergruppe

22–43 das Gewehrschießen

22–24 die Anschlagsarten f
22 der stehende Anschlag
23 der kniende Anschlag
24 der liegende Anschlag
25 die Gewehrscheibe für 50 m Schussweite f

26 der Ring
27 die Gewehrscheibe für 100 m Schussweite f

28–33 die Sportmunition
28 das Diabologeschoss für das Luftgewehr
29 die Randzünderpatrone für den Zimmerstutzen
30 die Patronenhülse
31 die Rundkugel
32 die Patrone Kaliber n 22 long rifle
33 die Patrone Kaliber n 222 Remington

34–41 Sportgewehre n

34 das Luftgewehr
35 der Diopter
36 das Korn
37 die Luftdruckkartusche

38 das Kleinkalibergewehr
(39–41)
39 die Handstütze für den stehenden Anschlag m
40 die Kolbenkappe mit Haken m
41 der Lochschaft
42 die Dioptervisierung mit Ringkorn n
43 die Dioptervisierung mit Balkenkorn n

44–52 das Skeet
(das Skeetschießen), eine Disziplin f des Wurftaubenschießens n (Tontaubenschießens)
44 die Skeetbockdoppelflinte
45 die Laufmündung mit Skeetbohrung f
46 der Gewehranschlag bei Abruf m (die Jagdstellung)
47 der fertige Anschlag

48 die Skeetanlage
(die Tonscheibenwurfanlage)
49 das Hochhaus
50 das Niederhaus
51 die Wurfrichtung
52 der Schützenstand

53–66 das Bogenschießen
53 der Bogenschütze beim Abschuss

54 der Turnierbogen mit abnehmbaren Wurfarmen m
(der Recurvebogen)
55 der Wurfarm
56 das Visier
57 der Handgriff
58 der Stabilisator
59 die Sehne (Bogensehne)

60 der Pfeil
61 die Pfeilspitze
62 die Befiederung
63 die Nocke
64 der Schaft
65 das Schützenzeichen
66 die Scheibe

67–71 die Pelota
(das Pelotaspiel, die Jai alai)
67 das Spielfeld
68 der Pelotaspieler
69 der Schläger (die Chistera)
70 der Ball (die Pelota)
71 die Schlagwand (der Fronton)

72 das Rhönrad
73 der Sprossengriff
74 der Reifengriff
75 das Fußbrett

76–83 das Skateboarding
(das Skateboarden, das Skateboardfahren, das Skaten)
76 der Skateboarder (der Skateboardfahrer, der Skater)

77 das Skateboard
78 die Front (die Nose)
79 das Heck (das Tail)
80 das Brett (das Deck)
81 die Trucks *pl* (die Achsen f)
82 die Wheels *pl* (die Rollen f)
83 die Halfpipe

1–43 der Maskenball
(das Maskenfest, Kostüm-
fest, die Maskerade)
1 der Ballsaal (Festsaal)
2 das Tanzorchester
(die Tanzkapelle)
3 der Musiker
4 der *od.* das Lampion
(die Papierlaterne)
5 die Girlande

6–43 die Verkleidungen *f*
(Kostümierungen *f,*
Maskierungen *f*)
6 die Hexe
7 die Gesichtsmaske
(Maske)
8 der Trapper
(der Pelzjäger)
9 die Pierrette
10 die Larve
11 der Teufel
12 der Kraftprotz
13 das Hawaiimädchen
14 die Blumenkette
15 der Bastrock

16 der Pierrot
17 die Halskrause
18 die Midinette
19 das Biedermeierkleid
20 der Schutenhut
21 das Dekolleté mit
Schönheitspflästerchen *n*
(Mouche *f*)
22 die indische Tänzerin
(die Bajadere)
23 der Grande
24 die Kolombine
(spanische Kolombine)
25 der Maharadscha
26 der Mandarin
27 der Cowboy
28 der Dandy
29 die Ballrosette
(das Ballabzeichen)
30 der Harlekin
31 Esmeralda *f*
32 die Kokotte
(die Halbweltdame)
33 Eulenspiegel *m*
34 die Narrenkappe
(Schellenkappe)

35 die Rassel
(die Klapper)
36 die Orientalin
(die Haremsdame)
37 die Pluderhose
38 der Pirat
39 die Tätowierung
40 die Papiermütze
41 die Pappnase
42 die Knarre
(die Ratsche, Rätsche)
43 die Pritsche
(Narrenpritsche)

44 Feuerwerkskörper *m*
45 das Zündblättchen
(Knallblättchen)
46 das Knallbonbon
47 die Knallerbse
48 der Knallfrosch
49 der Kanonenschlag
50 die Rakete
51 Papierkugeln *f* für
Tischfeuerwerk *n*

52 der Karnevalsumzug	56 der Narrenorden	64 der Riesenkopf
(Faschingsumzug)	(Karnevalsorden)	65 das Funkenmariechen
53 der Karnevalswagen	57 die Karnevalsprinzessin	66 die Prinzengarde
(Faschingswagen)	(Faschingsprinzessin)	67 der Hanswurst
54 der Karnevalsprinz	58 das Konfetti	68 der Trommlerzug
(Prinz Karneval,	59 die Mottofigur	69 die Landsknechtstrommel
Faschingsprinz)	60 die Riesenfigur,	70 die Zuschauermenge
55 das Narrenzepter	eine Spottgestalt f	
	61 die Schönheitskönigin	
	62 die Märchenfigur	
	63 die Luftschlangen f	

1 das Zirkuszelt
(Spielzelt, das Chapiteau),
ein Viermastzelt *n*
2 der Zeltmast
3 der Scheinwerfer
4 der Beleuchter
5 der Artistenstand
6 das Trapez
(das Schaukelreck)
7 der Luftakrobat
(der Trapezkünstler)
8 die Strickleiter

9 die Musikertribüne
(Orchestertribüne)
10 die Zirkuskapelle
11 der Manegeneingang
12 die Stützstange
(die Zeltstütze)
13 das Sprungnetz,
ein Sicherheitsnetz
14 der Zuschauerraum
15 die Zirkusloge
16 der Zirkusdirektor
17 der Zuschauereingang
18 der Aufgang
19 die Manege
(die Reitbahn)
20 die Bande (die Piste)
21 der Clown
22 die Luftballons *m*

23 die komische Nummer,
eine Zirkusnummer
24 die Kunstreiter *m*
25 der Manegendiener,
ein Zirkusdiener
26 die Pyramide
27 der Untermann

28, 29 die Freiheitsdressur
28 das Zirkuspferd
in Levade *f*
29 der Dresseur,
ein Stallmeister *m*
30 die Äquilibristin
31 der Jongleur
32 die Jonglierkeulen *f*

33 der Weißclown
34 die Klarinette
35 der Wohnwagen
(Zirkuswagen)
36 der Elefant
37 das Setzstück
38 der Balanceakt
39 die Wippe
40 der Messerwerfer
41 die Messer *n*
42 die Assistentin

43 die Seiltänzerin
44 das Drahtseil
45 die Balancierstange
(Gleichgewichtsstange)
46 die Zeltstadt
47 der Käfigwagen

48 **die Raubtierdressur**
(49–56)
49 der Raubtierkäfig,
ein Rundkäfig *m*
50 das Raubtiergitter
51 der Laufgang
(Gittergang,
Raubtiergang)

52 der Dompteur
(der Tierbändiger)
53 die Bogenpeitsche
(Peitsche)
54 die Schutzgabel
55 der Tiger, ein Raubtier *n*
56 das Piedestal
57 der Springreifen
58 die Laufkugel

1–57 **der Jahrmarkt**
(die Kirchweih, *nd.*
Kirmes, *südwestd.*
die Messe, Kerwe,
bayr. die Dult,
landsch. der Rummel)

1 **der Festplatz**
(die Festwiese, Wiese)
2 die Erfrischungsbude
(Getränkebude,
der Getränkeausschank)
3 die Zapfanlage für
Getränke *n*
4 die Gläser *n*
5 die Grillbude
(der Grillstand)
6 der Topf mit Senf *m*
7 der Topf mit
Ketchup *m od. n*

8 der Grill
9 die Hähnchen *n*,
ein Grillgut *n*

10 **die Achterbahn**
11 der Waggon
12 die Schienen
13 der Einlass
14 die Kasse

15 **das Kinderkarussell,**
ein Karussell *n*
(*österr.* ein Ringelspiel *n*,
südd./schweiz. eine Reitschule *f*) (16, 17)
16 das Holzpferd

17 das Kind
18 das Kettenkarussell
(der Kettenflieger)
19 der Sitz
20 die Schiffsschaukel
(Luftschaukel)
21 das Schiff
22 der Scooter
(Autoscooter,
das Boxauto)
23 der Stärkemesser
(Kraftmesser,
»Lukas« *m*)
24 der Hammer
25 der Schausteller

26 **das Riesenrad** (27, 28)
27 die Gondel
28 das Kassenhäuschen
   (Kassenhaus)
29 das Dosenwerfen
30 der Imperator,
   ein Flugkarussell *n*
31 der Riesenpolyp,
   ein Fahrgeschäft *n*
32 die Gondel

33 **der Stelzenläufer**
34 die verdeckten Stelzen *f*
35 die Marionette,
   eine Puppe *f* an Fäden *m*

36 **der Eisverkäufer** (37, 38)
37 der Eiswagen
38 die Markise
39 der Leierkastenmann
   (Leierkastenspieler)
40 der Leierkasten
41 das Äffchen (der Affe)
42 das Hütchen zum
   Geldeinsammeln

43 **der ambulante Händler**
   (fliegende Händler,
   der Bauchladenverkäufer)
44 der Bauchladen
45 die Brötchen *n*

46 **die Losbude**
   mit den Gewinnen *m*
   (47–50)
47 der Teddy, ein Gewinn *m*
48 das Los
49 die Niete
50 der Gewinn
51 das Lebkuchenherz
52 der Luftballon
53 die Zuckerwatte
54 die Zuckerstange
55 die Eiswaffel
56 die Eiskugel
57 der türkische Honig

1 der Flohmarktbesucher u.
   die Flohmarktbesucherin
2 der Flohmarktverkäufer
   u. die Flohmarkt-
   verkäuferin
3 die Tretnähmaschine
4 die Blumenvase
5 der Wandspiegel

6 **der Kanonenofen**
   (7–10)
7 das Ofenrohr
8 der Ofenrohrkrümmer
9 die Ofentür
10 der Ofenschirm
11 der Kohlenfüller
12 der Holzkorb
13 die Puppe
14 der Teddybär
15 die Drehorgel

16 der Musikautomat,
   ein mechanisches
   Musikinstrument n
17 die perforierte Metallscheibe (das Notenblatt)

18 **das Röhrenradio**
   (*scherzh.:* Dampfradio),
   ein altertümlicher Rundfunkempfänger m (Rund-
   funkgerät n, Radiogerät,
   Radioapparat m) (19–24)
19 die Schallwand
20 das »magische Auge«,
   eine Abstimm-
   anzeigeröhre f
21 die Schallöffnung
22 die Stationstasten f
23 der Abstimmungsknopf
24 die Frequenz-
   einstellskalen f
25 die Detektoranlage
   (der Detektorempfänger)
26 der Kopfhörer

27 **die Balgenkamera**
   (Klappkamera) (28–30)
28 der Balgen
29 der Klappdeckel f
30 die Springspreizen f
31 die Boxkamera

32 **das Grammofon** (33–36)
33 die Schellackplatte
   (Grammofonplatte),
   eine Schallplatte
34 die Schalldose mit
   der Grammofonnadel f
35 der Schalltrichter
36 das Grammofongehäuse
37 der Schallplattenständer
38 der Tonbandkoffer,
   ein tragbares Tonband-
   gerät n
39 das Blitzlichtgerät
   (Blitzgerät)
40 die Blitzbirne

41 **das Elektronenblitzgerät**
(Röhrenblitzgerät)
42 der Lampenstab
43 das Akkuteil

44 **der Diaprojektor** (45–46)
45 der Diaschieber
46 das Lampengehäuse
47 der Kerzenständer
(der Kerzenleuchter)
48 die Jakobsmuschel
(Pilgermuschel)
49 das Besteck
50 der Souvenirteller
51 der Trockenständer
für Fotoplatten *f*
52 die Fotoplatte
53 der Selbstauslöser
54 die Zinnsoldaten *m*
55 das Bierseidel
56 die Trompete
57 die antiquarischen
Bücher *n*

58 **die Standuhr** (59–62)
59 das Uhrengehäuse
60 das Uhrenpendel
(der *od.* das Perpendikel)
61 das Ganggewicht
62 das Schlaggewicht
63 der Schaukelstuhl

64–67 **die Secondhandkleidung**
(die gebrauchten
Kleidungsstücke *n*)
64 der Matrosenanzug
65 die Matrosenmütze
66 die Knickerbocker *pl*,
eine Kniebundhose *f*
67 der Pettycoat
68 die Schiefertafel
69 der Griffelkasten

70 **die Saldiermaschine**
(Addiermaschine)
(71–72)
71 die Papierrolle
72 die Zahlentasten *f*
73 die Rechenmaschine
74 das Klapptintenfass
75 die Schreibmaschine

76 **die mechanische Rechenmaschine** (77–79)
77 die Antriebskurbel
78 das Resultatwerk
79 das Umdrehungszählwerk
80 die Küchenwaage

81 **das Waschservice** (82–84)
82 die Waschschüssel
83 die Wasserkanne
84 der Waschständer
85 der Wäschestampfer
86 die Waschwanne
(die Waschbütte)
87 das Waschbrett
88 der Brummkreisel
89 der Leiterwagen
90 die Wanduhr
91 die Wärmflasche
aus Metall *n*
92 die Milchkanne

1–32 der Stierkampf
(die Corrida)

1 die Spielszene
2 der Nachwuchstorero
(der Novillero)
3 die Stierattrappe
4 der Nachwuchs-
banderillero

5 die Stierkampfarena
(die Plaza de toros)
[Schema]
6 der Haupteingang
7 die Logen *f*
8 die Sitzplätze *m*
9 der Kampfplatz
(der Ruedo)
10 der Eingang
der Stierkämpfer *m*
11 der Einlass der Stiere *m*
12 die Abgangspforte für
die getöteten Stiere *m*
13 die Schlachterei
14 die Stierställe *m*
15 der Pferdehof

16–29 die Stierkämpfer *m*
(die Toreros *m*)

16 der Pikador, ein berittener
Stierkämpfer *m*
17 die Lanze
18 das gepanzerte Pferd
19 der stählerne Beinpanzer
20 der runde Pikadorhut

21 der Banderillero
22 die Banderillas *f*,
mit Widerhaken
versehene Spieße *m*
23 die Leibbinde

24 der Matador,
der Stierkämpfer,
der den Stier *m* tötet
25 das Zöpfchen,
ein Standesabzeichen *n*
des Matadors *m*
26 die Capa, der rote
Umhang des Stier-
kämpfers *m*
27 die Montera,
die Stierkämpfermütze
28 der Stier
29 die Lanze

30 die Estocada,
das Töten des Stieres *m*
durch einen Degenstoß *m*
31 der Estoque, der Stoßdegen des Matadors *m*
32 die Muleta, das an einem
Stock *m* befestigte rote
Tuch *n* des Matadors *m*

33 der *od.* das Rodeo
34 der Jungstier
35 der Cowboy
36 der Stetson®
(der Stetsonhut)
37 das Halstuch
38 der Rodeoreiter
39 das Lasso
40 das Rodeopferd
41 das Gatter
(die Einzäunung)

1 der Tresen (die Bar)
2 die Zapfanlage für Bier *n*
   und andere Getränke *n*
3 das Gläserregal
4 das Flaschenregal
5 die Tresenbedienung
   (die Barfrau, die Bardame
   od. der Barmann)
6 der Barhocker
   (Tresenhocker)
7 die künstliche Palme
   (Kunststoffpalme)
8 die Lichtorgel

9 der Lichtstrahler
10 die Deckendekoration
11 die Glitzerkugel
12 die Leinwand für Dia-
   oder Filmprojektionen *f*
13 der Fellsessel
14 die Dekorationssäule
15 die Metallverkleidung
16 der Treppenabsatz
17 die Tanzfläche
18 der Tanzende
19 das Tanzpaar
   (die Tänzerin *u.*
   der Tänzer)
20 der Longdrink
21 das Bierglas
22 der Discjockey
   (der DJ, *weibl.:* die DJane)

23 der CD-Player
24 der Monitor
25 das Mischpult
26 die Sprechanlage

27 die Stereoanlage
28 der Plattenspieler
29 die Schallplatte
30 die Lautsprecherbox
   (der Lautsprecher,
   die Box)

1–41 das Nachtlokal
(der Nachtklub,
die Nachtbar)
1 der Eingang
2 der Türsteher

3 die Bar (4–6)
4 der Barmann
(der Barkeeper)
5 die Spirituosen *pl*
6 die Bartheke
(der Bartresen)
7 der Barsessel
8 der Sektkübel
9 die Sektflasche
10 die Eiswürfel *m*
11 die Sektgläser *n*

12 die Animierdame
13 das Abendtäschchen,
ein Handtäschchen *n*
(eine Handtasche *f*)
14 die Deckenlampe
15 der Deckenstrahler
16 die Spiegeldekoration
17 die Lichtkugel
18 die Stange
19 die Tänzerin,
ein Go-go-Girl *n*
20 der Büstenhalter
21 der Stringtanga
22 der Lederstiefel
23 der Zuschauer
24 der Geldschein
25 die Stripteasetänzerin
(die Stripperin)
26 der Handschuh
27 die Schmuckfedern *f*
28 der Busenschmuck
(Brustschmuck)
29 die Bühne
30 das Geländer

31 die Nachtklubband
(32–39)
32 der Gitarrist
33 die elektrische Gitarre
34 der Synthesizer
(das elektrische Klavier)
35 der Synthesizerspieler
36 die Sängerin
37 der Schlagzeuger
38 das Schlagzeug
39 das Mikrofon
40 das Mischpult
41 die Lautsprecherbox
(der Lautsprecher,
die Box)

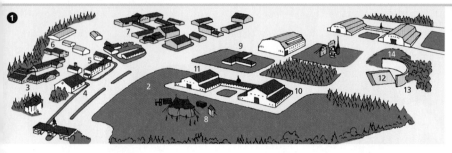

1 die Filmstadt
2 das Freigelände
(Außenbaugelände)
3 das Kopierwerk
4 das Schneidehaus
5 das Verwaltungsgebäude
6 das Filmlager
(das Filmarchiv)
7 die Werkstätten f
8 die Filmbauten m
9 die technischen
Laboratorien n
10 das Filmatelier
11 das Musikatelier
12 das Bassin für
Wasseraufnahmen f
13 der Rundhorizont
14 der Horizonthügel

15–60 Filmaufnahmen f

15 die Außenaufnahme
(Freilichtaufnahme) in
einer eigens errichteten
Dekoration f
16 die Dekoration
(die Kulisse)
17 das Gerüst
18 die Filmkamera
19 der Kameramann
20 die Regisseurin
21 der Mikromann
(der Mikrofonassistent)
22 der Tontechniker
23 das tragbare
Tonaufnahmegerät
24 die Tonangel
(Mikrofonangel)
25 das Mikrofon

26–60 die Atelieraufnahme
26 der Produktionsleiter
27 die Filmschauspielerin
(der Filmstar) in der
weiblichen Hauptrolle f
28 der Filmschauspieler
(der Filmstar) in der
männlichen Hauptrolle f
29 der Kleindarsteller
(der Statist,
der Komparse)
30 die Mikrofonanordnung
für Stereo- und Effekt-
tonaufnahme f
31 das Ateliermikrofon
32 das Mikrofonkabel
33 die Filmkulisse
34 der Klappenmann

35 die Synchronklappe
mit einer beschriftbaren
Tafel *f* für den Filmtitel *m*,
die Einstellungsnummer
und die Nummer der
Wiederholung *f*
36 die Maskenbildnerin
37 der Oberbeleuchter
38 die Streuscheibe
39 das Skriptgirl,
die Sekretärin
des Filmregisseurs *m*
40 der Filmregisseur
(Regisseur)
41 der Kameramann

42 der Kameraschwenker
(Schwenker, der Kamera-
führer), ein Kamera-
assistent *m*
43 der Szenenbildner,
ein Filmarchitekt *m*
44 der Aufnahmeleiter
45 das Drehbuch (das Skript)
46 der Regieassistent
47 die Filmkamera
(Bildaufnahmekamera)
48 der Blimp (das Schall-
schutzgehäuse zur
Dämmung *f* der Lauf-
geräusche *n* der Kamera *f*
49 der Dolly
(der Kamerakran),
ein fahrbares Stativ *n*
50 das Pumpstativ
51 die Abdeckblende
zum Abdecken *n*
von Fehllicht *n*

52 der Stativscheinwerfer
(der Aufheller)
53 der Scheinwerfer
54 der Leuchtenhänger
55 der Tonmeisterraum
56 der Tonmeister
57 das Mischpult
58 der Tonassistent
59 das Tonaufzeichnungs-
gerät
60 die Effektgeräte *n*
für Toneffekte *m*

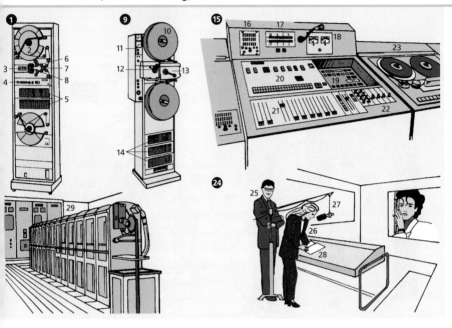

1–23 **die Tonaufzeichnung**

1 **das Magnet-
aufzeichnungsgerät**
2 die Filmspule
3 der Magnetkopfträger
4 das Schaltfeld
5 der Aufnahmeverstärker
und der Wiedergabe-
verstärker
6 der Kopfträger für
Aufnahme-, Wiedergabe-
und Löschkopf *m*
7 der Filmantrieb
8 der *od.* das Gleichlauffilter

9 **das Lichtton-
aufzeichnungsgerät**
10 die Tageslichtfilmkassette
11 das Steuer- und
Kontrollfeld
12 das Okular zur optischen
Kontrolle *f* der Lichttonaufzeichnung *f*
13 das Laufwerk
14 die Aufnahmeverstär-
ker *m* und das Netzteil

15 **das Schaltpult für
die Tonaufzeichnung**
16 der Abhörlautsprecher
17 die Aussteuer-
instrumente *n*
18 die Kontrollinstrumente *n*
19 das Klinkenfeld

20 das Schaltfeld
21 die Flachbahnregler *m*
22 die Entzerrer *m*
23 das Magnettonlaufwerk

24 **die Synchronisierung**
(die Synchronisation)
im Synchronstudio *n*
25 der Synchronregisseur
26 die Synchronsprecherin
27 das Galgenmikrofon
28 das Drehbuch
der Synchronfassung *f*
29 Filmentwicklungs-
maschinen *f* im
Kopierwerk *n*

30 **die Tonmischung
im Mischatelier** *n*
31 das Mischpult
32 der Tonmeister

33 **die Software für die
digitale Nachvertonung** *f*
34 die Sequenzanzeige
35 die Regler *m* für die
Lautstärke in einem
markierten Bereich *m*
36 die Korrekturfilter *m*
37 der Frequenzumwandler

38 **der Schnitt** (Filmschnitt,
das Schneiden)
39 der Schneidetisch
40 der Schnittmeister
(der Cutter, der Editor)
41 die Filmteller *m* für
Bild- und Tonstreifen *m*
42 die Bildprojektion

43 **der digitale Videoschnitt**
44 die externe Steuerbox
für die Schnittstelle *f*
mit dem Computer *m*
45 der Rekorder für die
Filmkassette *f*

46 der Monitor für
die Tonbearbeitung *f*
47 der Monitor für
die Kontrolldaten *pl*
48 der Monitor zur
Betrachtung *f*
der Filmaufnahme *f*
49 die Tastatur
50 die Maus
51 die Schnittmeisterin
(die Cutterin, die Editorin)

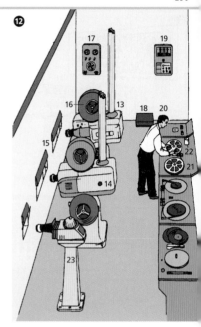

1–23 die Filmvorführung

1 das Kino
(das Lichtspielhaus,
das Lichtspieltheater,
das Filmtheater)
2 die Kinokasse
3 die Kinokarte
4 die Platzanweiserin
5 die Kinobesucher *m*
(der Kinobesucher *u.*
die Kinobesucherin)
6 die Sicherheitsbeleuch-
tung (Notbeleuchtung)
7 der Notausgang
8 die Rampe (die Bühne)
9 die Sitzreihen *f*
10 der Bühnenvorhang
11 die Bildwand

12 der Bildwerferraum
(Vorführraum,
die Vorführkabine)
13 der Filmprojektor in
Links-Ausführung
(die Linksmaschine)
14 der Filmprojektor in
Rechts-Ausführung
(die Rechtsmaschine)
15 das Kabinenfenster
mit Projektions- und
Schauöffnung *f*
16 die Filmtrommel
17 der Saalverdunkler
(der Saalbeleuchtungs-
regler)

18 der Gleichrichter
19 der Verstärker
20 der Filmvorführer
21 der Umrolltisch zur
Filmumspulung *f*
22 der Filmkitt
23 der Diaprojektor für
Werbediapositive *n*

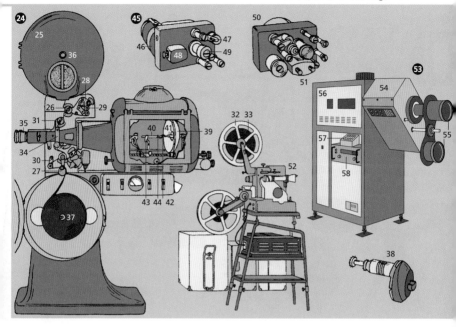

24 der Filmprojektor
(der Bildwerfer,
die Kinomaschine,
das Filmvorführgerät)
(25–44)

25–38 das Laufwerk
25 die feuergeschützte
Filmtrommel mit Umlauf-
ölkühlung *f*
26 die Vorwickeltrommel
(Vorwickelrolle)
27 die Nachwickeltrommel
(Nachwickelrolle)
28 das Tongerät
(*Arten:* Lichttongerät,
Magnettongerät)
29 die Umlenkrolle mit
Bildstrichverstellung *f*
30 der Schleifenbildner
zur Beruhigung *f*
des Filmlaufs *m*

31 die Gleitbahn
32 die Filmspule
33 die Filmrolle
34 das Bildfenster
mit Kühlgebläse *n*
35 das Projektionsobjektiv
36 die Abwickelachse
37 die Aufwickelachse
38 das Malteserkreuz-
getriebe

**39–44 das Lampenhaus
mit der Lichtquelle *f***
39 der Hohlspiegel *m*
40 die Positivkohle
41 die Negativkohle
42 der Lichtbogen
43 der Kohlenhalter
44 der Krater
(Kohlenkrater)

45 das Lichttongerät
(46–49)
46 die Lichttonoptik
47 der Lichttonkopf
48 die Tonlampe
im Gehäuse *n*
49 die Fotozelle in
der Hohlachse *f*
50 das Magnettongerät
51 der Magnettonkopf
(der Magnettonabtaster)
52 der transportable
Schmalfilmprojektor
für das Wanderkino

53 der digitale Projektor
54 der Projektorkopf
55 die austauschbaren
Objektive
56 das Lampenhaus
57 das Bedienpanel
58 der Formatwandler

1 **die 35-mm-Kamera,**
   eine Normalfilmkamera
2 das Objektiv
   (die Aufnahmeoptik)
3 das Kompendium
   (die Sonnenblende) mit
   Filter- und Kaschbühne *f*
4 der Kasch
5 der Gegenlichttubus
6 das Sucherokular
7 die Okulareinstellung
8 der Schließer für
   die Sektorenblende
9 das Filmkassettengehäuse
10 die Kompendiumschiene
11 der Führungshebel
12 der Kinoneiger
13 das Stativ
14 die Gradeinteilung

15 **der Blimp**
   (das Schallschutzgehäuse)
16 das Schallschutzoberteil
17 das Schallschutzunterteil
18 die abgeklappte Schallschutzseitenwand
19 die Kamera

20 **die leichte Bildkamera**
21 der Handgriff
22 der Zoomverstellhebel
23 das Zoomobjektiv
   (Varioobjektiv) mit
   stufenlos veränderlicher
   Brennweite *f*
24 der Auslösehandgriff
25 die Kameratür

26 **die Bild-Ton-Kamera**
   (Reportagekamera) für
   Bild- und Tonaufnahme *f*
27 der Blimp (das Schall-
   schutzgehäuse)

28 das Beobachtungsfenster
   für die Bildzähler *m*
   und Betriebsskalen *f*
29 das Synchronkabel
   (Pilottonkabel)
30 der Pilottongeber

31 **die 16-mm-Kamera,**
   eine Schmalfilmkamera
32 der Objektivrevolver
33 die Gehäuseverriegelung
34 die Okularmuschel

35 **die digitale Videokamera
   für Kinoproduktionen** *f*
36 der Bildsensor zur
   Berechnung *f* der Bild-
   punkte *m* (Pixel *n*)
37 die Speicherkarte,
   ein Speichermedium *m*
38 der Speicherkartenleser
39 die LCD-Anzeige

1–6 die Positionen *f*
der Füße *m*
1 die erste Position
2 die zweite Position
3 die dritte Position
4 die offene vierte Position
5 die gekreuzte vierte Position
6 die fünfte Position

7–12 die Positionen *f*
der Arme *m*
(die Armhaltungen *f*)
7 die erste Position
8 die zweite Position
9 die dritte Position
10 die vierte Position
11 die fünfte Position

12 die Position bras bas
13 das Dégagé à la quatrième devant
14 das Dégagé à la quatrième derrière
15 das Effacé
16 das Sur le cou-de-pied
17 das Ekarté
18 das Croisé
19 die Attitüde
20 die Arabeske
21 die ganze Spitze
22 das *od.* der Spagat
23 die Kapriole
24 der Entrechat
25 die Préparation zur Pirouette *f*
26 die Pirouette
27 das Corps de Ballet (die Ballettgruppe)
28 die Balletttänzerin (die Balletteuse)
29 die Ballettstange (Stange)

30, 31 der Pas de deux
30 die Primaballerina (die erste Solotänzerin, die erste Solistin *f*)
31 der erste Solotänzer (der erste Solist *m*)
32 das Tutu
33 der Ballettschuh (Spitzenschuh)
34 der Ballerinenrock

1–4 Vorhangzüge *m*
1 der griechische Zug
2 der italienische Zug
3 der deutsche Zug
4 der kombinierte
(griechisch-deutsche) Zug

5 die Garderobenhalle
6 die Garderobe
(die Kleiderablage)
7 die Garderobenfrau
(die Garderobiere)
8 die Garderobenmarke
(die Garderobennummer)
9 die Theaterbesucherin
10 das Opernglas
11 der Kontrolleur
12 die Theaterkarte
(das Theaterbillett),
eine Einlasskarte *f*

13 das Foyer
(die Wandelhalle,
der Wandelgang)
14 der Platzanweiser
15 das Programmheft
(das Programm)

16 der Theaterraum
17 die Bühne
18 das Proszenium

19–23 der Zuschauerraum
19 der dritte Rang
(die Galerie)
20 der zweite Rang
21 der erste Rang
22 das Parkett
23 der Sitzplatz
(Zuschauerplatz,
Theaterplatz)

24–30 die Probe
(*hier:* die Opernprobe)
24 der Opernchor
25 der Opernsänger
26 die Opernsängerin
27 der Orchestergraben
28 das Orchester
29 der Dirigent
30 der Taktstock
(der Dirigentenstab,
Dirigierstab)

31 der Malersaal
(die Theaterwerkstatt)
32 der Bühnenarbeiter
33 die Arbeitsbrücke
34 das Setzstück
(Versatzstück)
35 die Versteifung
36 die Kaschierung
37 der Prospekt

38 der tragbare Malerkasten
(die Handpalette)
39 der Bühnenmaler,
ein Dekorationsmaler *m*
40 die fahrbare Palette
41 der Bühnenbildner
42 der Kostümbildner
43 der Kostümentwurf
44 die Figurine
45 die Modellbühne
46 das Bühnenbildmodell

47 die Schauspieler-
garderobe
48 der Schminkspiegel
49 das Schminktuch
50 der Schminktisch
51 der Schminkstift
52 der Chefmaskenbildner
53 der Maskenbildner
(der Theaterfriseur)
54 die Perücke
55 die Requisiten *n*
56 das Theaterkostüm
57 die Signallampe
(der Inspizientenruf)

**1–60 das Bühnenhaus
mit der Maschinerie f**
(Ober- und
Untermaschinerie)

1 die Stellwarte (2, 3)
2 das Steuerpult
(die Lichtstellanlage)
mit Speichereinrichtung f
zur Speicherung f
der Lichtstimmung f
3 der Stellwartenzettel
(die Kontente)
4 der Rollenboden
5 die Arbeitsgalerie
(der Arbeitssteg)
6 die Berieselungsanlage
7 der Schnürbodenmeister
8 die Züge m
(Prospektzüge)
9 der Rundhorizont
(der Bühnenhimmel)
10 der Prospekt
(der Bühnenhintergrund,
das Hinterhängestück)
11 der Bogen, ein Zwischenhängestück n
12 die Soffitte (das Deckendekorationsstück)
13 das Kastenoberlicht
14 die szenischen
Beleuchtungskörper m
15 die Horizontbeleuchtung
(Prospektbeleuchtung)
16 die schwenkbaren Spielflächenscheinwerfer m
17 die Bühnenbildprojek-
tionsapparate m
18 die Wasserkanone

19 die fahrbare
Beleuchtungsbrücke
20 der Beleuchter
21 der Portalscheinwerfer
(Turmscheinwerfer)
22 der verstellbare
Bühnenrahmen
(das Portal, der Mantel)
23 der Vorhang
(Theatervorhang)
24 der eiserne Vorhang
(Feuerschutzvorhang)
25 die Vorbühne (die Rampe)
26 das Rampenlicht (die Fuß-
rampenleuchten f)
27 der Souffleurkasten
28 die Souffleuse
(die Vorsagerin;
männl.: der Souffleur,
der Vorsager)
29 der Inspizientenstand
30 der Spielwart
(der Inspizient)
31 die Drehbühne
32 die Versenköffnung
33 der Versenktisch
34 das Versenkpodium,
ein Stockwerkpodium n
35 die Dekorationsstücke n

36 die Szene
(der Auftritt) (37–39)
37 der Schauspieler
(der Darsteller)
38 die Schauspielerin
(die Darstellerin)
39 die Statisten m
40 der Regisseur
(der Spielleiter)
41 das Rollenheft
42 der Regietisch
43 der Regieassistent
44 das Regiebuch
45 der Bühnenmeister
46 der Bühnenarbeiter
47 das Setzstück
(Versatzstück)

**48 der Spiegellinsen-
scheinwerfer**
49 der Farbscheibenwechsler
mit Farbscheibe f

**50 die hydraulische
Druckstation**
51 der Wasserbehälter
52 die Saugleitung
53 die hydraulische
Druckpumpe
54 die Druckleitung
55 der Druckkessel
(der Akkumulator)
56 das Kontaktmanometer
57 der Flüssigkeits-
standanzeiger
58 der Steuerhebel
59 der Maschinenmeister
60 die Drucksäulen f
(Plunger m)

1, 2 historische Noten *f*
1   die Choralnotation
    (die Quadratnotation)
2   die Mensuralnotation

3–7 die Note (Musiknote)
3   der Notenkopf
4   der Notenhals
5   das Notenfähnchen
6   der Notenbalken
7   der Verlängerungspunkt

8–11 die Notenschlüssel *m*
8   der Violinschlüssel
    (G-Schlüssel)
9   der Bassschlüssel
    (F-Schlüssel)
10 der Altschlüssel,
    ein C-Schlüssel
11 der Tenorschlüssel,
    ein C-Schlüssel

12–19 die Notenwerte *m*
12 die Doppelganze
13 die ganze Note
    (die Ganze)
14 die halbe Note
    (die Halbe)
15 die Viertelnote
    (das Viertel)
16 die Achtelnote
    (das Achtel)
17 die Sechzehntelnote
    (das Sechzehntel)
18 die Zweiunddreißig-
    telnote (das Zwei-
    unddreißigstel)
19 die Vierundsechzehntel-
    note (das Vierundsech-
    zigstel)

20–27 die Pausenzeichen *n*
20 die Pause für die
    Doppelganze
21 die ganze Pause
22 die halbe Pause
23 die Viertelpause

24 die Achtelpause
25 die Sechzehntelpause
26 die Zweiunddreißigstel-
    pause
27 die Vierundsech-
    zigstelpause

**28–41 die Taktvorzeichnung
der Taktarten** *f*
28 der Zweiachteltakt
29 der Zweivierteltakt
30 der Zweihalbetakt
31 der Vierachteltakt
32 der Viervierteltakt
33 der Vierhalbetakt
34 der Sechsachteltakt
35 der Sechsvierteltakt
36 der Dreiachteltakt
37 der Dreivierteltakt
38 der Dreihalbetakt
39 der Neunachteltakt
40 der Neunvierteltakt
41 der Fünfvierteltakt

42–44 das Liniensystem
42 der Taktstrich
43 die Notenlinie
44 der Zwischenraum

45–49 die Tongeschlechter *n*
Dur *n* **u. Moll** *n*
45 die C-Dur-Tonleiter
    mit den Stammtönen
    c, d, e, f, g, a, h, c
46 die natürliche a-Moll-
    Tonleiter mit den Stamm-
    tönen a, h, c, d, e, f, g, a
47 die harmonische a-Moll-
    Tonleiter mit dem
    Leitton *m* Gis *n*
48 die melodische a-Moll-
    Tonleiter mit den bei
    aufsteigenem Melodien-
    verlauf benützten Tönen
    Fis *n* u. Gis *n*
49 die chromatische
    Tonleiter

50–54 die Vorzeichen *n*
50 das Kreuz, die Erhöhung
    um einen Halbton *m*
51 das Doppelkreuz,
    die Erhöhung um
    zwei Halbtöne *m*
52 das B-Zeichen
    (Erniedrigungszeichen),
    die Erniedrigung um
    einen Halbton *m*
53 das Doppel-B,
    die Erniedrigung um
    zwei Halbtöne *m*
54 das Auflösungszeichen

55–68 Tonarten *f*
    (Durtonarten u. parallele
    Molltonarten mit den
    jeweiligen Grundtönen)
55 C-Dur *od.* a-Moll
56 G-Dur *od.* e-Moll
57 D-Dur *od.* h-Moll
58 A-Dur *od.* fis-Moll
59 E-Dur *od.* cis-Moll
60 H-Dur *od.* gis-Moll
61 Fis-Dur *od.* dis-Moll
62 C-Dur *od.* a-Moll
63 F-Dur *od.* d-Moll
64 B-Dur *od.* g-Moll
65 Es-Dur *od.* c-Moll
66 As-Dur *od.* f-Moll
67 Des-Dur *od.* b-Moll
68 Ges-Dur *od.* es-Moll

1–5 Akkorde *m*
  1 der Durdreiklang
  2 der Molldreiklang
  3 der verminderte
     Dreiklang
  4 der übermäßige
     Dreiklang
  5 der Septimenakkord
     (Septakkord),
     ein Vierklang *m*

6–13 die Intervalle *n*
  6 die Prime
     (der Einklang)
  7 die große Sekunde
  8 die große Terz
  9 die Quarte
  10 die Quinte
  11 die große Sexte
  12 die große Septime
  13 die Oktave

14–22 Verzierungen *f*
  14 der lange Vorschlag
  15 der kurze Vorschlag
  16 der Schleifer
  17 der Triller ohne
     Nachschlag *m*
  18 der Triller mit
     Nachschlag *m*
  19 der Pralltriller
  20 der Mordent

21 der Doppelschlag
22 das Arpeggio
23 die Triole
   (*entspr.:* die Duole,
   Quartole, Quintole,
   Sextole, Septole)
24 der Bindebogen
   (die Überbindung)
25 die Fermate
26 das Wiederholungs-
   zeichen

27–41 Vortragsbezeichnungen *f*
  27 marcato
     (markiert, betont)
  28 presto (schnell)
  29 portato (getragen)
  30 tenuto (gehalten)
  31 crescendo (anschwellend)
  32 decrescendo
     (abschwellend)
  33 legato (gebunden)
  34 staccato (abgestoßen)
  35 piano (leise)
  36 pianissimo (sehr leise)
  37 pianissimo piano
     (dreifaches Piano,
     so leise wie möglich)
  38 forte (stark)
  39 fortissimo (sehr stark)
  40 forte fortissimo
     (dreifaches Forte,
     so stark wie möglich)
  41 fortepiano
     (stark ansetzend,
     leise weiterklingend)

42–50 die Einteilung
   des Tonraums *m*
  42 die Subkontraoktave
  43 die Kontraoktave
  44 die große Oktave
  45 die kleine Oktave
  46 die eingestrichene
     Oktave
  47 die zweigestrichene
     Oktave
  48 die dreigestrichene
     Oktave
  49 die viergestrichene
     Oktave
  50 die fünfgestrichene
     Oktave

1 die Lure,
ein Bronzehorn *n*
2 die Panflöte
(die Panpfeife, die Syrinx)

3 **der Diaulos,**
eine doppelte Schalmei *f*
(4, 5)
4 der Aulos
5 die Phorbeia
(die Mundbinde)
6 das Krummhorn
7 die Blockflöte

8 **der Dudelsack,**
eine Sackpfeife
(*ähnl.:* die Musette)
(9–11)
9 der Windsack
10 die Melodiepfeife
11 die Bordunpfeife
12 der krumme Zink
13 der Serpent
14 die Schalmei

15 **die Kithara,**
eine Leier (Lyra)
(16–19)
16 der Jocharm
17 der Steg
18 der Schallkasten
19 das Plektron (Plektrum),
ein Schlagstäbchen *n*
20 die Pochette
(die Taschengeige)
21 die Cister,
ein Zupfinstrument *n*
22 das Schallloch
23 die Viola da Gamba
(die Gambe)
24 der Bogen

25 **die Drehleier**
(Radleier, die Vielle,
das Organistrum)
26 das Streichrad
27 der Schutzdeckel
28 die Klaviatur
29 der Resonanzkörper
30 die Melodiesaite
31 der Bordun

32 **das Hackbrett**
(das Cimbalom,
das Zimbal)
(33–35)
33 die Zarge
34 der Schlägel zum
Walliser Hackbrett *n*
35 die Rute zum
Appenzeller Hackbrett *n*
36 das Klavichord

37 **die Klavichordmechanik**
38 der Tastenhebel
39 der Waagebalken
40 das Führungsplättchen
41 der Führungsschlitz
42 das Auflager
43 die Tangente
44 die Saite

45 **das Cembalo**
(das Clavicembalo, der
Kielflügel), ein Kasten-
zupfinstrument *n*
46 das obere Manual
47 das untere Manual

48 **die Cembalomechanik**
49 der Tastenhebel
50 die Docke (der Springer)
51 der Springerrechen
(Rechen)
52 die Zunge
53 der Federkiel (Kiel)
54 der Dämpfer
55 die Saite

56 **das Portativ,**
eine tragbare Orgel *f*
(*ähnl.:* das Positiv)
57 die Pfeife
58 der Balg

1–64 Orchesterinstrumente *n*

1–27 Streichinstrumente *n*

1 die Violine
(die Geige, *scherzh.*
od. abwert.: die Fiedel)
2 der Geigenhals (Hals)
3 der Resonanzkörper
(Geigenkörper, Geigen-
korpus *m*)
4 die Zarge
5 der Geigensteg (Steg)
6 das F-Loch,
ein Schallloch *n*
7 der Saitenhalter
8 die Kinnstütze
9 die Saiten *f* (Violinsaiten,
der Bezug): die G-Saite,
D-Saite, A-Saite, E-Saite
10 der Dämpfer
(die Sordine, der Sordino)
11 das Kolophonium

12 der Bogen
(Geigenbogen)
13 der Frosch
14 die Stange
15 der Rosshaarbezug,
ein Geigenbogenbezug *m*

16 das Violoncello (Cello)
17 die Schnecke
18 der Wirbel
19 der Wirbelkasten
20 der Sattel
21 das Griffbrett
22 der Stachel

23 der Kontrabass
(die Bassgeige,
der Bass,
der Violone)
(24–26)
24 die Decke
25 die Zarge
26 der Flödel
(die Einlage)
27 die Viola
(die Bratsche)

28–40 Holzblasinstrumente *n*

28 das Fagott (29, 30)
29 das s-förmige Metallanblasröhrchen
30 das aufgesteckte
Doppelrohrblatt
31 die Piccoloflöte
(das Piccolo),
eine kleine Querflöte

32 die große Flöte
(Querflöte)
33 die Klappe
34 das Tonloch (Griffloch)
35 die dreiteilige
zylindrische Röhre

36 die Klarinette (37–39)
37 die Klappe
38 das Mundstück
39 der Schallbecher
(das Schallstück,
die Stürze)
40 die Oboe
(*ähnl.:* Oboe d'Amore,
das Englischhorn)

41–50 Blechblasinstrumente *n*
41 das Tenorhorn
42 das Waldhorn (Horn),
ein Ventilhorn *n*
43 das Ventil
44 der Schalltrichter
(der Schallbecher)
45 die Trompete;
größer: die Basstrompete

46 die Basstuba
(Tuba, das Bombardon);
ähnl: die Kontrabasstuba
47 der Daumenring

48 die Zugposaune (Posaune)
49 die Posaunenstangen *f*
50 das Schallstück

51–61 Schlaginstrumente *n*
51 der *od.* die Triangel
52 das Becken
(die Tschinellen *f*,
türkischen Teller *m*)

53–61 Membranofone *n*
53 die kleine Trommel
(Wirbeltrommel) (54–56)
54 das Fell (Trommelfell,
Schlagfell)
55 die Stellschraube
(Spannschraube)
56 der Trommelstock
(der Trommelschlägel)
57 die große Trommel
(die türkische Trommel)
58 der Schlägel

59 die Pauke (Kesselpauke),
eine Schraubenpauke
60 das Paukenfell
61 die Stimmschraube

62 die Konzertharfe,
eine Pedalharfe
63 die Saiten *f*
64 das Pedal

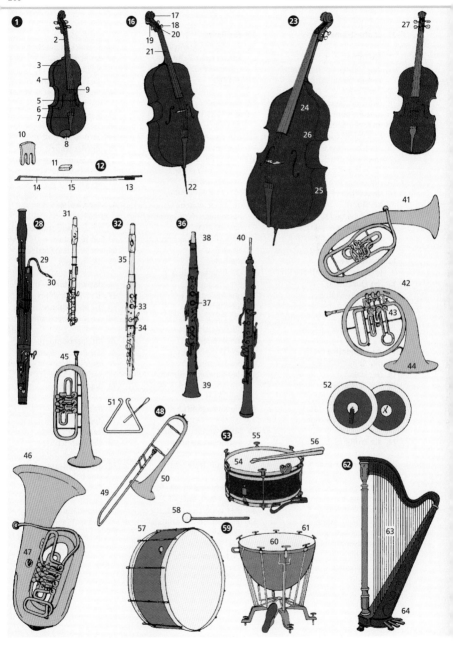

1–31 Zupfinstrumente *n*

1 **die Laute**
2 der Korpus, der Resonanzkörper (Schallkörper)
3 das Dach
4 der Querriegel
   (der Saitenhalter)
5 das Schallloch
   (die Schallrose)
6 der Chor, eine Gruppe *f*
   mehrerer gleich gestimm-
   ter Saiten *f*
7 der Hals, ein Saitenträger
8 das Griffbrett
9 der Bund
10 der abgeknickte
   Wirbelkasten
11 der Wirbel

12 **die Gitarre**
   (*ugs.* die Klampfe)
13 der Querriegel
   (der Saitenhalter)
14 die Saite
15 der Korpus, der Resonanzkörper (Schallkasten)

16 **die Mandoline**
17 der Ärmelschoner
18 der Hals
19 das Wirbelbrett
20 das Spielplättchen
   (das Plektron,
   das Plektrum)

21 **die Zither** (Schlagzither)
   (22–27)
22 der Stimmstock
23 der Stimmnagel
24 die Begleitsaiten *f*
   (Freisaiten)
25 die Melodiesaiten *f*
   (Griffbrettsaiten)
26 die Ausbuchtung
   des Resonanzkastens *m*
27 der Schlagring
28 die Balalaika

29 **das Banjo**
30 der Resonanzkörper in
   Form *f* einer Rahmen-
   trommel *f* (Tamburin *n*)
31 das Fell

32 **die Okarina,**
   eine Gefäßflöte *f*
   (33, 34)
33 das Mundstück
34 das Tonloch (Griffloch)
35 die Mundharmonika

36 **das Akkordeon**
   (das Pianoakkordeon,
   die chromatische Hand-
   harmonika mit Klaviatur *f*,
   das Schifferklavier;
   ähnl.: die Ziehharmonika)
   (37–44)
37 der Balg
38 der Balgverschluss
39 der Diskantteil
   (die Melodieseite)
40 die Klaviatur
41 das Diskantregister
42 die Registertaste
43 der Bassteil
   (die Begleitseite)
44 das Bassregister
45 das Schellentamburin
   (Tamburin, die Schellentrommel)
46 die Kastagnetten *f*

47–78 Jazzinstrumente *n* **und**
      Rockinstrumente *n*

47–59 Schlaginstrumente *n*

47 **das Schlagzeug** (48–55)
48 die große Trommel
49 die kleine Trommel
50 das Tom-Tom (Tomtom)
51 das Hi-Hat (High Hat,
   das Charleston),
   ein Beckenpaar *n*

52 das Becken
53 der Beckenhalter
54 der Jazzbesen,
   ein Stahlbesen *m*
55 die Fußmaschine
56 die Conga (die Conga-
   trommel, die Tumba)
57 der Spannreifen
58 die Timbales *pl*
59 die Bongos *n od. f*
60 die Maracas *f*
   (die Rumbakugeln *f*,
   die Nüsse *f*)
61 der Guiro

62 **das Xylofon**
   (die Holzharmonika);
   ähnl.: das Marimbafon
63 der Holzstab
64 der Resonanzkasten
65 der Klöppel

66 **das Vibrafon**
67 der Metallrahmen
68 die Metallplatte
69 die Metallresonanzröhre

70 **die Jazztrompete**
71 das Périnet-Ventil,
   ein Ventil *n*
72 der Haltehaken
73 der Dämpfer

74 **das Saxofon**
75 der Trichter
76 das Ansatzrohr
77 das Mundstück

78 **die Jazzgitarre,**
   eine halbakustische
   Gitarre
79 die einseitige
   Einbuchtung
   (der Cutaway)
80 das Schlagbrett

1 **das Klavier**
(das Piano, Pianoforte,
Fortepiano), ein Tasten-
instrument n (2–18)
2 der Eisenrahmen
3 der Hammer (Klavier-
hammer, Filzhammer);
alle: das Hammerwerk
4, 5 die Klaviatur
(die Klaviertasten f,
Tasten, die Tastatur)
4 die weiße Taste
5 die schwarze Taste
6 das Klaviergehäuse
7 der Saitenbezug
(die Klaviersaiten f)
8, 9 die Klavierpedale n
8 das rechte Pedal
(*ungenau:* Fortepedal)
zur Aufhebung f
der Dämpfung f
9 das linke Pedal
(*ungenau:* Pianopedal)
zur Verkürzung f
des Anschlagweges m
der Hämmer m

10 die Diskantsaiten f
11 der Diskantsteg
12 die Basssaiten f
13 der Basssteg
14 der Plattenstift
15 die Hammerleiste
16 die Mechanikbacke
17 der Stimmnagel
(der Stimmwirbel)
18 der Stimmstock
19 das Metronom
(der Taktmesser)
20 der Stimmschlüssel
(der Stimmhammer)
21 der Stimmkeil

22–39 **die Klaviermechanik**
(Tastenmechanik)
22 der Mechanikbalken
23 die Abhebestange
24 der Hammerkopf
(der Hammerfilz)
25 der Hammerstiel
26 die Hammerleiste
27 der Fänger
28 der Fängerfilz
29 der Fängerdraht
30 die Stoßzunge (der Stößel)
31 der Gegenfänger
32 das Hebeglied
33 die Pilote
34 der Pilotendraht
35 der Bändchendraht
36 das Bändchen
37 der Dämpfer
38 die Saite
39 der Dämpferarm
40 die Dämpferprallleiste

41 **der Flügel**
(Konzertflügel;
kleiner: der Salonflügel,
der Kleinflügel)
42 das rechte Flügelpedal
zur Aufhebung f
der Dämpfung f
43 das linke Flügelpedal
zur Tondämpfung f
44 der Pedalstock
(die Lyrastütze, die Lyra)

45 **das Harmonium**
46 der Registerzug
47 der Kniehebel
(der Schweller)
48 der Bedienungstritt
des Blasebalgs m
(das Tretwerk)
49 das Harmoniumgehäuse
50 das Manual

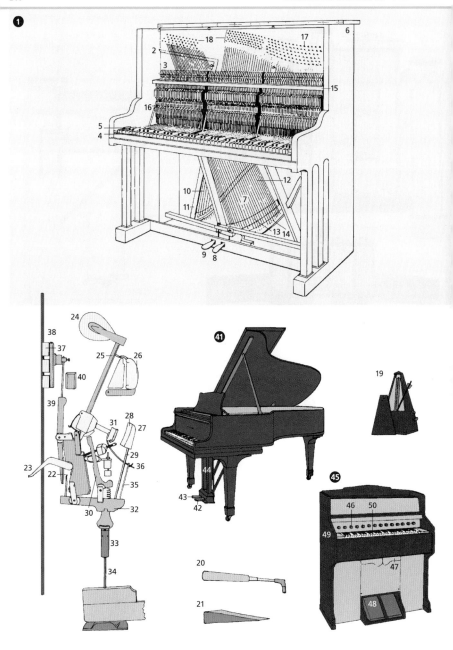

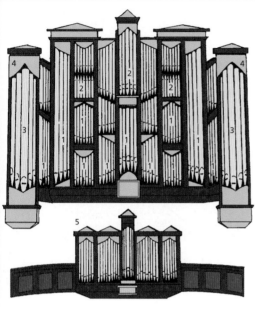
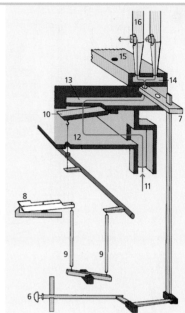

1–53 die Orgel
(Pfeifenorgel,
Kirchenorgel)

1–5 der Prospekt
(Orgelprospekt,
das Orgelgehäuse,
die Schauseite
der Orgel *f*)

1–3 die Prospektpfeifen *f*
  1 das Hauptwerk
  2 das Oberwerk
  3 die Pedalpfeifen *f*
  4 der Pedalturm
  5 das Rückpositiv

6–16 die mechanische Traktur
(die Spielmechanik)
  6 der Registerzug
  7 die Registerschleife
  8 die Taste

  9 die Abstrakte
 10 das Ventil (Spielventil)
 11 der Windkanal

12–14 die Windlade,
eine Schleiflade
 12 die Windkammer
 13 die Kanzelle
(Tonkanzelle)
 14 die Windverführung
 15 der Pfeifenstock
 16 die Pfeife eines Registers *n*

17–35 die Orgelpfeifen *f*
(Pfeifen)

**17–22 die Zungenpfeife
aus Metall** *n*
 17 der Stiefel
 18 die Kehle
 19 die Zunge
 20 der Bleikopf
 21 die Stimmkrücke
(Krücke)
 22 der Schallbecher

23–30 die offene Lippenpfeife
(Labialpfeife) **aus Metall** *n*,
ein Salicional *n*
 23 der Fuß
 24 die Kernspalte
 25 der Aufschnitt
 26 die Unterlippe
(das Unterlabium)
 27 die Oberlippe
(das Oberlabium)
 28 der Kern
 29 der Pfeifenkörper
(Körper)
 30 die Stimmrolle
(der Stimmlappen),
eine Stimmvorrichtung *f*

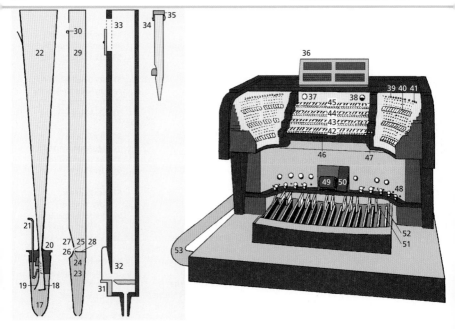

31–33 die offene Lippenpfeife
(Labialpfeife) **aus Holz** *n*,
ein Prinzipal *n*
31 der Vorschlag
32 der Bart
33 der Stimmschlitz
mit Schieber *m*
34 die gedackte (gedeckte)
Lippenpfeife
35 der Metallhut

36–52 der Orgelspieltisch
(der Spieltisch einer elektrisch gesteuerten Orgel *f*)
36 das Notenpult
37 die Kontrolluhr für
die Walzenstellung
38 die Kontrolluhr für
die Stromspannung
39 die Registertaste
40 die Taste für freie
Kombination *f*
41 die Absteller *m* für
Zunge *f*, Koppel *f* usw.
42 das Manual für
das Rückpositiv
43 das Manual für
das Hauptwerk
44 das Manual für
das Oberwerk
45 das Manual für
das Schwellwerk

46 die Druckknöpfe *m* und
Kombinationsknöpfe *m*
für die Handregistratur
47 die Schalter *m* für
Wind *m* und Strom *m*
48 der Fußtritt für
die Koppel
49 der Rollschweller
(Registerschweller)
50 der Jalousieschweller
51 die Pedaluntertaste
(Pedaltaste)
52 die Pedalobertaste
(Pedaltaste)
53 das Kabel

1–66 Fabelwesen *n*
(Fabeltiere *n*), mytho-
logische Tiere *n* und
Figuren *f*

1 der Drache
(*ähnl.*: der Lindwurm,
bayr./österr.: der Tatzelwurm)
2 der Schlangenleib
3 die Klaue
4 der Fledermausflügel
5 das doppelzüngige Maul
6 die gespaltene Zunge

7 das Einhorn
8 der Pferdeleib
9 das gedrehte Horn

10 der Phönix
(»Phönix aus der Asche«)
11 der Vogel
12 die Flamme,
aus der der Phönix
wiedergeboren wird

13 der Greif
14 der Adlerkopf
15 die Greifenklaue
16 der Löwenleib
17 die Schwinge

18 die Chimäre
19 der Löwenkopf
20 der Ziegenkopf
21 der Schlangenkopf

22 die Sphinx
23 das Menschenhaupt
24 der Löwenrumpf

25 die Nixe
(Wassernixe;
ähnl.: die Meerjungfrau,
Seejungfrau)
26 der Mädchenleib
27 der Fischschwanz

28 der Pegasus
(der Hippogryph,
ein Flügelross *n*)
29 der Pferdeleib
30 die Flügel *m*

31 der Zerberus
(Kerberos, Höllenhund)
32 der dreiköpfige Hundeleib
33 der Schlangenschweif

34 die Hydra von Lerna
(die Lernäische Schlange)
35 die zahlreichen Köpfe *m*
36 der Schlangenleib

37 der Basilisk
38 der Hahnenkopf
39 der Drachenleib

40 der Gigant
(*ähnl.*: der Titan)
41 der Riesenkörper
42 der Felsbrocken
43 der Schlangenfuß

44 der Triton,
ein Meergott *m*
45 das Muschelhorn
46 der Pferdefuß
47 der Fischschwanz

48 der Hippokamp
49 der Pferderumpf
50 der Fischschwanz

51 der Seestier,
ein Seeungeheuer *n*
52 der Stierleib
53 der Fischschwanz

54 der Drache
der Apokalypse *f*
55 die sieben Köpfe
56 der Flügel

57 der Zentaur
(der Kentaur)
58 der Menschenleib
mit Pfeil *m* und Bogen *m*
59 der Pferdekörper

60 die Harpyie,
ein Sturmdämon *m*
61 der Mädchenkopf
62 der Vogelleib

63 die Sirene
64 der Mädchenleib
65 der Flügel
66 die Vogelklaue

1–40 vorgeschichtliche (prähistorische) Fundgegenstände *m* (Funde *m*)

1–9 Alt- und Mittelsteinzeit *f* (Paläolithikum *n* und Mesolithikum *n*)
1 der Faustkeil aus Stein *m*
2 die Geschossspitze aus Knochen *m*
3 die Harpune aus Knochen *m*
4 die Spitze
5 die Speerschleuder aus der Geweihstange *f* eines Rentiers *n*
6 der bemalte Kieselstein
7 der Kopf eines Wildpferdes *n*, eine Schnitzerei *f*
8 das Steinzeitidol, eine Elfenbeinstatuette *f*
9 das Felsbild (Höhlenbild) eines Wisents *m*, eine Höhlenmalerei *f*

10–20 Jungsteinzeit *f* (Neolithikum *n*)
10 die Amphore der schnurkeramischen Kultur *f*
11 der Kumpf, ein Gefäß *n* der Hinkelsteingruppe *f*
12 die Kragenflasche der Trichterbecherkultur *f*
13 das spiralverzierte Gefäß der bandkeramischen Kultur *f*
14 der Glockenbecher der Glockenbecherkultur *f*
15 das Pfahlhaus, ein Pfahlbau *m*
16 der Dolmen, ein Megalithgrab *n* (*ugs.* Hünengrab)
17 das Hockergrab, ein Steinkistengrab mit Hockerbestattung *f*
18 der Menhir (der Hinkelstein), ein Monolith *m*
19 die Bootaxt, eine Streitaxt aus Stein *m*
20 das Idol, eine menschliche Figur *f* aus gebranntem Ton *m*

21–40 Bronzezeit und Eisenzeit *f*
21 die bronzene Lanzenspitze
22 der Bronzedolch mit Vollgriff *m*
23 das Tüllenbeil, eine Bronzeaxt *f* mit Ösenschäftung *f*
24 die Gürtelscheibe
25 der Halskragen
26 der goldene Halsring
27 die Violinbogenfibel, eine Fibel (eine Bügelnadel *f*)
28 die Schlangenfibel
29 die Kugelkopfnadel, eine Bronzenadel
30 die Doppelspiralfibel, eine zweiteilige Fibel
31 das Bronzemesser mit Vollgriff *m*
32 der eiserne Schlüssel
33 die Pflugschar
34 die Situla aus Bronzeblech *n*, eine Grabbeigabe *f*
35 die Henkelkanne mit Kerbschnitt *m*
36 der Miniaturkultwagen
37 die keltische Silbermünze
38 die Gesichtsurne, eine Aschenurne
39 das Urnengrab in Steinpackung *f*
40 die Zylinderhalsurne

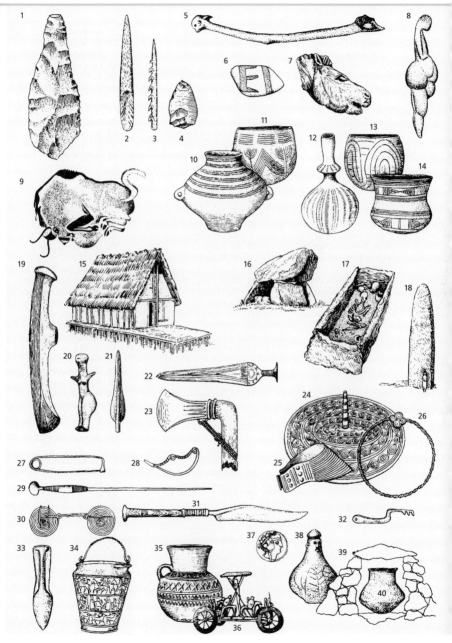

1 **die Ritterburg**
(Burg, die Festung,
das Ritterschloss)
2 der Burghof
3 der Ziehbrunnen
4 der Bergfried
(der Hauptturm),
ein Wehrturm *m*
5 das Verlies
6 der Zinnenkranz
7 die Zinne
8 die Wehrplatte
9 der Türmer
10 die Kemenate
(das Frauenhaus)
11 das Zwerchhaus
12 der Söller
13 das Vorratshaus
(Mushaus)
14 der Eckturm (Mauer-
turm), ein Wachtturm
(Wachturm)
15 die Ringmauer (Mantel-
mauer, der Zingel)
16 die Bastion
17 der Scharwachtturm
(Scharwachturm)
18 die Schießscharte
19 die Schildmauer
20 der Wehrgang
21 die Brustwehr

22 **das Torhaus** (23–25)
23 die Pechnase
(der Gusserker)
24 das Fallgatter
25 die Zugbrücke
(Fallbrücke)
26 die Mauerstrebe
(die Mauerstütze)
27 das Wirtschaftsgebäude
28 das Mauertürmchen
29 die Burgkapelle
30 der Palas (die Dürnitz)
31 der Zwinger
32 das Burgtor
33 der Torgraben
34 die Zugangsstraße
35 der Wartturm
36 der Pfahlzaun
(die Palisade)
37 der Burggraben,
ein Ringgraben

38 **die Rüstung** (39–65)

39–42 **der Helm**
39 die Helmglocke
40 das Visier
41 das Kinnreff
42 das Kehlstück

43–55 **der Harnisch**
43 die Halsberge
44 der Brechrand
(der Stoßkragen)
45 der Vorderflug
46 das Bruststück
(der Brustharnisch)
47 die Armberge (die Ober-
und Unterarmschiene)
48 die Armkachel
49 der Bauchreifen
50 der Panzerhandschuh
(der Gantelet)
51 der Panzerschurz
52 der Diechling
53 der Kniebuckel
54 die Beinröhre
55 der Bärlatsch
56 der Langschild

57, 58 **der Rundschild**
58 der Schildbuckel
(der Schildstachel)
59 der Eisenhut
60 die Sturmhaube
61 die Kesselhaube
(die Hirnkappe)

62 **Panzertypen** *m*
63 der Kettenpanzer
64 der Schuppenpanzer
65 der Schildpanzer

66 **der Ritterschlag**
(die Schwertleite)
67 der Fürst
(der Lehnsherr)
68 der Knappe
69 der Mundschenk
70 der Minnesänger

71 **die** od. **der Tjost,**
ein ritterliches Kampf-
spiel *n* beim Turnier *n*
72 der Tempelritter
73 der Kreuzritter
74 die Schabracke
75 der Grießwärtel

76 **das Stechzeug**
77 der Stechhelm
78 der Federbusch
79 die Stechtartsche
80 der Rüsthaken
81 die Stechlanze
(Lanze)
82 die Brechscheibe

83–88 **der Rossharnisch**
83 das Halsstück
(der Kanz)
84 der Rosskopf
85 der Fürbug
86 das Flankenblech
87 der Kürisssattel
88 das Gelieger

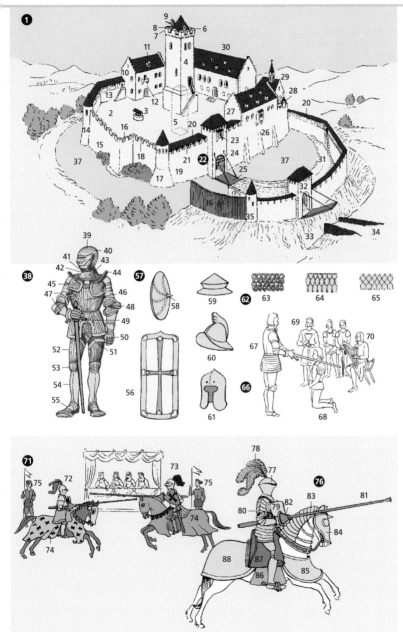

1–30 der Gottesdienst in einer evangelischen Kirche f

1 der Altarplatz
2 das Lesepult
3 der Altarteppich

4 **der Altar**
(der Abendmahlstisch)
(5–12)
5 die Altarstufen f
6 die Altardecke
(die Altarbekleidung)
7 die Altarkerze
8 die Hostiendose
(die Pyxis)
9 der Hostienteller
(die Patene)
10 der Kelch
11 die Bibel
(die Heilige Schrift)
12 das Altarkreuz
13 das Altarbild
14 das Kirchenfenster
15 die Glasmalerei
16 der Wandleuchter
17 die Sakristeitür
18 die Kanzeltreppe
19 die Kanzel
20 das Antependium
21 der Kanzeldeckel
(Schalldeckel)
22 der Pfarrer (*landsch.*
der Pastor), ein evange-
lischer Geistlicher *m*,
bei der Predigt *f*
23 der *od.* das Ornat
24 die Nummerntafel mit
den Liedernummern *f*
25 die Empore
26 der Küster
(der Kirchendiener)
27 der Mittelgang
28 die Kirchenbank,
ein Teil *m* des Kirchen-
gestühls *n*
29 die Kirchenbesucherin
(die Kirchgängerin),
ein Mitglied *n* der
Gemeinde *f*
30 das Gesangbuch

31–62 die Messe in der katholischen Kirche f

31 die Altarstufen *f*
32 das Presbyterium
(der Chor)
33 der Altar
34 die Altarkerzen *f*
35 das Altarkreuz
36 das Altartuch
37 der Ambo, das Pult
für die Lesung
38 das Missale
(das Messbuch)
39 der Priester (der Pfarrer,
landsch. der Pastor),
ein katholischer
Geistlicher *m*
40 der Ministrant
(der Messdiener)
41 die Sedilien *n*
(die Priestersitze *m*)
42 das *od.* der Tabernakel
43 die Stele
44 die Osterkerze
45 der Osterkerzenständer
46 die Sakristeiglocke
47 das Vortragkreuz
48 der Altarschmuck
49 das ewige Licht
50 das Altarbild
51 die Madonnenstatue
52 der Opferkerzentisch
53 die Opferkerzen *f*
54 der Kreuzweg
(die Kreuzwegstationen *f*)
55 der Opferstock
56 der Schriftenstand
57 die Schriften *f*
58 der Küster (der Kirchendiener, der Sakristan,
landsch. der Mesner)
59 der Klingelbeutel
60 das Almosen
(die Opfergabe)
61 die Gläubige beim Gebet *n*
62 das Gebetbuch

1 **die Kirche**
2 der Kirchturm
3 der Kirchturmhahn
4 die Wetterfahne
(Windfahne)
5 der Turmknauf
6 die Kirchturmspitze
7 die Kirchturmuhr
8 das Schallloch
9 die Kirchenglocke
(Kirchglocke)
10 das Firstkreuz
11 das Kirchendach
12 die Gedenkkapelle
(Gnadenkapelle)
13 die Sakristei
14 die Gedenktafel
(die Gedenkplatte,
der Gedenkstein,
das Epitaph)
15 der Seiteneingang
16 das Kirchenportal
(die Kirchentür)
17 der Kirchgänger
18 das Pfarrhaus

19–41 **der Friedhof** (Kirchhof,
Gottesacker *m*)
19 die Friedhofsmauer
(Kirchhofsmauer)
20 das Friedhofstor
(Kirchhofstor)
21 das Leichenhaus
(die Leichenhalle,
Totenhalle)
22 der Totengräber

23 **das Grab**
(die Grabstelle, die Grabstätte, die Begräbnis-
stätte) (24–27)
24 der Grabhügel
25 das Grabkreuz
26 der Grabstein (Gedenk-
stein, Leichenstein)
27 das Familiengrab
(das Familienbegräbnis)
28 die Friedhofskapelle
29 das Kindergrab
30 das Urnengrab
31 die Urne
32 das Soldatengrab

33–41 **die Beerdigung**
(die Beisetzung,
das Begräbnis,
das Leichenbegängnis)
33 die Trauernden *m u. f*
(die Trauergäste *m*)
34 die Grube
(das offene Grab)
35 der Sarg
36 die Sandschaufel
37 der Geistliche
38 die Hinterbliebenen *m u. f*
39 der Witwenschleier,
ein Trauerschleier
40 die Sargträger *m*
41 die Totenbahre

42–51 **die Prozession**
42 das Prozessionskreuz,
ein Tragkreuz
43 der Kreuzträger
44 die Prozessionsfahne,
eine Kirchenfahne
45 der Ministrant
46 der Baldachinträger
47 der Priester
48 die Monstranz mit
dem Allerheiligsten *n*
(Sanktissimum *n*)
49 der Baldachin
(der Traghimmel)
50 die Nonnen *f*
51 die Prozessions-
teilnehmer *m*

52–61 **das Kloster**

52 **der Kreuzgang**
53 der Klosterhof
(der Klostergarten)
54 der Mönch
55 die Kutte
56 die Kapuze
57 die Tonsur
58 das Brevier

59 **das Skriptorium**
(die Schreibstube)
60 das Schreibpult
61 die Handschrift

62 **die Katakombe**
(das Zömeterium),
eine frühchristliche unterirdische Begräbnisstätte *f*
63 die Grabnische
(das Arkosol, Arkosolium)
64 die Steinplatte

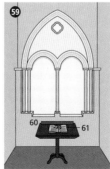

1 **die christliche Taufe**
2 die Taufkapelle
(das Baptisterium)
3 der Geistliche,
hier: der evangelische
Pfarrer im Ornat *m od. n*
4 der Talar
5 das Beffchen
6 der Halskragen
7 der Täufling
8 das Taufkleid
9 der Taufstein
10 das Taufbecken
11 das Taufwasser
12 die Paten *m u. f*

13 **die kirchliche Trauung**
14 das Brautpaar
15 die Braut
16 der Bräutigam
17 der Brautstrauß
(das Brautbukett)
18 der Brautkranz
19 der Schleier
(Brautschleier)
20 das Myrtensträußchen
21 der Geistliche
22 die Trauzeugin
23 der Trauzeuge
24 die Brautjungfer
25 die Kniebank

26 **die Eucharistie**
(*in der katholischen
Kirche:* die Kommunion;
*in der evangelischen
Kirche:* das Abendmahl)
27 die Kommunizie-
renden *m u. f*
28 die Hostie (die Oblate)
29 der Abendmahlskelch

30 **der Rosenkranz**
31 die Gebetsperle
für ein Vaterunser *n*
32 die Gebetsperle
für ein Ave-Maria *n*
33 das Kruzifix

34–54 **liturgische Geräte** *n*

34 **die Monstranz**
35 die geweihte Hostie
(das Allerheiligste,
das Sanktissimum)
36 die Lunula
37 der Strahlenkranz

38 **das Weihrauchfass**
(Rauchfass, Räucherfass,
das Inzensorium) für
die Inzensation *f*
(die Beräucherung *f*
mit Weihrauch *m*)
39 die Rauchfasskette
40 der Rauchfassdeckel
41 die Rauchfassschale,
ein Feuerbecken *n*
42 das Weihrauchschiffchen
43 der Weihrauchlöffel

44 **die Messgarnitur**
45 das Messkännchen
für Wasser *n*
46 das Messkännchen
für Wein *m*
47 der Weihwasserkessel
48 das Ziborium
(der Speisekelch)
zur Aufbewahrung *f*
geweihter Hostien *f*
49 der Kelch
50 das Aspergill
(der Weihwasserwedel)
51 die Hostiendose
(die Pyxis)
52 die Altarschelle
53 die Hostienschale
54 die Patene

55 **christliche Kreuzformen** *f*
56 das lateinische Kreuz
(Passionskreuz)
57 das griechische Kreuz
58 das russische Kreuz
59 das Petruskreuz
60 das Antoniuskreuz
(Taukreuz, das ägyp-
tische Kreuz)

61 das Andreaskreuz
(Schrägkreuz, der Schra-
gen, das burgundische
Kreuz)
62 das Schächerkreuz
(Gabelkreuz, Deichsel-
kreuz)
63 das Lothringer Kreuz
64 das Henkelkreuz
65 das Doppelkreuz
(das erzbischöfliche
Kreuz)
66 das Kardinalkreuz
(Patriarchenkreuz)
67 das päpstliche Kreuz
(Papstkreuz)
68 das konstantinische
Kreuz, das Christus-
monogramm mit
den griechischen
Buchstaben *m*
Chi *n* (X) und Rho *n* (P)
(das Chi-Rho)
69 das Wiederkreuz
70 das Ankerkreuz
71 das Krückenkreuz
72 das Kleeblattkreuz
(Lazaruskreuz,
Brabanter Kreuz)
73 das Jerusalemer Kreuz
74 das Keltenkreuz

**1–10 buddhistischer
Tempelbau** *m*
  1 die Pagode
  2 das Stufendach
  3 die Buddha-Statue
  4 der Stupa (die indische
    Pagode), ein Kuppelbau *m*
  5 der Schirm
  6 der Steinzaun
  7 das Eingangstor
  8 die Bodhisattwa-Statue,
    die Darstellung eines
    buddhistischen Lehrers *m*
  9 die Caityahalle
 10 die Caitya,
    ein kleiner Stupa *m*

**11–13 hinduistischer
Tempelbau** *m*
 11 die Tempelanlage
 12 der Schikhara
    (ein Tempelturm *m*)
 13 die Statue des Gottes *m*
    Schiwa (der tanzende
    Schiwa)

**14–17 schintoistischer
Tempelbau** *m*
 14 der Schinto-Schrein
 15 der Glockenturm
 16 das Traggebälk
 17 das Torii, das Tor
    zum Tempelbezirk *m*

**18–22 islamische
Sakralbauten** *m*
 18 die Moschee
 19 das Minarett,
    ein Gebetsturm *m*
 20 der Mihrab, die Gebets-
    nische einer Moschee *f*
 21 der Mimbar, die Kanzel
    einer Moschee *f*
 22 das islamische Groß-
    mausoleum

 23 **die Synagoge,**
    ein jüdischer Sakralbau *m*
 24 das Almemor (Almemar),
    das Podest für den Thora-
    vorleser
 25 der Thoraschrein
 26 der achtarmige
    Chanukkaleuchter

1–18 ägyptische Kunst *f*

1 die Pyramide, ein monu-
  mentales Königsgrab *n*
2 die große Grabkammer
  mit dem Sarkophag *m*
3 die kleine Grabkammer
4 der Luftschacht
5 die unterirdische
  Grabkammer

6 die Pyramidenanlage
  (7–10)
7 der Totentempel
8 der Taltempel
9 der Pylon (der Torbau)
10 die Obelisken *m*
11 der ägyptische Sphinx
12 die geflügelte Sonnen-
  scheibe
13 die Lotossäule
14 das Knospenkapitell
15 die Papyrussäule
16 das Kelchkapitell
17 die Palmensäule
18 die Bildsäule

19, 20 babylonische Kunst *f*
19 der babylonische Fries
20 der glasierte Reliefziegel

21–28 Kunst *f* **der Perser** *m*
21 das Turmgrab
22 die Stufenpyramide

23 die Stiersäule
24 der Blattüberfall
25 das Palmettenkapitell
26 die Volute
27 der Schaft
28 das Stierkapitell

29–36 Kunst *f* **der Assyrer** *m*

29 die Sargonsburg,
  eine Palastanlage *f*
  (29–36)
30 die Stadtmauer
31 die Burgmauer
32 der Tempelturm
  (die Zikkurat),
  ein Stufenturm *m*
33 die Freitreppe
34 das Hauptportal
35 die Portalbekleidung
36 die Portalfigur
37 das kleinasiatische
  Felsengrab

1–62 griechische Kunst *f*

1 **die Akropolis,** die oberhalb
einer Stadt *f* gelegene
Burg, mit Tempelanlage *f*
2 der dorische Tempel
3 der Säulenumgang
4 das Tympanon
(das Giebeldreieck)
5 das Krepidoma
(die Krepis), der Unterbau
eines Tempels *m*
6 das Standbild
7 die Burgmauer
8 die Propyläen *pl*,
ein Torbau *m* mit
Durchgangshalle *f*

9 **die dorische
Säulenordnung**
mit der dorischen Säule *f*
10 die Sima (die Traufleiste)
11 das Geison
12 der Mutulus
(der Dielenkopf)
13 die Triglyphe
(der Dreischlitz)
14 die Metope,
eine Friesverzierung
15 die Regula
(die Tropfenplatte)
16 das Epistyl
(der Architrav)

17–19 das dorische Kapitell
17 der Abakus
18 der Echinus
(der Igelwulst)
19 das Hypotrachelion
(der Säulenhals)
20 der Säulenschaft
ohne Säulenfuß *m*
21 die Kanneluren *f* mit
scharfen Graten *m*

22 **die ionische
Säulenordnung**
mit der ionischen Säule *f*
23 die Sima (die Traufleiste)
24 das Geison
25 der Geisipodes
(der Zahnschnitt)
26 das Kyma (das Kymation)
27 das Epistyl (der Architrav)

28–30 das ionische Kapitell
28 der Abakus
29 die Volute
30 das Volutenpolster
31 der Säulenschaft
32 die Kanneluren *f* mit
dazwischenliegenden
flachen Stegen *m*

33–36 die Basis (der Säulenfuß)
der ionischen Säule *f*
33 der Toros (Torus, Wulst)
34 der Trochilus
(die Hohlkehle)
35 die Rundplatte
36 die Plinthe
(der Säulensockel)
37 der Stylobat

38 **die korinthische Säule**

39–41 das korinthische Kapitell
39 der Abakus
40 die Volute
41 der Blattkranz
42 der Säulenschaft
43 die Kanneluren *f* mit
dazwischenliegenden
flachen Stegen *m*

44–46 die Basis (der Säulenfuß)
der korinthischen Säule *f*
44 der Toros (Torus, Wulst)
45 der Trochilus
(die Hohlkehle)
46 die Rundplatte
47 die Stele
48 das Akroterion
49 die Herme
(der Büstenpfeiler)
50 die Karyatide

51 **die griechische Vase**
mit Vasenmalerei *f*
und griechischen
Ornamenten *n*
52 die Perlschnur,
ein Zierband *n*
53 das Wellenband
54 das Blattornament
55 die Palmette
56 das Eierstabkyma
57 der Mäander

58 **das griechische Theater**
59 die Skene,
das Bühnenhaus
60 das Proszenium (das Proskenion), die Bühne
61 die Orchestra,
der Platz für den Chor *m*
62 die Thymele,
ein Opferaltar *m*

63–66 etruskische Kunst *f*

63 **der etruskische Tempel**
64 die Vorhalle
65 die Cella, der Hauptraum
des Tempels *m*
66 das Gebälk

67–74 römische Kunst *f*
67 der *od.* das Aquädukt
68 die Wasserleitung

69 **der Zentralbau** (70–72)
70 der Portikus
71 das Gesimsband
72 die Kuppel
73 der Triumphbogen
74 die Attika

75–85 frühchristliche Kunst *f*

75 **die Basilika**
76 das Mittelschiff
77 das Seitenschiff
78 die Apsis
(die Altarnische)
79 der Kampanile
80 das Atrium
81 der Säulengang
82 der Reinigungsbrunnen
83 der Altar
84 der Obergaden
85 der Triumphbogen

86–90 byzantinische Kunst *f*

86 **das Kuppelsystem**
87 die Hauptkuppel
88 die Halbkuppel
89 der Hängezwickel
(das Pendentif)
90 das Auge,
eine Lichtöffnung *f*

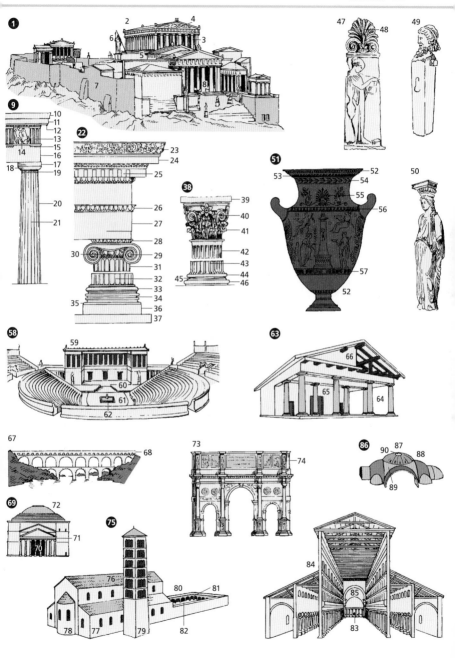

1–8 Kunst f des Barocks m od. n

1 **die Barockkirche** (2–6)
2 das Ochsenauge
3 die welsche Haube
4 die Dachgaube
5 der Volutengiebel
6 die gekuppelte Säule
7 die Kartusche
8 das Rollwerk

9–13 Kunst f des Rokokos n

9 **die Prachttür** (10–12)
10 die Volute,
eine Hohlkehle f
11 das Rahmenwerk
12 die Sopraporte
(die Supraporte)
13 die Rocaille,
ein Rokokoornament n
14 Louis-seize-Tisch m
15 der klassizistische Torbau
16 der Empiretisch
17 das Biedermeiersofa
18 der Lehnstuhl im
Jugendstil m

19 **der Bogen**
(Mauerbogen)
20 das Widerlager
21 der Kämpfer
(der Kämpferstein)
22 der Anfänger,
ein Keilstein m
23 der Schlussstein
24 das Haupt (die Stirn)
25 die Laibung
26 der Rücken

27–37 Bogenformen f
27 der Rundbogen
28 der Flachbogen
29 der Parabelbogen
30 der Hufeisenbogen
31 der Spitzbogen
32 der Dreipassbogen
(Kleeblattbogen)
33 der Schulterbogen
34 der Konvexbogen
35 der Vorhangbogen
36 der Kielbogen
(Karniesbogen)
37 der Tudorbogen

38–50 Gewölbeformen f
38 das Tonnengewölbe
39 die Kappe
40 die Wange
41 das Klostergewölbe
42 das Kreuzgratgewölbe
43 das Kreuzrippengewölbe
44 das Sterngewölbe
45 das Netzgewölbe
46 das Fächergewölbe
47 das Muldengewölbe
48 die Mulde
49 das Spiegelgewölbe
50 der Spiegel

1–7 chinesische Kunst *f*
- **1** die Porzellanvase
- **2** die geschnittene Lackarbeit
- **3** der kugelige Deckeltopf aus Silber *n* mit Teilvergoldung *f* und Ziselierung *f*
- **4** der Bügelhenkel
- **5** die Tonfigur mit kalter Bemalung *f*
- **6** der Drache aus Jade *m* od. *f*
- **7** der Pailou, ein frei stehendes Ehrentor *n*

8–12 japanische Kunst *f*
- **8** die Teeschale aus Keramik *f*
- **9** die Holzmaske
- **10** die Klinge eines Kurzschwertes *n* aus Stahl *m*
- **11** der Wasserbehälter aus Steinzeug *n*
- **12** die bemalte Hängerolle aus Papier *n*

13–18 islamische Kunst *f*
- **13** der Stahlspiegel mit Goldinschrift *f* und Silbereinlagen *f*
- **14** die Pilgerflasche aus Bronze *f* mit Silbertauschierung *f*
- **15** die Öllampe aus Messing *n*
- **16** der Elfenbeinkasten mit Kombinationsschloss *n* und vergoldeten Verzierungen *f*
- **17** das Stalaktitengewölbe
- **18** das arabische Kapitell

19–22 indonesische Kunst *f*
- **19** die geschnitzte Ahnenfigur von der Insel *f* Sumatra
- **20** der geflochtene Korb aus Rotang *m* von der Insel *f* Borneo

21, 22 balinesische Kunst *f*
- **21** der geschnitzte Stützsockel
- **22** das Fenster mit ornamentalen Holzschnitzereien *f*

1 das Atelierfenster
2 der Kunstmaler,
  ein Künstler *m*
3 die Atelierstaffelei
4 die Kreideskizze mit
  dem Bildaufbau *m*
5 der Kreidestift

6–19 **Malutensilien** *n*
  (Malgeräte *n*)
6 der Flachpinsel
7 der Haarpinsel
8 der Rundpinsel
9 der Grundierpinsel

10 **der Malkasten** (11, 12)
11 die Farbtube mit Ölfarbe *f*
12 der Firnis
13 das Malmittel
14 das Palettenmesser
15 der *od.* die Malspachtel
16 der Kohlestift
17 die Temperafarbe
  (Gouachefarbe)
18 die Aquarellfarbe
  (Wasserfarbe)
19 der Pastellstift
20 der Keilrahmen
  (Blendrahmen)
21 die Leinwand
  (das Malleinen)
22 die Malpappe mit
  dem Malgrund *m*
23 die Holzplatte
24 die Holzfaserplatte
  (Pressholzplatte)
25 der Maltisch
26 die Feldstaffelei
27 das Stillleben, ein Motiv *n*

28 **die Handpalette** (29)
29 der Palettenstecker
30 das *od.* der Podest
31 die Gliederpuppe
32 das Aktmodell
33 der Faltenwurf
34 der Zeichenbock
35 der Zeichenblock
  (Skizzenblock)
36 die Ölstudie
37 das Mosaik
38 die Mosaikfigur
39 die Mosaiksteine *m*
40 das Fresko
  (das Wandbild)
41 das Sgraffito
  (die Kratzmalerei,
  der Kratzputz)
42 der Putz
43 der Entwurf

1–38 das Atelier
1 der Bildhauer
2 der Proportionszirkel
3 der Tastzirkel
4 das Gipsmodell,
    ein Gipsguss *m*
5 der Steinblock
    (der Rohstein)
6 der Modelleur
    (der Tonbildner)
7 die Tonfigur, ein Torso *m*
8 die Tonrolle,
    eine Modelliermasse *f*
9 der Modellierbock
10 das Modellierholz
11 die Modellierschlinge
12 das Schlagholz
13 das Zahneisen

14 das Schlageisen
    (der Kantenmeißel)
15 das Punktiereisen
16 der Eisenhammer
    (der Handfäustel)
17 der Hohlbeitel
18 das gekröpfte Eisen
19 der Kantbeitel,
    ein Stechbeitel *m*
20 der Geißfuß
21 der Holzhammer
    (der Schlägel)

22 das Gerüst (23–25)
23 die Fußplatte
24 das Gerüsteisen
25 der Knebel (der Reiter)
26 die Wachsplastik
27 der Holzblock
28 der Holzbildhauer
    (der Bildschnitzer)
29 der Sack mit Gips-
    pulver *n* (Gips *m*)

30 die Tonkiste
31 der Modellierton (Ton)
32 die Statue, eine Skulptur *f*
    (Plastik *f*)

33 das Flachrelief
    (Basrelief, Relief)
    (34, 35)
34 das Modellierbrett
35 das Drahtgerüst,
    ein Drahtgeflecht *n*
36 das Rundmedaillon
    (Medaillon)
37 die Maske
38 die Plakette

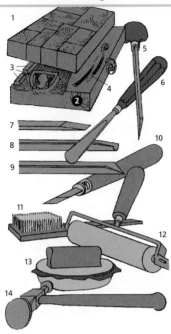

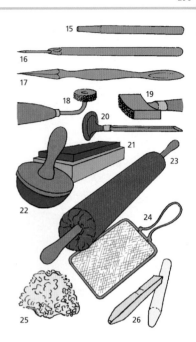

1–13 der Holzschnitt,
ein Hochdruckverfahren *n*
1 der Holzstock für den
Holzstich *m*, eine Hirn-
holzplatte *f*

2 **der Holzmodel
für den Holzschnitt** *m*,
eine Langholzplatte *f*
(3, 4)
3 der Positivschnitt
4 der Langholzschnitt
5 der Konturenstichel
(Linienstichel,
Spitzstichel)
6 das Rundeisen
7 das Flacheisen
8 das Hohleisen
9 der Geißfuß
10 das Konturenmesser
11 die Handbürste
12 die Gelatinewalze
13 der Reiber

14–24 der Kupferstich
(die Chalkografie),
ein Tiefdruckverfahren *n*
14 der Punzenhammer
15 die Punze
16 die Radiernadel
(Graviernadel)
17 der Polierstahl
mit dem Schaber *m*
18 das Kornroulette (Punktroulette, der Punktroller)
19 das Wiegemesser
(das Wiegeeisen, die
Wiege, der Granierstahl)
20 der Rundstichel
(Bollstichel, Bolzstichel),
ein Grabstichel *m*
21 der Ölstein
22 der Tampon
(der Einschwärzballen)
23 die Lederwalze
24 das Spritzsieb

25, 26 die Lithografie
(der Steindruck),
ein Flachdruckverfahren *n*
25 der Wasserschwamm
(Schwamm) zum Anfeuch-
ten *n* des Lithosteins *m*
26 die Lithokreide
(Fettkreide)

27–64 die grafische Werkstatt,
eine Druckerei *f*
27 der Einblattdruck
28 die Chromolithografie,
ein Mehrfarbendruck *m*
(Farbdruck)

29 die Tiegeldruckpresse,
eine Handpresse
(30–34)
30 das Kniegelenk
31 der Tiegel,
eine Pressplatte *f*
32 die Druckform
33 die Durchziehkurbel
34 der Bengel
35 der Drucker

36 die Kupferdruckpresse
(37–42)
37 die Pappzwischenlage
38 der Druckregler
39 das Sternrad
40 die Walze
41 der Drucktisch
42 das Filztuch
43 der Probeabzug
(der Probedruck,
Andruck)
44 der Kupferstecher

45 der Lithograf
beim Steinschliff *m*
(46–48)
46 die Schleifscheibe
47 die Körnung
48 der Glassand
49 die Gummilösung
50 die Greifzange
51 das Ätzbad zum Ätzen *n*
einer Radierung *f*

52 die Zinkplatte
53 die polierte Kupferplatte
54 die Kreuzlage
55 der Ätzgrund
56 der Deckgrund

57 der Lithostein (58, 59)
58 die Passzeichen *n*
(Nadelzeichen)
59 die Bildplatte

60 die Steindruckpresse
61 der Druckhebel
62 die Reiberstellung
63 der Reiber
64 das Steinbett

1–19 die Kultur der Indianer *m*
1 der Totempfahl
2 die Totemfigur
3 der Prärieindianer
4 der Mustang,
   ein Steppenpferd *n*
5 das *od.* der Lasso
6 die Friedenspfeife

7 **das Tipi** (8, 9)
8 die Zeltstange
9 die Rauchklappe
10 die Squaw,
   die verheiratete
   Indianerfrau *f*

11 **der Indianerhäuptling**
   (12–18)
12 Federschmuck
13 die Kriegsbemalung
14 die Halskette aus
   Bärenkrallen *f*
15 der Skalp,
   die abgezogene Kopfhaut
   eines Gegners *m*,
   ein Siegeszeichen *n*
16 der Tomahawk,
   eine Streitaxt *f*
17 die Leggings *pl*
   (Leggins *pl*)
18 der Mokassin, ein Halbschuh *m* aus Leder *n*
19 das Kanu der Waldland-
   indianer *m*

20–33 die Kultur der Indios *m*
20 der Mayatempel,
   eine Stufenpyramide *f*
21 die Mumie
22 der Hochlandindio
23 der Poncho
24 der Indio der tropischen
   Waldgebiete *n*
25 das Blasrohr
26 der Köcher
27 der Pfeil
28 die Pfeilspitze
29 der Schrumpfkopf,
   eine Siegestrophäe *f*
30 die Bola, ein Wurf-
   und Fanggerät *n*

31 die in Leder *n* gehüllte
   Stein- oder Metallkugel
32 die Pfahlbauhütte
33 das Quipu (die Knoten-
   schnur, die Knotenschrift
   der Inka *m*)

**34–40 die Kultur der
   Urbevölkerung Ozeaniens
   und Australiens**
34 der Duk-Duk-Tänzer,
   ein Mitglied *n* eines
   Männergeheimbundes *m*
35 das Auslegerboot
36 der Schwimmbalken

37 **der Ureinwohner
   Australiens**
   (der Aborigine)
38 der Gürtel aus
   Menschenhaar *n*
39 der Bumerang,
   ein Wurfholz *n*
40 die Speerschleuder
   mit Speeren *m*

1 der Inuk [*pl* die Inuit]
  (der Eskimo)
2 der Schlittenhund,
  ein Polarhund
3 der Hundeschlitten

4 **der** *od.* **das Iglu,**
  eine kuppelförmige
  Schneehütte *f* (5, 6)
5 der Schneeblock
6 der Eingangstunnel
7 die Tranlampe
8 das Wurfbrett
9 die Stoßharpune
10 die einspitzige Harpune
11 der Luftsack

12 **der** *od.* **das Kajak,**
  ein leichtes Einmann-
  boot *n*
13 die Fellbespannung
  auf einem Holz- oder
  Knochengerüst *n*
14 das Paddel

15 **die Jurte,** ein Wohnzelt *n*
  der west- und zentral-
  asiatischen Nomaden *m*
  (16, 17)
16 die Filzbedeckung
17 der Rauchabzug
18 der Kirgise
19 die Schaffellmütze

20 **das Rengespann**
21 das Ren (das Rentier)
22 der Chante (der Ostjake),
  ein Sibirier *m* (Sibirer *m*)
23 der Ständerschlitten

24 **der Schamane**
25 der Fransenschmuck
26 die Rahmentrommel

27 **der Tibeter** (28–30)
28 die Gabelflinte
29 die Gebetsmühle
30 der Filzstiefel
31 der Sampan, ein ost-
  asiatisches Hausboot *n*
32 die Dschunke,
  ein chinesisches
  Segelschiff *n*
33 das Mattensegel
34 die Rikscha
35 der Rikschakuli
36 der *od.* das Lampion

37 **der Samurai**
38 die wattierte Rüstung

39 **die Geisha** (40–42)
40 der Kimono
41 der Obi, der Kimonogürtel
42 der Fächer
43 der Kuli
44 der Kris, ein malaiischer
  Dolch *m*

45 **der Schlangenbeschwörer**
46 der Turban
47 die Flöte
48 die Kobra, eine
  tanzende Schlange *f*

1 **die Kamelkarawane**
 (2, 3)
2 das Reittier
3 das Lasttier
 (Tragtier)
4 die Oase
5 der Palmenhain
6 der Beduine
7 der Burnus

8 **der Massaikrieger**
 (9–12)
9 die Haartracht
10 der Schild
11 die bemalte Rindshaut
12 die Lanze mit
 langer Klinge *f*
13 der afrikanische
 Trommler
14 die Tanztrommel
15 das Wurfmesser
16 die Holzmaske

17 die Ahnenfigur
18 die Signaltrommel
19 der Trommelstab
20 der Einbaum, ein aus
 einem Baumstamm *m*
 ausgehöhltes Boot *n*
21 die Kegeldachhütte
22 die Schwarzafrikanerin
 beim Mahlen
23 die Lippenscheibe
24 der Mahlstein

25 **die Hererofrau** (26, 27)
26 die Lederhaube
27 die Kalebasse
28 die Bienenkorbhütte

29 **der Buschmann** (30–33)
30 der Ohrpflock
31 der Lendenschurz
32 der Bogen
33 der Kirri, eine Keule *f*
 mit rundem, verdicktem
 Kopf *m*
34 der Buschmann
 beim Feuerbohren *n*
35 der Windschirm

36 **der Zulu im Tanzschmuck** *m*
 (37, 38)
37 der Tanzstock
38 der Beinring
39 das Kriegshorn
 aus Elfenbein *n*
40 die Amulettkette
41 der Pygmäe
42 die Zauberpfeife zur
 Geisterbeschwörung *f*
43 der Fetisch

1–20 Schriften *f*
   (Schriftzeichen *n*)

1 altägyptische Hiero-
   glyphen *f*, eine Bilderschrift *f*

2 die arabische Schrift

3 die armenische Schrift

4 die georgische Schrift

5 die chinesische Schrift

6 die japanische Schrift

7 die hebräische Schrift

8 die Keilschrift

9 Dewanagari *f*,
   die Schrift des Sanskrit *n*

10 die thailändische Schrift
   (Thaischrift)

11 die Tamilschrift

12 die tibetische Schrift

13 die Sinaischrift

14 die phönizische Schrift

15 die griechische Schrift

16 die Kapitalis,
   die altrömische
   Monumentalschrift

17 die Unziale,
   eine Majuskelschrift

18 die karolingische
   Minuskel

19 Runen *f*

20 die kyrillische Schrift

**21–26 historische Schreib-
   geräte** *n*

21 der indische Stahlgriffel,
   ein Ritzer *m* für die
   Palmblattschrift

22 der altägyptische
   Schreibstempel,
   eine Binsenrispe *f*

23 die Rohrfeder

24 der Schreibpinsel

25 die römische Metallfeder

26 die Gänsefeder

1–15 Schriften *f*
1 die gotische Schrift
2 die Schwabacher Schrift
  (die Schwabacher)
3 die Fraktur
4 die Renaissanceantiqua
  (die Mediäval)
5 die Barockantiqua
6 die klassizistische
  Antiqua
7 die Grotesk
  (die Groteskschrift)
8 die Egyptienne
9 die Schreib-
  maschinenschrift
10 die englische
  Schreibschrift
11 die deutsche
  Schreibschrift
12 die lateinische
  Schreibschrift
13 die Kurzschrift
  (die Stenografie)
14 die Lautschrift
  (die fonetische Umschrift)
15 die Blindenschrift
  (die Brailleschrift)
16 das hochgestellte Zeichen
17 das tiefgestellte Zeichen

18–49 Satzzeichen *n*
  und Sonderzeichen *n*
18 der Punkt
19 der Doppelpunkt
  (das Kolon)
20 das Komma
21 der Strichpunkt
  (das Semikolon)
22 das Fragezeichen
23 das Ausrufezeichen
24 der Apostroph
25 der Hochpunkt
26 der Bindestrich
27 der Gedankenstrich
28 der Geviertstrich
29 der Unterstrich
30 der Oberstrich
31 der Schrägstrich
  (der Slash)
32 der umgekehrte Schräg-
  strich (der Backslash)
33 die runden Klammern *f*
34 die eckigen Klammern *f*
35 die geschweiften
  Klammern *f*
36 die Anführungszeichen *n*
  (die Anführungsstriche *m*,
  ugs. die Gänsefüßchen *n*)
37 die französischen
  Anführungszeichen *n*
38 die Auslassungspunkte *m*
39 das Paragrafenzeichen
40 das Copyrightzeichen
41 das Zeichen für das ein-
  getragene Warenzeichen *n*
42 das Trademarkzeichen
43 das kaufmännische
  Und-Zeichen (Et-Zeichen)
44 das Rautenzeichen
  (Hash-Zeichen)
45 das At-Zeichen
  (*ugs.* der Klammeraffe)

46–49 Sonderzeichen *n*
  für die Textverarbeitung *f*
46 der bedingte Trennstrich
47 das Absatzzeichen
48 der geschützte
  Bindestrich
49 das geschützte
  Leerzeichen

50–56 diakritische Zeichen *n*
50 der Akut (*im Franz.:*
  der Accent aigu)
  [über dem a oder
  anderen Vokalen]
51 der Gravis (*im Franz.:*
  der Accent grave)
  [über dem a oder
  anderen Vokalen]
52 der Zirkumflex
  (*im Franz.:* der Accent
  circonflexe) [über dem
  a oder anderen Vokalen]
53 die Cedille [unter dem
  c oder anderen Konso-
  nanten]
54 das Trema [über dem
  e oder anderen Vokalen]
55 die Tilde [über dem n
  oder anderen Buchstaben]
56 das Háček (das Häkchen)
  [über dem c oder anderen
  Buchstaben]

57–61 genealogische Zeichen *n*
57 geboren
58 gestorben
59 verheiratet
60 der Erbträger
61 die Erbträgerin

1–37 die Tageszeitung
1 die Zeitungsseite
2 die Titelseite
(Frontseite)
3 die typografische
Gestaltung
4 der Zeitungskopf
5 die Kopfleiste
6 der Untertitel
7 das Ausgabedatum
8 die Postzeitungsnummer
9 die Schlagzeile
10 die Spalte
11 die Spaltenüberschrift
12 die Spaltenlinie
13 der Leitartikel
14 der Artikelhinweis
15 die Kurznachricht
16 der politische Teil
17 die Seitenüberschrift
18 die Karikatur
19 der Korrespondenten-
bericht
20 das Agentursignum
21 die Werbeanzeige
22 der Sportteil
23 das Pressefoto
24 die Bildunterschrift
25 der Sportbericht
26 die Sportnachricht
27 der überregionale Teil
28 die vermischten
Nachrichten *f*
29 das Fernsehprogramm
30 der Wetterbericht
31 die Wetterkarte
32 das Horoskop
33 das Impressum
34 das Feuilleton
(der Feuilletonteil,
der Kulturteil)
35 die Todesanzeige
36 der Anzeigenteil
(Annoncenteil)
37 das Stellenangebot,
eine Stellenanzeige *f*

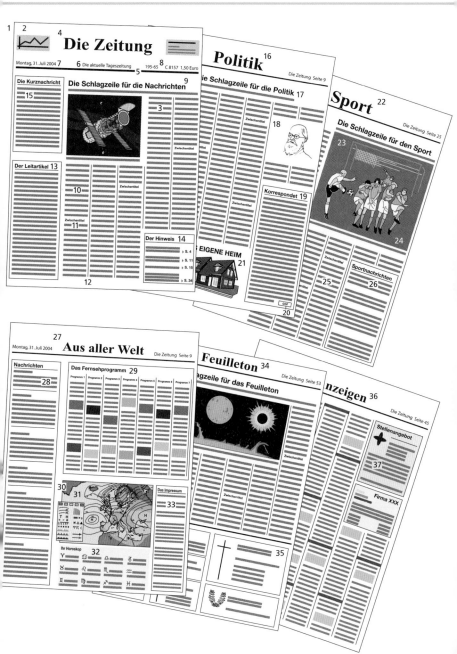

Die Zeitung

Montag, 31. Juli 2004 7   6 Die aktuelle Tageszeitung   195-65 8 C 8157 1,50 Euro

Die Kurznachricht 15

Die Schlagzeile für die Nachrichten 9

Zwischentitel

Der Leitartikel 13

10

Zwischentitel

Zwischentitel 11

Der Hinweis 14
- S. 4
- S. 11
- S. 15
- S. 34

12

Politik 16

Die Zeitung Seite 9

Die Schlagzeile für die Politik 17

Zwischentitel 18

Korrespondet 19

EIGENE HEIM 21

20

Sport 22

Die Zeitung Seite 25

Die Schlagzeile für den Sport

23

24

Zwischentitel

Sportnachrichten 26

25

Aus aller Welt 27

Montag, 31. Juli 2004   Die Zeitung Seite 9

Nachrichten

28

Das Fernsehprogramm 29

Programm 1 | Programm 2 | Programm 3 | Programm 4 | Programm 5 | Programm 6 | Programm 7

30 31

Das Impressum 33

Ihr Horoskop 32

Feuilleton 34

Die Zeitung Seite 53

agzeile für das Feuilleton

Zwischentitel

Zwischentitel

35

nzeigen 36

Die Zeitung Seite 45

Stellenangebot 37

Firma XXX

1–9 bunte Farben *f*
  1 Rot *n*
  2 Gelb *n*
  3 Blau *n*
  4 Rosa *n*
  5 Braun *n*
  6 Hellblau *n*
  7 Orange *n*
  8 Grün *n*
  9 Violett *n*

10, 11 unbunte Farben *f*
  10 Weiß *n*
  11 Schwarz *n*

12 die additive Farbmischung
  13 die Grundfarbe Rot *n*
  14 die Grundfarbe Grün *n*
  15 die Grundfarbe Blau *n*
  16 Gelb *n*, die Mischfarbe
     aus Rot *n* und Grün *n*,
     die Komplementärfarbe
     von Blau *n*
  17 Cyan *n*, die Mischfarbe
     aus Blau *n* und Grün *n*,
     die Komplementärfarbe
     von Rot *n*
  18 Magenta *n*, die Misch-
     farbe aus Rot *n* und
     Blau *n*, die Komplemen-
     tärfarbe von Grün *n*

19 die subtraktive
    Farbmischung (20–25)
  20 die Grundfarbe Magenta *n*
  21 die Grundfarbe Cyan *n*
  22 die Grundfarbe Gelb *n*
  23 Blau *n*, die Mischfarbe aus
     Magenta *n* und Cyan *n*,
     die Komplementärfarbe
     von Gelb *n*
  24 Grün *n*, die Mischfarbe
     aus Gelb *n* und Cyan *n*,
     die Komplementärfarbe
     von Magenta *n*
  25 Rot *n*, die Mischfarbe aus
     Magenta *n* und Gelb *n*,
     die Komplementärfarbe
     von Cyan *n*
  26 das Sonnenspektrum
     (die Regenbogenfarben *f*)
  27 die Grauleiter
     (der Stufengraukeil)
  28 die Glühfarben *f*

26

27

28

| 550° | 600° | 700° | 765° | 790° | 825° | 850° | 1000° | 1100° | 1200° | 1300° |

❶	I	II	III	IV	V	VI	VII	VIII	IX	X
❷	1	2	3	4	5	6	7	8	9	10

❶	XX	XXX	XL	XLIX IL	L	LX	LXX	LXXX	XC
❷	20	30	40	49	50	60	70	80	90

❶	XCIX IC	C	CC	CCC	CD	D	DC	DCC	DCCC
❷	99	100	200	300	400	500	600	700	800

❶	CM	CMXC	M	MCMXCVIII
❷	900	990	1000	1998

❸ 9658   ❹ 5 kg   ❺ 2   ❻ 2.   ❼ +5   ❽ −5

1–8 Zahlen *f* und Zahlzeichen *n*
1 die römischen Ziffern *f* (Zahlzeichen *n*)
2 die arabischen Ziffern *f*
3 die reine (unbenannte) Zahl mit vier Stellen *f* (die vierstellige Zahl) [8: die Einerstelle; 5: die Zehnerstelle; 6: die Hunderterstelle; 9: die Tausenderstelle]
4 die benannte Zahl, eine physikalische Größe *f*, bestehend aus dem Zahlenwert *m* und der Einheit *f*
5 die Grundzahl (Kardinalzahl)
6 die Ordnungszahl (Ordinalzahl)
7 die positive Zahl mit dem positiven Vorzeichen *n*
8 die negative Zahl mit dem negativen Vorzeichen *n*

9–26 Arithmetik *f*
9 allgemeine Zahlen *f* (Variablen *f*)
10 die gemischte Zahl [3: eine natürliche Zahl; ⅓: ein echter Bruch *m*]
11 gerade Zahlen *f*
12 ungerade Zahlen *f*
13 Primzahlen *f*
14 die komplexe Zahl [3: der Realteil, eine reelle Zahl; 2: der Imaginärteil, eine reelle Zahl; 2i: eine imaginäre Zahl; i: die imaginäre Einheit mit $i^2 = -1$]
15 der echte (eigentliche) Bruch, eine Bruchzahl *f* [2: der Zähler; der Bruchstrich; 3: der Nenner]
16 der unechte (uneigentliche) Bruch (*hier:* der Kehrwert [reziproke Wert] von **15**) [3: der Zähler; der Bruchstrich; 2: der Nenner]
17 der Doppelbruch

❾ a, b, c …　　　**❿** $3\frac{1}{3}$　　　**⓫** 2, 4, 6, 8 …　　　**⓬** 1, 3, 5, 7 …

⓭ 2, 3, 5, 7, 11 …　　**⓮** $3 + 2i$　　**⓯** $\frac{2}{3}$　　　**⓰** $\frac{3}{2}$

⓱ $\dfrac{\frac{2}{3}}{\frac{2}{3}}$　　　**⓲** $\frac{12}{4}$　　　**⓳** $\frac{4}{5} + \frac{2}{7} = \frac{38}{35}$　　**⓴** 0,357

㉑ $0,666… = 0,\overline{6}$ **㉒**

㉓ $3 + 2 = 5$　　**㉔** $3 - 2 = 1$　　**㉕** $3 \cdot 2 = 6$
　　　　　　　　　　　　　　　　　　　　$3 \times 2 = 6$　　**㉖** $6 : 2 = 3$

18 der uneigentliche Bruch, der beim Kürzen n eine natürliche Zahl ergibt
19 ungleichnamige Brüche m [5 u. 7: die ungleichen Nenner m; 35: der Hauptnenner (gemeinsame Nenner)]
20 der endliche Dezimalbruch (Zehnerbruch) mit Komma n und Dezimalstellen f [3: die Zehntelstelle; 5: die Hundertstelstelle; 7: die Tausendstelstelle]
21 der unendliche, periodische Dezimalbruch
22 das Periodenzeichen

23–26 **die Grundrechenarten** f
23 die Addition (das Addieren, das Zusammenzählen) [3 u. 2: die Summanden m; +: das Pluszeichen; =: das Gleichheitszeichen; 5: die Summe]
24 die Subtraktion (das Subtrahieren, das Abziehen) [3: der Minuend; –: das Minuszeichen; 2: der Subtrahend; 1: die Differenz]

25 die Multiplikation (das Multiplizieren, das Malnehmen, das Vervielfachen) [3: der Multiplikand; · od. ×: das Malzeichen; 2: der Multiplikator; 2 u. 3: die Faktoren m; 6: das Produkt]
26 die Division (das Dividieren, das Teilen) [6: der Dividend (die Teilungszahl); : = das Divisionszeichen; 2: der Teiler (der Divisor); 3: der Quotient (der Teilwert)]

① $3^2 = 9$ **②** $\sqrt[3]{8} = 2$ **③** $\sqrt{4} = 2$

④ $3x + 2 = 12$

⑤ $4a + 6ab - 2ac = 2a(2 + 3b - c)$ **⑥** $\log_{10} 3 = 0{,}4771$

oder $\lg 3 = 0{,}4771$

⑦ $$\frac{K\,[1000\,€] \cdot p\,[5\,\%] \cdot t\,[2\ \text{Jahre}]}{100} = Z\,[100\,€]$$

1–14 Arithmetik *f*

1–6 höhere Rechnungsarten *f*
1 die Potenzrechnung
(das Potenzieren)
[3 hoch 2: die Potenz;
3: die Basis; 2: der Exponent (die Hochzahl);
9: der Potenzwert]
2 die Wurzelrechnung
(das Radizieren,
das Wurzelziehen)
[3. Wurzel *f*: die Kubikwurzel; 8: der Radikand
(die Grundzahl);
3: der Wurzelexponent
(der Wurzelgrad);
√‾: das Wurzelzeichen;
2: der Wurzelwert]

3 die Quadratwurzel
(Wurzel, 2. Wurzel)
4 die Bestimmungs-
gleichung [3 *u.* 2:
die Koeffizienten *m*;
x: die Unbekannte]
5 die Identität (die identische Gleichung)
6 die Logarithmenrechnung
(das Logarithmieren)
[log: das Zeichen
für den Logarithmus;
3: der Numerus;
10: die Basis;
0: die Kennziffer;
4771: die Mantisse;
0,4771: der Logarithmus
von 3 zur Basis 10;
lg: das Zeichen für den
Zehnerlogarithmus]

7 die Zinsrechnung
[K: das Kapital
(der Grundwert);
p: der Zinsfuß
(der Zinssatz pro Jahr *n*);
t: die Zeit;
Z: die Zinsen *f*
(ohne Zinseszinsen);
%: das Prozentzeichen]

8–10 die Dreisatzrechnung
(Schlussrechnung,
die Regeldetri)
8 der Ansatz mit der
Unbekannten *x*
9 die Gleichung
(Bestimmungsgleichung)
10 die Lösung

8 $5\,\text{kg} \triangleq 2\,€$

    $x\,\text{kg} \triangleq 7\,€$

9 $\dfrac{x}{7} = \dfrac{5}{2}$

10 $x = \dfrac{5 \cdot 7}{2} = 17,5$

11 $2 + 4 + 6 + 8 \ldots$

12 $2 + 4 + 8 + 16 + 32 \ldots$

13 $\dfrac{dx}{dy}$

14 $\displaystyle\int ax\,dx = a \int x\,dx = \dfrac{ax^2}{2} + C$

15   **16**   **17** ≈   **18** ≠   **19** >

20 <   **21** ‖   **22** ∼   **23**   **24** △

11   die arithmetische Reihe,
die Summenfolge einer
arithmetischen Folge mit
der Formel $a_n = a_o + n \times d$
[*hier:* $a_o = 2$; $d = 2$]

12   die geometrische Reihe,
die Summenfolge einer
geometrischen Folge mit
der Formel $a_n = a_o \times q^n$
[*hier:* $a_o = 2$; $q = 2$]

13, 14   die Infinitesimalrechnung

13   der Differenzialquotient
(die Ableitung) [dx u. dy:
die Differenziale n, d: das
Differenzialzeichen]

14   die Integralrechnung
(die Integration)
[x: die Veränderliche
(der Integrand);
C: die Integrations-
konstante;
∫: das Integralzeichen;
dx: das Differenzial]

15–24   mathematische Zeichen n

15   unendlich

16   identisch
(das Identitätszeichen)

17   annähernd gleich

18   ungleich (das Ungleichheitszeichen)

19   größer als

20   kleiner als

21–24   geometrische Zeichen n

21   parallel (das Parallelitätszeichen)

22   ähnlich
(das Ähnlichkeitszeichen)

23   das Winkelzeichen

24   das Dreieckszeichen

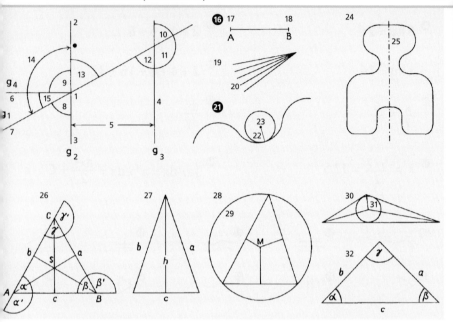

1–58 die Planimetrie
(die ebene Geometrie)

1–15 Geraden f und Winkel m
1–3 die Gerade g_2
  1 der Punkt, der g_2 in zwei
    Halbgeraden f zerlegt, der
    Schnittpunkt von g_1 und g_2,
    der Scheitelpunkt von **8**
  2 die Halbgerade von g_2
    mit dem Anfangspunkt m **1**
  3 die **2** gegenüberliegende
    Halbgerade von g_2 mit
    dem Anfangspunkt m **1**
  4 die Parallele zu g_2
  5 der Abstand der Geraden f
    g_2 und g_3
  6 die Senkrechte auf g_2,
    eine Halbgerade f (g_4)
  7 die Halbgerade von g_1
    mit dem Anfangspunkt m **1**
  8 der Winkel mit den
    Schenkeln m **7** und **3**,
    ein spitzer Winkel [< 90°]
  9 der rechte Winkel [90°]
10 der Wechselwinkel zu **8**

11 der Gegenwinkel zu **8**,
    ein stumpfer Winkel
    [> 90° u. < 180°]
12 der Stufenwinkel zu **8**
    [die Summe aus **10**, **11** u. **12**:
    ein überstumpfer
    Winkel (> 180°)]
13 der Scheitelwinkel zu **8**
14 der Nebenwinkel zu **13**
    [die Summe aus **13** u. **14**:
    der gestreckte Winkel
    (180°)]
15 der Komplementär-
    winkel zu **8**

16 die Strecke AB (17, 18)
17 der Endpunkt A
18 der Endpunkt B
19 das Strahlenbündel
20 der Strahl
    (die Halbgerade)

21 die gekrümmte Linie
22 der Krümmungs-
    halbmesser
23 der Krümmungs-
    mittelpunkt

24–58 ebene Flächen f
24 die achsensymmetrische
    Figur
25 die Symmetrieachse

26–32 Dreiecke n
26 das gleichseitige Dreieck
    [A, B, C: die Eckpunkte m;
    a, b, c: die drei gleich langen
    Seiten f; α (Alpha), β (Beta),
    γ (Gamma): die gleich gro-
    ßen Innenwinkel m (60°);
    α', β', γ': die Außenwin-
    kel m; S: der Schwerpunkt]
27 das gleichschenklige
    Dreieck [a, b: die zwei
    gleich langen Seiten f
    (die Schenkel m); c:
    die Basis (die Grundlinie);
    h: die Höhe auf c
    (die Achse)]

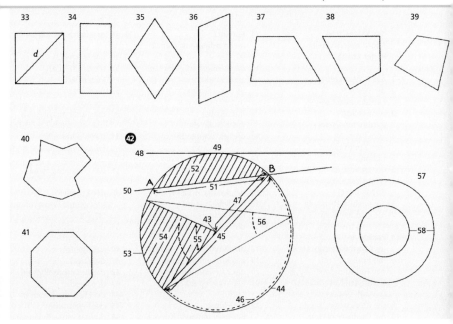

28 das spitzwinklige Dreieck
mit den Mittelsenkrechten f
[M: der Schnittpunkt
der Mittelsenkrechten
$u.$ der Mittelpunkt
des Umkreises m]
29 der Umkreis
30 das stumpfwinklige
Dreieck mit
den Winkelhalbierenden f
31 der Inkreis
32 das rechtwinklige Dreieck
und die Winkelfunktionen f
(trigonometrische
Funktionen)
[a, b: die Katheten f;
c: die Hypotenuse;
γ: der rechte Winkel;
a : c = sin α (der Sinus
von α); b : c = cos α
(der Kosinus von α);
a : b = tan α (der Tangens
von α); b : a = cot α
(der Kotangens von α)]

33–39 **Vierecke** n
33 das Quadrat, ein Rechteck n mit vier gleich langen
Seiten f [d: die Diagonale f]
34 das Rechteck, ein Parallelogramm n mit vier rechten
Innenwinkeln m
35 der Rhombus (die Raute),
ein Parallelogramm n mit
vier gleich langen Seiten f
36 das Parallelogramm,
ein Viereck n mit gleich
langen gegenüberliegenden
Seiten f
37 das Trapez, ein Viereck n
mit zwei parallelen Seiten f
38 das gleichschenklige
Drachenviereck
(der Drachen), ein Viereck n
mit je zwei gleich langen
benachbarten Seiten f
39 das unregelmäßige Viereck
40 das unregelmäßige Vieleck
41 das regelmäßige Vieleck

42 **der Kreis**
43 der Mittelpunkt
(das Zentrum)
44 die Kreislinie
(die Peripherie) [die Länge
der Kreislinie: der Umfang]
45 der Durchmesser
46 der Halbkreis
47 der Radius
(der Halbmesser)
48 die Tangente
49 der Berührungspunkt
(Berührpunkt)
50 die Sekante
51 die Sehne AB
52 das Segment
(der Kreisabschnitt)
53 der Bogen, ein Teil
der Kreislinie f
54 der Sektor
(der Kreisausschnitt)
55 der Mittelpunktswinkel
(Zentriwinkel)
56 der Umfangswinkel
(Peripheriewinkel)
57 der Kreisring
58 zwei konzentrische
Kreise m

1 das kartesische
Koordinatensystem
in der Ebene *f*

2–7 **das Achsenkreuz**
2 die x-Achse
(Abszissenachse)
3 die y-Achse
(Ordinatenachse)
4 der Ursprung
(der Koordinaten-
nullpunkt)
5 der Quadrant
[I–IV: der 1. bis
4. Quadrant]
6 die positive Richtung
7 die negative Richtung

8–10 **Punkte *m***
im Koordinatensystem *n*
8 der Punkt [P_1 mit
den Koordinaten (x_1; y_1);
P_2 mit den Koordinaten
(x_2; y_2)]
9 die Abszisse [x_1 *u.* x_2]
10 der Ordinate [y_1 *u.* y_2]

11 **Kurven *f***
im Koordinatensystem *n*
(12–29)
12 die lineare Kurve, der Graf
einer Funktion y = ax + b
[a: die Steigung;
b: der Ordinaten-
durchgang;
c: die Nullstelle]
13 die gekrümmte Kurve

14 **die Parabel,** eine Kurve *f*
zweiten Grades *m,*
ein Kegelschnitt *m*
15 der Ast der Parabel *f*
16 der Scheitelpunkt
der Parabel *f*
17 die Achse der Parabel *f*

18 **die Kurve dritten Grades *m***
19 das Kurvenmaximum
20 das Kurvenminimum
21 der Wendepunkt

22 **die Ellipse,**
eine geschlossene Kurve *f,*
ein Kegelschnitt *m*
23 die große Achse
24 die kleine Achse
25 der Brennpunkt der
Ellipse *f* [F_1 *u.* F_2]

26 **die Hyperbel,**
ein Kegelschnitt *m*
27 der Brennpunkt
der Hyperbel [F_1 *u.* F_2]
28 der Scheitelpunkt
der Hyperbel [S_1 *u.* S_2]
29 die Asymptote der
Hyperbel [a *u.* b]

30–46 **geometrische Körper *m***
30 **der Würfel** (31–33)
31 die quadratische
Seitenfläche
32 die Kante
33 die Ecke
34 die quadratische Säule
(das quadratische Prisma)
35 die quadratische
Grundfläche
36 der Quader
37 das Dreikantprisma

38 **der Zylinder**
(der gerade Kreiszylinder)
(39, 40)
39 die Grundfläche,
eine Kreisfläche
40 der Mantel
41 die Kugel
42 das Rotationsellipsoid
43 der Kegel
44 die Höhe des Kegels *m*
45 der Kegelstumpf
46 die vierseitige Pyramide

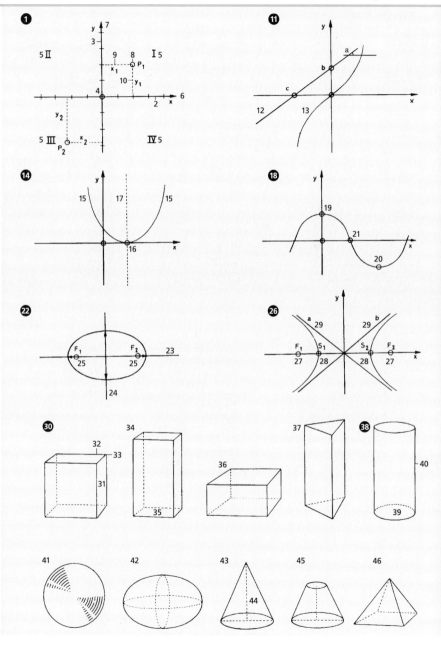

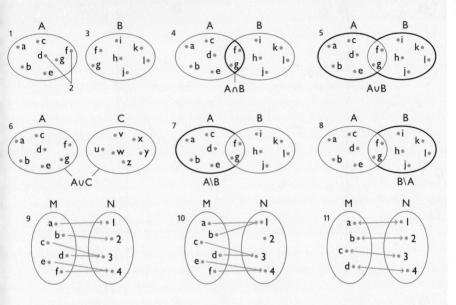

1   die Menge A, die Menge
     {a, b, c, d, e, f, g}
2   die Elemente *n*
     der Menge A
3   die Menge B,
     die Menge {f, g, h, i, j, k, l}
4   die Schnittmenge
     (der Durchschnitt,
     die Durchschnittsmenge)
     der Mengen A und B,
     A ∩ B = {f, g}

5   die Vereinigungsmenge
     der Mengen A und B,
     A ∪ B = {a, b, c, d, e, f, g,
              h, i, j, k, l}
6   die Vereinigungsmenge
     der Mengen A und C,
     A ∪ C = {a, b, c, d, e, f, g,
              u, v, w, x, y, z}
7   die Differenzmenge
     (Restmenge) A ohne B,
     A \ B = {a, b, c, d, e}
8   die Differenzmenge
     (Restmenge) B ohne A,
     B \ A = {h, i, j, k, l}

9–11 **Abbildungen** *f*
9   die Abbildung der Menge
      M *auf* die Menge N
10   die Abbildung der Menge
      M *in* die Menge N
11   die umkehrbar eindeutige
      (eineindeutige) Abbildung
      der Menge M
      auf die Menge N

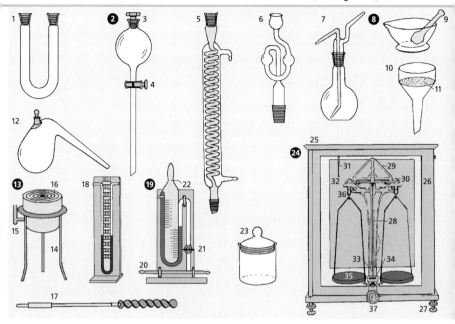

1 das U-Rohr

2 **der Scheidetrichter**
   (Tropftrichter) (3, 4)
3 der Achtkant-
   schliffstopfen
4 der Hahn
5 der Rückflusskühler
   (Schlangenkühler)
6 das Sicherheitsrohr
   (der Gäraufsatz)
7 die Spritzflasche
8 der Mörser
9 das Pistill
   (der Stampfer, die Keule)
10 die Nutsche
   (der Büchner-Trichter)
11 das Filtersieb (die Fritte)
12 die Retorte

13 **das Wasserbad** (14–16)
14 der Dreifuß
15 der Wasserstandsanzeiger
16 die Einlegeringe m
17 der Rührer
18 das Manometer

19 **das Spiegelglas-**
   manometer
   zur Messung f
   kleiner Drücke m
   (20–22)
20 die Ansaugleitung
21 der Hahn
22 die verschiebbare Skala
23 das Wägeglas

24 **die Analysenwaage**
25 das Gehäuse
26 die Vorderwand
   zum Hochschieben n
27 die Dreipunktauflage
28 der Ständer
29 der Waagebalken
30 die Reiterschiene
31 die Reiterauflage
32 der Reiter
33 der Zeiger
34 die Skala
35 die Wägeschale
36 die Arretierung
37 der Arretierungsknopf

1 **der Bunsenbrenner**
2 das Gaszuführungsrohr
3 die Luftregulierung

4 **der Teclu-Brenner**
5 der Anschlussstutzen
6 die Gasregulierung
7 der Kamin
8 die Luftregulierung

9 **der Gebläsebrenner**
(10–13)
10 der Mantel
11 die Sauerstoffzufuhr
12 die Wasserstoffzufuhr
13 die Sauerstoffdüse
14 der Dreifuß
15 der Ring
16 der Trichter
17 das Tondreieck
18 das Drahtnetz
19 das Asbestdrahtnetz
20 das Becherglas
21 die Bürette zum
Dosieren *n* von
Flüssigkeit *f*

22 das Bürettenstativ
23 die Bürettenklemme
24 die Messpipette
25 die Vollpipette (Pipette)
26 der Messzylinder
(das Messglas)
27 der Messkolben
28 der Mischkolben
29 die Abdampfschale
aus Porzellan *n*
30 die Schlauchklemme
(der Quetschhahn)
31 der Tontiegel mit
Deckel *m*
32 die Tiegelzange
33 die Klemme
(die Klammer)
34 das Reagenzglas
35 das Reagenzglasgestell
(der Reagenzglashalter)
36 der Stehkolben
37 der Schliffansatz
38 der Rundkolben mit
langem Hals *m*
39 der Erlenmeyerkolben
40 die Filtrierflasche
41 der *od.* das Faltenfilter
42 der Einweghahn
43 die Chlorcalciumröhre
44 der Hahnstopfen
45 der Zylinder

46 **der Destillierapparat**
(47–49)
47 der Destillierkolben
48 der Kühler
49 der Rücklaufhahn,
ein Zweiwegehahn
50 der Claisenkolben,
ein Destillierkolben

51 **der Exsikkator** (52, 53)
52 der Tubusdeckel
53 der Schlusshahn
54 der Exsikkatoreinsatz
aus Porzellan *n*
55 der Dreihalskolben
56 das Verbindungsstück
57 die Dreihalsflasche
58 die Gaswaschflasche

59 **der Gasentwicklungs-
apparat**
(der kippsche Apparat)
(60–63)
60 der Überlaufbehälter
61 der Substanzbehälter
62 der Säurebehälter
63 die Gasentnahme
64 die Schutzbrille

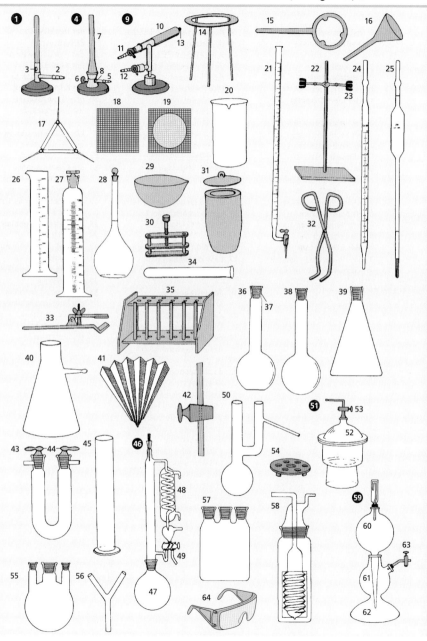

1–26 Kristallstrukturen *f*
(Kristallformen *f*)

**1–17 das kubische
Kristallsystem**
1 das Tetraeder
(der Vierflächner)

2 das Hexaeder (der Würfel,
der Sechsflächner),
ein Vollflächner *m*
(Holoeder *m*) (3–5)
3 das Symmetriezentrum
(der Kristallmittelpunkt)
4 die Drehachse (die Gyre),
eine Symmetrieachse *f*
5 die Spiegelebene,
eine Symmetrieebene
6 das Oktaeder
(der Achtflächner)
7 das Rhombendodekaeder
(Granatoeder)

8 das Pentagondodekaeder
9 die pentagonale (fünfeckige) Kristallfläche
10 das Pyramidenoktaeder
11 das Ikosaeder
(der Zwanzigflächner),
ein regelmäßiger
Vielflächner *m*
12 das Ikositetraeder
(der Vierundzwanzig-
flächner)
13 das Hexakisoktaeder
(der Achtundvierzig-
flächner)

14 das Oktaeder mit Würfel *m*
15 die hexagonale (sechseckige) Kristallfläche

16 der Würfel mit Oktaeder *n*
17 die oktogonale (achteckige) Kristallfläche

**18, 19 das tetragonale
Kristallsystem**
18 die tetragonale
Dipyramide
19 das Protoprisma
mit Protopyramide *f*

**20–22 das hexagonale
Kristallsystem**
20 das Protoprisma
mit Proto- und Deutero-
pyramide *f* und Basis *f*
21 das hexagonale Prisma
22 das hexagonale
(ditrigonale) Prisma
mit Rhomboeder *n*
23 die rhombische Pyramide,
eine Kristallform *f*
des rhombischen
Kristallsystems *n*

**24, 25 das monokline
Kristallsystem**
24 das monokline Prisma
mit Klinopinakoid *n*
und Hemipyramide *f*
25 das Orthopinakoid
(der Schwalbenschwanz-
Zwillingskristall)
26 die Kristallform des tri-
klinen Kristallsystems *n*
mit Pinakoiden *n*

**27–33 die Kristallometrie
(die Kristallmessung)**
27 das Anlegegoniometer
(Kontaktgoniometer)

28 das Reflexionsgoniometer
29 der Kristall
30 der Kollimator
31 das Beobachtungs-
fernrohr
32 der Teilkreis
33 die Lupe zum Ablesen *n*
des Drehungswinkels *m*

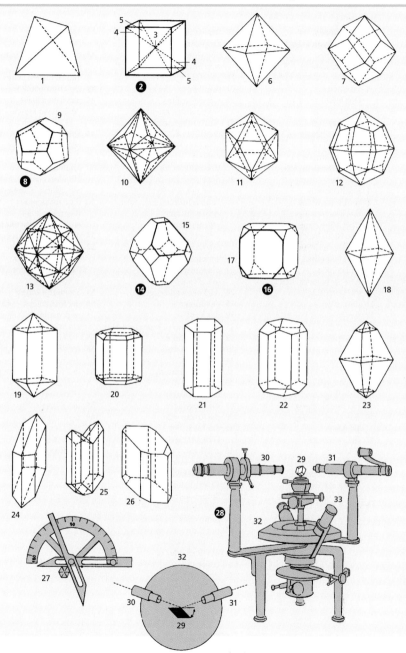

1 **Krebstiere** *n*
2 die Wollhandkrabbe, eine Krabbe
3 die Wasserassel

4 **Insekten** *n* (Kerbtiere *n*) (5–24, 25, 53)
5 die Seejungfer, ein Gleichflügler *m*, eine Libelle *f* (Wasserjungfer *f*)
6 der Wasserskorpion, eine Wasserwanze *f*
7 das Raubbein
8 die Eintagsfliege
9 das Facettenauge
10 das Grüne Heupferd (die Heuschrecke, der Heuspringer, der Heuhüpfer, Grashüpfer), eine Springheuschrecke, ein Geradflügler *m*
11 die Larve
12 das geschlechtsreife Insekt, eine Imago *f*
13 das Springbein
14 die Große Köcherfliege, eine Köcherfliege (Wassermotte *f*, Frühlingsfliege *f*, Haarflügler *m*), ein Netzflügler *m*
15 die ungeflügelte Blattlaus
16 die geflügelte Blattlaus
17 die Stechmücke (*obd.* die Schnake, *österr.* die Gelse, der Moskito), eine Mücke

18 der Stechrüssel
19 die Schmeißfliege (der Brummer), eine Fliege
20 die Made
21 die Puppe
22 das geflügelte Ameisenweibchen
23 die Arbeiterameise
24 die Hummel

25 **Käfer** *m* (Deckflügler *m*)
26 der Hirschkäfer (*obd.* der Schröter, Feuerschröter, Hornschröter, *md.* der Hausbrenner, *schweiz.* Donnerkäfer, *österr.* Schmidkäfer), ein Blatthornkäfer
27 die Kiefer *m* (die Zangen *f*)
28 die Fresswerkzeuge *n*
29 der Fühler
30 der Kopf
31 die Brust (der Thorax)
32 der Halsschild
33 das Schildchen
34 der Hinterleibsrücken
35 die Atemöffnung
36 der Flügel (Hinterflügel)
37 die Flügelader
38 die Knickstelle
39 der Deckflügel (Vorderflügel)
40 der Siebenpunkt, ein Marienkäfer *m* (Herrgottskäfer, Glückskäfer, Sonnenkälbchen *n*, *md.* Gottesgiebchen *n*, *schweiz.* Frauenkäfer *m*)
41 der Zimmermannsbock (Zimmerbock), ein Bockkäfer *m* (Bock *m*)
42 der Mistkäfer, ein Blatthornkäfer

43 **Spinnentiere** *n* (44–52)
44 der Hausskorpion (der Italienische Skorpion), ein Skorpion
45 das Greifbein mit Schere *f*
46 der Kieferfühler
47 der Schwanzstachel

48 **Spinnen** *f* (*md.* Kanker *m*)
49 der Holzbock (die Waldzecke, Hundezecke), eine Milbe *f* (Zecke *f*)
50 die Kreuzspinne (Gartenspinne), eine Radnetzspinne
51 die Spinndrüsenregion
52 das Spinnengewebe (das Spinnennetz, *österr.* das Spinnweb)

53 **Schmetterlinge** *m*
54 der Maulbeerseidenspinner, ein Seidenspinner
55 die Eier *n*
56 die Seidenraupe
57 der Kokon
58 der Schwalbenschwanz, ein Edelfalter *m* (Ritter *m*)
59 der Fühler
60 der Augenfleck
61 der Ligusterschwärmer, ein Schwärmer
62 der Rüssel

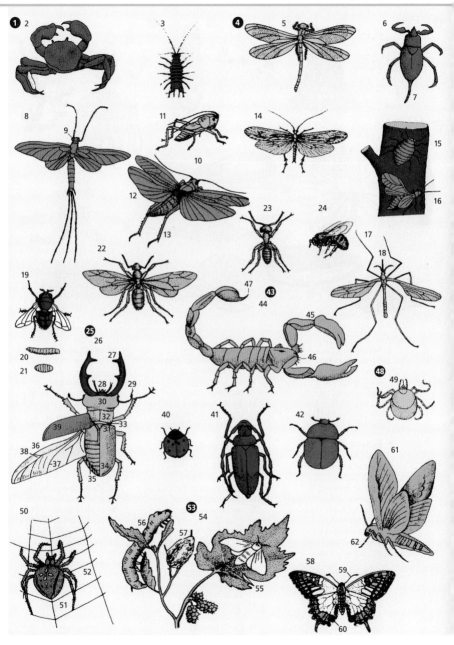

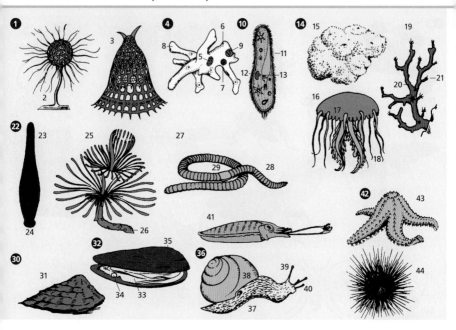

1 **Einzeller** *m*
(Einzellige *pl*, Protozoen *n*,
Urtierchen *n*) (2–13)
2 das Gittertierchen,
ein Sonnentierchen
3 das Strahlentierchen
(die Radiolarie); *darg.:*
das Kieselsäureskelett

4 **die Amöbe**
(das Wechseltierchen),
ein Wurzelfüßer *m*
5 der Zellkern
6 das Protoplasma
7 das Absonderungsbläschen
(die pulsierende Vakuole),
eine Organelle *f*
8 das Scheinfüßchen
9 das Nahrungsbläschen
(die Nahrungsvakuole)

10 **das Pantoffeltierchen,**
ein Wimperinfusorium *n*
(Wimpertierchen *n*)
11 die Wimper
12 der Hauptkern (Großkern)
13 der Nebenkern (Kleinkern)

14 **Vielzeller** *m*
(Gewebetiere *n*, Metazoen
n, *sg* das Metazoon) (15–44)
15 der Schwamm,
ein Schwammtier *n*
16 die Meduse, eine Scheibenqualle *f* (Schirmqualle,
Qualle), ein Hohltier *n*
17 der Schirm
18 der Fangarm
(der *od.* das Tentakel)
19 die Edelkoralle,
ein Korallentier *n*
(Blumentier, Riffbildner *m*)
20 der Korallenstock
21 der Korallenpolyp

22 **Würmer** *m* (23–29)
23 der Blutegel, ein Ringelwurm *m* (Gliederwurm)
24 die Saugscheibe
25 der Spirographis,
ein Borstenwurm *m*
26 die Röhre
27 der große Regenwurm
(Tauwurm, der Pier)
28 das Körperglied
(das Segment)

29 das Clitellum (der Begattung *f* dienende Region *f*)

30 **Weichtiere** *n*
(Mollusken *f*) (31–40)
31 die Auster

32 **die Flussperlmuschel**
33 das Perlmutter
(das Perlmutt)
34 die Perle
35 die Muschelschale

36 **die Weinbergschnecke,**
eine Schnecke (37–40)
37 der Kriechfuß
38 die Schale (das Gehäuse,
das Schneckenhaus)
39 das Stielauge
40 die Fühler *m*
(die Fühlerpaare *n*)
41 der Gemeine Tintenfisch,
ein Kopffüßer *m*

42 **Stachelhäuter** *m*
(Echinodermen *m*)
43 der Seestern
44 der Seeigel

1 **Greifvögel** *m*
(*früher:* Tagraubvögel)
(2–17)

2 **Falken** *m*
3 der Merlin
4 der Wanderfalke
5 die »Hose«
(die Unterdeckfedern *f*,
das Schenkelgefieder)
6 der Lauf

7 **Adler** *m*
8 der Seeadler
(Meeradler)
9 der Hakenschnabel
10 der Fang
11 der Stoß
(der Schwanz)

12 **Habichtartige** *m*
13 der Mäusebussard
(der Mauser)
14 der Habicht
(Hühnerhabicht)
15 der Rote Milan
(die Gabelweihe,
Königsweihe)
16 der Sperber
(der Sperlingstößer)
17 die Rohrweihe
(Sumpfweihe, Rostweihe)

18 **Eulen** *f*
19 die Waldohreule
(Goldeule,
der Kleine Uhu)
20 der Uhu
21 das Federohr
22 die Schleiereule
23 der »Schleier«
(der Federkranz)
24 der Steinkauz
(das Käuzchen,
der Totenvogel)

1 **Straußenvögel** *m*
(flugunfähige Vögel)
(2–4)
2 der Helmkasuar,
ein Kasuar *m;*
ähnl.: der Emu
3 der Strauß
4 das Straußengelege
[12–14 Eier *n*]
5 der Kaiserpinguin
(Riesenpinguin),
ein Pinguin (Flossen-
taucher *m,* Fetttaucher),
ein flugunfähiger Vogel *m*

6 **Ruderfüßer** *m*
7 der Rosapelikan
(der Gemeine Pelikan,
der Nimmersatt,
die Kropfgans, Löffelgans,
Meergans, Beutelgans),
ein Pelikan
8 der Ruderfuß
(Schwimmfuß)
9 die Schwimmhaut
10 der Unterschnabel
mit dem Kehlsack *m*
(Hautsack)
11 der Basstölpel
(der Weiße Seerabe,
die Bassangans),
ein Tölpel *m*
12 die Krähenscharbe,
ein Kormoran *m*
(Scharbe), mit gespreizten
Flügeln *m* »posierend«

13 **die Langflügler** *m*
(Seeflieger *m,*
Meeresvögel *m*)
14 die Zwergschwalbe
(die Kleine Schwalben-
möwe), eine Seeschwalbe,
beim Tauchen *n*
nach Nahrung *f*
15 der Eissturmvogel
16 die Trottellumme
(die Dumme Lumme,
das Dumme Tauchhuhn),
eine Lumme, ein Alk *m*
17 die Lachmöwe
(Haffmöwe, Kirrmöwe,
Fischmöwe, Speckmöwe,
die Seekrähe, der Mohren-
kopf), eine Möwe

18 **Gänsevögel** *m*
(19–21)
19 der Gänsesäger
(der Ganner, die Sägegans,
die Sägeente, Schnarr-
gans), ein Säger *m*
20 der Höckerschwan
(Wildschwan,
der Stumme Schwan,
alemann. der Elbs,
der Ölb), ein Schwan *m*
21 der Schnabelhöcker
22 der Fischreiher
(Graureiher, Kamm-
reiher), ein Reiher,
ein Storchvogel *m*

23 **Regenpfeiferartige** *pl*
(24–26)
24 der Stelzenläufer
(der Strandreiter,
die Storchschnepfe)
25 das Blässhuhn
(Blesshuhn, Wasserhuhn,
Moorhuhn, die Weiß-
blässe, die Blässente),
eine Ralle *f*
26 der Kiebitz
(*nd.* der Kiewitt)
27 die Wachtel,
ein Hühnervogel *m*
28 die Turteltaube,
eine Taube
29 der Mauersegler
(der Mauerhäkler,
die Mauerschwalbe,
Kirchenschwalbe,
Turmschwalbe, Kreuz-
schwalbe), ein Segler *m*
30 der Wiedehopf
(der Kuckucksküster,
der Kuckucksknecht,
der Heervogel,
der Wehrhahn, Dreck-
vogel, Kotvogel, Stink-
vogel), ein Rackenvogel
31 der aufrichtbare
Federschopf
32 der Buntspecht
(Rotspecht, Großspecht,
Fleckspecht), ein Specht
(Holzhacker *m*); *verw.:*
der Wendehals
(Drehhals, der Drehvogel,
Regenvogel)
33 das Nestloch
34 die Bruthöhle
35 der Kuckuck
(der Gauch, Gutzgauch)

1 **Rackenvögel** *m*
2 der Bienenfresser,
   ein Zugvogel *m*
3 die Blauracke
   (die Mandelkrähe),
   ein Zugvogel *m*
4 der Eisvogel

5 **Singvögel I** *m*
   (6–18)
6 die Heidelerche
   (Baumlerche, Steinlerche),
   eine Lerche, ein Sperlingsvogel *m*
7 die Haubenlerche
   (Kammlerche, Dreck-
   lerche, Hauslerche),
   eine Lerche,
   ein Sperlingsvogel *m*
8 die Blaumeise, eine Meise,
   ein Standvogel *m*
9 der Gimpel
   (der Dompfaff)
10 der Pirol, ein Zugvogel *m*
11 die Weiße Bachstelze,
   eine Stelze
12 die Rauchschwalbe
   (Dorfschwalbe, Mehl-
   schwalbe, Uferschwalbe,
   Lehmschwalbe),
   ein Zugvogel *m*,
   ein Sperlingsvogel *m*

13 **Rabenvögel** *m*
   (Raben *m*) (14–16)
14 der Eichelhäher
   (der Eichelhabicht,
   Nusshäher, Spiegelhäher,
   der Holzschreier),
   ein Häher
15 die Saatkrähe (Feldkrähe,
   Haferkrähe), eine Krähe
16 die Elster (die Alster,
   die Gartenkrähe,
   schweiz. die Atzel)
17 der Star (Rinderstar,
   Starmatz)
18 der Haussperling
   (Dachsperling, Korn-
   sperling, der Spatz)

1 **Singvögel II** *m*
  (Sperlingsvögel)
  (2–18)

2 **Finkenvögel** *m*
3 der Stieglitz (der Distelfink), ein Finkenvogel *m*
4 der Buchfink (Edelfink)
5 die Goldammer (Gelb-
  ammer, der Kornvogel,
  der Grünschling),
  eine Ammer
6 der Ortolan
  (der Gärtner,
  die Gartenammer,
  Sommerammer),
  eine Ammer

7 der Erlenzeisig
  (der Erdfink, der Strumpfwirker, der Leineweber),
  ein Zeisig *m*
8 die Kohlmeise (Spiegel-
  meise, Rollmeise,
  der Schlosserhahn),
  eine Meise *f*
9 das Wintergoldhähnchen
  (Safranköpfchen);
  ähnl.: das Sommer-
  goldhähnchen
  (Goldköpfchen),
  ein Goldhähnchen
  (Goldämmerchen *n*,
  Sommerkönig *m*)
10 der Kleiber
  (der Blauspecht,
  der Baumrutscher)
11 der Zaunkönig
  (der Zaunschlüpfer,
  Dornkönig,
  Vogelkönig,
  Winterkönig)

12 **Drosselvögel** *m*
  (Drosseln *f,* Erdsänger *m*)
13 das Garten-
  rotschwänzchen
  (Rotschwänzchen),
  ein Drosselvogel *m*
14 die Amsel (Schwarzamsel,
  Dreckamsel, die Grau-
  drossel *f, schweiz.*
  die Amstel)
15 die Nachtigall
  (Wassernachtigall,
  der Rotvogel;
  dicht. die Philomele)
16 das Rotkehlchen
  (das Rötel)
17 die Singdrossel
  (Walddrossel,
  Weißdrossel,
  die Zippe)
18 der Sprosser
  (der Sprossvogel)

1 der Gelbhaubenkakadu,
   ein Papageienvogel *m*
2 der Ararauna
3 der blaue Paradiesvogel
4 der Sappho-Kolibri
5 der Kardinal
6 der Tukan (Rotschnabel-
   tukan, der Pfefferfresser),
   ein Spechtvogel *m*

1–19 Fische *m*

1 der Blauhai,
ein Hai (Haifisch *m*)
2 die Nase
3 die Kiemenspalte

4 der Teichkarpfen
(Flusskarpfen),
ein Spiegelkarpfen
(Karpfen)
5 der Kiemendeckel
6 die Rückenflosse
7 die Brustflosse
8 die Bauchflosse
9 die Afterflosse
10 die Schwanzflosse
11 die Schuppe

12, 13 der Wels
(Flusswels,
der Wallerfisch,
der Waller,
der Weller)
13 der Bartfaden
14 der Hering
15 die Bachforelle
(Steinforelle, Bergforelle),
eine Forelle
16 der Gemeine Hecht
(der Schnock,
der Wasserwolf)
17 der Flussaal, ein Aal
(Aalfisch *m*)
18 das Seepferdchen
(der Hippokamp,
der Algenfisch)
19 die Büschelkiemen *f*

20–26 Lurche *m*
(Amphibien *f*)

20–22 Schwanzlurche *m*
20 der Kammmolch,
ein Wassermolch
21 der Rückenkamm
22 der Feuersalamander,
ein Salamander

23–26 Froschlurche *m*
23 die Erdkröte, eine Kröte
(*nd.* Padde *f, obd.* Protz *m*)

24 der Laubfrosch
25 die Schallblase
26 die Haftscheibe

27–41 Kriechtiere *n*
(Reptilien *n*)
27 die Zauneidechse
28 die Karettschildkröte
29 der Rückenschild

30–37 Echsen *f*
30 der Basilisk
31 der Wüstenwaran,
ein Waran
32 der Grüne Leguan,
ein Leguan

33 das Chamäleon,
ein Wurmzüngler *m*
(34 u. 35)
34 der Klammerfuß
35 der Rollschwanz
36 der Mauergecko,
ein Haftzeher *m*
37 die Blindschleiche,
eine Schleiche

38–41 Schlangen *f*
38 die Ringelnatter,
eine Schwimmnatter
(Wassernatter)
39 die Mondflecken *m*

40, 41 Vipern *f*
(Ottern *f*)
40 die Kreuzotter
(die Höllennatter),
eine Giftschlange *f*
41 die Aspisviper

1 **Tagfalter** *m*
2 der Admiral
3 das Tagpfauenauge
4 der Aurorafalter
5 der Zitronenfalter
6 der Trauermantel
7 der Bläuling

8 **Nachtfalter** *m*
(Nachtschmetterlinge *m*)
9 der Braune Bär
10 das Rote Ordensband
11 der Totenkopf
(der Totenkopf-
schwärmer),
ein Schwärmer *m*
12 die Raupe
13 die Puppe

1 **Beuteltiere** *n*
(2 u. 3)
2 das nordamerikanische
Opossum, eine Beutel-
ratte *f*
3 das Rote Riesenkänguru,
ein Känguru
4 das Schnabeltier,
ein Kloakentier
(der Eileger)

5 **Insektenfresser** *m*
(Kerbtierfresser) (6–9)
6 der Maulwurf
7 der Igel
8 der Stachel
9 die Hausspitzmaus,
eine Spitzmaus *f*
10 das Neunbindengürteltier
11 die Ohrenfledermaus,
eine Glattnase *f,*
ein Flattertier *n*
(eine Fledermaus)
12 das Steppenschuppentier,
ein Schuppentier
13 das Zweizehenfaultier

14 **Nagetiere** *n*
(15–22)
15 das Meerschweinchen
16 das Stachelschwein
17 die Biberratte, eine Ratte
18 die Wüstenspringmaus
19 der Hamster
20 die Wühlmaus
21 das Murmeltier
22 das Eichhörnchen
23 der Afrikanische Elefant,
ein Rüsseltier *n*
24 der Rüssel
25 der Stoßzahn
26 der Lamantin,
eine Sirene *f*
27 der südafrikanische
Klippschliefer,
ein Schliefer
(Klippdachs *m*)

28 **Unpaarhufer** *m*
29 das Spitzmaulnashorn,
ein Nashorn
30 der Flachlandtapir,
ein Tapir
31 das Zebra

32 **Paarhufer** *m*
und Wiederkäuer *m*
(33–35)
33 das Lama
34 das Trampeltier
(das zweihöckrige Kamel)
35 das *od.* der Guanako
36 das Nilpferd
(das Große Flusspferd)

1 Huftiere
2 der Elch
3 der Wapiti
4 die Gämse
(die Gams)
5 die Giraffe
6 die Hirschziegenantilope,
eine Antilope
7 das Mufflon
8 der Steinbock
9 der Hausbüffel
10 der Bison
11 der Moschusochse

12 Raubtiere *n*
(13–27)

13 Hundeartige *pl*
14 der Schabrackenschakal
(Schakal)
15 der Rotfuchs
16 der Wolf

17 Marder *m*
18 der Steinmarder
19 der Zobel
20 das Wiesel
21 der Seeotter, ein Otter

22 Robben *f*
(Flossenfüßer *m*)
23 der Seebär
(die Bärenrobbe)
24 der Seehund
25 das Polarmeerwalross
26 das Barthaar
27 der Hauer

28 Wale *m*
29 der Tümmler
30 der Gemeine Delfin
31 der Pottwal
32 das Atemloch
33 die Fettflosse
34 die Brustflosse
35 die Schwanzflosse

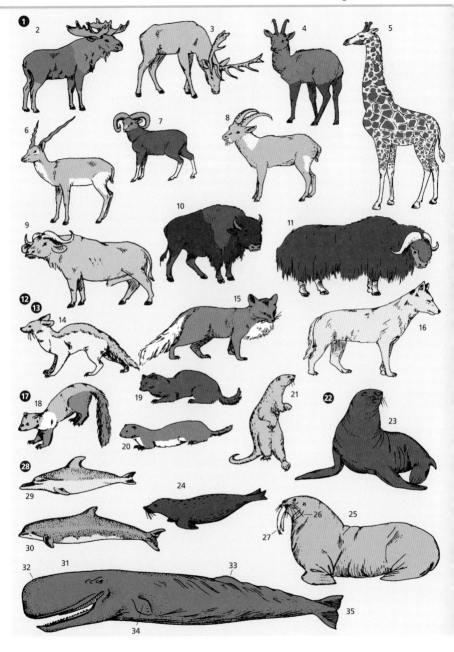

1 **Raubtiere** *n*
  (2–14)

2 **Katzen** *f*
  (3–9)
3 der Löwe
4 die Mähne
  (Löwenmähne)
5 die Tatze
6 der Tiger
7 der Leopard
8 der Gepard
9 der Luchs
10 die Streifenhyäne,
  eine Hyäne

11 **Bären** *m*
12 der Waschbär
13 der Braunbär
14 der Eisbär

15 **Primaten** *m*
  (*früher:* Herrentiere *n*)
16 der Rhesusaffe
17 der Pavian

18 **Menschenaffen** *m*
19 der Schimpanse
20 der Orang-Utan
21 der Gorilla

1 Gigantocypris agassizi
(der Riesenmuschelkrebs)

2 Eurypharynx
pelecanoides
(der Pelikanaal)

3 Metacrinus
(der Haarstern),
eine Seelilie *f*,
ein Stachelhäuter *m*

4 Lycoteuthis diadema
(die Wunderlampe),
ein Tintenfisch *m*
[leuchtend]

5 Atolla, eine Tiefsee-
meduse *f*, ein Hohltier *n*

6 Melanocetes
(der Anglerfisch),
ein Armflosser *m*
[leuchtend]

7 Lophocalyx philippensis,
ein Glasschwamm *m*

8 Mopsea, eine Hornkralle *f*
[Kolonie]

9 Hydrallmania,
ein Hydroidpolyp *m*,
ein Polyp *m*, ein Hohltier *n*
[Kolonie]

10 Malacosteus indicus
(der Drachenfisch),
ein Großmaul *n*
[leuchtend]

11 Brisinga endecacnemos,
ein Schlangenstern *m*,
ein Stachelhäuter *m*
[nur gereizt leuchtend]

12 Pasiphaea, eine Garnele *f*,
ein Krebs *m*

13 Echiostoma,
ein Großmaul *n*,
ein Fisch *m* [leuchtend]

14 Umbellula encrinus,
eine Seefeder *f*,
ein Hohltier *n*,
[Kolonie, leuchtend]

15 Polycheles, ein Krebs *m*

16 Lithodes, ein Krebs *m*,
eine Steinkrabbe *f*

17 Archaster, ein Seestern *m*,
ein Stachelhäuter *m*

18 Oneirophanta,
eine Seegurke *f*,
ein Stachelhäuter *m*

19 Palaeopneustes niasicus,
ein Seeigel *m*,
ein Stachelhäuter *m*

20 Chitonactis,
eine Seeanemone *f*,
ein Hohltier *n*

1 **der Baum**
2 der Baumstamm
(Stamm)
3 die Baumkrone
4 der Wipfel
5 der Ast
6 der Zweig

7 **der Baumstamm**
[Querschnitt]
8 die Rinde (die Borke)
9 der Bast
10 das Kambium
(der Kambiumring)
11 die Markstrahlen *m*
12 das Splintholz
13 das Kernholz
14 das Mark

15 **die Pflanze**

16 **die Wurzel**
17 die Hauptwurzel
18 die Nebenwurzel
(Seitenwurzel)
19 das Wurzelhaar

20 **der Spross**
21 das Blatt
22 der Stängel
23 der Seitenspross
24 die Endknospe
25 die Blüte
26 die Blütenknospe
27 die Blattachsel
mit der Achselknospe *f*

28 **das Blatt**
29 der Blattstiel (Stiel)
30 die Blattspreite
(Spreite)
31 die Blattaderung
32 die Blattrippe

33 **Blattformen** *f*
34 linealisch
35 lanzettlich
36 rund
37 nadelförmig
38 herzförmig
39 eiförmig
40 pfeilförmig
41 nierenförmig

42 **geteilte Blätter** *n*
43 gefingert
44 fiederteilig
45 paarig gefiedert
46 unpaarig gefiedert

47 **Blattrandformen** *f*
48 ganzrandig
49 gesägt
50 doppelt gesägt
51 gekerbt
52 gezähnt
53 ausgebuchtet
54 gewimpert
55 die Wimper

56 **die Blüte**
57 der Blütenstiel
58 der Blütenboden
59 der Fruchtknoten
60 der Griffel
61 die Narbe
62 das Staubblatt
63 das Kelchblatt
64 das Kronblatt

65 **Fruchtknoten** *m*
[Schnitt]
66 die Fruchtknotenwand
67 die Fruchtknotenhöhle
68 die Samenanlage
69 der Embryosack
70 der Pollen
(der Blütenstaub)
71 der Pollenschlauch

72 **Blütenstände** *m*
73 die Ähre
74 die geschlossene
Traube
75 die Rispe
76 die Trugdolde

77 der Kolben
78 die Dolde
79 das Köpfchen
80 das Körbchen
81 der Blütenkrug
82 die Schraubel
83 der Wickel

84 **Wurzeln** *f*
85 die Adventivwurzeln *f*
86 die Speicherwurzel
87 die Kletterwurzeln *f*
88 die Wurzeldornen *m*
89 die Atemwurzeln *f*

90 **der Grashalm**
91 die Blattscheide
92 das Blatthäutchen
93 die Blattspreite

94 **der Keimling**
95 das Keimblatt
96 die Keimwurzel
97 die Keimsprossachse
98 die Blattknospe

99 **Früchte** *f*

100 **Öffnungsfrüchte** *f*
101 die Balgfrucht
102 die Hülse
103 die Schote
104 die Spaltkapsel
105 die Deckelkapsel
106 die Porenkapsel

107 **Schließfrüchte** *f*
108 die Beere
109 die Nuss
110 die Steinfrucht
(Kirsche *f*)
111 die Sammelnussfrucht
(Hagebutte *f*)
112 die Sammelsteinfrucht
(Himbeere *f*)
113 die Sammelbalgfrucht
(Apfel *m*)

1 **die Eiche**
2 der Blütenzweig
3 der Fruchtzweig
4 die Frucht (die Eichel)
5 der Becher (die Cupula)
6 die weibliche Blüte
7 die Braktee
8 der männliche
   Blütenstand

9 **die Birke**
10 der Zweig mit Kätzchen *n*,
   ein Blütenzweig *m*
11 der Fruchtzweig
12 die Fruchtschuppe
13 die weibliche Blüte
14 die männliche Blüte

15 **die Pappel**
16 der Blütenzweig
17 die Blüte
18 der Fruchtzweig
19 die Frucht
20 der Samen
21 das Blatt
   der Zitterpappel *f*
   (Espe *f*)
22 der Fruchtstand
23 das Blatt
   der Silberpappel *f*

24 **die Salweide**
25 der Zweig mit
   den Blütenknospen *f*
26 das Blütenkätzchen
   mit Einzelblüte *f*
27 der Blattzweig
28 die Frucht
29 der Blattzweig
   der Korbweide *f*

30 **die Erle**
31 der Fruchtzweig
32 der Blütenzweig mit
   vorjährigem Zapfen *f*

33 **die Buche**
34 der Blütenzweig
35 die Blüte
36 der Fruchtzweig
37 die Ecker
   (die Buchenfrucht)

38 **die Esche**
39 der Blütenzweig
40 die Blüte
41 der Fruchtzweig

42 **die Eberesche**
43 der Blütenstand
44 der Fruchtstand
45 die Frucht
   [Längsschnitt]

46 **die Linde**
47 der Fruchtzweig
48 der Blütenstand

49 **die Ulme**
   (die Rüster)
50 der Fruchtzweig
51 der Blütenzweig
52 die Blüte

53 **der Ahorn**
54 der Blütenzweig
55 die Blüte
56 der Fruchtzweig
57 der Ahornsamen
   mit Flügel *m*

58 **die Rosskastanie**
59 der Zweig mit jungen
   Früchten *f*
60 die Kastanie
   (der Kastaniensamen)
61 die reife Frucht
62 die Blüte [Längsschnitt]

63 **die Hainbuche**
   (Weißbuche)
64 der Fruchtzweig
65 der Samen
66 der Blütenzweig

67 **die Platane**
68 das Blatt
69 der Fruchtstand
   und die Frucht

70 **die Robinie**
71 der Blütenzweig
72 Teil *m* des Frucht-
   standes *m*
73 der Blattansatz
   mit Nebenblättern *n*

1 **die Edeltanne**
(Weißtanne)
2 der Tannenzapfen,
ein Fruchtzapfen
3 die Zapfenachse
4 der weibliche
Blütenzapfen
5 die Deckschuppe
6 der männliche
Blütenspross
7 das Staubblatt
8 die Zapfenschuppe
9 der Samen mit Flügel *m*
10 der Samen
[Längsschnitt]
11 die Tannennadel
(Nadel)

12 **die Fichte**
13 der Fichtenzapfen
14 die Zapfenschuppe
15 der Samen
16 der weibliche
Blütenzapfen
17 der männliche
Blütenstand
18 das Staubblatt
19 die Fichtennadel

20 **die Kiefer**
(die Gewöhnliche Kiefer,
die Föhre)
21 die Zwergkiefer
22 der weibliche
Blütenzapfen
23 der zweinadlige
Kurztrieb
24 die männlichen
Blütenstände *m*
25 der Jahrestrieb
26 der Kiefernzapfen
27 die Zapfenschuppe

28 der Samen
29 der Fruchtzapfen
der Zirbelkiefer *f*
30 der Fruchtzapfen
der Weymouthskiefer *f*
(Weimutskiefer)
31 der Kurztrieb
[Querschnitt]

32 **die Lärche**
33 der Blütenzweig
34 die Schuppe des
weiblichen Blüten-
zapfens *m*
35 der Staubbeutel
36 der Zweig mit
Lärchenzapfen *m*
(Fruchtzapfen)
37 der Samen
38 die Zapfenschuppe

39 **der Lebensbaum**
40 der Fruchtzweig
41 der Fruchtzapfen
42 die Schuppe
43 der Zweig mit männlichen
und weiblichen Blüten *f*
44 der männliche Spross
45 die Schuppe mit
Pollensäcken *m*
46 der weibliche Spross

47 **der Wacholder**
48 der weibliche Spross
[Längsschnitt]
49 der männliche Spross
50 die Schuppe mit
Pollensäcken *m*
51 der Fruchtzweig
52 die Wacholderbeere
(Krammetsbeere)
53 die Frucht
[Querschnitt]
54 der Samen

55 **die Pinie**
56 der männliche Spross
57 der Fruchtzapfen
mit Samen *m*
[Längsschnitt]

58 **die Zypresse**
59 der Fruchtzweig
60 der Samen

61 **die Eibe**
62 der männliche
Blütenspross
und der weibliche
Blütenzapfen
63 der Fruchtzweig
64 die Frucht

65 **die Zeder**
66 der Fruchtzweig
und der weibliche
Blütenzapfen
67 die Fruchtschuppe
68 der männliche
Blütenspross
und der weibliche
Blütenzapfen

69 **der Mammutbaum**
70 der Fruchtzweig
71 der Samen

1 die Forsythie
2 der Fruchtknoten
   und das Staubblatt
3 das Blatt
4 der gelb blühende Jasmin
5 die Blüte [Längsschnitt]
   mit Griffel *m*,
   Fruchtknoten *m* und
   Staubblättern *n*
6 der Gemeine Liguster
7 die Blüte
8 der Fruchtstand
9 der Wohlriechende
   Pfeifenstrauch
10 der Gemeine Schneeball
11 die Blüte
12 die Früchte *f*

13 der Oleander
14 die Blüte [Längsschnitt]
15 die Rote Magnolie
16 das Blatt
17 die Japanische Quitte
18 die Frucht
19 der Gemeine Buchsbaum
20 die weibliche Blüte
21 die männliche Blüte
22 die Frucht
   [Längsschnitt]
23 die Weigelie
24 die Palmlilie
   [Teil des Blütenstands]
25 das Blatt
26 die Hundsrose
27 die Frucht
28 die Kerrie
29 die Frucht

30 die Rotästige
   Kornelkirsche
31 die Blüte
32 die Frucht
   (die Kornelkirsche,
   die Kornelle)
33 der Echte Gagel

1 der Gemeine Tulpenbaum
2 die Fruchtblätter *n*
3 das Staubblatt
4 die Frucht
5 der Ysop
6 die Blüte [von vorn]
7 die Blüte
8 der Kelch mit Frucht *f*
9 der Gemeine Hülsstrauch
(die Stechpalme)
10 die Zwitterblüte
11 die männliche Blüte
12 die Frucht mit bloß-
gelegten Steinen *m*
13 das Echte Geißblatt
(Jelängerjelieber
m od. n)

14 die Blütenknospen *f*
15 die Blüte [aufgeschnitten]
16 die Gemeine Jungfernrebe
(der wilde Wein)
17 die geöffnete Blüte
18 der Fruchtstand
19 die Frucht [Längsschnitt]
20 der Echte Besenginster
21 die Blüte nach
Entfernung *f*
der Blumenblätter *n*
22 die unreife Hülse
23 der Spierstrauch
(die Spiräe)
24 die Blüte
[Längsschnitt]
25 die Frucht
26 das Fruchtblatt
27 die Schlehe
(der Schwarzdorn,
Schlehdorn)
28 die Blätter *n*
29 die Früchte *f*

30 der Eingriffelige
Weißdorn
31 die Frucht
32 der Goldregen
33 die Blütentraube
34 die Früchte *f*
35 der Schwarze Holunder
(der Holunderbusch,
Holderbusch, Holder,
Holler)
36 die Holunder-
blüten *f* (Holderblüten,
Hollerblüten), Blütentrug-
dolden *f*
37 die Holunderbeeren *f*
(Holderbeeren, Holler-
beeren)

1 der Rundblätterige
Steinbrech
2 das Blatt
3 die Blüte
4 die Frucht
5 die Gemeine Kuhschelle
6 die Blüte [Längsschnitt]
7 die Frucht
8 der Scharfe Hahnenfuß
(die Butterblume)
9 das Grundblatt
10 die Frucht
11 das Wiesenschaumkraut
12 das grundständige Blatt
13 die Frucht
14 die Glockenblume
15 das Grundblatt
16 die Blüte
[Längsschnitt]

17 die Frucht
18 der Gundermann
(die Efeublätterige
Gundelrebe)
19 die Blüte [Längsschnitt]
20 die Blüte [von vorn]
21 der Scharfe Mauerpfeffer
22 das *od.* der Ehrenpreis
23 die Blüte
24 die Frucht
25 der Samen
26 das Pfennigkraut
27 die aufgesprungene
Fruchtkapsel
28 der Samen
29 die Taubenskabiose
30 das Grundblatt
31 die Strahlblüte
32 die Scheibenblüte
33 der Hüllkelch
mit Kelchborsten *f*
34 der Fruchtknoten
mit Kelch *m*

35 die Frucht
36 das Scharbockskraut
37 die Frucht
38 die Blattachsel
mit Brutknollen *m*
39 das Einjährige Rispengras
40 die Blüte
41 das Ährchen
[von der Seite]
42 das Ährchen
[von vorn]
43 die Karyopse
(Nussfrucht *f*)
44 der Grasbüschel
45 der Gemeine Beinwell
(die Schwarzwurz)
46 die Blüte
[Längsschnitt]
47 die Frucht

1 das Gänseblümchen
(das Maßliebchen)
2 die Blüte
3 die Frucht
4 die Margerite
(die Wucherblume)
5 die Blüte
6 die Frucht
7 die Sterndolde
8 die Schlüsselblume
(die Primel, das Himmels-
schlüsselchen)

9 die Königskerze
(die Wollblume,
das Wollkraut)
10 der Wiesenknöterich
(Knöterich)
11 die Blüte
12 die Wiesenflockenblume
13 die Wegmalve (Malve)
14 die Frucht
15 die Schafgarbe
16 die Braunelle
17 der Hornklee
18 der Ackerschachtelhalm
[ein Spross]
19 die Blüte

20 die Pechnelke
21 die Kuckuckslichtnelke
22 die Osterluzei
23 die Blüte
24 der Storchschnabel
25 die Wegwarte
(die Zichorie)
26 das Nickende Leinkraut
27 der Frauenschuh,
eine Orchidee *f*
28 das Knabenkraut,
eine Orchidee *f*

1 das Buschwindröschen
   (die Anemone, *schweiz.*
   das Schneeglöggli)
2 das Maiglöckchen
   (die Maiblume, *schweiz.*
   das Maierisli, Knopfgras,
   Krallegras)
3 das Katzenpfötchen
   (das Himmelfahrts-
   blümchen); *ähnl.:*
   die Sandstrohblume
4 der Türkenbund
5 der Waldgeißbart
6 der Bär[en]lauch
   (*österr.* der Faltigron,
   Faltrian, Feltrian)
7 das Lungenkraut
8 der Lerchensporn

9 die Große Fetthenne
   (der Schmerwurz,
   der Donnerbart,
   schweiz. der Schuhputzer)
10 der Seidelbast
11 das Große Springkraut
   (das Rührmichnichtan)
12 der Keulige Bärlapp
13 das Fettkraut,
   eine Insekten fressende
   Pflanze *f*
14 der Sonnentau; *ähnl.:*
   die Venusfliegenfalle
15 die Bärentraube
16 der Tüpfelfarn,
   ein Farnkraut *n* (Farn);
   ähnl.: der Wurmfarn,
   Adlerfarn, Königsfarn
17 das Goldene Frauenhaar,
   ein Moos *n*
18 das Wollgras

19 das Heidekraut
   (die Erika); *ähnl.:*
   die Glockenheide
   (Sumpfheide,
   Moorheide)
20 das Heideröschen
   (Sonnenröschen)
21 der Sumpfporst
22 der Kalmus
23 die Heidelbeere
   (Schwarzbeere,
   Blaubeere); *ähnl.:*
   die Preiselbeere,
   Moorbeere, Krähenbeere
   (Rauschbeere)

1 **Alpenpflanzen** *f*
2 die Alpenrose
  (der Almrausch)
3 der Blütenzweig
4 das Alpenglöckchen
5 die ausgebreitete
  Blütenkrone
6 die Samenkapsel
  mit dem Griffel *m*
7 die Edelraute
8 der Blütenstand
9 die Aurikel
10 das Edelweiß
11 die Blütenformen *f*
12 die Frucht mit
  dem Haarkelch *m*
13 der Teilblütenkorb
14 der Stängellose
  Enzian

15 **Wasser- und**
  Sumpfpflanzen *f*
16 die Seerose
17 das Blatt
18 die Blüte
19 die Victoria regia
  (die Riesenseerose)
20 das Blatt
21 die Blattunterseite
22 die Blüte
23 das Schilfrohr
  (der Rohrkolben)
24 der männliche Teil
  des Kolbens *m*
25 die männliche Blüte
26 der weibliche Teil
27 die weibliche Blüte
28 das Vergissmeinnicht
29 der blühende Zweig
30 die Blüte [Schnitt]
31 der Froschbiss
32 die Brunnenkresse
33 der Stängel mit Blüten *f*
  und jungen Früchten *f*
34 die Blüte
35 die Schote mit Samen *m*
36 zwei Samen *m*
37 die Wasserlinse
38 die blühende Pflanze
39 die Blüte
40 die Frucht

41 die Schwanenblume
42 die Blütendolde
43 die Blätter *n*
44 die Frucht
45 die Grünalge
46 der Froschlöffel
47 das Blatt
48 die Blütenrispe
49 die Blüte
50 der Zuckertang,
  eine Braunalge *f*
51 der Laubkörper
  (der Thallus,
  das Thallom)
52 das Haftorgan
53 das Pfeilkraut
54 die Blattformen *f*
55 der Blütenstand
  mit männlichen Blüten *f*
  [oben] und weiblichen
  Blüten *f* [unten]
56 das Seegras
57 der Blütenstand
58 die Wasserpest
59 die Blüte

1 der Eisenhut
  (Sturmhut)
2 der Fingerhut
  (die Digitalis)
3 die Herbstzeitlose
  (*österr.* die Lausblume,
  das Lauskraut, *schweiz.*
  die Herbstblume,
  Winterblume)
4 der Gefleckte Schierling
5 der Schwarze Nacht-
  schatten (*österr.*
  das Mondscheinkraut,
  Saukraut)

6 das Schwarze Bilsenkraut
7 die Tollkirsche
  (Teufelskirsche, *schweiz.*
  die Wolfsbeere, die Wolfskirsche, die Krottenblume,
  die Krottenbeere, *österr.*
  Tintenbeere, Schwarz-
  beere), ein Nachtschattengewächs *n*
8 der Stechapfel
  (Dornapfel,
  die Stachelnuss)
9 der Aronstab

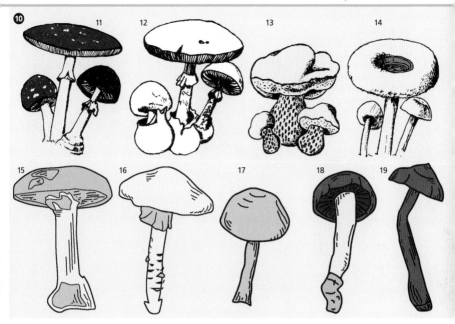

10 **Giftpilze** *m*
11 der Fliegenpilz
12 der Frühlings-
   knollenblätterpilz
13 der Grüne
   Knollenblätterpilz
14 der Weiße
   Knollenblätterpilz
15 der Satanspilz
16 der Giftreizker
17 der Nadelholzhäubling

18 der Orangefuchsige
   Hautkopf
19 der Prächtige
   Schleierling

1 die Kamille
(die Deutsche Kamille,
die Echte Kamille)
2 die Arnika
3 die Pfefferminze
4 der Wermut
5 der Baldrian
6 der Fenchel

7 der Lavendel
(*schweiz.* der Valander,
die Balsamblume)
8 der Huflattich
(der Pferdefuß,
Brustlattich)
9 der Rainfarn
10 das Tausendgüldenkraut
11 der Spitzwegerich
12 der Eibisch
13 der Faulbaum
14 der Rizinus

15 der Schlafmohn
16 der Sennesblätterstrauch
(die Kassie);
die getrockneten Blätter:
Sennesblätter *n*
17 der Chinarindenbaum
18 der Kampferbaum
19 der Bethelnussbaum
20 die Bethelnuss

1 **der Feldchampignon**
(Wiesenchampignon)
2 das Fadengeflecht
(Pilzgeflecht,
das Myzelium, Myzel)
mit Fruchtkörpern *m*
(Pilzen *m*)
3 der Pilz [Längsschnitt]
4 der Hut mit Lamellen *f*
5 der Schleier (das Velum)
6 die Lamelle [Schnitt]
7 die Sporenständer *m*
(Basidien *f*)
[vom Lamellenrand *m*
mit Sporen *f*]
8 die keimenden Sporen *f*

9 **die Weiße Trüffel**
(10–13)
10 der Pilz [von außen]
11 der Pilz [Schnitt]
12 Inneres *n* mit
den Sporenschläuchen *m*
[Schnitt]
13 zwei Sporenschläuche *m*
mit den Sporen *f*
14 der Pfifferling
15 der Maronenpilz
16 der Steinpilz
17 die Röhrenschicht
18 der Stiel
19 der Eierbovist
20 der Flaschenbovist
21 der Butterpilz
22 der Birkenpilz
23 der Speisetäubling
24 der Habichtpilz

25 der Mönchskopf
(der Trichterling)
26 die Speisemorchel
27 die Spitzmorchel
28 der Hallimasch
29 der Edelreizker
30 der Parasolpilz
31 der Semmelpilz
32 der Gelbe Ziegenbart
33 das Stockschwämmchen

1 **der Kaffeestrauch**
2 der Fruchtzweig
3 der Blütenzweig
4 die Blüte
5 die Frucht mit
den beiden Bohnen *f*
[Längsschnitt]
6 die Kaffeebohne;
nach Verarbeitung:
der Kaffee

7 **der Teestrauch**
8 der Blütenzweig
9 das Teeblatt;
nach Verarbeitung:
der Tee
10 die Frucht

11 **der Matestrauch**
12 der Blütenzweig mit
den Zwitterblüten *f*
13 die männliche Blüte
14 die Zwitterblüte
15 die Frucht

16 **der Kakaobaum**
17 der Zweig mit Blüten *f*
und Früchten *f*
18 die Blüte [Längsschnitt]
19 die Kakaobohnen *f;*
nach Verarbeitung:
der Kakao, das Kakao-
pulver
20 der Samen
[Längsschnitt]
21 der Embryo

22 **der Zimtbaum**
23 der Blütenzweig
24 die Frucht
25 die Zimtrinde;
zerstoßen: der Zimt

26 **der Gewürznelkenbaum**
27 der Blütenzweig
28 die Knospe; *getrocknet:*
die Gewürznelke, »Nelke«
29 die Blüte

30 **der Muskatnussbaum**
31 der Blütenzweig
32 die weibliche Blüte
[Längsschnitt]
33 die reife Frucht
34 die Muskatblüte,
ein Samen *m*
mit geschlitztem
Samenmantel *m*
(Mazis, Macis *m*)
35 der Samen [Querschnitt];
getrocknet: die Muskat-
nuss

36 **der Pfefferstrauch**
37 der Fruchtzweig
38 der Blütenstand
39 die Frucht [Längsschnitt]
mit Samen *m*
(Pfefferkorn); *gemahlen:*
der Pfeffer

40 **die Virginische
Tabakpflanze**
41 der Blütenzweig
42 die Blüte
43 das Tabakblatt;
verarbeitet: der Tabak
44 die reife Fruchtkapsel
45 der Samen

46 **die Vanillepflanze**
47 der Blütenzweig
48 die Vanilleschote;
nach Verarbeitung:
die Vanillestange

49 **der Pistazienbaum**
50 der Blütenzweig mit
den weiblichen Blüten *f*
51 die Steinfrucht
(die Pistazie)

52 **das Zuckerrohr**
53 die Pflanze (der Habitus)
während der Blüte *f*
54 die Blütenrispe
55 die Blüte

1 **der Raps**
2 das Grundblatt
3 die Blüte
[Längsschnitt]
4 die reife Fruchtschote
5 der ölhaltige Samen

6 **der Flachs**
(der Lein)
7 der Blütenstängel
8 die Fruchtkapsel

9 **der Hanf**
10 die fruchtende
weibliche Pflanze
11 der weibliche
Blütenstand
12 die Blüte
13 der männliche
Blütenstand
14 die Frucht
15 der Samen

16 **die Baumwolle**
17 die Blüte
18 die Frucht
19 das Samenhaar
(die Wolle)

20 **der Kapokbaum**
21 die Frucht
22 der Blütenzweig
23 der Samen
24 der Samen
[Längsschnitt]

25 **die Jute**
26 der Blütenzweig
27 die Blüte
28 die Frucht

29 **der Olivenbaum**
(Ölbaum) (30–32)
30 der Blütenzweig
31 die Blüte
32 die Frucht
33 **der Gummibaum**
34 der Zweig
mit Früchten *f*
35 die Feige
36 die Blüte

37 **der Guttaperchabaum**
38 der Blütenzweig
39 die Blüte
40 die Frucht

41 **die Erdnuss**
42 der Blütenzweig
43 die Wurzel mit Früchten *f*
44 die Frucht [Längsschnitt]

45 **die Sesampflanze**
46 der Zweig mit Blüten *f*
und Früchten *f*
47 die Blüte [Längsschnitt]

48 **die Kokospalme**
49 der Blütenstand
50 die weibliche Blüte
51 die männliche Blüte
[Längsschnitt]
52 die Frucht [Längsschnitt]
53 die Kokosnuss

54 **die Ölpalme** (55–57)
55 der männliche Blüten-
kolben mit der Blüte *f*
56 der Fruchtstand
mit der Frucht *f*
57 der Samen mit
den Keimlöchern *n*
58 die Sagopalme
59 die Frucht

60 **das Bambusrohr**
61 der Blattzweig
62 die Blütenähre
63 das Halmstück
mit Knoten *m*

64 **die Papyrusstaude**
65 der Blütenschopf
66 die Blütenähre

1 **die Dattelpalme**
2 die Frucht tragende Palme
3 der Palmwedel
4 der männliche
Blütenkolben
5 die männliche Blüte
6 der weibliche
Blütenkolben
7 die weibliche Blüte
8 ein Zweig *m*
des Fruchtstandes *m*
9 die Dattel
10 der Dattelkern
(der Samen)

11 **die Feige**
12 der Zweig
mit Scheinfrüchten *f*
13 die Feige mit Blüten *f*
[Längsschnitt]
14 die weibliche Blüte
15 die männliche Blüte

16 **der Granatapfel**
17 der Blütenzweig
18 die Blüte [Längsschnitt,
Blütenkrone entfernt]
19 die Frucht
20 der Samen (der Kern)
[Längsschnitt]
21 der Samen [Querschnitt]
22 der Embryo

23 **die Zitrone;**
ähnl.: die Limone,
die Mandarine, die Apfel-
sine, die Pampelmuse
(die Grapefruit)
24 der Blütenzweig
25 die Apfelsinenblüte
(Orangenblüte)
[Längsschnitt]
26 die Frucht
27 die Apfelsine (die Orange)
[Querschnitt]

28 **die Bananenstaude**
29 die Blätterkrone
30 der Scheinstamm
mit den Blattscheiden *f*
31 der Blütenstand
mit jungen Früchten *f*
32 der Fruchtstand
33 die Banane
34 die Bananenblüte
35 das Bananenblatt
[Schema]

36 **die Mandel**
37 der Blütenzweig
38 der Fruchtzweig
39 die Frucht
40 die Steinfrucht
mit dem Samen *m*
(eine Mandel *f*)

41 **das Johannisbrot**
42 der Zweig
mit weiblichen Blüten *f*
43 die weibliche Blüte
44 die männliche Blüte
45 die Frucht
46 die Fruchtschote
[Querschnitt]
47 der Samen

48 **die Marone**
(Edelkastanie *f*)
49 der Blütenzweig
50 der weibliche Blütenstand
51 die männliche Blüte
52 der Fruchtbecher
(die Cupula)
mit den Samen *m*
(den Kastanien *f,*
Maronen *f*)

53 **die Paranuss**
54 der Blütenzweig
55 das Blatt
56 die Blüte [Aufsicht]
57 die Blüte [Längsschnitt]
58 der geöffnete Frucht-
topf mit einliegenden
Samen *m*
59 die Paranuss
[Querschnitt]
60 die Nuss
[Längsschnitt]

61 **die Ananaspflanze**
(die Ananas)
62 die Scheinfrucht
mit der Blattrosette *f*
63 die Blütenähre
64 die Ananasblüte
65 die Blüte
[Längsschnitt]

1 **der Ziergarten**
   (Blumengarten)
2 die Pergola
3 der Liegestuhl
   (die Gartenliege)
4 der Rasenbesen
   (Laubbesen, Fächerbesen)
5 der Rasenrechen
6 der wilde Wein,
   eine Kletterpflanze *f*
7 der Steingarten
8 die Steingartenpflanzen *f*;
   Arten: der Mauerpfeffer,
   die Hauswurz, die Silberwurz, das Blaukissen

9 das Pampasgras
10 die Gartenhecke
11 die Blaufichte
12 die Hortensien *f*
13 die Eiche
14 die Birke
15 der Gartenweg
16 die Wegeinfassung
17 der Gartenteich
18 die Steinplatte
19 die Seerose
20 das Bambusgras
21 die Knollenbegonien *f*
22 die Dahlien *f*
23 die Gießkanne
24 die Edellupine
25 die Margeriten *f*
26 die Hochstammrose

27 die Gartengerbera
28 die Iris
29 die Gladiolen *f*
30 die Chrysanthemen *f*
   (die Goldblumen *f*)
31 der Klatschmohn
32 der Goldlack
33 die Ringelblume
34 das Löwenmäulchen
35 der Rasen
36 der Löwenzahn
37 die Sonnenblume

<table>
<tr><td>

1 **der Kleingarten**
 (Schrebergarten,
 Gemüse- und
 Obstgarten)
2, 3, 17, 18, 30
 Zwergobstbäume *m*
 (Spalierobstbäume,
 Formobstbäume)
2 der Wandspalierbaum
3 der senkrechte Schnur-
 baum (der Kordon)
4 der Geräteschuppen
5 die Regentonne
6 die Schlingpflanze
7 der Komposthaufen
8 die Sonnenblume
9 die Gartenleiter
10 die Staude
 (Blumenstaude)

</td><td>

11 der Gartenzaun
 (Lattenzaun, das Staket)
12 der Beerenhochstamm
13 die Kletterrose am
 Spalierbogen *m*
14 die Buschrose
 (der Rosenstock)
15 die Sommerlaube
 (Gartenlaube)
16 der Lampion
 (die Papierlaterne)
17 der Pyramidenbaum,
 die Pyramide, ein frei
 stehender Spalierbaum *m*
18 der zweiarmige, waage-
 rechte Schnurbaum
 (der Kordon)
19 die Blumenrabatte,
 ein Randbeet *n*
20 der Beerenstrauch
 (Stachelbeerstrauch,
 Johannisbeerstrauch)
21 die Zementleisten-
 einfassung

</td><td>

22 der Rosenhochstamm
 (der Rosenstock,
 die Hochstammrose)
23 das Staudenbeet
24 der Gartenweg
25 der Kleingärtner
 (Schrebergärtner)
26 das Spargelbeet
27 das Gemüsebeet
28 die Vogelscheuche
29 die Stangenbohne,
 eine Bohnenpflanze *f*
 an Stangen *f*
 (Bohnenstangen)
30 der einarmige, waage-
 rechte Schnurbaum
 (der Kordon)
31 der Obsthochstamm
 (der hochstämmige
 Obstbaum)
32 der Baumpfahl
33 die Hecke

</td></tr>
</table>

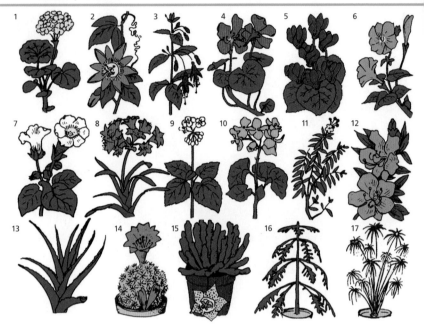

1 die Pelargonie
  (der Storchschnabel),
  ein Geraniengewächs *n*
2 die Passionsblume
  (die Passiflora),
  eine Kletterpflanze *f*
3 die Fuchsie (die Fuchsia),
  ein Nachtkerzen-
  gewächs *n*
4 die Kapuzinerkresse
  (Blumenkresse,
  das Tropaeolum)
5 das Alpenveilchen
  (das Zyclamen),
  ein Primelgewächs *n*
6 die Petunie, ein Nacht-
  schattengewächs *n*

7 die Gloxinie
  (die Sinningia),
  ein Gesneriengewächs *n*
8 die Klivie (die Clivia),
  ein Amaryllisgewächs *n*
  (Narzissengewächs)
9 die Zimmerlinde
  (die Sparmannia),
  ein Lindengewächs *n*
10 die Begonie (die Begonia,
  das Schiefblatt)
11 die Myrte
  (Brautmyrte, der Myrtus)
12 die Azalee (die Azalea),
  ein Heidekrautgewächs *n*
13 die Aloe, ein Lilien-
  gewächs *n*
14 der Igelkaktus (Kugel-
  kaktus, Echinokaktus,
  Echinocactus)

15 der Ordenskaktus
  (die Stapelia, eine Aasblume *f*, Aasfliegenblume,
  Ekelblume), ein Seiden-
  pflanzengewächs *n*
16 die Zimmertanne
  (Schmucktanne,
  eine Araukarie *f*)
17 das Zypergras
  (der Cyperus alterni
  folius), ein Ried- oder
  Sauergras

1 **die Aussaat**	10 **die Vermehrung**	25 das Steckholz
2 die Aussaatschale	**durch Ableger** *m*	26 die Knospe
(Saatschale)	11 der Ableger	
3 der Samen	12 der bewurzelte Ableger	27 **die Vermehrung**
4 das Etikett	13 die Astgabel zur	**durch Brutzwiebeln** *f*
	Befestigung *f*	28 die alte Zwiebel
5 **das Vertopfen**		29 die Brutzwiebel
(das Pikieren,	14 **die Vermehrung**	
das Verpflanzen,	**durch Ausläufer** *m*	30 **die Veredlung**
das Umpflanzen,	15 die Mutterpflanze	31 die Okulation
das Versetzen,	16 der Ausläufer	(das Okulieren)
das Umsetzen)	(der Fechser)	32 das Okuliermesser
6 der Sämling	17 der bewurzelte Spross	33 der T-Schnitt
7 das Pflanzholz	18 das Absenken in Töpfe *m*	34 die Unterlage
8 der Blumentopf		35 das eingesetzte Edelauge
(die Scherbe, *ostmd.*	19 **der Wassersteckling**	36 der Bastverband
der Blumenasch, *obd.*	20 der Steckling	37 der Gummiverband
der Blumenscherben),	21 die Wurzel	(die Okulette)
ein Pflanztopf		38 das Pfropfen
9 die Glasscheibe	22 **der Augensteckling**	(Spaltpfropfen)
	an der Weinrebe *f*	39 das Edelreis (Pfropfreis)
	23 das Edelauge,	40 der Keilschnitt
	eine Knospe *f*	41 die Kopulation
	24 der ausgetriebene	(das Kopulieren)
	Steckling	

1–51 **der Gartenbaubetrieb**
(die Gärtnerei,
der Erwerbsgartenbau)
1 der Geräteschuppen
2 der Hochbehälter
(das Wasserreservoir)
3 die Gartenbaumschule,
eine Baumschule

4 **das Treibhaus** (5 u. 6)
(Warmhaus, Kulturhaus,
das Kaldarium)
5 das Glasdach
6 die Rollmatte
(Strohmatte, Rohrmatte,
Schattenmatte)
7 der Heizraum
8 das Heizrohr
(die Druckrohrleitung)

9 das Deckbrett
(der Deckladen,
das Schattenbrett,
Schattierbrett)
10, 11 die Lüftung
10 das Lüftungsfenster
(die Klapplüftung)
11 die Firstlüftung
12 der Pflanzentisch
13 der Durchwurf
(das Erdsieb, Stehsieb,
das Wurfgitter)
14 die Erdschaufel
(eine Schaufel)
15 der Erdhaufen
(die kompostierte Erde,
Komposterde, Garten-
erde)

16 **das Frühbeet**
(Mistbeet, Warmbeet,
Treibbeet, der Mistbeet-
kasten) (17–19)
17 das Mistbeetfenster
(die Sonnenfalle)
18 das Lüftungsholz
(Luftholz)
19 der Regner (das Bereg-
nungsgerät, der Sprenger,
der Sprinkler)
20 der Gärtner
(Gartenbauer, Gartenbau-
meister, Handelsgärtner)
21 der Handkultivator
22 das Laufbrett
23 vertopfte (pikierte)
Pflänzchen n
24 die getriebenen Blumen f
(die Frühtreiberei)
25 Topfpflanzen f
(eingetopfte, vertopfte
Pflanzen)

26 die Bügelgießkanne
(27 u. 28)
27 der Bügel
(Schweizerbügel)
28 die Gießkannenbrause
29 das Wasserbassin
(der Wasserbehälter)
30 das Wasserrohr
mit Wasser *n*
31 der Torfmullballen
32 das Warmhaus
33 das Kalthaus

34 der Windmotor
(35 u. 36)
35 das Windrad
36 die Windfahne
37 das Staudenbeet,
ein Blumenbeet
38 die Ringeinfassung
39 das Gemüsebeet

40 der Folientunnel
(das Foliengewächshaus)
(41 u. 42)
41 die Lüftungsklappe
42 der Mittelgang
43 die Gemüseversandsteige
(Gemüsesteige)

44 die Stocktomate
(die Tomatenstaude)
45 der Gartenbaugehilfe
46 die Gartenbaugehilfin

47 die Kübelpflanze (48 u. 49)
48 der Kübel
49 das Orangenbäumchen
50 der Drahtkorb
51 der Setzkasten

1–52 Gartengeräte
  1 das Pflanzholz
     (Setzholz)
  2 der Spatentt
  3 der Gartenbesen
  4 der Rechen
     (die Harke)
  5 die Häufelhacke
     (der Häufler)
  6 das Erdschäufelchen
     (die Pflanzkelle)
  7 die Kombihacke
  8 die Sichel
  9 das Gartenmesser
     (die Gartenhippe,
     Hippe, Asthippe)
 10 das Spargelmesser
 11 die Baumschere
     (Astschere,
     der Astschneider)
 12 der halbautomatische
     Spaten
 13 der Dreizinkgrubber
     (die Jätekralle)
 14 der Baumkratzer
     (Rindenkratzer)
 15 der Rasenlüfter
 16 die Baumsäge (Astsäge)
 17 die batteriebetriebene
     Heckenschere

 18 **die Motorgartenhacke**
     (19–21)
 19 der höhenverstellbare
     Griff
 20 das Getriebe
 21 das Anbauhackwerkzeug
 22 der Obstpflücker
 23 die Baumbürste
     (Rindenbürste)

 24 **die Gartenspritze zur**
     Schädlingsbekämpfung f
     (25)
 25 das Sprührohr
 26 der Schlauchwagen
 27 der Gartenschlauch

 28 **der Motorrasenmäher**
 29 der Grasfangkorb
 30 der Zweitaktmotor

 31 **der elektrische**
     Rasenmäher
 32 das Stromkabel
 33 das Messerwerk

 34 **der Handrasenmäher**
 35 die Messerwalze
 36 das Messer

 37 **der Rasentraktor**
     (der Aufsitzmäher)
 38 der Bremsarretierhebel
 39 der Elektrostarter
 40 der Fußbremshebel
 41 das Schneidwerk
 42 der Kippanhänger

 43 **der Kreisregner,**
     ein Rasensprenger m
     (44 u. 45)
 44 die Drehdüse
 45 der Schlauchnippel
 46 der Viereckregner
 47 der Gartenschubkarren
 48 die Rasenschere
 49 die Heckenschere
 50 die Rosenschere
 51 der elektrische
     Rasentrimmer
 52 der rotierende Nylon-
     faden

1–11 Hülsenfrüchte *f*
(Leguminosen *f*)

1 die Erbsenpflanze
(Erbse), ein Schmetter-
lingsblütler *m*
2 die Erbsenblüte
3 das gefiederte Blatt
4 die Erbsenranke,
eine Blattranke
5 das Nebenblatt
6 die Hülse,
eine Fruchthülle *f*
7 die Erbse
(der Erbsensamen)

8 die Bohnenpflanze,
eine Kletterpflanze
(9–11); *Sorten:* die Gemüse-
bohne, Kletter- oder
Stangenbohne, Feuer-
bohne; *kleiner:* Zwerg-
oder Buschbohne
9 die Bohnenblüte
10 der rankende
Bohnenstängel
11 die Bohne
(die Bohnenhülse mit
den Bohnensamen)
12 die Tomate (der Liebesapfel, Paradiesapfel,
österr. Paradeis,
Paradeiser)
13 die Gurke
14 der Spargel
15 das Radieschen
16 der Rettich
(*bayr.-österr.* der Radi)

17 die Möhre
(*nordd.* die Mohrrübe,
südd. Gelbe Rübe,
landsch. die Wurzel)
18 die Karotte
19 die Petersilie (die Federselli, das Peterlein)
20 der Meerrettich
(*österr.* der Kren)
21 der Porree
(der Lauch, Breitlauch)
22 der Schnittlauch
23 der Kürbis
(die Frucht des Kürbis)
24 die Zwiebel (Küchen-
zwiebel, Gartenzwiebel)
25 die Zwiebelschale
26 der Kohlrabi
(Oberkohlrabi)
27 der *od.* die Sellerie
(der Eppich,
österr. der Zeller)

28–34 Krautpflanzen *f*
28 der Mangold
29 der Spinat
30 der Rosenkohl
(Brüsseler Kohl)
31 der Blumenkohl
(*österr.* der Karfiol)
32 der Kohl (Kopfkohl,
der Kohlkopf),
ein Kraut *n;*
Zuchtformen: Weißkohl
(das Weißkraut, *westd.*
der Kappes), Rotkohl
(das Rotkraut, *südd.,*
österr. Blaukraut)
33 der Wirsing (der Wirsingkohl, das Welschkraut)
34 der Grünkohl (Krauskohl,
Braunkohl, Winterkohl)
35 die Schwarzwurzel

36–40 Salatpflanzen *f*
36 der Kopfsalat
(Salat, grüner Salat,
die Salatstaude)
37 das Salatblatt
38 der Feldsalat
(Ackersalat, die Rapunze,
die Rapunzel, das Rapunz-
lein, das Rapünzchen)
39 die Endivie
(der Endiviensalat)
40 der (die) Chicorée
(die Zichorie,
Salatzichorie)
41 die Artischocke
42 der Paprika (der spanische
Pfeffer, die Paprikaschote)
43 der Knoblauch (*landsch.,*
österr. ugs. Knofel,
scherzh. Knobi),
ein Lauchgewächs *n*
44 die Rucola (Rukola,
die Ölrauke, die Salat-
rauke)

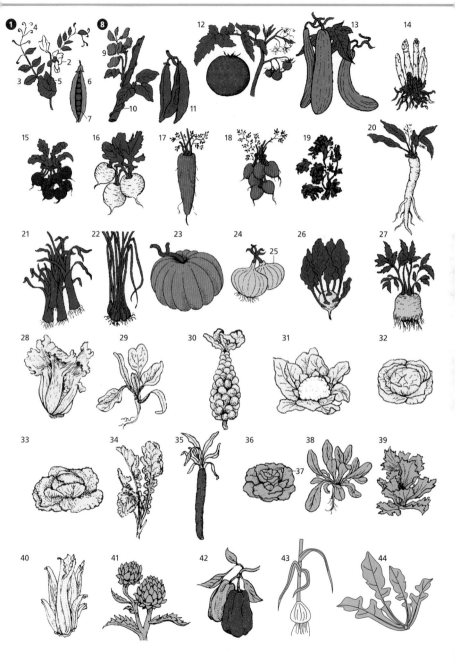

1 das Bohnenkraut
(Pfefferkraut, Sommer-
bohnenkraut)
2 der Borretsch
(das Gurkenkraut)
3 die Brunnenkresse
4 der Beifuß
5 der Dill
(der Echte Dill)
6 der Estragon

7 der Kerbel
8 der Koriander
(das Wanzenkraut)
9 das Liebstöckel
(das Maggikraut)
10 der Majoran
11 die Petersilie
12 der Rosmarin
(der Meertau)
13 der Salbei
(der Klebrige Salbei,
Wiesensalbei,
Gartensalbei)

14 der Schnittlauch
(Graslauch)
15 der Thymian
(der Quendel,
der Thymus)
16 der Ysop

1 **Beerenobst** *n*
  (Beerensträucher *m*)

2 **Steinbrechgewächse** *n*
  (3–17)

3 **der Stachelbeerstrauch**
4 der blühende
  Stachelbeerzweig
5 das Blatt
6 die Blüte
7 die Stachelbeer-
  spannerraupe
8 die Stachelbeerblüte
  [Vergrößerung]
9 der unterständige
  Fruchtknoten
10 der Kelch
  (die Kelchblätter *n*)
11 die Stachelbeere,
  eine Beere

12 **der Johannisbeerstrauch**
13 die Fruchttraube
14 die Johannisbeere
  (*österr.* die Ribisel,
  schweiz. das Trübli)
15 der Fruchtstiel
  (Traubenstiel)
16 der blühende
  Johannisbeerzweig
17 die Blütentraube

18 **die Erdbeerpflanze;**
  Arten: die Walderdbeere,
  Gartenerdbeere *od.*
  Ananaserdbeere,
  Monatserdbeere
19 die blühende und
  Frucht tragende Pflanze
20 der Wurzelstock
21 das dreiteilige Blatt
22 der Ausläufer (der Seitenspross, der Fechser)

23 **die Erdbeere,**
  eine Scheinfrucht *f*
24 der Außenkelch
25 der Samenkern
  (der Samen, der Kern)
26 das Fruchtfleisch

27 **der Himbeer- und
  der Brombeerstrauch**
28 die Himbeerblüte
29 die Blütenknospe
30 die Himbeere,
  eine Sammelfrucht *f*
31 die Brombeere
32 die Dornenranke

33 **Kernobstgewächse** *n*
  (34–64)
34 der Birnbaum;
  wild: der Holzbirnbaum
35 der blühende Birnbaum-
  zweig

36 **die Birne**
  [Längsschnitt]
37 der Birnenstiel
38 das Fruchtfleisch
39 das Kerngehäuse
  (das Kernhaus)
40 der Birnenkern
  (der Samen),
  ein Obstkern

41 **die Birnenblüte**
42 die Samenanlage
43 der Fruchtknoten
44 die Narbe
45 der Griffel
46 das Blütenblatt
  (Blumenblatt)
47 das Kelchblatt
48 das Staubblatt
  (der Staubbeutel,
  das Staubgefäß)

49 **der Quittenbaum**
50 das Quittenblatt
51 das Nebenblatt
52 die Apfelquitte
  (Quitte) [Längsschnitt]
53 die Birnenquitte
  (Quitte) [Längsschnitt]

54 **der Apfelbaum;**
  wild: der Holzapfelbaum
55 der blühende Apfelzweig
56 das Blatt des Apfelbaums
57 die Apfelblüte
58 die welke Blüte

59 **der Apfel**
  [Längsschnitt] (60–64)
60 die Apfelschale
61 das Fruchtfleisch
62 das Kerngehäuse
  (das Kernhaus,
  obd. der Apfelbutzen,
  Butzen, *md.* der Griebs)
63 der Apfelkern,
  ein Obstkern
64 der Apfelstiel
65 der Apfelwickler,
  ein Kleinschmetterling *m*
66 der Fraßgang
67 die Larve (die Raupe)
  eines Kleinschmetter-
  lings *m* (*ugs.* der Wurm,
  die Obstmade)
68 das Wurmloch

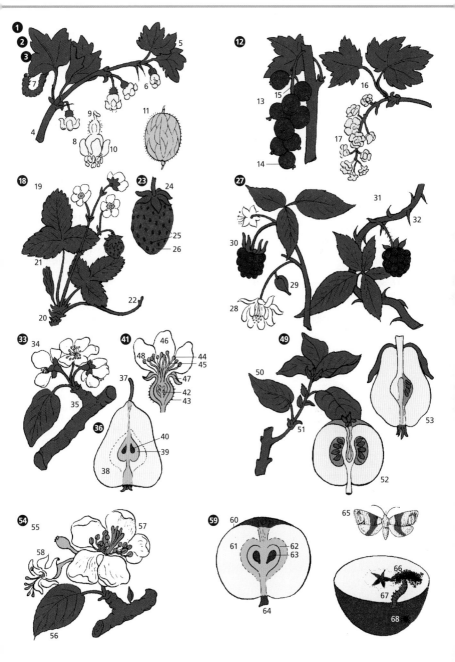

1 **Steinobstgewächse** *n*
   (2–42)

2 **der Kirschbaum;**
   Arten: Süß- oder Herz-
   kirsche, Wild- oder
   Vogelkirsche, Sauer- oder
   Weichselkirsche, die
   Schattenmorelle
3 der blühende Kirschzweig
4 das Kirschbaumblatt
5 die Kirschblüte
6 der Blütenstängel

7 **der Frucht tragende Zweig**
8 die Kirsche
   (die Kirschfrucht)
   [Querschnitt]
9 das Fruchtfleisch
10 der Kirschkern
11 der Samen

12 **die Kirschblüte**
   [Querschnitt]
13 das Staubblatt
   (der Staubbeutel)
14 das Kronblatt
   (Blütenblatt)
15 das Kelchblatt
16 das Fruchtblatt
   (der Stempel)
17 die Samenanlage
   im mittelständigen
   Fruchtknoten *m*
18 der Griffel
19 die Narbe
20 das Kirschblatt
21 das Blattnektarium
   (Nektarium,
   die Honiggrube)

22 **der Zwetschgenbaum,**
   ein Pflaumenbaum
23 der Frucht tragende Zweig
24 die Zwetschge (die Zwetsche), eine Pflaume *f*
25 das Zwetschgenbaum-
   blatt, ein Pflaumen-
   baumblatt
26 die Knospe
27 der Zwetschgenkern,
   ein Pflaumenkern
28 die Reneklode (die Reineclaude, die Rundpflaume,
   die Ringlotte),
   eine Pflaume
29 die Mirabelle (die Wachspflaume), eine Pflaume

30 **der Pfirsichbaum**
31 der Blütenzweig
32 die Pfirsichblüte
33 der Blütenansatz
34 das austreibende Blatt
35 der Fruchtzweig
36 der Pfirsich
37 das Pfirsichbaumblatt

38 **der Aprikosenbaum**
   (*österr.* der Marillenbaum)
39 der blühende
   Aprikosenzweig
40 die Aprikosenblüte
41 die Aprikose
   (*österr.* die Marille)
42 das Aprikosenbaumblatt

43 **Nussbäume** *m* (44–60)

44 **der Walnussbaum,**
   ein Nussbaum
45 der blühende Walnuss-
   baumzweig
46 die Fruchtblüte
   (die weibliche Blüte)
47 der Staubblütenstand
   (die männlichen Blüten *f*,
   das Kätzchen mit den
   Staubblüten *f*)
48 das unpaarig
   gefiederte Blatt
49 die Walnussfrucht,
   eine kugelige Steinfrucht
50 die weiche Außenschale
   (die Fruchthülle,
   die Fruchtwand)
51 die Walnuss (die Welsche
   Nuss, *schweiz.* Baumnuss)
   mit dem Walnuss-
   samen *m*

52 **der Haselnussstrauch**
   (Haselstrauch),
   ein Windblütler *m*
53 der blühende Haselzweig
54 das Staubblütenkätzchen
   (Kätzchen)
55 der Fruchtblütenstand
56 die Blattknospe
57 der Frucht tragende Zweig
58 die Haselnuss,
   eine Steinfrucht *f*
59 die Fruchthülle
60 das Haselstrauchblatt

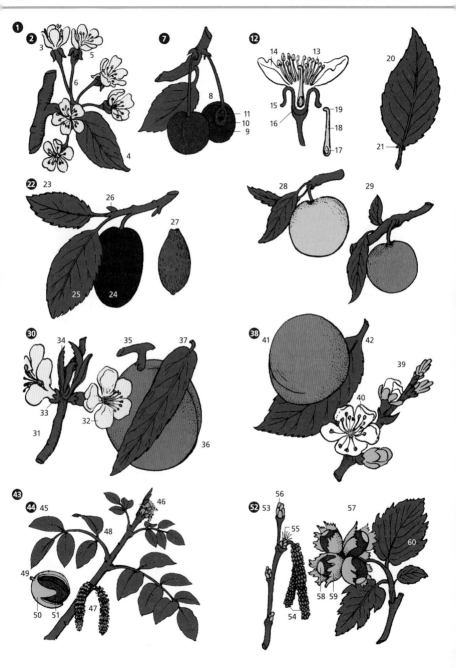

1 das Schneeglöckchen
(Märzglöckchen,
das Märzblümchen,
die Märzblume)
2 das Gartenstief-
mütterchen (das Pensee,
das Gedenkemein),
ein Stiefmütterchen
3 die Trompetennarzisse,
eine Narzisse
4 die Weiße Narzisse
(Dichternarzisse,
die Sternblume,
Studentenblume);
ähnl. die Tazette
5 das Tränende Herz
(Flammende Herz,
Hängende Herz,
Frauenherz, Jungfernherz,
die Herzblume),
ein Erdrauchgewächs *n*

6 die Bartnelke
(Büschelnelke, Fleisch-
nelke, Studentennelke),
eine Nelke (das Näglein,
österr. die Nagerl)
7 die Gartennelke
8 die Wasserschwertlilie
(Gelbe Schwertlilie,
Wasserlilie, Schilflilie,
die Drachenwurz, Tropf-
wurz, die Schwertblume,
der Wasserschwertel),
eine Schwertlilie (die Iris)
9 die Tuberose
(Nachthyazinthe)
10 die Gemeine Akelei
(Aglei, die Glockenblume,
die Goldwurz, der Elfen-
schuh)
11 die Gladiole
(die Siegwurz, der Schwertel, *österr.* das Schwertel)
12 die Weiße Lilie, eine Lilie
13 der Gartenrittersporn,
ein Hahnenfußgewächs *n*
14 der Staudenphlox,
ein Phlox *m*

15 **die Edelrose**
(Chinesische Rose) (16–18)
16 die Rosenknospe
17 die gefüllte Rose
18 der Rosendorn,
ein Stachel *m*
19 die Kokardenblume
(die Gaillardie)
20 die Tagetes (die Samt-
blume, Studentenblume,
Totenblume, Tuneser-
blume, die Afrikane)
21 der Gartenfuchsschwanz
(der Katzenschwanz,
das Tausendschön),
ein Fuchsschwanz
(Amarant *m*)
22 die Zinnie
23 die Pompondahlie,
eine Dahlie (die Georgine)

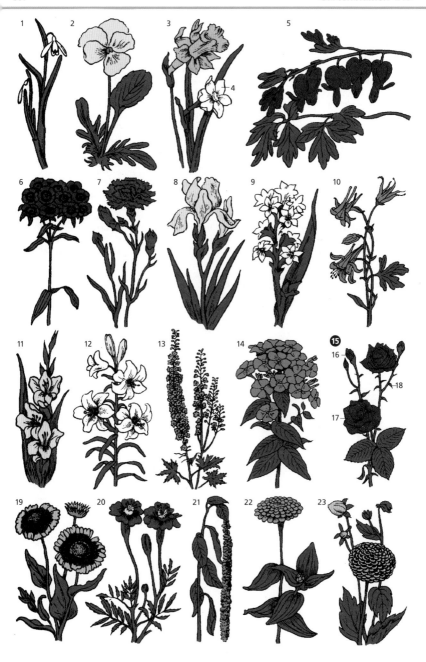

1 die Kornblume
(Kreuzblume, Hunger-
blume, die Zyane,
die Tremse),
eine Flockenblume

2 **der Klatschmohn**
(Klappermohn,
österr. Feldmohn,
die Feuerblume,
schweiz. Kornrose),
ein Mohn (3–5)
3 die Knospe
4 die Mohnblüte
5 die Samenkapsel
(Mohnkapsel) mit den
Mohnsamen *m*
6 die Gemeine Kornrade
(die Kornnelke,
die Roggenrose)
7 die Wucherblume
(das Chrysanthemum)
8 die Feldkamille
(die Echte Kamille,
Ackerkamille, die Wilde
Kamille, Hundskamille)

9 **das Gemeine
Hirtentäschel**
(das Täschelkraut,
Hirtentäschelkraut,
die Gänsekresse)
(10 u. 11)
10 die Blüte
11 die Frucht (das Schöt-
chen) in Täschchenform *f*
12 das Gemeine Kreuzkraut
(Greiskraut, der Bein-
brech)

13 **der Löwenzahn**
(die Kuhblume, Ketten-
blume, die Augenwurz,
das Milchkraut, der Kuh-
lattich, Hundslattich, *ugs.*
die Pusteblume) (14 u. 15)
14 das Blütenköpfchen
15 der Fruchtstand
16 die Wegrauke, eine Rauke
(Ruke)
17 das Steinkraut
(die Steinkresse)

18 **der Ackersenf**
(der Wilde Senf,
der Falsche Hederich)
19 die Blüte
20 die Frucht (die Schote)

21 **der Hederich**
(der Echte Hederich,
der Ackerrettich)
(22 u. 23)
22 die Blüte
23 die Frucht (die Schote)
24 die Gemeine Melde
25 der Gänsefuß
26 die Ackerwinde (die Drehwurz), eine Winde *f*
27 der Ackergauchheil
(der Rote Gauchheil,
der Augentrost,
die Rote Hühnermyrte,
die Rote Miere)
28 die Mäusegerste
(Taubgerste, Mauergerste)
29 der Flughafer
(Windhafer, Wildhafer)
30 die Gemeine Quecke
(die Zwecke, das Zweck-
gras, Spitzgras, der Dort,
das Pädergras);
ähnl. die Hundsquecke,
die Binsenquecke
(der Strandweizen)
31 das Kleinblütige Knopfkraut (Franzosenkraut,
Hexenkraut, das Gold-
knöpfchen)
32 die Ackerdistel
(Ackerkratzdistel,
Felddistel, Haferdistel,
Brachdistel), eine Distel
33 die Große Brennnessel,
eine Nessel

1 der Hof	**11** das Wohnhaus	**21** der Schweinestall
2 die Hofhecke	**12** die Satellitenschüssel	**22** der Entlüftungs-
3 der Hofhund	**13** der Vorplatz mit einer	schornstein
4 die Bäuerin	Sitzgruppe *f*	**23** die Ausläufe *m*
5 die Bauernkinder *n*	**14** der Bauerngarten	**24** das Schwein
6 der Bauer	**15** der Obstgarten	**25** der *od.* das Futtersilo
7 das Huhn (die Henne)		(Fahrsilo)
8 der Hahn	**16** der Rindviehstall	**26** die Betonplatte
9 die Hauskatze	(Boxenlaufstall)	**27** die Wandfolie
10 die Tränke	**17** die Lichtbänder *n*	**28** der *od.* das Güllesilo
	18 die Trauf-First-Lüftung	(Flachsilo), ein Betonsilo
	19 das Giebeltor	
	20 die Milchkammer	

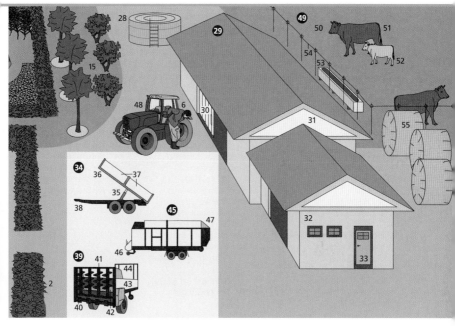

29 **die Scheune**
30 das Schiebetor
31 der Heuboden
32 der Geräteschuppen
mit Werkstatt *f*
33 der Zugang zum
Maschinenschuppen *m*

34 **der Dreiseitenkipper,**
ein Transportfahrzeug *n*
35 das motorhydraulische
Dreiseitenkippwerk
(die Kippvorrichtung)
36 der Kipperbrückenaufbau
37 die abnehmbaren Seiten-
wände *f*
38 die Deichsel

39 **der Stallmiststreuer**
(Dungstreuer)
40 das Streuaggregat
41 die Streuwalze
42 der bewegliche
Kratzboden
43 die Bordwand
44 die Gitterwand

45 **der Universalladewagen**
46 die Pick-up-Vorrichtung
[hochgeklappt]
47 die Entladevorrichtung
48 der Traktor
(der Schlepper)

49 **die Viehweide**
50 das Weidevieh
51 die Milchkuh
52 das Kalb
53 der Trog
54 der Elektrozaun
(der elektrische
Weidezaun)
55 der eingewickelte
Heuballen
(Großballen,
Siloballen)

1 **die Feldarbeiten** *f*
2 der Brachacker
3 der Grenzstein
4 der Grenzrain,
   ein Feldrain (Rain, Ort)
5 der Lesestein (Feldstein)
6 der Acker (das Feld)
7 die Ackerfurche
   (Pflugfurche)
8 die Scholle
9 der Bauer
10 der Traktor
11 der Pflug
12 der Bauernhof
13 die Flur
14 der Feldweg
15 das Saatbeet

16 **die zapfwellengetriebene**
   Säkombination
17 der Saatgutbehälter
18 die Särohre *n*
19 die Rollscharen *f od. n*

20 **die Heuernte**
   (Silageernte, Graserernte)
21 der Kreiselmäher
   mit Schwadablage *f*
   (der Schwadmäher)
22 der Zugbalken
23 die Zapfwelle
24 die Wiese
25 der Schwad
   (der Schwaden)
26 der Kreiselheuer
   (der Kreiselzetter)
27 das gebreitete
   (gezettete) Heu
28 der Kreiselschwader
29 der Silierwagen mit
   Schneidmulde *f* und
   Aufbau *m* aus senk-
   rechten Bordwänden *f*
30 der Schwedenreiter,
   ein Heureiter *m* [Allgäu]
31 die Heinze,
   ein Heureiter *m* [Allgäu]
32 der Dreibockreiter
   [Allgäu]

33 **die Getreideernte und**
   die Saatbettbereitung
34 der Mähdrescher
35 das Getreidefeld
36 das Stoppelfeld
   (der Stoppelacker)
37 der Rundballen
   (Rollpressballen)
38 die Rundballenwickler *m*
39 der Strohschwaden
40 der Großballen
41 die Großballenpresse
42 der Stallmiststreuer
43 der Vierscharbeetpflug
44 die Saatbettkombination

1 **der Mähdrescher**
  (die Kombine)
2 der Halmteiler
3 die Ährenheber *m*
4 der Messerbalken
5 die Haspel mit geschlos-
  senen Außensternen *m*
  und gesteuerten Feder-
  zinken *m*
6 der Haspelregeltrieb
7 die Einzugswalze,
  die Einzugsschnecke
8 der Kettenschrägförderer
9 die vollautomatische
  Schneidwerkverstellung
10 die Steinfangmulde
11 der Dreschkorb
12 die Dreschtrommel
13 die Wendetrommel
   zur Strohzuführung *f*
14 der Hordenschüttler
15 der Körnerrücklaufboden
16 das Gebläse für die
   Druckwindreinigung *f*
17 das Lamellensieb
18 die Kornschnecke
19 die Überkehrschnecke
20 der Korntank
21 die Korntankfüllschnecke
22 das Korntankauslaufrohr
23 die Fenster *n* zur
   Beobachtung *f* der Tankfüllung *f*
24 der Dieselmotor
25 die Triebradbereifung
26 die Lenkachsbereifung
27 der Fahrerstand mit
   Kabine *f*

28 **der selbstfahrende**
   Feldhäcksler
29 die Schneidtrommel
   (Häckseltrommel)
30 das Maisgebiss
31 die Fahrerkabine
32 der schwenkbare Aus-
   wurfturm (Überladeturm)
33 der Auspuff
34 die Hinterradlenkung

35 **der Wirbelschwader**
36 die Gelenkwelle
37 das Laufrad
38 der Doppelfederzinken
39 die Handkurbel
40 der Schwadrechen
41 der Dreipunktanbaubock

42 **der Wirbelwender**
43 der Ackerschlepper
44 die Anhängedeichsel
45 die Gelenkwelle
46 die Zapfwelle
47 das Getriebe
48 das Tragrohr
49 der Kreisel
50 das Zinkentragrohr
51 der Doppelfederzinken
52 der Schutzbügel
53 das Laufrad
54 die Handkurbel für die
   Höhenverstellung
55 die Laufradverstellung

56 **der Kartoffelbunkerroder**
   (Kartoffelsammelroder)
57 das Siebband mit
   Gummiwalzenantrieb *m*
58 das Grobkrautband mit
   gummierten Rückhalte-
   kämmen *m*
59 das neigungsverstellbare
   Trenngerät mit Doppel-
   abstreiferwalze *f*
60 das Trennband mit
   in Längsrichtung *f*
   laufendem Gummi-
   noppenband *n*

61 das Trenngerät mit
   Abstreiferwalze *f*
   od. Bürstenband *n*
62 das Verleseband
63 der Vorsatzelevator
   (das Vorsatzband)
64 der Rollbodenbunker
65 die Plattform für min-
   destens zwei Personen *f*
66 das Sicherheitsgeländer
67 die Steigleiter

68 **die selbstfahrende**
   Zuckerrüben-
   vollerntemaschine
   (Rübenerntemaschine,
   der Bunkerköpfroder)
69 die Köpfrodeeinheit
70 die Messer *n* für den
   Köpfschnitt *m* mit
   Schnittstärkenautomatik *f*
71 die elektronische
   Auflagedruckregelung
   (die Tasträder *n* mit
   Druckzylindern *m*)
72 die seitenbeweglichen
   Radrodeschare *f od. n*
73 die Reinigungswalzen *f*
   mit Auflageband *n*
74 das Siebband zur
   Trennung *f* der Schmutz-
   anteile *m* vom Erntegut *n*
75 das Bunkerbefüllband
76 der Großbunker mit
   optimiertem Schütt-
   kegel *m*
77 das Entladeband
78 der hintere Lenkkopf
79 das Gurtbandlaufwerk
80 der Multifunktions-
   joystick

1 23 21 20 22 27 24 14 13 17 15 12 10 11 28 31 32 33 6 5 7 8 16 25 18 19 26 34 3 4 9 29 30 2

35 39 36 40 38 37 41 **42** 55 54 47 45 43 44 46 48 52 49 53 50 51

56 58 57 61 62 63 59 60 65 64 66 67 **68** 76 80 74 75 77 69 78 79 73 72 71 70

1 **der Karrenpflug,**
ein Einscharpflug
2 der Handgriff
3 der Pflugsterz (Sterz)

4 **der Pflugkörper** (5–9)
5 das Streichblech
(Abstreichblech,
Panzerabstreichblech)
6 das Molterbrett
7 die Pflugsohle (Sohle)
8 die od. das Pflugschar
(Schar)
9 die Griessäule
10 der Grindel (der Gründel,
der Grendel, der Pflug-
baum)
11 das Messersech
(das Pflugmesser, der od.
das Pflugkolter), ein Sech
12 der Vorschäler
(der Vorschneider)
13 der Führungssteg (Quersteg, das Querzeug) für
die Kettenselbstführung
14 die Selbsthaltekette
(Führungskette)

15 **der Pflugkarren**
(Karren, die Karre)
16 der Stellbügel
(der Stellbogen,
die Brücke, das Joch)
17 das Landrad
18 das Furchenrad
19 die Zughakenkette
(Aufhängekette)
20 die Zugstange
21 der Zughaken

22 **der Schlepper**
(Ackerschlepper,
der Traktor, der Trecker,
die Zugmaschine)
23 die Frontaltriebachse
24 die hydropneumatische
Vorderachsfederung
25 das Fronthubwerk
26 die Frontzapfwelle
27 der Endantrieb
28 die Ladeluftkühlung
29 die Kompaktkühlung
mit Kühlluftführung *f*

30 der 7-Liter-Motor mit
elektrischer Motor-
regelung *f*
31 der Luftfilter
32 die gekapselte
Allradkupplung
33 der Kraftstofftank
34 der Stickstoffmembran-
speicher (die Federung)
35 die Federbeine *n* für
die Kabinendämpfung
(die Kabinenfederung)
36 die Scheibenbremse
für Hinterräder *n*
37 die Scheibenbremse
für Vorderräder *n*
38 die Achse
39 die kippbare Kabine
40 die Zusatzbeleuchtung
41 der luftgefederte Komfortsitz mit mechanischem
Drehapparat *m*
42 der Joystick für Steuerung *f*, Hydraulik *f* und
Zapfwelle *f*
43 das Terminal zur Steuerung *f* der Fahrfunktionen
f, zur Einstellung *f*
der Hydraulik *f* und
der elektrischen Ventile *n*

44 **der Grubber** (Flügelschargrubber, der Kultivator),
ein Bodenbearbeitungs-
gerät *n*
45 der Profilrahmen
46 die od. das Flügelschar
mit Neigungsverstellung *f*,
ein[e] Schar *f* od. *n*
47 die od. das Doppelherzschar (Schar);
ähnl. Meißelschar
48 die Packerwalze zur
Rückverfestigung *f*
und Tiefenführung *f*
49 die hydraulische
Tiefeneinstellung
50 die Hohlscheiben *f*
zur Mischung *f*
und Einebnung *f*
51 die Warntafel für die
Ladebordwand
52 die Reflektoren *m*
53 die Anhängevorrichtung

54 **der hydraulische
Volldrehpflug,**
ein Anbaupflug, ein Pflug
55 das Pflugstützrad

56 **der Pflugkörper,** ein Universalpflugkörper (57–60)
57 das Streichblech
58 die od. das Pflugschar
59 die Pflugsohle
60 das Molterbrett
61 der Vorschäler
62 das Scheibensech
63 der Pflugrahmen
64 der Grindel
65 die hydraulische
Kupplungsvorrichtung
66 die Schwenkvorrichtung
(das Standdrehwerk)

67 **die Sämaschine**
(die Anbausämaschine),
eine Drillmaschine
68 der Säkasten
69 die od. das Säschar
(ein[e] Rollschar *f* od. *n*)
70 das Saatleitungsrohr,
ein Teleskoprohr *n*
71 der Saatauslauf
72 die elektronisch gesteuerte Saatmengenverstellung
73 das Antriebsrad
74 der hydraulisch ver-
stellbare Spuranreißer
75 das Laufgitter aus feuer-
verzinktem Stahl *m*
76 das Sicherheitsgeländer
77 die Stahltreppe mit
Gitterroststufen *f*

78 **die Kreiselegge**
79 der Doppelrahmen
80 die Kreiselwellen *f*
mit Zinkenträgern *m*
81 die federnde Zinken-
befestigung
82 die Zinke

83 **die Saatbettkombination**
84 die dreifeldrige
Zinkenegge
85 der dreifeldrige
Dreiwalzenkrümler
86 der Tragrahmen

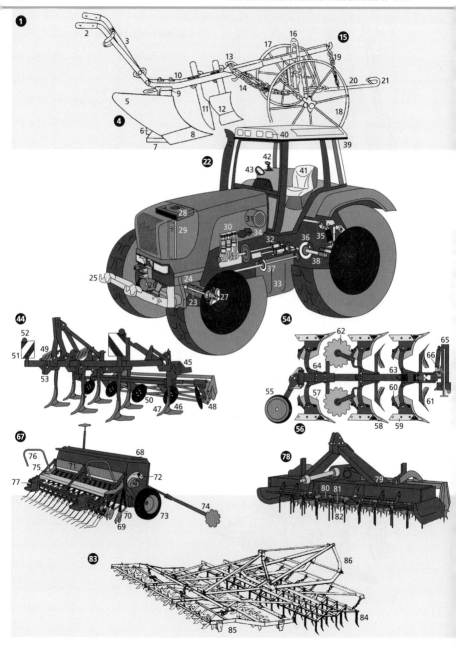

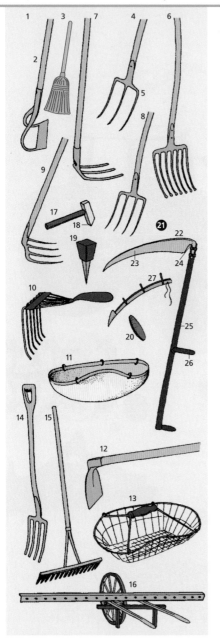

**1–27 Landwirtschaftliche
Geräte**
 1 die Ziehhacke
(Bügelhacke)
 2 der Hackenstiel
 3 der Besen (Strohbesen)
 4 die dreizinkige Heugabel
(die Heuforke, Forke)
 5 der Zinken
 6 die Kartoffelgabel
(die Kartoffelforke,
die Rübengabel)
 7 die Kartoffelhacke
 8 die vierzinkige Mistgabel
(die Mistforke, Forke)
 9 die Misthacke
10 die Kartoffelkralle
11 die Kartoffellegewanne
12 die Schlaghacke
(Kartoffelhacke)
13 der Kartoffelkorb,
ein Drahtkorb
14 die Grabgabel
15 der Holzrechen
(Rechen, die Heuharke)
16 die Kleekarre, eine Kleesämaschine *f (früher)*
17 der Dengelhammer
18 die Finne
19 der Dengelamboss
20 der Wetzstein

21 die Sense
22 das Sensenblatt
23 der Dengel
24 der Sensenbart
25 der Wurf
(der Sensenstiel)
26 der Sensengriff
27 der Sensenschutz
(der Sensenschuh)

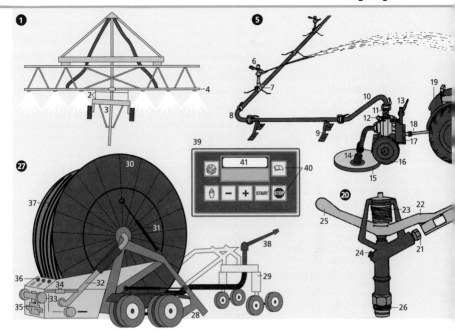

1 **der Düsenwagen**
mit Teleskopsystem *n*
für eine Spannweite *f*
von 12 bis 100 Metern *m*
2 der automatische
Neigungsausgleich
3 das Fahrgestell
4 die Düsenanlage

5 **die bewegliche**
Beregnungsanlage
6 der Kreisregner
7 die Standrohrkupplung
8 der Kardanbogen
9 der Stützbock
10 der Pumpen-
anschlussbogen
11 der Druckanschluss
12 das Manometer
13 die Evakuierungspumpe
14 der Saugkorb

15 der Brunnen
16 das Fahrgestell für
die Schlepperpumpe
17 die Schlepperpumpe
18 die Gelenkwelle
19 der Schlepper

20 **der Kreisregner,**
ein Feldregner
21 die Düse
22 der Schwinghebel
23 die Schwinghebelfeder
24 der Stopfen
25 das Gegengewicht
26 das Gewinde

27 **die Beregnungsmaschine**
für Großflächen *f*
28 das Tandemfahrgestell
29 der hydraulische Stützfuß
30 der Drehkranz
31 die hydraulische
Drehkranzsteuerung
32 der beidseitige
Wasserzulauf
33 der Wasseranschluss
34 die elektronische
Unter- und Überdruck-
abschaltung
35 die Turbine
36 das Bedienungselement
37 das PE-Rohr
(Polyesterrohr)
38 der Regner
39 der Beregnungscomputer
40 die spritzwassergeschütz-
ten Funktionstasten *f*
mit Programmiertasten *f*
für Einzugssteuerung *f*
41 die Anzeige der Bereg-
nungsart *f* und
Beregnungszeit *f*

1–47 Feldfrüchte *f*
(Ackerbauerzeugnisse *n*,
Landwirtschafts-
produkte *n*)

1–37 Getreidearten *f*
(das Getreide, die Körner-
früchte *f*, Kornfrüchte,
Mehlfrüchte,
die Zerealien *pl*)

1 der Roggen,
ein Brotgetreide *n*;
Arten: Winterroggen,
Sommerroggen, Grün-
roggen, Futterroggen
2 die Roggenähre *f*,
eine Ähre
3 das Ährchen
4 das Mutterkorn, ein durch
einen Pilz *m* entartetes
Korn *n* mit Dauermyzel-
geflecht *n*

5 der bestockte
Getreidehalm
6 der Halm
7 der Halmknoten
8 das Blatt (Getreideblatt)
9 die Blattscheide (Scheide)

10 das Ährchen
11 die Spelze
12 die Granne
13 das Getreidekorn (Korn)
mit Mehlkörper *m*

14 die Keimpflanze
15 das Samenkorn mit
Mehlkörper *m*
16 der Keimling
17 die Wurzel
18 das Wurzelhaar

19 das Getreideblatt (20–22)
20 die Blattspreite (Spreite)
21 die Blattscheide
22 das Blatthäutchen
23 der Weizen
24 der Dinkel (der Spelz,
der Spelt, der Blicken,
der Fesen, der Vesen,
das Schwabenkorn)
25 das Dinkelkorn;
unreif: der Grünkern
26 die Gerste
27 die Haferrispe,
eine Rispe *f*
28 die Hirse
29 der Reis
30 das Reiskorn

31 der Mais
(*landsch.* der Kukuruz, der
türkische Weizen); *Sorten:*
Puff- oder Röstmais, Pfer-
dezahnmais, Hartmais,
Hülsenmais, Weichmais,
Zuckermais
32 der weibliche Blütenstand
33 die Lieschen *pl*
(die Hüllblätter *n*
des Maiskolbens *m*)
34 der Griffel
35 der männliche
Blütenstand in Rispen *f*
36 der Maiskolben
37 das Maiskorn

38–47 Hackfrüchte *f*

38 die Kartoffel
(*landsch.* die Grundbirne,
der Erdapfel, die Erdbirne;
alemann. Herdapfel),
eine Knollenpflanze;
Sorten: die runde, rund-
ovale, plattovale, lange
Kartoffel, Nierenkartoffel;
nach Farben: die weiße,
gelbe, rote, blaue Kartoffel
39 die Saatkartoffel
(die Mutterknolle)
40 die Kartoffelknolle
(die Kartoffel)
41 das Kartoffelkraut
42 die Blüte
43 die giftige Beerenfrucht
(der Kartoffelapfel)

44 die Zuckerrübe,
eine Runkelrübe *f*
45 die Wurzel (die Rübe,
der Rübenkörper)
46 der Rübenkopf
47 das Rübenblatt

1–28 Futterpflanzen *f*
für den Feldfutterbau *m*

1 der Rotklee (Kopfklee,
der Rote Wiesenklee,
Futterklee, der Deutsche
Klee, der Steyrer Klee)

2 der Weißklee (der Weiße
Wiesenklee, Weidenklee,
der Kriechende Klee)

3 der Bastardklee
(Schwedenklee)

4 der Inkarnatklee
(Rosenklee, Blutklee)

5 das vierblättrige Kleeblatt
(*volkstüml.* der Glücks-
klee)

6 der Wundklee (Wollklee,
Tannenklee, der Russische
Klee, Bärenklee)

7 die Kleeblüte

8 die Fruchthülse

9 die Luzerne (der Dauer-
klee, der Welsche Klee,
der Hohe Klee, Monats-
klee)

10 die Esparsette
(die Esper, der Süßklee,
der Schweizer Klee)

11 die Serradella (die Serradelle, der Große Vogelfuß)

12 der Gemeine Spörgel
(Ackerspörgel, Feldspör-
gel, Spörgel, der Spergel,
der Feldspark, Spark,
der Sperk), ein Nelken-
gewächs *n*

13 der Beinwell (der Comfrey,
der Komfrey), ein Rau-
blattgewächs *n*

14 die Blüte des Beinwells

15 die Ackerbohne
(Saubohne, Feldbohne,
die Gemeine Feldbohne,
Viehbohne, Pferdebohne,
Rossbohne)

16 die Fruchthülse

17 die Gelbe Lupine

18 die Futterwicke
(Ackerwicke, Saatwicke,
Feldwicke, die Gemeine
Wicke)

19 die Saatplatterbse
(der Kicherling,
die Weiße Erve)

20 die Sonnenblume

21 die Runkelrübe
(Futterrübe, Dickrübe,
Burgunderrübe, die Dick-
wurz, der Randich)

22 der Hohe Glatthafer
(das Französische
Raygras, Franzosengras,
Rossgras, der Wiesen-
hafer, der Fromental, die
Fromändaner Schmale)

23 das Ährchen

24 der Wiesenschwingel,
ein Schwingel *m*

25 das Gemeine Knaulgras
(Knäuelgras, Knauelgras)

26 das Welsche Weidelgras
(das Italienische Raygras,
das Italienische Raigras);
ähnl. das Deutsche
Weidelgras (das Englische
Raygras, das Englische
Raigras)

27 der Wiesenfuchsschwanz
(das Kolbengras),
ein Ährenrispengras *n*

28 der Große Wiesenknopf
(der Große Pimpernell,
der Rote Pimpernell,
die Bimbernelle,
die Pimpinelle)

1–11 **Nutz- und Begleithunde** *m*

1 **die Englische Bulldogge**
(der Bullenbeißer) (2–8)
2 der Behang (das Ohr),
ein Rosenohr *n*
3 der Fang (die Schnauze)
4 die Nase
5 der Vorderlauf
6 die Vorderpfote
7 der Hinterlauf
8 die Hinterpfote
9 der Schnauzer
10 der Pudel;
ähnl. u. kleiner:
der Zwergpudel
11 der Chow-Chow

12–22 **Arbeits- und
Gebrauchshunde** *m*
12 der Neufundländer

13 **der Boxer** (14–16)
14 der Widerrist
(der Schulterblatthöcker)
15 die gestutzte (kupierte)
Rute (der Hundeschwanz)
16 die Halsung
(das Hundehalsband)

17 der Siberian Husky
18 der Bernhardiner
19 die Deutsche Dogge
20 der Deutsche Schäferhund
(Wolfshund)
21 die Lefzen *f*
22 der Dobermann

23–26 Spürhunde *m*
- **23** der Cockerspaniel
- **24** der Irish Setter (der Englische Vorstehhund)
- **25** der Pointer
- **26** der Deutsche Vorstehhund

27–29 Jagdhunde *m*
- **27** der Kurzhaardackel (der Dachshund, der Teckel), ein Erdhund *m*
- **28** der Afghanische Windhund
- **29** der Greyhound

30, 31 Terrier *m*
- **30** der Welsh Terrier
- **31** der Scottish Terrier

32–34 Zwerghunde *m*
- **32** der Chihuahua
- **33** der Mops
- **34** der Pekinese

35, 36 Kampfhunde *m*
- **35** der Bullterrier
- **36** der Mastino Napoletano

37–40 die Hundegarnitur
- **37** die Hundebürste
- **38** der Hundekamm
- **39** die Leine (Hundeleine, der Riemen);
  für Jagdzwecke:
  der Schweißriemen
- **40** der Maulkorb
- **41** der Fressnapf (Futternapf)
- **42** der Knochen

1, 2 Großvieh *n* (Vieh)
- **1** das Rind, ein Horntier *n*, ein Wiederkäuer *m; männl.* der Stier (der Bulle), *kastr.* der Ochse, *weibl.* die Kuh, *das Jungtier:* das Kalb
- **2** das Pferd; *männl.* der Hengst, *kastr.* der Wallach, *weibl.* die Stute, *das Jungtier:* das Füllen (das Fohlen)

3 der Esel (4–7)
- **4** der Saumsattel (Tragsattel)
- **5** der Saum (die Traglast)
- **6** der Quastenschwanz
- **7** die Quaste
- **8** das Maultier, ein Bastard *m* von Eselhengst *m* und Pferdestute *f*

9 das Schwein, ein Paarhufer *m* (10–12); *männl.* der Eber, *weibl.* die Sau, *das Jungtier:* das Ferkel
- **10** der Schweinsrüssel (Rüssel)

- **11** das Schweinsohr
- **12** das Ringelschwänzchen
- **13** das Schaf; *männl.* der Schafbock (Bock, der Widder), *kastr.* der Hammel, *das Jungtier:* das Lamm
- **14** die Ziege (die Geiß)
- **15** der Ziegenbart
- **16** der Leonberger, ein Hund *m; männl.* der Rüde, *weibl.* die Hündin, *das Jungtier:* der Welpe
- **17** die Angorakatze, eine Katze; *männl.* der Kater

18–36 Kleinvieh *n*
- **18** das Kaninchen; *männl.* der Rammler (der Bock), *weibl.* die Zibbe (die Häsin)

19–36 Geflügel *n*

19–26 das Huhn

- **19 die Henne**
- **20** der Kropf

- **21 der Hahn** (22–26); *kastr.* der Kapaun
- **22** der Hahnenkamm
- **23** der Wangenfleck
- **24** der Kinnlappen
- **25** der Sichelschwanz
- **26** der Sporn
- **27** das Perlhuhn
- **28** der Truthahn (der Puter); *weibl.* die Truthenne (die Pute)
- **29** das Rad

30 der Pfau (31 u. 32)
- **31** die Pfauenfeder
- **32** das Pfauenauge
- **33** die Taube; *männl.* der Täuberich
- **34** die Gans; *männl.* der Gänserich (der Ganser)
- **35** die Ente; *männl.* der Enterich (der Erpel), *das Jungtier:* das Entenküken
- **36** die Schwimmhaut

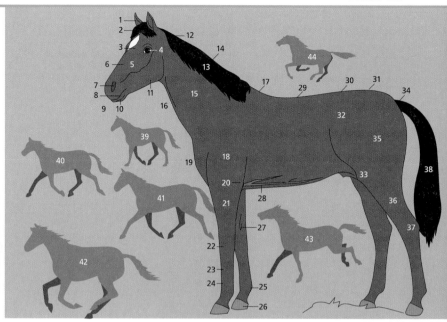

1–38	**die äußere Form** (das Exterieur) **des Pferdes** *n*	18–27	**die Vorhand**	33–37	**die Hinterhand**

1–38 **die äußere Form**
      (das Exterieur)
      des Pferdes *n*

1–11 **der Kopf**
      (Pferdekopf)
   1 das Ohr
   2 der Schopf
   3 die Stirn
   4 das Auge
   5 das Gesicht
   6 die Nase
   7 die Nüster
   8 die Oberlippe
   9 das Maul
  10 die Unterlippe
  11 die Ganasche
      (die Kinnbacke)
  12 das Genick
  13 die Mähne
      (Pferdemähne)
  14 der Kamm
      (Pferdekamm)
  15 der Hals
  16 der Kehlgang
      (die Kehle)
  17 der Widerrist

18–27 **die Vorhand**
  18 das Schulterblatt
  19 die Brust
  20 der Ellbogen
  21 der Unterarm

22–26 **der Vorderfuß**
  22 das Vorderfußwurzel-
      gelenk
  23 das Röhrenbein
  24 die Köte
      (das Kötengelenk)
  25 die Fessel
  26 der Huf
  27 die Kastanie des Pferdes *n*,
      eine Schwiele *f*
  28 die Sporader
  29 der Rücken
      (Pferderücken)
  30 die Lende
      (die Nierengegend)
  31 die Kruppe
      (Pferdekruppe, das Kreuz)
  32 die Hüfte

33–37 **die Hinterhand**
  33 die Kniescheibe
  34 die Schweifrübe
  35 die Hinterbacke
  36 die Hose
      (der Unterschenkel)
  37 das Sprunggelenk
  38 der Schweif
      (der Schwanz, Pferde-
      schweif, Pferdeschwanz)

39–44 **die Gangarten** *f*
      des Pferdes *n*
  39 der Schritt
  40 der Passgang
  41 der Trab
  42 der Handgalopp
      (der kurze Galopp,
      der Kanter)
43, 44 der Vollgalopp
      (der gestreckte Galopp,
      die Karriere)
  43 die Karriere beim Auf-
      fußen *n* (Aufsetzen *n*)
      der beiden Vorderfüße *m*
  44 die Karriere
      beim Schweben *n* mit
      allen vier Füßen *m*

1–6 Reitkunst f
(die hohe Schule,
das Schulreiten)
1 die Piaffe
2 der Schulschritt
3 die Passage
(der spanische Tritt)
4 die Levade
5 die Kapriole
6 die Kurbette

7–25 das Geschirr

7–13, 25 das Zaumzeug
(der Zaum)

7–11 das Kopfgestell
7 der Nasenriemen
8 das Backenstück
9 der Stirnriemen
10 das Genickstück
11 der Kehlriemen
12 die Kinnkette
(Kandarenkette)
13 die Kandare (die Schere)
14 der Zughaken
15 das Spitzkumt,
ein Kumt n (das Kummet)
16 die Schalanken pl

17 der Kammdeckel
18 der Bauchgurt
19 der Sprenggurt
20 die Aufhaltekette
21 die Deichsel
22 der Strang
23 der Bauchnotgurt
24 der Zuggurt
25 die Zügel m

26–36 das Sielengeschirr
(Blattgeschirr)
26 die Scheuklappe
27 der Aufhalter
28 das Brustblatt
29 die Gabel
30 der Halsriemen
31 der Kammdeckel
32 der Rückenriemen
33 der Zügel
34 der Schweifriemen
35 der Strang
36 der Bauchgurt

37–49 Reitsättel m

37–44 der Bocksattel
37 der Sattelsitz
38 der Vorderzwiesel
39 der Hinterzwiesel
40 das Seitenblatt
41 die Trachten pl
42 der Bügelriemen
43 der Steigbügel
44 der Woilach

45–49 die Pritsche
(der englische Sattel)
45 der Sitz
46 der Sattelknopf
47 das Seitenblatt
48 die Pausche
49 das Sattelkissen

50, 51 Sporen pl
[sg der Sporn]
50 der Anschlagsporn
51 der Anschnallsporn
52 das Hohlgebiss
53 das Maulgatter
54 der Striegel
55 die Kardätsche
56 der Hufkratzer

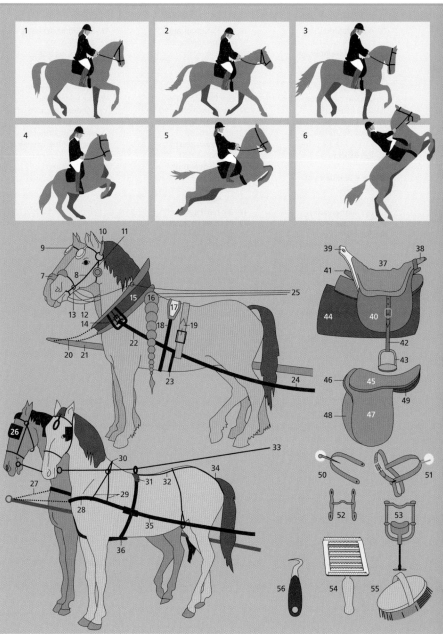

1–23 **die Hühnerhaltung**

1 **die Freilandhaltung**
2 der Hühnergarten
3 der Hühnerstall
(der Hühnergarten)
4 die Hühnertreppe
5 die Einlassluke
6 das Legenest
7 das Grünfutter;
Arten: Kräuter, Gras
8 das Küken

9 **die Bodenhaltung**
10 der Kaltscharrraum
(Tagesraum,
der Wintergarten)
11 der Zugang zum Stall
12 die Roste
(die Hühnertreppe)
13 die Einstreu aus Stroh
14 das Windschutznetz
15 die Fenster *n*
16 die Tränke
(Glockentränke)
17 die Wasserzuleitung

18 **die Käfighaltung**
(Batteriehaltung)
(19–23)
19 die mehrstöckige
Käfiganlage
20 der 4-Hühner-Käfig
21 das Eiersammelband
22 die Futterkette und
die Nippeltränke
23 das Kotband
24 die Legehenne

25 **das Hühnerei** (Ei)
26 die Kalkschale (Eier-
schale), eine Eihülle *f*
27 die Schalenhaut
28 die Luftkammer
29 das Eiweiß (*österr.* Eiklar)
30 die Hagelschnur
(die Chalaza)
31 die Dotterhaut
32 die Keimscheibe
(der Hahnentritt)
33 das Keimbläschen
34 der *od.* das weiße Dotter
35 das Eigelb
(der *od.* das gelbe Dotter)

36 **die Kennzeichnung
des Eis** *n*
(der Eierstempel)
(37–39)
37 die Kennzahl für die Art
der Hühnerhaltung *f*
38 die Kennbuchstaben
für das Herkunftsland *n*
39 die Kennzahl für
den Hühnerhalter *m*
(den Hühnerbetrieb *m*,
die Hühnerfarm *f*)
40 der Fußring
41 die Geflügelmarke

1 **der Pferdestall**
2 der Pferdestand
   (die Box, Pferdebox)
3 der Futtergang
4 das Pony (Reitpony)
5 die Gitterwand
6 die Einstreu
7 der Strohballen
8 das Oberlicht

9 **der Schafstall**
10 das Mutterschaf
11 das Lamm
12 die Doppelraufe
13 das Heu

14 **der Milchviehstall**
   (Kuhstall),
   ein Anbindestall
15, 16 die Anbindevorrichtung
15 die Kette
16 der Aufhängeholm
17 die Milchkuh
18 das Euter
19 die Zitze
20 die Kotrinne
21 die Schubstangen-
   entmistung
22 der Kurzstand

23 **der Melkstand,**
   ein Fischgräten-
   melkstand *m*
24 die Arbeitsgrube
25 der Melker

26 **das Melkgeschirr**
27 die Milchleitung
28 die Luftleitung
29 die Vakuumleitung
30 der Melkbecher
31 das Schauglas
32 das Milchsammel- und
   Luftverteilerstück
33 der Entlastungstakt
34 der Melktakt

35 **der Schweinestall**
   (Saustall)
36 die Läuferbucht
   (der Koben, Läuferkoben)
37 der Futtertrog
38 die Trennwand
39 der Läufer, ein junges,
   nicht mehr saugendes
   Schwein
40 die Abferkel-
   Aufzucht-Bucht
41 die Sau (Muttersau)
42 die Ferkel *n* (Saugferkel
   [bis acht Wochen])
43 das Absperrgitter
44 die Jaucherinne

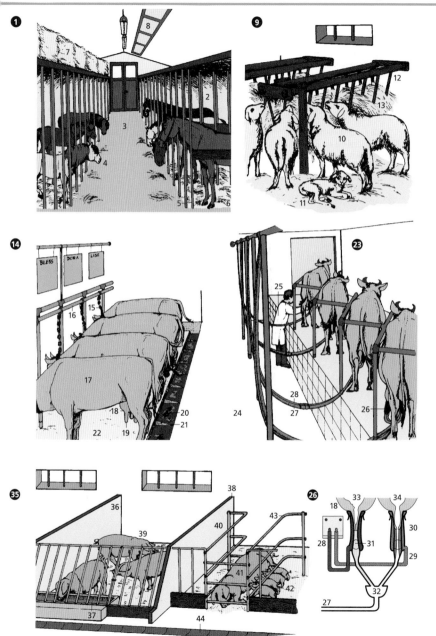

1 **die Milchannahme**
(die Abtankhalle)
2 der Tanksammelwagen
3 die Rohmilchpumpe
4 der Durchflussmesser
(die Messuhr)
5 der Rohmilchtank
6 der Füllstandmesser

7 **die zentrale Schaltwarte**
8 das Betriebsschaubild
9 das Betriebsablaufschema
10 die Füllstandanzeiger *m*
der Milchtanks *m*
11 das Schaltpult
12 der Reinigungsseparator
13 der Milcherhitzer;
ähnl.: der Rahmerhitzer
14 der Milchseparator

15 **die Trinkmilchtanks** *m*
(Frischmilchtanks)
16 der Tank für
die gereinigte Milch
17 der Magermilchtank
18 der Buttermilchtank
19 der Rahmtank

20 **die Abfüll- und**
Verpackungsanlage
für Trinkmilch f
21 die Abfüllmaschine
für Milchpackungen *f;*
ähnl.: der Becherfüller
22 die Milchpackung
(der Milchbeutel)
23 das Förderband
24 der Folienschrumpftunnel
25 die Zwölferpackung in
Schrumpffolie *f*

26 **die 10-Liter-Abfüllanlage**
27 die Folienschweißanlage
28 die Folien *f*
29 der Schlauchbeutel
30 der Stapelkasten
31 der Rahmreifungstank

32 **die Butterungs-**
und Abpackanlage
(die Butterei)
33 die Butterungsmaschine,
eine Butterungsanlage *f*
für kontinuierliche Butterung *f* von Süß-
und Sauerrahm *m*
34 der Butterstrang
35 die Ausformstation
36 die Verpackungsmaschine
37 die Markenbutter in
der 250-g-Packung *f*

38 **die Produktionsanlage**
für Frischkäse *m*
(die Quarkherstellungs-
linie)
39 die Quarkpumpe
40 die Rahmdosierpumpe
41 der Quarkseparator
42 der Reifungstank
43 der Rührer

44 **die Quarkverpackungs-**
maschine
45 die Quarkpackung
(der Quark, der Topfen,
der Weißkäse;
ähnl. der Schichtkäse)
46 die Deckelsetzstation

47 **der Schnittkäsebetrieb**
48 der Käsefertiger

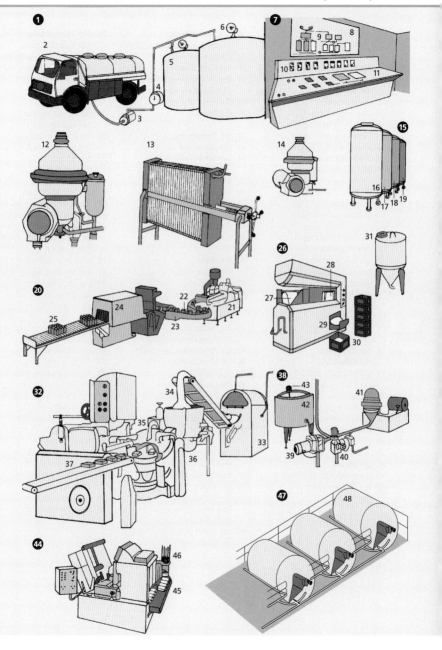

1 **die Biene**
(Honigbiene, die Imme)

2, 6, 7 die Kasten f
(die Klassen f)
der Biene f
2 die Arbeiterin
(die Arbeitsbiene)
3 die drei Nebenaugen n
(Stirnaugen)
4 das Höschen (der gesam-
melte Blütenstaub)
5 das Wachsplättchen
6 die Königin (Bienen-
königin, der Weisel)
7 die Drohne
(das Bienenmännchen)

8 **das linke Hinterbein
einer Arbeiterin** f
9 das Körbchen für
den Blütenstaub m
10 die Bürste
11 die Doppelklaue
(die Kralle)
12 der Haftballen
(der Wachszieher)

13 **der Hinterleib
der Arbeiterin** f
14 der Stechapparat (15–19)
15 der Widerhaken
16 der Stachel
17 die Stachelscheide
18 die Giftblase
19 die Giftdrüse
20 der Magen-Darm-Kanal
21 der Darm
22 der Magen
23 der Schließmuskel
24 der Honigmagen
25 die Speiseröhre

26 **das Facettenauge**
(Netzauge, Insektenauge)
27 die Facette
28 der Kristallkegel
29 der lichtempfindliche
Abschnitt
30 die Faser des Sehnervs m
31 der Sehnerv

32 **der Bienentanz**
33 der Rundtanz
34 der Schwänzeltanz

35 **die Zelle** (Bienenzelle)
36 das Ei
37 die bestiftete Zelle
38 die Made
39 die Larve
40 die Puppe

41 **die Wabe**
(Bienenwabe)
42 die Brutzelle
43 die verdeckelte Zelle
mit Puppe f
(die Puppenwiege)
44 die verdeckelte Zelle mit
Honig m (Honigzelle)
45 die Arbeiterinnenzellen f
46 die Vorratszellen f mit
Pollen m
47 die Drohnenzellen f
48 die Königinnenzelle
(die Weiselwiege)
49 die schlüpfende Königin
50 der Deckel

51 **das Rähmchen**
(der Brutrahmen)
52 der Abstandsbügel
53 die Wabe
54 die Mittelwand
(der künstliche
Zellenboden)
55 der Königinnen-
versandkäfig

56 **der Bienenkasten**
(die Ständerbeute,
Blätterbeute), ein Hinterlader m mit Längsbau m
(ein Bienenstock m,
eine Beute)
(57–62)
57 der Honigraum mit
den Honigwaben f
58 der Brutraum mit
den Brutwaben f
59 das Absperrgitter
(der Schied)
60 das Flugloch
61 das Flugbrettchen
62 das Fenster
63 der veraltete Bienenstand
64 der Bienenkorb
(Stülpkorb, der Stülper),
eine Beute f
65 der Bienenschwarm
66 das Schwarmnetz
67 der Brandhaken
68 das Bienenhaus
(das Apiarium)

69 **der Imker**
(der Bienenzüchter)
70 der Bienenschleier
71 die Imkerpfeife
72 die Naturwabe
73 die Honigschleuder

74 **der Honig**
75, 76 der Schleuderhonig
75 der Honigbehälter
76 das Honigglas,
ein Honigbehälter m
77 der Scheibenhonig
78 der Wachsstock
79 die Wachskerze
80 das Bienenwachs
81 die Bienengiftsalbe

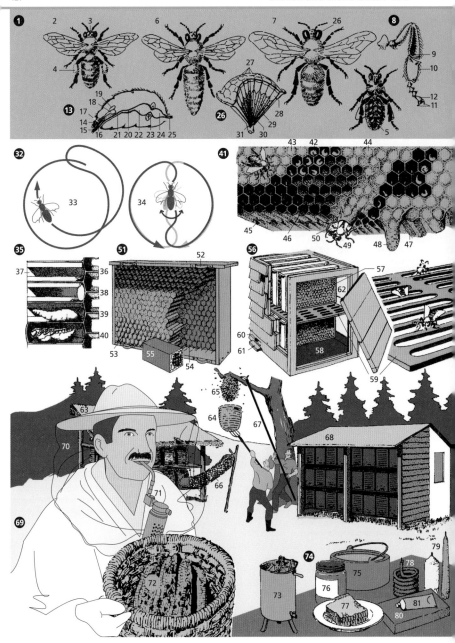

1–18 **das Weinbergsgelände**
(Weinbaugelände)
1 der Weinberg
(der Wingert, der Wein-
garten) in Drahtrahmen-
spaliererziehung *f*

2–9 **der Rebstock**
(Weinstock,
die Weinrebe, Rebe)
2 die Weinranke
3 der Langtrieb
(der Schoss, die Lotte)
4 das Weinrebenblatt
(Rebenblatt)
5 die Weintraube (Traube)
mit den Weinbeeren *f*

6 der Rebenstamm
7 der Pfahl (der Rebstecken,
der Stickel, Weinpfahl)
8 die Drahtrahmen-
abspannung
9 der Drahtrahmen
(das Drahtrahmengerüst)
10 der Lesebehälter
(der Eimer, die Wanne),
ein Gefäß *n*, ein Behälter
11 die Weinleserin (Leserin)
12 die Rebenschere

13 der Winzer
(der Weinbauer)
14 der Büttenträger
15 die Bütte
(Weinbütte,
die Traubenhotte,
die Tragbütte,
die Tragebutte,
die *od.* das Logel)
16 der Traubenwagen
(Lesewagen)
17 das Podest
18 der Weinbergschlepper,
ein Schmalspurschlepper

1–23 der Weinkeller
    (Lagerkeller, Fasskeller,
    das Fasslager)
1 das Gewölbe
2 das Lagerfass
3 die Barrique (das Wein-
    fass aus Eichenholz *n*)
4 der Edelstahltank
5 das Propeller-
    schnellrührgerät
6 der Propellerrührer

7 die Kreiselpumpe
8 der *od.* das Edelstahl-
    schichtfilter
9 der Rundfüller
10 die Verkorkmaschine
11 das Flaschenlager
    (das Flaschengestell)
12 der Kellereigehilfe
13 der Stechheber
    (der Weindieb)
14 der Flaschenkorb
15 die Weinflasche
16 die Weinstütze,
    ein Weinkrug *m*

17 die Weinprobe
    (die Weinverkostung)
18 der Weinküfermeister
19 der Weinküfer
20 das Weinglas
21 das Schnell-
    untersuchungsgerät
22 die Horizontal-
    traubenpresse
23 das Sprühgerät
    (der Sprühsterilisator)

1 **Hausungeziefer** *n* **und**
   Hygieneschädlinge *m*
2 die Kleine Stubenfliege
3 die Gemeine Stubenfliege
   (die Große Stubenfliege)
4 die Puppe
   (Tönnchenpuppe)
5 die Stechfliege
   (der Wadenstecher)
6 der dreigliedrige Fühler
7 die Kellerassel (Assel),
   ein Ringelkrebs *m*
8 das Heimchen
   (die Hausgrille),
   eine Grabheuschrecke *f*
9 der Flügel mit Schrillader *f*
   (Schrillapparat *m*)
10 die Hausspinne
   (Winkelspinne)
11 das Wohnnetz
12 der Ohrenkriecher
   (der Ohrenkneifer,
   der Ohrenhöhler,
   der Ohrwurm,
   der Öhrling)
13 die Hinterleibszange
   (die Cerci)
14 die Kleidermotte,
   eine Motte
15 das Silberfischchen
   (der Zuckergast),
   ein Borstenschwanz *m*
16 die Hausschabe
   (die Deutsche Schabe;
   ähnl.: die Küchenschabe
   [der Kakerlak, die Kaker-
   lake])

17 **Vorratsschädlinge** *m*
18 der Kornkäfer (der Kornkrebs, der Kornwurm)
19 der Mehlkäfer
   (der Mehlwurm)
20 der Vierfleckige
   Bohnenkäfer
21 die Larve
22 die Puppe
23 der Dornspeckkäfer
24 der Brotkäfer
25 die Puppe
26 der Leistenkopfplattkäfer,
   ein Getreideschädling *m*
27 die Dörrobstmotte
28 die Getreidemotte
29 die Getreidemottenraupe
   im Korn *n*

30 **Schmarotzer** *m*
   des Menschen *m* (31–42)

31 **der Spulwurm**
32 das Weibchen
33 der Kopf
34 das Männchen

35 **der Bandwurm,**
   ein Plattwurm *m* (36–38)
36 der Kopf, ein Haftorgan *n*
37 der Saugnapf
38 der Hakenkranz
39 die Wanze (Bettwanze,
   die Wandlaus)
40 die Filzlaus (Schamlaus),
   eine Menschenlaus
41 die Kleiderlaus,
   eine Menschenlaus
42 der Floh (Menschenfloh)

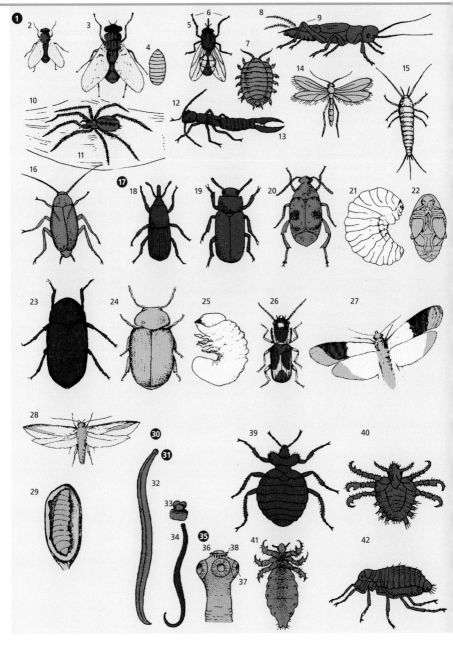

1–29 Gartenschädlinge *m*
1 der Schwammspinner,
ein Trägspinner
2 die Eiablage
(der Schwamm)
3 die Raupe
4 die Puppe
5 die Apfelgespinstmotte,
eine Gespinstmotte
6 die Larve
7 das Gespinstnetz
(das Raupennest)
8 die Raupe beim
Skelettierfraß *m*
9 der Apfelschalenwickler
(Wickler)
10 der Apfelblütenstecher,
ein Rüsselkäfer *m*
11 die angestochene
vertrocknete Blüte
12 das Stichloch
13 der Ringelspinner,
eine Glucke *f*
14 die Raupe
15 die Eier *n*
16 der Kleine Frostspanner
(Frostnachtspanner,
Waldfrostspanner,
der Frostschmetterling),
ein Spanner

17 die Raupe
18 die Kirschfruchtfliege,
eine Bohrfliege
19 die Larve (die Made)
20 die Blutlaus,
eine Blasenlaus
21 der Blutlauskrebs,
eine Wucherung *f*
22 die Blutlauskolonie
23 die San-José-Schildlaus,
eine Schildlaus
24 die Larven *f* [*männl.* läng-
lich, *weibl.* rund]
25 der Große Kohlweißling,
ein Weißling
26 die Raupe des Kleinen
Kohlweißlings *m*
27 die Rhododendronzikade,
eine Zwergzikade
28 der Erdfloh, ein Blattkäfer *m*
29 die Erdraupe, eine Raupe

30–39 Rebenschädlinge
30 der Falsche Mehltau,
ein Mehltaupilz *m*
31 die Lederbeere
32 der Einbindige Traubenwickler, ein Wickler
33 der Heuwurm, die Raupe
der 1. Generation *f*
34 der Sauerwurm, die Raupe
der 2. Generation *f*
35 die Puppe
36 der Goldafter,
ein Trägspinner *m*
37 die Raupe
38 das Gelege
39 das Überwinterungsnest

40–54 Ackerbauschädlinge *m*
(Feldschädlinge)
40 der Saatschnellkäfer,
ein Schnellkäfer
41 der Drahtwurm, die Larve
des Saatschnellkäfers *m*
42 das Rübenälchen,
eine Nematode *f*
(ein Fadenwurm *m*)
43 der Rapsglanzkäfer,
ein Glanzkäfer
44 die Genetzte Acker-
schnecke, eine Nackt-
schnecke
45 der Maiszünsler,
ein Zünsler
46 der Moosknopfkäfer,
ein Schimmelkäfer
47 der Kartoffelkäfer
(Blattkäfer)
48 die ausgewachsene Larve
49 die Junglarve
50 die Eier *n*
51 die Gammaeule, eine Eule
52 die Raupe der Gamma-
eule *f*
53 der Maiswurzelbohrer,
ein Blattkäfer *m*
54 die Larve des Maiswurzel-
bohrers *m*

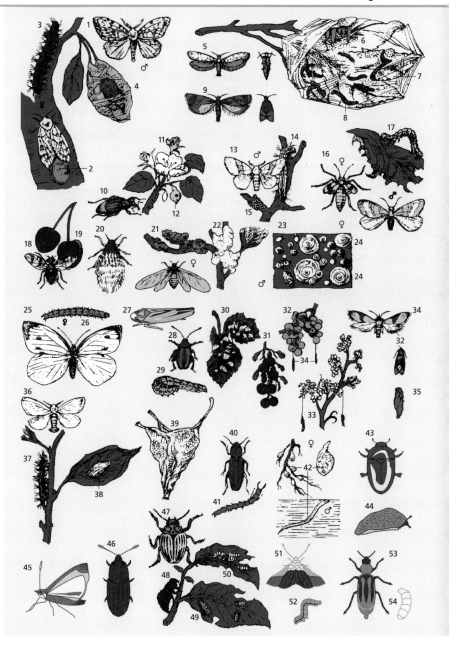

1 **der Maikäfer,**
ein Blatthornkäfer
2 der Kopf
3 der Fühler
4 der Halsschild
5 das Schildchen
6 die Gliedmaßen *f*
(die Extremitäten)
7 das Vorderbein
8 das Mittelbein
9 das Hinterbein
10 der Hinterleib
11 die Flügeldecke
(der Deckflügel)
12 der Hautflügel
(der häutige Flügel)
13 der Engerling,
eine Larve *f*
14 die Puppe

15 **der Prozessionsspinner,**
ein Nachtschmetterling *m*
16 der Schmetterling
17 die gesellig wandernden
Raupen *f*

18 **die Nonne**
(der Fichtenspinner)
19 der Schmetterling
20 die Eier *n*
21 die Raupe
22 die Puppe

23 **der Buchdrucker,**
ein Borkenkäfer *m*
24 das Fraßbild
[Fraßgänge *m* unter
der Rinde *f*]
25 der Muttergang
26 der Larvengang
27 die Larve
28 der Käfer

29 **der Kiefernspanner,**
ein Spanner
30 der männliche
Schmetterling
31 der weibliche
Schmetterling
32 die Raupe
33 die Puppe

34 **die Eichengallwespe,**
eine Gallwespe
35 der Gallapfel, eine Galle *f*
36 die Wespe
37 die Larve in der
Larvenkammer *f*
38 die Zwiebelgalle an
der Buche *f*

39 **die Fichtengallenlaus**
40 der Wanderer
(die Wanderform)
41 die Ananasgalle

42 **der Große Braune
Rüsselkäfer**
43 der Käfer

44 **der Eichenwickler,**
ein Wickler
45 der Schmetterling
46 die Raupe

47 **die Kieferneule**
(Forleule)
48 der Schmetterling
49 die Raupe

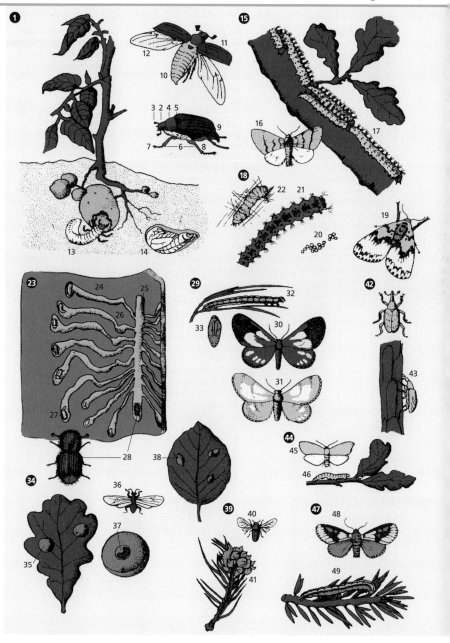

1 das **Feldspritzgerät**
2 das Spritzgestänge
3 die Flachstrahldüse
4 der Spritzflüssigkeits-
   behälter
5 die Einspülschleuse für
   Pflanzenschutzmittel *n*
6 die Höhenverstell-
   einrichtung
7 der Spritzstrahl
8 der Abstandhalter
9 der Schaummarkierer

10 die **Spritzpistole**
11 der Drehgriff für
   die Strahlverstellung
12 der Schutzbügel
13 der Bedienungshebel
14 das Strahlrohr
15 die Rundstrahldüse

16 das **Handspritzgerät**
17 der Spritzflüssigkeitsbehälter
18 die Handpumpe

19 das **Anhängesprühgerät**
   für Hopfenanbau *m*
   (20–23)
20 der Düsenbogen
21 das Gebläse
22 der Sprühstrahl
23 die Kegelstrahldüse
24 die Giftlegeröhre
   zum Auslegen *n*
   von Giftweizen *m*
25 die Fliegenklappe
   (die Fliegenklatsche)
26 die Mausefalle
27 die Wühlmausfalle

28 das **Karrenspritzgerät**
29 der Spritzflüssigkeitsbehälter
30 der Schraubdeckel
31 die Pumpe mit einem
   Benzinmotor *m*
32 das Manometer

33 das **tragbare**
   Handhebelspritzgerät
34 der Flüssigkeitsbehälter
35 der Pumpenschwengel
36 das Handspritzrohr mit
   Düse *f*

37 das **Anbausprühgerät**
   für den Weinbau *m*
38 der Weinbergschlepper
39 das Gebläse
40 der Spritzflüssigkeitsbehälter
41 die Weinrebenzeile

42 das **Beizgerät für die**
   Behandlung von Saatgut *n*
43 der Saatgutzulauf
44 die Dosierungs-
   einrichtung
45 die Aspirations-
   einrichtung
   (die Staubabsaugung)
46 die Sprühkammer
47 die Förderpumpe
48 die Nachmischeinrichtung
   mit Mischschnecke *f*
49 der Beizmittelvorrats-
   behälter
50 der Absackstutzen
51 das Bedienerpult
52 die Fahrrolle

53 die **elektronische**
   Regeleinrichtung für
   das Aufwandvolumen
54 die Folientaste
55 der Bildschirm

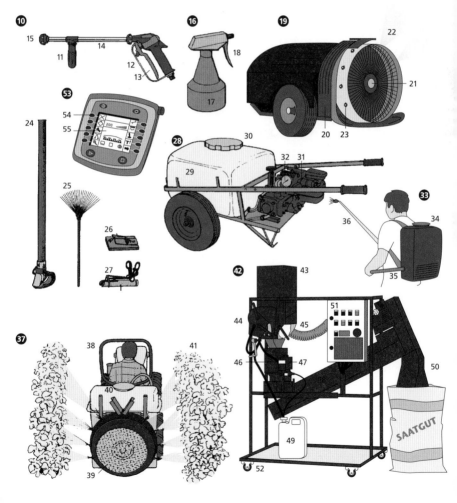

1–14 der Forst
(das Holz), ein Wald *m*
1 die Schneise (das Gestell)
2 das Jagen (die Abteilung)
3 der Forstweg, Holz-
abfuhrweg, ein Waldweg

4–14 die Forstwirtschaft
4 der Altbestand
(das Altholz, Baumholz)
5 das Unterholz
(der Unterstand)

6 der Saatkamp, ein Kamp
(der Pflanzgarten, Forst-
garten, die Baumschule);
andere Art: der Pflanz-
kamp
7 das Wildgatter (Gatter),
ein Maschendrahtzaun *m*
(Kulturzaun)
8 die Sprunglatte
9 die Kultur (die Saat)

10, 11 der Jungbestand
10 die Schonung
(die Kultur nach been-
deter Nachbesserung *f,*
Nachpflanzung *f*)
11 die Dickung
12 das Stangenholz
(die Dickung nach
der Astreinigung *f*)
13 der Kahlschlag
(die Schlagfläche,
die Blöße)
14 der Wurzelstock
(Stock, der Stubben,
ugs. Baumstumpf)

15–37 der Holzeinschlag
    (der Hauungsbetrieb)
  15 das gerückte (gepolterte)
    Langholz
  16 die Schichtholzbank,
    ein Raummeter *n*
    Holz *n*, der Holzstoß
  17 der Pfahl
  18 der Waldarbeiter
    (der Forstwirt)
    beim Wenden *n*
  19 der Stamm
    (Baumstamm,
    das Langholz)
  20 der Haumeister
    beim Nummerieren *n*
  21 die Messkluppe

  22 die Motorsäge
    (beim Trennen *n*
    eines Stammes *m*)
  23 der Schutzhelm mit
    Augenschutz *m* und
    Gehörschutzkapseln *f*
  24 die Jahresringe *m*
  25 der hydraulische Fällheber
  26 die Schutzkleidung
    [orangefarbene Bluse *f*,
    grüne Hose *f*]

27 das Fällen mit
der Motorsäge *f*
  28 der ausgeschnittene
    Fallkerb
  29 der Fällschnitt
  30 die Tasche mit Fällkeil *m*
  31 der Abschnitt

32 das Freischneidegerät
    zur Beseitigung *f*
    von Unterholz *n* und
    unerwünschtem
    Aufwuchs *m*
  33 der Anbausatz mit
    Kreissäge *f*
    (oder Schlagmesser *n*)
  34 die Motoreinheit
  35 das Gebinde mit
    Sägekettenhaftöl *n*
  36 der Benzinkanister
  37 das Fällen von Schwach-
    holz *n* (Durchforsten *n*)

1 die Axt
2 die Schneide
3 der Stiel
4 der Scheitkeil mit Einsatzholz *n* und Ring *m*
5 der Spalthammer
6 die Sapine
(der Sappie, Sappel)
7 der Wendehaken
8 das Schäleisen
9 der Fällheber mit Wendehaken *m*
10 der Kluppmessstock mit Reißer *m*
11 die Heppe
(das *od.* der Gertel), ein Haumesser *n*
12 der Revolvernummerierschlägel

13 **die Motorsäge**
14 die Sägekette
15 die Sicherheitskettenbremse mit Handschutz *m*
16 die Sägeschiene
17 die Gashebelsperre

18 **die Entästungsmaschine**
19 die Vorschubwalze
20 das Gelenkmesser
21 der Hydraulikarm
22 der Spitzenabschneider

23 **die Stammholzentrindung**
24 die Vorschubwalze
25 der Lochrotor
26 das Rotormesser

27 **der Waldschlepper**
(zum Transport *m* von Schicht- und Schwachholz *n* innerhalb des Waldes *m*)
(28–31)
28 der Ladekran
29 der Holzgreifer
30 die Laderunge
31 die Knicklenkung
32 das Rundholzpolter
33 die Nummerierung

34 **der Stammholzschlepper**
(der Skidder)
35 der Frontschild
36 das überschlagfeste Sicherheitsverdeck
37 die Knicklenkung
38 die Seilwinde
39 die Seilführungsrolle
40 der Heckschild
41 das frei hängende Stammholz

42 **der Straßentransport von Langholz** *n*
43 der Zugwagen
44 der Ladekran
45 die hydraulische Ladestütze
46 die Seilwinde
47 die Runge
48 der Drehschemel
49 der Nachläufer

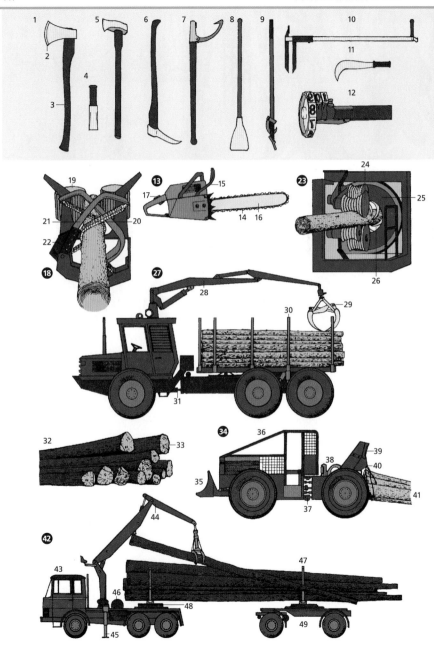

1–60 **Jagden** f
(Jagdarten f, die Jägerei,
das Jagen, Weidwerk,
Waidwerk [Jägersprache])

1 **die Suchjagd** (der Pirschgang, das Pirschen im
Jagdrevier n, Revier)
2 der Jäger (der Weidmann,
Waidmann [Jäger-
sprache], der Schütze)
3 der Jagdanzug
4 der Rucksack (Weidsack,
Waidsack [Jägersprache])
5 die Pirschbüchse
6 der Jagdhut (Jägerhut)
7 das Jagdglas, ein Fernglas
8 der Jagdhund
9 die Fährte
(die Spur, das Trittsiegel)

10 **die Brunftjagd
und die Balzjagd**
11 der Jagdschirm (Schirm)

12 der Jagdstuhl
(Ansitzstuhl, der Jagdsitz,
der Jagdstock, der Sitz-
stock)
13 der balzende Birkhahn
14 der Brunfthirsch
(der brünstige, röhrende
Hirsch)
15 das Rottier (die Hirschkuh) bei der Äsung f

16 **der Anstand**
(der Ansitz) (17–20)
17 der Hochsitz (der Hochstand, die Jagdkanzel,
Kanzel, Wildkanzel)
18 das Rudel in Schussweite f
19 der Wechsel
(Wildwechsel)
20 der Rehbock, durch
Blattschuss m getroffen
und durch Fangschuss m
getötet
21 der Jagdwagen

22 **Fangjagden** f (22–31)
23 der Raubwildfang
24 die Kastenfalle
(Raubwildfalle)
25 der Köder (der Anbiss)
26 der Marder,
ein Raubwild n
27 das Frettieren (die Erdjagd
auf Kaninchen n)
28 das Frettchen (das Frett,
das Kaninchenwiesel)
29 der Frettchenführer
30 der Bau (Kaninchenbau,
die Kaninchenhöhle)
31 die Haube (Kaninchen-
haube, das Netz) über
dem Röhrenausgang m
32 die Wildfutterstelle
(Winterfutterstelle)
33 der Wilderer (der Raubschütz, der Wildfrevler,
Jagdfrevler, der Wilddieb)
34 der Stutzen, ein kurzes
Gewehr n

35 die Sauhatz
(die Wildschweinjagd)
36 die Wildsau
(Sau, das Wildschwein)
37 der Saupacker (der Saurüde, Rüde, Hatzrüde),
ein Hetzhund;
mehrere: die Meute,
Hundemeute

38 die Treibjagd
(Kesseljagd, Hasenjagd,
das Kesseltreiben)
39 der Anschlag
40 der Hase
(der Krumme, der Lampe),
ein Haarwild *n*
41 der Apport
(das Apportieren)
42 der Treiber
43 die Sicherheitsweste
(Warnweste)
44 die Strecke (die Jagdbeute)
45 der Wildwagen

46 die Wasserjagd
(Entenjagd)
47 der Wildentenzug,
das Federwild

48 die Falkenbeize
(die Beizjagd, die Beize,
die Falkenjagd,
die Falknerei)
49 der Falkner (der Falkenier,
der Falkenjäger)
50 das Zieget, ein Fleischstück *n*
51 die Falkenhaube
(die Falkenkappe)
52 die Fessel
53 der Falke, ein Beizvogel *m,*
ein Falkenmännchen *n*
(Terzel *m*)

54 die Hüttenjagd
55 der Einfallbaum
56 der Uhu,
ein Reizvogel *m*
(Lockvogel)
57 die Krücke (die Jule)
58 der angelockte Vogel,
eine Krähe *f*
59 die Krähenhütte (Uhuhütte), eine Hütte *f*
(Schießhütte, Ansitz-
hütte)
60 die Schießluke

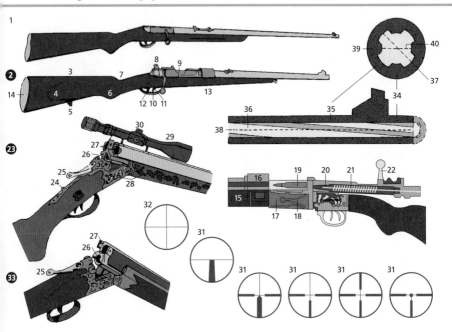

1–40 **Sportwaffen** f
(Jagdgewehre n)
1 der Einzellader

2 **die Repetierbüchse,**
eine Handfeuerwaffe f
(Schusswaffe),
ein Mehrlader m
(Magazingewehr n)
3, 4, 6, 13 die Schäftung
3 der Kolben
4 die Backe
[an der linken Seite]
5 der Riemenbügel
6 der Pistolengriff
7 der Kolbenhals
8 der Sicherungsflügel
9 das Schloss
(Gewehrschloss)

10 der Abzugbügel
11 der Druckpunktabzug
12 der Stecher
13 der Vorderschaft
14 der Rückschlaghinderer
(die Gummikolbenkappe)
15 das Patronenlager
16 der Hülsenkopf
17 das Patronenmagazin
18 die Zubringerfeder
19 die Munition
20 die Kammer
21 der Schlagbolzen
22 der Kammerstängel

23 **der Drilling,** ein kombiniertes Gewehr n,
ein Selbstspanner m
24 der Umschaltschieber
(*bei verschiedenen Waffen:*
die Sicherung)
25 der Verschlusshebel
26 der Büchsenlauf

27 der Schrotlauf
28 die Jagdgravur
29 das Zielfernrohr
30 Schrauben f für
die Absehenverstellung
31, 32 das Absehen
(Zielfernrohrabsehen)
31 verschiedene Absehen-
systeme n
32 das Fadenkreuz

33 **die Bockbüchsflinte**
34 der gezogene Gewehrlauf
35 die Laufwandung
36 der Zug
37 das Zugkaliber
38 die Seelenachse
39 das Feld
40 das Bohrungskaliber *od.*
Feldkaliber (ein Kaliber)

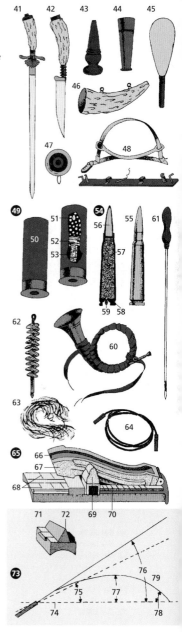

41–48 Jagdgeräte
41 der Hirschfänger
42 der Genickfänger
(das Weidmesser, Waidmesser [Jägersprache], Jagdmesser)

43–47 Lockgeräte *n*
zur Lockjagd *f*
43 der Fiepblatter
(Rehblatter, die Rehfiepe)
44 die Hasenklage
(die Hasenquäke)
45 die Wachtellocke
46 der Hirschruf
47 die Rebhuhnlocke
48 der Schwanenhals

49 die Schrotpatrone
50 die Papphülse
51 die Schrotladung
52 der Filzpfropf
53 das rauchlose Pulver
(andere Art: Schwarzpulver *n)*

54 die Patrone (55–59)
55 das Vollmantelgeschoss
56 der Weichbleikern
57 die Pulverladung
58 der Amboss
59 das Zündhütchen
60 das Jagdhorn

61–64 das Waffenreinigungsgerät
61 der Putzstock
62 die Laufreinigungsbürste
63 das Reinigungswerg
64 die Reinigungsschnur

65 die Visiereinrichtung
66 die Kimme
67 die Visierklappe
68 die Visiermaske
69 der Visierschieber
70 die Raste
71 das Korn
72 die Kornspitze

73 Ballistik *f*
74 die Mündungswaagerechte
75 der Abgangswinkel
76 der Erhöhungswinkel
(Elevationswinkel)
77 die Scheitelhöhe
78 der Fallwinkel
79 die ballistische Kurve

1 **das Rotwild** (Edelwild)
(2–29)

2 das Tier (Edeltier, Rottier, die Hirschkuh),
ein Schmaltier *od.*
ein Gelttier; *mehrere:*
das Kahlwild

3 der Lecker

4 der Träger (der Hals)

5 der Brunfthirsch

6 **das Geweih** (7–13)

7 die Rose

8 die Augensprosse
(der Augspross)

9 die Eissprosse
(der Eisspross)

10 die Mittelsprosse
(der Mittelspross)

11 die Krone

12 das Ende (die Sprosse)

13 die Stange

14 der Kopf (das Haupt)

15 das Geäse
(der Äser, das Maul)

16 die Tränengrube
(die Tränenhöhle)

17 das Licht

18 der Lauscher
(der Loser, der Luser)

19 das Blatt

20 der Ziemer

21 der Wedel (die Blume)

22 der Spiegel

23 die Keule

24 der Hinterlauf

25 das Geäfter (die Afterklaue, Oberklaue, der
Heufler, der Oberrücken)

26 die Schale (die Klaue)

27 der Vorderlauf

28 die Flanke

29 der Kragen (Brunftkragen,
die Brunftmähne)

30 **das Rehwild** (31–43)

31 der Rehbock (Bock)

32 das Gehörn (die Krone,
bayr.-österr. das Gewichtl)

33 die Rose

34 die Stange mit
den Perlen *f*

35 das Ende

36 der Lauscher

37 das Licht

38 die Ricke (die Geiß,
Rehgeiß, das Reh),
ein Schmalreh (Kitzreh)
od. ein Altreh (Geltreh,
Altricke, Altgeiß)

39 der Ziemer (Rehziemer)

40 der Spiegel

41 die Keule

42 das Blatt

43 das Kitz; *männl.* Bockkitz,
weibl. Rehkitz

44 **das Damwild**

45 der Damhirsch (der Dambock), ein Schaufler *m;*
weibl. das Damtier

46 die Schaufel

47 **der Rotfuchs;**
männl. Rüde,
weibl. die Fähe (Fähin),
das Jungtier: der Welpe

48 die Seher *m*

49 das Gehör

50 der Fang (das Maul)

51 die Pranten *f*
(die Branten, die Branken)

52 die Lunte
(die Standarte, die Rute)

53 **der Dachs;**
männl. Dachsbär,
weibl. die Dächsin

54 der Pürzel (der Bürzel,
der Schwanz, die Rute)

55 die Pranten *f* (die Branten,
die Branken)

56 **das Schwarzwild;**
männl. der Keiler
(das Wildschwein), *weibl.*
die Bache (die Wildsau),
das Jungtier: der Frischling

57 die Federn *f* (der Kamm)

58 das Gebrech
(das Gebräch, der Rüssel)

59 der untere Hauzahn
(der Hauer); *beide unteren
Hauzähne m:* das Gewaff,
(bei der Bache:
die Haken *m);*
beide oberen Hauzähne m:
die Haderer *m*

60 der Schild (bes. dicke
Haut *f* auf dem Blatt *n*)

61 die Schwarte (die Haut)

62 das Geäfter

63 der Pürzel
(der Bürzel, der Schmör-
kel, das Federlein)

64 **der Hase** (Feldhase)
(65–69); *männl.* Rammler,
weibl. Setzhase
(die Häsin)

65 der Seher (das Auge)

66 der Löffel

67 die Blume

68 der Hinterlauf
(der Sprung)

69 der Vorderlauf

70 das Kaninchen

71 der Birkhahn (Spielhahn)

72 der Schwanz
(das Spiel, der Stoß,
die Leier, die Schere)

73 die Sichelfedern *f*

74 das Haselhuhn

75 das Rebhuhn

76 das Schild

77 **der Auerhahn**
(Urhahn, der große Hahn)

78 der Federbart
(Kehlbart, Bart)

79 der Spiegel

80 der Schwanz
(der Stoß, der Fächer,
das Ruder, die Schaufel)

81 der Fittich (die Schwinge)

82 **der Edelfasan** (Jagdfasan),
ein Fasan (83–87);
männl. Fasanenhahn,
weibl. Fasanenhenne

83 das Federohr (das Horn)

84 der Fittich
(das Schild)

85 der Schwanz
(der Stoß, das Spiel)

86 das Bein (der Ständer)

87 der Sporn

88 die Schnepfe
(Waldschnepfe)

89 der Stecher (der Schnabel)

1–17 die Fischzucht
  1 der Hälter im
     fließenden Wasser *n*
  2 der Handkescher
     (der Ketscher)
  3 das halbovale
     Fischtransportfass
  4 der Überlaufrechen
  5 der Forellenteich;
     ähnl. der Karpfenteich,
     ein Brut-, Vorstreck-,
     Streck- oder Abwachs-
     teich

  6 der Wasserzulauf
  7 der Wasserablauf
  8 der Mönch (Teichmönch)
  9 das Mönchabsperrgitter

10–17 die Fischbrutanstalt
  10 das Abstreifen des
      weiblichen Fischs *m*
      (des Rogners *m*)
  11 der Fischlaich (der Laich,
      der Rogen, die Fischeier *n*)
  12 das Abstreifen des
      männlichen Fischs *m*
      (des Milchners *m*)

13, 14 die Forellenzucht
  13 die Brutanlage
  14 die Forellenbrut
  15 das Hechtbrutglas
  16 der Langstromtrog
  17 die Eierzählplatte

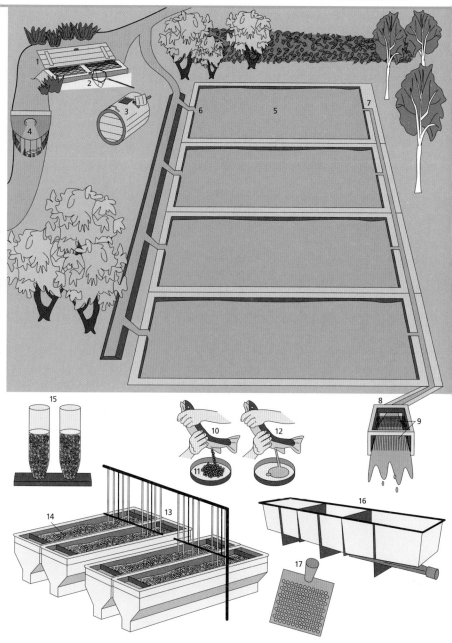

1–61 das Angeln
(die Angelfischerei)

1–10 das Grundangeln
1 das Angeln vom Ufer
2 der Rutenhalter
3 die Köderbox
4 der Fischkorb
5 der Karpfenansitz
vom Boot *n* aus
6 das Ruderboot
(Fischerboot)
7 der Setzkescher
8 die Köderfischsenke
9 die Stake
10 das Wurfnetz

11–60 Angelgeräte *n*
11 die Anglerzange
12 das Filiermesser
13 das Fischmesser
14 die Ködernadel

15–20 Posen *f*
15 die Laufpose
16 die Kunststoffpose
17 die Federkielpose
18 der Schaumstoff-
schwimmer
19 die ovale Wasserkugel
20 die Knicklichtpose

21–28 Ruten *f*
21 die Steckrute
22 der Naturkorkgriff
23 der Laufring
24 der Spitzenring
25 die Teleskoprute
26 das Rutenteil
27 das umwickelte Handteil
28 die unberingte Stipprute

29–34 Rollen *f*
29 die Multirolle
30 die Schnurführung
31 die Stationärrolle
32 der Schnurfangbügel
33 die Angelschnur
34 die Wurfkontrolle mit
dem Zeigefinger *m*

35–48 Köder *m*
35 die Fliege
36 die Nymphe
37 der Regenwurmköder
38 der Heuschreckenköder
39 der einteilige Wobbler
40 der zweiteilige
Langwobbler
41 der Kugelwobbler
42 der Pilker
43 der Blinker (der Löffel)
44 der Spinner
45 der Spinner mit
verstecktem Haken *m*
46 der Zocker
47 der Wirbel
48 das Vorfach

49–55 Haken *m*
49 der Angelhaken
50 die Hakenspitze
mit Widerhaken *m*
51 der Hakenbogen
52 das Plättchen (das Öhr)
53 der offene Doppelhaken
54 der Limerick
55 der geschlossene Drilling

56–59 Bleigewichte *n*
56 die Bleiolive
57 die Bleikugeln *f*
58 das Birnenblei
59 das Grundsucherblei
60 das Schockernetz
61 der Fischpass

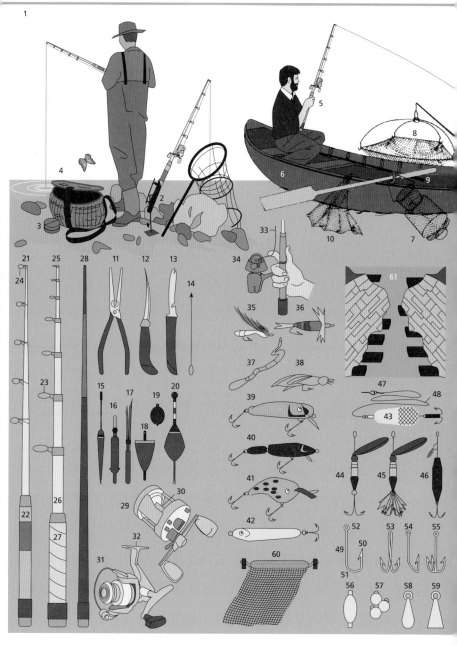

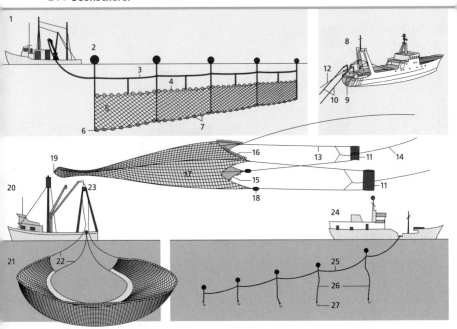

1–7	**die Treibnetzfischerei**	8–19	**die Schleppnetzfischerei**	20–23	**die Ringnetzfischerei**
1	der Logger	8	der Fischtrawler	20	der Seiner
		9	die Heckschleppe	21	die Ringwade
2–7	**das Treibnetz**	10	die Kurrleinen *f*	22	die Schnürleine
2	die Boje (die Brail)	11	die Scherbretter *n*		zum Schließen *n*
3	das Fleetreep	12	das Netzsondenkabel		der Ringwade *f*
4	der Auftriebskörper	13	der Stander	23	der Netzeinholer,
5	das Netz (die Netzwand)	14	die Netzsonde		der Powerblock
6	das Untersimm	15	das Grundtau		
7	die Grundgewichte *n*	16	die Auftriebskugeln *f*	**24–27**	**die Langleinenfischerei**
		17	das Schleppnetz	24	das Langleinenschiff
		18	das Vorgewicht	25	die Langleine
		19	der Steert	26	die Mundschnüre *f*
				27	der Haken (mit Köder *m*)

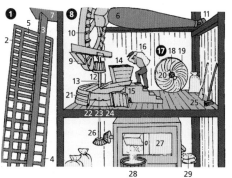

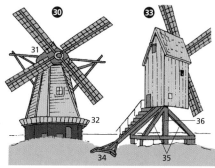

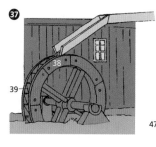

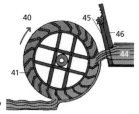

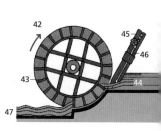

1 die Windmühle (2–36)
2 der Windmühlenflügel
3 die Windrute
4 die Saumlatte
5 die Windtür
6 die Flügelwelle (Radwelle)
7 der Flügelkopf

8 das Kammrad (9, 10)
9 die Radbremse
10 der Holzzahn
11 das Stützlager
12 das Windmühlengetriebe
    (der Trilling)
13 das Mühleisen
14 die Gosse
15 der Rüttelschuh
16 der Müller

17 der Mühlstein (18–21)
18 der Hauschlag
    (die Luftfurche)
19 die Sprengschärfe
    (die Mahlfurche)
20 das Mühlsteinauge
21 die Bütte
    (das Mahlsteingehäuse)
22 der Mahlgang
23 der Läuferstein
    (Oberstein)
24 der Bodenstein
25 die Holzschaufel
26 das Kegelradgetriebe
27 der Rundsichter
28 der Holzbottich
29 das Mehl

30 die Holländermühle
31 die drehbare
    Windmühlenhaube
32 die Galerie

33 die Bockmühle
    (Bockwindmühle)
34 der Stert
35 das Bockgerüst
36 der Königsbaum

37 die Wassermühle
38 das oberschlächtige
    Mühlrad
39 die Schaufelkammer
    (die Zelle)
40 das mittelschlächtige
    Mühlrad
41 die gekrümmte Schaufel
42 das unterschlächtige
    Mühlrad
43 die gerade Schaufel
44 das Gerinne
45 das Mühlwehr
46 der Wasserüberfall
47 der Mühlbach
    (der Mühlgraben)

1–41 die Malzbereitung
(das Mälzen)

1 der Mälzturm
(die Malzproduktions-
anlage) (2–22)
2 der Gersteeinlauf
3 die Waschetage mit
Druckluftwäsche *f*
4 der Ablaufkondensator
5 der Wasserauffang-
behälter
6 der Weichwasser-
kondensator
7 der Kältemittelsammler
8 die Weich-Keim-Etage
(der Feuchtraum,
Weichstock)
9 der Kaltwasserbehälter
10 der Warmwasserbehälter
11 der Wasserpumpenraum
12 die Pneumatikanlage
13 die Hydraulikanlage
14 der Frisch- und Abluftschacht
15 der Exhauster
(der Entlüfter)

16–18 die Darretagen *f*
16 die Vordarre
17 der Brennerventilator
18 die Nachdarre
19 der Darrablaufschacht
20 der Fertigmalztrichter
21 der Transformator
22 die Kältekompressoren *m*
23 das Grünmalz
(das Keimgut)
24 die drehbare Horde

**25 die zentrale Schaltwarte
mit dem Schaltschaubild** *n*
26 die Aufgabeschnecke
27 die Waschetage
28 die Weich-Keim-Etage
29 die Vordarre
30 die Nachdarre
31 das *od.* der Gerstesilo
32 die Waage
33 der Gersteelevator
34 der Drei-Wege-Kippkasten
35 der Malzelevator
36 die Putzmaschine
37 das *od.* der Malzsilo
38 die Keimabsaugung
39 die Absackmaschine
40 der Staubabscheider
41 die Gersteanlieferung

**42 der Sudprozess
im Sudhaus** *n*
43 der Vormaischer zum
Mischen von Schrot *n*
od. m und Wasser *n*
44 der Maischbottich zum
Einmaischen des Malzes *n*
45 die Maischpfanne
(der Maischkessel) zum
Kochen der Maische *f*
46 die Pfannenhaube
47 das Rührwerk
48 die Schiebetür
49 die Wasserzuflussleitung
50 der Brauer (der Braumeister, der Biersieder)
51 der Läuterbottich zum
Absetzen der Rück-
stände *m* (Treber *m*) und
Abfiltrieren der Würze *f*
52 die Läuterbatterie zur
Prüfung *f* der Würze *f*
auf Feinheit *f*
53 der Hopfenkessel
(die Würzpfanne) zum
Kochen der Würze *f*
54 das Schöpfthermometer

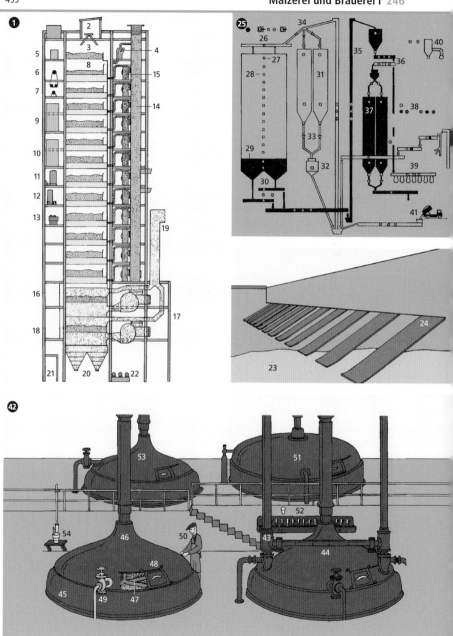

1–26 die Bierbrauerei
(Brauerei, das Brauhaus)

**1–5 die Würzekühlung und
Trubausscheidung** *f*

  1 **das Steuerpult**
  2 der Whirlpool zur Heißtrubausscheidung *f*
  3 das Dosiergefäß für
die Kieselgur
  4 das *od.* der Kieselgurfilter
  5 der Würzekühler
  6 der Hefe-Reinzucht-
Apparat

  7 **der Lagerkeller**
  8 das Mannloch
zum Lagertank *m*
  9 der Anstichhahn
10 das *od.* der Bierfilter
11 das Fasslager
12 das Bierfass,
ein Aluminiumfass *n*

13 **die Flaschenreinigungsanlage**
14 die Flaschenreinigungsmaschine
15 die Schaltanlage
16 die gereinigten Flaschen *f*
17 die Flaschenabfüllung
18 der Gabelstapler
19 der Bierkastenstapel
20 die Bierdose

21 die Bierflasche;
Biersorten: helles Bier *n*,
dunkles Bier, Pilsener Bier,
Münchener Bier, Malzbier,
Starkbier (Bockbier,
Bock *m od. n*), Porter *n*,
Ale *n*, Lager *n*, Stout *m*,
Salvator *m od. n*, Gose *f*,
Weißbier *n* (Weizenbier),
Schwachbier (Dünnbier)
22 der Kronenverschluss
(der Kronenkorken)
23 die Sechserpackung
(das Sixpack)
24 die Mehrwegflasche
25 das Bierglas
26 die Schaumkrone

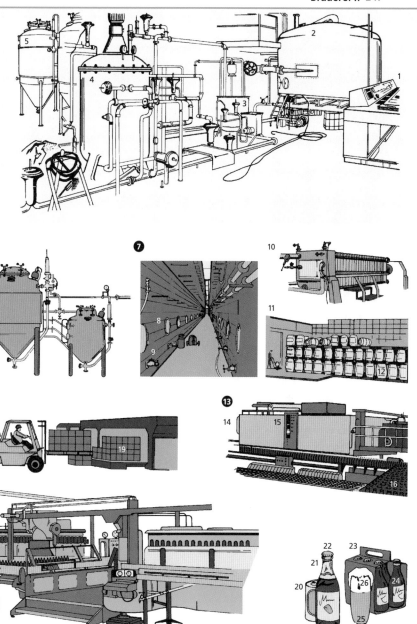

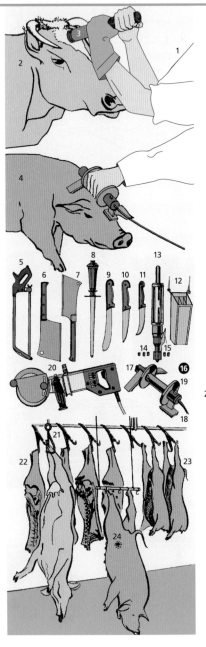

1–24 **der Schlachthof**
1 der Fleischer
   (*nordd.* der Schlachter,
   westmitteld., südd.,
   schweiz. der Metzger)
2 das Schlachtvieh,
   ein Rind *n*
3 das Bolzenschussgerät,
   ein Betäubungsgerät *n*
4 das Schlachtschwein
5 die Knochensäge
6 der Spalter
7 der Rückenspalter
8 der Wetzstahl
9 das Blockmesser
10 das Stechmesser
11 das Abhäutemesser
12 die Messerscheide
13 der Schussbolzen
14 die Patronen *f*
15 der Auslösebügel

16 **das elektrische**
   Betäubungsgerät (17–19)
17 die Elektrode
18 die Zuleitung
19 der Handschutz
   (die Schutzisolierung)
20 die Fleischzerlegesäge
   zum Portionieren *n*
   von Fleischteilen *n*

21–24 **das Kühlhaus**
21 der Aufhängebügel
22 das Rinderviertel
23 die Schweinehälfte
24 der Kontrollstempel
   des Fleischbeschauers *m*

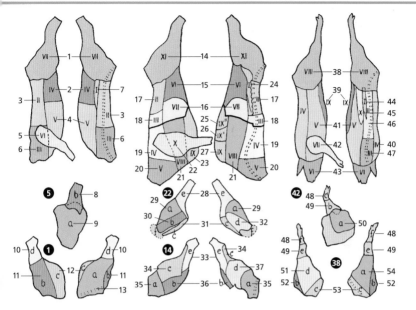

1–13 **das Kalb**

1 **die Keule mit**
   Hinterhachse *f*
   (*südd.* Hinterhaxe *f*)
   (10–13)
2 der Bauch
3 das Kotelett
   (Kalbskotelett)
4 die Brust (Kalbsbrust)

5 **der Bug mit Vorderhachse** *f*
   (*südd.* Vorderhaxe *f*) (8–9)
6 der Hals
7 das Filet (Kalbsfilet)
8 die Vorderhachse
   (*südd.* Vorderhaxe)
9 der Bug
10 die Hinterhachse
   (*südd.* Hinterhaxe)
11 das Nussstück
12 das Frikandeau
13 die Oberschale

14–37 **das Rind**
14 **die Keule mit Hinterhesse** *f*
   (33–37)
15, 16 die Lappen *m*
15 die Fleischdünnung
16 die Knochendünnung
17 das Roastbeef
18 die Hochrippe
19 die Fehlrippe
20 der Kamm (Rinderkamm)
21 die Spannrippe

22 **der Bug mit Vorderhesse** *f*
   (28–32)
23 die Brust (Rinderbrust)
24 das Filet (Rinderfilet)
25 die Nachbrust
26 die Mittelbrust
27 das Brustbein
28 die Vorderhesse
29 das dicke Bugstück
30 das Schaufelstück
31 das falsche Filet
32 der Schaufeldeckel
33 die Hinterhesse
34 das Schwanzstück
35 die Blume
36 die Kugel
37 die Oberschale

38–54 **das Schwein**

38 **der Schinken mit**
   Eisbein *n* **und Spitzbein** *n*
   (48, 49, 51–54)
39 die Wamme
40 der Rückenspeck
41 der Bauch

42 **der Bug mit Eisbein** *n*
   und Spitzbein *n* (48–50)
43 der Kopf (Schweinskopf)
44 das Filet (Schweinefilet)
45 der Flomen (der Flom)
46 das Kotelett
   (Schweinekotelett)
47 der Kamm
   (Schweinekamm)
48 das Spitzbein
49 das Eisbein
50 das dicke Stück
51 das Schinkenstück
52 das Nussstück
53 der Schinkenspeck
54 die Oberschale

1–28 die Wurstküche
(der Zubereitungsraum)

1–6 Fleischermesser *n*
(das Metzgermesser,
Schlachtermesser)
 1 das Aufschnittmesser
 2 die Messerklinge
 3 die Sägezahnung
 4 das Messerheft
 5 das Fleischmesser
 6 das Ausbeinmesser

 7 der Fleischermeister
(der Fleischer,
nordd. der Schlachter,
westmitteld., südd.,
schweiz. der Metzger)
 8 die Fleischerschürze
 9 die Mengmulde (*nd.* die
Schlachtermolle, Molle)
 10 das Brät (das Bratwurstfüllsel, die Wurstmasse)
 11 die Schabglocke
 12 der Schaumlöffel
 13 die Wurstgabel
 14 das Brühsieb
 15 der Abfalleimer
 16 der Kochschrank mit
Backeinrichtung *f* für
Dampf *m* oder Heißluft *f*
 17 die Räucherkammer

 18 der Handwurstfüller
(Tischwurstfüller)
 19 das Füllrohr
 20 die Gewürzbehälter *m*
 21 der Kutter für die Brätherstellung
 22 der Fleischwolf
(*österr.* die Faschier-
maschine)
 23 die Passierscheiben *f*
 24 der Fleischhaken
 25 die Knochensäge
 26 die Hackbank
 27 der Fleischergeselle
beim Zerlegen
 28 das Fleischstück

29–66 die Fleischerei
(das Fleischerfach-
geschäft,
nordd., die Schlachterei,
westmitteld., südd.,
schweiz. die Metzgerei)

29–33 Fleischwaren *pl*
29 der Knochenschinken
30 die Speckseite
31 das Dörrfleisch
(Rauchfleisch)
32 das Lendenstück
33 das Schweinefett
(das Schweineschmalz)

34–39 Wurstwaren *pl*
34 das Preisschild
35 die Mortadella
36 das Brühwürstchen
(Würstchen,
Siedewürstchen)
37 der Presssack
(der Presskopf)
38 der Fleischwurstring
39 die Bratwurst

40 die Kühltheke
41 der Fleischsalat
42 die Aufschnittware
43 die Fleischpastete
44 das Hackfleisch
(das Gehackte,
das Schabefleisch)
45 das Eisbein

46 der Sonderangebotskorb
47 die Sonderpreistafel
48 das Sonderangebot

49 die Tiefkühltruhe
50 das abgepackte
Bratenfleisch
51 das tiefgefrorene
Fertiggericht
52 das Hähnchen

53 Konserven *f*
(Vollkonserven, *mit*
beschränkter Haltbarkeit:
Präserven *f*) (54–56)
54 die Konservendose (Dose)
55 die Gemüsekonserve
56 die Fischkonserve
57 die Remoulade
58 die Erfrischungs-
getränke *n*

59 die Aufschnittmaschine
60 die schräge Auflage
61 die Fixierungsvorrichtung
mit Handführung *f*
62 der Handschutz
63 die rotierende Rundklinge
64 das Schnittgut
65 der Stufenregler
66 die Sicherheitskontrollleuchte

| 1–60 | **der Verkaufsraum der Bäckerei** f (Feinbäckerei, Bäckerei und Konditorei f) | 14–18 | **Vollwert- und Biobrot** | 30 | die Cremetorte (Sahnetorte) |

1–60 der Verkaufsraum der Bäckerei f
(Feinbäckerei, Bäckerei und Konditorei f)
  1 die Verkaufstheke (der Verkaufstresen)
  2 die Verkäuferin

  3 **das Brot** (der Brotlaib, Laib)
  4 die Krume
  5 die Kruste (die Brotrinde)
  6 das Endstück (nordd. der Kanten)

7–18 Brotsorten f
  7 das Rundbrot (Landbrot), ein Roggenmischbrot
  8 das Mehrkornbrot
  9 ein Langbrot, ein Weizenmischbrot
  10 das Weißbrot
  11 das Vollkornbrot
  12 der Stollen (Weihnachtsstollen, Christstollen)
  13 das Stangenweißbrot (die od. das Baguette)

14–18 Vollwert- und Biobrot
  14 das Roggenschrotbrot
  15 das Roggen-Ganzkorn-Brot
  16 das Sesam-Leinsaat-Brot
  17 das Dinkelbrot
  18 das Haferbrot

19–22 Brötchen n
(nordd. Rundstücke n, landsch. Wecke m, Wecken m, Semmeln f)
  19 die Mehrkornstange
  20 das Weizenbrötchen
  21 das Baguettebrötchen
  22 das Roggenbrötchen

23–52 Konditoreiwaren pl
  23 die Sahnerolle
  24 die Pastete, eine Blätterteigpastete
  25 die Biskuitrolle
  26 das Törtchen
  27 die Cremeschnitte, die Sahneschnitte

28–31 Torten f
  28 die Obsttorte
  29 die Käsetorte

  30 die Cremetorte (Sahnetorte)
  31 die Tortenplatte
  32 das od. der Baiser (die Meringe, schweiz. Meringue)
  33 der Windbeutel
  34 die Schlagsahne (österr. das Schlagobers)
  35 der Berliner Pfannkuchen (der Berliner)
  36 das Schweinsohr
  37 die Kümmelstange
  38 das Hörnchen, das Croissant
  39 der Napfkuchen (Topfkuchen, obd. der Gugelhupf)
  40 der Kastenkuchen mit Schokoladenüberzug m
  41 der Florentiner
  42 der Schokokuss
  43 die Makrone
  44 die Schnecke (landsch. die Schneckennudel)
  45 der Amerikaner

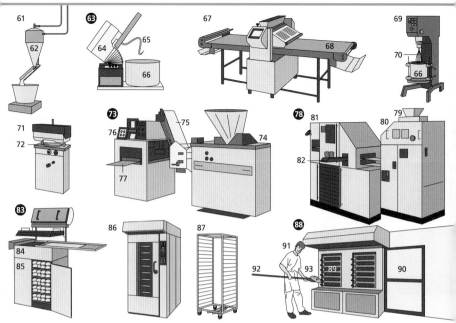

46 der Einback, ein schlesi-
    sches Frühstücksgebäck *n*
47 der Hefezopf
48 der Frankfurter Kranz
49 der Blechkuchen
    (*Arten:* Streuselkuchen,
    Butterkuchen,
    Zwetschgenkuchen)
50 die Brezel (Laugenbrezel)
51 die Waffel
52 der Baumkuchen

53–60 abgepackte Backwaren *f*
53 der Tortenboden
54 das Vollkornbrot
55 der *od.* das Pumpernickel
56 das Knäckebrot
57 der Lebkuchen
58 das Mehl (Weizenmehl)
59 die Hefe
60 der Zwieback

61–93 die Backstube
    (der Backraum)
61 der Teigmischer
62 die Mehlwaage,
    die Behälterwaage

63 der Spiralkneter,
    eine Knetmaschine
64 die Abdeckung
65 das Kneteisen
66 der Kessel
67 die Teigausrollmaschine
68 der Förderbandtisch
69 die Schlag- und
    Rührmaschine
70 der Rührbesen
71 die Teigteil- und Rundwirk-
    maschine zum Formen
    von Brötchen *n* und Klein-
    gebäck *n*
72 die Wirkplatte

73 die Brotanlage
74 der Teigteiler zum
    Portionieren des Teiges *m*
75 das Hochtransportband
76 die Rund- und Langwirk-
    maschine zum Formen
    der Teiglinge *m*
77 das Abnahmeblech

78 die Brötchenanlage
79 der Einfülltrichter
80 die Kopfmaschine
    (die Teigteil- und
    Wirkmaschine)
81 die Vorgärschrankanlage
    für runde und lang
    gerollte Produkte *n*
    mit Stanz- und Schneid-
    werkzeugen *n*
82 das Austragungsband

83 das Fettbackgerät (84, 85)
84 die Fettwanne
85 der Gärschrank
86 der Stikkenofen
87 der Stikkenwagen
    zum Herein- und Heraus-
    fahren der Backbleche *n*

88 der Etagenofen (89)
89 die Ofenklappe
90 der Gärraum
91 der Bäcker
92 der Schießer
93 der Teigling

1–113 der Supermarkt, ein Selbstbedienungsgeschäft *n*
für Lebensmittel *n*

1 der Leergutautomat, ein
Automat zur Rücknahme *f*
der leeren Flaschen *f*
2 die Flascheneingabe
(der Flascheneinschub)
3 die Taste zum
Ausdrucken des Pfand-
beleges *m* (Bons *m*)
4 das Display zur Anzeige *f*
der Anzahl *f* der zurück-
gegebenen Flaschen *f*
5 die Flaschenkisteneingabe
(der Flaschenkisten-
einschub)
6 das Transportband
7 der Eingang zum
Verkaufsraum *m*
8 die Kundin

9 die Backwarenabteilung
(Brotabteilung,
Konditoreiabteilung)
10 die Backwarenvitrine

11 die Sahnetörtchen *n*
12 der Napfkuchen
13 die Verkäuferin
14 die Hörnchen *n*
(die Croissants *n*)
15 die Brötchen *n*
16 das Stangenweißbrot
(die *od.* das Baguette)
17 die Fruchttorte
18 die Sahnetorte
19 der Blechkuchen
(Plattenkuchen)
20 die Biskuitrolle
21 der Kastenkuchen
22 das Weißbrot
23 das Schwarzbrot
24 das Mischbrot
25 das Zwiebelbrot

26 die Käseabteilung
27 der Käselaib
28 der Emmentaler
29 der Briekäse
(die Brietorte)
30 der Edamer
31 der Ziegenkäse

32 das Weinregal
33 der Wein (Weißwein,
Rotwein, Roséwein)
34 der Sekt
35 der Champagner
36 der Chianti

37 die Drogerieabteilung
38 die Strümpfe *m*
39 die Zahnpasta
(Zahncreme)
40 die Seife
41 die Küchenrolle
42 das Waschmittel
43 das Duschgel
44 das Haarshampoo
45 die Creme (Krem, Kreme)
46 die Wattebällchen *n*
(Wattebäuschchen *n*)
47 das Haarspray
48 die Körperlotion
49 der Badezusatz
50 die Kosmetiktücher *n*
51 das Katzenfutter
52 die Hundekuchen *m*
53 die Packung Katzenstreu *f*

Supermarkt 252

54 das Getränkeregal
55 die Limonade
56 die Packung Fruchtsaft *m*
57 das Mineralwasser
58 der Kasten Bier *n*
59 das Dosenbier

**60 das Regal mit
Knabbereien** *f* (61–64)
61 die Erdnüsse *f*
62 die Kartoffelchips *m*
63 die Käsekräcker *m*
64 die Salzstangen *f*
65 der Einkaufswagen

66 die Tiefkühltruhe
67 die Poularde
68 das Suppenhuhn
69 der Putenschenkel
70 die Tiefkühlgerichte *n*

71 die Frischfleischabteilung
(72–74)
72 der Schinken
(Knochenschinken, Koch-
schinken, der geräucherte
Schinken, Lachsschinken)

73 das Frischfleisch
(*hier:* Steak *n*)
74 die Wurst
(*Sorten:* Salami *f,*
Rotwurst *f,* Fleischwurst *f*)
75 die Gewürze *n*

**76 die Obst- und
Gemüseabteilung** (77–87)
77 die Obst- und
Gemüsewaage
78 die Plastiktüten *f*
79 der Blumenkohl
80 die Tomaten *f*
81 die Salatgurken *f*
82 die Melonen *f*
83 die Birnen *f*
84 die Ananas
85 die Bananen *f*
86 die Äpfel *m*
87 die Weintrauben *f*
88 das Mehl
89 der Zucker
90 das Müsli
91 die Konserven *f*
92 die Nudeln *f*
93 das Speiseöl

94 der Tee
95 der Kaffee
96 der Instantkaffee

97 das Milchprodukteregal
98 die H-Milch
99 der *od.* das Joghurt
100 die Sahne
101 die Margarine
102 die Frischmilch
103 die Eierpackung
104 die Butter
105 der Camembert

106 der Kassenbereich
107 der Substitut
108 die Registrierkasse
109 der Scanner
(das Einlesegerät
für den Strichcode *m*)
110 der Strichcode
111 die Kassiererin
112 der Warentrennstab
113 die Absperrung
(die Barriere)

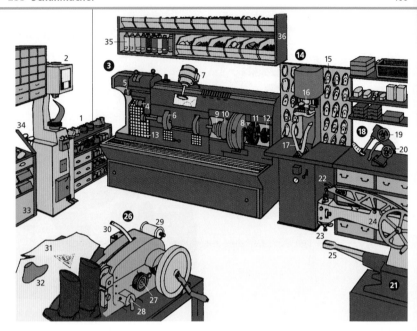

<table>
1-68 **die Schuhmacherwerkstatt**
(Schusterwerkstatt)
1 die fertigen (reparierten)
Schuhe *m*
2 die Durchnähmaschine

3 **die Ausputzmaschine**
4 der Absatzfräser
5 die Wechselfräser *m*
6 die Schleifscheibe
7 der Bimskreisel
8 der Antrieb
9 der Schnittdrücker
10 die Schwabbelscheibe
11 die Polierbürste
12 die Rosshaarbürste
13 die Absaugung
</table>

14 **die automatische**
Sohlenpresse
15 die Pressplatte
16 das Presskissen
17 die Andruckbügel *m*

18 **der Ausweitapparat**
19 die Verstellvorrichtung
für Weite *f*
20 die Verstellvorrichtung
für Länge *f*

21 **die Nähmaschine**
22 die Stärkeverstellung
23 der Fuß
24 das Schwungrad
25 der Langarm

26 **die Doppelmaschine**
(27–30)
27 der Fußanheber
28 die Vorschubeinstellung
29 die Fadenrolle
30 der Fadenführer
31 das Sohlenleder
32 der Leisten
33 der Arbeitstisch
34 der Eisenleisten
35 die Farbsprühdose
36 das Materialregal

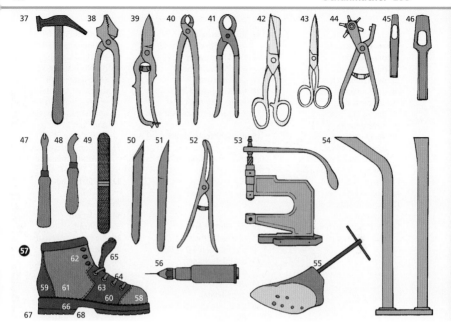

57

37–56 das Schuhmacherwerkzeug
(Schusterwerkzeug)
37 der Schuhmacherhammer
(Schusterhammer)
38 die Falzzange
39 die Bodenlederschere
40 die kleine Beißzange
41 die große Beißzange
42 die Oberlederschere
43 die Fadenschere
44 die Revolverlochzange
45 das Locheisen
46 das Henkellocheisen
47 der Stiftenzieher
48 das Randmesser
49 die Schuhmacherraspel
50 das Schuhmachermesser
(Schustermesser)
51 das Schärfmesser
52 die Kappenheberzange
53 die Ösen-, Haken- und
Druckknopfeinsetz-
maschine
54 der Arbeitsständer
(der Eisenfuß)
55 der Weitfixleisten
56 das Nagelheft
57 der Stiefel
58 die Vorderkappe
59 die Hinterkappe
60 das Vorderblatt
61 das Seitenteil
(das Quartier)
62 der Haken
63 die Öse
64 das Schnürband
(der Schnürsenkel)
65 die Zunge
66 die Sohle
67 der Absatz
68 das Gelenk

1 die Steppnaht
2 der Kettenstich
3 der Zierstich
4 der Stielstich
5 der Kreuzstich
6 der Langettenstich
7 der Zopfstich
8 der Schnurstich
9 der Hexenstich
10 die Plattsticharbeit
(Plattstickarbeit,
Flachsticharbeit,
Flachstickarbeit)
11 die Lochstickerei
12 der Lochstecher
13 der Knötchenstich
(Knotenstich)
14 die Durchbrucharbeit
(der Hohlsaum)

15 **die Tüllarbeit**
(die Tüllspitze) (16 u. 17)
16 der Tüllgrund
(der Spitzengrund)
17 der Durchzug
18 die Klöppelspitze;
Arten: Valenciennes-
spitzen, Brüsseler Spitzen

19 **die Schiffchenarbeit**
(Frivolitätenarbeit,
Okkiarbeit, Occhi-
arbeit) (20)
20 das Schiffchen
21 die Knüpfarbeit
(das Makramee)

22 **die Filetarbeit**
(die Netzarbeit,
das Filament) (23–26)
23 die Filetschlinge
(der Filetknoten)
24 der Filetfaden
25 der Filetstab
26 die Filetnadel (Netznadel,
Filiernadel *f*)
27 die Ajourarbeit
(Durchbrucharbeit)

28 **die Gabelhäkelei**
(Gimpenhäkelei) (29)
29 die Häkelgabel
30 die Nadelspitzen *f*
(Nähspitzen, die Spitzen-
arbeit); *Arten:* Reticella-
spitzen, Venezianer-
spitzen, Alenéonspitzen;
ähnl. mit Metallfaden *m*:
die Filigranarbeit
31 die Bändchenstickerei
(die Bändchenarbeit)

32 **die Stricknadeln** *f*
(33–35)
33 die Spitze
34 der Schaft
35 der Kopf
36 die Rundstricknadel
37 die Häkelnadel
38 der Haken
39 die Nähnadel
40 das Nadelöhr

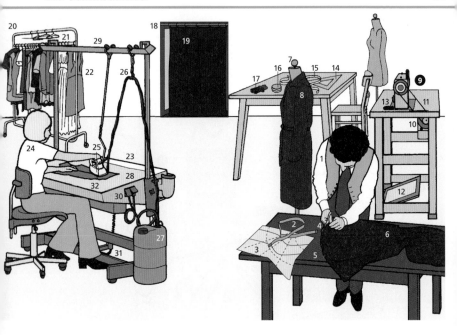

1–32 **die Damenschneiderei**
  (das Modeatelier)
  1 der Damenschneider
  2 das Maßband (das Band-
    maß), ein Metermaß *n*
  3 das Schnittmuster
  4 die Zuschneideschere
  5 der Zuschneidetisch
  6 das Modellkleid
  7 die Schneiderpuppe
    (die Schneiderbüste)
  8 der Modellmantel

  9 **die Schneider-**
    nähmaschine (10–13)
10 der Antriebsmotor
11 der Treibriemen
12 die Fußplatte
13 das Nähmaschinengarn
    (die Garnrolle)
14 der Schneiderwinkel
15 das Nahtband (Kanten-
    band, Eggenband)
16 die Knopfschachtel
17 der Stoffrest
18 die Umkleidekabine
19 der Vorhang
20 der fahrbare
    Kleiderständer
21 die Kleiderbügel *m*
22 die Auftragsarbeiten *f*
    (die geschneiderten
    Kleidungsstücke *n*)

23 der Flächenbügeltisch
24 die Büglerin
25 das Dampfbügeleisen
26 die Wasserzuleitung
27 der Wassertank
28 die neigbare Bügelfläche
29 die Büglerschwebe
30 die Saugwanne
    für die Dampfabsaugung
31 die Fußschalttaste
    für die Absaugung
32 der aufgebügelte
    Vliesstoff

**1–35 das Herrenschneider-
      atelier**

 1 der dreiteilige Spiegel
 2 die Stoffbahnen *f*
 3 der Anzugstoff
 4 das Modejournal
 5 der Aschenbecher
 6 der Modekatalog
 7 der Hocker
 8 der Arbeitstisch
 9 die Schublade mit den
      Arbeitsmaterialien *n*
 10 die Stoffmuster *n*
 11 das Wandregal
 12 die Nähgarnrolle
 13 die Nähseidenröllchen *n*
 14 die Stoffschere

 15 die Tretnähmaschine
      (16–21)
 16 der Tritt
 17 der Kleiderschutz
 18 das Schwungrad
 19 der Unterfadenumspuler
 20 der Nähmaschinentisch
 21 die Nähmaschinen-
      schublade
 22 das Kantenband
 23 das Nadelkissen
 24 die Anzeichnerei
 25 der Herrenschneider
 26 das Formkissen
 27 die Schneiderkreide
 28 das Werkstück
 29 das Bügelbrett
 30 der Schwenkarm

 31 das Bügelformkissen
 32 das Bügeleisen
 33 das Handbügelkissen
 34 die Stoffbürste
 35 das Bügeltuch

1–49 der Damenfriseur
(der Damensalon)

1–18 Frisierutensilien *n*
1 die Färbeschale
2 der Färbepinsel mit
Kamm *m*
3 die Tube mit Haarfarbe *f*
4 der Dauerwellwickler
(Kaltwellwickler)
5 die Brennschere
(Lockenschere,
Lockenbrennschere)
6 der Einsteckkamm
7 die Haarschneideschere
8 die Effilierschere
9 das Effiliermesser
10 der Nackenpinsel
(der Nackenwedel)
11 der Haarklipp
12 der Lockenwickler
(der Lockenwickel)
13 die Lockwellbürste
(Rundbürste,
Föhnwellrundbürste)

14 die Lockenklammer
(Abteilklammer)
15 die Wasserwellklammer
16 der Stilkamm
17 die Stylingbürste (Tunnelbürste, Pneumatikbürste,
halbrunde Bürste,
Stilhaarbürste, Fischgrätbürste, Skelettbürste)
18 die Alufolien *f* zum
Färben der Strähnen *f*
19 der verstellbare Frisierstuhl
20 die Fußstütze
21 der Frisiertisch
22 der Frisierspiegel
23 die Haarschneide-
maschine
24 der Föhnkamm
25 der Handspiegel
26 das Haarspray
(das Haarfixativ)
27 die Trockenhaube, eine
Schwenkarmhaube *f*
28 der Haubenschwenkarm
29 der Tellerfuß

30 **die Waschanlage** (31 u. 32)
31 das Haarwaschbecken
32 die Handbrause
33 die Ablagefläche
34 die Shampooflasche
35 der Föhn
36 der Frisierumhang
37 die Friseurin
38 das Haarwachs
39 die Föhnlotion
40 der Schaumfestiger
41 die Haarpflegemittel *n*
(Haarpflegeprodukte *n*)
42 die Handtücher *n*
43 das Frisurenbuch
44 die Tafeln mit den
Farbmustern *n* für
die Haarfärbung
45 die Perücke
(die Zweitfrisur)
46 der Perückenständer
(Perückenkopf)
47 der Kassentisch
48 die Registrierkasse
49 das Sparschwein für
das Trinkgeld *n*

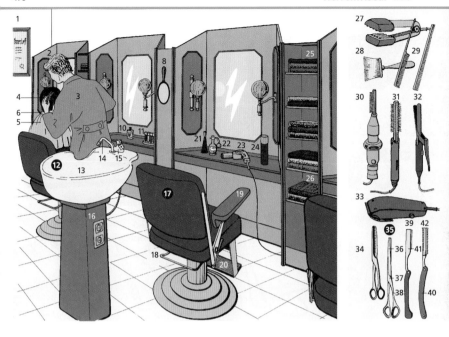

1–42 der Herrensalon
1 der Meisterbrief
2 der Friseur
 (Friseurmeister,
 schweiz. Coiffeur)
3 der Arbeitskittel
 (Friseurkittel)
4 die Frisur
 (der Haarschnitt)
5 der Frisierumhang
6 der Papierkragen
7 der Frisierspiegel
8 der Handspiegel
9 die Frisierleuchte
10 das Toilettenwasser
11 das Haarwasser
 (der Haarwaschzusatz)

12 die Haarwaschanlage
13 das Waschbecken
14 die Handdusche
 (die Handbrause)
15 die Mischbatterie
16 die Steckdosen *f*

**17 der verstellbare
 Frisierstuhl** (18–20)
18 der Verstellbügel
19 die Armlehne
20 die Fußstütze
21 das Haarwaschmittel
22 der Parfümzerstäuber
23 der Haartrockner
 (der Föhn)
24 der Haarfestiger in
 der Spraydose *f*
25 die Handtücher *n* zur
 Haartrocknung *f*
26 die Tücher für Gesichts-
 kompressen *f*
27 das Kreppeisen
28 der Nackenpinsel
29 der Frisierkamm
30 der Heißluftkamm
31 die Thermobürste
32 der Frisierstab
 (der Lockenformer)
33 die Haarschneide-
 maschine
34 die Effilierschere

35 die Haarschneideschere
 (36–38)
36 das Scherenblatt
37 das Schloss
38 der Schenkel
39 das Rasiermesser
40 der Messergriff
41 die Rasierschneide
42 das Effiliermesser

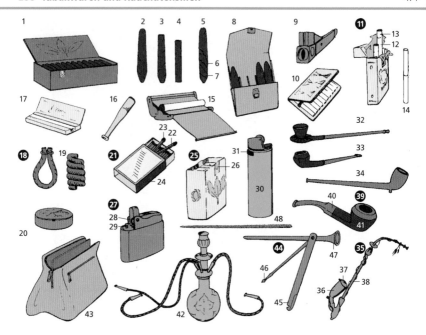

1 die Zigarrenkiste
2 die Zigarre;
Arten: Havanna, Brasil,
Sumatra
3 das (der, *ugs.* die) Zigarillo
4 der Stumpen
5 das Deckblatt
6 das Umblatt
7 die Einlage
8 das Zigarrenetui
9 der Zigarrenabschneider
10 das Zigarettenetui

11 **die Zigarettenschachtel**
(12 u.13)
12 die Zigarette,
eine Filterzigarette
13 das Mundstück
14 die Papirossa
15 die Zigarettenmaschine,
ein Zigarettenwickler *m*
16 die Zigarettenspitze
17 das Zigarettenpapier-
heftchen

18 **der Rollentabak**
19 der Kautabak;
ein Stück: der Priem
20 die Schnupftabaksdose

21 **die Streichholzschachtel**
(Zündholzschachtel)
22 das Streichholz
(das Zündholz)
23 der Schwefelkopf
(der Zündkopf)
24 die Reibfläche

25 **das Paket (Päckchen) Tabak** *m; Arten:* Feinschnitt,
Krüllschnitt, Navy-Cut
26 die Banderole (Steuerbanderole, die Steuermarke)

27 **das Benzinfeuerzeug**
(28 u.29)
28 der Feuerstein
29 der Docht
30 das Gasfeuerzeug,
ein Einwegfeuerzeug
(Wegwerffeuerzeug)

31 die Flammenregulierung
32 der Tschibuk
33 die kurze Pfeife
34 die Tonpfeife

35 **die lange Pfeife**
36 der Pfeifenkopf
37 der Pfeifendeckel
38 das Pfeifenrohr

39 **die Bruyèrepfeife** (40 u.41)
40 das Pfeifenmundstück
41 die (sandgestrahlte
oder polierte) Bruyère-
maserung
42 die (das) Nargileh,
eine Wasserpfeife *f*
43 der Tabaksbeutel

44 **das Raucherbesteck**
(Pfeifenbesteck)
45 der Auskratzer
46 der Pfeifenreiniger
47 der Stopfer
48 der Pfeifenreinigungs-
draht

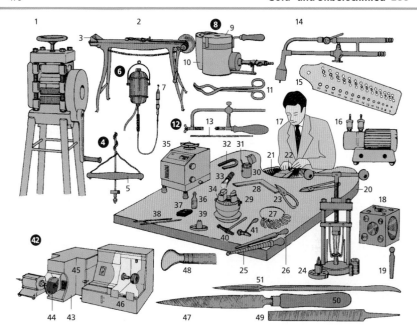

1 die Draht- und Blechwalze
2 die Ziehbank
3 der Draht (Gold- oder
  Silberdraht)

4 der Drillbohrer
5 das Querholz

**6 die elektrische
Hängebohrmaschine**
7 der Kugelfräser mit
  Handstück *n*

8 der Schmelzofen (9 u. 10)
9 der Schamottedeckel
10 der Grafittiegel
11 die Tiegelzange

12 die Bogensäge
13 das Laubsägeblatt
14 die Lötpistole
15 das Gewindeschneideisen
16 das Zylinderlötgebläse
17 der Goldschmied
18 die Würfelanke
  (Anke, der Vertiefstempel)
19 die Punze
20 das Werkbrett
21 das Werkbrettfell
22 der Feilnagel
23 die Blechschere
24 die Ringweiten-
  Änderungsmaschine
25 der Ringstock
26 der Ringriegel
27 das Ringmaß
28 der Stahlwinkel
29 das Linsenkissen,
  ein Lederkissen *n*
30 die Punzenbüchse
31 die Punze
32 der Magnet
33 die Brettbürste
  (der Brettpinsel)

34 die Gravierkugel
35 die Gold- und
  Silberwaage,
  eine Präzisionswaage
36 das Lötmittel
37 die Glühplatte,
  aus Holzkohle *f*
38 die Lötstange
39 der Lötborax
40 der Fassonhammer
41 der Ziselierhammer

42 die Poliermaschine (43–46)
43 der Tischstaubsauger
44 die Polierbürste
45 der Staubsammelkasten
46 das Nassbürstgerät
47 die Rundfeile
48 der Blutstein
  (Roteisenstein)
49 die Flachfeile
50 das Feilenheft
51 der Polierstahl

1 der Uhrmacher
2 der Werktisch
3 die Armauflage
4 der Ölgeber
5 der Ölblock für
   Kleinuhren *f*
6 der Schraubenziehersatz
7 der Zeigeramboss
8 die Glättahle,
   eine Reibahle *f*
9 das Federstegwerkzeug
10 der Abheber für
   Armbanduhrzeiger *m*
11 der Gehäuseschlüssel
12 die Arbeitslampe
13 der Mehrzweckmotor
14 die Kornzange
   (die Pinzette)

15 die Poliermaschinen-
   aufsätze *m*
16 das Stifteklöbchen
17 die Rolliermaschine
   (der Rollierstuhl) zum
   Rollieren, Polieren,
   Arrondieren und Kürzen
   von Wellen *f*
18 der Staubpinsel
19 der Abschneider
   für Metallarmbänder *n*
20 die Präzisions-Kleindrehmaschine (die Kleindrehbank, der Uhrmacher-
   drehstuhl)
21 das Keilriemenvorgelege
22 der Werkstattmuli
   für Ersatzteile *n*
23 die Vibrationsreinigungs-
   maschine
24 das Umlaufprüfgerät für
   automatische Uhren *f*
25 das Messpult für die Überprüfung elektronischer
   Bauelemente *n*

26 das Prüfgerät für
   wasserdichte Uhren *f*
27 die Zeitwaage
28 der Schraubstock
29 die Einpressvorrichtung
   für armierte Uhrgläser *n*
30 der Reinigungsautomat
   für die konventionelle
   Reinigung
31 die Kuckucksuhr
   (Schwarzwälderuhr)
32 die Wanduhr
33 das Kompensationspendel
34 die Küchenuhr
35 die Kurzzeituhr
   (der Kurzzeitwecker)

1 **die elektronische Funkarmbanduhr**
2 die Digitalanzeige (Flüssigkristallanzeige, LCD-Anzeige)
3 der Knopf zur Einstellung *f* der Stunden *f* und Minuten *f*
4 das Funkuhrsymbol
5 das Metallarmband

6 **die multifunktionelle elektronische Armbanduhr**
7 die Analoganzeige
8 der Weckalarmknopf
9 der Stopp-Programm-Knopf
10 das Lederarmband

11 **die Weckuhr** (der Wecker)
12 die Digitalanzeige mit Fallblattziffern *f* oder Leuchtdioden *f*
13 die Weckzeitanzeige
14 die Abstelltaste
15 das Stellrad

16 **die Standuhr** (17–21)
17 das Zifferblatt
18 das Uhrgehäuse
19 das Pendel (das *od.* der Perpendikel)
20 das Schlaggewicht
21 das Ganggewicht
22 die Sonnenuhr
23 die Sanduhr

24–35 **das Springbild der automatischen Armbanduhr** *f* (Uhr mit automatischem Aufzug *m*, Selbstaufzug *m*)
24 die Schwingmasse (der Rotor)
25 der Lagerstein
26 die Spannklinke
27 das Spannrad

28 **das Uhrwerk**
29 die Werkplatte
30 das Federhaus
31 die Unruh
32 das Ankerrad
33 das Aufzugsrad
34 die Krone
35 das Antriebswerk

36 **das Prinzip der elektronischen Quarzuhr** *f*
37 der Quarz (Schwingquarz)
38 die Antriebsquelle, *hier:* eine Knopfzelle *f*
39 der kleine Zeiger
40 der große Zeiger
41 das Räderwerk
42 der Schrittschaltmotor
43 die Frequenzunterteilung (integrierte Schaltungen *f*)
44 der Decoder
45 das Funkmodul

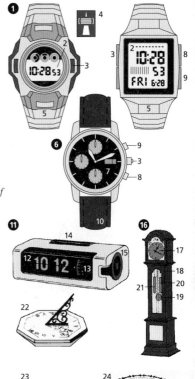

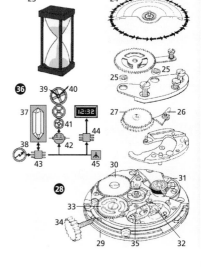

1–21 **der Verkaufsraum**

1–4 **die Brillenanprobe**
  1 der Optiker
  2 der Kunde
  3 das Brillenmodell
  4 der Spiegel
  5 der Brillenständer
     (die Gestellauswahl,
     Brillenauswahl)
  6 die Sonnenbrille
  7 das Metallgestell
  8 das Horngestell

9 **die Brille** (10–15)

10–14 **die Brillenfassung**
     (das Brillengestell)
  10 der Brillenrand
  11 der Steg, die Brücke
  12 der Seitensteg
     (Nasensteg)
  13 der Bügel
  14 das Bügelscharnier
  15 das Brillenglas
  16 das Brillenetui
  17 der Handspiegel
  18 das Fernglas
  19 das Fernrohr
  20 das Mikroskop
  21 das Werbeplakat

22 **die Kontaktlinsen-
   abteilung**
23 die harten Kontaktlinsen *f*
24 die weichen Kontakt-
   linsen *f*
25 die farbigen Kontakt-
   linsen *f*
26 die Aufbewahrungs-
   behälter *m*
27 das Pflegemittel
   (Reinigungsmittel)
28 der Kontaktlinsensauger
   zur Entfernung *f* harter
   Kontaktlinsen *f* aus dem
   Auge *n*

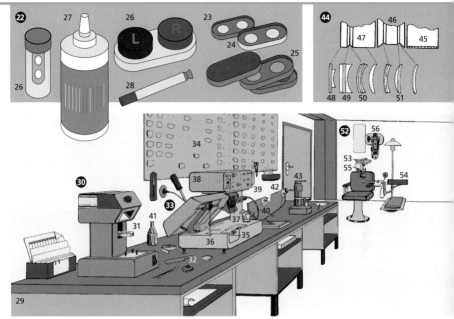

29–56 die Optikerwerkstatt
  29 der Arbeitstisch

  30 das Universalzentriergerät
  31 die Zentriersauger-
     aufnahme
  32 der Zentriersauger

  **33 der Brillenglas-Rand-
     bearbeitungsautomat**
     (34–40)
  34 die Formscheiben *f* für
     den Randbearbeitungs-
     automaten *m*
  35 die eingesetzte Form-
     scheibe
  36 die Formscheibe in
     Arbeitsposition *f*
  37 die Schleifscheiben-
     kombination
  38 das Steuergerät
  39 das Maschinenteil
  40 der Kühlwasseranschluss
  41 die Reinigungsflüssigkeit

  42 der Scheitelbrechwert-
     messer
  43 das Zentrier-,
     Saugerandrück- und
     Metallaufblockgerät

  **44 Schleifscheiben-
     kombination *f* und
     Schliffformen *f***
  45 die Vorschleifscheibe
  46 die Feinschleifscheibe für
     Plus- und Minusfacette *f*
  47 die Feinschleifscheibe
     für Spezialfacette *f*
     und Flachfacette *f*
  48 das Plankonkavglas
     mit Flachfacette *f*
  49 das Plankonkavglas
     mit Spezialfacette *f*
  50 das Konkavkonvexglas
     mit Spezialfacette *f*
  51 das Konkavkonvexglas
     mit Minusfacette *f*

  **52 der ophthalmologische
     Prüfplatz**
  53 der Phoropter mit
     Ophthalmometer *n* und
     Augenrefraktometer *n*
  54 der Probiergläserkasten
  55 der Sehzeichenkollimator
  56 der Sehzeichenprojektor

1 **das Laboratoriums- und Forschungsmikroskop,**
hier: System Leitz [teilweise im Schnitt]
2 das Stativ
3 der Stativfuß
4 der Grobtrieb
5 der Feintrieb
6 der Beleuchtungsstrahlengang
7 die Beleuchtungsoptik
8 die Kondensoreinrichtung
9 der Mikroskoptisch (Objekttisch)
10 die Kreuztischeinrichtung
11 der Objektivrevolver
12 der Binokulartubus
13 die Umlenkprismen *n*

14 **das Durchlichtmikroskop mit Kamera *f* und Polarisationseinrichtung *f*,**
hier: System Zeiss
15 der Tischsockel
16 der Aperturblendenschieber
17 der Universaldrehtisch
18 die Objektivbrücke
19 die Bildweiche
20 das *od.* der Kamerateil
21 die Einstellscheibe
22 die Diskussionstubusanordnung

23 **das Großfeld-Metallmikroskop,**
ein Auflichtmikroskop *n*
24 die Projektionsmattscheibe
25 die Großbildkamera
26 die Kleinbildkamera
27 die Bodenplatte
28 das Lampenhaus
29 der drehbare Kreuztisch
30 der Objektivrevolver

31 **das Operationsmikroskop**
32 das Säulenstativ
33 die Objektfeldbeleuchtung

34 **das Fotomikroskop**
35 die Kleinbildkassette
36 der zusätzliche Bildausgang für Großformatoder Fernsehkamera *f*

37 **das Oberflächenprüfgerät**
38 der Lichtschnitttubus
39 der Zahntrieb

40 **das optische Feinstaubmessgerät**
(41–45)
41 die Messkammer
42 der Datenausgang
43 der Analogausgang
44 der Messbereichswähler
45 die digitale Datenanzeige
46 das Eintauchrefraktometer

47 **der Mikroskop-Fotometer**
48 die Fotometerlichtquelle
49 die Messeinrichtung
50 die Lichtquelle für die Übersichtsbeleuchtung *f*
51 der Elektronikschrank

52 **das universelle Großfeldmikroskop**
53 die vollautomatische Mikroskopkamera, eine Aufsatzkamera *f*
54 die Filmkassette
55 der Fotostutzen für Kamera *f* oder Projektionsaufsatz *m*
56 der Drehknopf zum Einstellen *n* des Okularabstands *m*
57 die Filteraufnahme
58 die Handauflage
59 das Lampenhaus für die Auflichtbeleuchtung *f*
60 der Lampenhausanschluss für die Durchlichtbeleuchtung *f*

61 **das Großfeldstereomikroskop**
(62–64)
62 das Wechselobjektiv
63 das Zoomobjektiv, ein Wechselobjektiv *n*
64 die Auflichtbeleuchtung
65 der Universalkondensor zum Forschungsmikroskop *n*
66 der Fototheodolit
67 die Messbildkamera
68 das Motornivellier, ein Kompensatornivellier *n*
69 das elektrooptische Streckenmessgerät
70 die Stereomesskammer
71 die horizontale Basis

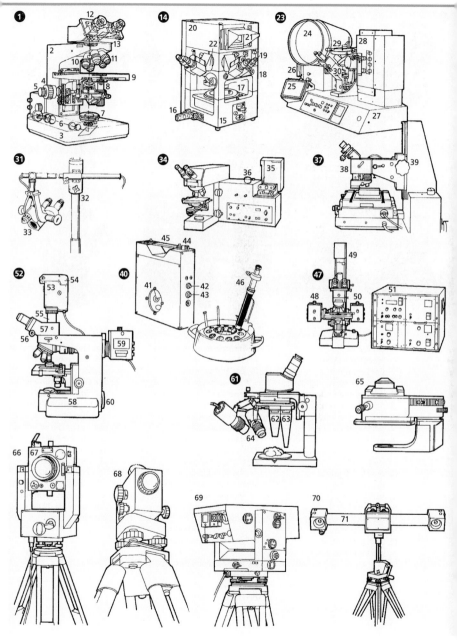

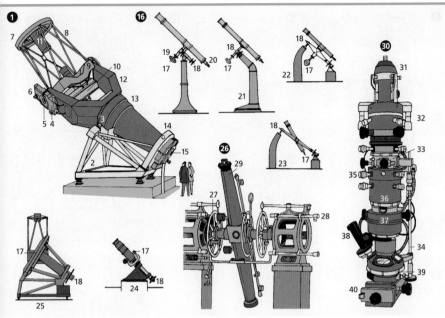

1 **ein 2,2-m-Spiegelteleskop** *n*
2 das Untergestell
3 die Axial-radial-Lagerung
4 das Deklinationsgetriebe
5 die Deklinationsachse
6 das Deklinationslager
7 der Frontring
8 der Tubus
9 das *od.* der Tubusmittelteil
10 der Hauptspiegel
11 der Gegenspiegel (der Umlenkspiegel)
12 die Gabel
13 die Abdeckung
14 das Führungslager
15 der Hauptantrieb der Stundenachse *f*

16–25 **Fernrohrmontierungen** *f*

16 **das Linsenfernrohr** (der Refraktor) in deutscher Montierung *f* (17–21)
17 die Deklinationsachse
18 die Stundenachse
19 das Gegengewicht
20 das Okular
21 die Knicksäulenmontierung
22 die englische Achsenmontierung
23 die englische Rahmenmontierung
24 die Gabelmontierung
25 die Hufeisenmontierung

26 **der Meridiankreis**
27 der Teilkreis
28 das Ablesemikroskop
29 das Meridianfernrohr

30 **das Elektronenmikroskop**
31 der Elektronenstrahler (der Strahlkopf)
32 die Kondensorlinsen *f*
33 die Objektschleuse
34 die Objekttischverstellung (die Objektverschiebung)
35 der Aperturblendentrieb
36 die Objektivlinse
37 das Zwischenbildfenster
38 die Fernrohrlupe
39 das Endbildfenster (der Endbildleuchtschirm)
40 die Aufnahmekammer für Film- bzw. Plattenkassetten *f*

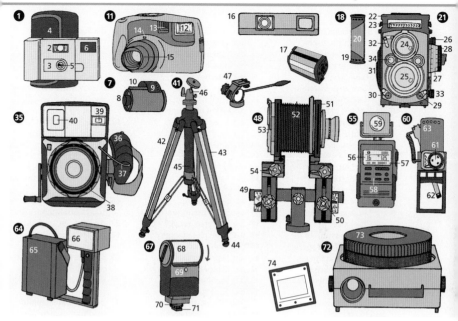

1 **die Kleinbild-Kompaktkamera**
2 der Sucherausblick
3 das Belichtungsmesserfenster
4 der Zubehörschuh
5 das versenkbare Objektiv
6 die Rückspulkurbel
(die Rückwickelkurbel)
7 **die Kleinbildkassette**
(die Kleinbildpatrone)
8 die Filmspule
9 der Film mit der Filmzunge *f*
und der Perforation *f*
10 das Kassettenmaul
11 **die Kassettenkamera**
12 die Auslösetaste
13 der Blitzwürfelanschluss
14 der Sucher
15 die Instamatic-Kassette
16 die Einwegkamera
mit Blitzlicht *n*
17 die APS-Filmkassette
18 **der Rollfilm**
19 die Rollfilmspule
20 das Schutzpapier
21 **die zweiäugige**
Spiegelreflexkamera
22 der aufklappbare
Sucherschacht
23 das Belichtungsmesserfenster
24 das Sucherobjektiv

25 das Aufnahmeobjektiv
26 der Spulenknopf
27 die Entfernungseinstellung
28 der Nachführ-
belichtungsmesser
29 der Blitzlichtanschluss
30 der Auslöser
31 die Filmtransportkurbel
32 der Blitzschalter
33 das Blendeneinstellrad
34 das Zeiteinstellrad
35 **die Großformathandkamera**
(Pressekamera)
36 der Handgriff
37 der Drahtauslöser
38 der Rändelring zur
Entfernungseinstellung *f*
39 das Entfernungsmesserfenster
40 der Mehrformatsucher
41 **das Rohrstativ** (das Dreibein)
42 das Stativbein
43 der Rohrschenkel
44 der Gummifuß
45 die Mittelsäule
46 der Kugelgelenkkopf
47 der Kinonivellierkopf
48 **die Großformatbalgenkamera**
49 die optische Bank
50 die Standartenverstellung
51 die Objektivstandarte

52 der Balg
53 das Kamerarückteil
54 die Rückteilverstellung
55 **der Handbelichtungsmesser**
(Belichtungsmesser)
56 die Rechenscheibe
57 die Anzeigeskalen *f*
mit Anzeigenadel *f*
58 die Messbereichswippe
59 die Diffusorkalotte
für Lichtmessungen *f*
60 **die Belichtungsmesskassette**
für Großbildkameras *f*
61 das Messgerät
62 die Messsonde
63 der Kassettenschieber
64 **das zweiteilige**
Elektronenblitzgerät
65 das *od.* der Generatorteil
(die Batterie)
66 die Blitzlampe (der Blitzstab)
67 **das einteilige**
Elektronenblitzgerät
68 der schwenkbare Reflektor
69 die Fotodiode
70 der Sucherfuß
71 der Mittenkontakt
72 **der Diaprojektor**
73 das Rundmagazin
74 der Diarahmen

1 **die Systemkamera**
(die vollautomatische
einäugige Kleinbild-
Spiegelreflexkamera)
2 der Hauptschalter
3 die Funktionseinstelltaste
(für Belichtungskorrektu-
ren *f*, Motor *m* und Autofokuszielfeld *n*)
4 die Taste für die Belich-
tungsfunktionen *f*
5 der Zubehörschuh
6 die Programm-
rückstelltaste
7 der Datenmonitor
(das Datendisplay)
8 die Ein/Aus-Taste für
die Chipkarte
9 der Funktionswähler
10 die Chipkarte mit speziel-
len Fotoprogrammen *n*
11 die Kartenfachklappe
12 das Kartensichtfenster
13 das Batteriefach
14 der Fernsteuerungs-
anschluss
15 der Auslöser
16 das Fenster für den Autofokusmessblitz *m* und das
Selbstauslöserlichtsignal
17 der Schaltschieber für das
Erniedrigen/Erhöhen
manuell eingestellter
Werte *m*
18 der Rückschwingspiegel
19 der Autofokussensor
20 der Bajonettring
21 die Blendeneinstelltaste
22 die Bajonettentriegelung
23 der Autofokusumschalter
(zum Umschalten *n*
auf manuelle Scharf-
einstellung *f*)
24 das Autofokuszoom-
objektiv, ein Dreifach-
zoomobjektiv *n*
25 die Steueranschlüsse *m*
für Blende *f* und Auto-
fokus *m*

26 **das Zubehör für Nah-
und Makroaufnahmen** *f*
27 die Kameratasche
28 die Filmdose
29 der Filterbehälter
30 das Zweitgehäuse
31 das Ringblitzgerät
für Makroaufnahmen *f*
32 der Zwischentubus
33 der Adapterring
34 der Umkehrring
35 das Objektiv in Retro-
stellung *f*
36 das Balgengerät
(das Balgennah-
einstellgerät)
37 der Einstellschlitten
38 der Diakopiervorsatz
39 der Diakopieradapter
40 der Drahtauslöser
41 das Reprostativ
42 der Reproarm
43 das Schulterstativ
44 das Tischstativ
(das Ministativ)
45 die Bereitschaftstasche
46 der Objektivköcher
47 der Weichleder-Objektivköcher

48 **die Wechselobjektive** *n*
(Autofokusobjektive *n*,
AF-Objektive *n*)
49 das Fischaugenobjektiv
(das Fischauge)
50 das Weitwinkelobjektiv
(die kurze Brennweite)
51 das Normalobjektiv
52 die mittlere Brennweite
53 das einstellbare Teleobjektiv (die lange Brennweite),
ein Zoomobjektiv *n*
(Varioobjektiv *n*)
54 das Fernobjektiv
(die Fernbildlinse)
55 das Spiegelobjektiv
56 der Telekonverter
57 die Datenrückwand
(das Data-Back)
58 das Zehn-Meter-
Filmmagazin

59 **die Sucherscheibe**
(Einstellungsscheibe,
ugs.: Mattscheibe *f*),
eine Mikrowaben-
scheibe *f*
60 das Blitzeinschaltsignal
61 das Blitzbereitschaftssignal
62 die Schärfeindikatoren *m*
63 das große Autofokus-
zielfeld
64 die Verschlusszeitanzeige
65 die Abstimmanzeige für
die manuelle Belichtungs-
einstellung *f*
66 die Blenden- oder Belichtungskorrekturanzeige
67 die Spotmessungsanzeige
68 der Messkreis für
die Spotmessung *f*
69 das zentrale Autofokuszielfeld
70 die Messfeldwahlanzeige

71 **der LCD-Datenmonitor**
72 die Programmanzeige
73 die Bildzahlanzeige
74 die Funktionsanzeigen *f*
75 die Blenden- oder Belichtungskorrekturanzeige
76 die Verschlusszeit- oder
Filmempfindlichkeits-
anzeige
77 die Filmtransportanzeige
78 der Funktionspfeil

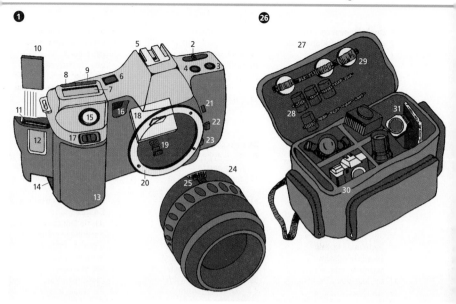

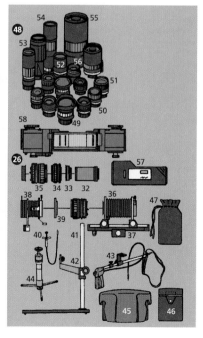

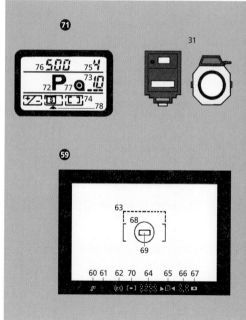

1–63 **Dunkelkammergeräte** n
   1 die Filmentwicklungsdose
   2 die Spirale
   3 die Mehretagen-
      Entwicklungsdose
   4 die Mehretagen-
      Filmspirale

   5 **die Tageslicht-Einspuldose**
      (6–8)
   6 das Filmfach
   7 der Filmtransportknauf
   8 das Entwickler-
      thermometer
   9 die Flasche für
      Entwicklerlösung f
  10 die Chemikalienflaschen f
      für Erstentwickler m,
      Stopphärtebad n,
      Farbentwickler m,
      Bleichfixierbad n,
      Stabilisator m
  11 die Messzylinder m
  12 der Einfülltrichter
  13 das Badthermometer
      (das Schalen-
      thermometer)
  14 die Filmklammer

  15 **die Wässerungswanne**
      (das Wässerungsgerät,
      der Bildwascher) (16, 17)
  16 der Wasserzulauf
  17 der Wasserablauf
  18 der Laborwecker
      (Kurzzeitwecker)
  19 der Filmagitator
      (das Filmdosen-
      bewegungsgerät)
  20 die Entwicklungsdose
      (auch: die Bildtrommel)
  21 die Dunkelkammer-
      leuchte
  22 die Filterglasscheibe

  23 **der Filmtrockner** (24, 25)
  24 der Diapositivfilm
  25 der Dianegativfilm
  26 die Belichtungsschaltuhr
  27 die Entwicklungsschale

  28 **der Vergrößerer**
      (das Vergrößerungsgerät,
      der Vergrößerungs-
      apparat)
  29 das Grundbrett
  30 das Fotopapier
  31 die geneigte Tragsäule
  32 der Lampenkopf
      (das Lampengehäuse)
  33 die Negativbühne
      (die Filmbühne)
  34 der Balg
  35 das Objektiv
  36 der Friktionsfeintrieb
  37 die Höhenverstellung
      (die Maßstabsverstellung)
  38 der Vergrößerungsrahmen
      (die Vergrößerungs-
      kassette)

  39 **der Coloranalyser**
      (der Analyser, der Farb-
      filterbestimmer)
  40 die Farbkontrolllampe
  41 das Messkabel
  42 der Zeitabgleichknopf

  43 **der Farbvergrößerer**
      (44–49)
  44 der Gerätekopf
  45 die Profilsäule

46–48 **der Farbmischkopf**
  46 die Purpurfilter-
      einstellung
      (die Magentaeinstellung)
  47 die Gelbfiltereinstellung
  48 die Blaufiltereinstellung
      (die Cyaneinstellung)
  49 das (der) Einstellfilter
  50 die Entwicklungszange
  51 die Papierentwicklungs-
      trommel
  52 die Druckrolle

  53 **der Papierbelichtungs-
      messer** (Vergrößerungs-
      belichtungsmesser)
      (54 u. 55)
  54 das Bedienungs- und
      Einstellfeld mit Papier-
      index m und Digital-
      anzeige f
  55 der Messkopf
      (die Messsonde)
  56 die automatische Walzen-
      entwicklungsmaschine
  57 das Papiersortiment
  58 das Farbvergrößerungs-
      papier, eine Packung f
      Fotopapier n
  59 die Farbentwicklungs-
      chemikalien f
  60 die halbautomatische
      Thermostatentwicklungs-
      schale
  61 die Hochglanzfolie
  62 das Spanntuch
  63 die Schnelltrockenpresse
      (die Heizpresse)

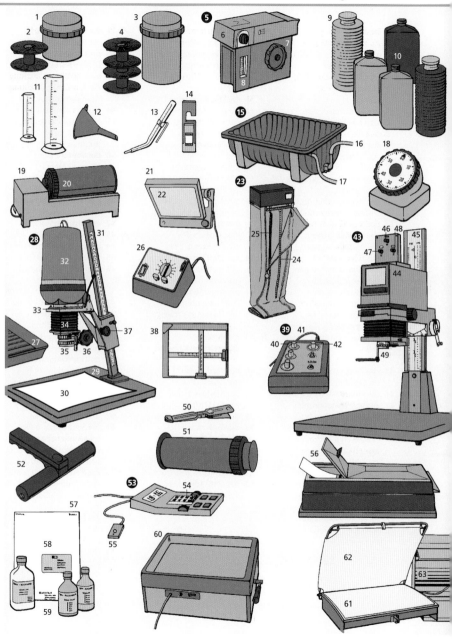

1–60 Digitale Aufnahmegeräte *n*

1 der Camcorder
(der Kamerarekorder),
eine digitale Video-
kamera *f*
2 der Lichtsensor mit
zuschaltbarem Blitz *m*
3 das Objektiv (die Optik)
4 das Mikrofon
5 das schwenkbare LCD
(*engl.* liquid crystal
display = Flüssigkristallanzeige *f*)
6 der Wahlschalter für die
Aufnahmesteuerung *f*
7 der schwenkbare Sucher
8 das Bedienungsfeld
9 die Aufnahmetaste
10 die Wipptaste für
den digitalen Zoom *m*
11 der Verschluss für
das LCD *n*
12 der verdeckte USB-
Ausgang hinter der
Abdeckung *f* (USB: *Abk.*
für engl. Universal Serial
Bus = universeller
Anschluss)
13 das Bedienungsfeld für
die Darstellung im LCD *n*
14 die Menütasten *f* für die
Aufnahmesteuerung *f*
15 der Firewire-Anschluss
zur Übertragung *f* der gespeicherten Bilddaten *pl*
an den Computer *m*,
ein USB-Anschluss *m*
16 die Batterie (der Akku)
17 der Videoanschluss zur
Übertragung *f* der ge-
speicherten Bilddaten *pl*
an einen Videorekorder *m*
oder ein TV-Gerät *n*

**18–25 das Zubehör für
den Camcorder** *m*
18 das Netzgerät für die
Stromversorgung *f* und
für das Aufladen *n*
der Batterie *f*
19 die Sonnenschutzblende
für das Objektiv *n*
20 das Datenkabel für
die Übertragung *f*
von Videodaten *pl*
21 das Datenkabel für
die Übertragung *f*
an den Computer *m*
22 die Filmkassette
23 der Adapter zur Übertragung *f* von Video-
daten *pl* auf den Scart-
anschluss *m* des
TV-Gerätes *n*
24 die CD (Compact Disc)
mit Bildbearbeitungs-
und Übertragungs-
programmen *n* für
den Computer *m*
25 der Haltegurt (Tragegurt)

**26–39 die digitale
Spiegelreflexkamera**

26 die Vorderansicht
27 der Auslöser
28 der Modusschalter
für das Foto *n*
29 der automatische Blitz
30 die Abdeckung für
das Speichermedium
31 der Auslöser für die
Picture-Card-Abdeckung *f*
32 das Objektiv (die Optik)
33 der USB-Anschluss
(die USB-Schnittstelle)

34 die Rückansicht
35 der Sucher
36 die vierseitige Pfeiltaste
für das Kameramenü *n*
und die Bildnavigation *f*
37 die Auswahltaste für das
Aufnahmemenü *n*
38 die Auswahltaste für die
Kameraeinstellungen *f*
39 das LCD

40–60 die digitale Kamera
(Digitalkamera)

40 die Vorderansicht
41 die Belichtungsauswahl
der Umgebung *f*
42 der Auslöser
43 der Sucher
44 der Belichtungsmesser
45 der automatische Blitz
46 das Autofokusobjektiv
(die Optik)

47 die Rückansicht
48 die Zoomauswahl
49 die Bildnavigation
50 die vierseitige Ringtaste
für das Kameramenü *n*
und die Bildnavigation *f*
51 die Auswahltaste für
die Kameraeinstellungen *f*
52 die Auswahltaste für
die Bildeinstellungen *f*
53 die LCD-Anzeige
54 der Schalter zum Ein-
und Ausschalten
55 die Docking Station zur
Übertragung *f* der gespeicherten Bilddaten *pl* an
den Computer *m* und zum
Aufladen der Batterie *f*

56 die Seitenansicht
57 der USB-Anschluss
58 der Videoanschluss
59 die Speicherkarte,
ein Speichermedium
60 der Anschluss für
die Stromversorgung *f*

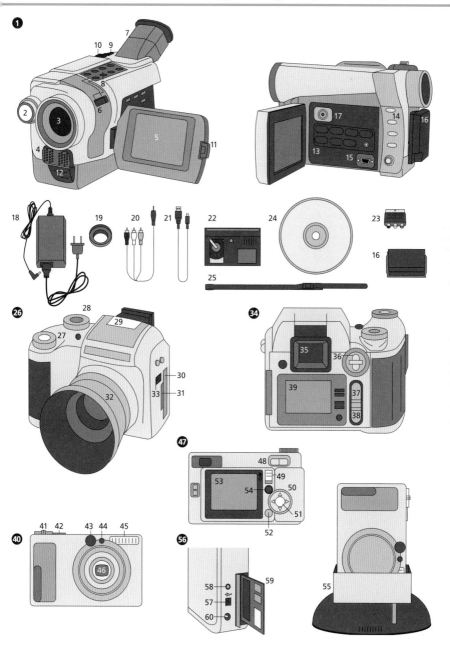

1–46 Geräte *n* zur digitalen Bildentwicklung *f*

1 **die Speichermedien *n*** (Datenträger *m*)
2 die Speicherkarten *f* verschiedener Formate *n*
3 der USB-Stick (der Speicherbaustein)
4 die CD-ROM (mit wesentlich größerer Speicherkapazität: die DVD-ROM)

5 **der Personalcomputer** (der PC)
6 der PC-Tower (das Towergehäuse)
7 das CD- und DVD-Schreib- und Lesegerät (der CD- und DVD-Brenner)
8 das Lesegerät für die Speichermedien *n*
9 die Videoanschlüsse *m*
10 der USB-Ausgang (die USB-Schnittstelle)
11 das Diskettenlaufwerk
12 der Monitor
13 das Bildbearbeitungsprogramm

14 die Lautsprecher *m*
15 die Handballenauflage
16 die Tastatur
17 die Maus
18 das Mauspad (die Mausunterlage)

19 **der Drucker** für Farbausdrucke *m*
20 der Ausdruck auf dem Kopierpapier *n*
21 der Papiereinzug
22 die Kontrollleuchten
23 der Schalter zum Ein- und Ausschalten

24 **der Fotodrucker** für Ausdrucke *m* auf Fotopapier *n* (24–30)
25 der Kartenleser für die Speichermedien *n*
26 der Papierabzug
27 die Digitalkamera
28 das Bedienungsfeld
29 der Schalter zum Ein- und Ausschalten
30 die Kontrollleuchten *f*
31 die Transferfolie zum Übertragen von Ausdrucken *f* z. B. auf Becher *m* und T-Shirts *n*
32 das TV-Gerät
33 die Bildübersicht einer Bilder-CD *f*
34 der Videorekorder
35 der DVD-Spieler

36 **die Fernbedienung**
37 die Auswahltasten *f* für die Kanalauswahl *f*
38 die Menütasten *f*

39 **der Beamer,** ein Projektor *m*
40 die Tasten *f* zur Bildjustierung *f*
41 das Objektiv zur Projektion *f*
42 die Schraube zur Justierung *f* der Höhe *f*

43 **die Servicestation** zur Bestellung *f* von Papierabzügen *m*
44 der Bildschirm mit dem Bestellprogramm *n*
45 die Bedienungstasten *f*
46 die Lesegeräte *n* für die Datenträger *m*

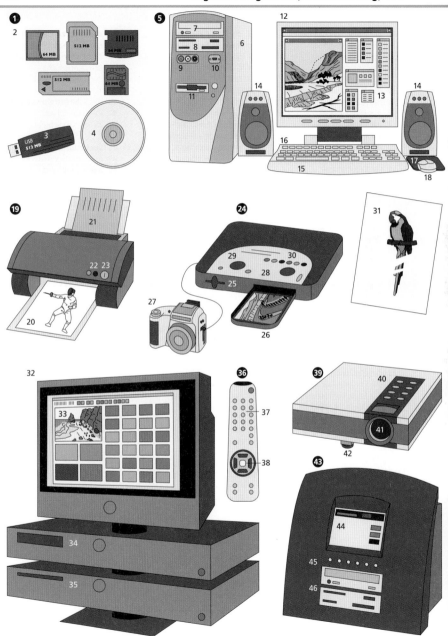

1–49 der Rohbau [Hausbau]
1 das Kellergeschoss
2 der Betonsockel
3 das Kellerfenster
4 die Kelleraußentreppe
5 das Waschküchenfenster
6 die Kellertür
7 das Erdgeschoss
8 die Backsteinwand
9 der Fenstersturz
10 die äußere Fensterlaibung
11 die innere Fensterlaibung
12 die Fensterbank
 (Fenstersohlbank)
13 der Stahlbetonsturz
14 das Obergeschoss
15 die Hohlblocksteinwand
16 die Massivdecke
17 die Arbeitsbühne
18 der Maurer
19 der Hilfsarbeiter
20 der Mörtelkasten
21 der Schornstein
22 die Treppenhaus-
 abdeckung
23 die Gerüststange
 (der Gerüstständer)
24 die Brüstungsstreiche
25 der Gerüstbug
26 die Streichstange
27 der Gerüsthebel
28 der Dielenbelag
29 das Sockelschutzbrett
30 der Gerüstknoten mit
 Ketten- *od.* Seilschließen *f*
31 der Bauaufzug
32 der Maschinist

33 **die Betonmischmaschine,**
 hier: ein Freifall-
 mischer *m* (34, 35)
34 die Mischtrommel
35 der Aufgabekasten
36 die Zuschlagstoffe
 [Sand *m*, Kies *m*]
37 die Schiebkarre
 (Schubkarre, der Schieb-
 karren, Schubkarren)
38 der Wasserschlauch
39 die Mörtelpfanne
 (Speispfanne)
40 der Steinstapel
41 das gestapelte Schalholz
42 die Leiter
43 der Sack Zement *m*
44 der Bauzaun,
 ein Bretterzaun *m*
45 die Werbefläche
 (Reklamefläche)
46 das aushängbare Tor
47 die Firmenschilder *n*
48 die Baubude
 (die Bauhütte)
49 die Baustellentoilette,
 ein Toilettenhäuschen *n*

50–57 Mauerwerkzeug *n*
50 das Lot (das Senkblei)
51 der Maurerbleistift
52 die Maurerkelle
53 der Maurerhammer
54 der Schlägel
55 die Wasserwaage
56 die Traufel
57 das Reibebrett

58–68 Mauerverbände *m*
58 der NF-Ziegelstein
 (Normalformat-
 Ziegelstein)
59 der Läuferverband

60 der Binder- od.
 Streckerverband
61 die Abtreppung

62 **der Blockverband** (63–64)
63 die Läuferschicht
64 die Binder- od.
 Streckerschicht
65 der Kreuzverband

66 der Schornsteinverband
67 die erste Schicht
68 die zweite Schicht

69–82 die Baugrube
69 die Schnurgerüstecke
70 das Schnurkreuz
71 das Lot
72 die Böschung
73 die obere Saumdiele
74 die untere Saumdiele
75 der Fundamentgraben
76 der Erdarbeiter
77 das Förderband
78 der Erdaushub
79 der Bohlenweg
80 der Baumschutz

81 der Löffelbagger
82 der Tieflöffel

83–91 Verputzarbeiten *f*
83 der Gipser
84 der Mörtelkübel
85 das Wurfsieb

86–89 das Leitergerüst
86 die Standleiter
87 der Belag
88 die Kreuzstrebe
89 die Zwischenlatte
90 die Schutzwand
91 der Seilrollenaufzug

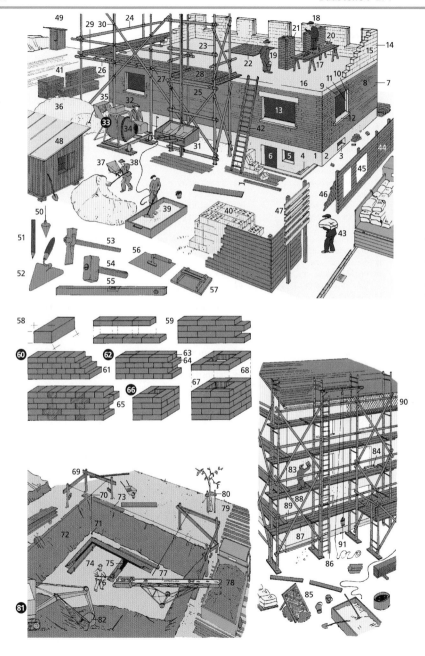

1–89 **der Stahlbetonbau**

1 **das Stahlbetonskelett**
(2–17)
2 der Stahlbetonrahmen
3 der Randbalken
4 die Betonpfette
5 der Unterzug
6 die Voute
7 die Schüttbetonwand
8 die Stahlbetondecke
9 der Betonarbeiter
beim Glattstrich *m*
10 das Anschlusseisen
11 die Stützenschalung
12 die Unterzugschalung
13 die Schalungssprieße
14 die Verschwertung
15 der Keil
16 die Diele
17 die Spundwand
18 das Schalholz
(die Schalbretter *n*)
19 die Kreissäge
20 der Biegetisch
21 der Eisenbieger
22 die Handeisenschere
23 das Bewehrungseisen
(Armierungseisen)
24 der Bimshohlblockstein
25 die Trennwand,
eine Bretterwand *f*
26 die Zuschlagstoffe *m*
[Kies *m* und Sand *m* verschiedener Korngröße *f*]
27 das Lorengleis
28 die Kipplore
29 die Betonmischmaschine
30 der *od.* das Zementsilo

31 **der Turmdrehkran**
(32–38)
32 das Fahrgestell
33 das Gegengewicht
(der Ballast)
34 der Turm
35 das Kranführerhaus
36 der Ausleger
37 das Tragseil
38 der Betonkübel
39 der Schwellenrost
40 der Bremsschuh
41 die Pritsche
42 die Schiebkarre
(Schubkarre, der Schieb-
karren, Schubkarren)
43 das Schutzgeländer
44 die Baubude
(die Bauhütte)
45 die Kantine

46 **das Stahlrohrgerüst**
47 der Ständer
48 der Längsriegel
49 der Querriegel
50 die Fußplatte
51 die Verstrebung
52 der Belag
53 die Kupplung

54–76 **Betonschalung** *f*
und Bewehrung *f*
(Armierung *f*)
54 der Schalboden
55 die Seitenschalung
eines Randbalkens *m*
56 der eingeschnittene
Boden
57 die Traverse
(der Tragbalken)
58 die Bauklammer
59 der Sprieß,
eine Kopfstütze *f*

60 die Heftlasche
61 das Schappelholz
62 das Drängbett
63 das Bugbrett
64 das Rahmenholz
65 die Lasche
66 die Rödelung
67 die Stelze (die Spange),
ein Querbalken *m*
68 die Bewehrung
(die Armierung)
69 der Verteilungsstrahl
70 der Bügel
71 das Anschlusseisen
72 der Beton (Schwerbeton)
73 die Stützenschalung
74 das geschraubte
Rahmenholz
75 die Schraube
76 das Schalbrett

77–89 **Werkzeug** *n*
77 das Biegeeisen

78 **der verstellbare**
Schalungsträger
79 die Stellschraube

80 **der Rundstahl**
81 der Abstandhalter
82 der Torstahl
83 der Betonstampfer
84 die Probewürfelform
85 die Monierzange
86 die Schalungsstütze
87 die Handschere

88 **der Betoninnenrüttler**
89 die Rüttelflasche

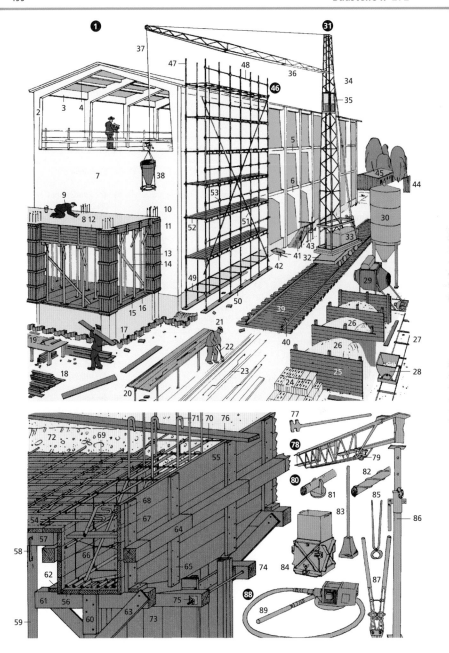

1–59 der Zimmerplatz
(Abbindeplatz)
1 der Bretterstapel
2 das Langholz
3 der Sägeschuppen
4 die Zimmererwerkstatt
5 das Werkstatttor
6 der Handwagen
7 der Dachstuhl
8 der Richtbaum mit
der Richtkrone *f*
9 die Bretterschalung
10 das Kantholz (Bauholz)
11 die Reißbühne (der Reißboden, Schnürboden,
schweiz. Werkbühne)
12 der Zimmerer
(der Zimmermann)
13 der Zimmermannshut

14 die Ablängsäge,
eine Kettensäge (15,16)
15 der Steg
16 die Sägekette
17 der Stemmapparat
(die Kettenfräse)
18 der Auflagerbock
19 der aufgebockte Balken
20 das Bundgeschirr im
Werkzeugkasten *m*
21 die elektrische Bohrmaschine
22 das Dübelloch
(Dollenloch)
23 das angerissene
Dübelloch
24 der Abbund
25 der Pfosten
(der Stiel, die Säule)
26 der Zwischenriegel
27 die Strebe
28 der Haussockel
29 die Hauswand
30 die Fensteröffnung
31 die äußere Laibung
32 die innere Laibung
33 die Fensterbank
(Sohlbank)

34 der Ringanker
35 das Rundholz
36 die Laufdielen *f*
37 das Aufzugseil
38 der Deckenbalken
(Hauptbalken)
39 der Wandbalken
40 der Streichbalken
41 der Wechsel
(der Wechselbalken)
42 der Stichbalken
43 der Zwischenboden
(die Einschubdecke)
44 die Deckenfüllung aus
Koksasche *f,* Lehm *m* u. a.
45 die Traglatte
46 das Treppenloch
47 der Schornstein

48 die Fachwerkwand
49 die Schwelle
50 die Saumschwelle
51 der Fensterstiel,
ein Zwischenstiel
52 der Eckstiel
53 der Bundstiel
54 die Strebe mit Versatz *m*
55 der Zwischenriegel
56 der Brüstungsriegel
57 der Fensterriegel
(Sturzriegel)
58 der Rähm (das Rähmholz)
59 das ausgemauerte Fach

60–82 Handwerkszeug *n*
des Zimmerers *m*
60 der Fuchsschwanz

61 die Handsäge
62 das Sägeblatt
63 die Lochsäge
64 der Hobel
65 der Stangenbohrer
66 die Schraubzwinge
67 das Klopfholz
68 die Bundsäge
69 der Anreißwinkel
70 das Breitbeil
71 das Stemmeisen
72 die Bundaxt (Stoßaxt)
73 die Axt

74 der Zimmermannshammer
75 die Nagelklaue
76 der Zollstock
77 der Zimmermanns-
bleistift
78 der Eisenwinkel
79 das Zugmesser
80 der Span
81 die Gehrungsschmiege
(Stellschmiege)
82 der Gehrungswinkel

83–96 Bauhölzer *n*

83 der Rundstamm
(84–86)
84 das Kernholz
85 das Splintholz
86 die Rinde
87 das Ganzholz

88 das Halbholz
89 die Waldkante
(Fehlkante, Baumkante)
90 das Kreuzholz

91 das Brett
92 das Hirnholz
93 das Herzbrett
(Kernbrett)
94 das ungesäumte Brett
95 das gesäumte Brett
96 die Schwarte
(der Schwartling)

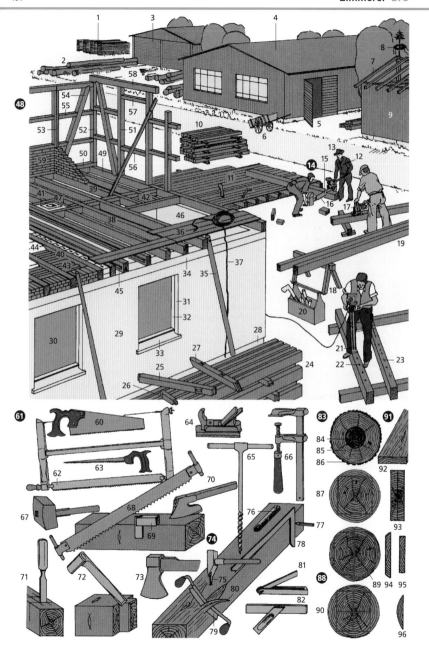

1–26 **Dachformen** *f*
und Dachteile *n*

1 **das Satteldach**
2 der First
(Dachfirst)
3 der Ortgang
4 die Traufe
(der Dachfuß)
5 der Giebel
6 die Dachgaube
(Dachgaupe)

7 **das Pultdach**
8 das Dachliegefenster
9 der Brandgiebel

10 **das Walmdach** (11–15)
11 die Walmfläche
12 der Grat (Dachgrat)
13 die Walmgaube
(Walmgaupe)
14 der Dachreiter
15 die Kehle (Dachkehle)
16 das Krüppelwalmdach
(der Schopfwalm)
17 der Krüppelwalm
18 das Mansarddach
(Mansardendach)
19 das Mansardfenster
(Mansardenfenster)
20 das Sägedach
(Sheddach, Scheddach)
21 das Oberlichtband
22 das Zeltdach
23 die Fledermausgaube
(Fledermausgaupe)
24 das Kegeldach
25 die Zwiebelkuppel
26 die Wetterfahne

27–83 **Dachkonstruktionen** *f*
aus Holz *n*
(Dachverbände *m*)

27 **das Sparrendach**
28 der Sparren
29 der Dachbalken
30 die Windrispe
31 der Aufschiebling
32 die Außenwand
33 der Balkenkopf

34 **das Kehlbalkendach**
35 der Kehlbalken
36 der Sparren

37 **der zweifach stehende**
Kehlbalkendachstuhl
38 das Kehlgebälk
39 der Rähm
(die Seitenpfette)
40 der Pfosten
41 der Bug

42 **der einfach stehende**
Pfettendachstuhl
43 die Firstpfette
44 die Fußpfette
45 der Sparrenkopf

46 **der zweifach stehende**
Pfettendachstuhl
mit Kniestock *m*
47 der Kniestock
(der Drempel)
48 der Firstbalken
49 die einfache Zange
50 die Doppelzange
51 die Mittelpfette

52 **der zweifach liegende**
Pfettendachstuhl
53 der Binderbalken
(Bundbalken)
54 der Zwischenbalken
55 der Bindersparren
(Bundsparren)
56 der Zwischensparren
57 der Schwenkbug
58 die Strebe
59 die Zangen *f*

60 **das Walmdach mit**
Pfettendachstuhl *m*
61 der Schifter
62 der Gratsparren
63 der Walmschifter
64 der Kehlsparren

65 **das doppelte Hängewerk**
66 der Hängebalken
67 der Unterzug
68 die Hängesäule
69 die Strebe
70 der Spannriegel
71 der Wechselbalken

72 **der Vollwandträger**
73 der Untergurt
74 der Obergurt
75 der Brettersteg
76 die Pfette
77 die tragende Außenwand

78 **der Fachwerkbinder**
79 der Untergurt
80 der Obergurt
81 der Pfosten
82 die Strebe
83 das Auflager

84–99 **Holzverbindungen** *f*
84 der einfache Zapfen
85 der Scherzapfen
86 das gerade Blatt
87 das gerade Hakenblatt
88 das schräge Hakenblatt
89 die schwalbenschwanz-
förmige Überblattung
90 der einfache Versatz
91 der doppelte Versatz
92 der Holznagel
93 der Holzdübel
(der Dollen)
94 der Schmiedenagel
95 der Drahtnagel
96 die Hartholzkeile *m*
97 die Klammer
98 der Schraubenbolzen
99 der Flachverbinder,
ein Nagelblech *n*

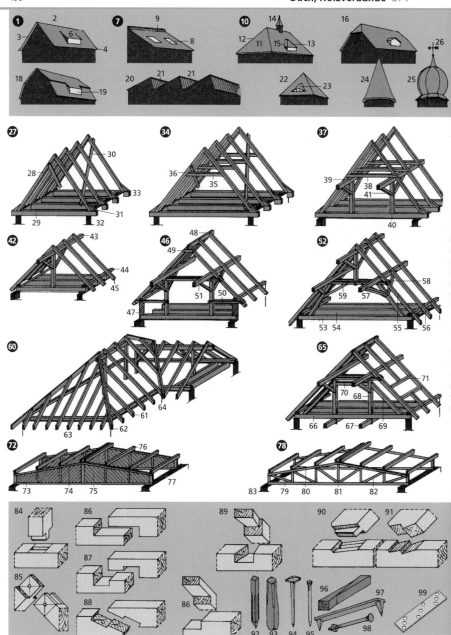

1 **das Ziegeldach**
2 die Biberschwanz-
Doppeldeckung
3 der Firstziegel
4 der Firstschlussziegel
5 die Traufplatte
6 der Biberschwanz
7 der Lüftungsziegel
8 der Gratziegel
(Walmziegel)
9 die Walmkappe
10 die Walmfläche
11 die Kehle
12 das Dachliegefenster
13 der Schornstein
14 die Schornsteineinfassung
aus Zinkblech *n*
15 der Leiterhaken
16 die Schneefangstütze
17 die Lattung
18 die Lattenlehre
19 der Sparren
20 der Ziegelhammer
21 das Lattbeil
22 das Deckfass
23 der Fasshaken
24 der Ausstieg
25 die Giebelseite
26 die Zahnleiste
27 das Windbrett
28 die Dachrinne
29 das Regenrohr
30 der Einlaufstutzen
31 die Rohrschelle
32 der Rinnenbügel
33 die Dachziegelschere
34 das Arbeitsgerüst
35 die Schutzwand

36 **das Dachgesims**
37 die Außenwand
38 der Außenputz
39 die Vormauerung
40 die Fußpfette
41 der Sparrenkopf
42 die Gesimsschalung
43 die Doppellatte
44 die Dämmplatten *f*

45–60 **Dachziegel *m* und
Dachziegeldeckungen *f***

45 **das Spließdach**
46 der Biberschwanzziegel
47 die Firstschar
48 der Spließ
49 das Traufgebinde

50 **das Kronendach**
(Ritterdach)
51 die Nase
52 der Firstziegel

53 **das Hohlpfannendach**
54 die Hohlpfanne
(S-Pfanne)
55 der Verstrich

56 **das Mönch-Nonnen-Dach
(57, 58)**
57 die Nonne
58 der Mönch
59 die Falzpfanne
60 die Flachdachpfanne

61–89 **das Schieferdach**
61 die Schalung
62 die Dachpappe
63 die Dachleiter
64 der Länghaken
65 der Firsthaken
66 der Dachbock
(der Dachstuhl)
67 der Bockstrang
68 die Schlinge
(der Knoten)
69 der Leiterhaken
70 die Gerüstdiele
71 der Schieferdecker
72 die Nageltasche
73 der Schieferhammer
74 der Dachdeckerstift,
ein verzinkter
Drahtnagel *m*
75 der Dachschuh,
ein Bast- oder
Hanfschuh *m*
76 das Fußgebinde
77 der Eckfußstein
78 das Deckgebinde
79 das Firstgebinde
80 die Ortsteine *m*
81 die Fußlinie

82 die Kehle
83 die Kastenrinne
84 die Schieferschere

85 **der Schieferstein**
86 der Rücken
87 der Kopf
88 die Brust
89 das Reiß

90–102 **Pappdeckung *f* und
Welltafeldeckung *f***

90 **das Pappdach**
91 die Bahn
92 die Traufe
93 der First
94 der Stoß
95 der Pappnagel

96 **das Welltafeldach**
97 die Welltafel
98 die Firsthaube

99 **die Überdeckung**
100 die Holzschraube
101 der Regenzinkhut
102 die Bleischeibe

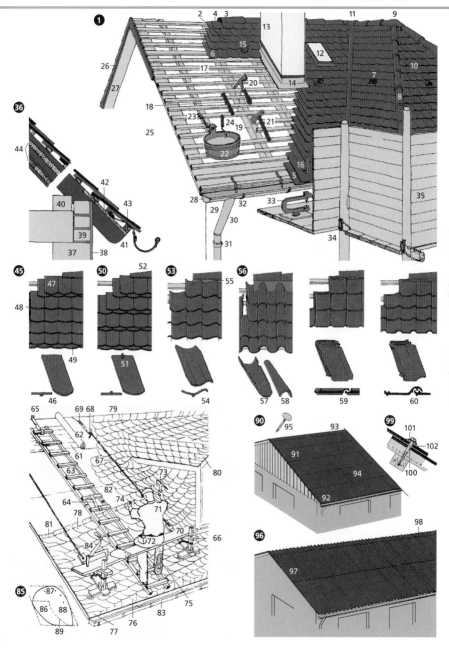

1 die Kellerwand,
    eine Betonwand *f*

2 **der Fundamentstreifen**
    (3–5)
3 der Fundamentvorsprung
4 die Horizontalisolierung
5 der Schutzanstrich
6 der Rauputz
7 die Backsteinflachschicht
8 das Sandbett
9 das Erdreich
10 die Seitendiele
11 der Pflock
12 die Packlage (das Gestück)
13 der Unterbeton
14 der Zementglattstrich
    (der Zementestrich)
15 die Untermauerung

16 **die Kellertreppe,**
    eine Massivtreppe *f*
17 die Blockstufe
18 die Antrittsstufe
19 die Austrittsstufe
20 der Kantenschutz
21 die Sockelplatte
22 das Treppengeländer
23 der Treppenvorplatz
24 die Hauseingangstür
    (Haustür)
25 der Fußabstreifer
    (Fußabtreter,
    die Fußmatte)
26 der Plattenbelag
27 das Mörtelbett
28 die Massivdecke, eine
    Stahlbetonplatte *f*
29 das Erdgeschoss-
    mauerwerk
30 die Laufplatte
31 die Keilstufe
32 die Trittstufe
33 die Setzstufe

34–41 **das Podest**
    (der Treppenabsatz)
34 der Podestbalken

35 **die Stahlbetonrippen-
    decke**
36 die Rippe
37 die Stahlbewehrung
38 die Druckplatte
39 der Ausgleichsstrich
40 der Feinstrich
41 der Gehbelag

42–54 **die Geschosstreppe,**
    eine Podesttreppe
42 die Antrittsstufe
43 der Antrittspfosten
44 die Freiwange
    (Lichtwange)
45 die Wandwange
46 die Treppenschraube
47 die Trittstufe
48 die Setzstufe
49 das Kropfstück

50 **das Treppengeländer**
51 der Geländerstab
52 der Krümmling
53 der Handlauf
54 der Austrittspfosten

55–62 **das Zwischenpodest**
55 der Podestbalken
56 das Futterbrett
57 die Abdeckleiste
58 die Leichtbauplatte
59 der Deckenputz
60 der Wandputz
61 die Zwischendecke
62 der Riemenboden
63 die Fußleiste
    (Sockelleiste)
64 der Abdeckstab
65 das Treppenhausfenster
66 der Hauptpodestbalken
67 die Traglatte

68, 69 **die Zwischendecke**
68 der Zwischenboden
    (die Einschubdecke)
69 die Zwischenboden-
    auffüllung
70 die Lattung
71 der Putzträger
72 der Deckenputz
73 der Blindboden
74 der Parkettboden
75 die viertelgewendelte
    Treppe
76 die Wendeltreppe
    mit offener Spindel *f*

77 **die Wendeltreppe
    mit voller Spindel *f***
78 die Spindel
79 der Handlauf

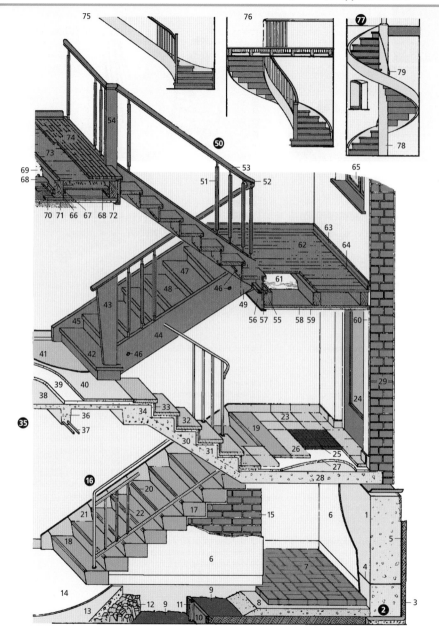

1 **die Glaserwerkstatt**
2 die Leistenproben *f*
   (Rahmenproben)
3 die Leiste
4 die Gehrung
5 das Flachglas;
   Arten: Fensterglas,
   Mattglas, Musselinglas,
   Kristallspiegelglas,
   Dickglas, Milchglas,
   Verbundglas, Panzerglas
   (Sicherheitsglas)
6 das Gussglas;
   Arten: Kathedralglas,
   Ornamentglas, Rohglas,
   Butzenglas, Drahtglas,
   Linienglas
7 die Gehrungssprossen-
   stanze

8 der Glaser (*z. B.* Bauglaser, Rahmenglaser,
   Kunstglaser)
9 die Glastrage
   (der Glaserkasten)
10 die Glasscherbe
11 der Bleihammer
12 das Bleimesser
13 die Bleirute (die Bleisprosse, der Bleisteg)
14 das Bleiglasfenster
15 der Arbeitstisch
16 die Glasscheibe
   (die Glasplatte)
17 der Glaserkitt (Kitt)
18 der Stifthammer
   (Glaserhammer)
19 die Glaserzange (Glas-
   brechzange, Kröselzange)
20 der Schneidewinkel
21 das Schneidelineal
   (die Schneideleiste)
22 der Rundglasschneider
   (Zirkelschneider)

23 die Öse
24 die Glaserecke
25, 26 Glasschneider *m*
25 der Glaserdiamant
   (der Krösel), ein
   Diamantschneider *m*
26 der Stahlrad-Glas-
   schneider
27 das Kittmesser
28 der Stiftdraht
29 der Stift
30 die Gehrungssäge
31 die Gehrungsstoßlade
   (Stoßlade)

1 die Blechschere
2 die Winkelschere
3 die Richtplatte
4 die Schlichtplatte

5–7 das Propangaslötgerät
5 der Propangaslötkolben,
   ein Hammerlötkolben *m*
6 der Lötstein
7 das Lötwasser
   (das Flussmittel)
8 der Sickenstock zum
   Formen von Sicken *f*
9 die Winkelreibahle,
   eine Reibahle
10 die Werkbank

11 der Stangenzirkel
12 die elektrische Hand-
   schneidkluppe
13 das Locheisen
14 der Sickenhammer
15 der Kornhammer
16 die Trennschleifmaschine
17 der Klempner
   (*südd., österr., schweiz.*
   Spengler, *südd.* Blechner, Flaschner, *schweiz.*
   Stürzner)
18 der Holzhammer
19 das Horn
20 die Faust
21 der Klotz
22 der Amboss
23 der Tasso
24 die Kreissägemaschine
25 die Sicken-, Bördel- und
   Drahteinlegemaschine

26 die Tafelschere
   (Schlagschere)
27 die Gewindeschneid-
   maschine
28 die Rohrbiegemaschine
29 der Schweißtransformator
30 die Biegemaschine
   (Rundmaschine) zum
   Biegen von Trichtern *m*

1 der Gas- und Wasser-
installateur (Installateur)
2 die Treppenleiter
(Stehleiter)
3 die Sicherheitskette
4 das Absperrventil
5 die Gasuhr
6 die Konsole
7 die Steigleitung
8 die Abzweigleitung
9 die Anschlussleitung
10 die Rohrsägemaschine
11 der Rohrbock

12–25 Gas- und Wassergeräte n
12, 13 der Durchlauferhitzer,
ein Heißwasserbereiter m
12 der Gasdurchlauferhitzer
13 der Elektrodurchlauf-
erhitzer

**14 der Spülkasten
der Toilette** f
15 der Schwimmer
16 das Ablaufventil
17 das Spülrohr
18 der Wasserzufluss
19 der Bedienungshebel

20 der Heizungskörper
(Zentralheizungskörper,
der Radiator) (21–24)
21 die Radiatorrippe
22 das Zweirohrsystem
23 der Vorlauf
24 der Rücklauf
25 der Gasofen

26–37 Armaturen f
26 der Siphon
(der Geruchsverschluss)

27 die Einlochmischbatterie
für Waschbecken n (28, 29)
28 der Warmwassergriff
29 der Kaltwassergriff
30 die ausziehbare
Schlauchbrause

31 der Wasserhahn
(das Standventil)
für Waschbecken n
32 die Spindel
33 die Abdeckkappe
34 das Auslaufventil
(der Wasserhahn,
der Kran)
35 das Auslaufdoppelventil
(der Flügelhahn)
36 das Schwenkventil
(der Schwenkhahn)
37 der Druckspüler

38–52 Fittings n
38 das Übergangsstück
mit Außengewinde n
39 das Reduzierstück
40 die Winkelverschraubung
41 das Übergangsreduzier-
stück mit Innengewinde n
42 die Verschraubung
43 die Muffe
44 das T-Stück
45 die Winkelverschraubung
mit Innengewinde n
46 der Bogen
47 das T-Stück mit
Abgangsinnengewinde n
48 der Deckenwinkel
49 der Übergangswinkel
50 das Kreuzstück
51 der Übergangswinkel
mit Außengewinde n
52 der Winkel

53–57 Rohrbefestigungen f
53 das Rohrband
54 das Abstandsrohrband
55 der Dübel
56 einfache Rohrschellen f
57 die Abstandsrohrschelle

58–86 Installationswerkzeug n
58 das Dichtband
(Gewindeband)
59 die Brennerzange
60 die Rohrzange
61 die Kombinationszange
62 die Wasserpumpenzange
63 die Flachzange
64 der Nippelhalter
65 die Standhahn-
mutternzange
66 die Kneifzange
67 der Rollgabelschlüssel
68 der Franzose
69 der Engländer
70 der Schraubendreher
(der Schraubenzieher)
71 die Stich- oder Lochsäge
72 der Metallsägebogen
73 der Fuchsschwanz
74 der Lötkolben
75 die Lötlampe
76 das Lötzinn
77 der Fäustel
78 der Handhammer
79 die Wasserwaage
80 der Schlosser-
schraubstock
81 der Rohrschraubstock
82 der Rohrbieger
83 die Biegeform
84 der Rohrabschneider
85 die Gewinde-
schneidkluppe
86 die Gewinde-
schneidmaschine

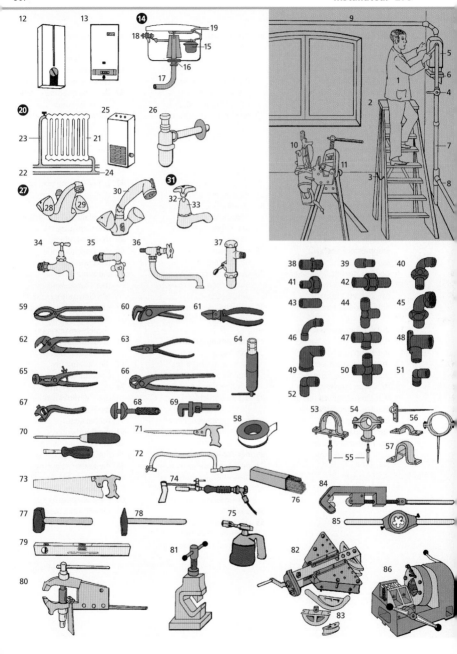

1 der Elektroinstallateur
2 der Schutzhelm
  aus schlagfestem
  Kunststoff m
3 der Klingeltaster
  (Türtaster) für Schutz-
  kleinspannung f
  (Schwachstrom m)
4 die Türsprechstelle
  mit Ruftaste f
5 das elektrische Läutewerk
  (der Summer)
6 der Wippenschalter
  [für die Unterputz-
  installation]
7 die Schutzkontaktsteck-
  dose [für die Unterputz-
  installation]
8 die Schutzkontakt-
  Doppelsteckdose [für
  die Aufputzinstallation]
9 der Schutzkontaktstecker
10 die Zweifachkombination
  (der Schalter und die
  Schutzkontaktsteckdose)

11 **die Verlängerungsschnur**
  (12, 13)
12 der Kupplungsstecker
13 die Kupplungsdose
14 die Vierfachsteckdose
15 die dreipolige Steckdose
  [für Drehstrom m] mit
  Nullleiter m und Schutzkontakt m für die
  Aufputzinstallation
16 der Drehstromstecker
17 der Zugschalter mit
  Schnur f
18 der Dimmer
19 der gussgekapselte
  Paketschalter

20 **die Unterflurinstallation**
  (21, 22)
21 der Kippanschluss für
  die Starkstrom- und
  die Fernmeldeleitung
22 der Einbauanschluss
  mit Klappdeckel m
23 der Anschlussaufsatz

24 **die Taschenlampe,**
  eine Stablampe (25, 26)
25 die Trockenbatterie
  (Taschenlampenbatterie)
26 die Kontaktfeder
27 der Leitungsschutz-
  schalter (der Sicherungsschraubautomat)
28 der Sicherungsdruck-
  knopf
29 die Passschraube,
  der Passeinsatz
  [für Schmelzsicherungen f
  und Sicherungsschraub-
  automaten m]
30 der Schmelzeinsatzhalter
  (die Schraubkappe)

31 **die Leitungsschutz-
  sicherung**
  (Schmelzsicherung),
  eine Sicherungspatrone f
  mit Schmelzeinsatz m
32 der Kennmelder
  [je nach Nennstrom m
  farbig gekennzeichnet]
33, 34 das Kontaktstück

35 **der Zählerschrank** (36, 37)
36 der Wechselstromzähler
37 die Leitungsschutzschalter m (die Sicherungs-
  automaten m)
38 das Isolierband
39 die teilbare Leuchten-
  klemme (Buchsen-
  klemme, Lüsterklemme)

40 das Einziehstahlband
  mit Suchfeder f und
  angenieteter Öse f
41 die Kabelschelle
  (Plastikschelle)
42 die Feuchtraum-
  mantelleitung
43 der Kupferleiter
44 die Stegleitung
45 der elektrische Lötkolben
46 das Vielfachmessgerät
  (der Spannungs- und
  Strommesser)
47 der Spannungssucher
  (der Spannungsprüfer)

48 **die elektrische Glühlampe**
  (die Glühbirne) (49–51)
49 der Glaskolben
50 der Doppelwendel-
  leuchtkörper
51 die Schraubfassung
  (der Lampensockel
  mit Gewinde n)
52 die Fassung für Glüh-
  lampen f
  (Leuchtensockel m)
53 die Entladungslampe
  (Leuchtstofflampe)
54 die Fassung für
  Entladungslampen f
55 der Schraubendreher
  (der Schraubenzieher)
56 die Wasserpumpenzange
  (Rohrzange)
57 die Rundzange
58 der Seitenschneider
59 der Werkzeugkoffer
60 die Taschensäge
61 die Kombinationszange
62 der Isoliergriff
63 das Kabelmesser
64 die Abisolierzange

**1–17 die Untergrund-
vorbehandlung**
1 der Tapetenablöser
2 der Gips
3 die Spachtelmasse
4 der Tapetenwechselgrund
5 die Rollenmakulatur
(*ähnl.:* Stripmakulatur,
die Untertapete),
ein Unterlagsstoff *m*
6 das Grundiermittel
7 das Fluatiermittel
8 die Feinmakulatur
9 das Tapetenablösegerät
10 der Japanspachtel
11 die Glättscheibe
12 der Tapetenperforator
13 der Schleifklotz
14 das Schleifpapier
15 der Tapetenschaber
16 das Abdeckband
17 die Rissunterlage

18–54 das Tapezieren
18 die Tapete (*Arten:* Papier-,
Raufaser-, Textil-, Kunst-
stoff-, Metall-, Naturwerk-
stoff-, Wandbildtapete)
19 die Tapetenbahn
20 die Tapetennaht
auf Stoß *m*
21 der gerade Ansatz
(der Rapport)
22 der versetzte Ansatz
23 der Tapetenkleister
24 der Spezialtapetenkleister
25 das Kleistergerät
26 der Tapeziergerätekleister
27 die Kleisterbürste
28 der Dispersionskleber
29 die Tapetenleiste
30 die Leistenstifte *m*
31 der Tapeziertisch
32 der Tapetenschutzlack

33 der Tapezierkasten
34 die Tapezierschere
35 der Handspachtel
36 der Nahtroller
37 das Haumesser
38 das Beschneidmesser
39 die Tapezierschiene
40 die Tapezierbürste
41 die Wandschneidekelle
42 die Abreißschiene
43 der Nahtschneider
44 der Kunststoffspachtel
45 die Schlagschnur
46 der Zahnspachtel
47 die Tapetenandrückwalze
48 das Flanelltuch
49 der Tapezierwischer
50 das Deckentapeziergerät
51 der Eckenschneidewinkel
52 die Tapeziererleiter
53 die Deckentapete
54 der Tapetenabdruckroller

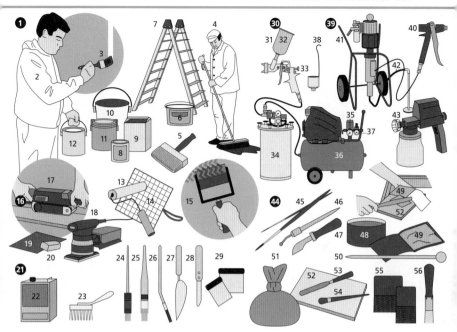

1 **das Malen** (Anstreichen *n*)
2 der Maler (der Lackierer)
3 der Flächenstreicher
4 der Fußbodenstreicher
5 die Streichbürste
6 die Dispersionsfarbe
7 die Stehleiter
   (Doppelleiter)
8 die Farbdose
9, 10 die Farbkannen *f*
9 die Kanne mit
   Handgriff *m*
10 die Kanne mit
   Traghenkel *m*
11 der Farbhobbock
12 der Farbeimer
13 der Farbroller
   (die Farbrolle)
14 das Abstreifgitter
15 die Musterwalze

16 **das Schleifen**
17 die Schleifmaschine
18 der Rutscher
19 das Schleifpapier
20 der Schleifklotz

21 **das Lackieren**
22 die Lösungsmittel-
   kanne
23 die Stupfbürste
24 der Ringpinsel
25 der Kluppenpinsel
26 der Heizkörperpinsel
27 der Malspachtel
28 das Kittmesser
29 der Japanspachtel

30–43 **das Spritzen**

30 **die Drucklufttechnik**
31 die Lackierpistole
   (Spritzpistole)
32 der Fließbecher
33 das Druckluftventil
34 der Druckbehälter
   (der Spritzkessel)
35 das Manometer
36 der Kompressor
37 der Druckregler
38 der Viskositäts-
   messbecher

39 **das Airless-Spritzsystem**
   (das luftlose Spritzsystem)
40 die luftlose Lackierpistole
   (Spritzpistole)
41 das Fahrgestell
42 der Schlauch
43 die Handspritzpistole

44 **das Beschriften
   und das Vergolden**
45 der Schriftpinsel
46 das Pausrädchen
47 das Schablonenmesser
48 das Anlegeöl
49 das Blattgold
50 der Malstock
51 der Tupfbeutel
52 das Vergolderkissen
53 das Vergoldermesser
54 der Vergolderpinsel
55 der Anschlusspinsel
56 der Stupfpinsel

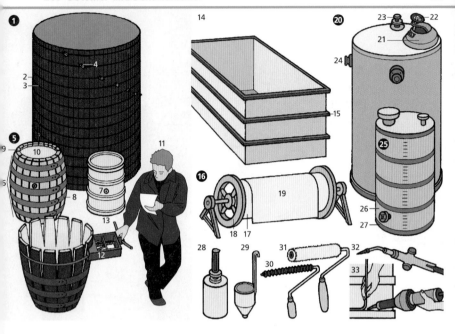

1–33 **Böttcherei f und Behälterbauerei f**

1 **der Bottich**
2 der Mantel aus Umhölzern n, Stäben m
3 der Rundeisenreifen
4 das Spannschloss

5 **das Fass** (6–10)
6 der Fassrumpf
7 das Spundloch
8 der Fassreifen (das Fassband)
9 die Fassdaube
10 der Fassboden
11 der Böttcher, ein Behälterbauer m
12 der Fasszieher
13 das eiserne Rollringfass
14 der Beizbottich aus Thermoplasten m
15 der Verstärkungsreifen aus Profileisen n

16 **das Rohrstück aus glasfaserverstärktem Kunstharz (GFK) n**
17 das Rohr
18 der Flansch
19 die Glasmatte, das Glasgewebe

20 **der Lagerbehälter aus glasfaserverstärktem Polyesterharz (GFP) n**
21 das Mannloch
22 der Mannlochdeckel mit Spindel f
23 der Flanschstutzen
24 der Blockflansch

25 **der Messbehälter** (26, 27)
26 der Mantel
27 der Schrumpfring
28 das Härterdosiergerät
29 der Viskosebecher
30 die Rillenwalze
31 die Lammfellrolle
32 der Autogenschweißbrenner
33 die Heißluftpistole

1–24 die Kürschnerwerkstatt
  1 der Kürschner
  2 die Dampfspritzpistole
  3 das Dampfbügeleisen
  4 die Klopfmaschine

  **5 die Schneidemaschine
     zum Auslassen der Felle** *n*
  6 das unzerschnittene Fell
  7 die Auslassstreifen *m*
  8 die Pelzwerkerin
     (die Pelznäherin)
  9 die Pelznähmaschine
 10 das Gebläse für die
     Auslasstechnik

11–21 Felle *n*

 11 das Nerzfell (12–14)
 12 die Haarseite
 13 die Lederseite
 14 das geschnittene Fell
 15 das Luchsfell vor dem
     Auslassen *n*

16 das ausgelassene Luchsfell
     (17, 18)
 17 die Haarseite
 18 die Lederseite
 19 das ausgelassene Nerzfell
 20 das zusammengesetzte
     Luchsfell
21 das Breitschwanzfell
22 der Pelzstift
23 der Nerzmantel
24 der Ozelotmantel

1–73 die Tischlerwerkstatt
(die Tischlerei,
die Schreinerei)

1–28 das Tischlerwerkzeug
1 die Holzraspel
2 die Holzfeile

3 **die Stichsäge** (Lochsäge)
4 der Griff
5 der Vierkantholzhammer
(der Klüpfel, Klöpfel)
6 der Tischlerwinkel

7–11 Beitel *m*
7 der Stechbeitel
(das Stemmeisen)
8 der Lochbeitel
(das Locheisen)

9 **der Hohlbeitel**
(das Hohleisen)
10 das Heft
11 der Kantbeitel
12 der Leimkessel
mit Wasserbad *n*
13 der Leimtopf,
ein Einsatz *m*
für Tischlerleim *m*
14 die Schraubzwinge

15–28 Hobel *m*
(Handhobel *m*)
15 der Schlichthobel
16 der Schrupphobel
(Doppelhobel)

17 **der Zahnhobel** (18–24)
18 die Nase
19 der Keil
20 das Hobeleisen
(das Hobelmesser)
21 das Keilloch
22 die Sohle
23 die Wange
(die Backe)
24 der Kasten
(Hobelkasten)
25 der Simshobel
26 der Grundhobel
27 der Schabhobel
28 der Schiffshobel

29–37 die Hobelbank
29 der Fuß
30 die Vorderzange
31 der Spannstock
32 die Druckspindel
33 das Zangenbrett
34 die Bankplatte
35 die Beilade
36 der Bankhaken
(das Bankeisen)
37 die Hinterzange
38 der Tischler
(der Schreiner)
39 die Raubank
(der Langhobel)
40 die Hobelspäne *m*
41 die Holzschraube
42 das Schränkeisen
(der Sägensetzer)
43 die Gehrungslade
44 der gerade Fuchsschwanz

45 **die Dicktenhobelmaschine**
46 der Dicktentisch
mit Tischwalzen *f*
47 der Rückschlagschutz
48 der Späneauswurf

49 **die Kettenfräsmaschine**
50 die endlose Fräskette
51 die Holzeinspann-
vorrichtung

52 **die Astlochfräsmaschine**
53 der Astlochfräser
54 das Schnellspannfutter
55 der Handhebel
56 der Wechselhebel

57 **die Format- und
Besäumkreissäge**
58 der Hauptschalter
59 das Kreissägeblatt
60 das Handrad zur
Höheneinstellung *f*
61 die Prismaschiene
62 der Rahmentisch
63 der Ausleger
64 der Besäumtisch
65 der Linealwinkel
66 das Linealhandrädchen
67 der Klemmhebel

68 **die Plattenkreissäge**
69 der Schwenkmotor
70 die Plattenhalterung
71 der Sägeschlitten
72 das Pedal zur Anhebung *f*
der Transportrollen *f*
73 die Tischlerplatte

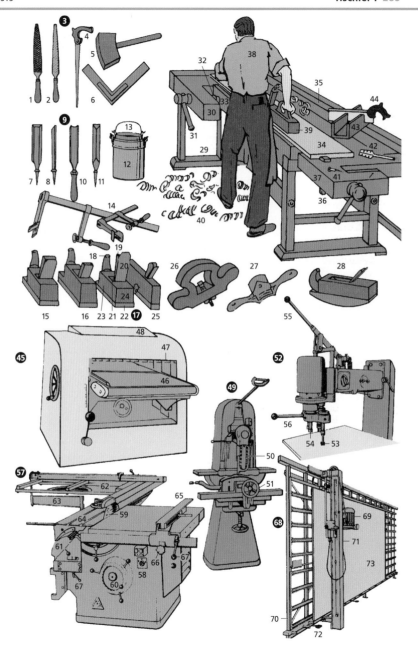

1 **die Bandsägemaschine**
2 die schwenkbare
   Tischplatte
3 das Bandsägeblatt
4 die Bandsägeblattführung
5 das Anschlaglineal
6 der Notausschalter

7 **die Dübelbohrmaschine**
8 der Bohrtisch
9 das höhenverstellbare
   Bohraggregat

10 **die Kantenschleif-**
   maschine
11 die Spannrolle mit
   Ausleger *m*
12 die Schleifband-
   regulierschraube
13 das endlose Schleifband
14 der Bandspannhebel
15 der neigbare Auflagetisch
16 die Bandwalze
17 das Winkellineal
   für Gehrungen *f*
18 die aufklappbare
   Staubhaube
19 die Tiefenverstellung des
   Auflagetisches *m*
20 das Handrad für die
   Tischhöhenverstellung
21 die Klemmschraube für
   die Tischhöhenverstellung
22 die Tischkonsole
23 der Maschinenfuß

24 **die Kantenanleim-**
   maschine
25 die Steuerung
26 das Fräsaggregat
27 die Verleimvorrichtung
   (Klebevorrichtung)

28 **die Langbandschleif-**
   maschine (Einband-
   schleifmaschine)
29 die Bandabdeckung
30 die Bandscheiben-
   verkleidung
31 das Schleifband
32 der Exhaustor
33 der Rahmenschleifschuh
34 der verstellbare
   Schleiftisch
35 der Profilrohrrahmen
36 das schwenkbare
   Schleifaggregat
37 der Ein- und Ausschalter

38 **die Feinschnitt-**
   und Fügemaschine
39 der Sägewagen
   (das Säge- und Hobel-
   aggregat) mit Ketten-
   antrieb *m*
40 die nachgeführte
   Kabelaufhängung
41 der Luftabsaugstutzen
42 die Transportschiene

43 **die Rahmenpresse**
44 der Rahmenständer
45 der Fensterrahmen,
   das Werkstück
46 die Druckluftzuleitung
47 der Druckzylinder
48 der Druckstempel
49 die Rahmeneinspannung

50 **die Furnierbelegmaschine**
51 der Polyamidfaden
52 die Nähvorrichtung

53 **die Furnierpresse**
54 der Pressboden
55 der Pressdeckel
56 der Pressstempel

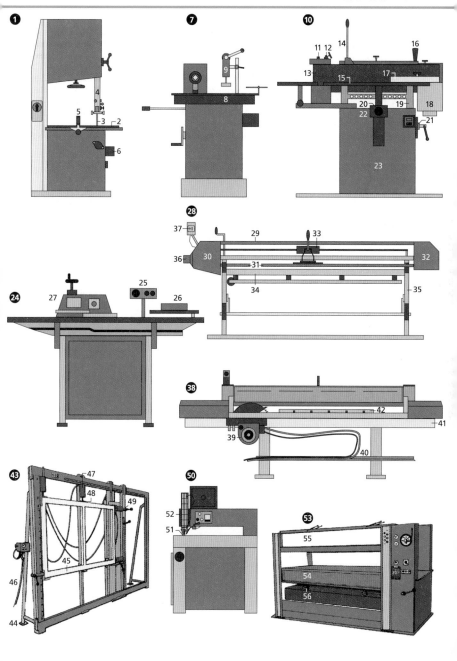

1–34 der Werkzeugschrank
für das Heimwerken *n*
(Basteln *n*, Do-it-yourself)
1 der Schlichthobel
2 der Gabelschlüsselsatz
3 die Bügelsäge
4 der Schraubendreher
(der Schraubenzieher)
5 der Kreuzschlitz-
schraubendreher
(der Kreuzschlitz-
schraubenzieher)
6 die Sägeraspel
7 der Hammer
8 die Holzraspel
9 die Schruppfeile
10 der Kleinschraubstock
11 die Eckrohrzange
12 die Wasserpumpenzange
13 die Kneifzange
14 die Kombizange
15 die Abisolierzange
16 die elektrische Bohr-
maschine
17 die Stahlsäge
18 der Gipsbecher
19 der Lötkolben
20 der Lötzinndraht
21 die Lammfellscheibe
(die Lammfell-
polierhaube)

22 der Polierteller
(Gummiteller) für
die Bohrmaschine
23 Schleifscheiben *f*
24 der Drahtbürstenteller
25 das Tellerschleifpapier
26 der Anschlagwinkel
27 der Fuchsschwanz
28 der Universalschneider
29 die Wasserwaage
30 der Stechbeitel
31 der Körner
32 der Durchschläger
33 der Zollstock
34 der Kleinteilekasten

35 **der Werkzeugkasten**
(Handwerkskasten)
36 der Weißleim (Kaltleim)
37 der Malerspachtel
38 das Lassoband
(Klebeband)
39 der Sortimentseinsatz
mit Nägeln *m*, Schrauben *f*
und Dübeln *m*
40 der Schlosserhammer

41 **die zusammenlegbare**
Werkbank
(Heimwerkerbank)
42 die Spannvorrichtung

43 **die elektrische**
Schlagbohrmaschine
(der Elektrobohrer,
Schlagbohrer)
44 der Pistolenhandgriff
45 der zusätzliche Handgriff
46 der Getriebeschalter
47 der Handgriff mit
Abstandshalter *m*
48 der Bohrkopf
49 der Spiralbohrer

50–58 Zusatz- und Anbaugeräte
50 die Bandsäge
51 die Drechselbank
52 der Kreissägevorsatz
53 der Vibrationsschleifer
54 der Bohrständer
55 der Heckenscherenvorsatz
56 die Lötpistole
57 der Lötkolben
58 der Blitzlöter

59 **die Polsterarbeit,**
das Beziehen eines
Sessels *m*
60 der Bezugsstoff
61 der Heimwerker

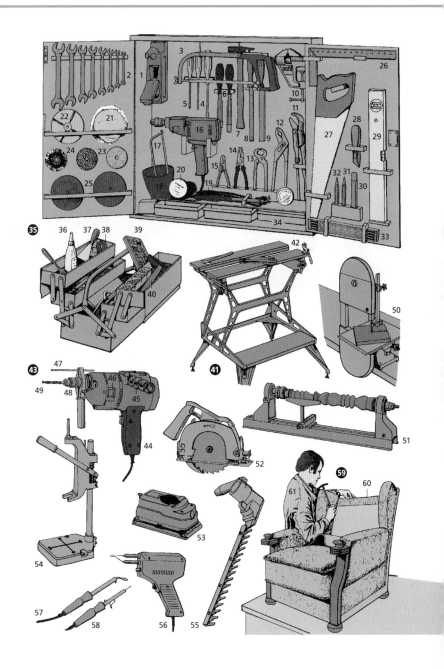

1–27 **die Drechslerei**
    (die Drechslerwerkstatt)
  1 die Drechselbank
    (Holzdrehbank)
  2 die Drehbankwange
  3 der Anlasswiderstand
  4 der Getriebekasten
  5 die Handvorlage
    (die Werkzeugauflage)
  6 das Spundfutter
  7 der Reitstock
  8 die Spitzdocke
  9 der Wirtel (der Quirl),
    eine Schnurrolle *f*
    mit Mitnehmer *m*
 10 das Zweibackenfutter
 11 der Dreizack (der Zwirl)
 12 die Laubsäge
 13 das Laubsägeblatt
 14 die Arbeitslampe, eine
    Wandlampe

15, 16, 25 **Drechselwerkzeuge** *n*
    (Drechslerdrehstähle *m*)
 15 der Gewindestrehler
    (Strehler, der Schraub-
    stahl) zum Holzgewinde-
    schneiden *n*
 16 die Drehröhre zum
    Vordrehen *n*
 17 der Löffelbohrer
    (Parallelbohrer)
 18 der Ausdrehhaken
 19 der Tastzirkel (Greifzirkel,
    der Außentaster)
 20 der gedrechselte Gegen-
    stand (die gedrechselte
    Holzware)
 21 der Drechslermeister
    (der Drechsler)
 22 der Rohling
    (das unbearbeitete Holz)
 23 der Drillbohrer

 24 der Lochzirkel
    (der Innentaster)
 25 der Grabstichel
    (Abstechstahl,
    Plattenstahl)
 26 das Glaspapier
    (Sandpapier,
    Schmirgelpapier)
 27 die Drehspäne *m*
    (Holzspäne)

1–40 die Korbmacherei
(die Korbflechterei)

1–4 Flechtarten *f*
1 das Drehergeflecht
2 das Köpergeflecht
3 das Schichtgeflecht
4 das einfache Geflecht,
ein Flechtwerk *n*
5 der Einschlag
6 die Stake

7 das Werkbrett
8 die Querleiste
9 das Einstreckloch
10 der Bock

11 der Spankorb
12 der Span
13 der Einweichbottich
14 die Ruten aus Weide *f*
od. Hasel *f*
15 die Stöcke *m* aus
Weide *f* od. Hasel *f*

16 der Korb,
eine Flechtarbeit *f*
17 der Zuschlag
(der Abschluss)
18 das Seitengeflecht

19 der Bodenstern
20 das Bodengeflecht
21 das Bodenkreuz

22–24 die Gestellarbeit
22 das Gestell
23 der Splitt
24 die Schiene
25 das Gerüst
26 das Gras
27 das Schilf
28 die Binse
29 der Bast
30 das Stroh
31 das Bambusrohr
32 das Peddigrohr
(das spanische Rohr,
der Rotang, das Rattan)
33 der Korbmacher
(der Korbflechter)
34 das Biegeeisen
35 der Reißer
36 das Klopfeisen
37 die Beißzange
38 das Putzmesser
(der Ausstecher)
39 der Schienenhobel
40 die Bogensäge

1-8 die Esse mit dem Schmiedefeuer *n*

1 die Esse
2 die Feuerschaufel
3 der Löschwedel
4 die Feuerkratze
5 der Schlackenhaken
6 die Luftzuführung
7 der Rauchfang
8 der Löschtrog

9 der Schmiedelufthammer
10 der Hammerbär

11-16 der Amboss
11 der Amboss
12 das Vierkanthorn
13 das Rundhorn
14 der Voramboss
15 der Backen
16 der Stauchklotz
17 die Lochplatte

18 der Werkzeugschleifbock
19 die Schleifscheibe
20 der Flaschenzug
21 die Werkbank

22-39 Schmiedewerkzeuge *n*
22 der Vorschlaghammer
23 der Schmiedehandhammer
24 die Flachzange
25 die Rundzange

26 die Teile *n*
des Hammers *m*
(27-31)
27 die Pinne
28 die Bahn
29 das Auge
30 der Stiel
31 der Keil
32 der Abschrotmeißel
33 der Flachhammer
34 der Kehlhammer
35 der Schlichthammer
36 der Rundlochhammer
37 die Winkelzange
38 der Abschröter
39 das Dreheisen
40 der Schmied

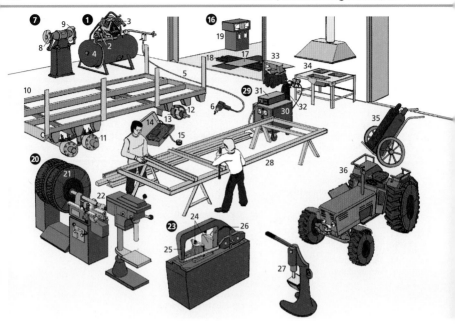

1 die Druckluftanlage	**16** der Bremsprüfstand,	**29** das Schutzgas-
2 der Elektromotor	ein Rollenbremsprüfstand	schweißgerät (30–32)
3 der Kompressor	**17** die Grube	**30** der Gleichrichter
4 der Druckluftkessel	**18** die Bremsrolle	**31** das Steuergerät
5 die Druckluftleitung	**19** das Registriergerät	**32** die CO_2-Flasche
6 der Druckluftschlag-		**33** der Amboss
schrauber	**20** die Bremstrommel-	**34** die Esse mit dem
	Feindrehmaschine (21, 22)	Schmiedefeuer *n*
7 das Schleifgerät	**21** das Lkw-Rad	**35** der Autogen-
(die Werkstatt-	**22** das Bohrwerk	schweißwagen
schleifmaschine) (8, 9)		**36** das Reparaturfahrzeug,
8 die Schleifscheibe	**23** die Schnellsäge,	ein Traktor *m*
9 die Schutzhaube	eine Bügelsäge *f* (24–26)	
10 der Anhänger	**24** der Schraubstock	
11 die Bremstrommel	**25** der Sägebügel	
12 die Bremsbacke	**26** die Kühlmittelzuführung	
13 der Bremsbelag	**27** die Nietmaschine	
14 der Bremsdruckkoffer	**28** das Anhängerchassis	
15 das Bremsdruckprüfgerät	im Rohbau *m*	

1–13 die Hämmer *m* zum
Gesenkschmieden *n*

  1 der Schabottehammer
  mit hydraulischem
  Antriebssystem *n*
  2 der Oberdruckantrieb
  3 der Hammerbär (Bär)
  4 das Obergesenk
  5 das Untergesenk
  6 das Schmiedeteil
  7 die Schabotte

  8 der Gegenschlag-
  hammer mit hydraulischer
  Kupplung *f*
  9 der Antrieb
  10 der Oberbär
  11 das Hammergestell
  12 der Unterbär
  13 die hydraulische
   Bärkupplung

14–22 die Spindelpressen *f*

  14 die Spindelpresse
  mit Direktantrieb
  15 der Arbeitsplatz des
   Verfahrensmechanikers *m*
  16 die Steuerungseinheit
   der Spindelpresse *f*

  17 die Kupplungs-
  spindelpresse
  18 das Schwungrad
  19 die Kupplungsscheibe
  20 das Kammlager der
   Spindel *f*
  21 die Spindel
  22 das Pressengestell

23–32 die Gesenkarten *f*

  23 die Untergesenke *n*
  mit Gratspalt *m*
  24 das Einfachgesenk
  25 das Mehrfachgesenk
  26 das Mehrstufengesenk

  27 das geschlossene Gesenk
  28 der Auswerfer

  29 das Gesenk mit
  mehreren Teilfugen *f*
  30 die Gesenkaufnahme
  31 die beweglichen Gesenk-
   hälften [geschlossen]
  32 die beweglichen Gesenk-
   hälften [geöffnet]

33–42 die Freiform-
schmiedeanlage

  33 die Freiform-
  schmiedepresse
  34 das Sattelwechselmagazin
  35 die Flachsättel *m*
  36 die Spitzsättel *m*
  37 die Rundsättel *m*
  38 der schienengebundene
   Schmiedemanipulator
  39 der Hubdrehtisch
  40 der Blocktransportwagen
  41 der frei fahrbare
   Schmiedemanipulator
  42 der Herdwagenofen

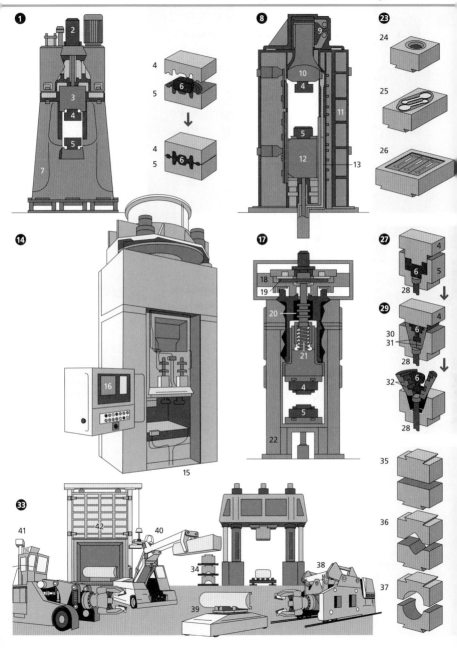

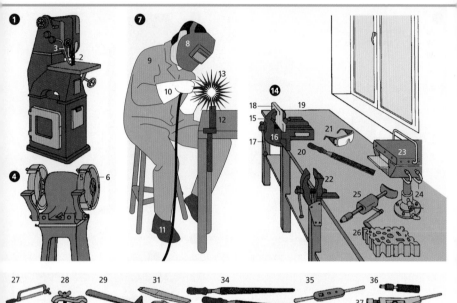

1–37 die Schlosserwerkstatt

1 die Feilmaschine
2 die Bandfeile
3 das Späneblasrohr

4 die Schleifmaschine
5 die Schleifscheibe
6 die Schutzhaube

7 der Schlosser
(*z. B.* Maschinenschlosser,
Bauschlosser, Stahlbau-
schlosser, der Schloss- und
Schlüsselmacher; *früher
auch:* Kunstschlosser),
ein Metallbauer *m,*
beim Schweißen *n*
8 die Schutzmaske
9 der Overall
10 die Schutzhandschuhe *m*
11 die Sicherheitsschuhe *m*
12 der Schweißtisch
13 die Funken *m*

**14 der Parallel-
schraubstock**
(15–17)
15 die Backe
16 die Spindel
17 der Knebel
18 das Werkstück
19 die Werkbank
20 die Feile
(*Arten:* Grob-
feile, Schlichtfeile,
Präzisionsfeile)
21 die Schutzbrille
22 der Flachschraub-
stock, ein Zangen-
schraubstock *m*
23 der Muffelofen
(Härteofen), ein Gas-
schmiedeofen *m*
24 die Gaszuführung
25 die Handbohrmaschine
26 die Lochplatte
(Gesenkplatte)

27 die Bügelsäge
28 der Feilkloben
29 der Schlosserhammer
30 der Kreuzmeißel
31 der Flachmeißel
32 die Flachfeile
33 der Feilenhieb
34 die Rundfeile
(*auch:* Halbrundfeile)
35 das Windeisen
36 die Reibahle
37 die Schneidkluppe

38 der Schlüssel
39 der Schaft (der Halm)
40 der Griff (die Reide)
41 der Bart

42 das Türschloss,
ein Einsteckschloss *n*
43 die Grundplatte
(das Schlossblech)
44 die Falle
45 die Zuhaltung
46 der Riegel
47 das Schlüsselloch
48 der Führungszapfen
49 die Zuhaltungsfeder
50 die Nuss mit
Vierkantloch *n*

51 das Zylinderschloss
(Sicherheitsschloss)
(52–54)
52 der Zylinder
53 die Feder
54 der Arretierstift
55 der Sicherheitsschlüssel,
ein Flachschlüssel *m*
56 das Scharnierband
57 das Winkelband
58 das Langband
59 der Messschieber
(die Schieblehre)
60 die Fühlerlehre
61 der Tiefenmessschieber
(die Tiefenlehre)
62 der Nonius
63 das Haarlineal
64 der Messwinkel
65 die Brustleier
66 der Spiralbohrer
67 der Gewindebohrer
(das Gewindeeisen)
68 die Gewindebacken *f*
69 der Schraubendreher
(der Schraubenzieher)
70 der Schaber
(*auch:* Dreikantschaber)
71 der Körner
72 der Durchschlag
73 die Flachzange
74 der Hebelvorschneider
75 die Rohrzange
76 die Kneifzange

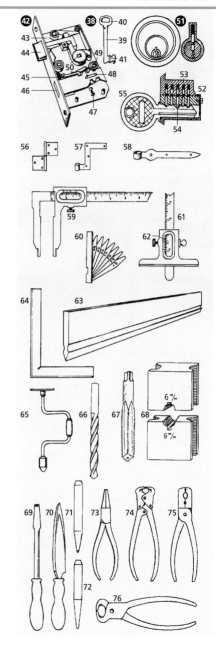

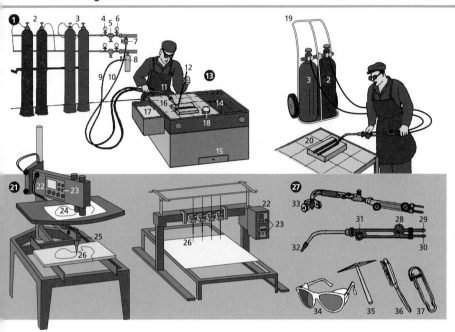

1 **die Flaschenbatterie** (2–7)
2 die Acetylenflasche
3 die Sauerstoffflasche
4 das Hochdruck-
   manometer
5 das Druckminderventil
6 das Niederdruck-
   manometer
7 das Absperrventil
8 die Niederdruck-
   Wasservorlage
9 der Acetylenschlauch
10 der Sauerstoffschlauch
11 der Schweißbrenner
12 der Schweißstab

13 **der Schweißtisch**
   (14–17)
14 der Schneidrost
15 der Schrottkasten
16 der Tischbelag aus
   Schamottesteinen *m*
17 der Wasserkasten
18 die Schweißpaste
19 der Flaschenwagen
20 das Werkstück

21 **Brennschneid-**
   maschinen *f*
   (Brennschneide-
   maschinen)
22 die elektronische
   Steuerung
23 die Eingabetasten
24 die Kreisführung
25 der elektronisch
   gesteuerte Gelenkarm
26 die Brennerdüse

27 **Schweißbrenner** *m*
28 das Sauerstoffventil
29 der Sauerstoffanschluss
30 der Brenngasanschluss
31 das Brenngasventil
32 das Schweißmundstück
33 der Schweißbrenner mit
   Schneidsatz *m* und
   Brennerführungswagen *m*
34 die Schweißerbrille
35 der Schlackenhammer
36 die Drahtbürste
37 der Brenneranzünder

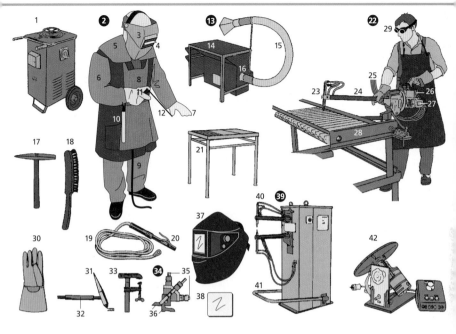

1 der Schweißtransformator (Schweißtrafo)	**18** die Drahtbürste	**34 die Kehlnahtmesslehre**
	19 das Schweißkabel	**35** die Feinmessschraube (Mikrometerschraube)
2 der Elektroschweißer	**20** der Elektrodenhalter	**36** der Messschenkel
3 das Schutzschild (Kopfschild)	**21** der Schweißtisch	**37** die Schweißerschutz- haube
4 das hochklappbare Schutzglas	**22 die Punktschweißung**	**38** das Schutzglas
5 der Schulterschutz	**23** die Punktschweißzange	
6 der Ärmelschutz	**24** der Elektrodenarm	**39 die fußbetätigte Punktschweißmaschine**
7 der dreifingrige Schweißerhandschuh	**25** die Stromzuführung (das Anschlusskabel)	**40** der Schweißarm
8 die Lederschürze	**26** der Elektrodenkraft- zylinder	**41** der Fußbügel für den Elektrodenkraftaufbau *m*
9 der Beinschutz	**27** der Schweißtransformator (Schweißtrafo)	**42** der Kleindrehtisch
10 der Elektrodenköcher	**28** das Werkstück	
11 der Elektrodenhalter	**29** die Schutzbrille	
12 die Elektrode	**30** der fünffingrige Schweißerhandschuh	
	31 der Schutzgas- schweißbrenner (Inert- gasschweißbrenner)	
13 der Schweißtisch mit Absaugvorrichtung *f*	**32** die Schutzgaszuführung	
14 die Tischfläche	**33** die Polzwinge (die Werkstückklemme, Erdklemme, der Gegen- kontakt)	
15 der Absaugarm		
16 der Abluftstutzen		
17 der Schlackenhammer		

1 **das Winkeleisen**
2 der Schenkel (der Flansch)

3–7 **Eisenträger** *m*
(Baustahlträger *m*)

3 **das T-Eisen** (4, 5)
4 der Steg
5 der Flansch
6 das Doppel-T-Eisen
7 das U-Eisen
8 das Rundeisen
9 das Vierkanteisen
10 das Flacheisen
11 das Bandeisen
12 der Eisendraht

13–50 **Schrauben** *f*

13 **die Sechskantschraube**
14 der Kopf
15 der Schaft
16 das Gewinde
17 die Unterlegscheibe
18 die Sechskantmutter
19 der Splint
20 die Rundkuppe
21 die Schlüsselweite

22 **die Stiftschraube** (23–25)
23 die Spitze
24 die Kronenmutter
25 das Splintloch
26 die Kreuzschlitzschraube,
eine Blechschraube *f*
27 die Innensechskant-
schraube (die Inbus-
schraube)

28 **die Senkschraube**
29 die Nase
30 die Gegenmutter
(Kontermutter)
31 der Zapfen

32 **die Bundschraube**
33 der Schraubenbund
34 der Sprengring (Federring)
35 die Lochrundmutter,
eine Stellmutter *f*

36 **die Zylinderkopfschraube,**
eine Schlitzschraube *f*
37 der Kegelstift
38 der Schraubenschlitz

39 **die Vierkantschraube**
40 der Kerbstift,
ein Zylinderstift *m*

41 **die Hammerkopfschraube**
42 die Flügelmutter

43 **die Steinschraube**
44 der Widerhaken

45 **die Holzschraube**
46 der Senkkopf
47 das Holzgewinde

48 **der Gewindestift**
49 der Stiftschlitz
50 die Kugelkuppe

51 **der Nagel**
(der Drahtstift)
52 der Kopf
53 der Schaft
54 die Spitze
55 der Dachpappenstift

56 **die Nietung**
(die Nietverbindung,
die Überlappung)

57–60 **die Niete**
(das *od.* der Niet)
57 der Setzkopf,
ein Nietkopf *m*
58 der Nietenschaft
59 der Schließkopf,
ein Nietkopf *m*
60 die Nietteilung

61 **die Welle**
62 die Fase
(die abgeschrägte Kante)
63 der Zapfen
64 der Hals
65 der Sitz
66 die Keilnut
67 der Kegelsitz
68 das Gewinde

69 **das Kugellager,**
ein Wälzlager *n*
70 die Stahlkugel
71 der Außenring
72 der Innenring

73, 74 **die Nutkeile** *m*
73 der Einlegekeil
(Federkeil, die Feder)
74 der Nasenkeil

75, 76 **das Nadellager**
75 der Nadelkäfig
76 die Nadel
77 die Kronenmutter
78 der Splint
79 das Gehäuse
80 der Gehäusedeckel
81 der Druckschmiernippel

82–96 **Zahnräder** *n*
(Verzahnungen *f*)

82 **das Stufenrad**
83 der Zahn
84 der Zahngrund
85 die Nut (Keilnut)
86 die Bohrung

87 **das Pfeilstirnrad**
88 die Speiche

89 **die Schrägverzahnung**
90 der Zahnkranz
91 das Kegelrad

92, 93 **die Spiralverzahnung**
92 das Ritzel
93 das Tellerrad

94–96 **das Planetengetriebe**

94 **die Planetenräder** *n*
95 das Hohlrad
96 das Sonnenrad

97–107 **Bremsdynamometer** *n*

97 **die Backenbremse**
98 die Bremsscheibe
99 die Bremswelle
100 der Bremsklotz
(die Bremsbacke)
101 die Zugstange
102 der Bremslüftmagnet
103 das Bremsgewicht

104 **die Bandbremse**
105 das Bremsband
106 der Bremsbelag
107 die Stellschraube
zur gleichmäßigen
Lüftung *f*

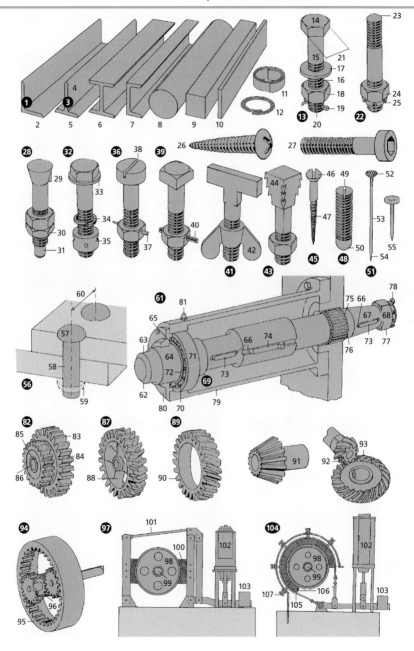

1–52 das Steinkohlenbergwerk
(die Steinkohlengrube,
Grube, die Zeche)
1 der Förderturm
2 das Schachtgebäude
3 das Maschinenhaus
4 das Fördergerüst
5 der Grubenlüfter
6 das Sägewerk
7 der Materiallagerplatz
8 das Verwaltungsgebäude
9 der Wasserturm
10 der Kühlturm
11 das Kraftwerk
12 der Gasometer
13 die Bergehalde
14 das Klärwerk
(die Kläranlage)

15–20 die Kokerei
15 der Kokskohlenturm
16 der Kokslöschturm
17 die Koksofenbatterie
18 der Füllwagen
19 der Kokslöschwagen
20 die Aufbereitungsanlage

21–52 die Untertageanlagen f
(der Grubenbetrieb)
21 das Deckgebirge
22 das Steinkohlengebirge
23 das od. der Steinkohlenflöz
24 die Verwerfung
25 der Hauptförderschacht
26 die Gefäßförderanlage
27 das Füllort
28 der Rohkohlenbunker
29 das Beschickungsband
30 die Wasserhaltung
31 der Schachtsumpf
32 der Wetterschacht
33 der Wetterkanal
34 die Gestellförderung
mit Förderkörben m
35 die Wetterschleuse
36 die Richtstrecke
37 der Materialtransport
mit Förderwagen m
38 die Personenfahrung
mit der Einschienen-
hängebahn f
39 die Personenfahrung
mit Personenzug m

40–44 Strebe m
40 der Alte Mann, eine still-
gelegte Lagerstätte f
41 der Abbauhammerstreb
in steiler Lagerung f
42 der Rammstreb
in steiler Lagerung f
43 der Hobelstreb in
flacher Lagerung f
44 der Schrämstreb
in flacher Lagerung f
45 die Flözstrecke
46 die Streckenvortriebs-
maschine
47 der Blindschacht
mit Gestellförderung f
48 der Materialtransport
mit der Einschienen-
hängebahn f
49 die Wendelrutsche
(die Wendelrutschen-
förderung)
50 die Bandförderung
51 die Wagenförderung
52 der Querschlag

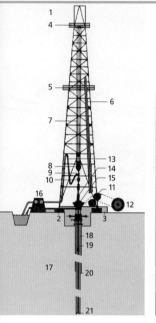
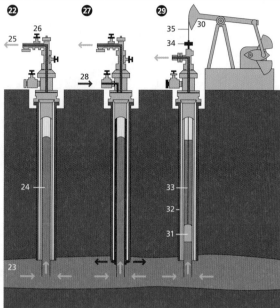

1–21 **die Erdölbohrung** mit
     einer Drehbohranlage *f*
     (Rotary-Verfahren *n*)
   1 der Bohrturm,
     der Bohrmast
   2 der Unterbau
   3 die Arbeitsbühne
   4 das Rollenlager,
     die Turmrollen *f*
   5 die Gestängebühne,
     eine Zwischenbühne
   6 die Bohrrohre *n*
   7 das Bohrseil
   8 der Flaschenzug
   9 der Zughaken
  10 der Spülkopf
  11 das Hebewerk

  12 die Antriebsmaschine
  13 die Spülleitung
  14 die Mitnehmerstange
  15 der Drehtisch
  16 die Spülpumpe
  17 das Bohrloch
  18 das Standrohr
  19 das Bohrgestänge
  20 die Verrohrung
  21 der Bohrmeißel *m*
     (*Arten:* Fischschwanz-
     bohrer *m*, Rollenbohrer,
     Kernbohrgerät *n*)

22–35 **die Erdölgewinnung**
      (die Erdölförderung)

  22 **die eruptive Förderung**
  23 die Erdöl *n* führende
     Schicht
  24 die Steigleitung
  25 das Erdöl-Erdgas-Gemisch
  26 das Eruptionskreuz

  27 **das Gasliftverfahren**
  28 die Erdgasrückführung
     (das Einpressen von
     verdichtetem Gas *n* zur
     Aufrechterhaltung *f* des
     Lagerstättendrucks *m*)

  29 **die Tiefpumpenförderung**
  30 der Tiefpumpenantrieb
  31 die Tiefpumpe
  32 die Steigrohre *n*
  33 das Pumpgestänge
  34 die Stopfbüchse
  35 die Polierstange

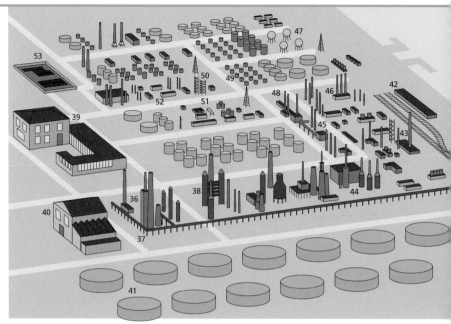

36–53 die Erdölraffinerie
  (Ölraffinerie)
  36 die Kokerei
  37 die Pipeline
  38 die Destillationsanlage
  39 das Verwaltungsgebäude
  40 das Labor
  41 die Lagertanks *m*
  42 die Produktverladung

  43 der Steamcracker
  (die Ethylenanlage)
  44 die katalytische
  Reformieranlage
  45 der Hydrofiner
  46 die Flüssiggasanlage
  47 das Flüssiggaslager
  48 die Polymerisations- und
  Alkylierungsanlage
  49 das Produktlager

  50 die Deasphaltierungsanlage
  51 die Entparaffinierung
  52 die Asphaltverarbeitung
  53 die Abwasseranlagen *f*

1–44 die Bohrinsel
    (Förderinsel)

1–37 die Bohrturmplattform
  1 die Energieversorgungs-
    anlage
  2 die Abgasschornsteine *m*
    der Generatoranlage *f*
  3 der Drehkran
  4 das Rohrlager
  5 die Abgasrohre *n*
    der Turbinenanlage *f*
  6 das Materiallager
  7 das Hubschrauberdeck
  8 der Fahrstuhl
  9 die Vorrichtung
    zur Trennung *f*
    von Gas *n* und Öl *n*
 10 die Proben-
    trennvorrichtung
 11 die Notfallabfackelanlage
 12 der Bohrturm
 13 der Dieselkraftstofftank

 14 der Bürokomplex
 15 die Zement-
    vorratstanks *m*
 16 der Trinkwassertank
 17 der Vorratstank für
    Salzwasser *n*
 18 die Tanks *m* für Hub-
    schrauberkraftstoff *m*
 19 die Rettungsboote *n*
 20 der Fahrstuhlschacht
 21 der Druckluftbehälter
 22 die Pumpanlage
 23 der Luftkompressor
 24 die Klimaanlage
 25 die Meerwasser-
    entsalzungsanlage
 26 die Filteranlage für
    Dieselkraftstoff *m*
 27 das Gaskühlaggregat
 28 das Steuerpult für die
    Trennvorrichtungen *f*
 29 die Toiletten *f*
 30 die Werkstatt
 31 die Molchschleuse
    [der »Molch« dient
    zur Reinigung
    der Hauptölleitung]

 32 der Kontrollraum
 33 die Unterkünfte *f*
 34 die Hochdruck-
    zementierungspumpen *f*
 35 das untere Deck
 36 das mittlere Deck
 37 das obere Deck
 38 die Stützkonstruktion
 39 der Meeresspiegel

40–44 Bohrtechnik
 40 das Bohrgestänge
 41 das Futterrohr
 42 die aufbereitete Spülung
 43 die aufsteigende Spülung
    mit Bohrklein *n*
 44 der Diamantbohrmeißel,
    ein Bohrmeißel

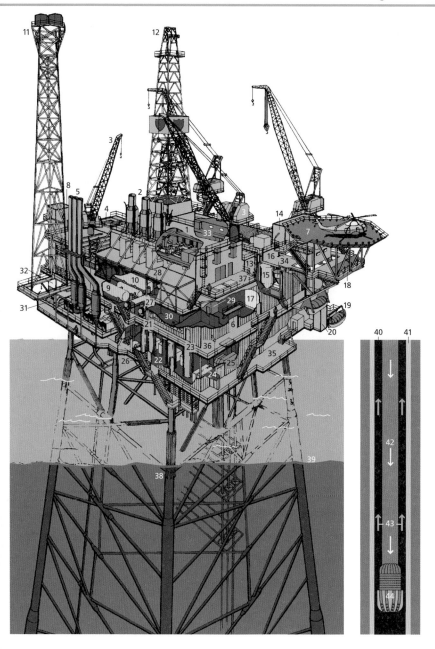

1–20 die Hochofenanlage
1 der Hochofen, ein
  Schachtofen *m*
2 der Schrägaufzug für
  Erz *n* und Zuschläge *m*
  oder Koks *m*
3 die Laufkatze
4 die Gichtbühne
5 der Trichterkübel
6 der Verschlusskegel
  (die Gichtglocke)
7 der Hochofenschacht
8 die Reduktionszone
9 der Schlackenabstich
  (der Schlackenabfluss)
10 der Schlackenkübel
11 der Roheisenabstich
  (der Roheisenabfluss)
12 die Roheisenpfanne
13 der Gichtgasabzug
14 der Staubfänger
  (der Staubsack),
  eine Entstaubungs-
  anlage *f*
15 der Winderhitzer
16 der außen stehende
  Brennschacht
17 die Luftzuleitung
18 die Gasleitung
19 die Heizwindleitung
20 die Windform

21–74 das Stahlwerk

21 der Siemens-Martin-Ofen
22 die Roheisenpfanne
23 die Eingussrinne
24 der fest stehende Ofen
25 der Ofenraum
26 die Beschickungs-
  maschine
27 die Schrottmulde
28 die Gasleitung
29 die Gasheizkammer
30 das Luftzufuhrrohr
31 die Luftheizkammer
32 die Stahlgießpfanne mit
  Stopfenverschluss *m*
33 die Kokille
34 der Stahlblock

35 die Masselgießmaschine
36 das Eingießende
37 die Eisenrinne
38 das Kokillenband
39 die Kokille
40 der Laufsteg
41 die Abfallvorrichtung
42 die Massel (das Roheisen)
43 der Laufkran
44 die Roheisenpfanne
  mit Obenentleerung *f*
45 der Gießpfannenschnabel
46 die Kippvorrichtung

**47 der Sauerstoff-
aufblaskonverter**
  (LD-Konverter,
  Linz-Donawitz-Konverter)
48 der Konverterhut
49 der Tragring
50 der Konverterboden
51 die feuerfeste Aus-
  mauerung
52 die Sauerstofflanze
53 das Abstichloch

**54 der Siemens-
Elektroniederschachtofen**
55 die Begichtung
  (die Beschickung)
56 die Elektroden *f*
  [kreisförmig angeordnet]
57 die Ringleitung zum
  Abziehen der Ofengase *n*
58 der Abstich

59 der Thomaskonverter
  (die Thomasbirne)
60 die Füllstellung für
  flüssiges Roheisen *n*
61 die Füllstellung für
  Kalk *m*
62 die Blasstellung
63 die Ausgussstellung
64 die Kippvorrichtung
65 die Kranpfanne
66 der Hilfskranzug
67 der Kalkbunker
68 das Fallrohr
69 der Muldenwagen
70 die Schrottzufuhr
71 der Steuerstand
72 der Konverterkamin
73 das Blasluftzufuhrrohr
74 der Düsenboden

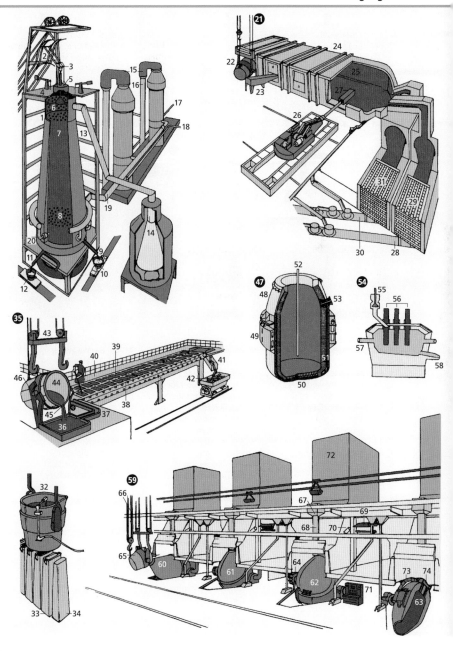

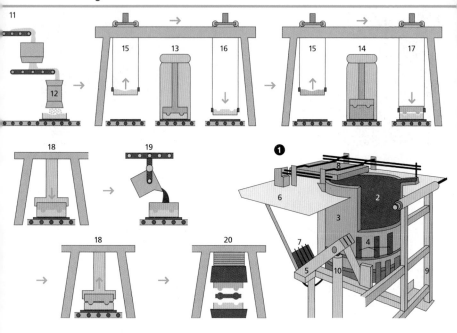

1–20 die Eisengießerei

1 der Induktionsschmelzofen
2 der Tiegel mit feuerfester Auskleidung *f*
3 die Induktionsspule
4 die Joche
5 das Kippgestell
6 die Ofenplattform
7 die Stromanschlüsse *m*
8 der wärmeisolierte Ofendeckel
9 der Kippstuhl
10 der Hydraulikzylinder

11–20 die automatische Sandform- und Gießanlage

11 der Gurtförderer für den Formstofftransport *m*
12 das Dosiergerät
13 der Formautomat-Unterkasten
14 der Formautomat-Oberkasten
15 das Übersetzgerät für Formkästen *m*
16 das Übersetzgerät für fertige Unterkästen *m*
17 die Zulegestation (das Auflegen des Oberkastens *m* auf den Unterkasten *m*)
18 das Formbelastungs- und -entlastungsgerät
19 die Gießpfanne zum Abgießen der Formen *f*
20 das Ausleergerät zum Trennen von Gussstücken *n* und Formsand *m*

21–49 das Walzwerk

21 der Tiefofen
22 der Tiefofenkran, ein Zangenkran *m*
23 die Rohbramme (der gegossene Rohstahlblock)
24 der Blockkippwagen
25 der Rollgang
26 das Walzgut (das Walzstück)
27 die Blockschere

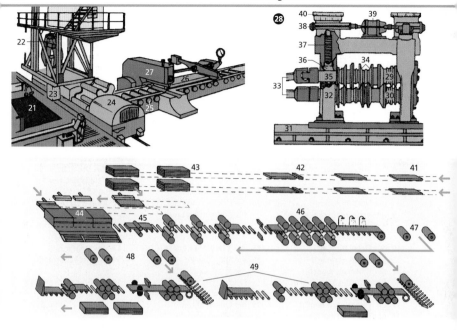

28 das Zweiwalzen-Gerüst
(Duo-Gerüst) (29–40)

29, 30 die Arbeitswalzen
29 die Oberwalze
30 die Unterwalze

31–35 das Walzgerüst
31 die Grundplatte
32 der Walzenständer
33 die Kuppelspindel
34 das Kaliber
(der Walzspalt)
35 das Walzenlager

36–40 die Anstellvorrichtung
36 das Einbaustück
37 die Druckschraube
38 das Getriebe
39 der Motor
40 die Anzeigevorrichtung
mit Grob- und
Feineinstellung *f*

41–49 die Walzenstraße
zur Herstellung *f*
von Bandstahl *m*
[schematisch]

**41–43 die Halbzeug-
zurichtung**
41 das Halbzeug
42 die Autogen-
schneideanlage
43 der Fertigstapel
44 die Stoßöfen *m*
45 die Vorstraße
46 die Fertigstraße
47 die Haspel
48 das Bundlager
(Coillager) für
den Verkauf *m*
49 die Scherenstraßen

1 **die Leit- und Zugspindel-drehmaschine**
(die Drehbank) (2–34)
2 der Spindelstock mit dem Schaltgetriebe *n*
3 der Vorlegeschalthebel
4 der Hebel für Normal- und Steilgewinde *n*
5 die Drehzahleinstellung
6 der Hebel für das Leit-spindelwendegetriebe *n*
7 der Wechselräderkasten
8 der Vorschubgetriebe-kasten
(das Nortongetriebe, der Nortonkasten)
9 die Hebel *m* für die Vorschub- und Gewindesteigungen *f*
10 der Hebel für das Vorschubgetriebe *n*
11 der Einschalthebel für Rechts- oder Linkslauf *m* der Hauptspindel *f*
12 der Drehmaschinenfuß
13 das Handrad zur Längs-schlittenbewegung *f*
14 der Hebel für das Wende-getriebe der Vorschub-einrichtung *f*
15 die Vorschubspindel
16 die Schlossplatte
17 der Längs- und Plan-ganghebel
18 die Fallschnecke zum Einschalten *n* der Vorschübe *m*
19 der Hebel für das Mutter-schloss der Leitspindel *f*
20 die Drehspindel (Arbeitsspindel)
21 der Stahlhalter

22 der Oberschlitten (der Längssupport)
23 der Querschlitten (der Quersupport)
24 der Bettschlitten (Unterschlitten)
25 die Kühlmittelzuführung
26 die Reitstockspitze
27 die Pinole
28 der Pinolenfeststellknebel
29 der Reitstock
30 das Pinolenverstellrad
31 das Drehmaschinenbett
32 die Leitspindel
33 die Zugspindel
34 die Umschaltspindel für Rechts- und Links-lauf *m* und Ein- und Ausschalten *n*
35 das Vierbackenfutter
36 die Spannbacke
37 das Dreibackenfutter

38 **die Revolverdrehmaschine**
39 der Querschlitten (der Quersupport)
40 der Revolverkopf
41 der Mehrfachmeißelhalter
42 der Längsschlitten (der Längssupport)
43 das Handkreuz (das Drehkreuz)
44 die Fangschale für Späne *m* und Kühl-schmierstoffe *m*

45–53 **Drehmeißel** *m*
(Drehstähle *m*)
45 der Meißel (der Klemm-halter) für Wendeschneid-platten *f*
46 die Wendeschneidplatte (die Klemmplatte) aus Hartmetall *n* oder Oxidkeramik *f*
47 Formen *f* der oxidkerami-schen Wendeplatten *f*

48 **der Drehmeißel mit Hartmetallschneide** *f*
(49, 50)
49 der Meißelschaft
50 die aufgelötete Hartmetallplatte (Hartmetallschneide *f*)
51 der Inneneckmeißel
52 der gebogene Drehmeißel
53 der Stechdrehmeißel (Abstechdrehmeißel, Einstechdrehmeißel)
54 das Drehherz
55 der Mitnehmer

56–72 **Messwerkzeuge** *n*

56 **der Grenzlehrdorn** (Kaliberdorn)
57 das Sollmaß
58 das Ausschussmaß

59 **die Grenzrachenlehre**
60 die Gutseite
61 die Ausschussseite

62 **die Bügelmessschraube** (die Schraublehre)
63 die Messskala
64 die Messtrommel
65 der Messbügel
66 die Messspindel

67 **der Messschieber** (die Schieblehre)
68 der Tiefenmessfühler
69 die Noniusskala
70 die Außenmessfühler
71 die Innenmessfühler
72 der Tiefenmessschieber (die Tiefenlehre)

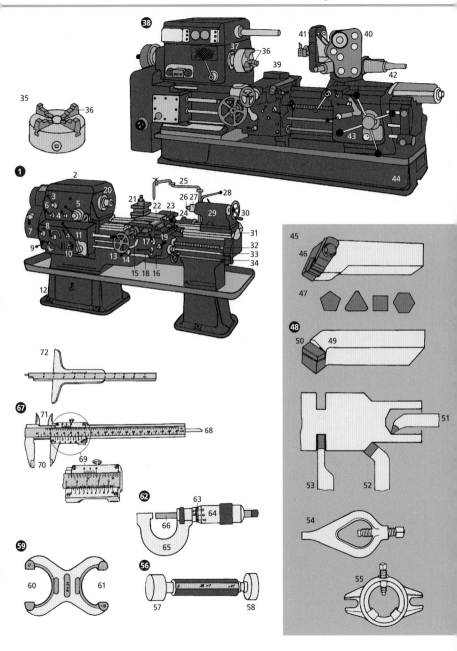

1 die Universal-
rundschleifmaschine
2 der Spindelstock
3 der Schleifsupport
4 die Schleifscheibe
5 der Reitstock
6 das Schleifmaschinenbett
7 der Schleifmaschinentisch

8 die Zweiständer-
Langhobelmaschine
9 der Antriebsmotor,
ein Gleichstrom-Regel-
motor *m*
10 die Ständer *m*
11 der Hobeltisch
12 der Querbalken
13 der Werkzeugsupport

14 die Bügelsäge
15 die Einspannvorrichtung
16 das Sägeblatt
17 der Sägebügel

18 die Schwenk- oder
Radialbohrmaschine
19 die Fußplatte
20 der Werkstück-
aufnahmetisch
21 der Ständer
22 der Hubmotor
23 die Bohrspindel
24 der Ausleger

25 die Universalfräsmaschine
26 der Frästisch
27 der Tischvorschubantrieb
28 der Hebelschalter für
die Spindeldrehzahl *f*
29 der Schaltkasten
30 die Senkrechtfrässpindel
31 der Senkrechtantriebs-
kopf
32 die Waagerecht-
frässpindel
33 das vordere Lager zur
Stabilisierung *f* der
Waagerechtspindel *f*
34 der Maschinengewinde-
bohrer

35 der 6-Achsen-
Vertikalknickarmroboter,
ein Industrieroboter *m*
36 die Fußplatte
37 die 1. Hauptachse
38 die 2. Hauptachse
39 die 3. Hauptachse
40 die 1. Kopfachse
(Handachse)
41 die 2. Kopfachse
(Handachse)
42 die 3. Kopfachse
(Handachse)
43 der Anschlussflansch
für Greifer *m* oder
Werkzeug *n*

44 der Beladeroboter
45 die Achsantriebseinheit
46 die gelenkintegrierte
Antriebseinheit

47 der Knickarmroboter
48 der Dreh- und Schwenk-
antrieb
49 das gelenkintegrierte
Antriebsmodul
50 die austauschbaren
Armlängen
51 der Greifer

52 der Portalroboter
53 die Horizontalachse
54 die Schwenkachse
55 der Schwenkarm
56 der Greifer

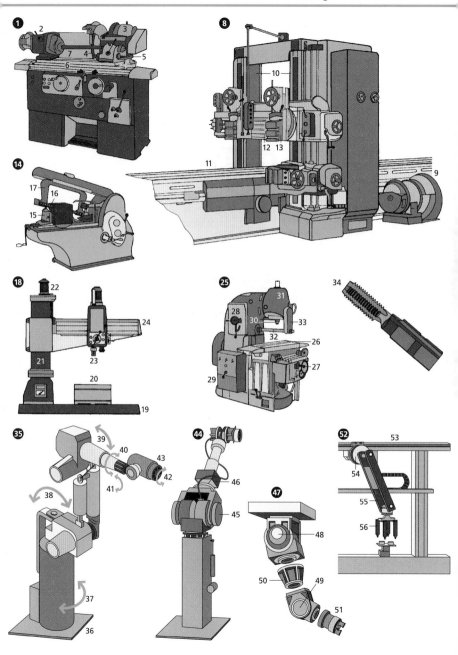

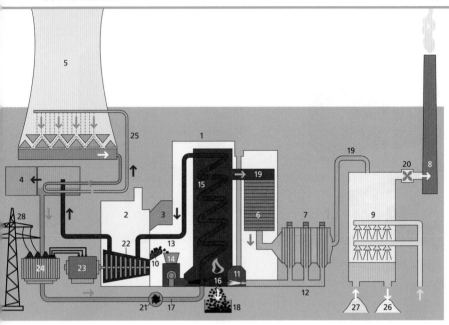

1–28 **das Dampfkraftwerk,**
  ein Elektrizitätswerk *n*

1–9 **die Komponenten *f***
  des Dampfkraftwerks
  1 das Kesselhaus
  2 das Maschinenhaus
    (das Turbinenhaus)
  3 die Schaltanlage
  4 das Fernwärmegebäude
  5 der Kühlturm
  6 die Denox-Anlage
    (Denitrifikationsanlage),
    die Rauchgas-
    entstickungsanlage

  7 der Elektrofilter zur Rück-
    gewinnung *f* nicht ver-
    brannten Kohlestaubes *m*,
    der (das) Rauchgasfilter
  8 der Schornstein
  9 die Rauchgas-
    entschwefelungsanlage
  10 das Kohlenförderband
  11 der Kohlenbunker
  12 das Kohlenabzugsband
  13 die Bekohlungsstation
  14 die Kohlenmühle
  15 der Dampfkessel,
    ein Röhrenkessel *m*
    (Strahlungskessel)
  16 die Brennkammer
  17 die Wasserrohre *n*
  18 der Aschenabzug
    (Schlackenabzug)

  19 der Gaskanal
  20 das Saugzuggebläse
  21 die Kesselspeisepumpe
  22 die Dampfturbine
  23 der Generator
  24 der Transformator
  25 die Kühlwasserleitung
  26 das Abfallprodukt einer
    Rauchentschwefelungs-
    anlage *f* (der REA-Gips)
  27 die Kalkzufuhr zur
    Rauchentgasung *f*
  28 der Freileitungsmast
    (Abspannungsmast),
    ein Gittermast *m*

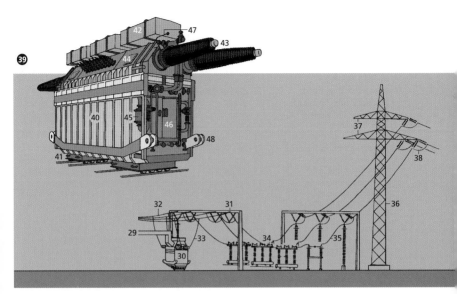

39

29–35 **die Freiluftschaltanlage,**
eine Hochspannungs-
verteilungsanlage *f*
29 die Stromschienen *f*
30 der Leistungstransformator, ein Wander-
transformator *m*
31 das Abspanngerüst
32 das Hochspannungs-
leitungsseil
33 das Hochspannungsseil
34 der Druckluftschnellschalter (Leistungs-
schalter)

35 der Überspannungs-
ableiter
36 der Freileitungsmast
(Abspannungsmast),
ein Gittermast *m*
37 der Querträger
(die Traverse)
38 der Abspannisolator
(die Abspannkette)

39 **der Wandertransformator**
(Leistungstransformator,
Transformator, Trafo,
Umspanner)
40 der Transformator[en]-
kessel
41 das Fahrgestell
42 das Ölausdehnungsgefäß
43 die Oberspannungs-
durchführung
44 die Unterspannungs-
durchführungen *f*
45 die Ölumlaufpumpe
46 der Öl-Wasser-Kühler
47 das Funkenhorn
48 die Transportöse

1 **die Schaltwarte** (2–10)

2 **das Schaltpult** (3–8)
3 der *od.* das Steuer- und
   Regelteil für die Dreh-
   stromgeneratoren *m*
4 der Steuerschalter
5 der Leuchtmelder
6 die Anwahlsteuerplatte
   zur Steuerung *f* der Hoch-
   spannungsabzweige *m*
7 die Überwachungs-
   organe *n* für die Steuerung *f* der Schaltgeräte *n*
8 die Steuerelemente *n*
9 die Wartentafel mit
   den Messgeräten *n*
   der Rückmeldeanlage *f*
10 das Blindschaltbild zur
   Darstellung *f* des Netz-
   zustands *m*

11 **der Transformator**
12 das Ölausdehnungsgefäß
13 die Entlüftung
14 der Ölstandsanzeiger
15 der Durchführungs-
   isolator
16 der Umschalter für Ober-
   spannungsanzapfungen *f*
17 das Joch
18 die Primärwicklung
   (Oberspannungs-
   wicklung)
19 die Sekundärwicklung
   (Unterspannungs-
   wicklung)
20 der Kern (der Schenkel)
21 die Anzapfungs-
   verbindung

22 **die Transformatoren-
   schaltung**
23 die Sternschaltung
24 die Dreieckschaltung
   (Deltaschaltung)
25 der Sternpunkt
   (Nullpunkt)

26 **die Dampfturbine,**
   eine Dampfturbo-
   gruppe *f* (27–34)
27 der Hochdruckzylinder
28 der Mitteldruckzylinder
29 der Niederdruckzylinder
30 der Drehstromgenerator
   (Generator)
31 der Wasserstoffkühler
32 die Dampfüberström-
   leitung
33 das Düsenventil
34 der Turbinenüber-
   wachungsschrank mit
   den Messinstrumenten *n*
35 der Spannungsregler
36 die Synchronisier-
   einrichtung

37 **der Kabelendverschluss**
38 der Leiter
39 der Durchführungs-
   isolator
40 die Wickelkeule
41 das Gehäuse
42 die Füllmasse
43 der Bleimantel
44 der Einführungsstutzen
45 das Kabel

46 **das Hochspannungskabel**
   für Dreiphasenstrom *m*
47 der Stromleiter
48 das Metallpapier
49 der Beilauf
50 das Nesselband
51 der Bleimantel
52 das Asphaltpapier
53 die Juteumhüllung
54 die Stahlband- oder
   Stahldrahtarmierung

55 **der Druckluft-
   schnellschalter,**
   ein Leistungsschalter *m*
56 der Druckluftbehälter
57 das Steuerventil
58 der Druckluftanschluss
59 der Hohlstützisolator
60 die Schaltkammer
   (Löschkammer)
61 der Widerstand
62 die Hilfskontakte *m*
63 der Stromwandler
64 der Spannungswandler
65 der Klemmenkasten
66 das Funkenhorn
67 die Funkenstrecke

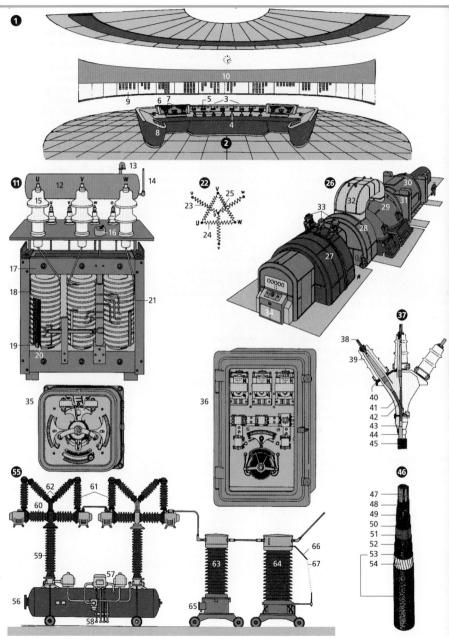

1 **der Brutreaktor**
(der schnelle Brüter)
[Schema],
ein Kernreaktor *m*
2 der Primärkreislauf
(der primäre Natrium-
kreislauf)
3 der Reaktor, der Reaktordruckbehälter
4 die Brennelementstäbe *m*
(der Kernbrennstoff)
5 die Primärkreis-
umwälzpumpe
6 der Dampferzeuger,
die Dampferzeugung
7 der Sekundärkreislauf
(der sekundäre
Natriumkreislauf)
8 die Sekundärkreis-
umwälzpumpe
9 der Wasserabscheider und
der Zwischenüberhitzer
10 die Dampfturbine
11 der Generator
12 der Transformator
13 die Netzeinspeisung
14 der Tertiärkreislauf
(Kühlwasserkreislauf)
15 die Speisewasserpumpe,
die Speisewasserleitung
16 der Kühlturm
17 der Kondensator
18 die Vorwärmanlage
19 das Kühlwasser
20 die Kühlwasserreinigung
21 das Kraftschlussbecken
22 der Hauptkühlwasser-
vorlauf
23 der Hauptkühlwasser-
rücklauf

24 **der Druckwasserreaktor,**
ein Kernreaktor *m*
(ein Kernkraftwerk *n*,
Atomkraftwerk)
25 das Reaktorgebäude,
der Reaktor
26 das Maschinenhaus
27 der Abluftkamin
28 das Werkstattgebäude,
die Werkstatt
29 die Stahlbetonhülle
30 der Sicherheitsbehälter
31 der Reaktorrundlaufkran
32 der Reaktordruckbehälter
33 die Steuerstabantriebe
34 die Brennelementebecken
35 die Lademaschine
36 der Innenschild
(biologisch)
37 der Tragschild (biologisch)
38 der Dampferzeuger
39 die Hauptkühlmittel-
pumpe
40 die Frischdampfleitung
41 die Speisewasserleitung
42 der Druckspeicher
43 die Personenschleuse
44 die Materialschleuse
45 das Flutbecken
46 der Nachwärmekühler
47 die Sicherheits-
einspeisepumpe
48 die Warte
49 die Turbine mit dem
Hochdruckteil *m* und
dem Niederdruckteil *m*
50 die Schnellschluss-
Stellventile
51 die Überströmleitung
52 der Turbinenkondensator
53 die Erregermaschine
54 die Generatorableitung
55 der Maschinen-
transformator und
die Netzeinspeisung
56 der Speisewasserbehälter
57 das Schaltanlagengebäude
58 die Notstromanlage und
die Kühlwasserzentrale

59 **die Atommülllagerung**
im Salzbergwerk *n* (60–86)

60–71 **die geologischen
Verhältnisse** *pl* **des
als Lagerstätte** *f*
für radioaktive Abfälle *m*
(Atommüll *m*) **einge-
richteten aufgelassenen
Salzbergwerks** *n*
60 der Untere Keuper
61 der Obere Muschelkalk
62 der Mittlere Muschelkalk
63 der Untere Muschelkalk
64 die verstürzte Bunt-
sandsteinscholle
65 die Auslaugungs-
rückstände *m*
des Zechsteins *m*
66 das Aller-Steinsalz
67 das Leine-Steinsalz
68 das *od.* der Staßfurt-
Flöz (Kalisalzflöz)
69 das Staßfurt-Steinsalz
70 der Grenzanhydrit
71 der Zechsteinletten
72 der Schacht
73 die Übertagebauten *m*
74 die Einlagerungskammer

75 **die Einlagerung
mittelaktiver Abfälle** *m*
im Salzbergwerk *n*
76 die untere Sohle
77 die Strahlenschutzmauer
78 das Bleiglasfenster
79 die Lagerkammer
80 das Rollreifenfass mit
radioaktivem Abfall *m*
81 die Fernsehkamera
82 die Beschickungskammer
83 das Steuerpult
84 die Abluftanlage
85 der Abschirmbehälter
86 die obere Sohle

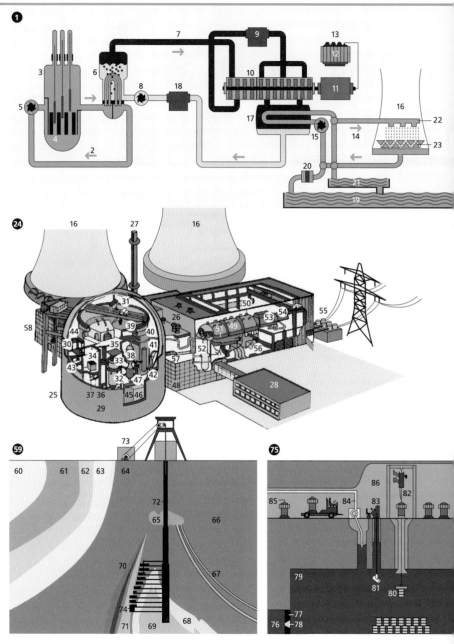

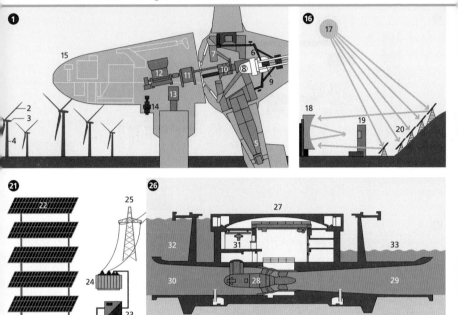

1–15 **der Windpark**
 (die Windfarm)

  1 **die Windkraftanlage**
 (der Windenergie-
 konverter, der od. die
 Growian, [*Abk. für:* große
 Windenergieanlage])
  2 das Rotorblatt
  3 der Generator mit dem
 Richtungsstellmotor *m*
  4 der Rohrturm

5–15 **das Maschinenhaus**
 [Schnitt]
  5 die Rotorblattlagerung
  6 die Rotorblattverstellmechanik
  7 der Pendelrahmen
  8 das Pendellager
  9 die Rotorlagerung
 10 das Getriebe
 11 die Rotorbremse
 12 der Generator
 13 der Schleifringkörper

 14 das Turmkopflager
 mit Azimutantrieb *m*
 15 das Generatorgehäuse
 (die Generatorabdeckung)

 16 **das thermische Solarkraftwerk** [Schema]
 17 die Sonneneinstrahlung
 18 der Brennspiegel,
 ein Konkavspiegel *m*
 19 der Dampferzeuger,
 der Receiver
 20 die Umlenkspiegel *m*
 (die Heliostaten *m*)

 21 **das Solarzellenkraftwerk,**
 ein Fotovoltaik-Kraftwerk
 [Schema]
 22 die Solarzellen *f* mit
 den Fotovoltaikplatten *f*
 23 der Wechselrichter,
 ein Stromumwandler *m*
 24 der Transformator
 25 die Einspeisung in
 das Stromnetz *n*

 26 **das Gezeitenkraftwerk**
 (Strömungskraftwerk),
 ein Wasserkraftwerk
 [Schnitt]
 27 der Staudamm
 28 die Turbine
 29 der meerseitige
 Turbineneinlauf
 30 der speicherseitige
 Turbineneinlauf
 31 die Maschinenhalle
 32 die Beckenseite
 (die Speicherseite)
 33 die Meerseite
 (die Seeseite)

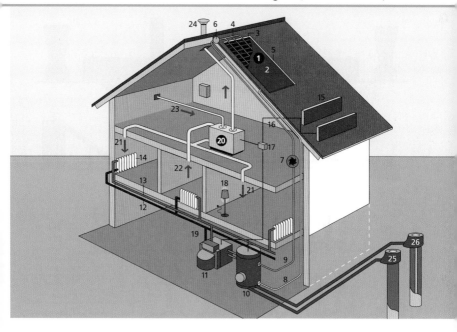

1–24 das Niedrigenergiehaus,
ein Einfamilienhaus *n*
[Schnitt]

**1–19 die Sonnenenergie-
nutzung**

1 der Sonnenkollektor,
ein Flachkollektor (2–6)
2 die transparente
Abdeckung
3 der Absorber
4 das Wärmeträgerrohr
5 das Gehäuse
6 der Lichtfühler für die
Pumpensteuerung *f*
7 die Wärmemittelpumpe
(Solarkreisumwälzpumpe)
8 die Wärmemittel-
zuflussleitung

9 die Wärmemittel-
abflussleitung
10 der Warmwasserspeicher,
ein Wärmetauscher *m*
11 die Wärmepumpe
12 der Heizkörperzulauf
13 der Heizkörperablauf
14 der Heizkörper
(der Radiator)
15 die Solarzellen *f*
(die Fotovoltaikzellen *f*)
16 die Stromleitung
17 der Wechselrichter
18 der Stromabnehmer
(*hier:* eine Stehlampe *f*)
19 die Einspeisung
in das Stromnetz

20 die Dachheizzentrale
(das Lüftungssystem)
21 die erwärmte Zuluft
22 die Abluft
23 die Außenluft
24 der Abluftkamin

**25–26 die Grundwasser-
erwärmung
mit Wärmepumpe *f***
25 der Versickerungs-
brunnen
26 der Schachtbrunnen
mit Unterwasserpumpe *f*

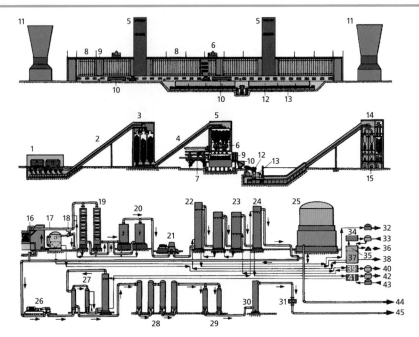

1–15 die Kokerei
1 die Kokskohlenentladung
2 der Gurtbandförderer
3 der Kokskohlenkomponentenbunker
4 der Kohlenturmgurtbandförderer
5 der Kohlenturm
6 der Füllwagen
7 die Koksausdrückmaschine
8 die Koksofenbatterie
9 der Kokskuchenführungswagen
10 der Löschwagen
mit Löschlok *f*
11 der Löschturm
12 die Koksrampe
13 das Koksrampenband
14 die Grob- und Feinkokssieberei
15 die Koksverladung

16–45 die Kokereigasbehandlung
16 der Gasaustritt aus
den Koksöfen *m*
17 die Gasvorlage,
eine Rohrkonstruktion *f*
18 die Dickteerabscheidung
19 der Gaskühler
20 der *od.* das Elektrofilter
21 der Gassauger
22 der Schwefelwasserstoffwascher
23 der Ammoniakwascher
24 der Benzolwascher
25 der Gassammelbehälter
26 der Gaskompressor
27 die Entbenzolung
mit Kühler *m* und
Wärmetauscher *m*
28 die Druckgasentschwefelung
29 die Gaskühlung
30 die Gastrocknung
31 der Gaszähler

32 der Rohteerbehälter
33 die Schwefelsäurezufuhr
34 die Schwefelsäureerzeugung
35 die Ammoniumsulfatherstellung
36 das Ammoniumsulfat
37 die Regenerieranlage
zum Regenerieren
der Waschmedien *n*
38 die Abwasserabfuhr
39 die Entphenolung
des Gaswassers *n*
40 der Rohphenolbehälter
41 die Rohbenzolerzeugung
42 der Rohbenzoltank
43 der Waschöltank
44 die Niederdruckgasleitung
45 die Hochdruckgasleitung

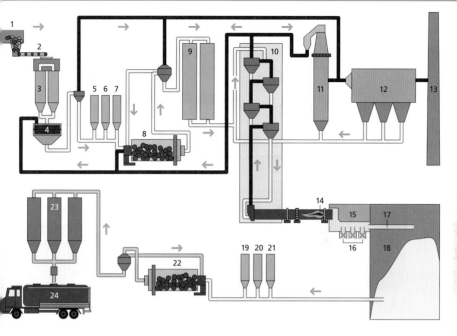

1 der Gesteinsbrecher
im Steinbruch *m*
2 der Rohrgutförderer
3 die Rohsteinvorratssilos
n zur Zwischenlagerung *f*
und Homogenisierung *f*
4 der Vorbrecher zur
Zerkleinerung *f* und
Vortrocknung *f*

5–7 **die Rohstoffkorrektur-**
komponenten *f*
5 der Gips
6 der Sand
7 das Eisenoxid
8 die Kugelmühle
zum Mahlen *n* und
Aufmengen *n* von
Gesteinsmehl *n*
9 die Rohmehlsilos *n* zur
Zwischenlagerung *f*
10 der Schwebegas-
wärmetauscher
(der Zyklonvorwärmer)
11 der Konditionierturm
12 der *od.* das Elektrofilter
13 der Abluftkamin
14 der Drehrohrofen
(der Drehofen)
15 der Zementklinkerkühler
16 das Gebläse
17 das Förderband
18 das Zementklinkerlager

19–21 **die Zumahlstoffe** *m*
zur Herstellung *f*
verschiedener Zement-
arten *f*
19 das Kalkmehl
20 der Hüttensand
21 der Gips
22 die Kugelmühle
23 die Zementlagersilos *n*
24 der Silo-Lkw
(das Silofahrzeug)

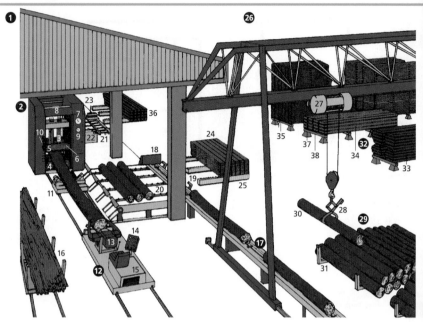

1 **das Sägewerk**
(die Sägehalle)

2 **das Vollgatter,**
die Gattersäge (3–10)
3 die Sägeblätter *n*
4 die Einzugswalze
5 die Kletterwalze
6 die Riffelung
7 das Öldruckmanometer
8 der Gatterrahmen
9 der Vorschubanzeiger
10 die Skala für die
Durchlasshöhe *f*
11 der Hilfswagen

12 **der Spannwagen** (13–15)
13 die Spannzange
14 die Fernbedienung
15 der Antrieb für den
Spannwagen *m*
16 der Wagen für
die Spreißel *m*

17 **der Blockzug**
18 die Anschlagplatte
19 die Blockauswerfer *m*
20 der Querförderer
21 der Kettenquerförderer
für Schnittholz *n*
22 der Rollentisch
23 die Untertischkappsäge
24 die Vorstapelung
25 die Rollenböcke *m*

26 **der Portalkran**
27 der Kranmotor
28 die Kranzange,
der Holzgreifer

29 **der Rundholzplatz**
30 das Rundholz
31 das *od.* der Rundholzpolter (Sortierpolter)

32 **der Schnittholzplatz**
33 die Blockware
34 die Dielen *f*
35 die Bretter *n*
36 die Kanthölzer *n*
37 der Stapelstein,
der Sockelklotz
38 die Stapelleiste,
die Stapellatte

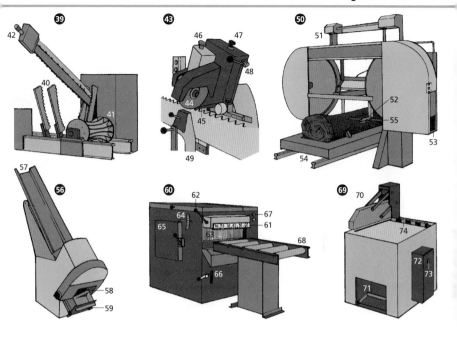

39 **die automatische Kettenablängsäge**
40 die Stammholzhalter *m*
41 die Vorschubwalze
42 die Kettenspannvorrichtung

43 **die automatische Sägenschärfmaschine**
44 die Schleifscheibe
45 die Vorschubklinke
46 die Tiefeneinstellung für die Schärfscheibe *f*
47 der Notausknopf
48 der Ausheber für den Schärfkopf *m*
49 die Haltevorrichtung für das Sägeblatt *n*

50 **die horizontale Blockbandsäge**
51 die Höheneinstellung
52 der Spanabstreifer
53 die Späneabsaugung
54 der Transportschlitten
55 das Bandsägeblatt

56 **die automatische Brennholzsäge**
57 der Einwurfschacht
58 die Auswurföffnung
59 das Anschlagblech

60 **die Doppelbesäumsäge**
61 die Breitenskala
62 der Hebel für die Einstellung *f* der Breite *f*
63 die Rückschlagsicherung (die Lamellen *f*)
64 die Höhenskala
65 die Wartungsklappe
66 die Vorschubskala
67 die Kontrolllampen *f*
68 der Aufgabetisch (die Zuführung)

69 **die Untertischkappsäge**
70 der automatische Niederhalter mit Schutzhaube *f*
71 der Fußschalter
72 die Schaltanlage
73 der Ein- und Ausschalter
74 der Längenanschlag

1 **der Steinbruch,**
  ein Tagebau *m*
2 der Abraum
  (die unbrauchbaren
  Boden- und Gesteins-
  massen *f*)
3 das anstehende Gestein
4 die Bruchwand
5 das Haufwerk
  (das gelöste Gestein)
6 der Radlader
7 der Muldenkipper
  (der Schwerlastkraft-
  wagen)
8 der Raupenbagger
  (der Kettenbagger)

9 das Raupenbohrgerät
10 das Schotterwerk
11 der Sprengmeister
12 die Sprengpatrone
13 das Zündkabel
14 der Schutzhelm
15 der Prallbrecher
16 der Kreiselbrecher
17 der Backenbrecher
18 der Steinbruchbohrer,
  der Steinbrecher
19 der Schutzhelm
20 der Gehörschützer
21 der Bohrhammer
  (der Gesteinsbohrer)
22 das Bohrloch
23 der Felsblock
24 der Keil

25 der Brecher,
  ein Steinbrucharbeiter
26 der Keilhammer
27 der Quaderstein
28 die Spitzhacke
29 die Brechstange
30 die Steingabel
31 der Steinmetz

32–34 **Steinmetzwerkzeug** *n*
32 der Knüpfel
33 der Fäustel
34 das Flacheisen

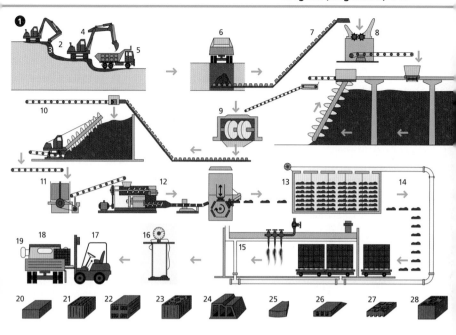

1 **der Tonabbau** (2–4)
2 die Lehmgrube
3 der Lehm, ein unreiner
   Ton *m* (der Rohton)
4 der Abraumbagger,
   ein Großraumbagger *m*
5 der Transportwagen
6 der Materialtransport
7 der Schrägaufzug
8 die Grobzerkleinerung
9 der Kollergang
   (Mahlgang)
10 das Maukhaus
   (Sumpfhaus)

11 das Mischen und
   Dosieren
12 die Vakuumstrangpresse
13 die Trockenkammer
14 das Engobieren
   (das Einbrennen von
   Tonschlämme *f*)
15 der Tunnelofen
16 das Güteprüfgerät
17 der Gabelstapler
18 der Transporter,
   ein Pritschenwagen *m*
19 der Transport zum
   Lager *n*
20 der Vollziegel
   (der Ziegelstein, Backstein, Mauerstein)

21, 22 **die Lochziegel** *m*
21 der Hochlochziegel
22 der Langlochziegel
23 der Gitterziegel
24 der Deckenziegel
25 der Schornsteinziegel
   (Radialziegel)
26 die Tonhohlplatte
   (der Hourdi, der Hourdis,
   der Hourdistein,
   die Hourdisplatte)
27 die Stallvollplatte
28 der Kaminformstein

1 das Reißbrett (2–5)
2 die Zeichenmaschine mit Geradführung f
3 der verstellbare Zeichenkopf
4 das Winkellineal
5 die Reißbrettverstellung
6 der Zeichentisch
7 der Zeichenwinkel (das Dreieck)
8 das gleichseitige Dreieck
9 die Handreißschiene
10 die Zeichnungsrolle
11 die grafische Darstellung (das Diagramm)
12 die Terminplantafel
13 der Trommelplotter
14 der Zeichenkopf
15 der Bildschirm
16 die Schreibtastatur (Tastatur)
17 der Personalcomputer (der PC)

18 der Papierständer
19 die Papierrolle
20 die Abschneidevorrichtung

21 die technische Zeichnung (22–37)
22 die Vorderansicht
23 die Seitenansicht
24 die Draufsicht
25 die unbearbeitete Fläche
26 die geschruppte Fläche, eine bearbeitete Fläche
27 die fein geschlichtete Fläche
28 die sichtbare Kante
29 die unsichtbare Kante
30 die Maßlinie
31 der Maßpfeil
32 die Schnittverlaufsangabe
33 der Schnitt A–B
34 die schraffierte Fläche
35 die Mittellinie
36 das Schriftfeld
37 die Stückliste (die technischen Daten pl)
38 der Zeichenmaßstab
39 der Dreikantmaßstab
40 die Radierschablone
41 die nachfüllbare Tuschepatrone

42 der Ständer für Tuschefüller m (43–45)
43 der Arbeitssatz Tuschefüller m
44 der Feuchtigkeitsmesser
45 die Verschlusskappe mit Strichstärkenkennzeichnung f
46 der Radierstift
47 der Radiergummi
48 das Radiermesser
49 die Radierklinge
50 der Druckbleistift
51 die Grafitmine
52 der Radierpinsel (der Glasfaserradierer)
53 die Glasfasern f

54 die Reißfeder
55 das Kreuzscharnier
56 die Teilscheibe

57 der Einsatzzirkel (58–61)
58 die Geradführung
59 der Spitzeneinsatz (Nadeleinsatz)
60 der Bleinadeleinsatz
61 die Nadel
62 die Verlängerungsstange
63 der Reißfedereinsatz

64 der Fallnullenzirkel (65–67)
65 die Fallstange
66 der Reißfedereinsatz
67 der Bleieinsatz
68 der Tuschebehälter

69 der Schnellverstellzirkel (70–74)
70 das Federringscharnier
71 der federgelagerte Bogenfeintrieb
72 die gekröpfte Nadel
73 der Zeichenkegel
74 die Kapillarpatrone (Einwegpatrone)
75 die Schriftschablone
76 die Kreisschablone
77 die Ellipsenschablone

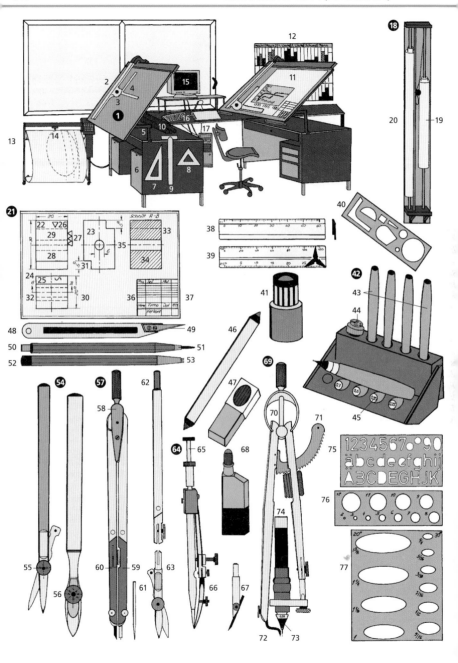

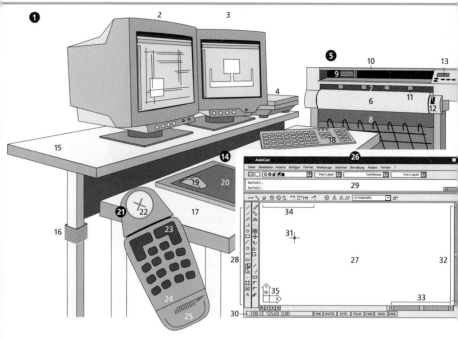

1 **der Arbeitsplatz für CAD**
   (*engl.* computer-aided
   design = computerunterstütztes Entwerfen *n*)
2 der Übersichtsmonitor
3 der Detailmonitor
4 der Scanner

5 **der Plotter,**
   ein Gerät *n* zur Ausgabe *f*
   von Zeichnungen *f*
6 die Plotterpapierrolle
7 die Abdeckung für
   den Papierschacht *m*
8 das Auffanggitter
9 der Zeichenkopf
10 die Abdeckklappe
11 die Schneidekante
12 der Öffnungshebel für
   den Papierschacht *m*
13 das Bedienungspanel

14 **der Arbeitstisch**
15 die Monitorplatte
16 die Höhenverstellung
17 die Arbeitsplatte
18 die Tastatur
19 die Computermaus
20 das Grafiktableau

21 **die Digitalisiermaus**
22 die Präzisionslupe
23 die Maustaste
24 die programmierbaren
   Befehlstasten *f*
25 die Handballenauflage

26 **die CAD-Programm-
   oberfläche**
27 das Zeichnungsfenster
28 die Zeichenbefehle *m*
29 das Befehlseingabefeld
30 die Koordinatenanzeige
   der Mausposition *f* im
   Zeichnungsfenster *n*
31 der Mauszeiger als
   Koordinatenkreuz *n*
32 die vertikale Bildlaufleiste
33 die horizontale Bildlaufleiste
34 die Bemaßungsbefehle *m*
35 das Koordinatenkreuz für
   die aktuelle Ansicht

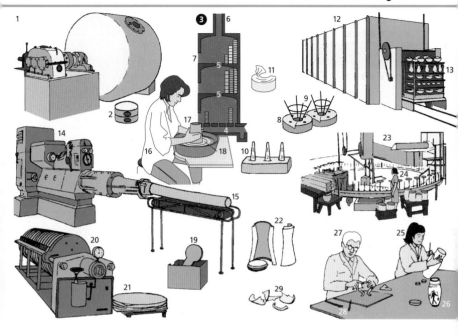

1 die Trommelmühle
(Massemühle,
Kugelmühle) zur
Nassaufbereitung *f*
des Rohstoffgemenges *n*
2 die Probekapsel
mit Öffnung *f*
zur Beobachtung *f*
des Brennvorgangs *m*

3 der Rundofen
[Schema] (4–7)
4 das Brennhaus
5 der Fuchs, eine Rauch-
abzugsöffnung *f*
auf den Etagen *f*
des Rundofens *m*
6 der Kamin,
ein Rauchabzug *m*
7 die Befüllöffnung
8 die Brennform

9 das Drahtgestell
zum Halten *n*
der Tonformen *f*
10 der Segerkegel
zum Messen *n*
hoher Hitzegrade *m*
11 die Brennwatte
zum Ausstopfen *n*
von Hohlräumen *m*
während des Brenn-
vorganges *m*
12 der Tunnelofen
13 das Gestell mit
den Tonformen *f*
14 die Vakuumpresse,
eine Strangpresse
15 der Massestrang
16 die Töpferin
(die Keramikerin,
die Dreherin)
beim Drehen *n*
eines Formlings *m*
17 der Hubel

18 die Töpferscheibe,
eine Drehscheibe
19 die Drehschablone
20 die Filterpresse
21 der Massekuchen
22 die Gießform
zum Schlickerguss *m*
23 die Rundtisch-
glasiermaschine
24 die Qualitätskontrolleurin
25 die Porzellanmalerin
26 die handbemalte Vase
27 der Bossierer
(*ähnl.:* der Keram-
modelleur)
28 das Bossierholz,
ein Modellierholz
29 Porzellanscherben *f*
(Scherben)

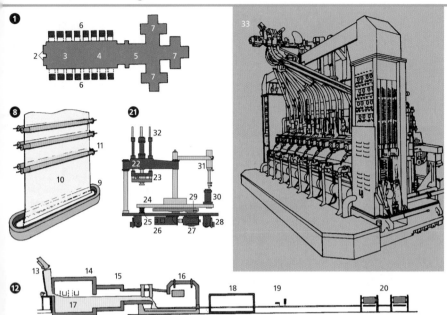

1–20 **die Flachglasherstellung**
(Tafelglasherstellung)

1 **die Glasschmelzwanne für
das Fourcault-Verfahren**
[Schema]
2 die Einlegevorbauten m
für die Gemengeeingabe
3 die Schmelzwanne
4 die Läuterwanne
5 die Arbeitswannen f
6 die Brenner m
7 die Ziehmaschinen f

8 **die Fourcault-Glasziehmaschine**
9 die Ziehdüse
10 das aufsteigende
Glasband
11 die Transportwalzen f

12 **der Floatglasprozess**
[Schema]
13 der Gemengetrichter
14 die Schmelzwanne
15 die Abstehwanne
16 das Floatbad unter
Schutzgas n
17 das geschmolzene Zinn
18 der Rollenkühlofen
19 die Schneidevorrichtung
20 die Stapler m

21–32 **die Pressglasherstellung**

21 **die Glaspresse**
22 die Traverse
23 der Federkorb
24 der Schaltteller
25 die Pressunterstützung
26 der Motor
27 das Getriebe
28 der Grundaufbau

29 der Malteserantrieb
30 die Pressform
31 die Gebläseluftverteiler
32 die Presszylinder m

33–49 **die Behälterglas-
herstellung**
33 die IS-Maschine
(Individual-Section-
Maschine) zur
Flaschenglasherstellung f

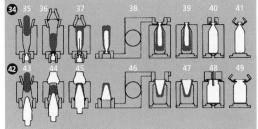

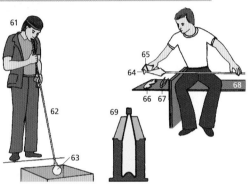

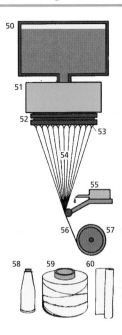

34 das Blas-Blas-Verfahren	
35 das Füllen der Form *f*	
36 das Vorblasen	
37 das Gegenblasen	
38 die Überführung	
von der Vorform *f*	
in die Fertigform	
39 die Wiedererhitzung	
40 das Blasen	
(die Vakuumformung)	
41 die Fertiggutentnahme	
42 das Press-Blas-Verfahren	
43 das Füllen der Form *f*	
44 der Pressstempel	
45 das Pressen	
46 die Überführung	
von der Pressform *f*	
in die Blasform	
47 das Wiedererhitzen	
48 das Blasen	
(die Vakuumformung)	
49 die Fertiggutentnahme	

**50–57 die Textilglasherstellung
im Düsenziehverfahren** *n*
50 der Glasschmelzofen
51 die Glasschmelzwanne
52 die Ziehdüse
53 die Spinnwarzen *f*
54 die Elementarfäden *m*
55 der Schlichter
56 der Spinnfaden
57 die Spinnspule

58–60 Textilglasprodukte *n*
58 das Textilglasgarn
59 der Textilglasroving
60 die Textilglasmatte

61–69 die Mundglasfertigung
(das Mundblasen,
die Formarbeit)
61 der Glasmacher
(der Glasbläser)
62 die Glasmacherpfeife
63 das Külbel (das Kölbchen)
64 das mundgeblasene
Kelchglas
65 die Pitsche zum Formen *n*
des Kelchglasfußes *m*
66 die Fassonlehre
67 das Zwackeisen
68 der Glasmacherstuhl
69 die Form zum Einblasen *n*
des vorgeformten
Külbels *n*

1–25 die Wollspinnerei

1–15 die Streichgarnspinnerei
1 das Sortieren nach
   Faserqualitäten *f*
2 das Öffnen
3 die Flocken *f*
4 das Waschen
5 das Trocknen
   mit Warmluft *f*
6 das Wolfen,
   das Auflösen und
   Reinigen der Faser-
   flocken *f*
7 das Mischen ver-
   schiedener Faserarten *f*
   und Faserfarben *f*
8 das Schmälzen
   (das Nachfetten)
9 das Auflösen
   des Fasermaterials *n*
10 das Wiegen
11 das Krempeln
12 das Florteilen, das
   Teilen des Faserflors *m*
   zu Bändchen *n*
13 das Nitscheln,
   die Herstellung
   eines Vorgarnes *n*
14 die gegenläufig hin- und
   herbewegten Bänder *n*
   des Nitschelwerks *n*
15 das Feinspinnen

16–21 die Wollkämmerei
16 das Vlies
17 das Strecken
18 das Faserband
19 das Kämmen
   (das Auskämmen zu
   kurzer Faseranteile *m*)
20 die Kämmlinge *m*
21 das Strecken und
   das Zusammenpressen
   zu Bumps *m*

22–25 die Kammgarnspinnerei
22 das Strecken der
   Bumps *m*
23 das Vorspinnen
   im Flyer *m*
24 das Vorgarn
25 das Feinspinnen

26–48 die Baumwollspinnerei
   im Dreizylinder-
   spinnverfahren *n*
26 das Ballenlager
27 der Ballenbrecher
28 der Öffner
29 die Flocken *f*
30 der Batteur
   (die Schlagmaschine)
31 der Wickel
32 die Karde (die Krempel)
33 das Vlies
34 die Strecke
35 das Faserband
36 die Kämmmaschine
37 der Flyer, eine
   Vorspinnmaschine *f*
38 das Vorgarn

39 die Ringspinnmaschine
40 das Streckwerk mit
   drei Walzenpaaren *n*
   (die drei Zylinder *m*)
   [n_1, n_2, n_3: die Drehzahl
   der Walzen]
41 die Eingangswalzen *f*
42 das Doppelriemchen-
   aggregat
43 das Riemchen
44 die Ausgangswalzen *f*
45 der Spinnring
46 der Ringläufer
47 der Garnkops
48 die Spindel

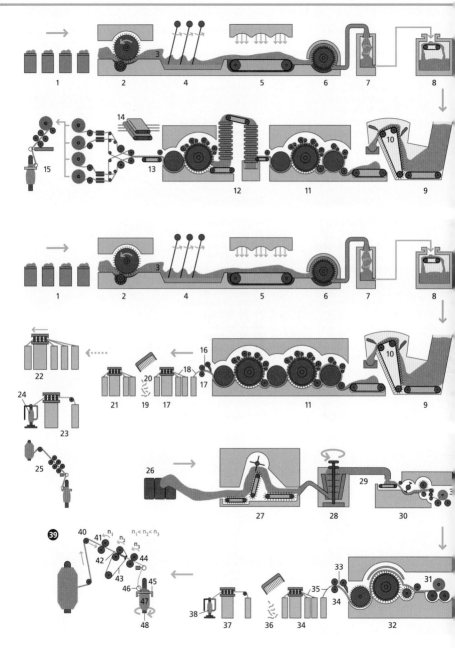

1–14 das Schaftweben
  1 der Kettbaum
  2 der Kettfaden
  3 die Kette,
    die Gesamtheit
    der Kettfäden *m*
  4 die Streichwalze
  5 der Teilstab
  6 der Schaft
  7 die Litze
  8 das Litzenauge
  9 der Riet
    (der Webkamm)
  10 das Webfach
  11 der Schützen
  12 der Schussfaden
  13 der Brustbaum
  14 der Warenbaum

15, 16 das Jacquardweben
  15 die Harnischschnüre *f*
  16 die Gewichte *n*

17–31 Schusseintragsverfahren *n*

17–19 der Schusseintrag
       durch Schützen *m*
  17 der Schützen
  18 die Schussspule
  19 der Schussfaden

20, 21 der Schusseintrag
        durch Projektil *n*
  20 das Greiferprojektil
  21 der Schussfaden

22–25 der Schusseintrag
       durch Greifer *m*
  22 die Kreuzspule
  23 der Schussfaden
    (der Schuss)
  24 der Abnehmergreifer
  25 der Zubringergreifer

26–31 der Schusseintrag
       durch Düsen *f*
  26 die Kreuzspule
  27 der Garnspeicher
  28 die Eintragsdüse
  29 die Luftzufuhr
  30 die Luftdüse
  31 der Schussfaden

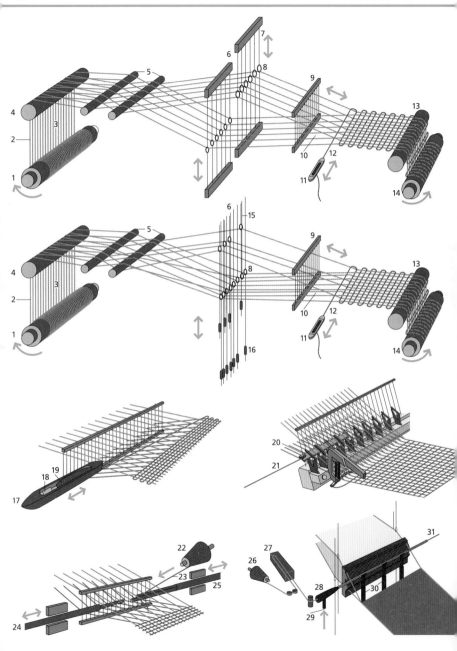

1–18 **Gestricke** *n* **und**
Einfadengewirke *n*

1 **die computergesteuerte**
Flachstrickmaschine
2 die Bedieneinheit
3 die Fadenleit- und
-spannvorrichtung
4 der Strickschlitten
5 die Nadelbetten *n*
6 die Leitungselektronik
(die Stellantriebe *m*)
7 das Gestrick
8 die mikroelektronische
Steuerung

9 **die Maschenbildung auf**
der Flachstrickmaschine *f*
10 die Zungennadeln *f*
11 der Fadenführer
12 der Faden (das Garn)

13 **die Maschenbildung auf**
der Kulierwirkmaschine *f*
14 die Kulierplatine
15 die Abschlagplatine
16 die Spitznadel
17 der Fadenführer
18 das Einfadengewirk *n*

19–49 **Kettengewirke** *n*

19 **die Kettenwirkmaschine**
20 der Kettbaum
(die Bindekette)
21 die Fadenzuführung
22 die Schussfäden *m*
23 die Stehfadeneinrichtung
24 die Stehfäden *m*
25 das Stehfaden-
ablaufgestell
26 das Schussfadengatter
27 die Magazin-
schusseinrichtung
28 der Warenabzug
29 die Warenaufrollung

30 **die Maschenbildung auf**
der Kettenwirkmaschine *f*
31 der Kettbaum
32 die Kettfäden
33 die Legeschiene
34 die Lochnadeln *f*
(die Fadenleger *m*)
35 die Nadeln *f*
36 die Nadelbarre
(die Nadelschiene)
37 das Kettengewirk

38 **die Raschelmaschine**
39 die Fadenzuführung
40 die Schussfäden *m*
41 das computergesteuerte
Schussfadengatter
42 die Magazin-
schusseinrichtung
43 der Warenabzug
44 die Warenaufrollung

45 **die Maschenbildung**
auf der Raschelmaschine *f*
46 die Lochnadel
47 der Kettfaden
48 die Fräsblattführung
49 die Zungennadel

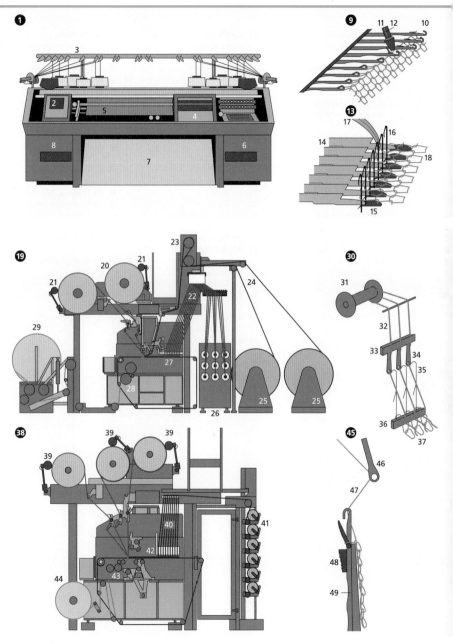

**1–49 die Fertigbehandlung
von Stoffen** m

1–5 die Breitbleichmaschine
nach dem Pad-Roll-
Prinzip n
1 die Zuführung
der textilen Fläche f
(der Ware f)
2 das Imprägnierchassis
3 die Quetschwalzen f
4 der Dämpfer
5 die Verweilkammer,
ein fahrbarer Docken-
wagen m

6–13 die Zylinderwalke
zur Verdichtung f
von Wollware f
6 die Umlenkwalze
7 das Zugbrett (die Brille)
8 die Breitlegewalze
9 die Einführwalzen
und -backen f
10 der Walkzylinder
11 die Stauchklappe
12 der Stauchkanal
13 das Spritzrohr

14–18 der Jigger
zum Färben n
in gespanntem
Zustand m
14 die Wickelwalzen f
15 die Ware
(die textile Fläche)
16 die Leitwalzen f
17 der Trog
18 die Färbeflotte

19–23 die Haspelkufe
zum Färben n
ohne Spannung f
19 die Ware
20 die Haspel
21 die Ein- und Auszugshaspel
22 die Färbeflotte
23 der Wärmetauscher

24–31 der Rouleauxdruck,
ein Tiefdruckverfahren n
24 das Endlosdrucktuch
25 der Mitläufer
26 die Ware
27 der Presseur
28 die Druckwalze
mit der Gravur f
29 die Rakel
30 die Farbspeisewalze
31 der Farbtrog

32, 33 der Kalander
32 die Kalanderwalzen f
33 der Breithalter

34–38 der Rotationsfilmdruck,
ein Siebdruckverfahren n
34 die Druckpaste
35 die Rollrakel
36 die Ware
37 die Druckschablone
38 der Farbbehälter

39–44 die Raumaschine
39 der ungeraute Stoff
40 die Rautrommel
41 die Strichrauwalze
42 die Gegenstrichrauwalze
43 die Putzwalze
44 die geraute Ware

45–49 die Krumpfanlage
45 die Ware
46 der Dampfzylinder
47 die Krumpfplatte
48 die Blasdüsen f
49 die Saugdüsen f

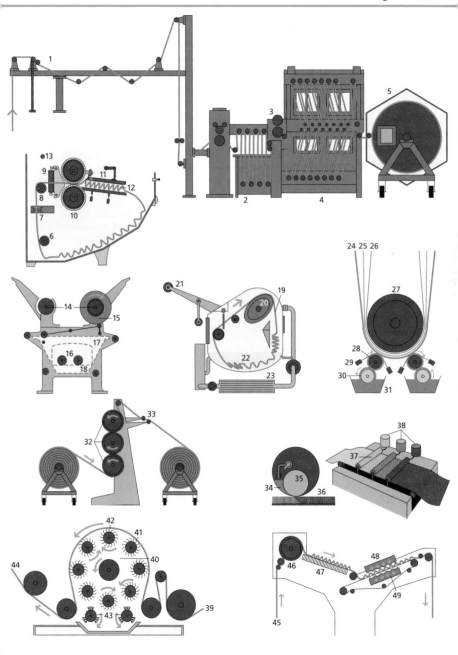

**1–24 die Herstellung
der zellulosischen
Chemiefaser f Viskose f**
1 die Zellstoffplatten *f*
2 das Zerkleinern
3 die Alkalisierung
4 das Vorreifen
der Alkalizellulose *f*
5 die Sulfidierung
der Alkalizellulose *f*
(die Umwandlung in
Zellulosexanthogenat *n*)
und die Auflösung
des Xanthogenats *n*
in Natronlauge *f*
6 die Filtrierung in Filter-
pressen *f*
7 das Nachreifen
8 die Viskosespinnlösung
(die Viskosespinnmasse)

9–13 das Nassspinnen
9 die Spinnpumpe
10 die Spinndüse
11 das Spinnbad (Fällbad)
12 die Viskosefilamente *n*
13 die Galette, eine Glasrolle *f*

**14–18 die Herstellung von
Viskosefilamentgarn *n***
14 das Garn aus zusammen-
gefassten Viskose-
filamenten *n*
15 das Waschen und
die Entschwefelung
16 das Bleichen und
das Avivieren
17 das Trocknen
18 das Viskosefilament-
garn zur textilen
Weiterverarbeitung *f*

**19–24 die Herstellung
von Viskosespinnfasern *f***
19 das Kabel aus vereinigten
Viskosefilamenten *n*
20 das Verstrecken
21 das Schneiden
des Spinnkabels *n*
auf eine bestimmte
Länge *f*
22 das Waschen
23 das Trocknen
im Etagentrockner *m*
24 der Viskosespinnfaser-
ballen

**25–39 die Herstellung
der synthetischen
Chemiefaser f Polyester *m***
25 das Rohöl
26 das Dimethylterephthalat
(die Terephthalsäure)
27 das Glykol
28 das Polyethylen-
terephthalat
29 die Spinnschmelze

**30–32 die Herstellung von
Polyesterfilamentgarn *n***
30 das Schmelzspinnen
31 das Verstrecken
32 das glatte Polyester-
filamentgarn

**33–39 die Herstellung von
Polyesterspinnfasern f**
33 das Schmelzspinnen
34 das Spinnkabel
35 das Verstrecken
36 das Kräuseln
37 das Polyesterkabel
38 das Schneiden
39 der Polyester-
spinnfaserballen

**40–53 die Herstellung
der synthetischen
Chemiefaser f Polyacryl *n***
40 das Rohöl
41 das Propylen
42 das Acrylnitril
43 das Polyacrylnitril
44 die Spinnlösung

**45–53 die Herstellung
von Polyacrylspinnfasern f**
45 das Trockenspinnen
46 das Polyacrylspinnkabel
47 das Verstrecken
48 das Waschen
49 das Trocknen
50 das Kräuseln
51 das Polyacrylkabel
52 das Schneiden
53 der Polyacryl-
spinnfaserballen

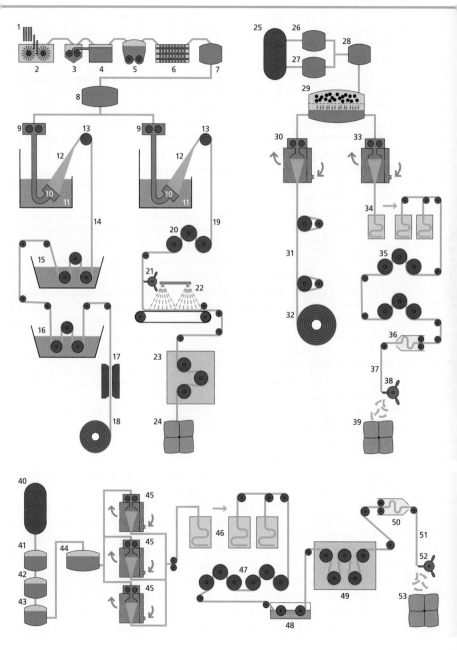

1–29 Gewebebindungen *f*
[dunkle Quadrate: Kett-
faden gehoben, Schuss-
faden gesenkt; helle
Quadrate: Schussfaden
gehoben, Kettfaden
gesenkt]

1–10 die Leinwandbindung
(Tuchbindung)

1 **das Leinwandgewebe
in der Draufsicht** *f*
2 der Kettfaden
3 der Schussfaden

4 **die Patrone** (die Vorlage
für den Weber *m*)
zur Leinwandbindung *f*
5 der Fadeneinzug in
die Schäfte *m*
6 der Rieteinzug
7 der gehobene Kettfaden
8 der gesenkte Kettfaden
9 die Schnürung
(die Aufhängung
der Schäfte *m*)
10 die Trittfolge

11, 12 die Panamabindung
(Würfelbindung,
englische Bindung)

11 **die Patrone zur
Panamabindung** *f*
12 der Rapport, ein sich fort-
laufend wiederholender
Bindungsteil *m*

13–18 der Schussrips
(Längsrips)

13 **die Patrone für
den Schussrips** *m*

14 **der Gewebeschnitt
des Schussripses** *m*
15 der gesenkte Schussfaden
16 der gehobene Schussfaden
17 die gehobenen Kett-
fäden *m*
18 die gesenkten Kett-
fäden *m*

**19–25 der unregelmäßige
Querrips**

19 **die Patrone für
unregelmäßigen
Querrips** *m*
20 der Fadeneinzug in
die Leistenschäfte *m*,
die Zusatzschäfte
für die Webkante
21 der Fadeneinzug
in die Warenschäfte *m*
22 die Schnürung
der Leistenschäfte *m*
23 die Schnürung
der Warenschäfte *m*
24 die Leiste in
Tuchbindung *f*
25 der Gewebeschnitt
des unregelmäßigen
Querripses *m*

26–28 die Längstrikotbindung
26 das Längstrikotgewebe
in der Draufsicht *f*

27 **die Patrone zur
Längstrikotbindung** *f*
28 die Gegenbindungs-
stellen *f*
29 die Waffelbindung
für Waffelmuster *n*
in der Ware *f*

30–48 Grundverbindungen *f*
der Gewirke *n*
und Gestricke *n*

30 **die offene Masche**
31 der Kopf
32 der Schenkel
33 der Fuß
34 die Kopfbindungsstelle
35 die Fußbindungsstelle
36 die geschlossene Masche

37 **der Henkel**
38 die schräge Fadenstrecke
39 die Schleife
mit Kopfbindung *f*

40 **die Flottung**
41 die frei laufende Fadenstrecke
42 die Maschenreihe
43 der Schussfaden
(der Schuss)
44 der Rechts-links-Fang
45 der Rechts-links-Perlfang
46 der übersetzte Rechts-
links-Perlfang
47 der Rechts-links-
Doppelfang
48 der Rechts-links-
Doppelperlfang

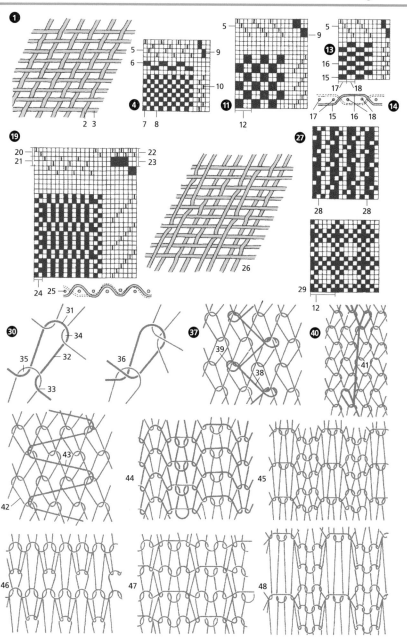

1–6 das Schöpfen
1 der Schöpfer
(der Büttgeselle)
2 die Bütte (der Trog)
3 der Schöpfrahmen
(die Schöpfform)
mit Deckrahmen *m*
4 das Ablagerost
(das Abgautschbrett)
für die Schöpfform *f*
5 die Rakel
6 der Wendelrührstab
(der Wendelrührer)

7–14 das Entwässern
(das Gautschen)
7 der Gautscher
8 der Filz
9 die Bauscht (Pauscht)

10 **die Gautschpresse,**
eine Spindelpresse
11 das Pressbrett
12 die Spindel
13 der Handgriff
14 die Spindelgewichte *n*
15 die Lufttrocknung
der Papierbögen *m*

16–30 die Papierprüfung
16 die Qualitätsprüferin
bei der optischen
Prüfung *f*
17 der Bogen (das Blatt)
18 das Schatten-
wasserzeichen,
ein Wasserzeichen
19 die Lampe
20 der Papierstapel
21 die Platten *f*
zum Beschweren

22–30 Laborgeräte *n*
zur Papierstoff- und
Papieruntersuchung *f*
22 der Erlenmeyerkolben
23 der Mischkolben
24 der Messzylinder
25 der Bunsenbrenner
26 der Dreifuß
27 die Laborschale
28 das Reagenzglasgestell
29 die Rohgewichtswaage
30 der Dickenmesser

1–23 die Rohstoffaufbereitung

1, 2 Rohstoffe *m*
zur Herstellung *f* **von**
Primärfaserstoffen *m*
1 das Schleifholz
(Faserholz)
2 das Sägerestholz

3–11 die Holzstoffherstellung
(der Holzschliff)
3 die Schleiferei
4 der Füllschacht
5 der Holzprügel
6 die Förderkette
7 der Schleifstein
8 der Fasertrog
9 die Sortierung
10 der Eindicker
11 die Bleicherei

12–18 die Zellstoffherstellung
12 die Hackmaschine
13 die Hackschnitzel *m*
14 der Zellstoffkocher
zur chemischen
Aufschließung *f*
der Hackschnitzel *m*
15 die Bütte
16 der Chemikalienkreislauf
17 die Sortierung
18 die Bleicherei

19–23 die Altpapieraufbereitung
19 das Altpapier, der Rohstoff zur Herstellung *f* von
Sekundärfaserstoffen *m*
20 der Pulper zum Auf-
lösen *n* des Altpapiers *n*
21 die Vorreinigung
22 die Heißzerfaserung
23 das Deinking
zur Entfernung *f*
von Druckfarbe *f*

24–26 die Hilfsstoffe *m*
24 Leimstoffe *m*
25 Füllstoffe *m*
26 Farbstoffe *m*
27 die Stoffaufbereitung
28 die Stoffzentrale zur
Mischung *f* des Ganz-
stoffes *m* aus Faserstoffen
und Hilfsstoffen
29 der Sortierer

30 die Papiermaschine
31 der Stoffauflauf
zur Verdünnung *f*
des Ganzstoffes *m*
32 die Siebpartie
33 die Pressenpartie
34 die Trockenpartie
35 die Leimpresse
36 die Streichanlage
37 das Glättwerk
38 die Aufrollung
39 der Poperoller

40–48 die Papierveredelung

40 die Streichmaschine
41 die Abrollung
42 die Andruckrolle
43 die Rakel
44 die Aufrollung

45 der Kalander
46 die Abrollung
47 die beheizten Walzen *f*
zum Satinieren *n*
48 die Aufrollung

49–51 das Zuschneiden
49 die Rollen-
schneidemaschine
zum Ablängen *n*
auf Transportrollengröße *f*
50 die Rollenverpackung
51 der Querschneider
zur Erstellung *f*
von Papierbögen *m*

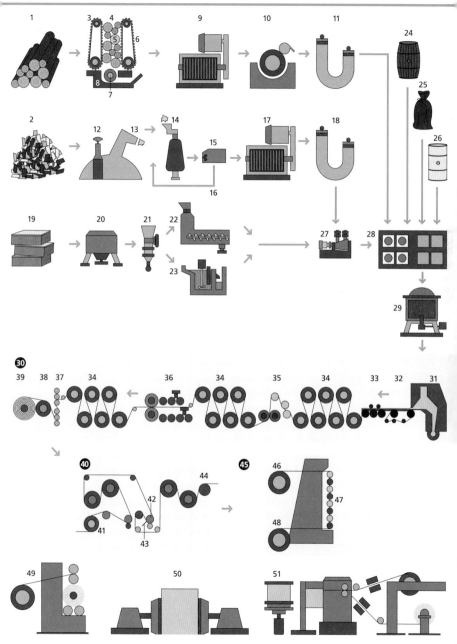

1–17 der Schriftsatz
 1 das Initial (die Initiale)
 2 die dreiviertelfette Schrift
   (dreiviertelfett)
 3 die halbfette Schrift
   (halbfett)
 4 die Zeile
 5 der Zeilenabstand
 6 die Ligatur
 7 die kursive Schrift (kursiv)
 8 die magere Schrift
   (mager)
 9 die fette Schrift (fett)
 10 die schmalfette Schrift
   (schmalfett)
 11 die Majuskel (der Versal,
   der Versalbuchstabe,
   Großbuchstabe)
 12 die Minuskel
   (der Kleinbuchstabe)
 13 die Sperrung
   (die Spationierung)
 14 die Kapitälchen n
 15 der Absatz
 16 der Einzug
 17 der Zwischenraum

18 das Typometer
   (der typografische
   Maßstab)
 19 der Rasterwinkel
 20 die Rasterweite
 21 der Rasterwert
 22 der Zeilenabstand
 23 die Schriftgröße
   in typografischen
   Punkten m [ein Punkt =
   0,376 065 mm]
 24 die Linienstärke
 25 der Maßstab
   in Zentimeter m
 26 der Maßstab
   in Inch m (Zoll m)

27 die Korrekturzeichen n
 28 beschädigter Buchstabe m
 29 verschmutzter Buchstabe m oder zu stark
   erscheinende Stelle f
 30 fehlendes Wort n
   (Leiche f)
 31 zu tilgendes Satzzeichen n
 32 zurückgenommene
   Korrektur f
 33 verstellte Buchstaben m
 34 nicht Linie f haltende
   Stelle f
 35 größere Umstellung f
   von Wörtern n
 36 Absatz m verlangt
 37 zu tilgender Buchstabe m
   oder zu tilgende Wörter n
 38 zu weiter
   Zwischenraum m
 39 fehlender Wort-
   zwischenraum m

M[1]eyer, Joseph, Verlagsbuchhändler, Schriftsteller und In-[4]dustrieller, *9.5.1796 in G o t h a, †27.6.1856 in Hild-[5]burg\[13]ha\[12]u\[11]sen, erwies sich nach missglückten Börsenversuchen (1816–20 in London) und industriellen Unternehmungen (1820–23 in Thüringen) als[17]origineller S\[14]HAKESPEARE- und SCOTT-Übersetzer und fand mit seinem *Korrespondenzblatt für Kaufleute* 1825 Anklang. [15]

   1826 gründete er den Verlag »Bibliographisches Institut« in Gotha (1828 nach Hildburghausen verlegt), den er durch die Vielseitigkeit seiner eigenen Werke (*Universum*[7] – ein historisch-geografisches Bilderbuch, *Meyers Universal-Atlas*[6] u. a.; 1830–37) sowie durch seine volkstümlichen Verlagswerke (*Geschichtsbibliothek, Klassikerausgaben, Meyers Pfennig-Atlas* u. a.) zum Welthaus machte.

Magerer Schriftschnitt (Light)[8]

Normaler Schriftschnitt (Regular, Roman)

Halbfetter Schriftschnitt (Bold)[3]

Dreiviertelfetter Schriftschnitt (Heavy)[2]

Fetter Schriftschnitt (Black)[9]

Schmalfetter Schriftschnitt (BlackCondensed)[10]

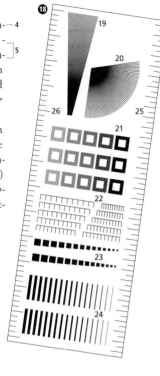

Freund und Helfer   ➋➐   [28] /f

Suchen und Helfen (ist) auch die Aufgabe von Lawinensuchhunden. Die [29] ◯ Bergwacht setzt in den bayerischen Alpen/40 Hunde ein, die sich im [30] ∫etwa Besitz freiwilliger Helfer befinden. Überwiegend/handelt es sich um [31] L ⁊ Deutsche |Schäferhunde.| Sie haben in Deutschland den Bernhardiner [32] Hirtenhunde weitgehend von seiner angestammten Aufgabe verdrängt, weil sie unter [33] ∩er den schwierigen Geländeverhältnissen im Schnee besser vorankommen. [34] In den letzten Jahren haben sie[7][8][9][10] zahlreiche[5][6] Verschüttete und Vermisste[1] [35] Li ⌐z 1-11 aufgespürt./Im Winter 1974/75 wurden bei insgesamt zehn Lawinen-[11] [36] ⌐⌐ unglücken viermal Suchhunde eingesetzt, die zwei Verschüttete lebend und einen tot auffanden/. [37] /⁊

Voller Dankbarkeit bezeichnen ∩ Blinde ihren Deutschen Schäferhund [38] ∩ als „ihre zweiten/Augen". [39] Z

1 die Seitenproduktion

2, 3 die Druckseite im Layout *n*
2 der Text
3 das Bild
4 die Postscript®-Datei,
die Umsetzung
des Layouts *n* in eine
Seitenbeschreibungs-
sprache *f*
5 die PDF-Datei
[PDF: Portable Document
Format]
6 der Computer
7 der Datenaustausch per
ISDN *n* [Integrated
Services Digital Network],
einem digitalen Telefon-
netz *n*
8 der Preflight-Check,
das Überprüfen
der Daten *pl*

9 die Druckvorstufe
10 das Colormanagement,
das Anpassen der Farben *f*
an das Ausgabegerät
11 das Trapping, das
Überfüllen der Seiten *f*
12 das Ausschießen,
das Montieren
der Seiten *f* zu Druck-
bögen *m*
13 der Rasterbildrechner
(der Raster Image
Processor, der RIP)
zur Umwandlung *f*
der Buchstaben *m*,
Grafiken *f* und Bilder-
codes *m* in ein Raster-
netz *n* von Punkten *m*

14 der CtP-Belichter
(Computer-to-Plate-
Belichter), ein Laser-
belichter
15 die Abdeckung
16 das Gehäuse
17 das Ausgabefach

18 die Plattenbelichtung
19 der Laser
20 der Polygonspiegel
21 die Winkelkorrekturoptik
22 der Umlenkspiegel
23 die CtP-Platte
24 der Belichtungstisch
25 der Druckfilm,
eine fertig belichtete
CtP-Platte *f*
26 die Druckerin

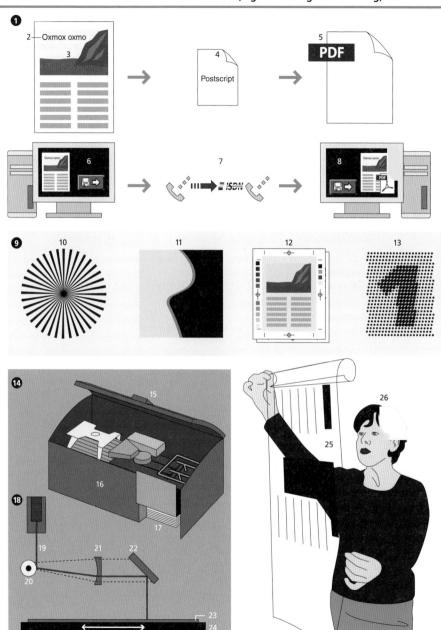

1–13 der Arbeitsplatz
für Mediengestaltung *f*
von Digital- und Print-
medien *pl* im Bereich *m*
Mediendesign *n*
 1 der Rollcontainer
 2 der Terminplaner,
ein Ringbuch *n*
 3 der Flachbettscanner
 4 die Layoutvorlagen *f*
(die Scribbles *n*)
 5 der Aktenordner
zur Ablage *f* der Aufträge
m und Projektvorgaben *f*
des Kunden *m*
 6 der Monitorumschalter
für PowerMac®-
oder PC-Betrieb *m*
 7 der Layoutbildschirm
(der Hauptmonitor)
 8 der Zweitmonitor
mit den Befehlspaletten *f*
 9 der Bürodrehstuhl
mit Armlehnen *f*
10 die Farbtafeln *f*
mit den Druckfarben *f*
11 der PowerMac®,
ein Personalcomputer *m*
12 der CD-DVD-Brenner,
ein Laufwerk *n*
mit Brennfunktion *f*
13 der Windows®-Personal-
computer (der PC)
für die Kontrolle in der
Crossmedia-Produktion *f*

14 die Benutzeroberfläche
des Satz- und Layout-
programms *n*
15 die Werkzeugpalette
mit den Bearbeitungs-
elementen *n*
16 das Auswahlmenü
für Seitenvorlagen *f*
17 die Mehrfachauswahl mit
den Registerreitern *m*
für Absatzformate *n*
und Schrifttypen *f* od. *m*
18 das Einstellungsmenü
für die Bild-, Grafik-
und Textfeldgröße
19 die Farbdefinition
mit der Farbpalette *f*
20 die Palette mit
den Befehlen *m*
zur Ausrichtung *f*
und Anordnung *f* von
Text *m* und Grafik *f*
21 die Hilfslinie im Layout *n*
22 die Grafik
23 das Textfeld

24 die Benutzeroberfläche
der Webseiten-
gestaltungssoftware *f*
25 der Layouteditor
26 das Auswahlmenü
für Seitenelemente *n*
27 das Mehrfach-
auswahlmenü für
die Verlinkung
und das Design
der Webseiten *f*
28 der CSS-Editor
(Cascading Style Sheets
Editor) für die Format-
vorlagen *f* von Webseiten *f*

29 die Homepage, die Startseite einer Website *f*
30 der Seitenkopf
31 die Werbebanner *n*
32 die Textelemente *n*
33 die Navigationsleiste
mit den Links *m*
zu anderen Seiten *f*
der gleichen Website *f*
34 der Code-Editor
zum Codieren *n* in der
Seitenbeschreibungs-
sprache *f* HTML *n*
(Hypertext Markup
Language)

35 die Druckfarbendefinition
36 die Farblochmaske
37 der Farbfächer
38 der od. das Farbproof
des Layouts *n*
39 das Typometer
zur Definition *f*
der Schriftgröße *f*
am Ausdruck *m*

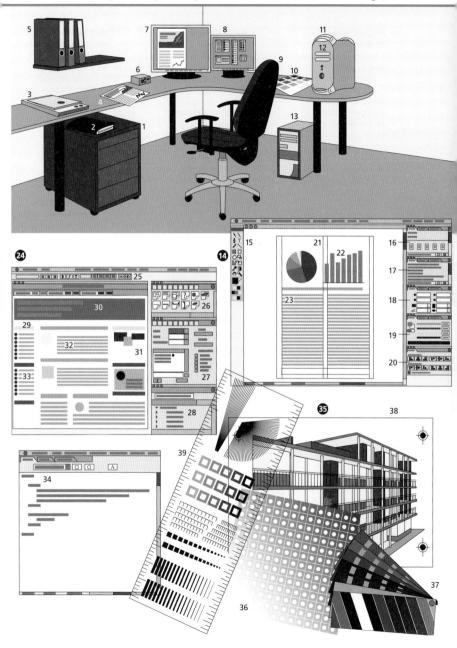

1–40 Tätigkeiten *f* bei der Mediengestaltung *f*
von Digital- und Printmedien *pl* im Bereich *m* Medienoperating *n*

1 das Scannen von Bildvorlagen *f* und Dias *n* am Rotationsscanner *m*
2 die Vorlagenröhre
3 der Spiegel
4 die Linse
5 die Vorlage *m* od. *n*
6 die Farbfilter *m* od. *n*
7 die Fotomultiplierröhren *f* (PMTs *f*, Photomultiplier Tubes *f*) für die Farben *f* Rot, Grün und Blau
8 die Lichtquelle
9 der A/D-Wandler (Analog-digital-Wandler)

10 die Druckvorlagenerstellung
11 der PowerMac®, ein Personalcomputer *m*
12 der Monitor
13 die Layoutvorlage

14 der Farbproofauszug
15 der Farbbalken für die Überdruckfarbe *f*
16 die Auszugbeschriftung
17 die Passermarken *f*
18 der Grundfarbenbalken
19 die Schnittmarke
20 der Verlaufsfarbenbalken
21 der Siemensstern
22 die Grafik

23 der Innentrommelbelichter,
ein Laserbelichter zur Erstellung *f* von Druckplatten *f* und Druckfilmen *m*
24 der Laser
25 der Film
26 die Linse
27 das Prisma
28 der Motor
29 das Gehäuse

30 die Kontrolle des Druckfilms *m* am Lichttisch *m*
31 der Lichttisch
32 der Retuschierstift
33 der Druckfilm
34 die Lupe
35 der Fadenzähler zum Prüfen *n* der Bildqualität *f*
36 die Rasterzählerschablone
37 das Lineal
38 die optische Schlusskontrolle des Druckfilms *m*
39 die Tageslichtlampe zur Kontrolle *f* des Farbproofauszugs *m*
40 die Mediengestalterin im Bereich *m* Operating *n*

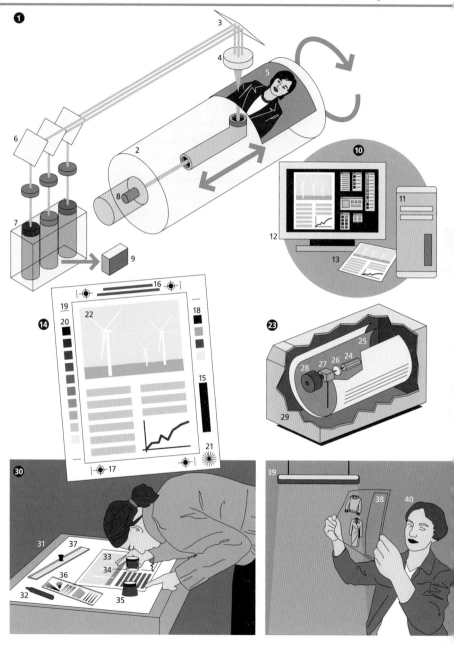

1 **die Reproduktionskamera in Brückenbauweise** f
2 die Mattscheibe
3 der schwenkbare Mattscheibenrahmen
4 das Achsenkreuz
5 der Bedienungsstand
6 das schwenkbare Hängeschaltpult
7 die Prozentskalen f
8 der Vakuumfilmhalter
9 das Rastermagazin
10 der Balg
11 die Standarte
12 die Registriereinrichtung
13 das Brückenstativ
14 der Originalhalter
15 das Originalhaltergestell
16 der Lampengelenkarm
17 die Xenonlampe
18 das Original

19 **die Vertikalreproduktionskamera, eine Kompaktkamera**
20 der Kamerakasten
21 die Mattscheibe
22 der Vakuumdeckel
23 die Bedienungstafel
24 die Vorbelichtungslampe
25 die Spiegeleinrichtung für seitenrichtige Aufnahmen f

26 **die Universalreproduktionskamera**
27 der Kamerakasten
28 der Balg
29 der Optikträger
30 die Winkelspiegel m
31 der T-Ständer
32 der Vorlagenhalter
33 die Halogenleuchte

34 **der Retuschier- und Montagetisch**
35 die Leuchtfläche
36 die Höhen- und Neigungsverstellung
37 der Vorlagenhalter
38 der Fadenzähler, eine Lupe f
39 der Ablageschrank

40 **die Stehhilfe**
41 der Hebel zum Verstellen der Sitzhöhe f
42 die schwenkbare Sitzfläche
43 der Tellerfuß

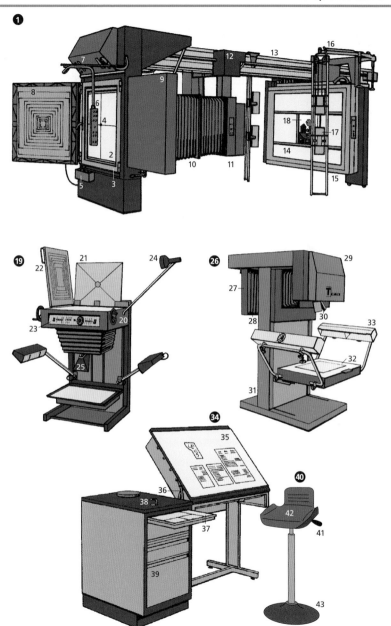

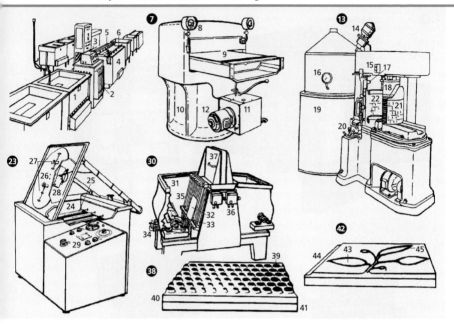

1–6 **der galvanische Betrieb**
  1 die Spülwanne
  2 der Gleichrichter
  3 das Mess- und Regelgerät
  4 das Galvanisierbecken
  5 die Anodenstange
    mit Kupferanoden *f*
  6 die Warenstange
    (die Kathode)

  7 **die hydraulische
    Matrizenprägepresse**
  8 das Manometer
  9 der Prägetisch
 10 der Zylinderfuß
 11 die hydraulische
    Presspumpe
 12 der Antriebsmotor

 13 **das Rundplattengießwerk**
 14 der Motor
 15 die Antriebsknöpfe *m*
 16 das Pyrometer
 17 der Gießmund
 18 der Gießkern
 19 der Schmelzofen
 20 die Einschaltung
 21 die gegossene Rundplatte
    für den Rotationsdruck *m*
 22 die fest stehende
    Gießschale

 23 **die Klischeeätzmaschine**
 24 der Ätztrog mit der
    Ätzflüssigkeit *f* und dem
    Flankenschutzmittel *n*
 25 die Schaufelwalzen *f*
 26 der Rotorteller
 27 die Plattenhalterung
 28 der Antriebsmotor
 29 das Steueraggregat

 30 **die Zwillingsätzmaschine**
 31 der Ätztrog
 32 die kopierte Zinkplatte
 33 das Schaufelrad
 34 der Abflusshahn
 35 der Plattenständer
 36 die Schaltung
 37 der Trogdeckel

 38 **die Autotypie,**
    ein Klischee *n*
 39 der Rasterpunkt,
    ein Druckelement *n*
 40 die geätzte Zinkplatte
 41 der Klischeefuß
    (das Klischeeholz)

 42 **die Strichätzung**
 43 die tief geätzten,
    nicht druckenden
    Teile *m od. n*
 44 die Klischeefacette
 45 die Ätzflanke

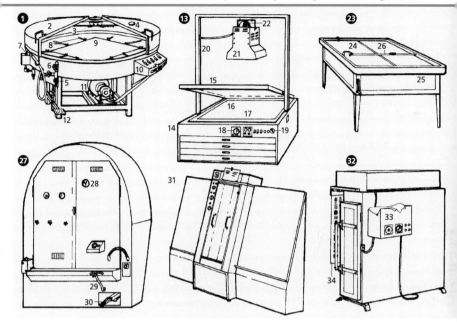

1 **die Plattenschleuder**
(die Plattenzentrifuge)
zum Beschichten *n*
der Druckplatten *f*
mit der lichtempfind-
lichen Kopierschicht *f*
2 der Schiebedeckel
3 die Elektroheizung
4 das Rundthermometer
5 der Wasserspülanschluss
6 die Umlaufspülung
7 die Handbrause
8 die Plattenhaltestangen *f*
9 die Druckplatte aus
Metall *n* (z. B. Zink *n* od.
Aluminium *n*)
10 das Schaltpult
11 der Antriebsmotor
12 der Bremsfußhebel

13 **der Vakuumkopierrahmen**
zum Kopieren *n*
des Druckfilms *m*
auf die Kopierschicht *f*
14 das Kopierrahmen-
untergestell
15 das Rahmenoberteil mit
der Spiegelglasscheibe *f*
16 die beschichtete
Offsetplatte
17 die Schalttafel
18 die Belichtungszeit-
einstellung
19 die Schalter *m*
für die Vakuum-
herstellung
20 das Gestänge
21 die Punktlicht-
kopierlampe, eine
Metallhalogenlampe
22 das Lampengebläse

23 **der Montagetisch**
für die Montage
des Druckfilms *m*
24 die Kristallglasscheibe
25 der Beleuchtungskasten
26 die Linealeinrichtung

27 **die Vertikal-**
trockenschleuder
(28–30)
28 der Feuchtigkeitsmesser
29 die Geschwindigkeits-
regulierung
30 der Bremsfußhebel
31 die Entwicklungs-
maschine für vor-
beschichtete Platten *f*

32 **der Brennofen**
(Einbrennofen)
für Diazoplatten *f*
33 der Schaltkasten
34 die Diazoplatte

1 **das Prinzip des Offset-**
  drucks *m*
2 das Feuchtwerk
3 das Farbwerk
4 der Plattenzylinder
  mit der Druckplatte *f*
5 der Gummituchzylinder
6 der Druckzylinder
7 der Druckbogen

8 **der Druckbogenwechsel**
9 der Stehfalz am Druck-
  bogen *m* zum Ein-
  spannen *n* in den Druckzylinder *m*

10 **die Bogenoffsetmaschine**
11 der Feuchtkasten
12 der Farbkasten
13 die unbedruckten
   Papierbögen *m*
14 die Kettenauslage
15 der Auslagestapel mit
   den bedruckten Bögen *m*
16 der Rollwagen

17 **die Vierfarben-**
   Rollenoffsetmaschine
   (18–32)
18 die unbedruckte
   Papierrolle
19 der Rollenstern
20 die Bahnkantensteuerung
21 die Farbwalzen *f*
22 die Feuchtwalzen *f*
23 der Gummizylinder
24 der Plattenzylinder
   (der Druckträger)

25–28 **die Farbwerke** *n*
25 das Schwarz-Druckwerk
26 das Cyan-Druckwerk
27 das Magenta-Druckwerk
28 das Gelb-Druckwerk
29 die Papierlaufbahn
30 der Infrarotlicht-
   trockenofen
31 die Kühlwalzen *f*

32 **der Falzapparat**
33 der Falztrichter
34 die Einlaufwalzen *f*
35 die Zugwalzen *f* mit
   Strangtrennvorrichtung *f*
36 der Schneidzylinder
37 der Antriebsmotor
38 der Heftapparat
39 die Regulierwalzen *f*
40 der Sammel-
   und Faltzylinder
41 der Falzklappenzylinder
42 die Fotozelle
   zur Warnung *f*
   vor Papierstauungen *f*
43 das Schaufelrad
   mit dem Taktrad *n*
44 die Auslage

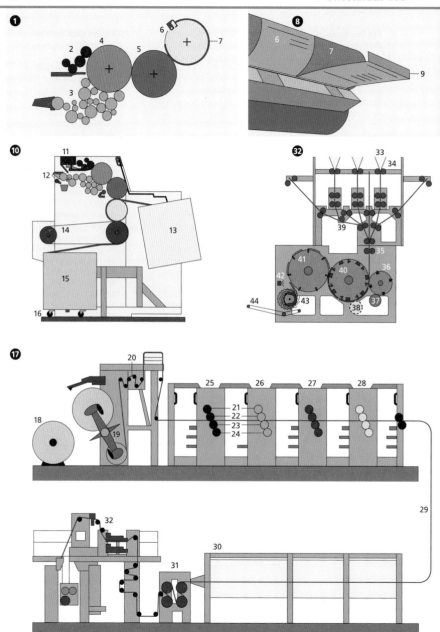

1 **das Schriftsetzen**
2 der Schriftschrank
3 der Setzkasten
4 die geschlossene
   Satzform
5 die Akzidenz
   (die Bleisatzarbeit,
   der Satz)
6 der Schließrahmen
7 das Schließzeug
8 der Druckersteg
9 die Bleiletter
   (der Druckbuchstabe)
10 die Vignette
   (das Schmuckelement)
11 das Klopfholz

12–34 **der Hochdruck mit
       ebener Druckform** f

12 **die Tiegeldruckpresse**
   nach dem Fläche-
   gegen-Fläche-Prinzip n
   [Schnitt]
13 das Fläche-gegen-
   Fläche-Prinzip
14 das Papier

15 die Papieranlage und
   die Papierablage
16 der Drucktiegel
17 das Schriftfundament
18 die Farbwalzen f
19 das Farbwerk
   zum Verreiben n
   der Druckfarbe f
20 die Druckform
21 der Kniehebelantrieb

22 **die Stoppzylinderpresse**
   (Zylinderpresse,
   Schnellpresse) nach
   dem Flach-gegen-rund-
   Prinzip n
23 das Flach-gegen-
   rund-Prinzip
24 der Anlagetisch
25 der Anlageapparat
26 der Stapel mit
   unbedrucktem Papier n
27 das Schutzgitter
   für die Papieranlage
28 der Druckzylinder
29 die Druckform
30 der Schaltmechanismus
31 das Farbwerk
32 die Farbwalzen f
33 das Fundament
34 die Papierauslage
   mit dem bedruckten
   Papier n

35–51 **der Hochdruck mit
       runder Druckform** f

35 **die Rotationspresse
   für Zeitungen** f,
   eine Rotations-
   druckmaschine f
   nach dem Rund-
   gegen-rund-Prinzip n
36 das Rund-gegen-
   rund-Prinzip
37 die Schneidrollen f
   zum Längsschneiden n
   der Papierbahn f
38 die Papierbahn
39 der Druckzylinder
40 die Pendelwalze
41 die Papierrolle
42 die automatische
   Papierrollenbremse
43 das Schöndruckwerk
44 das Widerdruckwerk
45 das Farbwerk
46 der Formzylinder
47 das Buntdruckwerk
48 der Falztrichter
49 das od. der Tachometer
   mit Bogenzähler m
50 der Falzapparat
51 die gefaltete Zeitung

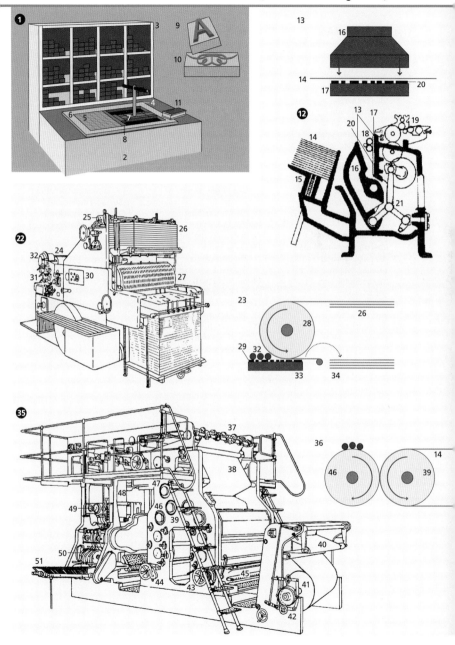

1–31 der Pigmentdruck,
ein Tiefdruckverfahren *n*
für hohe Auflagen *f*

**1–23 die Herstellung
der Druckform *f***
(das Kopieren
der Druckvorlage *f*)

**1 die Belichtung des
lichtempfindlichen,
gelatinebeschichteten
Pigmentpapiers *n***
2 der Vakuumrahmen
3 die Belichtungslampe
4 die Punktlichtlampe
5 der Wärmekamin

**6 die Pigmentpapier-
übertragungsmaschine**
7 der polierte Kupfer-
zylinder (die Druckform)
für den Rotations-
tiefdruck *m*
8 die Gummiwalze
zum Andrücken *n*
des kopierten
Pigmentpapiers *n*

9 **die Walzen-
entwicklungsmaschine**
für die Entwicklung des
Pigmentpapierbogens *m*
10 die beschichtete
Tiefdruckwalze
mit dem belichteten
Pigmentpapier *n*
11 die Entwicklungswanne
mit lauwarmem Wasser *n*

12 die Walzenkorrektur
13 die entwickelte Walze
14 der Retuscheur
beim Abdecken *n*

15 die Ätzmaschine
16 der Ätztrog mit
der Ätzflüssigkeit *f*
17 die kopierte
Tiefdruckwalze
18 der Tiefdruckätzer
19 die Rechenscheibe
20 die Kontrolluhr

21 die Ätzkorrektur
22 der geätzte
Tiefdruckzylinder
23 die Korrekturleiste

24–31 der Rotationstiefdruck

**24 die Mehrfarben-Rollen-
tiefdruckmaschine**
für Zeitungen *f*
25 das Abzugsrohr
für Lösungsmittel-
dämpfe *m*
26 das umsteuerbare
Druckwerk
27 der Falzapparat
28 das Bedienungs-
und Steuerpult
29 die Zeitungs-
austragvorrichtung
30 das Förderband
31 der abgepackte
Zeitungsstapel

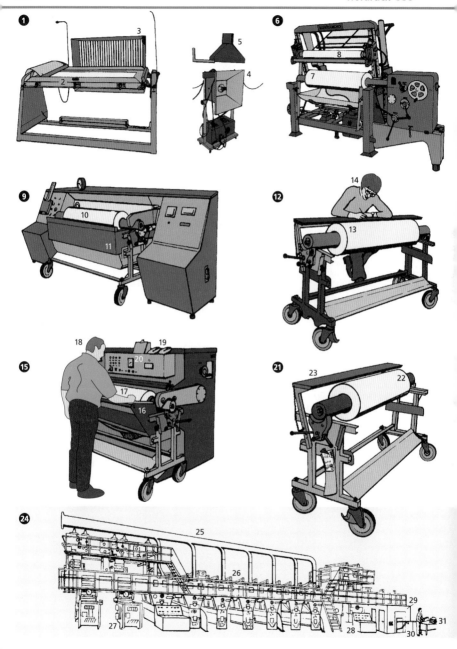

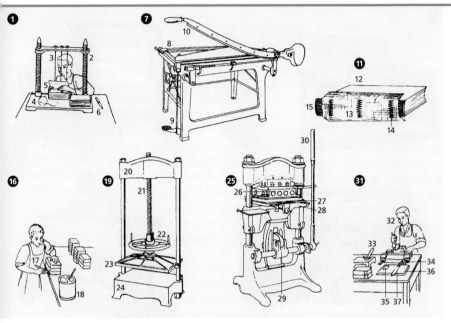

1–37 die Handbuchbinderei

1 das Heften
2 die Heftlade
3 die Heftschnur
4 der od. das Garnknäuel
5 die Heftlage
6 das Buchbindermesser
(der Kneif)

7 die Pappschere
8 die Anlegeeinrichtung
9 die Presseinrichtung
mit Fußtritthebel m
10 das Obermesser

11 das Heften
des Buchblocks m
auf Gaze f
12 der Buchblock
13 der Gazestreifen
14 die Heftung
15 das Kaptalband
(Kapitalband)

16 die Rückenleimung
17 der Leimpinsel
18 der Leimkessel

19 die Stockpresse,
eine Glätt-
und Packpresse
20 das Kopfstück
21 die Spindel
22 das Schlagrad
23 die Pressplatte
24 das Fußstück

25 die Vergolde-
und Prägepresse
26 der Heizkasten
27 die ausschiebbare
Aushängeplatte
28 der Prägetiegel
29 das Kniehebelsystem
30 der Handhebel

31 das Vergolden
des Buchrückens m
(die Rückenvergoldung)
32 der Goldschnittmacher
33 die Filete
34 der Spannrahmen
35 das Blattgold
36 das Goldkissen
37 das Goldmesser

❶ 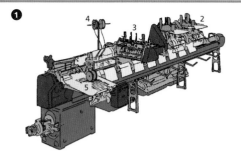   **❻**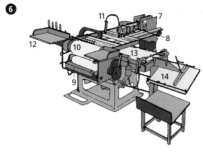

⓯ 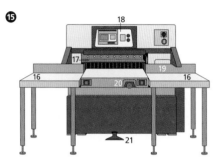   **㉒**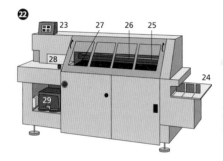

1–29 **Buchbindereimaschinen** *f*

 1 **der Sammelhefter**
   (die Sammel-
   drahtheftmaschine)
 2 der Bogenanleger
 3 der Falzanleger
 4 die Heftdraht-
   abspulvorrichtung
 5 der Auslegetisch

 6 **die Buchdeckenmaschine**
 7 die Magazine *n* mit
   den Pappdeckeln *m*
 8 die Pappenzieher *m*
 9 der Leimkasten
 10 der Nutzenzylinder
 11 der Saugarm

12 der Stapelplatz
   für Überzugnutzen *n*
   (Leinen *n*, Papier *n*
   oder Leder *n*)
13 die Presseinrichtung
14 der Ablegetisch

15 **die programmierbare
   Schnellschneidemaschine**
16 der Anlegetisch
   mit Aussparung *f*
17 das Schneidemesser
18 das Maschinendisplay
   mit Tastatur *f* zur
   Programmierung *f*
   des Schnittvorgangs *m*
19 das Einführlineal
20 die Arretierschraube
   für das Einführlineal
21 die Fußtaste zum
   Auslösen *n* des
   Schneidevorgangs *m*

22 **der Klebebinder**
23 der LCD-Bildschirm
   mit Sensoren *m*
   zur Berührungseingabe *f*
24 der Anlegetisch
25 das Glätten
   der Klebekante *f*
26 das Fräsen und
   das Aufrauen
   der Klebekante *f*
27 das Aufbringen
   des Klebers *m*
28 die Transportpresse
29 das Ausgabefach

1–35 Buchbindereimaschinen *f*

**1 der Papierschneide-
automat**
2 das Schaltpult
3 der Pressbalken
4 der Vorschubsattel
5 die Pressdruckskala
6 die optische Maßanzeige
7 die Einhandbedienung
für den Sattel *m*

**8 die kombinierte Stauch-
und Messerfalzmaschine**
9 der Bogenzuführtisch
10 die Falztaschen *f*
11 der Bogenanschlag
zur Bildung *f*
der Stauchfalte *f*
12 die Kreuzbruch-
falzmesser *n*
13 der Gurtausleger
für Parallelfalzungen *f*
14 das Dreibruchfalzwerk
15 die Dreibruchauslage

16 die Fadenheftmaschine
17 der Spulenhalter
18 der Fadenkops
(die Fadenspule)
19 der Gazerollenhalter
20 die Gaze (Heftgaze)
21 die Körper *m* mit
den Heftnadeln *f*
22 der geheftete Buchblock

23 die Auslage
24 der schwingende
Heftsattel
25 der Anleger
(Bogenanleger)
26 das Anlegermagazin

**27 die Bucheinhänge-
maschine**
28 der Falzleimapparat
29 das Schwert
30 die Vorwärmheizung

31 die Anleimmaschine
für Voll-, Fasson-, Rand-
und Streifenbeleimung *f*
32 der Leimkessel
33 die Leimwalze
34 der Einfuhrtisch
35 die Abtransport-
vorrichtung

36 das Buch

37–39 der Einband
(die Decke, Einband-
decke)
37 der Deckel
38 der Rücken
39 der Falz
40 der Buchblock
41 der Kopfschnitt
42 der Vorderschnitt
43 der Fußschnitt
44 das Kaptal
(das Kapital,
das Kaptalband,
Kapitalband)
45 der *od.* das Vorsatz
(das Vorsatzblatt)
46 der Schutzumschlag
47 die Umschlagklappe
48 der Klappentext
49 die handschriftliche
Widmung
50 das Exlibris
(das Bucheignerzeichen)

51–56 die Titelei
51 das Schmutztitelblatt
52 der Schmutztitel
(Vortitel)
53 das Titelblatt
(Haupttitelblatt,
die Titelseite,
der Innentitel)
54 der Haupttitel
55 der Untertitel
56 die Verlagsangabe mit
dem Verlagssignet *n*

57–74 das aufgeschlagene Buch
57 die aufgeschlagene Seite
58 der Bundsteg
59 der Kopfsteg
60 der Außensteg
61 der Fußsteg
62 der Satzspiegel
63 die Kapitelüberschrift
64 die Fußnote,
eine Anmerkung *f*
65 die Seitenziffer
(die Seitenzahl)
66 der zweispaltige Satz
67 die Spalte (die Kolumne)
68 der Kolumnentitel
69 der Zwischentitel
70 die Marginalie
(die Randbemerkung)
71 die Bogennorm
72 der Buchbund
73 das Lesebändchen
74 das Lesezeichen

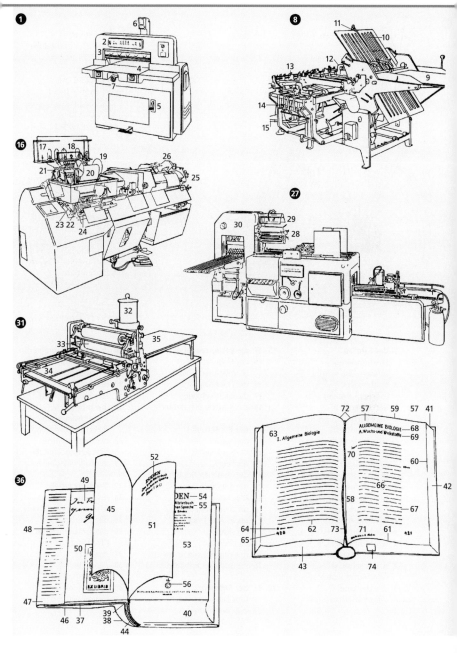

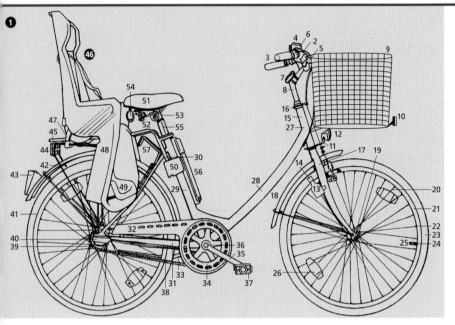

1 **das Fahrrad**
  (Rad, Zweirad,
  schweiz. das Velo)
2 der Lenker
  (die Lenkstange)
3 der Lenkergriff
4 die Fahrradklingel
5 der Bremsgriff
  der Vorderradbremse *f*
6 der Drehgriff zur
  Betätigung *f*
  der Gangschaltung *f*
7 der *od.* das Fahrrad-
  tachometer
  (der Fahrradcomputer)
8 die Lenkerstütze
9 der Fahrradkorb
10 der Frontreflektor
11 der Scheinwerferhalter
12 der Scheinwerfer
  (die Fahrradlampe)
13 der Dynamo
14 das Laufrädchen

15–17 **die Vorderradgabel**
  15 der Gabelschaft
    (Lenkstangenschaft)
  16 der Gabelkopf
  17 die Gabelscheide
  18 das vordere Schutzblech

19–26 **das Vorderrad**
  19 die Nabe
  20 die Speiche
  21 die Felge
  22 der Speichennippel
  23 die Bereifung
    (der Reifen; *innen:*
    der Schlauch;
    außen: die Decke,
    der Mantel)
  24 das Ventil
  25 die Ventilkappe
  26 die Speichenreflektoren *m*

27–31 **der Rahmen**
  (das Fahrradgestell)
  27 das Steuerrohr
    (Steuerkopfrohr)

28 das untere Rahmenrohr
29 das Sattelstützrohr
  (Sitzrohr)
30 die oberen
  Hinterradstreben *f*
31 die unteren
  Hinterradstreben *f*
  (die Hinterradgabel)
32 der Kettenschutz
  (das Kettenschutzblech)
33 der Fahrradständer

34–39 **der Kettentrieb**
  34 das Kettenblatt
    (das vordere Zahnrad)
  35 die Tretkurbel
  36 das Tretkurbellager
    (Tretlager)
  37 das Pedal
  38 die Kette,
    eine Rollenkette *f*
  39 das hintere
    Kettenzahnrad

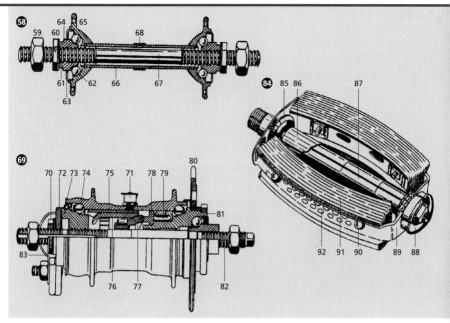

40 die Nabengangschaltung	**56** die Fahrradpumpe,
41 das Hinterrad	eine Luftpumpe
42 das hintere Schutzblech	**57** das Speichenschloss
43 das Rücklicht	
44 der Rückstrahler	**58 die Vorderradnabe**
(*ugs.* das Katzenauge)	**59** die Mutter
45 der Gepäckträger	**60** die Kontermutter
	mit Sternprägung *f*
46 der Fahrradkindersitz	**61** die Nasenscheibe
(47–50)	**62** die Kugel
47 die Befestigung	**63** die Staubkappe
am Gepäckträger *m*	**64** der Konus
48 der Beinschutz	**65** die Tülle
49 die höhenverstellbare	**66** das Rohr
Fußraste	**67** die Achse
50 die Rahmenbefestigung	**68** der Ölerklipp
51 der Fahrradsattel	
52 die Sattelfedern *f*	**69 die Freilaufnabe**
53 die Sattelstütze	**mit Rücktrittbremse *f***
54 die Satteltasche	**70** die Sicherungsmutter
(Werkzeugtasche)	**71** der Helmöler
55 die Fahrradnummer	**72** der Bremshebel
(Rahmennummer)	**73** der Hebelkonus
	74 der Kugelring mit Kugeln *f*
	im Kugellager *n*

75 die Nabenhülse
76 der Bremsmantel
77 der Bremskonus
78 der Walzenführungsring
79 die Antriebswalze
80 der Zahnkranz
81 der Gewindekopf
82 die Achse
83 die Bandage
84 das Fahrradpedal
85 die Tülle
86 das Pedalrohr
87 die Pedalachse
88 die Staubkappe
89 der Pedalrahmen
90 der Gummistift
91 der Gummiblock
92 das Rückstrahlglas

1 **der Highriser**
2 der zweigeteilte Lenker
3 die imitierte
   Motorradgabel
4 der Bananensattel
5 der Chrombügel

6 **das Klapprad**
7 das Klappscharnier
   (*ähnl.:* der Steck-
   verschluss)
8 der höhenverstellbare
   Lenker
9 der höhenverstellbare
   Sattel
10 die Stützräder *n*

11 **das BMX-Rad**
12 der Stollenprofilreifen
13 der hochgezogene Lenker
   mit Stabilisierungssteg *m*
14 der Holmen

15 **das Mountainbike**
16 der Ballonreifen
   mit Stollenprofil *n*
17 der Trinkflaschenhalter
18 die Trinkflasche
19 der gerade Lenker
20 die Lenkertasche
21 die Vorderradfederung,
   ein hydraulischer
   Stoßdämpfer *m*
22 die Rahmenfederung
   mit der Stahlfeder *f*
23 die Mittelzugbremse,
   eine Kipphebelbremse

24 **das Rennrad** (25–29)
25 der Rennlenker
26 das Laufrad
   mit Tropfenfelge *f*
27 die Seitenzugbremse
28 die Kettenblätter *n*
29 die Ritzel *n*
   (der Zahnkranz)
30 das Einrad

31 **das Trekkingrad**
32 der Büffellenker
33 der *od.* das Fahrrad-
   tachometer
   (der Fahrradcomputer)
34 der Vorderrad-
   gepäckträger

35 die Vorderradtasche
36 die Scheibenbremse
37 die Hinterradtasche
38 der Sattelstoßdämpfer
39 die Satteltasche

40 **das Hollandrad**
41 der Hollandradlenker
42 die Nabenbremse
43 die Kettenverkleidung
44 der Spritzschutz

1 **das Mofa**
(das Motorfahrrad)
2 der Zweitaktmotor
mit Fahrtwindkühlung *f*
3 die Teleskopgabel
(Telegabel)
4 der Haken für Tasche *f*
oder Helm *m*
5 der Formsitz
6 die Hinterradschwinge
7 der hochgezogene
Auspuff
8 der Wärmeschutz
9 das Staufach
10 der *od.* das Tachometer
(*ugs.* der Tacho)

11 **das Elektrobike,**
ein Elektrofahrzeug *n*
12 der hochgezogene Lenker
13 der Schwingsattel
14 der Drahtkorb
15 die Antriebskette
16 der Akkubehälter

17 **das Leichtkraftrad**
mit bis zu 125 cm³
Hubraum *m*
18 der Kickstarter
19 der Einzylinder-
Zweitaktmotor
20 der Treibstofftank
21 der Scheinwerfer

22–26 **die Lenkerarmaturen** *f*
22 der Gasdrehgriff
(Drehgasgriff)
23 der Kupplungshebel
24 der Handbremshebel
25 der *od.* das Tachometer
(*ugs.* der Tacho)
26 der Rückspiegel
27 die Vorderrad-
bremsscheibe

28 **der Motorroller**
29 das Gepäckfach
(Helmfach)
30 die Beifahrerrückenlehne
(Soziusrückenlehne)
31 die Kunststoffverkleidung
32 die Raststütze
33 die Fußbremse
34 der Beifahrerhaltegriff
(die Soziusarmlehne)
35 die Windschutzscheibe
36 der Schaltdrehgriff

37 **das Kleinmotorrad**
38 der Rahmentank
39 der luftgekühlte
Einzylinder-Viertakt-
motor
40 der Vergaser
41 das Ansaugrohr
42 das Fünfganggetriebe
43 die Hinterradschwinge
44 das polizeiliche
Kennzeichen
45 das Rück- und Bremslicht
46 die vordere Trommel-
bremse
47 das Bremsseil,
ein Bowdenzug *m*
48 die hintere Trommel-
bremse
49 die Sportsitzbank
50 der hochgezogene
Auspuff

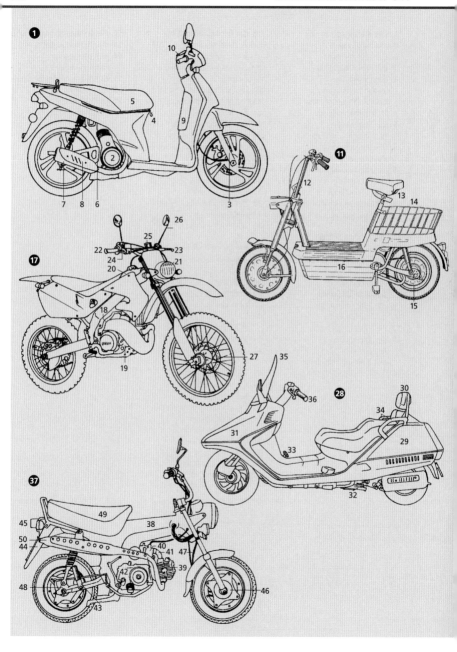

1 **das Kleinkraftrad**
2 die Brems- und
   Rücklichteinheit
3 die Bowdenzüge *m*
4 das Cockpit mit
   Tachometer *m od. n*
   und elektronischem
   Drehzahlmesser *m*
5 die Telegabel
   mit Faltenbälgen *m*
6 das Signalhorn
7 das Soziuskissen
8 der Hinterrad-
   stoßdämpfer
   (das Federbein)
9 die Soziusfußraste
10 der Soft-Chopper-
   Lenker
11 der Treibstofftank
12 der Rohrrahmen
13 der Zündkerzenstecker

14 **die verkleidete**
   schwere Maschine
15 das Integralcockpit
16 die Blinkleuchte
17 die Klarsichtscheibe
18 der Zweizylinder-
   Boxermotor
   mit Kardanantrieb *m*
19 das Leichtmetallgussrad

20 **die Geländemaschine,**
   ein leichtes Sport-
   motorrad *n*
21 der Doppelschleifen-
   rahmen
22 das Startnummernschild
23 die Einmannsitzbank
24 die Kühlrippen *f*
25 der Motorradständer
26 die Motorradkette
27 die Teleskopfedergabel
28 die Speichen *f*
29 die Felge
30 der Motorradreifen
31 das Reifenprofil
32 der Gangschaltungshebel
33 der Gasdrehgriff
34 der Rückspiegel

35 **die Vierzylindermaschine**
36 die Windleitverkleidung
37 der Auspuff
38 der elektrische Anlasser
39 der *od.* das Tachometer
   (*ugs.* der Tacho)
40 der Bremsflüssigkeits-
   behälter
41 der luftgekühlte Motor
42 das hintere Blinklicht

43 **das Schwerkraftrad**
44 die vordere Scheiben-
   bremse
45 der Scheibenbremssattel
46 die Steckachse
47 der Wasserkühler
48 der Treibstofftank
49 das Blinklicht
50 der Fußschalthebel
51 die Kette

52 **die Beiwagenmaschine**
53 das Beiwagenschiff
54 das Beiwagen-
   sonnenverdeck
55 die Begrenzungsleuchte
56 das Beiwagenrad
57 die Beiwagen-
   windschutzscheibe

1 **der Sechszylinder-
Reihen-Ottomotor**®
[Längsschnitt]
2 die Nockenwelle
3 der Tassenstößel
4 die Ventilfeder
5 der Nocken
6 der Verbrennungsraum
7 der Kompressionsring
8 der Ölabstreifring
9 der Zündverteiler
10 der Ventilator
(das Lüfterrad)
11 die Kältemittelleitung
der Klimaanlage *f*
12 die Servolenkungspumpe
13 der Keilriemen
14 der Kompressorkolben
15 der Klimaanlagen-
kompressor
16 das Kurbelgehäuse
17 das Prallblech
18 der Ölansaugstutzen
19 die Ölwanne
20 das Ausgleichsgewicht
der Kurbelwelle *f*
21 die Getriebeglocke
22 das Kurbelwellen-
hauptlager
23 der Pleuel
(die Pleuelstange)
24 der Kolben
25 der Kühlwasserkanal
26 die Laufbüchse
27 das Auslassventil
28 der Zylinderkopf

29 **der Zwölfzylinder-
V-Ottomotor**®
[Vorderansicht]
(30–47)
30 das Luftfiltergehäuse
31 das Nockenwellen-
gehäuse
32 das Nockenwellen-
antriebsrad
33 das Kraftstoff-
einspritzventil
34 der Ansaugkanal
35 der Luftsammler
36 die Kolbenringzone
37 die Kolbenringnut
38 der Kolbenschaft
39 der Kolbenbolzen
40 das Gegengewicht
41 der Auspuffkrümmer
42 der Lüfterflügel
43 die Lüfterantriebswelle
44 die Viskokupplung
45 der Generator
(die Lichtmaschine)
46 die Generator-
riemenscheibe
47 der Kühlwasseraustritt
48 die Kolbenanordnung
eines Vierzylinder-
Reihenmotors *m*
49 die Kurbelwelle
50 die Kolbenanordnung
eines Zwölfzylinder-
V-Motors *m*

51 **der Turbodieselmotor**
[Längsschnitt]
52 der Öleinfüllstutzen-
deckel
53 die Ventilfeder
54 der Wassermantel
55 die Wasserpumpen-
riemenscheibe
56 der Ölkühler
57 das Kühlnetz

58 der *od.* das Ölfilter
59 der Motorblock
60 die Öldruckleitung
des Turboladers *m*
61 das Kupplungsgehäuse
62 das Auspuffrohr
63 das Turbinenrad
64 der Ansaugkanal

65 **der Zweischeiben-
Wankelmotor**®,
ein Rotationskolben-
motor
66 die Wankelscheibe
(der Rotationskolben)
67 die Dichtleiste
68 der Drehmomentwandler
(Föttinger-Wandler)
69 die Einscheibenkupplung
70 das Mehrganggetriebe
(Mehrstufengetriebe)
71 der Portliner im Auspuffkrümmer *m*
72 die Scheibenbremse
73 das Achs-
differenzialgetriebe

74 **der Einzylinder-
Zweitaktmotor**
75 der Zündkerzendeckel
76 der Kraftstoffhahn
77 der Kickstarter
78 der Vergaser
79 der Schalthebel
80 die Motorabdeckung
81 der Betätigungsarm
für die Kupplung
82 die Kühlrippe

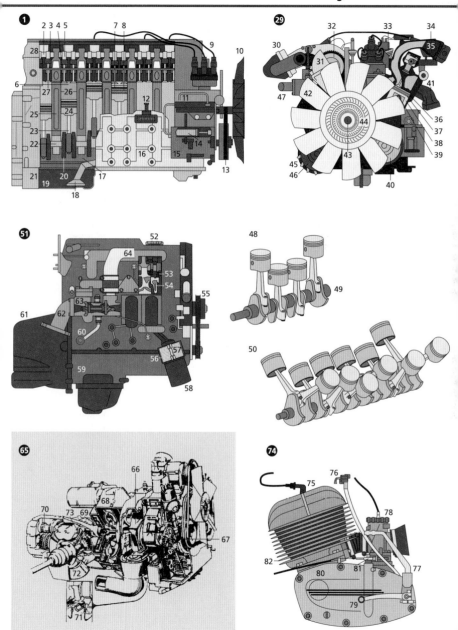

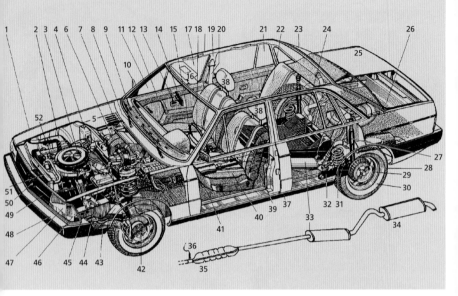

1–52 der Pkw
(der Personenkraftwagen),
ein Automobil (Auto *n*,
Kraftfahrzeug *n*, Kfz *n*)
1 der Kotflügel
2 der Ansauggeräusch-
dämpfer
3 der *od.* das Luftfilter
4 der Bremsflüssigkeits-
behälter
5 die Motorhaube
6 das Gebläse für die
Innenraumbelüftung
7 der Lufteinlassschlitz
8 der Scheibenwischer
9 die Defrosterdüsen *f*
10 der Außenspiegel
11 die Windschutzscheibe
12 die Autotür
13 der Türgriff
14 der Rückspiegel
15 der Beifahrersitz
16 die Sonnenblende mit
dem Schminkspiegel *m*
17 das versenkbare Türfenster
18 das Lenkrad (Steuerrad)
19 die Karosserie

20 der Sicherheitsgurt
21 das Fondfenster
22 die Fondsitze *m*
23 die Heckscheibe
24 die Zwangsentlüftung
25 der Kofferraumdeckel
26 der Kofferraum
27 der Stoßdämpfer
28 das Autorad
29 der Autoreifen
30 die Felge
31 die Schraubenfeder
32 der Längslenker
33 der Auspufftopf
34 der Endschalldämpfer
35 der Katalysator
36 die Lambdasonde
37 das Fahrgestell
(das Chassis)
38 die verstellbare Kopfstütze
39 die umlegbare Rückenlehne
40 der Fahrersitz
41 der Bodenteppich

42 die Scheibenbremse
43 das Vorderradfahrwerk
mit Vorderradantrieb *m*
44 die Batterie
45 der Motorträger
46 der Blinker
47 der Scheinwerfer
48 die Stoßstange
49 der Kühlergrill
50 das Markenzeichen
51 der Kühler
52 die Kühlwasserleitung

53–80 das Cockpit
53 der Schalter für Standlicht *n* und Abblendlicht
54 der Schalter für die
Nebelscheinwerfer *m*
55 die Seitenfensterluftdüse
56 der Schalter für die
Nebelschlussleuchte
57 die Nebelscheinwerfer-
kontrolllampe
58 die Wassertemperatur-
anzeige
59 der Rücksteller für den
Tageskilometerzähler *m*

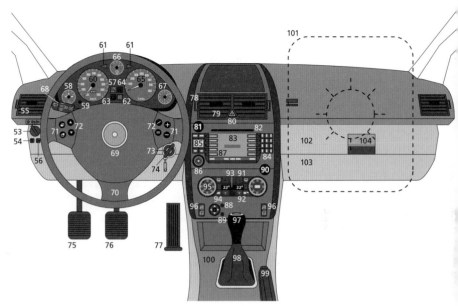

60 der *od.* das Tachometer
   (*ugs.* der Tacho)
61 die Blinkerleuchte
62 die Fernlicht-
   kontrolllampe
63 die Handbremsen-
   kontrolllampe
64 die Öldrucklampe
65 der Drehzahlanzeige
66 die Tankanzeige
67 die Uhr
68 der Multifunktions-
   schalthebel für Blink-
   licht *n*, Fernlicht,
   Scheibenwaschanlage *f*
   und Hupe *f*
69 das Lenkrad mit
   integriertem Airbag *m*
70 die Lenkradspeiche
71 die Schaltwippe zur
   Lautstärkeregelung *f*
72 die Schaltwippe zur
   Titel- oder Senderwahl *f*
73 das Zündschloss
74 der Zündschlüssel
75 das Kupplungspedal

76 das Bremspedal
77 das Gaspedal
78 das Lüftungseinstellrad
79 das Lüftungsgitter
80 der Schalter für
   das Warnblinklicht

81 **das Autoradio**
   mit CD-Player *m* und
   Navigationssystem *n*
   (82–87)
82 die CD-Einführöffnung
83 das Display mit
   der Menüanzeige *f*
84 das Tastaturfeld
   zur Dateneingabe *f*
85 die Menüauswahltasten *f*
86 der Lautstärkeregler
87 die Funktionswahltasten *f*
88 der Schalter für die
   Heckscheibenheizung
89 der Schalter für
   die Windschutzscheibenheizung

90 **die Klimaautomatik**
   (91–95)
91 der Tipptaster zur
   Temperaturerhöhung *f*
92 der Tipptaster zur
   Temperatursenkung *f*
93 die separate Temperaturanzeige für Fahrer- und
   Beifahrerseite *f*
94 die Ein-/Ausschalttaste
95 das Einstellrad für
   die Lüftungsleistung
96 die Schalttasten *f*
   für die Sitzheizung von
   Fahrer *m* und Beifahrer
97 der Schaltknüppel
98 die Ledermanschette
99 der Handbremshebel
100 die Mittelkonsole
101 der Beifahrerairbag
    [angedeutet]
102 die Airbagabdeckung
103 das Handschuhfach
104 das Handschuhfachschloss

1 **die Einspritzanlage**
2 der Kraftstofftank
3 die Kraftstoffpumpe
4 der *od.* das Kraftstofffilter
5 der Bordcomputer
6 die Kraftstoffleitung
7 das Einspritzventil
   (die Düse)
8 der Wassertemperatur-
   fühler
9 der Kraftstoffdruckregler
10 der Kolben
11 die Luftpumpe
12 der Vergaser
13 der Lufttemperaturfühler
14 das Einlassventil
15 das Auslassventil
16 die Steuerleitungen *f*

17 **die Druckumlauf-**
   schmierung
18 die Ölpumpe
19 der Ölvorrat
   (der Ölsumpf)
20 der *od.* das Grobfilter
21 der Ölkühler
22 der *od.* das Feinfilter
23 die Hauptölbohrung
24 die Stichleitung
25 das Kurbelwellenlager
26 das Nockenwellenlager
27 das Pleuellager
28 die Kurbelzapfenbohrung
29 die Nebenleitung

30 **der Kältemittelkreislauf**
   der Klimaanlage *f*
31 der Kompressor
32 die Kompressorkupplung
33 das Expansionsventil
34 der Verdampfer
35 das Gebläse
36 der Filtertrockner
37 der Druckschalter
38 der Kondensatorlüfter
39 der Kondensator
40 der Kühlmittelleitung

41 **das Lenkgetriebe**
   (die Schneckenlenkung)
42 die Lenksäule
43 das Schneckenrad-
   segment
44 der Lenkstockhebel
45 das Schneckengewinde

46 **das Sechsgang-**
   Sportgetriebe
47 die Antriebswelle
48 die Kupplung
49 die Eingangswelle
50 das Schraubenrad für
   den Rückwärtsgang *m*
51 das Schraubenrad
   für den 6. Gang *m*
52 das Schraubenrad
   für den 5. Gang *m*
53 das Schraubenrad
   für den 1. Gang *m*
   [aktiv]
54 das Schraubenrad
   für den 3. Gang *m*
55 das Schraubenrad
   für den 4. Gang *m*
56 das Schraubenrad
   für den 2. Gang *m*
57 der Abtrieb
   zum Differenzial *n*
58 das Differenzial

59 **die Scheibenbremse**
60 die Bremsscheibe
61 der Bremssattel mit
   den Bremsklötzen *m*
62 der Bremsleitungs-
   anschluss

63 **die Trommelbremse**
   für die Handbremse
64 die Bremstrommel
65 die Bremsbacke
66 der Bremsbelag
67 die Rückholfeder
68 der Radzylinder

69 **die Doppelgelenkachse**
70 die Gelenkwelle
71 der Hinterachsträger
72 der Schräglenker
73 die Schraubenfeder
74 der Stoßdämpfer
75 der Drehstab
76 die Gelenkscheibe

77 **die McPherson-**
   Federbeinachse
78 die Karosserie-
   abstützung
79 das Federbein-
   stützlager
80 die Schraubenfeder
81 die Kolbenstange
82 der Federbein-
   stoßdämpfer
83 die Felge
84 der Achszapfen
85 der Spurstangenhebel
86 das Führungsgelenk
87 die Zugstrebe
88 das Gummilager
89 das Achslager
90 der Vorderachsträger

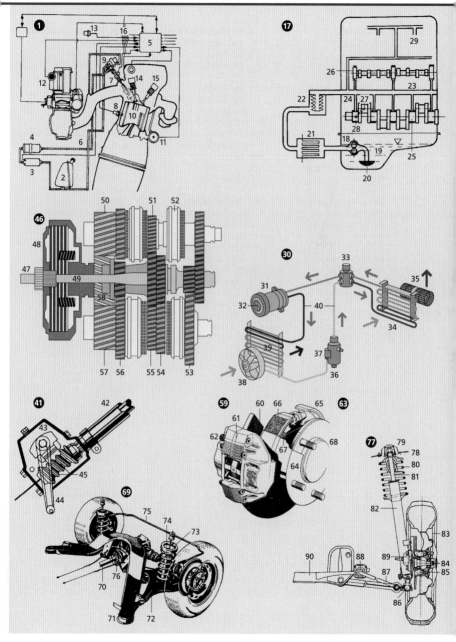

1–40 Autotypen *m*
(Pkw-Typen)

1 die viertürige
Reiselimousine
2 die Motorhaube
3 die Kopfstütze
4 die Kofferraumklappe
5 die Fahrertür
6 die Fondtür
7 das Stufenheck

8 das Kabriosportcoupé
(der Kabriosportwagen),
ein Kabriolett *n*
(Cabriolet *n*, Kabrio *n*)
9 der Integralsitz
10 das zurückgeklappte
Verdeck

11 der Geländewagen
12 das Reserverad
13 der Überrollbügel

14 die Fließhecklimousine
15 die Heckklappe
16 das Fließheck
(Stummelheck)

17 der Kombi
(der Kombiwagen,
Kombinations-
kraftwagen)
18 der Laderaum
(das Heckabteil)
19 der Vordersitz
20 der Rücksitz
(Hintersitz)

21 der Kleinwagen,
ein Dreitürer *m*
22 die Hecktür
23 die Ladekante
24 die umlegbare
Rücksitzbank
25 der Kofferraum
26 das Schiebedach

27 der Roadster,
ein Zweisitzer *m*
28 das Hardtop

29 der Grand-Tourisme-
Wagen
(GT-Wagen)
30 die integrierte Stoßstange
31 der Heckflügel
(der Heckspoiler)
32 der Frontspoiler

33 der Van
(die Großraumlimousine)
34 die Dachreling
35 die Fahrerkabine
36 die Schiebetür
37 die Sitzbänke *f*
38 der Luftschlitz
39 die Hecktür
40 der Stoßfänger

1–32 **Lkws** *m*
(Lastkraftwagen *m*)

1 **der geländegängige Kleinlaster**
2 das Fahrerhaus
3 die Ladepritsche
4 der Geländereifen
5 die Stauraumbox

6 **der Pritschenwagen**
7 die Ladefläche
(die Pritsche)
8 das Reserverad
9 der Seitenanfahrschutz, ein seitlicher Unterfahrschutz

10 **der Betonmisch-Lkw**
(der Lkw-Betonmischer)
11 der Wassertank
12 die Mischtrommel
13 der bewegliche Auslauf
14 die Handkurbel zur Auslaufverstellung *f*
15 die Auslaufverlängerung
16 das Bedienungspodest
17 der Batteriekasten
18 das Druckluftaggregat

19 **der Tanklastzug,**
ein Sattelzug
(Sattelkraftfahrzeug *n*)
20 die Zugmaschine
(der Sattelschlepper)
21 das Fahrerhaus
22 der Fahrzeugtank
23 der Tankauflieger, ein Sattelanhänger
(Wechselbrücke *f*) für flüssige Ladungen *f*
24 der Ladetank
25 die Sattelkupplung

26 **das Lkw-Fahrerhaus**
27 das Hochdach
28 die Koje
29 der Fahrersitz
30 das Lenkrad

31 **der Kleinlastwagen**
(Kastenwagen)
32 die seitliche Schiebetür
(Ladetür)

33–51 **Busse** *m*
(Omnibusse, Autobusse)

33 **der Niederflur-Kleinbus**
34 die Schwingtür

35 **der Reiseomnibus**
(Reisebus, *schweiz.* der Autocar)
36 das Gepäckfach
37 die Außenschwingtür
38 die Motorbelüftung
39 die Aufdachklimaanlage
40 der Fahrgastraum

41 **der Doppelstockbus**
(Doppeldeckerbus, der Doppeldecker)
42 das Unterdeck
43 das Oberdeck
44 der Aufstieg

45 **der Gelenkbus**
46 das Schubgelenk
47 der Lenkungsdämpfer
48 die Zielanzeige
49 die pneumatische Doppelschwingtür
50 die Lüftungsklappe
51 das Oberlicht

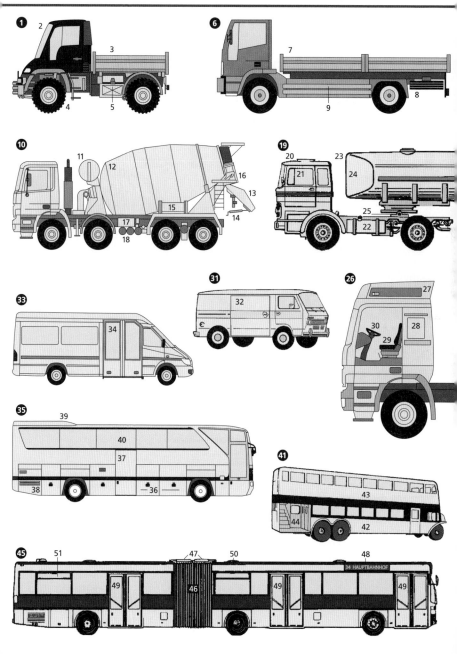

1 **die Achsmessbühne**
2 die Auffahrrampe
3 der Messwinkel-
   aufnehmer
4 der Messwertgeber
5 die Messdrehplatte
6 der Wagenheber

7 **der Achsmesscomputer**
   (8–12)
8 die Messwertanzeige
   auf dem Bildschirm *m*
9 der Drucker
10 die Tastatur
11 die Ablageschublade
   für Fahrzeugsolldaten *pl*
12 das Achsmessprotokoll
13 der Kfz-Techniker-Meister
   (*ugs.* Kfz-Meister; *ähnl.*:
   Kfz-Mechaniker-Meister,
   Kfz-Elektriker-Meister)

14 **die Werkzeugwand**
15 der Doppelmaulschlüssel
16 der Doppelringschlüssel

17 **der Lichteinstellstand**
18 das Lichteinstellgerät
19 die Laufschiene

20 **der Diagnosestand**
21 die Tastatur
22 der Protokolldrucker
23 die Schreibablage
24 die Werkzeugablage
25 der Bildschirm
26 der Programm-
   karteneinschub
27 der Dieselabgastester
28 das Fehlerdiagnosegerät

29 **die Dieselabgassonde**
30 der Messschlauch
31 die Schlauchklemme

32 **der Stoßdämpfer-**
   prüfstand
33 die Bedieneinheit
34 das Justierrad
35 der Protokollschreiber
36 die Radaufnahme

37 **der Bremsenprüfstand**
   (38–41)
38 die Bremsprüfrollen *f*

39 **das Bremskraft-**
   anzeigegerät
40 die Messwertanzeige
41 das Auswertungsprotokoll

42 **das Anschlagbrett**
   (das schwarze Brett)
   für betriebsinterne
   Bekanntmachungen *f*
43 die aushangpflichtigen
   Gesetzestexte *m*
44 die Warnhinweise *m*

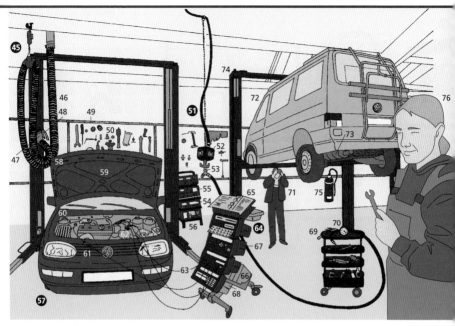

45 die Abgasabsauganlage
(46–48)
46 der Abgasschlauch
47 der Trichter
48 die Halteklemme
49 das Werkzeugbord
50 das Spezialwerkzeug

51 der Versorgungswürfel
(52, 53)
52 die Steckdose
53 der Druckluftanschluss
54 der Zündzeitpunkttester
(Zünd- und Schließ-
winkeltester)
55 der Generatortester
(Lichtmaschinentester)
56 das Batterieprüfgerät

57 die Fahrzeugdiagnose
58 der Pkw (der Personenkraftwagen), ein Kraft-
fahrzeug *n* (Kfz *n*)
59 die Motorhaube
60 der Motorraum
61 das Öltemperaturfühlerkabel
62 der Motordrehzahlgeber
63 das Kabel für die Zündzeitpunktbestimmung

64 der Diagnosewagen
65 das Datenbuch mit
den Solldaten *pl*
66 das Motortestgerät
67 der Vierkomponentenabgastester
68 das Fehlerdiagnosegerät
69 der Werkzeugwagen
70 der Druckluftmesser

71 der Kfz-Techniker
(Kraftfahrzeugtechniker,
Kfz-Mechatroniker; *ähnl.:*
der Kfz-Mechaniker)
72 der Kleintransporter
73 das Auspuffsystem
74 die hydraulische
Zweisäulenhebebühne
75 der Feuerlöscher
76 der Kfz-Techniker-Lehrling (Kfz-Mechatroniker-
Lehrling, *ugs.* Kfz-Lehrling), ein Auszubildender
(*ugs.* Azubi *m*)

1 die Wanduhr	16 der Baldachin	**32 das Drogerieartikelregal**
2 die Sektflasche	17 die Speiseliste	33 das Wundpflaster
3 die Weinflasche	18 die Abbildung	(Heftpflaster)
4 die Whiskyflasche	angebotener Speisen *f*	34 die Einwegrasierklingen *f*
5 das Knabbersortiment	19 der Umluftofen	35 die Damenhygiene-
mit Chips *m*, Erdnuss-	zum Aufbacken *n*	artikel *m*
flips *m*, Erdnüssen *f*	von Fertigbackwaren *f*	36 die Hautlotion
und Salzstangen *f*	20 das Mikrowellengerät	37 das Waschpulver
	(ugs. die Mikrowelle)	38 das Tierfutter in Dosen *f*
6 die Bistro-Ecke		39 das Katzentrockenfutter
7 die Kaffeemaschine	**21 der Gebäcktresen**	40 der Tankstellenpächter
8 die Thermoskanne®	22 die Schnecken *f*	41 das illuminierte
9 die Kaffeetassen *f*	23 die Brötchen *n*	Kassenschild
10 die Kaffeebecher *m*	24 die Hörnchen *n*	42 die Batterien *f*
11 die Teller *m*	25 die Wurstcroissants *n*	für Elektrokleingeräte *n*
12 der Bistro-Stehtisch	26 die Wärmelampe	43 die Zigaretten *f*
13 der Barhocker		in Stangen *f*
14 das Milchkännchen	**27 das Kühlregal**	44 die Zigaretten *f*
15 das Salz-Pfeffer-Set	28 die Wurst	in Schachteln *f*
	29 der Käse	
	30 der Joghurt	
	31 die Milchdrinks *m*	

45 die Tabakpäckchen *n*
46 der *od.* das Kaugummi
47 die Kasse
48 die Kassenleuchtanzeige
49 der Scanner
(das Einlesegerät für
den Strichcode *m*)
50 das Kreditkartenlesegerät
51 der Zahlteller
52 die Süßwaren *pl*
53 die Gummibärchen *n*
54 die Lakritze
(das *od.* der Lakritz)
55 die Schlüsselanhänger *m*

56 **die Eistruhe** (57–59)
57 das Speiseeis
58 das Stieleis
59 der Eisbecher
60 die Bierflaschen *f*
61 der Flaschenbierkasten
62 die Erfrischungs-
getränke *n* in
1,5-l-Pfandflaschen *f*
63 die Blumensträuße *m*
64 der Blumenwasserkübel
65 die Tageszeitungen *f*
66 die Zeitschriften *f*
67 die Motorpflege- und
Schmierstoffe *m*
68 der 5-l-Reservekanister
69 der Tretmülleimer
70 die Straßenkarte
71 die Landkarte
72 der Straßenatlas
73 die Scheibenwischer-
blätter *n*

74 die Zündkerzen *f*
75 die Ersatzlampen *f*
76 der 20-l-Reservekanister
77 die Automatikglastür
78 der Notschalter
79 die Türschließanlage
80 der Bewegungssensor
81 das Leuchtschild
82 die Pkw-Waschanlage
83 die Zapfsäule
84 die Zapfsäulenanzeige

1 die Preistafel
2 die digitalen Zahlen *f*
3 die Zapfsäule für
   Zweitaktgemisch *n*
4 das Messglas

5 **die Waschstraße**
   (die Waschanlage)
6 die Einfahrt
7 die rotierenden Bürsten *f*
8 die Waschprogramm-
   anzeige

9 **der Staubsauger** (10, 11)
10 der Staubsaugerschlauch
11 die Aufhängung
12 der Mattenklopfer
13 der Autofahrer
   beim Tanken *n*
14 die Tankklappe
15 das Motoröl
16 die Motorölkanne
17 der Benzinkanister
18 der Abfallbehälter
19 die Autoreifen *m*

20 **der Reifendruckprüfer**
   (der Reifendruckmesser,
   Reifenfüllmesser) (21–24)
21 die Druckluftleitung
22 der Luftbehälter
23 das Manometer
24 der Luftfüllstutzen
25 die Autofahrerin
   beim Einstellen *n*
   des Luftdrucks *m*
26 der Wassereimer
27 der Abzieher
   zum Reinigen *n* der
   Autofensterscheiben *f*
28 die Kanne mit Wasser *n*

29 **die Zapfsäule**
   (Tanksäule) für
   vier verschiedene
   Kraftstoffarten *f* (30–39)
30 die Füllmengenanzeige
31 die Preisanzeige
32 der Geldbetrag
33 das Leuchtzeichen
   (das Leuchtsignal)

34 die Zapfstellennummer
35 der Zapfschlauch
   für Normalkraftstoff *m*
   (Normalbenzin *n*)
   mit einer Oktanzahl *f*
   von 91
36 der Zapfschlauch
   für Superkraftstoff *m*
   (Euro-Super *n*)
   mit einer Oktanzahl *f*
   von 95
37 der Zapfschlauch für
   Super-plus-Kraftstoff *m*
   mit einer Oktanzahl *f*
   von 98
38 der Zapfschlauch
   für Dieselkraftstoff *m*
39 der Zapfhahn
   (die Zapfpistole)
40 der Papiertuchspender
41 das Papiertuch
   (Papierhandtuch)
42 der Feuerlöscher
43 der Autoshop

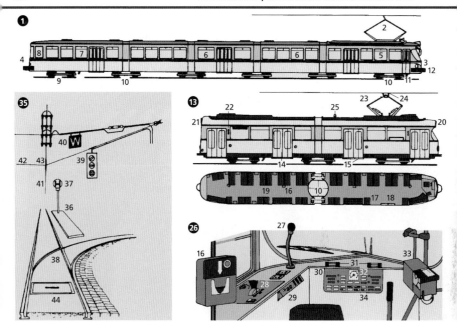

1 der zwölffachige
  Gelenktriebwagen
  für den Überland-
  betrieb *m*
2 der Stromabnehmer
3 der Wagenbug
4 das Wagenheck
5 das A-Wagenteil
  mit Fahrmotor *m*
6 das B-, das C- und
  das D-Wagenteil
7 das E-Wagenteil
  mit Fahrmotor *m*
8 der Heckfahrschalter
9 das Triebdrehgestell
10 das Laufdrehgestell
11 der Radschutz
   (der Bahnräumer)
12 die Rammbohle

13 **der sechsachsige**
   Gelenktriebwagen,
   ein Kurzgelenkwagen
   für Straßenbahn- und
   Stadtbahnbetrieb *m*
   [Seitenansicht
   und Grundriss]
14 die Doppelfalttür
15 die Trittstufe
16 der Fahrscheinentwerter
17 der Einzelsitzplatz
18 der Stehplatzraum
19 der Doppelsitzplatz
20 das Zielschild
21 das Linienschild
22 der Fahrtrichtungs-
   anzeiger (der Blinker)
23 der Scheren-
   stromabnehmer
24 die Schleifstücke *n*
25 die Funkantenne

26 der Fahrerstand
27 das Mikrofon
28 der Sollwertgeber
   (der Fahrschalter)

29 das Funkgerät
30 die Armaturentafel
31 die Armaturentafel-
   beleuchtung
32 der Geschwindigkeits-
   anzeiger
33 der Zahltisch mit
   dem Geldwechsler *m*
34 die Taster *m* für Innen-
   und Außenbeleuchtung *f,*
   Scheibenwischer *m*
   und Türenöffnung *f*

35 der Schienenraum
36 die Haltestelleninsel
37 das Haltestellenschild
38 die elektrische
   Weichenanlage
39 die Richtungsanzeige
40 das Weichenschaltsignal
41 der Fahrdraht
42 die Fahrleitungs-
   querverspannung
43 der Fahrleitungskontakt
44 der Weichenantrieb

1–5 **die Fahrbahnschichten** *f*
1 die Frostschutzschicht
2 die Asphalttragschicht
3–5 die Fahrbahndecke
3 die untere Binderschicht
4 die obere Binderschicht
5 die bituminöse Deckschicht (Bitumendeckschicht)
6 die Bordsteinkante
7 der Hochbordstein
8 das Gehwegpflaster
9 der Bürgersteig (Gehsteig, Gehweg)
10 der Rinnstein
11 der Fußgängerüberweg (der Zebrastreifen)
12 die Straßenecke

13 die Fahrbahn (der Fahrdamm)
14 die Stromversorgungskabel *n*
15 die Telekommunikationskabel *n* (Telefon- und Fernsehkabel)
16 die Telekommunikationskabeldurchgangsleitung
17 der Kabelschacht mit Abdeckung *f*
18 der Lichtmast mit der Leuchte *f*
19 das Stromkabel für technische Anlagen *f*
20 die Telekommunikationshausanschlussleitung
21 die Gasleitung
22 die Trinkwasserleitung
23 der Sinkkasten
24 der Ablaufrost
25 die Sinkkastenanschlussleitung

26 die Schmutzwasserhausanschlussleitung
27 der Mischwasserkanal
28 die Fernwärmeleitung
29 der U-Bahn-Tunnel
30 der U-Bahn-Zug
31 der Zugführer (der Fahrer)

1 **der Straßenreiniger**
(*regional* der Straßen-
kehrer, der Straßenfeger)
2 der Straßenbesen

3–7 **die Dienstkleidung
des Straßenreinigers** *m*
3 die Mütze
4 die Jacke mit Sicherheitsleuchtstreifen *m*
5 die Hose mit Sicherheitsleuchtstreifen *m*
6 die Sicherheitsschuhe *m*
mit eingearbeiteter
Stahlkappe *f*
7 die Handschuhe *m*
8 der Handwagen mit
den Arbeitsgeräten *n*
9 der Laubsauger
10 der Laubsack

11 die Straßenkehrmaschine
12 die Tellerbürste
13 das Pressmüllfahrzeug,
ein Müllwagen *m* (Müll-
abfuhrwagen, *schweiz.*
Kehrichtabfuhrwagen)
14 die Kippvorrichtung
für Mülltonnen *f* und
Müllcontainer *m*

15 **das Kehrfahrzeug** (16–21)
16 die Kehrwalze
17 der Zubringerbesen
18 der Saugmund
19 die Luftführung
20 der Ventilator
21 der Schmutzbehälter
22 der Bauschuttcontainer

23 **das Winterdienstfahrzeug**
24 der Schneepflug
(das Schneeschiebeschild,
der Schneeräumer)

25 der Feststellhebel für
den Abräumwinkel *m*
26 die Aufhängung
am Fahrzeug *n*
27 das Signallicht
28 der Streugutbehälter
für Streusalz *n*
oder Streusand *m*
29 der Streugutverteiler

1–48 Straßenbaumaschinen *f*

1 der Hochlöffelbagger,
  ein Seilbagger
 2 das Maschinenhaus
 3 das Raupenfahrwerk
 4 der Baggerausleger
 5 der Baggerlöffel
 6 die Reißzähne *m*
  (Grabzähne)

 7 die Schürfkübelraupe
 8 der Schürfkübel
 9 das Schild
  (die Kübelschneide)

10 der Hinterkipper,
  ein Schwerlastwagen *m*
11 das Fahrerhaus
  (Führerhaus)
12 die Kippermulde
13 die Verstärkungsrippe
  (die Versteifung)
14 der Hydraulikarm

15 der Straßenhobel
  (der Grader)
16 der Aufreißer
17 die Hobelschar
18 der Schardrehkranz

19 **der Rüttelstampfer**
  (Vibrationsstampfer,
  der Frosch)
20 der Führungsbügel
  mit dem Gashebel *m*
21 der Stampffuß
22 die Stampfplatte
23 der Baumaschinenführer

24 **die Planierraupe**
  (der Bulldozer,
  Kettendozer)
25 das Planierschild
  (Räumschild)
26 der Hydraulikarm
  zur Schildneigungs-
  verstellung *f*
27 der Überschlagschutz
28 die Gleiskette
  (die Raupe)

29 **die Dreiradwalze**
30 das Allwetterdach
31 die Walze
32 die Glattbandage

33 **der Splittstreuer**
34 die Streuklappe

35 **der Schwarzdecken-
  fertiger** (Asphalt-
  straßenfertiger)
36 der Materialbehälter
  (Aufnahmebehälter)
37 der Fahrersitz
38 das Bedienpult
39 die Einbaubohle

40 **die Teerspritzmaschine**
  mit Teer- und
  Bitumenkocher *m*
41 der Teerkessel

42 **die mobile Walzasphalt-
  Trocken-und-Misch-
  Anlage**
43 das Aufnahmebecherwerk
44 die Asphaltmischtrommel
45 der Füller aufzug
46 die Füllerzugabe
47 die Bindemittel-
  einspritzung
48 der Mischasphaltauslauf

49 **der Straßenquerschnitt**
50 das Rasenbankett
51 die Querneigung
52 die Asphaltdecke
53 der Unterbau
54 die Frostschutzschicht
55 die Tiefensickerungs-
  anlage
56 die Drainageleitung
57 die Entwässerungsrinne
58 die Humusandeckung

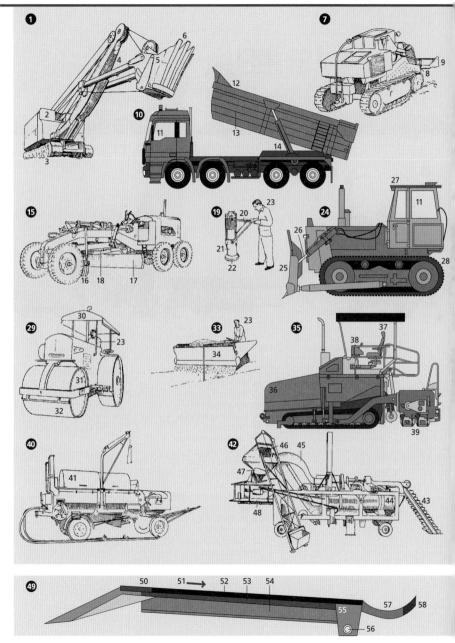

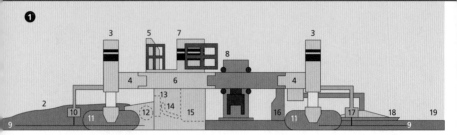

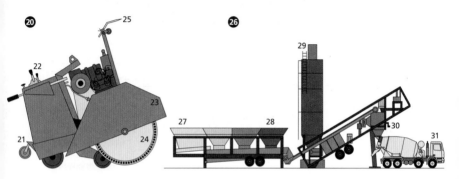

1–31 der Betonstraßenbau (Autobahnbau)

1 der Gleitschalungs-fertiger [Schema]
2 der angelieferte Beton
3 die Höhenverstellung
4 der Schwenkarm
5 der Fahrstand
6 der Grundrahmen
7 die Antriebsstation
8 das Dübelsetzgerät
9 der Spanndraht
10 der vordere Nivellierungstaster

11 das Kettenlaufwerk
12 die Verteilerschnecke
13 das Vorderwandschild
14 die Rüttelflaschen *f*
15 die Schalung mit der Pressbohle *f*
16 die Querglättbohle
17 der hintere Nivellierungstaster
18 der Längsglätter
19 die eingebaute Betondecke

20 der Fugenschneider
21 das Spornrad
22 die Schnitttiefen-einstellung
23 die Schutzhaube
24 die Diamant-schneidscheibe
25 der Peilstab

26 die radmobile Betonmischanlage
27 die Bunker- und Wiegeeinheit
28 die Zuschlagstofffraktion
29 das Zementsilo
30 der Ablauftrichter
31 das Transportfahrzeug

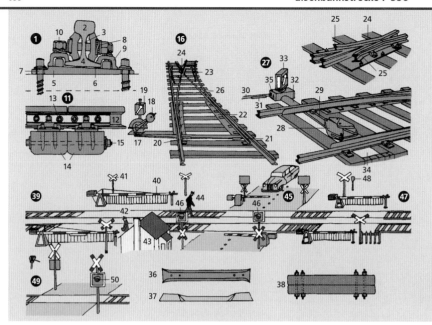

1–38 **das Gleis**

1 die Schiene
(Eisenbahnschiene)
2 der Schienenkopf
3 der Schienensteg
4 der Schienenfuß
5 die Unterlagsplatte
6 die Zwischenlage
7 die Schwellenschraube
8 die Federringe *m*
9 die Klemmplatte
10 die Hakenschraube

11 der Schienenstoß
12 die Schienenlasche
13 der Laschenbolzen
14 die Kuppelschwelle
15 die Kuppelschraube

16 die Handweiche
17 der Handstellbock
18 das Stellgewicht
19 das Weichensignal
(die Weichenlaterne)

20 die Stellstange
21 die Weichenzunge
22 der Gleitstuhl
23 der Radlenker
24 das Herzstück
25 die Flügelschiene
26 die Zwischenschiene

27 die fernbediente Weiche
28 der Weichenspitzen-
verschluss
29 der Abstützstempel
30 der Drahtzug
31 das Spannschloss
32 der Kanal
33 das elektrisch beleuchtete
Weichensignal
34 der Weichentrog
35 der Weichenantrieb
mit Schutzkasten *m*

36–38 **Schwellen** *f*
36 die Eisenschwelle
37 die Betonschwelle
38 die Kuppelschwelle

39–50 **Bahnübergänge** *m*

**39 der schienengleiche
gesicherte Bahnübergang**
40 die Bahnschranke
41 das Warnkreuz
(Andreaskreuz)
42 der Schrankenwärter
43 der Schrankenposten
44 der Streckenwärter

45 die Halbschrankenanlage
46 das Blinklicht

47 die Anrufschranke
48 die Wechselsprechanlage

**49 der unbeschrankte
Bahnübergang,**
ein technisch nicht
gesicherter Bahn-
übergang
50 das Blinklicht

1–6 Hauptsignale *n*
1 das Formsignal »Halt!«
2 der Signalarm
3 das Lichtsignal »Halt!«
4 das Signal »Fahrt mit Geschwindigkeits-
    begrenzung« [Formsignal und Lichtsignal]
5 das Signal »Fahrt« [Form-signal und Lichtsignal]
6 das Ersatzsignal
7–24 Vorsignale *n*
7 das Formsignal »Halt erwarten!«
8 der Zusatzflügel
9 das Lichtsignal »Halt erwarten!«
10 das Signal »Fahrt mit Geschwindigkeitsbegren-
    zung erwarten« [Form-signal und Lichtsignal]
11 das Signal »Fahrt erwarten« [Formsignal und Licht-
    signal]
12 das Formvorsignal mit Zusatztafel *f* für Bremsweg-
    verkürzung *f*
13 die Dreiecktafel
14 das Lichtvorsignal mit Zusatzlicht *n* für Brems-
    wegverkürzung *f*
15 das weiße Zusatzlicht
16 das Notgelb
17 der Vorsignalwiederholer, ein Lichtsignal *n*
    mit Zusatzlicht *n* und ohne Tafel *f*
18 das Vorsignal mit Geschwindigkeitsanzeige *f*
19 der Geschwindigkeits-voranzeiger
20 das Vorsignal mit Richtungsvoranzeige *f*
21 der Richtungsvoranzeiger
22 das Formvorsignal ohne Zusatzflügel *m* in
    der Signalstellung *f* »Halt erwarten!«
23 das Formvorsignal ohne Zusatzflügel *m* in der
    Signalstellung *f* »Fahrt erwarten«
24 die Vorsignaltafel
25–35 Zusatzsignale *n*
25 die Trapeztafel zur Kennzeichnung *f*
    des Haltepunktes *m* bei Zugleitbetrieb *m*

26–29 die Vorsignalbaken *f*
26 die Vorsignalbake in 100 m Entfernung *f*
    vom Vorsignal *n*
27 die Vorsignalbake in 175 m Entfernung *f*
    vom Vorsignal *n*
28 die Vorsignalbake in 250 m Entfernung *f*
    vom Vorsignal *n*
29 die Vorsignalbake in einer um 5 % geringeren
    Entfernung *f* als der Brems-weg *m* der Strecke *f*
30 die Schachbretttafel zur Kennzeichnung *f* von
    nicht unmittelbar rechts vom oder über dem Gleis *n*
    stehenden Hauptsignalen *n*
31, 32 die Haltetafeln *f* zur Kennzeichnung *f* des Halte-
    platzes *m* der Zugspitze *f*
33 die Haltepunkttafel zur Kennzeichnung *f*
    eines zu erwartenden Haltepunktes *m*
34, 35 die Schneepflugtafeln *f*
34 die Tafel »Pflugschar heben«
35 die Tafel »Pflugschar senken«
36–44 Langsamfahrsignale *n*
36–38 die Langsamfahrscheibe zur Kennzeichnung *f*
    einer vorübergehenden Langsamfahrstelle *f*
36 das Tageszeichen
37 die Geschwindigkeits-kennziffer [3: Höchst-
    geschwindigkeit $3 \times 10 = 30$ km/h]
38 das Nachtzeichen
39 die Anfangsscheibe am Beginn *m* einer vor-
    übergehenden Langsam-fahrstelle *f*
40 die Endscheibe am Ende *n* einer vorübergehenden
    Langsamfahrstelle *f*
41 die Geschwindigkeits-tafel vor einer ständigen
    Langsamfahrstelle *f* [5: Höchstgeschwindigkeit
    $5 \times 10 = 50$ km/h]
42 die Anfangstafel am Beginn *m* einer ständigen
    Langsamfahrstelle *f*
43 das Geschwindigkeits-ankündesignal zur

Kennzeichnung *f* einer zu erwartenden ständigen
    Langsamfahrstelle *f*
44 das Geschwindigkeitssignal am Beginn *m* einer stän-
    digen Langsamfahrstelle *f*
45–52 Weichensignale *n*
45–48 Weichensignale *n* **bei einfachen Weichen** *f*
45 das Signal »gerader Zweig«
46 das Signal »gebogener Zweig« nach rechts [von der
    Weichenspitze aus gesehen]
47 das Signal »gebogener Zweig« nach links [von der
    Weichenspitze aus gesehen]
48 das Signal »gebogener Zweig« [vom Herzstück aus
    gesehen]
49–52 Weichensignale *n* **bei doppelten Kreuzungs-
    weichen** *f*
49 das Signal »Gerade von links nach rechts«
50 das Signal »Gerade von rechts nach links«
51 das Signal »Bogen von links nach links«
52 das Signal »Bogen von rechts nach rechts«
53 **das mechanische Stellwerk**
54 der Hebelwerk
55 der blaue Weichenhebel, ein Riegelhebel
56 der rote Signalhebel
57 die Handfalle
58 der Fahrstraßenhebel
59 der Streckenblock
60 das Blockfeld
61 **das elektrische Stellwerk**
62 die Weichen- und Signalhebel *m*
63 das Verschlussregister
64 das Überwachungsfeld
65 **das Gleisbildstellwerk**
66 der Gleisbildstelltisch
67 die Drucktasten *f*
68 die Fahrstraßen *f*
69 die Wechselsprechanlage
70 **das elektronische Stellwerk** mit mikrogesteuertem
    Bedienplatz *m*
71 der Monitor
72 die Bereichsübersicht
73 das Bedientablett, ein grafisches Digitalisiertablett
74 der Bedienstift
75 der Fahrdienstleiter

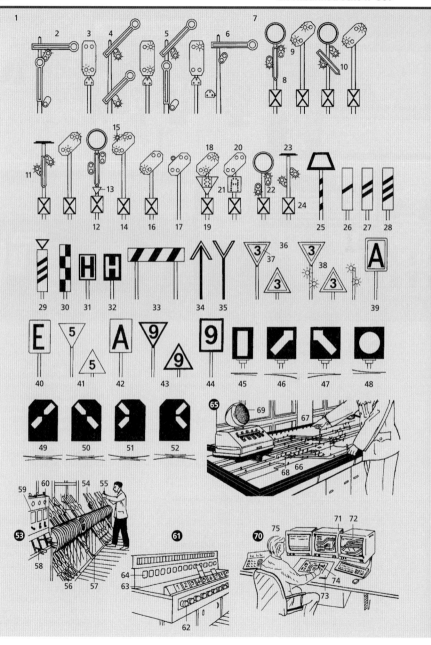

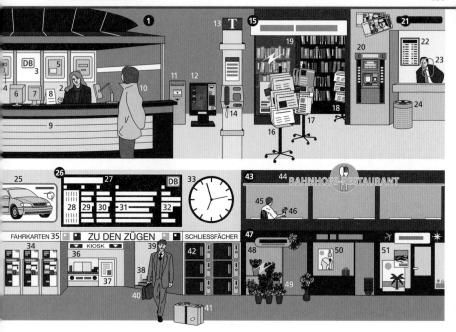

1 **der Informationsschalter**
   (der Servicepoint) (2–10)
2 die Servicemitarbeiterin
3 das Emblem
4 die Sonderangebote *n*
   für Bahnfahrten *f*
5 die Bekanntmachung der
   Fahrplanänderungen *f*
6 der Computerbildschirm
7 der Flachbildschirm
8 das Namensschild
9 der Schalter (der Counter)
10 die Reisende
11 der Briefkasten
12 der Telefonkartenautomat
13 die Telefonsäule
14 das Münz- und Karten-
   telefon

15 **die Bahnhofs-
   buchhandlung** *f*
   (16–19)
16 die Tageszeitungen *f*
17 die Zeitschriften *f*
   (die Magazine *n*)

18 die internationale
   Presse
19 die Bücher *n*
20 der Geldautomat

21 **die Bankfiliale
   mit Wechselstelle** *f*
   (*ähnl.:* die Wechselstube)
22 die Wechselkurstabelle
23 der Bankangestellte
24 der Abfallbehälter
25 das Werbeplakat

26 **die Anzeigetafel**
27 die Datumsanzeige
28 die Zugnummer
29 die Ankunftszeit
30 die Abfahrtzeit
31 der Zielbahnhof
32 die Bahnsteignummer
   (Bahngleisnummer)
33 die Bahnhofsuhr

34 die Fahrkarten-
   automaten *m* für
   den öffentlichen
   Personennahverkehr *m*
35 die Hinweisschilder *n*
36 die Gepäckaufbewahrung
37 die Vorschriften *f* für
   die Gepäckaufbewahrung
38 der Aufgang (die Treppe)
   zu den Bahnsteigen *m*
39 der Reisende
40 die Reisetasche
41 der Koffer
42 die Gepäckschließfächer *n*

43 **das Bahnhofsrestaurant**
44 die Leuchtwerbung
45 der Restaurantbesucher
46 der Eisbecher

47 **die Ladenstraße**
48 der Blumenladen
49 die Blumensträuße *m*
50 die Drogerie
51 das Reisebüro

52 **das Reisezentrum**
53 die Kundin
54 der Notizzettel
55 die Schreibunterlage
56 der Servicemitarbeiter
    im Fahrkartenverkauf *m*
57 der Fahrkartendrucker
58 die Fahrkarte (das Ticket)
59 der Monitor des
    Fahrkartenterminals *n*
60 die Tastatur
61 das EMV-Terminal
    mit Magnetkartenleser *m*
    für bargeldloses
    Bezahlen *n*

62 das Hinweisschild für
    die Öffnungszeiten *f*
63 der Prospektständer
64 die Prospekte *m*,
    österr. auch n

1 das Empfangsgebäude
2 die Bahnsteig-
   überdachung
3 das Stationsschild
4 der Bahnsteigbriefkasten
5 der Elektrokarren
6 der Hausbahnsteig

7–9 das Gleis
7 die Schiene
8 die Schwelle
9 das Schotterbett
10 der Anzeiger für
   die Fahrtrichtung und
   die Abfahrtzeit

11 die Bahnsteignummer
   (Bahngleisnummer)
12 die Bahnsteigbeleuchtung
13 der Servicemitarbeiter
14 die Uniformmütze
15 das Mobilfunkgerät
   für die Kommunikation
   mit dem Reisenden-
   informationssystem *n*
16 der Zugbegleiter
17 die Kelle (der Befehlsstab)
18 der ICE® (der Intercity-
   express®, Intercity-
   expresszug)
19 der Steuerwagen
20 der Stromabnehmer
21 der Fahrdraht
22 das Rauchverbotsschild
23 die Telefonsäule
24 der Abfallbehälter
   (der Abfallcontainer)

25 die Tafel zur Kennzeichnung *f* des Bahnsteig-
   abschnittes *m*
26 die Informationsvitrine
   mit dem Aushang-
   fahrplan *m*
27 die Wartebank
28 der Bahnsteig
29 die Bahnsteigkante
30 der Bahnsteiglautsprecher
31 der Bahnsteigkiosk
32 der Gepäckträger
33 der Gepäckschiebekarren

34–38 das Reisegepäck	43 der Bundespolizist
34 der Handkoffer	44 der Abschiedskuss
35 der Rollenkoffer	45 der S-Bahn-Zug
36 der Trolley	46 das Triebfahrzeug
37 der Regenschirm	(der Triebwagen)
38 der Rucksack	47 das Zielschild
39 die Reisenden *m u. f*	
40 die Bahnsteigtreppe	
41 die Bahnsteiguhr	
42 die Bahnsteigüberführung	

1 **der Militärtransport,**
ein Ganzzug *m*
2 der Flachwagen
3 der Panzer

4 **der Güterzug**
des Wagenladungs-
verkehrs *m*
5 der Fahrzeug-
transportwagen,
ein Doppelstockwagen
6 die untere Ladeebene
7 die obere Ladeebene
8 der Pkw
9 die Aufstiegsleiter
10 der Kesselwagen
11 der gedeckte Güterwagen

12 **die Schraubenkupplung**
[Seitenansicht und
Aufsicht] (13–22)
13 das Kopfstück
des Untergestells *n*
14 der Haken
15 der Zughaken
16 die Spindel
17 der Schwengel
18 die Mutter
19 die Lasche
20 der Bolzen
21 die Sicherung
22 der Kupplungsbügel
23 die Rangierlokomotive

24 **der Rangierer**
(25–28)
25 die Warnkleidung
mit Reflexstreifen *m*
26 der Schutzhelm
27 der Sicherheitsschuh
mit Zehenschutzkappe *f*
28 der Schutzhandschuh
29 das Stellwerk

30 **die Streckenlokomotive**
31 das Endführerhaus
32 der Lokkasten
33 der Stromabnehmer
34 die Schleifleiste
(die Wippe)
35 der Dachgarten

36 **der Huckepackverkehr**
(*ugs.* die rollende
Landstraße)
37 der Niederflurwaggon
38 der Lastkraftwagen
mit Anhänger *m*

39 **der Umschlagbahnhof**
des kombinierten
Ladungsverkehrs *m*
(der Containerbahnhof)
40 der Portalkran
41 das Hubwerk
42 der Container
43 der Containertragwagen
44 der Sattelzug

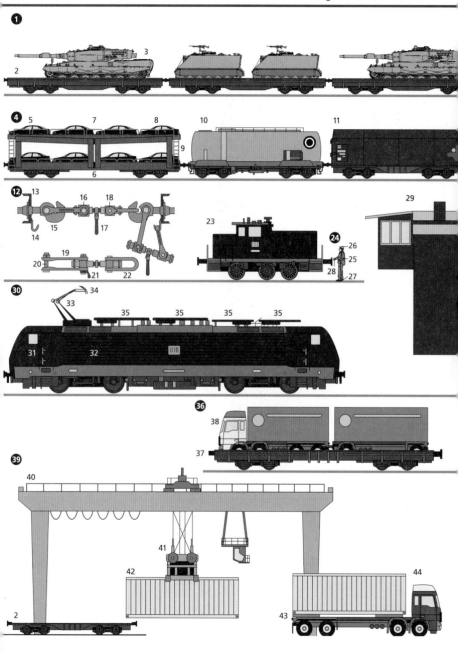

1–65 der Intercity® (der IC®),
 ein Reisezug *m* der
 Deutsche Bahn AG (DB)

1 der IC®-Reisezugwagen
 [Seitenansicht
 und Grundriss]
2 der Wagenkasten
3 die Einstiegstür
4 das Klappfenster
5 das Fenster
6 das Drehgestell
7 die Gummiwulstdichtung
 am Fahrzeugübergang *m*
8 der Großraumbereich
9 der Mittelgang
10 die Sitzgruppe
 mit Tisch *m*
11 der Schmetterlingstisch
12 das Fahrgastabteil
 (das Abteil)
13 die Abteiltür
14 der Seitengang
15 das Kleinkinderabteil
16 das Serviceabteil
17 das WC
18 die Telefonzelle
19 die Schiebetür

20 das Fahrgastabteil
21 der Polstersitz
22 die hochklappbare
 Armlehne
23 das Kopfpolster
24 der Spiegel
25 der Kleiderhaken
26 die Gepäckablage
27 das Abteilfenster
28 das Klapptischchen
29 die Heizungsregulierung
30 der Abfallbehälter
31 der Vorhang

32 das Großraumabteil
33 die Doppelsitzreihe
34 der Klapptisch
 an der Rückenlehne *f*
35 das Netz

36 der Schlafwagen
 [Seitenansicht
 der Abteilseite
 und Grundriss]
37 das Klappfenster
 mit Notausstieg *m*
38 das Schiebefenster
39 die Einstiegstür
 mit Klapptritt *m*
40 der Fäkalientank
41 das Drehgestell
42 der Batteriekasten
43 der Batterie-
 sicherungskasten
44 das Verdichter-
 Verflüssiger-Aggregat
45 das Luftbehandlungsgerät
46 das Wassermodul
47 der Energieversorgungsblock

48 das Dreibettabteil
 mit Waschtisch *m*
 (49 u. 50)
49 die Sitzreihe
 mit drei Plätzen *m*
 [tagsüber]
50 das ausgeklappte Bett
 [nachts]
51 das Dreibettabteil
 mit Nasszelle *f*
52 die Nasszelle mit Dusche *f*
 und WC *n*
53 das Dienstabteil

54 das Zweibettabteil
55 das ausgeklappte Bett
56 das Klapptischchen
57 der Klappsitz
58 der Schreibtisch
59 der Netzanschluss
60 die Wandlampe
61 der Lichtschalter

62 das Bord-Bistro
63 der Verkaufstresen
64 der Stehtisch
65 der Tisch mit Sitzbank *f*

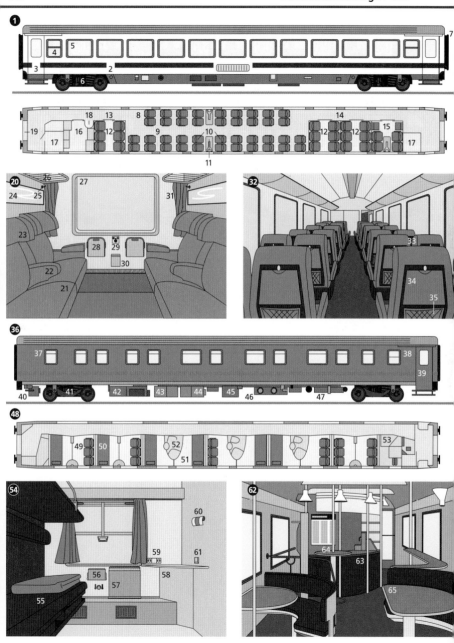

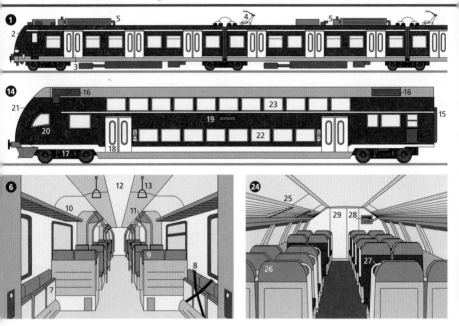

1–29 **Fahrzeuge** *n*
des Nah- und Regional-
verkehrs *m*

1 **der Nahverkehrstriebzug**
[Seitenansicht]
2 der Führerstand
3 der Einstieg
4 der Stromabnehmer
5 die Klima-
und Heizungsanlage

6 **das Mehrzweckabteil**
7 der Klappsitz
8 der Haltegurt für
Fahrräder *n*
9 der Komfortsitz
10 die Gepäckablage
11 die Haltestange
12 die Deckenbeleuchtung
13 der Haltegriff

14–29 **der Doppelstockzug**

14 **der Doppelstock-**
steuerwagen
[Seitenansicht]
15 der Gummiwulst
am Fahrzeugübergang *m*
16 die Klima-
und Heizungsanlage
17 das Drehgestell
18 der Einstieg
19 die Zugzielanzeige
20 die Seitenfenster *n*
des Führerstands *m*
21 die Frontscheibe
22 der Unterstock
23 der Oberstock

24 **der Fahrgastraum**
im Oberstock *m*
25 die Gepäckablage
26 der Komfortsitz
27 der Haltegriff
28 die elektronische
Fahrgastinformation
29 die Schwingtür

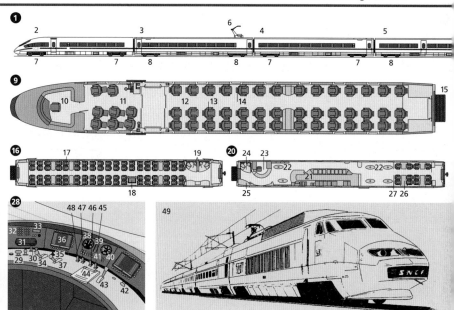

1–48 **der ICE 3** ® (der Intercityexpress 3 ®), ein Hoch-
 geschwindigkeitsreisezug *m*
 der Deutschen Bahn AG (DB)
1 **die Zugkonfiguration**
 [Schema]
2 der Endwagen
3 der Transformatorwagen
 (Trafowagen)
4 der Stromrichterwagen
5 der Mittelwagen
6 die Stromabnehmer *m*
7 die angetriebenen Achsen *f*
8 die nicht angetriebenen
 Achsen *f*
9 **der Endwagen** [Grundriss]
10 der Führerstand
11 die Lounge 1. Klasse *f*
12 das Großraumabteil 1. Klasse *f*
13 die Doppelsitzreihe
14 die Einzelsitzreihe
15 der Faltenbalg
 im Wagenübergang *m*
16 **der Großraumwagen
 2. Klasse** *f* [Grundriss]
17 die Doppelsitzreihe
18 die Gepäckablage
19 das WC

20 **der Bord-Bistro-Wagen**
 [Grundriss]
21 der Verkaufstresen
22 der Stehtisch
23 das Zugbegleiterabteil
24 das WC für
 das Küchenpersonal *n*
25 die Telefonzelle
26 der Sitzplatzbereich
27 der Raumteiler
28 **der Führerstand** (29–51)
29 die Bedienelemente des
 Zugbeeinflussungssystems *n*
30 die Bedienelemente zur Steuerung der Traktionsleistung *f*
31–33 **das Zugfunkgerät**
31 der Hörer
32 das Bedienfeld
33 das Display
 (die digitale Anzeige)
34 der Hebel zur Einstellung
 der Sollgeschwindigkeit *f*
35 der Richtungsschalter
36 das Display zur
 Überwachung *f*
 der Maschinentechnik *f*
37 der Fahrschalter
38 die Zug- und Bremskräfteanzeige

39 die Zielentfernungsanzeige
40 die Geschwindigkeitsanzeige
41 die Leuchtmelder *m*
42 der Drehschalter
 für die Türfreigabe *f*
43 der Bremshebel
44 die Buchfahrplanklemmen *f*
45 der Kippschalter (der Kipptaster) für das Makrofon
 (den Akustiksignalgeber *m*)
46 der Kippschalter (der Kipptaster) für die Besandungsanlage
47 der Kippschalter (der Kipptaster) für das Fernlicht
48 der Kippschalter (der Kipptaster) für die Führerraumbeleuchtung
49 der TGV (Train à Grande
 Vitesse), ein Hoch-
 geschwindigkeitsreisezug *m*
 der SNCF *f* (Société Nationale
 des Chemins de fer Français)

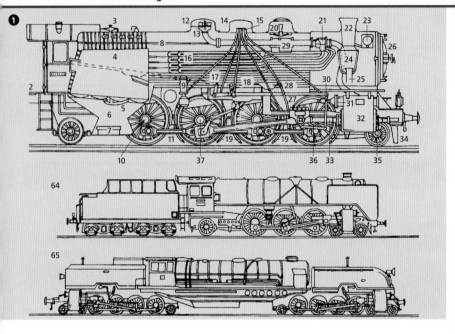

1	**die Dampflokomotive** (die Dampflok)
2	die Tenderbrücke mit der Kupplung *f*
3	das Sicherheitsventil für Dampfüberdruck *m*
4	die Feuerbüchse
5	der Kipprost
6	der Aschkasten mit Luftklappen *f*
7	die Aschkasten-bodenklappe
8	die Rauchrohre *n*
9	die Speisewasserpumpe
10	das Achslager
11	die Kuppelstange
12	der Dampfdom
13	das Reglerventil
14	der Sanddom
15	die Sandabfallrohre *n*
16	der Langkessel
17	die Heizrohre *n*
18	die Steuerung
19	die Sandstreuerrohre *n*
20	das Speiseventil
21	der Dampfsammelkasten
22	der Schornstein (der Rauchaustritt und der Abdampfauspuff)
23	der Speisewasser-vorwärmer (Oberflächen-vorwärmer)
24	der Funkenfänger
25	das Blasrohr
26	die Rauchkammertür
27	der Kreuzkopf
28	der Schlammsammler
29	das Rieselblech
30	die Schieberstange
31	der Schieberkasten
32	der Dampfzylinder
33	die Kolbenstange mit der Stopfbuchse *f*
34	der Bahnräumer (Gleis-räumer, Schienenräumer)
35	die Laufachse
36	die Kuppelachse
37	die Treibachse

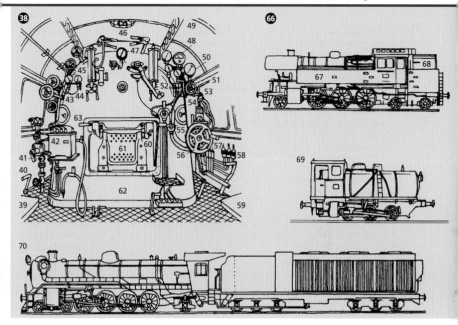

38 **der Dampflokomotiven-**
führerstand
39 der Heizersitz
40 die Kipprostkurbel
41 die Strahlpumpe
42 die automatische
Schmierpumpe
43 der Vorwärmer-
druckmesser
44 der Heizdruckmesser
45 der Wasserstandsanzeiger
46 die Beleuchtung
47 der Kesseldruckmesser
48 das Fernthermometer
49 das Lokführerhaus

50 der Bremsdruckmesser
51 der Dampfpfeifenhebel
52 der Buchfahrplan
53 das Führerbremsventil
54 der Geschwindigkeits-
schreiber (der Tachograf)
55 der Hahn zum Sand-
streuer *m*
56 das Steuerrad
57 das Notbremsventil
58 das Auslöseventil
59 der Lokführersitz
60 der Blendschutz
61 die Feuertür
62 der Stehkessel
63 der Feuertüröffner
64 die Schlepptender-
Schnellzuglokomotive
65 die Gelenklokomotive
(Garrattlokomotive)

66 **die Tenderlok** (67, 68)
67 der Wasserkasten
68 der Brennstofftender
69 die Dampfspeicher-
lokomotive,
eine feuerlose Dampf-
lokomotive
70 die Kondensations-
lokomotive

1 **die elektrische Lokomotive** (die E-Lok) [Seitenansicht und Grundriss]
2 der Stromabnehmer
3 der Hauptschalter
4 der Oberspannungswandler
5 die Dachleitung
6 der Fahrmotor
7 die induktive Zugsicherung (die Indusi)
8 die Hauptluftbehälter *m*
9 das Pfeifsignalinstrument
10 der Transformator mit dem Schaltwerk *n*
11 der Ölkühler mit dem Lüfter *m*
12 die Ölumlaufpumpe
13 der Schaltwerkantrieb
14 der Luftkompressor (Luftpresser)
15 der Fahrmotorlüfter
16 der Klemmenschrank
17 die Kondensatoren *m* für Hilfsmotoren *m*
18 die Kommutatorklappe

19 **der Führerstand** (der Führerraum)
20 das Fahrschalterhandrad
21 die Sicherheitsfahrschaltung (Sifa)
22 das Führerbremsventil
23 das Zusatzbremsventil
24 die Luftdruckanzeige
25 der Sifa-Überbrückungsschalter
26 die Zugkraftanzeige
27 die Heizspannungsanzeige
28 die Fahrdrahtspannungsanzeige
29 die Oberstromspannungsanzeige
30 der Schalter zum Heben *n* und Senken *n* des Stromabnehmers *m*
31 der Hauptschalter
32 der Sandschalter
33 der Schalter für die Schleuderschutzbremse
34 die optische Anzeige für die Hilfsbetriebe *m*
35 die Geschwindigkeitsanzeige
36 die Fahrstufenanzeige
37 die Zeituhr
38 die Bedienung der Indusi *f*
39 der Schalter für die Führerstandsheizung
40 der Hebel für das Pfeifsignal

41 **der Fahrleitungsunterhaltungstriebwagen** (Regelturmtriebwagen), ein Dieseltriebwagen [Seitenansicht und Grundriss]
42 die Arbeitsbühne
43 die Leiter
44 der Luftkompressor (Luftpresser)
45 die Lüfterölpumpe
46 die Lichtmaschine
47 der Dieselmotor
48 die Einspritzpumpe
49 der Schalldämpfer
50 das Schaltgetriebe
51 die Gelenkwelle
52 die Spurkranzschmierung
53 das Achswendegetriebe
54 die Drehmomentenstütze

55 **der Akkumulatortriebwagen** [Seitenansicht und Grundriss]
56 der Batterieraum (der Batterietrog)
57 der Führerstand
58 die Sitzanordnung
59 die Toilette

60 **der elektrische Schnelltriebzug**
61 der Endtriebwagen
62 der Mitteltriebwagen

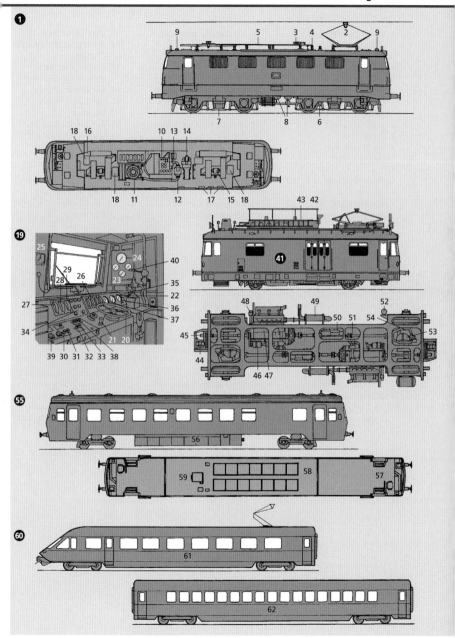

1–84 Diesellokomotiven *f*
(Dieselloks *f*)

**1 die dieselhydraulische
Lokomotive**
für den mittelschweren
Reise- und Güterzug-
dienst *m* [Ansicht]
2 das Drehgestell
3 der Radsatz
4 der Kraftstoff-
hauptbehälter

5 der Führerstand
6 das Manometer für
die Hauptluftleitung
7 die Bremszylinder-
druckanzeige
8 die Hauptluftbehälter-
druckanzeige
9 der Geschwindigkeitsmesser
10 die Zusatzbremse
11 das Führerbremsventil
12 das Fahrschalterhandrad
13 die Sicherheits-
fahrschaltung (Sifa)
14 die induktive Zug-
sicherung (die Indusi)
15 die Leuchtmelder *m*
16 die Zeituhr
17 der Heizspannungsmesser
18 der Heizstrommesser
19 der Motoröl-
temperaturmesser
20 der Getriebeöl-
temperaturmesser
21 der Kühlwasser-
temperaturmesser
22 der Motor-
drehzahlmesser
23 das Zugbahnfunkgerät

**24 die dieselhydraulische
Lokomotive**
[Grund- und Aufriss]
25 der Dieselmotor
26 die Kühlanlage
27 das Flüssigkeitsgetriebe
28 das Radsatzgetriebe
29 die Gelenkwelle
30 die Lichtanlassmaschine
31 der Gerätetisch
32 das Führerpult
33 die Handbremse
34 der Luftpresser
mit Elektromotor *m*
35 der Apparateschrank
36 der Wärmetauscher
für das Getriebeöl
37 der Maschinenraumlüfter
38 der Indusi-Fahrzeugmagnet
39 der Heizgenerator
40 der Heizumrichter-
schrank
41 das Vorwärmgerät
42 der Abgasschalldämpfer
43 der Zusatzwärmetauscher
für das Getriebeöl
44 die hydraulische Bremse
45 der Werkzeugkasten
46 die Anlassbatterie

**47 die dieselhydraulische
Rangierlokomotive**
[Ansicht und Aufriss]
48 der Abgasschalldämpfer
49 das Läutwerk und
die Pfeife
50 das Rangierfunkgerät
51 der Dieselmotor
mit Aufladeturbine *f*
52 das Flüssigkeitsgetriebe
53 das Nachschaltgetriebe
54 der Kühler
55 der Wärmetauscher
für das Motorschmieröl
56 der Kraftstoffbehälter
57 die Hauptluftbehälter *m*
58 der Luftpresser
59 die Sandkästen *m*
60 der Kraftstoff-
reservebehälter

61 der Hilfsluftbehälter
62 der hydrostatische
Lüfterantrieb
63 die Sitzbank mit
dem Kleiderkasten *m*
64 das Handbremsrad
65 der Kühlwasserausgleichs-
behälter
66 der Ausgleichsballast
67 das Bedienungshandrad
für die Motor- und
Getrieberegulierung

**68 die Diesel-
kleinlokomotive,**
eine Rangier-
lokomotive
(Rangierlok *f*)
69 der Auspuffendtopf
70 das Signalhorn
(das Makrofon)
71 der Hauptluftbehälter
72 der Luftpresser
73 der Achtzylinder-
Dieselmotor
74 das Voith-Getriebe
mit dem Wendegetriebe
75 der Heizölbehälter
76 der Sandkasten
77 die Kühlanlage
78 der Ausgleichsbehälter
für das Kühlwasser
79 das Ölbadluftfilter
80 das Handbremsrad
81 das Bedienungshandrad
82 die Kupplung
83 die Gelenkwelle
84 die Klappenjalousie

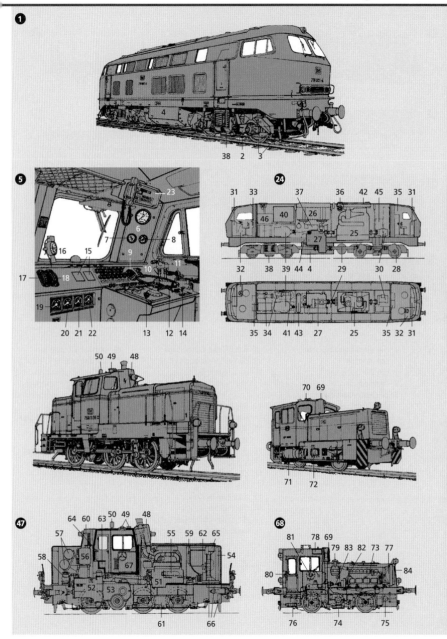

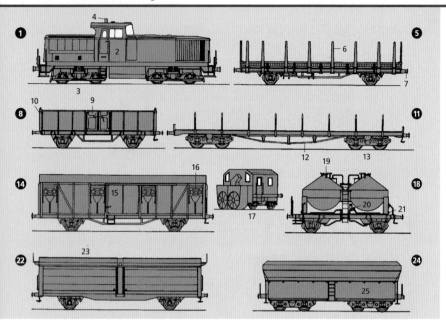

1 **die dieselhydraulische Lokomotive**
2 der Führerstand
3 der Radsatz
4 die Antenne für die Rangierfunkanlage

5 **der Flachwagen**
6 die abklappbare Runge
7 die Puffer *m*

8 **der offene Güterwagen**
9 die Seitenwanddrehtüren *f*
10 die abklappbare Stirnwand

11 **der Drehgestellflachwagen**
12 die Längsträgerverstärkung
13 das Drehgestell

14 **der gedeckte Güterwagen** (15, 16)
15 die Schiebetür
16 die Lüftungsklappe
17 die Schneeschleuder, eine Schienenräummaschine *f*

18 **der Behälterwagen mit Druckluftentladung** *f*
19 die Einfüllöffnung
20 der Druckluftanschluss
21 der Entleerungsanschluss

22 **der Schiebedachwagen**
23 die Dachöffnung

24 **der offene Drehgestellselbstentladewagen**
25 die Entladeklappe

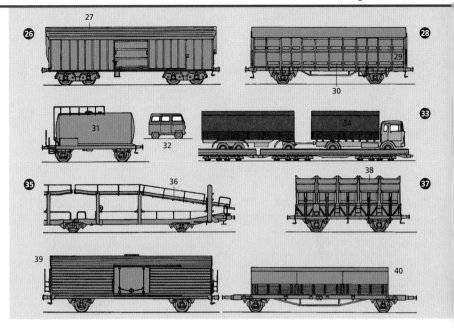

26 **der Drehgestell-**
   schwenkdachwagen
27 das Schwenkdach

28 **der Verschlagwagen**
   für die Beförderung
   von Kleinvieh *n* (29, 30)
29 die luftdurchlässige
   Seitenwand
30 die Lüftungsklappe
31 der Kesselwagen
32 der Gleiskraftwagen

33 **die Spezialflachwagen** *m*
34 der Lastzug

35 **der Doppelstockwagen**
   für den Autotransport *m*
36 die Auffahrmulde

37, 38 **der Muldenkippwagen**
   38 die Kippmulde
   39 der Universalkühlwagen
   40 die Wechselaufbauten *m*
      für Flachwagen *m*

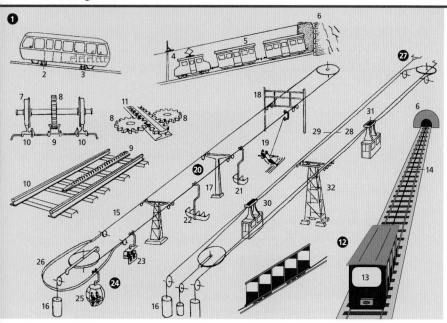

1–14 **Schienenbergbahnen** f

   1 **der Triebwagen**
     mit forcierter Adhäsion f
   2 der Antrieb
   3 die Notbremse

4–11 **die Zahnradbahn**
   4 die elektrische Zahnrad-
     lokomotive
   5 der Zahnradbahnwagen
   6 der Tunnel

7–11 **Zahnstangensysteme** n
   7 das Laufrad
   8 das Triebzahnrad
   9 die Sprossenzahnstange
  10 die Schiene
  11 die Doppelleiter-
     zahnstange

  12 **die Standseilbahn**
  13 der Standseilbahnwagen
  14 das Zugseil

15–75 **Luftseilbahnen** f

15–26 **Umlaufbahnen** f
     (Einseilbahnen)
  15 das Umlaufseil,
     ein Trag- und Zugseil
  16 die Gewichte n
  17 die Einmaststütze
  18 die Torstütze
  19 der Skilift (Schlepplift)

  20 **die Sesselbahn**
     (ugs. der Sessellift)
  21 der Doppelsessel
  22 der Vierersessel
  23 der kuppelbare
     Doppelsessel mit
     Überdachung f

  24 **die Kleinkabinenbahn**
  25 die Kleinkabine,
     eine kuppelbare
     Umlaufkabine
  26 die Umführungsschiene

  27 **die Pendelbahn,**
     eine Zweiseilbahn
  28 das Zugseil
  29 das Tragseil
  30 die Fahrgastkabine
     (die Gondel)
  31 das Laufwerk
  32 die Zwischenstütze

  33 **die Talstation einer**
     Zweiseilbahn f
  34 der Spanngewichtschacht
     (Spannschacht)
  35 das Tragseilspanngewicht
  36 das Zugseilspanngewicht
  37 die Spannseilscheibe
  38 das Tragseil
  39 das Zugseil
  40 das Gegenseil (Unterseil)
  41 das Hilfsseil

42 die Hilfsseilspann-
    vorrichtung
43 die Zugseiltragrollen *f*
44 die Anfahrfederung
    (der Federpuffer)
45 der Bahnsteig
46 die Seilbahngondel,
    eine Großraumkabine *f*
47 das Laufwerk
48 das Gehänge
49 der Schwingungsdämpfer
50 der Abweiser
    (der Abweisbalken)

51 **die Bergstation**
    einer Zweiseilbahn *f*
52 der Tragseilschuh
53 der Tragseil-
    verankerungspoller
54 die Zugseil-
    rollenbatterie
55 die Zugseil-
    umlenkscheibe
56 die Zugseil-
    antriebsscheibe
57 der Hauptantrieb
58 der Reserveantrieb
59 der Führerstand

60 **das Laufwerk einer**
    Seilbahngondel *f*
61 der Laufwerkhauptträger
62 die Doppelwiege
63 die Zweiradwiege
64 die Laufwerkrollen *f*
65 die Tragseilbremse
66 der Gehängebolzen
67 die Zugseilmuffe
68 die Gegenseilmuffe
69 der Entgleisungsschutz

70 **Seilbahnstützen** *f*
    (Zwischenstützen)
71 der Stahlgittermast,
    eine Fachwerkstütze *f*
72 der Stahlrohrmast,
    eine Stahlrohrstütze *f*
73 der Tragseilschuh
    (Stützenschuh)
74 der Stützengalgen
    für Seilarbeiten *f*
75 das Stützenfundament

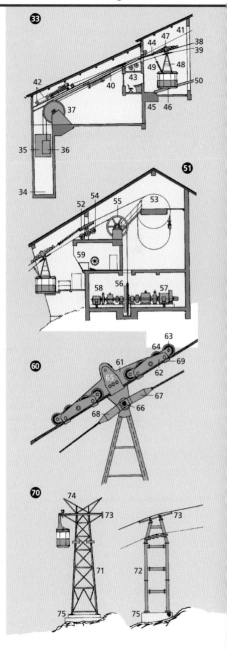

1 der Brückenquerschnitt
2 die orthotrope
Fahrbahnplatte
3 das Sprengwerk
4 die Verstrebung
5 der Hohlkasten
6 das Fahrbahnblech

7 **die Balkenbrücke**
8 die Fahrbahnoberkante
9 der Obergurt
10 der Untergurt
11 das feste Lager
12 das bewegliche Lager
13 die lichte Weite
14 die Spannweite
(Stützweite)

15 **der Hängesteg,**
eine primitive
Hängebrücke *f*
16 das Tragseil
17 das Hängeseil
18 der geflochtene Steg

19 **die steinerne Bogen-
brücke,** eine Steinbrücke
20 der Brückenbogen
(das Brückenjoch)
21 der Brückenpfeiler
(Strompfeiler)
22 der Brückenheilige,
eine Brückenfigur *f*

23 **die Fachwerkbogenbrücke**
24 das Fachwerkelement
25 der Fachwerkbogen
26 die Bogenspannweite
27 der Landpfeiler

28 **die aufgeständerte
Bogenbrücke**
29 der Bogenkämpfer
(das Widerlager)
30 der Brückenständer
31 der Bogenscheitel

32 **die mittelalterliche
Hausbrücke**
(*hier:* der Ponte Vecchio
in Florenz)
33 die Goldschmiedeläden *m*

34 **die Stahlgitterbrücke**
35 die Diagonale
(die Brückenstrebe)
36 der Brückenpfosten
(die Vertikale)
37 der Fachwerkknoten
38 das Endportal
(Windportal)

39 **die Hängebrücke**
40 das Tragkabel
41 der Hänger
42 der Pylon
(das Brückenportal)
43 die Tragkabelverankerung
44 das Zugband mit
der Fahrbahn *f*
45 das Brückenwiderlager

46 **die Schrägseilbrücke**
(Zügelgurtbrücke)
47 das Abspannseil
(Schrägseil)
48 die Schrägseilverankerung

49 **die Stahlbetonbrücke**
50 der Stahlbetonbogen
51 das Schrägseilsystem
(Vielseilsystem)

52 **die Flachbrücke,**
eine Vollwandbrücke *f*
53 die Queraussteifung
54 der Strompfeiler
55 das Auflager
(Brückenlager)
56 der Eisbrecher

57 **die Sundbrücke**
aus Fertigbauteilen *n*
58 das Fertigbauteil
(das Fertigbauelement)

59 **die Hochstraße**
(aufgeständerte Straße)
60 die Talsohle
61 der Stahlbetonständer
62 das Vorbaugerüst

63 **die Gitterdrehbrücke**
64 der Drehkranz
65 der Drehpfeiler
66 die drehbare Brücken-
hälfte (die Halbbrücke)

67 **die Flachdrehbrücke**
68 der *od.* das Mittelteil
69 der Drehzapfen
70 das Brückengeländer

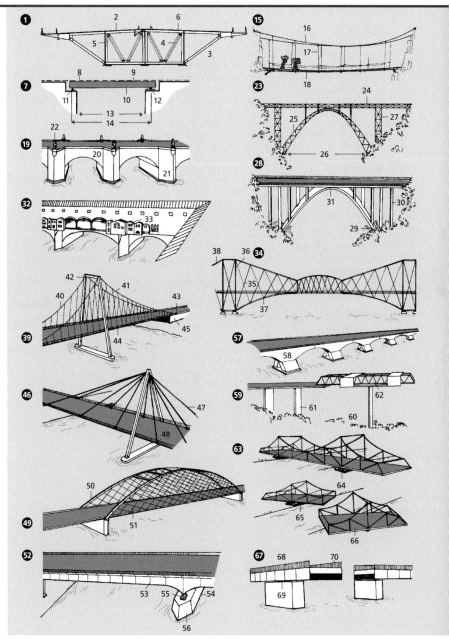

1 das Flussufer
2 der Flussarm
3 der Uferdamm
(Flussdamm)
4 der Uferabbruch, ein
Hochwasserschaden *m*
5 die Flussinsel
(Strominsel)
6 die Strömung
(der Strömungsverlauf)
7 der Bootssteg
8 die Pfahlgründung
9 der Liegehafen
(Schutzhafen,
Winterhafen)
10 der Altarm,
ein toter Flussarm
11 die Buhne
12 der Buhnenkopf
13 die Fahrrinne, ein Teil *m*
des Fahrwassers *n*
14 die Fahrrinnen-
kennzeichnung
15 die Kilometertafel

16 **der Schleppzug**
17 der Schlepper
18 die Schlepptrosse
(das Schleppseil)
19 der Schleppkahn
(Frachtkahn, Lastkahn,
landsch. die Zille)
20 der Schleppschiffer

21 **der Hochwasserdeich**
(Hauptdeich, Winter-
deich)
22 der Seitengraben (die
Sickerwasserableitung)
23 die Deichkrone
24 die Berme
(der Deichabsatz)
25 die Deichböschung
26 das Hochwasserbett
27 die Deichrampe
28 der Deichwärter
(der Deichläufer,
die Deichwache)
29 das Deichwärterhaus
30 der Sommerdeich
31 der Überschwemmungs-
raum
32 das *od.* der Deichsiel
(die Deichschleuse)
33 die Flügelmauer
34 der Vorfluter
35 die Sandsäcke *m*

36–40 **die Uferbefestigung**
36 die Steinschüttung
37 die Anlandung
(die Sandablagerung)
38 die Faschine
(das Zweigebündel)
39 die Flechtzäune *m*
40 die Steinpackung

41 **der Schwimmbagger,**
ein Eimerkettenbagger
42 die Eimerkette
(das Paternosterwerk)
43 der Fördereimer

44 **der Saugbagger**
mit Schleppkopf- oder
Schutensauger *m*
45 die Treibwasserpumpe
46 der Rückspülschieber
47 die Saugpumpe
48 die Spülleitung

49–59 **Binnenfähren** *f*

49 **die Gierfähre,**
eine kleine Flussfähre
ohne eigenen Antrieb *m*
50 das Fährseil (die Trosse)

51 **die Autofähre,**
eine Motorfähre
52 die Brücke
53 die Gerätebrücke
54 die Landungsklappe
55 das Maschinenhaus

56 **das Fahrgastschiff**
57 die Brücke
58 der Ein- und Ausstieg
59 der Fahrgastraum

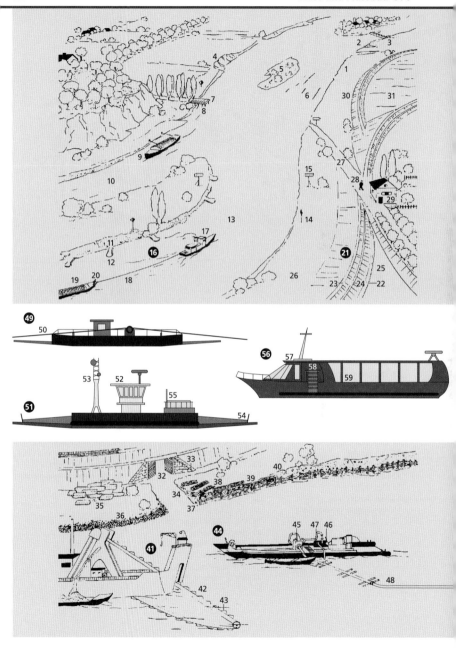

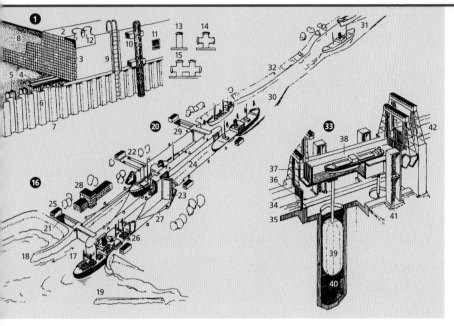

1	**die Kaimauer**
2	die Straßendecke
3	der Mauerkörper
4	die Stahlschwelle
5	der Stahlpfahl
6	die Spundwand
7	die Spundbohle
8	die Hinterfüllung
9	die Steigeleiter
10	der Fender
11	der Nischenpoller
12	der Doppelpoller
13	der Poller
14	der Kreuzpoller
15	der Doppelkreuzpoller

16	**der Kanal** (17–32)
17	die Kanaleinfahrt
18	die Mole
19	der Wellenbrecher
20	**die Koppelschleuse** (21–29)
21	das Unterhaupt
22	das Schleusentor, ein Schiebetor
23	das Stemmtor
24	die Schleusenkammer
25	das Maschinenhaus
26	das Verholspill
27	die Verholtrosse
28	das Verwaltungsgebäude
29	das Oberhaupt
30	der Schleusenvorhafen
31	die Kanalweiche (die Ausweichstelle)
32	die Uferböschung

33	**das Schiffshebewerk**
34	die untere Kanalhaltung
35	die Kanalsohle
36	das Haltungstor, ein Hubtor
37	das Trogtor
38	der Schiffstrog
39	der Schwimmer, ein Auftriebskörper m
40	der Schwimmerschacht
41	die Hubspindel
42	die obere Kanalhaltung

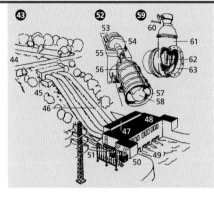

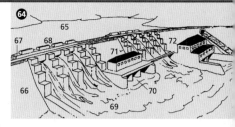

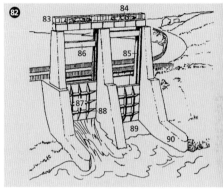

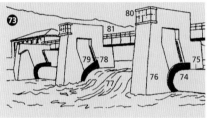

43 **das Pumpspeicherwerk**
44 das Staubecken
45 das Entnahmebauwerk
46 die Druckrohrleitung
47 das Schieberhaus
48 das Turbinenhaus
   (Pumpenhaus)
49 das Auslaufbauwerk
50 das Schalthaus
51 die Umspannanlage

52 **die Flügelradpumpe**
   (Propellerpumpe)
53 der Antriebsmotor
54 das Getriebe
55 die Antriebswelle
56 das Druckrohr
57 der Ansaugtrichter
58 das Flügelrad

59 **der Absperrschieber**
60 der Kurbelantrieb
61 das Schiebergehäuse
62 der Schieber
63 die Durchflussöffnung

64 **die Talsperre**
65 der Stausee
66 die Staumauer
67 die Mauerkrone
68 der Überfall,
   eine Hochwasser-
   entlastungsanlage *f*
69 das Tosbecken
70 der Grundablass
71 das Schieberhaus
72 das Krafthaus

73 **das Walzenwehr,**
   eine Staustufe *f*
74 die Walze,
   ein Staukörper *m*
75 die Walzenkrone
76 der Seitenschild
77 die Versenkwalze
78 die Zahnstange
79 die Nische
80 das Windwerkshaus
81 der Bedienungssteg

82 **das Schützenwehr**
83 die Windwerkbrücke
84 das Windwerk
85 die Führungsnut
86 das Gegengewicht
87 das Schütz (die Falle)
88 die Verstärkungsrippe
89 die Wehrsohle
90 die Wangenmauer

1–6 das Nydamschiff,
ein germanisches
Ruderschiff [um 400]
1 der Achtersteven
2 der Steuermann
3 die Ruderer *m*
4 der Vorsteven
5 der Riemen
6 das Seitenruder
7 der Einbaum,
ein ausgehöhlter
Baumstamm *m*
8 das Stechpaddel

9–12 die Triere
(die Trireme),
ein römisches
Kriegsschiff *n*
9 der Rammsporn
10 das Kastell
11 der Enterbalken
12 die drei Ruderreihen *f*

13–17 das Drachenschiff
(der Seedrache,
Wikingerdrache,
das Wogenross),
ein altnordisches
Wikingerschiff *n*
13 der Helm (der Helmstock)
14 die Zeltschere mit
geschnitzten Pferde-
köpfen *m*
15 das Zelt
16 der Drachenkopf
17 der Schutzschild

18–26 die Hansekogge
18 das Ankerkabel
(das Ankertau)
19 das Vorderkastell
20 das *od.* der Bugspriet
21 das aufgegeite Rahsegel
22 das Städtebanner
23 das Achterkastell
24 das Stevenruder
25 das Rundgattheck
26 der Holzfender

27–43 die Karavelle
[um 1500]
27 die Admiralskajüte
28 der Besanausleger
29 der Besan,
ein Lateinersegel *n*
30 die Besanrute
31 der Besanmast
32 die Lasching
(die Laschung)
33 das Großsegel,
ein Rahsegel
34 das Bonnet,
ein abnehmbarer
Segelstreifen *m*
35 die Buline (die Bulin,
die Bulien, die Buleine)
36 die Martnets *n*
(Nockgordings *f*)
37 die Großrah
38 das Marssegel
39 die Marsrah
40 der Großmast
41 das Focksegel
42 der Fockmast
43 die Blinde

44–50 die Galeere
[15.–18. Jahrhundert]
44 die Laterne
45 die Kajüte
46 der Mittelgang
47 der Sklavenaufseher
48 die Galeerensklaven *m*
(Rudersklaven, Galeeren-
sträflinge *m*)
49 die Rambate,
eine gedeckte Plattform *f*
auf dem Vorschiff *n*
50 das Geschütz

51–60 das Linienschiff,
ein Dreidecker *m*
[18.–19. Jahrhundert]
51 der Klüverbaum
52 das Vorbramsegel
53 das Großbramsegel
54 das Kreuzbramsegel

55–60 das Prunkheck
55 der Bovenspiegel
56 die Heckgalerie
57 die Tasche, ein Ausbau *m* mit verzierten
Seitenfenstern *n*
58 der Unterspiegel
59 die Geschützpforte
60 der Pfortendeckel

1–72 Takelung *f*
und Besegelung *f*
einer Bark *f*

1–9 die Masten *m*
1 das *od.* der Bugspriet
mit dem Klüverbaum *m*

2–4 der Fockmast
2 der Fockuntermast
3 die Vorstenge
(Vormarsstenge)
4 die Vorbramstenge

5–7 der Großmast
5 der Großuntermast
6 die Großstenge
(Großmarsstenge)
7 die Großbramstenge

8, 9 der Besanmast
8 der Besanuntermast
9 die Besanstenge

10–19 das stehende Gut
10 das Stag
11 das Stengestag
12 das Bramstengestag
(Bramstag)
13 das Royalstengestag
(Royalstag)
14 der Klüverleiter
15 das Wasserstag
16 die Wanten *f*
17 die Stengewanten *f*
18 die Bramstengewanten *f*
19 die Pardunen *f*

20–31 die Schratsegel *n*
20 das Vorstengestagsegel
21 der Binnenklüver
22 der Klüver
23 der Außenklüver
24 das Großstengestagsegel
25 das Großbramstagsegel
(Großbramstenge-
stagsegel)
26 das Großroyalstagsegel
(Großroyalstenge-
stagsegel)
27 das Besanstagsegel
28 das Besanstengestagsegel
29 das Besanbramstagsegel
(Besanbramstenge-
stagsegel)
30 das Besansegel
(der Besan)
31 das Gaffeltoppsegel

32–45 die Rundhölzer *n*
32 die Fockrah
33 die Voruntermarsrah
34 die Vorobermarsrah
35 die Vorunterbramrah
36 die Voroberbramrah
37 die Vorroyalrah
38 die Großrah
39 die Großuntermarsrah
40 die Großobermarsrah
41 die Großunterbramrah
42 die Großoberbramrah
43 die Großroyalrah
44 der Besanbaum
45 die Gaffel
46 das Fußpferd
(das Peerd)
47 die Toppnanten *f*
48 die Besandirk
49 das Piekfall
(der Gaffelstander)
50 die Vormarssaling
51 die Vorbramsaling
52 die Großmarssaling
53 die Großbramsaling
54 die Besansaling

55–66 die Rahsegel *n*
55 das Focksegel
56 das Voruntermarssegel
57 das Vorobermarssegel
58 das Vorunterbramsegel
59 das Voroberbramsegel
60 das Vorroyalsegel
61 das Großsegel
62 das Großuntermarssegel
63 das Großobermarssegel
64 das Großunterbramsegel
65 das Großoberbramsegel
66 das Großroyalsegel

67–71 das laufende Gut
67 die Brassen *f*
68 die Schoten *f*
69 die Besanschot
70 die Gaffelgeer
71 die Gordings *f*
72 das Reff

1–5 Segelformen *f*
  1 das Gaffelsegel
  2 das Stagsegel
  3 das Lateinersegel
  4 das Luggersegel
  5 das Sprietsegel

6–8 Einmaster *m*
  6 die Tjalk
  7 das Seitenschwert
  8 der Kutter

9, 10 Anderthalbmaster *m*
  (Eineinhalbmaster)
  9 der Ewer
  10 der kurische Reisekahn

11–17 Zweimaster *m*

11–13 der Toppsegelschoner
  11 das Großsegel
  12 das Schonersegel
  13 die Breitfock

14 die **Schonerbrigg** (15, 16)
  15 der Schonermast
    mit Schratsegeln *n*
  16 der voll getakelte Mast
    mit Rahsegeln *n*
  17 die Brigg

18–27 Dreimaster *m*
  18 der Dreimast-
    gaffelschoner
  19 der Dreimast-
    toppsegelschoner
  20 der Dreimast-
    marssegelschoner

21–23 die Dreimastbark
  21 der Fockmast
  22 der Großmast
  23 der Besanmast

24–27 das Dreimastvollschiff
  24 der Kreuzmast
  25 die Bagienrah
    (Begienrah)
  26 das Bagiensegel
    (Kreuzsegel)
  27 das Portenband
    (Pfortenband)

28–31 Viermaster *m*
  28 der Viermastgaffelschoner
  29 die Viermastbark
  30 der Kreuzmast
  31 das Viermastvollschiff

32–34 die Fünfmastbark
  32 das Skysegel
    (das Skeisel, das Skeusel)
  33 der Mittelmast
  34 der Achtermast

**35–37 die Entwicklung
des Segelschiffes** *n*
  35 die »Preußen«,
    ein Fünfmastvollschiff *n*
    [1902]
  36 die »Spindrift«,
    ein Klipper *m* [1867]
  37 die »Santa Maria«,
    eine Karavelle *f* [1492]

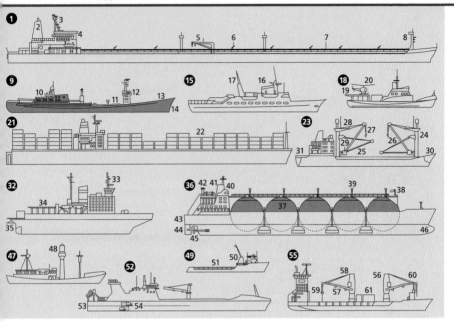

1 **der Mammuttanker,**
 ein ULCC *m*
 (Ultra Large Crude
 Carrier)
2 der Schornstein
3 der achtern stehende
 Signal- und Radarmast
4 das Deckshaus
 mit der Brücke *f*
5 der Deckskran
6 die Feuerlöschkanone
 (der Feuerlöschmonitor)
7 der Laufsteg mit
 den Rohrleitungen *f*
8 der vordere Mast

9 **die »Otto Hahn«,**
 ein Kernenergie-
 forschungsschiff *n*
10 der achterne Aufbau
 (das Maschinenhaus)
11 die Ladeluke
 für Schüttgut *n*
12 die Brücke
13 die Back
14 der Steven

15 **der Ausflugsdampfer**
 (*ähnl.:* das Bäderschiff,
 Seebäderschiff)
16 der blinde Schornstein
17 der Abgasmast
 (der Abgaspfosten)

18 **der Seenot-
 rettungskreuzer**
19 die Hubschrauber-
 plattform
 (das Arbeitsdeck)
20 der Rettungs-
 hubschrauber

21 **das Vollcontainerschiff**
22 die Containerdecksladung

23 **der Schwergutfrachter**
 (24–31)

24–29 **das Ladegeschirr**
24 der Schwergutposten
25 der Schwergutbaum
26 der Ladebaum
27 die Talje
 (der Flaschenzug)

28 der Block
29 das Widerlager
30 das Bugtor
31 die Heckladeklappe

32 **der Eisbrecher**
33 der Turmmast
34 der Hubschrauberhangar
35 die Heckführungsrinne
 zum Aufnehmen *n*
 des Bugs *m* geleiteter
 Schiffe *n*

36 **der Flüssiggastanker**
37 der Kugeltank
38 die Videokamera
39 der Abblasemast
40 das Deckshaus
41 der Schornstein
42 der Lüfter
43 das Spiegelheck
 (der Heckspiegel)
44 das Ruderblatt
45 die Schiffsschraube
46 der Bugwulst
 (der Bulbsteven)

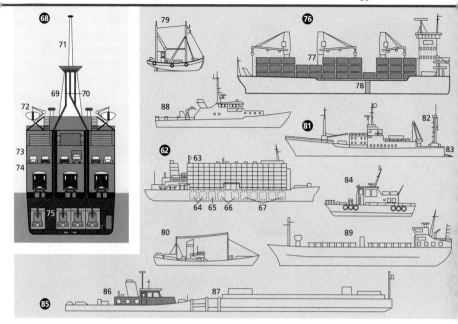

47 das Feuerschiff
48 die Laterne

49 der Bohrinselversorger
(Offshoreversorger)
50 der Kompaktaufbau
51 das Ladedeck
(Arbeitsdeck)

52 die Ro-ro-Trailerfähre
(der Roll-on-roll-off-
Trailer, Roro-Trailer)
53 die Heckpforte
mit Auffahrrampe *f*
54 die Lkw-Fahrstühle

55 der Mehrzweckfrachter
56 der Lade- und
Lüfterpfosten
57 der Ladebaum
(das Ladegeschirr)
58 der Lademast
59 der Deckskran
60 der Schwergutbaum
61 die Ladeluken *f*

62 der Viehtransporter
(der Cattle-Carrier,
Livestock-Carrier)
63 der Aufbau für
den Tiertransport *m*
64 die Frischwassertanks *m*
65 der Treiböltank
66 der Dungtank
67 die Futtertanks *m*

68 die Eisenbahnfähre
(der *od.* das Trajekt)
[Querschnitt]
69 der Schornstein
70 die Rauchzüge *m*
(die Abgasleitungen *f*)
71 der Mast
72 das Rettungsboot
im Bootsdavit *m*
73 das Autodeck
74 das Eisenbahndeck
75 die Hauptmotoren *m*

76 das Containerschiff
(77, 78)
77 die Verladebrücke

78 das Seefallreep
(die Jakobsleiter,
Strickleiter)
79 der Motorfischkutter
80 der Seitentrawler,
ein Fischdampfer *m*

81 der Hecktrawler,
ein Fischfang- und
-verarbeitungsschiff *n*
82 der Heckgalgen
83 die Heckaufschleppe
84 das Lotsenboot

85 der Schubverband
aus Binnenwasser-
fahrzeugen *n* (86, 87)
86 der Schubschlepper
(der Schubtrecker)
87 der Schubleichter
(der Schubkahn)
88 der Zollkreuzer
(*ähnl.:* der Polizeikreuzer)
89 das Küstenmotorschiff
(das Kümo)

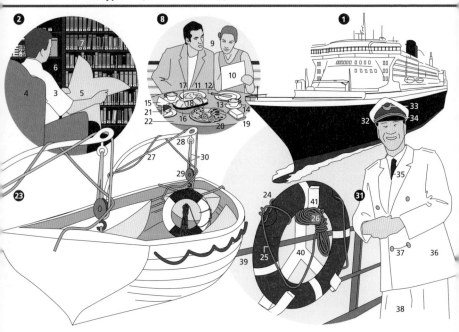

1 **das Kreuzfahrtschiff**	14 die Untertasse	27–30 **die Rettungsboot-**
(der Oceanliner,	15 die Stoffserviette	**aufhängung**
hier: die »Queen Mary 2«)	16 der Brotkorb	27 das Manntau
	17 das Toastdeckchen	28 die Talje
2 **die Bibliothek**	18 die Brötchen *n*	29 der Block
3 der lesende Fahrgast	19 die Butter	30 der Taljenläufer
4 der Lesesessel	20 der Aufschnitt	
5 die Zeitung	21 der Käse	31 **der Kapitän**
6 das Bücherregal	22 das Tischtuch	**in Dienstuniform** *f*
7 die Bücher *n*	(die Tischdecke)	(32–38)
		32 die Mütze
8 **das Frühstück an Deck** *n*	23 **das Rettungsboot**	33 das Abzeichen
(9–22)	(24–30)	34 die Kordel
9 die Passagiere *m*	24 der Rettungsring	35 die Krawatte
(die Fahrgäste *m*)	25 das Halteseil	36 das doppelreihig
10 die Speisekarte	26 das Tau	geknöpfte Jackett
		37 die Goldknöpfe *m*
11–21 **das Frühstücksgedeck**		38 die Hose
11 der Teller		39 die Reling
12 das Messer		40 der Rettungsringhalter
13 die Tasse		41 der Tauwerkshaken

42 die Außenkabine	63 die Aussicht	82 die Sonnenliege
43 der Balkon	auf das offene Meer	83 die Auflage
44 die Balkonbrüstung	(der Meeresblick)	
45 der Balkonsessel	64 das passierende Schiff	**84 das Bordrestaurant**
46 das Sitzkissen		85 die Restaurantbesucher *m*
47 das Kissen	**65 der Außenpoolbereich**	86 das Übertuch
48 die Balkontür,	66 die Sonnenschutz-	
eine Schiebetür	überdachung	**87 der Koch**
49 die Gardine	67 die Fenster *n*	(88–91)
50 das gerahmte Bild	68 das Geländer	88 die Kochmütze
mit Schiffsmotiv *n*	69 der Swimmingpool	89 das Halstuch
51 der Nachttisch	70 der Poolrand	90 das Hemd
52 die Nachttischschublade	71 der Einstieg	91 die Schürze
53 die Nachttischlampe	72 der aufblasbare Ball	92 die Torte
54 das Bett	73 die Treppe	93 die Wunderkerzen *f*
55 die Tagesdecke	74 die Treppenstufe	
56 der *od.* das Laptop	75 der Badeanzug	**94 das Billardzimmer**
57 das Tischchen	76 die Badeshorts *pl*	95 der Billardspieler
58 die Blumenvase	77 die Schirmmütze	96 das Queue
59 die Blumen *f*	78 das Cocktailglas	(der Billardstock)
60 der Stuhl	79 die sonnenbadende Frau	97 die Billardkugeln *f*
61 das Schreibpult	(*scherzh.* die Sonnen-	(die Billardbälle *m*)
62 die Deckenbeleuchtung	anbeterin)	98 der Billardtisch
	80 das Badehandtuch	(das Billard, das Brett)
	81 das Wickeltuch	
	(der Pareo)	

1–81 **das Kombischiff,**
    ein kombiniertes
    Fracht-Fahrgast-Schiff
  1 der Schornstein
  2 die Schornsteinmarke
    (die Schornsteinfarben f)
  3 die Sirene (das Typhon)

4–11 **das Peildeck**
  4 die Antennen-
    niederführung
  5 die Funkpeiler-
    rahmenantenne
    (Peilantenne)
  6 der Magnetkompass
  7 die Morselampe
  8 die Radarantenne
  9 das Flaggensignal
 10 die Signalleine
 11 das Signalstag

12–18 **das Brückendeck**
    (die Brücke,
    Kommandobrücke)
 12 der Funkraum
 13 die Kapitänskajüte
 14 der Navigationsraum
 15 die Seitenlampe
    (*hier:* die grüne Steuer-
    bordlampe; *analog:*
    die rote Backbordlampe)
 16 die Brückennock
 17 das Schanzkleid
    (der Windschutz)
 18 das Steuerhaus

19–21 **das Bootsdeck**
 19 das Rettungsboot
 20 der Davit (der Bootskran)
 21 die Offizierskajüte
    (die Offizierskammer)

22–27 **das Promenadendeck**
 22 das Sonnendeck
    (Lidodeck)
 23 das Schwimmbad
 24 der Aufgang
    (Niedergang)
 25 die Bibliothek
 26 der Gesellschaftsraum
    (der Salon)
 27 die Promenade

28–30 **das A-Deck**
 28 das halb offene Deck
 29 die Zweibettkabine
 30 die Luxuskabine
 31 der Heckflaggenstock

32–47 das B-Deck,
　　　das Hauptdeck
32 das Achterdeck
33 die Hütte
34 das Deckshaus
35 der Ladepfosten
36 der Ladebaum
37 die Saling
38 der Mastkorb
　　　(die Ausgucktonne)
39 die Stenge
40 das vordere Dampferlicht
41 der Lüfterkopf
42 die Kombüse
　　　(die Schiffsküche)
43 die Pantry (die Anrichte)
44 der Speisesaal
45 das Zahlmeisterbüro
46 die Einbettkabine
47 das Vordeck
48 die Back

49–51 das Ankergeschirr
49 die Ankerwinde
50 die Ankerkette
51 der Kettenstopper
52 der Anker
53 der Göschstock
54 die Gösch
55 die achtern liegenden
　　　Laderäume *m*
　　　(die hinteren Laderäume)
56 der Kühlraum
57 der Proviantraum
58 das Schraubenwasser
　　　(Kielwasser)
59 die Wellenhose
60 die Schwanzwelle
61 der Wellenbock
62 die dreiflügelige
　　　Schiffsschraube
63 das Ruderblatt
64 die Stopfbuchse
65 die Schraubenwelle
66 der Wellentunnel
67 das Drucklager

68–74 der dieselelektrische
　　　　Antrieb
68 der E-Maschinenraum
69 der E-Motor
70 der Hilfsmaschinenraum
71 die Hilfsmaschinen *f*
72 der Hauptmaschinen-
　　　raum
73 die Hauptmaschine,
　　　ein Dieselmotor *m*
74 der Generator
75 die vorderen
　　　Laderäume *m*
76 das Zwischendeck
77 die Ladung
78 der Ballasttank für
　　　den Wasserballast *m*
79 der Frischwassertank
80 der Treiböltank
81 die Bugwelle

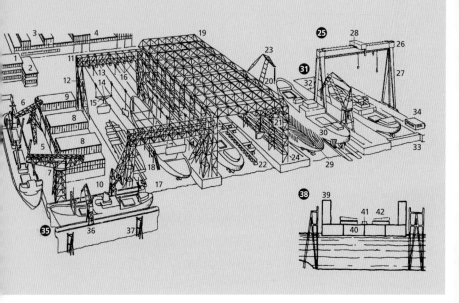

1–46 **die Werft**
1 das Verwaltungsgebäude
2 das Konstruktionsbüro
3, 4 **die Schiffbauhalle**
3 der Schnürboden
4 die Werkhalle
5 der Ausrüstungskai
6 der Dreibeinkran
7 der Hammerkran
8 die Maschinenbauhalle
9 die Kesselschmiede
10 der Reparaturkai

11–28 **die Hellinganlagen** *f*
(Hellingen *f*, Helgen *m*)

11–18 **die Kabelkranhelling**
(Portalhelling)
11 das Portal
12 die Portalstütze
13 das Krankabel

14 die Laufkatze
15 die Traverse
16 die Kranführerhäuser *n*
17 die Hellingsohle
18 die Stelling,
ein Baugerüst *n*

19–21 **die Gerüsthelling**
19 das Hellinggerüst
20 der Deckenkran
21 die Drehlaufkatze
22 der gestreckte Kiel
23 der Drehwippkran
24 die Kranbahn

25 **der Portalkran**
(26–28)
26 die Kranbrücke
27 der Brückenträger
28 die Laufkatze
(der Laufkran)
29 das Schiff in Spanten *n*
30 der Schiffsneubau

31 **das Trockendock**
32 die Docksohle
33 das Docktor
(der Dockponton,
Verschlussponton)
34 das Pumpenhaus
(Maschinenhaus)

35 **das Schwimmdock**
36 der Dockkran
37 die Streichdalben *m*
(Leitdalben)

38 **die Dockgrube**
39, 40 der Dockkörper
39 der Seitentank
40 der Bodentank
41 der Kielpallen
(der Kielstapel),
ein Dockstapel *m*
42 der Kimmpallen
(der Kimmstapel)

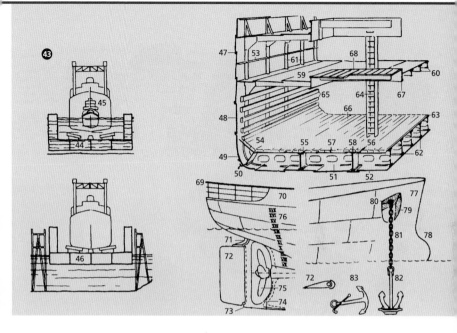

43 das Eindocken	51 der Bodengang	**69–75 das Heck**
(Docken)	52 der Flachkiel	69 die offene Reling
44 das geflutete	53 der Stringer	70 das Schanzkleid
Schwimmdock	54 die Randplatte	71 der Ruderschaft
(das gefüllte	55 der Seitenträger	**72, 73** das Oertz-Ruder
Schwimmdock)	56 der Mittelträger	72 das Ruderblatt
45 der Schlepper	57 die Tankdecke	**73, 74** der Achtersteven
beim Bugsieren *n*	58 die Mitteldecke	(Hintersteven)
46 das gelenzte	59 die Deckplatte	73 der Rudersteven
Schwimmdock	60 der Deckbalken	(Leitsteven)
(das leer gepumpte	61 das Spant	74 der Schraubensteven
Schwimmdock)	62 die Bodenwrange	75 die Schiffsschraube
	63 der Doppelboden	76 die Ahming
47–68 die Schiffskonstruktion	64 die Raumstütze	(die Tiefgangsmarke)
	65, 66 die Garnierung	
47–59 der Längsverband	65 die Seitenwegerung	**77–83 der Bug**
	66 die Bodenwegerung	77 der Vorsteven
47–52 die Außenhaut	**67, 68** die Luke	78 der Bugwulst
47 der Schergang	67 das Lukensüll	79 die Ankertasche
48 der Seitengang	68 der Lukendeckel	(die Ankernische)
49 der Kimmgang		80 die Ankerklüse
50 der Schlingerkiel		81 die Ankerkette
(Kimmkiel)		82 der Patentanker
		83 der Stockanker

1–16 die Kommandobrücke
(das Ruderhaus,
Steuerhaus)

**1 der Fahr- und
Kommandostand**
2 das Steuerrad
für die Ruderanlage *f*
3 die Steuerung
für das Strahlruder *n*
4 die Alarmknöpfe *m*

5 das Voltmeter
(das Spannungs-
messgerät)
6 die Kompassanzeige
7 das Navigationsgerät
8 das Informationsdisplay
(die Informationsanzeige)
9 das Radarsichtgerät
10 der Radarschirm
11 der Maschinentelegraf
12 das ECDIS-System, eine
elektronische Seekarte *f*
[ECDIS: Electronic Chart
Display and Information
System]

13 das OB-Telefon
(Ortsbatterietelefon)
14 die Lüftung
15 der Kapitän
16 die Kapitänsmütze

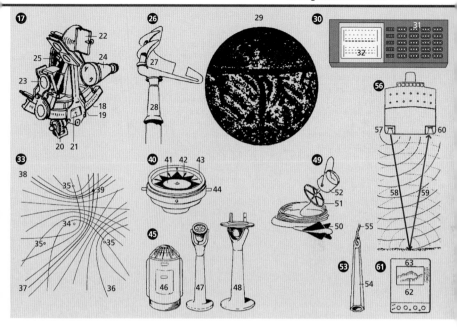

17 **der Sextant**
18 der Gradbogen
19 die Alhidade
20 die Messtrommel
21 der Nonius
22 der große Spiegel
(der Indexspiegel)
23 der kleine Spiegel
24 das Fernrohr
25 der Handgriff

26 **das Radargerät**
27 die Reflektorantenne
28 der Radarmast
29 das Radarbild

30 **das GPS-Navigationsgerät**
[GPS: Global Positioning System]
31 die Eingabetastatur
32 das Anzeigefeld

33 **das Decca-Navigator-System**
34 die Hauptstation
35 die Nebenstation
36 die Nullhyperbel
37 die Hyperbelstandlinie 1
38 die Hyperbelstandlinie 2
39 der Standort

40–48 **Kompasse** *m*

40 **der Fluidkompass,**
ein Magnetkompass
41 die Kompassrose
42 der Steuerstrich
43 der Kompasskessel
44 die kardanische Aufhängung

45 **der Kreiselkompass**
(die Kreiselkompassanlage)
46 der Mutterkompass
(der Regelkompass)
47 der Tochterkompass

48 der Peilkompass,
ein Tochterkompass
mit Peilaufsatz *m*

49 **das Patentlog**
50 der Logpropeller
51 der Schwungradregulator
52 das Zählwerk
(die Loguhr)

53 **das Handlot**
54 der Lotkörper
55 die Lotleine

56 **das Echolot**
57 der Schallsender
58 der Schallwellenimpuls
59 das Echo
60 der Echoempfänger

61 **der Echograf**
(der Echoschreiber)
62 die Tiefenskala
63 das Echobild

1 die Backbordseite
[von See kommend links]
2 das Hauptfahrwasser
3 die Fahrwassermitte
4 die Steuerbordseite
[von See kommend
rechts]
5 das einmündende
Fahrwasser
6–47 **Schifffahrtszeichen** *n*
6–18 **das Lateralsystem**
(die lateralen Zeichen *n*),
ein System *n* zur
Seitenbezeichnung *f*
des Fahrwassers *n*
6 die Tonne mit Befeue-
rung *f* (Lichtsignal *n*)
an Backbord *n*
7 das zylindrische
Toppzeichen
8 die Stumpftonne
an Backbord *n*
9 die Spierentonne
an Backbord *n*
10 die Spiere an Backbord *n*
11 die Pricke an Backbord *n*
12 die Stumpftonne an Backbord *n* des durchgehen-
den Fahrwassers *n* und an
Steuerbord *n* des einmün-
denden Fahrwassers *n*
13 die Tonne mit Befeue-
rung *f* (Lichtsignal *n*)
an Steuerbord *n*
14 das kegelförmige
Toppzeichen
15 die Spitztonne
an Steuerbord *n*
16 die Bake an Steuerbord *n*
17 die Pricke an Steuerbord *n*
18 die Spitztonne an Steuerbord *n* des durchgehenden
Fahrwassers *n* und an
Backbord *n* des einmün-
denden Fahrwassers *n*
19–23 **die Kennzeichnung
der Fahrwassermitte** *f*
(die Mitte-Fahrwasser-
Zeichen *n*)
19 die Rundtonne

20 die Tonne
mit Befeuerung *f*
21 das kugelförmige
Toppzeichen
22 die Spierentonne
23 die Bake
24–27 **das Kardinalsystem**
(die kardinalen
Zeichen *n*), ein System *n*
zur Kennzeichnung *f*
von Hindernissen *n* und
Untiefen *f*
24 die Tonne mit Topp-
zeichen *n* nördlich
des Hindernisses *n*
25 die Tonne mit Topp-
zeichen *n* östlich
des Hindernisses *n*
26 die Bake mit Topp-
zeichen *n* westlich
des Hindernisses *n*
27 die Tonne mit Topp-
zeichen *n* südlich
des Hindernisses *n*
28 das Wrack,
ein Hindernis *n*
29–31 **die Kennzeichnung
einer Badezone** *f*
29 die Bake
30 die Fasstonne
31 die runde Tonne
32 die Badezone
33 der Badestrand
34 die Stange zum
Anzeigen *n* einer
Geschwindigkeits-
beschränkung *f*
35, 36 **die Kennzeichnung
einer Reede** *f*
(Reedetonne *f*)
35 die Fasstonne
36 die Spierentonne
37 die Reede, eine gekennzeichnete Wasserfläche *f*
zum Ankern *n*
38 die Bake zur Kennzeichnung *f* eines Hindernis-
ses *n* an Steuerbord *n*

39, 40 **die Kennzeichnung
einer Hafeneinfahrt** *f*
39 das Molenfeuer
an Backbord *n*
40 das Molenfeuer
an Steuerbord *n*
41 die Hafeneinfahrt
42 die Mole
43, 44 **die Kennzeichnung
einer Einzelgefahren-
stelle** *f*
(Einzelgefahrzeichen *n*)
43 die Tonne
44 die zwei schwarzen
Bälle *m*, ein Topp-
zeichen *n*
45–47 **die Kennzeichnung
eines Sperrgebietes** *n*
45 die Fasstonne
46 die Bake
47 die Tonne
48 das Sperrgebiet
49 **das Feuerschiff**
50 der Signalmast
51 der Signalball
52 das Rettungsboot
53 die Kommandobrücke
54 der Feuerturm
(der Laternenträger)
55 das Leuchtfeuer
(die Laterne)
56 der Vormast
57 **der Leuchtturm**
[Querschnitt]
58 die Radarantenne
59 die Laterne
60 die Richtfunkantenne
61 das Aufenthaltsdeck
62 der Maschinenraum
63 die Wohnräume *m*
64 die Wendeltreppe
65 die Wassertanks *m*
66 der Heizöltank
67 die Dieselöltanks *m*
68 das Pegelrohr
69 die Kabelrohre *n*
70 das Fundament
aus wasserdichtem
Beton *m*
71 die Schüttsteine *m*
72 die Sinkstücklage
73 die Verfüllung mit Sand *m*
74 die Schwerbetonschicht
75 die Sohle aus Kontraktorbeton *m*

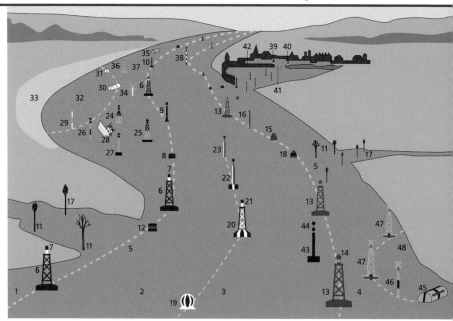

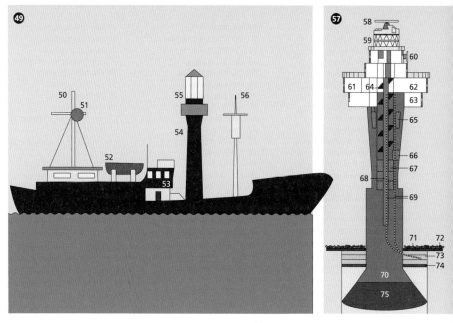

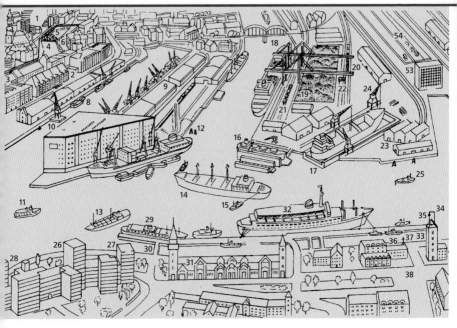

1 das Hafenviertel	**13** das Bunkerboot	**30** die Landungsbrücke
2 der Freihafen	**14** der Stückgutfrachter	**31** die Fahrgastanlage
3 die Freihafengrenze	**15** der Bugsierschlepper	**32** das Linienschiff
(das Zollgitter)	**16** das Schwimmdock	(der Passagierdampfer)
4 die Zollschranke	**17** das Trockendock	**33** die Wetterwarte
5 der Zolldurchlass	**18** der Kohlenhafen	**34** der Signalmast
6 das Zollhaus	**19** das Kohlenlager	**35** der Sturmball
(das Hafenzollamt)	**20** die Verladebrücke	**36** das Hafenamt
7 der Speicher	**21** die Hafenbahn	**37** der Wasserstandsanzeiger
8 die Schute	**22** der Wiegebunker	**38** die Kaistraße
9 der Stückgutschuppen	**23** der Werftschuppen	
10 der Schwimmkran	**24** der Werftkran	
11 die Hafenfähre	**25** die Barkasse	
(das Fährboot)	**26** das Hafenkrankenhaus	
12 die Dalbe (der Dalben,	**27** die Quarantänestation	
Duckdalben)	**28** das Tropeninstitut	
	(Institut für Tropen-	
	medizin *f*)	
	29 der Ausflugsdampfer	

39 der Roll-on-roll-off- Verkehr (Ro-ro-Verkehr)	**52** der Fruchtschuppen	**63** der Anlegeponton (der Vorleger)
40 der Brückenlift	**53** das Bürohaus	**64** der Kai (die Kaje)
41 das Truck-to-Truck- Verfahren	**54** die Stadtautobahn	**65** das Höft, eine Landspitze *f*
42 die folienverpackten Stapel *m*	**55** die Hafenuntertunnelung	**66** die *od.* der Pier
43 die Paletten *f*	**56** der Fischereihafen	**67** der Bulkfrachter (der Bulkcarrier)
44 der Gabelstapler	**57** die Fischhalle	**68** der *od.* das Silo
45 das Containerschiff	**58** die Versteigerungshalle (Auktionshalle)	**69** die Silozelle
46 die Containerbrücke	**59** die Fischkonservenfabrik	**70** die Hubbrücke
47 der Containerstapler (Portalstapler, der Vancarrier)	**60** der Schubschiffverband	**71** die Hafenindustrieanlage
48 der *od.* das Container- terminal	**61** das Tanklager	**72** das Flüssiglager
49 der Containerstapel	**62** die Gleisanlage	**73** der Tanker
50 das Kühlhaus		
51 das Förderband		

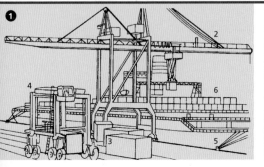

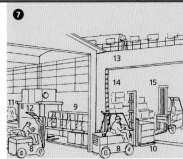

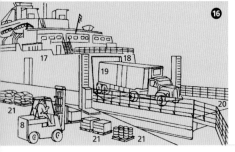

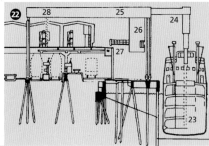

1 der *od.* das Containerterminal
2 die Containerladebrücke
   (Containerbrücke)
3 der Container
4 der Portalstapler
   (Containerstapler,
   der Vancarrier)
5 das Vollcontainerschiff
6 die Containerdecksladung

7 das Truck-to-Truck-
   Verfahren
8 der Gabelstapler
9 die unitisierte folien-
   verpackte Ladung
10 die Flachpalette
11 das unitisierte Stückgut
12 der Folienschrumpfofen
13 der Stückgutfrachter
14 die Seitenpforte
15 der Schiffsstapler

16 die Roll-on-roll-off-
   Anlage (Ro-ro-Anlage)
17 das Roll-on-roll-off-Schiff
   (Ro-ro-Schiff)
18 die Heckpforte
19 der Lkw
20 die Rampe
21 das unitisierte
   Packstück

22 die Bananen-
   umschlaganlage
   [Aufriss]
23 der wasserseitige
   Turas
24 der Ausleger
25 die Elevatorbrücke
26 das Kettengehänge
27 die Leuchtwarte
28 der landseitige Turas
   für Bahn- und
   Lkw-Beladung *f*

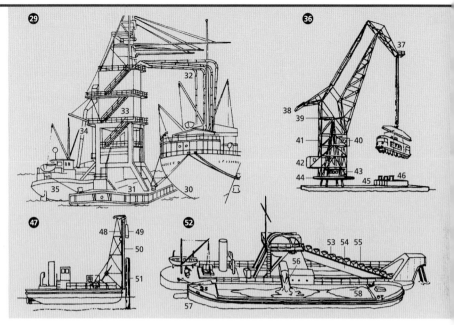

29 **der Sauggutumschlag,**
ein Bereich *m* des
Massengutumschlags *m*
30 der Bulkfrachter
(der Bulkcarrier),
ein Massengutfrachter
31 der Schwimmheber
32 die Saugrohrleitungen *f*
33 der Rezipient
34 das Verladerohr
35 die Massengutschute

36 **der Schwimmkran**
37 der Ausleger
38 das Gegengewicht
39 die Verstellspindel
40 der Führerstand
(das Kranführerhaus)
41 das Krangestell
42 das Windenhaus
43 die Kommandobrücke
44 die Drehscheibe
45 der Ponton
46 der Motorenaufbau

47 **die Ramme**
48 das Rammgerüst
49 der Rammbär
(das Rammgewicht)
50 die Gleitschiene
51 das Kipplager

52 **der Eimerbagger**
(53−56)
53 die Eimerkette
54 die Eimerleiter
55 der Baggereimer
56 die Schütte
(die Rutsche)
57 die Baggerschute
58 das Baggergut

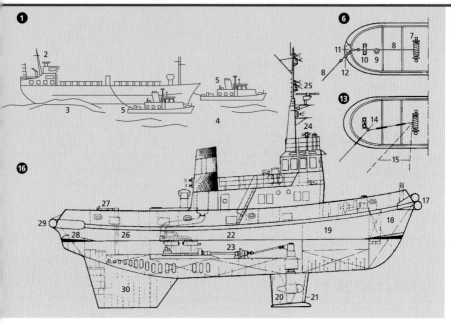

1 **die Bergung eines**
   aufgelaufenen Schiffes *n*
2 das aufgelaufene Schiff
   (der Havarist)
3 die Schlickbank
4 das offene Wasser
5 der Schlepper

6 **das Schleppgeschirr**
   für die Seeverschleppung
7 die Schleppwinde
8 die Schlepptrosse
9 das Schleppkäpsel
10 der Kreuzpoller
11 die Schleppklüse
12 die Ankerkette

13 **das Schleppgeschirr**
   für den Hafenbetrieb *m*
14 der Beistopper
15 die Trossenrichtung
   bei Bruch *m*
   des Beistoppers *m*

16 **der Bugsierschlepper**
   [Aufriss]
17 der Bugfender
18 die Vorpiek
19 die Wohnräume *m*
20 der Schottelpropeller
21 die Kortdüse
22 der Maschinen-
   und Propellerraum
23 die Schaltkupplung
24 das Peildeck
25 die Schlepperbefeuerung
26 der Stauraum
27 der Schlepphaken
28 die Achterpiek
29 der Heckfender
30 der Manövrierkiel

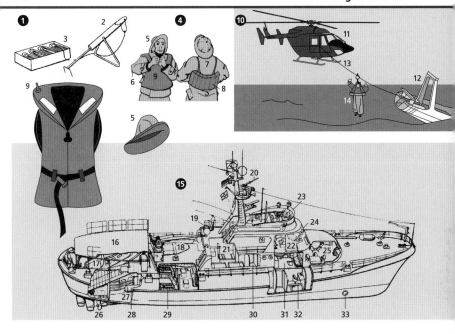

1 **der Raketenapparat**
2 die Rakete
3 die Rettungsleine
   (Schießleine)

4 **das Ölzeug**
   (5–7)
5 der Südwester
6 die Öljacke
7 der Ölmantel
8 die Korkschwimmweste
9 die aufblasbare
   Schwimmweste

10 **die Seenotrettung**
   (die Seerettung,
   die Rettung Schiff-
   brüchiger *m od. f*)
11 der Rettungs-
   hubschrauber
12 das gestrandete Schiff
   (der Havarist)
13 das Rettungstau
14 die Hosenboje,
   eine Rettungsboje
   mit eingenähter Hose *f*

15 **der Seenotkreuzer**
16 das Hubschrauber-
   arbeitsdeck
17 das Tochterboot
18 das Schlauchboot
19 die Rettungsinsel
20 die Feuerlöschanlage
21 das Hospital
   mit Operationskoje *f*
   und Unterkühlungs-
   badewanne *f*

22 der Navigationsraum
23 der obere Fahrstand
24 der untere Fahrstand
25 die Messe
26 die Ruder-
   und Propelleranlage
27 der Stauraum
28 der Feuerlöschschaum-
   tank
29 die Seitenmotoren *m*
30 die Dusche
31 die Vormannkabine
32 die Mannschafts-
   einzelkabine
33 die Bugschraube

1–14 Tragflächenanordnungen *f*
(Flügelanordnungen)
1 der Hochdecker
2 die Flügelspannweite
3 der Schulterdecker
4 der Mitteldecker
5 der Tiefdecker
6 der Dreidecker
7 der Oberflügel
8 der Mittelflügel
9 der Unterflügel
10 der Doppeldecker
11 der Stiel
12 die Verspannung
13 der Anderthalbdecker
14 der Tiefdecker
mit Knickflügeln *m*

15–22 Tragflächenformen *f*
(Flügelformen)
15 der Ellipsenflügel
16 der Rechteckflügel
17 der Trapezflügel
18 der Sichelflügel
19 der Deltaflügel
20 der Pfeilflügel
mit schwacher
positiver Pfeilung *f*
21 der Pfeilflügel
mit starker positiver
Pfeilung *f*
22 der Ogivalflügel
(Ogeeflügel)

23–36 Leitwerksformen *f*

23 **das Standardleitwerk**
(24–27)

24, 25 **das Seitenleitwerk**
24 die Seitenflosse
25 das Seitenruder

26, 27 **das Höhenleitwerk**
26 die Höhenflosse
27 das Höhenruder
28 das Kreuzleitwerk
29 das T-Leitwerk
30 der Verdrängungskörper
31 das V-Leitwerk
32 das Doppelleitwerk
33 die Endscheibe
(Seitenscheibe)
34 das Doppelleitwerk eines
Doppelrumpfflugzeugs *n*
35 das Doppelleitwerk
mit hochgestelltem
Höhenleitwerk *n*
36 das Dreifachleitwerk

37–53 das Klappensystem
37 der Vorflügel
(der Slat)
38 die Störklappe
(der Spoiler)
39 die Doppelspalt-
Fowlerklappe
40 das äußere Querruder
(Langsamflugquerruder)
41 die innere Störklappe *f*
(der Landespoiler)
42 das innere Querruder
(Allgeschwindigkeits-
querruder)
43 die Bremsklappe
(die Luftbremse)
44 das Tragflächen-
grundprofil

45–47 Wölbungsklappen *f*
45 die Normalklappe
46 die Spaltklappe
47 die Doppelspaltklappe

48, 49 Spreizklappen *f*
48 die einfache Spreizklappe
49 die Zapklappe
50 der Doppelflügel
51 die Fowlerklappe
52 die Nasenklappe
53 die Krügerklappe

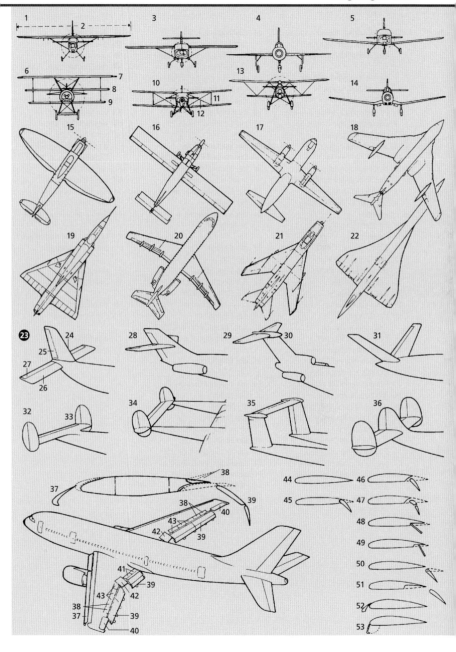

1–31 das Cockpit eines einmotorigen Sport- und Reiseflugzeugs *n*

1 **das Instrumentenbrett** (das Panel) (2–26)
2 der Fahrtmesser (Geschwindigkeitsmesser)
3 der künstliche Horizont (Kreiselhorizont)
4 der Höhenmesser
5 der Funkkompass
6 der Magnetkompass
7 der Ladedruckmesser
8 der Drehzahlmesser
9 die Zylindertemperaturanzeige
10 der Beschleunigungsmesser
11 die Borduhr
12 der Wendezeiger mit der Kugellibelle *f*
13 der Kurskreisel
14 das Variometer
15 der VOR-Leitkursanzeiger [VOR: Very High Frequency Omnidirectional Range]
16 die Kraftstoffanzeige für den linken Tank *m*
17 die Kraftstoffanzeige für den rechten Tank *m*
18 das Amperemeter
19 der Kraftstoffdruckmesser
20 der Öldruckmesser
21 die Öltemperaturanzeige
22 das Sprechfunk- und Funknavigationsgerät
23 die Kartenbeleuchtung
24 das Handrad (der Steuergriff) zur Betätigung *f* von Quer- und Höhenruder *n*

25 das Handrad für den Kopiloten *m*
26 die Bedienungselemente *n*
27 die Seitenruderpedale *n*
28 die Seitenruderpedale *n* für den Kopiloten *m*
29 das Sprechfunkmikrofon
30 der Gashebel
31 der Gemischhebel

32–66 das einmotorige Sport- und Reiseflugzeug
32 der Propeller (die Luftschraube)
33 die Propellernabenhaube (der Spinner)
34 der Vierzylinder-Boxermotor

35 **die Kanzel** (36–39)
36 der Pilotensitz
37 der Kopilotensitz
38 die Passagiersitze *m*
39 die Kanzelhaube
40 das Bugrad
41 das Hauptfahrwerk
42 die Einstiegstufe

43 **die Tragfläche** (der Flügel)
44 das rechte Positionslicht
45 der Holm
46 die Rippe
47 der Stringer, eine Hautversteifung *f*
48 der Kraftstofftank
49 der Landescheinwerfer
50 das linke Positionslicht
51 der elektrostatische Ableiter
52 das Querruder
53 die Landeklappe

54 **der Rumpf**
55 der Spant
56 der Gurt
57 der Stringer, eine Längsversteifung *f*

58 **das Seitenleitwerk**
59 die Seitenflosse
60 das Seitenruder

61 **das Höhenleitwerk** (62, 63)
62 die Höhenflosse
63 das Höhenruder
64 das Warnblinklicht
65 die Dipolantenne
66 die Langdrahtantenne

67–72 die Hauptbewegungen *f* **eines Flugzeugs** *n*

67 **das Nicken**
68 die Querachse

69 **das Gieren**
70 die Hochachse

71 **das Rollen**
72 die Längsachse

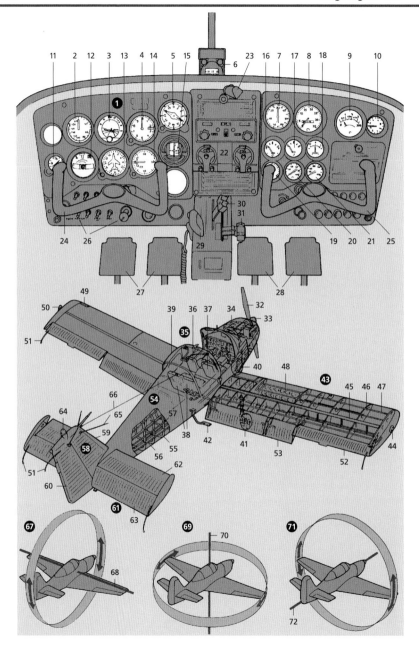

1–21 **Flugzeugtypen** *m*

1–5 **Propellerflugzeuge** *n*
  1 das einmotorige
    Sport- und Reiseflugzeug,
    ein Tiefdecker *m*
  2 das einmotorige
    Reiseflugzeug,
    ein Hochdecker *m*
  3 das zweimotorige
    Geschäfts- und Reise-
    flugzeug
  4 das Kurz- und Mittel-
    streckenverkehrsflugzeug,
    ein Turbopropflugzeug
    (Turbinen-Propeller-
    Flugzeug, Propeller-
    Turbinen-Flugzeug)
  5 das Turboproptriebwerk

6–21 **Strahlflugzeuge** *n*
    (Düsenflugzeuge, Jets *m*)

  6 **das zweistrahlige**
    Geschäfts- und
    Reiseflugzeug (7–9)
  7 der Grenzschichtzaun
  8 der Flügelspitzentank
    (Tiptank)
  9 das Hecktriebwerk
 10 das zweistrahlige
    Kurz- und Mittelstrecken-
    verkehrsflugzeug
 11 das dreistrahlige
    Mittelstrecken-
    verkehrsflugzeug

 12 **das Überschall-**
    verkehrsflugzeug
 13 die absenkbare
    Rumpfnase
 14 der Deltaflügel

 15 **das vierstrahlige**
    Großraum-Langstrecken-
    verkehrsflugzeug
 16 das Cockpit
 17 der Tragflächentank
 18 das Mantelstrom-
    triebwerk
 19 die Triebwerksgondel
 20 das Winglet
 21 der Hecktank

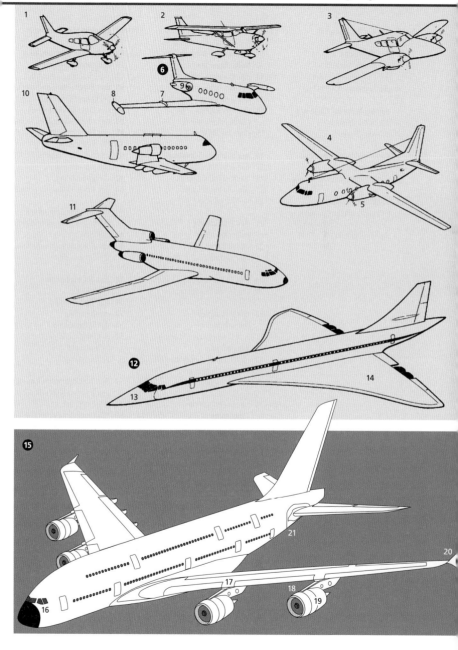

1–10 Wasserflugzeuge *n*

1 das Flugboot
2 der Bootsrumpf
3 der Flossenstummel
4 die Leitwerkverstrebung

5 das Schwimmerflugzeug
6 der Schwimmer
7 die Kielflosse

8 das Amphibienflugzeug
9 der Bootsrumpf
10 das einziehbare Fahrwerk

11–34 Senkrechtstarter *m*
(VTOL-Luftfahrzeuge *n*
[VTOL: Vertical Take-Off
and Landing])

11–28 Hubschrauber *m*

11 der leichte Mehrzweckhubschrauber
12, 13 der Hauptrotor
12 der Drehflügel
13 der Rotorkopf
14 der Heckrotor
(Ausgleichsrotor)
15 die Landekufen *f*

16 der Kranhubschrauber
17 die Turbinentriebwerke *n*
18 das Portalfahrwerk
19 die Lastplattform
20 der Zusatztank

21 der Transport-
hubschrauber
22 die Rotoren *m*
in Tandemanordnung *f*
23 der Rotorträger
24 das Turbinentriebwerk
25 die Heckladepforte

26 der Passagier-
hubschrauber
mit Propellerturbinen-
antrieb *m*
27 das Turboproptriebwerk
28 der Passagierraum
(Fluggastraum)

**29–34 Senkrechtstarter-
Flugzeuge** *n*
(VTOL-Flugzeuge)

29 das Kippflügelflugzeug
30 der Kippflügel
in Vertikalstellung *f*
31 der Steuerpropeller

32 das Kipprotorflugzeug
33 der Kipprotor
in Vertikalstellung *f*
34 die Tragfläche

35–62 Flugzeugtriebwerke *n*

35–52 Luftstrahltriebwerke *n*
(Düsentriebwerke)

35 das Front-Fan-Triebwerk
(Frontgebläsetriebwerk)
36 der Fan (das Gebläse)
37 der Niederdruckverdichter
38 der Hochdruckverdichter
39 die Brennkammer
40 die Fan-Antriebsturbine
41 die Schubdüse
42 die Turbinen *f*
43 der Sekundärstromkanal

44 das Aft-Fan-Triebwerk
(Heckgebläsetriebwerk)
45 der Fan
46 der Sekundärstromkanal
47 die Schubdüse

48 das Mantelstrom-
triebwerk
49 die Turbinen *f*
50 der Mischer
51 die Schubdüse
52 der Sekundärstrom
(Mantelstrom,
Nebenstrom)

53 das Turboproptriebwerk,
ein Zweiwellentriebwerk
54 der Lufteinlauf
55 die Hochdruckturbine
56 die Niederdruckturbine
57 die Schubdüse
58 die Kupplungswelle
59 die Zwischenwelle
60 die Getriebeeingangswelle
61 das Untersetzungs-
getriebe
62 die Luftschraubenwelle

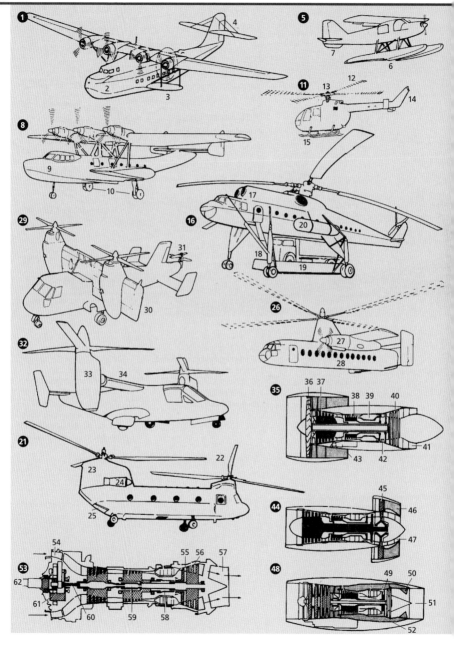

1 die Start-und-Lande-Bahn
(die Piste, die *od.* der
Runway)
2 die Rollbahn
(der Rollweg,
der Taxiway)
3 das Vorfeld
(Abfertigungsfeld)
4 die Vorfeldstraße

5 die Gepäckhalle
6 die Gepäcktunneleinfahrt
7 die Flughafenfeuerwehr
8 die Gerätehalle
9 die Frachthalle
10 der Frachthof

11 der Sammelraum
12 der Flugsteig (das Gate)
13 der Fingerkopf
14 die Fluggastbrücke
(der Finger)
15 die Abflughalle (das
Abfertigungsgebäude,
der *od.* das Terminal)
16 das Verwaltungsgebäude
17 der Kontrollturm
(der Tower)

18 die Wartehalle
(die Lounge)
19 das Flughafenrestaurant
20 die Besucherterrasse
21 das Flugzeug
in Abfertigungsposition *f*

22 die Wartungs- und
Abfertigungsfahrzeuge *n*
(*Arten:* das Catering-
fahrzeug, der Gepäck-
förderbandwagen, Tank-
wagen, Frischwasser-
wagen, Toilettenwagen,
das Bodenstromgerät)
23 der Flugzeugschlepper

1–9 Transport- und Verkehrszeichen *n*
  1 Flughafen *m*
  2 Ankunft *f*
  3 Abflug *m*
  4 Fernzug *m*
  5 Fähre *f*
  6 Autobus *m*
  7 Taxistand *m*
  8 Autoverleih *m*
  9 Tankstelle *f*

10–13 Orientierungszeichen *n* **in Gebäuden** *n*
  10 Personenfahrstuhl *m*
  11 Rolltreppe *f*
  12 fest stehende Treppe *f*
  13 rollstuhlgerechter Weg *m*

14–16 Rettungszeichen *n*
  14 Fluchtweg *m*
  15 Feuerlöscher *m*
  16 Rettungstelefon *n*
  17 Zoll *m*
  18 Ausweiskontrolle *f*
  19 Gepäckwagen *m*

20–24 Hinweiszeichen *n* **auf gewerbliche Einrichtungen** *f*
  20 Cafeteria *f*
  21 Restaurant *n*
  22 Friseur *m* (Frisör)
  23 Post *f*
  24 Apotheke *f*

25–30 Hinweiszeichen *n* **auf öffentliche Einrichtungen** *f*
  25 Information *f*
  26 Raucherzone *f*
  27 Trinkbrunnen *m*
  28 Abfallbehälter *m*
  29 Toilette *f*
  30 Wickelraum *m*

31–38 Verbotszeichen *n*
  31 Mobiltelefonieren *n* verboten
  32 Rauchen *n* verboten
  33 kein Trinkwasser *n*
  34 offenes Feuer *n* verboten
  35 Laptopbenutzung *f* verboten
  36 Berühren *n* verboten
  37 Abfallentsorgung *f* verboten
  38 Fotografieren *n* verboten

39, 40 Warnzeichen *n*
  39 Rutschgefahr *f*
  40 elektrischer Strom *m*

1

2

3

4

5

6

TAXI 7

8

9

10

11

12

13

14

15

16

17

18

19

20

21

22

23

24

25

26

27

28

29

30

31

32

33

34

35

36

37

38

39

40

1 **die Trägerrakete**
[Seitenansicht
und Aufriss]

2 **die erste Raketenstufe**
3 die Triebwerke *n*
4 der Wärmeschutzschild
5 die Triebwerksverkleidung
6 die Stabilisierungs-
flossen *f*
7 die Stufentrenn-
Retroraketen *f*
8 der Kerosintank
9 die Flüssigsauerstoff-
Förderleitungen *f*
10 das Antivortexsystem
11 der Flüssigsauerstofftank
12 die Schwappdämpfung
13 die Heliumdruckflaschen *f*
14 der Sauerstoffdiffusor
15 das Tankzwischenstück
16 Instrumente *n* und
Systemüberwachung *f*

17 **die zweite Raketenstufe**
18 die Triebwerke *n*
19 der Wärmeschutzschild
20 das Triebwerkswiderlager
und das Schubgerüst
21 die Beschleunigungs-
raketen *f* zum Treibstoffsammeln *n*
22 die Flüssigwasserstoff-
Saugleitung
23 der Flüssigsauerstofftank
24 das Standrohr
25 der Flüssigwasserstofftank
26 der Treibstoffstandsensor
27 die Arbeitsbühne
28 der Kabelschacht
29 das Mannloch
30 die Zwischenzelle
31 der Druckgasbehälter

32 **die dritte Raketenstufe**
33 das Triebwerk
34 der Schubkonus
35 die Zwischenzelle
36 die Stufentrenn-
Retroraketen *f*
37 die Lageregelungs-
raketen *f*
38 der Flüssigsauerstofftank
39 der Leitungsschacht
40 der Flüssigwasserstofftank
41 die Messsonden *f*
42 die Helium-
druckgastanks *m*
43 die Tankentlüftung
44 der vordere Zellenring
45 die Arbeitsbühne
46 der Kabelschacht

47 die Beschleunigungs-
raketen *f* zum Treibstoffsammeln *n*
48 der hintere Zellenring
49 die Flüssigwasserstoffleitung
50 die Flüssigsauerstoff-
leitung
51 die Instrumenteneinheit
52 der Lunarmodulhangar
53 das Lunarmodul
(die Mondlandeeinheit)

54 **die Betriebseinheit**
(das Servicemodul)
55 das Haupttriebwerk
56 der Treibstofftank
57 der Stickstofftetroxidtank
58 das Druckgasförder-
system
59 die Sauerstofftanks *m*
60 die Brennstoffzellen *f*
61 die Steuerraketen-
gruppen *f*
62 die Richtantennengruppe
63 die Raumkapsel
(die Kommandoeinheit)
64 der Rettungsturm
für die Startphase

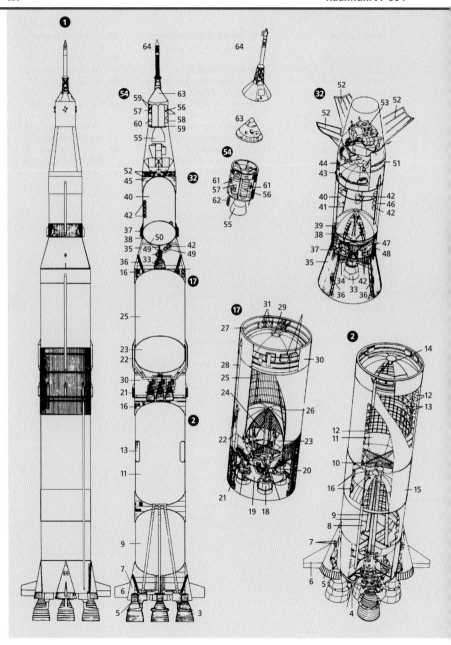

1 der Astronaut

2–11 **der Raumanzug**
2 der Sauerstoffregenerator
3 der Schutzhelm
mit Lichtschutzblenden *f*
4 das Regelgerät
5 die Sonnenbrillentasche
6 das Lebenserhaltungs-
system
7 die Schlauch- und
Kabelanschlüsse *m*
für Funkverbindung *f*,
Luftzufuhr *f*
und Wasserkühlung *f*
8 die Arbeitshandschuhe *m*
9 der biomedizinische
Verschluss
10 die Werkzeugtasche
11 die Mondstiefel *m*
12 die Mondoberfläche
13 der Mondstaub
14 der Gesteinsbrocken
15 der Meteoritenkrater
16 die Erde

17 **die Mondlandeeinheit**
(das Lunarmodul) (18–37)

18–26 **die Abstiegsstufe**
18 der Verbindungsbeschlag
19 der Treibstofftank
20 das Triebwerk
21 die Landegestell-
spreizmechanik
22 das Hauptfederbein
23 der Landeteller
24 die Ein-und-Ausstiegs-
Plattform
25 die Zugangsleiter
26 das Triebwerkskardan

27–37 **die Aufstiegsstufe**
27 der Treibstofftank
28 die Ein-und-Ausstiegs-
Luke
29 die Lageregelungs-
triebwerke *n*
30 das Fenster
31 der Besatzungsraum
32 die Rendezvous-
Radarantenne
33 der Trägheits-
messwertgeber
34 die Richtantenne
für die Bodenstelle
35 die obere Luke
36 die Anflugantenne
37 der Dockingeinschnitt

38 **die Betriebseinheit**
(das Servicemodul)
39 die Düse des Haupt-
raketentriebwerks *n*
40 die Richtantenne
41 der Steuerraketensatz
42 die Sauerstoff- und
Wasserstofftanks *m* für
die Bordenergieanlage
43 der Treibstofftank
44 die Radiatoren *m*
der Bordenergieanlage *f*
45 die Kommandoeinheit
(die Raumkapsel)
46 die Einstiegsluke

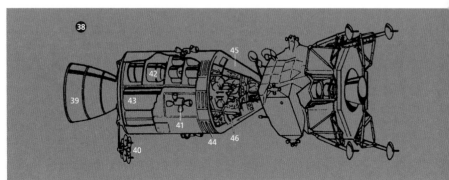

1–65 **der Spaceshuttle,**
ein Raumtransporter *m*

1 **der Orbiter**
2 die Seitenflosse
3 die Triebwerkraum-
struktur
4 der Seitenholm
5 der Rumpfverbindungs-
beschlag
6 das obere Schub-
trägergerüst
7 das untere Schub-
trägergerüst
8 der Kielträger
9 der Hitzeschild
10 der Mittelrumpf-
längsträger
11 der integral gefräste
Hauptspant
12 die integral versteifte
Leichtmetallbeplankung
13 die Gitterträger *m*
14 die Isolationsverkleidung
des Nutzlastraums *m*
15 die Nutzlastraumluke
16 die Kühl-
schutzverkleidung
17 der Besatzungsraum
18 der Kommandantensitz
19 der Pilotensitz
20 der vordere Druckspant
21 die Bugklappe
22 die vorderen
Kraftstofftanks *m*
23 die Avionikkonsolen *f*
24 das Gerätebrett
für die automatische
Flugsteuerung
25 die oberen
Beobachtungsfenster *n*
26 die vorderen
Beobachtungsfenster *n*

27 die Einstiegsluke
zum Nutzlastraum *m*
28 die Luftschleuse
29 die Leiter
zum Unterdeck *n*
30 das Nutzlast-
bedienungsgerät
31 die Bugradeinheit
32 das Hauptfahrwerk
33 das abnehmbare
Flügelnasenteil
34 das Elevon
35 die hitzebeständige
Struktur des Elevons *n*
36 die Wasserstoff-
hauptzufuhr
37 der Flüssigkeitsraketen-
Hauptmotor
38 die Schubdüse
39 die Kühlleitung
40 das Motorsteuerungs-
gerät
41 der Hitzeschild
42 die Hochdruck-
wasserstoffpumpe
43 die Hochdruck-
sauerstoffpumpe
44 das Schubsteuerungs-
system
45 das Raummanöver-
haupttriebwerk
46 die Schubdüsen-
kraftstofftanks *m*

47 **der abwerfbare**
Treibstoffbehälter
48 der integral versteifte
Ringspant
49 der Halbkugelendspant
50 die Verbindungsbrücke
zum Orbiter *m*
51 die Wasserstoffleitung
52 die Sauerstoffleitung
53 das Mannloch
54 das Dämpfungssystem
55 die Druckleitung
zum Wasserstofftank *m*
56 die Elektriksammelleitung
57 die Sauerstoffumlauf-
leitung
58 die Druckleitung
zum Sauerstofftank *m*

59 **der wiedergewinnbare**
Feststoffraketenmotor
60 der Raum für
die Hilfsfallschirme *m*
61 der Raum für die
Rettungsfallschirme *m*
und die vorderen
Raketentrennmotoren *m*
62 der Kabelschacht
63 die hinteren Raketen-
trennmotoren *m*
64 der hintere
Verkleidungskonus
65 die schwenkbare
Schubdüse

66 **das Spacelab,**
ein Raumlabor *n*
(Weltraum-
laboratorium *n*)
67 das Allzwecklabor
68 der Astronaut
69 das kardanisch
gelagerte Teleskop
70 die Messgeräteplattform
71 das Raumfahrtmodul
72 der Schleusentunnel

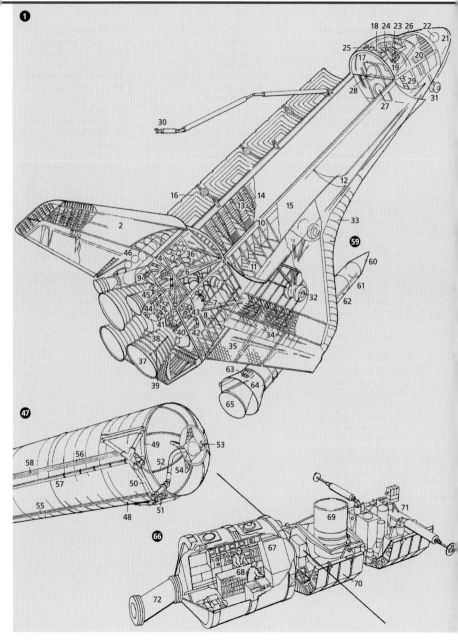

1 **die internationale Raumstation ISS** (International Space Station), eine Weltraumstation *f*
2 der Fotovoltaikflügel für die Stromversorgung
3 der Ausrichtungsmotor
4 die Wärmeaustauschelemente *n*
5 das Solarzellenmodul mit Klimaanlage *f*, ein Versorgungsmodul *n*
6 der Multifunktionsarm
7 die Kommunikationsanlage
8 das Gittersegment, ein Träger *m* für weitere Ausbaustufen *f* und Geräte *n*
9 der Knoten, ein Verbindungselement *n* zwischen einzelnen Baustufen *f*
10 die Materialschleuse zum Andocken *n* von Transportmodulen *n*
11 die Personenschleuse, ein Ausstiegsmodul *n* für Astronauten *m*
12 die Andockschleuse für Raumfähren *f*
13 der Koppelungsadapter mit Koppelungsaggregaten *n*
14 das biologische Forschungslabor CAM (Centrifuge Accomodation Module)

15 **das Forschungslabor Destiny,** ein Labormodul *n*
16 die Schleusenklappe
17 das Wartungssystem
18 der Astronautenarbeitsplatz
19 das Andockbedienpult
20 der Kontrollstand
21 der Messplatz für die Körpermasse der Astronauten *m*
22 das Bullauge

23 **die Wohneinheit** (das Wohnmodul)
24 der Übergangstunnel
25 der Stauraum
26 der ausklappbare Tisch
27 die Bordküche (die Galley)
28 das Bordkommunikationsdisplay
29 der Haltegriff zur Unterstützung *f* des Bewegens *n* in der Schwerelosigkeit *f*
30 das Ergometer, ein Fitnessgerät *n*
31 die Serviceklappe
32 das Interieurmodul (die Schlafkoje *od.* die Nasszelle)
33 das ausklappbare Schlafmodul

34 **das Nasszellenmodul**
35 die Duschkabine
36 die Toilette
37 der Haltegriff

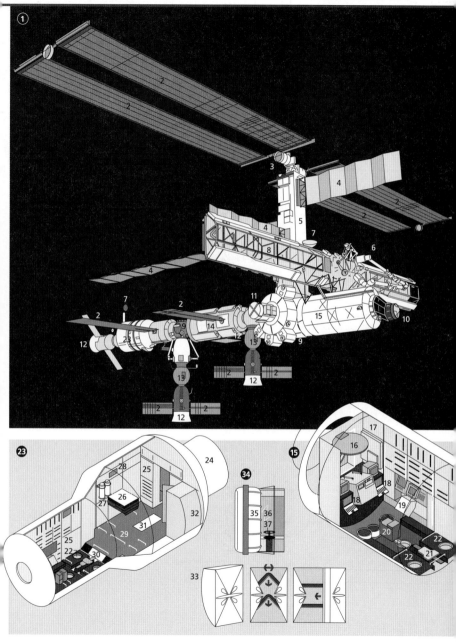

1–33 die Postfiliale

1 der Bedienplatz
(der Postschalter)
2 der Postangestellte
(der Postmitarbeiter)
3 die Dienstweste
4 die Dienstkrawatte
5 das Buchungsterminal
6 die Tastatur mit
Durchzugskartenleser m
7 der Handscanner
zum Einlesen n
von Paket- und
Einschreibennummern f
8 das PIN-Pad zur Eingabe f der persönlichen
Geheimzahl f
9 der Kugelschreiber
10 der Kugelschreiberhalter
11 der Prospekthalter
12 der Postwertzeichengeber
13 die Briefmarke,
ein Postwertzeichen n
14 das Briefmarkengebinde
(Postwertzeichengebinde)
15 das Markenheftchen
mit selbstklebenden
Briefmarken f
16 die Formatschablone
(Postschablone,
Briefschablone)
17 der Briefmarken-
befeuchter

18 der Quittungsdrucker
19 die Klebeetiketten n
für besondere Post-
sendungen f (z. B. Luftpost f, Expressbrief m)
20 die selbstklebenden
Paketnummern f
21 die Wechselgeldkasse
22 die elektronische
Brief- und Paketwaage
23 das Paket
24 der Expressaufkleber
25 das Päckchen
26 der Paketwagen
27 der Paketschein
28 die Postkundin
29 die Lochblechblende
30 die Postfachanlage
31 das Postfach
32 das Postshopmodul
33 das Packset

34–45 das Briefverteilzentrum
(Briefzentrum)

34 die Stoffeingabe
35 der Briefbehälter
36 das Briefbehälter-
förderband
37 die Standardbriefe m
38 die Steuerungstastenkonsole
39 der Überwachungs-
monitor
40 die Prozessbänder n
zur Weiterbeförderung f
der Briefe m

41 der Videocodierplatz
42 der Bildschirm
43 das Anschriftenbild
44 die Anschrift
45 die Tastatur

46 die Briefkastenleerung
47 der Briefkasten
48 die Kastenleerungstasche
49 der Handscanner
50 der Strichcode
im Inneren n
des Briefkastens m
51 das Postauto

52 die Postzustellung
53 der Zusteller
(der Briefträger,
der Postbote)
54 die Zustelltasche
55 das Zustellfahrrad
56 die Posttasche

57 die Briefsendung
58 die Empfängeradresse
(die Adresse,
die Anschrift)
59 die Absenderadresse
(der Absender)

1–55 Telefone *n*
  (Fernsprecher *m*,
  Fernsprechapparate *m*)

1 das **Wählscheibentelefon**
2 der Telefonhörer
3 die Telefonhörerschnur
4 die Telefonschnur
5 das Telefongehäuse
6 die Notrufnummer
7 die Apparatrufnummer
8 die Wählscheibe
  (Nummernscheibe)

9 das **Kompakttelefon**
10 die Hörermuschel
11 das integrierte Tastenfeld
12 die Lautsprechertaste
13 das Mikrofon
14 die Taste für
  die Leitungsfreigabe
15 der Lautsprecher
16 die optische Anrufanzeige

17 das **Tastentelefon**
18 das Tastenfeld
  mit den Zifferntasten *f*
19 die Wahlwiederholungstaste
20 die Kurzwahltaste
21 das Display
22 das Sperrschloss

23 das **Designtelefon**
24 die Telefongabel
25 die Handkurbelattrappe
26 die ausklappbare
  Tastenfeldkonsole

27 das **Kartentelefon**
28 das Anzeigenfeld für
  die Gesprächsgebühren *f*
29 die Sprachenwahltaste
30 die Seriengesprächtaste
31 der Telefonkartenschlitz

32 die **Telefonkarte**
33 das Kartentelefonsymbol
34 der Kartenwert
35 der Kartencode
36 die Einschieberichtung
37 der Chip

38 das **schnurlose Telefon**
  mit integriertem
  Anrufbeantworter *m*
  (39–47)

39 das **Mobilteil**
  (40–45)
40 das Display
41 die Akkukontrollleuchte
42 die Steuertasten *f*
  für das Benutzermenü *n*
43 die Freisprechtaste
44 die Nachrichtentaste
45 die Abhebentaste
46 die Basisstation
47 der Lautsprecher
  [verdeckt]

48 das **Mobiltelefon**
  mit integrierter
  Fotokamera *f*
  (das Fotohandy)
49 das externe Display
  zum Anzeigen
  eingehender Anrufe *m*
50 das Kameraobjektiv
51 der Ausrichtspiegel
52 die Menütaste
53 die Sendetaste
54 die Navigationstaste
55 der Headsetanschluss

1 **der Kommunikations-**
  satellit
  (Nachrichtensatellit)
2 der Sonnenflügel
  (Solarzellenflügel,
  der Solargenerator)
3 das Antennenmodul
4 die Empfangsantenne
  für Steuerbefehle *m*
5 die Parabolantennen *f*
6 das Nachrichtenmodul
7 das Antriebsmodul

8 **die Erdfunkstelle**
  (Erdefunkstelle,
  die Bodenstation),
  eine Sendestation *f*
  (Uplinkstation) u./od.
  Empfangsstation
  (Downlinkstation)
9 die Parabolantenne
10 der Hauptreflektor
11 der Fangreflektor

12 **die Satellitenantenne**
  (Offsetantenne, *ugs.*
  die Satellitenschüssel),
  eine Parabolantenne
13 die Wandhalterung
14 der Spiegel
15 der Feedarm
  (die Feedschiene)
16 der LNB-Konverter
  (Low Noise Block
  Converter, der LNB)
17 das Koaxialkabel

18 **der DVB-T-Receiver**
  (der DVB-T-Empfänger,
  das DVB-T-Empfangs-
  gerät) [DVB-T: Digital
  Video Broadcasting
  Terrestrial] (19–21)
19 die Netzkabelbuchse
20 der Antenneneingang
21 die Scartbuchse
  für die Verbindung
  zum Fernsehgerät *n*
22 die Stabantenne
23 das Antennenkabel

24 **der DSL-Anschluss**
  [DSL: Digital Subscriber
  Line]
25 die TAE-Dose [TAE: eine
  Telekommunikations-
  anschlusseinheit *f*]
26 das Telefonkabel
27 der Splitter
28 das DSL-Modem
29 das Netzwerkkabel
30 der Personalcomputer
  mit Ethernetkarte *f*
31 das ISDN-Netzabschlussgerät (das ISDN-NTBA)
  [ISDN: Integrated Services
  Digital Network; NTBA:
  Network Terminal Basic
  Access]
32 das ISDN-Telefon

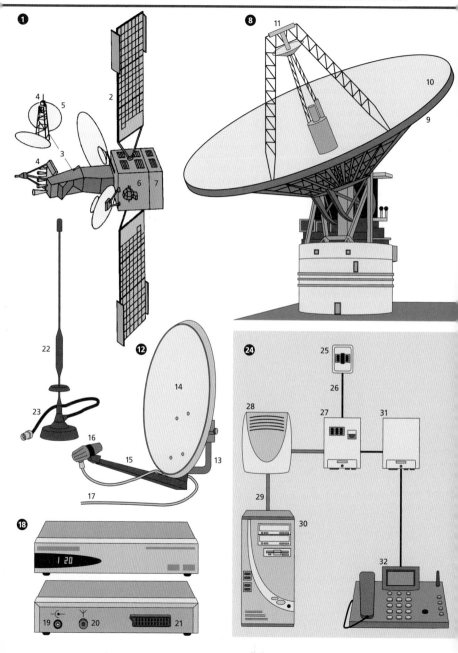

1 **die Betriebsabwicklung**
2 der Monitor
3 die Steuer- und
  Abhöreinrichtung
4 der Hörfunkmitarbeiter
5 der Netzwerkrechner
6 der Audiorouter
7 das Stereosichtgerät
8 der Abhörlautsprecher
9 die Telefonanlage
10 die Tastatur
11 die Maus

12 **das Sendestudio**
13 das Sichtfenster
14 die Zeitangabe
15 die Kühldecke
16 die Bedienoberfläche
17 die Jingleabruftasten *f*
18 die Programmübersicht
19 die Verkehrsmeldungen *f*
20 der Kopfhörer
21 das Mikrofon
22 die Chipkarte für
  die Stimmmodulation *f*
  der Ansagerstimme *f*

23 **die Redaktionsinsel**
24 das Planungsboard
25 die Lichtampel
26 das digitale
  Schneidesystem
27 die Kommando-
  sprechstelle
28 das Faxgerät
29 die Ablagekörbe *m*
30 die Ordner *m*
31 das DAT-Gerät
  [DAT: Digital Audio Tape]
32 der Tuner
33 die Kreuzschiene
34 der Voiceprozessor
35 die Anschlussfelder *n*

36 **das Vorproduktionsstudio**
37 das Mischpult
38 die Lautsprecherboxen *f*
39 das Mikrofon
40 der Mikrofonständer
41 der DAT-Rekorder
42 der Equalizer
43 der Limiter
  (der Begrenzer)
44 das Echogerät
45 das Hallgerät

46 **der zentrale Technikraum**
  mit dem Serversystem *n*
  (47–58)
47 der Rechnerschrank
48 der Verteilverstärker
49 der Soundprozessor
50 das Patchpanel
  (das Patchfeld)

51 **die Tape-Library,**
  ein Magnetband-
  archivsystem *n*
52 die Laufwerke *n*
53 die Digitalkassetten *f*
  (die Tapes *n*)
54 die Server *m*
55 der Datenbankrechner
56 die Festplatten *f*
57 das Glasfaserkabel
58 die Temperaturanzeige

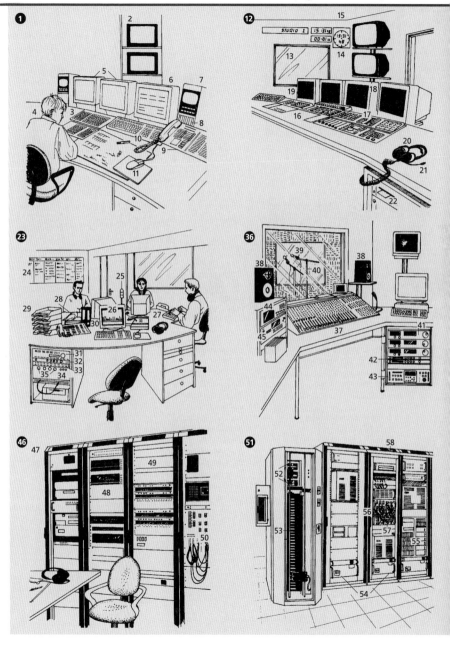

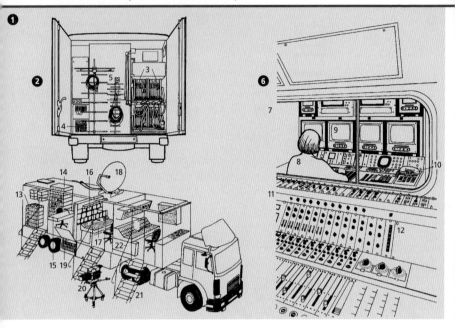

1 **der Ü-Wagen**
(Übertragungswagen)
[Heckansicht,
Innenansicht und
Aufriss]

2 **die Heckeinrichtung**
3 die Kamerakabel *n*
4 die Kabelanschlusstafel
5 die Hörfunkantennen *f*

6 **die Inneneinrichtung**
(7–20)
7 der Bildregieraum
8 die Bildtechnikerin
9 der Kameramonitor
10 das Bordtelefon
11 der Tonregieraum
12 das Tonmischpult
13 die MAZ-Geräte *n* [MAZ:
Magnetaufzeichnung *f*]
14 das Gestell mit den
Ton- und Bildgeräten *n*
15 das Bildtechniksteuerpult
16 die Monitorwand

17 das Bildmischpult
18 die Satellitenantenne
19 die Klimageräte *n*
20 die Fernsehkamera
21 die ausklappbare Treppe
22 das Treppengeländer

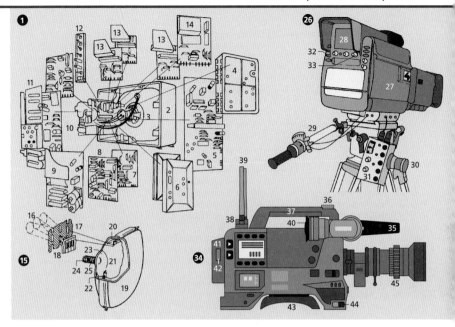

1 **das Fernsehgerät**
   (*ugs.* der Fernseher)
2 das Gehäuse
3 die Fernsehröhre
4 das ZF-Verstärkermodul
5 das Farbdecodermodul
6 die VHF- und UHF-
   Tuner *m* [VHF: Very
   High Frequency; UHF:
   Ultra-high Frequency]
7 das Horizontal-
   synchronmodul
8 das Vertikalablenkmodul
9 das Ost-West-Modul
10 das Horizontal-
   ablenkmodul
11 das Regelmodul
12 das Konvergenzmodul
13 das Farbendstufenmodul
14 das Tonmodul

15 **der Farbbildschirm**
16 die Elektronenstrahlen *m*
17 die Maske
   mit Langlöchern *n*
18 die Leuchtstoffstreifen *m*
19 die Leuchtstoffschicht
20 die innere magnetische
   Abschirmung
21 das Vakuum
22 die Maskenaufhängung
23 der Zentrierring
   für die Ablenkeinheit
24 die Elektronenstrahl-
   systeme *n*
25 die Schnellheizkathode

26–45 **Fernsehkameras** *f*

26 **die Studiokamera**
27 der Kamerakopf
28 der Kameramonitor
29 der Führungshebel
30 die Scharfeinstellung
31 die Bedienungstafel
32 die Kontrastregelung
33 die Helligkeitsregelung

34 **der Camcorder**
   (der Kamerarekorder)
35 das Mikrofon
36 der Lichtschuh
37 der Tragegriff
38 der Diversityempfänger,
   ein Drahtlosempfänger
39 die zwei Antennen *f*
40 der Sucher
41 der Akku
42 das LCD-Panel [LCD:
   Liquid Crystal Display
   (Flüssigkristallanzeige *f*)]
43 die Schulterstütze
44 der Einschaltknopf
45 das Zoomobjektiv

1 **die Hi-Fi-Kompaktanlage**
2 das Rack,
ein Fonomöbel *n*
3 das CD-Fach
4 das Kassettenfach
5 das Schallplattenfach
6 die Laufrolle
7 **der Hi-Fi-Turm**
8 der Schallplattenspieler
(Plattenspieler)
9 der CD-Player
(der Compact-Disc-
Spieler)
10 der Receiver, ein Ver-
stärker *m* mit integriertem Radioteil *n*
11 das Doppelkassettendeck
12 **die Dreiwegebox**,
eine Lautsprecherbox
mit drei Lautsprechern *m*
13 das Gehäuse
14 der Hochtöner
(das Hochtonsystem)
15 der Mitteltöner
(das Mitteltonsystem)
16 der Tieftöner
(der Basslautsprecher,
das Tieftonsystem)
17 die Tieftönerabdeckung
18 die Bassreflexöffnung
19–103 **Hi-Fi-Komponenten** *f*
(Komponenten einer
Hi-Fi-Anlage *f*)
19 **der Schallplattenspieler**
(Plattenspieler)
20 die Abdeckhaube
21 das Stroboskop
zur optischen Kontrolle *f*
der Drehgeschwindigkeit *f*
22 der Drehzahlwahlregler
23 die Starttaste
24 der Plattenteller
25 die Plattentellerauflage
26 die Abtastnadel
27 das Tonabnehmersystem
28 der Tonarm
29 die Tonarmstütze
30 der Tonarmlifthebel
(der Lift)
31 die Auflagekraftregler
32 **der Verstärker**
33 der Netzschalter
34 die Lautsprecher-
wahltasten *f*

35 die Kopfhörerbuchse
36 der Tiefenregler
37 der Höhenregler
38 die Loudnesstaste
39 der Lautstärkeregler
40 die Direct-Mode-Taste
41 der Balanceregler
42 der Input-Selektor
43 die Leuchtdioden *f*
zur Anzeige *f*
des gewählten Gerätes *n*
44 der Fuß
45 **der Tuner**
(das Radioteil)
46 die Wellenbereichstaste
47 die Monotaste
48 die Speichertaste
49 das Display
50 die Wellenbereichsanzeige
51 die Frequenzanzeige
52 die Abstimmbetriebsartenanzeige
53 die Stationstasten *f*
54 die Abstimm-
betriebsartentaste
55 der Abstimmregler
zur Frequenzeinstellung *f*
56 **der CD-Player**
(der Compact-Disc-
Spieler)
57 die Programmiertaste
58 die Löschtaste
zum Löschen *n*
der Programmierung *f*
59 die Wiederholungstaste
für die gesamte CD
60 die Titelwiederholungstaste
61 die Zufalls-
wiedergabetaste
62 die Introtaste
zum Abspielen *n*
der Trackanfänge *m*
63 die Time-Mode-Taste
zur Auswahl *f* des Spieldaueranzeigemodus *m*
64 die Peak-Search-Taste
für die Suche nach der
Stelle *f* mit dem höchsten
Lautstärkepegel *m*
65 das CD-Fach

66 das Display
67 die Tracknummer
68 die Spieldaueranzeige
69 die Gesamttitelanzeige
70 die Eject-Taste zum
Öffnen *n* und Schließen *n*
des CD-Fachs *n*
71 die Wiedergabetaste
72 die Stopptaste
73 die Pausentaste
74 die Rücklauftaste
75 die Vorlauftaste
76 der Jog-Regler
für die Trackanwahl
77 die Kopfhörerbuchse
78 **das Kassettendeck**
(das Tapedeck)
79 die Eject-Taste
zum Öffnen *n*
des Kassettenfachs *n*
80 der Timerschalter
81 das Kassettenfach
82 das Display
83 die Aufnahmepegel-
anzeige
84 die Bandlaufzähleranzeige
85 die Laufrichtungsanzeige
86 die Bandlaufzähler-
rücksetztaste
87 die Bandlaufzähler-
auswahltaste
88 die Wiedergabetaste
89 die Rückspultaste
90 die Vorspultaste
91 die Stopptaste
92 die Pausentaste
93 die Aufnahmepausentaste
94 die Aufnahmetaste
95 die Kopfhörerbuchse
96 der Kopfhörer-
lautstärkenregler
97 der Bandqualitäts-
auswahlschalter
98 der Laufrichtungs-
wechselschalter
(der Autoreverse-Mode-
Schalter)
99 der Aufnahmepegelregler
100 der Bias-
Feinabstimmungsregler
101 der Aufnahmebalance-
regler
102 **der Equalizer**
103 die Frequenzband-
schieberegler *m*

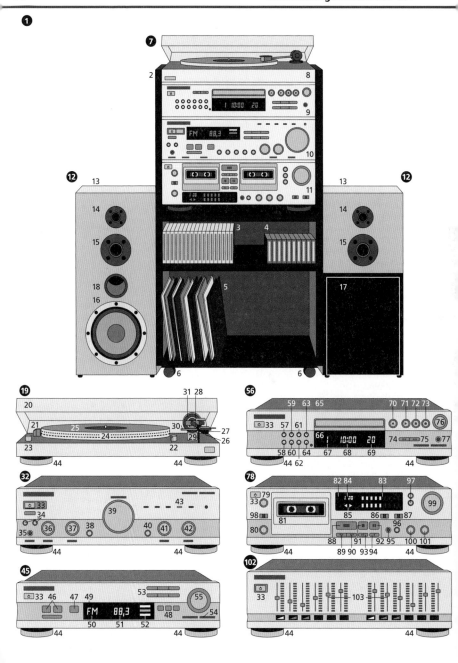

1 der mobile DVD-Player
(DVD-Spieler *m*)
2 der Monitor
3 die Monitorklappe
4 die Verriegelung
5 der Lautsprecher
6 das Scharnier
7 der Einschaltknopf
8 die Ruhemodusschalter *m*
9 das DVD-Fach
10 die Open-Taste
zum Öffnen *n*
des DVD-Fachs *n*
11 die Batterieladeanzeige
12 die Betriebsanzeige
13 der Infrarotempfänger
für die Fernbedienung
14 die Cursor-
steuerungstasten *f*
15 die Funktionstasten *f*

16 der MP3-Player
(der MP3-Spieler)
(17–26)
17 die Ohrhörer *m*

18 das Bedienelement
(19–22)
19 die Rücksprungtaste
20 die Vorsprungtaste
21 die Start-und-Pausen-
Taste
22 die Stopptaste
23 das Display mit
der Titelanzeige *f*
24 die Auswahltasten *f*
25 die Anschlussbuchse
für die Verbindung
zu einem Computer *m*
26 die Bestätigungstaste

27 der Funkkopfhörer
(28–31)
28 das Kopfband
29 der Lautstärkeregler
30 der Infrarotsensor
31 die Ohrpolsterung
32 der Vertikalständer

33 die Übertragungseinheit
(der Transmitter)
34 der Einschaltknopf
35 die Bereitschaftsanzeige
36 die Ladungsanzeige
37 der Kanalauswahlknopf
38 der Auswahlknopf
für die Tonqualität
39 der Auswahlknopf
für das Eingabesignal
40 der Lautstärkeregler
für kabelgebundene
Kopfhörer *m*
41 die Anschlussbuchse für
einen kabelgebundenen
Kopfhörer *m*
42 das Batteriefach
43 die Modusanzeige

44 das Mikrofon
45 der Mikrofonkopf
mit dem Windschirm *m*
46 das Kabel
47 der Klinkenstecker

**48 der tragbare
CD-Radiorekorder**
49 der Tragebügel
50 das Radioteil
51 der CD-Player
52 das Display
53 der Doppel-
kassettenrekorder
54 der Lautsprecher

55–59 Audiokassetten *f*
(Musikkassetten)
verschiedener
Bandsorten *f*
55 die Ferrokassette
(Eisendioxidkassette,
Normalkassette)
56 die Chromdioxidkassette
57 die Metallkassette
(Metalloxidkassette)
58 die Bandsorten-
markierung
(die Kennaussparung)
59 die löschgeschützten
Kassetten *f*

60 der tragbare CD-Player
(der Discman®)
61 die CD
(die Compact Disc)
62 der Gehäusedeckel
63 das Display
64 die Funktionstasten *f*

**65 der tragbare
Kassettenspieler**
(der Walkman®)
66 der Bügelkopfhörer
67 der Equalizer
68 die Steuerungstasten *f*
69 das Kassettenfach

70 der Weltempfänger
71 die Teleskopantenne
72 die Funktionstasten *f*
73 die Stationstasten *f*
74 der Drehregler
für die manuelle
Senderabstimmung
75 das Display
76 der Lautstärke-
schieberegler

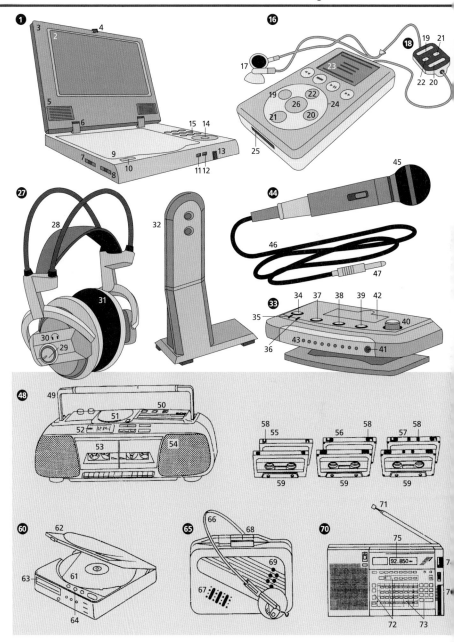

1 **die Spielkonsole**
2 die Anschlussbuchsen *f*
  für Joysticks *m*
  oder Gamepads *n*
3 das Speicherkarten-
  einschubfach
4 die USB-Schnittstelle
  [USB: Universal Serial
  Bus]
5 der Lüfter
6 die Infrarotschnittstelle

7 **das Gamepad**
  (8–14)
8 die Richtungstasten
9 der Joystick
10 die Auswahltaste
11 die Starttaste
12 die Drucktasten *f*
13 die Feuertasten *f*
14 die Modustaste
  mit Kontrollleuchte *f*
15 das Fernsehgerät
16 die Spieldarstellung

17 **der Joystick**
18 der Feuerknopf
19 das Griffstück
20 die Auswahltasten *f*
21 die Justierung

22 **der Gameboy®,**
  eine Handspielkonsole *f*
23 der Einschaltknopf
24 das Display
25 die Spielmenüwahltaste
26 die Aktionstaste
27 das Bewegungstasten-
  kreuz
28 die Batteriekontrolllampe
29 die Spielkassette

30 **der Lenkrad-Joystick**
  für Fahrspiele *n*
31 die Lenkradeinheit
32 das Lenkrad
33 die Fußeinheit
34 das Gaspedal
35 das Bremspedal

1 **der Camcorder**
(der Kamerarekorder),
eine analoge Videokamera
2 das Zoomobjektiv
3 das Okular
4 der Bildwandler
5 die Video-8-Kassette
6 das Aufnahmeband
7 die Kopftrommel
8 der Autofokusstellmotor
9 die Zoomtasten
10 das Mikrofon

11 **der Mini-DV-Camcorder**,
eine digitale Videokamera
[DV: Digital Video]
12 das Objektiv
13 der Griffgurt
14 der ausklappbare
LCD-Monitor [LCD:
Liquid Crystal Display
(Flüssigkristallanzeige *f*)]

15 **die VHS-Kopftrommel**
[VHS: Video Home
System]
16 der Löschkopf
17 der Führungsstift
18 das Bandlineal
19 die Tonwelle
20 der Audiosynchronkopf
21 die Andruckrolle
22 der Videokopf
23 die Kopftrommelwand
mit Riefen *f* zur
Luftpolsterbildung *f*

24 **das VHS-Spurschema**
25 die Bandlaufrichtung
26 die Aufnahmerichtung
27 die Videospur
28 die Tonspur
29 die Synchronspur
30 der Synchronkopf
31 der Tonkopf
32 der Videokopf

33 **der Mini-DV-VHS-**
Videorekorder,
ein kombinierter
Videorekorder
für analoge und
digitale Videokassetten *f*
34 die Einschalttaste
35 die Mini-DV-Betrieb-
Auswahltaste
36 die Mini-DV-
Auswurftaste
37 das Mini-DV-
Kassettenfach
38 die Wiedergabetaste
39 die Stopptaste
40 das VHS-Kassettenfach
41 die VHS-Auswurftaste
42 die VHS-Betrieb-
Auswahltaste
43 die Leuchtanzeige
für Wiedergabe- oder
Aufnahmebetrieb *m*
44 das ausklappbare
Bedienungspanel
45 das Display
46 die Laufzeitanzeige
47 das Wiedergabesymbol
48 das Aufnahmesymbol
49 die Mini-DV-Kassette
50 die VHS-Kassette

51 **der DVD-Player**
(der DVD-Spieler)
52 die Einschalttaste
53 das Display
54 die Titelanzeige
55 die Kapitelanzeige
56 der Infrarotsensor
für die Fernbedienung
57 die Audio-direct-Taste
58 die Sound-Mode-
Auswahltaste
59 die DVD-Schublade
60 die Open-Taste zum
Öffnen *n* und Schließen *n*
der DVD-Schublade *f*
61 die Wiedergabetaste
62 die Stopptaste
63 die DVD-Menü-Taste
64 die Cursorsteuerung
65 die Bestätigungstaste
66 die Systemmenütaste

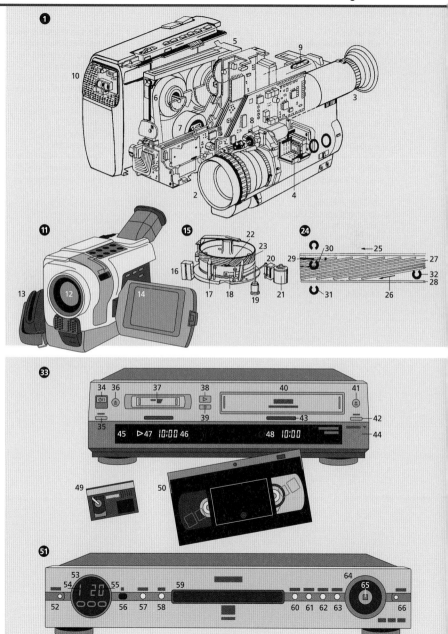

1–4 Computer *m*
mit Internetzugang *m*

1 der *od.* das Laptop
(das Notebook)
mit Funkverbindung *f*
über ein Funknetzwerk *n*
(WLAN *n* [Wireless
Local Area Network])

2 der PC (Personal-
computer) mit Modem *n*
für die Verbindung über
eine Telefonleitung *f*

3 der PC (Personalcomputer) mit Kabelmodem *n*
für die Verbindung über
ein Fernsehkabel *n*

4 der PDA (Personal Digital
Assistent) mit Funk-
verbindung *f* über
ein Mobiltelefon *n*

5 die Telekommunikationsleitung

6 die Telekommunikations-
zentrale

7 **der Serverschrank**
des Serviceanbieters *m*
(Serviceproviders *m*)

8 die Rechner *m*
mit gemietetem Speicher-
platz *m* für Websites *f*
und Daten *pl* von Service-
kunden *m*

9 die Rechner *m* mit
internen Datenbanken *f*
und Dienstleistungen *f*
des Serviceanbieters *m*
(Serviceproviders *m*)

10 der Mailserver

11 die Internetdatenleitung

12 der Internetknotenpunkt

13 **der Serverschrank eines**
Internetdienstanbieters *m*
(Internetproviders *m*)

14 die Server *m* für
die Zurverfügungstellung
von Daten *pl* und Internet-
diensten *m*

15 die Suchmaschinen-
server *m*

16 die geschützten
Server *m* für
den passwortgeschützten
Zugriff *m* auf Daten *pl*
und Internetdienste *m*

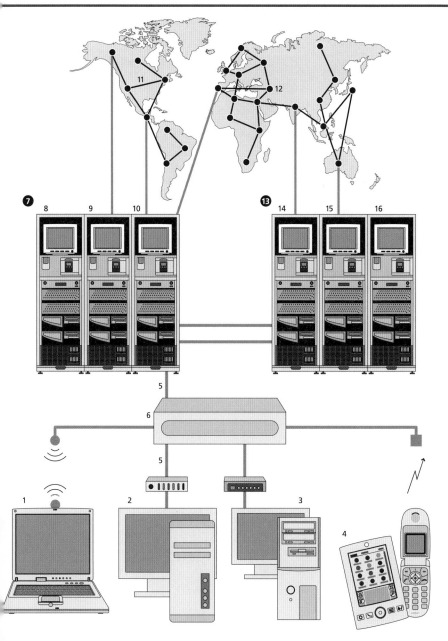

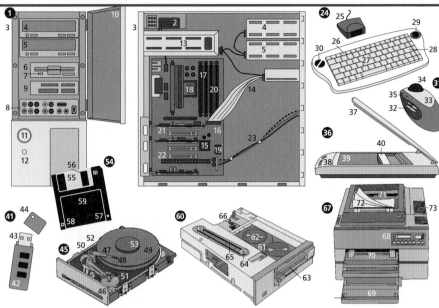

1 der **PC-Turm** (der Tower-PC), ein stationärer Personalcomputer *m*	**23** die Verbindungskabel zur Frontanschlussleiste *f*	**48** der Schreib-Lese-Kopf
2 das Netzteil	**24–73 Peripheriegeräte** *n*	**49** die Magnetscheiben *f*
3 das Gehäuse	**24–40 Eingabegeräte** *n*	**50** der Antriebsmotor für die Magnetscheiben *f*
4 das CD-DVD-Laufwerk	**24 die Infrarottastatur**	**51** der Antriebsmotor für den Schreib-Lese-Kopf *m*
5 der CD-DVD-Brenner	**25** der Infrarotsender	**52** die Drehachse
6 das Diskettenlaufwerk (Floppy-Disk-Laufwerk)	**26** die Funktionstasten *f*	**53** die Plattenhalteklammer
7 der Auswurfknopf	**27** das Buchstabenfeld	**54 die 3,5-Zoll-HD-Diskette,** eine Floppy Disk *f* [HD: High Density]
8 die Frontanschlussleiste	**28** die Eingabetaste (Returntaste)	**55** die verschiebbare Schutzplatte
9 die Speicherkarteneinsteckleiste	**29** der Trackball (die Rollkugel)	**56** die Abtastöffnung
10 die abschließbare Abdeckklappe	**30** die Maustasten *f*	**57** die HD-Kerbe
11 der Netzschalter	**31 die Trackballmaus,** eine Computermaus	**58** der Schreibschutzschieber
12 die Resettaste zum Neustart *m* des Computers *m*	**32** die Maustasten *f*	**59** das Beschriftungsfeld
13 die Festplattenlaufwerke *n*	**33** die Handauflage	**60 der Magnetbandspeicher** (der Streamer)
14 das Verbindungskabel zur Hauptplatine *f*	**34** der Trackball (die Rollkugel)	**61** das Magnetband
15 der Kombicontroller	**35** das Scrollrad	**62** die Magnetbandspule
16 die Hauptplatine (das Mainboard, Motherboard)	**36 der Scanner**	**63** die Magnetbandkassette
17 der Arbeitsspeicher	**37** die Abdeckklappe	**64** der Bandantrieb
18 die Zentraleinheit (die CPU [Central Processing Unit]), ein Mikroprozessor *m*	**38** das Bedienungsfeld	**65** der Antriebsriemen
	39 das Vorlagenglas	**66** der Antriebsmotor
19 der Cache-Speicher (der Cache-Controller)	**40** die Belichtungseinheit	**67–73 Ausgabegeräte** *n*
20 der Steckplatz (der Slot) für die Speichererweiterungskarte	**41–66 Speichermedien** *n*	**67 der Laserdrucker** (der Laserprinter), ein Computerdrucker
21 der Steckplatz (der Slot) für die Grafikkarte	**41 der USB-Speicherstift** (der USB-Stick) [USB: Universal Serial Bus]	**68** das Bedienungsfeld
	42 das Gehäuse mit dem Speicherchip *m*	**69** der Papierbehälter
22 die Steckkarte für serielle und parallele Schnittstellen *f*	**43** die USB-Schnittstelle	**70** der Papiereinzugsschacht
	44 der Deckel	**71** der Papierauswurf
	45–66 magnetische Speichermedien *n*	**72** der Papierausdruck
	45 das Festplattenlaufwerk (die Festplatte, die Harddisk)	**73** die Lüfteröffnung für die Belichtungseinheit
	46 das Gehäuse	
	47 der Zugriffsarm (der Aktuator)	

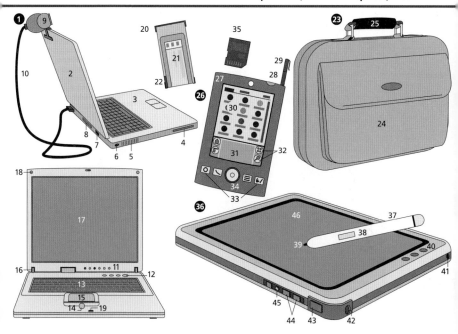

1 **der** *od.* **das Laptop**
   (das Notebook),
   ein tragbarer Computer *m*
2 der Monitordeckel
3 das Gehäuse
4 der Kartensteckplatz
   (der Einschubschacht)
5 das Lüftergitter
6 die Infrarotschnittstelle
7 der Netzwerkanschluss
8 die Parallelschnitt-
   stelle für den Druckeranschluss *m*
9 die Webcam
10 das USB-Anschlusskabel
   (USB-Kabel) [USB:
   Universal Serial Bus]
11 die Betriebsleuchtdioden *f*
12 die Betriebstasten *f*
13 die Tastatur
14 die Maustaste
15 das Touchpad
16 das Monitordeckel-
   scharnier

17 der LCD-Monitor [LCD:
   Liquid Crystal Display
   (Flüssigkristallanzeige *f*)]
18 der Monitorauflageschutz
19 der Monitordeckel-
   verschluss
20 die Steckkarte
21 das Beschriftungsfeld
22 der Führungsstift

23 **die Laptoptasche**
24 die Kleinteiltasche
25 der Tragegriff

26 **der PDA**
   (Personal Digital
   Assistent)
27 das Gehäuse
28 der Einschaltknopf
29 der Eingabestift
30 der Touchscreen mit den
   Programmsymbolen *n*
31 das Eingabefeld
32 die Auswahlfelder *n*

33 die Auswahltasten *f*
   für die Grundfunktionen *f*
34 die Navigationsscheibe
35 die Speicher-
   erweiterungskarte

36 **der Tablet-PC**
37 der Eingabestift
38 die Auswahltaste
39 die Eingabespitze
40 die Bedientasten *f*
   für die Darstellungs-
   ausrichtung
41 die Stromanschluss-
   buchse
42 die Tastaturanschluss-
   buchse
43 der Betriebsschalter
44 die programmierbaren
   Auslösetasten *f*
45 das Steuerrad
46 der Bildschirm

1–39 das Sekretariat
(das Vorzimmer)
1 der Schiebetürenschrank
2 der Hängeregisterschrank
3 der Aktenschrank
4 die Rolltür
5 der Aktenordner
6 das Telefaxgerät
(das Faxgerät)
7 das Telefax (das Fax)
8 die gerahmte Grafik,
eine Wanddekoration f
9 die Wanduhr
10 der Schreibtisch
11 der Drucker
12 das Druckwerk
13 das Druckerpapier
14 der Tischrechner
15 die Schreibtischlampe

16 der Personalcomputer
(PC)
17 der Monitor
(der Bildschirm)
18 die Tastatur
19 die Maus
20 das Mauspad
21 der Rechner

22 das Telefon
(hier: das Systemtelefon)
(23–26)
23 der Hörer
24 die Wähltastatur
25 das Tastenfeld mit
den Funktionstasten f
26 das Beistellterminal
für zusätzliche Funktionstasten f
27 der Tintenfeinschreiber,
ein Schreibgerät n
28 der Stifteköcher

29 der Stenoblock
(der Stenogrammblock)
30 der Kugelschreiber
31 der Ablagekorb
(der Briefkorb)
32 der Geschäftsbrief
33 die Unterschriftenmappe
34 der Pultordner
35 der Wandplaner
(der Jahresplaner)
36 der Papierkorb
37 der Aktenvernichter
38 der Rollcontainer
39 der Bürodrehstuhl

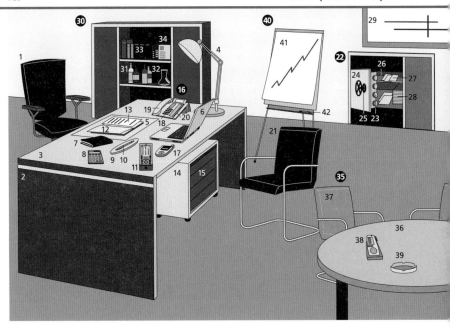

1–42	**das Chefzimmer**	16	**das Systemtelefon**	30	**die Schrankwand**
1	der Schreibtischsessel		(17–20)	31	das Barfach
2	der Schreibtisch	17	das Mobiltelefon	32	die Getränke *n*
3	die Schreibplatte	18	die Wähltastatur	33	die Fachbücher *n*
4	die Schreibtischlampe	19	der Telefonhörer	34	die Fachzeitschriften *f*
5	die Schreibunterlage	20	die Funktionstasten *f*		
6	das Notebook,	21	der Besuchersessel	35	**die Besprechungsecke**
	ein tragbarer Personal-			36	der Konferenztisch
	computer *m*	22	**der Panzerschrank**		(Besprechungstisch)
7	der Terminkalender		(der Tresor) (23–28)	37	der Konferenzstuhl
	(der Organizer)	23	die Riegelbolzen *m*		(Besprechungsstuhl)
8	der Taschenrechner	24	die Stahltür	38	das Mikrokassetten-
9	die Schreibschale		mit Drehrad *m*		Diktiergerät
10	der Füllfederhalter	25	das Zahlenschloss	39	der Aschenbecher
11	der PDA (Personal	26	der gepanzerte		
	Digital Assistent),		Schlossraum	40	**das** *od.* **die Flipchart**
	ein Taschencomputer *m*	27	die vertraulichen	41	der Flipchartblock
12	die Unterschriftenmappe		Unterlagen *pl*	42	der Flipchartmarker
13	der Geschäftsbrief	28	das Bargeld		
14	der Rollcontainer	29	das Wandbild		
15	die Schublade				

1–40 Büromaterial *n*
1 die Büroklammer
2 die Aktenklammer
3 die Spitzdose,
ein Anspitzer *m*
4 der Radiergummi

5 der Tischhefter,
ein Büroheftgerät *n*
6 der Drehamboss
7 das Heftklammern-
magazin mit Schiebelade-
mechanik *f*

8 der Locher
(9 u. 10)
9 die Anschlagschiene
10 der Abfallkasten
11 der Klebestift
12 die Korrekturflüssigkeit
13 der Klebestreifen-
handabroller

**14 der Klebestreifen-
tischabroller** (15 u. 16)
15 die Klebestreifenrolle
16 die Abreißkante
17 der Anfeuchter
18 der Textmarker
19 der Filzschreiber
(der Filzstift)
20 der Haftnotizblock

21 der Taschenrechner
(22–29)
22 die Solarzellen *f*
23 die LCD-Anzeige [LCD:
Liquid Crystal Display
(Flüssigkristallanzeige *f*)]
24 die Funktionstasten *f*
25 die Zifferntasten *f*
26 die Kommataste
27 die Rechenbefehlstasten *f*
28 die Speichertasten *f*
29 die Prozentrechnungs-
taste
30 der Wochenkalender,
ein Tischkalender

31 der Aktenordner
32 das Rückenschild
33 das Griffloch

34 der Belegordner
(35–38)
35 die Ordnermechanik
36 der Griffhebel
37 der Klemmbügel
38 der Kontoauszug
39 das Lineal
40 die Zentimeter-
und Millimeterskala

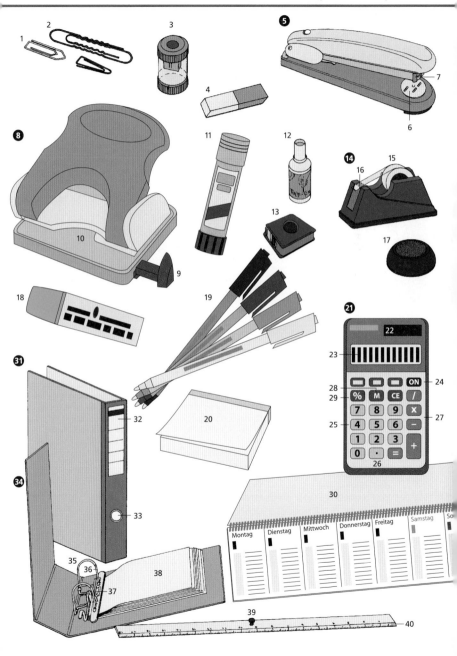

1–53 das Großraumbüro
- **1** die Trennwand
  (der Raumteiler)

- **2 der Registraturschrank**
  (2–6)
- **3** die Schublade mit
  der Hängeregistratur *f*
- **4** der Hängerahmen
- **5** der Hängeordner
  (der Hängehefter,
  die Hängetasche,
  die Hängemappe)
- **6** der Karteireiter

- **7** der Aktenordner
- **8** die Mitarbeiterin
  bei der Archivierung *f*
- **9** die Sachbearbeiterin
- **10** die Aktennotiz
- **11** das Telefon
- **12** das Aktenregal
- **13** der Schreibtisch
- **14** der Büroschrank
- **15** die Pflanzeninsel,
  eine Raumbegrünung *f*
- **16** die Zimmerpflanzen *f*
- **17** die Programmiererin
- **18** der Personalcomputer
  (der PC)

- **19** die Kundendienst-
  sachbearbeiterin
- **20** die Kundin
- **21** die Wanddekoration
- **22** die schalldämmende
  Trennwand, ein Raum-
  gliederungselement *n*
- **23** die Schreibkraft
- **24** die Schreibmaschine

25 der Karteischrank	**34** der Notizblock	**46** die Datenzentrale
26 die Kundenkartei	**35** die Fonotypistin	(Rechenzentrale)
27 der Bürostuhl,	**36** das Diktiergerät	(47–52)
ein Drehstuhl	**37** der Ohrhörer	**47** der Bildschirm-
28 der Schreibmaschinen-	**38** das statistische Schaubild	arbeitsplatz
tisch	(die Statistik)	**48** der Papierkorb
29 der Karteikasten	**39** der Schreibtisch-	**49** die Umsatzstatistik
30 das Allzweckregal	unterschrank	**50** die Datenblätter *n*
31 der Chef	**40** der Schiebetürenschrank	**51** der Drucker
32 der Geschäftsbrief	**41** die Schrankelemente *n*	**52** der Ausdruck
33 die Chefsekretärin	**42** das Verbindungselement	**53** der *od.* das Laptop,
	43 das Hängeregal	ein tragbarer Computer *m*
	44 der Ablagekorb	
	45 der Wandkalender	

1 **die Kugelkopf-
schreibmaschine,**
eine elektrische Schreib-
maschine
2 der Walzenstechknopf
3 die Schreibwerk-
rückführung (Schlitten-
rückführung)
4 der Walzenlöser
5 die Radierauflage
6 die Schreibwalze
7 das Schreibfenster
8 der Kugelkopf
(Schreibkopf)
9 die Farbbandkassette
10 der Papierhalter
11 die Führungsrolle
12 die Gehäuseabdeckung
13 der Papiereinwerfer
14 der Zeileneinsteller
15 der Walzendrehknopf
16 die Randeinstellung
17 der vordere Randsteller
18 der hintere Randsteller
19 der Farbbandwähler
20 der Anschlagstärke-
einsteller

21 **das Blocktastenfeld**
(die Tastatur) (22–29)
22 die Randlösetaste
23 die Umschalttaste
24 der Umschaltfeststeller
25 die Tabulatortaste
26 die Leertaste
27 die Tabulatorlöschtaste
28 die Rücktaste
29 der Zeilenschalter
30 der Ein-/Ausschalter

31 **der Austauschkugelkopf**
32 die Type
33 der Schreibkopfdeckel
34 die Zahnsegmente *n*

35 **das Kopiergerät**
(*ugs.* der Kopierer,
der Kopierautomat)
36 die Abdeckung
mit dem Einzelkopie-
auswurf *m*
37 die Universal-
papierkassette
38 die einstellbaren
Papierkassetten *f*
39 die Verkleidungsklappe
40 die Duplexeinheit
41 die Sortiereinheit
(der Sorter)
42 die Kopienablage
43 die Funktionstasten *f*
44 das Display
45 das Ziffernfeld
46 die Kopiertaste

47 **die Brieffalzmaschine**
(der Falzautomat)
48 die Papiereingabe
(der Zuführtisch)
49 die Falzeinrichtung
50 der Auffangtisch

51 **das Mikrokassetten-
Diktiergerät** (52–61)
52 der Fußschalter
53 der Kopfhörer (Ohrhörer)
54 der Lautsprecher
55 das Kassettenfach
56 die Auswurftaste
57 das Bandzählwerk
58 die Schieberegler *m*
59 die Funktionstasten *f*
60 die Einschalttaste
61 das Handmikrofon
62 der Rüttler zum
Glattstoßen *n*
von Papierstapeln *m*
63 der Papierstapel

64 **die Frankiermaschine**
(der Freistempler)
65 die Zifferntasten *f*
66 die Funktionstasten *f*
67 das Telefonkabel für
die Onlineabbuchung
der Portokosten *pl*
68 die Brief- und
Päckchenwaage

69 **der Klebebinder**
für Thermobindungen *f*
70 der Aufnahmeschacht
für die Bindemappe
71 die Bereitschaftsanzeige

72 **die Drahtkamm-
bindemaschine**
für Spiralbindungen *f*
73 der Stanzhebel
74 der Stanzschacht
75 der Binderückenhalter
76 der Binderücken-
schließhebel

77 **die Kuvertiermaschine**
78 der Kuvertschacht
79 die Dokumenten-
schächte *m*
80 das Steuerungstastenfeld
81 das Display
82 die Kuvertausgabe

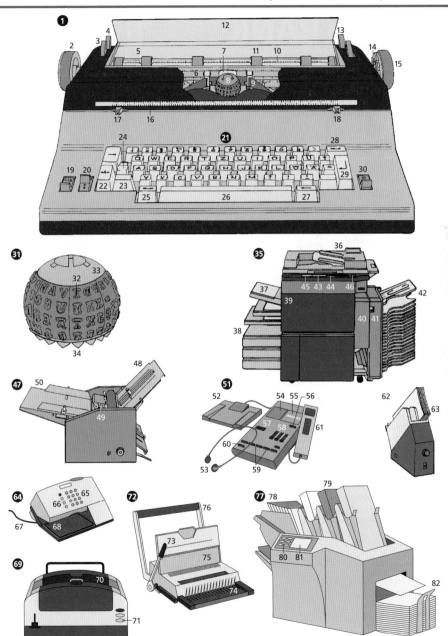

1–17 **die Selbstbedienungszone**
(SB-Zone)
1 die Eingangstür
2 der Foyerkartenleser zum
Öffnen *n* der Eingangstür *f*
3 der Zugang
zur Kundenhalle *f*

4 **der Geldautomat**
5 der Bildschirm
6 die Auswahltasten *f*
für den Auszahlungs-
betrag *m*
7 die Tastatur für
die PIN-Eingabe [PIN:
Personal Identification
Number (persönliche
Geheimzahl *f*)]

8 der Karteneingabeschlitz
9 die Bargeldausgabe
10 die Belegausgabe
11 der Kontoauszugsdrucker
12 der Kontoauszug
13 die Überwachungskamera
14 das Stehpult
15 der Formularständer
16 das Infoplakat
17 der Briefeinwurfschlitz
18 die Bankkundin

19 **die EC-Karte**
(Eurochequekarte)
20 der Name des ausgeben-
den Kreditinstituts *n*
21 die Kontonummer
22 die Ablauffrist
23 die Kartennummer
24 der Geldkartenchip
25 der Name des Karten-
inhabers *m*
26 der Magnetstreifen
[rückseitig]

27 **die Kreditkarte**
(28 u. 29)
28 der Name des Kredit-
kartenunternehmers *m*
29 die erhaben geprägte
Kreditkartennummer
30 der Überweisungsauftrag
(der Zahlschein)

1–38 die Kundenhalle
(Schalterhalle)
1 der Kundentresen
(die Thekenanlage)
2 der Kassenschalter
3 die Bankangestellte
4 der Bankkunde
5 der Personalcomputer
(der PC)
6 die Tastatur
7 die Maus
8 der verborgene
Alarmknopf
9 der beschäftigtenbediente
Banknotenautomat
(der BBA)
10 die Schublade
11 die Formularvordrucke *m*
12 die Notenzählmaschine
13 der Notensortierer
14 die Rechenmaschine

15 das UV-Geldschein-
prüfgerät
16 das Münzzählbrett
17 die elektronische
Geldwaage
18 der Diskretions-
abstandshalter
19 der Prospektständer
20 der Prospekt
21 die Formularfächer *n*
22 der Kurszettel
23 die Girobox, ein
Einwurfkasten *m* für
Überweisungsaufträge *m*
und Schecks *m*
24 das Kundenschreibpult
25 der Formularständer
26 der Kugelschreiber
27 der Durchgang
zum Tresorraum *m*
28 die Überwachungskamera
29 der Aktenschrank
30 der Belegkoffer
31 die Grünpflanze
als Raumteiler *m*

32 die Servicegruppe
(der Beratungsbereich)
(33–37)
33 der Stuhl des Beraters *m*
(des Service-
mitarbeiters *m*)
34 der Schreibtisch
35 die Broschüren *f*
36 die Schreibtisch-
verkleidung
37 der Besucherstuhl
38 das Fenster
39 die Passanten *m*

1–24 der Börsenhandel

1–14 der Parketthandel
(das Parkett)

1 der Börsensaal
2 die Maklerschranke
(der Ring)
3 der vereidigte
Börsenmakler
4 die Computer *m*
5 das Kursübertragungssystem
6 die Telefone *n*
7 der Freimakler
8 das Mobiltelefon
(das Handy)
9 der Wertpapierhändler
10 die Kurstafel
11 die Indexkurve
12 das Logo der Deutschen
Börse AG
13 das Xetra®-Logo
14 das DAX®-Logo [DAX:
Deutscher Aktienindex]

**15–22 der elektronische
Börsenhandel**
mit dem Handelssystem *n*
Xetra® (Exchange
Electronic Trading)
15 die Kursliste
16 das Wertpapierkürzel
17 der Name der
ausgebenden Aktien-
gesellschaft *f*
18 die Wertpapier-
kennnummer
19 der Kaufkurs
20 die nachgefragte Menge
21 der Verkaufskurs
22 die angebotene Menge
23 der Bulle, das Symbol
für eine Hausse *f*
24 der Bär, das Symbol
für eine Baisse *f*

25–34 die Aktie
(die Aktienurkunde),
ein Wertpapier *n*

25 der Mantel
26 die Wertpapier-
kennnummer
27 der Nennwert
28 die laufende Nummer
29 der Name der
ausgebenden Aktien-
gesellschaft *f*
30 die Unterschrift
des Aufsichtsrats-
vorsitzenden *m*
31 die Unterschrift
des Vorstands-
vorsitzenden *m*

32 der Bogen
(Kuponbogen,
Couponbogen)
33 der Kupon (der Coupon,
der Zinsschein,
Dividendenschein,
Gewinnanteilschein)
34 der Erneuerungsschein
(der Talon)

Im Textteil ist bei allen Substantiven das grammatische Geschlecht (das Genus) angegeben, in der Regel durch den vorangestellten bestimmten Artikel *(der, die, das)* oder durch eine nachgestellte Genusbezeichnung *(m, f* oder *n)*. Hierauf wurde verzichtet, wenn zwei aufeinander folgende Begriffe dasselbe Grundwort haben. Ausschließlich im Plural gebräuchliche Wörter sind durch *pl* gekennzeichnet.

Sinnverwandte Begriffe (Synonyme) stehen in runden Klammern nach dem jeweiligen Hauptbegriff. In eckigen Klammern erscheinen ergänzende Erläuterungen zu den Begriffen oder zu deren Darstellungsweise im Bildteil.

Durch Fettdruck im Textteil und durch mit einem schwarzen Kreis unterlegte Ziffern in den Tafeln werden Oberbegriffe kenntlich gemacht sowie Begriffe, deren Einzelteile im Folgenden bezeichnet werden. Zur Verdeutlichung wird an manchen Stellen zusätzlich in runden Klammern angegeben, welche der nachfolgenden Begriffe dem übergeordneten Begriff zugehören.

Folgende Abkürzungen wurden verwendet:

Abk.	Abkürzung	*o. ä.*	oder ähnlich
abwert.	abwertend	*obd.*	oberdeutsch
ähnl.	ähnlich	*od.*	oder
alemann.	alemannisch	*österr.*	österreichisch
bayr.	bayerisch	*ostmd.*	ostmitteldeutsch
bes.	besonders	*pl*	Plural
Bez.	Bezeichnung	*poln.*	polnisch
bzw.	beziehungsweise	*scherzh.*	scherzhaft
ca.	circa	*schweiz.*	schweizerisch
darg.	dargestellt	*sg*	Singular
dicht.	dichterisch	*südd.*	süddeutsch
engl.	englisch	*südwestd.*	südwestdeutsch
entspr.	entsprechend	*u.*	und
etc.	et cetera	*u. a.*	und andere
f	Femininum	*ugs.*	umgangssprachlich
franz.	französisch	*usw.*	und so weiter
kastr.	kastriert	*v. Chr.*	vor Christi Geburt
landsch.	landschaftlich	*verw.*	verwandt
m	Maskulinum	*volktüml.*	volkstümlich
männl.	männlich	*weibl.*	weiblich
md.	mitteldeutsch	*westd.*	westdeutsch
n	Neutrum	*westmitteld.*	westmitteldeutsch
n. Chr.	nach Christi Geburt	*z. B.*	zum Beispiel
nd.	niederdeutsch	*zugl.*	zugleich
nordd.	norddeutsch		

Die halbfetten Zahlen direkt hinter den Stichwörtern sind die Nummern der Bildtafeln. Die darauf folgenden mageren Zahlen geben die Nummern der Begriffe innerhalb der Tafeln an.

Zusammensetzungen sind sowohl unter der Vollform als auch dem Grundwort verzeichnet. Das *Kinderbett* beispielsweise ist unter *Kinderbett* und unter *Bett* zu finden. Ebenso ist die *Einhandmischbatterie* auch unter *Mischbatterie* und unter *Batterie* verzeichnet.

Der Eintrag unter dem jeweiligen Grundwort lautet *Bett, Kinder-* bzw. *Mischbatterie, Einhand-* und *Batterie, Misch-*. Diese Art der Darstellung dient dazu, den gesuchten Begriff schneller zu finden. Wie er richtig geschrieben wird (also *Kinderbett*, nicht *Kinder-Bett*), ist der jeweiligen Tafel zu entnehmen.

Gleich lautende Wörter mit unterschiedlichen Bedeutungen oder Verwendungskontexten werden durch kursiv gesetzte Bereichsangaben gekennzeichnet.

Folgende Abkürzungen und Kurzformen wurden für die Bereichsangaben verwendet:

Abfall:	Abfallkreislauf	*Med.:*	Medizin
Anat.:	Anatomie	*Mediengest.:*	Mediengestaltung
Astron.:	Astronomie	*Meteor.:*	Meteorologie
Atmos.:	Atmosphäre	*Militär:*	Militärwesen
Bau:	Bauwesen	*Papier:*	Papierherstellung
Bot.:	Botanik	*PC:*	Personalcomputer
Buch:	Buchbinderei	*Porzellan:*	Porzellanherstellung
Druck:	Druckerei	*Straßenrein.:*	Straßenreinigung
Eisenbahn:	Eisenbahnwesen	*Telekomm.:*	Telekommunikation
Eisenverarb.:	Eisenverarbeitung	*Textil:*	Textilwesen
Forstw.:	Forstwirtschaft	*U-Elektronik:*	Unterhaltungselektronik
Fotogr.:	Fotografie	*Video:*	Videogerät
Fotoreprod.:	Fotoreproduktion	*Völkerk.:*	Völkerkunde
Geld:	Geldwesen	*Vorgesch.:*	Vorgeschichte
Geogr.:	Geografie	*Wasservers.:*	Wasserversorgung
Glas:	Glasherstellung	*Werkzeugmasch.:*	Werkzeugmaschine
Landw.:	Landwirtschaft	*Zement:*	Zementherstellung
Math.:	Mathematik	*Zool.:*	Zoologie

Aal **182** 17
Aal, Fluss- **182** 17
Aal, Pelikan- **187** 2
Aalfisch **182** 17
Aasblume **205** 15
Aasfliegenblume **205** 15
Abakus **153** 17, 28, 39
Abbau, Ton- **313** 1
Abbauhammerstreb **297** 41
Abbildung *Math.* **171** 9, 10
Abbildung *Tankstelle* **349** 18
Abbildung, eineindeutige **171** 11
Abbildung, umkehrbar eindeutige **171** 11
Abbindeplatz **273** 1–59
Abblasemast **375** 39
Abblendlicht **344** 53
Abbruch, Gelände- **12** 48
Abbruch, Ufer- **370** 4
Abbuchung, Online- **412** 67
Abbund **273** 24
Abdampfauspuff **364** 22
Abdampfschale **173** 29
Abdeckband **281** 16
Abdeckblende **131** 51
Abdecken **335** 14
Abdeckhaube **401** 20
Abdeckkappe **279** 33
Abdeckklappe *PC* **406** 10, 37
Abdeckklappe *Zeichner* **315** 10
Abdeckleiste **276** 57
Abdeckplatte **44** 31
Abdeckschieber **2** 32
Abdeckstab **276** 64
Abdecktuch **31** 13
Abdeckung *Astron.* **6** 7
Abdeckung *Bäckerei* **251** 64
Abdeckung *Büro* **412** 36
Abdeckung *Energie* **308** 2
Abdeckung *Fotogr.* **269** 12, 30
Abdeckung *Optik* **265** 13
Abdeckung *Setzerei* **327** 15
Abdeckung *Straße* **352** 17
Abdeckung *Zeichner* **315** 7
Abdeckung, Airbag- **344** 102
Abdeckung, Band- **286** 29
Abdeckung, Gehäuse- **412** 12
Abdeckung, Generator- **307** 15
Abdeckung, Motor- **343** 80
Abdeckung, Picture-Card- **269** 31
Abdeckung, sterile **30** 33, **31** 7
Abdeckung, Tieftöner- **401** 17
Abdeckung, Treppenhaus- **271** 22
Abdomen **19** 46
Abdruck, Finger- **68** 50, 51

Abdrucklöffel **29** 52
Abdruckroller, Tapeten- **281** 54
Abdrückstelle **26** 16
Abducken **117** 29
Abendanzug **38** 8
Abendmahl **150** 26
Abendmahlskelch **150** 29
Abendmahlstisch **148** 4
Abendtäschchen **130** 13
Abenteuerpark **85**
Abfackelanlage, Notfall- **299** 11
Abfahrtshocke **119** 25
Abfahrtslauf **119** 24
Abfahrtsski **119** 26
Abfahrtzeit **358** 30
Abfahrtzeit **359** 10
Abfall **79** 64
Abfall, mittelaktiver **306** 75
Abfall, organischer **81** 3
Abfall, radioaktiver **306** 60–71, 80
Abfallbehälter *Bahnhof* **358** 24, **359** 24
Abfallbehälter *Eisenbahn* **361** 30
Abfallbehälter *Med.* **31** 24
Abfallbehälter *Piktogramm* **390** 28
Abfallbehälter *Stadt* **79** 26
Abfallbehälter *Tankstelle* **350** 18
Abfallcontainer **359** 24
Abfalleimer **250** 15
Abfallentsorgung **390** 37
Abfallkasten **410** 10
Abfallkorb *Park* **84** 43
Abfallkorb *Spielplatz* **87** 14
Abfallkorb *Stadt* **79** 26
Abfallkreislauf **81**
Abfallprodukt **304** 26
Abfallrohr, Sand- **364** 15
Abfallstoff **81** 19
Abfalltonne **81** 11
Abfalltrennung **81** 1–10
Abfallvorrichtung **300** 41
Abfangjäger **64** 1
Abferkel-Aufzucht-Bucht **228** 40
Abfertigungsfahrzeug **389** 22
Abfertigungsfeld **389** 3
Abfertigungsgebäude **389** 15
Abfertigungsposition **389** 21
Abfeuerungseinrichtung **63** 75
Abfiltrieren **246** 51
Abflug **390** 3
Abflughalle **389** 15
Abfluss, Roheisen- **300** 11
Abfluss, Schlacken- **300** 9

Abfluss, Wasser- **80** 57
Abflusshahn **331** 34
Abflussleitung, Wärmemittel- **308** 9
Abflussrohr **57** 25
Abformer **112** 23
Abfuhr, Abwasser- **309** 38
Abfuhr, Müll- **81** 11–13
Abfuhrwagen, Kehricht- **353** 13
Abfuhrwagen, Müll- **353** 13
Abfüllanlage **229** 20
Abfüllanlage, 10-Liter- **229** 26
Abfüllmaschine **229** 21
Abfüllung, Flaschen- **247** 17
Abgangsinnengewinde **279** 47
Abgangspforte **128** 12
Abgangswinkel **240** 75
Abgasabsauganlage **348** 45
Abgasleitung **375** 70
Abgaslippe **67** 92
Abgasmast **375** 17
Abgasöffnung **66** 79
Abgaspfosten **375** 17
Abgasrohr **299** 5
Abgasschalldämpfer **366** 42, 48
Abgasschlauch **348** 46
Abgasschornstein **299** 2
Abgassonde, Diesel- **348** 29
Abgastester, Diesel- **348** 27
Abgastester, Vierkomponenten- **348** 67
Abgautschbrett **324** 4
abgepackte Backwaren **251** 53–60
abgeschlossene Elektronenschale **1** 8
abgeschnürte Bucht **15** 12
abgeschrägte Kante **296** 62
abgestoßen **139** 34
abgetrennte Meeresbucht **15** 15
abgezogene Kopfhaut **160** 15
Abgießen **301** 19
Abguss **73** 16
Abhang **13** 40
Abhängling **154** 33
Abhäutemesser **248** 11
Abhebentaste **396** 45
Abheber **261** 10
Abhebestange **143** 23
Abhöreinrichtung **398** 3
Abhörlautsprecher *Film* **132** 16
Abhörlautsprecher *Rundfunk* **398** 8
Abisolierzange *Heimwerken* **287** 15

Abisolierzange *Installateur* **280** 64
Abkürzung **60** 6
Ablage *Mediengest.* **328** 5
Ablage *Restaurant* **77** 37
Ablage *Sport* **112** 5
Ablage, Bügeleisen- **56** 19
Ablage, Ei- **234** 2
Ablage, Gepäck- **361** 26, **362** 10, 25, **363** 18
Ablage, Kleider- **136** 6
Ablage, Kopien- **412** 42
Ablage, Kreide- **72** 12
Ablage, Papier- **334** 15
Ablage, Post- **78** 2
Ablage, Schreib- **348** 23
Ablage, Schwad- **216** 21
Ablage, Tablett- **77** 7
Ablage, Werkzeug- **348** 24
Ablagefläche **257** 33
Ablagekorb *Büro* **408** 31, **411** 44
Ablagekorb *Rundfunk* **398** 29
Ablagerost **324** 4
Ablagerung **14** 46
Ablagerung, Sand- **370** 37
Ablagerungsgebiet **12** 46
Ablageschrank **330** 39
Ablageschublade **348** 11
Ablängen **325** 49
Ablängsäge **273** 14
Ablängsäge, Ketten- **311** 39
Ablass, Grund- *Wasserbau* **371** 70
Ablass, Grund- *Wasservers.* **80** 34
Ablasshahn **46** 70
Ablassvorrichtung, Abwasser- **92** 22
Ablation, Katheter- **30** 32
Ablauf, Heizkörper- **308** 13
Ablauf, Wannen- **57** 48
Ablauf, Wasser- *Fischzucht* **242** 7
Ablauf, Wasser- *Fotogr.* **268** 17
Ablaufbühne, Wasserbomben- **66** 34
Ablauffrist **413** 22
Ablaufgestell, Stehfaden- **320** 25
Ablaufkondensator **246** 4
Ablaufleitung **80** 12
Ablaufrost **352** 24
Ablaufschacht, Darr- **246** 19
Ablauftrichter **355** 30
Ablaufventil **279** 16
Ableger **206** 10, 11
Ableger, bewurzelter **206** 12
Ablegetisch **337** 14
Ableiter, Blitz- **46** 31

Ableiter, elektrostatischer **386** 51
Ableiter, Überspannungs- **304** 35
Ableitung **168** 13
Ableitung, Generator- **306** 54
Ableitung, Sickerwasser- **370** 22
Ableitung, Wärme- **1** 64
Ablenkeinheit **400** 23
Ablenkmodul, Horizontal- **400** 10
Ablenkmodul, Vertikal- **400** 8
Ableseinstrument **2** 6
Ablesemikroskop **265** 28
Ablesen **174** 33
Ablösegerät, Tapeten- **281** 9
Ablöser, Tapeten- **281** 1
Abluft **308** 22
Abluftanlage **306** 84
Abluftkamin *Energie* **306** 27, **308** 24
Abluftkamin *Zement* **310** 13
Abluftöffnung **57** 20
Abluftschacht **246** 14
Abluftschlitz **56** 32
Abluftstutzen **295** 16
Abluftwäschetrockner **56** 30
Abnäher, Taillen- **38** 35
Abnahmeblech **251** 77
abnehmender Mond **4** 7
Abnehmer, Strom- *Bahnhof* **359** 20
Abnehmer, Strom- *Eisenbahn* **360** 33, **362** 4, **363** 6, **365** 2, 30
Abnehmer, Strom- *Energie* **308** 18
Abnehmer, Strom- *Straßenbahn* **351** 2, 23
Abnehmergreifer **319** 24
Aborigine **160** 37
Abort **57** 11
Abpackanlage **229** 32
Abrasionsplatte **14** 76
Abraum **312** 2
Abraumbagger **313** 4
Abräumwinkel **353** 25
Abreißkante **410** 16
Abreißschiene **281** 42
Abrissnische **12** 45
Abroller, Hand- **410** 13
Abroller, Küchenpapier- **48** 1
Abroller, Tisch- **410** 14
Abrollung **325** 41, 46
Abruf **123** 46
Abruftaste, Jingle- **398** 17
Abrunder, Rock- **83** 49
Absackmaschine **246** 39
Absackstutzen **236** 50

Absatz *Schuhmacher* **253** 67
Absatz *Setzerei* **326** 15, 36
Absatz, Deich- **370** 24
Absatz, hoher **58** 28, 33
Absatz, Keil- **58** 55
Absatz, Stöckel- **58** 28
Absatz, Treppen- *Bau* **276** 34–41
Absatz, Treppen- *Diskothek* **129** 16
Absatzformat **328** 17
Absatzfräser **253** 4
Absatzzeichen **164** 47
Absauganlage **29** 11
Absauganlage, Abgas- **348** 45
Absaugarm **295** 15
Absauger **30** 9
Absauger, Rauch- **63** 46
Absaugkatheter **30** 9
Absaugstutzen, Luft- **286** 41
Absaugung **253** 13
Absaugung, Dampf- **255** 30
Absaugung, Keim- **246** 38
Absaugung, Späne- **311** 53
Absaugung, Staub- **236** 45
Absaugvorrichtung **295** 13
Abschaltung, Überdruck- **220** 34
Abschaltung, Unterdruck- **220** 34
Abscheider, Staub- **246** 40
Abscheider, Wasser- **306** 9
Abscheidung, Dickteer- **309** 18
Abschiedskuss **359** 44
Abschirmbehälter **306** 85
Abschirmung, Blei- **67** 70
Abschirmung, magnetische **400** 20
Abschlag **110** 39
Abschlagplatine **320** 15
Abschlagplatz **110** 39
Abschleppen **26** 44
Abschluss **289** 17
Abschluss, Saum- **36** 84
Abschlussdamm **15** 41
Abschlussgerät, Netz- **397** 31
Abschlusstür **49** 29
Abschneider **261** 19
Abschneider, Rohr- **279** 84
Abschneider, Spitzen- **238** 22
Abschneider, Zigarren- **259** 9
Abschneidevorrichtung **314** 20
Abschnitt **237** 31
Abschnitt, Bahnsteig- **359** 25
Abschnitt, Kreis- **169** 52
Abschnitt, lichtempfindlicher **230** 29
Abschröter **290** 38
Abschrotmeißel **290** 32

Abschuss **123** 53
Abschusscontainer **66** 32
abschwellend **139** 32
Absehen **240** 31, 32
Absehen, Zielfernrohr- **240** 31, 32
Absehensystem **240** 31
Absehenverstellung **240** 30
Abseilen **118** 33–35
Abseilhaken **118** 44
Abseilschlinge **118** 33
Abseits **107** 43
Abseitsstellung **107** 43
Absender **395** 59
Absenderadresse **395** 59
Absenken **206** 18
Absetzen **246** 51
Absonderungsbläschen **176** 7
Absorber **308** 3
absorbiertes Neutron **1** 62
Abspannisolator **304** 38
Abspannkette **304** 38
Abspannleine **92** 34
Abspannseil **369** 47
Abspannung, Drahtrahmen- **231** 8
Abspannungsgerüst **304** 31
Abspannungsmast **304** 28, 36
Absperrgitter *Biene* **230** 59
Absperrgitter *Landw.* **228** 43
Absperrgitter *Polizei* **68** 25
Absperrgitter, Mönch- **242** 9
Absperrgraben **86** 27
Absperrschieber *Wasserbau* **371** 59
Absperrschieber *Wasservers.* **80** 48
Absperrung **252** 113
Absperrventil *Installateur* **279** 4
Absperrventil *Schweißer* **294** 7
Absperrventil *Wasservers.* **80** 30
Absprung **116** 26, 37
Absprungbalken **116** 38
Absprungtrampolin **114** 14, 18
Abspulvorrichtung, Heftdraht- **337** 4
Abstand **169** 5
Abstand, Fecht- **111** 10
Abstand, Okular- **264** 56
Abstand, Zeilen- **326** 5, 22
Abstandhalter *Bau* **272** 81
Abstandhalter *Landw.* **236** 8
Abstandsbügel **230** 52
Abstandshalter **287** 47
Abstandshalter, Diskretions- **414** 18

Abstandsrohrband **279** 54
Abstandsrohrschelle **279** 57
Abstandsschnur **10** 58
Abstechdrehmeißel **302** 53
Abstechstahl **288** 25
Abstecken **83** 46
Abstehwanne **317** 15
absteigende Aorta **21** 16
absteigender Grimmdarm **23** 27
Absteller **144** 41
Abstelltaste **262** 14
Abstich **300** 58
Abstich, Roheisen- **300** 11
Abstich, Schlacken- **300** 9
Abstichloch **300** 53
Abstiegsstufe **392** 18–26
Abstimmanzeige **267** 65
Abstimmanzeigeröhre **127** 20
Abstimmbetriebsartenanzeige **401** 52
Abstimmbetriebsartentaste **401** 54
Abstimmregler **401** 55
Abstimmung, Sender- **402** 74
Abstimmungsgerät **28** 35
Abstimmungsknopf **127** 23
Abstoß **107** 38
Abstoß, Tor- **107** 38
Abstrakte **144** 9
Abstreichblech **218** 5
Abstreichblech, Panzer- **218** 5
Abstreifen **242** 10, 12
Abstreifer, Fuß- **276** 25
Abstreifer, Span- **311** 52
Abstreiferwalze **217** 61
Abstreifgitter **282** 14
Abstreifring, Öl- **343** 8
Abstützstempel **356** 29
Abstützung, Karosserie- **345** 78
Abszisse **170** 9
Abszissenachse **170** 2
Abtankhalle **229** 1
Abtaster, Magnetton- **133** 51
Abtastnadel **401** 26
Abtastöffnung **406** 56
Abteil **361** 12
Abteil, Dienst- **361** 53
Abteil, Dreibett- **361** 48, 51
Abteil, Fahrgast- **361** 12, 20
Abteil, Großraum- **361** 32, **363** 12
Abteil, Heck- **346** 18
Abteil, Kleider- **78** 31
Abteil, Kleinkinder- **361** 15
Abteil, Mehrzweck- **362** 6
Abteil, Service- **361** 16
Abteil, Wäsche- **78** 32

Abteil, Zugbegleiter- 363 23
Abteil, Zweibett- 361 54
Abteilfenster 361 27
Abteilklammer 257 14
Abteilseite 361 36
Abteiltür 361 13
Abteilung *Forstw.* 237 2
Abteilung *Kaufhaus* 83 62
Abteilung, Backwaren- 252 9
Abteilung, Brot- 252 9
Abteilung, chirurgische 31 1
Abteilung, Damenkonfek-
tions- 83 21
Abteilung, Drogerie- 252 37
Abteilung, Frischfleisch-
252 71
Abteilung, Gemüse- 252 76
Abteilung, Herrenkonfek-
tions- 83 10
Abteilung, Käse- 252 26
Abteilung, Konditorei-
252 9
Abteilung, Kontaktlinsen-
263 22
Abteilung, Obst- 252 76
Abteilung, Schmuckwaren-
83 72
Abteilung, Stoff- 83 66
Abteilungsleiter 83 81
Abtransportvorrichtung
338 35
abtrennbarer Ärmel 38 32
Abtreppung 271 61
Abtreter, Fuß- *Bau* 276 25
Abtreter, Fuß- *Hausrat* 49 35
Abtrieb 345 57
Abtropfständer 47 9
Abwachsteich 242 5
Abwaschbürste 56 54
Abwasserabfuhr 309 38
Abwasserablassvorrichtung
92 22
Abwasseranlage 298 53
Abwasserkanal 80 23
Abwehr *Fechten* 111 6
Abwehr *Sport* 107 11–13
Abwehrblock 110 18
Abwehrspieler 108 4
Abweisbalken 368 50
Abweiser 368 50
Abweiser, Rauch- 66 59
Abwickelachse 133 36
Abwicklung, Betriebs- 398 1
Abwurflinie 108 26
Abwurftisch 31 15
Abzeichen *Flagge* 61 12
Abzeichen *Schiff* 376 33
Abzeichen *Sport* 117 15
Abzeichen, Ball- 124 29
Abzeichen, Geschwader-
64 2
Abzeichen, Standes- 128 25

Abzeichen, Vier-Nationen-
65 1
Abziehen *Eisenverarb.*
300 57
Abziehen *Math.* 167 24
Abzieher *Anat.* 21 49
Abzieher *Tankstelle* 350 27
Abzug 63 5
Abzug, Aschen- 304 18
Abzug, Druckpunkt- 240 11
Abzug, Dunst- 47 22
Abzug, Gichtgas- 300 13
Abzug, Papier- 270 26
Abzug, Probe- 159 43
Abzug, Rauch- *Haus* 46 86
Abzug, Rauch- *Porzellan*
316 6
Abzug, Rauch- *Völkerk.*
161 17
Abzug, Schlacken- 304 18
Abzug, Waren- 320 28, 43
Abzug, Wrasen- 47 22, 54 28
Abzugbügel 240 10
Abzugsband, Kohlen- 304 12
Abzugseinrichtung 63 18
Abzugsöffnung, Rauch-
316 5
Abzugsrohr 335 25
Abzugsrohr, Rauch- 66 44
Abzweig, Hochspannungs-
305 6
Abzweigleitung 279 8
Accent aigu 164 50
Accent circonflexe 164 52
Accent grave 164 51
Accessoire, modisches 83 62
Acetylenflasche 294 2
Acetylenschlauch 294 9
Achillessehne 21 48
Achsantriebseinheit 303 45
Achsdifferenzialgetriebe
343 73
Achse *Astron.* 4 22
Achse *Eisenbahn* 363 7, 8
Achse *Fahrrad* 339 67, 82
Achse *Landw.* 218 38
Achse *Math.* 169 27, 170 17
Achse *Sport* 123 81
Achse, Abszissen- 170 2
Achse, Abwickel- 133 36
Achse, Aufwickel- 133 37
Achse, Deklinations-
265 5, 17
Achse, Doppelgelenk- 345 69
Achse, Dreh- *Kristall* 174 4
Achse, Dreh- *PC* 406 52
Achse, Erd- 4 22–28
Achse, Federbein- 345 77
Achse, große 170 23
Achse, Hand- 303 40, 41, 42
Achse, Haupt- 303 37, 38, 39
Achse, Himmels- 4 10

Achse, Hoch- 386 70
Achse, Hohl- 133 49
Achse, Horizontal- 303 53
Achse, kleine 170 24
Achse, Kopf- 303 40, 41, 42
Achse, Kuppel- 364 36
Achse, Längs- 386 72
Achse, Lauf- 364 35
Achse, Mulden- 13 22
Achse, Ordinaten- 170 3
Achse, Pedal- 339 87
Achse, Quer- *Flugzeug*
386 68
Achse, Quer- *Sport* 116 11
Achse, Rotations- 4 25, 27
Achse, Sattel- 13 20
Achse, Schwenk- 303 54
Achse, Seelen- 240 38
Achse, Spross- 188 97
Achse, Steck- 342 46
Achse, Stunden- *Astron.* 5 9
Achse, Stunden- *Optik*
265 15, 18
Achse, Symmetrie- *Kristall*
174 4
Achse, Symmetrie- *Math.*
169 25
Achse, Treib- 364 37
Achse, Trieb- 218 23
Achse, x- 170 2
Achse, y- 170 3
Achse, Zapfen- 190 3
Achsel 19 35
Achsel, Blatt- 188 27, 193 38
Achselgriff 26 45
Achselgrube 19 35
Achselhaar 19 36
Achselhemdchen 34 8
Achselhöhle 19 35
Achselknospe 188 27
Achsenkreuz *Fotoreprod.*
330 4
Achsenkreuz *Math.* 170 2–7
Achsenmontierung, engli-
sche 265 22
achsensymmetrische Figur
169 24
Achslager *Auto* 345 89
Achslager *Eisenbahn* 364 10
Achsmessbühne 348 1
Achsmesscomputer 348 7
Achsmessprotokoll 348 12
Achswendegetriebe 365 53
Achszapfen 345 84
Acht 91 22
Acht, Looping- 103 2
Acht, schwarze 91 22
achteckige Kristallfläche
174 17
achteckige Tafel 43 65
Achteckschliff 43 53
Achtel 138 16

Achtelnote 138 16
Achtelpause 138 24
Achter 99 8
Achterbahn *Freizeitpark*
85 4
Achterbahn *Rummelplatz*
126 10
Achterdeck 377 32
Achterkastell 372 23
Achterliek *Segeln* 100 36
Achterliek *Surfen* 94 9
Achtermast 374 34
Achterpiek 383 28
Achtersteven *Schiff* 372 1
Achtersteven *Schiffbau*
378 73, 74
Achtfach-Flarak-Starter
67 5, 20
Achtflächner 174 6
Achtkanalschreiber 32 29
Achtkantschliffstopfen 172 3
Achtundvierzigflächner
174 13
Achtzylinder-Dieselmotor
366 73
Acker 216 6
Acker, Brach- 216 2
Acker, Gottes- 149 19–41
Acker, Stoppel- 216 36
Ackerbauerzeugnis 221
Ackerbauschädling
234 40–54
Ackerbohne 222 15
Ackerdistel 214 32
Ackerfurche 216 7
Ackergauchheil 214 27
Ackerkamille 214 8
Ackerkratzdistel 214 32
Ackerrettich 214 21
Ackersalat 209 38
Ackerschachtelhalm 194 18
Ackerschlepper 217 43,
218 22
Ackerschnecke, Genetzte
234 44
Ackersenf 214 18
Ackerspörgel 222 12
Ackerwicke 222 18
Ackerwinde 214 26
Acryl, Poly- 322 40–53
Acrylnitril 322 42
Adamsapfel 22 14
Adapter 269 23
Adapter, Diakopier- 267 33
Adapter, Koppelungs- 394 13
Adapter, Schuh- 106 25
Adapterring 267 33
Addieren 167 23
Addiermaschine 127 70
Addition 167 23
additive Farbmischung
166 12

A-Deck 377 28–30
Adelskrone 62 48
Adenin 24 25
Ader, Flügel- 175 37
Ader, Halsblut- 21 2
Ader, Pfort- 23 49
Ader, Schlag- *Anat.* 21 1, 3, 5,
7, 11, 17, 19, 20, 21, 23 68
Ader, Schlag- *Med.* 26 16
Ader, Schrill- 233 9
Ader, Spor- 225 28
Aderklemme 31 40
Aderpresse 31 40
Aderung, Blatt- 188 31
Adhäsion, forcierte 368 1
Adler *Astron.* 3 9
Adler *Zool.* 177 7
Adler, Jungfrauen- 62 37
Adler, Meer- 177 8
Adler, See- 177 8
Adlerfarn 195 16
Adlerkopf 145 14
Admiral 183 2
Admiralitätsanker 102 16
Admiralskajüte 372 27
Adresse 395 58
Adresse, Absender- 395 59
Adresse, Empfänger- 395 58
A-Dur 138 58
Adventivwurzel 188 85
A/D-Wandler 329 9
Äffchen 126 41
Affe *Rummelplatz* 126 41
Affe *Zoo* 86 2
Affe, Klammer- 164 45
Affe, Menschen- 186 18
Affe, Rhesus- 186 16
Affenhaus 86 1
Afghanischer Windhund
223 28
AF-Objektiv 267 48
Afrika 16 15
Afrikane 213 20
Afrikanerin, Schwarz- 162 22
Afrikanische Platte 11 37
Afrikanischer Elefant 184 23
afrikanischer Trommler
162 13
Afrolook 41 26
After 23 75
After, Gold- 234 36
Afterflosse 182 9
Afterfurche 19 55
Afterklaue 241 25
Aftershave 57 30
After-Shave-Lotion 57 30
Aft-Fan-Triebwerk 388 44
Agentursignum 165 20
Aggregat, Bohr- 286 9
Aggregat, Diesel- 67 94
Aggregat, Doppelriemchen-
318 42

Aggregat, Druckluft- 347 18
Aggregat, Fräs- 286 26
Aggregat, Hobel- 286 39
Aggregat, Koppelungs-
394 13
Aggregat, Kühl- 299 27
Aggregat, Motor- 56 86
Aggregat, Säge- 286 39
Aggregat, Schleif- 286 36
Aggregat, Steuer- 331 29
Aggregat, Streu- 215 40
Aggregat, Verdichter-
Verflüssiger- 361 44
Agitator, Film- 268 19
Aglei 213 10
Agulhasstrom 16 38
ägyptische Kunst 152 1–18
ägyptisches Kreuz 150 60
ägyptische Sphinx 152 11
Ahle, Glätt- 261 8
Ahle, Reib- *Klempner* 278 9
Ahle, Reib- *Schlosser* 293 36
Ahle, Reib- *Uhrmacher* 261 8
Ahming 378 76
Ahnenfigur *Kunst* 156 19
Ahnenfigur *Völkerk.* 162 17
ähnlich 168 22
Ähnlichkeitszeichen 168 22
Ahorn 189 53
Ahornsamen 189 57
Ährchen 193 41, 42, 221 3,
10, 222 23
Ähre 188 73
Ähre, Blüten- 201 62, 66,
202 63
Ähre, Roggen- 221 2
Ährenheber 217 3
Ährenrispengras 222 27
Airbag 344 69
Airbag, Beifahrer- 344 101
Airbagabdeckung 344 102
Airless-Spritzsystem 282 39
Ajourarbeit 254 27
Akelei, Gemeine 213 10
Akkord 139 1–5
Akkord, Sept- 139 5
Akkord, Septimen- 139 5
Akkordeon 142 36
Akkordeon, Piano- 142 36
Akku *Fotogr.* 269 16
Akku *Rundfunk* 400 41
Akkubehälter 341 16
Akkukontrollleuchte 396 41
Akkumulator 137 55
Akkumulatortriebwagen
365 55
Akkuteil 127 43
Akrobat, Luft- 125 7
Akropolis 153 1
Akrosom 25 4
Akrosommembran 25 11
Akroterion 153 48

Akt, Balance- 125 38
Aktenklammer 410 2
Aktennotiz 411 10
Aktenordner *Büro* 408 5,
410 31, 411 7
Aktenordner *Mediengest.*
328 5
Aktenregal 411 12
Aktenschrank *Bank* 414 29
Aktenschrank *Büro* 408 3
Aktentasche 49 19
Aktenvernichter 408 37
Aktie 415 25–34
Aktiengesellschaft,
ausgebende 415 17, 29
Aktienindex, Deutscher
415 14
Aktienurkunde 415 25–34
Aktion, Fecht- 111 7
Aktion, Spiel- 110 12–18
Aktionstaste 403 26
Aktmodell 157 32
Aktuator 406 47
aktuelle Ansicht 315 35
Akustiksignalgeber 363 45
Akut 164 50
Akzidenz 334 5
Alarmknopf *Bank* 414 8
Alarmknopf *Navigation*
379 4
Alarmsirene 82 4
Älchen, Rüben- 234 42
Aldebaran 3 25
Alençonspitze 254 30
Alge, Braun- 196 50
Alge, Grün- 196 45
Algenfisch 182 18
Alhidade 379 19
Alk 178 16
Alkalisierung 322 3
Alkalizellulose 322 4, 5
Alkoholkontrolle 68 18
Alkoholmessgerät 68 19
Alkor 3 29
Alkoven 92 20
Alkylierungsanlage 298 48
Allerheiligstes 149 48, 150 35
Aller-Steinsalz 306 66
allgemeine Botanik 188
allgemeine Geografie 11, 12,
13, 14, 15
allgemeine Zahl 167 9
Allgemeinmedizin 27 1
Allgemeinmedizin, Arzt für
28 2
Allgemeinmediziner 28 2
Allgeschwindigkeits-
querruder 385 42
Allianzwappen 62 14, 15
Allongeperücke 40 2
Allradkupplung 218 32
Allwetterdach 354 30

Allzielgeschütz 66 48, 70
Allzielkanone 66 47
Allzwecklabor 393 67
Allzweckregal 411 30
Allzwecksauger 56 84
Almemar 151 24
Almemor 151 24
Almosen 148 60
Almrausch 196 2
Aloe 205 13
Alpenglöckchen 196 4
Alpenpflanze 196 1
Alpenrose 196 2
Alpenveilchen 205 5
Alpenvereinshütte 118 1
Alphabet, Flaggen- 61 24
Alphastrahlung 1 39, 40
Alphateilchen 1 39, 40, 2 27
alpine Ausrüstung 118 36–61
alpiner Skisport 119 1–52
Alpinist 118 5
Alster 179 16
altägyptische Hieroglyphe
163 1
altägyptischer Schreib-
stempel 163 22
Altair 3 9
Altar *Kirche* 148 4, 33
Altar *Kunst* 153 83
Altar, Opfer- 153 62
Altarbekleidung 148 6
Altarbild 148 13, 50
Altardecke 148 6
Altarkerze 148 7, 34
Altarkreuz 148 12, 35
Altarm 370 10
Altarnische 153 78
Altarplatz 148 1
Altarschelle 150 52
Altarschmuck 148 48
Altarstufe 148 5, 31
Altarteppich 148 3
Altartuch 148 36
Altbestand 237 4
Alter Mann 297 40
alte Zwiebel 206 28
Altgeiß 241 38
Altholz 237 4
Altkleidercontainer 81 15
Altocumulus 8 15
Altocumulus castellanus
8 16
Altocumulus floccus 8 16
Altokumulus 8 15
Altöl 81 17
Altostratus 8 8
Altostratus praecipitans 8 9
Altpapier 325 19, 20
Altpapieraufbereitung
325 19–23
Altpapiercontainer 81 10
Altreh 241 38

Altricke 241 38
altrömische Monumental-
    schrift 163 16
Altschliff 43 50
Altschlüssel 138 10
Altsteinzeit 146 1–9
Altwasser 17 75
Alufolie 257 18
Aluminiumfass 247 12
Aluminiumgestell 56 20
Aluminiumoberkante
    119 32
Alveolarknochen 22 44
Amarant 213 21
Amaryllisgewächs 205 8
Amateurboxer 117 25
Ambo 148 37
Amboss *Anat.* 22 92
Amboss *Jagd* 240 58
Amboss *Klempner* 278 22
Amboss *Schmied* 290 11,
    291 33
Amboss, Dengel- 219 19
Amboss, Dreh- 410 6
Amboss, Vor- 290 14
Amboss, Zeiger- 261 7
Ambosswolke 8 29
ambulanter Händler 126 43
Ameise, Arbeiter- 175 23
Ameisenweibchen, geflügel-
    tes 175 22
American Football 108 18
Amerika 16 13, 14
Amerika, Nord- 16 13
Amerika, Süd- 16 14
Amerika, Vereinigte Staaten
    von 61 20
Amerikaner 251 45
Amerikanische Platte 11 33
Amionhöhle 25 37
Ammer, Garten- 180 6
Ammer, Gelb- 180 5
Ammer, Gold- 180 5
Ammer, Sommer- 180 6
Ämmerchen, Gold- 180 9
Ammoniakwascher 309 23
Ammoniumsulfat 309 36
Ammoniumsulfatherstellung
    309 35
Ammonshorn 20 61
Amöbe 176 4
a-Moll 138 55, 62
a-Moll-Tonleiter, harmoni-
    sche 138 47
a-Moll-Tonleiter, natürliche
    138 46
Amorette 84 20
Ampel, Licht- 398 25
Ampel, Verkehrs- 79 57
Ampelmast 79 58
Amperemeter 386 18
Amphibie 182 20–26

Amphibienfahrzeug
    63 67, 80
Amphibienflugzeug 388 8
Amphore 146 10
Amplitudeneinstellung 10 11
Amsel 180 14
Amsel, Dreck- 180 14
Amsel, Schwarz- 180 14
Amstel 180 14
Amt, Fremdenverkehrs-
    18 15
Amt, Hafen- 381 36
Amt, Zoll- 381 6
Amulettkette 162 40
Analoganzeige 262 7
Analogausgang 264 43
Analog-digital-Wandler
    329 9
analoge Vorlagenherstellung
    332
Analysenwaage 172 24
Analyser, Color- 268 39
Ananas *Bot.* 202 61
Ananas *Supermarkt* 252 84
Ananasblüte 202 64
Ananaserdbeere 211 18
Ananasgalle 235 41
Ananaspflanze 202 61
Anaphase 24 34
Anästhesie 29 48
Anästhesist 31 21
Anbau, Hopfen- 236 19
Anbaugerät 287 50–58
Anbauhackwerkzeug 208 21
Anbauküche 54 26
Anbaupflug 218 54
Anbausämaschine 218 67
Anbausatz 237 33
Anbausprühgerät 236 37
Anbeterin, Sonnen- 376 79
Anbieter, Internetdienst-
    405 13
Anbieter, Service- 405 7, 9
Anbindestall 228 14
Anbindevorrichtung
    228 15, 16
Anbiss 239 25
Anblasröhrchen, Metall-
    141 29
Andeckung, Humus- 354 58
Anderthalbdecker 385 13
Anderthalbmaster 374 9, 10
Änderung, Fahrplan- 358 5
Änderungsmaschine, Ring-
    weiten- 260 24
Andockbedienpult 394 19
Andocken 394 10
Andockschleuse 394 12
Andreaskreuz *Eisenbahn*
    356 41
Andreaskreuz *Kirche* 150 61
Andromeda 3 24

Andruck 159 43
Andruckbügel 253 17
Andrücken 335 8
Andruckrolle *Papier* 325 42
Andruckrolle *Video* 404 21
Andrückwalze, Tapeten-
    281 47
Anemometer 10 28
Anemone 195 1
Anemone, See- 187 20
Aneroidbarometer 10 4
Anfahrfederung 368 44
Anfahrschutz, Seiten- 347 9
Anfang, Frühlings- 3 6
Anfang, Herbst- 3 7
Anfänger 155 22
Anfangspunkt 169 2, 3, 7
Anfangsscheibe 357 39
Anfangstafel 357 42
Anfeuchten 159 25
Anfeuchter 410 17
Anflug, neuer 103 45
Anflugantenne 392 36
Anführungsstrich 164 36
Anführungszeichen 164 36
Anführungszeichen, franzö-
    sisches 164 37
Angabe, Lufttemperatur-
    95 35
Angabe, Verlags- 338 56
Angabe, Verlaufs- 314 32
Angabe, Wassertemperatur-
    95 35
Angabe, Zeit- 398 14
Angabelinie 110 30
Angaberaum 110 2
Angebot, Sonder- *Bahnhof*
    358 4
Angebot, Sonder- *Fleischerei*
    250 48
Angebot, Stellen- 165 37
angebotene Menge 415 22
Angegriffener 111 6
Angel, Mikrofon- 131 24
Angel, Ton- 131 24
Angelfischerei 243
Angelgerät 243 11–60
Angelhaken 243 49
Angeln 243
Angeln, Grund- 243 1–10
angelockter Vogel 239 58
Angelschnur 243 33
Angelsport 243
angeregter Zustand 1 28
angeschnittener Ärmel 35 58
Angestellte, Bank- 414 3
Angestellte, Bibliotheks-
    74 16
Angestellte, Fach- 29 15
Angestellter, Bank- 358 23
Angestellter, Park- 85 2,
    40, 41

Angestellter, Post- 395 2
angestochene Blüte 234 11
Angiografieraum 32 13
angiografischer Untersu-
    chungstisch 32 27
Anglerfisch 187 6
Anglerzange 243 11
Angorajacke 35 2
Angorakatze 224 17
Angreifer 111 5
Angriff 107 15, 16
Angriffslinie 110 5
Angriffsrohr 67 88
Angriffsspieler 110 33
Angriffzone 110 6
Anhängedeichsel 217 44
Anhänger *Eisenbahn* 360 18
Anhänger *Schmied* 291 10
Anhänger *Schmuck* 43 28
Anhänger, Camping- 92 11
Anhänger, Edelstein- 43 14
Anhänger, Farbstein- 43 13
Anhänger, Kipp- 208 42
Anhänger, Klapp- 92 11
Anhänger, Kreuz- 83 78
Anhänger, Münz- 43 36
Anhänger, Sattel- 347 23
Anhänger, Schlüssel- 349 55
Anhänger, Wohn- 92 24
Anhängerchassis 291 28
Anhängerin, FKK- 97 14
Anhängerkupplung 92 10, 27
Anhängesprühgerät 236 19
Anhängevorrichtung 218 53
Anheber, Fuß- 253 27
Anhöhe 14 43
Anhydrit, Grenz- 306 70
Animierdame 130 12
Anke, Würfel- 260 18
Anker *Militär* 66 5, 67 81
Anker *Schiff* 377 52
Anker *Wassersport*
    102 16–19
Anker, Admiralitäts- 102 16
Anker, Brücken- 29 24
Anker, Bug- 66 39
Anker, Danforth- 102 19
Anker, Leichtgewichts-
    102 17–19
Anker, Patent- *Militär* 66 5
Anker, Patent- *Schiffbau*
    378 82
Anker, Patent- *Wassersport*
    102 18
Anker, Pflugschar- 102 17
Anker, Ring- 273 34
Anker, Schwergewichts-
    102 16
Anker, Stock- *Schiffbau*
    378 83
Anker, Stock- *Wassersport*
    102 16

Ankergeschirr 377 49–51
Ankerkabel 372 18
Ankerkette *Schiff* 377 50,
383 12
Ankerkette *Schiffbau* 378 81
Ankerklüse 378 80
Ankerkreuz 150 70
Ankern 380 37
Ankernische 378 79
Ankerrad 262 32
Ankerspill 66 6
Ankertasche 378 79
Ankertau 372 18
Ankerwinde 377 49
Ankerwinsch 67 82
Ankleidekabine 83 39
Ankleidepuppe 71 32
Ankleidezelle 83 39
Ankündesignal, Geschwin-
digkeits- 357 43
Ankunft 390 2
Ankunftszeit 358 29
Anlage, Abfackel- 299 11
Anlage, Abfüll- 229 20, 26
Anlage, Abluft- 306 84
Anlage, Abpack- 229 32
Anlage, Absaug- *Med.* 29 11
Anlage, Absaug- *Werkstatt*
348 45
Anlage, Abwasser- 298 53
Anlage, Alkylierungs- 298 48
Anlage, Aufbereitungs-
297 20
Anlage, Beregnungs- 220 5
Anlage, Berieselungs- 137 6
Anlage, Besandungs- 363 46
Anlage, Bordenergie-
392 42, 44
Anlage, Brot- 251 73
Anlage, Brötchen- 251 78
Anlage, Brut- 242 13
Anlage, Butterungs-
229 32, 33
Anlage, Deasphaltierungs-
298 50
Anlage, Denitrifikations-
304 6
Anlage, Denox- 304 6
Anlage, Destillations- 298 38
Anlage, Detektor- 127 25
Anlage, Drehbohr- 298 1–21
Anlage, Druckluft- 291 1
Anlage, Düsen- 220 4
Anlage, Einspritz- 345 1
Anlage, Energieversorgungs-
299 1
Anlage, Entlastungs- 371 68
Anlage, Entsalzungs- 299 25
Anlage, Entschwefelungs-
304 9
Anlage, Entstaubungs-
300 14

Anlage, Entstickungs- 304 6
Anlage, Ethylen- 298 43
Anlage, Fahrgast- 381 31
Anlage, Feuerlösch- 384 20
Anlage, Filter- *Abfall* 81 25
Anlage, Filter- *Erdöl* 299 26
Anlage, Filter- *Wasservers.*
80 9
Anlage, Flaschenreinigungs-
247 13
Anlage, Flüssiggas- 298 46
Anlage, Folienschweiß-
229 27
Anlage, Förder- 297 26
Anlage, Frei- 86 13
Anlage, Funk- 367 4
Anlage, Gegensprech- 27 16
Anlage, Generator- 299 2
Anlage, Gieß- 301 11–21
Anlage, Gleis- 381 62
Anlage, Grün- 18 5
Anlage, Haarwasch- 258 12
Anlage, Halbschranken-
356 45
Anlage, Heizungs- 362 5, 16
Anlage, Helling- 378 11–28
Anlage, Hi-Fi- 401 19–103
Anlage, Hochofen- 300 1–20
Anlage, Hydraulik- *Brauerei*
246 13
Anlage, Hydraulik- *Militär*
63 36
Anlage, Industrie- 381 71
Anlage, Käfig- 227 19
Anlage, Klär- *Bergwerk*
297 14
Anlage, Klär- *Stadt* 18 35
Anlage, Klima- *Auto* 345 30
Anlage, Klima- *Camping*
92 19
Anlage, Klima- *Eisenbahn*
362 5, 16
Anlage, Klima- *Erdöl* 299 24
Anlage, Klima- *Kfz* 347 39
Anlage, Klima- *Motor* 343 11
Anlage, Klima- *Raumfahrt*
394 5
Anlage, Kommunikations-
394 7
Anlage, Kompakt- 401 1
Anlage, Kreiselkompass-
379 45
Anlage, Krumpf- 321 45–49
Anlage, Kühl- 366 26, 77
Anlage, Lichtzeichen- 79 59
Anlage, Minigolf- 84 69
Anlage, Misch- 355 26
Anlage, Müllverbrennungs-
Abfall 81 20–28
Anlage, Müllverbrennungs-
Stadt 18 36
Anlage, Notstrom- 306 58

Anlage, Palast- 152 29
Anlage, Papier- 334 15, 27
Anlage, Parterre- 84 39
Anlage, Pneumatik- 246 12
Anlage, Polymerisations-
298 48
Anlage, Postfach- 395 30
Anlage, Produktions-
Brauerei 246 1
Anlage, Produktions-
Molkerei 229 38
Anlage, Propeller- 384 26
Anlage, Pump- 299 22
Anlage, Pyramiden- 152 6
Anlage, Radar- 66 56
Anlage, Recycling- 81 29, 30
Anlage, Reformier- 298 44
Anlage, Regenerier- 309 37
Anlage, Roll-on-roll-off-
382 16
Anlage, Ro-ro- 382 16
Anlage, Rückmelde- 305 9
Anlage, Ruder- *Navigation*
379 2
Anlage, Ruder- *Seerettung*
384 26
Anlage, Samen- 188 68,
211 42, 212 17
Anlage, Sandform- 301 11–21
Anlage, Schalt- *Brauerei*
247 15
Anlage, Schalt- *Kraftwerk*
304 3, 29–35
Anlage, Schalt- *Sägewerk*
311 72
Anlage, Scheibenwasch-
344 68
Anlage, Schmiede-
292 33–42
Anlage, Schneide- 301 42
Anlage, Skeet- 123 48
Anlage, Sport- 18 27
Anlage, Sprech- 129 26
Anlage, Sprung- 83–9
Anlage, Stabhochsprung-
116 32
Anlage, Stell- 137 2
Anlage, Stereo- *Diskothek*
129 27
Anlage, Stereo- *Hausrat* 50 7
Anlage, Streich- 325 36
Anlage, Telefon- 398 9
Anlage, Tempel- *Kirche*
151 11
Anlage, Tempel- *Kunst* 153 1
Anlage, Theken- 414 1
Anlage, Tiefensickerungs-
354 55
Anlage, Trocken-und-Misch-
354 42
Anlage, Turbinen- 299 5
Anlage, Türschließ- 349 79

Anlage, Umschlag- 382 22
Anlage, Umspann- 371 51
Anlage, Untertage-
297 21–52
Anlage, Verpackungs- 229 20
Anlage, Verteilungs-
304 29–35
Anlage, Vorgärschrank-
251 81
Anlage, Vorwärm- 306 18
Anlage, Waffenleit- 66 56
Anlage, Wasch- *Friseur*
257 30
Anlage, Wasch- *Tankstelle*
349 82, 350 5
Anlage, Wechselsprech-
356 48, 357 69
Anlage, Weichen- 351 38
Anlage, Wiederverwertungs-
81 29, 30
Anlage, Windenergie- *Ener-
gie* 307 1
Anlage, Windenergie- *Geogr.*
17 73
Anlage, Windkraft- *Energie*
307 1
Anlage, Windkraft- *Geogr.*
17 73
Anlage, Wurf- 123 48
Anlage, Zapf- *Diskothek*
129 2
Anlage, Zapf- *Rummelplatz*
126 3
Anlageapparat 334 25
Anlagen, Sanitär- 92 8, 9
Anlagetisch 334 24
Anlandung 370 37
Anlassbatterie 366 46
Anlasser, elektrischer 342 38
Anlasswiderstand 288 3
Anlauf 98 38
Anlegeeinrichtung 336 8
Anlegegoniometer 174 27
Anlegeöl 282 48
Anlegeponton 381 63
Anleger 338 25
Anleger, Bogen- 337 2,
338 25
Anleger, Falz 337 3
Anlegermagazin 338 26
Anlegesteg 99 17
Anlegetisch 337 16, 24
Anleimmaschine 338 31
Anlieferung, Gerste- 246 41
Anlieferung, Wertstoff-
81 29
Anlieferungsschacht 81 20
Anluven 101 9
Anmeldeblock 78 12
Anmeldeformular 78 12
Anmeldung 92 4
Anmerkung 338 64

annähernd gleich **168** 17
Annahme **27** 6
Annahme, Milch- **229** 1
Annoncenteil **165** 36
Anode, Kupfer- **331** 5
Anodenstange **331** 5
Anorak, Hochtouren- **118** 24
Anorak, Winter- **34** 44
Anoraknylon **58** 4
Anordnung **328** 20
Anordnung, Diskussions-
tubus- **264** 22
Anordnung, Flügel- **385** 1–14
Anordnung, Gruppen- **72** 2
Anordnung, Kolben-
343 48, 50
Anordnung, Mikrofon-
131 30
Anordnung, Sitz- **365** 58
Anordnung, Tandem- **388** 22
Anordnung, Tragflächen-
385 1–14
Anpassen **327** 10
Anpflanzung, Hopfen-
17 114
Anprobe, Brillen- **263** 1–4
Anprobe, Handschuh- **83** 65
Anreißer, Spur- **218** 74
Anreißwinkel **273** 69
Anrichte *Hausrat* **53** 32, 43
Anrichte *Schiff* **377** 43
Anruf, eingehender **396** 49
Anrufanzeige **396** 16
Anrufbeantworter *Med.*
27 14
Anrufbeantworter *Telefon*
396 38
Anrufschranke **356** 47
Ansatz *Math.* **168** 8
Ansatz *Sport* **117** 8
Ansatz, Blatt- **189** 73
Ansatz, Blüten- **212** 33
Ansatz, Füll- **103** 62
Ansatz, gerader **281** 21
Ansatz, Schliff- **173** 37
Ansatz, versetzter **281** 22
Ansatzrohr *Hausrat* **56** 74
Ansatzrohr *Musik* **142** 76
Ansauggeräuschdämpfer
344 2
Ansaugkanal **343** 34, 64
Ansaugleitung **172** 20
Ansaugrohr **341** 41
Ansaugstutzen, Öl- **343** 18
Ansaugtrichter **371** 57
Anschlag *Jagd* **239** 39
Anschlag *Schwimmen* **98** 25
Anschlag, Bogen- **338** 11
Anschlag, fertiger **123** 47
Anschlag, Gewehr- **123** 46
Anschlag, kniender **123** 23
Anschlag, Längen- **311** 74

Anschlag, liegender **123** 24
Anschlag, stehender **123** 22
Anschlagblech **311** 59
Anschlagbrett **348** 42
Anschlaglineal **286** 5
Anschlagplatte **311** 18
Anschlagsart **123** 22–24
Anschlagschiene **410** 9
Anschlagsporn **226** 50
Anschlagstärkeeinsteller
412 20
Anschlagwinkel **287** 26
Anschluss *Fotogr.* **269** 60
Anschluss *Med.* **30** 4
Anschluss, Blitzlicht- **266** 29
Anschluss, Blitzwürfel-
266 13
Anschluss, Bremsleitungs-
345 62
Anschluss, Brenngas- **294** 30
Anschluss, Druck- **220** 11
Anschluss, Druck-
betankungs- **65** 33
Anschluss, Drucker- **407** 8
Anschluss, Druckluft- *Eisen-
bahn* **367** 20
Anschluss, Druckluft- *Kraft-
werk* **305** 58
Anschluss, Druckluft- *Werk-
statt* **348** 53
Anschluss, DSL- **397** 24
Anschluss, Einbau- **280** 22
Anschluss, Entleerungs-
367 21
Anschluss, Fernsteuerungs-
267 14
Anschluss, Firewire- **269** 15
Anschluss, Gas- **73** 19
Anschluss, Headset- **396** 55
Anschluss, Kabel- **392** 7
Anschluss, Kipp- **280** 21
Anschluss, Kühlwasser-
263 40
Anschluss, Lampenhaus-
264 60
Anschluss, Netz- **361** 59
Anschluss, Netzwerk-
407 7
Anschluss, Sauerstoff-
294 29
Anschluss, Scart- **269** 23
Anschluss, Schlauch- **392** 7
Anschluss, Spül- **332** 5
Anschluss, Steuer- **269** 25
Anschluss, Strom- *Eisen-
verarb.* **301** 7
Anschluss, Strom- *Schule*
73 9
Anschluss, USB- **269** 15,
33, 57
Anschluss, Video- **269** 17, 58,
270 9

Anschluss, Wasser- *Landw.*
220 33
Anschluss, Wasser- *Med.*
28 47
Anschluss, Wasser- *Schule*
73 4
Anschlussaufsatz **280** 23
Anschlussbeschlag **104** 7
Anschlussbeschlag, Trag-
werk- **65** 34
Anschlussbuchse **402** 25, 41,
403 2
Anschlussbuchse, Strom-
407 41
Anschlussbuchse, Tastatur-
407 42
Anschlusseinheit, Telekom-
munikations- **397** 25
Anschlusseisen **272** 10, 71
Anschlussfeld **398** 35
Anschlussflansch **303** 43
Anschlusskabel *Med.* **30** 35
Anschlusskabel *Schweißer*
295 25
Anschlusskabel, USB- **407** 10
Anschlussleiste, Front-
406 8, 23
Anschlussleitung **279** 9
Anschlussleitung, Haus-
352 20, 26
Anschlussleitung, Sink-
kasten- **352** 25
Anschlusspinsel **282** 55
Anschlussstutzen **173** 5
Anschlusstafel, Kabel- **399** 4
Anschnallelektrode **28** 27
Anschnallsporn **226** 51
Anschreiber **110** 24
Anschrift **395** 44, 58
Anschriftenbild **395** 43
Anschüttung **80** 29
anschwellend **139** 31
Ansicht, aktuelle **315** 35
Ansicht, Seiten- **314** 23
Ansicht, Vorder- **314** 22
Ansitz **239** 16
Ansitz, Karpfen- **243** 5
Ansitzhütte **239** 59
Ansitzstuhl **239** 12
Anspitzer **410** 3
Anstalt, Bade- **98** 1–29
Anstalt, Fischbrut-
242 10–17
Anstand **239** 16
Anstecknadel **43** 18
Ansteckschmuck **43** 19
anstehendes Gestein **312** 3
Anstellvorrichtung
301 36–40
Anstichhahn **247** 9
Anstoßpunkt **109** 71
Anstreichen **282** 1

Anstrich, Schutz- **276** 5
Antarktis **16** 19
Antarktische Platte **11** 42
Antenne *Eisenbahn* **367** 4
Antenne *Flugsport* **103** 12, 80
Antenne *Meteor.* **10** 59, 68
Antenne *Militär* **63** 70,
64 17, **65** 37, 38, **66** 16, 46,
67 7, 47, 89
Antenne *Rundfunk* **400** 39
Antenne, Anflug- **392** 36
Antenne, Dipol- **386** 65
Antenne, Empfangs- **397** 4
Antenne, Funk- **351** 25
Antenne, HF- **65** 24
Antenne, Hörfunk- **399** 5
Antenne, Langdraht- **386** 66
Antenne, Offset- **397** 12
Antenne, Parabol- **397** 5,
9, 12
Antenne, Peil- **377** 5
Antenne, Planetenradio-
strahlungs- **6** 25
Antenne, Plasmawellen- **6** 25
Antenne, Radar- *Militär*
66 36, 51, **67** 8, 29, 48, 91
Antenne, Radar- *Navigation*
380 58
Antenne, Radar- *Raumfahrt*
392 32
Antenne, Radar- *Schiff* **377** 8
Antenne, Rahmen- **377** 5
Antenne, Reflektor- **379** 27
Antenne, Richt- *Astron.* **6** 10
Antenne, Richt- *Raumfahrt*
392 34, 40
Antenne, Richtfunk- **380** 60
Antenne, Satelliten- *Rund-
funk* **399** 19
Antenne, Satelliten- *Tele-
komm.* **397** 12
Antenne, Schwert- **64** 28
Antenne, Sende- **103** 80
Antenne, Stab- **397** 22
Antenne, Telemetrie- **10** 70
Antenne, Teleskop- **402** 71
Antenneneingang **397** 20
Antennenkabel **397** 23
Antennenmodul **397** 3
Antennenniederführung
377 4
Antennenträger **67** 6
Antependium **148** 20
Antiklinale **13** 19
Antilope, Hirschziegen-
185 6
Antiqua, Barock- **164** 5
Antiqua, klassizistische
164 6
Antiqua, Renaissance- **164** 4
antiquarisches Buch **127** 57
Antivortexsystem **391** 10

Antizyklone 9 7
Antlitz 19 8
Antoniuskreuz 150 60
Antrieb Bergbahn 368 2
Antrieb Sägewerk 311 15
Antrieb Schmied 292 9
Antrieb Schuhmacher 253 8
Antrieb, Azimut- 307 14
Antrieb, Band- 406 64
Antrieb, dieselelektrischer 377 68–74
Antrieb, Direkt- 292 14
Antrieb, Dreh- 303 48
Antrieb, End- 218 27
Antrieb, Film- 132 7
Antrieb, Gummiwalzen- 217 57
Antrieb, Haupt- Bergbahn 368 57
Antrieb, Haupt- Optik 265 15
Antrieb, hydraulischer 82 32
Antrieb, Kardan- 342 18
Antrieb, Ketten- 286 39
Antrieb, Kniehebel- 334 21
Antrieb, Kurbel- 371 60
Antrieb, Lüfter- 366 62
Antrieb, Malteser- 317 29
Antrieb, Oberdruck- 292 2
Antrieb, Propellerturbinen- 388 26
Antrieb, Reserve- 368 58
Antrieb, Schaltwerk- 365 13
Antrieb, Schwenk- 303 48
Antrieb, Stell- 320 6
Antrieb, Steuerstab- 306 33
Antrieb, Stundenachsen- 5 8
Antrieb, Tiefpumpen- 298 30
Antrieb, Vorderrad- 344 43
Antrieb, Vorschub- 303 27
Antrieb, Weichen- Eisenbahn 356 35
Antrieb, Weichen- Straßenbahn 351 44
Antrieb, Z- 102 2
Antriebseinheit 303 46
Antriebseinheit, Achs- 303 45
Antriebskette 341 15
Antriebsknopf 331 15
Antriebskopf, Senkrecht- 303 31
Antriebskurbel 127 77
Antriebsmaschine 298 12
Antriebsmodul Telekomm. 397 7
Antriebsmodul Werkzeugmasch. 303 49
Antriebsmotor Druck 332 11, 333 37
Antriebsmotor Galvanoplastik 331 12, 28

Antriebsmotor PC 406 50, 51, 66
Antriebsmotor Schneiderei 255 10
Antriebsmotor Wasserbau 371 53
Antriebsmotor Werkzeugmasch. 303 9
Antriebsquelle 262 38
Antriebsrad Landw. 218 73
Antriebsrad Militär 63 30
Antriebsrad, Nockenwellen- 343 32
Antriebsriemen 406 65
Antriebsscheibe, Zugseil- 368 56
Antriebsstation 355 7
Antriebssystem, hydraulisches 292 1
Antriebsturbine, Fan- 388 40
Antriebswalze 339 79
Antriebswelle Auto 345 47
Antriebswelle Wasserbau 371 55
Antriebswelle, Lüfter- 343 43
Antriebswerk 262 35
Antrittspfosten 276 43
Antrittsstufe 276 18, 42
Antwortwimpel 61 26
Anwahl, Track- 401 76
Anwahlsteuerplatte 305 6
Anweiser, Platz- 136 14
Anweiserin, Platz- 133 4
Anzapfung, Oberspannungs- 305 16
Anzapfungsverbindung 305 21
Anzeichnerei 256 24
Anzeige Landw. 220 41
Anzeige Sport 112 13
Anzeige, Abstimm- 267 65
Anzeige, Abstimmbetriebsarten- 401 52
Anzeige, Analog- 262 7
Anzeige, Anruf- 396 16
Anzeige, Aufnahmepegel- 401 83
Anzeige, Bandlaufzähler- 401 84
Anzeige, Belichtungskorrektur- 267 66, 75
Anzeige, Bereitschafts- Büro 412 71
Anzeige, Bereitschafts- U-Elektronik 402 35
Anzeige, Betriebs- 402 12
Anzeige, Bildzahl- 267 73
Anzeige, Blendenkorrektur- 267 66, 75
Anzeige, Bremskräfte- 363 38

Anzeige, Daten- 264 45
Anzeige, Datums- 358 27
Anzeige, Digital- Fotogr. 268 54
Anzeige, Digital- Uhr 262 2, 12
Anzeige, digitale 363 33
Anzeige, Display- 68 20
Anzeige, Drehzahl- 344 65
Anzeige, Druck- 366 7, 8
Anzeige, Fahrstufen- 365 36
Anzeige, Filmempfindlichkeits- 267 76
Anzeige, Filmtransport- 267 77
Anzeige, Flüssigkristall- Büro 410 23
Anzeige, Flüssigkristall- Fotogr. 269 5
Anzeige, Flüssigkristall- PC 407 17
Anzeige, Flüssigkristall- Rundfunk 400 42
Anzeige, Flüssigkristall- Uhr 262 2
Anzeige, Flüssigkristall- Video 404 14
Anzeige, Frequenz- 401 51
Anzeige, Füll- 56 65, 77
Anzeige, Füllmengen- 350 30
Anzeige, Funktions- 267 74
Anzeige, Geschwindigkeits- 357 18, 363 40, 365 35
Anzeige, Informations- 379 8
Anzeige, Kapitel- 404 55
Anzeige, Kinoprogramm- 79 54
Anzeige, Kompass- 379 6
Anzeige, Koordinaten- 315 30
Anzeige, Kraftstoff- 386 16, 17
Anzeige, Lade- 402 11
Anzeige, Ladungs- 402 36
Anzeige, Laufrichtungs- 401 85
Anzeige, Laufzeit- 404 46
Anzeige, LCD- Büro 410 23
Anzeige, LCD- Film 134 39
Anzeige, LCD- Fotogr. 269 53
Anzeige, LCD- Uhr 262 2
Anzeige, Leucht- Tankstelle 349 48
Anzeige, Leucht- Video 404 43
Anzeige, Leuchtbild- 28 24
Anzeige, Luftdruck- 365 24
Anzeige, Maß- 338 6
Anzeige, Menü- 344 83
Anzeige, Messfeldwahl- 267 70
Anzeige, Messwert- 348 8, 40

Anzeige, Modus- 402 43
Anzeige, Öltemperatur- 386 21
Anzeige, optische 365 34
Anzeige, Preis- 350 31
Anzeige, Programm- 267 72
Anzeige, Richtungs- 351 39
Anzeige, Sequenz- 132 34
Anzeige, Spannungs- 365 27, 28, 29
Anzeige, Spieldauer- 401 68
Anzeige, Spotmessungs- 267 67
Anzeige, Stellen- 165 37
Anzeige, Tank- 344 66
Anzeige, Temperatur- Auto 344 93
Anzeige, Temperatur- Rundfunk 398 58
Anzeige, Titel- U-Elektronik 401 69, 402 23
Anzeige, Titel- Video 404 54
Anzeige, Todes- 165 35
Anzeige, Treffer- 111 25–32, 28
Anzeige, Verschlusszeit- 267 64, 76
Anzeige, Vor- 357 20
Anzeige, Wahl- 70 3
Anzeige, Waschprogramm- 350 8
Anzeige, Wassertemperatur- 344 58
Anzeige, Weckzeit- 262 13
Anzeige, Wellenbereichs- 401 50
Anzeige, Werbe- 165 21
Anzeige, Zapfsäulen- 349 84
Anzeige, Ziel- 347 48
Anzeige, Zielentfernungs- 363 39
Anzeige, Zugkraft- 365 26
Anzeige, Zugkräfte- 363 38
Anzeige, Zugziel- 362 19
Anzeige, Zylindertemperatur- 386 9
Anzeigeeinheit 93 9–12
Anzeigefeld 379 32
Anzeigegerät 111 32
Anzeigegerät, Bremskraft- 348 39
Anzeigelampe 111 30
Anzeigeleuchte 56 11
Anzeigemodus, Spieldauer- 401 63
Anzeigenadel 266 57
Anzeigenfeld 396 28
Anzeigentafel 95 35
Anzeigenteil 165 36
Anzeigepfeil, Fahrtrichtungs- 83 55
Anzeiger 359 10

Anzeiger, Fahrtrichtungs- **351** 22
Anzeiger, Flüssigkeitsstand- **137** 57
Anzeiger, Füllstand- **229** 10
Anzeiger, Geschwindigkeits- **351** 32
Anzeiger, Leitkurs- **386** 15
Anzeiger, Ölstands- *Haus* **46** 58
Anzeiger, Ölstands- *Kraftwerk* **305** 14
Anzeiger, Stockwerk- **83** 56
Anzeiger, Vor- **357** 19, 21
Anzeiger, Vorschub- **311** 9
Anzeiger, Wasserstands- *Chemie* **172** 15
Anzeiger, Wasserstands- *Eisenbahn* **364** 45
Anzeiger, Wasserstands- *Hafen* **381** 37
Anzeigeröhre, Abstimm- **127** 20
Anzeigeskala **266** 57
Anzeigestrom **12** 37
Anzeigetafel *Bahnhof* **358** 26
Anzeigetafel *Sport* **109** 28, **110** 25
Anzeigetafel, digitale **91** 16
Anzeigetafel, Totalisator- **105** 37
Anzeigetafel, Toto- **105** 37
Anzeigevorrichtung **301** 40
Anzug **83** 12
Anzug, Abend- **38** 8
Anzug, Bade- *Schiff* **376** 75
Anzug, Bade- *Strand* **95** 18, 19, 20
Anzug, Geschäfts- **38** 21
Anzug, Gesellschafts- **38** 16
Anzug, Gymnastik- **114** 49
Anzug, Haus- **37** 43
Anzug, Hosen- **35** 70, **36** 74
Anzug, Jagd- **239** 3
Anzug, Jersey- **34** 20
Anzug, Kälteschutz- **93** 1
Anzug, Matrosen- **127** 64
Anzug, Party- **38** 1
Anzug, Raum- **392** 2–11
Anzug, Renn- **119** 22
Anzug, Schlaf- **34** 26, **37** 2, 52
Anzug, Schnee- *Kleidung* **34** 42
Anzug, Schnee- *Winter* **122** 17
Anzug, Schwimm- **95** 18
Anzug, Ski- *Sport* **119** 8
Anzug, Ski- *Winter* **122** 17
Anzug, Spiel- **34** 25
Anzug, Stepp- **34** 42
Anzug, Strampel- **34** 26
Anzug, Surf- **94** 5, 32

Anzug, Tauch- **93** 1
Anzug, Turn- **114** 49
Anzugstoff **256** 3
Anzünder, Brenner- **294** 37
Aorta **21** 10, **23** 67
Aorta, absteigende **21** 16
Aorta, Bauch- **21** 16
Aortenbogen **21** 10
Aortenklappe **23** 62
Apartment **54**
Apartmenthaus **44** 67
Apartmentwand **54** 1
Aperturblendenschieber **264** 16
Aperturblendentrieb **265** 35
Apfel *Bot.* **188** 113, **211** 59
Apfel *Supermarkt* **252** 86
Apfel, Adams- **22** 14
Apfel, Aug- **22** 54
Apfel, Dorn- **197** 8
Apfel, Erd- **221** 38
Apfel, Gall- **235** 35
Apfel, Granat- **202** 16
Apfel, Herd- **221** 38
Apfel, Kartoffel- **221** 43
Apfel, Liebes- **209** 12
Apfel, Paradies- **209** 12
Apfel, Stech- **197** 8
Apfelbaum **211** 54
Apfelbaum, Holz- **211** 54
Apfelblüte **211** 57
Apfelblütenstecher **234** 10
Apfelbutzen **211** 62
Apfelgespinstmotte **234** 5
Apfelkern **211** 63
Apfelquitte **211** 52
Apfelschale **211** 60
Apfelschalenwickler **234** 9
Apfelsine **202** 23, 27
Apfelsinenblüte **202** 25
Apfelstiel **211** 64
Apfelwickler **211** 65
Apfelzweig **211** 55
Apiarium **230** 8
Apostroph **164** 24
Apotheke **390** 24
Apotheke, Haus- **57** 39
Apparat, Anlage- **334** 25
Apparat, Ausweit- **253** 18
Apparat, Destillier- **173** 46
Apparat, Dreh- **218** 41
Apparat, Druck- **76** 1
Apparat, Falz- **333** 32, **334** 50, **335** 27
Apparat, Fernsprech- **396**
Apparat, Gasentwicklungs- **173** 59
Apparat, Golgi- **24** 8
Apparat, Hefe-Reinzucht- **247** 6
Apparat, Heft- **333** 38
Apparat, kippscher **173** 59

Apparat, Kugelschlag- **46** 33
Apparat, Leim- **338** 28
Apparat, Melde- **111** 32
Apparat, Projektions- **137** 17
Apparat, Radio- **127** 18
Apparat, Raketen- **384** 1
Apparat, Rasier- **57** 35
Apparat, Schrill- **233** 9
Apparat, Spindel- **24** 33
Apparat, Stech- **230** 14
Apparat, Stemm- **273** 17
Apparat, Vergrößerungs- **268** 28
Apparat, Wiederbelebungs- **26** 31
Apparat, Zapf- **77** 30
Apparateschrank **366** 35
Apparatrufnummer **396** 7
Apparatur, Bestrahlungs- **2** 28
Appenzeller Hackbrett **140** 35
Applikation **34** 23
Apport **239** 41
Apportieren **239** 41
Aprikose **212** 41
Aprikosenbaum **212** 38
Aprikosenbaumblatt **212** 42
Aprikosenblüte **212** 40
Aprikosenzweig **212** 39
APS-Filmkassette **266** 17
Apsis **153** 78, **154** 5
Apsis, Zelt- **92** 41
Aquädukt **153** 67
Aquarellfarbe **157** 18
Aquarium **86** 7
Aquarius **4** 66
Äquator **16** 1
Äquator, Himmels- **3** 3
Äquatorialebene **24** 36
Äquatorialer Gegenstrom **16** 34
äquatorialer Kalmengürtel **9** 35
äquatoriales Klima **9** 40
Aquila **3** 9
Äquilibristin **125** 30
Äquinoktialpunkt **3** 6, 7
Äquinoktium **3** 6, 7
Arabeske **135** 20
Arabische Platte **11** 39
arabische Schrift **163** 2
arabisches Kapitell **156** 18
arabische Ziffer **167** 2
Ararauna *Zoo* **86** 10
Ararauna *Zool.* **181** 2
Araukarie **205** 16
Arbeit, Ajour- **254** 27
Arbeit, Auftrags- **255** 22
Arbeit, Bändchen- **254** 31
Arbeit, Bastel- **71** 3

Arbeit, Bleisatz- **334** 5
Arbeit, Durchbruch- **254** 14, 27
Arbeit, Feld- **216** 1
Arbeit, Filet- **254** 22
Arbeit, Filigran- **254** 30
Arbeit, Flachstich- **254** 10
Arbeit, Flachstick- **254** 10
Arbeit, Flecht- *Korbmacher* **289** 16
Arbeit, Flecht- *Schule* **72** 74
Arbeit, Form- **317** 61–69
Arbeit, Frivolitäten- **254** 19
Arbeit, Gestell- **289** 22–24
Arbeit, Hand- **254**
Arbeit, Knüpf- **254** 21
Arbeit, Lack- **156** 2
Arbeit, Netz- **254** 22
Arbeit, Occhi- **254** 19
Arbeit, Okki- **254** 19
Arbeit, Plattstich- **254** 10
Arbeit, Plattstick- **254** 10
Arbeit, Polster- **287** 59
Arbeit, Schiffchen- **254** 19
Arbeit, Schüler- **72** 68–81
Arbeit, Seil- **368** 74
Arbeit, Spitzen- **254** 30
Arbeit, Tüll- **254** 15
Arbeit, Verputz- **271** 83–91
Arbeiter, Beton- **272** 9
Arbeiter, Bühnen- **136** 32, **137** 46
Arbeiter, Erd- **271** 76
Arbeiter, Hilfs- **271** 19
Arbeiter, Steinbruch- **312** 25
Arbeiter, Wald- **237** 18
Arbeiterameise **175** 23
Arbeiterin **230** 2
Arbeiterinnenzelle **230** 45
Arbeitsbiene **230** 2
Arbeitsbogen **73** 22
Arbeitsbrett **48** 18
Arbeitsbrücke **136** 33
Arbeitsbühne *Bau* **271** 17
Arbeitsbühne *Eisenbahn* **365** 42
Arbeitsbühne *Erdöl* **298** 3
Arbeitsbühne *Raumfahrt* **391** 27, 45
Arbeitsdeck **375** 19, 51
Arbeitsdeck, Hubschrauber- **384** 14
Arbeitsfläche **73** 5
Arbeitsgalerie **137** 5
Arbeitsgerät **353** 8
Arbeitsgerüst **275** 34
Arbeitsgrube **228** 24
Arbeitshandschuh **392** 6
Arbeitshund **223** 12–22
Arbeitskittel **258** 3
Arbeitslampe *Drechsler* **288** 14

Arbeitslampe *Uhrmacher*
261 12
Arbeitsleuchte **54** 20
Arbeitsleuchte **72** 82–85
Arbeitsmaterialien **256** 9
Arbeitsmütze **42** 46
Arbeitsplatte *Hausrat* **56** 33
Arbeitsplatte *Zeichner*
315 17
Arbeitsplatz *Mediengest.*
328 1–13
Arbeitsplatz *Schmied* **292** 15
Arbeitsplatz, Astronauten-
394 18
Arbeitsplatz, Bildschirm-
411 47
Arbeitsplatz, CAD- **315**
Arbeitsplatz, Haupt- **47** 19
Arbeitsposition **263** 36
Arbeitssatz **314** 43
Arbeitsschuh **58** 39
Arbeitsspeicher **406** 17
Arbeitsspindel **302** 20
Arbeitsständer **253** 54
Arbeitssteg **137** 5
Arbeitstisch *Glaser* **277** 15
Arbeitstisch *Optiker* **263** 29
Arbeitstisch *Schneiderei*
256 8
Arbeitstisch *Schuhmacher*
253 33
Arbeitstisch *Zeichner* **315** 14
Arbeitswalze **301** 29, 30
Arbeitswanne **317** 5
Archaster **187** 17
Architekt, Film- **131** 43
Architekturmotiv **60** 2, 8
Architrav **153** 16, 27
Archiv, Film- **131** 6
Archivierung **411** 8
Archivolte **154** 40
Archivsystem, Magnetband-
398 51
Arcturus **3** 30
Arena, Stierkampf- **128** 5
Argo **3** 45
Aries **4** 56
Arithmetik **167** 9–26,
168 1–14
arithmetische Folge **168** 11
arithmetische Reihe **168** 11
Arkade, Blend- **154** 10
Arkade, Zwerg- **154** 8
Arkosol **149** 63
Arkosolium **149** 63
Arktur **3** 30
Arm **19** 58, **20** 15
Arm, Absaug- **295** 15
Arm, Alt- **370** 10
Arm, Betätigungs- **343** 81
Arm, Chromosomen- **24** 16,
17, 18

Arm, Dämpfer- **143** 39
Arm, Elektroden- **295** 24
Arm, Fang- **176** 18
Arm, Feed- **397** 15
Arm, Fluss- *Fluss* **370** 2, 10
Arm, Fluss- *Geogr.* **14** 3
Arm, Gelenk- *Fotoreprod.*
330 16
Arm, Gelenk- *Schweißer*
294 25
Arm, geschlitzter **36** 75
Arm, Greif- **2** 47
Arm, Hydraulik- *Forstw.*
238 21
Arm, Hydraulik- *Straßenbau*
354 14, 26
Arm, Joch- **140** 16
Arm, Lang- **253** 25
Arm, Monitor- **32** 25
Arm, Multifunktions- **394** 6
Arm, Mündungs- **14** 3
Arm, Ober- **19** 59
Arm, Repro- **267** 42
Arm, Saug- **337** 11
Arm, Schreib- **10** 12, 15
Arm, Schweiß- **295** 40
Arm, Schwenk- *Friseur*
257 28
Arm, Schwenk- *Schneiderei*
256 30
Arm, Schwenk- *Straßenbau*
355 4
Arm, Schwenk- *Werkzeug-
masch.* **303** 55
Arm, Signal- **357** 2
Arm, Ton- **401** 28
Arm, Unter- *Anat.* **19** 62
Arm, Unter- *Pferd* **225** 21
Arm, Wurf- **123** 55
Arm, Zugriffs- **406** 47
Armatur **279** 26–37
Armatur, Lenker- **341** 22–26
Armaturentafel **351** 30
Armaturentafelbeleuchtung
351 31
Armauflage *Kaufhaus* **83** 65
Armauflage *Uhrmacher*
261 3
Armband **43** 3
Armband, Edelstein- **43** 25
Armband, Farbstein- **43** 25
Armband, Leder- **262** 10
Armband, Metall- **262** 5
Armband, Zuchtperlen- **43** 9
Armbanduhr, automatische
262 24–35
Armbanduhr, elektronische
262 6
Armbanduhr, Funk- **262** 1
Armberge **147** 47
Armbeuge **19** 60
Armbinde, Käpitäns- **107** 39

Armbund **35** 53
Armbündchen **39** 6
Ärmel, abtrennbarer **38** 32
Ärmel, angeschnittener
35 58
Ärmel, Flügel- **34** 17
Ärmel, Krempel- **36** 20
Ärmel, langer **35** 47
Ärmel, Puff- **36** 92
Ärmel, Raglan- **38** 39
Ärmel, Umschlag- **35** 29
Ärmelaufschlag **35** 55, **36** 4
Ärmelbrett **56** 21
Ärmelbündchen **39** 20
Ärmellasche **38** 40
Ärmelpelzbesatz **35** 11
Ärmelschlitz **35** 63, **38** 59
Ärmelschoner **142** 17
Ärmelschutz **295** 6
armenische Schrift **163** 3
Armflosser **187** 6
Armgeflecht **21** 27
Armhaltung **135** 7–12
Armhebel **117** 10
Armierung **272** 54–76, 68
Armierung, Stahlband-
305 54
Armierung, Stahldraht-
305 54
Armierungseisen **272** 23
Armkachel **147** 48
Armlänge **303** 50
Armlehne *Eisenbahn* **361** 22
Armlehne *Friseur* **258** 19
Armlehne *Hausrat* **50** 19,
54 25
Armlehne *Mediengest.* **328** 9
Armlehne, Sozius- **341** 34
Armmuskel, dreiköpfiger
21 38
Armmuskel, großer runder
21 55
Armmuskel, kleiner runder
21 54
Armmuskel, zweiköpfiger
21 37
Armreif **43** 17, 26
Armschlinge **26** 3
Armspeichenmuskel **21** 39
Armtragetuch **26** 3
Armverband **26** 2
Arnika **198** 2
Aronstab **197** 9
Arpeggio **139** 22
Arrangement, Blumen- **78** 38
Arretierschraube **337** 20
Arretierstift **293** 54
Arretierung **172** 36
Arretierungsknopf **172** 37
Arrondieren **261** 17
Art, Anschlags- **123** 22–24
Art, Beregnungs- **220** 41

Art, Faser- **318** 7
Art, Flecht- **289** 1–4
Art, Gang- *Pferd* **225** 39–44
Art, Gang- *Pferdesport* **105** 8
Art, Gang- *Spiel* **90** 14
Art, Gesenk- **292** 23–32
Art, Getreide- **221** 1–37
Art, Griff- **113** 40–46
Art, Jagd- **239**
Art, Kraftstoff- **350** 29
Art, Rechen- **167** 23–26
Art, Rechnungs- **168** 1–6
Art, Schliff- **43** 42
Art, Schwimm- **98** 30–34
Art, Sport- **123**
Art, Takt- **138** 28–41
Art, Ton- **138** 55–68
Art, Wurf- **123** 14–17
Arterie **20** 85, **21** 1
arterielle Blutdruckmessung
30 3
arterielles Blut **21** 12
Arterienpinzette **31** 42
artesischer Brunnen **13** 29
artesisches Grundwasser
13 24
Arthropoden **175**
Artikel, Damenhygiene-
349 35
Artikel, Leit- **165** 13
Artikelhinweis **165** 14
Artilleriewaffe **63** 29–61
Artischocke **209** 41
Artistenstand **125** 5
Arznei **88** 16
Arzt **27, 28**
Arzt, praktischer **28** 2
Arzt, Zahn- **29** 1
Ärztemuster **27** 31
Arzt für Allgemeinmedizin
28 2
Arzthelferin **27** 20, **32** 45
Ärztin, Not- **82** 7
Arztkoffer **55** 43
Arzttasche **27** 26
A-Saite **141** 9
Asbestdrahtnetz **173** 19
Asch, Blumen- **206** 8
Aschekegel **7** 25
Aschenabzug **304** 18
Aschenbahn **116** 6
Aschenbecher *Büro* **409** 39
Aschenbecher *Hausrat* **50** 30
Aschenbecher *Hotel* **78** 56
Aschenbecher *Schneiderei*
256 5
Aschenbecher, Stand- **76** 13
Aschenbecher, Tisch- **76** 35
Aschentür **46** 42
Aschenurne **146** 38
Ascher, Stand- **76** 13
Aschkasten **364** 6

Aschkastenbodenklappe
364 7
As-Dur 138 66
A-Sehrohr 67 88
Äser 241 15
Asien 16 17
Aspergill 150 50
Asphaltdecke 354 52
Asphaltmischtrommel
354 44
Asphaltpapier 305 52
Asphaltstraßenfertiger
354 35
Asphalttragschicht 352 2
Asphaltverarbeitung 298 52
Aspirationseinrichtung
236 45
Aspirationspsychrometer
10 33
Aspisviper 182 41
Asroc-Starter 66 50
Assaut 111 5, 6
Assel, Keller- 233 7
Assel, Wasser- 175 3
Assistent 31 5
Assistent, Kamera- 131 42
Assistent, Mikrofon- 131 21
Assistent, Regie- Film 131 46
Assistent, Regie- Theater
137 43
Assistent, Rettungs- 82 9
Assistent, Schiedsrichter-
107 60
Assistent, Ton- 131 58
Assistentin Med. 32 45
Assistentin Zirkus 125 42
Assistentin, medizinische
88 17
Assistentin, medizinisch-
technische 28 39
Assistentin, Röntgen- 32 12
Assyrer 152 29–36
Ast Bot. 188 5
Ast Math. 170 15
Ast, Luftröhren- 23 7
Asteroid 4 50
Astgabel 206 13
Asthenosphäre 11 3
Asthippe 208 9
Astlochfräser 285 53
Astlochfräsmaschine 285 52
Astreinigung 237 12
Astronaut 392 1, 393 68,
394 11, 21
Astronautenarbeitsplatz
394 18
Astronomie 3, 4, 5, 6
Astsäge 208 16
Astschere 208 11
Astschneider 208 11
Äsung 239 15
Asymptote 170 29

Atair 3 9
Atelier 158 1–38
Atelier, Bildhauer- 158
Atelier, Film- 131 10
Atelier, Herrenschneider-
256 1–35
Atelier, Mal- 157
Atelier, Misch- 132 30
Atelier, Mode- 255
Atelier, Musik- 131 11
Atelier, Zeichen- 157
Atelieraufnahme 131 26–60
Atelierfenster 157 1
Ateliermikrofon 131 31
Atelierstaffelei 157 3
Atemgasflasche 82 26
Atemgerät Med. 26 31
Atemgerät Tauchen 93 17
Atemloch 185 32
Atemöffnung 175 35
Atemschutzmaske 82 81
Atemwurzel 188 89
Athene 59 2
Athletik, Leicht- 116
Athletik, Schwer- 117
Atlantischer Ozean 16 21
Atlas, Straßen- 349 72
Atmosphäre 7
Atmung, künstliche 26 27
Atoll 14 77
Atolla 187 5
Atom 1, 2
Atom, H- 1 35
Atom, Natrium- 1 8
Atom, radioaktives 1 37
Atom, Sauerstoff- 1 22
Atom, Silicium- 1 23
Atom, Wasserstoff- 1 24, 35
Atombombenexplosion 7 14
Atomkern 1 2, 25, 38, 58
Atomkern, Helium- 1 39, 40
Atomkern, schwerer 1 44
Atomkraftwerk 306 24
Atommodell 1 1–17
Atommodell, bohr-sommer-
feldsches 1 35
Atommüll 306 60–71
Atommülllagerung 306 59
Atomreaktor 1 57
Atomreaktormantel 67 67
Atom-U-Boot, U-Jagd- 67 54
Atrium 153 80
Attika 153 74
Attitüde 135 19
Attrappe, Bein- 83 29
Attrappe, Dekolleté- 83 79
Attrappe, Handkurbel-
396 25
Attrappe, Stier- 128 3
Ätzbad 159 51
At-Zeichen 164 45
Atzel 179 16

Ätzen 159 51
Ätzer, Tiefdruck- 335 18
Ätzflanke 331 45
Ätzflüssigkeit Druck 335 16
Ätzflüssigkeit Galvano-
plastik 331 24
Ätzgrund 159 55
Ätzkorrektur 335 21
Ätzmaschine 335 15
Ätzmaschine, Klischee-
331 23
Ätzmaschine, Zwillings-
331 30
Ätztrog Druck 335 16
Ätztrog Galvanoplastik
331 24, 31
Ätzung, Strich- 331 42
Audio-direct-Taste 404 57
Audiokassette 402 55–59
Audiorouter 398 6
Audiosynchronkopf 404 20
Auditorium 74 2
Aue, Fluss- 14 39
Aue, Tal- 14 39
Aue, Wiesen- 14 14
Auerbachsprung 98 36
Auerhahn 241 77
Aufbacken 349 19
Aufbau Landw. 216 29
Aufbau Militär 66 10–28
Aufbau Schiff 375 10, 63
Aufbau, Backs- 67 45
Aufbau, Bild- 157 4
Aufbau, Brücken- 66 14
Aufbau, Elektrodenkraft-
295 41
Aufbau, Grund- 317 28
Aufbau, Kajüten- 101 39
Aufbau, Kipperbrücken-
215 36
Aufbau, Kompakt- 375 50
Aufbau, Motoren- 382 46
Aufbau, Schalen- 11 1
Aufbau, Stift-Stumpf- 29 27
Aufbau, Wechsel- 367 40
Aufbaudeck 66 10
Aufbauhäuschen 87 43
Aufbereitung, Altpapier-
325 19–23
Aufbereitung, Nass- 316 1
Aufbereitung, Rohstoff-
325 1–23
Aufbereitung, Stoff- 325 27
Aufbereitung, Wertstoff-
81 30
Aufbereitungsanlage
297 20
Aufbewahrung, Gepäck-
358 36, 37
Aufbewahrungsbehälter
263 26
aufblasbarer Ball 376 72

Aufblaskonverter, Sauer-
stoff- 300 47
Aufbringen 337 27
Aufdachklimaanlage 347 39
Aufenthaltsdeck 380 61
Auffahrmulde 367 36
Auffahrrampe Schiff 375 53
Auffahrrampe Werkstatt
348 2
Auffahrt 17 15
Auffangbehälter, Wasser-
246 5
Auffanggefäß 10 40, 45
Auffanggitter 315 8
Auffangnetz, Not- 67 17
Auffangtisch 412 50
Auffüllung, Zwischenboden-
276 69
Auffüßen 225 43
Aufgabekasten 271 35
Aufgaberaum 110 2
Aufgabeschnecke 246 26
Aufgabetisch 311 68
Aufgabetrichter 81 23
Aufgang Bahnhof 358 38
Aufgang Schiff 377 24
Aufgang Zirkus 125 18
Aufgeber 110 9
aufgelaufenes Schiff 383 2
aufgeschlagenes Buch
338 57–74
aufgeschlagene Seite 338 57
aufgesetzte Tasche 34 63,
36 2, 21, 45
aufgeständerte Bogenbrücke
369 28
aufgeständerte Straße
369 59
aufgesteckter Knoten 41 24
Aufhaltekette 226 20
Aufhaltering 226 27
Aufhängebügel 248 21
Aufhängeholm 228 16
Aufhängekette 218 19
Aufhängung Straßenrein.
353 26
Aufhängung Tankstelle
350 11
Aufhängung Textil 323 9
Aufhängung, Kabel- 286 40
Aufhängung, kardanische
379 44
Aufhängung, Masken-
400 22
Aufhängung, Rettungsboot-
376 27–30
Aufheller 131 52
Aufkleber, Express- 395 24
Aufladeturbine 366 51
Auflage Fleischerei
250 60
Auflage Schiff 376 83

Auflage, Arm- *Kaufhaus* 83 65

Auflage, Arm- *Uhrmacher* 261 3

Auflage, Dreipunkt- 172 27

Auflage, Hand- *Optik* 264 58

Auflage, Hand- *PC* 406 33

Auflage, Handballen- *Fotogr.* 270 15

Auflage, Handballen- *Zeichner* 315 25

Auflage, Mull- 26 7

Auflage, Plattenteller- 401 25

Auflage, Radier- 412 5

Auflage, Reiter- 172 31

Auflage, Riemen- 99 26

Auflage, Schaumstoff- *Hausrat* 51 12

Auflage, Schaumstoff- *Sport* 107 20

Auflage, Werkzeug- 288 5

Auflage, Wickel- 33 4

Auflageband 217 73

Auflagedruckregelung 217 71

Auflagefläche 73 11

Auflagekraftregler 401 31

Auflager *Bau* 274 83

Auflager *Brücke* 369 55

Auflager *Musik* 140 42

Auflagerbock 273 18

Auflageschutz, Monitor- 407 18

Auflagetisch 286 15

Auflauf, Stoff- 325 31

Auflegen 301 17

Auflichtbeleuchtung 264 59, 64

Auflichtmikroskop 264 23

Auflieger, Tank- 347 23

Auflösen *Papier* 325 20

Auflösen *Textil* 318 6, 9

Auflösung 322 5

Auflösungszeichen 138 54

Aufmengen 310 8

Aufnahme 27 6

Aufnahme, Atelier- 131 26–60

Aufnahme, Außen- 131 15

Aufnahme, Bild- *Film* 134 26

Aufnahme, Bild- *Fotogr.* 269

Aufnahme, Effektton- 131 30

Aufnahme, Film- 131 15–60, 132 48

Aufnahme, Filter- 264 57

Aufnahme, Freilicht- 131 15

Aufnahme, Gesenk- 292 30

Aufnahme, Makro- 267 26

Aufnahme, Nah- 267 26

Aufnahme, Nebelkammer- 2 26

Aufnahme, Nieren- 32 15

Aufnahme, Rad- 348 36

Aufnahme, Schicht- 29 18

Aufnahme, seitenrichtige 330 25

Aufnahme, Stereo- 131 30

Aufnahme, Ton- 134 26

Aufnahme, Wasser- 131 12

Aufnahme, Zentriersauger- 263 31

Aufnahmebalanceregler 401 101

Aufnahmeband 404 6

Aufnahmebecherwerk 354 43

Aufnahmebehälter 354 36

Aufnahmebetrieb 404 43

Aufnahmegerät, digitales 269

Aufnahmegerät, Ton- 131 23

Aufnahmekammer 265 40

Aufnahmekopf 132 6

Aufnahmeleiter 131 44

Aufnahmemenü 269 37

Aufnahmeobjektiv 266 25

Aufnahmeoptik 134 2

Aufnahmepausentaste 401 93

Aufnahmepegelanzeige 401 83

Aufnahmepegelregler 401 99

Aufnahmerichtung 404 26

Aufnahmeschacht 412 70

Aufnahmesteuerung 269 6, 14

Aufnahmesymbol 404 48

Aufnahmetaste *Fotogr.* 269 9

Aufnahmetaste *U-Elektronik* 401 94

Aufnahmetisch, Werkstück- 303 20

Aufnahmeverstärker 132 5, 14

Aufnehmer, Messwinkel- 348 3

Aufrauen 337 26

Aufreißen 117 8

Aufreißer 354 16

Aufrollung 325 38, 44, 48

Aufrollung, Waren- 320 29, 44

Aufruf, Wahl- 69 29

Aufsatz, Anschluss- 280 23

Aufsatz, Gär- 172 6

Aufsatz, Peil- 379 48

Aufsatz, Pfeiler- 154 30

Aufsatz, Poliermaschinen- 261 15

Aufsatz, Zahnbürsten- 57 28

Aufsatzkamera 264 53

Aufschäumen 75 39

Aufschiebling 274 31

Aufschlag 109 13, 38

Aufschlag, Ärmel- 35 55, 36 4

Aufschlag, Hosen- 36 66, 38 76

Aufschlag, Saum- 36 66

Aufschlag, Schmetterlings- 110 12

Aufschläger 109 38

Aufschlagfeld 109 8, 52, 53

Aufschlaglinie 109 5, 64

Aufschlaglinie, hintere 109 49, 50

Aufschlaglinie, vordere 109 51

Aufschlaglinienrichter 109 23

Aufschlagvariante 110 28

Aufschlagviereck 109 60

Aufschleppe, Heck- 375 83

Aufschließung, chemische 325 14

Aufschnitt *Musik* 144 25

Aufschnitt *Schiff* 376 20

Aufschnittgabel 53 75

Aufschnittmaschine 250 59

Aufschnittmesser 250 1

Aufschnittware 250 42

Aufschüttungslandschaft 15 7

Aufschwungphase 116 29

Aufseher, Sklaven- 372 47

Aufsetzen 225 43

Aufsichtsratsvorsitzender 415 30

Aufsitzmäher 208 37

Aufsteigen 119 18, 19

aufsteigender Grimmdarm 23 25

Aufstellstange 92 33

Aufstellung, Bowling- 123 10

Aufstellung, Kegel- 123 1–7

Aufstieg 347 44

Aufstieg, Ballon- 103 76

Aufstiegsleiter 360 9

Aufstiegsstufe 392 27–37

Auftauchstufe 93 12

Aufteilung 81 19

Auftrag 328 5

Auftrag, Überweisungs- 413 30

Auftragebürste 56 45

Auftragetablett 75 20

Auftragsarbeit 255 22

Auftriebskörper *Fischerei* 244 4

Auftriebskörper *Wasserbau* 371 39

Auftriebskugel 244 16

Auftritt 137 36

Auf-und-nieder-Steven 101 40

Aufwandvolumen 236 53

Aufwärtshaken 117 32

Aufwascheimer 56 58

Aufwickelachse 133 37

Aufwind, Front- 104 43

Aufwind, Hang- 104 46

Aufwind, thermischer 104 39

Aufwindschlauch 104 39

Aufzeichnung, Film- 132

Aufzeichnung, Foto- 32 34

Aufzeichnung, Lichtton- 132 12

Aufzeichnung, Magnet- 399 13

Aufzeichnung, Ton- 132 1–23

Aufzeichnungseinheit, Papier- 32 34

Aufzeichnungsgerät, Lichtton- 132 9

Aufzeichnungsgerät, Magnet- 132 1

Aufzeichnungsgerät, Ton- 131 59

Aufzeichnungspapier 32 30, 35

Aufzug, automatischer 262 24–35

Aufzug, Bau- 271 31

Aufzug, Flugzeug- 67 4, 13

Aufzug, Füller- 354 45

Aufzug, Personen- 83 54

Aufzug, Schräg- *Eisenverarb.* 300 2

Aufzug, Schräg- *Ziegelei* 313 7

Aufzug, Seilrollen- 271 91

Aufzug, Selbst- 262 24–35

Aufzugseil 273 37

Aufzugsrad 262 33

Augapfel 22 54

Auge *Anat.* 19 13, 22 6, 46

Auge *Kunst* 153 90

Auge *Meteor.* 8 22

Auge *Pferd* 225 4

Auge *Schmied* 290 29

Auge *Spiel* 90 32

Auge *Zool.* 241 65

Auge, Bull- 394 22

Auge, Edel- 206 23, 35

Auge, Facetten- *Bienc* 230 26

Auge, Facetten- *Zool.* 175 9

Auge, Insekten- 230 26

Auge, Katzen- 339 44

Auge, Litzen- 319 8

Auge, magisches 127 20

Auge, Mühlstein- 245 20

Auge, Neben- 230 3

Auge, Netz- 230 26

Auge, Ochsen- 155 2

Auge, Pfauen- 183 3, 224 32

Auge, Stiel- 176 39

Auge, Stirn- 230 3

Augenbraue 22 47

Augenfleck **175** 60
Augenhintergrundtafel **27** 25
Augenmuskel **22** 53
Augenrefraktometer **263** 53
Augenschutz **237** 23
Augensprosse **241** 8
Augenspülflasche **82** 17
Augensteckling **206** 22
Augentrost **214** 27
Augenwurz **214** 13
Augspross **241** 8
Auktionshalle **381** 58
Aulos **140** 4
Auriga **3** 27
Aurikel **196** 9
Aurorafalter **183** 4
Aus **107** 53
Ausatmungsluft **93** 27
Ausbau **372** 57
Ausbeinmesser **250** 6
Ausblick, Sucher- **266** 2
Ausbreitung, Schallwellen-
7 16
Ausbuchtung **142** 26
Ausdehnungsgefäß **46** 25
Ausdehnungsgefäß, Öl-
304 42, **305** 12
Ausdrehhaken **288** 18
Ausdruck Büro **411** 52
Ausdruck Fotogr. **270** 20, 24
Ausdruck, Farb- **270** 19
Ausdruck, Papier- **406** 72
Ausdrückmaschine, Koks-
309 7
Ausfahrgarnitur **34** 2
Ausfahrgerät **66** 68, **67** 74,
88–91
Ausfahrjäckchen **34** 5
Ausfall **111** 5
Ausfallschritt **115** 42, **117** 4
Ausfallstellung **111** 5
Ausflugsdampfer Hafen
381 29
Ausflugsdampfer Schiff
375 15
Ausformstation **229** 35
Ausführung, Links- **133** 13
Ausführung, Rechts- **133** 14
Ausgabe, Bargeld- **413** 9
Ausgabe, Beleg- **413** 10
Ausgabe, Kuvert- **412** 82
Ausgabedatum **165** 7
Ausgabefach Buch **337** 29
Ausgabefach Setzerei **327** 17
Ausgabegerät PC **406** 67–73
Ausgabegerät Setzerei **327** 10
Ausgabejahr **60** 30
Ausgang, Analog- **264** 43
Ausgang, Bild- **264** 36
Ausgang, Daten- **264** 42
Ausgang, Elektroden- **30** 22
Ausgang, Not- **133** 7

Ausgang, Röhren- **239** 31
Ausgang, USB- **269** 12,
270 10
Ausgangsstellung Billard
91 19, 23
Ausgangsstellung Spiel **90** 1
Ausgangswalze **318** 44
ausgebende Aktiengesell-
schaft **415** 17, 29
ausgebendes Kreditinstitut
413 20
ausgebuchtet **188** 53
ausgelassenes Luchsfell
284 16
ausgelassenes Nerzfell
284 19
ausgemauertes Fach **273** 59
ausgetriebener Steckling
206 24
Ausgleich, Neigungs- **220** 2
Ausgleichsballast **366** 66
Ausgleichsbehälter **366** 78
Ausgleichsbehälter, Kühl-
wasser- **366** 65
Ausgleichsgewicht **343** 20
Ausgleichsküste **15** 10–18
Ausgleichsrotor **388** 14
Ausgleichsschraube **63** 91
Ausgleichsstrich **276** 39
Ausguck **87** 12
Ausgucktonne **377** 38
Ausguss **73** 29
Ausgussbecken **73** 6
Ausgussstellung **300** 63
Aushängeplatte **336** 27
Aushangfahrplan **359** 26
aushangpflichtiger Gesetzes-
text **348** 43
Ausheber **311** 48
Aushub, Erd- **271** 78
Auskämmen **318** 19
Auskleidung **301** 2
Auskleidung, Holz- **96** 14
Ausknopf, Not- **311** 47
Auskratzer **259** 45
Auskunftsplatz **74** 15
Auslage Buch **338** 23
Auslage Druck **333** 44
Auslage Fechten **111** 33
Auslage Hausrat **55** 30
Auslage, Dreibruch- **338** 15
Auslage, Halsketten- **83** 74
Auslage, Innen- **83** 16
Auslage, Ketten- **333** 14
Auslage, Papier- **334** 34
Auslage, Schaufenster- **79** 9
Auslage, Uhren- **83** 73
Auslagentisch **83** 18
Auslagestapel **333** 15
Auslassen **284** 5
Auslassstreifen **284** 7
Auslasstechnik **284** 10

Auslassungspunkt **164** 38
Auslassventil Auto **345** 15
Auslassventil Motor **343** 27
Auslauf Kfz **347** 13
Auslauf Landw. **215** 23
Auslauf, Mischasphalt-
354 48
Auslauf, Saat- **218** 71
Auslaufbauwerk **371** 49
Auslaufdoppelventil **279** 35
Ausläufer Bot. **211** 22
Ausläufer Gärtnerei
206 14, 16
Auslaufrohr, Korntank-
217 22
Auslaufventil **279** 34
Auslaufverlängerung **347** 15
Auslaufverstellung **347** 14
Auslaugungsrückstand
306 65
Ausleergerät **301** 20
Auslegen **236** 24
Ausleger Astron. **6** 28
Ausleger Bau **272** 36
Ausleger Hafen **382** 24, 37
Ausleger Sport **120** 37
Ausleger Tischler **285** 63,
286 11
Ausleger Wassersport **99** 39
Ausleger Werkzeugmasch.
303 24
Ausleger, Bagger- **354** 4
Ausleger, Besan- **372** 28
Ausleger, Gurt- **338** 13
Ausleger, Kran- **82** 59
Ausleger, Pinnen- **100** 22
Ausleger, Solarzellen- **10** 66
Auslegerboot **160** 35
Auslegetisch **337** 5
Ausleihbereich **74** 17
Ausleihe **74** 17
Ausleihpult **74** 18
Ausleihterminal **74** 19
Auslinie **109** 65
Auslösebügel **248** 15
Auslösehandgriff **134** 24
Auslöser **266** 30, **267** 15,
269 27, 31, 42
Auslöser, Draht- **266** 37,
267 40
Auslöser, Selbst- **127** 53
Auslösetaste Fotogr. **266** 12
Auslösetaste PC **407** 44
Auslöseventil **364** 58
Ausmauerung **300** 51
Auspuff Landw. **217** 33
Auspuff Motorrad **341** 7, 50,
342 37
Auspuff, Abdampf- **364** 22
Auspuffendtopf **366** 69
Auspuffkrümmer **343** 41, 71
Auspuffrohr **343** 62

Auspuffsystem **348** 73
Auspufftopf **344** 33
Ausputzmaschine **253** 3
Ausreitgurt **100** 21
Ausrichtspiegel **396** 51
Ausrichtung Atom **1** 10
Ausrichtung Mediengest.
328 20
Ausrichtung, Darstellungs-
407 40
Ausrichtungsmotor **394** 3
Ausrufezeichen **164** 23
Ausrüstung, alpine
118 36–61
Ausrüstung, Bergsteiger-
118 36–61
Ausrüstung, Eistouren-
118 36–61
Ausrüstung, hochalpine
118 36–61
Ausrüstung, Kletter-
118 36–61
Ausrüstung, Tauch- **93** 1–20
Ausrüstungskai **378** 5
Aussaat **206** 1
Aussaatschale **206** 2
Ausschabung **31** 45
Ausschalten Fotogr. **269** 54,
270 23, 29
Ausschalten Werkzeug-
masch. **302** 34
Ausschalter Meteor. **10** 15
Ausschalter Sägewerk **311** 73
Ausschalter Tischler **286** 37
Ausschalter, Not- **286** 6
Ausschalttaste **344** 94
Ausschank **76** 1–11
Ausschank, Getränke- **126** 2
Ausscheidung, Trub- **247** 1–5
Ausschießen **327** 12
Ausschnitt, Boots- **35** 57
Ausschnitt, Hals- **35** 57,
38 62, **39** 23
Ausschnitt, Kreis- **169** 54
Ausschnitt, Rund- **36** 80
Ausschnitt, V- **36** 27, **37** 68
Ausschussmaß **302** 58
Ausschussseite **302** 61
Außen, Links- **107** 16
Außen, Rechts- **107** 14
Außenaufnahme **131** 15
Außenbaugelände **131** 2
Außenbecken **97** 9
Außenbeleuchtung **351** 34
Außenbordkatamaran
102 20
Außenbordmotor **102** 1
Außenbordmotor, Renn-
102 22
Außengewinde **279** 38, 51
Außenhaut Schiffbau
378 47–52

Außenhaut *Wassersport*
99 30, 45, 55
Außenhautplanke 101 50
Außenkabine 376 42
Außenkelch 211 24
Außenkiel 99 29
Außenklüver 373 23
Außenluft 308 23
Außenmessfühler 302 70
Außenpoolbereich 376 65
Außenputz 275 38
Außenquersitz 113 32
Außenring 296 71
Außenschale 212 50
Außenschwingtür 347 37
Außenseitsitz 113 31
Außenseitstand vorlings
113 26
Außenspiegel 344 10
Außenspieler 108 31
Außensteg 338 60
Außenstern 217 5
Außenstürmer 107 16
Außentaster 288 19
Außentreppe, Keller- 271 4
Außenverteidiger 107 13
Außenwand 274 32, 77,
275 37
Außenwinkel 169 26
äußerer Kern 11 7
äußerer Muttermund 25 43
äußeres Gehirn 20 72
äußeres Ohr 22 85
Aussetzkran, Boots- 66 13
Aussicht 376 63
Aussichtsturm 17 67
Aussparung 337 16
Aussparung, Kenn- 402 58
Ausstatter, Herren- 79 5
Ausstattung, Baby- 33
Ausstecher 289 38
Aussteifung, Quer- 369 53
Aussteller, Rollladen- 44 25
Aussteuerinstrument 132 17
Ausstieg *Bau* 275 24
Ausstieg *Fluss* 370 58
Ausstieg, Not- 361 37
Ausstiegsmodul 394 11
Ausstülpung 24 12
Austausch, Daten- 327 7
Austauschkugelkopf 412 31
Auster 176 31
Austerngabel 53 78
Austragungsband 251 82
Austragvorrichtung,
Zeitungs- 335 29
Australien *Geogr.* 16 18
Australien *Völkerk.*
160 34–40
Australischer Dollar 59 15
austreibendes Blatt 212 34
Austritt, Gas- 309 16

Austritt, Kühlwasser- 343 47
Austritt, Rauch- 364 22
Austrittspfosten 276 54
Austrittsstufe 276 19
Auswahl, Belichtungs-
269 41
Auswahl, Brillen- 263 5
Auswahl, Gestell- 263 5
Auswahl, Kanal- 270 37
Auswahl, Mehrfach- 328 17
Auswahl, Zoom- 269 48
Auswahlfeld 407 32
Auswahlknopf 402 38, 39
Auswahlknopf, Kanal-
402 37
Auswahlmenü 328 16, 26
Auswahlmenü, Mehrfach-
328 27
Auswahlschalter, Bandquali-
täts- 401 97
Auswahltaste *Bank* 413 6
Auswahltaste *Fotogr.* 269 37,
38, 51, 52, 270 37
Auswahltaste *PC* 407 33, 38
Auswahltaste *U-Elektronik*
402 24, 403 10, 20
Auswahltaste, Bandlauf-
zähler- 401 87
Auswahltaste, Menü- 344 85
Auswahltaste, Mini-DV-
Betrieb- 404 35
Auswahltaste, Sound-Mode-
404 58
Auswahltaste, VHS-Betrieb-
404 42
Auswechselspieler 107 58,
108 17
Ausweichstelle 371 31
Ausweis, Kasino- 89 29
Ausweiskontrolle 390 18
Ausweitapparat 253 18
Auswerfer 292 28
Auswerfer, Block- 311 19
Auswertegerät 28 51
Auswertungsprotokoll
348 41
Auswurf, Einzelkopie- 412 36
Auswurf, Papier- 406 71
Auswurf, Späne- 285 48
Auswurfknopf 406 7
Auswurföffnung 311 58
Auswurftaste 412 56
Auswurftaste, Mini-DV-
404 36
Auswurftaste, VHS- 404 41
Auswurfturm 217 32
Auszählen 117 42
Auszahlungsbetrag 413 6
Auszubildende 75 17
Auszubildender 348 76
Auszug, Farbproof-
329 14, 39

Auszug, Konto- *Bank*
413 12
Auszug, Konto- *Büro* 410 38
Auszugbeschriftung 329 16
Auszugshaspel 321 21
Auto 344 1–52
Auto, Box- 126 22
Auto, Müll- 81 12
Auto, Post- 395 51
Auto, Spielzeug- *Hausrat*
55 35, 46
Auto, Spielzeug- *Spielplatz*
87 49
Auto, Tret- 87 42
Autobahn 17 15
Autobahn, Stadt- 381 54
Autobahnbau 355
Autobus *Kfz* 347 33–51
Autobus *Piktogramm* 390 6
Autocar 347 35
Autodeck 375 73
Autofähre 370 51
Autofahrer 350 13
Autofahrerin 350 25
Autofensterscheibe 350 27
Autofokusmessblitz 267 16
Autofokusobjektiv 267 48,
269 46
Autofokussensor 267 19
Autofokusstellmotor 404 8
Autofokusumschalter 267 23
Autofokuszielfeld 267 63, 69
Autofokuszoomobjektiv
267 24
Autogenschneideanlage
301 42
Autogenschweißbrenner
283 32
Autogenschweißer 294
Autogenschweißwagen
291 35
Automat, Banknoten- 414 9
Automat, Bügel- 56 2, 7, 12
Automat, EC- 79 70
Automat, Fahrkarten-
358 34
Automat, Fahrschein- 79 25
Automat, Falz- 412 47
Automat, Geld- *Bahnhof*
358 20
Automat, Geld- *Bank* 413 4
Automat, Geschirrspül-
47 54
Automat, Getränke-
77 32, 34
Automat, Infusions- 30 16
Automat, Kaffee- 47 11
Automat, Kopier- 412 35
Automat, Leergut- 252 1
Automat, Lungen- 93 18
Automat, Musik- 127 16
Automat, Park- 79 1

Automat, Randbearbeitungs-
263 33
Automat, Reinigungs- 261 30
Automat, Schneide- 338 1
Automat, Seilroll- 119 43
Automat, Sicherungs- *Hausrat* 49 25
Automat, Sicherungs- *Instal-
lateur* 280 37
Automat, Sicherungs-
schraub- 280 27
Automat, Telefonkarten-
358 12
Automat, Trocken- 56 30
Automat, Voll- 56 25
Automat, Waffel- 48 43
Automat, Zigaretten- 79 47
Automatik, Fersen- 119 35
Automatik, Klima- 344 90
Automatik, Schnittstärken-
217 70
Automatikglastür 349 77
automatische Armbanduhr
262 24–35
automatische Flugsteuerung
393 24
automatische Füllung 29 10
automatische Pipette 28 42
automatischer Aufzug
262 24–35
automatische Steuerung
74 6
Automobil 344, 345, 346
Autorad 344 28
Autoradio 344 81
Autoreifen *Auto* 344 29
Autoreifen *Tankstelle* 350 19
Autoreverse-Mode-Schalter
401 98
Autoscooter 126 22
Autoshop 350 43
Autositz 33 49
Autotransport 367 35
Autotür 344 12
Autotyp 346
Autotypie 331 38
Autoverleih 390 8
Ave-Maria 150 32
Avers 60 25
Avionikkonsole 393 23
Avionikraum 65 10, 30
Aviviveren 322 16
A-Wagenteil 351 5
Axial-radial-Lagerung 265 3
Axt *Bau* 273 73
Axt *Forstw.* 238 1
Axt, Boot- 146 19
Axt, Bronze- 146 23
Axt, Bund- 273 72
Axt, Rettungs- 82 50
Axt, Stoß- 273 72
Axt, Streit- *Völkerk.* 160 15

Axt, Streit- *Vorgesch.* 146 19
Ayurveda-Behandlung 97 35
Azalea 205 12
Azalee 205 12
Azimutalprojektion 16 8
Azimutantrieb 307 14
Azubi 348 76

B

B, Doppel- 138 53
Baby 33 5
Babyausstattung 33
Babybecken 97 23
Babybox 33 19
Babydress 34 14
Babyfon® 33 17
Babyjäckchen *Baby* 33 26
Babyjäckchen *Kleidung* 34 11
Babykleidung 34 1
babylonische Kunst
 152 19, 20
babylonischer Fries 152 19
Babypuppe 71 24
Babyschlafsack 33 18
Babyschuh *Baby* 33 44
Babyschuh *Kleidung* 34 7
Babytragetasche 33 46
Babyüberwachung, mobile
 33 17
Babywaage 27 32
Babywippe 33 2
Bach 14 9, 17 80
Bach, Gletscher- 13 57
Bach, Mühl- 245 47
Bache 241 56
Bachforelle 182 15
Bachstelze, Weiße 179 11
Back 375 13, 377 48
Back, Data- 267 57
Back, durchflutete 66 65,
 67 77
Backbord-Entenflügel 65 8
Backbordlampe 377 15
Backbordlaterne 102 13
Backbordlicht 102 13
Backbord-Positionsleuchte
 65 36
Backbordseite 380 1
Backbordtriebwerk 65 11
Backe *Anat.* 19 15
Backe *Jagd* 240 4
Backe *Schlosser* 293 15
Backe *Tischler* 285 23
Backe, Brems- *Auto* 345 65
Backe, Brems- *Maschinenteil*
 296 100
Backe, Brems- *Schmied*
 291 12
Backe, Einführ- 321 9
Backe, Gewinde- 293 68

Backe, Hinter- 225 35
Backe, Kinn- *Anat.* 19 15
Backe, Kinn- *Pferd* 225 11
Backe, Mechanik- 143 16
Backe, Schneid- 82 77
Backe, Spann- 302 36
Backeinrichtung 250 16
Backen *Schmied* 290 15
Backen *Sport* 119 36
Backenbart 40 14
Backenbrecher 312 17
Backenbremse 296 97
Backenknochen 19 14
Backenstück 226 8
Backenzahn 22 21, 34
Bäcker 251 91
Bäckerei 251
Bäckerei, Fein- 251 1–60
Backgammonspiel 90 18, 22
Backofen 47 29
Backofenfenster 47 30
Backplatz 47 25
Backraum 251 61–93
Backsaufbau 67 45
Backslash 164 32
Backstagsbrise 101 13
Backstein 313 20
Backsteinflachschicht 276 7
Backsteinwand *Bau* 271 8
Backsteinwand *Schule* 72 26
Backstube 251 61–93
Back-up-Ball 123 17
Backware, Fertig- 349 19
Backwaren, abgepackte
 251 53–60
Backwarenabteilung 252 9
Backwarenvitrine 252 10
Bad *Bad* 57
Bad *Hotel* 78 28–39
Bad, Ätz- 268 11
Bad, Bleichfixier- 268 10
Bad, Brandungs- 96 1–7
Bad, Erlebnis- 97
Bad, Fäll- 322 11
Bad, Float- 317 16
Bad, Frei- 98 1–29
Bad, Hallen- *Schwimmbad*
 96 1–7, 8–13
Bad, Hallen- *Stadt* 18 25
Bad, Heißluft- 96 14–26
Bad, Kur- 88
Bad, Luft- 98 2
Bad, Massage- 96 28
Bad, Schaum- 96 1–7
Bad, Schwimm- *Schiff* 377 23
Bad, Schwimm- *Schwimm-
bad* 96
Bad, Schwimm- *Schwimmen*
 98 1–29
Bad, Schwimm- *Stadt* 18 25
Bad, Sonnen- *Schwimmbad*
 96 30–32

Bad, Sonnen- *Schwimmen*
 98 2
Bad, Spinn- 322 11
Bad, Stopphärte- 268 10
Bad, Strand- 95
Bad, Strudel- 96 27–29, 97 31
Bad, Unterwassermassage-
 96 27–29
Bad, Wasser- *Chemie* 172 13
Bad, Wasser- *Med.* 28 46
Bad, Wasser- *Tischler* 285 12
Bad, Wellen- 96 1–7
Bad, Wellness- 97
Badeanstalt 98 1–29
Badeanzug *Schiff* 376 75
Badeanzug *Strand* 95 18
Badeanzug, Damen-
 95 19, 20
Badegast *Kurbad* 88 34
Badegast *Strand* 95 24
Badehandtuch *Schiff* 376 80
Badehandtuch *Strand* 95 17
Badehaube 96 7
Badehose 95 22
Badekappe 96 7
Badelatschen 95 21
Bademantel *Kleidung* 34 27,
 37 6, 57
Bademantel *Schwimmbad*
 97 34
Badematte 57 51
Bademeister *Schwimmbad*
 96 3
Bademeister *Schwimmen*
 98 12
Bademeisterbüro 96 10
Baden, Sonnen- 98 2
Badende 97 3
Badende, Sonnen- 96 31
Badepantoffel 57 49
Badepantolette 58 22
Bäderschiff 375 15
Badeschuh 95 21
Badeschwamm 57 6
Badeshorts 376 76
Badesteg 95 31
Badestrand 380 33
Badetasche 95 15
Badethermometer 33 30
Badetuch 57 8
Badetuch, Kapuzen- 33 9
Badevorleger 57 51
Badewanne 57 1
Badewanne, Säuglings- 33 3
Badewanne, Unterkühlungs-
 384 21
Badezone 380 29–31, 32
Badezusatz *Bad* 57 5
Badezusatz *Supermarkt*
 252 49
Badminton 109 45
Badmintonschläger 109 57

Badmintonspielerin 109 55
Badthermometer 268 13
Bagger 110 15
Bagger, Abraum- 313 4
Bagger, Eimer- 382 52
Bagger, Eimerketten- 370 41
Bagger, Großraum- 313 4
Bagger, Ketten- 312 8
Bagger, Löffel- *Bau* 271 81
Bagger, Löffel- *Straßenbau*
 354 1
Bagger, Raupen- 312 8
Bagger, Saug- 370 44
Bagger, Schwimm- 370 41
Bagger, Seil- 354 1
Bagger, Spielzeug- 87 52
Baggerausleger 354 4
Baggereimer 382 55
Baggergut 382 58
Baggerlöffel 354 5
Baggern 110 15, 16
Baggerschute 382 57
Bagienrah 374 25
Bagiensegel 374 26
Baguette *Bäckerei* 251 13
Baguette *Schmuck* 43 51
Baguette *Supermarkt* 252 16
Baguettebrötchen 251 21
Bahn *Astron.* 4 24
Bahn *Bau* 275 91
Bahn *Schmied* 290 28
Bahn, Achter- *Freizeitpark*
 85 4
Bahn, Achter- *Rummelplatz*
 126 10
Bahn, Aschen- 116 6
Bahn, Auto- *Geogr.* 17 15
Bahn, Auto- *Hafen* 381 54
Bahn, Berg- 368
Bahn, Einseil- 368 15–26
Bahn, Eisen- *Freizeitpark*
 85 39
Bahn, Eisen- *Spielplatz* 87 16
Bahn, Eisen- *Stadt* 18 10
Bahn, Eisen- *Vorschule* 71 19
Bahn, Elektronen- 1 36
Bahn, Fahr- *Brücke* 369 44
Bahn, Fahr- *Straße* 352 12
Bahn, Fecht- 111 2
Bahn, Fern- 18 10
Bahn, Galopprenn- 105 40
Bahn, Gleit- 133 31
Bahn, Hafen- 381 21
Bahn, Hänge- 297 38, 48
Bahn, Haupt- 17 22
Bahn, Klein- 17 24
Bahn, Kleinkabinen- 368 24
Bahn, Kran- 378 24
Bahn, Kunststoff- 116 6
Bahn, Lande- 104 33
Bahn, Lauf- *Druck* 333 29
Bahn, Lauf- *Sport* 116 6

Bahn, Minigolf- **84** 70
Bahn, Mond- **4** 1
Bahn, Neben- **17** 22
Bahn, Nerven- **20** 60
Bahn, Papier- **334** 38
Bahn, Pendel- **368** 27
Bahn, Radrenn- **106** 2
Bahn, Reiß- **103** 64, 67, 75
Bahn, Reit- **125** 19
Bahn, Roll- *Flughafen* **389** 2
Bahn, Roll- *Wassersport*
99 42
Bahn, Rutsch- *Freizeitpark*
85 25
Bahn, Rutsch- *Spielplatz*
87 13, 38
Bahn, S- **18** 9
Bahn, Sand- **106** 41
Bahn, Schlitter- **122** 16
Bahn, Schnell- **18** 9
Bahn, Schwimm- **98** 28
Bahn, Seil- *Bergbahn* **368** 12,
15–75
Bahn, Seil- *Geogr.* **17** 66
Bahn, Seil- *Spielplatz* **87** 39
Bahn, Sessel- **368** 20
Bahn, Spiel- **110** 40
Bahn, Stadt- **18** 9
Bahn, Start- **104** 33
Bahn, Start-und-Lande-
389 1
Bahn, Stoff- **256** 2
Bahn, Straßen- *Stadt* **79** 40
Bahn, Straßen- *Straßenbahn*
351
Bahn, Tapeten- **281** 19
Bahn, Traber- **105** 25
Bahn, Trabrenn- **105** 25
Bahn, U- **18** 8
Bahn, Überland- **351**
Bahn, Umlauf- **368** 15–26
Bahn, Wildwasser- **85** 36
Bahn, Wirtschafts- **17** 90
Bahn, Zahnrad- **368** 4–11
Bahn, Zweiseil- **368** 27, 33, 51
Bahnbeladung **382** 28
Bahnenrock **36** 40
Bahnfahrt **358** 4
Bahngleisnummer **358** 32,
359 11
Bahnhof *Geogr.* **17** 40
Bahnhof *Stadt* **18** 38
Bahnhof, Container- **360** 39
Bahnhof, Umschlag- **360** 39
Bahnhof, Ziel- **358** 31
Bahnhofsbuchhandlung
358 15
Bahnhofshalle **358**
Bahnhofsrestaurant **358** 43
Bahnhofsuhr **358** 33
Bahnkantensteuerung
333 20

Bahnlinie **17** 20
Bahnradfahrer **106** 13
Bahnräumer *Eisenbahn*
364 34
Bahnräumer *Straßenbahn*
351 11
Bahnrennen **106** 1
Bahnrennfahrer **106** 3
Bahnrennrad **106** 14
Bahnschranke **356** 40
Bahnsteig *Bahnhof* **359** 28
Bahnsteig *Bergbahn* **368** 45
Bahnsteig, Haus- **359** 6
Bahnsteigabschnitt **359** 25
Bahnsteigbeleuchtung
359 12
Bahnsteigbriefkasten **359** 4
Bahnsteigkante **359** 29
Bahnsteigkiosk **359** 31
Bahnsteiglautsprecher
359 30
Bahnsteignummer **358** 32,
359 11
Bahnsteigtreppe **359** 40
Bahnsteigüberdachung
359 2
Bahnsteigüberführung
359 42
Bahnsteiguhr **359** 41
Bahnüberführung **17** 41
Bahnübergang **356** 39–50
Bahnübergang, nicht gesi-
cherter **356** 49
Bahnübergang, schienenglei-
cher gesicherter **356** 39
Bahnübergang, unbe-
schrankter **356** 49
Bahnunterführung **17** 21
Bahre, Toten- **149** 41
Baiser **251** 32
Baisse **415** 24
Bajadere **124** 22
Bajonettentriegelung **267** 22
Bajonettring **267** 20
Bake *Geogr.* **17** 11
Bake *Navigation* **380** 16, 23,
26, 29, 38, 46
Bake, Vorsignal- **357** 26–29
bakteriologische Kultur
73 24
Balalaika **142** 28
Balanceakt **125** 38
Balanceregler **401** 41
Balanceregler, Aufnahme-
401 101
Balancierstange **125** 45
Baldachin *Baby* **33** 33
Baldachin *Hausrat* **55** 12
Baldachin *Kirche* **149** 49
Baldachin *Tankstelle* **349** 16
Baldachin *Vorschule* **71** 26
Baldachinträger **149** 46

Baldrian **198** 5
Balg *Fotogr.* **266** 52, **268** 34
Balg *Fotoreprod.* **330** 10, 28
Balg *Musik* **140** 58, **142** 37
Balg, Blase- *Camping* **92** 68
Balg, Blase- *Musik* **143** 48
Balg, Falten- *Eisenbahn*
363 15
Balg, Falten- *Motorrad* **342** 5
Balg, Haar- **22** 71
Balgen **127** 28
Balgengerät **267** 36
Balgenkamera **127** 27
Balgenkamera, Großformat-
266 48
Balgennaheinstellgerät
267 36
Balgfrucht **188** 101
Balgfrucht, Sammel- **188** 113
Balgverschluss **142** 38
balinesische Kunst
156 21, 22
Balken *Anat.* **20** 59
Balken *Bau* **273** 19
Balken, Absprung- **116** 38
Balken, Abweis- **368** 50
Balken, Binder- **274** 53
Balken, Bund- **274** 53
Balken, Dach- **274** 29
Balken, Deck- **378** 60
Balken, Decken- **273** 38
Balken, Enter- **372** 11
Balken, Farb- **329** 15
Balken, First- **274** 48
Balken, Grundfarben- **329** 18
Balken, Hänge- **274** 66
Balken, Haupt- **273** 38
Balken, Hauptpodest-
276 66
Balken, Kehl- **274** 35
Balken, Mechanik- **143** 22
Balken, Messer- **217** 4
Balken, Noten- **138** 6
Balken, Podest- **276** 34, 55
Balken, Press- **338** 3
Balken, Quer- *Bau* **272** 67
Balken, Quer- *Werkzeug-
masch.* **303** 12
Balken, Rand- **272** 3, 55
Balken, Schwebe- **114** 2, 21
Balken, Schwimm- **160** 36
Balken, Stich- **273** 42
Balken, Streich- **273** 40
Balken, Trag- **272** 57
Balken, Verlaufsfarben-
329 20
Balken, Waage- *Chemie*
172 29
Balken, Waage- *Musik* **140** 39
Balken, Wand- **273** 39
Balken, Wechsel- **273** 41,
274 71

Balken, Wellen- **62** 11
Balken, Zug- **216** 22
Balken, Zwischen- **274** 54
Balkenbrücke **369** 7
Balkenkopf **274** 33
Balkenkorn **123** 43
Balkenwasserzeichen **60** 10
Balkon **376** 43
Balkonbrüstung **376** 44
Balkonpflanze **44** 70
Balkonsessel **376** 45
Balkonstuhl **44** 71
Balkontisch **44** 72
Balkontür *Haus* **44** 20
Balkontür *Schiff* **376** 48
Ball *Sport* **108** 23, **123** 70
Ball *Turnen* **114** 33–36
Ball, aufblasbarer **376** 72
Ball, Back-up- **123** 17
Ball, Base- **108** 48, 51
Ball, Basket- **108** 6, 7
Ball, Billard- *Billard* **91** 1
Ball, Billard- *Schiff* **376** 97
Ball, Curve- **123** 16
Ball, Doppelend- **117** 20
Ball, Eck- **107** 42
Ball, Faust- **110** 29–37, 36
Ball, Feder- **109** 45, 58
Ball, Flug- **109** 31
Ball, Foot- **108** 18
Ball, Fuß- **107**, 17
Ball, Golf- **110** 51
Ball, Gymnastik- *Kurbad*
88 27
Ball, Gymnastik- *Sport*
112 35
Ball, Gymnastik- *Turnen*
114 34
Ball, Gymnastik- *Vorschule*
71 44
Ball, Hand- **108** 1
Ball, Hartgummi- **109** 77
Ball, Hockey- **108** 46
Ball, Hook- **123** 15
Ball, Hüpf- **87** 9
Ball, Kopf- **107** 51
Ball, Korb- **108** 6
Ball, Lacrosse- **109** 77
Ball, Masken- **124** 1–43
Ball, Plattform- **117** 24
Ball, Punching- **117** 24
Ball, Punkt- *Billard* **91** 12
Ball, Punkt- *Sport* **117** 22
Ball, Schmetter- **109** 32
Ball, Schnee- *Bot.* **191** 10
Ball, Schnee- *Winter* **122** 11
Ball, schwarzer **380** 44
Ball, Signal- **380** 51
Ball, Spiel- **91** 10, 18
Ball, Squash- **109** 68
Ball, Stoß- **91** 11
Ball, Straight- **123** 14

Ball, Sturm- *Hafen* 381 35
Ball, Sturm- *Strand* 95 4
Ball, Tennis- 109 27
Ball, Tischtennis- 109 44
Ball, Track- 406 29, 34
Ball, Überkopf- 109 32
Ball, Volley- 110 1–28, 19, 26–28
Ball, Warn- 95 4
Ball, Wasser- *Schwimmbad* 97 27
Ball, Wasser- *Schwimmen* 98 41–45, 43
Ball, Wasser- *Strand* 95 25
Ball, Ziel- 91 19, 20–22, 23, 24
Ball, 8- 91 19–22
Ball, 8er- 91 22
Ball, 9- 91 23, 24
Ball, 9er- 91 24
Ballabzeichen 124 29
Ballast *Bau* 272 33
Ballast *Flugsport* 103 57
Ballast *Segeln* 101 33
Ballast, Ausgleichs- 366 66
Ballast, Wasser- 377 78
Ballastkiel 101 32
Ballasttank 377 78
Bällchen, Watte- 252 46
Ballen 19 99
Ballen, Daumen- 19 77
Ballen, Einschwärz- 159 22
Ballen, Groß- 215 55, 216 40
Ballen, Haft- 230 12
Ballen, Heu- 215 55
Ballen, Rollpress- 216 37
Ballen, Rund- 216 37
Ballen, Silo- 215 55
Ballen, Spinnfaser- 322 24, 39, 53
Ballen, Stoff- 83 69
Ballen, Stroh- 228 7
Ballen, Torfmull- 207 31
Ballen, Tuch- 83 69
Ballenbrecher 318 27
Ballenlager 318 26
Ballenstand 115 5
Ballerina, Prima- 135 30
Ballerinenrock 135 34
Ballett 135
Balletteuse 135 28
Ballettgruppe 135 27
Ballettschuh 135 33
Ballettstange 135 29
Balletttänzerin 135 28
Ballistik 240 73
ballistische Kurve 240 79
ballistische Schutzweste 68 32
Balljunge 109 18
Ballmädchen 109 18
Ballon, bemannter 7 18
Ballon, Gas- 103 55

Ballon, Heißluft- 103 71
Ballon, Luft- *Rummelplatz* 126 52
Ballon, Luft- *Zirkus* 125 22
Ballon, Wasserstoff- 10 56
Ballonaufstieg 103 76
Ballonfahren 103 55–76
Ballonkorb 103 56
Ballonmütze 42 9
Ballonreifen 340 16
Ballonstart 103 76
Ballrosette 124 29
Ballsaal 124 1
Ballspiel 107, 108, 109, 110
Ballträger 108 19
Balmer-Serie 1 30
Balsamblume 198 7
Balzjagd 239 10
Bambusgras 203 20
Bambusrohr *Bot.* 201 60
Bambusrohr *Korbmacher* 289 31
Banane *Bot.* 202 33
Banane *Supermarkt* 252 85
Bananenblatt 202 35
Bananenblüte 202 34
Bananensattel 340 4
Bananenstaude 202 28
Bananenumschlaganlage 382 22
Band *Bergsport* 118 4
Band *Textil* 318 14
Band *Turnen* 114 46–48
Band, Abdeck- 281 16
Band, Abzugs- 304 12
Band, Arm- *Schmuck* 43 3, 9, 25
Band, Arm- *Uhr* 262 5, 10
Band, Auflage- 217 73
Band, Aufnahme- 404 6
Band, Austragungs- 251 82
Band, Bar- 78 45
Band, Beschickungs- 297 29
Band, Binde- 36 47
Band, Brems- 296 105
Band, Bunkerbefüll- 217 75
Band, Bürsten- 281 61
Band, Deuser- 112 19
Band, Dicht- 279 58
Band, Eggen- 255 15
Band, Eis- 118 4
Band, Entlade- 217 77
Band, Fahnen- 61 7
Band, Faser- 318 18, 35
Band, Fass- 283 8
Band, Fels- 118 4
Band, Fenster- 44 75
Band, Fließ- 77 38
Band, Förder- *Bau* 271 77
Band, Förder- *Druck* 335 30
Band, Förder- *Hafen* 381 51

Band, Förder- *Kraftwerk* 304 10
Band, Förder- *Molkerei* 229 23
Band, Förder- *Post* 395 36
Band, Förder- *Zement* 310 17
Band, Geröll- 118 4
Band, Gesims- 153 71
Band, Gewinde- 279 58
Band, Glas- 317 10
Band, Gras- 118 4
Band, Grobkraut- 217 58
Band, Gumminoppen- 217 60
Band, Gymnastik- 114 47
Band, Hals- 223 16
Band, Hochtransport- 251 75
Band, Isolier- 280 38
Band, Kanten- 255 15, 256 22
Band, Kapital- 336 15, 338 44
Band, Kaptal- 336 15, 338 44
Band, Kapuzen- 39 4
Band, Klebe- 287 38
Band, Kokillen- 300 38
Band, Koksrampen- 309 13
Band, Kopf- 402 28
Band, Kot- 227 23
Band, Lang- 293 58
Band, Lasso- 287 38
Band, Lauf- 112 12
Band, Leber- 23 43
Band, Licht- 215 17
Band, Magnet- 406 61
Band, Maß- 255 2
Band, Nachtklub- 130 31
Band, Naht- 255 15
Band, Nessel- 305 50
Band, Oberleith- 274 21
Band, Ordens- 183 10
Band, Pforten- 374 27
Band, Porten- 374 27
Band, Prozess- 395 40
Band, Rips- 42 14
Band, Rohr- 279 53, 54
Band, Sammel- 227 21
Band, Scharnier- 293 56
Band, Schleif- 286 13, 31
Band, Schmuck- 42 15
Band, Schnee- 118 4
Band, Schnür- 253 64
Band, Sieb- 217 57, 74
Band, Stahl- 280 40
Band, Stirn- 39 46
Band, Transport- 252 6
Band, Trapez- 94 4
Band, Trenn- 217 60
Band, Verlese- 217 62
Band, Vorsatz- 217 63
Band, Wellen- 153 53
Band, Winkel- 293 57
Band, Zier- 153 52
Band, Zopf- 40 5

Band, Zug- 369 44
Bandabdeckung 286 29
Bandage *Fahrrad* 339 83
Bandage *Pferdesport* 105 16
Bandage *Turnen* 113 64
Bandage, Glatt- 354 32
Bandantrieb 406 64
Bandbremse 296 104
Bändchen *Musik* 143 36
Bändchen *Textil* 318 12
Bändchen, Lese- 338 73
Bändchenarbeit 254 31
Bändchendraht 143 35
Bändchenstickerei 254 31
Bande *Billard* 91 15
Bande *Pferdesport* 105 2
Bande *Zirkus* 125 2
Bandeisen 296 11
Banderilla 128 22
Banderillero 128 21
Banderillero, Nachwuchs- 128 4
Banderole 259 26
Banderole, Steuer- 259 26
Bandfeile 293 2
Bandförderung 297 50
Bändiger, Tier- 125 52
bandkeramische Kultur 146 13
Bandlaufrichtung 404 25
Bandlaufzähleranzeige 401 84
Bandlaufzählerauswahltaste 401 87
Bandlaufzählerrücksetztaste 401 86
Bandlineal 404 18
Bandmaß *Kaufhaus* 83 47
Bandmaß *Schneiderei* 255 2
Bandqualitätsauswahl- schalter 401 97
Bandsäge 287 50
Bandsäge, Block- 311 50
Bandsägeblatt *Sägewerk* 311 55
Bandsägeblatt *Tischler* 286 3
Bandsägeblattführung 286 4
Bandsägemaschine 286 1
Bandscheibe 25 48
Bandscheibenverkleidung 286 30
Bandsorte 402 55–59
Bandsortenmarkierung 402 58
Bandspannhebel 286 14
Bandstahl 301 41–49
Bandwalze 286 16
Bandwurm 233 35
Bandzählwerk 412 57
Banjo 142 29
Bank *Bank* 413, 414
Bank *Roulette* 89 26

Bank *Spielplatz* **87** 45
Bank *Sport* **115** 20
Bank *Turnen* **113** 14
Bank, Daten- **405** 9
Bank, Drechsel- *Drechsler* **288** 1
Bank, Drechsel- *Heimwerken* **287** 51
Bank, Dreh- *Drechsler* **288** 1
Bank, Dreh- *Uhrmacher* **261** 20
Bank, Dreh- *Werkzeugmasch.* **302** 1
Bank, Fenster- *Bau* **271** 12, **273** 33
Bank, Fenster- *Haus* **44** 13
Bank, Fenstersohl- **271** 12
Bank, Flach- **112** 2, 25
Bank, Garten- **84** 42
Bank, Hack- **250** 26
Bank, Hahnen- **30** 18
Bank, Heimwerker- **287** 41
Bank, Hobel- **285** 29–37
Bank, Kirchen- **148** 28
Bank, Knie- **150** 25
Bank, Ofen- **76** 51
Bank, optische **266** 49
Bank, Park- *Kurbad* **88** 41
Bank, Park- *Park* **84** 16
Bank, Rau- **285** 39
Bank, Ruder- **99** 25
Bank, Schichtholz- **237** 16
Bank, Schlick- **383** 3
Bank, Sitz- *Auto* **346** 24, 37
Bank, Sitz- *Eisenbahn* **361** 65, **366** 63
Bank, Sitz- *Motorrad* **341** 49, **342** 23
Bank, Sitz- *Restaurant* **77** 39, 40
Bank, Sitz- *Schwimmbad* **96** 29
Bank, Sitz- *Spielplatz* **87** 45
Bank, Sohl- **273** 33
Bank, Spiel- **89** 18
Bank, Warte- **359** 27
Bank, Werk- *Heimwerken* **287** 41
Bank, Werk- *Klempner* **278** 10
Bank, Werk- *Schlosser* **293** 19
Bank, Werk- *Schmied* **290** 21
Bank, Zentral- **60** 6, 7
Bank, Zieh- **260** 2
Bankangestellte **414** 3
Bankangestellter **358** 23
Bänkchen, Messer- **53** 12
Bankdrücken **112** 2–7
Bankeisen **285** 36
Bankett **78** 41–44
Bankett, Rasen- **354** 50
Bankfiliale **358** 21

Bankhaken **285** 36
Bankkunde **414** 4
Bankkundin **413** 18
Banknote *Geld* **59** 22–24
Banknote *Kaufhaus* **83** 5
Banknote, Euro- **60** 1–23
Banknotenautomat, beschäftigtenbedienter **414** 9
Bankplatte **285** 34
Banner **61** 10
Banner, Sonnen- **61** 22
Banner, Städte- **372** 22
Banner, Sternen- **61** 20
Banner, Werbe- **328** 31
Baptisterium **150** 2
Bar *Diskothek* **129** 1
Bar *Nachtlokal* **130** 3
Bär *Börse* **415** 24
Bär *Zool.* **186** 11
Bär, Braun- **186** 13
Bär, Brauner **183** 9
Bär, Dachs- **241** 53
Bär, Eis- **186** 14
Bar, Fitness- **112** 29
Bär, Großer **3** 29
Bär, Hammer- **290** 10, **292** 3
Bar, Hotel- **78** 50
Bär, Kleiner **3** 34
Bär, Kuschel- **33** 50
Bar, Nacht- **130**
Bär, Ober- **292** 10
Bär, Panda- **86** 17
Bär, Ramm- **382** 49
Bär, See- **185** 23
Bär, Teddy- *Flohmarkt* **127** 14
Bär, Teddy- *Spielplatz* **87** 15
Bär, Teddy- *Vorschule* **71** 40
Bär, Unter- **292** 12
Bär, Wasch- **186** 12
Barband **78** 45
Barbe-Klasse **66** 89
Barbiepuppe **55** 9
Bärchen, Gummi- **349** 53
Bardame *Diskothek* **129** 5
Bardame *Hotel* **78** 62
Bärenklee **222** 6
Bärenkralle **160** 14
Bärenlauch **195** 6
Bärenrobbe **185** 23
Bärentraube **195** 15
Barfach **409** 31
Barfrau *Diskothek* **129** 5
Barfrau *Hotel* **78** 62
Bargast **78** 54
Bargeld **409** 28
Bargeldausgabe **413** 9
bargeldloses Bezahlen **358** 61
Barhocker *Diskothek* **129** 6
Barhocker *Hotel* **78** 52
Barhocker *Tankstelle* **349** 13
Bark **373**

Bark, Dreimast- **374** 21–23
Bark, Fünfmast- **374** 32–34
Bark, Viermast- **374** 29
Barkasse **381** 25
Barkeeper *Hotel* **78** 68
Barkeeper *Nachtlokal* **130** 4
Bärkupplung **292** 13
Bärlapp, Keuliger **195** 12
Bärlatsch **147** 55
Bärlauch **195** 6
Barmann *Diskothek* **129** 5
Barmann *Nachtlokal* **130** 4
Barmixer **78** 68
Barock **155** 1–8
Barockantiqua **164** 5
barocker Schlosspark **84** 1–40
Barockkirche **155** 1
Barockschloss **84** 7
Barograf **10** 4
Barometer, Aneroid- **10** 4
Barometer, Flüssigkeits- **10** 1
Barometer, Heber- **10** 1
Barometer, Quecksilber- **10** 1
Barre, Nadel- **320** 36
Barren **113** 2, 49, 57, 58
Barren, Spann- **114** 3
Barren, Stufen- **114** 3, 28, 29
Barrenholm **113** 3, **114** 4
Barriere *Militär* **67** 17
Barriere *Restaurant* **77** 28
Barriere *Supermarkt* **252** 113
Barrique **232** 3
Barsessel **130** 7
Barstuhl **76** 12
Bart *Flugsport* **104** 39
Bart *Musik* **144** 32
Bart *Schlosser* **293** 41
Bart, Backen- **40** 14
Bart, Donner- **195** 9
Bart, Dreitage- **40** 26
Bart, Feder- **241** 78
Bart, Geiß- **195** 5
Bart, Kehl- **241** 78
Bart, Kinn- **40** 13
Bart, Knebel- **40** 11
Bart, Schnauz- **40** 11
Bart, Schnur- **40** 21
Bart, Sensen- **219** 24
Bart, Spitz- **40** 13, 15
Bart, Stoppel- **40** 26
Bart, Stutz- **40** 18
Bart, Voll- **40** 17
Bart, Ziegen- *Bot.* **199** 32
Bart, Ziegen- *Zool.* **224** 15
Bartfaden **182** 13
Barthaar **185** 26
Bartheke *Hotel* **78** 51
Bartheke *Nachtlokal* **130** 6
Bartnelke **213** 6
Bartresen **130** 6

Bartrio **78** 45
Bartstoppeln **40** 26
Barttracht **40**
Base **108** 57
Baseball **108** 48, 51
Baseballkappe **42** 48
Baseballschläger **108** 52
Baseballspiel **108** 48
Basecap **42** 48
Base, Nuklein- **24** 25
Basenpaar **24** 21, 25
Basentriplett **24** 26
Basidie **199** 7
Basilika **153** 75
Basilisk *Fabel* **145** 37
Basilisk *Zool.* **182** 30
Basis *Flugsport* **103** 40
Basis *Kristall* **174** 20
Basis *Kunst* **153** 33–36, 44–46
Basis *Math.* **168** 1, 6, **169** 27
Basis, horizontale **264** 71
Basisstation **396** 46
Baskenmütze **42** 24, 35
Basketball **108** 6, 7
Basketballspiel **108** 6
Basketballspieler **108** 13
Basrelief **158** 33
Bass, Kontra- **141** 23
Bassangans **178** 11
Bassgeige **141** 23
Bassin *Film* **131** 12
Bassin *Park* **84** 24
Bassin, Wasser- **207** 29
Basslautsprecher **401** 16
Bassreflexöffnung **401** 18
Bassregister **142** 44
Basssaite **143** 12
Bassschlüssel **138** 9
Basssteg **143** 13
Bassteil **142** 43
Basstölpel **178** 11
Basstrompete **141** 45
Basstuba **141** 46
Bast *Bot.* **188** 9
Bast *Korbmacher* **289** 29
Bast, Seidel- **195** 10
Bastard **224** 8
Bastardklee **222** 3
Bastelarbeit **71** 3
Basteln **287** 1–34
Bastion **147** 16
Bastrock **124** 15
Bastschuh **275** 75
Bastverband **206** 36
Batholith **12** 20
Batterie *Abfall* **81** 18
Batterie *Auto* **344** 44
Batterie *Fotogr.* **266** 65, **269** 16
Batterie *Militär* **67** 83
Batterie *Tankstelle* **349** 42

Batterie, Anlass- **366** 46
Batterie, Flaschen- **294** 1
Batterie, Koksofen- *Bergwerk* **297** 17
Batterie, Koksofen- *Kokerei* **309** 8
Batterie, Läuter- **246** 52
Batterie, Misch- *Bad* **57** 2, 24
Batterie, Misch- *Friseur* **258** 15
Batterie, Misch- *Hausrat* **47** 7
Batterie, Misch- *Installateur* **279** 27
Batterie, Quecksilber- **30** 20
Batterie, Taschenlampen- **280** 25
Batterie, Trocken- **280** 25
Batterie, Zugseilrollen- **368** 54
Batteriefach *Fotogr.* **267** 13
Batteriefach *U-Elektronik* **402** 42
Batteriehaltung **227** 18
Batteriekasten *Eisenbahn* **361** 42
Batteriekasten *Kfz* **347** 17
Batteriekontrolllampe **403** 28
Batterieladeanzeige **402** 11
Batterieprüfgerät **348** 56
Batterieraum **365** 56
Batteriesicherungskasten **361** 43
Batterietrog **365** 56
Batteur **318** 30
Bau **239** 30
Bau, Autobahn- **355**
Bau, Feldfutter- **222** 1–28
Bau, Film- **131** 8
Bau, Fluss- **370**
Bau, Haus- **271** 1–49
Bau, Kaninchen- **239** 30
Bau, Kuppel- **151** 4
Bau, Längs- **230** 56
Bau, Nahtspanten- **101** 54
Bau, Pfahl- **146** 15
Bau, Platten- **45** 14
Bau, Roh- *Bau* **271** 1–49
Bau, Roh- *Schmied* **291** 28
Bau, Sakral- **151**, 18–22, 23
Bau, Schiff- **378**
Bau, Stahlbeton- **272**
Bau, Straßen- **354**, **355**
Bau, Tage- **312** 1
Bau, Tempel- **151** 1–10, 11–13, 14–17
Bau, Tor- **152** 9, **153** 8, **155** 15
Bau, Treppen- **276**
Bau, Übertage- **306** 73
Bau, Wasser- **371**
Bau, Wein- *Landw.* **236** 37

Bau, Wein- *Weinbau* **231**
Bau, Zentral- **153** 69
Bauaufzug **271** 31
Baubude **271** 48, **272** 44
Bauch *Anat.* **19** 46
Bauch *Fleischerei* **249** 2, 41
Bauch, Mittel- **19** 48
Bauch, Ober- **19** 47
Bauch, Unter- **19** 49
Bauchaorta **21** 16
Bauchfell **23** 71
Bauchflosse **182** 8
Bauchgurt **226** 18, 36
Bauchladen **126** 44
Bauchladenverkäufer **126** 43
Bauchlage **115** 45
Bauchmuskel, gerader **21** 44
Bauchmuskel, schräger **21** 43
Bauchmuskeltrainer **112** 23
Bauchnotgurt **226** 23
Bauchreifen **147** 49
Bauchspeicheldrüse **23** 55
Bauchtuch, steriles **31** 18
Bauelement, Fertig- **369** 58
Bauer *Landw.* **215** 6, **216** 9
Bauer *Spiel* **90** 13
Bauer *Sport* **123** 4
Bauer, Behälter- **283** 11
Bauer, Garten- **207** 20
Bauer, Metall- **293** 7
Bauer, Wein- **231** 13
Bauerei, Behälter- **283**
Bäuerin **215** 4
Bauerngarten **215** 14
Bauernhof **215**, **216** 12
Bauernkind **215** 5
Baugerüst **318** 18
Bauglaser **277** 8
Baugrube **271** 69–82
Bauhalle, Maschinen- **378** 8
Bauholz **273** 10, 83–96
Bauhütte **271** 48, **272** 44
Baukasten, mechanischer **71** 22
Bauklammer **272** 58
Bauklotz *Baby* **33** 41
Bauklotz *Vorschule* **71** 27
Baum *Bot.* **188** 1
Baum *Segeln* **100** 30
Baum, Apfel- **211** 54
Baum, Aprikosen- **212** 38
Baum, Besan- **373** 44
Baum, Bethelnuss- **198** 19
Baum, Birn- **211** 34
Baum, Brust- **319** 13
Baum, Buchs- **191** 19
Baum, Chinarinden- **198** 17
Baum, Drachen- **52** 36
Baum, Ein- **372** 7
Baum, Einfall- **239** 55
Baum, Faul- **198** 13
Baum, Gabel- **94** 20

Baum, Gewürznelken- **200** 26
Baum, Gummi- *Bot.* **201** 33
Baum, Gummi- *Hotel* **78** 27
Baum, Guttapercha- **201** 37
Baum, Kakao- **200** 16
Baum, Kampfer- **198** 18
Baum, Kapok- **201** 20
Baum, Kegel- **84** 13
Baum, Kett- **319** 1, **320** 20, 31
Baum, Kirsch- **212** 2
Baum, Klüver- **372** 51, **373** 1
Baum, Königs- **245** 36
Baum, Kugel- **84** 12
Baum, Lade- **375** 26, 57, **377** 36
Baum, Lebens- **190** 39
Baum, Mammut- **190** 69
Baum, Marillen- **212** 38
Baum, Muskatnuss- **200** 30
Baum, Nuss- **212** 43
Baum, Obst- **204** 2, 3, 17, 18, 30, 31
Baum, Öl- **201** 29
Baum, Oliven- **201** 29
Baum, Park- **84** 59
Baum, Pfirsich- **212** 30
Baum, Pflaumen- **212** 22
Baum, Pflug- **218** 10
Baum, Pistazien- **200** 49
Baum, Pyramiden- *Garten* **204** 17
Baum, Pyramiden- *Park* **84** 19
Baum, Quitten- **211** 49
Baum, Richt- **273** 8
Baum, Schnur- **204** 3, 18, 30
Baum, Schwergut- **375** 25, 60
Baum, Spalier- **204** 2, 17
Baum, Tulpen- **192** 1
Baum, Walnuss- **212** 44
Baum, Waren- **319** 14
Baum, Zier- **191**, **192**
Baum, Zimt- **200** 22
Baum, Zwetschgen- **212** 22
Baumaschine, Straßen- **354** 1–48
Baumaschinenführer **354** 23
Baumbürste **208** 23
Bäumchen, Orangen- **207** 49
Baumgruppe **84** 61
Baumholz **237** 4
Baumhütte **85** 23
Baumkante **273** 89
Baumkratzer **208** 14
Baumkrone *Bot.* **188** 3
Baumkrone *Park* **84** 60
Baumkuchen **251** 52
Baumlerche **179** 6
Baumniederholer **100** 12
Baumnuss **212** 51
Baumpfahl **204** 32

Baumrutscher **180** 10
Baumsäge **208** 16
Baumschere **208** 11
Baumschule *Forstw.* **237** 6
Baumschule *Geogr.* **17** 111
Baumschule, Garten- **207** 3
Baumschutz **271** 80
Baumstamm *Bot.* **188** 2, 7
Baumstamm *Forstw.* **237** 19
Baumstamm *Schiff* **372** 7
Baumstammboot **85** 37
Baumstumpf **237** 14
Baumwolle **201** 16
Baumwollspinnerei **318** 26–48
Baumwollspitze **36** 94
Bäuschchen, Watte- **252** 46
Bauschlosser **293** 7
Bauscht **324** 9
Bauschuttcontainer **353** 22
Baustahlträger **296** 3–7
Baustein, Speicher- **270** 3
Baustelle **271**, **272**
Baustellentoilette **271** 49
Bausystem **154** 28–36
Bauteil, Fertig- **369** 58
Bauweise, Brücken- **330** 1
Bauwerk, Auslauf- **371** 49
Bauwerk, Entnahme- **371** 45
Bauzaun **271** 44
BBA **414** 9
B-Deck **377** 32–47
B-Dur **138** 64
Beachvolleyball **110** 26–28
Beachvolleyballspiel **110** 26–28
Beachvolleyballspieler **110** 27
Beamer **270** 39
Beamter, Kriminal- **68** 54
Beamter, Streifen- **68** 13
Beamtin, Polizei- **68** 26
Beantworter, Anruf- *Med.* **27** 14
Beantworter, Anruf- *Telefon* **396** 38
Bearbeiterin, Sach- **411** 9, 19
Bearbeitung, Ton- **132** 46
Bearbeitungselement **328** 15
Beatmung, Mund-zu-Mund- **26** 30
Beatmung, Mund-zu-Nase- **26** 30
Beatmungsgerät **31** 3
Beatmungsmaschine **30** 8
Beatmungsmaske **82** 12
Bebänderung **93** 5
bebaute Fläche **18** 1
Beben, Erd- **12** 22
Bebenstärke **12** 28
Becher **189** 5
Becher, Aschen- *Büro* **409** 39

Becher, Aschen- *Hausrat*
   50 30
Becher, Aschen- *Hotel* **78** 56
Becher, Aschen- *Restaurant*
   76 13, 35
Becher, Aschen- *Schneiderei*
   256 5
Becher, Eis- *Bahnhof* 358 46
Becher, Eis- *Restaurant*
   75 23, 77 47
Becher, Eis- *Tankstelle*
   349 59
Becher, Fließ- **282** 32
Becher, Frucht- **202** 52
Becher, Gips- **287** 18
Becher, Glocken- **146** 14
Becher, Kaffee- **349** 10
Becher, Knobel- **90** 30
Becher, Melk- **228** 30
Becher, Mess- **282** 38
Becher, Mix- **78** 63
Becher, Schall- **141** 39, 44,
   144 22
Becher, Trink- **88** 4
Becher, Viskose- **283** 29
Becher, Wurf- **63** 66
Becher, Würfel- *Hausrat*
   55 42
Becher, Würfel- *Spiel* **90** 30
Becher, Zahnputz- **57** 26
Becherfüller **229** 21
Becherglas **173** 20
Becherwerk, Aufnahme-
   354 43
Becken *Anat.* **20** 23
Becken *Musik* **141** 52, **142** 52
Becken, Ausguss- **73** 6
Becken, Außen- **97** 9
Becken, Baby- **97** 23
Becken, Brennelemente-
   306 34
Becken, Feuer- **150** 41
Becken, Flut- **306** 45
Becken, Fuß- **57** 47
Becken, Galvanisier- **331** 4
Becken, Haarwasch- **257** 31
Becken, Handwasch- **27** 38
Becken, Kinder- **97** 16
Becken, Klo- **57** 12
Becken, Klosett- **57** 12
Becken, Kraftschluss- **306** 21
Becken, Nichtschwimmer-
   98 18
Becken, Nieren- **23** 39
Becken, Pinguin- **86** 5
Becken, Plansch- *Haus* **44** 40
Becken, Plansch- *Spielplatz*
   87 17
Becken, Schwimm- *Kurbad*
   88 37
Becken, Schwimm-
   Schwimmbad **96** 8, **97** 2

Becken, Schwimmer- **98** 20
Becken, Spei- **29** 9
Becken, Sprung- **98** 9
Becken, Spül- *Camping* **92** 9
Becken, Spül- *Hausrat* **47** 8
Becken, Spül- *Med.* **28** 21
Becken, Stau- **371** 44
Becken, Tauch- **96** 26
Becken, Tauf- **150** 10
Becken, Thermal- **97** 30
Becken, Tiefsee- **11** 17
Becken, Tos- **371** 69
Becken, Überlauf- **84** 23
Becken, Wasch- *Bad* **57** 23
Becken, Wasch- *Camping*
   92 9
Becken, Wasch- *Friseur*
   258 13
Becken, Wasch- *Hotel* **78** 33
Becken, Wasch- *Med.* **29** 14
Beckenhalter **142** 53
Beckenlandschaft **97** 1
Beckenpaar **142** 51
Beckenrand **96** 2
Beckenseite **307** 32
Bedeckung, Filz- **161** 16
Bedeckung, Himmel- **9** 12
Bedeckung, Kopf- **42**
Bedeckungsgrad **9** 9, 12
Bedieneinheit *Textil* **320** 2
Bedieneinheit *Werkstatt*
   348 33
Bedienelement *Eisenbahn*
   363 29, 30
Bedienelement *U-Elektronik*
   402 18
Bedienerpult **236** 51
Bedienfeld **363** 32
Bedienoberfläche **398** 16
Bedienpanel **133** 57
Bedienplatz **395** 1
Bedienplatz, mikrogesteuer-
   ter **357** 70
Bedienplatz, Röntgen- **32** 10
Bedienpult **354** 38
Bedienpult, Andock- **394** 19
Bedienstift **357** 74
Bedientablett **357** 73
Bedientaste **407** 40
Bedienung *Eisenbahn* **365** 38
Bedienung *Restaurant* **75** 18,
   76 25
Bedienung, Einhand- **338** 7
Bedienung, Fern- *Fotogr.*
   270 36
Bedienung, Fern- *Sägewerk*
   311 14
Bedienung, Fern- *U-Elektro-
   nik* **402** 13
Bedienung, Fern- *Video*
   404 56
Bedienung, Tresen- **129** 5

Bedienungselement *Flugzeug*
   386 26
Bedienungselement *Landw.*
   220 36
Bedienungsfeld *Fotogr.*
   268 54, **269** 8, 13, **270** 28
Bedienungsfeld *PC*
   406 38, 68
Bedienungsgerät, Nutzlast-
   393 30
Bedienungshandrad
   366 67, 81
Bedienungshebel *Installateur*
   279 19
Bedienungshebel *Landw.*
   236 13
Bedienungspanel *Video*
   404 44
Bedienungspanel *Zeichner*
   315 13
Bedienungspodest **347** 16
Bedienungspult **335** 28
Bedienungsstand **330** 5
Bedienungssteg **371** 81
Bedienungstafel *Fotoreprod.*
   330 23
Bedienungstafel *Rundfunk*
   400 31
Bedienungstaste *Fotogr.*
   270 45
Bedienungstaste *Schule*
   73 40
Bedienungstresen **83** 37
Bedienungstritt **143** 48
bedingter Trennstrich
   164 46
bedruckter Bogen **333** 15
bedrucktes Papier **334** 34
Beduine **162** 6
Beef, Roast- **249** 17
Beerdigung **149** 33–41
Beere **188** 108
Beere, Blau- **195** 23
Beere, Brom- **211** 31
Beere, Erd- **211** 18, 23
Beere, Finger- **19** 80
Beere, Heidel- **195** 23
Beere, Him- **188** 112, **211** 30
Beere, Holder- **192** 37
Beere, Holler- **192** 37
Beere, Holunder- **192** 37
Beere, Johannis- **211** 14
Beere, Krähen- **195** 23
Beere, Krammets- **190** 52
Beere, Krotten- **197** 7
Beere, Leder- **234** 31
Beere, Moor- **195** 23
Beere, Preisel- **195** 23
Beere, Rausch- **195** 23
Beere, Schwarz- **195** 23,
   197 7
Beere, Stachel- **211** 11

Beere, Tinten- **197** 7
Beere, Wacholder- **190** 52
Beere, Wein- **231** 5
Beere, Wolfs- **197** 7
Beerenfrucht **221** 43
Beerenhochstamm **204** 12
Beerenobst **211** 1
Beerenstrauch *Bot.* **211** 1
Beerenstrauch *Garten* **204** 20
Beet, Blumen- **207** 37
Beet, Früh- **207** 16
Beet, Gemüse- *Garten* **204** 27
Beet, Gemüse- *Gärtnerei*
   207 39
Beet, Mist- **207** 16
Beet, Rand- **204** 19
Beet, Saat- **216** 15
Beet, Spargel- **204** 26
Beet, Stauden- *Garten* **204** 23
Beet, Stauden- *Gärtnerei*
   207 37
Beet, Treib- **207** 16
Beet, Warm- **207** 16
Beetpflug, Vierschar- **216** 43
Befehl **328** 20
Befehl, Bemaßungs- **315** 34
Befehl, Steuer- **397** 4
Befehl, Zeichen- **315** 28
Befehlseingabefeld **315** 29
Befehlspalette **328** 8
Befehlsstab **359** 17
Befehlstaste **315** 24
Befehlstaste, Rechen- **410** 27
Befestigung **339** 47
Befestigung, Rahmen-
   339 50
Befestigung, Rohr-
   279 53–57
Befestigung, Ufer- **370** 36–40
Befestigung, Zinken- **218** 81
Befestigungsmechanismus
   85 12
Befeuchter, Briefmarken-
   395 17
Befeuchtung **96** 22
Befeuerung **380** 6, 13, 20
Befeuerung, Schlepper-
   383 25
Beffchen **150** 5
Befiederung **123** 62
Beflaggung **79** 37
Beförderung **26** 20
Befreiungsgriff **26** 41
Befruchtung **25** 1, 21
Befüllöffnung **316** 7
Begängnis, Leichen-
   149 33–41
Begattung **176** 29
Begichtung **300** 55
Begienrah **374** 25
Begleiter, Zug- **359** 16
Begleithund **223** 1–11

Begleitsaite **142** 24
Begleitseite **142** 43
Begonia **205** 10
Begonie **205** 10
Begonie, Knollen- **203** 21
Begräbnis **149** 33–41
Begräbnis, Familien- **149** 27
Begräbnisstätte **149** 23, 62
begradigte Küste **15** 10–18
Begrenzer **398** 43
Begrenzung, Fahrbahn-
79 77
Begrenzung, Geschwindig-
keits- **357** 4, 10
Begrenzungsleuchte **342** 55
Begrünung, Raum- **411** 15
Behälter **81** 18
Behälter, Abfall- *Bahnhof*
358 24, **359** 24
Behälter, Abfall- *Eisenbahn*
361 30
Behälter, Abfall- *Med.* **31** 24
Behälter, Abfall- *Piktogramm*
390 28
Behälter, Abfall- *Stadt* **79** 26
Behälter, Abfall- *Tankstelle*
350 18
Behälter, Abschirm- **306** 85
Behälter, Akku- **341** 16
Behälter, Aufbewahrungs-
263 26
Behälter, Auffang- **246** 5
Behälter, Aufnahme- **354** 36
Behälter, Ausgleichs-
366 65, 78
Behälter, Bremsflüssigkeits-
Auto **344** 4
Behälter, Bremsflüssigkeits-
Motorrad **342** 40
Behälter, Brief- **395** 35
Behälter, Druck- **282** 34
Behälter, Druckgas- **391** 31
Behälter, Druckluft- *Erdöl*
299 21
Behälter, Druckluft- *Kraft-
werk* **305** 56
Behälter, Eis- **78** 59
Behälter, Faden- **27** 54
Behälter, Farb- **321** 38
Behälter, Filter- **267** 29
Behälter, Flüssigkeits-
236 34
Behälter, Frühwarnsystem-
65 39
Behälter, Gewürz- **250** 20
Behälter, Haupt- **366** 4
Behälter, Heizöl- **366** 75
Behälter, Hoch- *Gärtnerei*
207 2
Behälter, Hoch- *Wasservers.*
80 18
Behälter, Honig- **230** 75

Behälter, Kaltwasser- **246** 9
Behälter, Kraftstoff- **366** 56
Behälter, Lager- **283** 20
Behälter, Lese- **231** 10
Behälter, Luft- *Eisenbahn*
365 8, **366** 57, 61, 71
Behälter, Luft- *Tankstelle*
350 22
Behälter, Material- **354** 36
Behälter, Mess- **283** 25
Behälter, Öl- *Haus* **46** 48
Behälter, Öl- *Schwimmbad*
97 37
Behälter, Papier- **406** 69
Behälter, Reaktordruck-
306 3, 32
Behälter, Reinwasser- **80** 13
Behälter, Reserve- **366** 60
Behälter, Rohphenol- **309** 40
Behälter, Rohteer- **309** 32
Behälter, Saatgut- **216** 17
Behälter, Sammel- *Kokerei*
309 25
Behälter, Sammel- *Meteor.*
10 46
Behälter, Säure- **173** 62
Behälter, Schmutz- **353** 21
Behälter, Sicherheits-
306 30
Behälter, Speisewasser-
306 56
Behälter, Spritzflüssigkeits-
236 4, 17, 29, 40
Behälter, Start- **87** 26
Behälter, Staub- **56** 90
Behälter, Streugut- **353** 28
Behälter, Substanz- **173** 61
Behälter, Treibstoff- **393** 47
Behälter, Tusche- **314** 68
Behälter, Überlauf- **173** 60
Behälter, Vorrats- **236** 49
Behälter, Warmwasser-
246 10
Behälter, Wasser- *Gärtnerei*
207 29
Behälter, Wasser- *Kunst*
156 11
Behälter, Wasser- *Theater*
137 51
Behälter, Zahnstocher- **76** 32
Behälterbauer **283** 11
Behälterbauerei **283**
Behälterglasherstellung
317 33–49
Behälterwaage **251** 62
Behälterwagen **367** 18
Behandlung, Ayurveda-
97 35
Behandlung, Fertig- **321**
Behandlung, Kokereigas-
309 16–45
Behandlung, Vor- **281** 1–17

Behandlungsinstrument
27 40
Behandlungslampe **29** 16
Behandlungsraum **27** 24
Behandlungsstuhl **29** 3
Behang **223** 2
behelfsmäßiger Stützver-
band **26** 11
Behelfstrage **26** 26
Beiboot **66** 12, **67** 35
Beifahrerairbag **344** 101
Beifahrerhaltegriff **341** 34
Beifahrerrückenlehne **341** 30
Beifahrersitz **344** 15
Beifuß **210** 4
Beigabe, Grab- **146** 34
Beil, Breit- **273** 70
Beil, Eis- **118** 41
Beil, Latt- **275** 21
Beil, Tüllen- **146** 23
Beilade **285** 35
Beilage **77** 14
Beilauf **305** 49
Bein *Anat.* **19** 86, **20** 28
Bein *Zool.* **241** 86
Bein, Brust- *Anat.* **20** 11
Bein, Brust- *Fleischerei*
249 27
Bein, Drei- **266** 41
Bein, Eis- **249** 49, **250** 45
Bein, Elfen- **162** 39
Bein, Feder- *Landw.* **218** 35
Bein, Feder- *Motorrad* **342** 8
Bein, Feder- *Raumfahrt*
392 22
Bein, Fersen- **20** 35
Bein, gebrochenes **26** 12
Bein, Greif- **175** 45
Bein, Hinter- *Biene* **230** 8
Bein, Hinter- *Zool.* **235** 9
Bein, Hinterhaupt- **20** 41
Bein, Hosen- **38** 13
Bein, Hüft- **20** 24
Bein, Joch- **19** 14, **20** 46
Bein, Keil- **20** 47
Bein, Kreuz- **20** 27, **23** 72,
25 48
Bein, Mittel- **235** 8
Bein, Nasen- **20** 50, **22** 80
Bein, Oberarm- **20** 16
Bein, Oberkiefer- **20** 45
Bein, Oberschenkel- **20** 29
Bein, Raub- **175** 7
Bein, Röhren- **225** 23
Bein, Scham- **19** 51, **20** 26
Bein, Scheitel- **20** 40
Bein, Schien- **20** 32
Bein, Schläfen- **20** 42
Bein, Schlüssel- **20** 8
Bein, Schwung- **116** 27
Bein, Sieb- **20** 48

Bein, Sitz- **20** 25
Bein, Spiel- **120** 3
Bein, Spitz- **249** 48
Bein, Spring- **175** 13
Bein, Stand- **120** 2
Bein, Stativ- **266** 42
Bein, Steiß- **20** 6, **23** 73, **25** 46
Bein, Stirn- **20** 39
Bein, Tisch- **52** 3
Bein, Tränen- **20** 49
Bein, Unterkiefer- **20** 44
Bein, Vorder- **235** 7
Bein, Waden- **20** 31
Bein, Wangen- **19** 14
Bein, Zahn- **22** 38
Bein, Zungen- **23** 4
Beinattrappe **83** 29
Beinbeuger **112** 10
Beinbrech **214** 12
Beinhalter **28** 7
Beinkloben **28** 7
Beinnerv **21** 30
Beinpanzer **128** 19
Beinring **162** 38
Beinröhre **147** 54
Beinsaum **36** 56
Beinschiene **107** 33
Beinschutz *Fahrrad* **339** 48
Beinschutz *Schweißer* **295** 9
Beinschutz *Sport* **108** 41
Beinsteller **117** 11
Beinstrecker **112** 9
Beintasche **38** 67
Beinwärmer **39** 45
Beinwell **222** 13
Beinwell, Gemeiner **193** 45
Beisetzung **149** 33–41
Beisitzer **8**
Beißer, Bullen- **223** 1
Beißring **33** 12
Beißzange *Korbmacher*
289 37
Beißzange *Schuhmacher*
253 40, 41
Beistellterminal **408** 26
Beistelltisch **50** 34
Beistelltisch, Instrumenten-
31 17
Beistopper **383** 14
Beitel **285** 7–11
Beitel, Hohl- *Kunst* **158** 17
Beitel, Hohl- *Tischler* **285** 9
Beitel, Kant- *Kunst* **158** 19
Beitel, Kant- *Tischler* **285** 11
Beitel, Loch- **285** 8
Beitel, Stech- *Heimwerken*
287 30
Beitel, Stech- *Kunst* **158** 19
Beitel, Stech- *Tischler* **285** 7
Beiwagenmaschine **342** 52
Beiwagenrad **342** 56
Beiwagenschiff **342** 53

Beiwagensonnenverdeck **342** 54

Beiwagenwindschutzscheibe **342** 57

Beizbottich **283** 14

Beize, Falken- **239** 48

Beizgerät **236** 42

Beizjagd **239** 48

Beizmittelvorratsbehälter **236** 49

Beizvogel **239** 53

Bekämpfung, Schädlings- **208** 24

Bekanntmachung **358** 5

Bekanntmachung, betriebsinterne **348** 42

Bekleidung, Altar- **148** 6

Bekleidung, Damen- **83** 21

Bekleidung, Herren- **83** 10

Bekleidung, Kinder- **34**

Bekleidung, Portal- **152** 35

Bekleidung, Sport- **39**

Bekohlungsstation **304** 13

Beladeroboter **303** 44

Beladung, Bahn- **382** 28

Beladung, Lkw- **382** 28

Belag **271** 87, 272 52

Belag, Brems- *Auto* **345** 66

Belag, Brems- *Maschinenteil* **296** 106

Belag, Brems- *Schmied* **291** 13

Belag, Brot- **53** 41

Belag, Dielen- **271** 28

Belag, Geh- **276** 41

Belag, Platten- **276** 26

Belag, Schläger- **109** 42

Belag, Tisch- **294** 16

Belastungsgerät, Form- **301** 18

Belebung, Wieder- **26** 27, 32

Belederung **99** 32

Beleg, Pfand- **252** 3

Belegausgabe **413** 10

Belegkoffer **414** 30

Belegordner **410** 34

belegtes Brot **53** 40

belegtes Brötchen **77** 13

Beleimung, Fasson- **338** 31

Beleimung, Rand- **338** 31

Beleimung, Streifen- **338** 31

Beleimung, Voll- **338** 31

Beleuchter *Theater* **137** 20

Beleuchter *Zirkus* **125** 4

Beleuchter, Ober- **131** 37

Beleuchtung **364** 46

Beleuchtung, Armaturen-tafel- **351** 31

Beleuchtung, Auflicht- **264** 59, 64

Beleuchtung, Außen- **351** 34

Beleuchtung, Bahnsteig- **359** 12

Beleuchtung, Decken- *Eisen-bahn* **362** 12

Beleuchtung, Decken- *Restaurant* **76** 30

Beleuchtung, Decken- *Schiff* **376** 62

Beleuchtung, Durchlicht- **264** 60

Beleuchtung, Führerraum- **363** 48

Beleuchtung, Haus- **44** 55

Beleuchtung, Horizont- **137** 15

Beleuchtung, Innen- **351** 34

Beleuchtung, Karten- **386** 23

Beleuchtung, Not- **133** 6

Beleuchtung, Objektfeld- **264** 33

Beleuchtung, Prospekt- **137** 15

Beleuchtung, Sicherheits- **133** 6

Beleuchtung, Straßen- **79** 44

Beleuchtung, Tresen- **75** 50

Beleuchtung, Übersichts- **264** 50

Beleuchtung, Zusatz- **218** 40

Beleuchtungsbrücke **137** 19

Beleuchtungskasten **332** 25

Beleuchtungskörper, szeni-scher **137** 14

Beleuchtungsleiste **49** 36

Beleuchtungsoptik **264** 7

Beleuchtungsregler, Saal- **133** 17

Beleuchtungsspiegel **16** 60

Beleuchtungsstrahlengang **264** 6

Beleuchtungsstrahler **27** 33

Belichter, Computer-to-Plate- **327** 14

Belichter, CtP- **327** 14

Belichter, Innentrommel- **329** 23

Belichter, Laser- *Mediengest.* **329** 23

Belichter, Laser- *Setzerei* **327** 14

Belichtung **335** 1

Belichtung, Platten- **327** 18

Belichtungsauswahl **269** 41

Belichtungseinheit **406** 40, 73

Belichtungseinstellung, manuelle **267** 65

Belichtungsfunktion **267** 4

Belichtungskorrektur **267** 3

Belichtungskorrekturanzeige **267** 66, 75

Belichtungslampe **335** 3

Belichtungsmesser **269** 44

Belichtungsmesser, Hand- **266** 55

Belichtungsmesser, Nach-führ- **266** 28

Belichtungsmesser, Papier- **268** 53

Belichtungsmesser, Vergrö-ßerungs- **268** 53

Belichtungsmesserfenster **266** 3, 23

Belichtungsmesskassette **266** 60

Belichtungsschaltuhr **268** 26

Belichtungstisch **327** 24

Belichtungszeiteinstellung **332** 18

Bellatrix **3** 13

Belüftung, Druck- **65** 9

Belüftung, Innenraum- **344** 6

Belüftung, Motor- **347** 38

bemalte Hängerolle **156** 12

Bemalung, kalte **156** 5

Bemalung, Kriegs- **160** 13

bemannter Ballon **7** 18

Bemaßungsbefehl **315** 34

Bemerkung, Rand- **338** 70

Benachrichtigung, Wahl- **69** 28

benannte Zahl **167** 4

Bengel **159** 34

Benguelastrom **16** 44

Benutzerin, Bibliotheks- **74** 23

Benutzermenü **396** 42

Benutzeroberfläche **328** 14, 24

Benutzerterminal **74** 24

Benutzung, Laptop- **390** 35

Benzin, Normal- **350** 35

Benzinfeuerzeug **259** 27

Benzinkanister *Forstw.* **237** 36

Benzinkanister *Tankstelle* **350** 17

Benzinleitung **102** 24

Benzinmotor **236** 31

Benzolwascher **309** 24

Beobachtungsfenster *Film* **134** 28

Beobachtungsfenster *Raum-fahrt* **393** 25, 26

Beobachtungsfernrohr **174** 31

Beobachtungsraum **5** 36

Beobachtungsschacht **5** 37

Beobachtungsspalt **5** 14

Beplankung **101** 50–57

Beplankung, innere **101** 57

Beplankung, Klinker- **101** 50–52

Beplankung, Kraweel- **101** 53, 56

Beplankung, Leichtmetall- **393** 12

Berater **414** 33

Beraterin, Kunden- **83** 75

Beratungsbereich **414** 32

Beräucherung **150** 38

Berechnung **134** 36

Beregnung **220**

Beregnungsanlage **220** 5

Beregnungsart **220** 41

Beregnungscomputer **220** 39

Beregnungsgerät **207** 19

Beregnungsmaschine **220** 27

Beregnungszeit **220** 41

Bereich, Ausleih- **74** 17

Bereich, Außenpool- **376** 65

Bereich, Beratungs- **414** 32

Bereich, Bewegungs- **71** 42–46

Bereich, Großraum- **361** 8

Bereich, Kassen- **252** 106

Bereich, Magazin- **5** 19

Bereich, Nächst- **66** 62

Bereich, Ruhe- *Schwimmbad* **97** 32

Bereich, Ruhe- *Vorschule* **71** 35–41

Bereich, Sitzplatz- **363** 26

Bereich, Temperatur- **9** 2

Bereich, Thermal- **97** 28

Bereich, Thermen- **97** 28

Bereich, Umkleide- **96** 11, 12, 13

Bereich, Verwaltungs- **5** 19

Bereich, Werkstatt- **5** 19

Bereichsübersicht **357** 72

Bereifung **339** 23

Bereifung, Lenkachs- **217** 26

Bereifung, Triebrad- **217** 25

Bereiter, Heißwasser- **279** 12, 13

Bereiter, Joghurt- **48** 38

Bereiter, Mineralwasser- **47** 5

Bereitschaftsanzeige *Büro* **412** 71

Bereitschaftsanzeige *U-Elek-tronik* **402** 35

Bereitschaftstasche **267** 45

Bereitung, Malz- **246** 1–41

Bereitung, Saatbett- **216** 33

Berg, Sand- **87** 53

Berg, Tafel- **14** 36

Berg, Umlauf- **14** 13

Berg, Wall- **14** 13

Berg, Wein- *Geogr.* **17** 64

Berg, Wein- *Weinbau* **231** 1

Bergbahn **368**

Bergbahn, Schienen- **368** 1–14

Berge, Arm- **147** 47
Berge, Hals- **147** 43
Bergehalde **297** 13
Bergen **383**
Bergforelle **182** 15
Bergfried **147** 4
Berggang **106** 27
Berggipfel **13** 44
Berghang **13** 40
Berghütte **118** 1
Bergkette **13** 43
Bergkuppe **13** 38
Bergmassiv **13** 43
Bergpass **13** 51
Bergrücken **13** 39
Bergrutsch **12** 44
Bergsattel **13** 46
Bergseil **118** 12
Bergspitze **13** 44
Bergsport **118**
Bergstation **368** 51
Bergsteigen **118**
Bergsteiger **118** 5
Bergsteigerausrüstung
118 36–61
Berg-und-Tal-Rutschbahn
87 38
Bergung *Med.* **26** 20
Bergung *Schiff* **383** 1
Bergungskran **82** 58
Bergungsschlepper **66** 95
Bergwandern **118**
Bergwerk **17** 33
Bergwerk, Salz- **306** 59, 75
Bergwerk, Steinkohlen- **297**
Bergwerk, verlassenes **17** 34
Bericht, Korrespondenten-
165 19
Bericht, Sport- **165** 25
Bericht, Wetter- **165** 30
Berichterstattung, Wahl-
70 5–18
Berieselungsanlage **137** 6
Berliner *Bäckerei* **251** 35
Berliner *Restaurant* **75** 11
Berliner Pfannkuchen
Bäckerei **251** 35
Berliner Pfannkuchen
Restaurant **75** 11
Berme **370** 24
Bermudashorts **36** 65, **38** 75
Bernhardiner **223** 18
Berufsboxer **117** 25
Beruhigung **133** 30
Berühren **390** 36
Berührpunkt **169** 49
Berührungseingabe **337** 23
Berührungspunkt **169** 49
Besan **372** 29, **373** 30
Besanausleger **372** 28
Besanbaum **373** 44
Besanbramstagsegel **373** 29

Besanbramstengestagsegel
373 29
Besandirk **373** 48
Besandungsanlage **363** 46
Besanmast **372** 31, **373** 8, 9,
374 23
Besanrute **372** 30
Besansaling **373** 54
Besanschot **373** 69
Besansegel **373** 30
Besanstagsegel **373** 27
Besanstenge **373** 9
Besanstengestagsegel **373** 28
Besanuntermast **373** 8
Besatz, Leder- **35** 8
Besatz, Pelz- **35** 11
Besatz, Spitzen- **36** 83, 94
Besatzungsraum **392** 31,
393 17
Besäumkreissäge **285** 57
Besäumsäge, Doppel- **311** 60
Besäumtisch **285** 64
beschädigter Buchstabe
326 28
beschäftigtenbedienter
Banknotenautomat **414** 9
Beschauer, Fleisch- **248** 24
Beschichten **332** 1
Beschickung **300** 55
Beschickungsband **297** 29
Beschickungskammer
306 82
Beschickungsmaschine
300 26
Beschlag, Anschluss- *Flug-*
sport **104** 7
Beschlag, Anschluss- *Militär*
65 34
Beschlag, Verbindungs-
392 18, **393** 5
Beschleunigungsmesser
386 10
Beschleunigungsrakete
391 21, 47
Beschneidmesser **281** 38
Beschränkung, Geschwindig-
keits- **380** 34
Beschreibung, Wappen-
62 19–25
Beschriften **282** 44
Beschriftung, Auszug-
329 16
Beschriftungsfeld **406** 59,
407 21
Beschuss **1** 59
Beschuss, Neutronen- **1** 45
Beschweren **324** 21
Beschwörer, Schlangen-
161 45
Beschwörung, Geister-
162 42
Besegelung **373**

Besen *Hausrat* **56** 49
Besen *Landw.* **219** 3
Besen, Curling- **120** 33
Besen, Fächer- **203** 4
Besen, Garten- **208** 3
Besen, Hand- *Haus* **46** 37
Besen, Hand- *Hausrat* **56** 57
Besen, Jazz- **142** 54
Besen, Kehr- *Hausrat* **56** 49
Besen, Kehr- *Schule* **72** 61
Besen, Kehr- *Stadt* **79** 39, 62
Besen, Laub- *Garten* **203** 4
Besen, Laub- *Park* **84** 67
Besen, Rasen- **203** 4
Besen, Rühr- **251** 70
Besen, Schlag- **47** 21
Besen, Schnee- **48** 32
Besen, Stahl- **142** 54
Besen, Stoß- **46** 36
Besen, Straßen- *Stadt* **79** 62
Besen, Straßen- *Straßenrein.*
353 2
Besen, Stroh- **219** 3
Besen, Zubringer- **353** 17
Besenborsten **56** 50
Besenginster, Echter **192** 20
Besenkörper **56** 51
Besenstiel *Haus* **46** 38
Besenstiel *Hausrat* **56** 52
Besiegter **117** 40
Besonnungsröhre **96** 32
Bespannung *Flugsport*
104 16
Bespannung *Sport* **109** 26
Bespannung, Fell- **161** 13
Bespannung, Tuch- **91** 14
Besprechungsecke **409** 35
Besprechungsstuhl **409** 37
Besprechungstisch **409** 36
Bestand, Alt- **237** 4
Bestand, Jung- **237** 10, 11
Bestand, Präsenz- **74** 12
Bestätigungstaste *U-Elek-*
tronik **402** 26
Bestätigungstaste *Video*
404 65
Bestattung, Hocker- **146** 17
Besteck **127** 49
Besteck, Ess- **53** 8
Besteck, Fisch- **53** 9
Besteck, Pfeifen- **259** 44
Besteck, Raucher- **259** 44
Besteck, Salat- **53** 25
Besteck, Tafel- **53** 8
Besteckentnahmefach **77** 5
Besteckkommode **76** 47
Besteckschublade **47** 46,
52 21
Bestellblock **75** 35
Bestellprogramm **270** 44
Bestellterminal **74** 28
Bestellung *Fotogr.* **270** 43

Bestellung *Universität* **74** 28
bestiftete Zelle **230** 37
Bestimmer, Farbfilter-
268 39
Bestimmung, Zündzeit-
punkt- **348** 63
Bestimmungsgleichung
168 4, 9
Bestrahlungsapparatur,
Kobalt- **2** 28
Bestrahlungsgerät **29** 19
Bestrahlungsgerät, Kurzwel-
len- **28** 18
Bestrahlungsschutzwand
2 46
Bestrahlungstisch **2** 36
Besucher, Flohmarkt- **127** 1
Besucher, Kino- **133** 5
Besucher, Restaurant- *Bahn-*
hof **358** 45
Besucher, Restaurant- *Schiff*
376 85
Besucher, Thermen- **97** 33
Besucher, Zoo- **86** 3
Besucherin, Flohmarkt-
127 1
Besucherin, Kino- **133** 5
Besucherin, Kirchen- **148** 15
Besucherin, Park- **85** 1
Besucherin, Restaurant-
77 27
Besucherin, Theater- **136** 9
Besucherin, Zoo- **86** 3
Besuchersessel **409** 21
Besucherstuhl **414** 37
Besucherterrasse **389** 20
Betastrahlung **1** 41
Betateilchen **1** 41
Betätigungsarm **343** 81
Betäubungsgerät **248** 3, 16
Beteigeuze **3** 13
Bethelnuss **198** 20
Bethelnussbaum **198** 19
Beton *Bau* **272** 72
Beton *Straßenbau* **355** 2
Beton, Kontraktor- **380** 75
Beton, Schwer- **272** 7
Beton, Unter- **276** 13
Beton, wasserdichter **380** 70
Betonarbeiter **272** 9
Beton-Blei-Schutzmantel
1 66
Betondecke **355** 19
Betoninnenrüttler **272** 88
Betonkübel **272** 38
Betonmischanlage **355** 26
Betonmischer **347** 10
Betonmischer, Lkw- **347** 10
Betonmisch-Lkw **347** 10
Betonmischmaschine
271 33, **272** 29
Betonpfette **272** 4

Betonplatte **215** 26
Betonschalung **272** 54–76
Betonschwelle **356** 37
Betonsilo **215** 28
Betonsockel **271** 2
Betonstampfer **272** 83
Betonstraßenbau **355**
betont **139** 27
Betonwand **276** 1
Betrachtung **132** 48
Betrag, Auszahlungs- **413** 6
Betrag, Geld- **350** 32
Betrag, Zahl- **83** 7
Betrieb, Aufnahme- **404** 43
Betrieb, Fahr- **82** 63
Betrieb, galvanischer **331** 1–6
Betrieb, Gartenbau- **207**
Betrieb, Gruben- **297** 21–52
Betrieb, Hafen- **383** 13
Betrieb, Hauungs- **237** 15–37
Betrieb, Hilfs- **365** 34
Betrieb, Hühner- **227** 39
Betrieb, PC- **328** 6
Betrieb, PowerMac®- **328** 6
Betrieb, Schnittkäse- **229** 47
Betrieb, Stadtbahn- **351** 13
Betrieb, Straßenbahn- **351** 13
Betrieb, Überland- **351** 1
Betrieb, Wiedergabe- **404** 43
Betrieb, Zugleit- **357** 25
Betriebsablaufschema **229** 9
Betriebsabwicklung **398** 1
Betriebsanzeige **402** 12
Betriebseinheit **391** 54, **392** 38
betriebsinterne Bekannt-
machung **348** 42
Betriebsleuchtdiode **407** 11
Betriebsschalter **407** 43
Betriebsschaubild **229** 8
Betriebsskala **134** 28
Betriebsstofftanker **66** 96
Betriebstaste **407** 12
Bett Eisenbahn **361** 50, 55
Bett Schiff **376** 54
Bett, Doppel- Hausrat **51** 4
Bett, Doppel- Hotel **78** 39
Bett, Dräng- **272** 62
Bett, Drehmaschinen- **302** 31
Bett, Etagen- **55** 1
Bett, Fluss- **14** 45
Bett, französisches **51** 4
Bett, Hochwasser- **370** 26
Bett, Kinder- **55** 1
Bett, Mörtel- **276** 27
Bett, Nadel- **320** 5
Bett, Patienten- **30** 2
Bett, Reise- **33** 1
Bett, Sand- **276** 8
Bett, Schleifmaschinen- **303** 6

Bett, Schotter- **359** 9
Bett, Stein- **159** 64
Bett, Stock- **55** 1
Bettdecke **51** 10
Bettgestell **51** 5
Bettkasten **51** 7, **55** 2
Bettlaken **51** 11, **56** 6
Bettschlitten **302** 24
Betttuch **51** 11
Bettvorleger **51** 25
Bettwanze **233** 39
Bettwäsche **83** 60
Beuge, Arm- **19** 60
Beuge, Knie- **19** 89
Beuge, Leisten- **19** 50
Beuge, Rumpf- **115** 32, 33, 34
Beugehang **113** 35
Beuger, Bein- **112** 10
Beuger, Hand- **21** 40, 58
Beuger, Unterschenkel- **21** 61
Beugestütz **113** 39
Beute **230** 64
Beute, Blätter- **230** 56
Beute, Jagd- **239** 44
Beute, Ständer- **230** 56
Beutel, Bluttransfusions-
30 13
Beutel, Haar- **40** 8
Beutel, Klingel- **148** 59
Beutel, Magnesium- **118** 15
Beutel, Milch- **229** 22
Beutel, Schlauch- **229** 29
Beutel, Staub- **190** 35,
211 48, **212** 13
Beutel, Tabaks- **259** 43
Beutel, Trage- **82** 22
Beutel, Tropf- **105** 49
Beutel, Tupf- **282** 51
Beutel, Wind- **251** 33
Beutelgans **178** 7
Beutelperücke **40** 6
Beutelratte **184** 2
Beuteltier **184** 1
Bevölkerung, Ur- **160** 34–40
Bewaffnung **63**, **66** 29–37
beweglicher Tisch **30** 31
bewegliches Lager **369** 12
Bewegung, Dreh- **4** 22–28
Bewegung, Gebirgs- **13** 4–23
Bewegung, Haupt- **386** 67–72
Bewegung, Längsschlitten-
302 13
Bewegungsbereich **71** 42–46
Bewegungsecke **71** 42–46
Bewegungsrichtung **11** 31
Bewegungssensor **349** 80
Bewegungstastenkreuz
403 27
Bewegungstherapie **88** 22
Bewehrung **272** 54–76, 68
Bewehrung, Stahl- **276** 37
Bewehrungseisen **272** 23

Bewicklung, Walzen- **56** 4
Bewölkung **9** 12
bewurzelter Ableger **206** 12
bewurzelter Spross **206** 17
Bewusstlose **26** 27
Bewusstloser Feuerwehr
82 10
Bewusstloser Med. **26** 27, 29
Bezahlen, bargeldloses
358 61
Bezeichnung **90** 6
Bezeichnung, Seiten-
380 6–18
Bezeichnung, Vortrags-
139 27–41
Bezeichnung, Wert- **60** 3, 4
Beziehen **287** 59
Bezirk, Tempel- **151** 17
Bezirk, Wahl- **70** 18
Bezug **141** 9
Bezug, Bügelbrett- **56** 18
Bezug, Geigenbogen- **141** 15
Bezug, Kopfkissen- **51** 15
Bezug, Rosshaar- **141** 15
Bezug, Saiten- **143** 7
Bezugsstoff **287** 60
BH **37** 10
BH, Push-up- **37** 14
Bias-Feinabstimmungsregler
401 100
Bibel **148** 11
Biberratte **184** 17
Biberschwanz **275** 6
Biberschwanz-Doppel-
deckung **275** 2
Biberschwanzziegel **275** 46
Bibliothek **376** 2, **377** 25
Bibliothek, Universitäts-
74 11–28
Bibliothekarin **74** 15
Bibliotheksangestellte **74** 16
Bibliotheksbenutzerin **74** 23
Bidet **57** 40
Biedermeierkleid **124** 19
Biedermeiersofa **155** 17
Biegeeisen Bau **272** 77
Biegeeisen Korbmacher
289 34
Biegeform **279** 83
Biegemaschine **278** 30
Biegemaschine, Rohr- **278** 28
Bieger, Eisen- **272** 21
Bieger, Rohr- **279** 82
Biegetisch **272** 20
Bielmannpirouette **120** 6
Biene **230** 1
Biene, Arbeits- **230** 2
Biene, Honig- **230** 1
Bienenfresser **179** 2
Bienengiftsalbe **230** 81
Bienenhaus **230** 68
Bienenkasten **230** 56

Bienenkönigin **230** 6
Bienenkorb **230** 64
Bienenkorbhütte **162** 28
Bienenmännchen **230** 7
Bienenschleier **230** 70
Bienenschwarm **230** 65
Bienenstock **230** 56
Bienentanz **230** 32
Bienenwabe **230** 41
Bienenwachs **230** 80
Bienenzelle **230** 35
Bienenzucht **230**
Bienenzüchter **230** 69
Bier Diskothek **129** 2
Bier Supermarkt **252** 58
Bier, Dosen- **252** 59
Bierbrauerei **247**
Bierdeckel **76** 3
Bierdose **247** 20
Bierdruckapparat **76** 1
Bierfass **247** 12
Bierflasche Brauerei **247** 21
Bierflasche Tankstelle
349 60
Bierglas Brauerei **247** 25
Bierglas Diskothek **129** 21
Bierglas Restaurant **76** 5,
77 31
Bierkasten, Flaschen- **349** 61
Bierkastenstapel **247** 19
Bierkrug **76** 7
Bierschaum **76** 6
Bierseidel Flohmarkt **127** 55
Bierseidel Hausrat **53** 89
Biersieder **246** 50
Bieruntersetzer **76** 3
Bierwärmer **76** 27
Bierzapfapparat **77** 30
Bike, Elektro- **341** 11
Bike, Indoor- **112** 34
Bike, Mountain- Fahrrad
340 15
Bike, Mountain- Sport **106** 26
Bike, Spinning®- **112** 34
Bikini **95** 19
Bikinihose **95** 20
Bikinioberteil **95** 19
Bild Hausrat **50** 10
Bild Setzerei **327** 3
Bild, Altar- **148** 13, 50
Bild, Anschriften- **395** 43
Bild, Echo- **379** 63
Bild, Fels- **146** 9
Bild, Fraß- **235** 24
Bild, gerahmtes **376** 50
Bild, Herolds- **62** 11
Bild, Höhlen- **146** 9
Bild, Mosaik- **72** 70
Bild, Radar- **379** 29
Bild, Röntgen- **30** 7, 27

Bild, Schalt- *Brauerei* 246 25
Bild, Schalt- *Kraftwerk*
 305 10
Bild, Schau- *Büro* 411 38
Bild, Schau- *Molkerei* 229 8
Bild, Spiegel- 83 23
Bild, Stand- *Kunst* 153 6
Bild, Stand- *Park* 84 10
Bild, Stern- 3 9–48
Bild, Wand- *Büro* 409 29
Bild, Wand- *Kunst* 157 40
Bild, Wasserfarb- 71 5
Bild, Wassermal- 71 5
Bildaufbau 157 4
Bildaufnahme *Film* 134 26
Bildaufnahme *Fotogr.* 269
Bildaufnahmekamera 131 47
Bildausgang 264 36
Bildbearbeitungsprogramm
 269 24, 270 13
Bildeinstellung 269 52
bildende Kunst 157, 158, 159
Bildentwicklung, digitale
 270
Bilderbuch 71 23
Bilderrahmen 50 9, 51 24
Bilderschrift 163 1
Bildfenster 133 34
Bildfenster, End- 265 39
Bildfenster, Zwischen-
 265 37
Bildgerät 399 14
Bildgröße 328 18
Bildhauer 158 1
Bildhauer, Holz- 158 28
Bildhaueratelier 158
Bildjustierung 270 40
Bildkamera 134 20
Bildlaufleiste 315 32, 33
Bildleuchtschirm, End-
 265 39
Bildmischpult 399 17
Bildnavigation 269 36, 49, 50
Bildner, Bühnen- 136 41
Bildner, Kostüm- 136 42
Bildner, Masken- 136 52, 53
Bildner, Riff- 176 19
Bildner, Schleifen- 133 30
Bildner, Szenen- 131 43
Bildner, Ton- 158 6
Bildnerin, Masken- 131 36
Bildplatte 159 59
Bildprojektion 132 42
Bildpunkt 134 20
Bildqualität 329 35
Bildregieraum 399 7
Bildsäule 152 18
Bildschirm *Bank* 413 5
Bildschirm *Büro* 408 17
Bildschirm *Fotogr.* 270 44
Bildschirm *Landw.* 236 55
Bildschirm *PC* 407 46

Bildschirm *Polizei* 68 50
Bildschirm *Post* 395 42
Bildschirm *Schule* 73 7
Bildschirm *Werkstatt*
 348 8, 25
Bildschirm *Zeichner* 314 15
Bildschirm, Computer-
 358 6
Bildschirm, Farb- 400 15
Bildschirm, Flach- 358 7
Bildschirm, Layout- 328 7
Bildschirm, LCD- 337 23
Bildschirmarbeitsplatz
 411 47
Bildschnitzer 158 28
Bildsensor 134 36
Bildstrichverstellung 133 29
Bildtechnikerin 399 8
Bildtechniksteuerpult 399 15
Bild-Ton-Kamera 134 26
Bildtrommel 268 20
Bildübersicht 270 33
Bildung, Luftpolster- 404 23
Bildung, Maschen- 320 9, 13,
 30, 45
Bildunterschrift 165 24
Bildwand 133 11
Bildwandler *Med.* 32 20
Bildwandler *Video* 404 4
Bildwandlerröhre 32 20
Bildwascher 268 15
Bildwasserzeichen 60 8
Bildweiche 264 19
Bildwerfer 133 24
Bildwerferraum 133 12
Bildzahlanzeige 267 73
Bildzähler 134 28
Bilge, Bugraum- 67 80
Billard *Billard* 91
Billard *Schiff* 376 98
Billard, Karambolage-
 91 1–17
Billard, Pool- 91 18–24
Billardball *Billard* 91 1
Billardball *Schiff* 376 97
Billardkugel *Billard* 91 1
Billardkugel *Schiff* 376 97
Billardspieler *Billard* 91 7
Billardspieler *Schiff* 376 95
Billardstock *Billard* 91 8
Billardstock *Schiff* 376 96
Billardstoß 91 2–6
Billardtisch *Billard* 91 13
Billardtisch *Schiff* 376 98
Billardzimmer *Billard*
 91 7–17
Billardzimmer *Schiff* 376 94
Billett, Theater- 136 12
Bilsenkraut, Schwarzes 197 6
Bimbernelle 222 28
Bimshohlblockstein 272 24
Bimskreisel 253 7

Binde, Arm- 107 39
Binde, Leib- 128 23
Binde, Mull- 26 10
Binde, Mund- 140 5
Bindeband 36 47
Bindebogen 139 24
Bindegewebe 22 68
Bindegewebshülle 20 87
Bindegürtel, Leder- 36 87
Bindejäckchen 34 11
Bindekette 320 20
Bindemappe 412 70
Bindemaschine, Draht-
 kamm- 412 72
Bindemitteleinspritzung
 354 47
Bindemolekül 24 22
Bindemützchen 34 3
Binder, Fachwerk- 274 78
Binder, Klebe- *Buch* 337 22
Binder, Klebe- *Büro* 412 69
Binderbalken 274 53
Binderei, Buch- 336, 337, 338
Binderschicht *Bau* 271 64
Binderschicht *Straße*
 352 3, 4
Bindersparren 274 55
Binderückenhalter 412 75
Binderückenschließhebel
 412 76
Binderverband 271 60
Bindestrich 164 26
Bindestrich, geschützter
 164 48
Bindung, Cercle- 111 50
Bindung, englische
 323 11, 12
Bindung, Gewebe- 323 1–29
Bindung, Gummi- 102 53, 54
Bindung, Kabel- *Bergsport*
 118 56
Bindung, Kabel- *Sport* 119 64
Bindung, Klingen- 111 47
Bindung, Kopf- 323 39
Bindung, Langlauf- 119 55
Bindung, Leinwand-
 323 1–10
Bindung, Oktav- 111 51
Bindung, Panama- 323 11, 12
Bindung, Quart- 111 48
Bindung, Sekond- 111 51
Bindung, Sicherheits- 119 2
Bindung, Sixt- 111 49
Bindung, Ski- 119 2, 35–37
Bindung, Spiral- 412 72
Bindung, Terz- 111 49
Bindung, textile 323
Bindung, Thermo- 412 69
Bindung, Trikot- 323 26–28
Bindung, Tuch- 323 1–10, 24
Bindung, Über- 139 24
Bindung, Unter- 26 15

Bindung, Waffel- 323 29
Bindung, Würfel- 323 11, 12
Bindungselement 119 35–37
Bindungsstelle, Fuß- 323 35
Bindungsstelle, Gegen-
 323 28
Bindungsstelle, Kopf- 323 34
Bindungsteil 323 12
Binnenfähre 370 49–59
Binnenklüver 373 21
Binnensee, künstlich
 erzeugter 15 43
Binnenwasserfahrzeug
 375 85
Binokulartubus 264 12
Binse 289 28
Binsenquecke 214 30
Binsenrispe 163 22
Biobrot 251 14–18
Biologieunterricht 73 14
biologisches Forschungs-
 labor 394 14
biomedizinischer Verschluss
 392 9
Biopsiezange 28 13
Biotonne 81 3
Birke *Bot.* 189 9
Birke *Garten* 203 14
Birke *Park* 84 40
Birkenfeige 51 35
Birkenpilz 199 22
Birkenrute 96 24
Birkhahn *Jagd* 239 13
Birkhahn *Zool.* 241 71
Birnbaum 211 34
Birnbaum, Holz- 211 34
Birnbaumzweig 211 35
Birne *Bot.* 211 36
Birne *Supermarkt* 252 83
Birne, Blitz- 127 40
Birne, Box- 117 23
Birne, Erd- 221 38
Birne, Glüh- 280 48
Birne, Grund- 221 38
Birne, Mais- 117 23
Birne, Thomas- 300 59
Birnenblei 243 58
Birnenblüte 211 41
Birnenkern 211 40
Birnenquitte 211 53
Birnenstiel 211 37
Bisamfellmütze 42 41
Biskuitrolle *Bäckerei* 251 25
Biskuitrolle *Restaurant* 75 8
Biskuitrolle *Supermarkt*
 252 20
Bison 185 10
Biss, Frosch- 196 31
Bistro, Bord- 361 62
Bistro-Ecke 349 6
Bistro-Stehtisch 349 12
Bitumendeckschicht 352 5

Bitumenkocher **354** 40
bituminöse Deckschicht
352 5
Bizeps **21** 37
Blas-Blas-Verfahren **317** 34
Bläschen, Absonderungs-
176 7
Bläschen, Keim- **227** 33
Bläschen, Nahrungs- **176** 9
Blasdüse **321** 48
Blase, Fruchtwasser- **25** 45
Blase, Gallen- **23** 14, 45
Blase, Gift- **230** 18
Blase, Harn- **23** 41, 92
Blase, Samen- **23** 91
Blase, Schall- **182** 25
Blasebalg *Camping* **92** 68
Blasebalg *Musik* **143** 48
Blasen **317** 40, 48
Blasen, Ein- **317** 69
Blasen, Gegen- **317** 37
Blasen, Mund- **317** 61–69
Blasen, Vor- **317** 36
Blasenlaus **234** 20
Bläser, Glas- **317** 61
Blasform **317** 46
Blasinstrument, Blech-
141 41–50
Blasinstrument, Holz-
141 28–40
Blasluftzufuhrrohr **300** 73
Blasonierung **62** 19–25
Blasrohr *Eisenbahn* **364** 25
Blasrohr *Völkerk.* **160** 25
Blasrohr, Späne- **293** 3
Blässe, Weiß- **178** 25
Blässente **178** 25
Blässhuhn **178** 25
Blasstellung **300** 62
Blastozyste **25** 28
Blatt *Bot.* **188** 21, 28, **189** 21,
23, 68, **191** 3, 16, 25, **192** 28,
193 2, **196** 17, 20, 43, 47,
202 55, **211** 5, 21, 56
Blatt *Med.* **28** 10
Blatt *Papier* **324** 17
Blatt *Spiel* **90** 43
Blatt *Tauchen* **93** 16
Blatt *Wassersport* **99** 34
Blatt *Zool.* **241** 19, 42
Blatt, Aprikosenbaum-
212 42
Blatt, austreibendes **212** 34
Blatt, Bananen- **202** 35
Blatt, Bandsäge- **286** 3
Blatt, Blumen- **211** 46
Blatt, Blüten- **211** 46,
212 14
Blatt, Brust- **226** 28
Blatt, Daten- **411** 50
Blatt, Deck- **259** 5
Blatt, Flug- **69** 12

Blatt, Frucht- **192** 2, 26,
212 16
Blatt, gefiedertes **209** 3
Blatt, Geiß- **192** 13
Blatt, gerades **274** 86
Blatt, geteiltes **188** 42
Blatt, Getreide- **221** 8, 19
Blatt, Grund- **193** 9, 15, 30,
201 2
Blatt, grundständiges **193** 12
Blatt, Haken- **274** 87, 88
Blatt, Haselstrauch- **212** 60
Blatt, Haupttitel- **338** 53
Blatt, Hüll- **221** 33
Blatt, Karten- **90** 37
Blatt, Keim- **188** 95
Blatt, Kelch- **188** 63, **211** 10,
47, **212** 15
Blatt, Ketten- **339** 34, **340** 28
Blatt, Kirsch- **212** 20
Blatt, Kirschbaum- **212** 4
Blatt, Klee- **222** 5
Blatt, Kranken- **27** 8
Blatt, Kreissäge- **285** 59
Blatt, Kron- **188** 64, **212** 14
Blatt, Laubsäge- *Drechsler*
288 13
Blatt, Laubsäge- *Gold-
schmied* **260** 13
Blatt, Laubsäge- *Schule* **72** 55
Blatt, Neben- **189** 73, **209** 5,
211 51
Blatt, Noten- **127** 17
Blatt, Pfirsichbaum- **212** 37
Blatt, Pflaumenbaum-
212 25
Blatt, Quitten- **211** 50
Blatt, Reben- **231** 4
Blatt, Riemen- **99** 34
Blatt, Rohr- **181** 10
Blatt, Rotor- **307** 2
Blatt, Rüben- **221** 47
Blatt, Ruder- *Schiff* **375** 44,
377 63
Blatt, Ruder- *Schiffbau*
378 72
Blatt, Ruder- *Segeln* **100** 25
Blatt, Ruder- *Wassersport*
99 50
Blatt, Säge- *Bau* **273** 62
Blatt, Säge- *Sägewerk* **311** 3,
49, 55
Blatt, Säge- *Werkzeugmasch.*
303 16
Blatt, Salat- **209** 37
Blatt, Scheibenwischer-
349 73
Blatt, Scheren- **258** 36
Blatt, Schief- **205** 10
Blatt, Schläger- **109** 41,
120 21
Blatt, Schmutztitel- **338** 51

Blatt, Schulter- *Anat.* **19** 32,
20 9
Blatt, Schulter- *Pferd* **225** 18
Blatt, Seiten- **226** 40, 47
Blatt, Sennes- **198** 16
Blatt, Sensen- **219** 22
Blatt, Staub- **188** 62, **190** 7,
18, **191** 2, 5, **192** 3, **211** 48,
212 13
Blatt, Steuer- **99** 50
Blatt, Tabak- **200** 43
Blatt, Tee- **200** 9
Blatt, Titel- **338** 53
Blatt, Um- **259** 6
Blatt, unpaarig gefiedertes
212 48
Blatt, Vorder- **253** 60
Blatt, Vorsatz- **338** 45
Blatt, Weinreben- **231** 4
Blatt, Ziffer- *Uhr* **262** 17
Blatt, Ziffer- *Wasserservs.*
80 58
Blatt, Zwetschgenbaum-
212 25
Blattachsel **188** 27, **193** 38
Blattaderung **188** 31
Blattansatz **189** 73
Blättchen, Knall- **124** 45
Blättchen, Zünd- **124** 45
Blatter, Fiep- **240** 43
Blatter, Reh- **240** 43
Blätterbeute **230** 56
Blätterkrone **202** 29
Blätterteigpastete **251** 24
Blattfeder **12** 34
Blattform **188** 33, **196** 54
Blattgeschirr **226** 26–36
Blattgold *Buch* **336** 35
Blattgold *Maler* **282** 49
Blatthäutchen **188** 92, **221** 22
Blatthornkäfer **175** 26, 42,
235 1
Blattkäfer **234** 28, 47, 53
Blattknospe **188** 98, **212** 56
Blattkranz **153** 41
Blattlaus, geflügelte **175** 16
Blattlaus, ungeflügelte
175 15
Blattnektarium **212** 21
Blattornament **113** 54
Blattrandform **188** 47
Blattranke **209** 4
Blattrippe **188** 32
Blattrosette **202** 62
Blattscheide **188** 91, **202** 30,
221 9, 21
Blattschuss **239** 20
Blattspreite **188** 30, 93,
221 20
Blattstiel **188** 29
Blattüberfall **152** 24
Blattunterseite **196** 21

Blattzweig **189** 27, 29, **201** 61
blau *Heraldik* **62** 30
Blau *Farbe* **166** 3, 15, 23
Blaubeere **195** 23
blauer Container **81** 14
Blauer Paradiesvogel **181** 3
Blauer Peter **61** 24
Blaufichte **203** 11
Blaufiltereinstellung **268** 48
Blauhai **182** 1
Blaukissen **203** 8
Blaukraut **209** 32
Blaulicht *Feuerwehr* **82** 43
Blaulicht *Polizei* **68** 11
Bläuling **183** 7
Blaumeise **179** 8
Blauracke **179** 3
Blauspecht **180** 10
Blazer **36** 12, **38** 25
Blazermantel *Kaufhaus*
83 17
Blazermantel *Kleidung* **35** 14
Blech, Abnahme- **251** 77
Blech, Abstreich- **218** 5
Blech, Anschlag- **311** 59
Blech, Bronze- **146** 34
Blech, Fahrbahn- **369** 6
Blech, Flanken- **147** 86
Blech, Kappen- **121** 7
Blech, Kettenschutz- **339** 32
Blech, Nagel- **274** 99
Blech, Prall- **343** 17
Blech, Riesel- **364** 29
Blech, Schloss- **293** 43
Blech, Schutz- **339** 18, 42
Blech, Streich- **218** 5, 57
Blech, Zink- **275** 14
Blechblasinstrument
141 41–50
Blechkuchen *Bäckerei* **251** 49
Blechkuchen *Restaurant*
75 4–6
Blechkuchen *Supermarkt*
252 19
Blechner **278** 17
Blechschere *Goldschmied*
260 23
Blechschere *Klempner*
278 1
Blechschraube **296** 26
Blechwalze **260** 1
Blei, Birnen- **243** 58
Blei, Grundsucher- **243** 59
Blei, Senk- **271** 50
Bleiabschirmung **67** 70
Bleichen **322** 16
Bleicherei **325** 11, 18
Bleichfixierbad **268** 10
Bleichmaschine, Breit-
321 1–5
Bleieinsatz **314** 67
Bleigewicht **243** 56–59

Bleiglasfenster *Energie* 306 78
Bleiglasfenster *Glaser* 277 14
Bleigürtel 93 7
Bleihammer 277 11
Bleikiel 101 36
Bleikopf 144 20
Bleikugel 243 57
Bleiletter 334 9
Bleimantel 305 43, 51
Bleimesser 277 12
Bleinadeleinsatz 314 60
Bleiolive 243 56
Bleirute 277 13
Bleisatzarbeit 334 5
Bleischeibe 275 102
Bleisprosse 277 13
Bleisteg 277 13
Bleistift *Hausrat* 55 26
Bleistift *Schule* 72 38
Bleistift, Druck- 314 50
Bleistift, Maurer- 271 51
Bleistift, Zimmermanns- 273 77
Bleiwand 2 46
Blendarkade 154 10
Blende *Hausrat* 54 5
Blende *Kleidung* 35 62
Blende, Abdeck- 131 51
Blende, Haupt- 6 3
Blende, Ketten- 63 50
Blende, Lamellen- 2 33
Blende, Licht- 5 24
Blende, Lichtschutz- 392 3
Blende, Lochblech- 395 29
Blende, Sektoren- 134 8
Blende, Sonnen- *Auto* 344 16
Blende, Sonnen- *Film* 134 3
Blende, Sonnenschutz- 269 19
Blende, Zentral- 6 6
Blendeneinstellrad 266 33
Blendeneinstelltaste 267 21
Blendenkorrekturanzeige 267 66, 75
Blender, Boden- 105 32
Blendrahmen *Kunst* 157 20
Blendrahmen *Wahl* 70 14
Blendschutz 364 60
Blesshuhn 178 25
Blick, Meeres- 376 63
Blicken 221 24
Blickfenster 32 13
Blimp 131 48, 134 15, 27
Blindboden 276 73
Blinddarm 23 23
Blinde 372 43
Blindenschrift 164 15
blinder Fleck 22 59
blinder Schornstein 375 16
blindes vertikales Tor 119 47
Blindschacht 297 47

Blindschaltbild 305 10
Blindschleiche 182 37
Blinker *Angelsport* 243 43
Blinker *Auto* 344 46
Blinker *Straßenbahn* 351 22
Blinkerleuchte 344 61
Blinkleuchte 342 16
Blinklicht *Auto* 344 68
Blinklicht *Eisenbahn* 356 46, 50
Blinklicht *Motorrad* 342 42, 49
Blinklicht, Warn- *Auto* 344 80
Blinklicht, Warn- *Feuerwehr* 82 55
Blinklicht, Warn- *Flugzeug* 386 64
Blitz 269 2, 29, 45
Blitz, Mess- 267 16
Blitzableiter 46 31
Blitzbereitschaftssignal 267 61
Blitzbirne 127 40
Blitzeinschaltsignal 267 60
Blitzgerät 127 39
Blitzgerät, Elektronen- *Flohmarkt* 127 41
Blitzgerät, Elektronen- *Fotogr.* 266 64, 67
Blitzgerät, Ring- 267 31
Blitzgerät, Röhren- 127 41
Blitzlampe 266 66
Blitzlicht 266 16
Blitzlichtanschluss 266 29
Blitzlichtgerät 127 39
Blitzlöter 287 58
Blitzschalter 266 32
Blitzstab 266 66
Blitzwürfelanschluss 266 13
Block *Schiff* 375 28, 376 29
Block *Sport* 110 18
Block, Abwehr- 110 18
Block, Anmelde- 78 12
Block, Bestell- 75 35
Block, Buch- 336 12, 338 22, 40
Block, Energieversorgungs- 361 47
Block, Fels- 312 23
Block, Flipchart- 409 41
Block, Gummi- 339 91
Block, Holz- 158 27
Block, Messer- 47 31
Block, Motor- 343 59
Block, Notiz- 410 20, 411 34
Block, Öl- 261 5
Block, Power- 244 23
Block, Rohstahl- 301 23
Block, Schnee- 161 5
Block, Skizzen- 157 35
Block, Stahl- 300 34

Block, Start- *Schwimmen* 98 24
Block, Start- *Sport* 116 1
Block, Stein- 158 5
Block, Steno- 408 29
Block, Stenogramm- 408 29
Block, Strecken- 357 59
Block, Zeichen- 157 35
Blockauswerfer 311 19
Blockbandsäge 311 50
Blockfeld 357 60
Blockflansch 283 24
Blockflöte 140 7
Blockkippwagen 301 24
Blockmesser 248 9
Blockschere 301 27
Blockstelle 17 23
Blockstufe 276 17
Blocktastenfeld 412 21
Blocktransportwagen 292 40
Blockverband 271 62
Blockware 311 33
Blockzug 311 17
Blöße 237 13
Blouson 85 13
Blouson, Leder- 38 31
Blouson, Pullover- 38 60
Blouson, Satin- 36 9
blühende Pflanze 196 38, 211 19
blühender Zweig 196 29
Blümchen, Gänse- 194 1
Blümchen, Himmelfahrts- 195 3
Blümchen, März- 213 1
Blümchenborte 35 50
Blume *Fleischerei* 249 35
Blume *Restaurant* 76 6
Blume *Zool.* 241 21, 67
Blume, Aas- 205 15
Blume, Aasfliegen- 205 15
Blume, Balsam- 198 7
Blume, Butter- 193 8
Blume, Ekel- 205 15
Blume, Feuer- 214 2
Blume, Flocken- 194 12, 214 1
Blume, Garten- 213
Blume, getriebene 207 24
Blume, Glocken- 193 14, 213 10
Blume, Gold- 203 30
Blume, Herbst- 197 3
Blume, Herz- 213 5
Blume, Hunger- 214 1
Blume, Ketten- 214 13
Blume, Kokarden- 213 19
Blume, Korn- 214 1
Blume, Kreuz- *Bot.* 214 1
Blume, Kreuz- *Kunst* 154 23
Blume, Kriech- 154 24
Blume, Krotten- 197 7

Blume, Kuh- 214 13
Blume, Laus- 197 3
Blume, Mai- 195 2
Blume, März- 213 1
Blume, Passions- 205 2
Blume, Puste- 214 13
Blume, Ringel- 203 33
Blume, Samt- 213 20
Blume, Schlüssel- 194 8
Blume, Schwanen- 196 41
Blume, Schwert- 213 8
Blume, Sonnen- *Bot.* 222 20
Blume, Sonnen- *Garten* 203 37, 204 8
Blume, Stern- 213 4
Blume, Stroh- 195 3
Blume, Studenten- 213 4, 20
Blume, Toten- 213 20
Blume, Tuneser- 213 20
Blume, Wiesen- 193, 194
Blume, Winter- 197 3
Blume, Woll- 194 9
Blume, Wucher- 194 4, 214 7
Blume am Wegrand 193, 194
Blumen *Hausrat* 50 14
Blumen *Schiff* 376 59
Blumenarrangement 78 38
Blumenasch 206 8
Blumenbeet 207 37
Blumenblatt 211 46
Blumendruck 36 81
Blumengarten 203 1
Blumenkasten *Haus* 44 19
Blumenkasten *Stadt* 79 11
Blumenkette 124 14
Blumenkohl *Bot.* 209 31
Blumenkohl *Supermarkt* 252 79
Blumenkresse 205 4
Blumenladen 358 48
Blumenrabatte *Garten* 204 19
Blumenrabatte *Park* 84 41
Blumenscherben 206 8
Blumenschmuck 77 43
Blumenstaude 204 10
Blumenstrauß *Bahnhof* 358 49
Blumenstrauß *Hausrat* 50 14
Blumenstrauß *Tankstelle* 349 63
Blumentier 176 19
Blumentopf 206 8
Blumenvase *Flohmarkt* 127 46
Blumenvase *Hausrat* 50 13
Blumenvase *Schiff* 376 58
Blumenwasserkübel 349 64
Bluse, Dirndl- 36 91
Bluse, Hemd- 35 36
Bluse, Polo- 35 35
Bluse, Reverskragen- 35 43
Bluse, Sommer- 36 19

Bluse, Wickel- **36** 22
Blusenjacke **36** 75
Blut, arterielles **21** 12
Blut, venöses **21** 11
Blutdruck **30** 6
Blutdruckkontrollmonitor **30** 41
Blutdruckmanschette **82** 15
Blutdruckmesser **28** 30
Blutdruckmessung **28** 29
Blutdruckmessung, arterielle **30** 3
Blüte **188** 25, 56, **189** 17, 35, 40, 52, 55, 62, **191** 5, 7, 11, 14, 31, **192** 6, 7, 15, 17, 21, 24, **193** 3, 6, 16, 19, 20, 23, 40, 46, **194** 2, 5, 11, 19, 23, **196** 18, 22, 30, 33, 34, 39, 49, 59, **200** 4, 17, 18, 29, 42, 55, **201** 3, 12, 17, 27, 31, 36, 39, 46, 47, 55, **202** 13, 18, 56, 57, 65, **211** 6, **214** 10, 19, 22, **221** 42, **222** 14
Blüte, Ananas- **202** 64
Blüte, angestochene **234** 11
Blüte, Apfel- **211** 57
Blüte, Apfelsinen- **202** 25
Blüte, Aprikosen- **212** 40
Blüte, Bananen- **202** 34
Blüte, Birnen- **211** 41
Blüte, Bohnen- **209** 9
Blüte, Einzel- **189** 26
Blüte, Erbsen- **209** 2
Blüte, Frucht- **212** 46
Blüte, Himbeer- **211** 28
Blüte, Holder- **192** 36
Blüte, Holler- **192** 36
Blüte, Holunder- **192** 36
Blüte, Kirsch- **212** 5, 12
Blüte, Klee- **222** 7
Blüte, männliche **189** 14, **190** 43, **191** 21, **192** 11, **196** 25, 55, **200** 13, **201** 51, **202** 5, 15, 44, 51, **212** 47
Blüte, Mohn- **214** 4
Blüte, Muskat- **200** 34
Blüte, Orangen- **202** 25
Blüte, Pfirsich- **212** 32
Blüte, Scheiben- **193** 32
Blüte, Stachelbeer- **211** 8
Blüte, Staub- **212** 47
Blüte, Strahl- **193** 31
Blüte, weibliche **189** 6, 13, **190** 43, **191** 20, **196** 27, 55, **200** 32, 50, **201** 50, **202** 7, 14, 42, 43, **212** 46
Blüte, welke **211** 58
Blüte, Zwitter- **192** 10, **200** 12, 14
Blutegel **176** 23
Blütenähre **201** 62, 66, **202** 63
Blütenansatz **212** 33

Blütenblatt **211** 46, **212** 14
Blütenboden **188** 58
Blütendolde **196** 42
Blütenform **196** 11
Blütenkätzchen **189** 26
Blütenknospe **188** 26, **189** 25, **192** 14, **211** 29
Blütenkolben, männlicher **201** 55, **202** 4
Blütenkolben, weiblicher **202** 6
Blütenköpfchen **214** 14
Blütenkorb, Teil- **196** 13
Blütenkrone **196** 5
Blütenkrug **188** 81
Blütenrispe **196** 48, **200** 54
Blütenschopf **201** 65
Blütenspross **190** 6, 62, 68
Blütenstand **188** 72, **189** 43, 48, **191** 24, **196** 8, 55, 57, **200** 38, **201** 49, **202** 31
Blütenstand, Frucht- **212** 55
Blütenstand, männlicher **189** 8, **190** 17, 24, **201** 13, **221** 35
Blütenstand, Staub- **212** 47
Blütenstand, weiblicher **201** 11, **202** 50, **221** 32
Blütenstängel **201** 7, **212** 6
Blütenstaub *Biene* **230** 4
Blütenstaub *Bot.* **188** 70
Blütenstiel **188** 57
Blütentraube **192** 33, **211** 17
Blütentrugdolde **192** 36
Blütenzapfen **190** 4, 16, 22, 34, 62, 66, 68
Blütenzweig **189** 2, 10, 16, 32, 34, 39, 51, 54, 66, 71, **190** 33, **196** 3, **200** 3, 8, 12, 23, 27, 31, 41, 47, 50, **201** 22, 26, 30, 38, 42, **202** 17, 24, 37, 49, 54, **212** 31
Blutgefäß *Anat.* **22** 41, 74
Blutgefäß *Med.* **26** 15
Blutklee **222** 4
Blutkreislauf **21** 1–21
Blutlaus **234** 20
Blutlauskolonie **234** 22
Blutlauskrebs **234** 21
Blütler, Schmetterlings- **209** 1
Blütler, Wind- **212** 52
Blutsenkung **28** 40
Blutstein **260** 48
Blutstillung **26** 15
Bluttransfusionsbeutel **30** 13
Blutwäsche **30** 10
BMK **63** 68
b-Moll **138** 67
BMX-Rad **340** 11
Board, Main- **406** 16
Board, Mother- **406** 16

Board, Planungs- **398** 24
Board, Side- **52** 34
Board, Skate- *Spielplatz* **87** 25
Board, Skate- *Sport* **123** 77
Board, Snow- **122** 9
Board, Surf- **94** 34
Board, Tin- **109** 63
Bob, Zweier- **121** 20
Bobfahren **121** 20–22
Bobfahrer **121** 20
Bobführer **121** 21
Bobschlitten **121** 20
Bobsport **121** 20–22
Boccia **123** 18–21
Bock *Korbmacher* **289** 10
Bock *Turnen* **113** 17
Bock *Zool.* **224** 18
Bock, Auflager- **273** 18
Bock, Dach- **275** 66
Bock, Dam- **241** 45
Bock, Dreipunktanbau- **217** 41
Bock, Holz- **175** 49
Bock, Modellier- **158** 9
Bock, Reh- *Jagd* **239** 20
Bock, Reh- *Zool.* **241** 31
Bock, Rohr- **279** 11
Bock, Rollen- **311** 25
Bock, Schaf- **224** 13
Bock, Schleif- **290** 18
Bock, Stein- **185** 8
Bock, Stell- **356** 17
Bock, Stütz- **229** 6
Bock, wachsender **62** 34
Bock, Wellen- **377** 61
Bock, Zeichen- **157** 34
Bock, Ziegen- **85** 34
Bock, Zimmer- **175** 41
Bock, Zimmermanns- **175** 41
Bockbüchsflinte **240** 33
Bockgerüst **245** 35
Bockkäfer **175** 41
Bockkitz **241** 43
Bockmühle **245** 33
Bocksattel **226** 37–44
Bockstrang **215** 67
Bockwindmühle **245** 33
Bodden **15** 20
Boddenküste **15** 19
Boden **113** 11, 52, **114** 6, 19, 20, 23, 24, 25, 26, 27
Boden, Blind- **276** 73
Boden, Blütter- **188** 58
Boden, Dach- **44** 4, **46** 19
Boden, Doppel- **378** 63
Boden, Düsen- **300** 74
Boden, eingeschnittener **272** 56
Boden, Einlege- **52** 20
Boden, Fass- **283** 10
Boden, Filter- **80** 11

Boden, Fuß- **276**
Boden, Heu- **215** 31
Boden, Kompressions- **2** 25
Boden, Konverter- **300** 50
Boden, Kratz- **215** 42
Boden, Laufstall- **33** 40
Boden, Meeres- **11** 19
Boden, Parkett- **276** 74
Boden, Press- **286** 54
Boden, Reiß- **273** 11
Boden, Riemen- **276** 62
Boden, Rollen- **137** 4
Boden, Rücklauf- **217** 15
Boden, Schal- **272** 54
Boden, Schnür- *Bau* **273** 11
Boden, Schnür- *Schiffbau* **378** 3
Boden, Spitz- **46** 13
Boden, Teppich- **49** 23, **51** 26, **52** 17
Boden, Torten- **251** 53
Boden, Zellen- **230** 54
Boden, Zwischen- **273** 43, **276** 68
Bodenbearbeitungsgerät **218** 44
Bodenblender **105** 32
Bodengang **378** 51
Bodengeflecht **289** 20
Bodenhaltung **227** 9
Bodenkammertür **46** 21
Bodenkampf **117** 8
Bodenklappe, Aschkasten- **364** 7
Bodenkreuz **289** 21
Bodenlederschere **253** 39
Bodenluke **46** 15
Bodenmatte, Weich- **113** 18
Bodenpflege **56** 55
Bodenplatte **264** 27
Bodenriss **12** 50
Bodenstation **398** 8
Bodenstaubsauger **56** 72
Bodenstein **245** 24
Bodenstern **289** 19
Bodenstromgerät **389** 22
Bodenstück **63** 38
Bodentank **378** 40
Bodenteppich **344** 41
Bodenwegerung **378** 66
Bodenwrange **378** 62
Bodhisattwa-Statue **151** 8
Body **37** 32
Bodysuit **37** 32
Bogen *Börse* **415** 32
Bogen *Eisenbahn* **357** 51, 52
Bogen *Fabel* **145** 58
Bogen *Installateur* **279** 46
Bogen *Kunst* **155** 19
Bogen *Math.* **169** 53
Bogen *Musik* **140** 24, **141** 32
Bogen *Papier* **324** 17

Bogen *Theater* **137** 11
Bogen *Völkerk.* **162** 32
Bogen, Aorten- **21** 10
Bogen, Arbeits- **73** 22
Bogen, bedruckter **333** 15
Bogen, Binde- **139** 24
Bogen, Brücken- **369** 20
Bogen, C- **32** 18
Bogen, Coupon- **415** 32
Bogen, Dreipass- **155** 32
Bogen, Druck- *Druck* **333** 7
Bogen, Druck- *Setzerei* **327** 12
Bogen, Düsen- **236** 20
Bogen, Ell- *Anat.* **19** 61
Bogen, Ell- *Pferd* **225** 20
Bogen, Ellen- **19** 61
Bogen, Fachwerk- **369** 25
Bogen, Flach- **155** 28
Bogen, Geigen- **141** 12
Bogen, Grad- **379** 18
Bogen, Gurt- **154** 16
Bogen, Haken- **243** 51
Bogen, Hufeisen- **155** 30
Bogen, Kardan- **220** 8
Bogen, Karnies- **155** 36
Bogen, Kiel- **155** 36
Bogen, Kleeblatt- **155** 32
Bogen, Konvex- **155** 34
Bogen, Kupon- **415** 32
Bogen, Licht- **133** 42
Bogen, Mauer- **155** 19
Bogen, Papier- *Druck* **333** 13
Bogen, Papier- *Papier* **324** 15, **325** 51
Bogen, Parabel- **155** 29
Bogen, Pigmentpapier- **335** 9
Bogen, Pumpenanschluss- **220** 10
Bogen, Rand- **104** 18
Bogen, Recurve- **123** 54
Bogen, Regen- **7** 5
Bogen, Rund- *Camping* **92** 52
Bogen, Rund- *Kunst* **155** 27
Bogen, Säge- **279** 72
Bogen, Schild- **154** 17
Bogen, Schulter- **155** 33
Bogen, Schwib- **154** 29
Bogen, Spalier- **204** 13
Bogen, Spitz- **155** 31
Bogen, Stahlbeton- **369** 50
Bogen, Stell- **218** 16
Bogen, Strebe- **154** 29
Bogen, Triumph- **153** 73, 85
Bogen, Tudor- **155** 37
Bogen, Turnier- **123** 54
Bogen, Vorhang- **155** 35
Bogenanleger **337** 2, **338** 25
Bogenanschlag **338** 11
Bogenbrücke **369** 19
Bogenbrücke, aufgeständerte **369** 28

Bogenbrücke, Fachwerk- **369** 23
Bogenfeintrieb **314** 71
Bogenfeld **154** 41
Bogenform **155** 27–37
Bogengang rückwärts **114** 23
Bogenkämpfer **369** 29
Bogenleiter **5** 22
Bogennorm **338** 71
Bogenoffsetmaschine **333** 10
Bogenpeitsche **125** 53
Bogensäge *Goldschmied* **260** 12
Bogensäge *Korbmacher* **289** 40
Bogenscheitel **369** 31
Bogenschießen **123** 53–66
Bogenschütze **123** 53
Bogensehne **123** 59
Bogenspannweite **369** 26
Bogenwurf *Sport* **123** 16
Bogenwurf *Turnen* **114** 33
Bogenwurf, Rückhand- **123** 17
Bogenzähler **334** 49
Bogenzuführtisch **338** 9
Bohle, Einbau- **354** 37
Bohle, Glätt- **355** 16
Bohle, Press- **355** 15
Bohle, Ramm- **351** 12
Bohle, Spund- **371** 7
Bohlenweg **271** 79
Bohne **200** 5, **209** 11
Bohne, Acker- **222** 15
Bohne, Feld- **222** 15
Bohne, Kaffee- **200** 6
Bohne, Kakao- **200** 19
Bohne, Pferde- **222** 15
Bohne, Ross- **222** 15
Bohne, Sau- **222** 15
Bohne, Stangen- **204** 29
Bohne, Vieh- **222** 15
Bohnenblüte **209** 9
Bohnenhülse **209** 11
Bohnenkäfer, Vierfleckiger **233** 20
Bohnenkraut **210** 1
Bohnenpflanze *Bot.* **209** 8
Bohnenpflanze *Garten* **204** 29
Bohnensamen **209** 11
Bohnenstange **204** 29
Bohnenstängel **209** 10
Bohraggregat **286** 9
Bohren, Feuer- **162** 34
Bohrer *Med.* **29** 33
Bohrer *Schwimmen* **98** 39
Bohrer, Drill- *Drechsler* **288** 23
Bohrer, Drill- *Goldschmied* **260** 4
Bohrer, Elektro- **287** 43

Bohrer, Fischschwanz- **298** 21
Bohrer, Fissuren- **29** 34
Bohrer, Gesteins- **312** 21
Bohrer, Gewinde- *Schlosser* **293** 67
Bohrer, Gewinde- *Werkzeug- masch.* **303** 34
Bohrer, Kavitäten- **29** 32
Bohrer, Löffel- **288** 17
Bohrer, Maiswurzel- **234** 53, 54
Bohrer, Parallel- **288** 17
Bohrer, Rollen- **298** 21
Bohrer, Schlag- **287** 43
Bohrer, Spiral- *Heimwerken* **287** 49
Bohrer, Spiral- *Schlosser* **293** 66
Bohrer, Stangen- **273** 65
Bohrer, Steinbruch- **312** 18
Bohrerfach **29** 13
Bohrfliege **234** 18
Bohrgerät, Kern- **298** 21
Bohrgerät, Raupen- **312** 9
Bohrgestänge **298** 19, **299** 40
Bohrhammer **312** 21
Bohrinsel **299**
Bohrinselversorger **375** 49
Bohrinstrument **29** 6
Bohrklein **299** 43
Bohrkopf **287** 48
Bohrloch *Erdöl* **298** 17
Bohrloch *Steinbruch* **312** 22
Bohrmaschine *Bau* **273** 21
Bohrmaschine *Heimwerken* **287** 16
Bohrmaschine, Dübel- **286** 7
Bohrmaschine, Hand- **293** 25
Bohrmaschine, Hänge- **260** 6
Bohrmaschine, Radial- **303** 18
Bohrmaschine, Schwenk- **303** 18
Bohrmast **298** 1
Bohrmeißel **298** 21
Bohrmeißel, Diamant- **299** 44
Bohrrohr **298** 6
Bohrseil **298** 7
bohr-sommerfeldsches Atommodell **1** 35
Bohrspindel **303** 23
Bohrständer **287** 54
Bohrtechnik **299** 40–44
Bohrtisch **286** 8
Bohrturm *Erdöl* **298** 1, **299** 12
Bohrturm *Geogr.* **13** 36
Bohrturmplattform **299** 1–37
Bohrung **296** 86

Bohrung, Erdöl- **298** 1–21
Bohrung, Kurbelzapfen- **345** 28
Bohrung, Offshore- **299**
Bohrung, Öl- **345** 23
Bohrung, Skeet- **123** 45
Bohrungskaliber **240** 40
Bohrwerk **291** 22
Boiler, Warmwasser- **46** 73
Boje **244** 2
Boje, Hosen- **384** 14
Boje, Kurs- **101** 18
Boje, Rettungs- **384** 14
Boje, Start- **101** 14
Boje, Wende- *Segeln* **101** 17
Boje, Wende- *Wassersport* **102** 27
Boje, Ziel- **101** 14
Bola **160** 30
Bolero **36** 16
Bolerohut **42** 23
Bollstichel **159** 20
Bolzen **360** 20
Bolzen, Gehänge- **368** 66
Bolzen, Kolben- **343** 39
Bolzen, Laschen- **356** 13
Bolzen, Riegel- **409** 23
Bolzen, Schlag- **240** 21
Bolzen, Schrauben- **274** 98
Bolzen, Schuss- **248** 13
Bolzenschussgerät **248** 3
Bolzstichel **159** 20
Bombagefrisur **40** 30
Bombardon **141** 46
Bomber, Jagd- **64** 1
Bommel **34** 4
Bon *Kaufhaus* **83** 6
Bon *Supermarkt* **252** 3
Bon, Kassen- *Kaufhaus* **83** 6
Bon, Kassen- *Restaurant* **75** 34
Bonbon, Knall- **124** 46
Bonbonsortiment **55** 31
Bonbontüte **55** 32
Bongo **142** 59
Bonnet **372** 34
Boot **162** 20
Boot, Ausleger- **160** 35
Boot, Baumstamm- **85** 37
Boot, Bei- **66** 12, 67 35
Boot, Bunker- **381** 13
Boot, Dreipunkt- **102** 38
Boot, Einmann- **161** 12
Boot, Eissegel- *Sport* **120** 35
Boot, Eissegel- *Winter* **122** 12
Boot, Fähr- **381** 11
Boot, Falt- **99** 51–60
Boot, Feuerlösch- **82** 78
Boot, Fischer- **243** 6
Boot, Flug- **388** 1
Boot, Gig- **99** 23–30
Boot, Gleit- **102** 34–40

Boot, Haus- **161** 31
Boot, Holz- **101** 50–57
Boot, Kajüt- **102** 4
Boot, Landungs- **66** 89, **67** 46
Boot, Lotsen- **375** 84
Boot, Minenjagd- **66** 80
Boot, Minensuch- **66** 84
Boot, Motor- *Strand* **95** 9
Boot, Motor- *Wassersport* **102** 1–10, 20–40
Boot, Paddel- **99** 1–6
Boot, Renn- **102** 21
Boot, Rettungs- *Erdöl* **299** 19
Boot, Rettungs- *Navigation* **380** 52
Boot, Rettungs- *Schiff* **375** 72, **376** 23, **377** 19
Boot, Riemen- **99** 7–13
Boot, Ruder- *Angelsport* **243** 6
Boot, Ruder- *Wassersport* **99** 7–16, 23–30, 38–47
Boot, Rundspant- **102** 28–30
Boot, Schlauch- *Militär* **66** 82
Boot, Schlauch- *Seerettung* **384** 18
Boot, Schlauch- *Tauchen* **93** 23
Boot, Schlauch- *Wassersport* **102** 1
Boot, Schnell- **66** 69, 75
Boot, Segel- *Segeln* **100** 1–39, **101** 29–41, 42–49
Boot, Segel- *Spielplatz* **87** 18
Boot, Skull- **99** 14–16, 38–47
Boot, Sport- **102** 1–10, 11–15
Boot, Stufen- **102** 34–37
Boot, Tochter- **384** 17
Boot, Tret- **95** 8
Boot, U- **66** 64, **67** 54, 75
Boot, Untersee- **66** 64
Boot, V-Boden- **102** 31–33
Boot, Verdrängungs- **102** 28–33
Bootaxt **146** 19
Bootes **3** 30
Boot ohne Fahrt **101** 7
Bootsausschnitt **35** 57
Bootsaussetzkran **66** 13
Bootsdavit *Militär* **66** 83
Bootsdavit *Schiff* **375** 72
Bootsdeck **377** 19–21
Bootshaus **99** 20
Bootshaut **99** 55
Bootsklasse **100** 40–56
Bootskran **377** 20
Bootsname **102** 8
Bootsrucksack **99** 62
Bootsrumpf **388** 2, 9
Bootsschuppen **99** 21
Bootssteg *Fluss* **370** 1
Bootssteg *Wassersport* **99** 17

Bootswagen **99** 63
Borax, Löt- **260** 39
Bord, Doll- **99** 27
Bord, Flaschen- **78** 65
Bord, Schlüssel- **49** 20
Bord, Spül- **99** 40
Bord, Werkzeug- **348** 49
Bord-Bistro **361** 62
Bord-Bistro-Wagen **363** 20
Bordcomputer **345** 5
Bördeleinlegemaschine **278** 25
Bordenergieanlage **392** 42, 44
Bordinstrument **103** 60
Bordkanone **64** 3
Bordkommunikationsdisplay **394** 28
Bordkran **67** 10
Bordküche **394** 27
Bordmaschinenkanone **63** 68
Bordrestaurant **376** 84
Bordstein, Hoch- **352** 7
Bordsteinkante **352** 6
Bordtelefon **399** 10
Bordträger, Innen- **65** 15
Borduhr **386** 11
Bordun **140** 31
Bordunpfeife **140** 11
Bordüre, Rüschen- **36** 30
Bordwand **215** 43, **216** 29
borealer Klimagürtel **9** 42
Borke **188** 8
Borkenkäfer **235** 23
Borretsch **210** 2
Börse **415**
Börsenhandel **415** 1–24
Börsenhandel, elektronischer **415** 15–22
Börsenmakler **415** 3
Börsensaal **415** 1
Borste, Kelch- **193** 33
Borsten, Besen- **56** 50
Borstenschwanz **233** 15
Borstenwurm **176** 25
Borte, Blümchen- **35** 50
Böschung *Bau* **271** 72
Böschung *Stadt* **18** 37
Böschung, Deich- **370** 25
Böschung, Kontinental- **11** 15
Böschung, Ufer- **371** 32
Boskett **84** 4
Bossenwerk **154** 51
Bossierer **316** 27
Bossierholz **316** 28
Botanik, allgemeine **188**
Bote, Post- **395** 53
Botta dritta **111** 7
Böttcher **283** 11
Böttcherei **283**

Bottich *Böttcher* **283** 1
Bottich *Schwimmbad* **96** 22
Bottich, Beiz- **283** 14
Bottich, Einweich- **289** 13
Bottich, Holz- **245** 28
Bottich, Läuter- **246** 51
Bottich, Maisch- **246** 44
Boule **123** 18–21
Boulespiel **123** 18–21
Boulespieler **123** 18
Bovenspiegel **372** 55
Bovist, Eier- **199** 19
Bovist, Flaschen- **199** 20
Bowdenzug **341** 47, **342** 3
Bowler **42** 36
Bowling **123** 10–17
Bowlingaufstellung **123** 10
Bowlingkugel **123** 12
Bowlingstand **123** 10
Box, Baby- **394** 27
Box, Dreiwege- **401** 12
Box, Flaschen- **33** 22
Box, Giro- **414** 23
Box, Köder- **243** 3
Box, Kühl- **92** 49
Box, Lautsprecher- *Diskothek* **129** 30
Box, Lautsprecher- *Hausrat* **50** 8
Box, Lautsprecher- *Nachtlokal* **130** 41
Box, Lautsprecher- *Rundfunk* **398** 38
Box, Lautsprecher- *U-Elektronik* **401** 12
Box, Pferde- **228** 2
Box, Pflege- **33** 19
Box, Stauraum- **347** 5
Box, Steuer- **132** 44
Box, Warmhalte- **33** 22
Box, Zeitungs- **79** 16
Boxauto **126** 22
Boxbirne **117** 23
Boxen **117** 20–50
Boxenlaufstall **215** 16
Boxer *Sport* **117** 25
Boxer *Zool.* **223** 13
Boxer, Amateur- **117** 25
Boxer, Berufs- **117** 25
Boxer, Profi- **117** 25
Boxermotor, Vierzylinder- **386** 34
Boxermotor, Zweizylinder- **342** 18
Boxershorts **37** 62
Boxhandschuh **117** 26
Boxkamera **127** 31
Boxkampf **117** 20–50
Boxmanager **117** 45
Boxmatch **117** 20–50, 35–50
Boxring **117** 35
Boxveranstaltung **117** 35–50

Boy **78** 18
Boy, Hotel- **78** 18
Boyscout **92** 73
Brabanter Kreuz **150** 72
Brachacker **216** 2
Brachdistel **214** 32
Bracket-Serie **1** 32
Brail **244** 2
Brailleschrift **164** 15
Brakteat **59** 4
Braktee **189** 7
Bramme, Roh- **301** 23
Bramrah, Ober- **373** 36, 42
Bramrah, Unter- **373** 35, 41
Bramsaling, Groß- **373** 53
Bramsaling, Vor- **373** 51
Bramsegel, Groß- **372** 53
Bramsegel, Kreuz- **372** 54
Bramsegel, Ober- **373** 59, 65
Bramsegel, Unter- **373** 58, 64
Bramsegel, Vor- **372** 52
Bramstag **373** 12
Bramstenge, Groß- **373** 7
Bramstenge, Vor- **373** 4
Bramstengestag **373** 12
Bramstengewant **373** 18
Brandgiebel **274** 9
Brandhaken **230** 67
Brandsohle **107** 31
Brandung **14** 72
Brandung, künstliche **96** 1
Brandungsbad **96** 1–7
Brandungsgeröll **14** 74
Brandungshohlkehle **14** 75
Brandungsplatte **14** 76
Brandungsreiten **94** 29
Brandungsreiter **94** 30
Brandungswelle **94** 31
Branke **241** 51, 55
Brante **241** 51, 55
bras bas **135** 12
Brasil **259** 2
Brasilstrom **16** 36
Brasse **373** 67
Brät **250** 10
Braten **53** 28
Bratenfleisch **250** 50
Bratenplatte **53** 27
Bratentopf **48** 13
Brätherstellung **250** 21
Bratpfanne **48** 3
Bratsche **141** 27
Bratwurst **250** 39
Bratwurstfüllsel **250** 10
Braue, Augen- **22** 47
Brauer **246** 50
Brauerei, **246, 247**
Brauerei, Bier- **247**
Brauhaus **247**
Braumeister **246** 50
Braun **166** 5
Braunalge **196** 50

Braunbär 186 13
Braunelle 194 16
Brauner Bär 183 9
braune Tonne 81 3
Braunglascontainer 81 9
Braunkohl 209 34
Brause, Gießkannen- 207 28
Brause, Hand- *Bad* 57 44
Brause, Hand- *Druck* 332 7
Brause, Hand- *Friseur* 257 32, 258 14
Brause, Schlauch- 279 30
Brausenkopf 57 45
Braut 150 15
Brautbukett 150 17
Bräutigam 150 16
Brautjungfer 150 24
Brautkranz 150 18
Brautmyrte 205 11
Brautpaar 150 14
Brautschleier 150 19
Brautstrauß 150 17
Breccie, Schlot- 12 16
Brechen, Gleichgewichts- 117 13
Brecher 312 25
Brecher, Backen- 312 17
Brecher, Ballen- 318 27
Brecher, Eis- *Brücke* 369 56
Brecher, Eis- *Schiff* 375 32
Brecher, Gesteins- 310 1
Brecher, Kreisel- 312 16
Brecher, Prall- 312 15
Brecher, Stein- 312 18
Brecher, Vor- 310 4
Brecher, Wellen- *Militär* 66 7, 76
Brecher, Wellen- *Wasserbau* 371 19
Brechrand 147 44
Brechscheibe 147 82
Brechstange 312 29
Breitbeil 273 70
Breitbleichmaschine 321 1–5
Breitcordoberteil 58 26
Breite 311 62
Breite, geografische 16 6
Breiten, Ross- 9 36
Breitenkreis 16 2
Breitenskala 311 61
breiter Rückenmuskel 21 59
Breitfock 374 13
Breithalter 321 33
Breitlauch 209 21
Breitlegewalze 321 8
breitrandiger Hut 42 52
Breitschwanz 35 3
Breitschwanzfell 284 21
Brekzie, Schlot- 12 16
Bremen-Klasse 66 53
Bremsarretierhebel 208 38
Bremsbacke *Auto* 345 65

Bremsbacke *Maschinenteil* 296 100
Bremsbacke *Schmied* 291 12
Bremsband 296 105
Bremsbelag *Auto* 345 66
Bremsbelag *Maschinenteil* 296 106
Bremsbelag *Schmied* 291 13
Bremsdruckkoffer 291 14
Bremsdruckmesser 364 50
Bremsdruckprüfgerät 291 15
Bremsdynamometer 296 97–107
Bremse 366 44
Bremse, Backen- 296 97
Bremse, Band- 296 104
Bremse, Fuß- 341 33
Bremse, Hand- *Auto* 345 63
Bremse, Hand- *Eisenbahn* 366 33
Bremse, Ketten- 238 15
Bremse, Kipphebel- 340 23
Bremse, Luft- *Flugzeug* 385 43
Bremse, Luft- *Militär* 64 12
Bremse, Mittelzug- 340 23
Bremse, Mündungs- 63 40
Bremse, Naben- 340 42
Bremse, Not- 368 3
Bremse, Papierrollen- 334 42
Bremse, Rad- 245 9
Bremse, Rohr- 63 41
Bremse, Rotor- 307 11
Bremse, Rücktritt- 339 69
Bremse, Scheiben- *Auto* 344 42, 345 59
Bremse, Scheiben- *Fahrrad* 340 36
Bremse, Scheiben- *Landw.* 218 36, 37
Bremse, Scheiben- *Motor* 343 72
Bremse, Scheiben- *Motorrad* 342 44
Bremse, Schleuderschutz- 365 33
Bremse, Seitenzug- 340 27
Bremse, Sturzflug- 104 14
Bremse, Tragseil- 368 65
Bremse, Trommel- *Auto* 345 63
Bremse, Trommel- *Motorrad* 341 46, 48
Bremse, Vorderrad- 339 5
Bremse, Zusatz- 366 10
Bremsenprüfstand 348 37
Bremser 121 22
Bremsflüssigkeitsbehälter *Auto* 344 4
Bremsflüssigkeitsbehälter *Motorrad* 342 40
Bremsfußhebel 332 12, 30

Bremsgewicht 296 103
Bremsgriff 339 5
Bremshebel *Eisenbahn* 363 43
Bremshebel *Fahrrad* 339 72
Bremshebel, Fuß- 208 40
Bremshebel, Hand- *Auto* 344 99
Bremshebel, Hand- *Motorrad* 341 24
Bremshebel, Hand- *Sport* 106 32
Bremsklappe *Flugsport* 104 14
Bremsklappe *Flugzeug* 385 43
Bremsklappe *Militär* 64 12, 65 29
Bremsklappe, Dach- 65 2
Bremsklotz *Auto* 345 61
Bremsklotz *Maschinenteil* 296 100
Bremskonus 339 77
Bremskraftanzeigegerät 348 39
Bremskräfteanzeige 363 38
Bremsleitungsanschluss 345 62
Bremslicht 341 45
Bremslichteinheit 342 2
Bremslüftmagnet 296 102
Bremsmantel 339 76
Bremspedal *Auto* 344 76
Bremspedal *U-Elektronik* 403 35
Bremsprüfrolle 348 38
Bremsprüfstand, Rollen- 291 16
Bremsrad, Hand- 366 64, 80
Bremsrolle 291 18
Bremssattel 345 61
Bremsscheibe *Auto* 345 60
Bremsscheibe *Maschinenteil* 296 98
Bremsscheibe, Vorderrad- 341 27
Bremsschicht 1 63
Bremsschirmklappe 65 23
Bremsschuh 272 40
Bremsseil *Militär* 67 16
Bremsseil *Motorrad* 341 47
Bremsstrommel *Auto* 345 64
Bremsstrommel *Schmied* 291 11
Bremsstrommel-Feindreh-maschine 291 20
Bremsventil, Führer- 364 53, 365 22, 366 11
Bremsventil, Not- 364 57
Bremsventil, Zusatz- 365 23
Bremswegverkürzung 357 12, 14

Bremswelle 296 99
Bremszylinderdruckanzeige 366 7
Brenndüse 46 65
Brennelementebecken 306 34
Brennelementstab 306 4
brennendes Haus 82 27
Brenner 317 6
Brenner, Bunsen- *Chemie* 173 1
Brenner, Bunsen- *Papier* 324 25
Brenner, CD- 270 7
Brenner, CD-DVD- 328 12, 406 5
Brenner, DVD- 270 7
Brenner, Gebläse- 173 9
Brenner, Haus- 175 26
Brenner, Öl- 46 62
Brenner, Schweiß- *Böttcher* 283 32
Brenner, Schweiß- *Schweißer* 294 11, 27, 33, 295 31
Brenner, Teclu- 173 4
Brenneranzünder 294 37
Brennerdüse 294 26
Brennerführungswagen 294 33
Brennerplattform 103 72
Brennerventilator 246 17
Brennerzange 279 59
Brennform 316 8
Brennfunktion 328 12
Brenngasanschluss 294 30
Brenngasventil 294 31
Brennhaus 316 4
Brennholzsäge 311 56
Brennkammer *Flugzeug* 388 39
Brennkammer *Kraftwerk* 304 16
Brennnessel, Große 214 33
Brennofen 332 32
Brennpunkt 170 25, 27
Brennschacht 300 16
Brennschere 257 5
Brennschneidemaschine 294 21
Brennschneidmaschine 294 21
Brennspiegel 307 18
Brennstoff, Kern- 306 4
Brennstofftender 364 68
Brennstoffzelle 391 60
Brennwatte 316 11
Brennweite, kurze 267 50
Brennweite, lange 267 53
Brennweite, mittlere 267 52
Brett *Bau* 273 91
Brett *Sägewerk* 311 35
Brett *Sport* 109 63, 123 80

Brett, Abgautsch- **324** 4
Brett, Anschlag- **348** 42
Brett, Arbeits- **48** 18
Brett, Ärmel- **56** 21
Brett, Bug- **272** 63
Brett, Bügel- *Hausrat* **56** 17
Brett, Bügel- *Schneiderei* **256** 29
Brett, Dame- **90** 17
Brett, Deck- **207** 9
Brett, Dreimeter- **98** 7
Brett, Einmeter- **98** 8
Brett, Fuß- **123** 75
Brett, Futter- **276** 56
Brett, Geräte- **393** 24
Brett, gesäumtes **273** 95
Brett, Griff- **141** 21, **142** 8
Brett, Grund- **268** 29
Brett, Hack- **140** 32, 34, 35
Brett, Halma- **90** 26
Brett, Heck- **102** 25
Brett, Herz- **273** 93
Brett, Instrumenten- **386** 1
Brett, Kern- **273** 93
Brett, Knet- **71** 14
Brett, Korb- **108** 8
Brett, Lauf- *Gärtnerei* **207** 22
Brett, Lauf- *Haus* **46** 4
Brett, Modellier- **158** 34
Brett, Molter- **218** 6, 60
Brett, Mühle- **90** 23
Brett, Press- **324** 11
Brett, Reibe- **271** 57
Brett, Reiß- **314** 1
Brett, Reuther- **113** 12, **114** 8
Brett, Roll- **71** 43
Brett, Schach- *Hausrat* **55** 20
Brett, Schach- *Spiel* **90** 1
Brett, Schal- **272** 18, 76
Brett, Schatten- **207** 9
Brett, Schattier- **207** 9
Brett, Schaukel- **87** 28
Brett, Scher- **244** 11
Brett, Schlag- **142** 80
Brett, Schlitz- **2** 45
Brett, Schlüssel- **78** 3
Brett, Schnee- **122** 9
Brett, schwarzes **348** 42
Brett, Schwimm- **98** 16
Brett, Servier- **75** 20
Brett, Sockelschutz- **271** 29
Brett, Spiel- *Spiel* **90** 1, 22
Brett, Spiel- *Sport* **108** 8
Brett, Sprung- *Schwimmen* **98** 7
Brett, Sprung- *Turnen* **113** 12, **114** 8
Brett, Steck- **87** 44
Brett, Stemm- **99** 44
Brett, Stepp- **112** 22
Brett, Surf- **94** 34
Brett, ungesäumtes **273** 94

Brett, Wasch- **127** 87
Brett, Werk- *Goldschmied* **260** 20
Brett, Werk- *Korbmacher* **289** 7
Brett, Wind- **275** 27
Brett, Windsurf- **94** 22
Brett, Wirbel- **142** 19
Brett, Wurf- **161** 8
Brett, Zähl- **414** 16
Brett, Zangen- **285** 33
Brett, Zug- **321** 7
Brettbürste **260** 33
Brettchen, Flug- **230** 61
Bretterschalung **273** 9
Bretterstapel **273** 1
Brettersteg **274** 75
Brettertür **44** 28
Bretterwand **272** 25
Bretterzaun **271** 44
Brettpinsel **260** 33
Brettspiel **90** 1–28
Brevier **149** 58
Brezel **251** 50
Brezel, Laugen- **251** 50
Brief, Express- **395** 19
Brief, Geschäfts- **408** 32, **409** 13, **411** 32
Brief, Meister- **258** 1
Brief, Standard- **395** 37
Briefbehälter **395** 35
Briefbehälterförderband **395** 36
Briefeinwurfschlitz **413** 17
Brieffalzmaschine **412** 47
Briefkasten *Bahnhof* **358** 11
Briefkasten *Haus* **44** 58
Briefkasten *Post* **395** 47
Briefkasten *Stadt* **79** 71
Briefkasten, Bahnsteig- **359** 4
Briefkastenleerung **395** 46
Briefkorb **408** 31
Briefmarke **395** 13
Briefmarke, selbstklebende **395** 15
Briefmarkenbefeuchter **395** 17
Briefmarkengebinde **395** 14
Briefschablone **395** 16
Briefschlitz **49** 34
Briefsendung **395** 57
Briefträger **395** 53
Briefverteilzentrum **395** 34–45
Briefwaage *Büro* **412** 68
Briefwaage *Post* **395** 22
Briefzentrum **395** 34–45
Briekäse **252** 29
Brietorte **252** 29
Brigg **374** 17
Brigg, Schoner- **374** 14

Brillant **43** 18, 23
Brillantring **43** 24
Brillantschliff **43** 45
Brille *Optiker* **263** 9
Brille *Textil* **321** 7
Brille, Gletscher- **118** 23
Brille, Klo- **57** 14
Brille, Klosett- **57** 14
Brille, Renn- **121** 15
Brille, Schnee- **118** 23
Brille, Schutz- *Chemie* **173** 64
Brille, Schutz- *Schlosser* **293** 21
Brille, Schutz- *Schweißer* **295** 29
Brille, Schweißer- **294** 34
Brille, Ski- **119** 10
Brille, Sonnen- **263** 6
Brillenanprobe **263** 1–4
Brillenauswahl **263** 5
Brillenetui **263** 16
Brillenfassung **263** 10–14
Brillengestell **263** 10–14
Brillenglas **263** 15
Brillenglas-Randbearbeitungsautomat **263** 33
Brillenmodell **263** 3
Brillenrand **263** 10
Brillenständer **263** 5
Briolett, facettiertes **43** 77
Brise, Backstags- **101** 13
Brisinga endecacnemos **187** 11
Brocken, Fels- **145** 42
Brocken, Gesteins- **392** 14
Brombeere **211** 31
Brombeerstrauch **211** 27
Bronchie **23** 7
Bronze **156** 14
Bronzeaxt **146** 23
Bronzeblech **146** 34
Bronzedolch **146** 22
Bronzehorn **140** 1
Bronzemesser **146** 31
Bronzenadel **146** 29
Bronzezeit **146** 21–40
Brosche **83** 77
Brosche, Elfenbein- **43** 30
Brosche, Perlen- **43** 7
Broschüre **414** 35
Brot **251** 3
Brot, belegtes **53** 40
Brot, Bio- **251** 14–18
Brot, Dinkel- **251** 17
Brot, Hafer- **251** 18
Brot, Johannis- **202** 41
Brot, Käse- **77** 46
Brot, Knäcke- **251** 56
Brot, Land- **251** 7
Brot, Lang- **251** 9
Brot, Mehrkorn- **251** 8

Brot, Misch- **252** 24
Brot, Roggen- **251** 55
Brot, Roggen-Ganzkorn- **251** 15
Brot, Roggenmisch- **251** 7
Brot, Roggenschrot- **251** 14
Brot, Rund- **251** 7
Brot, Schwarz- **252** 23
Brot, Sesam-Leinsaat- **251** 16
Brot, Vollkorn- **251** 11, 54
Brot, Vollwert- **251** 14–18
Brot, Weiß- *Bäckerei* **251** 10, 13
Brot, Weiß- *Supermarkt* **252** 16, 22
Brot, Weizenmisch- **251** 9
Brot, Zwiebel- **252** 25
Brotabteilung **252** 9
Brotanlage **251** 73
Brotbelag **53** 41
Brötchen *Bäckerei* **251** 19–22
Brötchen *Hausrat* **53** 22
Brötchen *Rummelplatz* **126** 45
Brötchen *Schiff* **376** 18
Brötchen *Supermarkt* **252** 15
Brötchen *Tankstelle* **349** 23
Brötchen, Baguette- **251** 21
Brötchen, belegtes **77** 13
Brötchen, Roggen- **251** 22
Brötchen, Weizen- **251** 20
Brötchenanlage **251** 78
Brotgetreide **221** 1
Brotkäfer **233** 24
Brotkasten **47** 2
Brotkorb *Hausrat* **53** 21
Brotkorb *Schiff* **376** 16
Brotlaib **251** 3
Brotrinde **251** 5
Brotscheibe **53** 23
Brotschneidemaschine **48** 30
Brotsorte **251** 7–18
Bruch **13** 5, **17** 19
Bruch, Dezimal- **167** 20, 21
Bruch, Doppel- **167** 17
Bruch, echter **167** 10, 15
Bruch, eigentlicher **167** 15
Bruch, Graben- **13** 13
Bruch, Quer- **11** 24
Bruch, Staffel- **13** 10
Bruch, Stein- *Steinbruch* **312** 1
Bruch, Stein- *Zement* **310** 1
Bruch, unechter **167** 16
Bruch, uneigentlicher **167** 16, 18
Bruch, ungleichnamiger **167** 19
Bruch, Zehner- **167** 20
Bruchfaltengebirge **13** 23
Bruchschollengebirge **13** 4
Bruchstrich **167** 15, 16

Bruchstück **24** 45
Bruchstück, Kern- **1** 46, 47, 53, 56, 60
Bruchwand **312** 4
Bruchzahl **167** 15
Brücke *Anat.* **20** 63
Brücke *Brücke* **369**
Brücke *Fluss* **370** 52, 57
Brücke *Landw.* **218** 16
Brücke *Med.* **29** 22
Brücke *Militär* **66** 14, 67 28
Brücke *Optiker* **263** 11
Brücke *Park* **84** 47
Brücke *Schiff* **375** 4, 12, **377** 12–18
Brücke *Sport* **115** 19, **117** 9
Brücke, Arbeits- **136** 33
Brücke, Balken- **369** 7
Brücke, Beleuchtungs- **137** 19
Brücke, Bogen- **369** 19, 23, 28
Brücke, Container- **381** 46, **382** 2
Brücke, Containerlade- **382** 2
Brücke, Dreh- **369** 63, 67
Brücke, eiserne *Geogr.* **17** 55
Brücke, eiserne *Stadt* **18** 30
Brücke, Elevator- **382** 25
Brücke, Fall- **147** 25
Brücke, Firn- **118** 29
Brücke, Flach- **369** 52
Brücke, Fluggast- **389** 14
Brücke, Geräte- **370** 53
Brücke, Halb- **369** 66
Brücke, Hänge- *Brücke* **369** 15, 39
Brücke, Hänge- *Freizeitpark* **85** 24
Brücke, Haus- **369** 32
Brücke, Hub- **381** 70
Brücke, Kommando- *Hafen* **382** 43
Brücke, Kommando- *Militär* **66** 14, 67 3
Brücke, Kommando- *Navigation* **379** 1–16, **380** 53
Brücke, Kommando- *Schiff* **377** 12–18
Brücke, Kran- **378** 26
Brücke, Landungs- *Geogr.* **17** 58
Brücke, Landungs- *Hafen* **381** 30
Brücke, Objektiv- **264** 18
Brücke, Schiff- **17** 45
Brücke, Schnee- **118** 29
Brücke, Schrägseil- **369** 46
Brücke, Stahlbeton- **369** 49
Brücke, Stahlgitter- **369** 34
Brücke, Stein- *Brücke* **369** 19
Brücke, Stein- *Geogr.* **17** 49
Brücke, Stein- *Stadt* **18** 29

Brücke, Straßen- **17** 54
Brücke, Sund- **369** 57
Brücke, Tender- **364** 2
Brücke, Verbindungs- **393** 50
Brücke, Verlade- *Hafen* **381** 20
Brücke, Verlade- *Schiff* **375** 77
Brücke, Vollwand- **369** 52
Brücke, Wechsel- **347** 23
Brücke, Windwerk- **371** 83
Brücke, Zug- **147** 25
Brücke, Zügelgurt- **369** 46
Brückenanker **29** 24
Brückenaufbau **66** 14
Brückenbauweise **330** 1
Brückenbogen **369** 20
Brückendeck **377** 12–18
Brückenfigur **369** 22
Brückengeländer **369** 70
Brückenglied **29** 25
Brückenhälfte **369** 66
Brückenheiliger **369** 22
Brückenjoch **369** 20
Brückenlager **369** 55
Brückenlift **381** 40
Brückennorm **60** 15
Brückennock **377** 16
Brückenpfeiler **369** 21
Brückenpfosten **369** 36
Brückenportal **369** 42
Brückenquerschnitt **369** 1
Brückenständer **369** 30
Brückenstativ **369** 13
Brückenstrebe **369** 35
Brückenträger **378** 27
Brückenwiderlager **369** 45
Brühsieb **250** 14
Brühwürstchen **250** 36
Brummer **175** 19
Brummkreisel **127** 88
Brunfthirsch *Jagd* **239** 14
Brunfthirsch *Zool.* **241** 5
Brunftjagd **239** 10
Brunftkragen **241** 29
Brunftmähne **241** 29
Brunnen *Landw.* **220** 15
Brunnen *Wasservers.* **80** 40
Brunnen, artesischer **13** 29
Brunnen, Ramm- **80** 60
Brunnen, Reinigungs- **153** 82
Brunnen, Sammel- **80** 4
Brunnen, Schacht- **308** 26
Brunnen, Spring- **84** 21
Brunnen, Trink- *Kurbad* **88** 2
Brunnen, Trink- *Piktogramm* **390** 27
Brunnen, Versickerungs- **308** 25
Brunnen, Wand- **84** 15
Brunnen, Zieh- *Geogr.* **17** 100
Brunnen, Zieh- *Ritter* **147** 3

Brunnenkresse **196** 32, **210** 3
Brunnenrand **84** 25
Brunnenrohr **80** 64
Brunnenröhre **13** 28
Brunnenumrandung **80** 65
Brunnenunterwasserpumpe **80** 42
Brüsseler Kohl **209** 30
Brüsseler Spitze **254** 18
Brust *Anat.* **19** 37, 38
Brust *Bau* **275** 88
Brust *Fleischerei* **249** 4, 23
Brust *Pferd* **225** 19
Brust *Zool.* **175** 31
Brust, Kalbs- **249** 4
Brust, Mittel- **249** 26
Brust, Nach- **249** 25
Brust, Rinder- **249** 23
Brustbaum **319** 13
Brustbein *Anat.* **20** 11
Brustbein *Fleischerei* **249** 27
Brustblatt **226** 28
Brüste **19** 38
Brustflosse **182** 7, **185** 34
Brustharnisch **147** 46
Brustkorb **19** 37, **20** 10
Brustlattich **198** 8
Brustleier **293** 65
Brustmuskel, großer **21** 36
Brustnerv **21** 26
Brustschmuck **130** 28
Brustschwimmen **98** 30
Bruststück **147** 46
Brusttasche **38** 18, 34
Brusttasche, Latz- **38** 72
Brüstung, Balkon- **376** 44
Brüstung, Fenster- **44** 13
Brüstungsriegel **273** 56
Brüstungsstreiche **271** 24
Brustwarze **19** 39
Brustwehr **147** 21
Brustwirbel **20** 4
Brut, Forellen- **242** 14
Brutanlage **242** 13
Brutanstalt, Fisch- **242** 10–17
Brüter, schneller **306** 1
Brutglas, Hecht- **242** 15
Bruthöhle **178** 34
Brutknolle **193** 38
Brutrahmen **230** 51
Brutraum **230** 58
Brutreaktor **306** 1
Brutschrank **73** 25
Brutteich **242** 5
Brutwabe **230** 58
Brutzelle **230** 42
Brutzwiebel **206** 27, 29
Bruyèremaserung **259** 41
Bruyèrepfeife **259** 39
Bubikopf **41** 9
Buch *Bahnhof* **358** 19
Buch *Buch* **338** 36

Buch *Hausrat* **54** 8
Buch *Schiff* **376** 7
Buch, antiquarisches **127** 57
Buch, aufgeschlagenes **338** 57–74
Buch, Bilder- **71** 23
Buch, Daten- **348** 65
Buch, Dreh- **131** 45, **132** 28
Buch, Fach- **409** 33
Buch, Frisuren- **257** 43
Buch, Gesang- **148** 30
Buch, Kinder- **55** 17
Buch, Klassen- **72** 6
Buch, Lehr- **73** 23
Buch, Lese- **72** 43
Buch, Mess- **148** 38
Buch, Rechtschreibungs- **72** 44
Buch, Regie- **137** 44
Buch, Ring- *Mediengest.* **328** 2
Buch, Ring- *Schule* **72** 42
Buch, Schul- **55** 25
Buch, Vorbestell- **27** 11
Buch, Wörter- **27** 22
Buchbinderei **336**, **337**, **338**
Buchbinderei, Hand- **336**
Buchbindereimaschine **337**, **338** 1–35
Buchbindermesser **336** 6
Buchblock **336** 12, **338** 22, 40
Buchbund **338** 72
Buchdeckenmaschine **337** 6
Buchdruck **334**
Buchdrucker **235** 23
Buche **189** 33
Buche, Hain- **189** 63
Buche, Weiß- **189** 63
Bucheignerzeichen **338** 50
Bucheinhängemaschine **338** 27
Buchenfrucht **189** 37
Bücherregal *Hausrat* **51** 17, **54** 7
Bücherregal *Schiff* **376** 6
Bücherregal *Universität* **74** 11
Bücherreihe **50** 3
Buchfahrplan **364** 52
Buchfahrplanklemme **363** 44
Buchfink **180** 4
Buchhandlung **79** 3
Buchhandlung, Bahnhofs- **358** 15
Büchner-Trichter **172** 10
Buchrücken **336** 31
Buchsbaum, Gemeiner **191** 19
Buchse, Anschluss- *PC* **407** 41, 42

Buchse, Anschluss- *U-Elektronik* **402** 25, 41, **403** 2
Büchse, Feuer- **364** 4
Buchse, Kopfhörer- **401** 35, 77, 95
Büchse, Lauf- **343** 26
Buchse, Netzkabel- **397** 19
Büchse, Pirsch- **239** 5
Büchse, Punzen- **260** 30
Büchse, Repetier- **240** 2
Buchse, Scart- **397** 21
Buchse, Stopf- *Eisenbahn* **364** 33
Buchse, Stopf- *Schiff* **377** 64
Büchse, Stopf- **298** 34
Buchsenklemme **280** 39
Büchsenlauf **240** 26
Büchsflinte, Bock- **240** 33
Buchstabe, beschädigter **326** 28
Buchstabe, Druck- **334** 9
Buchstabe, Groß- **326** 11
Buchstabe, Kenn- **227** 38
Buchstabe, Klein- **326** 12
Buchstabe, Leucht- **79** 38
Buchstabe, Münz- **60** 29
Buchstabe, Versal- **326** 11
Buchstabe, verschmutzter **326** 29
Buchstabe, verstellter **326** 33
Buchstabe, zu tilgender **326** 37
Buchstabenfeld **406** 27
Buchstabenflagge **61** 24
Bucht **14** 8, **15** 37
Bucht, Abferkel-Aufzucht- **228** 40
Bucht, abgeschnürte **15** 12
Bucht, Danziger **15** 13
Bucht, Läufer- **228** 36
Bucht, Meeres- **15** 7, 15, 20, 40
Buchungsterminal **395** 5
Buckel, Knie- **147** 53
Buckel, Schild- **147** 58
buckelartige Felseninsel **15** 38
buckelartige Felsenklippe **15** 38
Buddha-Statue **151** 3
buddhistischer Tempelbau **151** 1–10
Bude, Bau- **271** 48, **272** 44
Bude, Erfrischungs- **126** 2
Bude, Getränke- **126** 2
Bude, Grill- **126** 5
Bude, Los- **126** 46
Büfett **76** 1–11
Büfett, Kuchen- **75** 1
Büfettier **76** 8
Büffel, Haus- **185** 9
Büffelhörner **62** 36

Büffellenker **340** 32
Buffet **76** 1–11
Buffet, Kuchen- **75** 1
Bug *Bau* **274** 41
Bug *Fleischerei* **249** 5, 9, 22, 42
Bug *Militär* **66** 3
Bug *Schiffbau* **378** 77–83
Bug *Surfen* **94** 23
Bug, Gerüst- **271** 25
Bug, Löffel- **101** 30
Bug, Orkan- **67** 9
Bug, Radar- **64** 10
Bug, Schwenk- **274** 57
Bug, Wagen- **351** 3
Buganker **66** 39
Bugbrett **272** 63
Bügel *Bau* **272** 70
Bügel *Gärtnerei* **207** 27
Bügel *Optiker* **263** 13
Bügel, Abstands- **230** 52
Bügel, Abzug- **240** 10
Bügel, Andruck- **253** 17
Bügel, Aufhänge- **248** 21
Bügel, Auslöse- **248** 15
Bügel, Chrom- **340** 5
Bügel, Fang- **243** 32
Bügel, Form- **37** 20
Bügel, Führungs- **354** 20
Bügel, Fuß- **295** 41
Bügel, Kleider- *Hausrat* **49** 4
Bügel, Kleider- *Schneiderei* **255** 21
Bügel, Klemm- **410** 37
Bügel, Kopfhörer- **73** 36
Bügel, Kupplungs- **360** 22
Bügel, Mess- **302** 65
Bügel, Riemen- **240** 5
Bügel, Rinnen- **275** 32
Bügel, Säge- *Schmied* **291** 25
Bügel, Säge- *Werkzeugmasch.* **303** 17
Bügel, Schlepp- **119** 42
Bügel, Schutz- **217** 52, **236** 12
Bügel, Schweizer- **207** 27
Bügel, Sicherheits- *Freizeitpark* **85** 8
Bügel, Sicherheits- *Sport* **119** 34, 39
Bügel, Steig- *Anat.* **22** 92
Bügel, Steig- *Pferd* **226** 43
Bügel, Steig- *Pferdesport* **105** 4
Bügel, Stell- **218** 16
Bügel, Trage- **402** 49
Bügel, Überroll- **346** 13
Bügel, Verstell- **258** 18
Bügelautomat **56** 2
Bügelautomat, Dampf- **56** 12
Bügelautomat, Leicht- **56** 7
Bügelbrett *Hausrat* **56** 17

Bügelbrett *Schneiderei* **256** 29
Bügelbrettbezug **56** 18
Bügeleisen *Hausrat* **56** 7
Bügeleisen *Schneiderei* **256** 32
Bügeleisen, Dampf- *Hausrat* **56** 12
Bügeleisen, Dampf- *Kürschner* **284** 3
Bügeleisen, Dampf- *Schneiderei* **255** 25
Bügeleisenablage **56** 19
Bügeleisengriff **56** 10
Bügelfalte **36** 77, **38** 13
Bügelfläche **255** 28
Bügelformkissen **256** 31
Bügelgerät **56** 1
Bügelgießkanne **207** 26
Bügelhacke **219** 1
Bügelhenkel **156** 4
Bügelkissen, Hand- **256** 33
Bügelkopfhörer **402** 66
Bügelmessschraube **302** 62
Bügelmulde **56** 5
Bügelnadel **146** 27
Bügelriemen **226** 42
Bügelsäge *Heimwerken* **287** 3
Bügelsäge *Schlosser* **293** 27
Bügelsäge *Schmied* **291** 23
Bügelsäge *Werkzeugmasch.* **303** 14
Bügelscharnier **263** 14
Bügelsohle **56** 8
Bügeltisch **56** 16
Bügeltisch, Flächen- **255** 23
Bügeltuch **256** 35
Bügelunterlage **56** 17
Bugfender **383** 17
Buggy **33** 37
Bugklappe **393** 21
Buglaufrad **92** 26
Bügler, Wachs- **119** 14
Büglerin **255** 24
Buglerschwebe **255** 29
Buglicht **102** 14
Bugmann **99** 11
Bugrad *Flugsport* **103** 26
Bugrad *Flugzeug* **386** 40
Bugrad *Militär* **65** 3
Bugradeinheit **393** 31
Bugrampe **66** 90
Bugraumbilge **67** 80
Bugschraube **384** 33
Bugsieren **378** 45
Bugsierschlepper *Hafen* **381** 15
Bugsierschlepper *Schiff* **383** 16
Bugspriet **372** 20, **373** 1
Bugstück, dickes **249** 29
Bugtor **375** 30

Bugwelle **377** 81
Bugwulst *Schiff* **375** 46
Bugwulst *Schiffbau* **378** 78
Buhne *Fluss* **370** 11
Buhne *Geogr.* **14** 83
Bühne *Film* **133** 8
Bühne *Kunst* **153** 60
Bühne *Nachtlokal* **130** 29
Bühne *Theater* **136** 17
Bühne, Ablauf- **66** 34
Bühne, Achsmess- **348** 1
Bühne, Arbeits- *Bau* **271** 17
Bühne, Arbeits- *Eisenbahn* **365** 42
Bühne, Arbeits- *Erdöl* **298** 3
Bühne, Arbeits- *Raumfahrt* **391** 27, 45
Bühne, Dreh- **137** 31
Bühne, Film- **268** 33
Bühne, Filter- **134** 3
Bühne, Gestänge- **298** 5
Bühne, Gicht- **300** 4
Bühne, Hebe- **348** 74
Bühne, Kasch- **134** 3
Bühne, Konzert- **88** 46
Bühne, Modell- **136** 45
Bühne, Negativ- **268** 33
Bühne, Reiß- **137** 25
Bühne, Vor- **137** 25
Bühne, Werk- **273** 11
Bühne, Zwischen- **298** 5
Bühnenarbeiter **136** 32, **137** 46
Bühnenbildmodell **136** 46
Bühnenbildner **136** 41
Bühnenbildprojektionsapparat **137** 17
Bühnenhaus *Kunst* **153** 59
Bühnenhaus *Theater* **137** 1–60
Bühnenhimmel **137** 9
Bühnenhintergrund **137** 10
Buhnenkopf *Fluss* **370** 12
Buhnenkopf *Geogr.* **14** 84
Bühnenmaler **136** 39
Bühnenmeister **137** 45
Bühnenrahmen **137** 22
Bühnenvorhang **133** 10
Bukett, Braut- **150** 17
Bulbsteven **375** 46
Buleine **372** 35
Bulien **372** 35
Bulin **372** 35
Buline **372** 35
Bulkcarrier **381** 67, **382** 30
Bulkfrachter **381** 67, **382** 30
Bullauge **394** 22
Bulldogge, Englische **223** 1
Bulldozer **354** 24
Bulle *Börse* **415** 23
Bulle *Zool.* **224** 1
Bullenbeißer **223** 1

Bullterrier 223 35
Bumerang 160 39
Bump 318 21, 22
Bund *Kleidung* 36 43
Bund *Musik* 142 9
Bund, Arm- 35 53
Bund, Buch- 338 72
Bund, Geheim- 160 34
Bund, Hosen- 38 65
Bund, Jersey- 39 6
Bund, Kummer- 38 5
Bund, Schlüssel- 49 21
Bund, Schrauben- 296 33
Bund, Stretch- 36 10
Bund, Strick- 39 6
Bund, Türken- 195 4
Bundaxt 273 72
Bundbalken 274 53
Bündchen 36 37, 39 38
Bündchen, Arm- 39 6
Bündchen, Ärmel- 39 20
Bündel, Strahlen- 169 19
Bündel, Zweige- 370 38
Bündelpfeiler 154 35
Bundespolizist 359 43
Bundesrepublik Deutschland
  61 16
Bundesstraße 17 16
Bundfalte 36 67
Bundfaltenhose 36 58, 38 24
Bundgeschirr 273 20
Bundhose 118 7
Bundlager 301 48
Bundsäge 273 68
Bundschraube 296 32
Bundsparren 274 55
Bundsteg 338 58
Bundstiel 273 53
Bungalow, Miet- 92 75
Bungalowzelt 92 50
Bungeejumping 85 9
Bungeeseil 85 11
Bungeespringen 85 9
Bungeespringer 85 10
Bunker 110 42
Bunker, Groß- 217 76
Bunker, Kalk- 300 67
Bunker, Kohlen- 304 11
Bunker, Komponenten-
  309 3
Bunker, Müll- 81 21
Bunker, Rohkohlen- 297 28
Bunker, Rollboden- 217 64
Bunker, Wiege- 381 22
Bunkerbefülland 217 75
Bunkerboot 381 13
Bunkereinheit 355 27
Bunkerköpfroder 217 68
Bunkerroder, Kartoffel-
  217 56
Bunsenbrenner *Chemie*
  173 1

Bunsenbrenner *Papier*
  324 25
Buntdruckwerk 334 47
bunte Farbe 166 1–9
Buntsandsteinscholle 306 64
Buntspecht 178 32
Buntstift *Hausrat* 55 26
Buntstift *Schule* 72 40
Buntstift *Vorschule* 71 11
Bürette 173 21
Bürettenklemme 173 23
Bürettenstativ 173 22
Burg 153 1
Burg, Ritter- 147 1
Burg, Sand- 95 27
Burg, Sargons- 152 29
Burg, Strand- 95 27
Bürgersteig *Stadt* 79 45
Bürgersteig *Straße* 352 9
Burggraben 147 37
Burghof 147 2
Burgkapelle 147 29
Burgmauer 152 31, 153 7
Burgtor 147 32
Burgunderrübe 222 21
burgundisches Kreuz 150 61
Burnus 162 7
Büro 408, 409, 410, 411, 412
Büro, Bademeister- 96 10
Büro, Großraum- 411
Büro, Informations- 92 4
Büro, Konstruktions- *Schiff-
  bau* 378 2
Büro, Konstruktions- *Zeich-
  ner* 314, 315
Büro, Reise- *Bahnhof* 358 51
Büro, Reise- *Kaufhaus* 83 30
Büro, Versicherungs- 79 32
Büro, Zahlmeister- 377 45
Büro, Zeichen- 314
Bürodrehstuhl *Büro* 408 39
Bürodrehstuhl *Mediengest.*
  328 9
Bürohaus 381 53
Büroheftgerät 410 5
Bürohochhaus 45 25
Büroklammer 410 1
Bürokomplex 299 14
Büromaterial 410
Büromaterialien 27 21
Büroschrank 411 14
Bürostuhl 411 27
Bürste *Biene* 230 10
Bürste *Frisur* 40 12
Bürste, Abwasch- 56 54
Bürste, Auftrage- 56 45
Bürste, Baum- 208 23
Bürste, Brett- 260 33
Bürste, Draht- 294 36, 295 18
Bürste, Fischgrät- 257 17
Bürste, Haar- *Baby* 33 7
Bürste, Haar- *Hausrat* 51 33

Bürste, halbrunde 257 17
Bürste, Hand- 159 11
Bürste, Hunde- 223 37
Bürste, Kleider- 56 47
Bürste, Kleister- 281 27
Bürste, Klo- 57 18
Bürste, Laufreinigungs-
  240 62
Bürste, Lockwell- 257 13
Bürste, Pneumatik- 257 17
Bürste, Polier- *Goldschmied*
  260 44
Bürste, Polier- *Schuhmacher*
  253 11
Bürste, Rinden- 208 23
Bürste, Rosshaar- 253 12
Bürste, rotierende 350 7
Bürste, Rund- *Friseur* 257 13
Bürste, Rund- *Hausrat* 56 95
Bürste, Scheuer- 56 60
Bürste, Schuh- 56 44
Bürste, Skelett- 257 17
Bürste, Spül- 56 54
Bürste, Stilhaar- 257 17
Bürste, Stoff- 256 34
Bürste, Streich- 282 5
Bürste, Stupf- 282 23
Bürste, Styling- 257 17
Bürste, Tapezier- 281 40
Bürste, Teller- 353 12
Bürste, Teppich- 56 48
Bürste, Thermo- 258 31
Bürste, Toiletten- 57 18
Bürste, Tunnel- 257 17
Bürste, Zahn- 57 27
Bürstenband 217 61
Bürstenhaarschnitt 40 12
Bürstvorsatz, Teppich- 56 83
Bürzel 241 54, 63
Bus 347 33–51
Bus, Auto- *Kfz* 347 33–51
Bus, Auto- *Piktogramm*
  390 6
Bus, Doppeldecker- 347 41
Bus, Doppelstock- 347 41
Bus, Gelenk- 347 45
Bus, Klein- 347 33
Bus, Reise- 347 35
Busch, Feder- 147 78
Busch, Holder- 192 35
Busch, Holunder- 192 35
Busch, Pfauen- 62 38
Büschel, Gras- 193 44
Büschelkieme 182 19
Büschelnelke 213 6
Buschmann 162 29, 34
Buschrose 204 14
Buschwerk 17 14
Buschwindröschen 195 1
Busen 19 41
Busenschmuck 130 28
Bushaltestelle 18 7

Bussard, Mäuse- 177 13
Büste 19 38
Büste, Porträt- 50 12
Büste, Schneider- 255 7
Büstenhalter *Kleidung* 37 10
Büstenhalter *Nachtlokal*
  130 20
Büstenhalter, Sport- 37 16
Büstenhalter, trägerloser
  37 17
Büstenpfeiler 153 49
Büstenschale 37 12
Bustier 37 15, 39 30
Butangasflasche 92 47
Bütte *Mühle* 245 21
Bütte *Papier* 324 2, 325 15
Bütte *Weinbau* 231 15
Bütte, Trag- 231 15
Butte, Trage- 231 15
Bütte, Wasch- 127 86
Bütte, Wein- 231 15
Büttenträger 231 14
Butter *Schiff* 376 19
Butter *Supermarkt* 252 104
Butter, Marken- 229 37
Butterblume 193 8
Butterdose 53 37
Butterei 229 32
Butterfly 98 31
Butterflytrainer 112 27
Butterfly-Trainingsgerät
  112 11
Butterkuchen *Bäckerei*
  251 49
Butterkuchen *Restaurant*
  75 4
Buttermesser 53 72
Buttermilchtank 229 18
Butterpilz 199 21
Butterstrang 229 34
Butterung, kontinuierliche
  229 33
Butterungsanlage 229 32, 33
Butterungsmaschine 229 33
Büttgeselle 324 1
Butzen, Apfel- 211 62
B-Wagenteil 351 6
byzantinische Kunst
  153 86–90
B-Zeichen 138 52

C

Caban 38 49
Cabochon 43 48, 69
Cabochon, ovaler 43 71
Cabochontropfen 43 76
Cabriolet 346 8
Cache-Controller 406 19
Cache-Speicher 406 19
CAD 315 1

CAD-Arbeitsplatz **315**
Caddie **110** 47
Caddie® **110** 46
Caddiewagen **110** 46
CAD-Programmoberfläche **315** 26
Café **75**
Café, Straßen- **79** 49
Café, Terrassen- **84** 57
Cafeteria **390** 20
Caitya **151** 10
Caityahalle **151** 9
California-Klasse **67** 41
CAM **394** 14
Camcorder *Fotogr.* **269** 1, 18–25
Camcorder *Rundfunk* **400** 34
Camcorder *Video* **404** 1
Camcorder, Mini-DV- **404** 11
Camembert **252** 105
Camperin **92** 65
Camping **92**
Campinganhänger **92** 11
Campinggasflasche **92** 47
Campinggeschirr **92** 63
Campingliege **92** 74
Campingplatz **92** 1
Campingplatzwart **92** 7
Campingstuhl **92** 61
Campingtisch **92** 62
Cancer **4** 59
Canis Major **3** 14
Canis Minor **3** 15
Cañon **14** 48
Cañonfluss **14** 54
Cap, Base- **42** 48
Capa **128** 26
Cape, Poncho- **35** 19
Cape, Regen- **49** 5
Capella **3** 27
Cappuccino **75** 22
Capricornus **3** 36, **4** 65
Caprihose **36** 60
Car, Auto- **347** 35
Caravan **92** 24
Carina **3** 46
Carrier, Bulk- **381** 67, **382** 30
Carrier, Cattle- **375** 62
Carrier, Crude **375** 1
Carrier, Livestock- **375** 62
Carrier, Van- **381** 47, **382** 4
Carvingski **119** 7
Cascading Style Sheets Editor **328** 28
Cassegrain-Kabine **5** 5
Cassiopeia **3** 33
Castor **3** 28
Cateringfahrzeug **389** 22
Catgang **67** 18
Cattle-Carrier **375** 62
C-Bogen **32** 18
CD *Fotogr.* **269** 24

CD *Hausrat* **54** 14
CD *U-Elektronik* **402** 61
CD-Brenner **270** 7
CD-DVD-Brenner **328** 12, **406** 5
CD-DVD-Laufwerk **406** 4
CD-Einführöffnung **344** 82
CD-Fach **401** 3, 65
CD-Lesegerät **270** 7
CD-Player *Auto* **344** 81
CD-Player *Diskothek* **129** 23
CD-Player *U-Elektronik* **401** 9, 56, **402** 51
CD-Player, tragbarer **402** 60
CD-Radiorekorder **402** 48
CD-ROM **270** 4
CD-Schreibgerät **270** 7
C-Dur **138** 55, 62
C-Dur-Tonleiter **138** 45
Cedille **164** 53
Cella **153** 65
Cello **141** 16
Cembalo **140** 45
Cembalomechanik **140** 48
Centaurus **3** 39
Central Processing Unit **406** 18
Centrifuge Accomodation Module **394** 14
Ceran® **47** 27
Ceranfeld® **47** 27
Cerci **233** 13
Cetus **3** 11
Ceylonschliff **43** 44
Chalaza **227** 30
Chalet **92** 75
Chalkografie **159** 14–24
Chamäleon **182** 33
Champagner **252** 35
Champagnerglas **53** 85
Champignon, Feld- **199** 1
Champignon, Wiesen- **199** 1
Chante **161** 22
Chanukkaleuchter **151** 26
Chapeau claque **42** 43
Chapiteau **125** 1
Charivari **43** 35
Charleston **142** 51
Chassis **344** 37
Chassis, Anhänger- **291** 28
Chassis, Imprägnier- **321** 2
Chasuble **35** 65
Check, Preflight- **327** 8
Chef *Büro* **411** 31
Chef *Restaurant* **77** 26
Chef, Empfangs- **78** 7
Chef, Rayon- **83** 81
Chef, Saal- **89** 24
Chef de partie **89** 20
Chefmaskenbildner **136** 52
Chefsekretärin **411** 33

Chefzimmer **409**
Chemiefaser **322**
Chemiefaser, synthetische **322** 25–39, 40–53
Chemiefaser, zellulosische **322** 1–24
Chemielabor **172, 173**
Chemielehrer **73** 2
Chemiesaal **73** 1
Chemieunterricht **73** 1–13
Chemiewehr **82** 5
Chemikalie, Farbentwicklungs- **268** 59
Chemikalienflasche *Fotogr.* **268** 10
Chemikalienflasche *Schule* **73** 18
Chemikalienkreislauf **325** 16
chemische Aufschließung **325** 14
Chianti **252** 36
Chicorée **209** 40
Chihuahua **223** 32
Chimäre **145** 18
Chinarindenbaum **198** 17
chinesische Kunst **156** 1–7
Chinesische Rose **213** 15
chinesische Schrift **163** 5
Chip **396** 37
Chip, Geldkarten- **413** 24
Chip, Speicher- **406** 42
Chipkarte *Fotogr.* **267** 1
Chipkarte *Med.* **27** 10
Chipkarte *Rundfunk* **398** 22
Chipkarten-Lesegerät **27** 9
Chips **349** 5
Chips, Kartoffel- **252** 62
Chi-Rho **150** 68
Chirurgie, kleine **27** 40
chirurgische Abteilung **31** 1
chirurgische Klinik **31** 1
chirurgische Nadel **27** 50
chirurgisches Instrument **31** 33
chirurgisches Nahtmaterial **27** 49
Chistera **123** 69
Chitonactis **187** 20
Chlorcalciumröhre **173** 43
Chlorion **1** 19
Chor *Kirche* **148** 32
Chor *Kunst* **153** 61, **154** 4
Chor *Musik* **142** 6
Chor, Opern- **136** 24
Choralnotation **138** 1
Chornische **154** 5
Chow-Chow **223** 11
christlicher Friedhof **18** 31
christliche Taufe **150** 1
Christstollen **251** 12
Christusmonogramm **150** 68
Chromatid **24** 16, 47

chromatische Handharmonika **142** 36
chromatische Tonleiter **138** 49
Chrombügel **340** 5
Chromdioxidkassette **402** 56
Chromolithografie **159** 28
Chromosom **24** 5, 14, 15
Chromosom, Tochter- **24** 37
Chromosomenarm **24** 16, 17, 18
Chromosomenfaden **24** 41
Chrysantheme **203** 30
Chrysanthemum **214** 7
Cimbalom **140** 32
Cirrocumulus **8** 14
Cirrostratus **8** 7
cis-Moll **138** 59
Cister **140** 21
Citystil **42** 30
Claisenkolben **173** 50
Clavicembalo **140** 45
Climber, Free- **118** 14
Clinch **117** 31
Clitellum **176** 29
Clivia **205** 8
Clog **58** 44
Clown **125** 21
Clown, Weiß- **125** 33
Clownfisch **93** 29
c-Moll **138** 65
Coach **117** 24
Coat, Duffle- **83** 26
Coat, Petty- **127** 67
Cochonnet **123** 19
Cockerspaniel **223** 23
Cockpit *Auto* **344** 53–80
Cockpit *Flugzeug* **386** 1–31, **387** 16
Cockpit *Motorrad* **342** 4
Cockpit *Segeln* **101** 38
Cockpit *Wassersport* **102** 3
Cockpit, Integral- **342** 15
Cockpit-Haube **65** 4
Cocktailglas *Hotel* **78** 57
Cocktailglas *Schiff* **376** 78
Cocktailshaker **78** 63
Cocosplatte **11** 34
Code, Karten- **396** 35
Code, Strich- *Post* **395** 50
Code, Strich- *Supermarkt* **252** 110
Code, Strich- *Tankstelle* **349** 49
Code-Editor **328** 34
Codieren **328** 34
Codierplatz, Video- **395** 41
Cœur **90** 40
Coiffeur **258** 2
Coillager **301** 48
Cola **77** 33

Coloranalyser **268** 39
Colormanagement **327** 10
Comfrey **222** 13
Compact Disc *Fotogr.* **269** 24
Compact Disc *Hausrat* **54** 14
Compact Disc *U-Elektronik* **402** 61
Compact-Disc-Spieler **401** 9, 56
Computer *Börse* **415** 4
Computer *Hotel* **78** 8
Computer *Internet* **405** 1–4
Computer *Polizei* **68** 50
Computer *Setzerei* **327** 6
Computer *Universität* **74** 19, 24, 28
Computer *Wahl* **69** 20
Computer, Achsmess- **348** 7
Computer, Beregnungs- **220** 39
Computer, Bord- **345** 5
Computer, Fahrrad- **339** 7, **340** 33
Computer, mobiler **407**
Computer, Personal- *Bank* **414** 5
Computer, Personal- *Büro* **408** 16, **409** 6, **411** 18
Computer, Personal- *Fotogr.* **270** 5
Computer, Personal- *Internet* **405** 2, 3
Computer, Personal- *Med.* **27** 12
Computer, Personal- *Mediengest.* **328** 11, 13, **329** 11
Computer, Personal- *PC* **406**, **407**
Computer, Personal- *Telekomm.* **397** 30
Computer, Personal- *Zeichner* **314** 17
Computer, Taschen- **409** 11
Computer, tragbarer *Büro* **411** 53
Computer, tragbarer *PC* **407** 1
Computer, tragbarer *Universität* **74** 25
computer-aided design **315** 1
Computerbildschirm **358** 6
Computerdrucker **406** 67
Computermaus *PC* **406** 31
Computermaus *Zeichner* **315** 19
Computer-to-Plate-Belichter **327** 14
computerunterstütztes Entwerfen **315** 1
Concho **85** 43
Conga **142** 56

Congatrommel **142** 56
Container *Abfall* **81** 19
Container *Eisenbahn* **360** 42
Container *Hafen* **382** 3
Container, Abfall- **359** 24
Container, Abschuss- **66** 32
Container, Altkleider- **81** 15
Container, Altpapier- **81** 10
Container, Bauschutt- **353** 22
Container, blauer **81** 14
Container, Braunglas- **81** 9
Container, Grünglas- **81** 8
Container, Müll- **353** 14
Container, Roll- *Büro* **408** 38, **409** 14
Container, Roll- *Mediengest.* **328** 1
Container, Schuh- **81** 16
Container, Start- **66** 71
Container, Weißglas- **81** 7
Containerbahnhof **360** 39
Containerbrücke **381** 46, **382** 2
Containerdecksladung *Hafen* **382** 6
Containerdecksladung *Schiff* **375** 22
Containerladebrücke **382** 2
Containerschiff *Hafen* **381** 45
Containerschiff *Schiff* **375** 76
Containerschiff, Voll- *Hafen* **382** 5
Containerschiff, Voll- *Schiff* **375** 21
Containerstapel **381** 49
Containerstapler **381** 47, **382** 4
Containerterminal **381** 48, **382** 1
Containertragwagen **360** 43
Controller, Cache- **406** 19
Controller, Kombi- **406** 15
Copyrightzeichen **164** 40
Cordkragen **38** 47
Cordmütze **42** 33
Corona **4** 42
Corona Borealis **3** 31
Corps de Ballet **135** 27
Corrida **128** 1–32
cos **169** 32
cot **169** 32
Couchtisch **50** 29
Coudé-Strahlengang **5** 4
Counter **358** 9
Coup droit **111** 7
Coupé, Sport- **346** 8
Coupon **415** 33
Couponbogen **415** 32
Cowboy *Karneval* **124** 27
Cowboy *Stierkampf* **128** 35
Cowper-Drüse **23** 89

CO_2-Flasche **291** 32
CPU **406** 18
Crawl **98** 33
Creme **252** 45
Creme, Zahn- **252** 39
Cremedose **33** 13
Cremeschnitte **251** 27
Cremetopf **51** 32
Cremetorte **251** 30
crescendo **139** 31
Cricket **108** 24
Croisé **135** 18
Croissant *Bäckerei* **251** 38
Croissant *Supermarkt* **252** 14
Croissant, Wurst- **349** 25
Croquet **108** 32
Crossing-over **24** 44
Crossmedia-Produktion **328** 13
Crosstrainer **112** 20
Croupier **89** 21
Croupier, Hand- **89** 21
Croupier, Kopf- **89** 23
Crude Carrier, Ultra Large **375** 1
Crux **3** 44
C-Schlüssel **138** 10, 11
CSS-Editor **328** 28
CtP-Belichter **327** 14
CtP-Platte **327** 23, 25
Cumulonimbus **8** 17
Cumulus **8** 1
Cumulus congestus **8** 2
Cumulus humilis **8** 1
Cupula **189** 5, **202** 52
Curling **120** 31–34
Curlingbesen **120** 33
Curlingspieler **120** 31
Curlingstein **120** 32
Cursorsteuerung **404** 64
Cursorsteuerungstaste **402** 14
Curveball **123** 16
Cut, Navy- **259** 25
Cutaway **142** 79
Cutter **132** 40
Cutterin **132** 51
C-Wagenteil **351** 6
Cyan **166** 17, 21
Cyan-Druckwerk **333** 26
Cyaneinstellung **268** 48
Cycle, Indoor- **112** 34
Cycling, Indoor- **112** 32–34
Cygnus **3** 23
Cyperus alterni folius **205** 17
Cytosin **24** 25

D

Dach *Bau* **274**, **275**
Dach *Haus* **46**

Dach *Musik* **142** 3
Dach *Winter* **122** 3
Dach, Allwetter- **354** 30
Dach, Fahrzeug- **82** 56
Dach, Flach- **45** 20
Dach, Glas- **207** 5
Dach, Hoch- **347** 27
Dach, Hohlpfannen- **275** 53
Dach, Kegel- **274** 24
Dach, Kehlbalken- **274** 34
Dach, Kirchen- **149** 11
Dach, Kletter- **87** 47
Dach, Kronen- **275** 50
Dach, Krüppelwalm- **274** 16
Dach, Kuppel- **5** 13
Dach, Mansard- **274** 18
Dach, Mansarden- **274** 18
Dach, Mönch-Nonnen- **275** 56
Dach, Papp- **275** 90
Dach, Pult- *Bau* **274** 7
Dach, Pult- *Haus* **45** 21
Dach, Regen- **10** 41
Dach, Ritter- **275** 50
Dach, Säge- **274** 20
Dach, Sattel- *Bau* **274** 1
Dach, Sattel- *Haus* **44** 5, **45** 10
Dach, Schädel- **73** 16
Dach, Sched- **274** 20
Dach, Schiebe- **346** 26
Dach, Schiefer- **275** 61–89
Dach, Schlepp- **44** 65
Dach, Schwenk- **367** 27
Dach, Shed- **274** 20
Dach, Sparren- **274** 27
Dach, Spließ- **275** 45
Dach, Stufen- **151** 2
Dach, Vor- **92** 32, 51
Dach, Walm- **274** 10, 60
Dach, Welltafel- **275** 96
Dach, Zelt- **274** 22
Dach, Ziegel- **275** 1
Dachbalken **274** 29
Dachbock **275** 66
Dachboden **44** 4, **46** 19
Dachbremsklappe **65** 2
Dachdecker **275**
Dachdeckerstift **275** 74
Dachfenster **46** 3
Dachfirst **274** 2
Dachflächenfenster **44** 49
Dachform **274** 1–26
Dachfuß **274** 8
Dachgarten **360** 35
Dachgaube *Bau* **274** 6
Dachgaube *Haus* **46** 8
Dachgaube *Kunst* **155** 4
Dachgaupe *Bau* **274** 6
Dachgaupe *Haus* **46** 8
Dachgepäckträger **92** 12, 17
Dachgeschoss **44** 4, **46** 1

Dachgesims *Bau* **275** 36
Dachgesims *Haus* **44** 9, **46** 12
Dachgrat **274** 12
Dachhaken **46** 7
Dachhaut **46** 2
Dachheizzentrale **308** 20
Dachkehle **274** 15
Dachkoffer **92** 13
Dachkonstruktion **274** 27–83
Dachleiter *Bau* **275** 63
Dachleiter *Camping* **92** 16
Dachleiter *Haus* **46** 5
Dachleitung **365** 5
Dachliegefenster **274** 8,
  275 12
Dachlüfter **92** 28
Dachöffnung **367** 23
Dachpappe **275** 62
Dachpappenstift **296** 55
Dachreiter **274** 14
Dachreling **346** 34
Dachrinne *Bau* **275** 28
Dachrinne *Haus* **44** 50, **46** 10
Dachs **241** 53
Dachs, Klipp- **184** 27
Dachsbär **241** 53
Dachschuh **275** 75
Dachshund **223** 27
Dächsin **241** 53
Dachsperling **179** 18
Dachstuhl **273** 7, **275** 66
Dachstuhl, Kehlbalken-
  274 37
Dachstuhl, Pfetten- **274** 42,
  46, 52, 60
Dachteil **274** 1–26
Dachterrasse **44** 68
Dachterrassenwohnung
  44 69
Dachverband **274** 27–83
Dachverkleidung **65** 30
Dachvorsprung **44** 9
Dachwerbung **79** 38
Dachziegel **275** 45–60
Dachziegeldeckung
  275 45–60
Dachziegelschere **275** 33
Dackel, Kurzhaar- **223** 27
Dahlie **203** 22
Dahlie, Pompon- **213** 23
Daktyloskopie **68** 49
Dalbe **381** 12
Dalben **381** 12
Dalben, Duck- **381** 12
Dalben, Leit- **378** 37
Dalben, Streich- **378** 37
Damasttuch **53** 2
Dambock **241** 53
Dame **90** 9, 17–19
Dame, Animier- **130** 12
Dame, Bar- *Diskothek* **129** 5
Dame, Bar- *Hotel* **78** 62

Dame, Halbwelt- **124** 32
Dame, Harems- **124** 36
Dame, Hinter- **123** 6
Dame, Tisch- **78** 44
Dame, Vorder- **123** 2
Damebrett **90** 17
Damenbadeanzug **95** 19, 20
Damenbekleidung **83** 21
Dameneinzel **109** 3
Damenfriseur **257**
Damenhut *Hausrat* **49** 12
Damenhut *Kopfbedeckung*
  42 5
Damenhygieneartikel **349** 35
Damenkleidung **35, 36**
Damenkonfektionsabteilung
  83 21
Damenmütze **42** 5
Damennachtkleidung **37** 1
Damensalon **257**
Damenschneider **255** 1
Damenschneiderei **255**
Damenshorts **36** 71
Damenstiefel **58** 12
Damenstraßenstiefel **58** 12
Damenunterkleidung **37** 1
Damenunterwäsche **37** 1
Damenwäsche **37** 1
Damespiel **90** 17–19
Damestein **90** 18, 19
Damhirsch **241** 45
Damm *Anat.* **23** 77
Damm *Geogr.* **17** 104
Damm, Abschluss- **15** 41
Damm, Fahr- **352** 13
Damm, Fluss- **370** 3
Damm, Stau- **307** 27
Damm, Ufer- **370** 3
Dämmerungsgrenze **4** 21
Dämmplatte **275** 44
Dämmung **131** 48
Dämon, Sturm- **145** 60
Dampf, Lösungsmittel-
  335 25
Dampfabsaugung **255** 30
Dampfaustrittsschlitz **56** 15
Dampfbügelautomat **56** 12
Dampfbügeleisen *Hausrat*
  56 12
Dampfbügeleisen *Kürschner*
  284 3
Dampfbügeleisen *Schneide-*
  rei **255** 25
Dampfdom **364** 12
Dampfdüse **75** 39
Dämpfer *Musik* **140** 54,
  141 10, **142** 73, **143** 37
Dämpfer *Textil* **321** 4
Dämpfer, Ansauggeräusch-
  344 2
Dampfer, Ausflugs- *Hafen*
  381 29

Dampfer, Ausflugs- *Schiff*
  375 15
Dampfer, Fisch- **375** 80
Dämpfer, Lenkungs- **347** 47
Dämpfer, Mündungsfeuer-
  63 17
Dampfer, Passagier- **381** 32
Dämpfer, Schall- *Auto* **344** 34
Dämpfer, Schall- *Eisenbahn*
  365 49, **366** 42, 48
Dämpfer, Schwingungs-
  368 49
Dämpfer, Stoß- *Auto* **344** 27,
  345 74, 82
Dämpfer, Stoß- *Fahrrad*
  340 21, 38
Dämpfer, Stoß- *Motorrad*
  342 8
Dämpferarm **143** 39
Dampferlicht **377** 40
Dämpferprallleiste **143** 40
Dampferzeuger *Abfall* **81** 24
Dampferzeuger *Energie*
  306 6, 38, **307** 19
Dampferzeugung **306** 6
Dampfkessel **304** 15
Dampfkochtopf **48** 7
Dampfkraftwerk **304** 1–28
Dampflok **364** 1
Dampflokomotive **364** 1, 69
Dampflokomotivenführer-
  stand **364** 38
Dampfpfeifenhebel **364** 51
Dampfradio **127** 18
Dampfreiniger **56** 92
Dampfrohr, Hochdruck-
  67 63
Dampfsammelkasten **364** 21
Dampfschlauch **56** 93
Dampfspeicherlokomotive
  364 69
Dampfspritzpistole **284** 2
Dampfturbine *Energie*
  306 10
Dampfturbine *Kraftwerk*
  304 22, **305** 26
Dampfturbinengenerator
  67 58
Dampfturbogruppe **305** 26
Dampfüberdruck **364** 3
Dampfüberströmleitung
  305 32
Dämpfung, Kabinen- **218** 35
Dämpfung, Schwapp- **391** 12
Dämpfung, Ton- **143** 43
Dämpfungsschicht **119** 30
Dämpfungssystem **393** 54
Dampfzylinder *Eisenbahn*
  364 32
Dampfzylinder *Textil* **321** 46
Damtier **241** 45
Damwild **241** 44

Dan **117** 15
Dandy **124** 28
Danebrog **61** 19
Dänemark **15** 10
Dänemark, Königreich **61** 19
Danforth-Anker **102** 19
Dänische Krone **59** 12
Danziger Bucht **15** 13
Darm *Anat.* **23** 17
Darm *Biene* **230** 21
Darm, Blind- **23** 23
Darm, Dick- **23** 22
Darm, Dünn- **23** 18
Darm, Grimm- **23** 25, 26, 27
Darm, Krumm- **23** 21
Darm, Leer- **23** 20
Darm, Mast- **23** 28, 74
Darm, Zwölffinger- **23** 19, 54
Darrablaufschacht **246** 19
Darre, Nach- **246** 18, 30
Darre, Vor- **246** 16, 29
Darretage **246** 16–18
Darsteller **137** 37
Darsteller, Klein- **131** 29
Darstellerin **137** 38
Darstellung, grafische **314** 11
Darstellung, Nierenkontrast-
  32 7
Darstellung, Spiel- **403** 16
Darstellungsausrichtung
  407 40
Data-Back **267** 57
Datei, PDF- **327** 5
Datei, Postscript®- **327** 4
Daten *Hotel* **78** 8
Daten *Internet* **405** 8, 14, 16
Daten *Setzerei* **327** 8
Daten, Kontroll- **132** 47
Daten, Soll- **348** 11, 65
Daten, technische **314** 37
Datenanzeige **264** 45
Datenausgang **264** 42
Datenaustausch **327** 7
Datenbank **405** 9
Datenbankrechner **398** 55
Datenblatt **411** 50
Datenbuch **348** 65
Datendisplay **267** 7
Dateneingabe **344** 44
Datenkabel **269** 20, 21
Datenleitung, Internet-
  405 11
Datenmonitor **267** 7
Datenmonitor, LCD- **267** 71
Datenrückwand **267** 57
Datenträger *Astron.* **6** 30
Datenträger *Fotogr.* **270** 1
Datenzentrale **411** 46
DAT-Gerät **398** 31
DAT-Rekorder **398** 41
Dattel **202** 9
Dattelkern **202** 10

Dattelpalme 202 1
Datum, Ausgabe- 165 7
Datumsanzeige 358 27
Daube 120 30
Daube, Fass- 283 9
Dauerklee 222 9
Dauermyzelgeflecht 221 4
Dauerregen 8 18
Dauerrennen 106 9
Dauerwellwickler 257 4
Daumen 19 65
Daumenballen 19 77
Daumenfurche 19 74
Daumenmittelfingergriff 116 51
Daumenmuskel 21 41
Daumenring 141 47
Daumenzeigefingergriff 116 50
Daunenmantel 35 18
Davit *Militär* 66 13
Davit *Schiff* 377 20
Davit, Boots- *Militär* 66 83
Davit, Boots- *Schiff* 375 72
DAX®-Logo 415 14
D-Dur 138 57
Deasphaltierungsanlage 298 50
Decca-Navigator-System 379 33
Deck *Erdöl* 299 35, 36, 37
Deck *Sport* 123 80
Deck, A- 377 28–30
Deck, Achter- 377 32
Deck, Arbeits- *Schiff* 375 19, 51
Deck, Arbeits- *Seerettung* 384 16
Deck, Aufbau- 66 10
Deck, Aufenthalts- 380 61
Deck, Auto- 375 73
Deck, B- 377 32–47
Deck, Boots- 377 19–21
Deck, Brücken- 372 12–18
Deck, Eisenbahn- 375 74
Deck, Flug- 67 2, 12
Deck, halb offenes 377 28
Deck, Haupt- *Militär* 66 9
Deck, Haupt- *Schiff* 377 32–47
Deck, Hubschrauber- *Erdöl* 299 7
Deck, Hubschrauber- *Militär* 66 63
Deck, Kassetten- 401 11, 78
Deck, Lade- 375 51
Deck, Lido- 377 22
Deck, Ober- 347 43
Deck, Peil- 377 4–11, 383 24
Deck, Promenaden- 377 22–27
Deck, Sonnen- 377 22

Deck, Tape- 401 78
Deck, Unter- *Kfz* 347 42
Deck, Unter- *Raumfahrt* 393 29
Deck, Vor- *Schiff* 377 47
Deck, Vor- *Segeln* 100 1
Deck, Winkel- 67 12
Deck, Zwischen- 377 76
Deckbalken 378 60
Deckblatt 259 5
Deckbrett 207 9
Deckchen, Papier- 75 21
Deckchen, Toast- 376 17
Decke *Bau* 276
Decke *Buch* 338 37–39
Decke *Fahrrad* 339 23
Decke *Musik* 141 24
Decke, Altar- 148 6
Decke, Asphalt- 354 52
Decke, Beton- 355 19
Decke, Bett- 51 10
Decke, Einband- 338 37–39
Decke, Einschub- 273 43, 276 68
Decke, Eis- 122 20
Decke, Fahrbahn- 352 3–5
Decke, Flügel- 235 11
Decke, Helm- 62 4
Decke, Kühl- 398 15
Decke, Lava- 12 3
Decke, Massiv- 271 16, 276 28
Decke, Mittel- 378 58
Decke, Rippen- 276 35
Decke, Schlaf- 51 10
Decke, Schnee- 122 3
Decke, Spritz- 99 53
Decke, Stahlbeton- 272 8
Decke, Stepp- 51 10
Decke, Straßen- 371 2
Decke, Tages- *Hausrat* 51 9
Decke, Tages- *Schiff* 376 55
Decke, Tank- 378 57
Decke, Tisch- *Restaurant* 76 39
Decke, Tisch- *Schiff* 376 22
Decke, Woll- 50 28
Decke, Zwischen- 276 61, 68, 69
Deckel *Astron.* 6 2
Deckel *Atom* 2 14
Deckel *Biene* 230 50
Deckel *Buch* 338 37
Deckel *Chemie* 173 31
Deckel *PC* 406 44
Deckel, Bier- 76 3
Deckel, Dom- 46 52
Deckel, Fass- 76 57
Deckel, Gehäuse- *Maschinenteil* 296 80
Deckel, Gehäuse- *U-Elektronik* 402 62

Deckel, Glas- 80 56
Deckel, Kamm- 226 17, 31
Deckel, Kanzel- 148 21
Deckel, Kehl- 20 54
Deckel, Kiemen- 182 5
Deckel, Klapp- *Flohmarkt* 127 29
Deckel, Klapp- *Installateur* 280 22
Deckel, Klo- 57 13
Deckel, Klosett- 57 13
Deckel, Kofferraum- 344 25
Deckel, Luken- 378 68
Deckel, Mannloch- 283 22
Deckel, Monitor- 407 2
Deckel, Ofen- 301 8
Deckel, Öleinfüllstutzen- 343 52
Deckel, Papp- 337 7
Deckel, Pfeifen- 259 37
Deckel, Pforten- 372 60
Deckel, Press- 286 55
Deckel, Rauchfass- 150 40
Deckel, Schacht- 46 50
Deckel, Schall- 148 21
Deckel, Schamotte- 260 9
Deckel, Schaufel- 249 32
Deckel, Schiebe- 332 2
Deckel, Schraub- 236 30
Deckel, Schreibkopf- 412 33
Deckel, Schutz- 140 27
Deckel, Topf- 48 12
Deckel, Trog- 331 37
Deckel, Tubus- 173 52
Deckel, Vakuum- 330 22
Deckel, Zündkerzen- 343 75
Deckelkapsel 188 105
Deckelsetzstation 229 46
Deckeltopf 156 3
Deckelverschluss 56 87
Deckenbalken 273 38
Deckenbeleuchtung *Eisenbahn* 362 12
Deckenbeleuchtung *Restaurant* 76 30
Deckenbeleuchtung *Schiff* 376 62
Deckendekoration 129 10
Deckendekorationsstück 137 12
Deckenerguss 12 3
Deckenfüllung 273 44
Deckenkran 378 20
Deckenlampe *Hausrat* 52 13
Deckenlampe *Nachtlokal* 130 14
Deckenlampe *Restaurant* 75 49
Deckenleuchte 29 17
Deckenputz 276 59, 72
Deckenstrahler *Nachtlokal* 130 15

Deckenstrahler *Restaurant* 77 48
Deckentapete 281 53
Deckentapeziergerät 281 50
Deckenwinkel 279 48
Deckenziegel 313 24
Decker, Anderthalb- 385 13
Decker, Dach- 275
Decker, Doppel- *Flugzeug* 385 10
Decker, Doppel- *Kfz* 347 41
Decker, Drei- *Flugzeug* 385 6
Decker, Drei- *Schiff* 372 51–60
Decker, Hoch- 385 1, 387 2
Decker, Mittel- 385 4
Decker, Schiefer- 275 71
Decker, Schulter- 385 3
Decker, Tief- 385 5, 14, 387 1
Deckfass 275 22
Deckfeder, Unter- 177 5
Deckflügel 175 39, 235 11
Deckflügler 175 25
Deckgebinde 275 78
Deckgebirge 297 21
Deckgrund 159 56
Decklade 207 9
Deckplatte 378 59
Deckrahmen 324 3
Deckschicht, Bitumen- 352 5
Deckschicht, bituminöse 352 5
Deckschuppe 190 5
Deckshaus *Militär* 66 72
Deckshaus *Schiff* 375 4, 40, 377 34
Deckskran 375 5, 59
Decksladung, Container- *Hafen* 382 6
Decksladung, Container- *Schiff* 375 22
Decksplan 67 12–20
Deckssprung 67 23
Deckung 111 6
Deckung, Dachziegel- 275 45–60
Deckung, Doppel- 275 2
Deckung, Papp- 275 90–102
Deckung, Welltafel- 275 90–102
Deckverschluss 37 59
Decoder 262 44
decrescendo 139 32
Definition 328 39
Definition, Druckfarben- 328 35
Definition, Farb- 328 19
Defrosterdüse 344 9
Dégagé à la quatrième derrière 135 14
Dégagé à la quatrième devant 135 13

Degen 111 36
Degen, Elektro- 111 26
Degen, Stoß- 128 31
Degenfechten 111 25–32, 54
Degenfechter 111 25
Degenspitze 111 27
Degenstoß 128 30
Deich, Haupt- 370 21
Deich, Hochwasser- 370 21
Deich, Sommer- 370 30
Deich, Winter- 370 21
Deichabsatz 370 24
Deichböschung 370 25
Deichkrone 370 23
Deichland 15 45
Deichläufer 370 28
Deichrampe 370 27
Deichschleuse 370 32
Deichsel *Landw.* 215 38
Deichsel *Pferd* 226 21
Deichsel, Anhänge- 217 44
Deichselkasten 92 25
Deichselkreuz 150 62
Deichsiel 370 32
Deichwache 370 28
Deichwärter 370 28
Deichwärterhaus 370 29
Deinking 325 23
Dekanter *Hausrat* 53 46
Dekanter *Restaurant* 76 42
Dekantierflasche 53 46
Deklinationsachse 265 5, 17
Deklinationsgetriebe 265 4
Deklinationslager 265 6
Dekolleté *Karneval* 124 21
Dekolleté *Kleidung* 36 29
Dekolleté-Attrappe 83 79
Dekometer 93 12
Dekompressionsstufe 93 12
Dekoration *Film* 131 16
Dekoration *Kaufhaus* 83 29, 70, 79
Dekoration *Restaurant* 75 24, 76 48
Dekoration, Decken- 129 10
Dekoration, Pflanzen- 75 52
Dekoration, Schaufenster- 79 7
Dekoration, Spiegel- 130 16
Dekoration, Wand- *Büro* 408 8, 411 21
Dekoration, Wand- *Restaurant* 76 57, 77 36
Dekorationsmaler 136 39
Dekorationssäule 129 14
Dekorationsstück 137 35
Dekorationsstück, Decken- 137 12
dekorierte Ware 83 41
Delfin, Gemeiner 185 30
Delfinfigur 85 28
Delfinschwimmen 98 31

Delta 14 2
Deltaflügel 385 19, 387 14
Deltagleiter 104 2
Deltamuskel 21 35
Deltaschaltung 305 24
Demonstrationseinsatz 68 23
Deneb 3 23
Dengel 219 23
Dengelamboss 219 19
Dengelhammer 219 17
Denitrifikationsanlage 304 6
Denkmal *Geogr.* 17 92
Denkmal *Stadt* 18 21
Denox-Anlage 304 6
Depression 9 6
Des-Dur 138 67
Design 328 27
Design, Medien- 328
Designtelefon 396 23
Desinfektion, Haut- 27 53
Desinfektionsmittel 31 20
Desoxyribonukleinsäure-Struktur 24 23
Dessert *Hausrat* 53 30
Dessert *Restaurant* 75 41, 76 22
Dessertlöffel 53 65
Dessertschüssel 53 29
Dessertteller 53 7
Dessous 37 1
Destillationsanlage 298 38
Destillierapparat 173 46
Destillierkolben 173 47, 50
Destiny 394 15
Detailmonitor 315 3
Detektiv, Haus- 89 31
Detektor 6 12, 20
Detektor, Plasma- 6 13
Detektoranlage 127 25
Detektorempfänger 127 25
Deuserband 112 19
Deuteropyramide 174 20
Deutsche Börse AG 415 12
Deutsche Dogge 223 19
deutsche Farbe 90 42–45
Deutsche Kamille 198 1
Deutsche Mark 59 10, 24
deutsche Montierung 265 16
Deutscher Aktienindex 415 14
Deutscher Klee 222 1
Deutscher Schäferhund 223 20
Deutscher Vorstehhund 223 26
deutscher Zug 136 3
Deutsche Schabe 233 16
deutsche Schreibschrift 164 11
Deutsches Weidelgras 222 26

deutsche 1-Cent-Münze 60 38
deutsche 1-Euro-Münze 60 28
deutsche 10-Cent-Münze 60 41
deutsche 2-Cent-Münze 60 39
deutsche 20-Cent-Münze 60 42
deutsche 5-Cent-Münze 60 40
deutsche 50-Cent-Münze 60 43
Deutschland, Bundesrepublik 61 16
Dewanagari 163 9
Dezimalbruch, endlicher 167 20
Dezimalbruch, periodischer 167 21
Dezimalbruch, unendlicher 167 21
Dezimalstelle 167 20
Diabologeschoss 123 28
Diagnose, Fahrzeug- 348 57
Diagnosegerät, Fehler- 348 28, 68
Diagnosestand 348 20
Diagnosewagen 348 64
Diagonale *Brücke* 369 35
Diagonale *Math.* 169 33
Diagonalkraweelbeplankung 101 56
Diagonalpflug 122 29
Diagonalriss 118 3
Diagramm 314 11
Diagramm, Druckströmungs- 32 42
Diagramm, Säulen- 70 16
Diagramm, Torten- 70 17
Diakopieradapter 267 39
Diakopiervorsatz 267 38
diakritisches Zeichen 164 50–56
Diamant, Glaser- 277 25
Diamantbohrmeißel 299 44
Diamantschleifer 29 35
Diamantschneider 277 25
Diamantschneidscheibe 355 24
Dianegativfilm 268 25
Dianette 58 48
Diaphragma 10 27
Diapositiv, Werbe- 133 23
Diapositivfilm 268 24
Diaprojektion 129 12
Diaprojektor *Film* 133 23
Diaprojektor *Flohmarkt* 127 44
Diaprojektor *Fotogr.* 266 72
Diarahmen 266 74

Diaschieber 127 45
Diathermiegerät 28 18
Diaulos 140 3
Diazoplatte 332 32, 34
Dichtband 279 58
Dichternarzisse 213 4
Dichtleiste 343 67
Dichtung, Gummiwulst- 361 7
Dichtung, Ton- 80 39
Dickdarm 23 22
Dickenmesser 324 30
dickes Bugstück 249 29
dickes Stück 249 50
Dickrübe 222 21
Dickteerabscheidung 309 18
Dicktenhobelmaschine 285 45
Dicktentisch 285 46
Dickung 237 11
Dickwurz 222 21
Dieb, Wein- 232 13
Dieb, Wild- 239 33
Diechling 147 52
Diele *Bau* 272 16
Diele *Hausrat* 49 1
Diele *Sägewerk* 311 34
Diele, Gerüst- 275 70
Diele, Lauf- 273 36
Diele, Saum- 271 73, 74
Diele, Seiten- 276 10
Dielenbelag 271 28
Dielenkopf 153 12
Diener, Haus- 78 17
Diener, Kirchen- 148 26, 58
Diener, Manegen- 125 25
Diener, Mess- 148 40
Diener, Zirkus- 125 25
Dienst 154 36
Dienst, Gottes- 148 1–30
Dienst, Internet- 405 14, 16
Dienst, Vollzugs- 68
Dienst, Zug- 366 1
Dienstabteil 361 53
Dienstanbieter, Internet- 405 13
Dienstkleidung *Polizei* 68 7
Dienstkleidung *Straßenrein.* 353 3–7
Dienstkrawatte 395 4
Dienstleistung 405 9
Dienstmarke 68 47
Dienstmütze 68 8
Dienstpistole 68 34
Dienstuniform 376 31
Dienstweste 395 3
Dieselabgassonde 348 29
Dieselabgastester 348 27
Dieselaggregat 67 94
dieselelektrischer Antrieb 377 68–74

dieselhydraulische Lokomotive 366 1, 24, 367 1
dieselhydraulische Rangierlokomotive 366 47
Dieselkleinlokomotive 366 68
Dieselkraftstoff *Erdöl* 299 26
Dieselkraftstoff *Tankstelle* 350 38
Dieselkraftstofftank 299 13
Diesellok 366
Diesellokomotive 366
Dieselmotor *Eisenbahn* 365 47, 366 25, 51
Dieselmotor *Landw.* 217 24
Dieselmotor *Schiff* 377 73
Dieselmotor, Achtzylinder- 366 73
Dieselmotor, Turbo- 343 51
Dieselöltank 380 67
Dieseltriebwagen 365 41
Differenz 167 24
Differenzial *Auto* 345 58
Differenzial *Math.* 168 13, 14
Differenzialgetriebe, Achs- 343 73
Differenzialquotient 168 13
Differenzialzeichen 168 13
Differenzmenge 171 7, 8
Diffusor, Sauerstoff- 391 14
Diffusorkalotte 266 59
Digestifglas 53 87
Digitalanzeige *Fotogr.* 268 54
Digitalanzeige *Uhr* 262 2, 12
Digital Audio Tape 398 31
digitale Anzeige 363 33
digitale Anzeigetafel 91 16
digitale Bildentwicklung 270
digitale Fotografie 269, 270
digitale Kamera 269 40–60
digitale Nachvertonung 132 33
digitaler Hörfunk 398
digitaler Projektor 133 53
digitaler Videoschnitt 132 43
digitaler Zoom 269 10
digitales Aufnahmegerät 269
digitale Spiegelreflexkamera 269 26–39
digitales Schneidesystem 398 26
digitales Telefonnetz 327 7
digitale Videokamera *Film* 134 35
digitale Videokamera *Fotogr.* 269 1
digitale Vorlagenherstellung 327 1–60
digitale Zahl 350 2
Digitalis 197 2
Digitalisieren 68 51

Digitalisiermaus 315 21
Digitalisiertablett, grafisches 357 73
Digitalkamera 269 40–60, 270 27
Digitalkassette 398 53
Digitalmedien 328, 329
Digital Subscriber Line 397 24
Digital Video Broadcasting Terrestrial 397 18
Diktiergerät 411 36
Diktiergerät, Mikrokassetten- 409 38, 412 51
Dill 210 5
Dill, Echter 210 5
Dimethylterephthalat 322 26
Dimmer 280 18
Dinkel 221 24
Dinkelbrot 251 17
Dinkelkorn 221 25
Dinosaurierfigur 85 15
Diode, Foto- 266 69
Diode, Leucht- *PC* 407 11
Diode, Leucht- *U-Elektronik* 401 43
Diode, Leucht- *Uhr* 262 12
Diopter 123 35
Dioptervisierung 123 42, 43
Dipolantenne 386 65
Dipyramide, tetragonale 174 18
Direct-Mode-Taste 401 40
Direktantrieb 292 14
direkte Sonnenstrahlung 10 23
Direktor, Hotel- 78 19
Direktor, Zirkus- 125 16
Dirigent *Kurbad* 88 43
Dirigent *Theater* 136 29
Dirigentenstab 136 30
Dirigierstab 136 30
Dirk, Besan- 373 48
Dirndl 36 89
Dirndl, Kinder- 34 40, 41
Dirndlbluse 36 91
Dirndlkleid 36 89
Dirndlschürze 36 93
Disc, Compact *Fotogr.* 269 24
Disc, Compact *Hausrat* 54 14
Disc, Compact *U-Elektronik* 402 61
Discjockey 129 22
Discman® 402 60
Disk, Floppy 406 54
Disk, Hard- 406 45
Diskantregister 142 41
Diskantsaite 143 10
Diskantsteg 143 11
Diskantteil 142 39
Diskette, 3,5-Zoll-HD- 406 54

Diskettenlaufwerk *Fotogr.* 270 11
Diskettenlaufwerk *PC* 406 6
Diskothek 129
Diskretionsabstandshalter 414 18
Diskussionstubusanordnung 264 22
dis-Moll 138 61
Dispersionsfarbe 282 6
Dispersionskleber 281 28
Display *Auto* 344 83
Display *Büro* 412 44, 81
Display *Eisenbahn* 363 33, 36
Display *Supermarkt* 252 4
Display *Telefon* 396 21, 40
Display *U-Elektronik* 401 49, 66, 82, 402 23, 52, 63, 75, 403 24
Display *Video* 404 45, 53
Display, Bordkommunikations- 394 28
Display, Daten- 267 7
Display, externes 396 49
Display, Informations- 379 8
Display, Maschinen- 337 18
Displayanzeige 68 20
Distel, Acker- 214 32
Distel, Ackerkratz- 214 32
Distel, Brach- 214 32
Distel, Feld- 214 32
Distel, Hafer- 214 32
Distelfink 180 3
Dithmarschen 15 45
ditrigonales Prisma 174 22
Diversityempfänger 400 38
Dividend 167 26
Dividendenschein 415 33
Dividieren 167 26
Division 167 26
Divisionszeichen 167 26
Divisor 167 26
DJ 129 22
DJane 129 22
d-Moll 138 63
DNS-Struktur 24 23
Dobermann 223 22
Docht 259 29
Dochtwolle 42 10
Dock, Schwimm- *Hafen* 381 16
Dock, Schwimm- *Schiffbau* 378 35, 44, 46
Dock, Trocken- *Hafen* 381 17
Dock, Trocken- *Schiffbau* 378 31
Docke 140 50
Docke, Spitz- 288 8
Docken 378 43
Dockenwagen 321 5
Dockgrube 378 38
Dockingeinschnitt 392 37

Docking Station 269 55
Dockkörper 378 39, 40
Dockkran 378 36
Dockponton 378 33
Docksohle 378 32
Dockstapel 378 41
Docktor 378 33
Dodekaeder, Pentagon- 174 8
Dodekaeder, Rhomben- 174 7
Dogge, Bull- 223 1
Dogge, Deutsche 223 19
Do-it-yourself 287 1–34
Dokumentenschacht 412 79
Dolch 161 44
Dolch, Bronze- 146 22
Dolde 188 78
Dolde, Blüten- 196 42
Dolde, Stern- 194 7
Dolde, Trug- 188 76, 192 36
Doline 14 56
Dollar, Australischer 59 15
Dollbord 99 27
Dolle 99 26
Dolle, Dreh- 99 38
Dollen 274 93
Dollenloch 273 22
Dolly 131 49
Dolmen 146 16
Dom, Dampf- 364 12
Dom, Radar- 66 52, 77, 67 49
Dom, Sand- 364 14
Domäne 17 94
Domdeckel 46 52
Domino 90 33
Dominospiel 90 33
Dominostein 90 34
Dompfaff 179 9
Dompteur 125 52
Donnerbart 195 9
Donnerkäfer 175 26
Doppel 109 4, 47, 50
Doppelabstreiferwalze 217 59
Doppel-B 138 53
Doppelbesäumsäge 311 60
Doppelbett *Hausrat* 51 4
Doppelbett *Hotel* 78 39
Doppelboden 378 63
Doppelbruch 167 17
Doppeldecker *Flugzeug* 385 10
Doppeldecker *Kfz* 347 41
Doppeldeckerbus 347 41
Doppeldeckung, Biberschwanz- 275 2
Doppelendball 117 20
Doppelfalttür 351 14
Doppelfang, Rechts-links- 323 47
Doppelfederzinken 217 38, 51

Doppelflinte, Skeetbock- 123 44
Doppelflügel 385 50
Doppelganze 138 12, 20
Doppelgelenkachse 345 69
Doppelhaken 243 53
Doppelhelix 24 24
Doppelherzschar 218 47
Doppelhobel 285 16
Doppelkassettendeck 401 11
Doppelkassettenrekorder 402 53
Doppelklaue 230 11
Doppelkreuz *Kirche* 150 65
Doppelkreuz *Musik* 138 51
Doppelkreuzpoller 371 15
Doppellatte 275 43
Doppelleiter 282 7
Doppelleiterzahnstange 368 11
Doppelleitwerk 385 32, 34, 35
Doppelmaschine 253 26
Doppelmaulschlüssel 348 15
Doppelmühle 90 25
Doppelpaddel 99 2–6, 36
Doppelpass 107 52
Doppelperlfang, Rechts-links- 323 48
Doppelpoller 371 12
Doppelpunkt 164 19
Doppelrahmen 218 79
Doppelraufe 228 12
Doppelreck 114 3
Doppelriemchenaggregat 318 42
Doppelringschlüssel 348 16
Doppelrohrblatt 141 30
Doppelrumpf 100 53
Doppelrumpfflugzeug 385 34
Doppelschaukel 87 27
Doppelschlag 139 21
Doppelschleifenrahmen 342 21
Doppelschwingtür 347 49
Doppelsessel 368 21
Doppelsessel, kuppelbarer 368 23
Doppelsessellift 119 38
Doppelsitzplatz 351 19
Doppelsitzreihe 361 33, 363 13, 17
Doppelspalt-Fowlerklappe 385 39
Doppelspaltklappe 385 47
Doppelspiralfibel 146 30
Doppelstander, zwei-zipfeliger 61 24
Doppelstartkatapult 67 14
Doppelsteckdose, Schutz-kontakt- 280 8

Doppelstern 3 29
Doppelstockbus 347 41
Doppelstocksteuerwagen 362 14
Doppelstockwagen 360 5, 367 35
Doppelstockzug 362 14–29
Doppel-T-Eisen 296 6
doppelte Kreuzungsweiche 357 49–52
doppelter Salto rückwärts 98 37
doppelter Versatz 274 91
doppelte Schalmei 140 3
doppeltes Hängewerk 274 65
doppelt gesägt 188 50
Doppeltor, schräges 119 49
Doppeltor, versetztes vertikales 119 51
Doppeltür 78 28
Doppeluhr 90 16
Doppelventil, Auslauf- 279 35
Doppelwaschbecken 78 33
Doppelwendelleuchtkörper 280 50
Doppelwiege 368 62
Doppelzange 274 50
Doppelzimmer 78 28–39
doppelzüngiges Maul 145 5
Dorf 17 105
Dorfkirche 17 107
Dorfschwalbe 179 12
dorischer Tempel 153 2
dorische Säule 153 9
dorische Säulenordnung 153 9
dorisches Kapitell 153 17–19
Dorn, Grenzlehr- 302 56
Dorn, Kaliber- 302 56
Dorn, Rosen- 213 18
Dorn, Schleh- 192 27
Dorn, Schwarz- 192 27
Dorn, Weiß- 192 30
Dorn, Wurzel- 188 88
Dornapfel 197 8
Dornenranke 211 32
Dornkönig 180 11
Dornspeckkäfer 233 23
Dörrfleisch 250 31
Dörrobstmotte 233 27
Dort 214 30
Dose 349 38
Dose, Bier- 247 20
Dose, Butter- 53 37
Dose, Creme- 33 13
Dose, Einspul- 268 5
Dose, Entwicklungs- 268 3, 20
Dose, Farb- 282 8
Dose, Film- 267 28

Dose, Filmentwicklungs- 268 1
Dose, Gerät- 56 82
Dose, Hostien- 148 8, 150 51
Dose, Konfekt- 54 11
Dose, Konserven- 250 54
Dose, Kupplungs- 280 13
Dose, Puder- *Bad* 57 34
Dose, Puder- *Hausrat* 51 31
Dose, Schall- 127 34
Dose, Schnupftabaks- 259 20
Dose, Schuhcreme- 56 42
Dose, Spitz- 410 3
Dose, Spray- 258 24
Dose, Sprüh- *Med.* 27 53
Dose, Sprüh- *Schuhmacher* 253 35
Dose, Steck- *Friseur* 258 16
Dose, Steck- *Hausrat* 47 18
Dose, Steck- *Installateur* 280 7, 8, 10, 14
Dose, Steck- *Med.* 30 5
Dose, Steck- *Schule* 73 9
Dose, Steck- *Werkstatt* 348 52
Dose, Zucker- 52 29
Dosenbier 252 59
Dosensatz 10 6
Dosenwerfen 126 29
Dosieren *Chemie* 173 21
Dosieren *Ziegelei* 313 11
Dosiergefäß 247 3
Dosiergerät 301 12
Dosiergerät, Härter- 283 28
Dosierungseinrichtung 236 44
Dosimeter 2 8–23
Dosimeter, Film- 2 8
Dosimeter, Fingerring-Film- 2 11
Dosimeter, Taschen- 2 15
Dotter 227 34, 35
Dotterhaut 227 31
Douze dernier 89 17
Douze milieu 89 16
Douze premier 89 15
Downlinkstation 397 8
Down-Quark 1 17
Dozent 74 3
Drache *Astron.* 3 32
Drache *Fabel* 145 1
Drache *Kunst* 156 6
Drache, See- 372 13–17
Drache, Wikinger- 372 13–17
Drache der Apokalypse 145 54
Drachen *Flugsport* 104 2
Drachen *Math.* 169 38
Drachen *Schule* 72 72
Drachen *Segeln* 100 49
Drachen *Spielplatz* 87 30
Drachen, Flug- 72 72

Drachenbaum 52 36
Drachenfisch 187 10
Drachenfliegen 104 1
Drachenflieger 104 3
Drachenkopf 372 16
Drachenleib 145 39
Drachenschiff 372 13–17
Drachenschwanz 372 13
Drachenschwanz 87 31
Drachen-steigen-Lassen 87 29
Drachenviereck, gleich-schenkliges 169 38
Drachenwurz 213 8
Drachme, Tetra- 59 1
Draco 3 32
Draht 72 74
Draht, Bändchen- 143 35
Draht, Eisen- 296 12
Draht, Fahr- *Bahnhof* 359 21
Draht, Fahr- *Straßenbahn* 351 41
Draht, Fänger- 143 29
Draht, Gold- 260 3
Draht, Lötzinn- 287 20
Draht, Pfeifenreinigungs- 259 48
Draht, Piloten- 143 34
Draht, Silber- 260 3
Draht, Spann- 355 9
Draht, Stift- 277 28
Draht, Trapez- 100 3
Draht, Verbindungs- 116 44
Drahtauslöser 266 37, 267 40
Drahtbürste 294 36, 295 18
Drahtbürstenteller 287 24
Drahteinlegemaschine 278 25
Drahtgeflecht 158 35
Drahtgerüst 158 35
Drahtgestell 316 9
Drahtheftmaschine, Sammel- 337 1
Drahtkammbindemaschine 412 72
Drahtkorb *Gärtnerei* 207 50
Drahtkorb *Landw.* 219 13
Drahtkorb *Motorrad* 341 14
Drahtlosempfänger 400 38
Drahtnagel 274 95, 275 74
Drahtnetz 173 18
Drahtnetz, Asbest- 173 19
Drahtrahmen 231 9
Drahtrahmenabspannung 231 8
Drahtrahmengerüst 231 9
Drahtrahmenspalier-erziehung 231 1
Drahtseil 125 44
Drahtseilbahn, Reifen- 87 39
Drahtstift 296 51

Drahtwalze 260 1
Drahtwurm 234 41
Drahtzaun 17 38
Drahtzug 356 30
Drainageleitung 354 56
Dränagerohr 31 41
Drängbett 272 62
Dränrohr 31 41
Draufsicht 314 24
Drechselbank *Drechsler*
288 1
Drechselbank *Heimwerken*
287 51
Drechselwerkzeug 288 15,
16, 25
Drechsler 288 21
Drechslerdrehstahl 288 15,
16, 25
Drechslerei 288
Drechslermeister 288 21
Drechslerwerkstatt 288
Dreckamsel 180 14
Drecklerche 179 7
Dreckvogel 178 30
Drehachse *Kristall* 174 4
Drehachse *PC* 406 52
Drehamboss 410 6
Drehantrieb 303 48
Drehapparat 218 41
Drehbank 302 1
Drehbank, Holz- 288 1
Drehbank, Klein- 261 20
Drehbankwange 288 2
Drehbewegung 4 22–28
Drehbohranlage 298 1–21
Drehbrücke, Flach- 369 67
Drehbrücke, Gitter- 369 63
Drehbuch 131 45, 132 28
Drehbühne 137 31
Drehdolle 99 38
Drehdüse 208 44
Dreheisen 290 39
Drehen 316 16
Drehen, Vor- 288 16
Dreher, Schrauben- *Heim-
werken* 287 4, 5
Dreher, Schrauben- *Installa-
teur* 279 70, 280 55
Dreher, Schrauben- *Schlosser*
293 69
Drehergeflecht 289 1
Dreherin 316 16
Drehflügel 388 12
Drehgasgriff 341 22
Drehgelenk 56 73
Drehgeschwindigkeit 401 21
Drehgestell 361 6, 41, 362 17,
366 2, 367 13
Drehgestell, Lauf- 351 10
Drehgestell, Trieb- 351 9
Drehgestellflachwagen
367 11

Drehgestellschwenkdach-
wagen 367 26
Drehgestellselbstentlade-
wagen, offener 367 24
Drehgriff *Fahrrad* 339 6
Drehgriff *Landw.* 236 11
Drehgriff *Med.* 26 18
Drehgriff, Gas- 341 22,
342 33
Drehgriff, Schalt- 341 36
Drehhals 178 32
Drehherz 302 54
Drehknopf 264 56
Drehknopf, Walzen- 412 15
Drehkraftwelle 65 13
Drehkran 299 3
Drehkran, Turm- 272 31
Drehkranz *Brücke* 369 64
Drehkranz *Landw.* 220 30
Drehkranz, Schar- 354 18
Drehkranzsteuerung 220 31
Drehkreuz *Roulette* 89 5
Drehkreuz *Werkzeugmasch.*
302 43
Drehkuppel 5 13
Drehlaufkatze 378 21
Drehleier 140 25
Drehleiter, Teleskop- 82 30
Drehmaschine, Fein- 291 20
Drehmaschine, Klein- 261 20
Drehmaschine, Leitspindel-
302 1
Drehmaschine, Revolver-
302 38
Drehmaschine, Zugspindel-
302 1
Drehmaschinenbett 302 31
Drehmaschinenfuß 302 12
Drehmeißel 302 45–53,
48, 52
Drehmeißel, Abstech- 302 53
Drehmeißel, Einstech-
302 53
Drehmeißel, Stech- 302 53
Drehmomentenstütze
365 54
Drehmomentwandler 343 68
Drehofen 310 14
Drehorgel 127 15
Drehpfeiler 369 65
Drehplatte, Mess- 348 5
Drehrad 409 24
Drehregler 402 74
Drehringlafette 63 59, 87
Drehröhre 288 16
Drehrohrofen 310 14
Drehschablone 316 19
Drehschalter 363 42
Drehscheibe *Hafen* 382 44
Drehscheibe *Porzellan*
316 18
Drehscheibe *Roulette* 89 4

Drehscheibe *Spielplatz* 87 1
Drehschemel 238 48
Drehspan 288 27
Drehspindel 302 20
Drehstab 345 75
Drehstahl 302 45–53
Drehstahl, Drechsler-
288 15, 16, 25
Drehstoßtechnik 116 54
Drehstrom 280 15
Drehstromgenerator
305 3, 30
Drehstromstecker 280 16
Drehstuhl 411 27
Drehstuhl, Büro- *Büro*
408 39
Drehstuhl, Büro- *Mediengest.*
328 9
Drehstuhl, Uhrmacher-
261 20
Drehtablett 47 48
Drehtisch 298 15
Drehtisch, Hub- 292 39
Drehtisch, Klein- 295 42
Drehtisch, Universal- 264 17
Drehtür 83 8
Drehtür, Seitenwand- 367 9
Drehung *Flugsport* 103 43
Drehung *Sport* 116 11
Drehung rückwärts 98 36
Drehungswinkel 174 33
Drehvogel 178 32
Drehwählschalter 56 28
Drehwerk, Stand- 218 66
Drehwippkran 378 23
Drehwurz 214 26
Drehzahl 318 40
Drehzahl, Spindel- 303 28
Drehzahlanzeige 344 65
Drehzahleinstellung 302 5
Drehzahlmesser *Flugzeug*
386 8
Drehzahlmesser *Motorrad*
342 4
Drehzahlmesser, Motor-
366 22
Drehzahlwahlregler 401 22
Drehzapfen *Brücke* 369 69
Drehzapfen *Militär* 65 28
Dreiachteltakt 138 36
Dreibackenfutter 302 37
Dreibein 266 41
Dreibeingittermast 66 41
Dreibeinkran 378 6
Dreibettabteil 361 48, 51
Dreibockreiter 216 32
Dreibruchauslage 338 15
Dreibruchfalzwerk 338 14
Dreidecker *Flugzeug* 385 6
Dreidecker *Schiff* 372 51–60
Dreieck *Math.* 169 26–32
Dreieck *Schmuck* 43 59

Dreieck *Zeichner* 314 7
Dreieck, Giebel- 153 4
Dreieck, gleichschenkliges
169 27
Dreieck, gleichseitiges *Math.*
169 26
Dreieck, gleichseitiges *Zeich-
ner* 314 8
Dreieck, rechtwinkliges
169 32
Dreieck, spitzwinkliges
169 28
Dreieck, stumpfwinkliges
169 30
Dreieck, Südliches 3 40
Dreieck, Ton- 173 17
Dreieckschaltung 305 24
Dreieckskurs 101 16
Dreieckstuch 26 3
Dreieckszeichen 168 24
Dreiecktafel 357 13
Dreiecktuch 26 3
Dreier 98 7
dreifaches Forte 139 40
dreifaches Piano 139 37
Dreifachleitwerk 385 36
Dreifachzoomobjektiv
267 24
Dreifingerfurche 19 76
Dreifuß *Chemie* 172 14,
173 14
Dreifuß *Papier* 324 26
dreigestrichene Oktave
139 48
Dreihalbetakt 138 38
Dreihalsflasche 173 57
Dreihalskolben 173 55
Dreikantmaßstab 314 39
Dreikantprisma 170 17
Dreikantschaber 293 70
Dreiklang, Dur- 139 1
Dreiklang, Moll- 139 2
Dreiklang, übermäßiger
139 4
Dreiklang, verminderter
139 3
dreiköpfiger Armmuskel
21 38
Dreimastbark 374 21–23
Dreimaster 374 18–27
Dreimastgaffelschoner
374 18
Dreimastmarssegelschoner
374 20
Dreimasttoppsegelschoner
374 19
Dreimastvollschiff 374 24–27
Dreimeterbrett 98 7
Dreipassbogen 155 32
Dreiphasenstrom 305 46
dreipolige Steckdose 280 15
Dreipunktanaubock 217 41

Dreipunktauflage 172 27
Dreipunktboot 102 38
Dreiradwalze 354 29
Dreisatzrechnung 168 8–10
Dreischlitz 153 13
Dreiseitenkipper 215 34
Dreiseitenkippwerk 215 35
Dreitagebart 40 26
Dreitürer 346 21
dreiviertelfette Schrift 326 2
dreiviertellanger Mantel
83 26
Dreivierteltakt 138 37
Dreiwalzenkrümler 218 85
Dreiwegebox 401 12
Drei-Wege-Kippkasten
246 34
Dreizack 288 11
Dreizinkgrubber 208 13
dreizipflige Klappe 23 59
Dreizylinderspinnverfahren
318 26–48
Drempel 274 47
Drescher, Mäh- 216 34, 217 1
Dreschkorb 217 11
Dreschtrommel 217 12
Dress, Baby- 34 14
Dress, Party- 38 1
Dress, Trab- 105 28
Dresseur 125 29
Dressur 105 1–8
Dressur, Freiheits- 125 28, 29
Dressur, Raubtier- 125 48
Dressurpferd 105 3
Dressurreiten 105 1–8
Dressurviereck 105 1
Dribbling 107 56
Drift 8 25
Drift, Westwind- 16 45
Drillbohrer Drechsler 288 23
Drillbohrer Goldschmied
260 4
Drillichüberzug 51 12
Drilling Angelsport 243 55
Drilling Jagd 240 23
Drillmaschine 218 67
Drink, Eiweiß- 112 30
Drink, Long- 129 20
Drink, Milch- 349 31
Drittellinie 109 70
dritte Position 135 3, 9
Dritter, Seil- 118 32
Drogerie 358 50
Drogerieabteilung 252 37
Drogerieartikelregal 349 32
Drohne 230 7
Drohnenzelle 230 47
Drossel 180 12
Drossel, Grau- 180 14
Drossel, Sing- 180 17
Drossel, Wald- 180 17
Drossel, Weiß- 180 17

Drosselgrube 19 27
Drosselvogel 180 12
Druck 172 19
Druck, An- 159 43
Druck, Blumen- 36 81
Druck, Blut- 30 6
Druck, Buch- 334
Druck, Einblatt- 159 27
Druck, Farb- 159 28
Druck, Hoch- 334, 12–34,
35–51
Druck, Kunst- 51 23
Druck, Lagerstätten- 298 28
Druck, Luft- Meteor. 9 3, 4, 5
Druck, Luft- Tankstelle
350 25
Druck, Mehrfarben- 159 28
Druck, Offset- 333
Druck, Pigment- 335
Druck, Probe- 159 43
Druck, Rotations- 331 21
Druck, Rotationsfilm-
321 34–38
Druck, Rouleaux- 321 24–31
Druck, Stein- 159 25, 26
Druck, Tief- 335
Druck, Über- 364 3
Druck, Zeitungs- 334
Druckanschluss 220 11
Druckanzeige, Brems-
zylinder- 367 7
Druckanzeige, Hauptluft-
behälter- 366 8
Druckapparat, Bier- 76 1
Druckausgleichsmaske 93 2
Druckbehälter 282 34
Druckbehälter, Reaktor-
306 3, 32
Druckbelüftung, Kabinen-
65 9
Druckbetankungsanschluss
65 33
Druckbleistift 314 50
Druckbogen Druck 333 7
Druckbogen Setzerei 327 12
Druckbogenwechsel 333 8
Druckbuchstabe 334 9
Druckelement 331 39
Drücken, Bank- 112 2–7
Drucker Büro 408 11, 411 51
Drucker Fotogr. 270 19
Drucker Kunst 159 35
Drucker Werkstatt 348 9
Drucker, Buch- 235 23
Drucker, Computer- 406 67
Drucker, Fahrkarten- 358 57
Drucker, Foto- 270 24
Drucker, Kontoauszugs-
413 11
Drucker, Laser- 406 67
Drucker, Protokoll- 348 22
Drucker, Quittungs- 395 18

Drücker, Schnitt- 253 9
Druckeranschluss 407 8
Druckerei 159 27–64
Druckerin 327 26
Druckerpapier 408 13
Druckersteg 334 8
Druckfarbe Druck 334 19
Druckfarbe Mediengest.
328 10
Druckfarbe Papier 325 23
Druckfarbe Schule 72 83
Druckfarbendefinition
328 35
Druckfilm Druck 332 13, 23
Druckfilm Mediengest.
329 23, 33, 38
Druckfilm Setzerei 327 25
Druckflasche, Helium-
391 13
Druckform Druck 334 20, 29,
335 1–23, 7
Druckform Kunst 159 32
Druckform, ebene 334 12–34
Druckform, runde 334 35–51
Druckgasbehälter 391 31
Druckgasentschwefelung
309 28
Druckgasflasche 31 8
Druckgasfördersystem
391 58
Druckgastank, Helium-
391 42
Druckhebel 159 61
Druckkessel 137 55
Druckknopf Kleidung 36 8
Druckknopf Musik 144 46
Druckknopf Polizei 68 43
Druckknopf, Sicherungs-
280 28
Druckknopfeinsetzmaschine
253 53
Druckknopfleiste 38 46
Druckkörper 66 66, 67 55, 76
Drucklager Militär 67 60
Drucklager Schiff 377 67
Druckleitung Feuerwehr
82 41
Druckleitung Raumfahrt
393 55, 58
Druckleitung Theater
137 54
Druckleitung Wasservers.
80 16, 42, 49
Druckleitung, Öl- 343 60
Druckluftaggregat 347 18
Druckluftanlage 291 1
Druckluftanschluss Eisen-
bahn 367 20
Druckluftanschluss Kraft-
werk 305 58
Druckluftanschluss Werk-
statt 348 53

Druckluftbehälter Erdöl
299 21
Druckluftbehälter Kraftwerk
305 56
Druckluftentladung 367 18
Druckluftkessel 291 4
Druckluftleitung Schmied
291 5
Druckluftleitung Tankstelle
350 21
Druckluftmesser 348 70
Druckluftschlagschrauber
291 6
Druckluftschnellschalter
304 34, 305 55
Drucklufttechnik 282 30
Druckluftventil 282 33
Druckluftwäsche 246 3
Druckluftzufuhr 30 4
Druckluftzuleitung 286 46
Druckmanschette 30 3
Druckmaschine, Rotations-
334 35
Druckmesser 93 6
Druckmesser, Brems- 364 50
Druckmesser, Heiz- 364 44
Druckmesser, Kessel- 364 47
Druckmesser, Kraftstoff-
386 19
Druckmesser, Lade- 386 7
Druckmesser, Öl- 386 20
Druckmesser, Reifen- 350 20
Druckmesser, Vorwärmer-
364 43
Druckminderventil 294 5
Druckpaste 321 34
Druckplatte Bau 276 38
Druckplatte Druck 332 1, 9,
333 4
Druckplatte Mediengest.
329 23
Druckpresse, Kupfer- 159 36
Druckpresse, Stein- 159 60
Druckpresse, Tiegel- Druck
334 12
Druckpresse, Tiegel- Kunst
159 29
Druckprüfer, Reifen- 350 20
Druckpumpe 137 53
Druckpunktabzug 240 11
Druckregler Kunst 159 38
Druckregler Maler 282 37
Druckregler, Kraftstoff-
345 9
Druckrohr 371 56
Druckrohrleitung Gärtnerei
207 8
Druckrohrleitung Wasserbau
371 46
Druckrolle 268 52
Drucksäule 137 60
Druckschablone 321 37

Druckschalter **345** 37
Druckschmiernippel **296** 81
Druckschraube **301** 37
Druckseite **327** 2, 3
Druckskala **10** 3
Druckspant **393** 20
Druckspeicher **306** 42
Druckspindel **285** 32
Druckspritzengerät **32** 16
Druckspüler **279** 37
Druckstation **137** 50
Druckstempel **286** 48
Drucksteuerung **31** 6
Druckströmungsdiagramm **32** 42
Drucktaste *Eisenbahn* **357** 67
Drucktaste *U-Elektronik* **403** 12
Drucktiegel **334** 16
Drucktisch **159** 41
Druckträger **333** 24
Drucktuch, Endlos- **321** 24
Druckumlaufschmierung **345** 17
Druckverband **26** 19
Druckverfahren, Flach- **159** 25, 26
Druckverfahren, Hoch- **159** 1–13
Druckverfahren, Sieb- **321** 34–38
Druckverfahren, Tief- *Druck* **335**
Druckverfahren, Tief- *Kunst* **159** 14–24
Druckverfahren, Tief- *Textil* **321** 24–31
Druckvorlage **335** 1–23
Druckvorlagenerstellung **329** 10
Druckvorstufe **327** 9
Druckwächter **80** 47
Druckwalze **321** 28
Druckwandlereinschub **32** 33
Druckwasserreaktor **306** 24
Druckwerk *Büro* **408** 12
Druckwerk *Druck* **335** 26
Druckwerk, Bunt- **334** 47
Druckwerk, Cyan- **333** 26
Druckwerk, Gelb- **333** 28
Druckwerk, Magenta- **333** 27
Druckwerk, Schön- **334** 43
Druckwerk, Schwarz- **333** 25
Druckwerk, Wider- **334** 44
Druckwindreinigung **217** 16
Druckzylinder *Druck* **333** 6, **334** 28, 39
Druckzylinder *Landw.* **217** 71

Druckzylinder *Tischler* **286** 47
Drüse, Bauchspeichel- **23** 55
Drüse, Cowper- **23** 89
Drüse, Gift- **230** 19
Drüse, Hirnanhang- **20** 70
Drüse, Schild- **23** 2
Drüse, Schweiß- **22** 72
Drüse, Speichel- **22** 10
Drüse, Talg- **22** 70
Drüse, Unterkiefer- **22** 12
Drüse, Vorsteher- **23** 90
D-Saite **141** 9
Dschunke **161** 32
DSL-Anschluss **397** 24
DSL-Modem **397** 28
Duales System **81** 2
Dübel *Heimwerken* **287** 39
Dübel *Installateur* **279** 55
Dübel, Holz- **274** 93
Dübelbohrmaschine **286** 7
Dübelloch **273** 22, 23
Dübelsetzgerät **355** 8
Ducht **99** 25
Duchtweger **99** 28
Duckdalben **381** 12
Dudelsack **140** 8
Dufflecoat **83** 26
Duk-Duk-Tänzer **160** 34
Dülfersitz **118** 35
Dult **126**
Dumme Lumme **178** 16
Dummes Tauchhuhn **178** 16
Düne, Sichel- **14** 86
Düne, Wander- **14** 85
Dungstreuer **215** 39
Dungtank **375** 66
Dunkelkammergerät **268**
Dunkelkammerleuchte **268** 21
Dünndarm **23** 18
Dünnung, Fleisch- **249** 15
Dünnung, Knochen- **249** 16
Dunstabzug **47** 22
Dunstabzugshaube **47** 22, **54** 28
Dunsthaube **54** 28
Duo-Gerüst **301** 28
Duole **139** 23
Duplexeinheit **412** 40
Dur **138** 45–49
Durchbrucharbeit **254** 14, 27
Durchflussmesser **229** 4
Durchflussöffnung **371** 63
Durchflussregler **30** 16
durchflutete Back **66** 65, **67** 77
Durchforsten **237** 37
Durchführung, Oberspannungs- **304** 43
Durchführung, Unterspannungs- **304** 44

Durchführungsisolator **305** 15, 39
Durchgang **414** 27
Durchgang, Ordinaten- **170** 12
Durchgangshalle **153** 8
Durchgangsleitung, Telekommunikationskabel- **352** 16
durchgeknöpftes Kleid **35** 42
Durchlass **17** 43
Durchlass, Zoll- **381** 5
Durchlasshöhe **311** 10
Durchlauferhitzer **279** 12, 13
Durchlauferhitzer, Elektro- **279** 13
Durchlauferhitzer, Gas- **279** 12
Durchleuchtungseinheit **30** 36
Durchlichtbeleuchtung **264** 60
Durchlichtmikroskop **264** 14
Durchmesser **169** 45
Durchnähmaschine **253** 2
Durchreiche, Küchen- **77** 22
Durchschlag *Schlosser* **293** 72
Durchschlag *Turnen* **114** 40, 43
Durchschlag, Kreuz- **114** 42
Durchschläger **287** 32
Durchschnitt **171** 4
Durchschnittsmenge **171** 4
Durchschwung **110** 45
Durchsichtsregister **60** 12
Durchsuchung, körperliche **68** 52
Durchwurf **207** 13
Durchziehgürtel **34** 62
Durchziehkurbel **159** 33
Durchzug **254** 17
Durchzugskartenleser **395** 6
Durdreiklang **139** 1
Dürnitz **147** 30
Durtonart **138** 55–68
Dusche *Eisenbahn* **361** 52
Dusche *Schwimmbad* **96** 11, 25
Dusche *Seerettung* **384** 30
Dusche, Hand- *Bad* **57** 44
Dusche, Hand- *Friseur* **258** 14
Duschgel **252** 43
Duschkabine *Bad* **57** 42
Duschkabine *Raumfahrt* **394** 35
Duschkabinentür **57** 43
Duschwanne **57** 47

Düse *Auto* **345** 7
Düse *Landw.* **220** 21, **236** 36
Düse *Raumfahrt* **392** 39

Düse, Blas- **321** 48
Düse, Brenn- **46** 65
Düse, Brenner- **294** 26
Düse, Dampf- **75** 39
Düse, Defroster- **344** 9
Düse, Dreh- **208** 44
Düse, Eintrags- **319** 28
Düse, Fenster- **56** 96
Düse, Flachstrahl- **236** 3
Düse, Hand- **56** 94
Düse, Kegelstrahl- **236** 23
Düse, Kehr- **56** 75
Düse, Klopf- **56** 75
Düse, Kombi- **56** 71
Düse, Kort- **383** 21
Düse, Luft- *Auto* **344** 55
Düse, Luft- *Textil* **319** 30
Düse, Nachbrenner- **64** 13, **65** 18
Düse, Punktstrahl- **56** 95
Düse, Rundstrahl- **236** 15
Düse, Sauerstoff- **173** 13
Düse, Saug- **321** 49
Düse, Schub- *Astron.* **6** 21
Düse, Schub- *Flugzeug* **388** 41, 47, 51, 57
Düse, Schub- *Raumfahrt* **393** 38, 65
Düse, Spinn- **322** 10
Düse, Spray- **56** 14
Düse, Tankentlüftungs- **65** 22
Düse, Zieh- **317** 9, 52
Düsenanlage **220** 4
Düsenboden **300** 75
Düsenbogen **236** 20
Düsenflugzeug **387** 6–21
Düsentriebwerk **388** 35–52
Düsenventil **305** 33
Düsenwagen **220** 1
Düsenziehverfahren **317** 50–57
Dutzend, erstes **89** 15
Dutzend, letztes **89** 17
Dutzend, mittleres **89** 16
DVB-T-Empfänger **397** 18
DVB-T-Empfangsgerät **397** 18
DVB-T-Receiver **397** 18
DVD-Brenner **270** 7
DVD-Fach **402** 9
DVD-Lesegerät **270** 7
DVD-Menü-Taste **404** 63
DVD-Player **402** 9
DVD-Player, mobiler **402** 1
DVD-ROM **270** 4
DVD-Schreibgerät **270** 7
DVD-Schublade **404** 59
DVD-Spieler *Fotogr.* **270** 35
DVD-Spieler *U-Elektronik* **402** 1
DVD-Spieler *Video* **404** 51

Einführwalze

D-Wagenteil **351** 6
Dynamo **339** 13
Dynamometer, Brems-
296 97–107

E

Ebene **170** 1
Ebene, Äquatorial- **24** 36
Ebene, Horizontal- **4** 12
Ebene, Lade- **360** 6, 7
Ebene, Spiegel- **174** 5
Ebene, Strand- **14** 80
Ebene, Symmetrie- **174** 5
ebene Druckform **334** 12–34
ebene Fläche **169** 24–58
ebene Geometrie **169**
Eber **224** 9
Eberesche **189** 42
EC-Automat **79** 70
ECDIS-System **379** 12
Echinocactus **205** 14
Echinoderme **176** 42
Echinokaktus **205** 14
Echinus **153** 18
Echiostoma **187** 13
Echo **379** 59
Echobild **379** 63
Echoempfänger **379** 60
Echogerät **398** 44
Echograf **379** 61
Echolot **379** 56
Echoschreiber **379** 61
Echse **182** 30–37
Echte Kamille **198** 1, **214** 8
Echter Besenginster **192** 20
echter Bruch **167** 10, 15
Echter Dill **210** 5
Echter Gagel **191** 33
Echter Hederich **214** 21
echte Rippe **20** 12
Echtes Geißblatt **192** 13
Eck, Ober- **62** 20, 21
Eck, Unter- **62** 24, 25
EC-Karte **413** 19
Eckball **107** 42
Ecke **170** 33
Ecke, Besprechungs- **409** 35
Ecke, Bewegungs- **71** 42–46
Ecke, Bistro- **349** 6
Ecke, Glaser- **277** 24
Ecke, Kamin- **78** 22
Ecke, neutrale **117** 38
Ecke, Ruhe- **71** 35–41
Ecke, Schnurgerüst- **271** 69
Ecke, Straßen- **352** 12
Eckenschneidewinkel **281** 51
Ecker *Bot.* **189** 37
Ecker *Spiel* **90** 42
Eckfahne **107** 8
Eckfußstein **275** 77

eckige Klammer **164** 34
Eckkegel **123** 4
Eckpunkt **169** 26
Eckrohrzange **287** 11
Eckschrank **47** 47
Eckstein **90** 41
Eckstiel **273** 52
Eckstoß **107** 42
Eckturm **147** 14
Eckzahn **22** 20
Edamer **252** 30
Edelauge **206** 23, 35
Edelfalter **175** 58
Edelfasan **241** 80
Edelfink **180** 4
Edelkastanie **202** 48
Edelkoralle **176** 19
Edellupine **203** 24
Edelraute **196** 7
Edelreis **206** 39
Edelreizker **199** 29
Edelrose **213** 15
Edelstahlschichtfilter **232** 8
Edelstahltank **232** 4
Edelsteinanhänger **43** 14
Edelsteinarmband **43** 25
Edelsteinring **43** 15
Edeltanne **190** 1
Edeltier **241** 2
Edelweiß **196** 10
Edelwild **241** 1
Editor **132** 40
Editor, Code- **328** 34
Editor, CSS- **328** 28
Editor, Layout- **328** 25
Editorin **132** 51
E-Dur **138** 59
EDV-Katalog **74** 24, 28
Efeublätterige Gundelrebe
193 18
Effacé **135** 15
Effekt, Ton- **131** 60
Effektgerät **131** 60
Effekttonaufnahme **131** 30
Effetstoß **91** 5
Effetstoß, Konter- **91** 6
Effiliermesser **257** 9, **258** 42
Effilierschere **257** 8, **258** 34
Egel, Blut- **176** 23
Egge, Kreisel- **218** 78
Egge, Zinken- **218** 84
Eggenband **255** 15
Egyptienne **164** 8
Ehewappen **62** 14, 15
Ehrenpreis **193** 22
Ehrentor **156** 7
Ei *Anat.* **23** 99, **25** 6
Ei *Biene* **230** 36
Ei *Zool.* **175** 55, **178** 4, **234** 15,
50, **235** 20
Ei, Fisch- **242** 11
Ei, Hühner- **227** 25

Eiablage **234** 2
Eibe **190** 61
Eibisch **198** 12
Eiche *Bot.* **189** 1
Eiche *Garten* **203** 13
Eichel *Anat.* **23** 83
Eichel *Bot.* **189** 4
Eichel *Spiel* **90** 42
Eichelhabicht **179** 14
Eichelhäher **179** 14
Eichengallwespe **235** 34
Eichenholz **232** 3
Eichenwickler **235** 44
Eichhörnchen **184** 22
Eidechse, Zaun- **182** 27
Eierbovist **199** 19
Eierpackung **252** 103
Eiersammelband **227** 21
Eierschale **227** 26
Eierstabkyma **153** 56
Eierstempel **227** 36
Eierstock **23** 98, **25** 16
Eierzählplatte **242** 17
Eifel **66** 96
eiförmig **188** 39
Eight Ball **91** 19–22
Eignerzeichen, Buch- **338** 50
Eihocke **119** 25
Eihülle **227** 26
Eiklar **227** 29
Eileger **184** 4
Eileiter **23** 96, **25** 18
Eileitertransport **25** 13
Eimer **231** 10
Eimer, Abfall- **250** 15
Eimer, Aufwasch- **56** 58
Eimer, Bagger- **382** 55
Eimer, Farb- **282** 12
Eimer, Förder- **370** 43
Eimer, Müll- **349** 69
Eimer, Putz- **56** 58
Eimer, Scheuer- **56** 58
Eimer, Wasser- **350** 26
Eimerbagger **382** 52
Eimerkette *Fluss* **370** 42
Eimerkette *Hafen* **382** 53
Eimerkettenbagger **370** 41
Eimerleiter **382** 54
Ein-/Ausschalter **412** 30
Ein-/Aus-Taste **267** 8
Einback **251** 46
Einband **338** 37–39
Einbanddecke **338** 37–39
Einbandschleifmaschine
286 28
Einbauanschluss **280** 22
Einbaubohle **354** 39
Einbaum *Schiff* **372** 7
Einbaum *Völkerk.* **162** 20
Einbaustück **301** 36

Einbettkabine **377** 46
Einbindiger Traubenwickler
234 32
Einblasen **317** 69
Einblattdruck **159** 27
Einbrennen **313** 14
Einbrennofen **332** 32
Einbuchtung **142** 79
Eindicker **325** 10
Eindocken **378** 43
Eindrahtfesselflugsteuerung
103 82
Einebnung **218** 50
eineindeutige Abbildung
171 11
Eineinhalbmaster **374** 9, 10
Einer *Schwimmen* **98** 8
Einer *Wassersport* **99** 14
Einer, Faltboot- **99** 51
Einer, Renn- **99** 14
Einer, Sport- **99** 51
Einerkajak **99** 2
Einerskullboot **99** 15
Einerstelle **167** 3
einfacher Versatz **274** 90
einfacher Zapfen **274** 84
einfaches Geflecht **289** 4
einfaches Paddel **99** 35
einfache Spreizklappe
385 48
einfache Weiche **357** 45–48
Einfachgesenk **292** 24
einfach stehender Pfetten-
dachstuhl **274** 42
Einfadengewirk **320** 18
Einfahrt *Camping* **92** 2
Einfahrt *Tankstelle* **350** 6
Einfahrt, Garagen- **44** 45
Einfahrt, Gepäcktunnel-
389 6
Einfahrt, Hafen- **380** 39,
40, 41
Einfahrt, Kanal- **371** 17
Einfallbaum **239** 55
Einfamilienhaus *Energie*
308 1–24
Einfamilienhaus *Haus* **44** 1
Einfassung, Ring- **207** 38
Einfassung, Schornstein-
275 14
Einfassung, Weg- *Garten*
203 16
Einfassung, Weg- *Park* **84** 37
Einfassung, Zementleisten-
204 21
Einfriedung **44** 46
Einführbacke **321** 9
Einführlineal **337** 19
Einführöffnung, CD- **344** 82
Einfuhrtisch **338** 24
Einführungsstutzen **305** 44
Einführwalze **321** 9

Einfüllöffnung 367 19
Einfüllstutzen *Haus* 46 51
Einfüllstutzen *Hausrat* 56 13
Einfülltrichter *Bäckerei*
251 79
Einfülltrichter *Fotogr.* 268 12
Eingabe, Berührungs- 337 23
Eingabe, Daten- 344 84
Eingabe, Flaschen- 252 2
Eingabe, Flaschenkisten-
252 5
Eingabe, Gemenge- 317 2
Eingabe, Papier- 412 48
Eingabe, PIN- 413 7
Eingabe, Stoff- 395 34
Eingabefeld 407 31
Eingabefeld, Befehl- 315 29
Eingabegerät 406 24–40
Eingabeschlitz, Karten-
413 8
Eingabesignal 402 39
Eingabespitze 407 39
Eingabestift 407 29, 37
Eingabestatatur 379 31
Eingabetaste *PC* 406 28
Eingabetaste *Schweißer*
294 23
Eingang *Nachtlokal* 130 1
Eingang *Stadt* 79 8
Eingang *Stierkampf* 128 10
Eingang *Supermarkt* 252 7
Eingang, Antennen- 397 20
Eingang, Haupt- 128 6
Eingang, Manegen- 125 11
Eingang, Park- 84 32
Eingang, Seiten- 149 15
Eingang, Vorder- 92 38
Eingang, wettergeschützter
92 52
Eingang, Zuschauer- 125 17
Eingangshalle 78 1–27
Eingangstor 151 7
Eingangstreppe 44 56
Eingangstunnel 161 6
Eingangstür *Bank* 413 1
Eingangstür *Hausrat* 49 29
Eingangstür *Kaufhaus* 83 8
Eingangswalze 318 41
Eingangswelle 345 49
Eingebrochener, im Eis 26 34
eingedeichtes Marschland
15 46
eingehender Anruf 396 49
eingeschlagenes Fenster
82 29
eingeschnittener Boden
272 56
eingestrichene Oktave
139 46
eingetopfte Pflanze 207 25
eingetragenes Warenzeichen
164 41

Eingießende 300 36
Eingriff 37 59
Eingriffeliger Weißdorn
192 30
Eingrifftasche 36 59, 39 15
Eingussrinne 300 23
Einhandbedienung 338 7
Einhandmischbatterie 57 24
Einhängemaschine, Buch-
338 27
einheimischer Vogel
179, 180
Einheit 167 4
Einheit, Ablenk- 400 23
Einheit, Anschluss- 397 25
Einheit, Antriebs- 303 45, 46
Einheit, Anzeige- 93 9–12
Einheit, Aufzeichnungs-
32 34
Einheit, Bedien- *Textil* 320 2
Einheit, Bedien- *Werkstatt*
348 33
Einheit, Belichtungs- 406 40,
73
Einheit, Betriebs- 391 54,
392 38
Einheit, Bremslicht- 342 2
Einheit, Bugrad- 393 31
Einheit, Bunker- 355 27
Einheit, Duplex- 412 40
Einheit, Durchleuchtungs-
30 36
Einheit, Fuß- 403 33
Einheit, Helferin- 29 8
Einheit, imaginäre 167 14
Einheit, Instrumenten-
391 51
Einheit, Kommando- 391 63,
392 45
Einheit, Köpfrode- 217 69
Einheit, Lehrer- 73 32
Einheit, Lenkrad- 403 31
Einheit, Mondlande- 391 53,
392 17
Einheit, Motor- 237 34
Einheit, Rücklicht- 342 2
Einheit, Sortier- 412 41
Einheit, Steuer- 30 31
Einheit, Steuerungs- 292 16
Einheit, Übertragungs-
402 33
Einheit, Währungs- 60 4
Einheit, Wiege- 355 27
Einheit, Wohn- 394 23
Einheit, Zentral- 406 18
einheitliche Luftmassen
8 1–4
Einheitskielschwertjacht
100 47
Einholer, Netz- 244 23
Einhorn *Fabel* 145 7
Einhorn *Heraldik* 62 18

Einjähriges Rispengras
193 39
Einkaufsladen 92 6
Einkaufspassage 18 14
Einkaufswagen *Hausrat*
56 91
Einkaufswagen *Supermarkt*
252 65
Einkaufszentrum 18 14
Einklang 139 6
Einkocher 48 26
Einlage *Musik* 141 26
Einlage *Tabak* 259 7
Einlage, Silber- 156 13
Einlagerung 306 75
Einlagerungskammer 306 74
Einlass *Brennkraftm.* 126 13
Einlass *Stierkampf* 128 11
Einlass, Luft- 64 5
Einlasskarte 136 12
Einlassluke 227 5
Einlassschlitz, Luft- 344 7
Einlassventil 345 14
Einlauf, Gerste- 246 2
Einlauf, Luft- *Flugzeug*
388 54
Einlauf, Luft- *Militär* 65 11
Einlauf, Stauluft- 65 19
Einlauf, Turbinen- 307 29, 30
Einlaufrohr 80 35
Einlaufstutzen *Bau* 275 30
Einlaufstutzen *Haus* 44 51
Einlaufwalze 333 34
Einlegeboden 52 20
Einlegekeil 296 73
Einlegemaschine, Bördel-
278 27
Einlegemaschine, Draht-
278 25
Einlegemaschine, Sicken-
278 25
Einlegering 172 16
Einlegesohle 107 27
Einlegevorbau 317 2
Einlesegerät *Supermarkt*
252 109
Einlesegerät *Tankstelle*
349 49
Einlesen 395 7
Einlochen 110 48
Einlochmischbatterie 279 27
Einmaischen 246 44
Einmalhandschuh 82 8
Einmalinjektionsnadel
27 57
Einmalinjektionsspritze
27 57
Einmannboot 161 12
Einmannsitzbank 342 23
Einmaster 374 6–8
Einmaststütze 368 17
Einmeterbrett 98 8

einmündendes Fahrwasser
380 5
Einnistung 25 29
Einödhof 17 101
Einordnungspfeil 79 78, 79
Einpressen 298 28
Einpressvorrichtung 261 29
Einrad 340 30
Einreiher 38 22
Einrichtung, Abfeuerungs-
63 75
Einrichtung, Abhör- 398 3
Einrichtung, Abzugs- 63 18
Einrichtung, Anlege- 336 8
Einrichtung, Aspirations-
236 45
Einrichtung, Back- 250 16
Einrichtung, Dosierungs-
236 44
Einrichtung, Experimentier-
73 8
Einrichtung, Falz- 412 49
Einrichtung, gewerbliche
390 20–24
Einrichtung, Heck- 399 2
Einrichtung, Innen- 399 6
Einrichtung, Kondensor-
264 8
Einrichtung, Kreuztisch-
264 10
Einrichtung, Lenk- 63 73
Einrichtung, Lineal- 332 26
Einrichtung, Mess- 264 49
Einrichtung, Nachmisch-
236 48
Einrichtung, öffentliche
390 25–30
Einrichtung, Polarisations-
264 14
Einrichtung, Press- 336 9,
337 13
Einrichtung, Primärfokus-
5 12
Einrichtung, Regel- 236 53
Einrichtung, Registrier-
330 12
Einrichtung, Röntgen- 32 7
Einrichtung, Schuss-
320 27, 42
Einrichtung, Sekundärfokus-
5 12
Einrichtung, Speicher- 137 2
Einrichtung, Spiegel- 330 25
Einrichtung, Stehfaden-
320 23
Einrichtung, Steuer- 398 3
Einrichtung, Synchronisier-
305 36
Einrichtung, Verstell- 236 6
Einrichtung, Visier- 240 65
Einrichtung, Vorschub-
302 14

Einrichtung, Zielzeiger- 63 56
Einsammeln, Geld- 126 42
Einsatz *Hausrat* 48 15
Einsatz *Roulette* 89 28
Einsatz *Tischler* 285 13
Einsatz, Blei- 314 67
Einsatz, Bleinadel- 314 60
Einsatz, Demonstrations- 68 23
Einsatz, Draht- 48 37
Einsatz, Einweck- 48 27
Einsatz, Exsikkator- 173 54
Einsatz, Nadel- 314 59
Einsatz, Pass- 280 29
Einsatz, Polizeihunde- 68 5
Einsatz, Reißfeder- 314 63, 66
Einsatz, Schmelz- 280 31
Einsatz, Sortiments- 287 39
Einsatz, Spitzen- *Kleidung* 37 35
Einsatz, Spitzen- *Zeichner* 314 59
Einsatzholz 238 4
Einsatzhorn 82 44
Einsatzleiter 82 34
Einsatzzirkel 314 57
Einschalten *Fotogr.* 269 54, 270 23, 29
Einschalten *Werkzeugmasch.* 302 34
Einschalter *Sägewerk* 311 73
Einschalter *Tischler* 286 37
Einschalthebel 302 11
Einschaltknopf *PC* 407 28
Einschaltknopf *Rundfunk* 400 44
Einschaltknopf *U-Elektronik* 402 7, 34, 403 23
Einschalttaste *Auto* 344 94
Einschalttaste *Büro* 412 60
Einschalttaste *Video* 404 34, 52
Einschaltung 331 20
Einscharpflug 218 1
Einscheibenkupplung 343 69
Einschieberichtung 396 36
Einschienenhängebahn 297 38, 48
Einschlag 289 5
Einschlag, Holz- 237 15–37
Einschnitt, Docking- 392 37
Einschreibennummer 395 7
Einschub, Druckwandler- 32 33
Einschub, Flaschen- 252 2
Einschub, Flaschenkisten- 252 5
Einschub, Kamera- 31 6

Einschub, Notfallkoffer- 82 54
Einschub, Programmkarten- 348 26
Einschub, Werkzeugkoffer- 82 54
Einschubdecke 273 43, 276 68
Einschubfach, Speicher- karten- 403 3
Einschubschacht 407 4
Einschwärzballen 159 22
Einseilbahn 368 15–26
Einsetzmaschine, Druck- knopf- 253 53
Einsetzmaschine, Haken- 253 53
Einsetzmaschine, Ösen- 253 53
Einspannung, Rahmen- 286 49
Einspannvorrichtung 303 15
Einspannvorrichtung, Holz- 285 51
Einspeisepumpe, Sicher- heits- 306 47
Einspeisung 307 25, 308 19
Einspeisung, Netz- 306 13, 55
Einspritzanlage 345 1
Einspritzpumpe 365 48
Einspritzung, Bindemittel- 354 47
Einspritzventil 345 7
Einspritzventil, Kraftstoff- 343 33
Einspuldose, Tageslicht- 268 5
Einspülschleuse 236 5
Einstechdrehmeißel 302 53
Einsteckkamm 257 6
Einsteckleiste, Speicherkar- ten- 406 9
Einsteckloch 289 9
Einsteckschloss 293 42
Einstecktuch 38 20
Einsteigen 117 10
Einsteigeschacht *Haus* 46 49
Einsteigeschacht *Wasservers.* 80 26
Einstellen 350 25
Einsteller, Anschlagstärke- 412 20
Einsteller, Zeilen- 412 14
Einstellfeld 268 54
Einstellfilter 268 49
Einstellgerät, Licht- 348 18
Einstellgerät, Nah- 267 36
Einstellknopf 16 59
Einstellrad 344 95
Einstellrad, Blenden- 266 33
Einstellrad, Lüftungs- 344 78

Einstellrad, Zeit- 266 34
Einstellscheibe 264 21
Einstellschlitten 267 37
Einstellskala, Frequenz- 127 24
Einstellstand, Licht- 348 17
Einstelltaste, Blenden- 267 21
Einstelltaste, Funktions- 267 3
Einstellung, Amplituden- 10 11
Einstellung, Belichtungs- 267 65
Einstellung, Belichtungszeit- 332 18
Einstellung, Bild- 269 52
Einstellung, Blaufilter- 268 48
Einstellung, Cyan- 268 48
Einstellung, Drehzahl- 302 5
Einstellung, Entfernungs- 266 27, 38
Einstellung, Fein- 301 40
Einstellung, Frequenz- 401 55
Einstellung, Gelbfilter- 268 47
Einstellung, Grob- 301 40
Einstellung, Höhen- *Med.* 32 4
Einstellung, Höhen- *Säge- werk* 311 51
Einstellung, Höhen- *Tischler* 285 60
Einstellung, Kamera- 269 38, 51
Einstellung, Magenta- 268 46
Einstellung, Nullpunkt- 2 7
Einstellung, Okular- 134 7
Einstellung, Purpurfilter- 268 46
Einstellung, Rand- 412 16
Einstellung, Richt- 63 53
Einstellung, Scharf- 400 30
Einstellung, Schnitttiefen- 355 22
Einstellung, Tiefen- *Landw.* 218 49
Einstellung, Tiefen- *Sägewerk* 311 46
Einstellung, Vorschub- 253 28
Einstellungsmenü 328 18
Einstellungsnummer 131 35
Einstellungsscheibe 267 59
Einstichkasten 116 35
Einstieg *Eisenbahn* 362 3, 18
Einstieg *Fluss* 370 58
Einstieg *Schiff* 376 71
Einstiegsleiter 65 21

Einstiegsluke 392 46, 393 27
Einstiegsstufe 96 27
Einstiegstufe 386 42
Einstiegstür 361 3, 39
Einstrahlung, Sonnen- 307 17
Einstreu 227 13, 228 6
Einsturztrichter 12 47, 14 56
Eintagsfliege 175 8
Eintauchrefraktometer 264 46
Einteilung *Astron.* 3 1–8
Einteilung *Musik* 139 42–50
Einteilung, Grad- *Film* 134 14
Einteilung, Grad- *Schule* 72 20
Eintrag, Schuss- 319 17–19, 20, 21, 22–25, 26–31
Eintragsdüse 319 28
Eintragsverfahren, Schuss- 319 17–31
Eintritt 25 26
Eintrittsöffnung, Luft- 67 73
Ein-und-Ausstiegs-Luke 392 28
Ein-und-Ausstiegs-Plattform 392 24
Einweckeinsatz 48 27
Einwecker 48 26
Einweckglas 48 28
Einweckring 48 29
Einwegfeuerzeug 259 30
Einweghahn 173 42
Einweghandfessel 68 46
Einweginjektionsspritze 82 72
Einwegkamera 266 16
Einwegpatrone 314 74
Einwegrasierklinge 349 34
Einweichbottich 289 13
Einwerfer, Papier- 412 13
Einwurf 107 57
Einwurfkasten 414 23
Einwurfschacht 311 57
Einwurfschlitz, Brief- 413 17
Einzäunung 128 41
Einzel 109 3, 48, 49
Einzel, Damen- 109 3
Einzel, Herren- 109 3
Einzelblüte 189 26
Einzelgefahrenstelle 380 43, 44
Einzelgefahrzeichen 380 43, 44
Einzelhof 17 101
Einzelkabine, Mannschafts- 384 32
Einzelkopieauswurf 412 36
Einzellader 240 1
Einzelläuferin 120 1
Einzeller 176 1

Einzellige 176 1
Einzelrotor 63 89
Einzelsitzplatz 351 17
Einzelsitzreihe 363 14
Einzelwasserversorgung
80 40–52
Einziehstahlband 280 40
Einzug 326 16
Einzug, Faden- 323 5, 20, 21
Einzug, Hauptschwert-
94 25
Einzug, Papier- 270 21
Einzug, Riet- 323 6
Einzugsgebiet 13 27
Einzugshaspel 321 21
Einzugsschacht, Papier-
406 70
Einzugsschnecke 217 7
Einzugswalze Landw. 217 7
Einzugswalze Sägewerk
311 4
Einzylindermotor 106 46
Einzylinder-Viertaktmotor
341 39
Einzylinder-Zweitaktmotor
Motor 343 74
Einzylinder-Zweitaktmotor
Motorrad 341 19
Eis 75 41
Eis, ewiges 9 44
Eis, Speise- 349 57
Eis, Stiel- 349 58
Eisband 118 4
Eisbär 186 14
Eisbecher Bahnhof 358 46
Eisbecher Restaurant 75 23,
77 47
Eisbecher Tankstelle 349 59
Eisbehälter 78 59
Eisbeil 118 41
Eisbein 249 49, 250 45
Eisbrecher Brücke 369 56
Eisbrecher Schiff 375 32
Eisdecke 122 20
Eisen 110 54
Eisen, Anschluss- 272 10, 71
Eisen, Armierungs- 272 23
Eisen, Band- 296 11
Eisen, Bank- 285 36
Eisen, Bewehrungs- 272 23
Eisen, Biege- Bau 272 77
Eisen, Biege- Korbmacher
289 34
Eisen, Bügel- Hausrat
56 7, 12
Eisen, Bügel- Kürschner
284 3
Eisen, Bügel- Schneiderei
255 25, 256 32
Eisen, Doppel-T- 296 6
Eisen, Dreh- 290 39
Eisen, Flach- Kunst 159 7

Eisen, Flach- Maschinenteil
296 10
Eisen, Flach- Steinbruch
312 34
Eisen, gekröpftes 158 18
Eisen, Gerüst- 158 24
Eisen, Gewinde- 293 67
Eisen, Gewindeschneid-
260 15
Eisen, Henkelloch- 253 46
Eisen, Hobel- 285 20
Eisen, Hohl- Kunst 159 8
Eisen, Hohl- Tischler 285 9
Eisen, Huf- 5 10
Eisen, Klopf- 289 36
Eisen, Knet- 251 65
Eisen, Kratz- 119 16, 121 25
Eisen, Krepp- 258 27
Eisen, Loch- Klempner
278 13
Eisen, Loch- Schuhmacher
253 45
Eisen, Loch- Tischler 285 8
Eisen, Mühl- 245 13
Eisen, Profil- 283 15
Eisen, Punktier- 158 15
Eisen, Roh- 300 42
Eisen, Rund- Kunst 159 6
Eisen, Rund- Maschinenteil
296 8
Eisen, Schäl- 238 8
Eisen, Schlag- 158 14
Eisen, Schränk- 285 42
Eisen, Schulter- 46 34
Eisen, Schür- 46 44
Eisen, Steig- Bergsport
118 52, 53
Eisen, Steig- Wasserwers.
80 28
Eisen, Stemm- Bau 273 71
Eisen, Stemm- Tischler 285 7
Eisen, T- 296 3
Eisen, U- 296 7
Eisen, Vierkant- 296 9
Eisen, Waffel- 48 43
Eisen, Wiege- 159 19
Eisen, Wind- 293 35
Eisen, Winkel- 296 1
Eisen, Zahn- 158 13
Eisen, Zwack- 317 67
Eisenbahn 18 10
Eisenbahn, Holz- Hausrat
55 37
Eisenbahn, Holz- Spielplatz
87 16
Eisenbahn, Holz- Vorschule
71 29
Eisenbahn, Western- 85 39
Eisenbahndeck 375 74
Eisenbahnfähre 375 68
Eisenbahnfahrzeug 361, 362,
363, 364, 365, 366, 367

Eisenbahnschiene 356 1
Eisenbahnstrecke 356, 357
Eisenbieger 272 21
Eisendioxidkassette 402 55
Eisendraht 296 12
Eisenfuß 253 54
Eisengießerei 301 1–21
Eisenhammer 158 16
Eisenhut Bot. 197 1
Eisenhut Ritter 147 59
Eisenhüttenwerk 300
Eisenleisten 253 34
Eisenoxid 310 7
Eisenrahmen 143 2
Eisenrinne 300 37
Eisenschere, Hand- 272 22
Eisenschwelle 356 36
Eisenträger 296 3–7
Eisenwinkel 273 78
Eisenzeit 146 21–40
eiserne Brücke Geogr. 17 55
eiserne Brücke Stadt 18 30
eiserner Vorhang 137 24
Eisgehen 118 19–24
Eisgeher 118 20
Eisgrat 118 26
Eishammer 118 42
Eishockey 120 18–27
Eishockeyscheibe 120 24
Eishockeyschläger 120 19
Eishockeyschuh 120 23
Eishockeyspieler 120 18
Eishockeystiefel 120 23
Eishockeystock 120 19
Eisjacht 120 35
Eiskaffee 75 30
Eiskugel 126 56
Eiskunstlaufen 120 1–15
Eislauf 120 1–17
Eislaufen 120 1–17
Eisläuferin 120 1
Eislaufstiefel 120 10
Eismasse 13 52
Eismeer, Nördliches 16 22
Eismeer, Südliches 16 23
Eisschießen 120 28–30
Eisschirmchen 75 24
Eisschnelllauf 120 15–17
Eisschnellläufer 120 15
Eisschnelllaufschuh 120 17
Eisschraube 118 45
Eissegelboot Sport 120 35
Eissegelboot Winter 122 21
Eissegeln 120 35–37
Eisspirale 118 46
Eissport 120
Eisspross 241 9
Eissprosse 241 9
Eisstock 120 29
Eisstockschießen 120 28–30
Eisstockschütze 120 28
Eisstückchen 76 46

Eissturmvogel 178 15
Eistourenausrüstung
118 36–61
Eistruhe 349 56
Eisunfall 26 33
Eisverkäufer 126 36
Eisvogel 179 4
Eiswaffel 126 55
Eiswagen 126 37
Eiswand 118 19
Eiswolke 8 6
Eiswolkenschleier 8 7
Eiswürfel 130 10
Eiszapfen 122 5
Eiweiß 227 29
Eiweißdrink 112 30
Eizelle 25 1, 6, 20, 21, 22
Eject-Taste 401 70, 79
Ekarté 135 17
Ekelblume 205 15
EKG-Gerät 28 25, 44
EKG-Kurvenmonitor 30 40
Ekliptik 3 2, 4 22
Elbe 15 21
Elbs 178 20
Elch 185 2
Electronic Chart Display and
Information System
379 12
Elefant Zirkus 125 36
Elefant Zoo 86 19
Elefant, Afrikanischer 184 23
Elefant, Stoff- 55 6
Elefantengehege 86 18
Elefantenhaus 86 20
Elefantenrunde 70 22
Elektriksammelleitung
393 56
elektrische Gitarre 130 33
elektrische Lokomotive
365 1
elektrische Motorregelung
218 30
elektrischer Anlasser 342 38
elektrischer Rasenmäher
208 31
elektrischer Schnelltriebzug
365 60
elektrischer Strom 390 40
elektrische Schreibmaschine
412 1
elektrisches Klavier 130 34
elektrisches Stellwerk 357 61
elektrische Trefferanzeige
111 25–32
elektrische Überlandbahn
351
elektrische Zahnbürste
57 27
elektrische Zuleitung 47 15
Elektrizitätswerk 304 1–28
Elektrobike 341 11

Elektrobohrer **287** 43
Elektrode *Eisenverarb.*
300 56
Elektrode *Med.* **30** 23
Elektrode *Schlachthof* **248** 17
Elektrode *Schweißer* **295** 12
Elektrode, Anschnall- **28** 27
Elektrode, Innen- **2** 3
Elektrode, Platin-Iridium-
29 39
Elektrode, Saug- **28** 26
Elektrode, transvenös ge-
führte **30** 26
Elektrodegen **111** 26
Elektrodenarm **295** 24
Elektrodenausgang **30** 22
Elektrodenhalter **295** 11, 20
Elektrodenköcher **295** 10
Elektrodenkraftaufbau
295 41
Elektrodenkraftzylinder
295 26
Elektrodurchlauferhitzer
279 13
Elektrofahrzeug **341** 11
Elektrofilter *Kokerei* **309** 20
Elektrofilter *Kraftwerk* **304** 7
Elektrofilter *Zement* **310** 12
Elektroheizung **332** 3
Elektroherd **47** 28, **54** 29
Elektroinstallateur **280** 1
Elektrokardiograf **28** 25
Elektrokardiogramm **30** 40
Elektrokardiogrammgerät
28 44
Elektrokarren **359** 5
Elektrokauter **29** 38
Elektrolunge **26** 31
elektromagnetische
Strahlung **1** 42, 49, 65
elektromagnetische
Strahlung, kurzwellige
1 42, 49, 65
Elektromotor *Eisenbahn*
366 34
Elektromotor *Haus* **46** 64
Elektromotor *Schmied* **291** 2
Elektron **1** 3, 12, 26, 41
Elektron, freies **1** 34
Elektronenbahn **1** 36
Elektronenblitzgerät *Floh-
markt* **127** 41
Elektronenblitzgerät *Fotogr.*
266 64, 67
Elektronenmikroskop
265 30
Elektronenschale **1** 6, 8
Elektronenschale, abge-
schlossene **1** 8
Elektronenspin **1** 4
Elektronenstrahl **400** 16
Elektronenstrahler **265** 31

Elektronenstrahlsystem
400 24
Elektroniederschachtofen,
Siemens- **300** 54
Elektronik, Leitungs- **320** 6
Elektronik, TV- **6** 16
Elektronik, Unterhaltungs-
401, 402, 403
Elektronikfächer **6** 22
Elektronikschrank **264** 51
elektronische Armbanduhr
262 6
elektronische Quarzuhr
262 36
elektronischer Börsenhandel
415 15–22
elektronische Registrierkasse
83 1
elektronische Seekarte
379 12
elektronisches Stellwerk
357 70
Elektroschweißer **295** 2
Elektrostarter **208** 39
elektrostatischer Ableiter
386 51
Elektrozaun **215** 54
Element *Haus* **46** 82
Element *Math.* **171** 2
Element, Bearbeitungs-
328 15
Element, Bedien- *Eisenbahn*
363 29, 30
Element, Bedien- *U-Elektro-
nik* **402** 18
Element, Bedienungs- *Flug-
zeug* **386** 26
Element, Bedienungs-
Landw. **220** 36
Element, Bindungs-
119 35–37
Element, Druck- **331** 39
Element, Fachwerk- **369** 24
Element, Fertigbau- **369** 58
Element, Mess- **10** 9, 22
Element, Raumgliederungs-
411 22
Element, Schmuck- **334** 10
Element, Schrank- *Büro*
411 41
Element, Schrank- *Hausrat*
54 6
Element, Seiten- **328** 26
Element, spaltbares **1** 58
Element, Steuer- *Kraftwerk*
305 8
Element, Steuer- *Militär*
67 69
Element, Stuck- **45** 4
Element, Text- **328** 32
Element, Verbindungs- *Büro*
411 42

Element, Verbindungs-
Raumfahrt **394** 9
Element, Wärmeaustausch-
394 4
Elementarfaden **317** 54
Elevationswinkel **240** 76
Elevator, Gerste- **246** 33
Elevator, Malz- **246** 35
Elevator, Vorsatz- **217** 63
Elevatorbrücke **382** 25
Elevon **393** 34
Elfenbein **162** 39
Elfenbeinbrosche **43** 30
Elfenbeinkasten **156** 16
Elfenbeinkette **43** 28
Elfenbeinkugel **91** 1
Elfenbeinrose **43** 29
Elfenbeinstatuette **146** 8
Elfenschuh **213** 10
Elfmeter **107** 41
Elfmeterpunkt **107** 6
Ellbogen *Anat.* **19** 61
Ellbogen *Pferd* **225** 20
Ellbogenschützer **121** 16
Elle **20** 18
Ellenbogen **19** 61
Ellenbogenschutz **68** 31
Ellennerv **21** 29
Ellenrand **19** 71
Ellgriff **113** 44, 46
Ellipse **170** 22
Ellipsenflügel **385** 15
Ellipsenschablone **314** 77
Ellipsoid, Rotations- **170** 42
E-Lok **365** 1
Elster **179** 16
Emaillierofen **72** 64
Emailpulver **72** 66
E-Maschinenraum **377** 68
Emblem *Bahnhof* **358** 3
Emblem *Flagge* **61** 5
Emblem, Partei- **69** 9
Embryo *Anat.* **25** 31
Embryo *Bot.* **200** 21, **202** 22
Embryosack **188** 69
Emmentaler **252** 28
e-Moll **138** 56
E-Motor **377** 69
Empfänger **10** 63
Empfänger, Detektor- **127** 25
Empfänger, Diversity-
400 38
Empfänger, Drahtlos- **400** 38
Empfänger, DVB-T- **397** 18
Empfänger, Echo- **379** 60
Empfänger, Infrarot- **402** 13
Empfänger, Rundfunk-
127 18
Empfänger, Welt- **402** 70
Empfängeradresse **395** 58
Empfangsantenne **397** 4
Empfangschef **78** 7

Empfangsgebäude **359** 1
Empfangsgerät, DVB-T-
397 18
Empfangsraum **78** 1–27
Empfangsstation **397** 8
Empiretisch **155** 16
Empore **148** 25
Ems **15** 31
Emu **178** 2
EMV-Terminal **358** 61
Endantrieb **218** 27
Endbildfenster **265** 39
Endbildleuchtschirm **265** 39
Ende **241** 12, 35
Ende, Eingieß- **300** 36
Ende, Fuß- **51** 6
Ende, Kopf- **51** 8
Endergebnis, vorläufiges
amtliches **70** 16
Endführerhaus **360** 31
Endivie **209** 39
Endiviensalat **209** 39
Endknospe **188** 24
Endleiste **104** 13
endlicher Dezimalbruch
167 20
Endlinie **108** 14
Endlosdrucktuch **321** 24
Endmoräne **13** 60
endoplasmatisches Netz
24 6
endoplasmatisches
Retikulum **24** 6
Endphase **24** 38
Endportal **369** 38
Endpunkt **169** 17, 18
Endschalldämpfer **344** 34
Endscheibe *Eisenbahn*
357 40
Endscheibe *Flugzeug* **385** 33
Endspant, Halbkugel- **393** 49
Endstück **251** 6
Endtopf, Auspuff- **366** 69
Endtriebwagen **365** 61
Endverschluss, Kabel- **305** 37
Endwagen **363** 2, 9
Energie, erneuerbare
307, 308
Energie, Kern- **306**
Energieanlage, Bord-
392 42, 44
Energieerzeugung **81** 20–28
Energiegewinnung **1** 64
Energieniveau **1** 27
Energieniveauschema **1** 24
Energieversorgungsanlage
299 1
Energieversorgungsblock
361 47
Energieversorgungssystem,
sekundäres **65** 16
Engerling **235** 13

Engländer 279 69
englische Achsenmontierung 265 22
englische Bindung 323 11, 12
Englische Bulldogge 223 1
englische Königskrone 62 44
englische Rahmenmontierung 265 23
englischer Garten 84 41–75
englischer Sattel 226 45–49
englischer Schnurrbart 40 21
Englischer Vorstehhund 223 24
englische Schreibschrift 164 10
Englisches Raigras 222 26
Englisches Raygras 222 26
Englischhorn 141 40
Engobieren 313 14
Entästungsmaschine 238 18
Entbenzolung 309 27
Ente 224 35
Ente, Bläss- 178 25
Ente, Säge- 178 19
Ente, Schwimm- *Baby* 33 10
Ente, Schwimm- *Bad* 57 4
Ente, Spielzeug- 87 19
Ente, Wild- 84 51
Entenflügel 65 28
Entenflügel, Backbord- 65 8
Entenjagd 239 46
Entenküken 224 35
Enterbalken 372 11
Enterich 224 35
Entfernung 325 23
Entfernungseinstellung 266 27, 38
Entfernungsmesser 66 37
Entfernungsmesserfenster 266 39
Entgasung, Rauch- 304 27
Entgleisungsschutz 368 69
Entladeband 217 77
Entladeklappe 367 25
Entladevorrichtung 215 47
Entladung, Druckluft- 367 18
Entladung, Kokskohlen- 309 1
Entladungslampe 280 53, 54
Entlastungsanlage, Hochwasser- 371 68
Entlastungsgerät, Form- 301 18
Entlastungstakt 228 33
Entleerung, Oben- 300 44
Entleerungsanschluss 367 21
Entleerungsschieber 80 31
entliehenes Medium 74 19
Entlüfter *Brauerei* 246 15
Entlüfter *Wasservers.* 80 27
Entlüftung 305 13

Entlüftung, Tank- 391 43
Entlüftung, Zwangs- 344 24
Entlüftungsdüse, Tank- 65 22
Entlüftungskappe 46 56
Entlüftungsleitung 46 55
Entlüftungsschornstein 317 41, 49
Entmistung, Schubstangen- 228 21
Entnahme, Fertiggut- 317 41, 49
Entnahme, Gas- 173 63
Entnahmebauwerk 371 45
Entnahmefach, Besteck- 77 5
Entparaffinierung 298 51
Entphenolung 309 39
Entrechat 135 24
Entriegelung, Bajonett- 267 22
Entrindung, Stammholz- 238 23
Entsafter 48 24
Entsalzungsanlage, Meerwasser- 299 25
Entschwefelung 322 15
Entschwefelung, Druckgas- 309 28
Entschwefelungsanlage, Rauchgas- 304 9
Entsorgung, Abfall- 390 37
Entstaubungsanlage 300 14
entstehende Nehrung 15 17
Entstickungsanlage, Rauchgas- 304 6
Entwässern 324 7–14
Entwässerungsgraben 15 48
Entwässerungsrinne 354 57
Entwerfen, computerunterstütztes 315 1
Entwerter, Fahrschein- 351 16
entwickelte Walze 335 13
Entwickler 32 34
Entwickler, Erst- 268 10
Entwickler, Farb- 268 10
Entwicklerlösung 268 9
Entwicklerthermometer 268 8
Entwicklung 335 9
Entwicklungsapparat, Gas- 173 59
Entwicklungsdose 268 20
Entwicklungsdose, Mehretagen- 268 3
Entwicklungsmaschine 332 31
Entwicklungsmaschine, Film- 132 29
Entwicklungsmaschine, Walzen- *Druck* 335 9

Entwicklungsmaschine, Walzen- *Fotogr.* 268 56
Entwicklungsschale 268 27
Entwicklungsschale, Thermostat- 268 60
Entwicklungsstufe 73 16
Entwicklungswanne 335 11
Entwicklungszange 268 50
Entwurf 157 43
Entwurf, Kartennetz- 16 8–10
Entwurf, Kostüm- 136 43
Entzerrer 132 22
Enzian, Stängelloser 196 14
Epidermis 22 64
Epistyl 153 16, 27
Epitaph 149 14
Epizentralgebiet 12 29
Epizentrum 12 24
Eppich 209 27
Equalizer *Rundfunk* 398 42
Equalizer *U-Elektronik* 401 102, 402 67
Erbacher Rose 43 29
Erbkörperchen 24 5
Erbse 209 1, 7
Erbse, Knall- 124 47
Erbse, Saatplatt- 222 19
Erbsenblüte 209 2
Erbsenpflanze 209 1
Erbsenranke 209 4
Erbsensamen 209 7
Erbträger 164 60
Erbträgerin 164 61
Erdachse 4 22–28
Erdapfel 221 38
Erdarbeiter 271 76
Erdaushub 271 78
Erdbeben 12 22
Erdbebengebiet 11 28
Erdbebenherd 12 23
Erdbebenkunde 12 22
Erdbebenmesser 12 30
Erdbebenwelle 12 27
Erdbebenwirkung 12 42
Erdbeere 211 23
Erdbeere, Ananas- 211 18
Erdbeere, Garten- 211 18
Erdbeere, Monats- 211 18
Erdbeere, Wald- 211 18
Erdbeerpflanze 211 18
Erdbirne 221 38
Erde *Astron.* 4 8, 31, 35, 48
Erde *Geogr.* 11 1, 30–42
Erde *Raumfahrt* 392 16
Erde, Garten- 207 15
Erde, Kompost- 207 15
Erde, kompostierte 207 15
Erdefunkstelle 397 8
Erdfink 180 7
Erdfloh 234 28
Erdfunkstelle 397 8

Erdgas 13 33
Erdgasrückführung 298 28
Erdgeschoss *Bau* 271 7
Erdgeschoss *Haus* 44 2
Erdgeschossmauerwerk 276 29
Erdhaufen 207 15
Erdhund 223 27
Erdjagd 239 27
Erdkarte 16 11–46
Erdklemme 295 33
Erdkröte 182 23
Erdkruste 11 2, 27
Erdkugel 4 8
Erdmantel 11 2
Erdmantel, oberer 11 4
Erdmantel, unterer 11 6
Erdmessung 16 47–63
Erdmond 4 48
Erdnagel 92 58
Erdnuss *Bot.* 201 41
Erdnuss *Supermarkt* 252 61
Erdnuss *Tankstelle* 349 5
Erdnussflips 349 5
Erdoberfläche 11 9
Erdöl *Erdöl* 298
Erdöl *Geogr.* 13 34
Erdölbohrung 298 1–21
Erdöl-Erdgas-Gemisch 298 25
Erdölförderung 298 22–35
Erdöl führende Schicht 298 23
Erdölgewinnung 298 22–35
Erdöllagerstätte 13 30
Erdölpol 19 11
Erdölraffinerie 298 36–53
Erdpol 19 11
Erdrauchgewächs 213 5
Erdraupe 234 29
Erdreich 276 9
Erdrutsch 12 44
Erdsänger 180 12
Erdschaufel 207 14
Erdschäufelchen 208 6
Erdsieb 207 13
Erdspalte 12 50
Erdteil 16 13–19
Erfrischungsbude 126 2
Erfrischungsgetränk *Fleischerei* 250 58
Erfrischungsgetränk *Tankstelle* 349 62
Ergebnis, End- 70 16
Ergebnis, Wahl- 70 16
Ergometer 394 30
Ergometer, Fahrrad- *Med.* 28 23
Ergometer, Fahrrad- *Sport* 112 17
Ergometrie 28 22
Erguss, Decken- 12 3
Erguss, Schlamm- 12 49

Erhitzen, Wieder- **317** 47
Erhitzer, Durchlauf- **279** 12, 13
Erhitzer, Milch- **229** 13
Erhitzer, Rahm- **229** 13
Erhitzer, Wind- **300** 15
Erhitzung, Wieder- **317** 39
Erhöhung **138** 50, 51
Erhöhung, Temperatur- **344** 91
Erhöhungswinkel **240** 76
Eridanus **3** 12
Erika **195** 19
Erker, Guss- **147** 23
Erklärung, Zeichen- **16** 28–30
Erlaubnis, Sprung- **103** 44
Erläuterungstafel **86** 4
Erle **189** 30
Erlebnisbad **97**
Erlenbruchtorf **14** 20
Erlenmeyerkolben *Chemie* **173** 39
Erlenmeyerkolben *Papier* **324** 22
Erlenzeisig **180** 7
erloschener Vulkan **12** 17
Ermittlung, Geschwindig-keits- **68** 16
erneuerbare Energie **307**, **308**
Erneuerungsschein **415** 34
Erniedrigung **138** 52, 53
Erniedrigungszeichen **138** 52
Ernte, Getreide- **216** 33
Ernte, Gras- **216** 20
Ernte, Heu- **216** 20
Ernte, Silage- **216** 20
Erntemaschine, Rüben- **217** 68
Erntemaschine, Voll- **217** 68
Erpel **224** 35
Erregermaschine **306** 53
Ersatz, Zahn- **29** 21, 22
Ersatzlampe **349** 75
Ersatzsignal **357** 6
Ersatzspieler **107** 58
Ersatzteil **261** 22
Erscheinung, Karst- **14** 55
Erscheinung, Wetter- **9** 20
Erstattung, Bericht- **70** 5–18
erste Hilfe **26**
Erstellung, Druckvorlagen- **329** 10
Erstentwickler **268** 10
erste Position **135** 1, 7
Erster **123** 1
Erster, Seil- **118** 30
erste Reifeteilung **24** 40
erstes Dutzend **89** 15
erstes Mondviertel **4** 4
Erstlingsschuh **34** 7

Ertrinkende **26** 40
Ertrinkender **26** 40, 42
Eruptionskanal **12** 6
Eruptionskreuz **298** 26
eruptive Förderung **298** 22
Erve, Weiße **222** 19
Erwärmung, Grundwasser- **308** 25–26
Erweiterungskarte, Speicher- **406** 20, **407** 35
Erwerbsgartenbau **207**
erzbischöfliches Kreuz **150** 65
Erzeuger, Dampf- *Abfall* **81** 24
Erzeuger, Dampf- *Energie* **306** 6, 38, **307** 19
Erzeuger, Strom- **82** 52
Erzeugnis, Ackerbau- **221**
Erzeugung, Dampf- **306** 6
Erzeugung, Energie- **81** 20–28
Erzeugung, Fernwärme- **81** 20–28
Erzeugung, Rohbenzol- **309** 41
Erzeugung, Schwefelsäure- **309** 34
Erzeugung, Stahl- **300**
Erzieherin **71** 1
Erziehung, Drahtrahmen-spalier- **231** 1
Erzlagerstätte, magmatische **12** 21
E-Saite **141** 9
Esche **189** 38
Esche, Eber- **189** 42
E-Schicht **7** 32
Es-Dur **138** 65
Esel **224** 3
Eskimo **161** 1
Eskimokajak **99** 6
Esmeralda **124** 31
es-Moll **138** 68
Esparsette **222** 10
Espe **189** 21
Esper **222** 10
Espresso **75** 29
Espressomaschine **75** 38
Essbesteck **53** 8
Esse *Haus* **46** 6
Esse *Schmied* **290** 1, **291** 34
Essen **47** 53
Essen, Fest- **78** 41–44
Essenkehrer **46** 32
Essgruppe **52** 1
Essigflasche **53** 34
Esslöffel **53** 60
Essteller **47** 56, **52** 30, **53** 5
Esstisch **52** 2, **53** 1, **54** 31
Esszimmer **52**
Esszimmerstuhl **52** 11

Estocada **128** 30
Estoque **128** 31
Estragon **210** 6
Estrich, Zement- **276** 14
Etage, Darr- **246** 16–18
Etage, Wasch- **246** 3, 27
Etage, Weich-Keim- **246** 8, 28
Etagenbett **55** 1
Etagenofen **251** 88
Etagentrockner **322** 23
Etagere **75** 14
Ethernetkarte **397** 30
Ethylenanlage **298** 43
Etikett **206** 4
Etikett, Klebe- **395** 19
etruskische Kunst **153** 63–66
etruskischer Tempel **153** 63
Etui, Brillen- **263** 16
Etui, Zigaretten- **259** 10
Etui, Zigarren- **259** 8
Et-Zeichen **164** 43
Eucharistie **150** 26
Eule *Geld* **59** 2
Eule *Zool.* **177** 18
Eule, Forl- **235** 47
Eule, Gamma- **234** 51, 52
Eule, Gold- **177** 19
Eule, Kiefern- **235** 47
Eule, Schleier- **177** 22
Eule, Waldohr- **177** 19
Eulenspiegel **124** 33
Eurasiatische Platte **11** 38
Eurasien **16** 16 u. 17
Eurasische Platte **11** 38
Euro **60**
Eurobanknote **60** 1–23
Eurochequekarte **413** 19
Eurofighter **65**
Euromünze **60** 31–37, 38–49
Europa *Geld* **60** 17
Europa *Geogr.* **16** 16
Europaflagge **61** 14
europäische Flagge **60** 5
Europäisches Südobservatorium **5** 1
Europäische Union *Flagge* **61** 14
Europäische Union *Geld* **60** 6
Europäische Zentralbank **60** 6, 7
Europarat **61** 14
Euroschein **60** 1–23
Euro-Super **350** 36
Eurosymbol **60** 13, 16
Eurypharynx pelecanoides **187** 2
eustachische Röhre **22** 97
Euter **228** 18
Evakuierungspumpe **220** 13

evangelische Kirche **148** 1–30
evangelischer Geistlicher **148** 22
evangelischer Pfarrer **150** 3
E-Wagenteil **351** 7
Ewer **374** 9
ewiges Eis **9** 44
ewiges Licht **148** 49
Exchange Electronic Trading **415** 15–22
Exhauster **246** 15
Exhaustor **286** 32
Exlibris **338** 50
Exosphäre **7** 36
exotischer Vogel **181**
Expansionsgefäß **46** 25
Expansionsventil **345** 33
Experimentiereinrichtung **73** 8
Experimentiertisch **73** 3
Explosion, Atombomben- **7** 14
Explosion, Wasserstoff-bomben- **7** 15
Explosionswolke **7** 14, 15
Exponent **168** 1
Exponent, Wurzel- **168** 2
Express, Intercity- **359** 18
Expressaufkleber **395** 24
Expressbrief **395** 19
Expresszug, Intercity- **359** 18
Exsikkator **173** 51
Exsikkatoreinsatz **173** 54
Exterieur **225** 1–38
externes Display **396** 49
Extraktionszange **29** 42
Extremitäten **235** 6
Extremthermometer **10** 53, 54

F

Fabeltier **145**
Fabelwesen **145**
Fabrik **17** 36
Fabrik, Fischkonserven- **381** 59
Facette **230** 27
Facette, Flach- **263** 47, 48
Facette, Klischee- **331** 44
Facette, Minus- **263** 46, 51
Facette, Plus- **263** 46
Facette, Spezial- **263** 47, 49, 50
Facettenauge *Biene* **230** 26
Facettenauge *Zool.* **175** 9
facettierte Pampel **43** 75
facettierter Schliff **43** 48
facettiertes Briolett **43** 77
Fach, Ausgabe- *Buch* **337** 29

Fach, Ausgabe- *Setzerei* 327 17
Fach, ausgemauertes 273 59
Fach, Bar- 409 31
Fach, Batterie- *Fotogr.* 267 13
Fach, Batterie- *U-Elektronik* 402 42
Fach, Bohrer- 29 13
Fach, CD- 401 3, 65
Fach, DVD- 402 9
Fach, Einschub- 403 3
Fach, Entnahme- 77 5
Fach, Film- 268 6
Fach, Formular- 414 21
Fach, Gefrier- 47 38
Fach, Geld- 83 5
Fach, Gepäck- *Kfz* 347 36
Fach, Gepäck- *Motorrad* 341 29
Fach, Getränke- 77 18
Fach, Handschuh- 344 103
Fach, Helm- 341 29
Fach, Kassetten- *Büro* 412 55
Fach, Kassetten- *U-Elektronik* 401 4, 81, 402 69
Fach, Kassetten- *Video* 404 37, 40
Fach, Kühl- 47 39
Fach, Post- *Hotel* 78 2
Fach, Post- *Post* 395 31
Fach, Schallplatten- 401 5
Fach, Schließ- 358 42
Fach, Stau- 341 9
Fach, Tür- 47 41
Fach, Vor- *Angelsport* 243 48
Fach, Vor- *Schule* 72 30
Fach, Wäsche- 51 2
Fach, Web- 319 10
Fachangestellte, zahnmedizinische 29 15
Fachbuch 409 33
Fächer *Völkerk.* 161 42
Fächer *Zool.* 241 80
Fächer, Elektronik- 6 22
Fächer, Farb- 328 37
Fächerbesen 203 4
Fächergewölbe 155 46
Fachgeschäft, Fleischer- 250 29–66
Fachwerkbinder 274 78
Fachwerkbogen 369 25
Fachwerkbogenbrücke 369 23
Fachwerkelement 369 24
Fachwerkknoten 369 37
Fachwerkstütze 368 71
Fachwerkwand 273 48
Fachzeitschrift 409 34
Faden 320 12
Faden, Bart- 182 13
Faden, Chromosomen- 24 41
Faden, Elementar- 317 54

Faden, Filet- 254 24
Faden, Kett- 319 2, 3, 320 32, 47, 323 2, 7, 8, 17, 18
Faden, Nylon- 208 52
Faden, Polyamid- 286 51
Faden, Schuss- 319 12, 19, 21, 23, 31, 320 22, 40, 323 3, 15, 16, 43
Faden, Sicherheits- 60 11
Faden, Spinn- 317 56
Faden, Steh- 320 24
Fadenbehälter 27 54
Fadeneinzug 323 5, 20, 21
Fadenführer *Schuhmacher* 253 30
Fadenführer *Textil* 320 11, 17
Fadengeflecht 199 2
Fadenheftmaschine 338 16
Fadenkops 338 18
Fadenkreuz 240 32
Fadenleger 320 34
Fadenleitvorrichtung 320 3
Fadenrolle 253 29
Fadenschere 253 43
Fadenspannvorrichtung 320 3
Fadenspule 338 18
Fadenstrecke, frei laufende 323 41
Fadenstrecke, schräge 323 38
Fadenwurm 234 42
Fadenzähler *Fotoreprod.* 330 38
Fadenzähler *Mediengest.* 329 35
Fadenzuführung 320 21, 39
Fagott 141 28
Fähe 241 47
Fähin 241 47
Fähnchen, Markierungs- 119 60
Fähnchen, Noten- 138 5
Fähnchen, Turnier- 62 35
Fahne *Flagge* 61 5–9
Fahne *Sport* 110 50
Fahne, Eck- 107 8
Fahne, grüne 95 3
Fahne, Kirchen- 149 44
Fahne, Mittel- 107 61
Fahne, Prozessions- 149 44
Fahne, Wetter- *Bau* 274 26
Fahne, Wetter- *Kirche* 149 4
Fahne, Wind- *Gärtnerei* 207 36
Fahne, Wind- *Kirche* 149 4
Fahne, Wind- *Meteor.* 10 32
Fahne, Windstärken- 9 11
Fahnenband 61 7
Fahnenmast 95 3
Fahnennagel 61 6
Fahnenschaft 61 5

Fahnenspitze 61 8
Fahnenstange 87 48
Fahnentuch 61 9
Fahrbahn *Brücke* 369 44
Fahrbahn *Straße* 352 13
Fahrbahnbegrenzung 79 77
Fahrbahnblech 369 6
Fahrbahndecke 352 3–5
Fahrbahnoberkante 369 8
Fahrbahnplatte, orthotrope 369 2
Fahrbahnschicht 352 1–5
fahrbarer Instrumententisch 31 30
Fahrbetrieb 82 63
Fährboot 381 11
Fahrdamm 352 13
Fahrdienstleiter 357 75
Fahrdraht *Bahnhof* 359 21
Fahrdraht *Straßenbahn* 351 41
Fahrdrahtspannungsanzeige 365 28
Fähre 390 5
Fähre, Auto- 370 51
Fähre, Binnen- 370 49–59
Fähre, Eisenbahn- 375 68
Fähre, Fluss- 370 49
Fähre, Gier- 370 49
Fähre, Hafen- 381 11
Fähre, Motor- 370 51
Fähre, Personen- *Geogr.* 17 59
Fähre, Personen- *Stadt* 18 11
Fähre, Raum- 394 12
Fähre, Trailer- 375 52
Fähre, Wagen- 17 46
Fahren, Ballon- 103 55–76
Fahren, Bob- 121 20–22
Fahren, Freiballon- 103 55–76
Fahren, Geschicklichkeits- 106 47
Fahren, Skateboard- 123 76–83
Fahren, Skeleton- 121 23–25
Fahren, Ski- 119 1–52
Fahren, Wasserski- 95 9–12
Fahrer *Pferdesport* 105 28
Fahrer *Straße* 352 31
Fahrer, Auto- 350 13
Fahrer, Bahnrenn- 106 3
Fahrer, Bei- 79 29
Fahrer, Bob- 121 20
Fahrer, Faltboot- 99 52
Fahrer, Monoski- 95 10
Fahrer, Motorrad- 79 27
Fahrer, Rad- 106 13
Fahrer, Radrenn- 106 16
Fahrer, Renn- 106 36
Fahrer, Sechstage- 106 3
Fahrer, Skateboard- 123 76

Fahrer, Skeleton- 121 24
Fahrer, Ski- 122 2
Fahrer, Straßen- 106 16
Fahrer, Wasserski- 95 12
Fahrerhaus *Kfz* 347 2, 21
Fahrerhaus *Straßenbau* 354 11
Fahrerhaus, Lkw- 347 26
Fahrerin, Auto- 350 25
Fahrerkabine *Auto* 346 35
Fahrerkabine *Landw.* 217 31
Fahrerluke 63 64
Fahrersitz *Auto* 344 40
Fahrersitz *Kfz* 347 29
Fahrersitz *Straßenbau* 354 37
Fahrerstand *Landw.* 217 27
Fahrerstand *Straßenbahn* 351 26
Fahrertür 346 5
Fahrgast *Freizeitpark* 85 7
Fahrgast *Schiff* 376 3, 9
Fahrgastabteil 361 12, 20
Fahrgastanlage 381 31
Fahrgastinformation 362 28
Fahrgastkabine 368 30
Fahrgastraum *Eisenbahn* 362 24
Fahrgastraum *Fluss* 370 59
Fahrgastraum *Kfz* 347 40
Fahrgastschiff 370 56
Fahrgeschäft 126 31
Fahrgestell *Auto* 344 37
Fahrgestell *Bau* 272 32
Fahrgestell *Kraftwerk* 304 41
Fahrgestell *Landw.* 220 3, 16
Fahrgestell *Maler* 282 41
Fahrgestell *Militär* 63 30–32
Fahrgestell, Operationstisch- 31 29
Fahrgestell, Tandem- 220 28
Fahrkarte 358 58
Fahrkartenautomat 358 34
Fahrkartendrucker 358 57
Fahrkartenterminal 358 59
Fahrkartenverkauf 358 56
Fahrleine 105 29
Fahrleitungskontakt 351 43
Fahrleitungsquerverspannung 351 42
Fahrleitungsunterhaltungstriebwagen 365 41
Fahrmotor *Eisenbahn* 365 6
Fahrmotor *Straßenbahn* 351 5, 7
Fahrmotorlüfter 365 15
Fahrplan, Aushang- 359 26
Fahrplan, Buch- 364 52
Fahrplan, Straßenbahn- 79 24
Fahrplanänderung 358 5
Fahrrad *Fahrrad* 339 1, 340

Fahrrad *Park* **84** 75
Fahrrad, Kinder- **87** 3
Fahrrad, Motor- **341** 1
Fahrrad, Zustell- **395** 55
Fahrradcomputer **339** 7, **340** 33
Fahrradergometer *Med.* **28** 23
Fahrradergometer *Sport* **112** 17
Fahrradgepäckträger **92** 18
Fahrradgestell **339** 27–31
Fahrradhelm **42** 50
Fahrradkindersitz **339** 46
Fahrradklingel **339** 4
Fahrradkorb **339** 9
Fahrradlampe **339** 12
Fahrradnummer **339** 55
Fahrradpedal **339** 84
Fahrradpumpe **339** 56
Fahrradsattel **339** 51
Fahrradständer **339** 33
Fahrradtachometer **339** 7, **340** 33
Fahrrinne **370** 13
Fahrrinnenkennzeichnung **370** 14
Fahrrolle **236** 52
Fahrschalter *Eisenbahn* **363** 37
Fahrschalter *Straßenbahn* **351** 28
Fahrschalter, Heck- **351** 8
Fahrschalter, Sicherheits- **366** 13
Fahrschalterhandrad **365** 20, **366** 12
Fahrschaltung, Sicherheits- **365** 21
Fahrscheinautomat **79** 25
Fahrscheinentwerter **351** 16
Fährseil **370** 50
Fahrsilo **215** 25
Fahrspiel **403** 30
Fahrstand *Navigation* **379** 1
Fahrstand *Seerettung* **384** 23, 24
Fahrstand *Straßenbau* **355** 5
Fahrstraße **357** 68
Fahrstraßenhebel **357** 58
Fahrstufenanzeige **365** 36
Fahrstuhl **299** 8
Fahrstuhl, Lkw- **375** 54
Fahrstuhl, Personen- **390** 10
Fahrstuhlschacht **299** 20
Fahrt **357** 5, 11, 23
Fahrt, Bahn- **358** 4
Fahrt, Raum- **391, 392, 393, 394**
Fährte **239** 9
Fährte, künstliche **105** 50
Fahrtenkieljacht **101** 29–34

Fahrtenwimpel **92** 71
Fahrtmesser **386** 2
Fahrt mit Geschwindigkeits- begrenzung **357** 4, 10
Fahrtrichtung **359** 10
Fahrtrichtungsanzeigepfeil **83** 55
Fahrtrichtungsanzeiger **351** 22
Fahrtwindkühlung **341** 2
Fahrung, Personen- **297** 38, 39
Fahrwasser *Fluss* **370** 13
Fahrwasser *Navigation* **380** 6–18
Fahrwasser, einmündendes **380** 5
Fahrwasser, Haupt- **380** 2
Fahrwassermitte **380** 3, 19–23
Fahrweg, unterhaltener **17** 99
Fahrwerk **388** 10
Fahrwerk, Haupt- *Flugsport* **103** 25
Fahrwerk, Haupt- *Flugzeug* **386** 41
Fahrwerk, Haupt- *Militär* **64** 26, **65** 40
Fahrwerk, Haupt- *Raumfahrt* **393** 32
Fahrwerk, Portal- **388** 18
Fahrwerk, Raupen- **354** 3
Fahrwerk, Vorderrad- **344** 43
Fahrwerkgondel **64** 15
Fahrzeug, Abfertigungs- **389** 22
Fahrzeug, Amphibien- **63** 67, 80
Fahrzeug, Binnenwasser- **375** 85
Fahrzeug, Catering- **389** 22
Fahrzeug, Eisenbahn- **361, 362, 363, 364, 365, 366, 367**
Fahrzeug, Elektro- **341** 11
Fahrzeug, Kehr- **353** 15
Fahrzeug, Ketten- **63** 51
Fahrzeug, Kraft- *Auto* **344** 1–52
Fahrzeug, Kraft- *Kfz* **347** 19
Fahrzeug, Kraft- *Werkstatt* **348** 58
Fahrzeug, Lösch- **82** 64
Fahrzeug, Löschgruppen- **82** 42
Fahrzeug, Luft- **388** 11–34
Fahrzeug, Luftkissen- **102** 59
Fahrzeug, Müll- **353** 13
Fahrzeug, Räum- **122** 29
Fahrzeug, Reparatur- **291** 36
Fahrzeug, Silo- **310** 24

Fahrzeug, Transport- *Landw.* **215** 34
Fahrzeug, Transport- *Straßenbau* **355** 31
Fahrzeug, Trieb- **359** 46
Fahrzeug, Wartungs- **389** 22
Fahrzeug, Winterdienst- **353** 23
Fahrzeugdach **82** 56
Fahrzeugdiagnose **348** 57
Fahrzeugmagnet, Indusi- **366** 38
Fahrzeugsolldaten **348** 11
Fahrzeugstütze **63** 60
Fahrzeugtank **347** 22
Fahrzeugtransportwagen **360** 5
Fahrzeugübergang **361** 7, **362** 15
Fairway **110** 40
Fäkalientank **361** 40
Faktor **167** 25
Falke *Jagd* **239** 53
Falke *Zool.* **177** 2
Falke, Wander- **177** 4
Falkenbeize **239** 48
Falkenhaube **239** 51
Falkenier **239** 49
Falkenjagd **239** 48
Falkenjäger **239** 49
Falkenkappe **239** 51
Falkenmännchen **239** 53
Falkner **239** 49
Falknerei **239** 48
Fall, Piek- **373** 49
Fall, Schnee- **9** 25
Fall, Wasser- *Geogr.* **12** 43
Fall, Wasser- *Park* **84** 9
Fall, Wasser- *Schwimmbad* **97** 10
Fällbad **322** 11
Fallblattziffer **262** 12
Fallbrücke **147** 25
Falle *Schlosser* **293** 44
Falle *Wasserbau* **371** 87
Falle, Fliegen- **195** 14
Falle, Hand- **357** 57
Falle, Kasten- **239** 24
Falle, Mause- **236** 26
Falle, Raubwild- **239** 24
Falle, Sonnen- **207** 17
Falle, Wühlmaus- **236** 27
Fallen **13** 3
Fällen **237** 27, 37
Fallgatter **147** 24
Fällheber **237** 25, **238** 9
Fällkeil **237** 30
Fallkerb **237** 28
Fallleitung **80** 21
Fallnullenzirkel **314** 64
Fallreep, See- **375** 78
Fallrichtung **13** 3

Fallrohr *Eisenverarb.* **300** 68
Fallrohr *Haus* **46** 11
Fallrohr, Regen- **44** 52
Fallrückzieher **107** 50
Fallschirm *Flugsport* **103** 29
Fallschirm *Meteor.* **10** 57
Fallschirm, Hilfs- **393** 60
Fallschirm, Rettungs- **393** 61
Fallschirm, Seil- **104** 25
Fallschirm, Sport- **103** 37
Fallschirm, Sprung- **103** 29
Fallschirmsport **103** 29–54
Fallschirmsportspringen **103** 29–54
Fallschirmspringen **103** 29–54
Fallschnecke **302** 18
Fällschnitt **237** 29
Fallstange **314** 65
Fallstreifen **8** 9
Falltür **46** 14
Fallwinkel **240** 78
Falscher Hederich **214** 18
falsche Rippe **20** 13
Falscher Mehltau **234** 30
falsches Filet **249** 31
Faltboot **99** 51–60
Faltbooteiner **99** 51
Faltbootfahrer **99** 52
Faltbootsegel **99** 58
Faltbootzweier **99** 57, 60
Falte **36** 51
Falte, Bügel- **36** 77, **38** 13
Falte, Bund- **36** 67
Falte, Gesäß- **19** 56
Falte, liegende **13** 18
Falte, Po- **19** 56
Falte, schiefe **13** 16
Falte, Stauch- **338** 11
Falte, stehende **13** 15
Falte, überkippte **13** 17
Falte, Vorder- **36** 41
Faltenbalg *Eisenbahn* **363** 15
Faltenbalg *Motorrad* **342** 5
Faltenfilter **173** 41
Faltengebirge **13** 14
Faltenrock **36** 49
Faltenwurf **157** 33
Falter, Aurora- **183** 4
Falter, Edel- **175** 58
Falter, Nacht- **183** 8
Falter, Tag- **183** 1
Falter, Zitronen- **183** 5
Faltigron **195** 6
Faltrian **195** 6
Falttür, Doppel- **351** 14
Faltwohnwagen **92** 11
Faltzylinder **333** 40
Falz **338** 39
Falz, Steh- **333** 9
Falzanleger **337** 3

Falzapparat **333** 32, **334** 50, **335** 27
Falzautomat **412** 47
Falzeinrichtung **412** 49
Falzklappenzylinder **333** 41
Falzleimapparat **338** 28
Falzmaschine, Brief- **412** 47
Falzmaschine, Messer- **338** 8
Falzmaschine, Stauch- **338** 8
Falzmesser, Kreuzbruch- **338** 12
Falzpfanne **275** 59
Falztasche **338** 10
Falztrichter **333** 33, **334** 48
Falzung, Parallel- **338** 13
Falzwerk, Dreibruch- **338** 14
Falzzange **253** 38
Familienbegräbnis **149** 27
Familiengrab **149** 27
Fan **388** 36, 45
Fan-Antriebsturbine **388** 40
Fang **177** 10, **223** 3, **241** 50
Fang, Doppel- **323** 47
Fang, Perl- **323** 45, 46, 48
Fang, Raubwild- **239** 23
Fang, Rauch- **290** 7
Fang, Rechts-links- **323** 44
Fang, Sand- **80** 25
Fang, Schnee- **39** 19
Fangarm **176** 18
Fangbügel, Schnur- **243** 32
Fänger *Musik* **143** 27
Fänger *Sport* **108** 54
Fänger, Funken- **364** 24
Fänger, Gegen- **143** 31
Fänger, Genick- **240** 42
Fänger, Hirsch- **240** 41
Fänger, Staub- **300** 14
Fänger, Stoß- **346** 40
Fängerdraht **143** 29
Fängerfilz **143** 28
Fanggerät **160** 30
Fanggitter, Schnee- **46** 9
Fanghaken **65** 17
Fangjagd **239** 22
Fangleine *Flugsport* **103** 32
Fangleine *Surfen* **94** 33
Fangmulde, Stein- **217** 10
Fangopackung **88** 31
Fangpartei **108** 28
Fangreflektor **397** 11
Fangschale **302** 44
Fangschiff, Fisch- **375** 81
Fangschuss **239** 20
Fangseil, Lande- **67** 16
Faradisiergerät **28** 34
Farbausdruck **270** 19
Farbbalken **329** 15
Farbbandkassette **412** 9
Farbbandwähler **412** 19
Farbbehälter **321** 38
Farbbildschirm **400** 15

Farbdecodermodul **400** 5
Farbdefinition **328** 19
Farbdose **282** 8
Farbdruck **159** 28
Farbe *Abfall* **81** 17
Farbe *Farbe* **166**
Farbe *Heraldik* **62** 28–31
Farbe *Setzerei* **327** 10
Farbe *Spiel* **90** 38–45
Farbe, Aquarell- **157** 18
Farbe, bunte **166** 1–9
Farbe, deutsche **90** 42–45
Farbe, Dispersions- **282** 6
Farbe, Druck- *Druck* **334** 19
Farbe, Druck- *Mediengest.*
  328 10
Farbe, Druck- *Papier* **325** 23
Farbe, Druck- *Schule* **72** 83
Farbe, Faser- **318** 7
Farbe, Finger- **72** 27
Farbe, Glüh- **166** 28
Farbe, Gouache- **157** 17
Farbe, Grund- **166** 13, 14, 15,
  20, 21, 22
Farbe, Haar- **257** 3
Farbe, heraldische **62** 26–31
Farbe, Komplementär-
  166 16, 17, 18, 23, 24, 25
Farbe, Misch- **166** 16, 17, 18,
  23, 24, 25
Farbe, Öl- **157** 11
Farbe, Regenbogen- **166** 26
Farbe, Schornstein- **377** 2
Farbe, Tempera- **157** 17
Farbe, Überdruck- **329** 15
Farbe, unbunte **166** 10, 11
Farbe, Wasser- **157** 18
Färbeflotte **321** 18, 22
Farbeimer **282** 12
Färben *Friseur* **257** 18
Färben *Textil* **321** 14–18,
  19–23
Farbendstufenmodul
  400 13
Farbentwickler **268** 10
Farbentwicklungschemikalie
  268 59
Färbepinsel **257** 2
Färbeschale *Friseur* **257** 1
Färbeschale *Med.* **28** 48
Farbfächer **328** 37
Farbfilter **329** 6
Farbfilterbestimmer **268** 39
Farbhobbock **282** 11
farbige Kontaktlinse **263** 25
farbiger Gürtel **117** 15
farbiges Glas **72** 69
Farbkanne **282** 9, 10
Farbkasten **333** 12
Farbkontrolllampe **268** 40
Farblochmaske **328** 36
Farbmischkopf **268** 46–48

Farbmischung, additive
  166 12
Farbmischung, subtraktive
  166 19
Farbmuster **257** 44
Farbpalette **328** 19
Farbproof **328** 38
Farbproofauszug **329** 14, 39
Farbrolle **282** 13
Farbroller **282** 13
Farbscheibe **137** 49
Farbscheibenwechsler
  137 49
Farbskala **9** 2
Farbspeisewalze **321** 30
Farbsprühdose **253** 35
Farbstein **43** 15
Farbsteinanhänger **43** 14
Farbsteinarmband **43** 25
Farbstoff **325** 26
Farbtafel **328** 10
Farbtrog **321** 31
Farbtube **157** 11
Färbung, Haar- **257** 44
Farbvergrößerer **268** 43
Farbvergrößerungspapier
  268 58
Farbwalze **333** 21, **334** 18, 32
Farbwerk **333** 3, 25–28,
  334 19, 31, 45
Farm, Hühner- **227** 39
Farm, Wind- **307** 1–15
Farn **195** 16
Farn, Adler- **195** 16
Farn, Königs- **195** 16
Farn, Rain- **198** 9
Farn, Tüpfel- **195** 16
Farn, Wurm- **195** 16
Farnkraut **195** 16
Fasan, Edel- **241** 82
Fasan, Jagd- **241** 82
Fasanenhahn **241** 82
Fasanenhenne **241** 82
Faschiermaschine **250** 22
Faschine **370** 38
Fasching **124**
Faschingsprinz **124** 54
Faschingsprinzessin **124** 57
Faschingsumzug **124** 52
Faschingswagen **124** 53
Fase **296** 62
Faser **230** 30
Faser, Chemie- **322**
Faser, Glas- **314** 50
Faser, Spindel- **24** 35
Faser, Spinn- **322** 19–24,
  33–39, 45–53
Faserart **318** 7
Faserband **318** 18, 35
Faserfarbe **318** 7
Faserflocke **318** 6
Faserflor **318** 12

Faserholz **325** 1
Fasermaler **71** 18
Fasermalstift **71** 18
Fasermaterial **318** 9
Faserqualität **318** 1
Faserstoff **325** 28
Faserstoff, Primär- **325** 1, 2
Faserstoff, Sekundär- **325** 19
Fasertrog **325** 8
Fass **283** 5
Fass, Aluminium- **247** 12
Fass, Bier- **247** 12
Fass, Deck- **275** 22
Fass, Lager- **232** 2
Fass, Rauch- **150** 38
Fass, Räucher- **150** 38
Fass, Rollreifen- **306** 80
Fass, Rollring- **283** 13
Fass, Tinten- **127** 74
Fass, Transport- **242** 3
Fass, Weihrauch- **150** 38
Fass, Wein- **232** 3
Fassade, West- **154** 37
Fassadenstuck **45** 3
Fassadenverschalung **44** 74
Fassband **283** 8
Fassboden **283** 10
Fassdaube **283** 9
Fassdeckel **76** 57
fassförmige Tafel **43** 66
Fasshaken **275** 23
Fasskeller **232**
Fasslager *Abfall* **81** 17
Fasslager *Brauerei* **247** 11
Fasslager *Weinkeller* **232**
Fassonbeleimung **338** 31
Fassonhammer **260** 40
Fassonlehre **317** 66
Fassreifen **283** 8
Fassrumpf **283** 9
Fasstonne **380** 30, 35, 45
Fassung *Installateur*
  280 52, 54
Fassung *Wasservers.*
  80 24–39
Fassung, Brillen- **263** 10–14
Fassung, Münz- **43** 38
Fassung, Schraub- *Installateur* **280** 51
Fassung, Schraub- *Militär*
  65 13
Fassung, Synchron- **132** 28
Fassung, Zählrohr- **2** 20
Fasszieher **283** 12
Fastnacht **124**
Faulbaum **198** 13
Faultier, Zweizehen- **184** 13
Fauna, Tiefsee- **187**
Faust *Anat.* **19** 63
Faust *Klempner* **278** 20
Faust, Panzer- **63** 22
Faustball **110** 29–37, 36

Faustballspiel **110** 29–37
Faustballspieler **110** 33–35
Fäustel *Installateur* **279** 77
Fäustel *Steinbruch* **312** 33
Fäustel, Hand- **158** 16
Fausthandschuh **39** 49
Faustkampf **117** 20–50
Faustkeil **146** 1
Fäustling **34** 6
Fax **408** 7
Faxgerät *Büro* **408** 6
Faxgerät *Rundfunk* **398** 28
F-Dur **138** 63
Fechser *Bot.* **211** 22
Fechser *Gärtnerei* **206** 16
Fechtabstand **111** 10
Fechtaktion **111** 7
Fechtbahn **111** 2
Fechten **111**
Fechten, Degen-
  111 25–32, 54
Fechten, Florett- **111** 1–17, 52
Fechten, Säbel- **111** 19–24, 53
Fechten, Sport- **111** 1–33
Fechter **111** 5, 6
Fechter, Degen- **111** 25
Fechter, Florett- **111** 5, 6
Fechter, Säbel- **111** 19
Fechtergruß **111** 18
Fechterstellung **111** 33
Fechthandschuh **111** 12
Fechtjacke **111** 16
Fechtmaske **111** 13
Fechtschuh **111** 17
Fechtstellung **111** 18
Fechtwaffe **111** 34–46
Feder *Geogr.* **12** 32
Feder *Maschinenteil* **296** 73
Feder *Schlosser* **293** 53
Feder *Zool.* **241** 57
Feder, Blatt- **12** 34
Feder, Gänse- **163** 26
Feder, Kontakt- **280** 26
Feder, Metall- **163** 25
Feder, Pfauen- **224** 31
Feder, Reiß- **314** 54
Feder, Rohr- **163** 23
Feder, Rückhol- **345** 67
Feder, Sattel- **339** 52
Feder, Schmuck **130** 27
Feder, Schrauben- **344** 31,
  345 73, 80
Feder, Schreib- **10** 13
Feder, Schwinghebel- **220** 23
Feder, See- **187** 14
Feder, Sichel- **241** 73
Feder, Stahl- **340** 22
Feder, Straußen- **62** 32
Feder, Such- **280** 40
Feder, Unterdeck- **177** 5
Feder, Ventil- **343** 4, 53
Feder, Zubringer- **240** 18

Feder, Zuhaltungs- **293** 49
Federball **109** 45, 58
Federballschläger **109** 57
Federballspiel **109** 45
Federbart **241** 78
Federbein *Landw.* **218** 35
Federbein *Motorrad* **342** 8
Federbein, Haupt- **392** 22
Federbeinachse, McPherson-
  345 77
Federbeinstoßdämpfer
  345 82
Federbeinstützlager **345** 79
Federbusch **147** 78
Federgabel **106** 28
Federgabel, Teleskop- **342** 27
Federhalter, Füll- *Büro*
  409 10
Federhalter, Füll- *Schule*
  72 37
Federhaus **262** 30
Federkeil **296** 73
Federkernmatratze **51** 12
Federkiel **140** 53
Federkielpose **243** 17
Federkorb **317** 23
Federkranz **177** 23
Federlein **241** 63
Federmäppchen **72** 35–40
Federmappe **72** 35–40
Federrohr **177** 21, **241** 83
Federpuffer **368** 44
Federputz **42** 7
Federring *Eisenbahn* **356** 8
Federring *Maschinenteil*
  296 34
Federringscharnier **314** 70
Federschmuck **160** 12
Federschopf **178** 31
Federselli **209** 19
Federstegwerkzeug **261** 9
Federtasche **72** 35–40
Federung **218** 34
Federung, Anfahr- **368** 44
Federung, Kabinen- **218** 35
Federung, Rahmen- **340** 22
Federung, Vorderachs-
  218 24
Federung, Vorderrad-
  340 21
Federwild **239** 47
Federzinken **217** 5
Federzinken, Doppel-
  217 38, 51
Feedarm **397** 15
Feedschiene **397** 15
Feger, Hand- **56** 57
Feger, Schornstein- **46** 32
Feger, Straßen- **353** 1
fehlender Wortzwischen-
  raum **326** 39
fehlendes Wort **326** 30

Fehlerdiagnosegerät
  348 28, 68
Fehlkante **273** 89
Fehlrippe **249** 19
Feige **201** 35, **202** 11, 13
Feige, Birken- **51** 35
Feile **293** 20
Feile, Band- **293** 2
Feile, Flach- *Goldschmied*
  260 49
Feile, Flach- *Schlosser* **293** 32
Feile, Grob- **293** 20
Feile, Halbrund- **293** 34
Feile, Holz- **285** 2
Feile, Präzisions- **293** 20
Feile, Rund- *Goldschmied*
  260 47
Feile, Rund- *Schlosser* **293** 34
Feile, Schlicht- **293** 20
Feile, Schrupp- **287** 9
Feilenheft **260** 50
Feilenhieb **293** 33
Feilkloben **293** 28
Feilmaschine **293** 1
Feilnagel **260** 22
Feinabstimmungsregler,
  Bias- **401** 100
Feinbäckerei **251** 1–60
Feindrehmaschine, Brems-
  trommel- **291** 20
Feineinstellung **301** 40
Feinfilter **345** 22
fein geschlichtete Fläche
  314 27
Feinkokssieberei **309** 14
Feinmakulatur **281** 8
Feinmessschraube **295** 35
Feinschleifscheibe **263** 46, 47
Feinschnitt **259** 25
Feinschnittmaschine **286** 38
Feinschreiber, Tinten-
  408 27
Feinspinnen **318** 15, 25
Feinstaubmessgerät **264** 40
Feinstrich **276** 40
Feinstrumpf **83** 28
Feintrieb **264** 5
Feintrieb, Bogen- **314** 71
Feintrieb, Friktions- **268** 36
Feintrieb, Höhen- **16** 55
Feintrieb, Seiten- **16** 57
Feld *Jagd* **240** 39
Feld *Landw.* **216** 6
Feld *Pferdesport* **105** 41
Feld *Spiel* **90** 6
Feld, Abfertigungs- **389** 3
Feld, Anschluss- **388** 35
Feld, Anzeige- **379** 32
Feld, Anzeigen- **396** 28
Feld, Aufschlag- **109** 8, 52, 53
Feld, Auswahl- **407** 32
Feld, Bedien- **363** 32

Feld, Bedienungs- *Fotogr.*
  268 54, **269** 8, 13, **270** 28
Feld, Bedienungs- *PC*
  406 38, 68
Feld, Beschriftungs- **406** 59,
  407 21
Feld, Block- **357** 60
Feld, Bogen- **154** 41
Feld, Buchstaben- **406** 27
Feld, Ceran-® **47** 27
Feld, Eingabe- *PC* **407** 31
Feld, Eingabe- *Zeichner*
  315 29
Feld, Einstell- **268** 54
Feld, Firn- **13** 53
Feld, Getreide- **216** 35
Feld, Klinken- **132** 19
Feld, Koch- **47** 27
Feld, Kontroll- **132** 11
Feld, Patch- **398** 50
Feld, Schachbrett- **90** 2, 3
Feld, Schalt- **132** 4, 20
Feld, Schlacht- **17** 93
Feld, Schrift- **314** 36
Feld, schwarzes **90** 3
Feld, Spiel- **107** 1, **109** 46, 59,
  69, **110** 1, 26, 29, **123** 67
Feld, Steuer- **132** 11
Feld, Steuerungstasten-
  412 80
Feld, Stoppel- **216** 36
Feld, Tastatur- **344** 84
Feld, Tasten- *Büro* **408** 25,
  412 21
Feld, Tasten- *Telefon*
  396 11, 18
Feld, Text- **328** 23
Feld, Überwachungs- **357** 64
Feld, Vor- **389** 3
Feld, Wappen- **62** 19–25
Feld, weißes **90** 2
Feld, Ziel- **267** 63, 69
Feld, Ziffern- **412** 45
Feldarbeit **216** 1
Feldbohne **222** 15
Feldbohne, Gemeine **222** 15
Feldchampignon **199** 1
Felddistel **214** 32
Feldfrucht **221**
Feldfutterbau **222** 1–28
Feldhäcksler **217** 28
Feldhase **241** 64
Feldkaliber **240** 40
Feldkamille **214** 8
Feldkrähe **179** 15
Feldmohn **214** 2
Feldrain **216** 4
Feldregner **220** 20
Feldsalat **209** 38
Feldschädling **234** 40–54
Feldspark **222** 12
Feldspieler **108** 2

Feldspörgel 222 12
Feldspritzgerät 236 1
Feldstaffelei 157 26
Feldstein *Landw.* 216 5
Feldstein *Schwimmbad* 96 17
Feldstein *Wassers.* 80 37
Feldweg *Geogr.* 17 102
Feldweg *Landw.* 216 14
Feldwicke 222 18
Feldzeichen 61 11
Felge *Auto* 344 30, 345 83
Felge *Fahrrad* 339 21
Felge *Motorrad* 342 29
Felge, freie 114 29
Felge, Riesen- 113 60
Felge, Tropfen- 340 26
Fell *Kürschner* 284 6, 11–21
Fell *Musik* 141 54, 142 31
Fell, Bauch- 23 71
Fell, Breitschwanz- 284 21
Fell, geschnittenes 284 14
Fell, Luchs- 284 15, 16, 20
Fell, Nerz- 284 11, 19
Fell, Pauken- 141 60
Fell, Schlag- 141 54
Fell, Trommel- *Anat.* 22 90
Fell, Trommel- *Musik* 141 54
Fell, Werkbrett- 260 21
Fell, Zwerch- 23 12, 33
Fellbespannung 161 13
Fellklappe 42 40
Fellmütze 42 42
Fellsessel 129 13
Fellstiefel 58 10
Felsband 118 4
Felsbild 146 9
Felsblock 312 23
Felsbrocken 145 42
Felsen, Natur- 86 26
Felsengrab 152 37
Felseninsel, buckelartige
15 38
Felsenklippe, buckelartige
15 38
Felsenküste 15 36
Felsgehen 118 2–18
Felsgeher 118 5
Felsgeröll 13 49
Felskopf 118 9
Felsschulter 13 45
Felssohle 14 47
Felssturz 12 44
Felsterrasse 14 40, 50
Felswand 118 2
Feltrian 195 6
Fenchel 198 6
Fender 371 10
Fender, Bug- 383 17
Fender, Heck- 383 29
Fender, Holz- 372 26
Fenster *Bank* 414 38
Fenster *Biene* 230 62

Fenster *Eisenbahn* 361 5
Fenster *Fotogr.* 267 16
Fenster *Haus* 44 21, 22
Fenster *Kunst* 156 22
Fenster *Landw.* 217 23,
227 15
Fenster *Raumfahrt* 392 30
Fenster *Restaurant* 76 55,
77 49
Fenster *Schiff* 376 67
Fenster *Stadt* 79 10
Fenster *Surfen* 94 13
Fenster, Abteil- 361 27
Fenster, Atelier- 157 1
Fenster, Backofen- 47 30
Fenster, Belichtungsmesser-
266 3, 23
Fenster, Beobachtungs- *Film*
134 28
Fenster, Beobachtungs-
Raumfahrt 393 25, 26
Fenster, Bild- *Film* 133 34
Fenster, Bild- *Optik*
265 37, 39
Fenster, Bleiglas- *Energie*
306 78
Fenster, Bleiglas- *Glaser*
277 14
Fenster, Blick- 32 13
Fenster, Dach- 46 3
Fenster, Dachflächen- 44 49
Fenster, Dachliege- 274 8,
275 12
Fenster, eingeschlagenes
82 29
Fenster, Entfernungsmesser-
266 39
Fenster, Fond- 344 21
Fenster, Giebel- *Haus* 44 12
Fenster, Giebel- *Kunst*
154 49
Fenster, Kabinen- 133 15
Fenster, Keller- *Bau* 271 3
Fenster, Keller- *Haus* 44 23
Fenster, Kirchen- 148 14
Fenster, Klapp- 361 4, 37
Fenster, Klarsicht- 92 57
Fenster, Lüftungs- *Camping*
92 56
Fenster, Lüftungs- *Gärtnerei*
207 10
Fenster, Mansard- 274 19
Fenster, Mansarden- 274 19
Fenster, Maßwerk-
154 25–27
Fenster, Mistbeet- 207 17
Fenster, Rund- 154 12
Fenster, Schau- 79 6
Fenster, Schiebe- 361 38
Fenster, Schreib- 412 7
Fenster, Segel- 100 29
Fenster, Segment- 154 50

Fenster, Seiten- *Eisenbahn*
362 20
Fenster, Seiten- *Schiff* 372 57
Fenster, Sicht- *Baby* 33 47
Fenster, Sicht- *Camping*
92 39
Fenster, Sicht- *Fotogr.* 267 12
Fenster, Sicht- *Rundfunk*
398 13
Fenster, Sprossen- 45 5
Fenster, Treppenhaus- *Bau*
276 65
Fenster, Treppenhaus- *Haus*
45 24
Fenster, Tür- 344 17
Fenster, Waschküchen-
271 5
Fenster, Zeichnungs- 315 27
Fensterband 44 75
Fensterbank *Bau* 271 12,
273 33
Fensterbank *Haus* 44 13
Fensterbrüstung 44 13
Fensterdüse 56 96
Fensterladen 45 11
Fensterlaibung *Bau*
271 10, 11
Fensterlaibung *Haus* 44 15
Fenstermalerei 72 27
Fensteröffnung 273 30
Fensterrahmen 286 45
Fensterriegel 273 57
Fensterrose 154 38
Fensterscheibe, Auto- 350 27
Fensterschmuck 72 69
Fenstersohlbank 271 12
Fensterstiel 273 51
Fenstersturz *Bau* 271 9
Fenstersturz *Haus* 44 14
Ferkel *Landw.* 228 42
Ferkel *Zool.* 224 9
Ferkel, Saug- 228 42
Fermate 139 25
Fernbahn 18 10
Fernbedienung *Fotogr.*
270 36
Fernbedienung *Sägewerk*
311 14
Fernbedienung *U-Elektronik*
402 13
Fernbedienung *Video* 404 56
Fernbildlinse 267 54
ferngesteuertes Spielzeug-
auto 55 40
Fernglas *Jagd* 239 7
Fernglas *Optiker* 263 18
Fernlicht *Auto* 344 68
Fernlicht *Eisenbahn* 363 47
Fernlichtkontrolllampe
344 62
Fernmeldeleitung 280 21
Fernobjektiv 267 54

Fernrohr *Geogr.* 16 61
Fernrohr *Navigation* 379 24
Fernrohr *Optiker* 263 19
Fernrohr, Beobachtungs-
174 31
Fernrohr, Linsen- 265 16
Fernrohr, Meridian- 265 29
Fernrohr, Ziel- *Geogr.* 16 49
Fernrohr, Ziel- *Jagd* 240 29
Fernrohr, Ziel- *Militär* 63 24
Fernrohrlupe 265 38
Fernrohrmontierung
265 16–25
Fernsehen 70 5–18
Fernseher *Hausrat* 50 6,
54 12
Fernseher *Rundfunk* 400 1
Fernsehfunk 399
Fernsehgerät *Rundfunk*
400 1
Fernsehgerät *U-Elektronik*
403 15
Fernsehjournalist 70 8, 20
Fernsehjournalistin 70 9
Fernsehkabel *Internet* 405 3
Fernsehkabel *Straße* 352 15
Fernsehkamera *Energie*
306 81
Fernsehkamera *Meteor.*
10 67
Fernsehkamera *Rundfunk*
399 20, 400 26–45
Fernsehprogramm 165 29
Fernsehröhre 400 3
Fernsehtechnik 400
Fernsprechapparat 396
Fernsprecher 396
Fernsteuerfunkgerät 103 79
Fernsteuerung, Funk- 103 79
Fernsteuerungsanschluss
267 14
Fernthermometer 364 48
Fernverkehrsstraße 17 16
Fernwärmeerzeugung
81 20–28
Fernwärmegebäude 304 4
Fernwärmeleitung 352 28
Fernzug 390 4
Ferrokassette 402 55
Ferse 19 104
Fersenautomatik 119 35
Fersenbein 20 35
Fersengummi 102 54
Fersensitz 115 8
Fertigbackware 349 19
Fertigbauelement 369 58
Fertigbauteil 369 58
Fertigbehandlung 321
Fertiger, Asphaltstraßen-
354 35
Fertiger, Gleitschalungs-
355 1

Fertiger, Käse- **229** 48
Fertiger, Schwarzdecken-
354 35
fertiger Anschlag **123** 47
Fertigform **317** 38
Fertiggericht, tiefgefrorenes
250 51
Fertiggutentnahme
317 41, 49
Fertigmalztrichter **246** 20
Fertigstapel **301** 43
Fertigstraße **301** 46
Fertigung, Mundglas-
317 61–69
Fesen **221** 24
Fessel *Jagd* **239** 52
Fessel *Pferd* **225** 25
Fessel, Hand- **68** 41, 44, 46
Fesselflugmodell **103** 81
Fesselflugsteuerung, Ein-
draht- **103** 82
Fest, Kostüm- **124** 1–43
Fest, Masken- **124** 1–43
festes Hindernis **105** 19, 22
festes Lager **369** 11
Festessen **78** 41–44
Festiger, Haar- **258** 24
Festiger, Schaum- **257** 40
Festmahl **78** 41–44
Feston **154** 54
Festplatte *PC* **406** 45
Festplatte *Rundfunk* **398** 56
Festplattenlaufwerk
406 13, 45
Festplatz **126** 1
Festredner **78** 41
Festsaal *Hotel* **78** 40
Festsaal *Karneval* **124** 1
fest sitzender Zahnersatz
29 22
fest stehende Treppe **390** 12
Feststeller, Laden- **45** 12
Feststeller, Umschalt- **412** 24
Feststellhebel *Atom* **2** 40
Feststellhebel *Straßenrein.*
353 25
Feststellknebel, Pinolen-
302 28
Feststoffraketenmotor
393 59
Festung *Geogr.* **17** 74
Festung *Ritter* **147** 1
Festwiese **126** 1
Fetisch **162** 43
Fett, Schweine- **250** 33
Fettbackgerät **251** 83
Fetten, Nach- **318** 8
fette Schrift **326** 9
Fettflosse **185** 33
Fettgewebe **22** 69
Fetthenne, Große **195** 9
Fettkraut **195** 13

Fettkreide **159** 26
Fetttaucher **178** 5
Fetttröpfchen **24** 11
Fettwanne **251** 84
Fetus **25** 39
Feuchtigkeitsmesselement
10 9
Feuchtigkeitsmesser *Druck*
332 28
Feuchtigkeitsmesser
Schwimmbad **96** 18
Feuchtigkeitsmesser
Zeichner **314** 44
Feuchtkasten **333** 11
Feuchtraum **246** 8
Feuchtraummantelleitung
280 42
Feuchtwalze **333** 22
Feuchtwerk **333** 2
Feudel **56** 59
Feuer, Kamin- **78** 25
Feuer, Lager- **92** 72
Feuer, Leucht- *Geogr.* **17** 48
Feuer, Leucht- *Navigation*
380 55
Feuer, Molen- **380** 39, 40
Feuer, offenes *Hotel* **78** 25
Feuer, offenes *Piktogramm*
390 34
Feuer, Schmiede- **290** 1–8,
291 34
Feuerbecken **150** 41
Feuerblume **214** 2
Feuerbohren **162** 34
Feuerbüchse **364** 4
Feuerknopf **403** 18
Feuerkratze **290** 4
Feuerleit-Radarantenne
66 51
Feuerleitung **63** 84
Feuerlöschanlage **384** 20
Feuerlöschboot **82** 78
Feuerlöscher *Piktogramm*
390 15
Feuerlöscher *Tankstelle*
350 42
Feuerlöscher *Werkstatt*
348 75
Feuerlöscher, Hand- **82** 67
Feuerlöschkanone **375** 6
Feuerlöschmonitor **375** 6
Feuerlöschschaumtank
384 28
Feuersalamander **182** 22
Feuerschaufel **290** 2
Feuerschiff *Navigation*
380 49
Feuerschiff *Schiff* **375** 47
Feuerschröter **175** 26
Feuerschutzvorhang **137** 24
Feuersicherheitsgurt **82** 25
Feuerstein **259** 28

Feuertaste **403** 13
Feuertür **364** 61
Feuerturm **380** 54
Feuertüröffner **364** 63
Feuerung, Koks- **46** 41
Feuerung, Öl- **46** 47
Feuerwache **82** 1–4
Feuerwaffe, Hand- **240** 2
Feuerwehr **82**
Feuerwehr, Flughafen- **389** 7
Feuerwehrhelm **82** 20
Feuerwehrleine **82** 22
Feuerwehrmann **82** 19
Feuerwehrschutzhose **82** 23
Feuerwehrschutzjacke **82** 21
Feuerwehrschutzstiefel
82 24
Feuerwehrschutzweste **82** 36
Feuerwerk, Tisch- **124** 51
Feuerwerkskörper **124** 44
Feuerzeug, Benzin- **259** 27
Feuerzeug, Einweg- **259** 30
Feuerzeug, Gas- **259** 30
Feuerzeug, Wegwerf- **259** 30
Feuilleton **165** 34
Feuilletonteil **165** 34
Fiale **154** 30
Fibel, Schlangen- **146** 28
Fibel, Spiral- **146** 30
Fibel, Violinbogen- **146** 27
Fichte **190** 12
Fichte, Blau- **203** 11
Fichtengallenlaus **235** 39
Fichtennadel **190** 19
Fichtenspinner **235** 18
Fichtenzapfen **190** 13
Ficus **51** 35
Fiedel **141** 1
fiederteilig **188** 44
Fiepblatter **240** 43
Fiepe, Reh- **240** 43
Figur, achsensymmetrische
169 24
Figur, Ahnen- *Kunst* **156** 19
Figur, Ahnen- *Völkerk.*
162 17
Figur, Brücken- **369** 22
Figur, Delfin- **85** 28
Figur, Dinosaurier- **85** 15
Figur, gemeine **62** 12
Figur, Halma- **90** 28
Figur, Hebe- **120** 8
Figur, Hufschlag- **105** 8
Figur, Kasperle- **72** 75
Figur, Knet- **71** 13
Figur, Kunstflug- **103** 1–9
Figur, Märchen- *Freizeitpark*
85 3
Figur, Märchen- *Karneval*
124 62
Figur, menschliche **146** 20
Figur, Mosaik- **157** 38

Figur, Motto- **124** 59
Figur, mythologische **145**
Figur, Plastilin- **71** 13
Figur, Portal- **152** 36
Figur, Riesen- **124** 60
Figur, Schach- **90** 1, 7
Figur, schwarze **90** 5
Figur, Stein- **84** 2
Figur, Ton- *Kunst* **156** 5,
158 7
Figur, Ton- *Schule* **72** 68
Figur, Totem- **160** 2
Figur, weiße **90** 4
Figurenparade **85** 22
Figurenski **102** 52
Figurine **136** 44
Filament **254** 22
Filament, Viskose- **322** 12,
14, 19
Filamentgarn, Polyester-
322 30–32, 32
Filamentgarn, Viskose-
322 14–18, 18
Filet **277** 4, 24, 44
Filet, falsches **249** 31
Filet, Kalbs- **249** 7
Filet, Rinder- **249** 24
Filet, Schweine- **249** 44
Filetarbeit **254** 22
Filete **336** 33
Filetfaden **254** 24
Filetknoten **254** 23
Filetnadel **254** 26
Filetschlinge **254** 23
Filetstab **254** 25
Filiale, Bank- **358** 21
Filiale, Post- *Post* **395** 1–33
Filiale, Post- *Stadt* **18** 22,
79 69
Filiermesser **243** 12
Filiernadel **254** 26
Filigranarbeit **254** 30
Film *Atom* **2** 10, 13
Film *Film* **131**, 132, 133, 134
Film *Fotogr.* **266** 9
Film *Mediengest.* **329** 25
Film, Dianegativ- **268** 25
Film, Diapositiv- **268** 24
Film, Druck- *Druck*
332 13, 23
Film, Druck- *Mediengest.*
329 23, 33, 38
Film, Druck- *Setzerei* **327** 25
Film, Roll- **266** 18
Filmagitator **268** 19
Filmantrieb **132** 7
Filmarchitekt **131** 43
Filmarchiv **131** 6
Filmatelier **131** 10
Filmaufnahme **131** 15–60,
132 48
Filmaufzeichnung **132**

Filmbau **131** 8
Filmbühne **268** 33
Filmdose **267** 28
Filmdosenbewegungsgerät **268** 19
Filmdosimeter **2** 8
Filmdosimeter, Fingerring- **2** 11
Filmdruck, Rotations- **321** 34–38
Filmempfindlichkeitsanzeige **267** 76
Filmentwicklungsdose **268** 1
Filmentwicklungsmaschine **132** 29
Filmfach **268** 6
Filmhalter, Vakuum- **330** 8
Filmkamera *Film* **131** 18, 47, **134**
Filmkamera *Med.* **32** 21
Filmkamera *Wahl* **69** 14
Filmkassette *Film* **132** 45
Filmkassette *Fotogr.* **269** 22
Filmkassette *Optik* **264** 54, **265** 40
Filmkassette, APS- **266** 17
Filmkassette, Tageslicht- **132** 10
Filmkassettengehäuse **134** 9
Filmkitt **133** 22
Filmklammer **268** 14
Filmkulisse **131** 33
Filmlager **131** 6
Filmlauf **133** 30
Filmmagazin, Zehn-Meter- **267** 58
Filmprojektion **129** 12
Filmprojektor **133** 13, 14, 24
Filmregisseur **131** 40
Filmrolle **133** 33
Filmschauspieler **131** 28
Filmschauspielerin **131** 27
Filmschnitt **132** 38
Filmspirale, Mehretagen- **268** 4
Filmspule *Film* **132** 2, **133** 32
Filmspule *Fotogr.* **266** 8
Filmstadt **131** 1
Filmstar **131** 27, 28
Filmteller **132** 41
Filmtheater **133** 1
Filmtitel **131** 35
Filmtransportanzeige **267** 77
Filmtransportknauf **268** 7
Filmtransportkurbel **266** 31
Filmtrockner **268** 23
Filmtrommel **133** 16, 25
Filmumspulung **133** 21
Filmvorführer **133** 20
Filmvorführgerät **133** 24
Filmvorführkabine **5** 29
Filmvorführraum **5** 28

Filmvorführung **133** 1–23
Filmzunge **266** 9
Filter *Atom* **2** 9, 12, 14
Filter *Wasservers.* **80** 62
Filter, Bier- **247** 10
Filter, Einstell- **268** 49
Filter, Elektro- *Kokerei* **309** 20
Filter, Elektro- *Kraftwerk* **304** 7
Filter, Elektro- *Zement* **310** 12
Filter, Falten- **173** 41
Filter, Farb- **329** 6
Filter, Fein- **345** 22
Filter, Gleichlauf- **132** 8
Filter, Grob- **345** 20
Filter, Kieselgur- **247** 4
Filter, Korrektur- **132** 36
Filter, Kraftstoff- **345** 4
Filter, Luft- *Auto* **344** 3
Filter, Luft- *Eisenbahn* **366** 79
Filter, Luft- *Landw.* **218** 31
Filter, Öl- **343** 58
Filter, Rauchgas- **304** 7
Filter, Schicht- **232** 8
Filteranlage *Abfall* **81** 25
Filteranlage *Erdöl* **299** 26
Filteranlage, Schnell- **80** 9
Filteraufnahme **264** 57
Filterbehälter **267** 29
Filterboden **80** 11
Filterbühne **134** 3
Filterglasscheibe **268** 22
Filterpresse *Porzellan* **316** 20
Filterpresse *Textil* **322** 6
Filtersand **80** 10
Filtersieb **172** 11
Filtertrockner **345** 36
Filterzigarette **259** 12
Filtration, Hämo- **30** 10
Filtrierflasche **173** 40
filtriertes Wasser **80** 12
Filtrierung **322** 6
Filz **324** 8
Filz, Fänger- **143** 28
Filz, Hammer- **143** 24
Filzbedeckung **161** 16
Filzhammer **143** 3
Filzhut **42** 30
Filzlaus **233** 40
Filzpfropf **240** 52
Filzschreiber **410** 19
Filzstiefel **161** 30
Filzstift *Büro* **410** 19
Filzstift *Hausrat* **55** 26
Filzstift *Schule* **72** 39
Filztuch **159** 42
Fimbrie **25** 17
Fimbrien **23** 97
Finder, Pfad- **92** 73

Finger **389** 14
Finger, kleiner **19** 69
Finger, Mittel- **19** 67
Finger, Ring- **19** 68
Finger, Zeige- **19** 66
Fingerabdruck **68** 50, 51
Fingerabdruckscanner **68** 51
Fingerabdruckvergleich **68** 49
Fingerbeere **19** 80
Fingerfarbe **72** 27
Fingerglied **19** 79, **20** 22
Fingerhandschuh **38** 77
Fingerhut **197** 2
Fingerknochen **20** 22
Fingerkopf **389** 13
Fingernagel **19** 82
Fingerring-Filmdosimeter **2** 11
Fingerspitze **19** 81
Fingerstrecker **21** 57
Finierer **29** 33
Fink, Buch- **180** 4
Fink, Distel- **180** 3
Fink, Edel- **180** 4
Fink, Erd- **180** 7
Finkenvogel **180** 2, 3
Finn-Dingi **100** 40
Finne *Landw.* **219** 18
Finne *Surfen* **94** 28
finnisches Heißluftbad **96** 14–26
finnische 1-Euro-Münze **60** 48
Finsternis, Mond- **4** 34–38
Finsternis, Sonnen- **4** 29–33
Firewire-Anschluss **269** 15
Firmenschild **271** 47
Firnbrücke **118** 29
Firnfeld **13** 53
Firngrat **118** 26
Firnhang **118** 19
Firnis **157** 12
Firnwechte **118** 25
First *Bau* **274** 2, **275** 93
First *Haus* **44** 7
First, Dach- **274** 2
Firstbalken **274** 48
Firstgebinde **275** 79
Firsthaken **275** 65
Firsthaube **275** 98
Firstkreuz **149** 10
Firstlüftung **207** 11
Firstpfette **274** 43
Firstschar **275** 47
Firstschlussziegel **275** 4
Firstziegel **275** 3, 52
Fisch **182** 1–19, **187** 13
Fisch, Aal- **182** 17
Fisch, Algen- **182** 18
Fisch, Angler- **187** 6
Fisch, Clown- **93** 29

Fisch, Drachen- **187** 10
Fisch, Hai- **182** 1
Fisch, Tinten- **176** 41, **187** 4
Fisch, Waller- **182** 12, 13
Fischauge **267** 49
Fischaugenobjektiv **267** 49
Fischbesteck **53** 9
Fischbrutanstalt **242** 10–17
Fischchen, Silber- **233** 15
Fischdampfer **375** 80
Fische **4** 67
Fischei **242** 11
Fischerboot **243** 6
Fischerei, Angel- **243**
Fischerei, Langleinen- **244** 24–27
Fischerei, Ringnetz- **244** 20–23
Fischerei, Schleppnetz- **244** 8–19
Fischerei, See- **244**
Fischerei, Treibnetz- **244** 1–7
Fischereihafen **381** 56
Fischfangschiff **375** 81
Fischgabel **53** 64
Fischgericht **77** 12
Fischgrätbürste **257** 17
Fischgrätenmelkstand **228** 23
Fischhalle **381** 57
Fischkonserve **250** 56
Fischkonservenfabrik **381** 59
Fischkorb **243** 4
Fischkutter, Motor- **375** 79
Fischlaich **242** 11
Fischmesser *Angelsport* **243** 13
Fischmesser *Hausrat* **53** 63
Fischmöwe **178** 17
Fischpass **243** 61
Fischreiher **178** 22
Fischschwanz **145** 27, 47, 50, 53
Fischschwanzbohrer **298** 21
Fischschwarm **93** 28
Fischtransportfass **242** 3
Fischtrawler **244** 8
Fischverarbeitungsschiff **375** 81
Fischzucht **242**
Fis-Dur **138** 61
fis-Moll **138** 58
Fissurenbohrer **29** 34
Fitnessbar **112** 29
Fitnessgerät **394** 30
Fitnessstudio **112**
Fittich **241** 81, 84
Fitting **279** 38–52
Fixativ, Haar- **257** 26
fixierte Last **117** 5
Fixierung **68** 17

Fixierungsvorrichtung **250** 61
Fixstern **3** 9–48
Fixsternhimmel, nördlicher **3** 1–35
Fjord **15** 5
Fjord, Sogne- **15** 5
Fjordküste **15** 4
FKK-Anhängerin **97** 14
FKK-Gelände **97** 13
FKKlerin **97** 14
Flachbahnregler **132** 21
Flachbank **112** 2, 25
Flachbettscanner **328** 3
Flachbildschirm **358** 7
Flachbogen **155** 28
Flachbrücke **369** 52
Flachdach **45** 20
Flachdachpfanne **275** 60
Flachdrehbrücke **369** 67
Flachdruckverfahren **159** 25, 26
Fläche, Ablage- **257** 33
Fläche, Arbeits- **73** 5
Fläche, Auflage- **73** 11
Fläche, bebaute **18** 1
Fläche, Bügel- **255** 28
Fläche, ebene **169** 24–58
Fläche, fein geschlichtete **314** 27
Fläche, geschruppte **314** 26
Fläche, Grün- *Haus* **45** 18
Fläche, Grün- *Park* **84** 36
Fläche, Grün- *Schwimmen* **98** 1
Fläche, Grund- **170** 35, 39
Fläche, Hoch- **14** 49
Fläche, Klebe- **72** 51
Fläche, Knoten- **1** 11
Fläche, Kreis- **170** 39
Fläche, Kristall- **174** 9, 15, 17
Fläche, Lade- **347** 7
Fläche, Lauf- **119** 33
Fläche, Leucht- **330** 35
Fläche, Liege- **96** 30
Fläche, Ober- *Geogr.* **11** 9
Fläche, Ober- *Mediengest.* **328** 14, 24
Fläche, Ober- *Raumfahrt* **392** 12
Fläche, Ober- *Rundfunk* **398** 16
Fläche, Ober- *Zeichner* **315** 26
Fläche, Projektions- **72** 17
Fläche, Rasen- *Park* **84** 36
Fläche, Rasen- *Schwimmen* **98** 1
Fläche, Reib- **259** 24
Fläche, Reklame- **271** 45
Fläche, Schlag- **237** 13
Fläche, schraffierte **314** 34

Fläche, Seiten- **170** 31
Fläche, Sitz- *Fotoreprod.* **330** 42
Fläche, Sitz- *Hausrat* **52** 12
Fläche, Spiel- **91** 14
Fläche, Tanz- **129** 17
Fläche, textile **321** 1, 15
Fläche, Tisch- **295** 14
Fläche, Trag- *Flugsport* **103** 19, **104** 5
Fläche, Trag- *Flugzeug* **386** 43, **388** 34
Fläche, Trag- *Militär* **64** 9
Fläche, Treff- **111** 52–54
Fläche, unbearbeitete **314** 25
Fläche, Walm- **274** 11, **275** 10
Fläche, Wasser- **271** 45
Fläche, Werbe- **271** 45
Fläche, Ziel- **120** 34
Fläche-gegen-Fläche-Prinzip **334** 13
Flacheisen *Kunst* **159** 7
Flacheisen *Maschinenteil* **296** 10
Flacheisen *Steinbruch* **312** 34
flache Lagerung **297** 43, 44
Flächenbügeltisch **255** 23
Flächenstreicher **282** 3
Flachfacette **263** 47, 48
Flachfeile *Goldschmied* **260** 49
Flachfeile *Schlosser* **293** 32
Flach-gegen-rund-Prinzip **334** 23
Flachglas **277** 5
Flachglasherstellung **317** 1–20
Flachhammer **290** 33
Flachhang **14** 35
Flachkiel **378** 52
Flachkollektor **308** 1
Flachküste **14** 80
Flachlandtapir **184** 30
Flachmeißel **293** 31
Flachmoor **14** 16
Flächner, Acht- **174** 6
Flächner, Achtundvierzig- **174** 13
Flächner, Sechs- **174** 2
Flächner, Viel- **174** 1
Flächner, Vier- **174** 1
Flächner, Vierundzwanzig- **174** 12
Flächner, Voll- **174** 2
Flächner, Zwanzig- **174** 11
Flachpalette **382** 10
Flachpinsel **157** 6
Flachrelief **158** 33
Flachs **201** 6
Flachsattel **292** 35
Flachschicht, Backstein- **276** 7

Flachschlüssel **293** 55
Flachschraubstock **293** 22
Flachsilo **215** 28
Flachsticharbeit **254** 10
Flachstickarbeit **254** 10
Flachstrahldüse **236** 3
Flachstrickmaschine **320** 1, 9
Flachverbinder **274** 99
Flachwagen **360** 2, **367** 5, 40
Flachwagen, Drehgestell- **367** 11
Flachwagen, Spezial- **367** 33
Flachzange *Installateur* **279** 63
Flachzange *Schlosser* **293** 73
Flachzange *Schmied* **290** 24
Flagge *Flagge* **61** 1–4, 13–15, 16, 17, 18, 19, 20, 21, 22, 23
Flagge *Sport* **61** 24
Flagge, Buchstaben- **61** 24
Flagge, Europa- **61** 14
Flagge, europäische **60** 5
Flagge, Klub- **99** 22
Flagge, National- **61** 16–23
Flagge, olympische **61** 15
Flagge, rechteckige **61** 24
Flagge, Signal- **61** 24–27
Flagge, Staats- **61** 16–23
Flagge, Starter- **87** 23
Flagge, Verbands- **102** 7, 10
Flaggenalphabet **61** 24
Flaggenknopf **61** 1
Flaggenleine **61** 2
Flaggenmast **61** 1
Flaggensignal **377** 9
Flaggenstock *Flagge* **61** 1
Flaggenstock *Militär* **66** 4, **67** 87
Flaggenstock, Heck- *Militär* **66** 25
Flaggenstock, Heck- *Schiff* **377** 31
Flaggentuch **61** 3
Flaggleine **61** 2
Flak, Zwillings- **66** 31
Fla-Kanone **66** 73
Flakon, Parfüm- **51** 30
Flak-Panzer **63** 82
Fla-Maschinenkanone **67** 34
Fla-MG **63** 48
Flamingo **84** 53
Flamme **145** 12
Flamme, Spiritus- **29** 53
Flammendes Herz **213** 5
Flammenregulierung **259** 31
Flammenschutzwand **67** 15, 27
Flanelltuch **281** 48
Flanke *Anat.* **16** 9
Flanke *Turnen* **114** 31
Flanke *Zool.* **241** 28

Flanke, Ätz- **331** 45
Flanke, Kreis- **113** 54
Flankenblech **147** 86
Flankenlage **115** 46
Flankenschutzmittel **331** 24
Flansch *Böttcher* **283** 18
Flansch *Maschinenteil* **296** 2, 5
Flansch, Anschluss- **303** 43
Flansch, Block- **283** 24
Flanschstutzen **283** 23
Fla-Raketenstarterzwilling **67** 33
Flarak-Starter, Achtfach- **67** 5, 20
Flasche *Brauerei* **247** 16
Flasche *Fotogr.* **268** 9
Flasche, Acetylen- **294** 2
Flasche, Atemgas- **82** 26
Flasche, Augenspül- **82** 17
Flasche, Bier- *Brauerei* **247** 21
Flasche, Bier- *Tankstelle* **349** 60
Flasche, Chemikalien- *Fotogr.* **268** 10
Flasche, Chemikalien- *Schule* **73** 18
Flasche, CO_2- **291** 32
Flasche, Dekantier- **53** 46
Flasche, Dreihals- **173** 57
Flasche, Druck- **391** 13
Flasche, Druckgas- **31** 8
Flasche, Essig- **53** 34
Flasche, Filtrier- **173** 40
Flasche, Gas- **92** 47
Flasche, Gaswasch- *Chemie* **173** 58
Flasche, Gaswasch- *Schule* **73** 27
Flasche, Infusions- *Feuerwehr* **82** 13
Flasche, Infusions- *Med.* **30** 14
Flasche, Kragen- **146** 12
Flasche, Medikamenten- **82** 74
Flasche, Mehrweg- **247** 24
Flasche, Milch **33** 20
Flasche, Mineralwasser- **77** 20
Flasche, Öl- **53** 34
Flasche, Pfand- **349** 62
Flasche, Pilger- **156** 14
Flasche, Pressluft- *Feuerwehr* **82** 80
Flasche, Pressluft- *Tauchen* **93** 19
Flasche, Rüttel- *Bau* **272** 89
Flasche, Rüttel- *Straßenbau* **355** 14

Flasche, Sauerstoff- *Feuerwehr* **82** 26

Flasche, Sauerstoff- *Schweißer* **294** 3

Flasche, Sekt- *Nachtlokal* **130** 9

Flasche, Sekt- *Tankstelle* **349** 2

Flasche, Shampoo- **257** 34

Flasche, Sodawasser- **50** 37

Flasche, Spritz- **172** 7

Flasche, Trink- *Fahrrad* **340** 18

Flasche, Trink- *Sport* **106** 18

Flasche, Wärm- **127** 91

Flasche, Wein- *Restaurant* **76** 23

Flasche, Wein- *Tankstelle* **349** 3

Flasche, Wein- *Weinkeller* **232** 15

Flasche, Whisky- *Hausrat* **50** 36

Flasche, Whisky- *Tankstelle* **349** 4

Flaschenabfüllung **247** 17

Flaschenbatterie **294** 1

Flaschenbierkasten **349** 61

Flaschenbord **78** 65

Flaschenbovist **199** 20

Flaschenbox **33** 22

Flascheneingabe **252** 2

Flascheneinschub **252** 2

Flaschengestell **232** 11

Flaschenglasherstellung **317** 33

Flaschenkisteneingabe **252** 5

Flaschenkisteneinschub **252** 5

Flaschenkorb **232** 14

Flaschenlager **232** 11

Flaschenöffner **53** 49

Flaschenregal *Diskothek* **129** 4

Flaschenregal *Restaurant* **76** 10

Flaschenreinigungsanlage **247** 13

Flaschenreinigungsmaschine **247** 14

Flaschenventil **93** 20

Flaschenverschluss **48** 10

Flaschenwagen **294** 19

Flaschenzug *Erdöl* **298** 8

Flaschenzug *Schiff* **375** 27

Flaschenzug *Schmied* **290** 20

Flaschner **278** 17

Flattertier **184** 11

Fla-Zwillingsturm **67** 30

Flechtarbeit *Korbmacher* **289** 16

Flechtarbeit *Schule* **72** 74

Flechtart **289** 1–4

Flechter, Korb- **289** 33

Flechterei, Korb- **289** 1–40

Flechtwerk **289** 4

Flechtzaun **370** 39

Fleck, Augen- **175** 60

Fleck, blinder **22** 59

Fleck, Mond- **182** 39

Fleck, Sonnen- **4** 40

Fleck, Wangen- **224** 23

Fleckspecht **178** 32

Fledermaus, Ohren- **184** 11

Fledermausflügel **145** 4

Fledermausgaube **274** 23

Fledermausgaupe **274** 23

Fleecefutter **34** 45

Fleece-Innenkragen **39** 17

Fleecepullover **34** 51

Fleetreep **244** 3

Fleisch, Braten- **250** 50

Fleisch, Dörr- **250** 31

Fleisch, Frisch- **252** 73

Fleisch, Frucht- **211** 26, 38, 61, **212** 9

Fleisch, Hack- **250** 44

Fleisch, Rauch- **250** 31

Fleisch, Schabe- **250** 44

Fleisch, Zahn- **22** 17

Fleischbeschauer **248** 24

Fleischdünnung **249** 15

Fleischer *Fleischerei* **250** 7

Fleischer *Schlachthof* **248** 1

Fleischerei **250**, 29–66

Fleischerfachgeschäft **250** 29–66

Fleischergeselle **250** 27

Fleischermeister **250** 7

Fleischermesser **250** 1–6

Fleischerschürze **250** 8

Fleischgericht **77** 14

Fleischhaken **250** 24

Fleischmesser **250** 5

Fleischnelke **213** 6

Fleischpastete **250** 43

Fleischsalat **250** 41

Fleischstück *Fleischerei* **250** 28

Fleischstück *Jagd* **239** 50

Fleischteil **248** 20

Fleischtopf **48** 11

Fleischwaren **250** 29–33

Fleischwolf *Fleischerei* **250** 22

Fleischwolf *Hausrat* **48** 34

Fleischwurst **252** 74

Fleischwurststring **250** 38

Fleischzerlegesäge **248** 20

Flickflack **114** 24

Fliege *Angelsport* **243** 35

Fliege *Frisur* **40** 19

Fliege *Kleidung* **38** 15

Fliege, Bohr- **234** 18

Fliege, Eintags- **175** 8

Fliege, Frucht- **234** 18

Fliege, Frühlings- **175** 14

Fliege, Köcher- **175** 14

Fliege, Schmeiß- **175** 19

Fliege, Stech- **233** 5

Fliege, Stuben- **233** 2, 3

Fliegen, Drachen- **104** 1

fliegende Hundehütte **103** 83

fliegender Händler **126** 43

Fliegenfalle, Venus- **195** 14

Fliegenklappe **236** 25

Fliegenklatsche **236** 25

Fliegenpilz **197** 11

Flieger, Drachen- **104** 3

Flieger, Ketten- **126** 18

Flieger, See- **178** 13

Fliegerabwehrkanonen-Panzer **63** 82

Fliegerabwehr-Maschinengewehr **63** 48

Fließband **77** 38

Fließbecher **282** 32

Fließheck **346** 16

Fließhecklimousine **346** 14

Fließrichtung **15** 24

Flinte, Büchs- **240** 33

Flinte, Doppel- **123** 44

Flinte, Gabel- **161** 28

Flipchart **409** 40

Flipchartblock **409** 41

Flipchartmarker **409** 42

Flipflop® **95** 21

Flips, Erdnuss- **349** 5

Floatbad **317** 16

Floatglasprozess **317** 12

F-Loch **141** 6

Flocke **318** 29

Flocke, Faser- **318** 6

Flocken **318** 3

Flockenblume **214** 1

Flockenblume, Wiesen- **194** 12

Flödel **141** 26

Floh **233** 42

Floh, Erd- **234** 28

Floh, Menschen- **233** 42

Flohmarkt **127**

Flohmarktbesucher **127** 1

Flohmarktbesucherin **127** 1

Flohmarktverkäufer **127** 2

Flohmarktverkäuferin **127** 2

Flom **249** 45

Flomen **249** 45

Flop **116** 9

Floppy Disk **406** 54

Floppy-Disk-Laufwerk **406** 6

Flor, Faser- **318** 12

Florentiner **251** 41

Florentinerhut **42** 22

Florett **111** 11

Florett, französisches **111** 38

Florett, italienisches **111** 40

Florettfechten **111** 1–17, 52

Florettfechter **111** 5, 6

Florettknauf **111** 41

Florteilen **318** 12

Flosse **102** 39, 57

Flosse, After- **182** 9

Flosse, Bauch- **182** 8

Flosse, Brust- **182** 7, **185** 34

Flosse, Fett- **185** 33

Flosse, Höhen- *Flugsport* **103** 15

Flosse, Höhen- *Flugzeug* **385** 26, **386** 62

Flosse, Kiel- **388** 7

Flosse, Rücken- **182** 6

Flosse, Schwanz- **182** 10, **185** 35

Flosse, Schwimm- **93** 15

Flosse, Seiten- *Flugsport* **103** 13

Flosse, Seiten- *Flugzeug* **385** 24, **386** 59

Flosse, Seiten- *Raumfahrt* **393** 2

Flosse, Stabilisierungs- *Militär* **64** 22

Flosse, Stabilisierungs- *Raumfahrt* **391** 6

Flossenfüßer **185** 22

Flossenstummel **388** 3

Flossentaucher **178** 5

Flosser, Arm- **187** 6

Flöte **161** 47

Flöte, Block- **140** 7

Flöte, Gefäß- **142** 32

Flöte, große **141** 32

Flöte, Pan- **140** 2

Flöte, Piccolo- **141** 31

Flöte, Quer- **141** 31, 32

Flötenkessel **47** 26

Flotte, Färbe- **321** 18, 22

Flottung **323** 40

Flöz, Kalisalz- **306** 68

Flöz, Staßfurt- **306** 68

Flöz, Steinkohlen- **297** 23

Flözstrecke **297** 45

Fluatiermittel **281** 7

Flüchter, Wind- **14** 89

Fluchtweg **390** 14

Flug, Ab- **390** 3

Flug, Kunst- **103** 1–9

Flug, Modell- **103** 77

Flug, Rücken- **103** 9

Flug, Schlepp- **104** 19

Flug, Segel- **104**

Flug, Vorder- **147** 45

Flugabwehrraketenstarter **66** 32, **67** 25

Flugball **109** 31

Flugbetankungsstutzen **64** 7

Flugblatt **69** 12
Flugblattverteiler **69** 11
Flugboot **388** 1
Flugbrettchen **230** 61
Flugdeck **67** 2, 12
Flugdrachen **72** 72
Flügel *Bot.* **189** 57, **190** 9
Flügel *Fabel* **145** 30, 56, 65
Flügel *Flugzeug* **386** 43
Flügel *Musik* **143** 41
Flügel *Zool.* **175** 36, **233** 9
Flügel, Deck- **175** 39, **235** 11
Flügel, Delta- **385** 19, **387** 14
Flügel, Doppel- **385** 50
Flügel, Dreh- **388** 12
Flügel, Ellipsen- **385** 15
Flügel, Enten- **65** 8, 28
Flügel, Fledermaus- **145** 4
Flügel, Fotovoltaik- **394** 2
Flügel, gespreizter **178** 12
Flügel, Haut- **235** 12
Flügel, häutiger **235** 12
Flügel, Heck- **346** 31
Flügel, Hinter- **175** 36
Flügel, Holm- **104** 5
Flügel, Kiel- **140** 45
Flügel, Kipp- **388** 30
Flügel, Klein- **143** 41
Flügel, Knick- **385** 14
Flügel, Konzert- **143** 41
Flügel, Kot- **344** 1
Flügel, Lüfter- **343** 42
Flügel, Lungen- **23** 9
Flügel, Mittel- **385** 8
Flügel, Ober- **385** 7
Flügel, Ogee- **385** 22
Flügel, Ogival- **385** 22
Flügel, Pfeil- **385** 20, 21
Flügel, Rechteck- **385** 16
Flügel, Salon- **143** 41
Flügel, Schwenk- **64** 9
Flügel, Schwimm- **96** 6
Flügel, Sichel- **385** 18
Flügel, Sicherungs- *Atom* **2** 40
Flügel, Sicherungs- *Jagd* **240** 8
Flügel, Solarzellen- **397** 2
Flügel, Sonnen- **397** 2
Flügel, Trag- **103** 19
Flügel, Trapez- **385** 17
Flügel, Unter- **385** 9
Flügel, Vor- *Flugzeug* **385** 37
Flügel, Vor- *Militär* **65** 13
Flügel, Vorder- **175** 39
Flügel, Windmühlen- **245** 2
Flügel, Zusatz- **357** 8
Flügelader **175** 37
Flügelanordnung **385** 1–14
Flügellärmel **34** 17
Flügeldecke **235** 11
Flügelform **385** 15–22

Flügelhahn **279** 35
Flügelhemdchen **34** 10
Flügelkopf **245** 7
Flügelmauer **370** 33
Flügelmutter **296** 42
Flügelnasenteil **393** 33
Flügelpedal **143** 42, 43
Flügelrad **371** 58
Flügelradpumpe **371** 52
Flügelradwasserzähler **80** 53
Flügelross **145** 28
Flügelschar **218** 46
Flügelschargrubber **218** 44
Flügelschiene **356** 25
Flügelspannweite **385** 2
Flügelspitzentank **387** 8
Flügeltank **64** 4
Flügelwelle **245** 6
Fluggastbrücke **389** 14
Fluggastraum **388** 28
Flughafen *Flughafen* **389**
Flughafen *Piktogramm* **390** 1
Flughafenfeuerwehr **389** 7
Flughafenrestaurant **389** 19
Flughafer **214** 29
Flughaltung **119** 62
Flugkarussell **126** 30
Flugkörper, Lenk- **63** 74
Flugkörper, Luft-Luft- **65** 25
Flugkörper, Tartar- **66** 49
Flugkörperschnellboot **66** 69, 75
Flugkörperstartcontainer **66** 71
Flugkörperträger **65** 32
Flügler, Deck- **175** 25
Flügler, Gerad- **175** 10
Flügler, Gleich- **175** 5
Flügler, Haar- **175** 14
Flügler, Lang- **178** 13
Flügler, Netz- **175** 14
Flugloch **230** 60
Flugmodell, Fessel- **103** 81
Flugmodell, Grotesk- **103** 83
Flugplatz, Segel- **17** 6
Flugsport **103, 104**
Flugsteig **389** 12
Flugsteuerung, automatische **393** 24
Flugsteuerung, Fessel- **103** 82
flugunfähiger Vogel **178** 1, 5
Flugzeug **385, 386, 387, 388**
Flugzeug, Amphibien- **388** 8
Flugzeug, Doppelrumpf- **385** 34
Flugzeug, Düsen- **387** 6–21
Flugzeug, Geschäfts- **387** 3, 6
Flugzeug, Kampf- **64** 8
Flugzeug, Kippflügel- **388** 29
Flugzeug, Kipprotor- **388** 32
Flugzeug, Modell- **87** 26

Flugzeug, Motor- **104** 20, 33
Flugzeug, Propeller- **387** 1–5
Flugzeug, Propeller-
  Turbinen- **387** 4
Flugzeug, Reise- **386** 1–31,
  32–66, **387** 1, 2, 3, 6
Flugzeug, Schlepp- **104** 20
Flugzeug, Schwimmer- **388** 5
Flugzeug, Segel- **104** 21, 27
Flugzeug, Senkrechtstarter-
  388 29–34
Flugzeug, Sport- **386** 1–31,
  32–66, **387** 1
Flugzeug, Strahl- **387** 6–21
Flugzeug, Stratosphären-
  7 17
Flugzeug, Transport-
  64 14, 24
Flugzeug, Turbinen-
  Propeller- **387** 4
Flugzeug, Turboprop- **387** 4
Flugzeug, Verbindungs-
  64 24
Flugzeug, Verkehrs-
  Atmos. **7** 6
Flugzeug, Verkehrs- *Flugzeug*
  387 4, 10, 11, 12, 15
Flugzeug, VTOL- **388** 29–34
Flugzeug, Wasser- **388** 1–10
Flugzeugaufzug **67** 4, 13
Flugzeughalle **104** 32
Flugzeugschlepp **104** 19
Flugzeugschlepper **389** 23
Flugzeugschleppstart **104** 19
Flugzeugträger **67** 1
Flugzeugtriebwerk
  388 35–62
Flugzeugtyp **387** 1–21
Fluidkompass **379** 40
Flur *Hausrat* **49** 1
Flur *Landw.* **216** 13
Flurgarderobe **49** 2
Flushdecksrumpf **66** 2
Fluss *Astron.* **3** 12
Fluss *Fluss* **370**
Fluss *Geogr.* **14** 38, **17** 76
Fluss, Cañon- **14** 54
Fluss, Höhlen- **14** 68
Fluss, künstlicher **85** 38
Fluss, schiffbarer **18** 28
Flussaal **182** 17
Flussarm *Fluss* **370** 2
Flussarm *Geogr.* **14** 3
Flussarm, toter **370** 10
Flussaue **14** 39
Flussbau **370**
Flussbett **14** 45
Flussdamm **370** 3
Flussfähre **370** 49
flüssige Ladung **347** 23
flüssiges Lebensmittel **77** 19
Flüssiggasanlage **298** 46

Flüssiggaslager **298** 47
Flüssiggastanker **375** 36
Flüssigkeit, Ätz- *Druck*
  335 16
Flüssigkeit, Ätz- *Galvano-
  plastik* **331** 24
Flüssigkeit, Korrektur-
  410 12
Flüssigkeit, Reinigungs-
  263 41
Flüssigkeitsbarometer **10** 1
Flüssigkeitsbehälter **236** 34
Flüssigkeitsgetriebe
  366 27, 52
Flüssigkeitsraketen-Haupt-
  motor **393** 37
Flüssigkeitsstandanzeiger
  137 57
Flüssigkristallanzeige *Büro*
  410 23
Flüssigkristallanzeige *Fotogr.*
  269 5
Flüssigkristallanzeige *PC*
  407 17
Flüssigkristallanzeige *Rund-
  funk* **400** 42
Flüssigkristallanzeige *Uhr*
  262 2
Flüssigkristallanzeige *Video*
  404 14
Flüssiglager **381** 72
Flüssigsauerstoff-Förder-
  leitung **391** 9
Flüssigsauerstoffleitung
  391 50
Flüssigsauerstofftank
  391 11, 23, 38
Flüssigwasserstoffleitung
  391 49
Flüssigwasserstoff-Saug-
  leitung **391** 22
Flüssigwasserstofftank
  391 25, 40
Flussinsel **370** 5
Flusskarpfen **182** 4
Flusslandschaft **14** 1
Flussmittel **278** 7
Flussmündung **14** 2,
  15 21, 25
Flussperlmuschel **176** 32
Flusspferd, Großes **184** 59
Flusstal **14** 33
Flussufer **370** 1
Flussversickerung **14** 58
Flusswels **182** 12, 13
Flusswindung **14** 12
Flüstertüte **99** 19
Flutbecken **306** 45
Fluter, Tresen- **75** 50
Fluter, Vor- **370** 34
Flutgrenze **14** 51
Flutwelle **12** 51

Flyaway **116** 30
Flyer **318** 23, 37
Flying Dutchman **100** 45
f-Moll **138** 66
Fock **100** 7, **101** 3
Fock, Breit- **374** 13
Fockmast **372** 42, **373** 2–4,
 374 21
Fockniederholer **100** 8
Fockrah **373** 32
Fockschot **100** 14
Fockschotklemme **100** 13
Fockschotleitschiene **100** 20
Focksegel **372** 41, **373** 55
Fockuntermast **373** 2
Föderation, Russische **61** 23
Fohlen **224** 2
Föhn *Bad* **57** 41
Föhn *Friseur* **257** 35, **258** 23
Föhnkamm **257** 24
Föhnlotion **257** 39
Föhnwelle **104** 35
Föhnwellrundbürste **257** 13
Föhre **190** 20
Folge, arithmetische **168** 11
Folge, geometrische **168** 12
Folge, Summen- **168** 11, 12
Folge, Tritt- **323** 10
Folie *Molkerei* **229** 28
Folie *Schule* **73** 11
Folie, Alu- **257** 18
Folie, Hochglanz- **268** 61
Folie, Schrumpf- **229** 25
Folie, Transfer- **270** 31
Folie, Wand- **215** 27
Foliengewächshaus **207** 40
Folienschrumpfofen **382** 12
Folienschrumpftunnel
 229 24
Folienschweißanlage **229** 27
Folienschweißgerät **48** 44
Folienstreifen, Spezial- **60** 13
Folientaste **236** 54
Folientunnel **207** 40
folienverpackte Ladung
 382 9
folienverpackter Stapel
 381 42
Folklorekleid **35** 49
Follikel **23** 99, **25** 15
Follikel, Haar- **22** 71
Follikelepithelzelle **25** 7
Fondfenster **344** 21
Fondsitz **344** 22
Fondtür **346** 6
fonetische Umschrift **164** 14
Fonomöbel **401** 2
Fonotypistin **411** 35
Fontäne **84** 22, 62
Fontäne, Wasser- **97** 7
Fontäne, Wasser-und-
 Dampf- **12** 11

Football **108** 18
Football, American **108** 18
Footballspiel **108** 18
Footballspieler **108** 19
forcierte Adhäsion **368** 1
Förde **15** 8
Fördenküste **15** 7
Förderanlage, Gefäß- **297** 26
Förderband *Bau* **271** 77
Förderband *Druck* **335** 30
Förderband *Hafen* **381** 51
Förderband *Molkerei* **229** 23
Förderband *Zement* **310** 17
Förderband, Briefbehälter-
 395 36
Förderband, Kohlen- **304** 10
Förderbandtisch **251** 68
Förderbandwagen, Gepäck-
 389 22
Fördereimer **370** 43
Förderer, Gurt- **301** 11
Förderer, Gurtband- **309** 2, 4
Förderer, Quer- **311** 20, 21
Förderer, Rohrgut- **310** 2
Förderer, Schräg- **217** 8
Fördergerüst **297** 4
Förderinsel **299**
Förderkette **325** 6
Förderkorb **297** 34
Förderleitung, Flüssig-
 sauerstoff- **391** 9
Förderpumpe **236** 47
Förderschacht, Haupt-
 297 25
Fördersystem, Druckgas-
 391 58
Förderturm **297** 1
Förderung, Band- **297** 50
Förderung, Erdöl- **298** 22–35
Förderung, eruptive **298** 22
Förderung, Gestell-
 297 34, 47
Förderung, Tiefpumpen-
 298 29
Förderung, Wagen- **297** 51
Förderung, Wendelrutschen-
 297 49
Förderwagen **297** 37
Forelle, Bach- **182** 15
Forelle, Berg- **182** 15
Forelle, Stein- **182** 15
Forellenbrut **242** 14
Forellenteich **242** 5
Forellenzucht **242** 13, 14
Forke, Heu- **219** 4
Forke, Kartoffel- **219** 6
Forke, Mist- **219** 8
Forleule **235** 47
Form *Glas* **317** 35, 43, 69
Form *Kopfbedeckung* **42** 3
Form, Biege- **279** 83
Form, Blas- **317** 46

Form, Blatt- **188** 33, **196** 54
Form, Blattrand- **188** 47
Form, Blüten- **196** 11
Form, Bogen- **155** 27–37
Form, Brenn- **316** 8
Form, Dach- **274** 1–26
Form, Druck- *Druck*
 334 12–34, 20, 29, 35–51,
 335 1–23, 7
Form, Druck- *Kunst* **159** 32
Form, Fertig- **317** 38
Form, Flügel- **385** 15–22
Form, geometrische **72** 80
Form, Gewölbe- **155** 38–50
Form, Gieß- **316** 22
Form, Heck- **101** 42–49
Form, Herrenhut- **42** 15
Form, Kreuz- **150** 55
Form, Kristall- **174** 1–26
Form, Kuchen- **48** 21, 23
Form, Küsten- **15**
Form, Leiterks- **385** 23–36
Form, Press- **317** 30, 46
Form, Probewürfel- **272** 84
Form, Rumpf- **101** 29–41
Form, Satz- **334** 4
Form, Schliff- *Optiker* **263** 44
Form, Schliff- *Schmuck* **43** 42
Form, Schöpf- **324** 3, 4
Form, Segel- **374** 1–5
Form, Spring- **48** 20
Form, Tal- **14** 27
Form, Täschchen- **214** 11
Form, Ton- **316** 9, 13
Form, Tragflächen-
 385 15–22
Form, V- **36** 58
Form, Vor- **317** 38
Form, Wander- **235** 40
Form, Wind- **306** 20
Form, XXL- **34** 57
Formarbeit **317** 61–69
Format, Absatz- **328** 17
Formatkreissäge **285** 57
Formatschablone **395** 16
Formatvorlage **328** 28
Formatwandler **133** 58
Formautomat-Oberkasten
 301 14
Formautomat-Unterkasten
 301 13
Formbelastungsgerät **301** 18
Formbügel **37** 20
Formel-»König«-Rennwagen
 106 48
Formel-1-Rennwagen **106** 49
Formel-3-Rennwagen **106** 52
Formen **317** 65
Formentlastungsgerät
 301 18
Former, Locken- **258** 32
Formkasten **301** 15

Formkissen **256** 26
Formkissen, Bügel- **256** 31
Formlegespiel **71** 19
Formling **316** 16
Formobstbaum **204** 2, 3, 17,
 18, 30
Formscheibe **263** 34, 35, 36
Formsignal **357** 1, 4, 5, 7,
 10, 11
Formsitz **341** 5
Formstab **37** 18
Formstein, Kamin- **313** 28
Formstofftransport **301** 11
Formular, Anmelde- **78** 12
Formularfach **414** 21
Formularständer **413** 15,
 414 25
Formularvordruck **414** 11
Formung, Vakuum-
 317 40, 48
Formvorsignal **357** 12, 22, 23
Formzylinder **334** 46
Forschungslabor **394** 15
Forschungslabor,
 biologisches **394** 14
Forschungsmikroskop *Med.*
 28 49
Forschungsmikroskop *Optik*
 264 1
Forschungsrakete **7** 29
Forschungsschiff, Kern-
 energie- **375** 9
Forst **237** 1–14
Forstgarten **237** 6
Forsthaus **17** 3
Forstschädling **235**
Forstweg **237** 3
Forstwirt **237** 18
Forstwirtschaft **237** 4–14,
 238
Forsythie **191** 1
Fort, Indianer- **87** 10
forte **139** 38
Forte, dreifaches **139** 40
forte fortissimo **139** 40
Fortepedal **143** 8
fortepiano **139** 41, **143** 1
fortissimo **139** 39
Fortsatz, Wurm- **23** 24
fortschreitende Prophase
 24 31
Fosburyflop **116** 9
Foto, Presse- **165** 23
Fotoaufzeichnung **32** 34
Fotodiode **266** 69
Fotodrucker **270** 24
Fotograf, Presse- **117** 49
Fotografie **266**, **267**, **268**
Fotografie, digitale **269**, **270**
Fotografieren **390** 38
fotografisches Registrier-
 papier **12** 40

Fotogrammetrie **16** 64–67
Fotohandy **396** 48
Fotokamera **396** 48
Fotometer **28** 52
Fotometer, Mikroskop-
264 47
Fotometerlichtquelle **264** 48
Fotometrie **28** 51
Fotomikroskop **264** 34
Fotomultiplierröhre **329** 7
Fotopapier **268** 30, 58, **270** 24
Fotoplatte **127** 52
Fotopolarimeter **6** 19
Fotorahmen **50** 16
Fotoreproduktion **330**
Fotostutzen **264** 55
Fototheodolit **264** 66
Fototopografie **16** 64–67
Fotovoltaikflügel **394** 2
Fotovoltaik-Kraftwerk
307 21
Fotovoltaikplatte **307** 22
Fotovoltaikzelle **308** 15
Fotozelle *Druck* **333** 42
Fotozelle *Film* **133** 49
Föttinger-Wandler **343** 68
Fötus **25** 39
Foul **107** 54
Foulspiel **107** 54
Fourcault-Glasziehmaschine
317 8
Fourcault-Verfahren **317** 1
Fowlerklappe **385** 51
Fowlerklappe, Doppelspalt-
385 39
Foyer *Astron.* **5** 27
Foyer *Hotel* **78** 1–27
Foyer *Theater* **136** 13
Foyerkartenleser **413** 2
Frachter, Bulk- **381** 67,
382 30
Frachter, Massengut- **382** 30
Frachter, Mehrzweck- **375** 55
Frachter, Schwergut- **375** 23
Frachter, Stückgut- **381** 14,
382 13
Fracht-Fahrgast-Schiff **377**
Frachthalle **389** 9
Frachthof **389** 10
Frachtkahn **370** 19
Frack **38** 16
Frack, Reit- **105** 5
Frackschleife **38** 17
Frackweste **38** 19
Fractocumulus **8** 12
Fractostratus **8** 11
Fragezeichen **164** 22
Fraktion, Zuschlagstoff-
355 28
Fraktokumulus **8** 12
Fraktostratus **8** 11
Fraktur **164** 3

Frankfurter Kranz **251** 48
Frankiermaschine **412** 64
Fransen, Pony- **41** 11
Fransen, Simpel- **41** 11
Fransenschmuck **161** 25
Fransenschnitt **41** 29
Franzose **279** 68
Franzosengras **222** 22
Franzosenkraut **214** 31
Französische Republik **61** 18
französischer Garten
84 1–40
französisches Anführungs-
zeichen **164** 37
französisches Bett **51** 4
französisches Florett **111** 38
französische Spielkarte
90 37
Französisches Raygras
222 22
französische 1-Euro-Münze
60 47
Fräsaggregat **286** 26
Fräsblattführung **320** 48
Fräse, Ketten- **273** 17
Fräsen **337** 26
Fräser, Absatz- **253** 4
Fräser, Astloch- **285** 53
Fräser, Kugel- **260** 7
Fräser, Wechsel- **253** 5
Fräskette **285** 50
Fräsmaschine, Astloch-
285 52
Fräsmaschine, Ketten-
285 49
Fräsmaschine, Universal-
303 25
Fraß, Skelettier- **234** 8
Fraßbild **235** 24
Fraßgang *Bot.* **211** 66
Fraßgang *Zool.* **235** 24
Frässpindel, Senkrecht-
303 30
Frässpindel, Waagerecht-
303 32
Frästisch **303** 26
Frau *Anat.* **19** 2
Frau *Frisur* **41**
Frau *Heraldik* **62** 15
Frau, Bar- *Diskothek* **129** 5
Frau, Bar- *Hotel* **78** 62
Frau, Garderoben- **136** 7
Frau, Herero- **162** 25
Frau, Indianer- **160** 10
Frau, Jung- **145** 25
Frau, sonnenbadende **376** 79
Frauenhaar, Goldenes **195** 17
Frauenhaus **147** 10
Frauenherz **213** 5
Frauenkäfer **175** 40
Frauenschuh **194** 27
Freeclimber **118** 14

Free-Fall-Tower® **85** 30
Fregatte **66** 53
Freianlage **86** 13
Freibad **98** 1–29
Freiballonfahren **103** 55–76
freie Felge **114** 29
freie Kombination **144** 40
freier Überschlag vorwärts
114 25
freies Elektron **1** 34
Freifallhaltung **103** 52–54
Freifallmischer **271** 33
Freiflugmodell **103** 78
Freiformschmiede **292**
Freiformschmiedeanlage
292 33–42
Freiformschmiedepresse
292 33
Freigabe, Leitungs- **396** 14
Freigabe, Tür- **363** 42
Freigefecht **111** 5, 6
Freigehege **86** 13
Freigelände **131** 2
freigesetztes Neutron
1 48, 54
Freihafen **381** 2
Freihafengrenze **381** 3
Freiheitsdressur **125** 28, 29
Freiherrnkrone **62** 47
Freikletterer **118** 14
Freikörperkultur **97** 14
Freikörperkulturgelände
97 13
Freilandhaltung **227** 1
frei laufende Fadenstrecke
323 41
Freilaufnabe **339** 69
Freileitungsmast **304** 28, 36
Freilichtaufnahme **131** 15
Freiluftschach **88** 5
Freiluftschaltanlage
304 29–35
Freimakler **415** 7
Freisaite **142** 24
Freischneidegerät **237** 32
Freisprechtaste **396** 43
Freistempler **412** 64
Freistilringen **117** 10–12
Freistoß **107** 44
Freistoßschütze **107** 45
Freitreppe **152** 33
Freiwange **276** 44
frei werdendes Neutron **1** 61
Freiwurflinie **108** 5, 16
Freiwurfraum **108** 15
Freizeithemd **38** 56
Freizeithose *Kaufhaus* **83** 19
Freizeithose *Kleidung* **38** 64
Freizeitpark **85**
Freizeitsportschuh **58** 57
Freizeitweste **38** 63
Fremdenführerin **84** 27

Fremdenverkehrsamt **18** 15
Frequenzanzeige **401** 51
Frequenzbandschieberegler
401 103
Frequenzeinstellskala **127** 24
Frequenzeinstellung **401** 55
Frequenzumwandler **132** 37
Frequenzunterteilung
262 43
Fresko **157** 40
Fresser, Bienen- **179** 2
Fresser, Insekten- **184** 5
Fresser, Kerbtier- **184** 5
Fresser, Pfeffer- **181** 6
Fressnapf **223** 41
Fresswerkzeug **175** 28
Frett **239** 28
Frettchen **239** 28
Frettchenführer **239** 29
Frettieren **239** 27
Frevler, Jagd- **239** 33
Frevler, Wild- **239** 33
Fried, Berg- **147** 4
Friedenspfeife **160** 6
Friedhof *Geogr.* **17** 106
Friedhof, christlicher **18** 31
Friedhof, jüdischer **18** 32
Friedhofskapelle **149** 28
Friedhofsmauer **149** 19
Friedhofstor **149** 20
Fries, babylonischer **152** 19
Fries, Rundbogen- **154** 9
Friesverzierung **153** 14
Frikandeau **249** 12
Friktionsfeintrieb **268** 36
Frischdampfleitung **306** 40
Frische Nehrung **15** 14
Frisches Haff **15** 15
Frischfleisch **252** 73
Frischfleischabteilung
252 71
Frischkäse **229** 38
Frischling **241** 56
Frischluftgebläse **46** 63
Frischluftschacht **246** 14
Frischmilch **252** 102
Frischmilchtank **229** 15
Frischwassertank *Camping*
92 21
Frischwassertank *Schiff*
375 64, **377** 79
Frischwasserwagen **389** 22
Friseur *Friseur* **258** 2
Friseur *Piktogramm* **390** 22
Friseur, Damen- **257**
Friseur, Herren- **258**
Friseur, Theater- **136** 53
Friseurin **257** 37
Friseurkittel **258** 3
Friseurmeister **258** 2
Frisierkamm **258** 29

Frisierkommode 51 28
Frisierleuchte 258 9
Frisierspiegel *Friseur* 257 22,
258 7
Frisierspiegel *Hausrat* 51 34
Frisierstab 258 32
Frisierstuhl *Friseur* 257 19,
258 17
Frisierstuhl *Hausrat* 51 27
Frisiertisch 257 21
Frisierumhang 257 36, 258 5
Frisierutensilie 257 1–18
Frisör 390 22
Frist, Ablauf- 413 22
Frisur *Friseur* 258 4
Frisur *Frisur* 41 8
Frisur, Bombage- 40 30
Frisur, Garcette- 41 4
Frisur, gewellte 41 24
Frisur, Glamour- 41 28
Frisur, Gretchen- 41 16
Frisur, halblange 40 36
Frisur, Halbstarken- 40 30
Frisur, Hippie- 40 33
Frisur, Hoch- 41 7
Frisur, Knoten- 41 1
Frisur, Kopftuch- 41 14
Frisur, Kranz- 41 16
Frisur, Kurzhaar- 41 27
Frisur, Locken- 41 21
Frisur, Pferdeschwanz- 41 22
Frisur, Schnecken- 41 18, 19
Frisur, toupierte 41 23
Frisur, Trümmerfrauen-
41 14
Frisur, Wellen- 41 12
Frisur, Zopf- 40 35, 41 20
Frisur, Zweit- 257 45
Frisurenbuch 257 43
Fritte 172 11
Frivolitätenarbeit 254 19
Fromändaner Schmale
222 22
Fromental 222 22
Front *Meteor.* 9 14
Front *Sport* 123 78
Front, Gewitter- 104 42
Front, Kalt- 9 16
Front, Schaufenster- 79 35
Front, Schrank- 54 2
Front, Warm- 9 17
Frontaltriebachse 218 23
Frontalzacke 118 53
Frontanschlussleiste
406 8, 23
Frontaufwind 104 43
Fronteinspülung, Mehr-
kammer- 56 29
Frontensegeln 104 41
Front-Fan-Triebwerk 388 35
Frontgebläsetriebwerk
388 35

Fronthubwerk 218 25
Frontmonitor 82 66
Fronton 123 71
Frontreflektor 339 10
Frontring 265 7
Frontscheibe 362 21
Frontschild. 238 35
Frontsegeln 104 41
Frontseite 165 2
Frontspoiler 346 32
Fronttür 56 32
Frontzapfwelle 218 26
Frosch *Musik* 141 13
Frosch *Straßenbau* 354 19
Frosch, Knall- 124 48
Frosch, Laub- 182 24
Froschbiss 196 31
Froschlage 103 53
Froschlöffel 196 46
Froschlurch 182 23–26
Frostnachtspanner 234 16
Frostschmetterling 234 16
Frostschutzschicht *Straße*
352 1
Frostschutzschicht *Straßen-
bau* 354 54
Frostspanner, Kleiner 234 16
Frostspanner, Wald- 234 16
Frotteestoff 58 23
Frottierüberzug 57 13
Frucht 188 99, 189 4, 19, 28,
45, 69, 190 53, 64, 191 12,
18, 22, 27, 29, 32, 192 4, 8,
12, 19, 25, 193 34, 211 43
7, 10, 13, 17, 24, 35, 37, 47,
194 3, 6, 14, 196 12, 40, 44,
200 5, 10, 15, 17, 24, 39,
201 14, 18, 21, 28, 32, 34, 40,
43, 44, 46, 52, 56, 59, 202 19,
26, 39, 45, 209 23, 214 11,
20, 23
Frucht, Balg- 188 101
Frucht, Beeren- 221 43
Frucht, Buchen- 189 37
Frucht, Feld- 221
Frucht, Hack- 221 38–47
Frucht, Hülsen- 209 1–11
Frucht, junge 189 59, 196 33,
202 31
Frucht, Kirsch- 212 8
Frucht, Korn- 221 1–37
Frucht, Körner- 221 1–37
Frucht, Mehl- 221 1–37
Frucht, Nuss- 193 43
Frucht, Öffnungs- 188 100
Frucht, reife 189 61, 200 33
Frucht, Sammel- 211 30
Frucht, Sammelbalg- 188 113
Frucht, Sammelnuss-
188 111
Frucht, Sammelstein-
188 112

Frucht, Schein- 202 12, 62,
211 23
Frucht, Schließ- 188 107
Frucht, Stein- 188 110,
200 51, 202 40, 212 49, 58
Frucht, Süd- 202
Frucht, Walnuss- 212 49
Fruchtbecher 202 52
Fruchtblatt 192 2, 26, 212 16
Fruchtblüte 212 46
Fruchtblütenstand 212 55
Früchteteller 77 17
Fruchtfleisch 211 26, 38, 61,
212 9
Fruchtfliege, Kirsch- 234 18
Fruchthülle 209 6, 212 50, 59
Fruchthülse 222 8, 16
Fruchtkapsel 193 27, 200 44,
201 8
Fruchtknoten 188 59, 65,
191 2, 5, 193 34, 211 43
Fruchtknoten, mittel-
ständiger 212 17
Fruchtknoten, unter-
ständiger 211 9
Fruchtknotenhöhle 188 67
Fruchtknotenwand 188 66
Fruchtkörper 199 2
Fruchtsaft *Restaurant* 77 21
Fruchtsaft *Supermarkt*
252 56
Fruchtschote 201 4, 202 46
Fruchtschuppe 189 12,
190 67
Fruchtschuppen 381 52
Fruchtstand 189 22, 44, 69,
72, 191 8, 192 18, 201 56,
202 8, 32, 214 15
Fruchtstiel 211 15
Fruchttopf 202 58
Fruchttorte *Restaurant* 75 12
Fruchttorte *Supermarkt*
252 17
Frucht tragende Palme 202 2
Frucht tragende Pflanze
211 19
Frucht tragender Zweig
212 7, 23, 57
Fruchttraube 211 13
Fruchtwand 212 50
Fruchtwasser 25 37
Fruchtwasserblase 25 45
Fruchtwasserhöhle 25 37
Fruchtzapfen 190 2, 29, 30,
36, 41, 57
Fruchtzweig 189 3, 11, 18, 31,
36, 41, 47, 50, 56, 64, 190 40,
51, 59, 63, 66, 70, 200 2, 37,
202 38, 212 35
Frühbeet 207 16
frühchristliche Kunst
153 75–85

Frühlingsanfang 3 6
Frühlingsfliege 175 14
Frühlingsknollenblätterpilz
197 12
Frühlingspunkt 3 6
Frühstück 376 8
Frühstücksgebäck,
schlesisches 251 46
Frühstücksgedeck 376 11–21
Frühstücksteller 47 10
Frühtreiberei 207 24
Frühwarnsystembehälter
65 39
F-Schlüssel 138 9
Fuchs *Haus* 46 43
Fuchs *Militär* 63 80
Fuchs *Porzellan* 316 5
Fuchs, Rot- 185 15, 241 47
Fuchsfellmütze 42 39
Fuchsia 205 3
Fuchsie 205 3
Fuchsjagd 105 41–50
Fuchspelzmütze 42 20
Fuchsschwanz *Bau* 273 60
Fuchsschwanz *Heimwerken*
287 27
Fuchsschwanz *Installateur*
279 73
Fuchsschwanz, Garten-
213 21
Fuchsschwanz, gerader
285 44
Fuchsschwanz, Wiesen-
222 27
Fuge, Schambein- 23 78
Fuge, Teil- 292 29
Fügemaschine 286 38
Fugenschneider 355 20
Fuggermütze 42 27
Fühler 175 29, 59, 176 40,
233 6, 235 3
Fühler, Kiefer- 175 46
Fühler, Licht- 308 6
Fühler, Lufttemperatur-
345 13
Fühler, Mess- 302 68, 70, 71
Fühler, Wassertemperatur-
345 8
Fühlerkabel, Öltemperatur-
348 61
Fühlerlehre 293 60
Fühlerpaar 176 40
Führer, Baumaschinen-
354 23
Führer, Bob- 121 21
Führer, Faden- *Schuhmacher*
253 30
Führer, Faden- *Textil*
320 11, 17
Führer, Frettchen- 239 29
Führer, Kamera- 131 42
Führer, Ligatur- 31 38

Führer, Protokoll- **117** 48
Führer, Zug- **352** 31
Führerbremsventil **364** 53,
365 22, **366** 11
Führerhaus *Militär* **63** 61
Führerhaus *Straßenbau*
354 11
Führerhaus, End- **360** 31
Führerhaus, Kran- **382** 40
Führerhaus, Lok- **364** 49
Führerin, Fremden- **84** 27
Führerin, Pferde- **85** 21
Führerkabine, Kran- **82** 61
Führerpult **366** 32
Führerraum **365** 19
Führerraumbeleuchtung
363 48
Führerstand *Bergbahn*
368 59
Führerstand *Eisenbahn*
362 2, 20, **363** 10, 28,
365 19, 57, **366** 5, **367** 2
Führerstand *Hafen* **382** 40
Führerstand, Dampf-
lokomotiven- **364** 38
Führerstandsheizung **365** 39
Fuhrmann **3** 27
Führung, Bandsägeblatt-
286 4
Führung, Fräsblatt- **320** 48
Führung, Gerad- **314** 2, 58
Führung, Hand- **250** 61
Führung, Kreis- **294** 24
Führung, Kühlluft- **218** 29
Führung, Lichter- **102** 11–15
Führung, Luft- **353** 19
Führung, Nieder- **377** 4
Führung, Schnur- **243** 30
Führung, Selbst- **218** 13
Führung, Tiefen- **218** 48
Führungsbügel **354** 20
Führungsgelenk **345** 86
Führungsgerät **28** 16
Führungshebel *Film* **134** 11
Führungshebel *Rundfunk*
400 29
Führungskanten-Vorflügel
65 13
Führungskette **218** 14
Führungslager **265** 14
Führungsnut **371** 85
Führungsplättchen **140** 40
Führungsring, Walzen-
339 78
Führungsrinne, Heck- **375** 35
Führungsrolle **412** 11
Führungsrolle, Seil- **238** 39
Führungsschlitz **140** 41
Führungsstange **2** 42
Führungssteg **218** 13
Führungsstift *PC* **407** 22
Führungsstift *Video* **404** 17

Führungswagen, Brenner-
294 33
Führungswagen, Koks-
kuchen- **309** 9
Führungszapfen **293** 48
Füllansatz **103** 62
Füllansatzleine **103** 63
Füllanzeige, Staub- **56** 77
Füllanzeige, Staubbeutel-
56 65
Füllen *Glas* **317** 35, 43
Füllen *Zool.* **224** 2
Füller **72** 37
Füller, Becher- **229** 21
Füller, Kohlen- **127** 11
Füller, Rund- **232** 9
Füller, Tusche- **314** 42, 43
Füller, Wurst- **250** 18
Fülleraufzug **354** 45
Füllerzugabe **354** 46
Füllfederhalter *Büro* **409** 10
Füllfederhalter *Schule* **72** 37
Füllhahn **46** 70
Füllmasse **305** 42
Füllmengenanzeige **350** 30
Füllmesser, Reifen- **350** 20
Füllöffnung **103** 73
Füllort **297** 27
Füllrohr **250** 17
Füllschacht **325** 4
Füllsel, Bratwurst- **250** 10
Füllstandanzeiger **229** 10
Füllstandmesser **229** 6
Füllstellung **300** 60, 61
Füllstoff **325** 25
Füllstutzen, Luft- **350** 24
Fülltür **46** 66
Füllung **29** 26
Füllung, automatische
29 10
Füllung, Decken- **273** 44
Füllung, Hinter- **371** 8
Füllung, Tank- **217** 23
Füllung, Zahn- **29** 26
Füllungsmischgerät **29** 46
Füllwagen *Bergwerk* **297** 18
Füllwagen *Kokerei* **309** 6
Fund, prähistorischer **146**
Fund, vorgeschichtlicher **146**
Fundament *Druck* **334** 33
Fundament *Navigation*
380 70
Fundament, Kessel- **46** 71
Fundament, Schrift- **334** 17
Fundament, Stützen- **368** 75
Fundamentgraben **271** 75
Fundamentstreifen **276** 2
Fundamentvorsprung **276** 3
Fundgegenstand, prähisto-
rischer **146**
Fundgegenstand, vor-
geschichtlicher **146**

fünfeckige Kristallfläche
174 9
Fünfer **98** 6
Fünffingerfurche **19** 75
Fünfganggetriebe **341** 42
fünfgestrichene Oktave
139 50
Fünflingssatz, Jagdraketen-
67 36
Fünfmastbark **374** 32–34
Fünfmastvollschiff **374** 35
Fünfmeterplattform **98** 6
Fünfpass **154** 26
fünfte Position **135** 6, 11
Fünfvierteltakt **138** 41
Funk, Fernseh- **399**
Funk, Hör- **398**, **399**
Funk, Rund- **398**, **399**, **400**
Funkanlage, Rangier- **367** 4
Funkantenne **351** 25
Funkantenne, Richt- **380** 60
Funkarmbanduhr **262** 1
Funken **293** 13
Funkenfänger **364** 24
Funkenhorn **304** 47, **305** 66
Funkenmariechen **124** 65
Funkenstrecke **305** 67
funkferngesteuerter Modell-
flug **103** 77
Funkfernsteuerung **103** 79
Funkgerät *Polizei* **68** 33
Funkgerät *Straßenbahn*
351 29
Funkgerät, Fernsteuer-
103 79
Funkgerät, Rangier- **366** 50
Funkgerät, Sprech- *Feuer-
wehr* **82** 35
Funkgerät, Sprech- *Flugzeug*
386 22
Funkgerät, Zug- **363** 31–33
Funkgerät, Zugbahn- **366** 23
Funkkompass **386** 5
Funkkopfhörer **402** 27
Funkmodul **262** 45
Funknavigationsgerät
386 22
Funknetzwerk **405** 1
Funkpeilerrahmenantenne
377 5
Funkpeilrahmen **66** 17
Funkraum **377** 12
Funkstelle, Erd- **397** 8
Funkstelle, Erde- **397** 8
Funktion **170** 12
Funktion, Belichtungs- **267** 4
Funktion, Brenn- **328** 12
Funktion, Grund- **407** 33
Funktion, trigonometrische
169 32
Funktion, Winkel- **169** 32
Funktionsanzeige **267** 74

Funktionseinstelltaste **267** 3
Funktionspfeil **267** 78
Funktionstaste *Büro* **408** 25,
26, **409** 20, **410** 24, **412** 43,
59, 66
Funktionstaste *PC* **406** 26
Funktionstaste *U-Elektronik*
402 15, 64, 72
Funktionstaste, spritzwas-
sergeschützte **220** 40
Funktionswähler **267** 9
Funktionswahltaste **344** 87
Funktionswinterjacke **39** 13
Funkturm **17** 32
Funkuhrsymbol **262** 4
Funkverbindung *Internet*
405 1, 4
Funkverbindung *Raumfahrt*
392 7
Fürbug **147** 85
Furche, Acker- **216** 7
Furche, After- **19** 55
Furche, Daumen- **19** 74
Furche, Dreifinger- **19** 76
Furche, Fünffinger- **19** 75
Furche, Längs- **20** 91, **23** 32
Furche, Luft- **245** 18
Furche, Mahl- **245** 19
Furche, Nasen-Lippen- **19** 17
Furche, Pflug- **216** 7
Furche, Sylvius- **20** 76
Furche, Zentral- **20** 73
Furchenrad **218** 18
Furchungsteilung **25** 23
Furnierbelegmaschine
286 50
Furnierpresse **286** 53
Fürst **147** 67
Fürstenhut **62** 42
Fuß *Anat.* **19** 92, **20** 33
Fuß *Musik* **144** 23
Fuß *Schuhmacher* **253** 23
Fuß *Textil* **323** 33
Fuß *Tischler* **285** 29
Fuß *U-Elektronik* **401** 44
Fuß, Dach- **274** 4
Fuß, Drehmaschinen- **302** 12
Fuß, Drei- *Chemie* **172** 14,
173 14
Fuß, Drei- *Papier* **324** 26
Fuß, Eisen- **253** 54
Fuß, Gänse- *Bot.* **214** 25
Fuß, Gänse- *Flugsport* **103** 66
Fuß, Geiß- **158** 20, **159** 9
Fuß, Gummi- **266** 44
Fuß, Hahnen- **193** 8
Fuß, Hinter- **121** 9
Fuß, Kelchglas- **317** 65
Fuß, Klammer- **182** 34
Fuß, Klischee- **331** 41
Fuß, Kriech- **176** 37
Fuß, Maschinen- **286** 23

Fuß, Mast- **100** 11
Fuß, Pferde- *Bot.* **198** 8
Fuß, Pferde- *Fabel* **145** 46
Fuß, Ruder- **178** 8
Fuß, Säulen- **153** 33–36,
  44–46
Fuß, Schienen- **356** 4
Fuß, Schlangen- **145** 43
Fuß, Schwimm- **178** 8
Fuß, Stampf- **354** 21
Fuß, Stativ- **264** 3
Fuß, Stütz- *Feuerwehr* **82** 62
Fuß, Stütz- *Landw.* **220** 29
Fuß, Sucher- **266** 70
Fuß, Teller- *Fotoreprod.*
  330 43
Fuß, Teller- *Friseur* **257** 29
Fuß, Vogel- **222** 11
Fuß, Vorder- *Pferd* **225** 22–26
Fuß, Vorder- *Sport* **121** 8
Fuß, Zins- **168** 7
Fuß, Zylinder- **331** 10
Fußabstreifer **276** 25
Fußabtreter *Bau* **276** 25
Fußabtreter *Hausrat* **49** 35
Fußanheber **253** 27
Fußball **107** 17
Fußballplatz **107** 1–9
Fußballschuh **107** 21
Fußballspiel **107** 10–16
Fußbecken **57** 47
Fußbett, orthopädisches
  58 50
Fußbindungsstelle **323** 35
Fußboden **276**
Fußbodenstreicher **282** 4
Fußbremse **341** 33
Fußbremshebel **208** 40
Fußbrett **123** 75
Fußbügel **295** 41
Füßchen, Gänse- **164** 36
Füßchen, Schein- **176** 8
Fußeinheit **403** 33
Fußende **51** 6
Füßer, Flossen- **185** 22
Füßer, Glieder- **175**
Füßer, Kopf- **176** 41
Füßer, Ruder- **178** 6
Füßer, Wurzel- **176** 4
Fußgängerlichtzeichen **79** 60
Fußgängerüberweg *Stadt*
  79 18, 72
Fußgängerüberweg *Straße*
  352 11
Fußgängerwegmarkierung
  79 56
Fußgängerzone **18** 6, **79** 48
Fußgebinde **275** 76
Fußhebel, Brems- **332** 12, 30
Fußleiste *Bau* **276** 63
Fußleiste *Hotel* **78** 53
Fußlinie **275** 81

Fußmaschine **142** 55
Fußmatte *Bau* **276** 25
Fußmatte *Hausrat* **49** 35
Fußmuskel **21** 49
Fußnote **338** 64
Fußpedal *Med.* **30** 32, **31** 10
Fußpferd **373** 46
Fußpfette **274** 44, **275** 40
Fußplatte *Bau* **272** 50
Fußplatte *Kunst* **158** 23
Fußplatte *Schneiderei* **255** 12
Fußplatte *Werkzeugmasch.*
  303 19, 36
Fußpunkt **4** 13
Fußrampenleuchte **137** 26
Fußraste *Fahrrad* **339** 49
Fußraste *Sport* **112** 16
Fußraste, Sozius- **342** 9
Fußring **227** 40
Fußrücken **19** 102
Fußsack *Baby* **33** 38
Fußsack *Winter* **122** 13
Fußschalter *Büro* **412** 52
Fußschalter *Hausrat* **56** 3
Fußschalter *Med.* **32** 22
Fußschalter *Sägewerk* **311** 71
Fußschalthebel **342** 50
Fußschalttaste **255** 31
Fußschlaufe **94** 26
Fußschnitt **338** 43
Fußsohle **19** 103
Fußsprung **98** 11
Fußsteg **338** 61
Fußstoß, Seit- **117** 19
Fußstück **336** 24
Fußstütze *Friseur* **257** 20,
  258 20
Fußstütze *Sport* **116** 2, **119** 39
Fußtaste **337** 21
Fußtechnik **117** 19
Fußteil **51** 6
Fußtritt **144** 48
Fußtritthebel **336** 9
Fußventil **80** 6, 14, 43
Fußweg **17** 42
Fußwurzelknochen **20** 34
Futon **54** 15
Futter **86** 22
Futter, Dreibacken- **302** 37
Futter, Fleece- **34** 45
Futter, Grün- **227** 7
Futter, Katzen- **252** 51
Futter, Leder- **107** 22
Futter, Plüsch- **58** 3
Futter, Schnellspann- **285** 54
Futter, Spund- **288** 6
Futter, Tier- **349** 48
Futter, Trikot- **58** 17
Futter, Trocken- **349** 39
Futter, Vierbacken- **302** 35
Futter, Zweibacken- **288** 10
Futterbrett **276** 56

Futtergang **228** 3
Futterkette **227** 22
Futterklee **222** 1
Futternapf **223** 41
Futterpflanze **222**
Futterrohr **299** 41
Futterrübe **222** 21
Futtersilo **215** 25
Futterstelle, Wild- **239** 32
Futterstelle, Winter- **239** 32
Futtertank **375** 67
Futtertrog **228** 37
Fütterung **86** 21
Futterwicke **222** 18
F_1-Schicht **7** 33
F_2-Schicht **7** 34

G

Gabe, Opfer- **148** 60
Gabel *Hausrat* **53** 57
Gabel *Optik* **265** 12
Gabel *Pferd* **226** 29
Gabel, Ast- **206** 13
Gabel, Aufschnitt- **53** 75
Gabel, Austern- **53** 78
Gabel, Feder- *Motorrad*
  342 27
Gabel, Feder- *Sport* **106** 28
Gabel, Fisch- **53** 64
Gabel, Grab- **219** 14
Gabel, Häkel- **254** 29
Gabel, Heu- **219** 4
Gabel, Hinterrad- **339** 31
Gabel, Hummer- **53** 77
Gabel, Kartoffel- **219** 6
Gabel, Mist- **219** 5
Gabel, Motorrad- **340** 3
Gabel, Rüben- **219** 6
Gabel, Salat- **53** 67
Gabel, Schutz- **125** 54
Gabel, Stein- **312** 30
Gabel, Tele- **341** 3, **342** 5
Gabel, Telefon- **396** 24
Gabel, Teleskop- **341** 3
Gabel, Vorderrad- **339** 15–17
Gabel, Vorlege- **53** 68
Gabel, Wurst- **250** 13
Gabelbaum **94** 20
Gabelflinte **161** 28
Gabelhäkelei **254** 28
Gabelkopf **339** 16
Gabelkreuz **150** 62
Gabelmontierung **265** 24
Gabelschaft **339** 15
Gabelscheide **339** 17
Gabelschlüsselsatz **287** 2
Gabelstapler *Brauerei* **247** 18
Gabelstapler *Hafen* **381** 44,
  382 8
Gabelstapler *Ziegelei* **313** 17

Gabelweihe **177** 15
Gaden, Ober- **153** 84
Gaffel **373** 45
Gaffelgeer **373** 70
Gaffelschoner, Dreimast-
  374 18
Gaffelschoner, Viermast-
  374 28
Gaffelsegel **374** 1
Gaffelstander **373** 49
Gaffeltoppsegel **373** 31
Gagel, Echter **191** 33
Gaillardie **213** 19
Galaxis **3** 35
Galeere **372** 44–50
Galeerensklave **372** 48
Galeerensträfling **372** 48
Galerie *Mühle* **245** 32
Galerie *Theater* **136** 19
Galerie, Arbeits- **137** 5
Galerie, Heck- **372** 56
Galerie, Lawinen- **122** 25
Galette **322** 13
Galgen, Heck- **375** 82
Galgen, Stützen- **368** 74
Galgenmikrofon **132** 27
Gallapfel **235** 35
Galle **235** 35
Galle, Ananas- **235** 41
Galle, Zwiebel- **235** 38
Gallenblase **23** 14, 45
Gallenblasengang **23** 47
Gallengang **23** 46
Galley **394** 27
Gallwespe, Eichen- **235** 34
Galopp, gestreckter
  225 43, 44
Galopp, Hand- **225** 42
Galopp, kurzer **225** 42
Galopp, Voll- **225** 43, 44
Galopper **105** 38
Galopprennbahn **105** 40
Galopprennen **105** 38–40
galvanischer Betrieb **331** 1–6
Galvanisierbecken **331** 4
Galvanometer, Registrier-
  12 37
Galvanoplastik **331**
Gamasche **105** 33
Gamasche, Schnee- **118** 59
Gamaschenhose **34** 52
Gambe **140** 23
Gameboy® **403** 22
Gamepad **403** 2, 7
Gammaeule **234** 51, 52
Gammastrahlung **1** 42, 49, 65
Gams **185** 4
Gämse **185** 4
Ganasche **225** 11
Gang, Auf- **358** 38
Gang, Berg- **106** 27
Gang, Boden- **378** 51

Gang, Bogen- **114** 23
Gang, Cat- **67** 18
Gang, Fraß- *Bot.* **211** 66
Gang, Fraß- *Zool.* **235** 24
Gang, Futter- **228** 3
Gang, Gallen- **23** 46
Gang, Gallenblasen- **23** 47
Gang, Gehör- **20** 43, **22** 88
Gang, Gitter- **125** 51
Gang, Hecken- **84** 5
Gang, Kehl- **225** 16
Gang, Kimm- **378** 49
Gang, Koller- **313** 9
Gang, Kreuz- **149** 52
Gang, Lager- **12** 21
Gang, Larven- **235** 26
Gang, Lauben- *Haus* **45** 16
Gang, Lauben- *Park* **84** 17
Gang, Lauf- *Kunst* **154** 34
Gang, Lauf- *Zirkus* **125** 51
Gang, Leber- **23** 48
Gang, Mahl- *Mühle* **245** 22
Gang, Mahl- *Ziegelei* **313** 9
Gang, Mittel- *Eisenbahn*
  361 9
Gang, Mittel- *Gärtnerei*
  207 42
Gang, Mittel- *Kirche* **148** 27
Gang, Mittel- *Schiff* **372** 46
Gang, Mutter- **235** 25
Gang, Ort- *Bau* **274** 3
Gang, Ort- *Haus* **44** 8
Gang, Pass- **225** 40
Gang, Pirsch- **239** 1
Gang, Raubtier- **125** 51
Gang, Roll- **301** 25
Gang, Rückwärts- **345** 50
Gang, Säulen- **153** 81
Gang, Scher- **378** 47
Gang, Seiten- *Eisenbahn*
  361 14
Gang, Seiten- *Schiffbau*
  378 48
Gang, Strahlen- *Astron.* **5** 4
Gang, Strahlen- *Optik* **264** 6
Gang, Tauch- **93** 21
Gang, Um- **153** 3
Gang, Wandel- **136** 13
Gang, Wehr- **147** 20
Gang, 1. **345** 53
Gang, 2. **345** 56
Gang, 3. **345** 54
Gang, 4. **345** 55
Gang, 5. **345** 52
Gang, 6. **345** 51
Gangart *Pferd* **225** 39–44
Gangart *Pferdesport* **105** 8
Gangart *Spiel* **90** 14
Gänger, Kirch- **149** 17
Gänger, Spazier- **84** 26
Gängerin, Kirch- **148** 29
Gängerin, Spazier- **84** 74

Ganggewicht *Flohmarkt*
  127 61
Ganggewicht *Uhr* **262** 21
Gangpol **4** 28
Gangschaltung *Fahrrad*
  339 6
Gangschaltung *Sport* **106** 27
Gangschaltung, Naben-
  339 40
Gangschaltungshebel **342** 32
Ganner **178** 19
Gans *Park* **84** 52
Gans *Zool.* **224** 34
Gans, Bassan- **178** 11
Gans, Beutel- **178** 7
Gans, Kropf- **178** 7
Gans, Löffel- **178** 7
Gans, Meer- **178** 7
Gans, Säge- **178** 19
Gans, Schnarr- **178** 19
Gänseblümchen **194** 1
Gänsefeder **163** 26
Gänsefuß *Bot.* **214** 25
Gänsefuß *Flugsport* **103** 66
Gänsefüßchen **164** 36
Gänsekresse **214** 9
Ganser **224** 34
Gänserich **224** 34
Gänsesäger **178** 19
Gänsevogel **178** 18
Gantelet **147** 50
Ganze **138** 13
Ganze, Doppel- **138** 12, 20
ganze Note **138** 13
ganze Pause **138** 21
ganze Spitze **135** 21
Ganzholz **273** 87
ganzrandig **188** 48
Ganzstoff **325** 28, 31
Ganzzug **360** 1
Garage **44** 26, **45** 22
Garageneinfahrt **44** 45
Gäraufsatz **172** 6
Garbe, Schaf- **194** 15
Garcettefrisur **41** 4
Garde, Prinzen- **124** 66
Garderobe *Hausrat* **49** 2
Garderobe *Theater* **136** 6
Garderobe *Vorschule* **71** 34
Garderobe, Flur- **49** 2
Garderobe, Schauspieler-
  136 47
Garderobenfrau **136** 7
Garderobenhalle **136** 7
Garderobenmarke **136** 8
Garderobennummer **136** 8
Garderobenspiegel **49** 7
Garderobenständer **76** 15
Garderobenwand **49** 2
Garderobiere **136** 7
Gardine *Hausrat* **52** 15
Gardine *Restaurant* **76** 53

Gardine *Schiff* **376** 49
Gardine, Über- **50** 40
Gardinenleiste **52** 16
Gardinenschiene **52** 16
Gardinenstange **76** 54
Gardinenstoff **83** 68
Garn **320** 12, **322** 14
Garn, Filament- **322** 14–18,
  18, 30–32, 32
Garn, Nähmaschinen- **255** 13
Garn, Textilglas- **317** 58
Garn, Vor- **318** 13, 24
Garnele **187** 12
Garnierung **378** 65, 66
Garnitur, Ausfahr- **34** 2
Garnitur, Hunde- **223** 37–40
Garnitur, Kochlöffel- **48** 2
Garnitur, Mess- **150** 44
Garnitur, Schmuck- **43** 1
Garnitur, Stubenwagen-
  33 32
Garnknäuel **336** 4
Garnkops **318** 47
Garnrolle **255** 13
Garnspeicher **319** 27
Garrattlokomotive **364** 65
Gärraum **251** 90
Gärschrank **251** 85
Garten, Bauern- **215** 14
Garten, Blumen- **203** 1
Garten, Dach- **360** 35
Garten, englischer **84** 41–75
Garten, französischer
  84 1–40
Garten, Gemüse- **204** 1
Garten, Haus- **44** 36
Garten, Hopfen- **17** 114
Garten, Hühner- **227** 2, 3
Garten, Irr- **84** 5
Garten, Kinder- **71**
Garten, Klein- *Garten* **204** 1
Garten, Klein- *Stadt* **18** 4
Garten, Kloster- **149** 53
Garten, Nutz- **204**
Garten, Obst- *Garten* **204** 1
Garten, Obst- *Geogr.* **17** 108
Garten, Obst- *Landw.* **215** 15
Garten, Pflanz- **237** 6
Garten, Schreber- **204** 1
Garten, Stein- *Garten* **203** 7
Garten, Stein- *Haus* **44** 34
Garten, Vor- **44** 59
Garten, Wein- **231** 1
Garten, Winter- *Landw.*
  227 10
Garten, Winter- *Militär*
  67 93
Garten, Zier- **203** 1
Garten, zoologischer **86**
Gartenammer **180** 6
Gartenbank **84** 42

Gartenbau, Erwerbs- **207**
Gartenbaubetrieb **207**
Gartenbauer **207** 20
Gartenbaugehilfe **207** 45
Gartenbaugehilfin **207** 46
Gartenbaumeister **207** 20
Gartenbaumschule **207** 3
Gartenbesen **208** 3
Gartenblume **213**
Gartenerdbeere **211** 18
Gartenerde **207** 15
Gartenfuchsschwanz **213** 21
Gartengerät **208**
Gartengerbera **203** 27
Gartenhacke, Motor- **208** 18
Gartenhecke **203** 10
Gartenhippe **208** 9
Gartenkrähe **179** 16
Gartenlaube **204** 15
Gartenleiter **204** 9
Gartenleuchte **44** 32
Gartenliege **203** 3
Gartenmauer **44** 31
Gartenmesser **208** 9
Gartennelke **213** 7
Gartenpflege **219**
Gartenrittersporn **213** 13
Gartenrotschwänzchen
  180 13
Gartensalbei **210** 13
Gartenschädling **234** 1–29
Gartenschlauch *Garten*
  208 27
Gartenschlauch *Haus* **44** 38
Gartenschubkarren **208** 47
Gartenspinne **175** 50
Gartenspritze **208** 24
Gartenstiefmütterchen **213** 2
Gartenstuhl **44** 44
Gartenteich **203** 17
Gartentisch **44** 43
Gartentreppe **44** 33
Gartenweg **203** 15, **204** 24
Gartenzaun **204** 11
Gartenzwiebel **209** 24
Gärtner *Gärtnerei* **207** 20
Gärtner *Zool.* **180** 6
Gärtner, Handels- **207** 20
Gärtner, Klein- **204** 25
Gärtner, Park- **84** 66
Gärtner, Schreber- **204** 25
Gärtnerei **207**
Gärtnerin, Kinder- **71** 1
Gas, Erd- **13** 33
Gas, Ofen- **300** 57
Gas, Schutz- **317** 16
Gasanschluss **73** 19
Gasaustritt **309** 16
Gasballon **103** 53
Gasdrehgriff **341** 22, **342** 33
Gasdurchlauferhitzer **279** 12
Gasentnahme **173** 63

Gasentwicklungsapparat
173 59
Gasfeuerzeug **259** 30
Gasflasche, Butan- **92** 47
Gasflasche, Camping- **92** 47
Gasflasche, Propan- **92** 47
Gasflaschenkasten **92** 25
Gasgerät **279** 12–25
Gasgriff, Dreh- **341** 22
Gashebel *Flugzeug* **386** 30
Gashebel *Straßenbau* **354** 20
Gashebelsperre **238** 17
Gasheizkammer **300** 29
Gasherd **47** 28
Gasinstallateur **279** 1
Gaskanal **304** 19
Gaskappe **13** 33
Gaskocher **92** 46
Gaskompressor **309** 26
Gaskühlaggregat **299** 27
Gaskühler **309** 19
Gaskühlung **309** 29
Gaslampe **92** 44
Gasleitung *Eisenverarb.*
300 18, 28
Gasleitung *Straße* **352** 21
Gasleitung, Hochdruck-
309 45
Gasleitung, Niederdruck-
309 44
Gasliftverfahren **298** 27
Gasofen **279** 25
Gasometer **297** 12
Gaspedal *Auto* **344** 77
Gaspedal *U-Elektronik*
403 34
Gasregulierung **173** 6
Gassammelbehälter **309** 25
Gassauger **309** 21
Gasschmiedeofen **293** 23
Gasse, Vorder- **123** 3
Gast *Hotel* **78** 8
Gast *Restaurant* **76** 36
Gast, Bade- *Kurbad* **88** 34
Gast, Bade- *Strand* **95** 24
Gast, Bar- **78** 54
Gast, Fahr- *Freizeitpark*
85 7
Gast, Fahr- *Schiff* **376** 3, 9
Gast, Hotel- **78** 14
Gast, Kur- **88** 7
Gast, Stamm- **76** 38
Gast, Trauer- **149** 33
Gast, Zucker- **233** 15
Gasthaus **76** 1–36
Gastrocknung **309** 30
Gaststätte, SB- **77**
Gaststätte, Selbstbedie-
nungs- **77**
Gaststätte, Speise- **76** 1–36
Gasuhr **279** 5
Gasvorlage **309** 17

Gaswaschflasche *Chemie*
173 58
Gaswaschflasche *Schule*
73 27
Gaswasser **309** 39
Gaszähler **309** 31
Gaszuführung **293** 24
Gaszuführungsrohr **173** 2
Gate **389** 12
Gatter *Pferdesport* **105** 9
Gatter *Stierkampf* **128** 41
Gatter, Fall- **147** 24
Gatter, Maul- **226** 53
Gatter, Schussfaden-
320 26, 41
Gatter, Voll- **311** 2
Gatter, Wild- **237** 7
Gatterrahmen **311** 8
Gattersäge **311** 2
Gaube, Dach- *Bau* **274** 6
Gaube, Dach- *Haus* **46** 8
Gaube, Dach- *Kunst* **155** 4
Gaube, Fledermaus- **274** 23
Gaube, Spitz- **44** 64
Gaube, Walm- **274** 13
Gauch **178** 35
Gauch, Gutz- **178** 35
Gauchheil, Acker- **214** 27
Gauchheil, Roter **214** 27
Gaumen, harter **22** 23
Gaumen, weicher **22** 24
Gaumenmandel **22** 26
Gaumensegel **22** 24
Gaupe, Dach- *Bau* **274** 6
Gaupe, Dach- *Haus* **46** 8
Gaupe, Fledermaus- **274** 23
Gaupe, Walm- **274** 13
Gautschen **324** 7–14
Gautscher **324** 7
Gautschpresse **324** 10
Gaze **338** 20
Gaze, Heft- **338** 20
Gaze, sterile **27** 51
Gazerollenhalter **338** 19
Gazestreifen **336** 13
G-Dur **138** 56
Geäfter **241** 25, 62
Geäse **241** 15
geätzte Zinkplatte **331** 40
Gebäck **75** 16
Gebäck, Frühstücks- **251** 46
Gebäck, Salz- **53** 36
Gebäcktresen **349** 21
Gebälk **153** 66
Gebälk, Kehl- **274** 38
Gebälk, Trag- **151** 16
Gebärmutter **23** 94
Gebärmutterhals **25** 35, 42
Gebärmutterhöhle **23** 95,
25 27
Gebäude, Abfertigungs-
389 15

Gebäude, Empfangs- **359** 1
Gebäude, Fernwärme- **304** 4
Gebäude, öffentliches *Geogr.*
17 53
Gebäude, öffentliches *Stadt*
18 2
Gebäude, Reaktor- **306** 25
Gebäude, Schacht- **297** 2
Gebäude, Schaltanlagen-
306 57
Gebäude, Verwaltungs- *Berg-
werk* **297** 8
Gebäude, Verwaltungs- *Erdöl*
298 39
Gebäude, Verwaltungs- *Film*
131 5
Gebäude, Verwaltungs- *Flug-
hafen* **389** 16
Gebäude, Verwaltungs-
Schiffbau **378** 1
Gebäude, Verwaltungs-
Wasserbau **371** 28
Gebäude, Werkstatt- **306** 28
Gebäude, Wirtschafts-
147 27
Gebäudetechnik **308**
Gebäudeteil **154** 43
Geber, Akustiksignal- **363** 45
Geber, Messwert- *Raumfahrt*
392 33
Geber, Messwert- *Werkstatt*
348 4
Geber, Motordrehzahl-
348 62
Geber, Öl- **261** 4
Geber, Pilotton- **134** 30
Geber, Postwertzeichen-
395 12
Geber, Sollwert- **351** 28
Geber, Takt- **30** 21
Gebet **148** 61
Gebetbuch **148** 62
Gebetsmühle **161** 29
Gebetsnische **151** 20
Gebetsperle **150** 31, 32
Gebetsturm **151** 19
Gebiet, Ablagerungs- **12** 46
Gebiet, Einzugs- **13** 27
Gebiet, Epizentral- **12** 29
Gebiet, Erdbeben- **11** 28
Gebiet, Hochdruck- **9** 7
Gebiet, Niederschlags- **9** 21
Gebiet, Schelf- **11** 14
Gebiet, Schütter- **12** 29
Gebiet, Sperr- **380** 45–47, 48
Gebiet, Tiefdruck- **9** 6
Gebinde **237** 35
Gebinde, Briefmarken-
395 14
Gebinde, Deck- **275** 78
Gebinde, First- **275** 79
Gebinde, Fuß- **275** 76

Gebinde, Postwertzeichen-
395 14
Gebinde, Trauf- **275** 49
Gebirge, Bruchfalten- **13** 23
Gebirge, Bruchschollen- **13** 4
Gebirge, Deck- **297** 21
Gebirge, Falten- **13** 14
Gebirge, Hoch- **11** 10, **13** 42
Gebirge, Mittel- **11** 11, **13** 37
Gebirge, Steinkohlen- **297** 22
Gebirgsbewegung **13** 4–23
Gebiss **22** 18
Gebiss, herausnehmbares
29 21
Gebiss, Hohl- **226** 52
Gebiss, künstliches **29** 21
Gebiss, Mais- **217** 30
Gebläse *Auto* **344** 6, **345** 35
Gebläse *Flugzeug* **388** 36
Gebläse *Kürschner* **284** 10
Gebläse *Landw.* **217** 16,
236 21, 39
Gebläse *Zement* **310** 16
Gebläse, Frischluft- **46** 63
Gebläse, Kühl- **133** 34
Gebläse, Lampen- **332** 22
Gebläse, Saugzug- **304** 20
Gebläse, Zylinderlöt- **260** 16
Gebläsebrenner **173** 9
Gebläseluftverteiler **317** 31
gebogener Zweig **357** 46,
47, 48
gebogene Schere **31** 36
geboren **164** 57
Gebräch **241** 58
Gebrauchshund **223** 12–22
gebrauchtes Kleidungsstück
127 64–67
Gebrech **241** 58
gebreitetes Heu **216** 27
gebrochenes Bein **26** 12
Gebühr, Gesprächs- **396** 28
gebunden **139** 33
Geburt **25** 41
Geburtskanal **25** 47
Geburtszange **31** 46
Gecko, Mauer- **182** 36
gedackte Lippenpfeife
144 34
Gedankenstrich **164** 27
Gedeck *Hausrat* **52** 6, **53** 3
Gedeck *Restaurant* **76** 28
Gedeck, Frühstücks-
376 11–21
Gedeck, Tee- **75** 32
gedeckte Lippenpfeife
144 34
gedeckter Güterwagen
360 11, **367** 14
Gedenkemein **213** 2
Gedenkkapelle **149** 12
Gedenkplatte **149** 14

Gedenkstein 149 14, 26
Gedenktafel 149 14
gedrechselte Holzware 288 20
gedrechselter Gegenstand 288 20
gedrehtes Horn 145 9
Geer, Gaffel- 373 70
Gefahr, Rutsch- 390 39
Gefahrenstelle, Einzel- 380 43, 44
Gefahrenzone 2 50
Gefäß *Vorgesch.* 146 11
Gefäß *Weinbau* 231 10
Gefäß, Auffang- 10 40, 45
Gefäß, Ausdehnungs- *Haus* 46 25
Gefäß, Ausdehnungs- *Kraftwerk* 304 42, 305 12
Gefäß, Blut- *Anat.* 22 41, 74
Gefäß, Blut- *Med.* 26 15
Gefäß, Dosier- 247 3
Gefäß, Expansions- 46 25
Gefäß, spiralverziertes 146 13
Gefäß, Staub- 211 48
Gefäßflöte 142 32
Gefäßförderanlage 297 26
Gefecht, Frei- 111 5, 6
Gefechtslinie 111 9
Gefechtsturm 67 31, 43, 44
Gefieder, Schenkel- 177 5
gefiedert, paarig 188 45
gefiedert, unpaarig 188 46
gefiedertes Blatt 209 3
gefingert 188 43
Geflecht, Arm- 21 27
Geflecht, Boden- 289 20
Geflecht, Draht- 158 35
Geflecht, Dreher- 289 1
Geflecht, einfaches 289 4
Geflecht, Faden- 199 2
Geflecht, Köper- 289 2
Geflecht, Myzel- 221 4
Geflecht, Pilz- 199 2
Geflecht, Schicht- 289 3
Geflecht, Seiten- 289 18
Gefleckter Schierling 197 4
geflochtener Korb 156 20
geflochtener Zopf 41 17
Geflügel 224 19–36
Geflügel, Wasser- 84 51–54
Geflügelmarke 227 41
geflügelte Blattlaus 175 16
geflügeltes Ameisenweibchen 175 22
geflügelte Sonnenscheibe 152 12
geflutetes Schwimmdock 378 44
Gefrierfach 47 38
Gefrierschrank 47 42

gefüllte Rose 213 17
Gegenbindungsstelle 323 28
Gegenblasen 317 37
Gegend, Nieren- 225 30
Gegenfänger 143 31
Gegengewicht *Bau* 272 33
Gegengewicht *Hafen* 382 38
Gegengewicht *Landw.* 220 25
Gegengewicht *Motor* 343 40
Gegengewicht *Optik* 265 19
Gegengewicht *Wasserbau* 371 86
Gegenkontakt 295 33
Gegenlichttubus 134 5
Gegenmutter 296 30
Gegenschlaghammer 292 8
Gegenseil 368 40
Gegenseilmuffe 368 68
Gegenspiegel 265 11
Gegenspieler 109 14
Gegensprechanlage 27 16
Gegensprechgerät 27 27
Gegenstand, Fund- 146
Gegenstand, gedrechselter 288 20
Gegenstrichrauwalze 321 42
Gegenstrom, Äquatorialer 16 34
Gegenwinkel 169 11
Gegner, k. o. geschlagener 117 40
gegossene Kerze 72 77
Gehacktes 250 44
gehalten 139 30
Gehänge 368 48
Gehänge, Ketten- 382 26
Gehänge, Ohr- 43 11
Gehängebolzen 368 66
gehängte Ware 83 40
Gehäuse *Chemie* 172 25
Gehäuse *Energie* 308 5
Gehäuse *Film* 133 48
Gehäuse *Kraftwerk* 305 41
Gehäuse *Maschinenteil* 296 79
Gehäuse *Mediengest.* 329 29
Gehäuse *Meteor.* 10 18
Gehäuse *Militär* 63 10
Gehäuse *PC* 406 3, 42, 46, 407 3, 27
Gehäuse *Rundfunk* 400 2
Gehäuse *Setzerei* 327 16
Gehäuse *U-Elektronik* 401 13
Gehäuse *Zool.* 176 38
Gehäuse, Filmkassetten- 134 9
Gehäuse, Generator- 307 15
Gehäuse, Grammofon- 127 36
Gehäuse, Harmonium- 143 49

Gehäuse, Instrumenten- 2 5, 22
Gehäuse, Kern- 211 39, 62
Gehäuse, Klavier- 143 6
Gehäuse, Kupplungs- 343 61
Gehäuse, Kurbel- 343 16
Gehäuse, Lampen- *Flohmarkt* 127 46
Gehäuse, Lampen- *Fotogr.* 268 32
Gehäuse, Luftfilter- 343 30
Gehäuse, Mahlstein- 245 21
Gehäuse, Nockenwellen- 343 31
Gehäuse, Orgel- 144 1–5
Gehäuse, Schallschutz- 131 48, 134 15, 27
Gehäuse, Schieber- 371 61
Gehäuse, Schutz- 10 39
Gehäuse, Telefon- 396 5
Gehäuse, Tower- 270 6
Gehäuse, Uhr- 262 18
Gehäuse, Uhren- 127 59
Gehäuse, Zweit- 267 30
Gehäuseabdeckung 412 12
Gehäusedeckel *Maschinenteil* 296 80
Gehäusedeckel *U-Elektronik* 402 62
Gehäuseschlüssel 261 11
Gehäuseverriegelung 134 33
Gehbelag 276 41
Gehege, Elefanten- 86 18
Gehege, Frei- 86 13
Gehege, Giraffen- 86 13
Gehege, Löwen- 86 25
Gehege, Reptilien- 86 30
Gehege, Tier- 84 49
Gehege, Wild- 84 49
Geheimbund, Männer- 160 34
Geheimzahl, persönliche 413 7
Gehen, Eis- 118 19–24
Gehen, Fels- 118 2–18
Geher, Eis- 118 20
Geher, Fels- 118 5
Gehilfe, Gartenbau- 207 45
Gehilfe, Kellerei- 232 12
Gehilfin, Gartenbau- 207 46
Gehirn 20 56
Gehirn, äußeres 20 72
Gehirnhälfte 20 88
Gehirnhaut 20 79
Gehirnwindung 20 78
gehobener Kettfaden 323 7, 17
gehobener Schussfaden 323 16
gehobener Strand 12 52
Gehör 241 49
Gehörgang 20 43, 22 88

Gehörknöchelchen 22 92
Gehörn 241 32
Gehörnerv 22 96
Gehörorgan 22 84
Gehörschützer 312 20
Gehörschutzkapsel 237 23
Gehrung *Glaser* 277 4
Gehrung *Tischler* 286 17
Gehrungslade 285 43
Gehrungssäge 277 30
Gehrungsschmiege 273 81
Gehrungssprossenstanze 277 7
Gehrungsstoßlade 277 31
Gehrungswinkel 273 82
Gehsteig 352 9
Gehweg *Haus* 44 61
Gehweg *Straße* 352 9
Gehwegpflaster 352 8
Geige 141 1
Geige, Bass- 141 23
Geige, Taschen- 140 20
Geigenbogen 141 12
Geigenbogenbezug 141 15
Geigenhals 141 2
Geigenkörper 141 3
Geigenkorpus 141 3
Geigensteg 141 5
Geiger, Steh- 78 46
Geigerzähler 2 19
Geiser 12 10
Geisha 161 39
Geisipodes 153 25
Geison 153 11, 24
Geiß *Freizeitpark* 85 13
Geiß *Zool.* 224 14
Geiß, Alt- 241 38
Geiß, Reh- 241 38
Geißbart, Wald- 195 5
Geißblatt, Echtes 192 13
Geißfuß 158 20, 159 9
Geisterbeschwörung 162 42
Geistlicher 149 37, 150 3, 21
Geistlicher, evangelischer 148 22
Geistlicher, katholischer 148 39
gekennzeichnete Wasserfläche 380 37
gekerbt 188 51
gekreuzte vierte Position 135 5
gekröpfte Nadel 314 72
gekröpfte Schere 27 44
gekröpftes Eisen 158 18
gekrümmte Kurve 170 13
gekrümmte Linie 169 21
gekuppelte Säule 155 6
Gel, Dusch- 252 43
Gel, Haar- 41 27
Gelände, Außenbau- 131 2
Gelände, FKK- 97 13

Gelände, Frei- **131** 2
Gelände, Freikörperkultur- **97** 13
Gelände, Industrie- **18** 3
Gelände, Segelflug- **104** 31
Gelände, Weinbau- **231**
Gelände, Weinbergs- **231**
Geländeabbruch **12** 48
geländegängiger Kleinlaster **347** 1
Geländemaschine **342** 20
Geländer *Haus* **44** 18
Geländer *Nachtlokal* **130** 30
Geländer *Schiff* **376** 68
Geländer, Brücken- **369** 70
Geländer, Schutz- **272** 43
Geländer, Sicherheits- **217** 66, **218** 76
Geländer, Treppen- *Bau* **276** 22, 50
Geländer, Treppen- *Haus* **44** 57, **46** 26
Geländer, Treppen- *Rundfunk* **399** 22
Geländereifen **347** 4
Geländeritt **105** 18–21
Geländerpfosten **46** 30
Geländerstab **276** 51
Geländeverschiebung **12** 48
Geländewagen **346** 11
Gelatinewalze **159** 12
Geläuf **105** 25
Gelb *Farbe* **166** 2, 16, 22
Gelb *Heraldik* **62** 26
Gelb, Not- **357** 16
Gelbammer **180** 5
gelb blühender Jasmin **191** 4
Gelb-Druckwerk **333** 28
gelbe Karte **107** 65
Gelbe Lupine **222** 17
gelber Sack **81** 5
Gelbe Rübe **209** 17
Gelber Ziegenbart **199** 32
Gelbe Schwertlilie **213** 8
gelbe Tonne **81** 4
Gelbfiltereinstellung **268** 47
Gelbhaubenkakadu **181** 1
Gelbkörper **25** 14
Geld **59, 60**
Geld, Bar- **409** 28
Geld, Hart- *Geld* **59** 1–16
Geld, Hart- *Kaufhaus* **83** 5
Geld, Papier- **59** 22–24
Geld, Trink- **257** 49
Geldautomat *Bahnhof* **358** 20
Geldautomat *Bank* **413** 4
Geldbetrag **350** 32
Geldeinsammeln **126** 42
Geldfach **83** 5
Geldharke **89** 22
Geldkartenchip **413** 24

Geldkasten **83** 4
Geldschein *Geld* **59** 22–24
Geldschein *Kaufhaus* **83** 5
Geldschein *Nachtlokal* **130** 24
Geldscheinprüfgerät, UV- **414** 15
Geldschub **83** 4
Geldstück **59** 1–16
Geldwaage **414** 17
Geldwechsler **351** 33
Gelege **234** 38
Gelege, Straußen- **178** 4
gelegte Ware **83** 40
Gelenk **253** 68
Gelenk, Dreh- **56** 73
Gelenk, Führungs- **345** 86
Gelenk, Hand- *Anat.* **19** 78
Gelenk, Hand- *Atom* **2** 41
Gelenk, Knie- **159** 30
Gelenk, Köten- **225** 24
Gelenk, Schub- **347** 46
Gelenk, Sprung- **225** 37
Gelenk, Vorderfußwurzel- **225** 22
Gelenkachse, Doppel- **345** 69
Gelenkarm **294** 25
Gelenkarm, Lampen- **330** 16
Gelenkbus **347** 45
Gelenkkopf **56** 64
Gelenklokomotive **364** 65
Gelenkmesser **238** 20
Gelenkrille **107** 29
Gelenkscheibe **345** 76
Gelenktriebwagen **351** 1, 13
Gelenkwagen, Kurz- **351** 13
Gelenkwelle *Auto* **345** 70
Gelenkwelle *Eisenbahn* **365** 51, **366** 29, 83
Gelenkwelle *Landw.* **217** 36, 45, **220** 18
Gelenkzugriemen **107** 25
gelenztes Schwimmdock **378** 46
Gelieger **147** 88
gelöstes Gestein **312** 5
Gelse **175** 17
Geltrah **241** 38
Gelttier **241** 2
gemäßigte Klimazone **9** 47
Gemeinde **148** 29
Gemeine Akelei **213** 10
Gemeine Feldbohne **222** 15
gemeine Figur **62** 12
Gemeine Jungfernrebe **192** 16
Gemeine Kornrade **214** 6
Gemeine Kuhschelle **193** 5
Gemeine Melde **214** 24
Gemeine Quecke **214** 30
Gemeiner Beinwell **193** 45

Gemeiner Buchsbaum **191** 19
Gemeiner Delfin **185** 30
Gemeiner Hecht **182** 16
Gemeiner Hülsstrauch **192** 9
Gemeiner Liguster **191** 6
Gemeiner Pelikan **178** 7
Gemeiner Schneeball **191** 10
Gemeiner Spörgel **222** 12
Gemeiner Tintenfisch **176** 41
Gemeiner Tulpenbaum **192** 1
Gemeines Hirtentäschel **214** 9
Gemeines Knaulgras **222** 25
Gemeines Kreuzkraut **214** 12
Gemeine Stubenfliege **233** 3
Gemeine Wicke **222** 18
gemeinsamer Nenner **167** 19
Gemenge, Rohstoff- **316** 1
Gemengeeingabe **317** 2
Gemengetrichter **317** 13
Gemini **3** 28, **4** 58
Gemisch, Erdöl-Erdgas- **298** 25
Gemisch, Zweitakt- **350** 3
Gemischhebel **386** 31
gemischter Schliff **43** 48
gemischte Zahl **167** 10
Gemüseabteilung **252** 76
Gemüsebeet *Garten* **204** 27
Gemüsebeet *Gärtnerei* **207** 39
Gemüsegarten **204** 1
Gemüsekonserve **250** 55
Gemüselöffel **53** 73
Gemüseplatte **53** 45
Gemüseschale **47** 40
Gemüseschüssel **53** 26
Gemüsesteige **207** 43
Gemüseversandsteige **207** 43
Gemüsewaage **252** 77
Gen **24** 20
genealogisches Zeichen **164** 57–61
Generator *Energie* **306** 11, **307** 3, 12
Generator *Kraftwerk* **304** 23
Generator *Med.* **30** 43
Generator *Motor* **343** 45
Generator *Schiff* **377** 74
Generator, Dampfturbinen- **67** 58
Generator, Drehstrom- **305** 3, 30
Generator, Heiz- **366** 39
Generator, Isotopenstrahlungs- **6** 26
Generator, Solar- **397** 2
Generatorabdeckung **307** 15
Generatorableitung **306** 54
Generatoranlage **299** 2

Generatorgehäuse **307** 15
Generatorriemenscheibe **343** 46
Generatorteil **266** 65
Generatortester **348** 55
Genetzte Ackerschnecke **234** 44
Genick *Anat.* **19** 28
Genick *Pferd* **225** 12
Genickfänger **240** 42
Genickstück **226** 10
Genussmittel, tropisches **200**
Geodäsie **16** 47–63
geöffnete Tür **83** 34
Geografie, allgemeine **11, 12, 13, 14, 15**
geografische Breite **16** 6
geografische Länge **16** 7
Geologie **13**
geologische Verhältnisse **306** 60–71
Geometrie **169, 170**
Geometrie, ebene **169**
geometrische Folge **168** 12
geometrische Form **72** 80
geometrische Höhenmessung **16** 47
geometrische Reihe **168** 12
geometrischer Körper **170** 30–46
geometrisches Zeichen **168** 21–24
Georgine **213** 23
georgische Schrift **163** 4
Gepäck, Reise- **359** 34–38
Gepäckablage **361** 26, **362** 10, 25, **363** 18
Gepäckaufbewahrung **358** 36, 37
Gepäckfach *Kfz* **347** 36
Gepäckfach *Motorrad* **341** 29
Gepäckförderbandwagen **389** 22
Gepäckhalle **389** 5
Gepäckschiebekarren **359** 33
Gepäckschließfach **358** 42
Gepäckträger *Bahnhof* **359** 32
Gepäckträger *Fahrrad* **339** 45
Gepäckträger, Dach- **92** 12, 17
Gepäckträger, Fahrrad- **92** 18
Gepäckträger, Vorderrad- **340** 34
Gepäcktunneleinfahrt **389** 6
Gepäckwagen **390** 19
gepanzertes Pferd **128** 18
Gepard *Militär* **63** 82
Gepard *Zool.* **186** 8
gepolsterte Jacke **108** 22

gepoltertes Langholz 237 15
Gerade *Eisenbahn* 357 49, 50
Gerade *Math.* 169 1–3
Gerade *Sport* 117 28
Gerade, Halb- 169 2, 3, 6,
7, 20
gerader Ansatz 281 21
gerader Bauchmuskel 21 44
gerader Fuchsschwanz
285 44
gerader Kreiszylinder 170 38
gerader Steven 101 40
gerader Stoß *Fechten* 111 7
gerader Stoß *Sport* 117 28
gerader Zweig 357 45
gerades Blatt 274 86
gerades Hakenblatt 274 87
gerade Zahl 167 11
Geradflügler 175 10
Geradführung 314 2, 58
gerahmte Grafik 77 36
gerahmtes Bild 376 50
Geraniengewächs 205 1
Gerät *Büro* 412
Gerät *Fotogr.* 270
Gerät *Meteor.* 10 29
Gerät *Turnen* 113 12–21,
114 7–14
Gerät, Ablöse- 281 9
Gerät, Abstimmungs- 28 35
Gerät, Anbau- 287 50–58
Gerät, Angel- 243 11–60
Gerät, Anzeige- *Fechten*
111 32
Gerät, Anzeige- *Werkstatt*
348 39
Gerät, Arbeits- 353 8
Gerät, Atem- *Med.* 26 31
Gerät, Atem- *Tauchen* 93 17
Gerät, Aufnahme- *Film*
131 23
Gerät, Aufnahme- *Fotogr.*
269
Gerät, Aufzeichnungs-
131 59, 132 1, 9
Gerät, Ausfahr- 66 68, 67 74,
88–91
Gerät, Ausgabe- *PC*
406 67–73
Gerät, Ausgabe- *Setzerei*
327 10
Gerät, Ausleer- 301 20
Gerät, Auswerte- 28 51
Gerät, Balgen- 267 36
Gerät, Beatmungs- 31 3
Gerät, Bedienungs- 393 30
Gerät, Beiz- 236 42
Gerät, Belastungs- 301 18
Gerät, Beregnungs- 207 19
Gerät, Bestrahlungs- 28 18,
29 19
Gerät, Betäubungs- 248 3, 16

Gerät, Bild- 399 14
Gerät, Blitz- *Flohmarkt*
127 39, 41
Gerät, Blitz- *Fotogr.* 266 64,
67, 267 31
Gerät, Blitzlicht- 127 39
Gerät, Bodenbearbeitungs-
218 44
Gerät, Bodenstrom- 389 22
Gerät, Bohr- *Erdöl* 298 21
Gerät, Bohr- *Steinbruch*
312 9
Gerät, Bolzenschuss- 248 3
Gerät, Bügel- 56 1
Gerät, DAT- 398 31
Gerät, Diathermie- 28 18
Gerät, Diktier- 409 38,
411 36, 412 51
Gerät, Dosier- *Böttcher*
283 28
Gerät, Dosier- *Eisenverarb.*
301 12
Gerät, Druckspritzen- 32 16
Gerät, Dunkelkammer- 268
Gerät, Echo- 398 44
Gerät, Effekt- 131 60
Gerät, Eingabe- 406 24–40
Gerät, Einlese- *Supermarkt*
252 109
Gerät, Einlese- *Tankstelle*
349 49
Gerät, Einstell- *Fotogr.*
267 36
Gerät, Einstell- *Werkstatt*
348 18
Gerät, EKG- 28 25, 44
Gerät, Elektrokardiogramm-
28 44
Gerät, Empfangs- 397 18
Gerät, Entlastungs- 301 18
Gerät, Fang- 160 30
Gerät, Faradisier- 28 34
Gerät, Fax- *Büro* 408 6
Gerät, Fax- *Rundfunk*
398 28
Gerät, Fehlerdiagnose-
348 28, 68
Gerät, Fernseh- *Rundfunk*
400 1
Gerät, Fernseh- *U-Elektronik*
403 15
Gerät, Fettback- 251 83
Gerät, Filmdosenbewegungs-
268 19
Gerät, Fitness- 394 30
Gerät, Freischneide- 237 32
Gerät, Führungs- 28 16
Gerät, Funk- *Eisenbahn*
366 23, 50
Gerät, Funk- *Flugsport*
103 79
Gerät, Funk- *Polizei* 68 33

Gerät, Funk- *Straßenbahn*
351 29
Gerät, Garten- 208
Gerät, Gas- 279 12–25
Gerät, Hall- 398 45
Gerät, Hand- 114 33–48
Gerät, Haushalts- 56
Gerät, Heft- 410 5
Gerät, Hilfs- 113 12–21,
114 7–14
Gerät, Inhalations- 88 15
Gerät, Jagd- 240 41–48
Gerät, Kleister- 281 25
Gerät, Klima- 399 19
Gerät, Koagulations- 31 9
Gerät, Kopier- 412 35
Gerät, Küchen- 48
Gerät, Kurzwellen- 28 18, 36
Gerät, Labor- *Chemie*
172, 173
Gerät, Labor- *Med.* 28 55
Gerät, Labor- *Papier*
324 22–30
Gerät, landwirtschaftliches
219
Gerät, Lese- *Fotogr.* 270 7,
8, 46
Gerät, Lese- *Med.* 27 9
Gerät, Lese- *Tankstelle*
349 50
Gerät, Lese- *Universität*
74 26
Gerät, Lichtton- 133 28, 45
Gerät, liturgisches 150 34–54
Gerät, Lock- 240 43–47
Gerät, Löt- 278 5–7
Gerät, Luftbehandlungs-
361 45
Gerät, Magnetton- 133 28, 50
Gerät, Mal- 157 6–19
Gerät, MAZ- 399 13
Gerät, Mess- *Atom* 2 1–23, 1
Gerät, Mess- *Fotogr.* 266 61
Gerät, Mess- *Galvanoplastik*
331 3
Gerät, Mess- *Geogr.* 16 53–63
Gerät, Mess- *Installateur*
280 46
Gerät, Mess- *Kraftwerk* 305 9
Gerät, Mess- *Meteor.*
10 28, 60
Gerät, Mess- *Navigation*
379 5
Gerät, Mess- *Optik* 264 40, 69
Gerät, Mess- *Polizei* 68 19
Gerät, Metallaufblock-
263 43
Gerät, Mikrowellen- *Med.*
28 33, 29 19
Gerät, Mikrowellen- *Tank-
stelle* 349 20
Gerät, Minenräum- 66 87

Gerät, Misch- 29 46
Gerät, Mobilfunk- 359 15
Gerät, Motorsteuerungs-
393 40
Gerät, Nassbürst- 260 46
Gerät, Navigations- *Flugzeug*
386 22
Gerät, Navigations- *Navi-
gation* 379 7, 30
Gerät, Netz- 269 18
Gerät, Netzabschluss- 397 31
Gerät, optisches 264, 265
Gerät, Peripherie- 406 24–73
Gerät, Pflanzenschutz- 236
Gerät, Pflege- 56 80
Gerät, Pipettier- 28 45
Gerät, Prüf- *Bank* 414 15
Gerät, Prüf- *Optik* 264 37
Gerät, Prüf- *Schmied* 291 15
Gerät, Prüf- *Uhrmacher*
261 24, 26
Gerät, Prüf- *Werkstatt*
348 56
Gerät, Prüf- *Ziegelei* 313 16
Gerät, Radar- 379 26
Gerät, Radio- 127 18
Gerät, Rechen- 28 51
Gerät, Regel- *Galvanoplastik*
331 3
Gerät, Regel- *Raumfahrt*
392 4
Gerät, Registrier- *Meteor.*
10 61
Gerät, Registrier- *Schmied*
291 19
Gerät, Reinigungs-
240 61–64
Gerät, Reizstrom- 88 10
Gerät, Röntgen- 29 18
Gerät, Röntgenbild-
verstärker- 32 17
Gerät, Ruder- 112 14
Gerät, Rühr- *Hausrat* 47 20
Gerät, Rühr- *Weinkeller*
232 5
Gerät, Rundfunk- 127 18
Gerät, Saugerandrück-
263 43
Gerät, Schalt- 80 47
Gerät, Schleif- 291 7
Gerät, Schreib- *Büro* 408 27
Gerät, Schreib- *Fotogr.* 270 7
Gerät, Schreib- *Schrift*
163 21–26
Gerät, Schweiß- *Hausrat*
48 44
Gerät, Schweiß- *Schmied*
291 29
Gerät, Setz- 355 8
Gerät, Sicht- *Navigation*
379 9
Gerät, Sicht- *Rundfunk* 398 7

Gerät, Sonar- **67** 40
Gerät, Sprech- **27** 27
Gerät, Sprechfunk- *Feuer-
wehr* **82** 35
Gerät, Sprechfunk- *Flugzeug*
386 22
Gerät, Spritz- **236** 1, 16,
28, 33
Gerät, Sprüh- *Landw.*
236 19, 37
Gerät, Sprüh- *Weinkeller*
232 23
Gerät, Steuer- *Optiker*
263 38
Gerät, Steuer- *Schmied*
291 31
Gerät, Tapezier- **281** 50
Gerät, Tauch- **93** 5, 17
Gerät, Telefax- **408** 6
Gerät, Test- **348** 66
Gerät, Ton- *Film* **133** 28
Gerät, Ton- *Rundfunk* **399** 14
Gerät, Tonband- **127** 38
Gerät, Trainings- **112** 11,
117 20–24
Gerät, Trenn- **217** 59, 61
Gerät, Trocken- **56** 24
Gerät, Turn- **113** 1–11,
114 1–6
Gerät, TV- **270** 32
Gerät, Übersetz- **301** 15, 16
Gerät, Untersuchungs-
232 21
Gerät, Vereisungs- **27** 55
Gerät, Vergrößerungs-
268 28
Gerät, Video- **404**
Gerät, Videospiel- **403**
Gerät, Vorführ- **133** 24
Gerät, Vorwärm- **366** 41
Gerät, Wasch- **56** 24
Gerät, Wasser- **279** 12–25
Gerät, Wässerungs- **268** 15
Gerät, Wurf- **160** 30
Gerät, Zählrohr- **2** 19
Gerät, Zentrier- **263** 30, 43
Gerät, Zugfunk- **363** 31–33
Gerät, Zusatz- **287** 50–58
Gerätebrett **393** 24
Gerätebrücke **370** 53
Gerätehalle **389** 8
Gerätekopf **268** 44
Geräteraum **44** 26
Geräteschuppen *Garten*
204 4
Geräteschuppen *Gärtnerei*
207 1
Geräteschuppen *Landw.*
215 32
Gerätetisch **366** 31
Geräteträgerschiene **30** 12
Geräteturnen **113, 114**

Geräteübung **113** 48–60,
114 15–32
Gerätsteckdose **56** 82
geräucherter Schinken
252 72
Geräusch, Lauf- **131** 48
geraute Ware **321** 44
Gerbera, Garten- **203** 27
gereinigte Milch **229** 16
Gericht, Fertig- **250** 51
Gericht, Fisch- **77** 12
Gericht, Fleisch- **77** 14
Gericht, Kampf- **106** 5
Gericht, Tiefkühl- **252** 70
Gericht, warmes **77** 23
Gerinne **245** 44
Gerippe **73** 15
germanisches Ruderschiff
372 1–6
Geröll, Brandungs- **14** 74
Geröll, Fels- **13** 49
Geröll, Strand- **14** 74
Geröllband **118** 4
Gerste **221** 26
Gerste, Mauer- **214** 28
Gerste, Mäuse- **214** 28
Gerste, Taub- **214** 28
Gersteanlieferung **246** 41
Gersteeinlauf **246** 2
Gersteelevator **246** 33
Gerstesilo **246** 31
Gerte, Reit- **105** 24
Gertel **238** 11
Geruchsverschluss **279** 26
gerücktes Langholz **237** 15
Gerüst *Film* **131** 17
Gerüst *Korbmacher* **289** 25
Gerüst *Kunst* **158** 22
Gerüst *Wassersport* **99** 60
Gerüst, Abspannungs-
304 31
Gerüst, Arbeits- **275** 34
Gerüst, Bau- **378** 18
Gerüst, Bock- **245** 35
Gerüst, Draht- **158** 35
Gerüst, Drahtrahmen- **231** 9
Gerüst, Duo- **301** 28
Gerüst, Förder- **297** 4
Gerüst, Helling- **378** 19
Gerüst, Holz- **161** 13
Gerüst, Kletter- **87** 34
Gerüst, Knochen- **161** 13
Gerüst, Leiter- **271** 86–89
Gerüst, Ramm- **382** 48
Gerüst, Schub- **391** 20
Gerüst, Schubträger-
393 6, 7
Gerüst, Signal- **16** 52
Gerüst, Stahlrohr- **272** 46
Gerüst, Stand- **16** 51
Gerüst, Vorbau- **369** 62
Gerüst, Walz- **301** 31–35

Gerüst, Zweiwalzen- **301** 28
Gerüstbug **271** 25
Gerüstdiele **275** 70
Gerüsteisen **158** 24
Gerüsthebel **271** 27
Gerüsthelling **378** 19–21
Gerüstknoten **271** 30
Gerüstständer **271** 23
Gerüststange **271** 23
gesägt **188** 49
gesägt, doppelt **188** 50
Gesamtschule **73**
Gesamttitelanzeige **401** 69
Gesangbuch **148** 30
Gesäß **19** 54
Gesäßfalte **19** 56
Gesäßmuskel, großer **21** 60
Gesäßspalte **19** 55
gesäumtes Brett **273** 95
Geschäft, Fach- **250** 29–66
Geschäft, Fahr- **126** 31
Geschäft, Selbstbedienungs-
252
Geschäftsanzug **38** 21
Geschäftsbrief **408** 32,
409 13, **411** 32
Geschäftsflugzeug **387** 3, 6
Geschichte, Vor- **146**
Geschicklichkeitsfahren
106 47
Geschirr **226** 7–25
Geschirr, Anker- **377** 49–51
Geschirr, Blatt- **226** 26–36
Geschirr, Bund- **273** 20
Geschirr, Camping- **92** 63
Geschirr, Kaffee- **52** 24
Geschirr, Lade- **375** 24–29, 57
Geschirr, Melk- **228** 26
Geschirr, Schlepp- **383** 6, 13
Geschirr, schmutziges **77** 37
Geschirr, Sielen- **226** 26–36
Geschirrschrank **52** 18
Geschirrspülautomat **47** 54
Geschirrspüle **47** 8
Geschirrspüler **47** 54
Geschirrspülmaschine **47** 54
Geschirrwagen **47** 55
Geschlecht, Ton- **138** 45–49
Geschlechtsorgan, männ-
liches **23** 79
Geschlechtsorgan, weib-
liches **23** 93
geschlechtsreifes Insekt
175 12
geschlitzter Arm **36** 75
geschlossene Gesellschaft
78 41–44
geschlossene Kurve **170** 22
geschlossene Masche **323** 36
geschlossenes Gesenk **292** 27
geschlossene Traube **188** 74
geschmolzenes Zinn **317** 17

geschneidertes Kleidungs-
stück **255** 22
geschnittenes Fell **284** 14
Geschoss, Dach- **44** 4,
46 1
Geschoss, Diabolo- **123** 28
Geschoss, Erd- *Bau* **271** 7
Geschoss, Erd- *Haus* **44** 2
Geschoss, Keller- **271** 1
Geschoss, Ober- *Bau* **271** 14
Geschoss, Ober- *Haus* **44** 3
Geschoss, Vollmantel-
240 55
Geschossspitze **146** 2
Geschosstreppe **276** 42–54
geschraubtes Rahmenholz
272 74
geschruppte Fläche **314** 26
Geschütz *Militär* **67** 52
Geschütz *Schiff* **372** 50
Geschütz, Allziel- **66** 48, 70
Geschützpforte **372** 59
geschützter Bindestrich
164 48
geschützter Server **405** 16
geschütztes Leerzeichen
164 49
Geschützturm **66** 29, 47,
67 52
Geschwaderabzeichen **64** 2
geschweifte Klammer
164 35
Geschwindigkeit, Dreh-
401 21
Geschwindigkeit, Soll-
363 34
Geschwindigkeit, Wind-
9 11, **10** 29
Geschwindigkeits-
ankündesignal **357** 43
Geschwindigkeitsanzeige
357 18, **363** 40, **365** 35
Geschwindigkeitsanzeiger
351 32
Geschwindigkeits-
begrenzung **357** 4, 10
Geschwindigkeits-
beschränkung **380** 34
Geschwindigkeitsermittlung
68 16
Geschwindigkeitskennziffer
357 37
Geschwindigkeitskontrolle
68 15
Geschwindigkeitsmesser
Eisenbahn **366** 9
Geschwindigkeitsmesser
Flugzeug **386** 2
Geschwindigkeits-
regulierung **332** 29
Geschwindigkeitsschreiber
364 54

Geschwindigkeitssignal **357** 44
Geschwindigkeitstafel **357** 41
Geschwindigkeits-
voranzeiger **357** 19
Ges-Dur **138** 68
Geselle, Bütt- **324** 1
Geselle, Fleischer- **250** 27
gesellig wandernde Raupe **235** 17
Gesellschaft, Aktien- **415** 17, 29
Gesellschaft, geschlossene **78** 41–44
Gesellschaft, Tisch- **78** 41–44
Gesellschaftsanzug **38** 16
Gesellschaftsraum **377** 26
Gesellschaftssaal **78** 40
Gesellschaftsspiel **90**
Gesenk **292** 29
Gesenk, Einfach- **292** 24
Gesenk, geschlossenes **292** 27
Gesenk, Mehrfach- **292** 25
Gesenk, Mehrstufen- **292** 26
Gesenk, Ober- **292** 4
Gesenk, Unter- **292** 5, 23
Gesenkart **292** 23–32
Gesenkaufnahme **292** 30
Gesenkhälfte **292** 31, 32
Gesenkplatte **293** 26
Gesenkschmiede **292**
Gesenkschmieden **292** 1–13
gesenkter Kettfaden **323** 8, 18
gesenkter Schussfaden **323** 15
Gesetzestext, aushangpflichtiger **348** 43
gesicherter Bahnübergang, schienengleicher **356** 39
Gesicht *Anat.* **19** 8
Gesicht *Pferd* **225** 5
Gesichtskompresse **258** 26
Gesichtsmaske *Karneval* **124** 7
Gesichtsmaske *Sport* **108** 43
Gesichtsmuskel, mimischer **22** 7
Gesichtsschutz **108** 21
Gesichtsurne **146** 38
Gesichtsvollmaske **82** 81
Gesims, Dach- *Bau* **275** 36
Gesims, Dach- *Haus* **44** 9, **46** 12
Gesims, Gurt- **154** 52
Gesims, Haupt- **46** 12
Gesims, Kranz- **154** 48
Gesims, Sparren- **44** 9
Gesimsband **153** 71
Gesimsschalung **275** 42

Gesneriengewächs **205** 7
gespaltene Zunge **145** 6
Gespann, Radiosonden- **10** 55
Gespann, Ren- **161** 20
Gespann, Seitenwagen- **106** 38
gespannter Zustand **321** 14–18
gespanntes Grundwasser **13** 24
Gespinstmotte, Apfel- **234** 5
Gespinstnetz **234** 7
Gesprächsgebühr **396** 28
gespreizter Flügel **178** 12
Gestalt, Spott- **124** 60
Gestalterin, Medien- **329** 40
Gestaltung, Medien- **328, 329**
Gestaltung, typografische **165** 3
Gestaltungssoftware, Webseiten- **328** 24
Gestänge **332** 20
Gestänge, Bohr- **298** 19, **299** 40
Gestänge, Pump- **298** 33
Gestänge, Spritz- **236** 2
Gestängebühne **298** 5
gestapelte Ware **83** 40
Gesteck, Schmuck- **42** 8
Gestein, anstehendes **312** 3
Gestein, gelöstes **312** 5
Gestein, Schicht- **14** 51
Gestein, Sediment- **13** 1
Gestein, Speicher- **13** 32
Gestein, Tiefen- **12** 19
Gestein, undurchlässiges **13** 26
Gesteinsbohrer **312** 21
Gesteinsbrecher **310** 1
Gesteinsbrocken **392** 14
Gesteinsmehl **310** 8
Gesteinsschicht, undurchlässige **14** 63
Gestell *Forstw.* **237** 1
Gestell *Korbmacher* **289** 22
Gestell *Porzellan* **316** 13
Gestell *Rundfunk* **399** 14
Gestell, Ablauf- **320** 25
Gestell, Aluminium- **56** 20
Gestell, Bett- **51** 5
Gestell, Brillen- **263** 10–14
Gestell, Draht- **316** 9
Gestell, Dreh- *Eisenbahn* **361** 6, 41, **362** 17, **366** 2, **367** 13
Gestell, Dreh- *Straßenbahn* **351** 9, 10
Gestell, Fahr- *Auto* **344** 37
Gestell, Fahr- *Bau* **272** 32

Gestell, Fahr- *Kraftwerk* **304** 41
Gestell, Fahr- *Landw.* **220** 3, 16, 28
Gestell, Fahr- *Maler* **282** 41
Gestell, Fahr- *Med.* **31** 29
Gestell, Fahr- *Militär* **63** 30–32
Gestell, Fahrrad- **339** 27–31
Gestell, Flaschen- **232** 11
Gestell, Hammer- **292** 11
Gestell, Horn- **263** 8
Gestell, Kipp- **301** 5
Gestell, Kopf- **226** 7–11
Gestell, Kran- **382** 41
Gestell, Metall- **263** 7
Gestell, Originalhalter- **330** 15
Gestell, Pressen- **292** 22
Gestell, Reagenzglas- *Chemie* **173** 35
Gestell, Reagenzglas- *Papier* **324** 28
Gestell, Unter- *Druck* **332** 14
Gestell, Unter- *Eisenbahn* **360** 13
Gestell, Unter- *Optik* **265** 2
Gestellarbeit **289** 22–24
Gestellauswahl **263** 5
Gestellförderung **297** 34, 47
Gestirn **3** 9–48
Gestirn, Sieben- **3** 26
gestorben **164** 58
gestrandetes Schiff **384** 12
gestreckter Galopp **225** 43, 44
gestreckter Kiel **378** 22
gestreckter Kopfsprung **98** 10
gestreckter Winkel **169** 14
Gestrick **320** 7, **323** 30–48
Gestück **276** 12
Gestühl, Kirchen- **148** 28
gestutzte Rute **223** 15
Gesundheitskissen **51** 13
geteiltes Blatt **188** 42
getragen **139** 29
Getränk *Büro* **409** 32
Getränk *Diskothek* **129** 2
Getränk *Rummelplatz* **126** 3
Getränk, Erfrischungs- *Fleischerei* **250** 58
Getränk, Erfrischungs- *Tankstelle* **349** 62
Getränk, Heiß- **77** 34
Getränk, Kalt- **77** 32
Getränkeausschank **126** 2
Getränkeautomat **77** 32, 34
Getränkebude **126** 2
Getränkefach **77** 18
Getränkeregal **252** 54
Getränkespender **77** 32, 34

Getränkeübersicht **77** 1
Getreide **221** 1–37
Getreide, Brot- **221** 1
Getreideart **221** 1–37
Getreideblatt **221** 8, 19
Getreideernte **216** 33
Getreidefeld **216** 35
Getreidehalm **221** 5
Getreidekorn **221** 13
Getreidemotte **233** 28
Getreidemottenraupe **233** 29
Getreidemühle **47** 4
Getreideschädling **233** 26
Getriebe *Eisenverarb.* **301** 38
Getriebe *Energie* **307** 10
Getriebe *Garten* **208** 20
Getriebe *Glas* **317** 27
Getriebe *Landw.* **217** 47
Getriebe *Wasserbau* **371** 54
Getriebe, Achswende- **365** 53
Getriebe, Deklinations- **265** 4
Getriebe, Differenzial- **343** 73
Getriebe, Flüssigkeits- **366** 27, 52
Getriebe, Fünfgang- **341** 42
Getriebe, Kegelrad- **245** 26
Getriebe, Lenk- **345** 41
Getriebe, Malteserkreuz- **133** 38
Getriebe, Mehrgang- **343** 70
Getriebe, Mehrstufen- **343** 70
Getriebe, Nachschalt- **366** 53
Getriebe, Norton- **302** 8
Getriebe, Planeten- **296** 94–96
Getriebe, Radsatz- **366** 28
Getriebe, Schalt- *Eisenbahn* **365** 50
Getriebe, Schalt- *Werkzeugmasch.* **302** 2
Getriebe, Spurt- **345** 46
Getriebe, Untersetzungs- *Flugzeug* **388** 61
Getriebe, Untersetzungs- *Militär* **67** 61
Getriebe, Voith- **366** 74
Getriebe, Vorschub- **302** 10
Getriebe, Wende- *Eisenbahn* **366** 74
Getriebe, Wende- *Werkzeugmasch.* **302** 6, 14
Getriebe, Windmühlen- **245** 12
Getriebeeingangswelle **388** 60
Getriebeglocke **343** 21
Getriebekasten **288** 4
Getriebekasten, Vorschub- **302** 8

getriebene Blume 207 24
Getriebeöl 366 36, 43
Getriebeöltemperaturmesser 366 20
Getrieberegulierung 366 67
Getriebeschalter 287 46
Geviertstrich 164 28
Gewächs, Amaryllis- 205 6
Gewächs, Erdrauch- 213 5
Gewächs, Geranien- 205 1
Gewächs, Gesnerien- 205 7
Gewächs, Hahnenfuß- 213 13
Gewächs, Heidekraut- 205 12
Gewächs, Kernobst- 211 33
Gewächs, Lauch- 209 43
Gewächs, Lilien- 205 13
Gewächs, Linden- 205 9
Gewächs, Nachtkerzen- 205 3
Gewächs, Nachtschatten- 197 7, 205 6
Gewächs, Narzissen- 205 8
Gewächs, Nelken- 222 12
Gewächs, Primel- 205 5
Gewächs, Raublatt- 222 13
Gewächs, Seidenpflanzen- 205 15
Gewächs, Steinbrech- 211 2
Gewächs, Steinobst- 212 1
Gewächshaus, Folien- 207 40
Gewächshaus, Tropen- 84 65
Gewaff 241 59
Gewändeportal 154 39
Gewebe, Binde- 22 68
Gewebe, Fett- 22 69
Gewebe, Glas- 283 19
Gewebe, Leinwand- 323 1
Gewebe, Spinnen- 175 52
Gewebe, Trikot- 323 26
Gewebebindung 323 1–29
Gewebeschnitt 323 14, 25
Gewebetier 176 14
Gewehr Freizeitpark 85 48
Gewehr Jagd 239 34
Gewehr, Jagd- 240 1–40
Gewehr, Kleinkaliber- 123 38
Gewehr, kombiniertes 240 23
Gewehr, Luft- 123 34
Gewehr, Magazin- 240 2
Gewehr, Maschinen- 63 26, 48, 87
Gewehr, Sport- 123 34–41
Gewehr, Sturm- 63 16
Gewehranschlag 123 46
Gewehrlauf 240 34
Gewehrscheibe 123 25, 27
Gewehrschießen 123 22–43
Gewehrschloss 240 9
Geweih 241 6

Geweihstange 146 5
gewellte Frisur 41 24
gewerbliche Einrichtung 390 20–24
Gewicht Bergbahn 368 16
Gewicht Textil 319 16
Gewicht, Ausgleichs- 343 20
Gewicht, Blei- 243 56–59
Gewicht, Brems- 296 103
Gewicht, Gang- Flohmarkt 127 61
Gewicht, Gang- Uhr 262 21
Gewicht, Gegen- Bau 272 33
Gewicht, Gegen- Hafen 382 38
Gewicht, Gegen- Landw. 220 25
Gewicht, Gegen- Motor 343 40
Gewicht, Gegen- Optik 265 19
Gewicht, Gegen- Wasserbau 371 86
Gewicht, Grund- 244 7
Gewicht, Ramm- 382 49
Gewicht, Scheiben- 112 4
Gewicht, Schlag- Flohmarkt 127 62
Gewicht, Schlag- Uhr 262 20
Gewicht, Spann- 368 35, 36
Gewicht, Spindel- 324 14
Gewicht, Stell- 356 18
Gewicht, Vor- 244 18
Gewichtheben 112 28, 117 1–5
Gewichtheber 117 2
Gewichthebergürtel 112 6
Gewichtl 241 32
gewimpert 188 54
Gewinde Installateur 280 51
Gewinde Landw. 220 26
Gewinde Maschinenteil 296 16, 68
Gewinde, Außen- 279 38, 51
Gewinde, Holz- 296 47
Gewinde, Innen- 279 41, 45
Gewinde, Normal- 302 4
Gewinde, Schnecken- 345 45
Gewinde, Schraub- 56 53
Gewinde, Steil- 302 4
Gewindebacke 293 68
Gewindeband 279 58
Gewindebohrer 293 67
Gewindebohrer, Maschinen- 303 34
Gewindeeisen 293 67
Gewindekopf 339 81
Gewindeschneideisen 260 15
Gewindeschneidkluppe 279 85
Gewindeschneidmaschine Installateur 279 86

Gewindeschneidmaschine Klempner 278 27
Gewindesteigung 302 9
Gewindestift 296 48
Gewindestrehler 288 15
Gewinn 126 46, 47, 50
Gewinnanteilschein 415 33
Gewinnung, Energie- 1 64
Gewinnung, Erdöl- 298 22–35
Gewirk 323 30–48
Gewirk, Einfaden- 320 18
Gewirk, Ketten- 320 37
Gewitter 9 29
Gewitterfront 104 42
Gewittersegeln 104 41
Gewitterwolke Atmos. 8 17
Gewitterwolke Flugsport 104 44
Gewitterwolke Meteor. 8 17
Gewöhnliche Kiefer 190 20
Gewölbe 232 1
Gewölbe, Fächer- 155 46
Gewölbe, Himmels- 3 1–8
Gewölbe, Kloster- 155 41
Gewölbe, Kreuz- 154 32, 33
Gewölbe, Kreuzgrat- 155 42
Gewölbe, Kreuzrippen- 155 43
Gewölbe, Mulden- 155 47
Gewölbe, Netz- 155 45
Gewölbe, Spiegel- 155 49
Gewölbe, Stalaktiten- 156 17
Gewölbe, Stern- 155 44
Gewölbe, Tonnen- 155 38
Gewölbeform 155 38–50
Gewölberippe 154 32
gewölbte Tafel 43 67, 68
gewonnener Wahlbezirk 70 18
Gewürz 252 75
Gewürzbehälter 250 20
Gewürzglas 47 14
Gewürznelke 200 28
Gewürznelkenbaum 200 26
Gewürzpflanze, tropische 200
Gewürzregal 47 13
Gewürzständer 55 29
Geysir 12 10
gezähnt 188 52
Gezeit 95 35
Gezeitenkraftwerk 307 26
Gezeitenküste 15 26
gezettetes Heu 216 27
Gibraltar, Straße von 16 25
Gichtbühne 300 4
Gichtgasabzug 300 13
Gichtglocke 300 6
Giebchen, Gottes- 175 40
Giebel Bau 274 5
Giebel Haus 44 11

Giebel, Brand- 274 9
Giebel, Voluten- 155 5
Giebel, Zier- 154 22
Giebeldreieck 153 4
Giebelfenster Haus 44 12
Giebelfenster Kunst 154 49
Giebelseite Bau 275 25
Giebelseite Haus 44 11
Giebeltor 215 19
Gieren 386 69
Gierfähre 370 49
Gießanlage 301 11–21
Gießerei, Eisen- 301 1–21
Gießform 316 22
Gießkanne 203 23
Gießkanne, Bügel- 207 26
Gießkannenbrause 207 28
Gießkern 331 18
Gießmaschine, Massel- 300 35
Gießmund 331 17
Gießpfanne 301 19
Gießpfanne, Stahl- 300 32
Gießpfannenschnabel 300 45
Gießschale 331 22
Gießwerk, Rundplatten- 331 13
Giftblase 230 18
Giftdrüse 230 19
Giftlegeröhre 236 24
Giftpflanze 197
Giftpilz 197 10
Giftreizker 197 16
Giftschlange 182 40
Giftweizen 236 24
Gig 99 23–30
Gigant 145 40
Gigantocypris agassizi 187 1
Gigboot 99 23–30
Gimpel 179 9
Gimpenhäkelei 254 28
Ginster, Besen- 192 20
Gipfel, Berg- 13 44
Gips Kunst 158 29
Gips Tapezierer 281 2
Gips Zement 310 5, 21
Gips, REA- 304 26
Gipsbecher 287 18
Gipser 271 83
Gipsguss 158 4
Gipsmodell 158 4
Gipspulver 158 29
Gipssack 72 85
Giraffe Zoo 86 14
Giraffe Zool. 185 5
Giraffengehege 86 13
Giraffenhaus 86 15
Girl, Go-go- 130 19
Girl, Skript- 131 39
Girlande Karneval 124 5
Girlande Kunst 154 54

Girobox **414** 23
gis-Moll **138** 60
Gitarre **142** 12
Gitarre, elektrische **130** 33
Gitarre, halbakustische **142** 78
Gitarre, Jazz- **142** 78
Gitarrist **130** 32
Gitter, Absperr- **242** 9
Gitter, Absperr- *Biene* **230** 59
Gitter, Absperr- *Landw.* **228** 43
Gitter, Absperr- *Polizei* **68** 25
Gitter, Abstreif- **282** 14
Gitter, Auffang- **315** 8
Gitter, Fang- **46** 9
Gitter, Lauf- **218** 75
Gitter, Lüfter- **407** 5
Gitter, Lüftungs- **344** 79
Gitter, Park- **84** 33
Gitter, Raubtier- **125** 50
Gitter, Schutz- **334** 27
Gitter, Sperr- **68** 25
Gitter, Wurf- **207** 13
Gitter, Zoll- **381** 3
Gitterbrücke, Stahl- **369** 34
Gitterdrehbrücke **369** 63
Gittergang **125** 51
Gitterleiter **113** 21
Gittermast *Kraftwerk* **304** 28, 36
Gittermast *Militär* **66** 18
Gittermast, Dreibein- **66** 41
Gittermast, Stahl- **368** 71
Gitterroststufe **218** 77
Gittersegment **394** 8
Gitterspektrograf **5** 6
Gitterstab **84** 34
Gitterstruktur **1** 18–23
Gittertierchen **176** 2
Gittertor **84** 31
Gitterträger **393** 13
Gitterwand **215** 44, **228** 5
Gitterziegel **313** 23
Gladiole *Bot.* **213** 11
Gladiole *Garten* **203** 29
Glamourfrisur **41** 28
Glas *Restaurant* **76** 40, **77** 6, 33
Glas *Rummelplatz* **126** 4
Glas, Becher- **173** 20
Glas, Bier- *Brauerei* **247** 25
Glas, Bier- *Diskothek* **129** 21
Glas, Bier- *Restaurant* **76** 5, **77** 31
Glas, Brillen- **263** 15
Glas, Brut- **242** 15
Glas, Champagner- **53** 85
Glas, Cocktail- *Hotel* **78** 57
Glas, Cocktail- *Schiff* **376** 78
Glas, Digestif- **53** 87

Glas, Einweck- **48** 28
Glas, farbiges **72** 69
Glas, Fern- *Jagd* **239** 7
Glas, Fern- *Optiker* **263** 18
Glas, Flach- **277** 5
Glas, Gewürz- **47** 14
Glas, Grappa- **53** 90
Glas, Guss- **277** 6
Glas, Honig- **230** 76
Glas, Jagd- **239** 7
Glas, Kelch- **317** 64
Glas, Konkavkonvex- **263** 50, 51
Glas, Mess- *Chemie* **173** 26
Glas, Mess- *Hotel* **78** 64
Glas, Mess- *Meteor.* **10** 47
Glas, Mess- *Tankstelle* **350** 4
Glas, Opern- **136** 10
Glas, Plankonkav- **263** 48, 49
Glas, Reagenz- **173** 34
Glas, Rotwein- **53** 82
Glas, Rückstrahl- **339** 92
Glas, Schau- *Haus* **46** 67
Glas, Schau- *Landw.* **228** 31
Glas, Schutz- **295** 4, 38
Glas, Sekt- *Hausrat* **52** 32, **53** 84
Glas, Sekt- *Nachtlokal* **130** 11
Glas, Sherry- **53** 83
Glas, Trink- **53** 80
Glas, Vorlagen- **406** 39
Glas, Wäge- **172** 23
Glas, Wasser- *Med.* **29** 10
Glas, Wasser- *Vorschule* **71** 8
Glas, Weck- **48** 28
Glas, Wein- *Hausrat* **52** 31, **53** 13
Glas, Wein- *Restaurant* **76** 24
Glas, Wein- *Weinkeller* **232** 20
Glas, Weißwein- **53** 81
Glas, Whisky- **78** 58
Glas, Zahnputz- **57** 26
Glasband **317** 10
Glasbläser **317** 61
Glasbrechzange **277** 19
Glasdach **207** 5
Glasdeckel **80** 56
Glaser **277** 8
Glaser, Bau- **277** 8
Glaser, Kunst- **277** 8
Glaser, Rahmen- **277** 8
Glaserdiamant **277** 25
Glaserecke **277** 24
Glaserhammer **277** 18
Glaserkasten **277** 9
Glaserkitt **277** 17
Gläserregal *Diskothek* **129** 3
Gläserregal *Hotel* **78** 66
Gläserregal *Restaurant* **76** 9
Glaserwerkstatt **277** 1

Glaserzange **277** 19
Glasfaser **314** 53
Glasfaserkabel **398** 57
Glasfaserradierer **314** 52
Glasfertigung, Mund- **317** 61–69
Glasgewebe **283** 19
Glashaut **25** 8
Glasherstellung **317**
Glasiermaschine, Rundtisch- **316** 23
Glaskolben **280** 49
Glaskörper **22** 55
Glasmacher **317** 61
Glasmacherpfeife **317** 62
Glasmacherstuhl **317** 68
Glasmalerei **148** 15
Glasmatte **283** 19
Glasmosaikbild **72** 70
Glaspapier **288** 26
Glasplatte **277** 16
Glaspresse **317** 21
Glasrolle **322** 13
Glassand **159** 48
Glasschaukasten **86** 24
Glasscheibe *Gärtnerei* **206** 9
Glasscheibe *Glaser* **277** 16
Glasscherbe **277** 10
Glasschmelzofen **317** 50
Glasschmelzwanne **317** 1, 51
Glasschneider **277** 25, 26
Glasschneider, Rund- **277** 22
Glasschneider, Stahlrad- **277** 26
Glasschwamm **187** 7
Glastrage **277** 9
Glastür **47** 44, **52** 19
Glastür, Automatik- **349** 77
Glasziehmaschine, Fourcault- **317** 8
Glättahle **261** 8
Glattbandage **354** 32
Glättbohle, Quer- **355** 16
Glattdecksrumpf **66** 2, **67** 22
Glätten **337** 25
Glätter, Längs- **355** 18
glatte Rasur **40** 28
Glatthafer, Hoher **222** 22
Glattnase **184** 11
Glättpresse **336** 19
Glattrasur **40** 28
Glattrohrkanone **63** 63
Glättscheibe **281** 11
Glattstoßen **412** 62
Glattstrich **272** 9
Glattstrich, Zement- **276** 14
Glättwerk **325** 37
Glatze **40** 23
Glatzkopf **40** 22
Gläubige **148** 61
gleich, annähernd **168** 17
Gleichflügler **175** 5

gleichförmiger Niederschlag **8** 18
Gleichgewichtsbrechen **117** 13
Gleichgewichtsorgan **22** 84
Gleichgewichtsstange **125** 45
Gleichheitszeichen **167** 23
Gleichlauffilter **132** 8
Gleichrichter *Film* **133** 18
Gleichrichter *Galvanoplastik* **331** 2
Gleichrichter *Schmied* **291** 30
gleichschenkliges Drachenviereck **169** 38
gleichschenkliges Dreieck **169** 27
gleichseitiges Dreieck *Math.* **169** 26
gleichseitiges Dreieck *Zeichner* **314** 8
Gleichstrom-Regelmotor **303** 9
Gleichung **168** 9
Gleichung, Bestimmungs- **168** 4, 9
Gleichung, identische **168** 5
Gleis *Bahnhof* **359** 7–9
Gleis *Eisenbahn* **356** 1–38
Gleis, Loren- **272** 27
Gleisanlage **381** 62
Gleisbildstelltisch **357** 66
Gleisbildstellwerk **357** 65
Gleiskette **354** 28
Gleiskraftwagen **367** 32
Gleisräumer **364** 34
Gleitbahn **133** 31
Gleitboot **102** 34–40
Gleiter, Delta- **104** 2
Gleiter, Hang- **104** 2
Gleithang **14** 35
Gleitschalungsfertiger **355** 1
Gleitschiene **382** 50
Gleitstuhl **356** 22
Gletscher *Bergsport* **118** 27
Gletscher *Geogr.* **13** 52
Gletscher, Tal- **13** 54
Gletscherbach **13** 57
Gletscherbrille **118** 23
Gletscherspalte *Bergsport* **118** 28
Gletscherspalte *Geogr.* **13** 55
Gletschertisch **13** 61
Gletschertor **13** 56
Glied, Brücken- **29** 25
Glied, Finger- **19** 79, **20** 22
Glied, Hebe- **143** 32
Glied, Ketten- **43** 39
Glied, Körper- **176** 28
Glied, männliches **23** 80
Glieder **19** 57
Gliederfüßer **175**

Gliederpuppe 157 31
Gliederungselement, Raum- 411 22
Gliederwurm 176 23
Gliedmaße *Anat.* 19 57
Gliedmaße *Zool.* 235 6
Glitzerkugel 129 11
Global Positioning System 379 30
Glöckchen, Alpen- 196 4
Glöckchen, Mai- 195 2
Glöckchen, März- 213 1
Glöckchen, Schnee- 213 1
Glocke 111 35, 37, 44
Glocke, Getriebe- 343 21
Glocke, Gicht- 300 6
Glocke, Helm- 147 39
Glocke, Käse- 48 6
Glocke, Kirch- 149 9
Glocke, Kirchen- 149 9
Glocke, Sakristei- 148 46
Glocke, Schab- 250 11
Glocke, Spring- 105 17
Glocke, Sprung- 105 17
Glockenbecher 146 14
Glockenbecherkultur 146 14
Glockenblume 193 14, 213 10
Glockenheide 195 19
Glockentränke 227 16
Glockenturm 151 15
Glöggli, Schnee- 195 1
Gloxinie 205 7
Glucke 234 13
Glückskäfer 175 40
Glücksklee 222 5
Glücksspiel 89
Glühbirne 280 48
Glühfarbe 166 28
Glühlampe 280 48, 52
Glühplatte 260 37
Glykol 322 27
g-Moll 138 64
Gnadenkapelle 149 12
Gobo, Licht- 70 15
Go-go-Girl 130 19
Gokart 87 22
Gold 62 26
Gold, Blatt- *Buch* 336 35
Gold, Blatt- *Maler* 282 49
Goldafter 234 36
Goldammer 180 5
Goldämmerchen 180 9
Goldblume 180 30
Golddraht 260 3
Goldenes Frauenhaar 195 17
Goldeule 177 19
Goldhähnchen, Sommer- 180 9
Goldhähnchen, Winter- 180 9
Goldinschrift 156 13
Goldkissen 336 36

Goldknopf 376 37
Goldknöpfchen 214 31
Goldköpfchen 180 9
Goldlack 203 32
Goldmesser 336 37
Goldmünze 43 37
Goldregen 192 32
Goldschmied 260
Goldschmiedeladen 369 33
Goldschnittmacher 336 32
Goldwaage 260 35
Goldwurz 213 10
Golf 110 38–55
Golfball 110 51
Golfplatz 110 38
Golfsack 49 16
Golfschläger *Hausrat* 49 15
Golfschläger *Sport* 110 53–55
Golfspiel 110 38–55
Golfspieler 110 44
Golfstrom 16 31
Golfwagen 110 46
Golgi-Apparat 24 8
Gondel *Bergbahn* 368 30
Gondel *Flugsport* 103 56
Gondel *Freizeitpark* 85 29
Gondel *Rummelplatz* 126 27, 32
Gondel, Fahrwerk- 64 15
Gondel, Seilbahn- 368 46, 60
Gondel, Triebwerks- *Flugzeug* 387 19
Gondel, Triebwerks- *Militär* 64 25
Gong 117 46
Goniometer, Anlege- 174 27
Goniometer, Kontakt- 174 27
Goniometer, Reflexions- 174 28
Gording 373 71
Gording, Nock- 372 36
Gorilla 186 21
Gösch 377 54
Göschstock *Militär* 66 4
Göschstock *Schiff* 377 53
Gosse 245 14
Gotik 154 22–41
gotische Kirche 154 28–41
gotische Kunst 154 22–41
gotische Schrift 164 1
Gott 151 13
Gott, Meer- 145 44
Gottesacker 149 19–41
Gottesdienst 148 1–30
Gottesgiebchen 175 40
Gouachefarbe 157 17
Gourmetlöffel 53 65
GPS-Navigationsgerät 379 30
Grab 149 23
Grab, Familien- 149 27
Grab, Felsen- 152 37

Grab, Hocker- 146 17
Grab, Hünen- 146 16
Grab, Kinder- 149 29
Grab, Königs- 152 1
Grab, Megalith- 146 16
Grab, offenes 149 34
Grab, Soldaten- 149 32
Grab, Steinkisten- 146 17
Grab, Turm- 152 21
Grab, Urnen- *Kirche* 149 30
Grab, Urnen- *Vorgesch.* 146 39
Grabbeigabe 146 34
Graben, Absperr- 86 27
Graben, Burg- 147 37
Graben, Entwässerungs- 15 48
Graben, Fundament- 271 75
Graben, Mühl- 245 47
Graben, Orchester- 136 27
Graben, Ring- 147 37
Graben, Seiten- 370 22
Graben, Tiefsee- 11 21
Graben, Tor- 147 33
Graben, Wasser- *Pferdesport* 105 22
Graben, Wasser- *Zoo* 86 27
Grabenbruch 13 13
Gräber, Toten- 149 22
Grabgabel 219 14
Grabheuschrecke 233 8
Grabhügel 149 24
Grabkammer, große 152 2
Grabkammer, kleine 152 3
Grabkammer, unterirdische 152 5
Grabkreuz 149 25
Grabnische 149 63
Grabstätte 149 23
Grabstein 149 26
Grabstelle 149 23
Grabstichel *Drechsler* 288 25
Grabstichel *Kunst* 159 20
Grabzahn 354 6
Grad, Bedeckungs- 9 9, 12
Grad, Leistungs- 117 15
Grad, Wurzel- 168 2
Gradbogen 379 18
Gradeinteilung *Film* 134 14
Gradeinteilung *Schule* 72 20
Grader 354 15
Gradierwerk 17 31
Gradnetz 16 1–7
Graf 170 12
Grafenkrone 62 46
Grafik *Büro* 408 8
Grafik *Mediengest.* 328 22, 329 22
Grafik, gerahmte 77 36
Grafikgröße 328 18
Grafikkarte 406 21
Grafiktableau 315 20

grafische Darstellung 314 11
grafische Kunst 159
grafisches Digitalisiertablett 357 73
grafische Werkstatt 159 27–64
Grafit 1 63
Grafitmine 314 51
Grafittiegel 260 10
Grammofon 127 32
Grammofongehäuse 127 36
Grammofonnadel 127 34
Grammofonplatte 127 33
Granatapfel 202 16
Granate 63 23
Granatoeder 174 7
Grande 124 23
Grand-Touring-Rennwagen 106 53
Grand-Tourisme-Wagen 346 29
Granierstahl 159 19
Granne 221 12
Grapefruit 202 23
Grappaglas 53 90
Gras *Korbmacher* 289 26
Gras *Landw.* 128 23
Gras *Spiel* 90 43
Gras, Ährenrispen- 222 27
Gras, Bambus- 203 20
Gras, Franzosen- 222 22
Gras, Knauel- 222 25
Gras, Knäuel- 222 25
Gras, Knaul- 222 25
Gras, Knopf- 195 2
Gras, Kolben- 222 27
Gras, Kralle- 195 2
Gras, Päder- 214 30
Gras, Pampas- 203 9
Gras, Rai- 222 26
Gras, Ray- 222 22, 26
Gras, Ried- 205 17
Gras, Rispen- 193 39
Gras, Ross- 222 22
Gras, Sauer- 205 17
Gras, See- 196 56
Gras, Spitz- 214 30
Gras, Weidel- 222 26
Gras, Woll- 195 18
Gras, Zweck- 214 30
Gras, Zyper- 205 17
Grasbahnmaschine 106 42
Grasband 118 4
Grasbüschel 193 44
Grasen 90 43
Graserne 216 20
Grasfangkorb 208 29
Grashalm 188 90
Grashüpfer 175 10
Graslauch 210 14
Grat *Bau* 274 12
Grat *Bergsport* 118 26

Grat *Kunst* **153** 21
Grat, Dach- **274** 12
Grat, Eis- **118** 26
Grat, Firn- **118** 26
Grätenschritt **119** 18
Grätschen, Über- **113** 49
Grätschsitz **113** 30
Grätschsprung **115** 37
Grätschwinkelstütz **115** 18
Gratspalt **292** 23
Gratsparren **274** 62
Gratziegel **275** 8
Graudrossel **180** 14
graue Tonne **81** 6
Graukeil, Stufen- **166** 27
Grauleiter **166** 27
Graupeln **9** 26
Graureiher **178** 22
Gravierkugel **260** 34
Graviernadel **159** 16
Gravis **164** 51
Gravur *Schmuck* **43** 41
Gravur *Textil* **321** 28
Gravur, Jagd- **240** 28
Green **110** 43
Greif **145** 13
Greifarm **2** 47
Greifbein **175** 45
Greifenklaue **145** 15
Greifer **303** 51, 56
Greifer, Abnehmer- **319** 24
Greifer, Holz- *Forstw.* **238** 29
Greifer, Holz- *Sägewerk* **311** 28
Greifer, Zubringer- **319** 25
Greiferprojektil **319** 20
Greifvogel **177** 1
Greifzange *Atom* **2** 44
Greifzange *Kunst* **159** 50
Greifzirkel **288** 19
Greiskraut **214** 12
Grendel **218** 10
Grenzanhydrit **306** 70
Grenze, Dämmerungs- **4** 21
Grenze, Flut- **14** 81
Grenze, Freihafen- **381** 3
Grenze, Kreis- **17** 103
Grenze, Watt- **17** 10
Grenzhorizont **14** 23
Grenzkreis **3** 5
Grenzlehrdorn **302** 56
Grenzlinie **11** 30
Grenzrachenlehre **302** 59
Grenzrain **216** 4
Grenzschichtschneide **64** 6
Grenzschichtzaun **387** 7
Grenzstein **216** 3
Gretchenfrisur **41** 16
Greyhound **223** 29
Griebs **211** 62
griechisch-deutscher Zug **136** 4

griechische Kunst **153** 1–62
griechischer Zug **136** 1
griechische Schrift *Geld* **60** 4
griechische Schrift *Schrift* **163** 15
griechisches Kreuz **150** 57
griechisches Ornament **153** 51
griechisches Theater **153** 58
griechische Vase **153** 51
griechische 1-Euro-Münze **60** 46
griechisch-römischer Ringkampf **117** 6–9
Griessäule **218** 9
Gießwärtel **147** 75
Griff *Fechten* **111** 42
Griff *Garten* **208** 19
Griff *Hausrat* **53** 53
Griff *Schlosser* **293** 40
Griff *Tischler* **285** 4
Griff, Achsel- **26** 45
Griff, Befreiungs- **26** 41
Griff, Brems- **339** 5
Griff, Bügeleisen- **56** 10
Griff, Daumenmittelfinger- **116** 51
Griff, Daumenzeigefinger- **116** 50
Griff, Dreh- *Fahrrad* **339** 6
Griff, Dreh- *Landw.* **236** 11
Griff, Dreh- *Med.* **26** 18
Griff, Dreh- *Motorrad* **341** 22, 36, **342** 33
Griff, Ell- **113** 44, 46
Griff, Gas- **341** 22
Griff, Halte- *Eisenbahn* **362** 13, 27
Griff, Halte- *Motorrad* **341** 34
Griff, Halte- *Raumfahrt* **394** 29, 37
Griff, Hammer- **116** 45
Griff, Hand- *Atom* **2** 39
Griff, Hand- *Film* **134** 21, 24
Griff, Hand- *Fotogr.* **266** 36
Griff, Hand- *Hausrat* **56** 67
Griff, Hand- *Heimwerken* **287** 44, 45, 47
Griff, Hand- *Landw.* **218** 2
Griff, Hand- *Maler* **282** 9
Griff, Hand- *Navigation* **379** 25
Griff, Hand- *Papier* **324** 13
Griff, Hand- *Sport* **123** 57
Griff, Isolier- **280** 62
Griff, Kaltwasser- **279** 29
Griff, Kamm- **113** 41
Griff, Kopf- **26** 46
Griff, Kreuz- *Med.* **26** 24
Griff, Kreuz- *Turnen* **113** 43
Griff, Lenker- **339** 3
Griff, Messer- **258** 40

Griff, Naturkork- **243** 22
Griff, Pistolen- *Fechten* **111** 39
Griff, Pistolen- *Jagd* **240** 6
Griff, Pistolen- *Polizei* **68** 35
Griff, Rautek- **26** 21
Griff, Reifen- **123** 74
Griff, Rist- **113** 40
Griff, Schläger- **109** 43
Griff, Sensen- **219** 26
Griff, Speich- **113** 45
Griff, Sprossen- **123** 73
Griff, Steuer- **386** 24
Griff, Stock- **119** 4
Griff, Trage- *Baby* **33** 48
Griff, Trage- *Med.* **26** 25
Griff, Trage- *PC* **407** 25
Griff, Trage- *Rundfunk* **400** 37
Griff, Trage- *Schule* **72** 33
Griff, Transport- **26** 44
Griff, Tür- **344** 13
Griff, Voll- **146** 22, 31
Griff, Warmwasser- **279** 28
Griff, Zangen- **116** 52
Griff, Zwie- **113** 42
Griffart **113** 40–46
Griffbrett **141** 21, **142** 8
Griffbrettsaite **142** 25
Griffel **188** 60, **191** 5, **196** 6, **211** 45, **212** 18, **221** 34
Griffel, Stahl- **163** 21
Griffelkasten **127** 69
Griffgurt **404** 13
Griffhaltung, Hammer- **116** 46
Griffhebel **410** 36
Griffloch *Büro* **410** 33
Griffloch *Musik* **141** 34, **142** 34
Griffloch *Sport* **123** 13
Griffstück *Militär* **63** 6, 18
Griffstück *U-Elektronik* **403** 19
Grill *Hausrat* **47** 34
Grill *Rummelplatz* **126** 8
Grill, Holzkohlen- **92** 66
Grill, Kühler- **344** 49
Grillbude **126** 5
Grille, Haus- **233** 8
Grillgut **126** 9
Grillspieß **47** 35
Grillstand **126** 5
Grimmdarm, absteigender **23** 27
Grimmdarm, aufsteigender **23** 25
Grimmdarm, quer liegender **23** 26
Grindel **218** 10, 64
Grobeinstellung **301** 40
Grobfeile **293** 20

Grobfilter **345** 20
Grobkokssieberei **309** 14
Grobkrautband **217** 58
Grobschmutzschlauch **56** 88
Grobtrieb **264** 4
Grobzerkleinerung **313** 8
Groß **89** 9
Großballen **215** 55, **216** 40
Großballenpresse **216** 41
Großbildkamera **264** 25
Großbramsaling **373** 53
Großbramsegel **372** 53
Großbramstagsegel **373** 25
Großbramstenge **373** 7
Großbramstengestagsegel **373** 25
Großbritannien und Nordirland, Vereinigtes Königreich von **61** 17
Großbuchstabe **326** 11
Großbunker **217** 76
Größe, Bild- **328** 18
Größe, Grafik- **328** 18
Größe, physikalische **167** 4
Größe, Schrift- *Mediengest.* **328** 39
Größe, Schrift- *Setzerei* **326** 23
Größe, Textfeld- **328** 18
Größe, Transportrollen- **325** 49
Größe, Über- **34** 57
große Achse **170** 23
Große Brennnessel **214** 33
Große Fetthenne **195** 9
große Flöte **141** 32
große Grabkammer **152** 2
Große Köcherfliege **175** 14
große Oktave **139** 44
größer als **168** 19
Großer Bär **3** 29
Großer Brauner Rüsselkäfer **235** 42
großer Brustmuskel **21** 36
größere Umstellung **326** 35
großer Gesäßmuskel **21** 60
großer Hahn **241** 77
Großer Hund **3** 14
großer Kaumuskel **22** 8
Großer Kohlweißling **234** 25
Großer Ozean **16** 20
Großer Pimpernell **222** 28
großer Regenwurm **176** 27
großer runder Armmuskel **21** 55
großer Sägemuskel **21** 42
großer Spiegel **379** 22
Großer Vogelfuß **222** 11
Großer Wagen **3** 29
Großer Wiesenknopf **222** 28
großer Zeh **19** 93
großer Zeiger **262** 40

große Sekunde **139** 7
große Septime **139** 12
große Sexte **139** 11
Großes Flusspferd **184** 36
Großes Springkraut **195** 11
Große Stubenfliege **233** 3
große Terz **139** 8
große Trommel **141** 57, **142** 48
große Windenergieanlage **307** 1
große Zehe **19** 93, **21** 49
Großfeld-Metallmikroskop **264** 23
Großfeldmikroskop **264** 52
Großfeldstereomikroskop **264** 61
Großformatbalgenkamera **266** 48
Großformathandkamera **266** 35
Großhirn **20** 57, **21** 22
Großkern **176** 12
Großmarssaling **373** 52
Großmarsstenge **373** 6
Großmast **372** 40, **373** 5–7, **374** 22
Großmaul **187** 10, 13
Großmausoleum, islamisches **151** 22
Großoberbramrah **373** 42
Großoberbramsegel **373** 65
Großobermarsrah **373** 40
Großobermarssegel **373** 63
Großplatte **11** 30, 31
Großrah **372** 37, **373** 38
Großraumabteil **361** 32, **363** 12
Großraumbagger **313** 4
Großraumbereich **361** 8
Großraumbüro **411**
Großraumkabine **368** 46
Großraum-Langstreckenverkehrsflugzeug **387** 15
Großraumlimousine **346** 33
Großraumwagen **363** 16
Großroyalrah **373** 43
Großroyalsegel **373** 66
Großroyalstagsegel **373** 26
Großroyalstengestagsegel **373** 26
Großschot **100** 19
Großsegel *Schiff* **372** 33, **373** 61, **374** 11
Großsegel *Segeln* **100** 37, **101** 2
Großsegelhals **100** 28
Großsegelkopf **100** 38
Großspecht **178** 32
Großstenge **373** 6
Großstengestagsegel **373** 24

Großtanklöschfahrzeug **82** 64
Großunterbramrah **373** 41
Großunterbramsegel **373** 64
Großuntermarsrah **373** 39
Großuntermarssegel **373** 62
Großuntermast **373** 5
Großvieh **224** 1, 2
Großwildjäger **85** 41
Grotesk **164** 7
Groteskflugmodell **103** 83
Groteskschrift **164** 7
Grotte **84** 1
Grotte, künstliche **97** 29
Growian **307** 1
Grubber **218** 44
Grubber, Dreizink- **208** 13
Grubber, Flügelschar- **218** 44
Grübchen, Kinn- **19** 22
Grube *Bergwerk* **297**
Grube *Kirche* **149** 34
Grube *Schmied* **291** 17
Grube, Achsel- **19** 35
Grube, Arbeits- **228** 24
Grube, Bau- **271** 69–82
Grube, Dock- **378** 38
Grube, Drossel- **19** 27
Grube, Honig- **212** 21
Grube, Lehm- **313** 2
Grube, Sand- **110** 42
Grube, Sprung- **116** 39
Grube, Steinkohlen- **297**
Grube, Ton- **17** 88
Grube, Tränen- **241** 16
Grubenbetrieb **297** 21–52
Grubenlüfter **297** 5
grün *Heraldik* **62** 31
Grün *Farbe* **166** 8, 14, 24
Grün *Spiel* **90** 43
Grün *Sport* **110** 43
Grünalge **196** 45
Grünanlage **18** 5
Grund, Ätz- **159** 55
Grund, Deck- **159** 56
Grund, Mal- **157** 22
Grund, Spitzen- **254** 16
Grund, Tal- **14** 44
Grund, Tüll- **254** 16
Grund, Wechsel- **281** 4
Grund, Zahn- **296** 84
Grundablass *Wasserbau* **371** 70
Grundablass *Wasservers.* **80** 34
Grundangeln **243** 1–10
Grundaufbau **317** 28
Grundbirne **221** 38
Grundblatt **193** 9, 15, 30, **201** 2
Grundbrett **268** 29
Gründel **218** 10

Grundfarbe **166** 13, 14, 15, 20, 21, 22
Grundfarbenbalken **329** 18
Grundfläche **170** 35, 39
Grundfunktion **407** 33
Grundgewicht **244** 7
Grundhobel **285** 26
Grundiermittel **281** 6
Grundierpinsel **157** 9
Grundlinie *Math.* **169** 27
Grundlinie *Sport* **109** 2, 49, **110** 4
Grundlinienrichter **109** 22
Grundmoränenrelief **15** 19
Grundplasma **24** 3
Grundplatte *Eisenverarb.* **301** 31
Grundplatte *Schlosser* **293** 43
Grundprofil, Tragflächen- **385** 44
Grundrahmen **355** 6
Grundrechenart **167** 23–26
Grundschicht **7** 7
Grundschule **72** 1–46
Grundspieler **110** 10
grundständiges Blatt **193** 12
Grundstellung *Fechten* **111** 18
Grundstellung *Sport* **115** 1
Grundsucherblei **243** 59
Grundtau **244** 15
Grundteller **53** 4
Grundton **138** 55–68
Gründung, Pfahl- **370** 8
Gründungspfahl **5** 30
Grundverbindung **323** 30–48
Grundwasser, artesisches **13** 24
Grundwasser, gespanntes **13** 24
Grundwassererwärmung **308** 25–26
Grundwasserspiegel **80** 1, 41, 63
Grundwasserstrom **80** 3
Grundwert **168** 7
Grundzahl **167** 5, **168** 2
grüne Fahne **95** 3
Grüner Knollenblätterpilz **197** 13
Grüner Leguan **182** 32
grüner Punkt **81** 2, 4, 5
grüner Salat **209** 36
Grünes Heupferd **175** 10
grüne Tonne **81** 3
Grünfläche *Haus* **45** 18
Grünfläche *Park* **84** 36
Grünfläche *Schwimmen* **98** 1
Grünfutter **227** 7
Grünglascontainer **81** 8
Grünkern **221** 25

Grünkohl **209** 34
Grünmalz **246** 23
Grünpflanze **414** 31
Grünschling **180** 5
Gruppe **105** 41
Grüppe **15** 48
Gruppe, Ballett- **135** 27
Gruppe, Baum- **84** 61
Gruppe, Ess- **52** 1
Gruppe, Hinkelstein- **146** 11
Gruppe, Polsterelement- **50** 17
Gruppe, Richtantennen- **391** 62
Gruppe, Service- **414** 32
Gruppe, Sitz- *Eisenbahn* **361** 10
Gruppe, Sitz- *Landw.* **215** 13
Gruppe, Sitz- *Stadt* **79** 50
Gruppe, Spiel- **71** 20
Gruppe, Spieler- **123** 21
Gruppe, Steuerraketen- **391** 61
Gruppe, Touristen- **84** 28
Gruppe, Turbo- **305** 26
Gruppenanordnung **72** 2
Grus **3** 42
Gruß, Fechter- **111** 18
G-Saite **141** 9
G-Schlüssel **138** 8
GT-Rennwagen **106** 52
GT-Wagen **346** 29
Guanako **184** 35
Guanin **24** 25
Guckloch **49** 33
Gugelhupf **251** 39
Guiro **142** 61
Güllesilo **215** 28
Gully **79** 13
gültige Trefffläche **111** 52–54
Gummi, Fersen- **102** 54
Gummi, Kau- **349** 46
Gummi, Radier- *Büro* **410** 4
Gummi, Radier- *Zeichner* **314** 47
Gummi, Vorfuß- **102** 53
Gummibärchen **349** 53
Gummibaum *Bot.* **201** 33
Gummibaum *Hotel* **78** 27
Gummibindung **102** 53, 54
Gummiblock **339** 91
Gummifuß **266** 44
Gummihammer **92** 59
Gummihaut **99** 55
Gummiknüppel **68** 27
Gummikolbenkappe **240** 14
Gummilager **345** 88
Gummilösung **159** 49
Gumminapf **88** 12
Gumminoppenband **217** 60
Gummischutz **105** 34
Gummiseil **85** 11

Gummisohle, Transparent- 58 38
Gummistift 339 90
Gummiteller 287 22
Gummituchzylinder 333 5
Gummiverband 206 37
Gummiwalze 335 8
Gummiwalzenantrieb 217 57
Gummiwulst 362 15
Gummiwulstdichtung 361 7
Gummizug 114 13
Gummizylinder 333 23
Gundelrebe, Efeublätterige 193 18
Gundermann 193 18
Gur, Kiesel- 247 3
Gurgel 19 26
Gurke 209 13
Gurke, Salat- 252 81
Gurke, See- 187 18
Gurkenkraut 210 2
Gurt 386 56
Gurt, Ausreit- 100 21
Gurt, Bauch- 226 18, 36
Gurt, Bauchnot- 226 23
Gurt, Griff- 404 13
Gurt, Halte- Eisenbahn 362 8
Gurt, Halte- Fotogr. 269 25
Gurt, Lenk- 121 4
Gurt, Ober- Bau 274 74, 80
Gurt, Ober- Brücke 369 9
Gurt, Sattel- 105 12
Gurt, Sicherheits- Auto 344 20
Gurt, Sicherheits- Feuerwehr 82 25
Gurt, Sitz- 118 61
Gurt, Spreng- 226 19
Gurt, Trage- Flugsport 103 34
Gurt, Trage- Fotogr. 269 25
Gurt, Unter- Bau 274 73, 79
Gurt, Unter- Brücke 369 10
Gurt, Zug- 226 24
Gurtausleger 338 13
Gurtbandförderer 309 2
Gurtbandförderer, Kohlen-turm- 309 4
Gurtbandlaufwerk 217 79
Gurtbogen 154 16
Gürtel Freizeitpark 85 46
Gürtel Kleidung 36 53, 38 41
Gürtel Völkerk. 160 38
Gürtel, Binde- 36 87
Gürtel, Blei- 93 7
Gürtel, Durchzieh- 34 62
Gürtel, farbiger 117 15
Gürtel, Gewichtheber- 112 6
Gürtel, Kalmen- 9 35, 36
Gürtel, Kimono- 161 41
Gürtel, Kleider- 35 43, 36 72
Gürtel, Kletter- 118 60
Gürtel, Klima- 9 42, 43, 44

Gürtel, Kork- 98 17
Gürtel, Leder- 38 69
Gürtel, Meister- 117 15
Gürtel, Planetoiden- 4 50
Gürtel, Regen- 9 40
Gürtel, Schulter- 20 7
Gürtel, schwarzer 117 15
Gürtel, Schwimm- 98 17
Gürtel, Stillen- 9 36
Gürtel, Stretch- 36 62
Gürtel, Strumpfhalter- 37 22
Gürtel, Textil- 36 69
Gürtelscheibe 146 24
Gürtelschlaufe 38 41
Gürtelschnalle Freizeitpark 85 47
Gürtelschnalle Kleidung 36 70, 38 41
Gürteltier, Neunbinden- 184 10
Gurtförderer 301 11
Gurtgesims 154 52
Gurtsitz 121 2
Gurtvorrichtung 94 3
Gurtwerk 93 5
Gurtzeug 103 35
Guss, Gips- 158 4
Guss, Schlicker- 316 22
Gussglas 277 6
Gut 17 94
Gut, Bagger- 382 58
Gut, Grill- 126 9
Gut, Keim- 246 23
Gut, laufendes 373 67–71
Gut, Schnitt- 250 64
Gut, Schütt- 375 11
Gut, stehendes 373 10–19
Gut, Steril- 31 13
Gut, Stück- 382 11
Gut, Walz- 301 26
Güteprüfgerät 313 16
Güterverkehr, Schienen- 360
Güterwagen, gedeckter 360 11, 367 14
Güterwagen, offener 367 8
Güterzug 360 4
Güterzugdienst, mittel-schwerer 366 1
Gutseite 302 60
Guttaperchabaum 201 37
Gutzgauch 178 35
Gymnasium 73
Gymnastik 115
Gymnastik, Sport- 114 33–48
Gymnastik, Strand- 95 13
Gymnastik, Wasser- 88 33
Gymnastikanzug 114 49
Gymnastikball Kurbad 88 27
Gymnastikball Sport 112 35

Gymnastikball Turnen 114 34
Gymnastikball Vorschule 71 44
Gymnastikband 114 47
Gymnastikhalle 88 25
Gymnastikhose 113 62
Gymnastikkeule 114 38
Gymnastikkleidung 114 49, 50
Gymnastiklehrer 88 35
Gymnastikreifen Kurbad 88 36
Gymnastikreifen Turnen 114 44
Gymnastikschuh 113 63, 114 50
gynäkologisches Unter-suchungsinstrument 28 3
Gyre 174 4
G36 63 16

H

Haar 19 7, 22 62
Haar, Achsel- 19 36
Haar, Bart- 185 26
Haar, Frauen- 195 17
Haar, Kopf- 19 7
Haar, langes 40 1
Haar, Locken- 41 21
Haar, Menschen- 160 38
Haar, offen getragenes 40 1
Haar, Samen- 201 19
Haar, Scham- 19 51
Haar, Seiten- 41 5
Haar, Stirn- 41 3
Haar, Wurzel- 188 19, 221 18
Haarbalg 22 71
Haarbeutel 40 8
Haarbürste Baby 33 7
Haarbürste Hausrat 51 33
Haarfarbe 257 3
Haarfärbung 257 44
Haarfestiger 258 24
Haarfilzhut 42 16
Haarfixativ 257 26
Haarflügler 175 14
Haarfollikel 22 71
Haargel 41 27
Haarharfe 10 9
Haarkelch 196 12
Haarklipp 257 11
Haarkranz 40 24
Haarlineal 293 63
Haarnadel 119 50
Haarpflegemittel 257 41
Haarpflegeprodukt 257 41
Haarpinsel 157 7
Haarschnecke 41 19

Haarschneidemaschine 257 23, 258 33
Haarschneidesche 257 7, 258 35
Haarschnitt 258 4
Haarschnitt, Bürsten- 40 12
Haarseite 284 12, 17
Haarshampoo 252 44
Haarsieb 72 67
Haarspray Friseur 257 26
Haarspray Supermarkt 252 47
Haarstern 187 3
Haartracht Frisur 40, 41
Haartracht Völkerk. 162 9
Haartrockner Bad 57 41
Haartrockner Friseur 258 23
Haartrocknung 258 25
Haarwachs 257 38
Haarwaschanlage 258 12
Haarwaschbecken 257 31
Haarwaschmittel 258 21
Haarwaschzusatz 258 11
Haarwasser 258 11
Haarwild 239 40
Habicht 177 14
Habicht, Eichel- 179 14
Habicht, Hühner- 177 14
Habichtartige 177 12
Habichtpilz 199 24
Habitus 200 53
Háček 164 56
Hachse, Hinter- 249 10
Hachse, Vorder- 249 8
Hackbank 250 26
Hackbrett 140 32
Hackbrett, Appenzeller 140 35
Hackbrett, Walliser 140 34
Hacke 19 104
Hacke, Bügel- 219 1
Hacke, Garten- 208 18
Hacke, Häufel- 208 5
Hacke, Kartoffel- 219 7, 12
Hacke, Kombi- 208 7
Hacke, Mist- 219 9
Hacke, Schlag- 219 12
Hacke, Spitz- 312 28
Hacke, Zieh- 219 1
Hacken 19 104
Hackenstiel 219 2
Hacker, Holz- 178 32
Hackfleisch 250 44
Hackfrucht 221 38–47
Hackmaschine 325 12
Hackschnitzel 325 13
Häckseltrommel 217 29
Häcksler, Feld- 217 28
Hackwerkzeug, Anbau- 208 21
Haderer 241 59
Hafen Flagge 61 24

Hafen *Hafen* 381, 382
Hafen, Fischerei- 381 56
Hafen, Flug- *Flughafen* 389
Hafen, Flug- *Piktogramm* 390 1
Hafen, Frei- 381 2
Hafen, Heimat- 102 9
Hafen, Kohlen- 381 18
Hafen, Liege- 370 9
Hafen, Schutz- 370 9
Hafen, Vor- 371 30
Hafen, Winter- 370 9
Hafenamt 381 36
Hafenbahn 381 21
Hafenbetrieb 383 13
Hafeneinfahrt 380 39, 40, 41
Hafenfähre 381 11
Hafenindustrieanlage 381 71
Hafenkrankenhaus 381 26
Hafenuntertunnelung 381 55
Hafenviertel 381 1
Hafenzollamt 381 6
Hafer, Flug- 214 29
Hafer, Glatt- 222 22
Hafer, Strand- 17 8
Hafer, Wiesen- 222 22
Hafer, Wild- 214 29
Hafer, Wind- 214 29
Haferbrot 251 18
Haferdistel 214 32
Haferkrähe 179 15
Haferrispe 221 27
Haff 15 15, 18
Haff, Frisches 15 15
Haff, Putziger 15 18
Haffküste 15 13
Haffmöwe 178 17
Haftballen 230 12
Haftnotizblock 410 20
Haftöl, Sägeketten- 237 35
Haftorgan *Bot.* 196 52
Haftorgan *Zool.* 233 36
Haftscheibe 182 26
Haftzeher 182 36
Hagebutte 188 111
Hagel 9 27
Hagelschnur 227 30
Häher, Eichel- 179 14
Häher, Nuss- 179 14
Häher, Spiegel- 179 14
Hahn *Chemie* 172 4, 21
Hahn *Eisenbahn* 364 55
Hahn *Landw.* 215 8
Hahn *Militär* 63 4
Hahn *Zool.* 224 21
Hahn, Abfluss- 331 34
Hahn, Ablass- 46 70
Hahn, Anstich- 247 9
Hahn, Auer- 241 77
Hahn, Birk- *Jagd* 239 13
Hahn, Birk- *Zool.* 241 71
Hahn, Einweg- 173 42

Hahn, Fasanen- 241 82
Hahn, Flügel- 279 35
Hahn, Füll- 46 70
Hahn, großer 241 77
Hahn, Kirchturm- 149 3
Hahn, Kraftstoff- 343 76
Hahn, Quetsch- 173 30
Hahn, Rücklauf- 173 49
Hahn, Schlauch- 44 37
Hahn, Schlosser- 180 8
Hahn, Schluss- 173 53
Hahn, Schwenk- 279 36
Hahn, Spiel- 241 71
Hahn, Trut- 224 28
Hahn, Ur- 241 77
Hahn, Wasser- *Hausrat* 47 7
Hahn, Wasser- *Installateur* 279 31, 34
Hahn, Wehr- 178 30
Hahn, Zapf- *Kurbad* 88 2
Hahn, Zapf- *Restaurant* 76 2
Hahn, Zapf- *Tankstelle* 350 39
Hahn, Zweiwege- 173 49
Hähnchen *Fleischerei* 250 52
Hähnchen *Rummelplatz* 126 9
Hähnchen, Gold- 180 9
Hähnchen, halbes 77 15
Hahnenbank 30 18
Hahnenfuß, Scharfer 193 8
Hahnenfußgewächs 213 13
Hahnenkamm 224 22
Hahnenkopf 145 38
Hahnentritt 227 32
Hahnstopfen 173 44
Hai 86 8
Hai, Blau- 182 1
Haifisch 182 1
Hain, Palmen- 162 5
Hainbuche 189 63
Häkchen 164 56
Häkelei, Gabel- 254 28
Häkelei, Gimpen- 254 28
Häkelgabel 254 29
Häkelnadel 254 37
Haken *Angelsport* 243 45, 49–55
Haken *Eisenbahn* 360 14
Haken *Fischerei* 244 27
Haken *Geogr.* 15 17
Haken *Handarbeit* 254 38
Haken *Motorrad* 341 4
Haken *Schuhmacher* 253 62
Haken *Sport* 117 32, 123 40
Haken *Zool.* 241 59
Haken, Abseil- 118 44
Haken, Angel- 243 49
Haken, Aufwärts- 117 32
Haken, Ausdreh- 288 18
Haken, Bank- 285 36
Haken, Brand- 230 67

Haken, Dach- 46 7
Haken, Doppel- 243 53
Haken, Fang- 65 17
Haken, Fass- 275 23
Haken, First- 275 65
Haken, Fleisch- 250 24
Haken, Halte- 142 72
Haken, Hut- 76 16
Haken, Kabel- 56 69
Haken, Karabiner- 118 17, 47
Haken, Kleider- *Eisenbahn* 361 25
Haken, Kleider- *Hausrat* 49 3
Haken, Kleider- *Restaurant* 76 17
Haken, Kletter- 118 43
Haken, Kopf- 117 33
Haken, Läng- 275 64
Haken, Leiter- 275 15, 69
Haken, Ring- 118 44
Haken, Rüst- 147 80
Haken, Schlacken- 290 5
Haken, Schlepp- 383 27
Haken, Seitwärts- 117 33
Haken, Tauwerks- 376 41
Haken, Trag- 82 60
Haken, Wäsche- 46 23
Haken, Wende- 238 7, 9
Haken, Wider- *Angelsport* 243 50
Haken, Wider- *Biene* 230 15
Haken, Wider- *Maschinenteil* 296 44
Haken, Wider- *Stierkampf* 128 22
Haken, Wund- 31 43
Haken, Zug- *Eisenbahn* 360 15
Haken, Zug- *Erdöl* 298 9
Haken, Zug- *Landw.* 218 21
Haken, Zug- *Pferd* 226 14
Hakenblatt, gerades 274 87
Hakenblatt, schräges 274 88
Hakenbogen 243 51
Hakeneinsetzmaschine 253 53
Hakenkranz 233 38
Hakenleiter 82 33
Hakenschnabel 177 9
Hakenschraube 356 10
Hakenspitze 243 50
Hakenwurf 123 57
Häkler, Mauer- 178 29
halbakustische Gitarre 142 78
halbautomatischer Spaten 208 12
Halbbrücke 369 66
Halbe 138 14
halbe Kugel 91 21
halbe Note 138 14
halbe Pause 138 22

halbes Hähnchen 77 15
halbfestes Hindernis 105 9
halbfette Schrift 326 3
Halbgerade 169 2, 3, 6, 7, 20
Halbholz 273 88
Halbierende, Winkel- 169 30
Halbinsel 14 6
Halbkreis 169 46
Halbkreis, Längen- 16 4
Halbkugelendspant 393 49
Halbkuppel 153 88
halblange Frisur 40 36
Halbmast 61 4
Halbmesser 169 47
Halbmesser, Krümmungs- 169 22
Halbmond *Astron.* 4 4, 6
Halbmond *Flagge* 61 21
halb offenes Deck 377 28
Halbperücke 40 29
Halbpfeiler 154 46
halbrunde Bürste 257 17
Halbrundfeile 293 34
Halbschrankenanlage 356 45
Halbschuh *Schuh* 58 31, 33
Halbschuh *Völkerk.* 160 18
Halbstarkenfrisur 40 30
Halbstock 61 4
Halbton 138 50, 51, 52, 53
Halbweltdame 124 32
Halbzeug 301 41
Halbzeugzurichtung 301 41–43
Halde, Berge- 297 13
Halde, Schutt- 13 49
Halfpipe 123 83
Hälfte, Brücken- 369 66
Hälfte, Gehirn- 20 88
Hälfte, Gesenk- 292 31, 32
Hälfte, Schweine- 248 23
Halle, Abflug- 389 15
Halle, Abtank- 229 1
Halle, Auktions- 381 58
Halle, Bahnhofs- 206 15
Halle, Caitya- 151 9
Halle, Durchgangs- 153 8
Halle, Eingangs- 78 1–27
Halle, Fisch- 381 57
Halle, Flugzeug- 104 32
Halle, Fracht- 389 9
Halle, Garderoben- 136 5
Halle, Gepäck- 389 5
Halle, Geräte- 389 8
Halle, Gymnastik- 88 25
Halle, Kunden- 413 3, 414 1–38
Halle, Leichen- 149 21
Halle, Maschinen- 307 31
Halle, Maschinenbau- 378 8
Halle, Säge- 311 1
Halle, Schalter- 414 1–38
Halle, Schiffbau- 378 3, 4

Halle, Schwimm- **88** 38
Halle, Toten- **149** 21
Halle, Versteigerungs- **381** 58
Halle, Vor- **153** 64
Halle, Wandel- **136** 13
Halle, Warte- **389** 18
Halle, Werk- **378** 4
Hallenbad *Schwimmbad* **96** 1–7, 8–13
Hallenbad *Stadt* **18** 25
Hallenhandball **108** 1
Hallenhandballspiel **108** 1
Hallgerät **398** 45
Hallig **15** 28
Hallimasch **199** 28
Halm *Bot.* **221** 6
Halm *Schlosser* **293** 39
Halm, Getreide- **221** 5
Halm, Gras- **188** 90
Halm, Schachtel- **194** 18
Halm, Stroh- **75** 31
Halm, Trink- **75** 31, **77** 3
Halma **90** 26–28
Halmabrett **90** 26
Halmafigur **90** 28
Halmaspiel **90** 26–28
Halmastein **90** 28
Halmknoten **221** 7
Halmstück **201** 63
Halmteiler **217** 2
Halogenlampe, Metall- **332** 21
Halogenleuchte **330** 33
Hals *Anat.* **19** 25, **22** 1
Hals *Chemie* **173** 38
Hals *Fleischerei* **249** 6
Hals *Maschinenteil* **296** 64
Hals *Musik* **141** 2, **142** 7, 18
Hals *Pferd* **225** 15
Hals *Surfen* **94** 15
Hals *Zool.* **241** 4
Hals, Dreh- **178** 32
Hals, Gebärmutter- **25** 35, 42
Hals, Geigen- **141** 2
Hals, Großsegel- **100** 28
Hals, Kolben- **240** 7
Hals, Noten- **138** 4
Hals, Riemen- **99** 33
Hals, Säulen- **153** 19
Hals, Schwanen- **240** 48
Hals, Wende- **178** 32
Halsausschnitt **35** 57
Halsausschnitt, Rund- **36** 80, **38** 62, **39** 23
Halsband, Hunde- **223** 16
Halsberge **147** 43
Halsblutader **21** 2
Halsen **101** 26, 28
halsferner Rollkragen **35** 23
Halskette *Kaufhaus* **83** 78
Halskette *Völkerk.* **160** 14

Halskettenauslage **83** 74
Halskragen *Kirche* **150** 6
Halskragen *Vorgesch.* **146** 25
Halskrause **124** 17
Halsmuskel **22** 13
halsnaher Rollkragen **35** 25
Halsreif **43** 16
Halsriemen **226** 30
Halsring **146** 26
Halsschild **175** 32, **235** 4
Halsschlagader **21** 1
Halsschutz **111** 14
Halsstück **147** 83
Halstuch *Kaufhaus* **83** 63
Halstuch *Schiff* **376** 89
Halstuch *Stierkampf* **128** 37
Halsung **223** 16
Halswirbel **20** 3
Halt *Eisenbahn* **357** 1, 3, 7, 9, 22
Halt *Wassersport* **102** 49
Halte, Hoch- **115** 49
Halte, Nacken- **115** 52
Halte, Rück- **115** 51
Halte, Seit- **115** 48
Halte, Tief- **115** 47
Halte, Vor- **115** 50
Haltegriff *Eisenbahn* **362** 13, 27
Haltegriff *Raumfahrt* **394** 29, 37
Haltegriff, Beifahrer- **341** 34
Haltegurt *Eisenbahn* **362** 8
Haltegurt *Fotogr.* **269** 25
Haltehaken **142** 72
Halteklemme **348** 48
Haltekordel **68** 22
Halteleine **103** 58
Haltelinie **79** 55
Haltemutter, Rohr- **63** 11
Halteplatz **357** 31, 32
Haltepunkt **357** 25, 33
Haltepunkttafel **357** 33
Hälter **242** 1
Halter, Abstand- *Bau* **272** 81
Halter, Abstand- *Landw.* **236** 8
Halter, Abstands- *Bank* **414** 18
Halter, Abstands- *Heimwerken* **287** 47
Halter, Becken- **142** 53
Halter, Bein- **28** 7
Halter, Binderücken- **412** 75
Halter, Breit- **321** 33
Halter, Büsten- *Kleidung* **37** 10, 16, 17
Halter, Büsten- *Nachtlokal* **130** 20
Halter, Elektroden- **295** 11, 20
Halter, Feder- *Büro* **409** 10

Halter, Feder- *Schule* **72** 37
Halter, Film- **330** 8
Halter, Gazerollen- **338** 19
Halter, Handtuch- **57** 7, 21
Halter, Hühner- **227** 39
Halter, Instrumenten- **29** 5
Halter, Karten- **72** 11
Halter, Klemm- **302** 45
Halter, Kohlen- **133** 43
Halter, Kopf- **21** 34, **22** 2
Halter, Kugelschreiber- **395** 10
Halter, Magazin- **63** 7
Halter, Meißel- **302** 41
Halter, Nadel- **27** 52
Halter, Netz- **109** 11
Halter, Nieder- **311** 70
Halter, Nippel- **279** 64
Halter, Original- **330** 14
Halter, Papier- **412** 10
Halter, Prospekt- **395** 11
Halter, Reagenzglas- **173** 35
Halter, Rettungsring- **376** 40
Halter, Ruten- **223** 2
Halter, Saiten- **141** 7, **142** 4, 13
Halter, Scheinwerfer- **339** 11
Halter, Schild- **62** 17, 18
Halter, Schmelzeinsatz- **280** 30
Halter, Spulen- **338** 17
Halter, Stahl- **302** 21
Halter, Stammholz- **311** 40
Halter, Strumpf- **37** 21
Halter, Toilettenpapier- **57** 9
Halter, Topflappen- **47** 23
Halter, Trinkflaschen- **340** 17
Halter, Tupfer- **28** 8
Halter, Vorlagen- **330** 32, 37
Halter, Zeitungs- **75** 26
Halterung **32** 23
Halterung, Platten- *Galvanoplastik* **331** 27
Halterung, Platten- *Tischler* **285** 70
Halterung, Röntgenkassetten- **32** 3
Halterung, Wand- **397** 13
Halteseil *Atom* **2** 30
Halteseil *Flugsport* **103** 58
Halteseil *Schiff* **376** 25
Haltestange *Eisenbahn* **362** 11
Haltestange *Flugsport* **104** 4
Haltestange, Platten- **332** 8
Haltestelle **17** 26
Haltestelle, Bus- **18** 7
Haltestelle, Straßenbahn- **79** 19
Haltestelleninsel **351** 36
Haltestellenschild *Stadt* **79** 23
Haltestellenschild *Straßen-*

bahn **351** 37
Haltetafel **357** 31, 32
Haltevorrichtung **311** 49
Haltung **113** 22–39
Haltung, Arm- **135** 7–12
Haltung, Batterie- **227** 18
Haltung, Boden- **227** 9
Haltung, Flug- **119** 62
Haltung, Freifall- **103** 52–54
Haltung, Freiland- **227** 1
Haltung, Hammergriff- **116** 46
Haltung, Hühner- **227** 1–23, 37
Haltung, Käfig- **227** 18
Haltung, Kanal- **371** 34, 42
Haltung, Vieh- **228**
Haltung, Wasser- **297** 30
Haltungstor **371** 36
Hamburg-Klasse **66** 1
Hammel **224** 13
Hammer *Anat.* **22** 92
Hammer *Heimwerken* **287** 7
Hammer *Musik* **143** 3
Hammer *Rummelplatz* **126** 24
Hammer *Schmied* **290** 26, **292** 1–13
Hammer *Sport* **116** 42
Hammer, Blei- **277** 11
Hammer, Bohr- **312** 21
Hammer, Dengel- **219** 17
Hammer, Eis- **118** 42
Hammer, Eisen- **158** 16
Hammer, Fasson- **260** 40
Hammer, Filz- **143** 3
Hammer, Flach- **290** 33
Hammer, Gegenschlag- **292** 8
Hammer, Glaser- **277** 18
Hammer, Gummi- **92** 59
Hammer, Hand- *Installateur* **279** 78
Hammer, Hand- *Schmied* **290** 23
Hammer, Holz- *Klempner* **278** 18
Hammer, Holz- *Kunst* **158** 21
Hammer, Holz- *Tischler* **285** 5
Hammer, Kehl- **290** 26
Hammer, Keil- **312** 26
Hammer, Klavier- **143** 3
Hammer, Kombi- **118** 42
Hammer, Korn- **278** 15
Hammer, Krocket- **108** 36
Hammer, Luft- **290** 9
Hammer, Maurer- **271** 53
Hammer, Punzen- **159** 14
Hammer, Reflex- **27** 60
Hammer, Rundloch- **290** 36
Hammer, Schabotte- **292** 1

Hammer, Schiefer- **275** 73
Hammer, Schlacken- **294** 35, **295** 17
Hammer, Schlicht- **290** 35
Hammer, Schlosser-Heimwerken **287** 40
Hammer, Schlosser-Schlosser **293** 29
Hammer, Schuhmacher- **253** 37
Hammer, Schuster- **253** 37
Hammer, Sicken- **278** 14
Hammer, Spalt- **238** 5
Hammer, Stift- **277** 18
Hammer, Stimm- **143** 20
Hammer, Vorschlag- **290** 22
Hammer, Ziegel- **275** 20
Hammer, Zimmermanns- **273** 74
Hammer, Ziselier- **260** 41
Hammerbär **290** 10, **292** 3
Hammerfilz **143** 24
Hammergestell **292** 11
Hammergriff **116** 45
Hammergriffhaltung **116** 46
Hammerkopf *Musik* **143** 24
Hammerkopf *Sport* **116** 43
Hammerkopfschraube **296** 41
Hammerkran **378** 7
Hammerleiste **143** 15, 26
Hammerlötkolben **278** 5
Hammerschlag **110** 37
Hammerstiel **143** 25
Hammerwerk **143** 3
Hammerwurf **116** 42–47
Hammerwurfhandschuh **116** 47
Hämofiltration **30** 10
Hamster **184** 19
Hand **19** 64, **20** 19
Hand, Hinter- **225** 33–37
Hand, Hohl- **19** 72
Hand, Rück- **109** 29
Hand, Vor- *Pferd* **225** 18–27
Hand, Vor- *Sport* **109** 30
Handabroller, Klebestreifen- **410** 13
Handachse **303** 40, 41, 42
Handarbeit **254**
Handauflage *Optik* **264** 58
Handauflage *PC* **406** 33
Handball **108** 1
Handball, Hallen- **108** 1
Handballenauflage *Fotogr.* **270** 15
Handballenauflage *Zeichner* **315** 25
Handballensicherung **63** 14
Handballspiel **108** 1
Handballspieler **108** 2

Handbelichtungsmesser **266** 55
handbemalte Vase **316** 26
Handbesen *Haus* **46** 37
Handbesen *Hausrat* **56** 57
Handbeuger, radialer **21** 40
Handbeuger, ulnarer **21** 58
Handbohrmaschine **293** 25
Handbrause *Bad* **57** 44
Handbrause *Druck* **332** 7
Handbrause *Friseur* **257** 32, **258** 14
Handbremse *Auto* **345** 63
Handbremse *Eisenbahn* **366** 33
Handbremsenkontrolllampe **344** 63
Handbremshebel *Auto* **344** 99
Handbremshebel *Motorrad* **341** 24
Handbremshebel *Sport* **106** 32
Handbremsrad **366** 64, 80
Handbuchbinderei **336**
Handbügelkissen **256** 33
Handbürste **159** 11
Handcroupier **89** 21
Handdusche *Bad* **57** 44
Handdusche *Friseur* **258** 14
Handdüse **56** 94
Handeisenschere **272** 22
Handel, Börsen- **415** 1–24, 15–22
Handel, Parkett- **415** 1–14
Handelsgärtner **207** 20
Handelssystem **415** 15–22
Handfalle **357** 51
Handfäustel **158** 16
Handfeger **56** 57
Handfessel **68** 41, 44
Handfessel, Einweg- **68** 46
Handfesseltasche **68** 42
Handfeuerlöscher **82** 67
Handfeuerwaffe **240** 2
Handführung **250** 61
Handgalopp **225** 42
Handgelenk *Anat.* **19** 78
Handgelenk *Atom* **2** 41
Handgerät **114** 33–48
Handgriff *Atom* **2** 39
Handgriff *Film* **134** 21
Handgriff *Fotogr.* **266** 36
Handgriff *Hausrat* **56** 67
Handgriff *Heimwerken* **287** 45, 47
Handgriff *Landw.* **218** 2
Handgriff *Maler* **282** 9
Handgriff *Navigation* **379** 25
Handgriff *Papier* **324** 13
Handgriff *Sport* **123** 57
Handgriff, Auslöse- **134** 24

Handgriff, Pistolen- **287** 44
Handhammer **279** 78
Handhammer, Schmiede- **290** 23
Handharmonika, chromatische **142** 36
Handhebel *Buch* **336** 30
Handhebel *Tischler* **285** 55
Handhebelspritzgerät **236** 33
Handhobel **285** 15–28
Handkamera, Großformat- **266** 35
Handkescher **242** 2
Handkoffer **359** 34
Handkreisen **114** 37
Handkreuz **302** 43
Handkultivator **207** 21
Handkurbel *Kfz* **347** 14
Handkurbel *Landw.* **217** 39, 54
Handkurbelattrappe **396** 25
Handlauf *Bau* **276** 53, 79
Handlauf *Haus* **46** 29
Handlauf *Hausrat* **49** 27
Handlauf *Sport* **106** 30
Händler, ambulanter **126** 43
Händler, fliegender **126** 43
Händler, Wertpapier- **415** 9
Handlinie **19** 73
Handlot **379** 53
Handlung, Buch- *Bahnhof* **358** 15
Handlung, Buch- *Stadt* **79** 3
Handmikrofon **412** 61
Handpalette *Kunst* **157** 28
Handpalette *Theater* **136** 38
Handpresse **159** 29
Handpumpe *Landw.* **236** 18
Handpumpe *Wasservers.* **80** 66
Handrad *Flugzeug* **386** 24, 25
Handrad *Tischler* **285** 60, **286** 20
Handrad *Werkzeugmasch.* **302** 13
Handrad, Bedienungs- **366** 67, 81
Handrad, Fahrschalter- **365** 20, **366** 12
Handrädchen, Lineal- **285** 66
Handrasenmäher **208** 34
Handregistratur **144** 46
Handreißschiene **314** 9
Handriemen **118** 37
Handrücken **19** 85
Handrührer **47** 20
Handrührgerät **47** 20
Handsäge **273** 61
Handscanner **395** 7, 49
Handschelle **68** 41
Handschere **272** 87
Handschlaufe **119** 5

Handschneidkluppe **278** 12
Handschrift **149** 61
Handschuh *Nachtlokal* **130** 26
Handschuh *Sport* **108** 44, **109** 75, **112** 7
Handschuh *Straßenrein.* **353** 7
Handschuh, Arbeits- **392** 8
Handschuh, Box- **117** 26
Handschuh, Einmal- **82** 8
Handschuh, Faust- **39** 49
Handschuh, Fecht- **111** 12
Handschuh, Finger- **38** 77
Handschuh, Hammerwurf- **116** 47
Handschuh, Infield- **108** 49
Handschuh, Leder- *Kaufhaus* **83** 64
Handschuh, Leder- *Kleidung* **38** 77
Handschuh, Outfield- **108** 50
Handschuh, Panzer- **147** 50
Handschuh, Säbel- **111** 21
Handschuh, Schutz-*Eisenbahn* **360** 28
Handschuh, Schutz-*Schlosser* **293** 10
Handschuh, Schweißer- **295** 7, 30
Handschuh, Tauch- **93** 8
Handschuh, Torwart- **107** 19
Handschuh, Wegwerf- **82** 8
Handschuhanprobe **83** 65
Handschuhfach **344** 103
Handschuhfachschloss **344** 104
Handschutz *Fleischerei* **250** 62
Handschutz *Forstw.* **238** 15
Handschutz *Militär* **63** 13, 20
Handschutz *Schlachthof* **248** 19
Handspachtel **281** 35
Handspiegel *Friseur* **257** 25, **258** 8
Handspiegel *Optiker* **263** 17
Handspielkonsole **403** 22
Handsprechfunkgerät **82** 35
Handspritzgerät **236** 16
Handspritzpistole **282** 43
Handspritzrohr **236** 36
Handstand *Sport* **115** 27
Handstand *Turnen* **115** 27
Handstandsprung **98** 40
Handstandüberschlag rückwärts **114** 24
Handstandüberschlag vorwärts **114** 22
Handstaubsauger **56** 62
Handstellbock **356** 17
Handstrecker, radialer **21** 56

Handstück *Goldschmied* **260** 7
Handstück *Med.* **29** 6
Handstütze **123** 39
Handtäschchen **130** 13
Handtasche **130** 13
Handteil **243** 27
Handteller **19** 72
Handtuch *Bad* **57** 22
Handtuch *Friseur* **257** 42, **258** 25
Handtuch *Kurbad* **88** 21
Handtuch, Bade- *Schiff* **376** 80
Handtuch, Bade- *Strand* **95** 17
Handtuch, Papier- **350** 41
Handtuchhalter **57** 7, 21
Handumkreisen **114** 45
Handvorlage **288** 5
Handwaffe **63** 1–28
Handwagen *Bau* **273** 6
Handwagen *Straßenrein.* **353** 8
Handwaschbecken **27** 38
Handweiche **356** 16
Handwerkskasten **287** 35
Handwerkszeug **273** 60–82
Handwerkzeug **82** 48
Handwurstfüller **250** 18
Handwurzel **19** 78
Handwurzelknochen **20** 20
Handy **415** 8
Handy, Foto- **396** 48
Handzeichen *Sport* **110** 28
Handzeichen *Stadt* **79** 76
Handzeichen *Wassersport* **102** 45–51
Hanf **201** 9
Hanfschuh **275** 75
Hang, Ab- **13** 40
Hang, Berg- **13** 40
Hang, Beuge- **113** 35
Hang, Firn- **118** 19
Hang, Flach- **14** 35
Hang, Gleit- **14** 35
Hang, Kreuz- **113** 50
Hang, Prall- **14** 34
Hang, Rodel- **122** 6
Hang, Seitspann- **113** 50
Hang, Steil- **14** 34, 73
Hang, Streck- **113** 33, 34
Hang, Sturz- **113** 36, 37
Hangar **104** 32
Hangar, Hubschrauber- *Militär* **67** 38
Hangar, Hubschrauber- *Schiff* **375** 34
Hangar, Lunarmodul- **391** 52
Hangaufwind **104** 46
Hängebahn, Einschienen- **297** 38, 48

Hängebalken **274** 66
Hängebohrmaschine **260** 6
Hängebrücke *Brücke* **369** 15, 39
Hängebrücke *Freizeitpark* **85** 24
Hängehefter **411** 5
Hängelampe **75** 51
Hängemappe **411** 5
Hängematte *Camping* **92** 64
Hängematte *Vorschule* **71** 35
Hängendes Herz **213** 5
Hängeordner **411** 5
Hänger **369** 41
Hänger, Leuchten- **131** 54
Hänger, Want- **100** 5
Hängerahmen **411** 4
Hängeregal **411** 43
Hängeregisterschrank **408** 2
Hängeregistratur **411** 3
Hängerolle, bemalte **156** 12
Hängesäule **274** 68
Hängeschaltpult **330** 6
Hängeschrank **47** 43, 50 5
Hängeseil **369** 17
Hängesteg **369** 15
Hängestück, Hinter- **137** 10
Hängestück, Zwischen- **137** 11
Hängetasche **411** 5
Hängewerk, doppeltes **274** 65
Hängezopf **41** 20
Hängezwickel **153** 89
Hanggleiter **104** 2
Hangquelle **13** 41
Hangrinne **13** 48
Hangsegeln **104** 45
Hangtechnik **116** 41
Hangwaage **113** 56
Hansa-Jolle **100** 47
Hansekogge **372** 18–26
Hanswurst **124** 67
Hantel **102** 44
Hantel, Kurz- **112** 8
Hantel, Lang- **112** 3
Hantel, Scheiben- **117** 3
Hanteloption **112** 26
Harddisk **406** 45
Hardtop **346** 28
Haremsdame **124** 36
Harfe, Haar- **10** 9
Harfe, Konzert- **141** 62
Harfe, Pedal- **141** 62
Harke **208** 4
Harke, Geld- **89** 22
Harke, Heu- **219** 15
Harke, Laub- **84** 68
Harlekin **124** 30
Harmonika, Hand- **142** 36
Harmonika, Holz- **142** 62
Harmonika, Mund- **142** 35

Harmonika, Zieh- **142** 36
harmonische a-Moll-Tonleiter **138** 47
Harmonium **143** 45
Harmoniumgehäuse **143** 49
Harnblase **23** 41, 92
Harnisch **147** 43–55
Harnisch, Brust- **147** 46
Harnisch, Ross- **147** 83–88
Harnischschnur **319** 15
Harnleiter **23** 40
Harnröhre **23** 82
Harnröhrenkatheter **28** 17
Harnsedimentstafel **28** 56
Harpoon **66** 57
Harpune *Tauchen* **93** 24
Harpune *Völkerk.* **161** 10
Harpune *Vorgesch.* **146** 3
Harpune, Stoß- **161** 9
Harpyie *Fabel* **145** 60
Harpyie *Heraldik* **62** 37
harte Hirnhaut **20** 81
harte Kontaktlinse **263** 23
Härteofen **293** 23
Härterdosiergerät **283** 28
harter Gaumen **22** 23
Hartgeld *Geld* **59** 1–16
Hartgeld *Kaufhaus* **83** 5
Hartgummiball **109** 77
Hartgummikante **118** 51
Hartgummischeibe **120** 24
Hartholzkeil **274** 96
Hartmetall **302** 46
Hartmetallplatte **302** 50
Hartmetallschneide **302** 48, 50
Hasardspiel **89**
Hase *Jagd* **239** 40
Hase *Zool.* **241** 64
Hase, Feld- **241** 64
Hase, Setz- **241** 64
Hasel **289** 14, 15
Haselhuhn **241** 74
Haselnuss **212** 58
Haselnussstrauch **212** 52
Haselstrauch **212** 52
Haselstrauchblatt **212** 60
Haselzweig **212** 53
Hasenjagd **239** 38
Hasenklage **240** 44
Hasenquäke **240** 44
Hash-Zeichen **164** 44
Häsin **224** 18, **241** 64
Haspel *Eisenverarb.* **301** 47
Haspel *Landw.* **217** 5
Haspel *Textil* **321** 20
Haspel, Auszugs- **321** 21
Haspel, Einzugs- **321** 21
Haspelkufe **321** 19–23
Haspelregeltrieb **217** 6
H-Atom **1** 35
Hatz, Sau- **239** 35

Hatzrüde **239** 37
Häubchen **33** 27
Haube *Jagd* **239** 31
Haube *Wasservers.* **80** 56
Haube, Abdeck- **401** 20
Haube, Bade- **96** 7
Haube, Cockpit- **65** 4
Haube, Dunst- **54** 28
Haube, Dunstabzugs- **47** 22, **54** 28
Haube, Falken- **239** 51
Haube, First- **275** 98
Haube, Kaninchen- **239** 31
Haube, Kanzel- **386** 39
Haube, Kessel- **147** 61
Haube, Leder- **162** 26
Haube, Motor- *Auto* **344** 5, **346** 2
Haube, Motor- *Werkstatt* **348** 59
Haube, Pfannen- **246** 46
Haube, Polier- **287** 21
Haube, Propellernaben- **386** 33
Haube, Schutz- *Sägewerk* **311** 70
Haube, Schutz- *Schlosser* **293** 6
Haube, Schutz- *Schmied* **291** 9
Haube, Schutz- *Schweißer* **295** 37
Haube, Schutz- *Straßenbau* **355** 23
Haube, Schwenkarm- **257** 27
Haube, Staub- **286** 18
Haube, Sturm- **147** 60
Haube, Trocken- **257** 27
Haube, welsche **155** 3
Haube, Windmühlen- **245** 31
Haubenlerche **179** 7
Haubenschwenkarm **257** 28
Haubitze **63** 29
Haubitze, Panzer- **63** 42
Häubling, Nadelholz- **197** 17
Haue **118** 38
Hauer **185** 27, **241** 59
Hauer, Bild- **158** 1, 28
Häufelhacke **208** 5
Haufen, Erd- **207** 15
Haufen, Kompost- **204** 7
Haufen, Schnee- **122** 18
Haufenwolke *Flugsport* **104** 40
Haufenwolke *Meteor.* **8** 1, 2, 17
Häufler **208** 5
Haufwerk **312** 5
Haumeister **237** 20
Haumesser *Forstw.* **238** 11
Haumesser *Tapezierer* **281** 37

Haupt *Anat.* 19 4
Haupt *Kunst* 155 24
Haupt *Zool.* 241 14
Haupt, Hinter- 19 6
Haupt, Menschen- 145 23
Haupt, Ober- 371 29
Haupt, Unter- 371 21
Hauptachse 303 37, 38, 39
Hauptantrieb *Bergbahn* 368 57
Hauptantrieb *Optik* 265 15
Hauptarbeitsplatz 47 19
Hauptbahn 17 20
Hauptbalken 273 38
Hauptbehälter, Kraftstoff- 366 4
Hauptbewegung 386 67–72
Hauptblende 6 3
Hauptdeck *Militär* 66 9
Hauptdeck *Schiff* 377 32–47
Hauptdeich 370 21
Haupteingang 128 6
Hauptfahrwasser 380 2
Hauptfahrwerk *Flugsport* 103 25
Hauptfahrwerk *Flugzeug* 386 41
Hauptfahrwerk *Militär* 64 26, 65 40
Hauptfahrwerk *Raumfahrt* 393 32
Hauptfederbein 392 22
Hauptförderschacht 297 25
Hauptgesims 46 12
Hauptholm 104 6
Hauptkern 176 12
Hauptkühlmittelpumpe 306 39
Hauptkühlwasserrücklauf 306 23
Hauptkühlwasservorlauf 306 22
Hauptkuppel 153 87
Hauptlager, Kurbelwellen- 343 22
Häuptling, Indianer- 160 11
Hauptluftbehälter 365 8, 366 57, 71
Hauptluftbehälterdruck- anzeige 366 8
Hauptluftleitung 366 6
Hauptmaschine 377 73
Hauptmaschinenraum 377 72
Hauptmonitor 328 7
Hauptmotor 375 75
Hauptmotor, Flüssigkeits- raketen- 393 37
Hauptnenner 167 19
Hauptölbohrung 345 23
Hauptplatine 406 14, 16
Hauptpodestbalken 276 66

Hauptportal 152 34
Hauptpumpe 80 15
Hauptraketentriebwerk 392 39
Hauptraum 153 65
Hauptreflektor 397 10
Hauptrippe 104 11
Hauptrolle, männliche 131 28
Hauptrolle, weibliche 131 27
Hauptrotor *Flugzeug* 388 12, 13
Hauptrotor *Militär* 64 19
Hauptrotor *Polizei* 68 3
Hauptschalter *Eisenbahn* 365 3, 31
Hauptschalter *Fotogr.* 267 2
Hauptschalter *Tischler* 285 58
Hauptschule 72 47–85, 73
Hauptschwert 94 24
Hauptschwerteinzug 94 25
Hauptsignal 357 1–6
Hauptspant 393 11
Hauptspiegel *Astron.* 5 2, 6 9
Hauptspiegel *Optik* 265 10
Hauptspindel 302 11
Hauptstation 379 34
Hauptstern 3 9
Hauptstrecke 17 20
Haupttitel 338 54
Haupttitelblatt 338 53
Haupttragegurt 103 34
Hauptträger, Laufwerk- 368 61
Haupttriebwerk 391 55
Haupttriebwerk, Raum- manöver- 393 45
Hauptturm 147 4
Hauptverteilerleitung 46 76
Hauptwerk 144 1, 43
Hauptwurzel 188 17
Hauptzufuhr, Wasserstoff- 393 36
Haus *Haus* 44, 45
Haus *Sport* 120 34
Haus, Affen- 86 1
Haus, Apartment- 44 67
Haus, Bienen- 230 68
Haus, Boots- 99 20
Haus, Brau- 247
Haus, Brenn- 316 4
Haus, brennendes 82 27
Haus, Bühnen- *Kunst* 153 59
Haus, Bühnen- *Theater* 137 1–60
Haus, Büro- 381 53
Haus, Decks- *Militär* 66 72
Haus, Decks- *Schiff* 375 4, 40, 377 34
Haus, Deichwärter- 370 29

Haus, Einfamilien- *Energie* 308 1–24
Haus, Einfamilien- *Haus* 44 1
Haus, Elefanten- 86 20
Haus, Fahrer- *Kfz* 347 2, 21, 26
Haus, Fahrer- *Straßenbau* 354 11
Haus, Feder- 262 30
Haus, Forst- 17 3
Haus, Frauen- 147 10
Haus, Führer- *Eisenbahn* 360 31
Haus, Führer- *Militär* 63 61
Haus, Führer- *Straßenbau* 354 11
Haus, Gast- 76 1–36
Haus, Gewächs- *Gärtnerei* 207 40
Haus, Gewächs- *Park* 84 65
Haus, Giraffen- 86 15
Haus, Hoch- *Haus* 45 25, 26
Haus, Hoch- *Sport* 123 89
Haus, Holz- *Haus* 45 9
Haus, Holz- *Vorschule* 71 28
Haus, Kalt- 207 33
Haus, Kassen- 126 28
Haus, Kauf- *Kaufhaus* 83
Haus, Kauf- *Stadt* 79 34
Haus, Kern- 211 39, 62
Haus, Kessel- 304 1
Haus, Klub- 99 20
Haus, Kraft- 371 72
Haus, Kranführer- *Bau* 272 35
Haus, Kranführer- *Hafen* 382 40
Haus, Kranführer- *Schiffbau* 378 16
Haus, Kranken- *Hafen* 381 26
Haus, Kranken- *Med.* 30, 31, 32
Haus, Kranken- *Stadt* 18 24
Haus, Kühl- *Hafen* 381 50
Haus, Kühl- *Schlachthof* 248 21–24
Haus, Kultur- 207 4
Haus, Kur- 88 39
Haus, Lampen- *Film* 133 39–44, 56
Haus, Lampen- *Optik* 264 28, 59
Haus, Laubengang- 45 15
Haus, Leichen- 149 21
Haus, Lichtspiel- 133 1
Haus, Loft- 44 73
Haus, Lokführer- 364 49
Haus, Maschinen- *Bergwerk* 297 3
Haus, Maschinen- *Energie* 306 26, 307 5–15

Haus, Maschinen- *Fluss* 370 55
Haus, Maschinen- *Kraftwerk* 304 2
Haus, Maschinen- *Schiff* 375 10
Haus, Maschinen- *Schiffbau* 378 34
Haus, Maschinen- *Straßen- bau* 354 2
Haus, Maschinen- *Wasser- bau* 371 25
Haus, Mauk- 313 10
Haus, Mus- 147 13
Haus, Nieder- 123 50
Haus, Niedrigenergie- 308 1–24
Haus, Park- 18 13
Haus, Pfahl- 146 15
Haus, Pfarr- 149 18
Haus, Pumpen- *Schiffbau* 378 34
Haus, Pumpen- *Wasserbau* 371 48
Haus, Quer- 154 3
Haus, Reihen- 44 63
Haus, Ruder- 379 1–16
Haus, Schalt- 371 50
Haus, Schau- 84 65
Haus, Schieber- 371 47, 71
Haus, Schnecken- 176 38
Haus, Schneide- 131 4
Haus, Siedlungs- 44 48
Haus, Steuer- *Navigation* 379 1–16
Haus, Steuer- *Schiff* 377 18
Haus, Sud- 246 42
Haus, Sumpf- 313 10
Haus, Tor- 147 22
Haus, Treib- 207 4
Haus, Treppen- 45 17
Haus, Turbinen- *Kraftwerk* 304 2
Haus, Turbinen- *Wasserbau* 371 48
Haus, Unterkunfts- 118 1
Haus, Vogel- 86 9
Haus, Vorrats- 147 13
Haus, Waren- *Kaufhaus* 83
Haus, Waren- *Stadt* 79 34
Haus, Warm- 207 4, 32
Haus, Winden- 382 42
Haus, Windwerks- 371 80
Haus, Wirts- 76 1–36
Haus, Wochenend- 45 9
Haus, Wohn- 215 11
Haus, Zeilen- 45 19
Haus, Zoll- 381 6
Haus, Zwerch- 147 11
Hausanschlussleitung, Schmutzwasser- 352 26

Hausanschlussleitung, Telekommunikations- **352** 20
Hausanzug **37** 43
Hausapotheke **57** 39
Hausbahnsteig **359** 6
Hausbau **271** 1–49
Hausbeleuchtung **44** 55
Hausboot **161** 31
Hausbrenner **175** 26
Hausbrücke **369** 32
Hausbüffel **185** 9
Häuschen, Aufbau- **87** 43
Häuschen, Kassen- **126** 28
Häuschen, Toiletten- *Bau* **271** 49
Häuschen, Toiletten- *Strand* **95** 6
Hauschlag **245** 18
Hausdetektiv **89** 31
Hausdiener **78** 17
Hauseingangstür **276** 24
Hausgarten **44** 36
Hausgrille **233** 8
Haushaltsgerät **56**
Haushaltsleiter **56** 37
Hauskatze **215** 9
Hauslerche **179** 7
Hausordnung **76** 21
Hausschabe **233** 16
Hausschuh **58** 41
Hausse **415** 23
Hausskorpion **175** 44
Haussockel **273** 28
Haussperling **179** 18
Hausspinne **233** 10
Hausspitzmaus **184** 9
Haustier **224**
Haustür *Bau* **276** 24
Haustür *Haus* **44** 54
Haustür *Hausrat* **49** 29
Haustyp **44, 45**
Hausungeziefer **233** 1
Hauswand **273** 29
Hauswurz **203** 8
Hauszelt **92** 37
Haut *Anat.* **22** 61
Haut *Zool.* **241** 61
Haut, Außen- *Schiffbau* **378** 47–52
Haut, Außen- *Wassersport* **99** 30, 45, 55
Haut, Boots- **99** 55
Haut, Dach- **46** 2
Haut, Dotter- **227** 31
Haut, Gehirn- **20** 79
Haut, Glas- **25** 8
Haut, Gummi- **99** 55
Haut, Hirn- **20** 80, 81
Haut, Horn- **22** 56, 64
Haut, Kopf- **160** 15
Haut, Leder- **22** 66
Haut, Netz- **22** 58

Haut, Ober- **22** 65
Haut, Regenbogen- **22** 52
Haut, Rinds- **162** 11
Haut, Schalen- **227** 27
Haut, Schwimm- **178** 9, **224** 36
Haut, Spinngewebs- **20** 84
Haut, Unter- **22** 67
Haut, Vor- **23** 84
Haut, Wurzel- **22** 35
Häutchen, Blatt- **188** 92, **221** 22
Hautdesinfektion **27** 53
Häuter, Stachel- **176** 42, **187** 3, 11, 17, 18, 19
Hautflügel **235** 12
häutiger Flügel **235** 12
Hautkopf, Orangefuchsiger **197** 18
Hautlotion **349** 36
Hautsack **178** 10
Hautversteifung **386** 47
Hauungsbetrieb **237** 15–37
Hauzahn **241** 59
Havanna **259** 2
Havarist *Schiff* **383** 2
Havarist *Seerettung* **384** 12
Hawaiimädchen **124** 13
Haxe, Hinter- **249** 10
Haxe, Vorder- **249** 8
HD-Diskette, 3,5-Zoll- **406** 54
HD-Kerbe **406** 57
H-Dur **138** 60
Headsetanschluss **396** 55
Hebebühne, Zweisäulen- **348** 74
Hebefigur **120** 8
Hebeglied **143** 32
Hebel *Eisenbahn* **363** 34, **365** 40
Hebel *Fotoreprod.* **330** 41
Hebel *Geogr.* **12** 33
Hebel *Sägewerk* **311** 62
Hebel *Werkzeugmasch.* **302** 4, 6, 9, 10, 14, 19
Hebel, Arm- **117** 10
Hebel, Bedienungs- *Installateur* **279** 19
Hebel, Bedienungs- *Landw.* **236** 13
Hebel, Brems- *Auto* **344** 99
Hebel, Brems- *Eisenbahn* **363** 43
Hebel, Brems- *Fahrrad* **339** 72
Hebel, Bremsarretier- **208** 38
Hebel, Dampfpfeifen- **364** 51
Hebel, Druck- **159** 61
Hebel, Einschalt- **302** 11
Hebel, Fahrstraßen- **357** 58
Hebel, Feststell- *Atom* **2** 40

Hebel, Feststell- *Straßenrein.* **353** 25
Hebel, Führungs- *Film* **134** 11
Hebel, Führungs- *Rundfunk* **400** 29
Hebel, Fuß- **332** 12, 30
Hebel, Fußbrems- **208** 40
Hebel, Gangschaltungs- **342** 32
Hebel, Gas- *Flugzeug* **386** 30
Hebel, Gas- *Straßenbau* **354** 20
Hebel, Gemisch- **386** 31
Hebel, Gerüst- **271** 27
Hebel, Griff- **410** 36
Hebel, Hand- *Buch* **336** 30
Hebel, Hand- *Tischler* **285** 55
Hebel, Handbrems- *Auto* **344** 99
Hebel, Handbrems- *Motorrad* **341** 24
Hebel, Handbrems- *Sport* **106** 32
Hebel, Klemm- **285** 67
Hebel, Knie- **143** 47
Hebel, Kupplungs- **341** 23
Hebel, Längsgang- **302** 17
Hebel, Lenkstock- **345** 44
Hebel, Öffnungs- **315** 12
Hebel, Plangang- **302** 17
Hebel, Riegel- **357** 55
Hebel, Schalt- *Auto* **344** 68
Hebel, Schalt- *Motor* **343** 79, *Motorrad* **342** 50
Hebel, Schalt- *Werkzeugmasch.* **302** 3
Hebel, Schlag- **63** 4
Hebel, Schließ- **412** 76
Hebel, Schreib- **10** 7, 21
Hebel, Schwing- **220** 22
Hebel, Signal- **357** 56, 62
Hebel, Spann- **286** 14
Hebel, Spül- **57** 16
Hebel, Spurstangen- **345** 85
Hebel, Stanz- **412** 73
Hebel, Steuer- **137** 58
Hebel, Tasten- **140** 38, 49
Hebel, Tonarmlift- **401** 30
Hebel, Tritt- **336** 9
Hebel, Verschluss- **240** 25
Hebel, Verstell- **134** 22
Hebel, Wechsel- **285** 56
Hebel, Weichen- **357** 55, 62
Hebelkonus **339** 73
Hebelkorkenzieher **48** 9
Hebelschalter **303** 28
Hebelvorschneider **293** 74
Hebelwerk **357** 54
Heben **113** 52
Heben, Gewicht- **112** 28, **117** 1–5
Heben der Hand **72** 3

Heber, Ähren- **217** 3
Heber, Aus- **311** 48
Heber, Fäll- **237** 25, **238** 9
Heber, Gewicht- **117** 2
Heber, Schwimm- **382** 31
Heber, Spargel- **53** 76
Heber, Stech- **232** 13
Heber, Torten- **75** 10
Heber, Wagen- **348** 6
Heber, Wurzel- **29** 43
Heberbarometer **10** 1
Heberrohr **10** 43
Hebewerk **298** 11
Hebewerk, Schiffs- **371** 33
hebräische Schrift **163** 7
Hecht, Gemeiner **182** 16
Hechtbrutglas **242** 15
Hechtrolle **114** 20
Hechtsprung *Schwimmen* **98** 35
Hechtsprung *Turnen* **113** 48
Heck *Militär* **66** 26
Heck *Schiffbau* **378** 69–75
Heck *Segeln* **101** 29
Heck *Sport* **123** 79
Heck *Surfen* **94** 27
Heck, Fließ- **346** 16
Heck, Jacht- **101** 42
Heck, Kanu- **101** 44
Heck, Prunk- **372** 55–60
Heck, Rundgatt- **372** 25
Heck, Spiegel- *Militär* **66** 26, **67** 11
Heck, Spiegel- *Schiff* **375** 43
Heck, Spiegel- *Segeln* **100** 26, **101** 48
Heck, Spitzgatt- **101** 45
Heck, Stufen- **346** 7
Heck, Stummel- **346** 16
Heck, Wagen- **351** 4
Heckabteil **346** 18
Heckaufschleppe **375** 83
Heckbrett **102** 25
Hecke *Garten* **204** 33
Hecke *Geogr.* **17** 90
Hecke *Park* **84** 37
Hecke *Pferdesport* **105** 22
Hecke, Garten- **203** 10
Hecke, Hof- **215** 2
Heckeinrichtung **399** 2
Heckengang **84** 5
Heckenschere **208** 17, 49
Heckenscherenvorsatz **287** 55
Heckfahrschalter **351** 8
Heckfender **383** 29
Heckflaggenstock *Militär* **66** 25
Heckflaggenstock *Schiff* **377** 31
Heckflügel **346** 31
Heckform **101** 42–49

Heckführungsrinne 375 35
Heckgalerie 372 56
Heckgalgen 375 82
Heckgebläsetriebwerk 388 44
Heckklappe 346 15
Heckladeklappe 375 31
Heckladepforte 388 25
Hecklicht 102 15
Heckpforte *Hafen* 382 18
Heckpforte *Schiff* 375 53
Heckpositionsleuchte 65 20
Heckrampe 66 91
Heckrotor *Flugzeug* 388 14
Heckrotor *Militär* 64 20
Heckrotor *Polizei* 68 4
Heckscheibe 344 23
Heckscheibenheizung 344 88
Heckschild 238 40
Heckschleppe 244 9
Heckspiegel *Schiff* 375 43
Heckspiegel *Wassersport* 102 25
Heckspoiler *Auto* 346 31
Heckspoiler *Sport* 106 50
Hecktank 387 21
Hecktrawler 375 81
Hecktriebwerk 387 9
Hecktür *Auto* 346 22, 39
Hecktür *Militär* 63 81
Hederich 214 21
Hederich, Echter 214 21
Hederich, Falscher 214 18
Heer 63
Heervogel 178 30
Hefe 251 59
Hefe-Reinzucht-Apparat 247 6
Hefezopf 251 47
Heft *Hausrat* 53 53
Heft *Tischler* 285 10
Heft, Feilen- 260 50
Heft, Messer- 250 4
Heft, Nagel- 253 56
Heft, Programm- 136 15
Heft, Rollen- 137 41
Heft, Schreib- *Hausrat* 55 24
Heft, Schreib- *Schule* 72 46
Heft, Übungs- 72 45
Heftapparat 333 38
Heftchen, Marken- 395 15
Heftchen, Zigarettenpapier- 259 17
Heftdrahtabspulvorrichtung 337 4
Heften 336 1, 11
Hefter, Hänge- 411 5
Hefter, Ring- 72 42
Hefter, Sammel- 337 1
Hefter, Tisch- 410 5
Heftgaze 338 20

Heftgerät, Büro- 410 5
Heftklammernmagazin 410 7
Heftlade 336 2
Heftlage 336 5
Heftlasche 272 60
Heftmaschine, Draht- 337 1
Heftmaschine, Faden- 338 16
Heftnadel 338 21
Heftpflaster *Med.* 26 8, 27 47
Heftpflaster *Tankstelle* 349 33
Heftpflasterrolle 31 47
Heftsattel 338 24
Heftschnur 336 3
Heftung 336 14
Heide 17 5
Heide, Glocken- 195 19
Heide, Moor- 195 19
Heide, Sumpf- 195 19
Heidekraut 195 19
Heidekrautgewächs 205 12
Heidelbeere 195 23
Heidelerche 179 6
Heidepflanze 195
Heideröschen 195 20
Heiliger, Brücken- 369 22
Heilige Schrift 148 11
Heiliges Römisches Reich 62 40
Heilpflanze 198
Heilschlamm 88 32
Heilwasser 88 3
Heimathafen 102 9
Heimchen 233 8
Heimwerken 287 1–34
Heimwerker 287 61
Heimwerkerbank 287 41
Heinze 216 31
Heißgetränk 77 34
Heißluftbad, finnisches 96 14–26
Heißluftballon 103 71
Heißluftkamm 258 30
Heißluftpistole 283 33
Heißtrubausscheidung 247 2
Heißwasserbereiter 279 12, 13
Heißzerfaserung 325 22
Heizdruckmesser 364 44
Heizersitz 364 39
Heizgenerator 366 39
Heizkammer, Gas- 300 29
Heizkammer, Luft- 300 31
Heizkasten 336 26
Heizkathode, Schnell- 400 25
Heizkeller 46
Heizkörper *Energie* 308 14
Heizkörper *Haus* 46 81
Heizkörperablauf 308 13
Heizkörperpinsel 282 26

Heizkörperrippe 46 82
Heizkörperzulauf 308 12
Heizöl 46 54
Heizölbehälter 366 75
Heizöltank 380 66
Heizpresse 268 63
Heizraum *Gärtnerei* 207 7
Heizraum *Haus* 46 40
Heizrohr *Eisenbahn* 364 17
Heizrohr *Gärtnerei* 207 8
Heizspannungsanzeige 365 27
Heizspannungsmesser 366 17
Heizstrommesser 366 18
Heizumrichterschrank 366 40
Heizung *Haus* 46 25
Heizung *Med.* 30 11
Heizung, Elektro- 332 3
Heizung, Führerstands- 365 39
Heizung, Heckscheiben- 344 88
Heizung, Sammel- 46 39
Heizung, Sitz- 344 96
Heizung, Vorwärm- 338 30
Heizung, Warmwasser- 46 39
Heizung, Windschutz- scheiben- 344 89
Heizung, Zentral- 46 39
Heizungsanlage 362 5, 16
Heizungskörper 279 20
Heizungskörper, Zentral- 279 20
Heizungsregulierung 361 29
Heizwindleitung 300 19
Heizzentrale, Dach- 308 20
Hela 15 17
Helfer 26 22
Helfer, Wahl- 69 18
Helferin, Arzt- 27 20, 32 45
Helferin, Wahl- 69 18
Helferin, Zahnarzt- 29 15
Helfereinheit 29 8
Helgen 378 11–28
Helgoland-Klasse 66 95
Heliostat *Astron.* 5 32
Heliostat *Energie* 307 20
Helium 1 5
Heliumatomkern 1 39, 40
Heliumdruckflasche 391 13
Heliumdruckgastank 391 42
Helix, Doppel- 24 24
Hellblau 166 6
Helligkeitsregelung 400 33
Helling 378 11–28
Helling, Gerüst- 378 19–21
Helling, Kabelkran- 378 11–18
Helling, Portal- 378 11–18

Hellinganlage 378 11–28
Hellinggerüst 378 19
Hellingsohle 378 17
Helm *Heraldik* 62 3
Helm *Ritter* 147 39–42
Helm *Schiff* 372 13
Helm *Sport* 108 20
Helm, Feuerwehr- 82 20
Helm, Kübel- 62 7
Helm, Lacrosse- 109 76
Helm, offener 62 9
Helm, Schutz- *Eisenbahn* 360 26
Helm, Schutz- *Forstw.* 237 23
Helm, Schutz- *Installateur* 280 2
Helm, Schutz- *Polizei* 68 29
Helm, Schutz- *Raumfahrt* 392 3
Helm, Schutz- *Steinbruch* 312 14, 19
Helm, Ski- 119 12
Helm, Spangen- 62 8
Helm, Stech- *Heraldik* 62 10
Helm, Stech- *Ritter* 147 77
Helm, Steinschlag- 118 57
Helm, Sturz- *Pferdesport* 105 20
Helm, Sturz- *Sport* 106 4, 121 14
Helm, Turm- 154 7
Helm, Wappen- 62 7–10
Helmdecke 62 4
Helmfach 341 29
Helmglocke 147 39
Helmkasuar 178 2
Helmkrone 62 13
Helmlampe 82 79
Helmöler 339 71
Helmstock 372 13
Helmwulst 62 5
Helmzier 62 6, 32–38
Hemd *Kaufhaus* 83 11, 13
Hemd *Schiff* 376 90
Hemd, Freizeit- 38 56
Hemd, Jeans- 38 58
Hemd, Nacht- 37 9
Hemd, Ober- 38 51
Hemd, Party- 38 2
Hemd, Schlaf- 37 55
Hemd, Smoking- 38 11
Hemd, Träger- 39 28
Hemd, Turn- 113 61
Hemd, Unter- 37 34, 65, 66, 67, 68
Hemdbluse 35 36
Hemdblusenkleid 35 42
Hemdchen, Achsel- 34 8
Hemdchen, Flügel- 34 10
Hemdchen, Kinder- 33 24
Hemdchen, Schlupf- 34 9

Hemdkragen **38** 57
Hemdtasche **38** 54
Hemipyramide **174** 24
Hemisphäre, linke **20** 89
Hemisphäre, nördliche
 3 1–35
Hemisphäre, rechte **20** 90
Hengst **224** 2
Henkel **323** 37
Henkel, Bügel- **156** 4
Henkel, Trag- **282** 10
Henkelkanne **146** 35
Henkelkreuz **150** 64
Henkellocheisen **253** 46
Henne *Landw.* **215** 7
Henne *Zool.* **224** 19
Henne, Fasanen- **241** 82
Henne, Fett- **195** 9
Henne, Lege- **227** 24
Henne, Trut- **224** 28
Henriquatre **40** 15
Heppe **238** 11
Heraldik **62** 1–38
heraldische Farbe **62** 26–31
heraldische Seite **62** 19–25
heraldisch linke Seite **62** 15
heraldisch links **62** 19–25
heraldisch rechte Seite
 62 14
heraldisch rechts **62** 19–25
herausnehmbares Gebiss
 29 21
Herberge, Jugend- **18** 26
Herbstanfang **3** 7
Herbstblume **197** 3
Herbstpunkt **3** 7
Herbstzeitlose **197** 3
Hercules **3** 21
Herd, Elektro- **47** 28, **54** 29
Herd, Erdbeben- **12** 23
Herd, Gas- **47** 28
Herd, Mikrowellen- **47** 36
Herdapfel **221** 38
Herdtiefe **12** 25
Herdwagenofen **292** 42
Hererofrau **162** 25
Hering *Camping* **92** 58
Hering *Zool.* **182** 14
Herkules **3** 21
Herkunftsland **227** 38
Herme **153** 49
Heroldsbild **62** 11
Herr, Lehns- **147** 67
Herr, Tisch- **78** 43
Herrenausstatter **79** 5
Herrenbekleidung **83** 10
Herreneinzel **109** 3
Herrenfriseur **258**
Herrenhut **42** 14, 29
Herrenhutform **42** 15
Herrenjackett **38** 22
Herrenkleidung **38**

Herrenkonfektionsabteilung
 83 10
Herrenmütze **42** 29
Herrennachtkleidung **37** 47
Herrenpullover **38** 61
Herrenring **43** 20
Herrensalon **258**
Herrenschaftstiefel **58** 7
Herrenschneider **256** 25
Herrenschneideratelier
 256 1–35
Herrensocke **37** 48
Herrenstiefel **58** 5
Herrenstraßenstiefel **58** 13
Herrentier **186** 15
Herrenunterkleidung **37** 47
Herrenunterwäsche **37** 47
Herrenwäsche **37** 47
Herrgottskäfer **175** 40
Herstellung *Druck* **335** 1–23
Herstellung *Textil* **322** 1–24,
 14–18, 19–24, 25–39, 30–32,
 33–39, 40–53, 45–53
Herstellung, Ammonium-
 sulfat- **309** 35
Herstellung, Behälterglas-
 317 33–49
Herstellung, Brät- **250** 21
Herstellung, Flachglas-
 317 1–20
Herstellung, Flaschenglas-
 317 33
Herstellung, Glas- **317**
Herstellung, Holzstoff-
 325 3–11
Herstellung, Klischee- **331**
Herstellung, Papier- **324**, **325**
Herstellung, Porzellan- **316**
Herstellung, Pressglas-
 317 21–32
Herstellung, Tafelglas-
 317 1–20
Herstellung, Textilglas-
 317 50–57
Herstellung, Vakuum- **332** 19
Herstellung, Vorlagen- *Druck*
 332
Herstellung, Vorlagen-
 Setzerei **327**
Herstellung, Zellstoff-
 325 12–18
Herstellung, Zement- **310**
Herstellungslinie, Quark-
 229 38
Herz *Anat.* **21** 14, **23** 11,
 30, 56
Herz *Spiel* **90** 40, 44
Herz, Dreh- **302** 54
Herz, Flammendes **213** 5
Herz, Frauen- **213** 5
Herz, Hängendes **213** 5
Herz, Jungfern- **213** 5

Herz, Lebkuchen- **126** 51
Herz, Tränendes **213** 5
Herzblume **213** 5
Herzbrett **273** 93
herzförmig **188** 38
Herzfrequenzmessung
 112 18
Herzkammer **23** 64
Herzkatheter **30** 29
Herzkatheterisierung **30** 28,
 32 31
Herzklappe **23** 58
Herzlinie **19** 76
Herzmassage *Feuerwehr*
 82 11
Herzmassage *Med.* **26** 32
Herzogshut **62** 41
Herzohr **23** 31
Herzschrittmacher **30** 19
Herzschrittmacher, intra-
 korporaler **30** 25
Herzschrittmacher-
 implantation **30** 24
Herzsilhouette **30** 27
Herzstelle **62** 19
Herzstromkurve **30** 6
Herzstück **356** 24
Hesse, Hinter- **249** 33
Hesse, Vorder- **249** 28
Hetzhund **239** 37
Heu **228** 13
Heu, gebreitetes **216** 27
Heu, gezettetes **216** 27
Heuballen **215** 55
Heuboden **215** 31
Heuer, Kreisel- **216** 26
Heuernte **216** 20
Heufler **241** 25
Heuforke **219** 4
Heugabel **219** 4
Heuharke **219** 15
Heuhüpfer **175** 10
Heupferd, Grünes **175** 10
Heureiter **216** 30, 31
Heuschrecke **175** 10
Heuschrecke, Grab- **233** 8
Heuschrecke, Spring- **175** 10
Heuschreckenköder **243** 38
Heuspringer **175** 10
Heuwurm **234** 33
Hexaeder **174** 2
Hexagon **43** 60
hexagonale Kristallfläche
 174 15
hexagonales Kristallsystem
 174 20–22
hexagonales Prisma
 174 21, 22
Hexakisoktaeder **174** 13
Hexe **124** 6
Hexenkraut **214** 31
Hexenstich **254** 9

HF-Antenne **65** 24
Hieb, Feilen- **293** 33
Hieb, Kopf- **111** 23
Hiebwaffe **111** 20, 34
Hieroglyphe, altägyptische
 163 1
Hi-Fi-Anlage **401** 19–103
Hi-Fi-Kompaktanlage **401** 1
Hi-Fi-Komponente
 401 19–103
Hi-Fi-Turm **401** 7
Hifthorn **105** 44
High Density **406** 54
High Frequency **65** 24
High-Gain-Richtantenne
 6 29
High Hat **142** 51
Highriser **340** 1
Hi-Hat **142** 51
Hilfe **61** 24
Hilfe, erste **26**
Hilfe, Schwimm- **98** 15
Hilfe, Steh- **330** 40
Hilfe, Unfall- **26**
Hilfestellung **114** 16
Hilfsarbeiter **271** 19
Hilfsausrüstungsbehälter
 65 16
Hilfsbetrieb **365** 34
Hilfsfallschirm **393** 60
Hilfsgerät **113** 12–21,
 114 7–14
Hilfskontakt **305** 62
Hilfskranzug **300** 66
Hilfslinie **328** 21
Hilfsluftbehälter **366** 61
Hilfsmaschine **377** 71
Hilfsmaschinenraum *Militär*
 67 56
Hilfsmaschinenraum *Schiff*
 377 70
Hilfsmittel **26** 37
Hilfsmotor **365** 17
Hilfsrippe **104** 12
Hilfsschirm **103** 31
Hilfsschwert **94** 28
Hilfsseil **368** 41
Hilfsseilspannvorrichtung
 368 42
Hilfsstander **61** 27
Hilfsstoff **325** 24–26, 38
Hilfswagen **311** 11
Himbeerblüte **211** 28
Himbeere **188** 112, **211** 30
Himbeerstrauch **211** 27
Himmel **33** 33
Himmel, Bühnen- **137** 9
Himmel, Fixstern- **3** 1–35
Himmel, Trag- **149** 49
Himmelbedeckung **9** 12
Himmelfahrtsblümchen
 195 3

Himmelsachse 4 10
Himmelsäquator 3 3
Himmelsgewölbe 3 1–8
Himmelskarte 3 1–35
Himmelspol 3 1, 4 24, 26
Himmelsschlüsselchen 194 8
Himmelssphäre 4 23
Hinderer, Rückschlag-
240 14
Hindernis *Navigation*
380 24–27, 28, 38
Hindernis *Roulette* 89 3
Hindernis, festes 105 19, 22
Hindernis, halbfestes 105 9
Hindernisrennen 105 22–24
hinduistischer Tempelbau
151 11–13
Hinkelstein 146 18
Hinkelsteingruppe 146 11
Hinterachsträger 345 71
Hinterbacke 225 35
Hinterbein *Biene* 230 8
Hinterbein *Zool.* 235 9
Hinterbliebene 149 38
Hinterbliebener 149 38
Hinterdame 123 6
hintere Aufschlaglinie
109 49, 50
Hintereckkegel 123 7
Hinterflügel 175 36
Hinterfüllung 371 8
Hinterfuß 121 9
Hintergassenkegel 123 6
Hintergrund, Bühnen-
137 10
Hinterhachse 249 10
Hinterhand 225 33–37
Hinterhängestück 137 10
Hinterhaupt 19 6
Hinterhauptbein 20 41
Hinterhauptlappen 20 75
Hinterhauptmuskel 21 50,
22 3
Hinterhaxe 249 10
Hinterhesse 249 33
Hinterholz 123 7
Hinterkappe *Schuhmacher*
253 59
Hinterkappe *Sport* 107 23
Hinterkipper 354 10
Hinterkopf 19 6
Hinterlader 230 56
Hinterlauf 223 7, 241 24, 68
Hinterleib *Biene* 230 8
Hinterleib *Zool.* 235 10
Hinterleibsrücken 175 34
Hinterleibszange 233 13
Hinterlinie 110 31
Hintermann 110 35
Hinterpfote 223 8
Hinterrad 339 41
Hinterradgabel 339 31

Hinterradlenkung 217 34
Hinterradschwinge 341 6, 43
Hinterradstoßdämpfer 342 8
Hinterradstrebe 339 30, 31
Hinterradtasche 340 37
Hinterraum 110 3
Hintersitz 346 20
Hintersteven 378 73, 74
Hinterteil 19 54
Hinterzange 285 37
Hinterzwiesel 226 39
Hinweis, Artikel- 165 14
Hinweis, Warn- 348 44
Hinweisschild 358 35, 62
Hinweiszeichen 390 20–24,
25–30
Hippe, Ast- 208 9
Hippe, Garten- 208 9
Hippiefrisur 40 33
Hippogryph 145 28
Hippokamp *Fabel* 145 48
Hippokamp *Zool.* 182 18
Hirn, Groß- 20 57, 21 22
Hirn, Klein- 20 62
Hirn, Stamm- 20 64
Hirn, Zwischen- 20 67, 21 23
Hirnanhangdrüse 20 70
Hirnhaut, harte 20 81
Hirnhaut, weiche 20 80
Hirnholz 273 92
Hirnholzplatte 159 1
Hirnkappe 147 61
Hirnrinde 20 86
Hirsch, Brunft- *Jagd* 239 14
Hirsch, Brunft- *Zool.* 241 5
Hirsch, Dam- 241 45
Hirschfänger 240 41
Hirschhornknopf 34 37
Hirschhund 105 47
Hirschkäfer 175 26
Hirschkuh *Jagd* 239 15
Hirschkuh *Zool.* 241 2
Hirschruf 240 46
Hirschziegenantilope 185 6
Hirse 221 28
Hirtentäschel, Gemeines
214 9
Hirtentäschelkraut 214 9
Histon 24 21, 22
historische Note 138 1, 2
historischer Schiffstyp 372
historisches Schreibgerät
163 21–26
hitzebeständige Struktur
393 35
Hitzeschild 393 9, 41
H-Milch 252 98
h-Moll 138 57
Hobbock, Farb- 282 11
Hobel *Bau* 273 64
Hobel *Tischler* 285 15–28
Hobel, Doppel- 285 16

Hobel, Grund- 285 26
Hobel, Hand- 285 15–28
Hobel, Lang- 285 39
Hobel, Schab- 285 27
Hobel, Schienen- 289 39
Hobel, Schiffs- 285 28
Hobel, Schlicht- *Heimwerken*
287 1
Hobel, Schlicht- *Tischler*
285 15
Hobel, Schrupp- 285 16
Hobel, Sims- 285 25
Hobel, Straßen- 354 15
Hobel, Zahn- 285 17
Hobelaggregat 286 39
Hobelbank 285 29–37
Hobeleisen 285 20
Hobelkasten 285 24
Hobelmaschine, Dickten-
285 45
Hobelmaschine, Lang- 303 8
Hobelmesser 285 20
Hobelschar 354 17
Hobelspan 285 40
Hobelstreb 297 43
Hobeltisch 303 11
Hoch 9 7
Hochachse 386 70
hochalpine Ausrüstung
118 36–61
Hochbaukran 55 39
Hochbehälter 207 2
Hochbehälter, Wasser- 80 18
Hochbordstein 352 7
Hochdach 347 27
Hochdecker 385 1, 387 2
Hochdruck 334 12–34,
35–51
Hochdruckdampfrohr 67 63
Hochdruckgasleitung 309 45
Hochdruckgebiet 9 7
Hochdruckmanometer 294 4
Hochdruckmodifikation
11 5
Hochdrucksauerstoffpumpe
393 43
Hochdruckteil 306 49
Hochdruckturbine *Flugzeug*
388 55
Hochdruckturbine *Militär*
67 62
Hochdruckverdichter 388 38
Hochdruckverfahren
159 1–13
Hochdruckwasserstoff-
pumpe 393 42
Hochdruckzementierungs-
pumpe 299 34
Hochdruckzylinder 305 27
Hochfläche 14 49
Hochfrisur 41 7
Hochgebirge 11 10, 13 42

Hochgeschwindigkeits-
reisezug 363 1–48, 49
hochgestelltes Zeichen
164 16
Hochglanzfolie 268 61
Hochhalte 115 49
Hochhaus 123 49
Hochhaus, Büro- 45 25
Hochhaus, Wohn- 45 26
Hochlandindio 160 22
Hochleistungslüfter 82 49
Hochleistungssegelflugzeug
104 27
Hochlochziegel 313 21
Hochlöffelbagger 354 1
Hochmoor 14 21
Hochnebel 8 4
Hochofen 300 1
Hochofenanlage 300 1–20
Hochofenschacht 300 7
Hochpunkt 164 25
Hochrechnung 70 16
Hochreservoir, Wasser-
80 18
Hochrippe 249 18
Hochschrank 51 1
Hochschule 74
Hochschullehrer 74 3
Hochseejacht 100 56
Hochseejacht, 30- m- 102 6
Hochsitz 239 17
Hochspannungsabzweig
305 6
Hochspannungskabel 305 46
Hochspannungsleitungsseil
304 32
Hochspannungsseil 304 33
Hochspannungsverteilungs-
anlage 304 29–35
Hochspringer 116 10
Hochsprung 116 9–27
Hochsprung, Stab-
116 28–36
Hochstamm, Beeren-
204 12
Hochstamm, Obst- 204 31
Hochstamm, Rosen- 204 22
hochstämmiger Obstbaum
204 31
Hochstammrose 203 26,
204 22
Hochstand 239 17
Hochstoß 91 3
Hochstraße 369 59
Hochtöner 401 14
Hochtonsystem 401 14
Hochtourenanorak 118 24
Hochtourist 118 5
Hochtouristik 118
Hochtransportband 251 75
Hochwasserbett 370 26
Hochwasserdeich 370 21

Hochwasserentlastungs-
anlage 371 68
Hochwasserschaden 370 4
Hochwurf 114 35
Hochzahl 168 1
Hocke *Sport* 117 1
Hocke *Turnen* 113 53
Hocke, Abfahrts- 119 25
Hocke, Ei- 119 25
Hocker *Hausrat* 50 24
Hocker *Schneiderei* 256 7
Hocker *Schule* 72 60
Hocker, Bar- *Diskothek* 129 6
Hocker, Bar- *Hotel* 78 52
Hocker, Bar- *Tankstelle*
349 13
Höcker, Schnabel- 178 21
Höcker, Schulterblatt- 223 14
Hocker, Sitz- 78 37
Höcker, Stirn- 19 10
Hocker, Tresen- *Diskothek*
129 6
Hocker, Tresen- *Restaurant*
75 42
Hockerbestattung 146 17
Hockergrab 146 17
Höckerschwan 178 20
Hockey 108 38
Hockey, Eis- 120 18–27
Hockeyball 108 46
Hockeyschläger 108 45
Hockeyspiel 108 38
Hockeyspieler 108 47
Hockeystock 108 45
Hockeytor 108 39
Hockliegestütz 115 23
Hocksitz 115 9
Hocksprung 115 36
Hockstand 115 6
Hoden 23 86
Hoden, Neben- 23 87
Hodensack 19 53, 23 85
Hof *Landw.* 215 1
Hof *Spiel* 90 27
Hof, Bahn- *Eisenbahn* 360 39
Hof, Bahn- *Geogr.* 17 40
Hof, Bahn- *Stadt* 18 38
Hof, Bauern- 215, 216 12
Hof, Burg- 147 2
Hof, Einöd- 17 101
Hof, Einzel- 17 101
Hof, Fracht- 389 10
Hof, Fried- *Geogr.* 17 106
Hof, Fried- *Kirche* 149 19–41
Hof, Fried- *Stadt* 18 31, 32
Hof, Kirch- 149 19–41
Hof, Kloster- 149 53
Hof, Milch- 229
Hof, Pferde- 128 15
Hof, Recycling- 81 14–19
Hof, Schlacht- 248
Hof, Vor- 23 57

Hof, Warzen- 19 40
Hofhecke 215 2
Hofhund 215 3
Hofpflege 219
Höft 381 65
Höhe 169 27, 170 44
Höhe, Durchlass- 311 10
Höhe, Scheitel- 240 77
Höhe, Sitz- 330 41
Höhe, Sprung- 13 7
Höheneinstellung *Med.* 32 4
Höheneinstellung *Sägewerk*
311 51
Höheneinstellung *Tischler*
285 60
Höhenfeintrieb 16 55
Höhenflosse *Flugsport*
103 15
Höhenflosse *Flugzeug*
385 26, 386 62
Höhenklemme 16 56
Höhenleitwerk 385 26, 27,
35, 386 61
Höhenlinie 17 61
Höhenmarkierung 116 20
Höhenmesser 386 4
Höhenmessung, geometri-
sche 16 47
Höhenregler 401 37
Höhenrichteinrichtung
63 53
Höhenruder *Flugsport*
103 16
Höhenruder *Flugzeug*
385 27, 386 24, 63
Höhenskala *Atmos.* 7 40
Höhenskala *Sägewerk* 311 64
Höhenverstelleinrichtung
236 6
Höhenverstellung *Fotogr.*
268 37
Höhenverstellung *Foto-
reprod.* 330 36
Höhenverstellung *Landw.*
217 54
Höhenverstellung *Straßen-
bau* 355 3
Höhenverstellung *Zeichner*
315 16
Höhenzug 14 37
hoher Absatz 58 28, 33
höhere Rechnungsart
168 1–6
Hoher Glatthafer 222 22
Hoher Klee 222 9
hohe Schule 226 1–6
Hohlachse 133 49
Hohlbeitel *Kunst* 158 17
Hohlbeitel *Tischler* 285 9
Hohlblocksteinwand 271 15
Höhle 17 85
Höhle, Achsel- 19 35

Höhle, Amion- 25 37
Höhle, Brut- 178 34
Höhle, Fruchtknoten- 188 67
Höhle, Fruchtwasser- 25 37
Höhle, Gebärmutter- 23 95,
25 27
Höhle, Kaninchen- 239 30
Höhle, Karst- 14 64
Höhle, Keilbein- 22 78
Höhle, Nasen- 22 76
Höhle, Pauken- 22 91
Höhle, Pulpa- 22 40
Höhle, Rachen- 22 27
Höhle, Stirnbein- 22 79
Höhle, Tränen- 241 16
Höhle, Tropfstein- 14 64
Hohleisen *Kunst* 159 8
Hohleisen *Tischler* 285 9
Höhlenbild 146 9
Höhlenfluss 14 68
Höhlenmalerei 146 9
Höhlensystem 14 61
Höhler, Ohren- 233 12
Hohlgebiss 226 52
Hohlhand 19 72
Hohlkasten 369 5
Hohlkehle 153 34, 45, 155 10
Hohlkehle, Brandungs- 14 75
Hohlpfanne 275 54
Hohlpfannendach 275 53
Hohlplatte, Ton- 313 26
Hohlrad 296 95
Hohlsaum 254 14
Hohlschale 10 30
Hohlscheibe 218 50
Hohlschliff 120 14
Hohlsonde 31 35
Hohlspiegel 133 39
Hohlstützisolator 305 59
Hohltier 176 16, 187 5, 9,
14, 20
Hohlvene, obere 21 9, 23 66
Hohlvene, untere 21 15,
23 70
Hohlweg 17 84
Holder 192 35
Holderbeere 192 37
Holderblüte 192 36
Holderbusch 192 35
Hole 110 49
Holländermühle 245 30
Hollandrad 340 40
Hollandradlenker 340 41
Höllenhund 145 31
Höllennatter 182 40
Holler 192 35
Hollerbeere 192 37
Hollerblüte 192 36
Holm *Flugzeug* 386 45
Holm *Haus* 46 17
Holm *Sport* 121 5
Holm *Wassersport* 99 31

Holm, Aufhänge- 228 16
Holm, Barren- 113 3, 114 4
Holm, Haupt- 104 6
Holm, Kasten- 104 6
Holm, Riemen- 99 31
Holm, Schräg- 104 9
Holm, Seiten- 393 4
Holmen 340 14
Holmflügel 104 5
Holoeder 174 2
Hologramm 60 13
Holster 68 39
Holster, Schnellzieh- 68 36
Holunder, Schwarzer 192 35
Holunderbeere 192 37
Holunderblüte 192 36
Holunderbusch 192 35
Holz *Abfall* 81 19
Holz *Forstw.* 237 1–14
Holz *Sport* 110 55
Holz, Alt- 237 4
Holz, Bau- 273 10, 83–96
Holz, Baum- 237 4
Holz, Bossier- 316 28
Holz, Eichen- 232 3
Holz, Einsatz- 238 4
Holz, Faser- 325 1
Holz, Ganz- 273 87
Holz, Halb- 273 88
Holz, Hinter- 123 7
Holz, Hirn- 273 92
Holz, Kamin- 45 13
Holz, Kant- *Bau* 273 10
Holz, Kant- *Sägewerk* 311 36
Holz, Kern- *Bau* 273 84
Holz, Kern- *Bot.* 188 13
Holz, Klischee- 331 4
Holz, Klopf- *Bau* 273 67
Holz, Klopf- *Druck* 334 11
Holz, Kreuz- 273 90
Holz, Lang- *Bau* 273 2
Holz, Lang- *Forstw.* 237 15,
19, 238 42
Holz, Laub- 189
Holz, Luft- 207 18
Holz, Lüftungs- 207 18
Holz, Modellier- *Kunst*
158 10
Holz, Modellier- *Porzellan*
316 28
Holz, Nadel- 190
Holz, Pflanz- *Garten* 208 1
Holz, Pflanz- *Gärtnerei* 206 7
Holz, Quer- 260 5
Holz, Rähm- 273 58
Holz, Rahmen- 272 64, 74
Holz, Rund- *Bau* 273 85
Holz, Rund- *Sägewerk* 311 30
Holz, Rund- *Schiff* 373 32–45
Holz, Sägerest- 325 2
Holz, Schal- 271 41, 272 18
Holz, Schappel- 272 61

Holz, Schlag- *Kunst* **158** 12
Holz, Schlag- *Sport* **108** 30
Holz, Schleif- **325** 1
Holz, Schnitt- **311** 21
Holz, Schwach- **237** 37
Holz, Setz- **208** 1
Holz, Splint- *Bau* **273** 85
Holz, Splint- *Bot.* **188** 12
Holz, Stamm- **238** 41
Holz, Stangen- **237** 12
Holz, Steck- **206** 25
Holz, Streich- **259** 22
Holz, Tot- **101** 47
Holz, Um- **283** 2
Holz, unbearbeitetes **288** 22
Holz, Unter- **237** 5
Holz, Vorder- **123** 1
Holz, Wurf- **160** 39
Holz, Zünd- **259** 22
Holzabfuhrweg **237** 3
Holzapfelbaum **211** 54
Holzauskleidung **96** 14
Holzbildhauer **158** 28
Holzbirnbaum **211** 34
Holzblasinstrument **141** 28–40
Holzblock **158** 27
Holzbock **175** 49
Holzboot **101** 50–57
Holzbottich **245** 28
Holzdrehbank **288** 1
Holzdübel **274** 93
Holzeinschlag **237** 15–37
Holzeinspannvorrichtung **285** 51
Holzeisenbahn *Hausrat* **55** 37
Holzeisenbahn *Spielplatz* **87** 16
Holzeisenbahn *Vorschule* **71** 29
Holzfaserplatte **157** 24
Holzfeile **285** 2
Holzfender **372** 26
Holzgerüst **161** 13
Holzgewinde **296** 47
Holzgewindeschneiden **288** 15
Holzgreifer *Forstw.* **238** 29
Holzgreifer *Sägewerk* **311** 28
Holzhacker **178** 32
Holzhammer *Klempner* **278** 81
Holzhammer *Kunst* **158** 21
Holzhammer, Vierkant- **285** 5
Holzharmonika **142** 62
Holzhaus *Haus* **45** 9
Holzhaus *Vorschule* **71** 28
Holzkohle *Camping* **92** 67

Holzkohle *Goldschmied* **260** 37
Holzkohlengrill **92** 66
Holzkonstruktion **72** 73
Holzkorb **127** 12
Holzmaske *Kunst* **156** 9
Holzmaske *Völkerk.* **162** 16
Holzmodel **159** 2
Holznagel **274** 92
Holzpaneel **76** 52
Holzpferd **126** 16
Holzplatte **157** 23
Holzprügel **325** 5
Holzraspel *Heimwerken* **287** 8
Holzraspel *Schule* **72** 56
Holzraspel *Tischler* **285** 1
Holzrechen **219** 15
Holzschaufel **245** 25
Holzschliff **325** 3–11
Holzschnitt *Kunst* **159** 1–13
Holzschnitt *Schule* **72** 83
Holzschnitzerei *Kunst* **156** 22
Holzschnitzerei *Schule* **72** 78
Holzschraube *Bau* **275** 100
Holzschraube *Maschinenteil* **296** 45
Holzschraube *Tischler* **285** 41
Holzschreier **179** 14
Holzsohle **58** 45
Holzspan **288** 27
Holzspielzeug **72** 81
Holzstab **142** 63
Holzstich **159** 1
Holzstock **159** 1
Holzstoffherstellung **325** 3–11
Holzstoß **237** 16
Holzstück **72** 57
Holztreppe **46** 26
Holzverband **274**
Holzverbindung **274** 84–99
Holzverkleidung *Meteor.* **10** 26
Holzverkleidung *Schwimmbad* **96** 14
Holzverschlag **46** 20
Holzvorrat **72** 82
Holzware, gedrechselte **288** 20
Holzzahn **245** 10
Holzzaun **44** 46
Homepage **328** 29
Homogenisierung **310** 3
Honig **230** 44, 74
Honig, Scheiben- **230** 77
Honig, Schleuder- **230** 75, 76
Honig, türkischer **126** 57
Honigbehälter **230** 75
Honigbiene **230** 1

Honigglas **230** 76
Honiggrube **212** 21
Honigmagen **230** 24
Honigmelonenstück **77** 9
Honigraum **230** 57
Honigschleuder **230** 73
Honigwabe **230** 57
Honigzelle **230** 44
Hook **123** 15
Hookball **123** 15
Hopfenanbau **236** 19
Hopfenanpflanzung **17** 114
Hopfengarten **17** 114
Hopfenkessel **246** 53
Horde **246** 24
Hordenschüttler **217** 14
Hörer *Büro* **408** 23
Hörer *Eisenbahn* **363** 31
Hörer, Kopf- *Büro* **412** 53
Hörer, Kopf- *Flohmarkt* **127** 26
Hörer, Kopf- *Rundfunk* **398** 20
Hörer, Kopf- *Schule* **73** 33
Hörer, Kopf- *U-Elektronik* **402** 27, 40, 41, 66
Hörer, Ohr- *Büro* **411** 37, **412** 53
Hörer, Ohr- *Sport* **106** 12
Hörer, Ohr- *U-Elektronik* **402** 17
Hörer, Telefon- *Büro* **409** 19
Hörer, Telefon- *Telefon* **396** 2
Hörermuschel **396** 10
Hörfunk **399**
Hörfunk, digitaler **398**
Hörfunkantenne **399** 5
Hörfunkmitarbeiter **398** 4
Horizont, Grenz- **14** 23
Horizont, Kreisel- **386** 3
Horizont, künstlicher **386** 3
Horizont, Rund- *Film* **131** 13
Horizont, Rund- *Theater* **137** 9
Horizontalablenkmodul **400** 10
Horizontalachse **303** 53
horizontale Ausdehnung **8** 27, 34
horizontale Basis **264** 71
Horizontalebene **4** 12
Horizontalisolierung **276** 4
Horizontalseismograf **12** 31
Horizontalstoß **91** 2
Horizontalsynchronmodul **400** 7
Horizontaltraubenpresse **232** 22
Horizontalverschiebung **11** 24

Horizontbeleuchtung **137** 15
Horizonthügel **131** 14
Horn *Klempner* **278** 19
Horn *Musik* **141** 42
Horn *Surfen* **94** 14
Horn *Zool.* **241** 83
Horn, Ammons- **20** 61
Horn, Bronze- **140** 1
Horn, Ein- **145** 7
Horn, Einsatz- **82** 44
Horn, Englisch- **141** 40
Horn, Funken- **304** 47, **305** 66
Horn, gedrehtes **145** 9
Horn, Hift- **105** 44
Horn, Jagd- *Jagd* **240** 60
Horn, Jagd- *Pferdesport* **105** 44
Horn, Kriegs- **162** 39
Horn, Krumm- **140** 6
Horn, Muschel- **145** 45
Horn, Nas- **184** 29
Horn, Rund- **290** 13
Horn, Schot- **100** 32
Horn, Signal- *Eisenbahn* **366** 70
Horn, Signal- *Motorrad* **342** 6
Horn, Tenor- **141** 41
Horn, Ventil- **141** 41
Horn, Vierkant- **290** 12
Horn, Wald- **141** 42
Hörnchen *Bäckerei* **251** 38
Hörnchen *Supermarkt* **252** 14
Hörnchen *Tankstelle* **349** 24
Hörnchen, Eich- **184** 22
Hörner, Büffel- **62** 36
Horngestell **263** 8
Hornhaut **22** 56, 64
Hornkäfer, Blatt- **175** 26
Hornklee **194** 17
Hornkralle **187** 8
Hornschröter **175** 26
Horntier **224** 1
Horoskop **165** 32
Hörrohr **28** 32
Hörsaal **74** 2
Horst **13** 12
Hort, Kinder- **71**
Hortensie **203** 12
Höschen **230** 4
Höschen, Spiel- **34** 24
Höschen, Strampel- **34** 13
Höschen, Windel- **34** 12
Hose *Kaufhaus* **83** 20
Hose *Kleidung* **36** 77, **37** 45, 46
Hose *Pferd* **225** 36
Hose *Schiff* **376** 38

Hose *Straßenrein.* 353 5
Hose *Zool.* 177 5
Hose, Bade- 95 22
Hose, Bikini- 95 20
Hose, Bund- 118 7
Hose, Bundfalten- 36 58, 38 24
Hose, Capri- 36 60
Hose, Freizeit- *Kaufhaus* 83 19
Hose, Freizeit- *Kleidung* 38 64
Hose, Gamaschen- 34 52
Hose, Gymnastik- 113 62
Hose, Jeans- 34 56, 38 68
Hose, Jogging- 39 37
Hose, klassische 38 6
Hose, Kletter- 118 7
Hose, Kniebund- 127 66
Hose, kurze 38 75
Hose, Latz- 34 46, 38 70
Hose, Leder- 34 36
Hose, Marlene- 36 54
Hose, Mieder- 37 30
Hose, Pluder- 124 37
Hose, Radler- 39 43
Hose, Schlafanzug- 37 4, 5, 53, 54
Hose, Schlag- 34 60
Hose, Schutz- 82 23
Hose, Schwimm- 95 22
Hose, Skater- 39 39
Hose, Smoking- 38 12
Hose, Sport- 39 34
Hose, Steg- 36 63
Hose, Stiefel- 105 6
Hose, Strampel- 33 25
Hose, Stretch- 36 55
Hose, Strumpf- 34 48, 37 39
Hose, Trainings- 39 35
Hose, Trikot- 107 48
Hose, Unter- 37 63
Hose, Wellen- 377 59
Hose, Windel- 33 23
Hose, Winter- 35 72
Hosen, Leder- 34 36
Hosenanzug 35 70
Hosenanzug, Sommer- 36 74
Hosenaufschlag 36 66, 38 76
Hosenbein 38 13
Hosenboje 384 14
Hosenbund 38 65
Hosenlatz 34 39
Hosennaht, samtbesetzte 38 14
Hosenrock 36 52
Hosenschlitz 38 71
Hosenschnalle 38 73
Hosenträger 34 29
Hosenträger, Leder- 34 38
Hospital 384 21
Hostie 150 28, 35, 48

Hostiendose 148 8, 150 51
Hostienschale 150 53
Hostienteller 148 9
HOT 63 74, 96
Hotel 78
Hotelbar 78 50
Hotelboy 78 18
Hoteldirektor 78 19
Hotelgast 78 14
Hotelpage 78 18
Hotelrechnung 78 11
Hotelrestaurant 78 20
Hotelzimmer 78 28–39
Hotpants 39 41
Hotte, Trauben- 231 15
Hot Whirlpool 96 27–29
Hourdi 313 26
Hourdis 313 26
Hourdisplatte 313 26
Hourdistein 313 26
HTML 328 34
Hubble 6 1
Hubbrücke 381 70
Hubdrehtisch 292 39
Hubel 316 17
Hubmotor 303 22
Hubschrauber *Flugzeug* 388 11–28
Hubschrauber *Militär* 63 88–96
Hubschrauber, Kran- 388 16
Hubschrauber, Mehrzweck- 388 11
Hubschrauber, Panzerabwehr- 63 94
Hubschrauber, Passagier- 388 26
Hubschrauber, Polizei- 68 1
Hubschrauber, Rettungs- *Militär* 64 18
Hubschrauber, Rettungs- *Schiff* 375 20
Hubschrauber, Rettungs- *Seerettung* 384 11
Hubschrauber, Transport- *Flugzeug* 388 21
Hubschrauber, Transport- *Militär* 63 88, 64 18
Hubschrauber, Verkehrs- 68 1
Hubschrauberarbeitsdeck 384 16
Hubschrauberdeck *Erdöl* 299 7
Hubschrauberdeck *Militär* 66 63
Hubschrauberhangar *Militär* 67 38
Hubschrauberhangar *Schiff* 375 34

Hubschrauberkraftstoff 299 18
Hubschrauberlandeplatt- form 67 39, 53
Hubschrauberplattform 375 19
Hubspindel 371 41
Hubtor 371 36
Hubwerk 360 41
Hubwerk, Front- 218 25
Hubzylinder 63 37
Huckepackverkehr 360 36
Huf 225 26
Hufeisen 5 10
Hufeisenbogen 155 30
Hufeisenmontierung 265 25
Hufer, Paar- 184 32, 224 9
Hufer, Unpaar- 184 28
Hufkratzer 226 56
Huflattich 198 8
Hufschlagfigur 105 8
Hüftbein 20 24
Hüfte *Anat.* 19 44
Hüfte *Pferd* 225 32
Huftier 185 1
Hüftnerv 21 30
Hüftschlagader 21 17
Hüftslip 37 28
Hüftstelle 62 22, 23
Hüfttasche 119 20
Hüftvene 21 18
Hügel 14 43
Hügel, Grab- 149 24
Hügel, Horizont- 131 14
Hügel, Sprung- 116 36
Hügelland 11 12
Huhn *Landw.* 215 7, 227
Huhn *Zool.* 224 19–26
Huhn, Bläss- 178 25
Huhn, Bless- 178 25
Huhn, Hasel- 241 74
Huhn, Moor- 178 25
Huhn, Perl- 224 27
Huhn, Reb- 241 75
Huhn, Suppen- 252 68
Huhn, Tauch- 178 16
Huhn, Wasser- 178 25
Hühnerbetrieb 227 39
Hühnerei 227 25
Hühnerfarm 227 39
Hühnergarten 227 2, 3
Hühnerhabicht 177 14
Hühnerhalter 227 39
Hühnerhaltung 227 1–23, 37
Hühnermyrte, Rote 214 27
Hühnerstall 227 3
Hühnertreppe 227 4, 12
Hühnervogel 178 27
Hüllblatt 221 33
Hülle, Bindegewebs- 20 87
Hülle, Ei- 227 26

Hülle, Frucht- 209 6, 212 50, 59
Hülle, Stahlbeton- 306 29
Hüllkelch 193 33
Hülse 188 102, 192 22, 209 6
Hülse, Bohnen- 209 11
Hülse, Frucht- 222 8, 16
Hülse, Naben- 339 75
Hülse, Papp- 240 50
Hülse, Patronen- 123 30
Hülsenfrucht 209 1–11
Hülsenkopf 240 16
Hülsstrauch, Gemeiner 192 9
Humboldtstrom 16 43
Hummel 175 24
Hummergabel 53 77
Humusandeckung 354 58
Hund 223, 224 16
Hund, Arbeits- 223 12–22
Hund, Begleit- 223 1–11
Hund, Dachs- 223 27
Hund, Erd- 223 27
Hund, Gebrauchs- 223 12–22
Hund, Großer 3 14
Hund, Hetz- 239 37
Hund, Hirsch- 105 47
Hund, Hof- 215 3
Hund, Höllen- 145 31
Hund, Jagd- *Jagd* 239 8
Hund, Jagd- *Zool.* 223 27–29
Hund, Kampf- 223 35, 36
Hund, Kleiner 3 15
Hund, Nutz- 223 1–11
Hund, Polar- 161 2
Hund, Polizei- 68 6
Hund, Schäfer- 223 20
Hund, Schlitten- *Völkerk.* 161 2
Hund, Schlitten- *Winter* 122 28
Hund, See- 185 24
Hund, Spür- 223 23–26
Hund, Stoff- *Hausrat* 55 41
Hund, Stoff- *Vorschule* 71 38
Hund, Vorsteh- 223 24, 26
Hund, Wind- 223 28
Hund, Wolfs- 223 20
Hund, Zwerg- 223 32–34
Hundeartige 185 13
Hundebürste 223 37
Hundeeinsatz, Polizei- 68 5
Hundegarnitur 223 37–40
Hundehalsband 223 16
Hundehütte, fliegende 103 83
Hundekamm 223 38
Hundekostüm 85 2
Hundekuchen 252 52
Hundeleib 145 32
Hundeleine 223 39
Hundemeute *Jagd* 239 37

Hundemeute *Pferdesport*
105 46
Hunderterstelle 167 3
Hundertstelstelle 167 20
Hundeschlitten *Völkerk.*
161 3
Hundeschlitten *Winter*
122 27
Hundeschwanz 223 15
Hundezecke 175 49
Hündin 224 16
Hundskamille 214 8
Hundslattich 214 13
Hundsquecke 214 30
Hundsrose 191 26
Hünengrab 146 16
Hungerblume 214 1
Hupe 344 68
Hüpfball 87 9
Hüpfen, Seil- 87 4
Hüpfer, Gras- 175 10
Hüpfer, Heu- 175 10
Hüpfseil 87 5
Hürde *Pferdesport* 105 9
Hürde *Sport* 116 8
Hürdenlauf 116 7, 8
Hürdensitz 115 12
Hurrikan 8 20–28
Husky, Siberian 223 17
Hut *Bot.* 199 4
Hut *Kaufhaus* 83 15
Hut, Bolero- 42 23
Hut, breitrandiger 42 52
Hut, Damen- *Hausrat* 49 12
Hut, Damen- *Kopfbedeckung*
42 5
Hut, Eisen- *Bot.* 197 1
Hut, Eisen- *Ritter* 147 59
Hut, Filz- 42 30
Hut, Finger- 197 2
Hut, Florentiner- 42 22
Hut, Fürsten- 62 42
Hut, Haarfilz- 42 16
Hut, Herren- 42 14, 29
Hut, Herzogs- 62 41
Hut, Jagd- 239 6
Hut, Jäger- 239 6
Hut, Japanpanama- 42 17
Hut, Klapp- 42 43
Hut, Konverter- 300 48
Hut, Künstler- 42 52
Hut, Kur- 62 43
Hut, Kurfürsten- 62 43
Hut, Loden- 42 31
Hut, Metall- 144 35
Hut, Modell- 42 8
Hut, Mohair- 42 7
Hut, Nerzpelz- 42 19
Hut, Pikador- 128 20
Hut, Raufhaarfilz- 42 32
Hut, Reisstroh- 42 47
Hut, runder 105 7

Hut, Safari- 42 49
Hut, Schuten- 124 20
Hut, Sommer- *Kleidung*
34 19
Hut, Sommer- *Kopf-
bedeckung* 42 44
Hut, Sonnen- *Kleidung* 34 19
Hut, Sonnen- *Kopfbedeckung*
42 6
Hut, Sonnen- *Strand* 95 23
Hut, Stetson- 128 36
Hut, Stoffaufschlag- 42 26
Hut, Strand- 95 23
Hut, Stroh- 42 45
Hut, Sturm- 197 1
Hut, Topf- 42 13
Hut, Western- 85 42
Hut, Zimmermanns- *Bau*
273 13
Hut, Zimmermanns-
Kopfbedeckung 42 52
Hut, Zink- 275 101
Hut, Zylinder- 42 43
Hütchen 126 42
Hütchen, Zünd- 240 59
Huthaken 76 16
Hutmacher 42 1
Hutschachtel 49 13
Hütte *Bergsport* 118 1
Hütte *Militär* 66 22
Hütte *Schiff* 377 33
Hütte, Alpenvereins- 118 1
Hütte, Ansitz- 239 59
Hütte, Bau- 271 48, 272 44
Hütte, Baum- 85 23
Hütte, Berg- 118 1
Hütte, Bienenkorb- 162 28
Hütte, Kegeldach- 162 21
Hütte, Krähen- 239 59
Hütte, Kurtaxen- 95 34
Hütte, Miet- 92 75
Hütte, Pfahlbau- 160 32
Hütte, Schieß- 239 59
Hütte, Schnee- 161 4
Hütte, Schutz- 118 1
Hütte, Ski- 122 4
Hütte, Thermometer- 10 49
Hütte, Uhu- 239 59
Hütte, Winnetou- 87 46
Hüttenjagd 239 54
Hüttensand 310 20
Hüttenschuh 58 42
Hüttenwerk, Eisen- 300
Hyäne, Streifen- 186 10
Hyazinthe, Nacht- 213 9
Hydra 3 16
Hydrallmania 187 9
Hydrant, Unterflur- 82 37
Hydrantenschlüssel 82 39
Hydraulikanlage *Brauerei*
246 13

Hydraulikanlage *Militär*
63 36
Hydraulikarm *Forstw.* 238 21
Hydraulikarm *Straßenbau*
354 14, 26
Hydraulikpumpe 82 53
Hydraulikzuleitung 82 76
Hydraulikzylinder
Eisenverarb. 301 10
Hydraulikzylinder *Militär*
65 29
hydraulische Kupplung
292 8
hydraulische Lagerung 5 11
hydraulischer Antrieb 82 32
hydraulisches Antriebs-
system 292 1
Hydra von Lerna 145 34
Hydrofiner 298 45
Hydroidpolyp 187 9
Hydroplane-Rennboot
102 21
Hygieneartikel, Damen-
349 35
Hygieneschädling 233 1
Hygrograf 10 8, 50
Hygrometer 96 18
Hyperbel 170 26
Hyperbel, Null- 379 36
Hyperbelstandlinie
379 37, 38
Hypertext Markup Language
328 34
Hypotenuse 169 32
Hypothalamus 20 69
Hypotrachelion 153 19
Hypozentrum 12 23
hypsografische Kurve 11 9

I

i 167 14
IC® 361
IC®-Reisezugwagen 361 1
ICE® 359 18
ICE 3® 363 1–48
identisch 168 16
identische Gleichung 168 5
Identität 168 5
Identitätszeichen 168 16
Idol 146 20
Idol, Steinzeit- 146 8
Igel 184 7
Igel, See- 176 44, 187 19
Igelkaktus 205 14
Igelkopf 40 12
Igelwulst 153 18
Iglu 161 4
Igluzelt 92 31
Ijsselmeer 15 40
Ikosaeder 174 11

Ikositetraeder 174 12
imaginäre Einheit 167 14
imaginäre Zahl 167 14
Imaginärteil 167 14
Imago 175 12
im Eis Eingebrochener 26 34
imitierte Motorradgabel
340 3
Imker 230 69
Imkerpfeife 230 71
Imme 230 1
Impair 89 12
Imperator 126 30
Implantation, Herzschritt-
macher- 30 24
Imprägnierchassis 321 2
Imprägnierspray 56 43
Impressum 165 33
Impuls, Schallwellen-
379 58
IMS-Klasse 100 56
Inbord-Sportboot 102 2
Inbusschraube 296 27
Inch 326 26
Index, Aktien- 415 14
Index, Papier- 268 54
Indexkurve 415 11
Indexspiegel 379 22
Indianer *Freizeitpark* 85 40
Indianer *Völkerk.* 160 1–19
Indianer, Prärie- 160 3
Indianer, Waldland- 160 19
Indianerfort 87 10
Indianerfrau 160 10
Indianerhäuptling 160 11
Indianerkostüm 85 40
Indikator, Schärfe- 267 62
Indio 160 20–33
Indio, Hochland- 160 22
Indisch-Australische Platte
11 40
indische Pagode 151 4
Indischer Ozean 16 24
indischer Stahlgriffel 163 21
indische Tänzerin 124 22
Individual-Section-Maschine
317 33
indonesische Kunst
156 19–22
Indoorbike 112 34
Indoorcycle 112 34
Indoorcycling 112 32–34
Induktionsschmelzofen
301 1
Induktionsspule *Eisenverarb.*
301 3
Induktionsspule *Geogr.* 12 37
induktive Zugsicherung
365 7, 366 14
Indusi 365 7, 38, 366 14
Indusi-Fahrzeugmagnet
366 38

Industrieanlage, Hafen- **381** 71

Industriegelände **18** 3

Industriepflanze **201**

Industrieroboter **303** 35

Inertgasschweißbrenner **295** 31

Infield-Handschuh **108** 49

Infinitesimalrechnung **168** 13, 14

Infoplakat **413** 16

Information *Piktogramm* **390** 25

Information *Stadt* **18** 15

Information, Fahrgast- **362** 28

Information, Touristen- **18** 15, **79** 30

Informationsanzeige **379** 8

Informationsbüro **92** 4

Informationsdisplay **379** 8

Informationskasten **92** 5

Informationsschalter **358** 1

Informationstafel **18** 15

Informationssystem, Reisenden- **359** 15

Informationstafel **83** 53

Informationsvitrine **359** 26

Infotafel **83** 53

Infrarotempfänger **402** 13

Infrarot-Interferometer **6** 18

Infrarotlichttrockenofen **333** 30

Infrarot-Radiometer **6** 18

Infrarotschnittstelle *PC* **407** 6

Infrarotschnittstelle *U-Elektronik* **403** 6

Infrarotsender **406** 25

Infrarotsensor *Militär* **65** 7

Infrarotsensor *U-Elektronik* **402** 30

Infrarotsensor *Video* **404** 56

Infrarot-Spektrometer **6** 18

Infrarottastatur **406** 24

Infusion, Tropf- **31** 11

Infusionsautomat **30** 16

Infusionsflasche *Feuerwehr* **82** 13

Infusionsflasche *Med.* **30** 14

Infusorium, Wimper- **176** 10

Inhaber, Karten- **413** 25

Inhalation **88** 14

Inhalationsgerät **88** 15

Inhalator **28** 20

Initial **326** 1

Initiale **326** 1

Injektion, Kontrastmittel- **32** 16

Injektionsnadel **29** 49

Injektionsnadel, Einmal- **27** 57

Injektionsspritze **29** 48

Injektionsspritze, Einmal- **27** 57

Injektionsspritze, Einweg- **82** 72

Injektionssystem, nadelfreies **29** 50

Inka **160** 33

Inkarnatklee **222** 4

Inkreis **169** 31

Inlett **51** 16

Innenauslage **83** 16

Innenbeleuchtung **351** 34

Innenbordträger **65** 15

Inneneckmeißel **302** 51

Inneneinrichtung **399** 6

Innenelektrode **2** 3

Innengewinde **279** 41, 45

Innengewinde, Abgangs- **279** 47

Innenkiel **99** 47

Innenkragen, Fleece- **39** 17

Innenmessfühler **302** 71

Innenquerstand **113** 27

Innenraumbelüftung **344** 6

Innenreißverschluss **58** 6

Innenring **296** 72

Innenrüttler, Beton- **272** 88

Innenschild **306** 36

Innensechskantschraube **296** 27

Innenstadt **79**

Innentasche **39** 14

Innentaster **288** 24

Innentitel **338** 53

Innentrommelbelichter **329** 23

Innenverteidiger **107** 12

Innenwinkel **169** 26

Innenwinkel, rechter **169** 34

Innenzelt **92** 40, 55

innere Beplankung **101** 57

innerer Kern **11** 8

Inneres **199** 12

inneres Ohr **22** 93

inneres Organ **23** 1

Input-Selektor **401** 42

Inschrift, Gold- **156** 13

Insekt **175** 4

Insekt, geschlechtsreifes **175** 12

Insektenauge **230** 26

Insekten fressende Pflanze **195** 13

Insektenfresser **184** 5

Insel *Geogr.* **14** 7

Insel *Militär* **67** 3

Insel *Park* **84** 55

Insel, Bohr- **299**

Insel, Felsen- **15** 38

Insel, Fluss- **370** 5

Insel, Förder- **299**

Insel, Halb- **14** 6

Insel, Haltestellen- **351** 36

Insel, Pflanzen- **411** 15

Insel, Redaktions- **398** 23

Insel, Rettungs- *Militär* **66** 11

Insel, Rettungs- *Seerettung* **384** 19

Insel, Strom- **370** 5

Inseln, Ostfriesische **15** 35

Inspizient **137** 30

Inspizientenruf **136** 57

Inspizientenstand **137** 29

Installateur **279** 1

Installateur, Elektro- **280** 1

Installateur, Gas- **279** 1

Installateur, Wasser- **279** 1

Installation, Unterflur- **280** 20

Installationswerkzeug **279** 58–86

Instamatic-Kassette **266** 15

Instantkaffee **252** 96

Institut, Kredit- **413** 20

Institut, Tropen- **381** 28

Instruktor **112** 32

Instrument *Meteor.* **10** 23

Instrument *Raumfahrt* **391** 16

Instrument, Ablese- **2** 6

Instrument, Aussteuer- **132** 17

Instrument, Behandlungs- **27** 40

Instrument, Blas- **141** 28–40, 41–50

Instrument, Bohr- **29** 6

Instrument, Bord- **103** 60

Instrument, chirurgisches **31** 33

Instrument, Jazz- **142** 47–78

Instrument, Kontroll- **132** 18

Instrument, Mess- **305** 34

Instrument, meteorologisches **10**

Instrument, Musik- **140, 141, 142, 143, 144**

Instrument, Nivellier- **16** 49

Instrument, Orchester- **141**

Instrument, Pfeifsignal- **365** 9

Instrument, Reinigungs- **29** 40

Instrument, Rock- **142** 47–78

Instrument, Schlag- **141** 51–61, **142** 47–59

Instrument, Streich- **141** 1–27

Instrument, Tasten- **143** 1

Instrument, Untersuchungs- **28** 3

Instrument, Zupf- **140** 21, 45, **142** 1–31

Instrumentenbeistelltisch **31** 17

Instrumentenbrett **386** 1

Instrumenteneinheit **391** 51

Instrumentengehäuse **2** 5, 22

Instrumentenhalter **29** 5

Instrumentenkasten **10** 59

Instrumentenkorb **31** 32

Instrumentenmodul **6** 8

Instrumentenschale **32** 6

Instrumentenschrank **29** 12

Instrumentensieb **31** 17

Instrumententablett **29** 5

Instrumententisch **30** 29, **31** 16

Instrumententisch, fahrbarer **31** 30

Insufflator, Luft- **28** 14

Integralcockpit **342** 15

Integralrechnung **168** 14

Integralsitz **346** 9

Integraltragwerkstank **65** 26

Integralzeichen **168** 14

Integrand **168** 14

Integrated Services Digital Network *Setzerei* **327** 7

Integrated Services Digital Network *Telekomm.* **397** 31

Integration **168** 14

Integrationskonstante **168** 14

integrierte Schaltung **262** 43

integrierte Stoßstange **346** 30

Intensivpflegestation **30** 1

Intensivstation **30** 1

Intercity® **361**

Intercityexpress® **359** 18

Intercityexpress 3® **363** 1–51

Intercityexpresszug **359** 18

Interferometer, Infrarot- **6** 18

Interieurmodul **394** 32

internationale Organisation **61** 13–15

internationale Presse **358** 18

Internationales Olympisches Komitee **61** 15

International Space Station **394** 1

Internet *Internet* **405**

Internet *Universität* **74** 24

Internetdatenleitung **405** 11

Internetdienst **405** 14, 16

Internetdienstanbieter **405** 13

Internetknotenpunkt **405** 12

Internetprovider **405** 13

Internetzugang **405** 1–4

Intervall **139** 6–13

Interview 70 19–20
Interviewer 70 20
intrakorporaler Herzschritt-
  macher 30 25
Introtaste 401 62
Intrusion 12 20
Intrusivkörper 12 9
Inuit 161 1
Inuk 161 1
Inzensation 150 38
Inzensorium 150 38
Ion, Chlor- 1 19
Ion, Natrium- 1 20
Ionisationskammer 2 2, 17
ionische Säule 153 22
ionische Säulenordnung
  153 22
ionisches Kapitell 153 28–30
Ionosphäre 7 28
Iriodinstreifen 60 16
Iris Anat. 22 52
IRIS Astron. 6 18
Iris Bot. 213 8
Iris Garten 203 28
irische 1-Euro-Münze 60 49
Irish Setter 223 24
Irokesenschnitt 40 34
Iroquois 64 18
Irrgarten 84 5
Ischiasnerv 21 30
ISDN 327 7
ISDN-Netzabschlussgerät
  397 31
ISDN-NTBA 397 31
ISDN-Telefon 397 32
islamische Kunst 156 13–18
islamischer Sakralbau
  151 18–22
islamisches Großmausoleum
  151 22
IS-Maschine 317 33
Isobare 9 3, 4, 5
Isobathe 17 12
Isochimene 9 33, 34
Isohypse 17 61
Isolationsverkleidung 393 14
Isolator, Abspann- 304 38
Isolator, Durchführungs-
  305 15, 39
Isolator, Hohlstütz- 305 59
Isolierband 280 38
Isoliergriff 280 62
Isolierkanne 48 4
Isoliermatte 92 43
Isolierung 46 77
Isolierung, Horizontal- 276 4
Isolierung, Schutz- 248 19
Isomatte, selbstaufblasende
  92 43
Isoseiste 12 28
Isotherme 9 32–34
Isotherme, Null- 9 32

Isotopenstrahlungsgenerator
  6 26
ISS 394 1
Italienischer Skorpion
  175 44
italienischer Zug 136 2
italienisches Florett 111 40
Italienisches Raigras 222 26
Italienisches Raygras 222 26
ITOS-Satellit 10 64

J

Jacht, Eis- 120 35
Jacht, Hochsee- *Segeln*
  100 56
Jacht, Hochsee- *Wassersport*
  102 6
Jacht, Kiel- 101 29–34, 35
Jacht, Kielschwert- 100 47
Jacht, Schwert- 101 37–41
Jachtheck 101 42
Jachtspiegel 101 43
Jäckchen, Ausfahr- 34 5
Jäckchen, Baby- *Baby* 33 26
Jäckchen, Baby- *Kleidung*
  34 11
Jäckchen, Binde- 34 11
Jäckchen, Nerz- 35 1
Jäckchen, Teddy- 34 50
Jacke 353 4
Jacke, Angora- 35 2
Jacke, Blusen- 36 75
Jacke, Fecht- 111 16
Jacke, gepolsterte 108 22
Jacke, Jeans- 34 55
Jacke, Kapuzen- 39 2
Jacke, Kletter- 118 6
Jacke, Kostüm- 35 67
Jacke, Kurz- 36 5
Jacke, Lauf- 39 11
Jacke, Öl- 384 6
Jacke, Plüsch- 34 50
Jacke, Popeline- 36 1
Jacke, Schutz- 82 21
Jacke, Ski- 39 13
Jacke, Sport- 38 44, 39 1
Jacke, sportliche 83 14
Jacke, Strick- 36 36
Jacke, Sweat- 39 2
Jacke, Tailleur- 35 67
Jacke, Trainings- 39 7
Jacke, Winter- 35 7, 39 13
Jackentasche 38 48
Jackett 376 36
Jackett, Herren- 38 22
Jacquardweben 319 15, 16
Jade 156 6
Jagd 239
Jagd, Balz- 239 10
Jagd, Beiz- 239 48

Jagd, Brunft- 239 10
Jagd, Enten- 239 46
Jagd, Erd- 239 27
Jagd, Falken- 239 48
Jagd, Fang- 239 22
Jagd, Fuchs- 105 41–50
Jagd, Hasen- 239 38
Jagd, Hütten- 239 54
Jagd, Kessel- 239 38
Jagd, Lock- 240 43–47
Jagd, Schlepp- 105 41–50
Jagd, Such- 239 1
Jagd, Treib- 239 38
Jagd, Wasser- 239 46
Jagd, Wildschwein- 239 35
Jagdanzug 239 3
Jagdart 239
Jagdbeute 239 44
Jagdbomber 64 1
Jagdboot, Minen- 66 80
Jagdfasan 241 82
Jagdfrevler 239 33
Jagdgerät 240 41–48
Jagdgewehr 240 1–40
Jagdglas 239 7
Jagdgravur 240 28
Jagdhorn *Jagd* 240 60
Jagdhorn *Pferdesport* 105 44
Jagdhund *Jagd* 239 8
Jagdhund *Zool.* 223 27–29
Jagdhut 239 6
Jagdkanzel 239 17
Jagdkappe 105 15
Jagdmesser 240 42
Jagdpanzer 63 72
Jagdraketensalvenwerfer,
  U- 67 24, 37
Jagdraketentorpedostarter,
  U- 67 51
Jagdreiten 105 41–50
Jagdrennen 105 22–24
Jagdrevier 239 1
Jagdrock 105 42
Jagdschirm 239 11
Jagdsitz 239 12
Jagdspringen 105 9–17
Jagdstellung 123 46
Jagdstock 239 12
Jagdstuhl 239 12
Jagdtorpedofünflingssatz,
  U- 67 36
Jagdwaffe 240
Jagdwagen 239 21
Jagen *Jagd* 239
Jäger 239 2
Jäger, Abfang- 64 1
Jäger, Falken- 239 49
Jäger, Großwild- 85 41
Jäger, Pelz- 124 8
Jägerei 239
Jägerhut 239 6

Jaguar 1 63 72
Jahr, Ausgabe- 60 30
Jahr, Präge- 60 30
Jahresplaner 408 35
Jahresring 237 24
Jahrestemperatur, mittlere
  9 32
Jahrestrieb 190 25
Jahreszahl 60 30
Jahrmarkt 126
Jai alai 123 67–71
Jakobsleiter 375 78
Jakobsmuschel 127 48
Jalousie, Klappen- 366 84
Jalousieschweller 144 50
Jamboree 92 69
Janker 35 21, 38 28
Japan 61 22
japanische Kunst 156 8–12
Japanische Quitte 191 17
japanische Schrift 163 6
Japanpanamahut 42 17
Japanspachtel *Maler* 282 29
Japanspachtel *Tapezierer*
  281 10
Jasmin, gelb blühender 191 4
Jätekralle 208 13
Jaucherinne 228 44
Jazzbesen 142 54
Jazzgitarre 142 78
Jazzinstrument 142 47–78
Jazzpants 39 42
Jazztrompete 142 70
Jeans 34 56
Jeanshemd 38 58
Jeanshose 34 56, 38 68
Jeansjacke 34 55
Jeanskorsage 36 32
Jeansweste 36 25
Jelängerjelieber 192 13
Jerseyanzug 34 20
Jerseybund 39 6
Jerseykleid 36 85
Jerseykleidchen 34 31
Jerusalemer Kreuz 150 73
Jet 387 6–21
Jeton 89 27
Jigger 321 14–18
Jingleabruftaste 398 17
Jiu-Jitsu 117 13–17
Joch *Kraftwerk* 305 17
Joch *Landw.* 218 16
Joch, Brücken- 369 20
Joch, Ruder- 99 48
Joch, Steuer- 99 48
Jocharm 140 16
Jochbein 19 14, 20 46
Joche 301 4
Jockey 105 39
Jockey, Disc- 129 22
Jogginghose 39 37
Joghurt *Supermarkt* 252 99

Joghurt *Tankstelle* **349** 30
Joghurtbereiter **48** 38
Jog-Regler **401** 76
Johannisbeere **211** 14
Johannisbeerstrauch *Bot.*
  211 12
Johannisbeerstrauch *Garten*
  204 20
Johannisbeerzweig **211** 16
Johannisbrot **202** 41
Jolle **100** 40, 42, **101** 37–41
Jolle, Hansa- **100** 47
Jolle, Olympia- **100** 43
Jolle, 470er- **100** 41
Jolle, 49er- **100** 44
Jollenkreuzer, 20-m²- **100** 51
Jongleur **125** 31
Jonglierkeule **125** 32
Journal, Mode- *Kaufhaus*
  83 45
Journal, Mode- *Schneiderei*
  256 4
Journalist, Fernseh- **70** 8, 20
Journalistin, Fernseh- **70** 9
Joystick *Landw.* **218** 42
Joystick *U-Elektronik* **403** 2,
  9, 17
Joystick, Lenkrad- **403** 30
Joystick, Multifunktions-
  217 80
jüdischer Friedhof **18** 32
jüdischer Sakralbau **151** 23
Judo **117** 13–17
Judoka **117** 14
Judowurf **117** 17
Jugendherberge **18** 26
Jugendrodel **121** 3
Jugendstil **155** 18
Jule **239** 57
Jungbrand **237** 10, 11
Junge **85** 18
Junge, Ball- **109** 18
junge Frucht **189** 59, **196** 33,
  202 31
Junges **84** 51
Junges, Ziegen- **85** 35
Jungfer, Braut- **150** 24
Jungfer, See- **175** 5
Jungfer, Wasser- **175** 5
Jungfernherz **213** 5
Jungfernrebe, Gemeine
  192 16
Jungfrau **3** 18, **4** 61
Jungfrau, Meer- **145** 25
Jungfrau, See- **145** 25
Jungfrauennadler **62** 37
Junglarve **234** 49
Jungsteinzeit **146** 10–20
Jungstier **128** 34
Jupiter **4** 51
Jurte **161** 15
Justierrad **348** 34

Justierung *Fotogr.* **270** 42
Justierung *U-Elektronik*
  403 21
Justierung, Bild- **270** 40
Jute **201** 25
Juteumhüllung **305** 53

K

Kabarett **48** 19
Kabel *Hausrat* **56** 70
Kabel *Kraftwerk* **305** 45
Kabel *Musik* **144** 53
Kabel *Textil* **322** 19
Kabel *U-Elektronik* **402** 46
Kabel *Werkstatt* **348** 63
Kabel, Anker- **372** 18
Kabel, Anschluss- *Med.*
  30 35
Kabel, Anschluss- *PC* **407** 10
Kabel, Anschluss- *Schweißer*
  295 25
Kabel, Antennen- **397** 23
Kabel, Daten- **269** 20, 21
Kabel, Fernseh- *Internet*
  405 3
Kabel, Fernseh- *Straße*
  352 15
Kabel, Fühler- **348** 61
Kabel, Glasfaser- **398** 57
Kabel, Hochspannungs-
  305 46
Kabel, Kamera- **399** 3
Kabel, Koaxial- **397** 17
Kabel, Kran- **378** 13
Kabel, Leitungs- **47** 15
Kabel, Mess- **268** 41
Kabel, Mikrofon- **131** 32
Kabel, Netzsonden- **244** 12
Kabel, Netzwerk- **397** 29
Kabel, Pilotton- **134** 29
Kabel, Polyacryl- **322** 51
Kabel, Polyester- **322** 37
Kabel, Rollen- **111** 31
Kabel, Schwachstrom-
  88 13
Kabel, Schweiß- **295** 19
Kabel, Spinn- **322** 21, 34, 46
Kabel, Strom- *Camping*
  92 23
Kabel, Strom- *Garten*
  208 32
Kabel, Strom- *Straße*
  352 19
Kabel, Stromversorgungs-
  352 14
Kabel, Synchron- **134** 29
Kabel, Telefon- *Büro* **412** 67
Kabel, Telefon- *Straße* **352** 15
Kabel, Telefon- *Telekomm.*
  397 26

Kabel, Telekommunikations-
  352 15
Kabel, Trag- **369** 40
Kabel, USB- **407** 10
Kabel, Verbindungs-
  406 14, 23
Kabel, Zünd- **312** 13
Kabelanschluss **392** 7
Kabelanschlusstafel **399** 4
Kabelaufhängung **286** 40
Kabelbindung *Bergsport*
  118 56
Kabelbindung *Sport* **119** 64
Kabelendverschluss **305** 37
Kabelhaken **56** 69
Kabelkranhelling **378** 11–18
Kabelmesser **280** 63
Kabelmodem **405** 3
Kabelrohr **380** 69
Kabelrolle **111** 29
Kabelschacht *Raumfahrt*
  391 28, 46, **393** 62
Kabelschacht *Straße* **352** 17
Kabelschelle **280** 41
Kabeltrommel **82** 45
Kabeltrommelwinde **66** 85
Kabine *Flugsport* **103** 11
Kabine *Landw.* **217** 27, **218** 39
Kabine, Ankleide- **83** 39
Kabine, Außen- **376** 42
Kabine, Cassegrain- **5** 5
Kabine, Dusch- *Bad* **57** 42
Kabine, Dusch- *Raumfahrt*
  394 35
Kabine, Einbett- **377** 46
Kabine, Einzel- **384** 32
Kabine, Fahrer- *Auto* **346** 50
Kabine, Fahrer- *Landw.*
  217 31
Kabine, Fahrgast- **368** 30
Kabine, Filmführer- **5** 29
Kabine, Großraum- **368** 46
Kabine, Klein- **368** 25
Kabine, Kranführer- **82** 61
Kabine, Luxus- **377** 30
Kabine, Primärfokus- **5** 3
Kabine, Rennfahrer- **106** 8
Kabine, Umkleide- *Schneide-
  rei* **255** 18
Kabine, Umkleide-
  Schwimmbad **96** 12, 13
Kabine, Umlauf- **368** 25
Kabine, Vorführ- **133** 12
Kabine, Vormann- **384** 31
Kabine, Wahl- **69** 21
Kabine, Zweibett- **377** 29
Kabinendämpfung **218** 35
Kabinendruckbelüftung **65** 9
Kabinenfederung **218** 35
Kabinenfenster **133** 15
Kabrio **346** 8
Kabriolett **346** 8

Kabriosportcoupé **346** 8
Kabriosportwagen **346** 8
Kachel, Arm- **147** 48
Kachel, Ofen- **76** 50
Kachel, Wand- **57** 19
Kachelofen **76** 49
Käfer **175** 25, **235** 28, 43
Käfer, Blatt- **234** 28, 47, 53
Käfer, Blatthorn- **175** 42,
  235 1
Käfer, Bock- **175** 41
Käfer, Bohnen- **233** 20
Käfer, Borken- **235** 23
Käfer, Brot- **233** 24
Käfer, Donner- **175** 26
Käfer, Dornspeck- **233** 23
Käfer, Frauen- **175** 40
Käfer, Glücks- **175** 40
Käfer, Herrgotts- **175** 40
Käfer, Hirsch- **175** 26
Käfer, Horn- **175** 26
Käfer, Kartoffel- **234** 47
Käfer, Korn- **233** 18
Käfer, Mai- **235** 1
Käfer, Marien- **175** 40
Käfer, Mehl- **233** 19
Käfer, Mist- **175** 42
Käfer, Moosknopf- **234** 46
Käfer, Platt- **233** 26
Käfer, Rapsglanz- **234** 43
Käfer, Rüssel- **234** 10, **235** 42
Käfer, Saatschnell- **234** 40, 41
Käfer, Schimmel- **234** 46
Käfer, Schmid- **175** 26
Kaffee *Restaurant* **77** 35
Kaffee *Supermarkt* **252** 95
Kaffee, Eis- **75** 30
Kaffee, Instant- **252** 96
Kaffeeautomat **47** 11
Kaffeebecher **349** 10
Kaffeebohne **200** 6
Kaffeegeschirr **52** 24
Kaffeehausstuhl **75** 47
Kaffeehaustisch **75** 48
Kaffeehaustresen **75** 25
Kaffeekanne **52** 25
Kaffeemaschine *Hausrat*
  47 11
Kaffeemaschine *Restaurant*
  75 38
Kaffeemaschine *Tankstelle*
  349 7
Kaffeemühle **47** 12
Kaffeemühle, Schlagwerk-
  47 12
Kaffeestrauch **200** 1
Kaffeetasse *Hausrat* **52** 26
Kaffeetasse *Restaurant* **75** 45
Kaffeetasse *Tankstelle* **349** 9
Käfig, Nadel- **296** 75
Käfig, Raubtier- **125** 49
Käfig, Rund- **125** 49

Käfig, Squash- **109** 59
Käfig, Versand- **230** 55
Käfig, 4-Hühner- **227** 20
Käfiganlage **227** 19
Käfighaltung **227** 18
Käfigwagen **125** 47
Kahlkopf **40** 25
Kahlschlag **237** 13
Kahlwild **241** 2
Kahn, Fracht- **370** 19
Kahn, Last- **370** 19
Kahn, Reise- **374** 10
Kahn, Schlepp- **370** 19
Kahn, Schub- **375** 87
Kai **381** 64
Kai, Ausrüstungs- **378** 5
Kai, Reparatur- **378** 10
Kaimauer **371** 1
Kaiserkrone **62** 40
Kaiserpinguin **178** 5
Kaistraße **381** 38
Kajak *Völkerk.* **161** 12
Kajak *Wassersport* **99** 2–6
Kajak, Einer- **99** 2
Kajak, Eskimo- **99** 6
Kajak, Renn- **99** 4
Kajak, Wander- **99** 5
Kajak, Zweier- **99** 3
Kaje **381** 64
Kajütboot **102** 4
Kajüte *Schiff* **372** 45
Kajüte *Segeln* **101** 39
Kajüte, Admirals- **372** 27
Kajüte, Kapitäns- **377** 13
Kajüte, Offiziers- **377** 21
Kajütenaufbau **101** 39
Kakadu, Gelbhauben- **181** 1
Kakaobaum **200** 16
Kakaobohne **200** 19
Kakerlak **233** 16
Kakerlake **233** 16
Kaktus, Echino- **205** 14
Kaktus, Igel- **205** 14
Kaktus, Kugel- **205** 14
Kaktus, Ordens- **205** 15
Kalabreser **42** 52
Kalander *Papier* **325** 45
Kalander *Textil* **321** 32, 33
Kalanderwalze **321** 32
Kalb *Fleischerei* **249** 1–13
Kalb *Landw.* **215** 52
Kalb *Zool.* **224** 1
Kälbchen, Sonnen- **175** 40
Kalbsbrust **249** 4
Kalbsfilet **249** 7
Kalbskotelett **249** 3
Kaldarium **207** 4
Kalebasse **162** 27
Kalender, Termin- **409** 7
Kalender, Tisch- **410** 30
Kalender, Wand- *Büro* **411** 45
Kalender, Wand- *Med.* **27** 18

Kalender, Wochen- **410** 30
Kaliber *Eisenverarb.* **301** 34
Kaliber *Sport* **123** 32, 33
Kaliber, Bohrungs- **240** 40
Kaliber, Feld- **240** 40
Kaliber, Zug- **240** 37
Kaliberdorn **302** 56
Kalibrierplatte **6** 23
Kalifornischer Strom **16** 40
Kalisalzflöz **306** 68
Kalk, Muschel- **306** 61, 62, 63
Kalkbunker **300** 67
Kalkmehl **310** 19
Kalkofen **17** 86
Kalkschale **227** 26
Kalkzufuhr **304** 27
Kalme **9** 13
Kalmengürtel, äquatorialer **9** 35
Kalmengürtel, subtropischer **9** 36
Kalmus **195** 22
Kalotte **73** 16
Kalotte, Diffusor- **266** 59
kalte Bemalung **156** 5
Kältekompressor **246** 22
kalte Luftströmung **9** 19
kalte Meeresströmung **16** 28
Kältemittelkreislauf **345** 30
Kältemittelleitung **343** 11
Kältemittelsammler **246** 7
Kälteschutzanzug **93** 1
Kaltfront **8** 13, **9** 16
Kaltgetränk **77** 32
Kalthaus **207** 33
Kaltleim **287** 36
Kaltlichtquelle **31** 14
Kaltluft **8** 23, 32
Kaltscharrraum **227** 10
Kaltwasserbehälter **246** 9
Kaltwassergriff **279** 29
Kaltwellwickler **257** 4
Kambium **188** 10
Kambiumring **188** 10
Kamel, zweihöckriges **184** 34
Kamelkarawane **162** 1
Kamera *Film* **134** 19
Kamera *Med.* **31** 5
Kamera *Optik* **264** 14
Kamera, Aufsatz- **264** 53
Kamera, Balgen- *Flohmarkt* **127** 27
Kamera, Balgen- *Fotogr.* **266** 48
Kamera, Bild- **134** 20
Kamera, Bildaufnahme- **131** 47
Kamera, Bild-Ton- **134** 26
Kamera, Box- **127** 31
Kamera, Digital- **269** 40–60, **270** 27
Kamera, digitale **269** 40–60

Kamera, Einweg- **266** 16
Kamera, Fernseh- *Energie* **306** 81
Kamera, Fernseh- *Meteor.* **10** 67
Kamera, Fernseh- *Rundfunk* **399** 20, **400** 26–45
Kamera, Film- *Film* **131** 18, 47, **134**
Kamera, Film- *Med.* **32** 21
Kamera, Film- *Wahl* **69** 14
Kamera, Foto- **396** 48
Kamera, Großbild- **264** 25
Kamera, Hand- **266** 35
Kamera, Kassetten- **266** 11
Kamera, Klapp- **127** 27
Kamera, Kleinbild- **264** 26
Kamera, Kompakt- *Fotogr.* **266** 1
Kamera, Kompakt- *Fotore-prod.* **330** 19
Kamera, Messbild- **264** 67
Kamera, Mikroskop- **264** 53
Kamera, Normalfilm- **134** 1
Kamera, Presse- **266** 35
Kamera, Reportage- **134** 26
Kamera, Reproduktions- **330** 1, 19, 26
Kamera, Schmalfilm- **134** 31
Kamera, spektrografische **5** 7
Kamera, Spiegelreflex- **266** 21, **267** 1, **269** 26–39
Kamera, Studio- **400** 26
Kamera, System- **267** 1
Kamera, TV- **6** 14, 15
Kamera, Überwachungs- **413** 13, **414** 28
Kamera, Unterwasser- **93** 25
Kamera, Video- *Film* **134** 35
Kamera, Video- *Fotogr.* **269** 1
Kamera, Video- *Schiff* **375** 38
Kamera, Video- *Video* **404** 1, 11
Kamera, 16-mm- **134** 31
Kamera, 35-mm- **134** 1
Kameraassistent **131** 42
Kameraeinschub, video-optischer **31** 6
Kameraeinstellung **269** 38, 51
Kameraführer **131** 42
Kamerakabel **399** 3
Kamerakasten **330** 20, 27
Kamerakopf **400** 27
Kamerakran **131** 49
Kameramann *Film* **131** 19, 41
Kameramann *Wahl* **69** 13
Kameramenü **269** 36, 50
Kameramonitor **399** 9, **400** 28
Kameraobjektiv **396** 50

Kamerarekorder *Fotogr.* **269** 1
Kamerarekorder *Rundfunk* **400** 34
Kamerarekorder *Video* **404** 1
Kamerarückteil **266** 53
Kameraschwenker **131** 42
Kameratasche **267** 27
Kamerateil **264** 20
Kameratür **134** 25
Kamille **198** 1
Kamille, Acker- **214** 8
Kamille, Deutsche **198** 1
Kamille, Echte **198** 1, **214** 8
Kamille, Feld- **214** 8
Kamille, Hunds- **214** 8
Kamille, Wilde **214** 8
Kamin *Bergsport* **118** 8
Kamin *Chemie* **173** 7
Kamin *Haus* **46** 6
Kamin *Hotel* **78** 23
Kamin *Porzellan* **316** 6
Kamin, Abluft- *Energie* **306** 27, **308** 24
Kamin, Abluft- *Zement* **310** 13
Kamin, Konverter- **300** 72
Kamin, Wärme- **335** 5
Kaminecke **78** 22
Kaminfeuer **78** 25
Kaminformstein **313** 28
Kaminholz **45** 13
Kaminkehrer **46** 32
Kaminsims **78** 24
Kamm *Baby* **33** 8
Kamm *Fleischerei* **249** 20, 47
Kamm *Friseur* **257** 2
Kamm *Geogr.* **13** 39
Kamm *Pferd* **225** 14
Kamm *Zool.* **241** 57
Kamm, Einsteck- **257** 6
Kamm, Föhn- **257** 24
Kamm, Frisier- **258** 29
Kamm, Hahnen- **224** 22
Kamm, Heißluft- **258** 30
Kamm, Hunde- **223** 38
Kamm, Rinder- **249** 20
Kamm, Rücken- **182** 21
Kamm, Rückhalte- **217** 58
Kamm, Schweine- **249** 47
Kamm, Stil- **257** 16
Kamm, Web- **319** 9
Kammdeckel **226** 17, 31
Kämmen **318** 19
Kämmen, Aus- **318** 19
Kammer **240** 20
Kammer, Aufnahme- **265** 40
Kammer, Beschickungs- **306** 82
Kammer, Brenn- *Flugzeug* **388** 39

Kammer, Brenn- *Kraftwerk* 304 16
Kammer, Einlagerungs- 306 74
Kammer, Grab- 152 2, 3, 5
Kammer, Heiz- 300 29, 31
Kammer, Herz- 23 64
Kammer, Ionisations- 2 2, 17
Kammer, Lager- 306 79
Kammer, Larven- 235 37
Kammer, Lösch- 305 60
Kammer, Luft- 227 28
Kammer, luftdichte 32 38
Kammer, Mess- *Geogr.* 16 64
Kammer, Mess- *Optik* 264 41, 70
Kammer, Milch- 215 20
Kammer, Nebel- 2 24
Kammer, Offiziers- 377 21
Kammer, Räucher- 250 17
Kammer, Schalt- 305 60
Kammer, Schaufel- 245 39
Kammer, Schleusen- 371 24
Kammer, Sprüh- 236 46
Kammer, Trocken- 313 13
Kammer, Verweil- 321 5
Kammer, Wilson- 2 24
Kammer, Wind- 144 12
Kämmerei, Woll- 318 16–21
Kammerscheidewand 23 65
Kammerschleuse 17 57
Kammerstängel 240 22
Kammgarnspinnerei 318 22–25
Kammgriff 113 41
Kammlager 292 20
Kammlerche 179 7
Kämmling 318 20
Kämmmaschine 318 36
Kammmolch 182 20
Kammrad 245 8
Kammreiher 178 22
Kamp, Pflanz- 237 6
Kamp, Saat- 237 6
Kampanile 153 79
Kampf, Boden- 117 8
Kampf, Box- 117 20–50
Kampf, Faust- 117 20–50
Kampf, Nah- 117 31
Kampf, Ring- 117 6–12
Kampf, Stand- 117 6
Kampf, Stier- 128 1–32
Kämpfer 155 21
Kämpfer, Bogen- 369 29
Kämpfer, Ring- 117 7
Kämpfer, Stier- 128 16–29
Kampferbaum 198 18
Kämpferstein 155 21
Kampfflugzeug, Mehrzweck- 64 8
Kampfgericht 106 5
Kampfhund 223 35, 36

Kampfpanzer 63 62
Kampfplatz 128 9
Kampfraum 63 44
Kampfrichter 117 16
Kampfring 117 35
Kampfschiff 67
Kampfspiel 147 71
Kanadier 99 1
Kanal *Eisenbahn* 356 32
Kanal *Geogr.* 17 56
Kanal *Wasserbau* 371 16
Kanal, Abwasser- 80 23
Kanal, Ansaug- 343 34, 64
Kanal, Eruptions- 12 6
Kanal, Gas- 304 19
Kanal, Geburts- 25 47
Kanal, Kühlwasser- 343 25
Kanal, Magen-Darm- 230 20
Kanal, Mischwasser- 352 27
Kanal, Schlemm- 20 82
Kanal, Sekundärstrom- 388 43, 46
Kanal, Stauch- 321 12
Kanal, Strand- 14 79
Kanal, Strömungs- 97 20
Kanal, Strudel- 97 20
Kanal, Wetter- 297 33
Kanal, Wind- 144 11
Kanal, Wurzel- 22 42
Kanalauswahl 270 37
Kanalauswahlknopf 402 37
Kanaleinfahrt 371 17
Kanalhaltung 371 34, 42
Kanalsohle 371 35
Kanalweiche 371 31
Kanarenstrom 16 42
Kandare 226 13
Kandarenkette 226 12
Känguru, Riesen- 184 3
Kängurutasche 39 5, 24
Kaninchen 224 18, 241 70
Kaninchenbau 239 30
Kaninchenhaube 239 31
Kaninchenhöhle 239 30
Kaninchenwiesel 239 28
Kanister, Benzin- *Forstw.* 237 36
Kanister, Benzin- *Tankstelle* 350 17
Kanister, Reserve- 349 68, 76
Kanker 175 48
Kännchen, Mess- 150 45, 46
Kännchen, Milch- *Hausrat* 52 28
Kännchen, Milch- *Restaurant* 75 44
Kännchen, Milch- *Tankstelle* 349 14
Kännchen, Sahne- 75 44
Kanne *Hausrat* 47 50
Kanne *Maler* 282 9, 10
Kanne *Tankstelle* 350 28

Kanne, Farb- 282 9, 10
Kanne, Gieß- *Garten* 203 23
Kanne, Gieß- *Gärtnerei* 207 26
Kanne, Henkel- 146 35
Kanne, Isolier- 48 4
Kanne, Kaffee- 52 25
Kanne, Lösungsmittel- 282 22
Kanne, Milch- 127 92
Kanne, Motoröl- 350 16
Kanne, Tee- 50 26
Kanne, Thermos- 349 8
Kanne, Wasser- 127 83
Kannelur 153 21, 32, 43
Kanone, Allziel- 66 47
Kanone, Bord- 64 3
Kanone, Feuerlösch- 375 6
Kanone, Fla- 66 73
Kanone, Glattrohr- 63 63
Kanone, Kobalt- 2 28
Kanone, Maschinen- 63 68, 85, 67 34
Kanone, Schaum- 82 65
Kanone, Schnellfeuer- 66 54
Kanone, Wasser- *Schwimmbad* 97 21
Kanone, Wasser- *Theater* 137 18
Kanonenofen 127 6
Kanonenschlag 124 49
Kantbeitel *Kunst* 158 19
Kantbeitel *Tischler* 285 11
Kante *Math.* 170 32
Kante *Sport* 120 13
Kante, abgeschrägte 296 62
Kante, Abreiß- 410 16
Kante, Bahnsteig- 359 29
Kante, Baum- 273 89
Kante, Bordstein- 352 6
Kante, Fehl- 273 89
Kante, Hartgummi- 118 51
Kante, Klebe- 337 25, 26
Kante, Lade- 346 23
Kante, Netz- 109 10
Kante, Ober- *Brücke* 369 8
Kante, Ober- *Sport* 119 32
Kante, Schneide- 315 11
Kante, sichtbare 314 28
Kante, Stahl- 119 31
Kante, unsichtbare 314 29
Kante, Wald- 273 89
Kante, Web- 323 20
Kanten 251 6
Kantenanleimmaschine 286 24
Kantenband 255 15, 256 22
Kantenmeißel 158 14
Kantenschleifmaschine 286 10
Kantenschutz 276 20
Kanter 225 42

Kantholz *Bau* 273 10
Kantholz *Sägewerk* 311 36
Kantine 272 45
Kanu *Völkerk.* 160 19
Kanu *Wassersport* 99 1–6
Kanuheck 101 44
Kanz 147 83
Kanzel *Flugzeug* 386 35
Kanzel *Kirche* 148 19, 151 21
Kanzel *Militär* 63 93
Kanzel, Jagd- 239 17
Kanzel, Piloten- 68 2
Kanzel, Wild- 239 17
Kanzeldeckel 148 21
Kanzelhaube 386 39
Kanzelle 144 13
Kanzelle, Ton- 144 13
Kanzeltreppe 148 18
Kapaun 224 21
Kapella 3 27
Kapelle 17 60
Kapelle, Burg- 147 29
Kapelle, Friedhofs- 149 28
Kapelle, Gedenk- 149 12
Kapelle, Gnaden- 149 12
Kapelle, Tanz- 124 2
Kapelle, Tauf- 150 2
Kapelle, Zirkus- 125 10
Kapillarpatrone 314 74
Kapillarständer 28 40
Kapital *Buch* 338 44
Kapital *Math.* 168 7
Kapitalband 336 15, 338 44
Kapitälchen 326 14
Kapitalis 163 16
Kapitän *Navigation* 379 15
Kapitän *Schiff* 376 31
Käpitänsarmbinde 107 39
Kapitänskajüte 377 13
Kapitänsmütze 379 16
Kapitelanzeige 404 55
Kapitell 45 8
Kapitell, arabisches 156 18
Kapitell, dorisches 153 17–19
Kapitell, ionisches 153 28–30
Kapitell, Kelch- 152 16
Kapitell, Knospen- 152 14
Kapitell, korinthisches 153 39–41
Kapitell, Palmetten- 152 25
Kapitell, Stier- 152 28
Kapitell, Würfel- 154 14
Kapitelüberschrift 338 63
Kapokbaum 201 20
Kappe *Kunst* 155 39
Kappe *Schuh* 58 37
Kappe, Abdeck- 279 33
Kappe, Bade- 96 7
Kappe, Baseball- 42 48
Kappe, Entlüftungs- 46 56
Kappe, Falken- 239 51
Kappe, Gas- 13 33

Kappe, Hinter- *Schuhmacher* 253 59
Kappe, Hinter- *Sport* 107 23
Kappe, Hirn- 147 61
Kappe, Jagd- 105 15
Kappe, Kolben- *Jagd* 240 14
Kappe, Kolben- *Sport* 123 40
Kappe, Mohairstoff- 42 12
Kappe, Narren- 124 34
Kappe, Nerzschirm- 42 18
Kappe, Reit- 105 15
Kappe, Schellen- 124 34
Kappe, Schirm- 103 30
Kappe, Schornstein- 66 21, 59
Kappe, Schraub- 280 30
Kappe, Schutz- *Eisenbahn* 360 27
Kappe, Schutz- *Schuh* 58 40
Kappe, Stahl- 353 6
Kappe, Staub- 339 63, 88
Kappe, Stiefel- 58 16
Kappe, Ventil- 339 25
Kappe, Verschluss- 314 45
Kappe, Vorder- 253 58
Kappe, Walm- 275 9
Kappenblech 121 7
Kappenheberzange 253 52
Kappenmuskel 21 52
Kappes 209 32
Kappsäge, Untertisch- 311 23, 69
Kapriole *Ballett* 135 23
Kapriole *Pferd* 226 5
Kapsel, Deckel- 188 105
Kapsel, Frucht- 193 27, 200 44, 201 8
Kapsel, Gehörschutz- 237 23
Kapsel, Mohn- 214 5
Kapsel, Poren- 188 106
Kapsel, Probe- 316 2
Kapsel, Raum- 391 63, 392 45
Kapsel, Samen- 196 6, 214 5
Käpsel, Schlepp- 383 9
Kapsel, Spalt- 188 104
Kaptal 338 44
Kaptalband 336 15, 338 44
Kapuze *Bergsport* 118 24
Kapuze *Kirche* 149 56
Kapuze *Kleidung* 34 45, 35 20, 36 18, 39 3, 16
Kapuzenbadetuch 33 9
Kapuzenband 39 4
Kapuzenjacke 39 2
Kapuzenmuskel 21 52
Kapuzenshirt 39 24
Kapuzensweater 39 2
Kapuzinerkresse 205 4
Kar 13 53
Karabiner 118 17, 47
Karabinerhaken 118 17, 47
Karabinerloch 118 40

Karabinersitz 118 34
Karaffe 52 33
Karaffe, Wasser- 53 47
Karaffe, Wein- 76 42
Kara-Klasse 67 21
Karambolagebillard 91 1–17
Karate 117 18, 19
Karateka 117 18
Karavelle 372 27–43, 374 37
Karawane, Kamel- 162 1
Karborundscheibe 29 31
Kardan, Triebwerks- 392 26
Kardanantrieb 342 18
Kardanbogen 220 8
kardanische Aufhängung 379 44
Kardätsche 226 55
Karde 318 32
Kardinal 181 5
kardinales Zeichen 380 24–27
Kardinalkreuz 150 66
Kardinalsystem 380 24–27
Kardinalzahl 167 5
Kardiograf, Elektro- 28 25
Kardiogramm, Elektro- 30 40
Karettschildkröte 182 28
Karfiol 209 31
Karibische Platte 11 35
Karikatur 165 18
Karneval 124
Karnevalsorden 124 56
Karnevalsprinz 124 54
Karnevalsprinzessin 124 57
Karnevalsumzug 124 52
Karnevalswagen 124 53
Karniesbogen 155 36
Karo 90 41
karolingische Minuskel 163 18
Karomuster 38 56
Karosserie 344 19
Karosserieabstützung 345 78
Karotte 209 18
Karpfen, Fluss- 182 4
Karpfen, Spiegel- 182 4
Karpfen, Teich- 182 4
Karpfenansitz 243 5
Karpfenteich 242 5
Karre 218 15
Karre, Kinder- 84 72
Karre, Klee- 219 16
Karre, Schieb- 271 37, 272 42
Karre, Schub- 271 37, 272 42
Karreeschliff 43 52
Karren, Elektro- 359 5
Karren, Pflug- 218 15
Karren, Schieb- 271 37, 272 42
Karren, Schiebe- 359 33

Karren, Schub- *Bau* 271 37, 272 42
Karren, Schub- *Garten* 208 47
Karrenpflug 218 1
Karrenspritzgerät 236 28
Karriere 225 43, 44
Karsterscheinung 14 55
Karsthöhle 14 64
Karstquelle 14 59
Karstwasserspiegel 14 62
Kart 106 51
Karte 70 18
Karte, Chip- *Fotogr.* 267 10
Karte, Chip- *Med.* 27 10
Karte, Chip- *Rundfunk* 398 22
Karte, EC- 413 19
Karte, Einlass- 136 12
Karte, Erd- 16 11–46
Karte, Ethernet- 397 30
Karte, Eurocheque- 413 19
Karte, Fahr- 358 58
Karte, gelbe 107 65
Karte, Grafik- 406 21
Karte, Himmels- 3 1–35
Karte, Kino- 133 3
Karte, Klima- 9 31
Karte, Kredit- 413 27
Karte, Land- *Geld* 60 17
Karte, Land- *Geogr.* 16, 17
Karte, Land- *Tankstelle* 349 71
Karte, Patienten- 27 8
Karte, rote 107 64
Karte, See- 379 12
Karte, Speicher- *Film* 134 37
Karte, Speicher- *Fotogr.* 269 59, 270 2
Karte, Speichererweiterungs- 406 20, 407 35
Karte, Speise- *Restaurant* 76 29
Karte, Speise- *Schiff* 376 10
Karte, Spiel- 90 36
Karte, Stadt- 18
Karte, Steck- 406 22, 407 20
Karte, Stern- 3 1–35
Karte, Straßen- 349 70
Karte, Telefon- 396 32
Karte, Theater- 136 12
Karte, Tisch- 53 14
Karte, topografische 17
Karte, Wand- 72 25
Karte, Wein- 76 41
Karte, Welt- 16 11–46
Karte, Wetter- *Meteor.* 9 1
Karte, Wetter- *Zeitung* 165 31
Kartei, Kunden- 411 26
Kartei, Patienten- 27 7
Karteikasten *Büro* 411 29

Karteikasten *Universität* 74 22
Karteireiter 411 6
Karteischrank *Büro* 411 25
Karteischrank *Universität* 74 21
Kartenbeleuchtung 386 23
Kartenblatt 90 37
Kartencode 396 35
Karteneingabeschlitz 413 6
Kartenfachklappe 267 11
Kartenhalter 72 11
Karteninhaber 413 25
Kartenleser 270 25
Kartenleser, Durchzugs- 395 6
Kartenleser, Foyer- 413 2
Kartennetzentwurf 16 8–10
Kartennummer 413 23
Kartensichtfenster 267 12
Kartensteckplatz 407 4
Kartentelefon *Bahnhof* 358 14
Kartentelefon *Telefon* 396 27
Kartentelefonsymbol 396 33
Kartenvorverkaufsstelle 83 35
Kartenwert 396 34
Kartenzeichen *Geogr.* 17
Kartenzeichen *Stadt* 18
kartesisches Koordinaten- system 170 1
Kartoffel 221 38, 40
Kartoffel, Saat- 221 39
Kartoffelapfel 221 43
Kartoffelbunkerroder 217 56
Kartoffelchips 252 62
Kartoffelforke 219 6
Kartoffelgabel 219 6
Kartoffelhacke 219 7, 12
Kartoffelkäfer 234 47
Kartoffelknolle 221 40
Kartoffelkorb 219 13
Kartoffelkralle 219 10
Kartoffelkraut 221 41
Kartoffellegewanne 219 11
Kartoffellöffel 53 74
Kartoffelsammelroder 217 56
Kartoffelschüssel 53 31
Kartonverpackung 77 19
Kartusche 155 7
Kartusche, Luftdruck- 123 37
Karussell 85 27
Karussell, Flug- 126 30
Karussell, Ketten- 126 18
Karussell, Kinder- 126 15
Karyatide 153 50
Karyopse 193 43
Kasackkleid 35 60
Kasch 134 62

Kaschbühne **134** 3
Kaschierung **136** 36
Käse *Schiff* **376** 21
Käse *Tankstelle* **349** 29
Käse, Brie- **252** 29
Käse, Frisch- **229** 38
Käse, Schicht- **229** 45
Käse, Weiß- **229** 45
Käse, Ziegen- **252** 31
Käseabteilung **252** 26
Käsebrot **77** 46
Käsefertiger **229** 48
Käseglocke **48** 6
Käsekräcker **252** 63
Käselaib **252** 27
Käsemesser **53** 71
Käseplatte **53** 42
Käseteller **77** 11
Käsetorte **251** 29
Kasino, Spiel- **89** 18
Kasinoausweis **89** 29
Kaskade **84** 9
Kasperlefigur **72** 75
Kasse *Kaufhaus* **83** 38
Kasse *Restaurant* **77** 24
Kasse *Roulette* **89** 19
Kasse *Rummelplatz* **126** 14
Kasse *Tankstelle* **349** 47
Kasse, Kino- **133** 2
Kasse, Konzert- **83** 35
Kasse, Laden- **55** 34
Kasse, Registrier- *Friseur* **257** 48
Kasse, Registrier- *Kaufhaus* **83** 1
Kasse, Registrier- *Restaurant* **75** 33
Kasse, Registrier- *Supermarkt* **252** 108
Kasse, Scanner- **83** 1
Kasse, Theater- **83** 35
Kasse, Tisch- **89** 26
Kasse, Toto- **105** 36
Kasse, Wechselgeld- **395** 21
Kassenbereich **252** 106
Kassenbon *Kaufhaus* **83** 6
Kassenbon *Restaurant* **75** 34
Kassenhaus **126** 28
Kassenhäuschen **126** 28
Kassenleuchtanzeige **349** 48
Kassenschalter **414** 2
Kassenschild **349** 41
Kassentisch **257** 47
Kassenzettel **83** 6
Kasserolle, Stiel- **48** 17
Kassette **32** 15
Kassette, Audio- **402** 55–59
Kassette, Belichtungsmess- **266** 60
Kassette, Chromdioxid- **402** 56
Kassette, Digital- **398** 53

Kassette, Eisendioxid- **402** 55
Kassette, Farbband- **412** 9
Kassette, Ferro- **402** 55
Kassette, Film- *Film* **132** 10, 45
Kassette, Film- *Fotogr.* **266** 17, **269** 22
Kassette, Film- *Optik* **264** 54, **265** 40
Kassette, Instamatic- **266** 15
Kassette, Kleinbild- *Fotogr.* **266** 7
Kassette, Kleinbild- *Optik* **264** 35
Kassette, Lehr- **73** 37
Kassette, löschgeschützte **402** 59
Kassette, Magnetband- **406** 63
Kassette, Metall- **402** 57
Kassette, Metalloxid- **402** 57
Kassette, Mini-DV- **404** 49
Kassette, Musik- **402** 55–59
Kassette, Normal- **402** 55
Kassette, Papier- **412** 37, 38
Kassette, Platten- **265** 40
Kassette, Schmuck- **43** 31
Kassette, Spiel- **403** 29
Kassette, Staubbeutel- **56** 66
Kassette, Vergrößerungs- **268** 38
Kassette, VHS- **404** 50
Kassette, Video-8- **404** 5
Kassettendeck **401** 78
Kassettendeck, Doppel- **401** 11
Kassettenfach *Büro* **412** 55
Kassettenfach *U-Elektronik* **401** 4, 81, **402** 69
Kassettenfach, Mini-DV- **404** 37
Kassettenfach, VHS- **404** 40
Kassettenkamera **266** 11
Kassettenmaul **266** 10
Kassettenrekorder **73** 37
Kassettenrekorder, Doppel- **402** 53
Kassettenschieber **266** 63
Kassettenspieler, tragbarer **402** 65
Kassie **198** 16
Kassiererin *Kaufhaus* **83** 9
Kassiererin *Restaurant* **77** 25
Kassiererin *Supermarkt* **252** 111
Kassiopeia **3** 33
Kastagnette **142** 46
Kastanie *Bot.* **189** 60, **202** 52
Kastanie *Pferd* **225** 27
Kastanie, Edel- **202** 48
Kastanie, Ross- **189** 58

Kastaniensamen **189** 60
Kästchen, Schmuck- **43** 31
Kästchen, Trauring- **43** 6
Kaste **230** 2, 6, 7
Kastell **372** 10
Kastell, Achter- **372** 23
Kastell, Vorder- **372** 19
Kasten *Supermarkt* **252** 58
Kasten *Tischler* **285** 24
Kasten, Abfall- **410** 10
Kasten, Asch- **364** 6
Kasten, Aufgabe- **271** 35
Kasten, Batterie- *Eisenbahn* **361** 42
Kasten, Batterie- *Kfz* **347** 17
Kasten, Batteriesicherungs- **361** 43
Kasten, Bau- **71** 22
Kasten, Beleuchtungs- **332** 25
Kasten, Bett- **51** 7, **55** 2
Kasten, Bienen- **230** 56
Kasten, Bier- **349** 61
Kasten, Blumen- *Haus* **44** 19
Kasten, Blumen- *Stadt* **79** 11
Kasten, Brief- *Bahnhof* **358** 11, **359** 4
Kasten, Brief- *Haus* **44** 58
Kasten, Brief- *Post* **395** 47
Kasten, Brief- *Stadt* **79** 71
Kasten, Brot- **47** 2
Kasten, Dampfsammel- **364** 21
Kasten, Deichsel- **92** 25
Kasten, Einstich- **116** 35
Kasten, Einwurf- **414** 23
Kasten, Elfenbein- **156** 16
Kasten, Farb- **333** 12
Kasten, Feucht- **333** 11
Kasten, Form- **301** 15
Kasten, Gasflaschen- **92** 25
Kasten, Geld- **83** 4
Kasten, Getriebe- *Drechsler* **288** 4
Kasten, Getriebe- *Werkzeugmasch.* **302** 8
Kasten, Glaser- **277** 9
Kasten, Griffel- **127** 69
Kasten, Handwerks- **287** 35
Kasten, Heiz- **336** 26
Kasten, Hobel- **285** 24
Kasten, Hohl- **369** 5
Kasten, Informations- **92** 5
Kasten, Instrumenten- **10** 59
Kasten, Kamera- **330** 20, 27
Kasten, Kartei- *Büro* **411** 29
Kasten, Kartei- *Universität* **74** 22
Kasten, Kleider- **366** 63
Kasten, Kleinteile- **287** 34
Kasten, Klemmen- **305** 65
Kasten, Leier- **126** 40

Kasten, Leim- **337** 9
Kasten, Lok- **360** 32
Kasten, Mal- **157** 10
Kasten, Maler- **136** 38
Kasten, Mistbeet- **207** 16
Kasten, Mörtel- **271** 20
Kasten, Norton- **302** 8
Kasten, Nummern- **78** 5
Kasten, Ober- **301** 14
Kasten, Probiergläser- **263** 54
Kasten, Resonanz- **142** 26, 64
Kasten, Sä- **218** 68
Kasten, Sand- *Eisenbahn* **366** 59, 76
Kasten, Sand- *Spielplatz* **87** 51
Kasten, Schall- **140** 18, **142** 15
Kasten, Schalt- *Druck* **332** 33
Kasten, Schalt- *Werkzeugmasch.* **303** 29
Kasten, Schau- *Camping* **92** 5
Kasten, Schau- *Zoo* **86** 24
Kasten, Schieber- **364** 31
Kasten, Schmuck- **43** 31
Kasten, Schrott- **294** 15
Kasten, Schutz- **356** 35
Kasten, Schwert- **100** 15
Kasten, Setz- *Druck* **334** 3
Kasten, Setz- *Gärtnerei* **207** 51
Kasten, Sicherungs- **49** 24
Kasten, Sink- **352** 23
Kasten, Souffleur- **137** 27
Kasten, Sprung- **113** 15, 16, **114** 9, 15
Kasten, Spül- **279** 14
Kasten, Stapel- **229** 30
Kasten, Staubsammel- **260** 45
Kasten, Tapezier- **281** 33
Kasten, Unter- **301** 13, 16
Kasten, Wagen- **361** 2
Kasten, Wasser- *Bad* **57** 15
Kasten, Wasser- *Eisenbahn* **364** 67
Kasten, Wasser- *Schweißer* **294** 17
Kasten, Wasserfarb- **71** 6
Kasten, Wassermal- **71** 6
Kasten, Wechselräder- **302** 7
Kasten, Werkzeug- *Bau* **273** 20
Kasten, Werkzeug- *Eisenbahn* **366** 45
Kasten, Werkzeug- *Heimwerken* **287** 35
Kasten, Wirbel- **141** 19, **142** 10
Kasten, Zeitungs- **79** 16
Kasten, Zettel- **74** 22

Kastenfalle 239 24
Kastenholm 104 6
Kastenkuchen *Bäckerei* 251 40
Kastenkuchen *Supermarkt* 252 21
Kastenkuchenform 48 23
Kastenleerungstasche 395 48
Kastenoberlicht 137 13
Kastenrinne 275 83
Kastenwagen 347 31
Kastenzupfinstrument 140 45
Kastor 3 28
Kasuar, Helm- 178 2
Katakombe 149 62
Katalog, EDV- 74 24, 28
Katalog, Mode- 256 6
Katalog, Zettelkasten- 74 20
Katalysator 344 35
Katamaran 100 52
Katamaran, Außenbord- 102 20
Katapult, Start- 67 14
Kater 224 17
Katheder 74 4
Kathete 169 32
Katheter, Absaug- 30 9
Katheter, Harnröhren- 28 17
Katheter, Herz- 30 29
Katheterablation 30 32
Katheterisierung, Herz- 30 28, 32 31
Kathetermessplatz 32 31
Kathode 331 6
Kathode, Schnellheiz- 400 25
katholische Kirche 148 31–62
katholischer Geistlicher 148 39
Kätzchen 189 10, 212 47, 54
Kätzchen, Blüten- 189 26
Kätzchen, Staubblüten- 212 54
Katze 186 2
Katze, Angora- 224 17
Katze, Haus- 215 9
Katze, Lauf- *Eisenverarb.* 300 3
Katze, Lauf- *Schiffbau* 378 14, 21, 28
Katzenauge 339 44
Katzenfutter 252 51
Katzenpfötchen 195 3
Katzenschwanz 213 21
Katzenstreu 252 53
Katzentrockenfutter 349 39
Käuer, Wieder- 184 32
Käufer 83 48
Käuferin 83 24
Kaufhaus *Kaufhaus* 83

Kaufhaus *Stadt* 79 34
Kaufkurs 415 19
Kaufladen 55 27
kaufmännisches Und-Zeichen 164 43
Kaufmannsladen 55 27
Kaugummi 349 46
Kaumuskel, großer 22 8
Kautabak 259 19
Kauter, Elektro- 29 38
Kauz, Stein- 177 24
Käuzchen 177 24
Kavallerie 61 11
Kaviarmesser 53 79
Kavitätenbohrer 29 32
Keeper, Bar- 130 4
Kegel *Math.* 170 43
Kegel *Schmuck* 43 70
Kegel *Sport* 123 8
Kegel, Asche- 7 25
Kegel, Eck- 123 4
Kegel, Hintereck- 123 7
Kegel, Hintergassen- 123 6
Kegel, Kristall- 230 28
Kegel, Schlamm- 12 49
Kegel, Schütt- 217 76
Kegel, Schwemm- 14 10
Kegel, Seger- 316 19
Kegel, Verschluss- 300 6
Kegel, Vordereck- 123 1
Kegel, Vordergassen- 123 2
Kegel, Zeichen- 314 73
Kegelaufstellung 123 1–7
Kegelbaum 84 13
Kegeldach 274 24
Kegeldachhütte 162 21
Kegelkönig 123 9
Kegeln 123 1–9
Kegelprojektion 16 9
Kegelrad 296 91
Kegelradgetriebe 245 26
Kegelschnitt 170 14, 22, 26
Kegelsitz 296 67
Kegelstand 123 1–7
Kegelstift 296 37
Kegelstrahldüse 236 23
Kegelstumpf 170 45
Kehlbalken 274 35
Kehlbalkendach 274 34
Kehlbalkendachstuhl, zweifach stehender 274 37
Kehlbart 241 78
Kehlchen, Rot- 180 16
Kehldeckel 20 54
Kehle *Anat.* 19 26
Kehle *Bau* 274 15, 275 11, 82
Kehle *Musik* 144 18
Kehle *Pferd* 225 16
Kehle, Dach- 274 15
Kehle, Hohl- *Geogr.* 14 75
Kehle, Hohl- *Kunst* 153 34, 45, 155 10

Kehle, Knie- 19 89
Kehlgang 225 16
Kehlgebälk 274 38
Kehlhammer 290 34
Kehlkopf 23 3
Kehlnahtmesslehre 295 34
Kehlriemen 226 11
Kehlsack 178 10
Kehlsparren 274 64
Kehlstück 147 42
Kehrbesen *Hausrat* 56 49
Kehrbesen *Schule* 72 61
Kehrbesen *Stadt* 79 39, 62
Kehrdüse 56 75
Kehre 114 32
Kehrer, Essen- 46 32
Kehrer, Kamin- 46 32
Kehrer, Straßen- *Stadt* 79 61
Kehrer, Straßen- *Straßenrein.* 353 1
Kehrer, Teppich- 56 61
Kehrfahrzeug 353 15
Kehricht 79 64
Kehrichtabfuhrwagen 353 13
Kehrmaschine, Straßen- 353 11
Kehrschaufel *Hausrat* 56 56
Kehrschaufel *Schule* 72 62
Kehrschaufel *Stadt* 79 63
Kehrwagen, Straßen- 79 39
Kehrwalze 353 16
Kehrwert 167 16
Keil *Bau* 272 15
Keil *Schmied* 290 31
Keil *Steinbruch* 312 24
Keil *Tischler* 285 19
Keil, Einlege- 296 73
Keil, Fäll- 237 30
Keil, Faust- 146 1
Keil, Feder- 296 73
Keil, Grau- 166 17
Keil, Hartholz- 274 96
Keil, Nasen- 296 74
Keil, Nut- 296 73, 74
Keil, Scheit- 238 4
Keil, Stimm- 143 21
Keilabsatz 58 55
Keilbein 20 47
Keilbeinhöhle 22 78
Keiler 241 56
Keilhammer 312 26
Keilloch 285 21
Keilnut 296 66, 85
Keilrahmen 157 20
Keilriemen 343 13
Keilriemenvorgelege 261 21
Keilschnitt 206 40
Keilschrift 163 8
Keilstein 155 22
Keilstufe 276 31
Keimabsaugung 246 38
Keimbläschen 227 33

Keimblatt 188 95
keimende Spore 199 8
keimfreie Mullauflage 26 7
Keimgut 246 23
Keimling 188 94, 221 16
Keimloch 201 57
Keimpflanze 221 14
Keimscheibe 227 32
Keimsprossachse 188 97
Keimwurzel 188 96
Keimzelle 24 49
Kelch *Bot.* 192 8, 193 34, 211 10
Kelch *Kirche* 148 10, 150 49
Kelch, Abendmahls- 150 29
Kelch, Außen- 211 24
Kelch, Haar- 196 12
Kelch, Hüll- 193 33
Kelch, Nieren- 23 38
Kelch, Speise- 150 48
Kelchblatt 188 63, 211 10, 47, 212 15
Kelchborste 193 33
Kelchglas 317 64
Kelchglasfuß 317 65
Kelchkapitell 152 16
Kelle 359 17
Kelle, Maurer- 271 52
Kelle, Pflanz- 208 6
Kelle, Polizei- 68 14
Kelle, Schöpf- 96 23
Kelle, Suppen- 53 16
Kelle, Wandschneide- 281 41
Keller, Fass- 232
Keller, Heiz- 46
Keller, Lager- *Brauerei* 247 7
Keller, Lager- *Weinkeller* 232
Keller, Wein- 232
Kellerassel 233 7
Kelleraußentreppe 271 4
Kellereigehilfe 232 12
Kellerfenster *Bau* 271 3
Kellerfenster *Haus* 44 23
Kellergeschoss 271 1
Kellertreppe 276 16
Kellertür 271 6
Kellerwand 271 7
Kellner *Hotel* 78 48
Kellner *Restaurant* 76 25
Kellner, Wein- 76 56
Kellner, Zimmer- 78 34
Kellnerin 76 25
Keltenkreuz 150 74
Kemenate 147 10
Kennaussparung 402 58
Kennbuchstabe 227 38
Kennmelder 280 32
Kennnummer, Wertpapier- 415 18, 26
Kennzahl 227 37, 39
Kennzeichen, polizeiliches 341 44

Kennzeichnung *Eisenbahn* 357 25

Kennzeichnung *Landw.* 227 36

Kennzeichnung *Navigation* 380 19–23, 24–27, 29–31, 35, 36, 38, 39, 40, 43, 44, 45–47

Kennzeichnung, Fahrrinnen- 370 14

Kennzeichnung, Strich- stärken- 314 45

Kennziffer 168 6

Kennziffer, Geschwindig- keits- 357 37

Kentaur *Astron.* 3 39

Kentaur *Fabel* 145 57

Keramik 156 8

Keramik, Oxid- 302 46

Keramikerin 316 16

Keramikkrone 29 24

Kerammodelleur 316 27

Kerb, Fall- 237 28

Kerbe, HD- 406 57

Kerbel 210 7

Kerberos 145 31

Kerbschnitt 146 35

Kerbstift 296 40

Kerbtal 14 29

Kerbtal, offenes 14 30

Kerbtier 175 4

Kerbtierfresser 184 5

Kern *Atom* 1 52

Kern *Bot.* 202 20, 211 25

Kern *Geld* 60 26

Kern *Kraftwerk* 305 20

Kern *Musik* 144 28

Kern, Apfel- 211 63

Kern, Atom- 1 2, 25, 38, 39, 40, 44, 58

Kern, äußerer 11 7

Kern, Birnen- 211 40

Kern, Dattel- 202 10

Kern, Gieß- 331 18

Kern, Groß- 176 12

Kern, Grün- 221 25

Kern, Haupt- 176 12

Kern, innerer 11 8

Kern, Kirsch- 212 10

Kern, Klein- 176 13

Kern, Neben- 176 13

Kern, Obst- 211 40, 63

Kern, Pflaumen- 212 27

Kern, Reaktor- 67 68

Kern, Samen- 211 25

Kern, Spezial- 119 28

Kern, Vor- 25 12, 19, 22

Kern, Weichblei- 240 56

Kern, Zell- *Anat.* 25 3

Kern, Zell- *Genetik* 24 4, 30

Kern, Zell- *Zool.* 176 5

Kern, Zwetschgen- 212 27

Kernbohrgerät 298 21

Kernbrennstoff 306 4

Kernbrett 273 93

Kernbruchstück 1 46, 47, 53, 56, 60

Kernenergie 306

Kernenergieforschungsschiff 375 9

Kerngehäuse 211 39, 62

Kernhaus 211 39, 62

Kernholz *Bau* 273 84

Kernholz *Bot.* 188 13

Kernkraftwerk 306 24

Kernobst 211

Kernobstgewächs 211 33

Kernpore 24 4

Kernreaktor *Atom* 1 57

Kernreaktor *Energie* 306 1, 24

Kernschatten 4 32, 37

Kernspalte 144 24

kernspaltendes Neutron 1 51

Kernspaltung 1 43, 55

Kerosintank 391 8

Kerrie 191 28

Kerwe 126

Kerze *Restaurant* 76 44

Kerze *Sport* 115 29

Kerze, Altar- 148 7, 34

Kerze, gegossene 72 77

Kerze, Königs- 194 9

Kerze, Opfer- 148 53

Kerze, Oster- 148 44

Kerze, Wachs- 230 79

Kerze, Wunder- 376 93

Kerze, Zünd- 349 74

Kerzenleuchter *Flohmarkt* 127 47

Kerzenleuchter *Hausrat* 52 10

Kerzenleuchter *Restaurant* 76 43

Kerzenständer 127 47

Kescher, Hand- 242 2

Kescher, Setz- 243 7

Kessel 251 66

Kessel, Dampf- 304 15

Kessel, Druck- 137 55

Kessel, Druckluft- 291 4

Kessel, Flöten- 47 26

Kessel, Hopfen- 246 53

Kessel, Kompass- 379 43

Kessel, Lang- 364 16

Kessel, Leim- *Buch* 336 18, 338 32

Kessel, Leim- *Tischler* 285 12

Kessel, Maisch- 246 45

Kessel, Ölheizungs- 46 61

Kessel, Röhren- 304 15

Kessel, Roulette- 89 2

Kessel, Spritz- 282 34

Kessel, Steh- 364 62

Kessel, Strahlungs- 304 15

Kessel, Teer- 354 41

Kessel, Transformator- 304 40

Kessel, Transformatoren- 304 40

Kessel, Wasser- 47 26

Kessel, Weihwasser- 150 47

Kessel, Wind- 80 17, 50

Kessel, Zentralheizungs- 46 61

Kesseldruckmesser 364 47

Kesselfundament 46 71

Kesselhaube 147 61

Kesselhaus 304 1

Kesseljagd 239 38

Kesselpauke 141 59

Kesselschmiede 378 9

Kesselspeisepumpe 304 21

Kesselthermometer 46 69

Kesseltreiben 239 38

Kesselwagen 360 10, 367 31

Ketchup *Hausrat* 53 35

Ketchup *Rummelplatz* 126 7

Ketscher 242 2

Kettbaum 319 1, 320 20, 31

Kette *Fahrrad* 339 38

Kette *Landw.* 228 15

Kette *Militär* 63 31

Kette *Motorrad* 342 51

Kette *Schmuck* 43 36

Kette *Textil* 319 3

Kette, Abspann- 304 38

Kette, Amulett- 162 40

Kette, Anker- *Schiff* 377 50, 383 12

Kette, Anker- *Schiffbau* 378 81

Kette, Antriebs- 341 15

Kette, Aufhalte- 226 20

Kette, Aufhänge- 218 19

Kette, Berg- 13 43

Kette, Binde- 320 20

Kette, Blumen- 124 14

Kette, Eimer- *Fluss* 370 42

Kette, Eimer- *Hafen* 382 53

Kette, Elfenbein- 43 28

Kette, Förder- 325 6

Kette, Fräs- 285 53

Kette, Führungs- 218 14

Kette, Futter- 227 22

Kette, Gleis- 354 28

Kette, Hals- *Kaufhaus* 83 78

Kette, Hals- *Völkerk.* 160 14

Kette, Kandaren- 226 12

Kette, Kinn- 226 12

Kette, Korallen- 43 34

Kette, Motorrad- 342 26

Kette, Rauchfass- 150 39

Kette, Rollen- 339 25

Kette, Säge- *Bau* 273 16

Kette, Säge- *Forstw.* 238 14

Kette, Schaltungs- 106 23

Kette, Schnee- 122 31

Kette, Selbsthalte- 218 14

Kette, Sicherheits- 279 3

Kette, Zuchtperlen- 43 12, 32

Kette, Zughaken- 218 19

Kettenablängsäge 311 39

Kettenantrieb 286 39

Kettenauslage 333 14

Kettenbagger 312 8

Kettenbagger, Eimer- 370 41

Kettenblatt 339 34, 340 28

Kettenblende 63 50

Kettenblume 214 13

Kettenbremse, Sicherheits- 238 15

Kettendozer 354 24

Kettenfahrzeug 63 51

Kettenflieger 126 18

Kettenfräse 273 17

Kettenfräsmaschine 285 49

Kettengehänge 382 26

Kettengewirk 320 37

Kettenglied 43 39

Kettenkarussell 126 18

Kettenlaufwerk 355 11

Kettenpanzer 147 63

Kettenquerförderer 311 21

Kettenreaktion 1 50

Kettenreaktion, kontrollierte 1 57

Kettensäge 273 14

Kettenschließe 271 30

Kettenschrägförderer 217 8

Kettenschürze 63 50

Kettenschutz 339 32

Kettenschutzblech 339 32

Kettenselbstführung 218 13

Kettenspannvorrichtung 311 42

Kettenstich 254 2

Kettenstopper 377 51

Kettentrieb 339 34–39

Kettenverkleidung 340 43

Kettenwirkmaschine 320 19, 30

Kettenzahnrad 339 39

Kettfaden 319 2, 3, 320 32, 47, 323 2

Kettfaden, gehobener 323 7, 17

Kettfaden, gesenkter 323 8, 18

Keule *Chemie* 172 9

Keule *Fleischerei* 249 1, 14

Keule *Turnen* 114 37–39

Keule *Völkerk.* 162 33

Keule *Zool.* 241 23, 41

Keule, Gymnastik- 114 38

Keule, Jonglier- 125 32

Keule, Schlag- 108 52

Keule, Wickel- 305 40

Keuliger Bärlapp 195 12
Keuper, Unterer 306 60
Kfz *Auto* 344 1–52
Kfz *Werkstatt* 348 58
Kfz-Elektriker-Meister
  348 13
Kfz-Lehrling 348 76
Kfz-Mechaniker 348 71
Kfz-Mechaniker-Meister
  348 13
Kfz-Mechatroniker 348 71
Kfz-Mechatroniker-Lehrling
  348 76
Kfz-Meister 348 13
Kfz-Techniker 348 71
Kfz-Techniker-Lehrling
  348 76
Kfz-Techniker-Meister
  348 13
Kfz-Werkstatt 348
Kicherling 222 19
Kickschuh 108 42
Kickstarter *Motor* 343 77
Kickstarter *Motorrad* 341 18
Kiebitz 178 26
Kiefer *Bot.* 190 20
Kiefer *Zool.* 175 27
Kiefer, Gewöhnliche 190 20
Kiefer, Ober- 20 45, 22 30
Kiefer, Unter- 20 44
Kiefer, Weimuts- 190 30
Kiefer, Weymouths- 190 30
Kiefer, Zirbel- 190 29
Kiefer, Zwerg- 190 21
Kieferfühler 175 46
Kieferneule 235 47
Kiefernspanner 235 29
Kiefernzapfen 190 26
Kiel *Segeln* 101 32
Kiel *Wassersport* 99 29,
  102 57
Kiel, Außen- 99 29
Kiel, Ballast- 101 32
Kiel, Blei- 101 36
Kiel, Feder- 140 53
Kiel, Flach- 378 52
Kiel, gestreckter 378 22
Kiel, Innen- 99 47
Kiel, Kimm- 378 50
Kiel, Manövrier- 383 30
Kiel, Schlinger- 378 50
Kielbogen 155 36
Kiel des Schiffes 3 46
Kielflosse 388 7
Kielflügel 140 45
Kieljacht, Fahrten-
  101 29–34
Kieljacht, Renn- 101 35
Kielpallen 378 41
Kielschwertjacht, Einheits-
  100 47
Kielstapel 378 41

Kielträger 393 8
Kielwasser 377 58
Kieme, Büschel- 182 19
Kiemendeckel 182 5
Kiemenspalte 182 3
Kieselgur 247 3
Kieselgurfilter 247 4
Kieselsäureskelett 176 3
Kieselstein 146 6
Kiesweg 84 18
Kiewitt 178 26
killendes Segel 101 8
Kilometertafel 370 15
Kilometerzähler, Tages-
  344 59
Kimme *Jagd* 240 66
Kimme *Militär* 63 19
Kimmgang 378 49
Kimmkiel 378 50
Kimmpallen 378 42
Kimmstapel 378 42
Kimono *Kleidung* 37 7
Kimono *Völkerk.* 161 40
Kimonogürtel 161 41
Kind *Freizeitpark* 85 1
Kind *Park* 84 75
Kind *Rummelplatz* 126 17
Kind, Bauern- 215 5
Kind, Kindergarten- 71 33
Kind, Klein- *Baby* 33 42
Kind, Klein- *Freizeitpark*
  85 32
Kind, Vorschul- 71 2
Kind, Wickel- 33 5
Kinderbecken 97 16
Kinderbekleidung 34
Kinderbett 55 1
Kinderbuch 55 17
Kinderdirndl 34 40, 41
Kinderfahrrad 87 3
Kindergarten 71
Kindergartenkind 71 33
Kindergärtnerin 71 1
Kindergrab 149 29
Kinderhemdchen 33 24
Kinderhort 71
Kinderkarre 84 72
Kinderkarussell 126 15
Kinderpulli 34 54
Kinderreisebett 33 1
Kinderschuh, Lauflern-
  58 56
Kindershorts 34 28
Kindersitz, Fahrrad- 339 46
Kindersöckchen 34 33
Kinderspielplatz 87
Kinderstuhl 33 34
Kindertagesstätte 71
Kindertasse 33 28
Kindertelefon 55 35
Kinderteller 33 29
Kinder-T-Shirt 34 30

Kinderwagen 87 20
Kinderwagen, Kombi- 33 35
Kinderwagen, Puppen- 71 25
Kinderzimmer 55
Kinderzimmerschrank 55 21
Kinn 19 21
Kinnbacke *Anat.* 19 15
Kinnbacke *Pferd* 225 11
Kinnbart 40 13
Kinngrübchen 19 22
Kinnkette 226 12
Kinnlade 19 23
Kinnlappen 224 24
Kinnreff 147 41
Kinnstütze 141 8
Kino 133 1
Kino, Wander- 133 52
Kinobesucher 133 5
Kinobesucherin 133 5
Kinokarte 133 3
Kinokasse 133 2
Kinomaschine 133 24
Kinoneiger 134 12
Kinonivellierkopf 266 47
Kinoproduktion 134 35
Kinoprogrammanzeige 79 54
Kiosk *Camping* 92 6
Kiosk *Strand* 95 33
Kiosk, Bahnsteig- 359 31
Kippanhänger 208 42
Kippanschluss 280 21
Kippe, Kopf- 114 27
Kippe, Oberarm- 113 58
Kippe, Schwebe- 114 28
Kipper, Dreiseiten- 215 34
Kipper, Hinter- 354 10
Kipper, Mulden- *Hausrat*
  55 38
Kipper, Mulden- *Steinbruch*
  312 7
Kipperbrückenaufbau
  215 36
Kippermulde 354 12
Kippflügel 388 30
Kippflügelflugzeug 388 29
Kippgestell 301 5
Kipphebelbremse 340 23
Kippkasten, Drei-Wege-
  246 34
Kipplager 382 51
Kipplore 272 28
Kippmulde 367 38
Kipprost 364 5
Kipprostkurbel 364 40
Kipprotor 388 33
Kipprotorflugzeug 388 32
Kippschalter 363 45, 46,
  47, 48
kippscher Apparat 173 59
Kippstange 119 23
Kippstuhl 301 9
Kipptaster 363 45, 46, 47, 48

Kippvorrichtung *Eisenverarb.*
  300 46, 64
Kippvorrichtung *Landw.*
  215 35
Kippvorrichtung *Straßenrein.*
  353 14
Kippwagen, Block- 301 24
Kippwagen, Mulden- 367 37
Kippwerk, Dreiseiten- 215 35
Kirche *Geogr.* 17 52
Kirche *Kirche* 148, 149 1,
  150, 151
Kirche *Stadt* 18 16
Kirche, Barock- 155 1
Kirche, Dorf- 17 107
Kirche, evangelische
  148 1–30
Kirche, gotische 154 28–41
Kirche, katholische
  148 31–62
Kirche, Renaissance- 154 42
Kirche, romanische 154 1–13
Kirche, weit sichtbare 17 53
Kirchenbank 148 28
Kirchenbesucherin 148 29
Kirchendach 149 11
Kirchendiener 148 26, 58
Kirchenfahne 149 44
Kirchenfenster 148 14
Kirchengestühl 148 28
Kirchenglocke 149 9
Kirchenorgel 144
Kirchenportal 149 16
Kirchenschwalbe 178 29
Kirchentür 149 16
Kirchgänger 149 17
Kirchgängerin 148 29
Kirchglocke 149 9
Kirchhof 149 19–41
Kirchhofsmauer 149 19
Kirchhofstor 149 20
kirchliche Trauung 150 13
Kirchturm 149 2
Kirchturmhahn 149 3
Kirchturmspitze 149 6
Kirchturmuhr 149 7
Kirchweih 126
Kirgise 161 10
Kirmes 126
Kirri 162 33
Kirrmöwe 178 17
Kirschbaum 212 2
Kirschbaumblatt 212 4
Kirschblatt 212 20
Kirschblüte 212 5, 12
Kirsche 188 110, 212 8
Kirsche, Kornel- 191 30, 32
Kirsche, Teufels- 197 7
Kirsche, Toll- 197 7
Kirsche, Wolfs- 197 7
Kirschfrucht 212 8
Kirschfruchtfliege 234 18

Kirschkern 212 10
Kirschzweig 212 3
Kissen *Hausrat* 54 16
Kissen *Schiff* 376 47
Kissen, Blau- 203 8
Kissen, Bügel- 256 33
Kissen, Form- 256 26, 31
Kissen, Gesundheits- 51 13
Kissen, Gold- 336 36
Kissen, Kopf- *Hausrat* 51 14,
 55 4
Kissen, Kopf- *Med.* 32 28
Kissen, Kuschel- 71 37
Kissen, Leder- 260 29
Kissen, Linsen- 260 29
Kissen, Luft- 102 62
Kissen, Mal- 108 57
Kissen, Nacken- 51 13
Kissen, Nadel- 256 23
Kissen, Press- 253 16
Kissen, Rücken- 50 21
Kissen, Sattel- 226 49
Kissen, Schwimm- *Schwimm-
 bad* 97 19
Kissen, Schwimm- *Schwim-
 men* 98 15
Kissen, Sitz- *Hausrat* 50 20,
 55 8
Kissen, Sitz- *Schiff* 376 46
Kissen, Sofa- 50 22
Kissen, Sozius- 342 7
Kissen, Sprung- 116 36
Kissen, Unter- 41 7
Kissen, Vergolder- 282 52
Kissen, Wasser- 14 18
Kiste, Stau- 82 46
Kiste, Ton- 158 30
Kiste, Zigarren- 259 1
Kita 71
Kithara 140 15
Kitt, Film- 133 22
Kitt, Glaser- 277 17
Kittel 31 13
Kittel, Arbeits- 258 3
Kittel, Friseur- 258 3
Kittmesser *Glaser* 277 27
Kittmesser *Maler* 282 28
Kitz 241 43
Kitz, Bock- 241 43
Kitz, Reh- 241 43
Kitzler 23 103
Kitzreh 241 38
Klage, Hasen- 240 44
Klamm 14 28
Klammer *Bau* 274 97
Klammer *Chemie* 173 33
Klammer, Abteil- 257 14
Klammer, Akten- 410 2
Klammer, Bau- 272 58
Klammer, Büro- 410 1
Klammer, eckige 164 34
Klammer, Film- 268 14

Klammer, geschweifte
 164 35
Klammer, Locken- 257 14
Klammer, Nasen- 32 43
Klammer, Plattenhalte-
 406 53
Klammer, runde 164 33
Klammer, Wasserwell-
 257 15
Klammeraffe 164 45
Klammerfuß 182 34
Klampfe 142 12
Klang, Drei- 139 1, 2, 3, 4
Klang, Ein- 139 6
Klang, Vier- 139 5
Klappanhänger 92 11
Kläppchenkragen 38 3
Klappdeckel *Flohmarkt*
 127 29
Klappdeckel *Installateur*
 280 22
Klappe 141 33, 37
Klappe, Abdeck- *PC* 406 10,
 37
Klappe, Abdeck- *Zeichner*
 315 10
Klappe, Aorten- 23 62
Klappe, Boden- 364 7
Klappe, Brems- *Flugsport*
 104 14
Klappe, Brems- *Flugzeug*
 385 43
Klappe, Brems- *Militär* 64 12,
 65 2, 29
Klappe, Bremsschirm- 65 23
Klappe, Bug- 393 21
Klappe, Doppelspalt- 385 47
Klappe, dreizipflige 23 59
Klappe, Entlade- 367 25
Klappe, Fell- 42 40
Klappe, Fliegen- 236 25
Klappe, Fowler- 385 39, 51
Klappe, Heck- 346 15
Klappe, Herz- 23 58
Klappe, Kartenfach- 267 11
Klappe, Kofferraum- 346 4
Klappe, Kommutator-
 365 18
Klappe, Krüger- 385 53
Klappe, Lade- 375 31
Klappe, Lande- *Flugsport*
 103 21
Klappe, Lande- *Flugzeug*
 386 53
Klappe, Landungs- 370 54
Klappe, Luft- 364 6
Klappe, Lüftungs- *Eisenbahn*
 367 16, 30
Klappe, Lüftungs- *Gärtnerei*
 207 41
Klappe, Lüftungs- *Kfz* 347 50
Klappe, Mitral- 23 60

Klappe, Monitor- 402 3
Klappe, Mündungs- 67 78
Klappe, Nasen- 385 52
Klappe, Normal- 385 45
Klappe, Ofen- 251 89
Klappe, Ohren- 42 39
Klappe, Pulmonal- 23 63
Klappe, Rauch- 160 9
Klappe, Rohrwechsel- 63 28
Klappe, Scheu- 226 26
Klappe, Schleusen- 394 16
Klappe, Schulter- 38 38
Klappe, Service- 394 31
Klappe, Spalt- 385 46
Klappe, Spreiz- 385 48, 49, 48
Klappe, Stauch- 321 11
Klappe, Stör- *Flugsport*
 104 14
Klappe, Stör- *Flugzeug*
 385 38, 41
Klappe, Streu- 354 34
Klappe, Synchron- 131 35
Klappe, Tank- 350 14
Klappe, Taschen- 38 23
Klappe, Trimm- 103 17, 22
Klappe, Umschlag- 338 47
Klappe, Verkleidungs- 412 39
Klappe, Visier- 240 67
Klappe, Wärmeregulierungs-
 10 65
Klappe, Wartungs- 311 65
Klappe, Wölbungs-
 385 45–47
Klappe, Zap- 385 49
Klappenjalousie 366 84
Klappenmann 131 34
Klappensystem 385 37–53
Klappentext 338 48
Klapper 124 35
Klappermohn 214 2
Klappfenster 361 4, 37
Klapphut 42 43
Klappkamera 127 27
Klappkoje 67 84
Klapplade 49 11
Klappladen 45 11
Klapplüftung 207 10
Klapprad 340 6
Klappscharnier 340 7
Klappschlittschuh 120 16
Klappsitz 361 57, 362 7
Klappstuhl *Baby* 33 34
Klappstuhl *Camping* 92 61
Klapptintenfass 127 74
Klapptisch *Camping* 92 62
Klapptisch *Eisenbahn* 361 34
Klapptritt *Eisenbahn* 361 39
Klapptritt *Feuerwehr* 82 57
Kläranlage *Bergwerk* 297 14
Kläranlage *Stadt* 18 35
Klarinette *Musik* 141 36

Klarinette *Zirkus* 125 34
Klarsichtfenster 92 57
Klarsichtscheibe 342 17
Klärwerk 297 14
Klasse 230 2, 6, 7
Klasse, Barbe- 66 89
Klasse, Boots- 100 40–56
Klasse, Bremen- 66 53
Klasse, California- 67 41
Klasse, Hamburg- 66 1
Klasse, Helgoland- 66 95
Klasse, IMS- 100 56
Klasse, Kara- 67 21
Klasse, Lüneburg- 66 93
Klasse, Lütjens- 66 38
Klasse, Rhein- 66 92
Klasse, Sachsenwald- 66 94
Klasse, 1. 363 11, 12
Klasse, 2. 363 16
Klasse, 5,5-m- 100 55
Klassenbuch 72 6
Klassenraum 72 1–46
Klassenschrank 72 24
Klassenzimmer 72 1–46
klassische Hose 38 6
klassizistische Antiqua
 164 6
klassizistischer Torbau
 155 15
Klatsche, Fliegen- 236 25
Klatschmohn *Bot.* 214 2
Klatschmohn *Garten* 203 31
Klaue *Fabel* 145 3
Klaue *Zool.* 241 26
Klaue, After- 241 25
Klaue, Doppel- 230 11
Klaue, Greifen- 145 15
Klaue, Nagel- 273 75
Klaue, Ober- 241 25
Klaue, Vogel- 145 66
Klaviatur 140 28, 142 36, 40,
 143 4, 5
Klavichord 140 36
Klavichordmechanik 140 37
Klavier 143 1
Klavier, elektrisches 130 34
Klavier, Schiffer- 142 36
Klaviergehäuse 143 6
Klavierhammer 143 3
Klaviermechanik 143 22–39
Klavierpedal 143 8, 9
Klaviersaite 143 7
Klaviertaste 143 4, 5
Klebeband 287 38
Klebebinder *Buch* 337 22
Klebebinder *Büro* 412 69
Klebefläche 72 51
Klebekante 337 25, 26
Kleber 337 27
Kleber, Dispersions- 281 28
Klebestift 410 11

Klebestreifenhandabroller **410** 13
Klebestreifenrolle **410** 15
Klebestreifentischabroller **410** 14
Klebevorrichtung **286** 27
Klebriger Salbei **210** 13
Klebstofftube **72** 52
Klee, Bären- **222** 6
Klee, Bastard- **222** 3
Klee, Blut- **222** 4
Klee, Dauer- **222** 9
Klee, Deutscher **222** 1
Klee, Futter- **222** 1
Klee, Glücks- **222** 5
Klee, Hoher **222** 9
Klee, Horn- **194** 17
Klee, Inkarnat- **222** 4
Klee, Kopf- **222** 1
Klee, Kriechender **222** 2
Klee, Monats- **222** 9
Klee, Rosen- **222** 4
Klee, Rot- **222** 1
Klee, Russischer **222** 6
Klee, Schweden- **222** 3
Klee, Schweizer **222** 10
Klee, Steyrer **222** 1
Klee, Süß- **222** 10
Klee, Tannen- **222** 6
Klee, Weiden- **222** 2
Klee, Weiß- **222** 2
Klee, Welscher **222** 9
Klee, Wiesen- **222** 1, 2
Klee, Woll- **222** 6
Klee, Wund- **222** 6
Kleeblatt, vierblättriges **222** 5
Kleeblattbogen **155** 32
Kleeblattkreuz **150** 72
Kleeblüte **222** 7
Kleekarre **219** 16
Kleesämaschine **219** 16
Kleiber **180** 10
Kleid, Biedermeier- **124** 19
Kleid, Dirndl- **36** 89
Kleid, durchgeknöpftes **35** 42
Kleid, Folklore- **35** 49
Kleid, Hemdblusen- **35** 42
Kleid, Jersey- **36** 85
Kleid, Kasack- **35** 60
Kleid, Konfektions- **83** 43
Kleid, Mini- **34** 58
Kleid, Modell- **255** 6
Kleid, Schanz- *Schiff* **377** 17
Kleid, Schanz- *Schiffbau* **378** 70
Kleid, Sommer- **36** 78
Kleid, Strick- **35** 54
Kleid, Tauf- **150** 8
Kleid, Träger- **36** 88
Kleid, Tunika- **35** 51

Kleid, Unter- **37** 36
Kleid, Wickel- **35** 48
Kleid, Winter- **35** 44
Kleid, Woll- **35** 59
Kleidchen, Jersey- **34** 31
Kleidchen, Nacht- **37** 8
Kleidchen, Sommer- **34** 16
Kleidchen, Strick- **34** 31
Kleidchen, Träger- **34** 16
Kleiderablage **136** 6
Kleiderabteil **78** 31
Kleiderbügel *Hausrat* **49** 4
Kleiderbügel *Schneiderei* **255** 21
Kleiderbürste **56** 47
Kleidergürtel **35** 43, **36** 72
Kleiderhaken *Eisenbahn* **361** 25
Kleiderhaken *Hausrat* **49** 3
Kleiderhaken *Restaurant* **76** 17
Kleiderkasten **366** 63
Kleiderlaus **233** 41
Kleidermotte **233** 14
Kleiderrock **35** 37
Kleiderschrank *Hausrat* **55** 44
Kleiderschrank *Hotel* **78** 30
Kleiderschutz **256** 17
Kleiderständer *Kaufhaus* **83** 25
Kleiderständer *Restaurant* **76** 15
Kleiderständer *Schneiderei* **255** 20
Kleiderstange **83** 42
Kleidung, Baby- **34** 1
Kleidung, Damen- **35, 36**
Kleidung, Dienst- *Polizei* **68** 7
Kleidung, Dienst- *Straßenrein.* **353** 3–7
Kleidung, Gymnastik- **114** 49, 50
Kleidung, Herren- **38**
Kleidung, Kleinkinder- **34** 15
Kleidung, Leder- **106** 44
Kleidung, Männer- **38**
Kleidung, Nacht- **37**, 1, 47
Kleidung, Schulkinder- **34** 34
Kleidung, Schutz- *Feuerwehr* **82** 20–25
Kleidung, Schutz- *Forstw.* **237** 26
Kleidung, Schutz- *Polizei* **68** 26
Kleidung, Secondhand- **127** 64–67
Kleidung, Strand- **95** 18–23
Kleidung, Turn- **113** 61–63, **114** 49, 50
Kleidung, Unter- **37** 1, 47

Kleidung, Warn- **360** 25
Kleidung, Zivil- **68** 54
Kleidungsstück, gebrauchtes **127** 64–67
Kleidungsstück, geschnittenes **255** 22
Kleid von der Stange **83** 43
Klein **89** 10
Klein, Bohr- **299** 43
Kleinbahn **17** 24
Kleinbildkamera **264** 26
Kleinbildkassette *Fotogr.* **266** 7
Kleinbildkassette *Optik* **264** 35
Kleinbild-Kompaktkamera **266** 1
Kleinbildpatrone **266** 7
Kleinbild-Spiegelreflexkamera **267** 1
Kleinblütiges Knopfkraut **214** 31
Kleinbuchstabe **326** 12
Kleinbus, Niederflur- **347** 33
Kleindarsteller **131** 29
Kleindrehbank **261** 20
Kleindrehmaschine, Präzisions- **261** 20
Kleindrehtisch **295** 42
kleine Achse **170** 24
kleine Chirurgie **27** 40
kleine Grabkammer **152** 3
kleine Oktave **139** 45
kleiner als **168** 20
Kleiner Bär **3** 34
kleiner Finger **19** 69
Kleiner Frostspanner **234** 16
Kleiner Hund **3** 15
Kleiner Kohlweißling **234** 26
kleiner runder Armmuskel **21** 54
kleiner Spiegel **379** 23
kleiner Sprungkasten **113** 16, **114** 9, 15
kleiner Teller **53** 7
Kleiner Uhu **177** 19
Kleiner Wagen **3** 34
kleiner Zeiger **262** 39
Kleine Schwalbenmöwe **178** 14
Kleine Stubenfliege **233** 2
kleine Trommel **141** 53, **142** 49
kleine Zehe **19** 97
Kleinflügel **143** 41
Kleingarten *Garten* **204** 1
Kleingarten *Stadt* **18** 4
Kleingärtner **204** 25
Kleinhirn **20** 62
Kleinkabine **368** 25
Kleinkabinenbahn **368** 24
Kleinkalibergewehr **123** 38

Kleinkern **176** 13
Kleinkind *Baby* **33** 42
Kleinkind *Freizeitpark* **85** 32
Kleinkinderabteil **361** 15
Kleinkinderkleidung **34** 15
Kleinkraftrad **342** 1
Kleinlaster, geländegängiger **347** 1
Kleinlastwagen **347** 31
Kleinlokomotive, Diesel- **366** 68
Kleinmotorrad **341** 37
Kleinschmetterling **211** 65, 67
Kleinschraubstock **287** 10
Kleinsterilisator **31** 28
Kleinteilekasten **287** 34
Kleinteilespender **27** 56
Kleinteiltasche **407** 24
Kleintransporter **348** 72
Kleinvieh *Eisenbahn* **367** 28
Kleinvieh *Zool.* **224** 18–36
Kleinwagen **346** 21
Kleister **71** 4
Kleister, Tapeten- **281** 23, 24
Kleister, Tapeziergeräte- **281** 26
Kleisterbürste **281** 27
Kleistergerät **281** 25
Klemmbügel **410** 37
Klemme **173** 13
Klemme, Ader- **31** 40
Klemme, Buchfahrplan- **363** 44
Klemme, Buchsen- **280** 39
Klemme, Büretten- **173** 23
Klemme, Erd- **295** 33
Klemme, Fockschot- **100** 13
Klemme, Halte- **348** 48
Klemme, Höhen- **16** 56
Klemme, Kocher- **27** 42
Klemme, Leuchten- **280** 39
Klemme, Lüster- **280** 39
Klemme, Schlauch- *Chemie* **173** 30
Klemme, Schlauch- *Hausrat* **48** 25
Klemme, Schlauch- *Werkstatt* **348** 31
Klemme, Seiten- **16** 58
Klemme, Taschen- **2** 18
Klemme, Werkstück- **295** 33
Klemmenkasten **305** 65
Klemmenschrank **365** 16
Klemmhalter **302** 45
Klemmhebel **285** 67
Klemmplatte *Eisenbahn* **356** 9
Klemmplatte *Werkzeugmasch.* **302** 46
Klemmschraube **286** 21
Klemmvorrichtung **2** 43

Klempner 278 17
Kletterausrüstung 118 36–61
Kletterdach 87 47
Kletterer 118 5
Kletterer, Frei- 118 14
Klettergerüst 87 34
Klettergürtel 118 60
Kletterhaken, Universal-
118 43
Kletterhose 118 7
Kletterjacke 118 6
Klettern 118 2–18
Netz Schwimmbad
97 18
Netz Spielplatz 87 37
Klettern im Eis 118 19–24
Kletterpflanze Bot. 205 2,
209 8
Kletterpflanze Garten 203 6
Kletterrose 204 13
Kletterschuh 118 49
Kletterseil 87 35
Klettertau 113 19
Kletterturm 87 6
Kletterwalze 311 5
Kletterwurzel 188 87
Klickpedal 106 25
Kliff 14 73
Klima 9 40–44
Klima, äquatoriales 9 40
Klima, polares 9 43, 44
Klima, Schnee-Wald- 9 42
Klimaanlage Auto 345 30
Klimaanlage Camping 92 19
Klimaanlage Eisenbahn
362 5, 16
Klimaanlage Erdöl 299 24
Klimaanlage Motor 343 11
Klimaanlage Raumfahrt
394 5
Klimaanlage, Aufdach-
347 39
Klimaanlagenkompressor
343 15
Klimaautomatik 344 90
Klimagerät 399 19
Klimagürtel 9 44
Klimagürtel, borealer 9 42
Klimagürtel, Tundren- 9 43
Klimakarte 9 31
Klimakunde 9
Klimatisierungssystem 65 12
Klimazone 9 45–49
Klimazone, gemäßigte 9 47
Klimazone, polare 9 45
Klimazone, subpolare 9 46
Klimazone, subtropische
9 48
Klimazone, tropische 9 49
Klinge Fechten 111 45
Klinge Hausrat 53 54
Klinge Kunst 156 10

Klinge Völkerk. 162 12
Klinge, Messer- 250 2
Klinge, Radier- 314 49
Klinge, Rasier- 349 34
Klinge, Rund- 250 63
Klingel, Fahrrad- 339 4
Klingelbeutel 148 59
Klingeltafel 78 29
Klingeltaster 280 3
Klingenbindung 111 47
Klinik 18 24
Klinik, chirurgische 31 1
Klinke, Spann- 262 26
Klinke, Tür- 49 32
Klinke, Vorschub- 311 45
Klinkenfeld 132 19
Klinkenstecker 402 47
Klinkerbeplankung
101 50–52
Klinknagel 101 52
Klinopinakoid 174 24
Klipp, Haar- 257 11
Klipp, Öler- 339 68
Klippdachs 184 27
Klippe 14 70
Klippe, Felsen- 15 38
Klipper 374 36
Klippschliefer, südafrika-
nischer 184 27
Klischee 331 38
Klischeeätzmaschine 331 23
Klischeefacette 331 44
Klischeefuß 331 41
Klischeeherstellung 331
Klischeeholz 331 41
Klivie 205 8
Klo 57 11
Kloakentier 184 4
Klöbchen, Stifte- 261 16
Klobecken 57 12
Kloben, Bein- 28 7
Kloben, Feil- 293 28
Klobrille 57 14
Klobürste 57 18
Klodeckel 57 13
Klopapier 57 10
Klopfdüse 56 75
Klopfeisen 289 36
Klöpfel 285 5
Klopfer, Matten- 350 12
Klopfholz Bau 273 67
Klopfholz Druck 334 11
Klopfmaschine 284 4
Klopfvorsatz, Teppich- 56 83
Klöppel 142 65
Klöppelspitze 254 18
Klosett 57 11
Klosettbecken 57 12
Klosettbrille 57 14
Klosettdeckel 57 13
Klosettpapier 57 10
Klosettumrahmung 57 17

Klosettumrandung 57 17
Kloster Geogr. 17 62
Kloster Kirche 149 52–61
Klostergarten 149 53
Klostergewölbe 155 41
Klosterhof 149 53
Klotz 278 21
Klotz, Bau- Baby 33 41
Klotz, Bau- Vorschule 71 27
Klotz, Brems- Auto 345 61
Klotz, Brems- Maschinenteil
296 100
Klotz, Schleif- Maler 282 20
Klotz, Schleif- Tapezierer
281 13
Klotz, Sockel- 311 37
Klotz, Stauch- 290 16
Klub, Nacht- 130
Klubflagge 99 22
Klubhaus 99 20
Klubsessel 78 26
Klubstander 99 22
Klubzugehörigkeit 102 9
Kluft 14 53
Klüpfel 285 5
Kluppe, Gewindeschneid-
279 85
Kluppe, Mess- 237 21
Kluppe, Schneid- Klempner
278 12
Kluppe, Schneid- Schlosser
293 37
Kluppenpinsel 282 25
Kluppmessstock 238 10
Klüse, Anker- 378 80
Klüse, Schlepp- 383 11
Klüver 373 22
Klüver, Außen- 373 23
Klüver, Binnen- 373 21
Klüverbaum 372 51, 373 1
Klüverleiter 373 14
Knabberei 252 60
Knabbersortiment 349 5
Knabenkraut 194 28
Knäckebrot 251 56
Knacker, Nuss- 53 50
Knallblättchen 124 45
Knallbonbon 124 46
Knallerbse 124 47
Knallfrosch 124 48
Knappe 147 68
Knarre 124 42
Knarrpoller 100 1
Knäuel, Garn- 336 4
Knäuelgras 222 25
Knäuelgras 222 25
Knauf, Filmtransport- 268 7
Knauf, Florett- 111 41
Knauf, Turm- 149 5
Knaulgras, Gemeines 222 25
Knebel Kunst 158 25
Knebel Med. 26 18

Knebel Schlosser 293 17
Knebel, Feststell- 302 28
Knebel, Zwingen- 72 49
Knebelbart 40 15
Knebelknopf 35 16
Knecht, Kuckucks- 178 30
Kneif 336 6
Kneifer, Ohren- 233 12
Kneifzange Heimwerken
287 13
Kneifzange Installateur
279 66
Kneifzange Schlosser 293 76
Knetbrett 71 14
Kneteisen 251 65
Kneter, Spiral- 251 63
Knetfigur 71 13
Knetmaschine 251 63
Knetmasse 71 12
Knickarmroboter 303 47
Knickarmroboter, Vertikal-
303 35
Knickerbocker 127 66
Knickflügel 385 14
Knicklenkung 238 31, 37
Knicklichtpose 243 20
Knicksäulenmontierung
265 21
Knickspant 66 8
Knickstelle 175 38
Knie 19 88
Kniebank 150 25
Kniebeuge 19 89
Kniebuckel 147 53
Kniebundhose 127 66
Kniegelenk 159 30
Kniehebel 143 47
Kniehebelantrieb 334 21
Kniehebelsystem 336 29
Kniekehle 19 89
knielange Socke 37 50
Knieliegestütz 115 20
kniender Anschlag 123 23
Knieprotektor 106 37
Kniescheibe Anat. 20 30
Kniescheibe Pferd 225 33
Knieschutz 108 41
Knieschützer 121 17
Kniestand 115 7
Kniestock 274 46, 47
Kniestrumpf 37 42
Knobel 90 31
Knobelbecher 90 30
Knobeln 90 29
Knobi 209 43
Knoblauch 209 43
Knöchel 19 84, 100
Knöchel, Schienbein- 19 101
Knöchel, Waden bein- 19 100
Knöchelchen, Gehör- 22 92
Knöchelschutz 107 33
Knochen 223 42

Knochen, Alveolar- **22** 44
Knochen, Backen- **19** 14
Knochen, Finger- **20** 22
Knochen, Fußwurzel- **20** 34
Knochen, Handwurzel- **20** 20
Knochen, Mittelhand- **20** 21
Knochen, Oberarm- **20** 16
Knochen, Oberkiefer- **22** 43
Knochen, Vorfuß- **20** 36
Knochen, Zehen- **20** 37
Knochendünnung **249** 16
Knochengerüst **161** 13
Knochenmeißel **29** 44
Knochensäge *Fleischerei*
250 25
Knochensäge *Schlachthof*
248 5
Knochenschinken *Fleischerei*
250 29
Knochenschinken *Super-*
markt **252** 72
Knochenzange **31** 44
Knock-out **117** 40
Knofel **209** 43
Knolle, Brut- **193** 38
Knolle, Kartoffel- **221** 40
Knolle, Mutter- **221** 39
Knollenbegonie **203** 21
Knollenblätterpilz, Früh-
lings- **197** 12
Knollenblätterpilz, Grüner
197 13
Knollenblätterpilz, Weißer
197 14
Knollenpflanze **221** 38
Knopf **262** 3
Knopf, Abstimmungs- **127** 23
Knopf, Alarm- *Bank* **414** 8
Knopf, Alarm- *Navigation*
379 4
Knopf, Antriebs- **331** 15
Knopf, Arretierungs- **172** 37
Knopf, Aus- **311** 47
Knopf, Auswahl- **402** 37,
38, 39
Knopf, Auswurf- **406** 7
Knopf, Dreh- *Büro* **412** 15
Knopf, Dreh- *Optik* **264** 56
Knopf, Druck- *Installateur*
280 28
Knopf, Druck- *Kleidung* **36** 8
Knopf, Druck- *Musik* **144** 46
Knopf, Druck- *Polizei* **68** 43
Knopf, Einschalt- *PC* **407** 28
Knopf, Einschalt- *Rundfunk*
400 44
Knopf, Einschalt- *U-Elektro-*
nik **402** 7, 34, **403** 23
Knopf, Einstell- **16** 59
Knopf, Feuer- **403** 18
Knopf, Flaggen- **61** 1
Knopf, Gold- **376** 37

Knopf, Hirschhorn- **34** 37
Knopf, Knebel- **35** 16
Knopf, Kombinations- **144** 46
Knopf, Manschetten-
Kleidung **38** 4
Knopf, Manschetten-
Schmuck **43** 21
Knopf, Metall- **38** 26
Knopf, Mikrometer- **16** 53
Knopf, Sattel- **226** 46
Knopf, Schulter- **36** 39
Knopf, Spulen- **266** 26
Knopf, Stopp-Programm-
262 9
Knopf, Walzenstech- **412** 2
Knopf, Weckalarm- **262** 8
Knopf, Wiesen- **222** 28
Knopf, Zeitabgleich- **268** 42
Knöpfchen, Gold- **214** 31
Knopfgras **195** 2
Knopfkraut, Kleinblütiges
214 31
Knopfleiste **36** 79
Knopfloch **38** 30
Knopfschachtel **255** 16
Knopfsonde **27** 46, **31** 34
Knopfzelle **262** 38
Knorpel, Nasen- **22** 82
Knorpel, Nasenscheidewand-
22 81
Knorpel, Rippen- **20** 14
Knorpel, Schild- **23** 5
Knospe *Bot.* **200** 28, **212** 26,
214 3
Knospe *Gärtnerei* **206** 23, 26
Knospe, Achsel- **188** 27
Knospe, Blatt- **188** 98, **212** 56
Knospe, Blüten- **188** 26,
189 25, **192** 14, **211** 29
Knospe, End- **188** 24
Knospe, Rosen- **213** 16
Knospenkapitell **152** 14
Knötchenstich **254** 13
Knoten *Bau* **275** 68
Knoten *Bot.* **201** 63
Knoten *Kleidung* **36** 48
Knoten *Raumfahrt* **394** 9
Knoten, aufgesteckter **41** 24
Knoten, Fachwerk- **369** 37
Knoten, Filet- **254** 23
Knoten, Frucht- **188** 59, 65,
191 2, 5, **193** 34, **211** 9, 43,
212 17
Knoten, Gerüst- **271** 30
Knoten, Halm- **221** 7
Knoten, Lymph- **22** 11
Knotenfläche **1** 11
Knotenfrisur **41** 1
Knotenpunkt, Internet-
405 12
Knotenschnur **160** 33
Knotenschrift **160** 33

Knotenstich **254** 13
Knöterich, Wiesen- **194** 10
Knüpfarbeit **254** 21
Knüpfel **312** 32
Knüppel, Gummi- **68** 27
Knüppel, Schalt- **344** 97
K. o. **117** 40
Koagulationsgerät **31** 9
Koaxialkabel **397** 17
Kobaltbestrahlungs-
apparatur **2** 28
Kobaltkanone **2** 28
Koben, Läufer- **228** 36
Kobra **161** 48
Koch **376** 87
Köcher **160** 26
Kocher, Bitumen- **354** 40
Kocher, Ein- **48** 26
Köcher, Elektroden- **295** 10
Kocher, Gas- **92** 46
Köcher, Objektiv- **267** 46, 47
Köcher, Stifte- **408** 28
Kocher, Teer- **354** 40
Kocher, Zellstoff- **325** 14
Köcherfliege, Große **175** 14
Kocher-Klemme **27** 42
Kochfeld **47** 22
Kochlöffelgarnitur **48** 2
Kochmütze **376** 88
Kochplatz **47** 25
Kochsalzkristall **1** 18
Kochschinken **252** 72
Kochschrank **250** 16
Kochtopf *Camping* **92** 48
Kochtopf *Hausrat* **47** 49
Kochtopf, Dampf- **48** 7
Kochtopf, Schnell- **48** 7
Köder *Angelsport* **243** 35–48
Köder *Jagd* **239** 25
Köder, Heuschrecken- **243** 38
Köder, Regenwurm- **243** 37
Köderbox **243** 3
Köderfischsenke **243** 8
Ködernadel **243** 14
Koeffizient **168** 4
Koffer **358** 41
Koffer, Arzt- **55** 43
Koffer, Beleg- **414** 30
Koffer, Bremsdruck- **291** 14
Koffer, Dach- **92** 13
Koffer, Hand- **359** 34
Koffer, Leicht- **78** 15
Koffer, Notfall- **82** 18
Koffer, Rollen- **359** 35
Koffer, Tonband- **127** 38
Koffer, Werkzeug- **280** 59
Kofferraum **344** 26, **346** 25
Kofferraumdeckel **344** 25
Kofferraumklappe **346** 4
k. o. geschlagener Gegner
117 40
Kogge, Hanse- **372** 18–26

Kognakschwenker **53** 86
Kohl **209** 32
Kohl, Blumen- *Bot.* **209** 31
Kohl, Blumen- *Supermarkt*
252 79
Kohl, Braun- **209** 34
Kohl, Brüsseler **209** 30
Kohl, Grün- **209** 34
Kohl, Kopf- **209** 32
Kohl, Kraus- **209** 34
Kohl, Rosen- **209** 30
Kohl, Rot- **209** 32
Kohl, Weiß- **209** 32
Kohl, Winter- **209** 34
Kohl, Wirsing- **209** 33
Kohle, Holz- *Camping* **92** 67
Kohle, Holz- *Goldschmied*
260 37
Kohle, Negativ- **133** 41
Kohle, Positiv- **133** 40
Kohlenabzugsband **304** 12
Kohlenbunker **304** 11
Kohlenförderband **304** 10
Kohlenfüller **127** 11
Kohlenhafen **381** 18
Kohlenhalter **133** 43
Kohlenkrater **133** 44
Kohlenlager **381** 19
Kohlenmühle **304** 14
Kohlenschaufel **46** 46
Kohlenturm **309** 5
Kohlenturmgurtband-
förderer **309** 4
Kohlestift **157** 16
Kohlkopf **209** 32
Kohlmeise **180** 8
Kohlrabi **209** 26
Kohlrabi, Ober- **209** 26
Kohlweißling, Großer **234** 25
Kohlweißling, Kleiner **234** 26
Koje **347** 28
Koje, Klapp- **67** 84
Koje, Operations- **384** 21
Koje, Schlaf- *Camping* **92** 20
Koje, Schlaf- *Raumfahrt*
394 32
Kokarde **61** 18
Kokardenblume **213** 19
Kokerei *Bergwerk* **297** 15–20
Kokerei *Erdöl* **298** 36
Kokerei *Kokerei* **309** 1–15
Kokereigasbehandlung
309 16–45
Kokille **300** 33, 39
Kokillenband **300** 38
Kokon **175** 57
Kokosnuss **201** 53
Kokospalme **201** 48
Kokotte **124** 32
Koksausdrückmaschine
309 7
Koksfeuerung **46** 41

Kokskohlenentladung 309 1
Kokskohlenkomponenten-
bunker 309 3
Kokskohlenturm 297 15
Kokskuchenführungswagen
309 9
Kokslöschturm 297 16
Kokslöschwagen 297 19
Koksofenbatterie *Bergwerk*
297 17
Koksofenbatterie *Kokerei*
309 8
Koksrampe 309 12
Koksrampenband 309 13
Koksverladung 309 15
Kölbchen 317 63
Kolben *Auto* 345 10
Kolben *Bot.* 188 77, 196 24
Kolben *Jagd* 240 3
Kolben *Motor* 343 24
Kolben, Blüten- 201 55,
202 4, 6
Kolben, Claisen- 173 50
Kolben, Destillier- 173 47, 50
Kolben, Dreihals- 173 55
Kolben, Erlenmeyer- *Chemie*
173 39
Kolben, Erlenmeyer- *Papier*
324 22
Kolben, Glas- 280 49
Kolben, Kompressor- 343 14
Kolben, Löt- *Heimwerken*
287 19, 57
Kolben, Löt- *Installateur*
279 74, 280 45
Kolben, Löt- *Klempner* 278 5
Kolben, Mais- 221 36
Kolben, Mess- 173 27
Kolben, Misch- *Chemie*
173 28
Kolben, Misch- *Papier* 324 23
Kolben, Rohr- 196 23
Kolben, Rotations- 343 66
Kolben, Rund- 173 38
Kolben, Steh- 173 36
Kolbenanordnung 343 48, 50
Kolbenbolzen 343 39
Kolbengras 222 27
Kolbenhals 240 7
Kolbenkappe 123 40
Kolbenkappe, Gummi-
240 14
Kolbenringnut 343 37
Kolbenringzone 343 36
Kolbenschaft 343 38
Kolbenstange *Auto* 345 81
Kolbenstange *Eisenbahn*
364 33
Kolibri, Sappho- 181 4
Kollektor, Flach- 308 1
Kollektor, Sonnen- *Astron.*
6 5

Kollektor, Sonnen- *Energie*
308 1
Kollergang 313 9
Kollier 43 2
Kollimator 174 30
Kollimator, Sehzeichen-
263 55
Kolombine 124 24
Kolon 164 19
Kolonie 187 8, 9, 14
Kolonie, Blutlaus- 234 22
Kolonie, Villen- 17 27
Kolophonium 141 11
Kolposkop 28 6
Kolter, Pflug- 218 11
Kolumbine, spanische 124 24
Kolumne 338 67
Kolumnentitel 338 68
Kombi 346 17
Kombicontroller 406 15
Kombidüse 56 71
Kombihacke 208 7
Kombihammer 118 42
Kombikinderwagen 33 35
Kombination, freie 144 40
Kombination, Sä- 216 16
Kombination, Saatbett-
216 44, 218 83
Kombination, Schleifschei-
ben- 263 37, 44
Kombination, Sofa- 50 17
Kombination, Zweifach-
280 10
Kombinationsknopf 144 46
Kombinationskraftwagen
346 17
Kombinationsschloss 156 16
Kombinationsteppichpflege-
gerät 56 80
Kombinationszange 279 61,
280 61
Kombine 217 1
kombinierter Ladungsver-
kehr 360 39
kombinierter Zug 136 4
kombiniertes Gewehr 240 23
Kombischiff 377
Kombiwagen 346 17
Kombizange 287 14
Kombüse 377 42
Komfortsitz *Eisenbahn*
362 9, 26
Komfortsitz *Landw.* 218 41
Komfrey 222 13
komische Nummer 125 23
Komma *Math.* 167 20
Komma *Schrift* 164 20
Kommandantenkuppel
63 76
Kommandantenperiskop
63 65
Kommandantenraum 67 85

Kommandantenschapp
67 85
Kommandantensitz 393 18
Kommandobrücke *Hafen*
382 43
Kommandobrücke *Militär*
66 14, 67 3
Kommandobrücke *Navigati-
on* 379 1–16, 380 53
Kommandobrücke *Schiff*
377 12–18
Kommandoeinheit 391 63,
392 45
Kommandosprechstelle
398 27
Kommandostand 379 1
Kommataste 410 26
Kommode 71 41
Kommode, Besteck- 76 47
Kommode, Frisier- 51 28
Kommode, Wickel- 33 11
Kommunikation, Tele-
Telefon 396
Kommunikation, Tele-
Telekomm. 397
Kommunikationsanlage
394 7
Kommunikationsdisplay,
Bord- 394 28
Kommunikationssatellit
397 1
Kommunion 150 26
Kommunizierende 150 27
Kommunizierende 150 27
Kommutatorklappe 365 18
Kompaktanlage, Hi-Fi- 401 1
Kompaktaufbau 375 50
Kompaktkamera 330 19
Kompaktkamera, Kleinbild-
266 1
Kompaktkühlung 218 29
Kompaktski 119 1
Kompakttelefon 396 9
Komparse 131 29
Kompass 379 40–48
Kompass, Fluid- 379 40
Kompass, Funk- 386 5
Kompass, Kreisel- 379 45
Kompass, Magnet- *Flugzeug*
386 6
Kompass, Magnet- *Navi-
gation* 379 40
Kompass, Magnet- *Schiff*
377 6
Kompass, Mutter- 379 46
Kompass, Peil- 379 48
Kompass, Regel- 379 46
Kompass, Tochter-
379 47, 48
Kompassanzeige 379 6
Kompasskessel 379 43
Kompassrose 379 41

Kompendium 134 3
Kompendiumschiene 134 10
Kompensationspendel
261 33
Kompensationsschreiber
28 53
Kompensatornivellier 264 68
Komplementärfarbe 166 16,
17, 18, 23, 24, 25
Komplementärwinkel 169 15
Komplex, Büro- 299 14
komplexe Zahl 167 14
Komponente 304 1–9
Komponente, Hi-Fi-
401 19–103
Komponente, Korrektur-
310 5–7
Komponentenbunker, Koks-
kohlen- 309 3
Komposterde 207 15
Komposthaufen 204 7
kompostierte Erde 207 15
Kompresse *Feuerwehr* 82 73
Kompresse *Med.* 32 5
Kompresse, Gesichts- 258 26
Kompressionsboden 2 25
Kompressionsring 343 7
Kompressor *Auto* 345 31
Kompressor *Maler* 282 36
Kompressor *Schmied* 291 3
Kompressor, Gas- 309 26
Kompressor, Kälte- 246 22
Kompressor, Klimaanlagen-
343 15
Kompressor, Luft- *Eisenbahn*
365 14, 44
Kompressor, Luft- *Erdöl*
299 23
Kompressorkolben 343 14
Kompressorkupplung 345 32
Kondensationslokomotive
364 70
Kondensator *Auto* 345 39
Kondensator *Eisenbahn*
365 17
Kondensator *Energie* 306 17
Kondensator *Militär* 67 64
Kondensator, Ablauf- 246 4
Kondensator, Turbinen-
306 52
Kondensator, Weichwasser-
246 6
Kondensatorlüfter 345 38
Kondensor, Universal-
264 65
Kondensoreinrichtung 264 8
Kondensorlinse 265 32
Konditionierturm 310 11
Konditorei 251 1–60
Konditoreiabteilung 252 9
Konditoreiwaren 251 23–52
Konfektdose 54 11

Konfektionsabteilung, Damen- **83** 21
Konfektionsabteilung, Herren- **83** 10
Konfektionskleid **83** 43
Konferenzstuhl **409** 37
Konferenztisch **409** 36
Konfetti **124** 58
Konfiguration, Zug- **363** 1
König *Spiel* **90** 8
König *Sport* **123** 5, 9
König, Dorn- **180** 11
König, Kegel- **123** 9
König, Sommer- **180** 9
König, Vogel- **180** 11
König, Winter- **180** 11
König, Zaun- **180** 11
Königin *Biene* **230** 6, 49
Königin *Spiel* **90** 9
Königin, Bienen- **230** 6
Königin, Schönheits- **124** 61
Königinnenversandkäfig **230** 55
Königinnenzelle **230** 48
königliches Spiel **90** 1–16
Königreich Dänemark **61** 19
Königsbaum **245** 36
Königsfarn **195** 16
Königsgrab **152** 1
Königskerze **194** 9
Königskrone, englische **62** 44
Königsweihe **177** 15
Konkavkonvexglas **263** 50, 51
Konkavspiegel *Astron.* **5** 35
Konkavspiegel *Energie* **307** 18
Konserve *Fleischerei* **250** 53
Konserve *Supermarkt* **252** 91
Konserve, Fisch- **250** 56
Konserve, Gemüse- **250** 55
Konserve, Voll- **250** 53
Konservendose **250** 54
Konsole **279** 6
Konsole, Avionik- **393** 23
Konsole, Mittel- **344** 100
Konsole, Spiel- **403** 1, 22
Konsole, Steuerungstasten- **395** 38
Konsole, Tastenfeld- **396** 26
Konsole, Tisch- **286** 22
Konstante, Integrations- **168** 14
konstantinisches Kreuz **150** 68
Konstruktion, Dach- **274** 27–83
Konstruktion, Holz- **72** 73
Konstruktion, Rohr- **309** 17
Konstruktion, Schiffs- **378** 47–68

Konstruktion, Stütz- **299** 38
Konstruktionsbüro *Schiffbau* **378** 2
Konstruktionsbüro *Zeichner* **314, 315**
Konsultationszimmer **28** 1
Kontakt, Fahrleitungs- **351** 43
Kontakt, Gegen- **295** 33
Kontakt, Hilfs- **305** 62
Kontakt, Mitten- **266** 71
Kontakt, Schutz- **280** 15
Kontaktfeder **280** 26
Kontaktgoniometer **174** 27
Kontaktlinse, farbige **263** 25
Kontaktlinse, harte **263** 23
Kontaktlinse, weiche **263** 24
Kontaktlinsenabteilung **263** 22
Kontaktlinsensauger **263** 28
Kontaktmanometer **137** 56
Kontaktstück **280** 33, 34
Kontente **137** 3
Kontereffektstoß **91** 6
Kontermutter *Fahrrad* **339** 60
Kontermutter *Maschinenteil* **296** 30
Kontinent **11** 19, 26, **16** 13–19
Kontinentalböschung **11** 15
kontinentale Platte **11** 26
kontinuierliche Butterung **229** 33
Kontoauszug *Bank* **413** 12
Kontoauszug *Büro* **410** 38
Kontoauszugsdrucker **413** 11
Kontonummer **413** 21
Kontrabass **141** 23
Kontrabasstuba **141** 46
Kontraktorbeton **380** 75
Kontraoktave **139** 43
Kontrastmittelinjektion **32** 16
Kontrastregelung **400** 32
Kontrolldaten **132** 47
Kontrolle **328** 13, **329** 30
Kontrolle, Alkohol- **68** 18
Kontrolle, Ausweis- **390** 18
Kontrolle, Geschwindigkeits- **68** 15
Kontrolle, Leistungs- **112** 13
Kontrolle, optische *Film* **132** 12
Kontrolle, optische *U-Elek-tronik* **401** 21
Kontrolle, Schluss- **329** 38
Kontrolle, Verkehrs- **68** 9
Kontrolle, Wurf- **243** 34
Kontrolleur **136** 11
Kontrolleur, Kurtaxen- **95** 16
Kontrolleurin, Qualitäts- **316** 24

Kontrollfeld **132** 11
kontrollierte Kettenreaktion **1** 57
Kontrollinstrument **132** 18
Kontrolllampe **311** 67
Kontrolllampe, Batterie- **403** 28
Kontrolllampe, Fernlicht- **344** 62
Kontrolllampe, Handbrem-sen- **344** 63
Kontrolllampe, Nebelschein-werfer- **344** 57
Kontrollleuchte *Fotogr.* **270** 22, 30
Kontrollleuchte *U-Elektronik* **403** 14
Kontrollleuchte, Akku- **396** 41
Kontrollleuchte, Sicherheits- **250** 66
Kontrollmonitor, Blutdruck- **30** 41
Kontrollöffnung **46** 67
Kontrollraum **299** 32
Kontrollstand **394** 20
Kontrollstempel **248** 24
Kontrollturm *Flughafen* **389** 17
Kontrollturm *Flugsport* **104** 30
Kontrolluhr *Druck* **335** 20
Kontrolluhr *Musik* **144** 37, 38
Konturenmesser **159** 10
Konturenstichel **159** 5
Konus **339** 64
Konus, Brems- **339** 77
Konus, Hebel- **339** 73
Konus, Schub- **391** 34
Konus, Verkleidungs- **393** 64
Konvergenzmodul **400** 12
Konverter, Aufblas- **300** 47
Konverter, LD- **300** 47
Konverter, Linz-Donawitz- **300** 47
Konverter, LNB- **397** 16
Konverter, Tele- **267** 56
Konverter, Thomas- **300** 59
Konverter, Windenergie- **307** 1
Konverterboden **300** 50
Konverterhut **300** 48
Konverterkamin **300** 72
Konvexbogen **155** 34
konzentrischer Kreis **169** 58
Konzert, Kur- **88** 42
Konzertbühne **88** 5
Konzertflügel **143** 41
Konzertharfe **141** 62
Konzertkasse **83** 35
Konzertmuschel **88** 45
Koog **15** 46

Koordinate **170** 8
Koordinatenanzeige **315** 30
Koordinatenkreuz **315** 31, 35
Koordinatennullpunkt **170** 4
Koordinatensystem, kartesi-sches **170** 1
Köpergeflecht **289** 2
Kopf *Anat.* **19** 4, **20** 51, **22** 1
Kopf *Bau* **275** 87
Kopf *Fabel* **145** 35, 55
Kopf *Fleischerei* **249** 43
Kopf *Handarbeit* **254** 35
Kopf *Maschinenteil* **296** 14, 52
Kopf *Pferd* **225** 1–11
Kopf *Textil* **323** 31
Kopf *Vorgesch.* **146** 7
Kopf *Zool.* **175** 30, **233** 33, 36, **235** 2, **241** 14
Kopf, Adler- **145** 14
Kopf, Antriebs- **303** 31
Kopf, Aufnahme- **132** 6
Kopf, Balken- **274** 33
Kopf, Blei- **144** 20
Kopf, Bohr- **287** 48
Kopf, Brausen- **57** 45
Kopf, Bubi- **41** 9
Kopf, Buhnen- *Fluss* **370** 12
Kopf, Buhnen- *Geogr.* **14** 84
Kopf, Dielen- **153** 12
Kopf, Drachen- **372** 16
Kopf, Farbmisch- **268** 46–48
Kopf, Fels- **118** 9
Kopf, Finger- **389** 13
Kopf, Flügel- **245** 7
Kopf, Gabel- **339** 16
Kopf, Gelenk- **56** 64
Kopf, Geräte- **268** 44
Kopf, Gewinde- **339** 81
Kopf, Glatz- **40** 22
Kopf, Großsegel- **100** 38
Kopf, Hahnen- **145** 38
Kopf, Hammer- *Musik* **143** 24
Kopf, Hammer- *Sport* **116** 43
Kopf, Haut- **197** 18
Kopf, Hinter- **19** 6
Kopf, Hülsen- **240** 16
Kopf, Igel- **40** 12
Kopf, Kahl- **40** 25
Kopf, Kamera- **400** 27
Kopf, Kehl- **23** 3
Kopf, Kinonivellier- **266** 47
Kopf, Kohl- **209** 32
Kopf, Kreuz- **364** 20
Kopf, Kugel- **412** 8, 31
Kopf, Kugelgelenk- **266** 46
Kopf, Künstler- **40** 26
Kopf, Lampen- **268** 32
Kopf, Lenk- **217** 78
Kopf, Lichtton- **133** 47
Kopf, Locken- **40** 20

Kopf, Lösch- *Film* **132** 6
Kopf, Lösch- *Video* **404** 16
Kopf, Löwen- **145** 19
Kopf, Lüfter- **377** 41
Kopf, Mädchen- **145** 61
Kopf, Magnetton- **133** 51
Kopf, Mess- **268** 55
Kopf, Mikrofon- **402** 45
Kopf, Mohren- **178** 17
Kopf, Mönchs- **199** 25
Kopf, Niet- **296** 57, 59
Kopf, Noten- **138** 3
Kopf, Pagen- **41** 10
Kopf, Perücken- **257** 46
Kopf, Pfeifen- **259** 36
Kopf, Pferde- **372** 14
Kopf, Pilz- **40** 32
Kopf, Press- **250** 37
Kopf, Projektor- **133** 54
Kopf, Revolver- **302** 40
Kopf, Richt- **63** 73
Kopf, Riesen- **124** 64
Kopf, Röntgen- **32** 19
Kopf, Ross- **147** 84
Kopf, Rotor- **388** 13
Kopf, Rüben- **221** 46
Kopf, Ruder- **100** 24
Kopf, Schärf- **311** 48
Kopf, Schienen- **356** 2
Kopf, Schlangen- **145** 21
Kopf, Schließ- **296** 59
Kopf, Schreib- **412** 8
Kopf, Schreib-Lese- **406** 48
Kopf, Schrumpf- **160** 29
Kopf, Schwefel- **259** 23
Kopf, Schweins- **249** 43
Kopf, Seiten- **328** 30
Kopf, Senk- **296** 46
Kopf, Setz- **296** 57
Kopf, Sparren- **274** 45, 275 41
Kopf, Spül- **298** 10
Kopf, Stiften- **40** 12
Kopf, Strahl- **265** 31
Kopf, Strahlenschutz- **2** 31
Kopf, Synchron- **404** 20, 30
Kopf, Ton- **404** 31
Kopf, Toten- **183** 11
Kopf, Video- **404** 22, 32
Kopf, Wiedergabe- **132** 6
Kopf, Zeichen- **314** 3, 14, 315 9
Kopf, Zeitungs- **165** 4
Kopf, Ziegen- **145** 20
Kopf, Zünd- **259** 23
Kopf, Zylinder- **343** 28
Kopfachse **303** 40, 41, 42
Kopfball **107** 51
Kopfband **402** 28
Kopfbedeckung **42**
Kopfbindung **323** 39
Kopfbindungsstelle **323** 34
Köpfchen **188** 79

Köpfchen, Blüten- **214** 14
Köpfchen, Gold- **180** 9
Köpfchen, Safran- **180** 9
Kopfcroupier **89** 23
Kopfende **51** 8
Kopffüßer **176** 41
Kopfgestell **226** 7–11
Kopfgriff **26** 46
Kopfhaar **19** 7
Kopfhaken **117** 33
Kopfhalter **21** 34, 22 2
Kopfhaut, abgezogene **160** 15
Kopfhieb **111** 23
Kopfhörer *Büro* **412** 53
Kopfhörer *Flohmarkt* **127** 26
Kopfhörer *Rundfunk* **398** 20
Kopfhörer *Schule* **73** 33
Kopfhörer *U-Elektronik* **402** 40, 41
Kopfhörer, Bügel- **402** 66
Kopfhörer, Funk- **402** 27
Kopfhörerbuchse **401** 35, 77, 95
Kopfhörerbügel **73** 36
Kopfhörerlautstärkenregler **401** 96
Kopfkippe **114** 27
Kopfkissen *Hausrat* **51** 14, 55 4
Kopfkissen *Med.* **32** 28
Kopfkissenbezug **51** 15
Kopfklee **222** 1
Kopfkohl **209** 32
Kopfleiste **165** 5
Kopflinie **19** 75
Kopfmaschine **251** 80
Kopfnicker **22** 2
Kopfpolster *Eisenbahn* **361** 23
Kopfpolster *Med.* **26** 14
Köpfrodeeinheit **217** 69
Köpfroder, Bunker- **217** 68
Kopfsalat **209** 36
Kopfschild **295** 3
Kopfschnitt **338** 41
Köpfschnitt **217** 70
Kopfschutz **117** 30, 120 22
Kopfsprung, gestreckter **98** 10
Kopfstand **115** 28
Kopfsteg **338** 59
Kopfstoß **107** 51
Kopfstück *Buch* **336** 20
Kopfstück *Eisenbahn* **360** 13
Kopfstütze *Auto* **344** 38, 346 3
Kopfstütze *Bau* **272** 59
Kopfteil **51** 8
Kopfteil, Leder- **42** 20
Kopfträger **132** 6
Kopftrommel **404** 7

Kopftrommel, VHS- **404** 15
Kopftrommelwand **404** 23
Kopftuch *Frisur* **41** 15
Kopftuch *Kopfbedeckung* **42** 28
Kopftuchfrisur **41** 14
Kopfüberschlag **114** 27
Kopfverband **26** 4
Kopie, Offset- **332**
Kopienablage **412** 42
Kopierautomat **412** 35
Kopieren **332** 13, 335 1–23
Kopierer **412** 35
Kopiergerät **412** 35
Kopierlampe, Punktlicht- **332** 21
Kopierrahmen, Vakuum- **332** 13
Kopierrahmenuntergestell **332** 14
Kopierschicht **332** 1, 13
Kopiertaste **412** 46
kopierte Zinkplatte **331** 32
Kopierwerk **131** 3, 132 29
Kopilot **386** 25, 28
Kopilotensitz **386** 37
Koppel *Musik* **144** 48
Koppel *Pferdesport* **105** 46
Koppelrick **105** 9
Koppelschleuse **371** 20
Koppelungsadapter **394** 13
Koppelungsaggregat **394** 13
Kops, Faden- **338** 18
Kops, Garn- **318** 47
Kopulation **206** 41
Kopulieren **206** 41
Koralle, Edel- **176** 19
Korallenkette **43** 34
Korallenpolyp **176** 21
Korallenriff **14** 77
Korallenstock **176** 20
Korallentier **176** 19
Korb *Korbmacher* **289** 16
Korb *Sport* **108** 10
Korb, Abfall- *Park* **84** 43
Korb, Abfall- *Spielplatz* **87** 14
Korb, Abfall- *Stadt* **79** 26
Korb, Ablage- *Büro* **408** 31, 411 44
Korb, Ablage- *Rundfunk* **398** 29
Korb, Ballon- **103** 56
Korb, Bienen- **230** 64
Korb, Blüten- **196** 13
Korb, Brief- **408** 31
Korb, Brot- *Hausrat* **53** 21
Korb, Brot- *Schiff* **376** 16
Korb, Brust- **19** 37, 20 10
Korb, Draht- *Gärtnerei* **207** 50
Korb, Draht- *Landw.* **219** 13

Korb, Draht- *Motorrad* **341** 14
Korb, Dresch- **217** 11
Korb, Fahrrad- **339** 9
Korb, Feder- **317** 23
Korb, Fisch- **243** 4
Korb, Flaschen- **232** 14
Korb, Förder- **297** 34
Korb, geflochtener **156** 20
Korb, Grasfang- **208** 29
Korb, Holz- **127** 12
Korb, Instrumenten- **31** 32
Korb, Kartoffel- **219** 13
Korb, Leiter- **82** 31
Korb, Mast- **377** 38
Korb, Maul- **223** 40
Korb, Papier- *Büro* **408** 36, 411 48
Korb, Papier- *Hausrat* **54** 22
Korb, Papier- *Stadt* **79** 26
Korb, Saug- *Landw.* **220** 14
Korb, Saug- *Wasservers.* **80** 6, 14, 43
Korb, Sonderangebots- **250** 46
Korb, Span- **289** 11
Korb, Strand- **95** 30
Korb, Stülp- **230** 64
Korb, Waren- **83** 59
Korbball **108** 6
Korbballspiel **108** 6
Korbbrett **108** 8
Körbchen *Biene* **230** 9
Körbchen *Bot.* **188** 80
Korbflechter **289** 33
Korbflechterei **289** 1–40
Korbleger **108** 13
Korbmacher **289** 33
Korbmacherei **289** 1–40
Korbring *Flugsport* **103** 59
Korbring *Sport* **108** 11
Korbständer **108** 9
Korbstuhl **51** 3
Korbwagen **33** 31
Korbweide **189** 29
Kordel **376** 34
Kordel, Halte- **68** 22
Kordel, Zier- **34** 41
Kordon **204** 3, 18, 30
Koriander **210** 8
korinthische Säule **153** 38
korinthisches Kapitell **153** 39–41
Korken, Kronen- **247** 22
Korken, Sekt- **78** 60
Korken, Wachs- **119** 15
Korkenzieher **53** 48
Korkenzieher, Hebel- **48** 9
Korkgürtel **98** 17
Korkleine **98** 29
Korkschwimmweste **384** 8
Kormoran **178** 12

Korn *Jagd* **240** 71
Korn *Militär* **63** 3
Korn *Sport* **123** 36
Korn, Balken- **123** 43
Korn, Dinkel- **221** 25
Korn, Getreide- **221** 13
Korn, Mais- **221** 37
Korn, Mutter- **221** 4
Korn, Pfeffer- **200** 39
Korn, Reis- **221** 30
Korn, Ring- **123** 42
Korn, Samen- **221** 15
Korn, Schwaben- **221** 24
Kornblume **214** 1
Kornelkirsche **191** 32
Kornelkirsche, Rotästige **191** 30
Kornelle **191** 32
Körner *Heimwerken* **287** 31
Körner *Schlosser* **293** 71
Körnerfrucht **221** 1–37
Körnerrücklaufboden **217** 15
Kornfrucht **221** 1–37
Kornhammer **278** 15
Kornkäfer **233** 18
Kornkrebs **233** 18
Kornnelke **214** 6
Kornrade, Gemeine **214** 6
Kornrose **214** 2
Kornroulette **159** 18
Kornschnecke **217** 18
Kornsperling **179** 18
Kornspitze **240** 72
Korntank **217** 20
Korntankauslaufrohr **217** 22
Korntankfüllschnecke **217** 21
Körnung **159** 47
Kornvogel **180** 5
Kornwurm **233** 18
Kornzange *Med.* **28** 8
Kornzange *Uhrmacher* **261** 14
Korona **4** 42
Körper **338** 21
Körper, Auftriebs- *Fischerei* **244** 4
Körper, Auftriebs- *Wasserbau* **371** 39
Körper, Beleuchtungs- **137** 14
Körper, Besen- **56** 51
Körper, Dock- **378** 39, 40
Körper, Druck- **66** 66, **67** 55, 76
Körper, Feuerwerks- **124** 44
Körper, Flug- **65** 25, 66 49
Körper, Frucht- **199** 2
Körper, Geigen- **141** 3
Körper, Gelb- **25** 14
Körper, geometrischer **170** 30–46

Körper, Glas- **22** 55
Körper, Heiz- *Energie* **308** 14
Körper, Heiz- *Haus* **46** 81
Körper, Heizungs- **279** 20
Körper, Instrusiv- **12** 9
Körper, Laub- **196** 51
Körper, Lenkflug- **63** 74
Körper, Leucht- **280** 50
Körper, Lot- **379** 54
Körper, Mauer- **371** 3
Körper, Mehl- **221** 13, 15
Körper, menschlicher **19** 1
Körper, Pfeifen- **144** 29
Körper, Pferde- **145** 59
Körper, Pflug- **218** 4, 56
Körper, Resonanz- **140** 29, **141** 3, **142** 2, 15, 30
Körper, Riesen- **145** 41
Körper, Rüben- **221** 45
Körper, Schall- **142** 2
Körper, Schleifring- **307** 13
Körper, Schwell- **23** 81
Körper, Stau- **371** 74
Körper, Tiefengesteins- **12** 20
Körper, Verdrängungs- **385** 30
Körperchen, Erb- **24** 5
Körperchen, Pol- **25** 9
Körperchen, Richtungs- **25** 9
Körperchen, Zentral- **24** 7
Körperglied **176** 28
Körpergrößenmesser **27** 59
körperliche Durchsuchung **68** 52
Körperlotion **252** 48
Körpermasse **394** 21
Körperquerachse **116** 11
Korpus *Hausrat* **54** 3
Korpus *Musik* **142** 2, 15
Korpus, Geigen- **141** 3
Korrektion, Stand- **10** 10
Korrektur, Ätz- **335** 21
Korrektur, Belichtungs- **267** 3
Korrektur, Walzen- **335** 12
Korrektur, zurückgenommene **326** 32
Korrekturfilter **132** 36
Korrekturflüssigkeit **410** 12
Korrekturkomponente, Rohstoff- **310** 5–7
Korrekturleiste **335** 23
Korrekturoptik, Winkel- **327** 21
Korrekturzeichen **326** 27
Korrespondentenbericht **165** 19
Korridor *Hausrat* **49** 1
Korridor *Sport* **119** 52
Korridortür **49** 29
Korsage **37** 17
Korsage, Jeans- **36** 32

Korselett **37** 23
Kortdüse **383** 21
Kosinus **169** 32
Kosmetiktuch **252** 50
Kosten, Porto- **412** 67
Kostüm **35** 66
Kostüm, Hunde- **85** 2
Kostüm, Indianer- **85** 40
Kostüm, Theater- **136** 56
Kostümbildner **136** 42
Kostümentwurf **136** 43
Kostümfest **124** 1–43
Kostümierung **124** 6–43
Kostümjacke **35** 67
Kostümrock **35** 68
Kotangens **169** 32
Kotband **227** 23
Köte **225** 24
Kotelett **249** 3, 46
Kotelett, Kalbs- **249** 3
Kotelett, Schweine- **249** 46
Koteletten **40** 27
Kötengelenk **225** 24
Kotflügel **344** 1
Kotrinne **228** 20
Kotvogel **178** 30
Krabbe, Stein- **187** 16
Krabbe, Wollhand- **175** 2
Kräcker, Käse- **252** 63
Kraft, Schreib- **411** 23
Kräfte, Streit- **63**, **64**, **65**
Kraftfahrzeug *Auto* **344** 1–52
Kraftfahrzeug *Werkstatt* **348** 58
Kraftfahrzeug, Sattel- **347** 19
Kraftfahrzeugtechniker **348** 71
Krafthaus **371** 72
Kraftmesser **126** 23
Kraftprotz **124** 12
Kraftrad, Klein- **342** 1
Kraftrad, Leicht- **341** 17
Kraftrad, Schwer- **342** 43
Kraftriegel **112** 31
Kraftschlussbecken **306** 21
Kraftstoff, Diesel- *Erdöl* **299** 26
Kraftstoff, Diesel- *Tankstelle* **350** 38
Kraftstoff, Hubschrauber- **299** 18
Kraftstoff, Normal- **350** 35
Kraftstoff, Super- **350** 36
Kraftstoff, Super-plus- **350** 37
Kraftstoffanzeige **386** 16, 17
Kraftstoffart **350** 29
Kraftstoffbehälter **366** 56
Kraftstoffdruckmesser **386** 19
Kraftstoffdruckregler **345** 9

Kraftstoffeinspritzventil **343** 33
Kraftstofffilter **345** 4
Kraftstoffhahn **343** 76
Kraftstoffhauptbehälter **366** 4
Kraftstoffleitung **345** 6
Kraftstoffpumpe **345** 3
Kraftstoffreservebehälter **366** 60
Kraftstofftank *Auto* **345** 2
Kraftstofftank *Flugzeug* **386** 48
Kraftstofftank *Landw.* **218** 33
Kraftstofftank *Raumfahrt* **393** 22
Kraftstofftank, Schubdüsen- **393** 46
Kraftwagen, Gleis- **367** 32
Kraftwagen, Kombinations- **346** 17
Kraftwagen, Last- *Eisenbahn* **360** 38
Kraftwagen, Last- *Kfz* **347** 1–32
Kraftwagen, Personen- *Auto* **344** 1–52
Kraftwagen, Personen- *Camping* **92** 10
Kraftwagen, Personen- *Werkstatt* **348** 58
Kraftwagen, Schwerlast- **312** 7
Kraftwerk *Bergwerk* **297** 11
Kraftwerk *Energie* **307**
Kraftwerk *Kraftwerk* **304**, **305**
Kraftwerk, Atom- **306** 24
Kraftwerk, Dampf- **304** 1–28
Kraftwerk, Fotovoltaik- **307** 21
Kraftwerk, Gezeiten- **307** 26
Kraftwerk, Kern- **306** 24
Kraftwerk, Solar- **307** 16
Kraftwerk, Solarzellen- **307** 21
Kraftwerk, Strömungs- **307** 26
Kraftwerk, Wärme- **18** 34
Kraftwerk, Wasser- **307** 26
Kragen *Kleidung* **39** 9
Kragen *Zool.* **241** 29
Kragen, Brunft- **241** 29
Kragen, Cord- **38** 47
Kragen, Hals- *Kirche* **150** 6
Kragen, Hals- *Vorgesch.* **146** 25
Kragen, Hemd- **38** 57
Kragen, Kläppchen- **38** 3
Kragen, Papier- **258** 6
Kragen, Pelz- **35** 10

Kragen, Revers- **35** 12
Kragen, Roll- **35** 23, 25
Kragen, Schnür- **39** 33
Kragen, Steh- **36** 8
Kragen, Stoß- **147** 44
Kragen, Stretch- **36** 11
Kragen, Teller- **38** 43
Kragen, Umschlag- **35** 28
Kragen, Zier- **85** 44
Kragenflasche **146** 12
Krähe **239** 58
Krähe, Feld- **179** 15
Krähe, Garten- **179** 16
Krähe, Hafer- **179** 15
Krähe, Mandel- **179** 3
Krähe, Saat- **179** 15
Krähe, See- **178** 17
Krähenbeere **195** 23
Krähenhütte **239** 59
Krähenscharbe **178** 12
Krakatau-Ausbruch **7** 25
Kralle **230** 11
Kralle, Bären- **160** 14
Kralle, Horn- **187** 8
Kralle, Jäte- **208** 13
Kralle, Kartoffel- **219** 10
Krallegras **195** 2
Krammetsbeere **190** 52
Kran *Abfall* **81** 22
Kran *Installateur* **279** 34
Kran *Militär* **66** 88
Kran, Aussetz- **66** 13
Kran, Bergungs- **82** 58
Kran, Boots- **377** 20
Kran, Bord- **67** 10
Kran, Decken- **378** 20
Kran, Decks- **375** 5, 59
Kran, Dock- **378** 36
Kran, Dreh- *Bau* **272** 31
Kran, Dreh- *Erdöl* **299** 3
Kran, Drehwipp- **378** 23
Kran, Dreibein- **378** 6
Kran, Hammer- **378** 7
Kran, Hochbau- **55** 39
Kran, Kamera- **131** 49
Kran, Lade- **238** 28, 44
Kran, Lauf- *Eisenverarb.*
300 43
Kran, Lauf- *Schiffbau* **378** 28
Kran, Portal- *Eisenbahn*
360 40
Kran, Portal- *Sägewerk*
311 26
Kran, Portal- *Schiffbau*
378 25
Kran, Rundlauf- **306** 31
Kran, Schwimm- **381** 10,
382 36
Kran, Teleskop- **82** 58
Kran, Tiefofen- **301** 22
Kran, Werft- **381** 24
Kran, Zangen- **301** 22

Kranausleger **82** 59
Kranbahn **378** 24
Kranbrücke **378** 26
Kranführerhaus *Bau* **272** 35
Kranführerhaus *Hafen*
382 40
Kranführerhaus *Schiffbau*
378 16
Kranführerkabine **82** 61
Krangestell **382** 41
Kranhubschrauber **388** 16
Kranich **3** 42
Krankabel **378** 13
Krankenblatt **27** 8
Krankenhaus *Med.* **30, 31, 32**
Krankenhaus *Stadt* **18** 24
Krankenhaus, Hafen- **381** 26
Kranmotor **311** 27
Kranpfanne **300** 65
Kranz, Blatt- **153** 41
Kranz, Braut- **150** 18
Kranz, Dreh- *Brücke* **369** 64
Kranz, Dreh- *Landw.* **220** 30
Kranz, Dreh- *Straßenbau*
354 18
Kranz, Feder- **177** 23
Kranz, Frankfurter **251** 48
Kranz, Haar- **40** 24
Kranz, Haken- **233** 38
Kranz, Rosen- **150** 30
Kranz, Strahlen- **150** 37
Kranz, Zahn- *Fahrrad*
339 80, **340** 29
Kranz, Zahn- *Maschinenteil*
296 90
Kranz, Zinnen- **147** 6
Kranzange **311** 28
Kranzfrisur **41** 16
Kranzgesims **154** 48
Kranzriff **14** 77
Krater **133** 44
Krater, Kohlen- **133** 44
Krater, Meteoriten- **392** 15
Krater, Vulkan- **12** 5
Kratzboden **215** 42
Kratze, Feuer- **290** 4
Kratzeisen **121** 25
Kratzeisen, Wachs- **119** 16
Kratzer, Baum- **208** 14
Kratzer, Huf- **226** 56
Kratzer, Rinden- **208** 14
Kratzmalerei **157** 41
Kratzputz **157** 41
Kraul **98** 33
Kraulen **98** 33
Kraulschwimmen **98** 33
Krause, Hals- **124** 17
Kräuseln **322** 36, 50
Krauskohl **209** 34
Kraut **227** 7
Kraut, Bilsen- **197** 6
Kraut, Blau- **209** 32

Kraut, Bohnen- **210** 1
Kraut, Farn- **195** 16
Kraut, Fett- **195** 13
Kraut, Franzosen- **214** 31
Kraut, Greis- **214** 12
Kraut, Gurken- **210** 2
Kraut, Heide- **195** 19
Kraut, Hexen- **214** 31
Kraut, Hirtentäschel- **214** 9
Kraut, Kartoffel- **221** 41
Kraut, Knaben- **194** 28
Kraut, Knopf- **214** 31
Kraut, Kreuz- **214** 12
Kraut, Küchen- **210**
Kraut, Laus- **197** 3
Kraut, Lein- **194** 26
Kraut, Lungen- **195** 7
Kraut, Maggi- **210** 9
Kraut, Milch- **214** 13
Kraut, Mondschein- **197** 5
Kraut, Pfeffer- **210** 1
Kraut, Pfeil- **196** 53
Kraut, Pfennig- **193** 26
Kraut, Rot- **209** 32
Kraut, Rüben- **251** 55
Kraut, Sau- **197** 5
Kraut, Scharbocks- **193** 36
Kraut, Schaum- **193** 11
Kraut, Sommerbohnen-
210 1
Kraut, Spring- **195** 11
Kraut, Stein- **214** 17
Kraut, Täschel- **214** 9
Kraut, Tausendgülden-
198 10
Kraut, Wanzen- **210** 8
Kraut, Weiß- **209** 32
Kraut, Welsch- **209** 33
Kraut, Wild- **214**
Kraut, Woll- **194** 9
Kräuter, Küchen- **210**
Kräuter, Wild- **214**
Krautpflanze **209** 28–34
Krawatte *Kaufhaus* **83** 13
Krawatte *Kleidung* **38** 52
Krawatte *Schiff* **376** 35
Krawatte, Dienst- **395** 4
Krawatte, Seiden- **38** 7
Krawattennadel *Kleidung*
38 53
Krawattennadel *Schmuck*
43 22
Kraweelbeplankung **101** 53
Kraweelbeplankung,
Diagonal- **101** 56
Krebs *Astron.* **4** 59
Krebs *Zool.* **187** 12, 15, 16
Krebs, Blutlaus- **234** 21
Krebs, Korn- **233** 18
Krebs, Muschel- **187** 1
Krebs, Ringel- **233** 7
Krebstier **175** 1

Kreditinstitut, ausgebendes
413 20
Kreditkarte **413** 27
Kreditkartenlesegerät
349 50
Kreditkartennummer **413** 29
Kreditkartenunternehmer
413 28
Kreide **72** 13
Kreide, Fett- **159** 26
Kreide, Litho- **159** 26
Kreide, Schneider- **256** 27
Kreide, Schultafel- **71** 15
Kreideablage **72** 12
Kreideskizze **157** 4
Kreidestift **157** 5
Kreidezirkel **72** 21
Kreis **169** 42
Kreis, Breiten- **16** 2
Kreis, Grenz- **3** 5
Kreis, Halb- **169** 46
Kreis, In- **169** 31
Kreis, konzentrischer **169** 58
Kreis, Meridian- **265** 26
Kreis, Mess- **267** 68
Kreis, Mittel- **107** 2
Kreis, Polar- **16** 12
Kreis, Rollen- **103** 3
Kreis, Stations- **9** 9, 12
Kreis, Teil- *Kristall* **174** 32
Kreis, Teil- *Optik* **265** 27
Kreis, Um- **169** 29
Kreis, Wende- **16** 11
Kreis, Ziel- **103** 49, 50, 51
Kreisabschnitt **169** 52
Kreisausschnitt **169** 54
Kreisel **217** 49
Kreisel, Bims- **253** 7
Kreisel, Brumm- **127** 88
Kreisel, Kurs- **386** 13
Kreiselbrecher **312** 16
Kreiselegge **218** 78
Kreiselheuer **216** 26
Kreiselhorizont **386** 3
Kreiselkompass **379** 45
Kreiselkompassanlage
379 45
Kreiselmäher **216** 21
Kreiselpumpe *Wasservers.*
80 44
Kreiselpumpe *Weinkeller*
232 7
Kreiselschwader **216** 28
Kreiselturbopumpe **67** 57
Kreiselwelle **218** 80
Kreiselzetter **216** 26
Kreisen, Hand- **114** 37
Kreisfläche **170** 39
Kreisflanke **113** 54
Kreisführung **294** 24
Kreisgrenze **17** 103
Kreislauf, Abfall- **81**

Kreislauf, Blut- **21** 1–21
Kreislauf, Chemikalien-
325 16
Kreislauf, Kältemittel-
345 30
Kreislauf, Kühlwasser-
306 14
Kreislauf, Natrium- **306** 2, 7
Kreislauf, Primär- *Energie*
306 2
Kreislauf, Primär- *Militär*
67 65
Kreislauf, Sekundär- *Energie*
306 7
Kreislauf, Sekundär- *Militär*
67 63
Kreislauf, Tertiär- **306** 14
Kreislauf, Wertstoff- **81**
Kreislinie **169** 44
Kreisregner *Garten* **208** 43
Kreisregner *Landw.* **220** 6, 20
Kreisring **169** 57
Kreissäge *Bau* **272** 19
Kreissäge *Forstw.* **237** 33
Kreissäge *Kopfbedeckung*
42 45
Kreissäge, Besäum- **285** 57
Kreissäge, Format- **285** 57
Kreissäge, Platten- **285** 68
Kreissägeblatt **285** 59
Kreissägemaschine **278** 24
Kreissägevorsatz **287** 52
Kreisschablone **314** 76
Kreisspieler **108** 3
Kreisverstellung **16** 63
Kreiszylinder, gerader
170 38
Krem **252** 45
Kreme **252** 45
Krempel **318** 32
Krempelärmel **36** 20
Krempeln **318** 11
Kren **209** 20
Krepidoma **153** 5
Krepis **153** 5
Kreppeisen **258** 27
Kresse, Blumen- **205** 4
Kresse, Brunnen- **196** 32,
210 3
Kresse, Gänse- **214** 9
Kresse, Kapuziner- **205** 4
Kresse, Stein- **214** 17
Kreuz *Anat.* **19** 34
Kreuz *Musik* **138** 50
Kreuz *Pferd* **225** 31
Kreuz *Spiel* **90** 38
Kreuz, Achsen- *Fotoreprod.*
330 4
Kreuz, Achsen- *Math.*
170 2–7
Kreuz, ägyptisches **150** 60
Kreuz, Altar- **148** 12, 35

Kreuz, Andreas- *Eisenbahn*
356 41
Kreuz, Andreas- *Kirche*
150 61
Kreuz, Anker- **150** 70
Kreuz, Antonius- **150** 60
Kreuz, Bewegungstasten-
403 27
Kreuz, Boden- **289** 21
Kreuz, Brabanter **150** 72
Kreuz, burgundisches **150** 61
Kreuz, Deichsel- **150** 62
Kreuz, Doppel- *Kirche* **150** 65
Kreuz, Doppel- *Musik* **138** 51
Kreuz, Dreh- *Roulette* **89** 5
Kreuz, Dreh- *Werkzeug-
masch.* **302** 43
Kreuz, Eruptions- **298** 26
Kreuz, erzbischöfliches
150 65
Kreuz, Faden- **240** 32
Kreuz, First- **149** 10
Kreuz, Gabel- **150** 62
Kreuz, Grab- **149** 25
Kreuz, griechisches **150** 57
Kreuz, Hand- **302** 43
Kreuz, Henkel- **150** 64
Kreuz, Jerusalemer **150** 73
Kreuz, Kardinal- **150** 66
Kreuz, Kelten- **150** 74
Kreuz, Kleeblatt- **150** 72
Kreuz, konstantinisches
150 68
Kreuz, Koordinaten-
315 31, 35
Kreuz, Krücken- **150** 71
Kreuz, lateinisches **150** 56
Kreuz, Lazarus- **150** 72
Kreuz, Lothringer **150** 63
Kreuz, Papst- **150** 67
Kreuz, päpstliches **150** 67
Kreuz, Passions- **150** 56
Kreuz, Patriarchen- **150** 66
Kreuz, Petrus- **150** 59
Kreuz, Prozessions- **149** 42
Kreuz, russisches **150** 58
Kreuz, Schächer- **150** 62
Kreuz, Schnee- **10** 48
Kreuz, Schnur- **271** 70
Kreuz, Schräg- **150** 61
Kreuz, Südliches **3** 44
Kreuz, Tau- **150** 60
Kreuz, Trag- **149** 42
Kreuz, Vortrag- **148** 47
Kreuz, Warn- **356** 41
Kreuz, Wieder- **150** 69
Kreuz, Ziel- **103** 44, 48
Kreuzanhänger **83** 78
Kreuzbein **20** 27, 23 72, 25 48
Kreuzblume *Bot.* **214** 1
Kreuzblume *Kunst* **154** 23
Kreuzbramsegel **372** 54

Kreuzbruchfalzmesser
338 12
Kreuz des Südens **3** 44
Kreuzdurchschlag **114** 42
Kreuzen **101** 25–28
Kreuzer, Jollen- **100** 51
Kreuzer, Motor- **102** 5
Kreuzer, Polizei- **375** 88
Kreuzer, Raketen- **67** 21, 41
Kreuzer, Rettungs- **375** 18
Kreuzer, Schären- **100** 54
Kreuzer, Seenot- **384** 15
Kreuzer, Zoll- **375** 88
Kreuzfahrtschiff **376** 1
Kreuzform **150** 55
Kreuzgang **149** 52
Kreuzgewölbe **154** 32, 33
Kreuzgratgewölbe **155** 42
Kreuzgriff *Med.* **26** 24
Kreuzgriff *Turnen* **113** 43
Kreuzhang **113** 50
Kreuzholz **273** 90
Kreuzkopf **364** 27
Kreuzkraut, Gemeines
214 12
Kreuzlage **159** 54
Kreuzleinwerk **385** 28
Kreuzmast **374** 24, 30
Kreuzmeißel **293** 30
Kreuzotter **182** 40
Kreuzpoller *Schiff* **383** 10
Kreuzpoller *Wasserbau*
371 14
Kreuzpoller, Doppel- **371** 15
Kreuzrippe **154** 32
Kreuzrippengewölbe **155** 43
Kreuzritter **147** 73
Kreuzscharnier **314** 55
Kreuzschiene **398** 33
Kreuzschlitzschraube **296** 26
Kreuzschlitzschrauben-
dreher **287** 5
Kreuzschlitzschraubenzieher
287 5
Kreuzschwalbe **178** 29
Kreuzsegel **374** 26
Kreuzspinne **175** 50
Kreuzsprosse **44** 29
Kreuzspule **319** 22, 26
Kreuzstich **254** 5
Kreuzstrebe **271** 88
Kreuzstrecke **101** 22, 25
Kreuzstück **279** 50
Kreuztisch **264** 29
Kreuztischeinrichtung
264 10
Kreuzträger **149** 43
Kreuzung, Über- **24** 44
Kreuzungsweiche, doppelte
357 49–52
Kreuzverband **271** 65
Kreuzweg **148** 54

Kreuzwegstation **148** 54
Kricket **108** 24
Kricketspiel **108** 24
Krickettor **108** 25
Kriechblume **154** 24
Kriechender Klee **222** 2
Kriecher, Ohren- **233** 12
Kriechfuß **176** 37
Kriechtier **182** 27–41
Krieger, Massai- **162** 8
Kriegsbemalung **160** 13
Kriegshorn **162** 39
Kriegsschiff **66, 67**
Kriegsschiff, römisches
372 9–12
Kriminalbeamter **68** 54
Kriminalpolizei **68** 47
Krimmermütze **42** 42
Krippe, Monitor- **70** 13
Kris **161** 44
Kristall **174,** 29
Kristall, Kochsalz- **1** 18
Kristall, Quarz- **1** 21
Kristall, Zwillings- **174** 25
Kristallfläche, achteckige
174 17
Kristallfläche, fünfeckige
174 9
Kristallfläche, hexagonale
174 15
Kristallfläche, oktogonale
174 17
Kristallfläche, pentagonale
174 9
Kristallfläche, sechseckige
174 15
Kristallform **174** 1–26
Kristallglasscheibe **332** 24
Kristallkegel **230** 28
Kristallkunde **174**
Kristallmessung **174** 27–33
Kristallmittelpunkt **174** 3
Kristallometrie **174** 27–33
Kristallstruktur **174** 1–26
Kristallsystem, hexagonales
174 20–22
Kristallsystem, kubisches
174 1–17
Kristallsystem, monoklines
174 24, 25
Kristallsystem, rhombisches
174 23
Kristallsystem, tetragonales
174 18, 19
Kristallsystem, triklines
174 26
Krocket **108** 32
Krockethammer **108** 36
Krocketkugel **108** 37
Krocketspiel **108** 32
Krocketspieler **108** 35
Krockettor **108** 34

Krokodil **86** 32
Kronblatt **188** 64, **212** 14
Krone *Anat.* **22** 32
Krone *Heraldik* **62** 39–48
Krone *Med.* **29** 24, 28
Krone *Uhr* **262** 34
Krone *Zool.* **241** 11, 32
Krone, Adels- **62** 48
Krone, Baum- *Bot.* **188** 3
Krone, Baum- *Park* **84** 60
Krone, Blätter- **202** 29
Krone, Blüten- **196** 5
Krone, Dänische **59** 12
Krone, Deich- **370** 23
Krone, Freiherrn- **62** 47
Krone, Grafen- **62** 46
Krone, Helm- **62** 13
Krone, Kaiser- **62** 40
Krone, Keramik- **29** 24
Krone, Königs- **62** 44
Krone, Laub- **62** 13
Krone, Mauer- *Heraldik* **62** 45
Krone, Mauer- *Wasserbau* **371** 67
Krone, Nördliche **3** 31
Krone, Rang- **62** 46–48
Krone, Richt- **273** 8
Krone, Schaum- **247** 26
Krone, Verblend- **29** 24
Krone, Vollguss- **29** 24
Krone, Walzen- **371** 75
Kronendach **275** 50
Kronenkorken **247** 22
Kronenmutter **296** 24, 77
Kronenverschluss **247** 22
Kronleuchter **78** 21
Kropf **224** 20
Kropfgans **178** 7
Kropfstück **276** 49
Krösel **277** 25
Kröselzange **277** 19
Kröte, Erd- **182** 23
Kröte, Schild- **182** 28
Krottenbeere **197** 7
Krottenblume **197** 7
Krücke **239** 57
Krücke, Ofen- **46** 45
Krücke, Stimm- **144** 21
Krückenkreuz **150** 71
Krug, Bier- **76** 7
Krug, Blüten- **188** 81
Krug, Ton- **72** 79
Krug, Wein- **232** 16
Krügerklappe **385** 53
Krüllschnitt **259** 25
Krume **251** 4
Krümler, Dreiwalzen- **218** 85
Krummdarm **23** 21
Krumme **239** 40
Krümmer, Auspuff- **343** 41, 71

Krümmer, Ofenrohr- **127** 8
krummer Zink **140** 12
Krummhorn **140** 6
Krümmling **276** 52
Krümmungshalbmesser **169** 22
Krümmungsmittelpunkt **169** 23
Krumpfanlage **321** 45–49
Krumpfplatte **321** 47
Kruppe **225** 31
Krüppelwalm **274** 17
Krüppelwalmdach **274** 16
Kruste **251** 5
Kruste, Erd- **11** 2, 27
Kruzifix **150** 33
Kübel **207** 48
Kübel, Beton- **272** 38
Kübel, Blumenwasser- **349** 64
Kübel, Mörtel- **271** 84
Kübel, Schlacken- **300** 10
Kübel, Schürf- **354** 8
Kübel, Sekt- *Hotel* **78** 61
Kübel, Sekt- *Nachtlokal* **130** 8
Kübel, Trichter- **300** 5
Kübelhelm **62** 7
Kübelpflanze **207** 47
Kübelschneide **354** 9
Kubikwurzel **168** 2
kubisches Kristallsystem **174** 1–17
Kubusspiel **71** 21
Küche *Hausrat* **47**
Küche *Restaurant* **77** 38
Küche, Anbau- **54** 26
Küche, Bord- **394** 27
Küche, Schiffs- **377** 42
Küche, Wurst- **250** 1–28
Kuchen **76** 22
Kuchen, Baum- **251** 52
Kuchen, Blech- *Bäckerei* **251** 49
Kuchen, Blech- *Restaurant* **75** 4–6
Kuchen, Blech- *Supermarkt* **252** 19
Kuchen, Butter- *Bäckerei* **251** 49
Kuchen, Butter- *Restaurant* **75** 4
Kuchen, Hunde- **252** 52
Kuchen, Kasten- *Bäckerei* **251** 40
Kuchen, Kasten- *Supermarkt* **252** 21
Kuchen, Leb- **251** 57
Kuchen, Masse- **316** 21
Kuchen, Mutter- **25** 33
Kuchen, Napf- *Bäckerei* **251** 39

Kuchen, Napf- *Supermarkt* **252** 12
Kuchen, Pfann- *Bäckerei* **251** 35
Kuchen, Pfann- *Restaurant* **75** 11
Kuchen, Pflaumen- **75** 6
Kuchen, Platten- *Restaurant* **75** 4–6
Kuchen, Platten- *Supermarkt* **252** 19
Kuchen, Spritz- **75** 11
Kuchen, Streusel- *Bäckerei* **251** 49
Kuchen, Streusel- *Restaurant* **75** 5
Kuchen, Topf- *Bäckerei* **251** 39
Kuchen, Topf- *Restaurant* **75** 9
Kuchen, Zwetschgen- **251** 49
Kuchenbüfett **75** 1
Kuchenbuffet **75** 1
Küchendurchreiche **77** 22
Kuchenform, Kasten- **48** 23
Kuchenform, Napf- **48** 21
Küchengerät **48**
Küchenkraut **210**
Küchenkräuter **210**
Küchenlampe **47** 1
Küchenmaschine **47** 3
Küchenpapier **48** 1
Küchenpapierabroller **48** 1
Küchenrolle **252** 41
Küchenschabe **233** 16
Küchenschrank **47** 43
Küchenschüssel **48** 2
Küchenstuhl **47** 52
Kuchenteller **75** 2
Küchentisch **47** 51
Küchenuhr *Hausrat* **47** 16
Küchenuhr *Uhrmacher* **261** 34
Küchenwaage *Flohmarkt* **127** 80
Küchenwaage *Hausrat* **48** 39
Küchenwand **54** 26
Küchenzwiebel **209** 24
Kuckuck **178** 35
Kuckucksknecht **178** 30
Kuckucksküster **178** 30
Kuckuckslichtnelke **194** 21
Kuckucksuhr **261** 31
Kufe *Militär* **63** 95
Kufe *Sport* **120** 12, 17, 36, **121** 1, 10
Kufe, Haspel- **321** 19–23
Kufe, Lande- *Flugzeug* **388** 15
Kufe, Lande- *Militär* **64** 21
Kufe, Schaukel- **55** 16
Kufenschoner **120** 11

Küfer, Wein- **232** 19
Kugel *Fahrrad* **339** 62, 74
Kugel *Fleischerei* **249** 36
Kugel *Math.* **170** 41
Kugel *Schmuck* **43** 72, 73
Kugel *Sport* **116** 48
Kugel, Auftriebs- **244** 16
Kugel, Billard- *Billard* **91** 1
Kugel, Billard- *Schiff* **376** 97
Kugel, Blei- **243** 57
Kugel, Bowling- **123** 12
Kugel, Eis- **126** 56
Kugel, Elfenbein- **91** 1
Kugel, Erd- **4** 8
Kugel, Glitzer- **129** 11
Kugel, Gravier- **260** 34
Kugel, halbe **91** 21
Kugel, Krocket- **108** 37
Kugel, Kunststoff- **91** 1
Kugel, Lauf- **125** 58
Kugel, Licht- **130** 17
Kugel, Loch- **123** 12
Kugel, Mal- **123** 19
Kugel, Metall- **160** 31
Kugel, Papier- **124** 51
Kugel, Roll- **406** 29, 34
Kugel, Roulette- **89** 6
Kugel, Rumba- **124** 60
Kugel, Rund- **123** 31
Kugel, Stahl- **296** 70
Kugel, Stein- **160** 31
Kugel, volle **91** 20
Kugel, Wasser- **243** 19
Kugel, Wurf- **123** 20
Kugel, Ziel- **123** 19
Kugelbaum **84** 12
Kugelfräser **260** 7
Kugelgelenkkopf **266** 46
Kugelkaktus **205** 14
Kugelkopf **412** 8
Kugelkopf, Austausch- **412** 31
Kugelkopfnadel **146** 29
Kugelkopfschreibmaschine **412** 1
Kugelkuppe **296** 50
Kugellager *Fahrrad* **339** 74
Kugellager *Maschinenteil* **296** 69
Kugelleuchte **78** 4
Kugellibelle **386** 12
Kugelmanipulator **2** 38
Kugelmühle *Porzellan* **316** 1
Kugelmühle *Zement* **310** 8, 22
Kugelring **339** 74
Kugelschlagapparat **46** 33
Kugelschreiber *Bank* **414** 26
Kugelschreiber *Büro* **408** 30
Kugelschreiber *Hausrat* **55** 26
Kugelschreiber *Post* **395** 9

Kugelschreiberhalter 395 10
Kugelstoßen 116 48, 49, 54
Kugeltank 375 37
Kugelwobbler 243 41
Kuh 224 1
Kuh, Hirsch- *Jagd* 239 15
Kuh, Hirsch- *Zool.* 241 2
Kuh, Milch- 215 51, 228 17
Kuhblume 214 13
Kühlaggregat, Gas- 299 27
Kühlanlage 366 26, 77
Kuhlattich 214 13
Kühlbox 92 49
Kühldecke 398 15
Kühler *Auto* 344 51
Kühler *Chemie* 173 48
Kühler *Eisenbahn* 366 54
Kühler *Kokerei* 309 27
Kühler, Gas- 309 19
Kühler, Nachwärme- 306 46
Kühler, Öl- *Auto* 345 21
Kühler, Öl- *Eisenbahn* 365 11
Kühler, Öl- *Motor* 343 56
Kühler, Öl-Wasser- 304 46
Kühler, Rückfluss- 172 5
Kühler, Schlangen- 172 5
Kühler, Sekt- 78 61
Kühler, Wasser- 342 47
Kühler, Wasserstoff- 305 31
Kühler, Wein- 76 45
Kühler, Würze- 247 5
Kühler, Zementklinker-
310 15
Kühlergrill 344 49
Kühlfach 47 39
Kühlgebläse 133 34
Kühlhaus *Hafen* 381 50
Kühlhaus *Schlachthof*
248 21–24
Kühlleitung 393 39
Kühlluftführung 218 29
Kühlmittelleitung 345 40
Kühlmittelpumpe, Haupt-
306 39
Kühlmittelzuführung
Schmied 291 26
Kühlmittelzuführung *Werk-
zeugmasch.* 302 25
Kühlnetz 343 57
Kühlofen, Rollen- 317 18
Kühlraum 377 56
Kühlregal 349 27
Kühlrippe *Motor* 343 82
Kühlrippe *Motorrad* 342 24
Kühlschrank 47 37, 54 30
Kühlschutzverkleidung
393 16
Kühltheke 250 40
Kühltresen 77 8
Kühlturm *Bergwerk* 297 10
Kühlturm *Energie* 306 16
Kühlturm *Kraftwerk* 304 5

Kühlung, Fahrtwind- 341 2
Kühlung, Gas- 309 29
Kühlung, Kompakt- 218 29
Kühlung, Ladeluft- 218 28
Kühlung, Öl- 133 25
Kühlung, Wasser- 392 7
Kühlung, Würze- 247 1–5
Kühlwagen, Universal-
367 39
Kühlwalze 333 31
Kühlwasser *Eisenbahn*
366 78
Kühlwasser *Energie* 306 19
Kühlwasseranschluss 263 40
Kühlwasserausgleichs-
behälter 366 65
Kühlwasseraustritt 343 47
Kühlwasserkanal 343 25
Kühlwasserkreislauf 306 14
Kühlwasserleitung *Auto*
344 52
Kühlwasserleitung *Kraftwerk*
304 25
Kühlwasserreinigung 306 20
Kühlwasserrücklauf, Haupt-
306 23
Kühlwassertemperatur-
messer 366 21
Kühlwasservorlauf, Haupt-
306 22
Kühlwasserzentrale 306 58
Kuhschelle, Gemeine 193 5
Kuhstall 228 14
Küken 227 8
Küken, Enten- 224 35
Kukuruz 221 31
Kübel 317 63, 69
Kuli 161 43
Kuli, Rikscha- 161 35
Kulierplatine 320 14
Kulierwirkmaschine 320 13
Kulisse 131 16
Kulisse, Film- 131 33
Kulisse, Studio- 70 24
Kulissenwand 70 24
Kultivator 218 44
Kultivator, Hand- 207 21
Kultur *Forstw.* 237 9
Kultur *Völkerk.* 160 1–19,
20–33, 34–40
Kultur, bakteriologische
73 24
Kultur, bandkeramische
146 13
Kultur, Freikörper- 97 14
Kultur, Glockenbecher-
146 14
Kultur, schnurkeramische
146 10
Kultur, Trichterbecher-
146 12
Kulturhaus 207 4

Kulturteil 165 34
Kulturzaun 237 7
Kultwagen, Miniatur- 146 36
Kümmelstange 251 37
Kummerbund 38 5
Kummet 226 15
Kümo 375 89
Kumpf 146 11
Kumt, Spitz- 226 15
Kumulonimbus *Flugsport*
104 44
Kumulonimbus *Meteor.* 8 17
Kumulonimbuswolke 104 44
Kumulus *Flugsport* 104 40
Kumulus *Meteor.* 8 1
Kumuluswolke 104 40
Kunde *Kaufhaus* 83 48
Kunde *Optiker* 263 2
Kunde, Bank- 414 4
Kunde, Erdbeben- 12 22
Kunde, Klima- 9
Kunde, Kristall- 174
Kunde, Service- 405 8
Kunde, Völker- 160, 161, 162
Kunde, Wappen- 62 1–38
Kunde, Wetter- 8, 9
Kundenberaterin 83 75
Kundendienst-
sachbearbeiterin 411 19
Kundenhalle 413 3, 414 1–38
Kundenkartei 411 26
Kundenschreibpult 414 24
Kundentresen 414 1
Kundin *Bahnhof* 358 53
Kundin *Büro* 411 20
Kundin *Kaufhaus* 83 24
Kundin *Restaurant* 77 27
Kundin *Supermarkt* 252 8
Kundin, Bank- 413 18
Kundin, Post- 395 28
Kunst 152, 153, 154, 155, 156
Kunst, ägyptische 152 1–18
Kunst, babylonische
152 19, 20
Kunst, balinesische
156 21, 22
Kunst, bildende
157, 158, 159
Kunst, byzantinische
153 86–90
Kunst, chinesische 156 1–7
Kunst, etruskische
153 63–66
Kunst, frühchristliche
153 75–85
Kunst, gotische 154 22–41
Kunst, grafische 159
Kunst, griechische 153 1–62
Kunst, indonesische
156 19–22
Kunst, islamische 156 13–18
Kunst, japanische 156 8–12

Kunst, Reit- 226 1–6
Kunst, romanische 154 1–21
Kunst, römische 153 67–74
Kunst, Wasser- 84 8
Kunstdruck 51 23
Kunstflug 103 1–9
Kunstflugfigur 103 1–9
Kunstflugzweisitzer 103 10
Kunstglaser 277 8
Künstler 157 2
Künstler, Trapez- 125 7
Künstlerhut 42 52
Künstlerkopf 40 20
künstliche Atmung 26 27
künstliche Brandung 96 1
künstliche Fährte 105 50
künstliche Grotte 97 29
künstliche Küste 15 40–48
künstliche Landschaft 97 6
künstliche Palme 129 7
künstliche Pflanze 97 8
künstlicher Fluss 85 38
künstlicher Horizont 386 3
künstlicher Wasserfall 84 9
künstlich erzeugter Binnen-
see 15 43
künstliches Gebiss 29 21
künstliches Sonnenbad
96 30–32
künstlich gewonnenes Land-
stück 15 44
Kunstmaler 157 2
Kunstreiter 125 24
Kunstschlosser 293 7
Kunstspringen 98 35–40
Kunststätte 18 20
Kunststoff 81 19
Kunststoffbahn 116 6
Kunststoffkugel 91 1
Kunststofflauffläche 119 33
Kunststoffpalme 129 7
Kunststoffpose 243 16
Kunststoffsohle 58 2
Kunststoffspachtel 281 44
Kunststoffverkleidung
341 31
Kupferanode 331 5
Kupferdruckpresse 159 36
Kupferleiter 280 43
Kupferplatte 159 53
Kupferrohling 72 65
Kupferstecher 159 44
Kupferstich 159 14–24
Kupferzylinder 335 7
kupierte Rute 223 15
Kupon 415 33
Kuponbogen 415 32
Kuppe, Berg- 13 38
Kuppe, Kugel- 296 50
Kuppe, Leder- 91 9
Kuppe, Queue- 91 9
Kuppe, Rund- 296 20

Kuppel **153** 72
Kuppel, Dreh- **5** 13
Kuppel, Halb- **153** 88
Kuppel, Haupt- **153** 87
Kuppel, Kommandanten-
 63 76
Kuppel, Projektions- **5** 23
Kuppel, Zwiebel- **274** 25
Kuppelachse **364** 36
kuppelbarer Doppelsessel
 368 23
kuppelbare Umlaufkabine
 368 25
Kuppelbau **151** 4
Kuppeldach **5** 13
Kuppelschraube **356** 15
Kuppelschwelle **356** 14, 38
Kuppelspindel **301** 33
Kuppelstange **364** 11
Kuppelsystem **153** 86
Kupplung *Auto* **345** 48
Kupplung *Bau* **272** 53
Kupplung *Eisenbahn* **364** 2,
 366 82
Kupplung *Motor* **343** 81
Kupplung, Allrad- **218** 32
Kupplung, Anhänger-
 92 10, 27
Kupplung, Bär- **292** 13
Kupplung, Einscheiben-
 343 69
Kupplung, hydraulische
 292 8
Kupplung, Kompressor-
 345 32
Kupplung, Sattel- **347** 25
Kupplung, Schalt- **383** 23
Kupplung, Schrauben-
 360 12
Kupplung, Standrohr- **220** 7
Kupplung, Visko- **343** 44
Kupplungsbügel **360** 22
Kupplungsdose **280** 13
Kupplungsgehäuse **343** 61
Kupplungshebel **341** 23
Kupplungspedal **344** 75
Kupplungsscheibe **292** 19
Kupplungsspindelpresse
 292 17
Kupplungsstecker **280** 12
Kupplungsvorrichtung
 218 65
Kupplungswelle **388** 58
Kupste **14** 88
Kur, Liege- **88** 28
Kur, Trink- **88** 1
Kurbad **88**
Kurbel, Antriebs- **127** 77
Kurbel, Durchzieh- **159** 33
Kurbel, Filmtransport-
 266 31
Kurbel, Hand- *Kfz* **347** 14

Kurbel, Hand- *Landw.*
 217 39, 54
Kurbel, Kipprost- **364** 40
Kurbel, Rückspul- **266** 6
Kurbel, Rückwickel- **266** 6
Kurbel, Tret- *Fahrrad* **339** 35
Kurbel, Tret- *Sport* **106** 24
Kurbelantrieb **371** 60
Kurbelgehäuse **343** 16
Kurbelwelle **343** 20, 49
Kurbelwellenhauptlager
 343 22
Kurbelwellenlager **345** 25
Kurbelzapfenbohrung
 345 28
Kurbette **226** 6
Kürbis **209** 23
Kürettage **31** 45
Kürette **31** 45
Kurfürstenhut **62** 43
Kurgast **88** 7
Kurhaus **88** 39
Kurhut **62** 43
kurischer Reisekahn **374** 10
Kürissprügel **62** 33
Kürisssattel **147** 87
Kurkonzert **88** 42
Kurliege **88** 30
Kurorchester **88** 44
Kuroschio **16** 32
Kurpark **88** 6
Kurpromenade **88** 40
Kurrleine **244** 10
Kurs, Dreiecks- **101** 16
Kurs, Kauf- **415** 19
Kurs, Regatta- **101** 14–24
Kurs, Verkaufs- **415** 21
Kursboje **101** 18
Kürschner **284** 1
Kürschnerwerkstatt **284**
kursive Schrift **326** 7
Kurskreisel **386** 13
Kursliste **415** 15
Kurstafel **415** 10
Kursübertragungssystem
 415 5
Kurszettel **414** 22
Kurtaxenhütte **95** 34
Kurtaxenkontrolleur **95** 16
Kurteilnehmer **88** 9
Kurve **170** 11
Kurve, ballistische **240** 79
Kurve, gekrümmte **170** 13
Kurve, geschlossene **170** 22
Kurve, Herzstrom- **30** 6
Kurve, hypsografische **11** 9
Kurve, Index- **415** 11
Kurve, lineare **170** 12
Kurve dritten Grades **170** 18
Kurvenmaximum **170** 19
Kurvenminimum **170** 20
Kurve zweiten Grades **170** 14

kurzärmeliger Unterziehrolli
 35 24
kurze Brennweite **267** 50
kurze Hose **38** 75
Kürzel, Wertpapier- **415** 16
Kürzen **261** 17
kurze Pfeife **259** 33
kurzer Galopp **225** 42
kurzer Vorschlag **139** 15
Kurzgelenkwagen **351** 13
Kurzhaardackel **223** 27
Kurzhaarfrisur **41** 27
Kurzhantel **112** 8
Kurzjacke **36** 5
Kurzmantel **38** 36, 49
Kurznachricht **165** 15
kurzperiodisches Pendel
 12 39
Kurzschrift **164** 13
Kurzschwert **156** 10
Kurzsocke **37** 49
Kurzstand **228** 22
Kurzstreckenläufer **116** 5
Kurzstreckenrakete **67** 26
Kurzstreckenverkehrsflug-
 zeug **387** 4, 10
Kurztrieb **190** 31
Kurztrieb, zweinadliger
 190 23
Kurzwahltaste **396** 20
Kurzwellen **7** 31
Kurzwellenbestrahlungs-
 gerät **28** 18
Kurzwellengerät **28** 18, 36
Kurzwellensender **10** 59
kurzwellige elektromagneti-
 sche Strahlung **1** 42, 49, 65
Kurzzeitmesser *Hausrat*
 47 17
Kurzzeitmesser *Med.* **28** 37,
 32 36
Kurzzeituhr **261** 35
Kurzzeitwecker *Fotogr.*
 268 18
Kurzzeitwecker *Uhrmacher*
 261 35
Kuschelbär **33** 50
Kuschelkissen **71** 37
Kuscheltier *Hausrat* **55** 6
Kuscheltier *Vorschule* **71** 38
Kuss, Abschieds- **359** 44
Kuss, Schoko- **251** 42
Küste, Ausgleichs- **15** 10–18
Küste, begradigte **15** 10–18
Küste, Bodden- **15** 19
Küste, Felsen- **15** 36
Küste, Fjord- **15** 4
Küste, Flach- **14** 80
Küste, Förden- **15** 7
Küste, Gezeiten- **15** 26
Küste, Haff- **15** 13
Küste, künstliche **15** 40–48

Küste, Nordsee- **15** 45
Küste, Schären- **15** 36
Küste, Steil- **14** 69
Küste, Watten- **15** 26
Küste, West- **15** 10
Küstenform **15**
Küstenlandschaft **15** 1
Küstenmotorschiff **375** 89
Küsten-U-Boot, Einhüllen-
 67 75
Küstenzone **15** 6
Küster **148** 26, 58
Küster, Kuckucks- **178** 30
Kutte **149** 55
Kutter *Fleischerei* **250** 21
Kutter *Militär* **66** 12, 61
Kutter *Schiff* **374** 8
Kutter, Fisch- **375** 79
Kuvertausgabe **412** 82
Kuvertiermaschine **412** 77
Kuvertschacht **412** 78
Kyma **153** 26
Kyma, Eierstab- **153** 56
Kymation **153** 26
kyrillische Schrift **163** 20

L

Labelstickerei **39** 10
Labialpfeife **144** 23–30,
 31–33
Labium, Ober- **144** 27
Labium, Unter- **144** 26
Labor *Erdöl* **298** 40
Labor *Med.* **28** 38
Labor, Allzweck- **393** 67
Labor, Chemie- **172, 173**
Labor, Forschungs- **394** 14,
 15
Labor, Raum- **393** 66
Labor, Sprach- **73** 30
Laboratorium *Film* **131** 9
Laboratorium *Med.* **28** 38
Laboratorium, Weltraum-
 393 66
Laboratoriumsmikroskop
 264 1
Laborgerät *Chemie* **172, 173**
Laborgerät *Med.* **28** 55
Laborgerät *Papier* **324** 22–30
Labormodul **394** 15
Laborschale **324** 27
Laborwecker **268** 18
Labradorstrom **16** 41
Labyrinth *Anat.* **22** 94
Labyrinth *Park* **84** 5
Lachmöwe **178** 10
Lachsschinken **252** 72
Lack, Gold- **203** 32
Lack, Tapetenschutz- **281** 32
Lackarbeit **156** 2

Lackieren **282** 21
Lackierer **282** 2
Lackierpistole **282** 31
Lackierpistole, luftlose **282** 40
Lacrosse **109** 69–77
Lacrosseball **109** 77
Lacrossehelm **109** 76
Lacrosseschläger **109** 74
Lacrossespiel **109** 69–77
Lacrossespieler **109** 73
Lacrossetor **109** 72
Lade, Bei- **285** 35
Lade, Gehrungs- **285** 43
Lade, Heft- **336** 2
Lade, Kinn- **19** 23
Lade, Klapp- **49** 11
Lade, Schleif- **144** 12–14
Lade, Schub- *Bank* **414** 10
Lade, Schub- *Büro* **409** 15, **411** 3
Lade, Schub- *Hausrat* **47** 46, **49** 10, **51** 20, **52** 21, 22, **54** 10, 23, **55** 22
Lade, Schub- *Schiff* **376** 52
Lade, Schub- *Schneiderei* **256** 9, 21
Lade, Schub- *Video* **404** 59
Lade, Schub- *Werkstatt* **348** 11
Lade, Stoß- **277** 31
Lade, Wind- **144** 12–14
Ladeanzeige, Batterie- **402** 11
Ladebaum **375** 26, 57, **377** 36
Ladebordwand **218** 51
Ladebrücke, Container- **382** 2
Ladedeck **375** 51
Ladedruckmesser **386** 7
Ladeebene **360** 6, 7
Ladefläche **347** 7
Ladegeschirr **375** 24–29, 57
Ladekante **346** 23
Ladeklappe, Heck- **375** 31
Ladekran **238** 28, 44
Ladeluftkühlung **218** 28
Ladeluke **375** 11, 61
Lademaschine **306** 35
Lademast **375** 58
Laden, Bauch- **126** 44
Laden, Blumen- **358** 48
Laden, Deck- **207** 9
Laden, Einkaufs- **92** 6
Laden, Fenster- **45** 11
Laden, Goldschmiede- **369** 33
Laden, Kauf- **55** 27
Laden, Kaufmanns- **55** 27
Laden, Klapp- **45** 11
Laden, Roll- **44** 24
Ladenfeststeller **45** 12

Ladenkasse **55** 34
Ladenstraße **358** 47
Ladeporte, Heck- **388** 25
Ladeposten **375** 56, **377** 35
Ladeplatz **17** 91
Ladepritsche **347** 3
Lader, Einzel- **240** 1
Lader, Hinter- **230** 56
Lader, Mehr- **240** 2
Lader, Rad- **312** 6
Lader, Turbo- **343** 60
Laderaum *Auto* **346** 18
Laderaum *Schiff* **377** 55, 75
Laderunge **238** 30
Ladestütze **238** 45
Ladetank **347** 24
Ladetür **347** 32
Ladewagen, Universal- **215** 45
Ladung **377** 77
Ladung, Decks- *Hafen* **382** 6
Ladung, Decks- *Schiff* **375** 22
Ladung, flüssige **347** 23
Ladung, folienverpackte **382** 9
Ladung, Pulver- **240** 57
Ladung, Schrot- **240** 51
Ladung, unitisierte **382** 9
Ladungsanzeige **402** 36
Ladungsverkehr, kombinierter **360** 39
Ladungsverkehr, Wagen- **360** 4
Lafette, Drehring- **63** 59, 87
Lafette, Selbstfahr- **63** 29–61
Lage **98** 30–34
Lage, Bauch- **115** 45
Lage, Flanken- **115** 46
Lage, Frosch- **103** 53
Lage, Heft- **336** 5
Lage, Kreuz- **159** 54
Lage, NATO- **26** 28
Lage, Pack- **276** 12
Lage, Rücken- **115** 44
Lage, Seit- **115** 46
Lage, Seiten- **26** 28
Lage, Sinkstück- **380** 72
Lage, T- **103** 54
Lage, X- **103** 52
Lage, Zwischen- *Eisenbahn* **356** 6
Lage, Zwischen- *Kunst* **159** 37
Lager *Werkzeugmasch.* **303** 33
Lager *Ziegelei* **313** 19
Lager, Achs- *Auto* **345** 89
Lager, Achs- *Eisenbahn* **364** 10
Lager, Auf- **369** 55
Lager, Ballen- **318** 26
Lager, bewegliches **369** 12

Lager, Brücken- **369** 55
Lager, Bund- **301** 48
Lager, Coil- **301** 48
Lager, Deklinations- **265** 6
Lager, Druck- *Militär* **67** 60
Lager, Druck- *Schiff* **377** 67
Lager, Fass- *Abfall* **81** 17
Lager, Fass- *Brauerei* **247** 11
Lager, Fass- *Weinkeller* **232**
Lager, festes **369** 11
Lager, Film- **131** 6
Lager, Flaschen- **232** 11
Lager, Flüssig- **381** 72
Lager, Flüssiggas- **298** 47
Lager, Führungs- **265** 14
Lager, Gummi- **345** 88
Lager, Haupt- **343** 22
Lager, Kamm- **292** 20
Lager, Kipp- **382** 51
Lager, Kohlen- **381** 19
Lager, Kugel- *Fahrrad* **339** 74
Lager, Kugel- *Maschinenteil* **296** 69
Lager, Kurbelwellen- **345** 25
Lager, Mast- **94** 18
Lager, Material- **299** 6
Lager, Matratzen- **71** 36
Lager, Nadel- **296** 75, 76
Lager, Nockenwellen- **345** 26
Lager, Patronen- **240** 15
Lager, Pendel- **307** 8
Lager, Pfadfinder- **92** 69
Lager, Pleuel- **345** 27
Lager, Produkt- **298** 49
Lager, Rohr- **299** 4
Lager, Rollen- **298** 4
Lager, Stütz- *Auto* **345** 79
Lager, Stütz- *Mühle* **245** 11
Lager, Tank- **381** 61
Lager, Tret- **339** 36
Lager, Tretkurbel- **339** 36
Lager, Turmkopf- **307** 14
Lager, Wälz- **296** 69
Lager, Walzen- **301** 35
Lager, Wider- *Brücke* **369** 29, 45
Lager, Wider- *Kunst* **155** 20
Lager, Wider- *Raumfahrt* **391** 20
Lager, Wider- *Schiff* **375** 29
Lager, Zementklinker- **310** 18
Lagerbehälter **283** 20
Lageregelungsrakete **391** 37
Lageregelungstriebwerk **392** 29
Lagerfass **232** 2
Lagerfeuer **92** 72
Lagergang **12** 21
Lagerkammer **306** 79
Lagerkeller *Brauerei* **247** 7
Lagerkeller *Weinkeller* **232**

Lagerplatz, Material- **297** 7
Lagersilo, Zement- **310** 23
Lagerstätte *Bergwerk* **297** 40
Lagerstätte *Energie* **306** 60–71
Lagerstätte, Erdöl- **13** 30
Lagerstätte, Erz- **12** 21
Lagerstättendruck **298** 28
Lagerstein **262** 25
Lagertank *Brauerei* **247** 8
Lagertank *Erdöl* **298** 41
Lagerung *Geogr.* **13** 1
Lagerung *Med.* **26** 27
Lagerung, Atommüll- **306** 59
Lagerung, Axial-radial- **265** 3
Lagerung, flache **297** 43, 44
Lagerung, hydraulische **5** 11
Lagerung, Rotor- **307** 9
Lagerung, Rotorblatt- **307** 5
Lagerung, steile **297** 41, 42
Lagerung, Zwischen- **310** 3, 9
Lagerungsmatratze **30** 11
Lagune **14** 78
Lagunenriff **14** 77
Lahnung **15** 47
Laib, Brot- **251** 3
Laib, Käse- **252** 27
Laibung *Bau* **273** 31, 32
Laibung *Kunst* **155** 25
Laibung, Fenster- *Bau* **271** 10, 11
Laibung, Fenster- *Haus* **44** 15
Laich, Fisch- **242** 11
Laken, Bett- **51** 11, **56** 6
Lakkolith **12** 9
Lakritz **349** 54
Lakritze **349** 54
Lama **184** 33
Lamantin **184** 26
Lambdasonde **344** 36
Lamelle *Bot.* **199** 4, 6
Lamelle *Sägewerk* **311** 63
Lamelle *Sport* **119** 27
Lamellenblende **2** 33
Lamellenrand **199** 7
Lamellensieb **217** 17
Laminat **119** 29
Lamm *Landw.* **228** 11
Lamm *Zool.* **224** 13
Lammfellpolierhaube **287** 21
Lammfellrolle **283** 31
Lammfellscheibe **287** 21
Lampe *Jagd* **239** 40
Lampe *Papier* **324** 19
Lampe, Anzeige- **111** 30
Lampe, Arbeits- *Drechsler* **288** 14
Lampe, Arbeits- *Uhrmacher* **261** 12
Lampe, Backbord- **377** 15

Lampe, Behandlungs- **29** 16
Lampe, Belichtungs- **335** 3
Lampe, Blitz- **266** 66
Lampe, Decken- *Hausrat* **52** 13
Lampe, Decken- *Nachtlokal* **130** 14
Lampe, Decken- *Restaurant* **75** 49
Lampe, Entladungs- **280** 53, 54
Lampe, Ersatz- **349** 75
Lampe, Fahrrad- **339** 12
Lampe, Farbkontroll- **268** 40
Lampe, Gas- **92** 44
Lampe, Glüh- **280** 48, 52
Lampe, Halogen- **332** 21
Lampe, Hänge- **75** 51
Lampe, Helm- **82** 79
Lampe, Kontroll- *Auto* **344** 57, 62, 63
Lampe, Kontroll- *Sägewerk* **311** 67
Lampe, Kontroll- *U-Elektronik* **403** 28
Lampe, Kopier- **332** 21
Lampe, Küchen- **47** 1
Lampe, Lese- **51** 18
Lampe, Leuchtstoff- *Installateur* **280** 53
Lampe, Leuchtstoff- *Kaufhaus* **83** 51
Lampe, Löt- *Installateur* **279** 75
Lampe, Löt- *Sport* **119** 14
Lampe, Morse- **377** 7
Lampe, Nachttisch- *Hausrat* **51** 21
Lampe, Nachttisch- *Schiff* **376** 53
Lampe, Öl- **156** 15
Lampe, Öldruck- **344** 64
Lampe, OP- **30** 37, **31** 12, **32** 26
Lampe, Operations- **32** 26
Lampe, Operationstisch- **30** 37
Lampe, Positions- *Flugsport* **103** 23
Lampe, Positions- *Militär* **66** 15
Lampe, Punktlicht- **335** 4
Lampe, Schreibtisch- *Büro* **408** 15, **409** 4
Lampe, Schreibtisch- *Hausrat* **54** 20
Lampe, Seiten- **377** 15
Lampe, Signal- **136** 57
Lampe, Stab- **280** 24
Lampe, Steh- *Energie* **308** 18
Lampe, Steh- *Hausrat* **50** 38, **54** 36

Lampe, Steuerbord- **377** 15
Lampe, Stirn- **118** 58
Lampe, Straßen- *Haus* **44** 62
Lampe, Straßen- *Stadt* **79** 44
Lampe, Tageslicht- **329** 39
Lampe, Taschen- **280** 24
Lampe, Tisch- **50** 35
Lampe, Ton- **133** 48
Lampe, Tran- **161** 7
Lampe, Unterwasser- **93** 26
Lampe, Vorbelichtungs- **330** 24
Lampe, Wand- *Drechsler* **288** 14
Lampe, Wand- *Eisenbahn* **361** 60
Lampe, Wärme- **349** 26
Lampe, Wunder- **187** 4
Lampe, Xenon- **330** 17
Lampengebläse **332** 22
Lampengehäuse *Flohmarkt* **127** 46
Lampengehäuse *Fotogr.* **268** 32
Lampengelenkarm **330** 16
Lampenhaus *Film* **133** 39–44, 56
Lampenhaus *Optik* **264** 28, 59
Lampenhausanschluss **264** 60
Lampenkopf **268** 32
Lampensockel **280** 51
Lampenstab **127** 42
Lampion *Garten* **204** 16
Lampion *Karneval* **124** 4
Lampion *Völkerk.* **161** 36
Land, Deich- **15** 45
Land, Herkunfts- **227** 38
Land, Hügel- **11** 12
Land, Marsch- **15** 30, 46
Land, Tief- **11** 13
Landbrot **251** 7
Landebahn **104** 33
Landeeinheit, Mond- **391** 53, **392** 17
Landefangseil **67** 16
Landegestellspreizmechanik **392** 71
Landeklappe *Flugsport* **103** 21
Landeklappe *Flugzeug* **386** 53
Landekufe *Flugzeug* **388** 15
Landekufe *Militär* **64** 21
Landeplattform, Hubschrauber- **67** 39, 53
Landescheinwerfer *Flugsport* **103** 24
Landescheinwerfer *Flugzeug* **386** 49
Landespoiler **385** 41

Landesvermessung **16** 47–63
Landeteller **392** 23
Landfahrzeugtechnik **291**
Landkarte *Geld* **60** 17
Landkarte *Geogr.* **16, 17**
Landkarte *Tankstelle* **349** 71
Landpfeiler **369** 27
Landrad **218** 17
Landregen **8** 18
Landschaft, Aufschüttungs- **15** 7
Landschaft, Becken- **97** 1
Landschaft, Fluss- **14** 1
Landschaft, künstliche **97** 6
Landschaft, Küsten- **15** 1
Landschaft, Pool- **97** 1
Landschaft, Tal- **14** 33
Landschaft, Thermen- **97** 28
Landschaft, Winter- **122**
Landschaftspark **84** 41–75
Landsknechtstrommel **124** 69
Landspitze **381** 65
Landstraße, rollende **360** 36
Landstück, künstlich gewonnenes **15** 44
Landung **116** 19
Landung, Mond- **392**
Landung, Schulter- **116** 12
Landungsboot **66** 89, **67** 46
Landungsbrücke *Geogr.* **17** 58
Landungsbrücke *Hafen* **381** 30
Landungsklappe **370** 54
Landungssteg **99** 17
Landwirtschaft **216**
landwirtschaftliche Maschine **217, 218**
landwirtschaftliches Gerät **219**
Landwirtschaftsprodukt **221**
Landzunge **15** 14
langärmeliges Unterhemd **37** 66
Langarmshirt **39** 31
Langband **293** 58
Langbandschleifmaschine **286** 28
Langbrot **251** 9
Langdrahtantenne **386** 66
Länge **253** 20
Länge, Arm- **303** 50
Länge, geografische **16** 7
lange Brennweite **267** 53
Längenanschlag **311** 74
Längenhalbkreis **16** 4
lange Pfeife **259** 35
langer Ärmel **35** 47
langer Vorschlag **139** 14
langes Haar **40** 1

Langettenstich **254** 6
lange Unterhose **37** 63
Langflügler **178** 13
Länghaken **275** 64
Langhantel **112** 3
Langhobel **285** 39
Langhobelmaschine, Zweiständer- **303** 8
Langholz *Bau* **273** 2
Langholz *Forstw.* **237** 19, **238** 42
Langholz, gepoltertes **237** 15
Langholz, gerücktes **237** 15
Langholzplatte **159** 2
Langholzschnitt **159** 4
Langkessel **364** 16
Langlauf **119** 53
Langlaufbindung **119** 55
Langlaufschuh **119** 56
Langlaufski **119** 54
Langlaufstock **119** 58
Langleine **244** 25
Langleinenfischerei **244** 24–27
Langleinenschiff **244** 24
Langloch **400** 17
Langlochziegel **313** 22
Langpferd **113** 1
Längsachse **386** 72
Langsamfahrscheibe **357** 36–38
Langsamfahrsignal **357** 36–44
Langsamfahrstelle, ständige **357** 41, 42, 43, 44
Langsamfahrstelle, vorübergehende **357** 36–38, 39, 40
Langsamflugquerruder **385** 40
Längsbau **230** 56
Langschild **147** 56
Längsfurche **20** 91, **23** 32
Längsganghebel **302** 17
Längsgatter **355** 18
Längslenker **344** 32
Längsriegel **272** 48
Längsrips **323** 13–18
Längsriss **118** 3
Längsschlitten **302** 42
Längsschlittenbewegung **302** 13
Längsschneiden **334** 37
Längsspant **101** 55
Längssupport **302** 22, 42
Längsteilungsnaht **35** 13
Längsträger, Mittelrumpf- **393** 10
Längsträgerverstärkung **367** 12
Langstreckenläufer **116** 5
Langstreckenverkehrsflugzeug, Großraum- **387** 15

Langstreckler 116 5
Längstrikotbindung
323 26–28
Längstrikotgewebe 323 26
Langstromtrog 242 16
Längsverband 378 47–59
Längsversteifung 386 57
Langtrieb 231 3
Langwirkmaschine 251 76
Langwobbler 243 40
Lanze *Stierkampf* 128 17, 29
Lanze *Völkerk.* 162 12
Lanze, Sauerstoff- 300 52
Lanze, Stech- 147 81
Lanzenspitze 146 21
lanzettlich 188 35
Läppchen, Ohr- 22 87
Lappen 249 15, 16
Lappen, Hinterhaupt- 20 75
Lappen, Kinn- 224 24
Lappen, Leber- 23 44
Lappen, Lungen- 23 10
Lappen, Scheitel- 20 74
Lappen, Schläfen- 20 77
Lappen, Stimm- 144 30
Lappen, Stirn- 20 71
Lappen, Topf- 47 24
Laptop *Büro* 411 53
Laptop *Hausrat* 54 34
Laptop *Internet* 405 1
Laptop *PC* 407 1
Laptop *Schiff* 376 56
Laptop *Universität* 74 25
Laptopbenutzung 390 35
Laptoptasche 407 23
Lärche 190 32
Lärchenzapfen 190 36
Larve *Biene* 230 39
Larve *Bot.* 211 67
Larve *Karneval* 124 10
Larve *Zool.* 175 11, 233 21,
234 6, 19, 24, 41, 48, 54,
235 13, 27, 37
Larve, Jung- 234 49
Larvengang 235 26
Larvenkammer 235 37
Lasche *Bau* 272 65
Lasche *Eisenbahn* 360 19
Lasche, Ärmel- 38 40
Lasche, Heft- 272 60
Lasche, Schienen- 356 12
Laschenbolzen 356 13
Lasching 372 32
Laschung 372 32
Laser *Mediengest.* 329 24
Laser *Setzerei* 327 19
Laserbelichter *Mediengest.*
329 23
Laserbelichter *Setzerei*
327 14
Laserdrucker 406 67
Laserpistole 68 16

Laserprinter 406 67
Lasso *Stierkampf* 128 39
Lasso *Völkerk.* 160 5
Lassoband 287 38
Last, fixierte 117 5
Last, Trag- 224 5
Laster, Klein- 347 1
Lastkahn 370 19
Lastkraftwagen *Eisenbahn*
360 38
Lastkraftwagen *Kfz* 347 1–32
Lastkraftwagen, Schwer-
312 7
Lastplattform 388 19
Lasttier 162 3
Lastwagen, Klein- 347 31
Lastwagen, Schwer- 354 10
Lastzug 367 34
Lastzug, Tank- 347 19
Lateinersegel 372 29, 374 3
lateinische Schreibschrift
164 12
lateinische Schrift 60 4
lateinisches Kreuz 150 56
laterales Zeichen 380 6–18
Lateralsystem 380 6–18
Laterne *Kunst* 154 45
Laterne *Navigation*
380 55, 59
Laterne *Schiff* 372 44, 375 48
Laterne, Backbord- 102 13
Laterne, Papier- *Garten*
204 16
Laterne, Papier- *Karneval*
124 4
Laterne, Positions- 102 11–15
Laterne, Steuerbord- 102 12
Laterne, Straßen- 44 62
Laterne, Weichen- 356 19
Laternenträger 380 54
Latexmatratze 51 12
Latschen, Bade- 95 21
Lattbeil 275 21
Latte *Segeln* 100 35
Latte *Sport* 107 36, 116 31
Latte, Doppel- 275 43
Latte, Mess- 16 48
Latte, Quer- 107 36
Latte, Saum- 245 4
Latte, Segel- 94 19
Latte, Sprung- *Forstw.* 237 8
Latte, Sprung- *Sport*
116 14, 34
Latte, Stapel- 311 38
Latte, Trag- 273 45, 276 67
Latte, Zwischen- 271 89
Lattenlehre 275 18
Lattenrost 51 7
Lattentasche 100 34
Lattenzaun 204 11
Lattich, Brust- 198 8
Lattich, Huf- 198 8

Lattich, Hunds- 214 13
Lattich, Kuh- 214 13
Lattung 275 17, 276 70
Latz, Hosen- 34 39
Latzbrusttasche 38 72
Latzhose 34 46, 38 70
Latzrock 34 47
Laub, Wein- 76 48
Laubbesen *Garten* 203 4
Laubbesen *Park* 84 67
Laube, Garten- 204 15
Laube, Sommer- 204 15
Laubengang *Haus* 45 16
Laubengang *Park* 84 17
Laubenganghaus 45 15
Laubfrosch 182 24
Laubharke 84 68
Laubholz 189
Laubkörper 196 51
Laubkrone 62 13
Laubsack 353 10
Laubsäge *Drechsler* 288 12
Laubsäge *Schule* 72 54
Laubsägeblatt *Drechsler*
288 13
Laubsägeblatt *Goldschmied*
260 13
Laubsägeblatt *Schule* 72 55
Laubsauger 353 9
Laubwald 17 4
Lauch 209 21
Lauch, Bär- 195 6
Lauch, Bären- 195 6
Lauch, Breit- 209 21
Lauch, Gras- 210 14
Lauch, Knob- 209 43
Lauch, Schnitt- 209 22,
210 14
Lauchgewächs 209 43
Lauf *Militär* 63 2
Lauf *Zool.* 177 6
Lauf, Abfahrts- 119 24
Lauf, Bei- 305 49
Lauf, Büchsen- 240 26
Lauf, Eis- 120 1–17
Lauf, Eisschnell- 120 15–17
Lauf, Film- 133 30
Lauf, Gewehr- 240 34
Lauf, Hand- *Bau* 276 53, 79
Lauf, Hand- *Haus* 46 29
Lauf, Hand- *Hausrat* 49 27
Lauf, Hand- *Sport* 106 30
Lauf, Hinter- 223 7,
241 24, 68
Lauf, Hürden- 116 7, 8
Lauf, Kreis- *Abfall* 81
Lauf, Kreis- *Auto* 345 30
Lauf, Kreis- *Energie* 306 2, 7
Lauf, Kreis- *Militär* 67 63, 65
Lauf, Kreis- *Papier* 325 16
Lauf, Lang- 119 53
Lauf, Links- 302 11, 34

Lauf, Paar- 120 7–9
Lauf, Rechts- 302 11, 34
Lauf, Rück- 279 24
Lauf, Schrot- 240 27
Lauf, Ski- 119 1–52
Lauf, Slalom- 119 45
Lauf, Tor- 119 21
Lauf, Vor- 279 23
Lauf, Vorder- 223 5,
241 27, 69
Lauf, Wasser- 84 45
Laufachse 364 35
Laufbahn 116 6
Laufbahn, Papier- 333 29
Laufband 112 12
Laufbrett *Gärtnerei* 207 22
Laufbrett *Haus* 46 4
Laufbüchse 343 26
Laufdiele 273 36
Laufdrehgestell 351 10
Laufen, Eis- 120 1–17
Laufen, Eiskunst- 120 1–15
Laufen, Schlittschuh-
120 1–17
Laufen, Ski- 119 1–52
Laufen, Über- 116 7
laufende Nummer 415 28
laufendes Gut 373 67–71
Läufer *Landw.* 228 39
Läufer *Spiel* 90 10
Läufer *Sport* 108 56, 116 5
Läufer, Deich- 370 28
Läufer, Eisschnell- 120 15
Läufer, Kurzstrecken- 116 5
Läufer, Langstrecken- 116 5
Läufer, Mit- 321 25
Läufer, Mittelstrecken- 116 5
Läufer, Nach- *Billard* 91 3
Läufer, Nach- *Forstw.* 238 49
Läufer, Paar- 120 7
Läufer, Ring- 318 46
Läufer, Stelzen- *Rummelplatz*
126 33
Läufer, Stelzen- *Zool.* 178 24
Läufer, Taljen- 376 30
Läufer, Tisch- 54 22
Läuferbucht 228 36
Läuferin, Einzel- 120 1
Läuferin, Eis- 120 1
Läuferin, Paar- 120 7
Läuferin, Schlittschuh- 120 1
Läuferin, Wasserski- 102 41
Läuferkoben 228 36
Läuferschicht 271 63
Läuferstein 245 23
Läuferverband 271 59
Lauffläche, Kunststoff-
119 33
Laufgang *Kunst* 154 34
Laufgang *Zirkus* 125 51
Laufgeräusch 131 48

Laufgewichtswaage 27 58
Laufgitter 218 75
Laufjacke 39 11
Laufkatze *Eisenverarb.* 300 3
Laufkatze *Schiffbau* 378 14, 28
Laufkatze, Dreh- 378 21
Laufkran *Eisenverarb.* 300 43
Laufkran *Schiffbau* 378 28
Laufkugel 125 58
Lauflernkinderschuh 58 56
Laufmündung 123 45
Laufplatte 276 30
Laufpose 243 15
Laufpuppe 87 50
Laufrad *Bergbahn* 368 7
Laufrad *Fahrrad* 340 26
Laufrad *Landw.* 217 37, 53
Laufrad, Bug- 92 26
Laufrädchen 339 14
Laufradverstellung 217 55
Laufreinigungsbürste 240 62
Laufrichtung, Band- 404 25
Laufrichtungsanzeige 401 85
Laufrichtungswechsel-
schalter 401 98
Laufring 243 23
Laufrolle *Fechten* 111 29
Laufrolle *Militär* 63 32
Laufrolle *U-Elektronik* 401 6
Laufschiene *Atom* 2 37
Laufschiene *Werkstatt* 348 19
Laufschritt 115 41
Laufsohle, Polo- 58 24
Laufsprungtechnik 116 40
Laufstall 33 39
Laufstallboden 33 40
Laufställchen 33 39
Laufsteg *Eisenverarb.* 300 40
Laufsteg *Schiff* 375 7
Laufstellung 115 2
Laufwandung 240 35
Laufwerk *Bergbahn* 368 31, 47, 60
Laufwerk *Film* 132 13, 133 25–38
Laufwerk *Mediengest.* 328 12
Laufwerk *Rundfunk* 398 52
Laufwerk, CD-DVD- 406 4
Laufwerk, Disketten- *Fotogr.* 270 11
Laufwerk, Disketten- *PC* 406 6
Laufwerk, Festplatten- 406 13, 45
Laufwerk, Floppy-Disk- 406 6
Laufwerk, Gurtband- 217 79
Laufwerk, Ketten- 355 11

Laufwerk, Magnetton- 132 23
Laufwerkhauptträger 368 61
Laufwerkrolle 368 64
Laufzeitanzeige 404 46
Lauge, Natron- 322 5
Laugenbrezel 251 50
Laus, Blasen- 234 20
Laus, Blatt- 175 15, 16
Laus, Blut- 234 20
Laus, Fichtengallen- 235 39
Laus, Filz- 233 40
Laus, Kleider- 233 41
Laus, Menschen- 233 40, 41
Laus, Scham- 233 40
Laus, Wand- 233 39
Lausblume 197 3
Lauscher 241 18, 36
Lauskraut 197 3
Laute 142 1
Läuterbatterie 246 52
Läuterbottich 246 51
Läuterwanne 317 4
Läutewerk 280 5
Lautschrift 164 14
Lautsprecher *Büro* 412 54
Lautsprecher *Diskothek* 129 30
Lautsprecher *Fotogr.* 270 14
Lautsprecher *Med.* 32 41
Lautsprecher *Nachtlokal* 130 41
Lautsprecher *Polizei* 68 12
Lautsprecher *Telefon* 396 15, 47
Lautsprecher *U-Elektronik* 401 12, 402 5, 54
Lautsprecher, Abhör- *Film* 132 16
Lautsprecher, Abhör- *Rund-funk* 398 8
Lautsprecher, Bahnsteig- 359 30
Lautsprecher, Bass- 401 16
Lautsprecherbox *Diskothek* 129 30
Lautsprecherbox *Hausrat* 50 8
Lautsprecherbox *Nachtlokal* 130 41
Lautsprecherbox *Rundfunk* 398 38
Lautsprecherbox *U-Elek-tronik* 401 12
Lautsprechertaste 396 12
Lautsprecherwahltaste 401 34
Lautstärke 132 35
Lautstärkenregler, Kopf-hörer- 401 96
Lautstärkeregelung 344 71

Lautstärkeregler *Auto* 344 86
Lautstärkeregler *Schule* 73 38, 39
Lautstärkeregler *U-Elektro-nik* 401 39, 402 29, 40
Lautstärkeschieberegler 402 76
Läutwerk 366 49
Lavadecke 12 3
Lavastrom 12 7
Lavendel 198 7
Lawine, Schnee- 122 22
Lawinengalerie 122 25
Lawinenschutz 122 26
Layout *Mediengest.* 328 21, 38
Layout *Setzerei* 327 2, 3, 4
Layoutbildschirm 328 7
Layouteditor 328 25
Layoutprogramm 328 14
Layoutvorlage 328 4, 329 13
Lazaruskreuz 150 72
LCD 269 5, 39
LCD-Anzeige *Büro* 410 23
LCD-Anzeige *Film* 134 39
LCD-Anzeige *Fotogr.* 269 53
LCD-Anzeige *Uhr* 262 2
LCD-Bildschirm 337 23
LCD-Datenmonitor 267 71
LCD-Monitor *PC* 407 17
LCD-Monitor *Video* 404 14
LCD-Panel 400 42
LD-Konverter 300 47
Leben, Still- 157 27
Lebensbaum 190 39
Lebenserhaltungssystem 392 6
Lebenslinie 19 74
Lebensmittel 252
Lebensmittel, flüssiges 77 19
Leber 23 13, 42
Leberband 23 43
Lebergang 23 48
Leberlappen 23 44
Lebkuchen 251 57
Lebkuchenherz 126 51
Lecker 241 3
Leder, Softrind- 58 46
Leder, Sohlen- 253 31
Lederarmband 262 10
Lederbeere 234 31
Lederbesatz 35 8
Lederbindegürtel 36 87
Lederblouson 38 31
Lederfutter 107 22
Ledergürtel 38 69
Lederhandschuh *Kaufhaus* 83 64
Lederhandschuh *Kleidung* 38 77
Lederhaube 162 26

Lederhaut 22 66
Lederhose 34 36
Lederhosen 34 36
Lederhosenträger 34 38
Lederkissen 260 29
Lederkopfteil 42 20
Lederkuppe 91 9
Ledermanschette 344 98
Ledermütze 42 40
Lederschürze 295 8
Lederschutzkleidung 106 44
Lederseite 284 13, 18
Lederstiefel 130 22
Lederwalze 159 23
LED-Wand 70 14
Leerdarm 23 20
Leergutautomat 252 1
Leertaste 412 26
Leerung, Briefkasten- 395 46
Leerzeichen, geschütztes 164 49
Leewelle 104 35
Lefze 223 21
legato 139 33
Legehenne 227 24
Legende *Geogr.* 16 28–30
Legende *Stadt* 79 21
Legenest 227 6
Leger, Ei- 184 4
Leger, Faden- 320 34
Leger, Korb- 108 13
Leger, Schleppen- 105 48
Legeschiene 320 33
Legespiel, Form- 71 19
Legewanne, Kartoffel- 219 11
Leggings *Kleidung* 37 64, 39 44
Leggings *Völkerk.* 160 17
Leggins 160 17
Leguan, Grüner 182 32
Leguminose 209 1–11
Lehm 313 3
Lehmgrube 313 2
Lehmschwalbe 179 12
Lehne, Arm- *Eisenbahn* 361 22
Lehne, Arm- *Friseur* 258 19
Lehne, Arm- *Hausrat* 50 19, 54 25
Lehne, Arm- *Mediengest.* 328 9
Lehne, Arm- *Motorrad* 341 34
Lehne, Rücken- *Auto* 344 39
Lehne, Rücken- *Eisenbahn* 361 34
Lehne, Rücken- *Motorrad* 341 30
Lehne, Rücken- *Restaurant* 77 41
Lehne, Tal- 14 42
Lehnsherr 147 67

Lehnstuhl 155 18
Lehrbuch 73 23
Lehre, Fasson- 317 66
Lehre, Fühler- 293 60
Lehre, Grenzrachen-
302 59
Lehre, Latten- 275 18
Lehre, Mengen- 171
Lehre, Mess- 295 34
Lehre, Schieb- *Schlosser*
293 59
Lehre, Schieb- *Werkzeug-*
masch. 302 67
Lehre, Schraub- 302 62
Lehre, Tiefen- *Schlosser*
293 61
Lehre, Tiefen- *Werkzeug-*
masch. 302 72
Lehrer 72 4
Lehrer, Chemie- 73 2
Lehrer, Gymnastik- 88 35
Lehrer, Hochschul- 74 3
Lehrer, Schwimm- 98 13
Lehrereinheit 73 32
Lehrertisch 72 5–8
Lehrkassette 73 37
Lehrling, Kfz- 348 76
Lehrling, Kfz-Mecha-
troniker- 348 76
Lehrling, Kfz-Techniker-
348 76
Lehrmaterial 73 22
Lehrprogramm 73 7, 39
Leib, Drachen- 145 39
Leib, Hinter- *Biene* 230 13
Leib, Hinter- *Zool.* 235 10
Leib, Hunde- 145 32
Leib, Löwen- 145 16
Leib, Mädchen- 145 26, 64
Leib, Menschen- 145 58
Leib, Pferde- 145 8, 29
Leib, Schlangen- 145 2, 36
Leib, Stier- 145 52
Leib, Unter- 19 49
Leib, Vogel- 145 62
Leibbinde 128 23
Leibesvisitation 68 52
Leiche 326 30
Leichenbegängnis 149 33–41
Leichenhalle 149 21
Leichenhaus 149 21
Leichenstein 149 26
Leichtathletik 116
Leichtbauplatte 276 58
Leichtbügelautomat 56 7
leichte Panzerfaust 63 22
Leichter, Schub- 375 87
leichter Säbel 111 34
Leichtgewichtsanker
102 17–19
Leichtkoffer 78 15
Leichtkraftrad 341 17

Leichtmetallbeplankung
393 12
Leichtmetallgussrad 342 19
Leichtmetallleiter 56 37
Leier *Astron.* 3 22
Leier *Musik* 140 15
Leier *Zool.* 241 72
Leier, Brust- 293 65
Leier, Dreh- 140 25
Leier, Rad- 140 25
Leierkasten 126 40
Leierkastenmann 126 39
Leierkastenspieler 126 39
Leim, Kalt- 287 36
Leim, Tischler- 285 13
Leim, Weiß- 287 36
Leimapparat, Falz- 338 28
Leimkasten 337 9
Leimkessel *Buch* 336 18,
338 32
Leimkessel *Tischler* 285 12
Leimpinsel *Buch* 336 17
Leimpinsel *Schule* 72 59
Leimpresse 325 35
Leimstoff 325 24
Leimtopf *Schule* 72 58
Leimtopf *Tischler* 285 13
Leimung, Rücken- 336 16
Leimwalze 338 33
Lein 201 6
Leine *Sport* 110 32
Leine *Zool.* 223 39
Leine, Abspann- 92 34
Leine, Fahr- 105 29
Leine, Fang- *Flugsport*
103 32
Leine, Fang- *Surfen* 94 33
Leine, Feuerwehr- 82 22
Leine, Flagg- 61 2
Leine, Flaggen- 61 2
Leine, Füllansatz- 103 63
Leine, Halte- 103 58
Leine, Hunde- 223 39
Leine, Kork- 98 29
Leine, Kurr- 244 10
Leine, Lang- 244 25
Leine, Lot- 379 55
Leine, Reiß- 103 65, 68
Leine, Reißbahn- 103 68
Leine, Rettungs- 384 3
Leine, Schieß- 384 3
Leine, Schnür- 244 22
Leine, Sicherungs- 94 33
Leine, Signal- 377 10
Leine, Spann- 92 54
Leine, Steuer- *Flugsport*
103 33
Leine, Steuer- *Wassersport*
99 49
Leine, Ventil- 103 70
Leine, Wäsche- *Haus*
46 24

Leine, Wäsche- *Hausrat*
56 35
Leine, Zelt- 92 54
Leinen, Mal- 157 21
Leine-Steinsalz 306 67
Leineweber 180 7
Leinkraut, Nickendes 194 26
Leintuch 51 11
Leinwand *Diskothek* 129 12
Leinwand *Kunst* 157 21
Leinwand, Projektions- 69 8
Leinwandbindung 323 1–10
Leinwandgewebe 323 1
leise 139 35
leise, sehr 139 36
Leiste *Anat.* 19 50
Leiste *Bergsport* 118 13
Leiste *Glaser* 277 3
Leiste *Textil* 323 24
Leiste, Abdeck- 276 57
Leiste, Anschluss- 406 8, 23
Leiste, Beleuchtungs- 49 36
Leiste, Bildlauf- 315 32, 33
Leiste, Dicht- 343 67
Leiste, Druckknopf- 38 46
Leiste, Einsteck- 406 9
Leiste, End- 104 13
Leiste, Fuß- *Bau* 276 63
Leiste, Fuß- *Hotel* 78 53
Leiste, Gardinen- 52 16
Leiste, Hammer- 143 15, 26
Leiste, Knopf- 36 79
Leiste, Kopf- 165 5
Leiste, Korrektur- 335 23
Leiste, Nasen- 104 10
Leiste, Navigations- 328 33
Leiste, Prall- 143 40
Leiste, Quer- 289 8
Leiste, Scheuer- 66 81
Leiste, Schleif- 360 34
Leiste, Schneide- 277 21
Leiste, Schutz- 66 74
Leiste, Sockel- 276 63
Leiste, Stapel- 311 38
Leiste, Tapeten- 281 29
Leiste, Trauf- 153 10, 23
Leiste, Zahn- 275 26
Leisten 253 32
Leisten, Eisen- 253 34
Leisten, Weitfix- 253 55
Leistenbeuge 19 50
Leistenkopfplattkäfer
233 26
Leistenprobe 277 2
Leistenschaft 323 20, 22
Leistenstift 281 30
Leistentasche 34 57
Leistung, Dienst- 405 9
Leistung, Lüftungs- 344 95
Leistung, Traktions- 363 30
Leistungsgrad 117 15
Leistungskontrolle 112 13

Leistungsschalter 304 34,
305 55
Leistungstransformator
304 30, 39
Leitanlage, Waffen- 66 56
Leitartikel 165 13
Leitdalben 378 37
Leite, Schwert- 147 66
Leiter *f Bau* 271 42
Leiter *f Eisenbahn* 365 43
Leiter *f Hausrat* 55 5
Leiter *f Med.* 26 38
Leiter *f Raumfahrt* 393 29
Leiter *m Kraftwerk* 305 38
Leiter, Abteilungs- 83 81
Leiter, Aufnahme- 131 44
Leiter, Aufstiegs- 360 9
Leiter, Bogen- 5 22
Leiter, Dach- *Bau* 275 63
Leiter, Dach- *Camping* 92 16
Leiter, Dach- *Haus* 46 5
Leiter, Doppel- 282 7
Leiter, Dreh- 82 30
Leiter, Ei- 23 96, 25 18
Leiter, Eimer- 382 54
Leiter, Einsatz- 82 34
Leiter, Einstiegs- 65 21
Leiter, Fahrdienst- 357 75
Leiter, Garten- 204 9
Leiter, Gitter- 113 21
Leiter, Grau- 166 27
Leiter, Haken- 82 33
Leiter, Harn- 23 40
Leiter, Haushalts- 56 37
Leiter, Jakobs- 375 78
Leiter, Klüver- 373 14
Leiter, Kupfer- 280 43
Leiter, Leichtmetall- 56 37
Leiter, Null- 280 15
Leiter, Produktions- 131 26
Leiter, Rundholz- 87 11
Leiter, Samen- 23 88
Leiter, Spiel- *Roulette* 89 20
Leiter, Spiel- *Theater* 137 40
Leiter, Sprossen- 46 16
Leiter, Stand- 271 86
Leiter, Steh- *Installateur*
279 2
Leiter, Steh- *Maler* 282 7
Leiter, Steig- *Haus* 46 5
Leiter, Steig- *Landw.* 217 67
Leiter, Steige- 371 9
Leiter, Strick- *Schiff* 375 78
Leiter, Strick- *Spielplatz*
87 36
Leiter, Strick- *Zirkus* 125 8
Leiter, Strom- 305 47
Leiter, Tapezierer- 281 52
Leiter, Ton- 138 45, 46, 47,
48, 49
Leiter, Treppen- 279 2
Leiter, Versammlungs- 69 1

Leiter, Zugangs- **392** 25
Leitergerüst **271** 86–89
Leiterhaken **275** 15, 69
Leiterkorb **82** 31
Leiterstufe **56** 40
Leiterwagen **127** 89
Leitkursanzeiger, VOR-
386 15
Leitradar, Waffen- **66** 35
Leitschiene, Fockschot-
100 20
Leitspindel **302** 19, 32
Leitspindeldrehmaschine
302 1
Leitspindelwendegetriebe
302 6
Leitsteven **378** 73
Leitton **138** 47
Leitung **80** 22, 52
Leitung, Abfluss- **308** 9
Leitung, Abgas- **375** 70
Leitung, Ablauf- **80** 12
Leitung, Abzweig- **279** 8
Leitung, Ansaug- **172** 20
Leitung, Anschluss- *Installateur* **279** 9
Leitung, Anschluss- *Straße*
352 25
Leitung, Benzin- **102** 24
Leitung, Dach- **365** 5
Leitung, Daten- **405** 11
Leitung, Drainage- **354** 56
Leitung, Druck- *Feuerwehr*
82 41
Leitung, Druck- *Raumfahrt*
393 55, 58
Leitung, Druck- *Theater*
137 54
Leitung, Druck- *Wasservers.*
80 16, 42, 49
Leitung, Druckluft- *Schmied*
291 5
Leitung, Druckluft- *Tankstelle* **350** 21
Leitung, Druckrohr- **207** 8
Leitung, Durchgangs- **352** 16
Leitung, Entlüftungs- **46** 55
Leitung, Fall- **80** 21
Leitung, Fernmelde- **280** 21
Leitung, Fernwärme- **352** 28
Leitung, Feuer- **63** 84
Leitung, Flüssigsauerstoff-
391 50
Leitung, Flüssigwasserstoff-
391 49
Leitung, Förder- **391** 9
Leitung, Frischdampf-
306 40
Leitung, Gas- *Eisenverarb.*
300 18, 28
Leitung, Gas- *Kokerei*
309 44, 45

Leitung, Gas- *Straße* **352** 21
Leitung, Hauptverteiler-
46 76
Leitung, Hausanschluss-
352 20, 26
Leitung, Heizwind- **300** 19
Leitung, Kältemittel- **343** 11
Leitung, Kraftstoff- **345** 6
Leitung, Kühl- **393** 39
Leitung, Kühlmittel- **345** 40
Leitung, Kühlwasser- *Auto*
344 52
Leitung, Kühlwasser- *Kraftwerk* **304** 25
Leitung, Luft- *Eisenbahn*
366 6
Leitung, Luft- *Landw.* **228** 28
Leitung, Mantel- **280** 42
Leitung, Milch- **228** 27
Leitung, Neben- **345** 29
Leitung, Öldruck- **343** 60
Leitung, Ölstands- **46** 57
Leitung, Renn- **106** 5
Leitung, Ring- **300** 57
Leitung, Rohr- *Schiff* **375** 7
Leitung, Rohr- *Wasserbau*
371 46
Leitung, Rücklauf- **46** 60
Leitung, Sammel- *Haus*
46 85
Leitung, Sammel- *Raumfahrt*
393 56
Leitung, Sauerstoff- **393** 52
Leitung, Saug- *Haus* **46** 59
Leitung, Saug- *Raumfahrt*
391 22
Leitung, Saug- *Theater*
137 52
Leitung, Saug- *Wasservers.*
80 5, 14, 42
Leitung, Saugrohr- **382** 32
Leitung, Speisewasser-
306 15, 41
Leitung, Spül- *Erdöl* **298** 13
Leitung, Spül- *Fluss* **370** 48
Leitung, Starkstrom- *Geogr.*
17 113
Leitung, Starkstrom- *Installateur* **280** 21
Leitung, Steg- **280** 44
Leitung, Steig- *Erdöl* **298** 24
Leitung, Steig- *Installateur*
279 7
Leitung, Steig- *Wasservers.*
80 19
Leitung, Steuer- **345** 16
Leitung, Stich- **345** 24
Leitung, Strom- **308** 16
Leitung, Telefon- **405** 2
Leitung, Telekommunikations- **405** 5
Leitung, Trinkwasser- **352** 22

Leitung, Überlauf- **80** 20
Leitung, Überström- *Energie*
306 51
Leitung, Überström- *Kraftwerk* **305** 32
Leitung, Umlauf- **393** 57
Leitung, Vakuum- **228** 29
Leitung, Wasser- **153** 68
Leitung, Wasserstoff- **393** 51
Leitung, Zufluss- *Brauerei*
246 49
Leitung, Zufluss- *Energie*
308 8
Leitungselektronik **320** 6
Leitungsfreigabe **396** 14
Leitungskabel **47** 15
Leitungsschacht **391** 39
Leitungsschutzschalter
280 27, 37
Leitungsschutzsicherung
280 31
Leitvorrichtung, Faden-
320 3
Leitwalze **321** 16
Leitwerk, Doppel- **385** 32, 34, 35
Leitwerk, Dreifach- **385** 36
Leitwerk, Höhen- **385** 26, 27, 35, **386** 61
Leitwerk, Kreuz- **385** 28
Leitwerk, Seiten- **385** 24, 25, **386** 58
Leitwerk, Standard- **385** 23
Leitwerk, T- *Flugsport* **104** 28
Leitwerk, T- *Flugzeug* **385** 29
Leitwerk, V- **385** 31
Leitwerksform **385** 23–36
Leitwerkverstrebung **388** 4
Leitz, System **264** 1
Lende *Anat.* **19** 33
Lende *Pferd* **225** 30
Lendenschurz **162** 31
Lendenstück **250** 32
Lendenwirbel **20** 5, 25 48
Lenkachsbereifung **217** 26
Lenkeinrichtung **63** 73
Lenker *Fahrrad* **339** 2, **340** 2, 8, 13, 19
Lenker *Motorrad* **341** 12
Lenker, Büffel- **340** 32
Lenker, Hollandrad- **340** 41
Lenker, Längs- **344** 32
Lenker, Rad- **356** 23
Lenker, Renn- *Fahrrad*
340 25
Lenker, Renn- *Sport* **106** 21
Lenker, Schräg- **345** 72
Lenker, Soft-Chopper-
342 10
Lenkerarmatur **341** 22–26
Lenkergriff **339** 3
Lenkerstütze **339** 8

Lenkertasche **340** 20
Lenkflugkörper **63** 74
Lenkgetriebe **345** 41
Lenkgurt **121** 4
Lenkkopf **217** 78
Lenkrad *Auto* **344** 18, 69
Lenkrad *Kfz* **347** 30
Lenkrad *U-Elektronik* **403** 32
Lenkradeinheit **403** 31
Lenkrad-Joystick **403** 30
Lenkradspeiche **344** 70
Lenkrakete **63** 52
Lenkrakete, Panzerabwehr-
63 96
Lenkrolle **56** 85
Lenksäule **345** 42
Lenkstange **339** 2
Lenkstangenschaft **339** 15
Lenkstockhebel **345** 44
Lenkung, Hinterrad- **217** 34
Lenkung, Knick- **238** 31, 37
Lenkung, Schnecken- **345** 41
Lenkungsdämpfer **347** 47
Lenkwaffensystem, Panzerabwehr- **63** 79
Lentikulariswolke **104** 37
Lenzloch **100** 27
Leo **3** 17, **4** 60
Leonberger **224** 16
Leopard **186** 7
Leopard 2 **63** 62
Lerche, Baum- **179** 6
Lerche, Dreck- **179** 7
Lerche, Hauben- **179** 7
Lerche, Haus- **179** 7
Lerche, Heide- **179** 6
Lerche, Kamm- **179** 7
Lerche, Stein- **179** 6
Lerchensporn **195** 8
Lernäische Schlange **145** 34
Lesebändchen **338** 73
Lesebehälter **231** 10
Lesebuch **72** 43
Lesegerät **270** 8, 46
Lesegerät, CD- **270** 7
Lesegerät, Chipkarten- **27** 9
Lesegerät, DVD- **270** 7
Lesegerät, Kreditkarten-
349 50
Lesegerät, Mikrofiche- **74** 26
Leselampe **51** 18
Lesepult **148** 2
Leser, Karten- *Bank* **413** 2
Leser, Karten- *Fotogr.* **270** 25
Leser, Karten- *Post* **395** 6
Leser, Magnetkarten- **358** 61
Leser, Speicherkarten-
134 38
Leserin, Wein- **231** 11
Lesesessel **376** 4
Lesestein **216** 5
Lesewagen **231** 16

Lesezeichen 338 74
Lesung 148 37
Letten, Zechstein- 306 71
Letter, Blei- 334 9
Letzter 123 7
letztes Dutzend 89 17
letztes Mondviertel 4 6
Leuchtanzeige 404 43
Leuchtanzeige, Kassen-
349 48
Leuchtbildanzeige 28 24
Leuchtbuchstabe 79 38
Leuchtdiode *U-Elektronik*
401 43
Leuchtdiode *Uhr* 262 12
Leuchtdiode, Betriebs-
407 11
Leuchte 352 18
Leuchte, Anzeige- 56 11
Leuchte, Arbeits- 54 20
Leuchte, Begrenzungs-
342 55
Leuchte, Blink- 342 16
Leuchte, Blinker- 344 61
Leuchte, Decken- 29 17
Leuchte, Dunkelkammer-
268 21
Leuchte, Frisier- 258 9
Leuchte, Fußrampen- 137 26
Leuchte, Garten- 44 32
Leuchte, Halogen- 330 33
Leuchte, Kontroll- *Fleischerei*
250 66
Leuchte, Kontroll- *Fotogr.*
270 22, 30
Leuchte, Kontroll- *Telefon*
396 41
Leuchte, Kontroll- *U-Elek-
tronik* 403 14
Leuchte, Kugel- 78 4
Leuchte, mehrflammige
78 21
Leuchte, Mund- 29 37
Leuchte, Operations- 31 12
Leuchte, Positions- 65 20, 36
Leuchte, Rundum- 82 63
Leuchte, Schluss- 344 56
Leuchte, Straßen- 44 62
Leuchte, Tisch- 50 35
Leuchte, Treppen- 49 22
Leuchte, Wand- 49 22
Leuchten, Wetter- 9 30
leuchtende Nachtwolke
7 26
Leuchtenhänger 131 54
Leuchtenklemme 280 39
Leuchtensockel 280 52
Leuchter, Chanukka- 151 26
Leuchter, Kerzen- *Flohmarkt*
127 47
Leuchter, Kerzen- *Hausrat*
52 10

Leuchter, Kerzen- *Restaurant*
76 43
Leuchter, Kron- 78 21
Leuchter, Tafel- 53 17
Leuchter, Tisch- 53 17
Leuchter, Wand- 148 16
Leuchtfeuer *Geogr.* 17 48
Leuchtfeuer *Navigation*
380 55
Leuchtfläche 330 35
Leuchtkörper, Doppel-
wendel- 280 50
Leuchtmelder *Eisenbahn*
363 41, 366 15
Leuchtmelder *Kraftwerk*
305 5
Leuchtreklame 79 12
Leuchtröhre 57 38
Leuchtschild 349 81
Leuchtschirm, Bild- 265 39
Leuchtsignal 350 33
Leuchtstofflampe *Installa-
teur* 280 53
Leuchtstofflampe *Kaufhaus*
83 51
Leuchtstoffröhre 83 51
Leuchtstoffschicht 400 19
Leuchtstoffstreifen 400 18
Leuchtstreifen, Sicherheits-
353 4, 5
Leuchtturm *Geogr.* 17 9
Leuchtturm *Navigation*
380 57
Leuchtwarte 382 27
Leuchtwerbung 358 44
Leuchtzeichen 350 33
Levade *Pferd* 226 4
Levade *Zirkus* 125 28
Lexikon 50 15
lg 168 6
Libelle 175 5
Libelle, Kugel- 386 12
Libelle, Quer- 16 62
Libero 107 11
Libra 3 19, 4 62
Library, Tape- 398 51
Licht 241 17, 37
Licht, Abblend- 344 53
Licht, Backbord- 102 13
Licht, Blau- *Feuerwehr* 82 43
Licht, Blau- *Polizei* 68 11
Licht, Blink- *Auto* 344 68, 80
Licht, Blink- *Eisenbahn*
356 46, 50
Licht, Blink- *Flugzeug* 386 64
Licht, Blink- *Motorrad*
342 42, 49
Licht, Blitz- 266 16
Licht, Brems- 341 45
Licht, Bug- 102 14
Licht, Dampfer- 377 40
Licht, ewiges 148 49

Licht, Fern- *Auto* 344 68
Licht, Fern- *Eisenbahn*
363 47
Licht, Heck- 102 15
Licht, Ober- *Haus* 44 29, 45 6
Licht, Ober- *Kfz* 347 51
Licht, Ober- *Landw.* 228 8
Licht, Ober- *Theater* 137 13
Licht, Polar- 7 35
Licht, Positions- 386 44, 50
Licht, Rampen- 137 26
Licht, Rück- *Fahrrad* 339 43
Licht, Rück- *Motorrad*
341 45
Licht, Signal- 353 27
Licht, Stand- 344 53
Licht, Steuerbord- 102 12
Licht, Topp- 102 11
Licht, Warnblink- 82 55
Licht, Zusatz- 357 14, 15, 17
Lichtampel 398 25
Lichtanlassmaschine 366 30
Lichtband 215 17
Lichtblende 5 24
Lichtbogen 133 42
Lichteinstellgerät 348 18
Lichteinstellstand 348 17
lichtempfindlicher Abschnitt
230 29
Lichterführung 102 11–15
lichte Weite 369 13
Lichtfühler 308 6
Licht-Gobo 70 15
Lichtkugel 130 17
Lichtmaschine *Eisenbahn*
365 46
Lichtmaschine *Motor* 343 45
Lichtmaschinentester
348 55
Lichtmast 352 18
Lichtmessung 266 59
Lichtnelke, Kuckucks-
194 21
Lichtöffnung 153 90
Lichtorgel 129 8
Lichtquelle *Film* 133 39–44
Lichtquelle *Mediengest.*
329 8
Lichtquelle *Optik* 264 50
Lichtquelle, Fotometer-
264 48
Lichtrufsignal 78 6
Lichtschalter 361 61
Lichtschnitttubus 264 38
Lichtschuh 400 36
Lichtschutzblende 392 3
Lichtsensor 269 2
Lichtsignal *Eisenbahn* 357 3,
4, 5, 9, 10, 11, 17
Lichtsignal *Navigation*
380 6, 13
Lichtsignal *Polizei* 68 14

Lichtsignal, Selbstauslöser-
267 16
Lichtspielhaus 133 1
Lichtspieltheater 133 1
Lichtstellanlage 137 2
Lichtstimmung 137 2
Lichtstrahler 129 9
Lichttisch 329 31
Lichttonaufzeichnung
132 12
Lichttonaufzeichnungsgerät
132 9
Lichttongerät 133 28, 45
Lichttonkopf 133 47
Lichttonoptik 133 46
Lichtung 17 2
Lichtvisier 2 34
Lichtvorsignal 357 14
Lichtwange 276 44
Lichtzeichen, Fußgänger-
79 60
Lichtzeichenanlage 79 59
Lid, Ober- 22 48
Lid, Unter- 22 49
Lidodeck 377 22
Liebchen, Maß- 194 1
Liebesapfel 209 12
Liebespaar 84 73
Liebstöckel 210 9
Liedernummer 148 24
Liege, Camping- 92 74
Liege, Garten- 203 3
Liege, Kur- 88 30
Liege, Massage- 88 20
Liege, Sonnen- 376 82
Liege, Untersuchungs- 27 28,
28 5
Liegefläche 96 30
Liegehafen 370 9
Liegekur 88 29
liegende Falte 13 18
liegender Anschlag 123 24
Liegeplatz 102 51
Liegeraum 88 29
Liegesessel 96 4
Liegestufe 96 15
Liegestuhl *Garten* 203 3
Liegestuhl *Haus* 44 41
Liegestütz, Hock- 115 23
Liegestütz, Knie- 115 20
Liegestütz, Winkel- 115 24
Liegestütz rücklings 115 22
Liegestütz seitlings 115 25
Liegestütz vorlings 115 21
Liegewiese 98 1
Liek, Achter- *Segeln* 100 36
Liek, Achter- *Surfen* 94 9
Liek, Unter- *Segeln* 100 31
Liek, Unter- *Surfen* 94 10
Liek, Vor- *Segeln* 100 33
Liek, Vor- *Surfen* 94 8
Lieschen 221 33

Lift *Kaufhaus* **83** 54
Lift *U-Elektronik* **401** 30
Lift, Brücken- **381** 40
Lift, Schlepp- *Bergbahn* **368** 19
Lift, Schlepp- *Sport* **119** 40
Lift, Sessel- *Bergbahn* **368** 20
Lift, Sessel- *Sport* **119** 38
Lift, Sessel- *Winter* **122** 23
Lift, Ski- *Bergbahn* **368** 19
Lift, Ski- *Sport* **119** 38–44
Lift, Ski- *Winter* **122** 23
Ligatur **326** 6
Ligaturführer **31** 38
Liguster, Gemeiner **191** 6
Ligusterschwärmer **175** 61
Lilie **62** 12
Lilie, Palm- **191** 24
Lilie, Schilf- **213** 8
Lilie, Schwert- **213** 8
Lilie, See- **187** 3
Lilie, Wasser- **213** 8
Lilie, Weiße **213** 12
Liliengewächs **205** 13
Limerick **243** 54
Limiter **398** 43
Limonade **252** 55
Limone **202** 23
Limousine, Fließheck- **346** 14
Limousine, Großraum- **346** 33
Limousine, Reise- **346** 1
Linde **189** 46
Linde, Zimmer- **205** 9
Lindengewächs **205** 9
Lindwurm **145** 1
Lineal *Büro* **410** 39
Lineal *Mediengest.* **329** 37
Lineal, Anschlag- **286** 5
Lineal, Band- **404** 18
Lineal, Einführ- **337** 19
Lineal, Haar- **293** 63
Lineal, Schneide- **277** 21
Lineal, Winkel- *Schule* **72** 18
Lineal, Winkel- *Tischler* **286** 17
Lineal, Winkel- *Zeichner* **314** 4
Linealeinrichtung **332** 26
Linealhandrädchen **285** 66
linealisch **188** 34
Linealwinkel **285** 65
lineare Kurve **170** 12
Liner, Port- **343** 71
Linie, Abwurf- **108** 26
Linie, Angabe- **110** 30
Linie, Angriffs- **110** 5
Linie, Aufschlag- **109** 5, 49, 50, 51, 64
Linie, Aus- **109** 65
Linie, Bahn- **17** 20

Linie, Drittel- **109** 70
Linie, End- **108** 14
Linie, Freiwurf- **108** 5, 16
Linie, Fuß- **275** 81
Linie, Gefechts- **111** 9
Linie, gekrümmte **169** 21
Linie, Grenz- **11** 30
Linie, Grund- *Math.* **169** 27
Linie, Grund- *Sport* **109** 2, 49, **110** 4
Linie, Halte- **79** 55
Linie, Hand- **19** 73
Linie, Herstellungs- **229** 38
Linie, Herz- **19** 76
Linie, Hilfs- **328** 21
Linie, Hinter- **110** 31
Linie, Höhen- **17** 61
Linie, Hyperbelstand- **379** 37, 38
Linie, Kopf- **19** 75
Linie, Kreis- **169** 44
Linie, Lebens- **19** 74
Linie, Maß- **314** 30
Linie, Mittel- *Fechten* **111** 4
Linie, Mittel- *Sport* **107** 3, **109** 6, 36, 62
Linie, Mittel- *Zeichner* **314** 35
Linie, Mittschiffs- **101** 5
Linie, Noten- **138** 43
Linie, Schlagmal- **108** 27
Linie, Seiten- **107** 9, **109** 3, 4, 37, 47, 48
Linie, Spalten- **165** 12
Linie, Start- **111** 3
Linie, Temperatur- **7** 39
Linie, Tiefen- **17** 12
Linie, Tor- **107** 7
Linie, Toraus- **107** 7
Linie, Verwerfungs- **13** 6
Linie, Wasser- *Militär* **66** 27
Linie, Wasser- *Segeln* **101** 31
Linienrichter **107** 60, **110** 23
Linienschiff *Hafen* **381** 32
Linienschiff *Schiff* **372** 51–60
Linienschild **351** 21
Linienstärke **326** 24
Linienstichel **159** 5
Liniensystem **138** 42–44
Link **328** 33
linke Hemisphäre **20** 89
links, heraldisch **62** 19–25
Links-Ausführung **133** 13
Linksaußen **107** 16
Linkslauf **302** 11, 34
Linksmaschine **133** 13
Linse *Anat.* **22** 57
Linse *Mediengest.* **329** 4, 26
Linse, Fernbild- **267** 54
Linse, Kondensor- **265** 32
Linse, Kontakt- **263** 23, 24, 25

Linse, Objektiv- **265** 36
Linse, Wasser- **196** 37
Linsenfernrohr **265** 16
Linsenkissen **260** 29
Linz-Donawitz-Konverter **300** 47
Lippe **19** 19
Lippe, Abgas- **67** 92
Lippe, Ober- *Anat.* **22** 16
Lippe, Ober- *Musik* **144** 27
Lippe, Ober- *Pferd* **225** 8
Lippe, Scham- **23** 102
Lippe, Unter- *Anat.* **22** 29
Lippe, Unter- *Musik* **144** 26
Lippe, Unter- *Pferd* **225** 10
Lippenpfeife **144** 23–30, 31–33
Lippenpfeife, gedackte **144** 34
Lippenpfeife, gedeckte **144** 34
Lippenscheibe **162** 23
Liquid Crystal Display *Büro* **410** 23
Liquid Crystal Display *PC* **407** 17
Liquid Crystal Display *Rundfunk* **400** 42
Liquid Crystal Display *Video* **404** 14
Lisene **154** 11
Liste, Kurs- **415** 15
Liste, Rote® **27** 23
Liste, Speise- **349** 17
Liste, Stück- **314** 37
Liste, Wähler- **69** 19
Litfaßsäule **79** 46
Lithodes **187** 16
Lithograf **159** 45
Lithografie **159** 25, 26
Lithografie, Chromo- **159** 28
Lithokreide **159** 26
Lithosphäre **11** 2
Lithostein **159** 25, 57
liturgisches Gerät **150** 34–54
Litze **319** 7
Litzenauge **319** 8
Livestock-Carrier **375** 62
Lkw *Hafen* **382** 19
Lkw *Kfz* **347** 1–32
Lkw, Betonmisch- **347** 10
Lkw, Silo- **310** 24
Lkw-Beladung **382** 28
Lkw-Fahrerhaus **347** 26
Lkw-Fahrstuhl **375** 54
Lkw-Rad **291** 21
Lkw-Reifen **87** 8
LNB **397** 16
LNB-Konverter **397** 16
Lobby **78** 1–27
Loch **110** 49
Loch, Abstich- **300** 53

Loch, Atem- **185** 32
Loch, Bohr- *Erdöl* **298** 17
Loch, Bohr- *Steinbruch* **312** 22
Loch, Dollen- **273** 22
Loch, Dübel- **273** 22, 23
Loch, Einsteck- **289** 9
Loch, F- **141** 6
Loch, Flug- **230** 60
Loch, Griff- *Büro* **410** 33
Loch, Griff- *Musik* **141** 34, **142** 34
Loch, Griff- *Sport* **123** 13
Loch, Guck- **49** 33
Loch, Karabiner- **118** 40
Loch, Keil- **285** 21
Loch, Keim- **201** 57
Loch, Knopf- **38** 30
Loch, Lang- **400** 17
Loch, Lenz- **100** 27
Loch, Mann- *Böttcher* **283** 21
Loch, Mann- *Brauerei* **247** 8
Loch, Mann- *Raumfahrt* **391** 29, **393** 53
Loch, Mann- *Wasservers.* **80** 51
Loch, Nest- **178** 33
Loch, Schall- *Kirche* **149** 8
Loch, Schall- *Musik* **140** 22, **141** 6, **142** 5
Loch, Schlüssel- **293** 47
Loch, Splint- **296** 25
Loch, Spund- **283** 7
Loch, Stich- **234** 12
Loch, Ton- **141** 34, **142** 34
Loch, Treppen- **273** 46
Loch, Vierkant- **293** 50
Loch, Wurm- **211** 68
Lochbeitel **285** 8
Lochblechblende **395** 29
Locheisen *Klempner* **278** 13
Locheisen *Schuhmacher* **253** 45
Locheisen *Tischler* **285** 8
Locher **410** 8
Lochkugel **123** 12
Lochmaske, Farb- **328** 36
Lochnadel **320** 34, 46
Lochplatte *Schlosser* **293** 26
Lochplatte *Schmied* **290** 17
Lochrotor **238** 25
Lochrundmutter **296** 35
Lochsäge *Bau* **273** 63
Lochsäge *Installateur* **279** 11
Lochsäge *Tischler* **285** 3
Lochschaft **123** 41
Lochstecher **254** 12
Lochstickerei **254** 11
Lochzange, Revolver- **253** 44
Lochziegel **313** 21, 22
Lochziegel, Hoch- **313** 16
Lochziegel, Lang- **313** 22

Lochzirkel **288** 24
Locke, Rebhuhn- **240** 47
Locke, Schiller- **40** 7
Locke, Stirn- **40** 31
Locke, Wachtel- **240** 45
Lockenbrennschere **257** 5
Lockenformer **258** 32
Lockenfrisur **41** 21
Lockenhaar **41** 21
Lockenklammer **257** 14
Lockenkopf **40** 20
Lockenperücke **40** 2
Lockenschere **257** 5
Lockentuff **41** 8
Lockenwickel **257** 12
Lockenwickler **257** 12
Lockermassen, vulkanische **12** 8
Lockgerät **240** 43–47
Lockjagd **240** 43–47
Lockvogel **239** 56
Lockwellbürste **257** 13
Lodenhut **42** 31
Lodenmantel **35** 15
Lodenrock **35** 41
Löffel *Angelsport* **243** 43
Löffel *Hausrat* **53** 60
Löffel *Zool.* **241** 66
Löffel, Abdruck- **29** 52
Löffel, Bagger- **354** 5
Löffel, Dessert- **53** 65
Löffel, Ess- **53** 60
Löffel, Frosch- **196** 46
Löffel, Gemüse- **53** 73
Löffel, Gourmet- **53** 65
Löffel, Kartoffel- **53** 74
Löffel, Salat- **53** 66
Löffel, scharfer **27** 43, **31** 45
Löffel, Schaum- **250** 12
Löffel, Soßen- **53** 19
Löffel, Suppen- **53** 60
Löffel, Tief- **271** 82
Löffel, Vorlege- **53** 73
Löffel, Weihrauch- **150** 43
Löffelbagger **271** 81
Löffelbagger, Hoch- **354** 1
Löffelbohrer **288** 17
Löffelbug **101** 30
Löffelgans **178** 7
Loft **44** 76
Lofthaus **44** 73
Loftwohnung **44** 76
log **168** 6
Log, Patent- **379** 49
Logarithmenrechnung **168** 6
Logarithmieren **168** 6
Logarithmus **168** 6
Logarithmus, Zehner- **168** 6
Loge **128** 7
Loge, Zirkus- **125** 15
Logel **231** 15
Logger **244** 1

Loggia **44** 17
Logo **415** 12
Logo, DAX®- **415** 14
Logo, Recycling- **81** 1
Logo, Sender- **70** 15
Logo, Xetra®- **415** 13
Logpropeller **379** 50
Loguhr **379** 52
Loipe **119** 59
Loipenmarkierung **119** 60
Lok, Dampf- **364** 1
Lok, Diesel- **366**
Lok, E- **365** 1
Lok, Lösch- **309** 10
Lok, Rangier- **366** 68
Lok, Tender- **364** 66
Lokal, Nacht- **130**
Lokal, Speise- **76** 1–36
Lokal, Wahl- **69** 17
Lokal, Wein- **76** 37–57
Lokführerhaus **364** 49
Lokführersitz **364** 59
Lokkasten **360** 32
Lokomotive, Dampf- **364** 1, 69
Lokomotive, Dampfspeicher- **364** 69
Lokomotive, Diesel- **366**
Lokomotive, dieselhydraulische **366** 1, 24, **367** 1
Lokomotive, elektrische **365** 1
Lokomotive, Garratt- **364** 65
Lokomotive, Gelenk- **364** 65
Lokomotive, Klein- **366** 68
Lokomotive, Kondensations- **364** 70
Lokomotive, Rangier- **360** 23, **366** 47, 68
Lokomotive, Schnellzug- **364** 64
Lokomotive, Strecken- **360** 30
Lokomotive, Zahnrad- **368** 4
Lokus **57** 11
Longdrink **129** 20
long rifle, 22 **123** 32
Look, Afro- **41** 26
Look, Punk- **40** 34
Looping **103** 1
Loopingacht **103** 2
Lophocalyx philippensis **187** 7
Lore, Kipp- **272** 28
Lorengleis **272** 27
Los **126** 49
Losbude **126** 46
Löschanlage, Feuer- **384** 20
Löschboot, Feuer- **82** 78
Löscher, Feuer- *Feuerwehr* **82** 67

Löscher, Feuer- *Piktogramm* **390** 15
Löscher, Feuer- *Tankstelle* **350** 42
Löscher, Feuer- *Werkstatt* **348** 75
Löschfahrzeug, Großtank- **82** 64
löschgeschützte Kassette **402** 59
Löschgruppenfahrzeug **82** 42
Löschkammer **305** 60
Löschkopf *Film* **132** 6
Löschkopf *Video* **404** 16
Löschlok **309** 10
Löschtaste **401** 58
Löschtaste, Tabulator- **412** 27
Löschtrog **290** 8
Löschturm **309** 11
Löschwagen **309** 10
Löschwedel **290** 3
Loser **241** 18
Löser, Walzen- **412** 4
Losung **105** 49
Lösung **168** 10
Lösung, Entwickler- **268** 9
Lösung, Gummi- **159** 49
Lösung, Spinn- **322** 8, 44
Lösungsmitteldampf **335** 25
Lösungsmittelkanne **282** 22
Lot **271** 50, 71
Lot, Echo- **379** 56
Lot, Hand- **379** 53
Lötborax **260** 39
Löter, Blitz- **287** 58
Lötgerät, Propangas- **278** 5–7
Lothringer Kreuz **150** 63
Lotion, After-Shave- **57** 30
Lotion, Föhn- **257** 39
Lotion, Haut- **349** 36
Lotion, Körper- **252** 48
Lötkolben *Heimwerken* **287** 19, 57
Lötkolben *Installateur* **279** 74, **280** 45
Lötkolben, Hammer- **278** 5
Lötkolben, Propangas- **278** 5
Lotkörper **379** 54
Lötlampe *Installateur* **279** 75
Lötlampe *Sport* **119** 14
Lotleine **379** 55
Lötmittel **260** 36
Lotossäule **152** 13
Lötpistole *Goldschmied* **260** 14
Lötpistole *Heimwerken* **287** 56
Lotse **61** 34
Lotsenboot **375** 84

Lotsenrufsignal **61** 24
Lötstange **260** 38
Lötstein **278** 6
Lotte **231** 3
Lötwasser **278** 7
Lötzinn **279** 76
Lötzinndraht **287** 20
Loudnesstaste **401** 38
Louisdor **59** 5
Louis-seize-Tisch **155** 14
Lounge *Eisenbahn* **363** 11
Lounge *Flughafen* **389** 18
Löwe *Astron.* **3** 17, 4 60
Löwe *Zoo* **86** 29
Löwe *Zool.* **186** 3
Löwengehege **86** 25
Löwenkopf **145** 19
Löwenleib **145** 16
Löwenmähne *Frisur* **41** 25
Löwenmähne *Zool.* **186** 4
Löwenmäulchen **203** 34
Löwenrumpf **145** 24
Löwenzahn *Bot.* **214** 13
Löwenzahn *Garten* **203** 36
Löwin **86** 28
Low Noise Block Converter **397** 16
Low-Velocity-Zone **11** 3
Luchs *Militär* **63** 67
Luchs *Zool.* **186** 9
Luchsfell **284** 15
Luchsfell, ausgelassenes **284** 16
Luchsfell, zusammengesetztes **284** 20
Luft, Ab- **308** 20
Luft, Ausatmungs- **93** 27
Luft, Außen- **308** 23
Luft, Kalt- **8** 23, 32
Luft, Warm- *Meteor.* **8** 24, 31
Luft, Warm- *Textil* **318** 5
Luft, Zu- **308** 21
Luftabsaugstutzen **286** 41
Luftakrobat **125** 7
Luftbad **98** 2
Luftballon *Rummelplatz* **126** 52
Luftballon *Zirkus* **125** 22
Luftbehälter **350** 22
Luftbehälter, Haupt- **365** 8, **366** 57, 71
Luftbehälter, Hilfs- **366** 61
Luftbehandlungsgerät **361** 45
Luftbetankungsstutzen **65** 5
Luftbildmessung **16** 64–67
Luftbremse *Flugzeug* **385** 43
Luftbremse *Militär* **64** 12
luftdichte Kammer **32** 38
Luftdruck *Meteor.* **9** 3, 4, 5
Luftdruck *Tankstelle* **350** 25
Luftdruckanzeige **365** 24

Luftdruckkartusche **123** 37
Luftdüse **319** 30
Luftdüse, Seitenfenster- **344** 55
Lufteinlass **64** 5
Lufteinlassschlitz **344** 7
Lufteinlauf *Flugzeug* **388** 54
Lufteinlauf *Militär* **65** 11
Lufteintrittsöffnung **67** 73
Lüfter *Eisenbahn* **365** 11
Lüfter *Schiff* **375** 42
Lüfter *U-Elektronik* **403** 5
Lüfter, Dach- **92** 28
Lüfter, Fahrmotor- **365** 15
Lüfter, Gruben- **297** 5
Lüfter, Hochleistungs- **82** 49
Lüfter, Kondensator- **345** 38
Lüfter, Maschinenraum- **366** 37
Lüfter, Rasen- **208** 15
Lüfter, Wand- **76** 19
Lüfterantrieb **366** 62
Lüfterantriebswelle **343** 43
Lüfterflügel **343** 42
Lüftergitter **407** 5
Lüfterkopf **377** 41
Lüfteröffnung *Militär* **66** 43
Lüfteröffnung *PC* **406** 73
Lüfterölpumpe **365** 45
Lüfterpfosten **375** 56
Lüfterrad **343** 10
Luftfahrzeug, VTOL- **388** 11–34
Luftfilter *Auto* **344** 3
Luftfilter *Landw.* **218** 31
Luftfilter, Ölbad- **366** 79
Luftfiltergehäuse **343** 30
Luftführung **353** 19
Luftfüllstutzen **350** 24
Luftfurche **245** 18
luftgekühlter Motor **342** 41
Luftgewehr **123** 34
Lufthammer, Schmiede- **290** 9
Luftheizkammer **300** 31
Luftholz **207** 18
Luftinsufflator **28** 14
Luftkammer **227** 28
Luftkissen **102** 62
Luftkissenfahrzeug **102** 59
Luftklappe **364** 6
Luftkompressor *Eisenbahn* **365** 14, 44
Luftkompressor *Erdöl* **299** 23
Luftleitung **228** 28
Luftleitung, Haupt- **366** 6
luftlose Lackierpistole **282** 40
luftlose Spritzpistole **282** 40
luftloses Spritzsystem **282** 39

Luft-Luft-Flugkörper, Mittel-strecken- **65** 25
Luftmanschette **28** 31
Luftmassen, einheitliche **8** 1–4
Luftmatratze **95** 26
Luftpolster **102** 62
Luftpolsterbildung **404** 23
Luftpost **395** 19
Luftpresser **365** 14, 44, **366** 34, 58, 72
Luftpumpe *Auto* **345** 11
Luftpumpe *Fahrrad* **339** 56
Luftpumpe *Med.* **30** 11
Luftraum-Rundsuchradar **66** 60
Luftregulierung *Chemie* **173** 3, 8
Luftregulierung *Hausrat* **56** 78
Luftröhre **20** 53, **23** 6
Luftröhrenast **23** 7
Luftsack **161** 11
Luftsammler **343** 35
Luftschacht **152** 4
Luftschaukel **126** 20
Luftschlange **124** 63
Luftschleuse **393** 28
Luftschlitz **346** 38
Luftschraube *Flugsport* **103** 28
Luftschraube *Flugzeug* **386** 32
Luftschraube *Wassersport* **102** 60
Luftschraubenwelle **388** 62
Luftseilbahn **368** 15–75
Luftstrahltriebwerk **388** 35–52
Luftstrahltriebwerk, Zwei-stromturbinen- **65** 14
Luftströmung **9** 14
Luftströmung, kalte **9** 19
Luftströmung, warme **9** 18
Luftstrudel **8** 33
Lufttemperaturangabe **95** 35
Lufttemperaturfühler **345** 13
Lufttrocknung **324** 15
Lüftung **379** 14
Lüftung, First- **207** 11
Lüftung, Klapp- **207** 10
Lüftung, Trauf-First- **215** 18
Lüftungseinstellrad **344** 78
Lüftungsfenster *Camping* **92** 56
Lüftungsfenster *Gärtnerei* **207** 10
Lüftungsgitter **344** 79
Lüftungsholz **207** 18
Lüftungsklappe *Eisenbahn* **367** 16, 30

Lüftungsklappe *Gärtnerei* **207** 41
Lüftungsklappe *Kfz* **347** 50
Lüftungsleistung **344** 95
Lüftungssystem **308** 20
Lüftungsziegel **275** 7
Luftverteiler, Gebläse- **317** 31
Luftverteilerstück **228** 32
Luftwaffe **64, 65**
Luftzielraketenstarter **67** 50
Luftzufuhr *Raumfahrt* **392** 7
Luftzufuhr *Textil* **319** 29
Luftzufuhrrohr **300** 30
Luftzuführung **290** 6
Luftzuleitung **300** 17
Luggersegel **374** 4
Luk **66** 24
Luk, Zental- **67** 86
Lukas **126** 23
Luke *Militär* **63** 69
Luke *Raumfahrt* **392** 35
Luke *Schiffbau* **378** 67, 68
Luke, Boden- **46** 15
Luke, Einlass- **227** 5
Luke, Einstiegs- **392** 46, **393** 27
Luke, Ein-und-Ausstiegs- **392** 28
Luke, Fahrer- **63** 64
Luke, Lade- **375** 11, 61
Luke, Nutzlastraum- **393** 15
Luke, Schieß- **239** 60
Lukendeckel **378** 68
Lukensüll **378** 67
Lumber **35** 31
Lumme, Dumme **178** 16
Lumme, Trottel- **178** 16
Lunarmodul **391** 53, **392** 17
Lunarmodulhangar **391** 52
Lüneburg-Klasse **66** 93
Lunge **21** 13, **23** 8
Lunge, Elektro- **26** 31
Lungenautomat **93** 18
Lungenflügel **23** 9
Lungenkraut **195** 7
Lungenlappen, oberer **23** 10
Lungenschlagader **21** 11, **23** 68
Lungenvene **21** 12, **23** 69
Lunte **241** 52
Lunula **150** 36
Lupe *Fotoreprod.* **330** 38
Lupe *Kristall* **174** 33
Lupe *Mediengest.* **329** 34
Lupe, Fernrohr- **265** 38
Lupe, Präzisions- **315** 22
Lupine, Edel- **203** 24
Lupine, Gelbe **222** 17
Lurch **182** 20–26
Lurch, Frosch- **182** 23–26
Lurch, Schwanz- **182** 20–22
Lure **140** 1

Luser **241** 18
Lüsterklemme **280** 39
Lütjens-Klasse **66** 38
Lutscher **33** 51
Luxuskabine **377** 30
Luzei, Oster- **194** 22
Luzerne **222** 9
Lycoteuthis diadema **187** 4
Lyman-Serie **1** 29
Lymphknoten **22** 11
Lyra *Astron.* **3** 2
Lyra *Musik* **140** 15, **143** 44
Lyrastütze **143** 44
Lysosom **24** 9

M

Mäander *Geogr.* **14** 12
Mäander *Kunst* **153** 57
Maar **12** 14
Macher, Glas- **317** 61
Macher, Goldschnitt- **336** 32
Macher, Hut- **42** 1
Macher, Korb- **289** 33
Macher, Schloss- **293** 7
Macher, Schlüssel- **293** 7
Macher, Schritt- **106** 10
Macher, Schuh- **253**
Macher, Uhr- **261** 1
Macherei, Korb- **289** 1–40
Machina Pictoris **3** 47
Macis **200** 34
Mädchen, Ball- **109** 18
Mädchen, Hawaii- **124** 13
Mädchenkopf **145** 61
Mädchenleib **145** 26, 64
Mädchenrock **34** 53
Made *Biene* **230** 38
Made *Zool.* **175** 20, **234** 19
Made, Obst- **211** 67
Madonnenstatue **148** 51
Magazin *Bahnhof* **358** 17
Magazin *Buch* **337** 7
Magazin *Militär* **63** 15
Magazin *Stadt* **79** 34
Magazin, Anleger- **338** 26
Magazin, Film- **267** 58
Magazin, Heftklammern- **410** 7
Magazin, Patronen- **240** 17
Magazin, Pistolen- **68** 37
Magazin, Raster- **330** 9
Magazin, Rund- **266** 73
Magazin, Sattelwechsel- **292** 34
Magazin, Spiele- **55** 18
Magazinbereich **5** 19
Magazingewehr **240** 2
Magazinhalter **63** 7
Magazinschusseinrichtung **320** 27, 42

Magen *Anat.* 23 16, 51
Magen *Biene* 230 22
Magen, Honig- 230 24
Magen-Darm-Kanal 230 20
Magenmund 23 52
Magenstütze 37 24
Magenta 166 18, 20
Magenta-Druckwerk 333 27
Magentaeinstellung 268 46
magere Schrift 326 8
Magermilchtank 229 17
Maggikraut 210 9
magisches Auge 127 20
Magma 11 29
magmatische Erzlagerstätte 12 21
magmatisches Tiefengestein 12 19
Magmatismus, Tiefen- 12 18
Magnesiumbeutel 118 15
Magnet *Atom* 2 51
Magnet *Goldschmied* 260 32
Magnet, Bremslüft- 296 102
Magnet, Fahrzeug- 366 38
Magnet, Steuer- 30 30
Magnetaufzeichnung 399 13
Magnetaufzeichnungsgerät 132 1
Magnetband 406 61
Magnetbandarchivsystem 398 51
Magnetbandkassette 406 63
Magnetbandspeicher 406 60
Magnetbandspule 406 62
Magnetfeldmonitor 30 42
magnetische Abschirmung 400 20
magnetisches Speichermedium 406 45–66
Magnetkartenleser 358 61
Magnetkompass *Flugzeug* 386 6
Magnetkompass *Navigation* 379 40
Magnetkompass *Schiff* 377 6
Magnetkopfträger 132 3
Magnetometer 6 27
Magnetscheibe 406 49
Magnetstreifen 413 26
Magnettonabtaster 133 51
Magnettongerät 133 28, 50
Magnettonkopf 133 51
Magnettonlaufwerk 132 23
Magnolie, Rote 191 15
Maharadscha 124 25
Mähdrescher 216 34, 217 1
Mäher, Aufsitz- 208 37
Mäher, Kreisel- 216 21
Mäher, Rasen- 208 28, 31, 34
Mäher, Schwad- 216 21
Mahl, Abend- 150 26
Mahl, Fest- 78 41–44

Mahlen *Völkerk.* 162 22
Mahlen *Zement* 310 8
Mahlfurche 245 19
Mahlgang *Mühle* 245 22
Mahlgang *Ziegelei* 313 9
Mahlstein 162 24
Mahlsteingehäuse 245 21
Mähne *Pferd* 225 13
Mähne *Zool.* 186 4
Mähne, Brunft- 241 29
Mähne, Löwen- *Frisur* 41 25
Mähne, Löwen- *Zool.* 186 4
Maiblume 195 2
Maierisli 195 2
Maiglöckchen 195 2
Maikäfer 235 1
Mailserver 405 10
Mainboard 406 16
Mais 221 31
Maisbirne 117 23
Maischbottich 246 44
Maische 246 45
Maischer, Vor- 246 43
Maischkessel 246 45
Maischpfanne 246 45
Maisgebiss 217 30
Maiskolben 221 36
Maiskorn 221 37
Maiswurzelbohrer 234 53, 54
Maiszünsler 234 45
Majoran 210 10
Majuskel 326 11
Majuskelschrift 163 17
Makler, Börsen- 415 3
Makler, Frei- 415 7
Maklerschranke 415 2
Makramee 254 21
Makroaufnahme 267 26
Makrofon 363 45, 366 70
Makrone 251 43
makroseismisches Schüttergebiet 11 29
Makulatur, Fein- 281 8
Makulatur, Rollen- 281 5
Makulatur, Strip- 281 5
Mal 108 25
Malacosteus indicus 187 10
Malatelier 157
Malen 282 1
Maler *Astron.* 3 47
Maler *Maler* 282 2
Maler, Bühnen- 136 39
Maler, Dekorations- 136 39
Maler, Faser- 71 18
Maler, Kunst- 157 2
Malerei, Fenster- 72 27
Malerei, Glas- 148 15
Malerei, Höhlen- 146 9
Malerei, Kratz- 157 41
Malerei, Vasen- 153 51
Malerin, Porzellan- 316 25
Malerkasten 136 38

Malersaal 136 31
Malerspachtel 287 37
Malgerät 157 6–19
Malgrund 157 22
Malkasten 157 10
Malkasten, Wasser- 71 6
Malkissen 108 57
Malkugel 123 19
Malleinen 157 21
Malmittel 157 13
Malnehmen 167 25
Malpappe 157 22
Malpinsel *Schule* 72 84
Malpinsel *Vorschule* 71 7
Malspachtel *Kunst* 157 15
Malspachtel *Maler* 282 27
Malstift, Faser- 71 18
Malstift, Wachs- 72 41
Malstock 282 50
Malteserantrieb 317 29
Malteserkreuzgetriebe 133 38
Maltisch 157 25
Malutensil 157 6–19
Malve, Weg- 194 13
Malz, Grün- 246 23
Malzbereitung 246 1–41
Malzeichen 167 25
Malzelevator 246 35
Mälzen 246 1–41
Mälzerei 246 1–41
Malzproduktionsanlage 246 1
Malzsilo 246 37
Mälzturm 246 1
Mammutbaum 190 69
Mammuttanker 375 1
Management, Color- 327 10
Manager, Box- 117 45
Mandarin 124 26
Mandarine 202 23
Mandel 202 36, 40
Mandel, Gaumen- 22 26
Mandelkrähe 179 9
Mandoline 142 16
Manege 125 19
Manegendiener 125 25
Manegeneingang 125 11
Mangold 209 28
Manipulator, Kugel- 2 38
Manipulator, Master-Slave- 2 47
Manipulator, Parallel- 2 47
Manipulator, Schmiede- 292 38, 41
Mann *Anat.* 19 3
Mann *Frisur* 40
Mann *Heraldik* 62 14
Mann, Alter 297 40
Mann, Bar- *Diskothek* 129 5
Mann, Bar- *Nachtlokal* 130 4
Mann, Busch- 162 29, 34

Mann, Feuerwehr- 82 19
Mann, Gunder- 193 18
Mann, Hinter- 110 35
Mann, Kamera- *Film* 131 19, 41
Mann, Kamera- *Wahl* 69 13
Mann, Klappen- 131 34
Mann, Leierkasten- 126 39
Mann, Mikro- 131 21
Mann, Mittel- 110 34
Mann, Müll- 81 13
Mann, Ob- 111 1
Mann, Schlag- 108 29, 53, 110 33
Mann, Schluss- 118 32
Mann, Schnee- 122 15
Mann, Steuer- *Schiff* 372 2
Mann, Steuer- *Sport* 121 21
Mann, Steuer- *Wassersport* 99 15
Mann, Tor- *Schwimmen* 98 42
Mann, Tor- *Sport* 107 10, 108 40, 120 25
Mann, Unter- 125 27
Mann, Waid- 239 2
Mann, Weid- 239 2
Mann, Zimmer- 273 12
Männchen *Flugsport* 103 5
Männchen *Zool.* 233 34
Männchen, Bienen- 230 7
Männchen, Falken- 239 53
Männergeheimbund 160 34
Männerkleidung 38
männliche Blüte 189 14, 190 43, 191 21, 192 11, 196 25, 55, 200 13, 201 51, 202 5, 15, 44, 51, 212 47
männliche Hauptrolle 131 28
männliche Blütenkolben 201 55, 202 4
männliche Blütenspross 190 6, 62, 68
männliche Blütenstand 189 8, 190 17, 24, 201 13, 221 35
männlicher Schmetterling 235 30
männlicher Teil 196 24
männlicher Vorkern 25 19, 22
männliches Geschlechtsorgan 23 79
männliches Glied 23 80
Mannloch *Böttcher* 283 21
Mannloch *Brauerei* 247 8
Mannloch *Raumfahrt* 391 29, 393 53
Mannloch *Wasservers.* 80 51
Mannlochdeckel 283 22
Mannschaftseinzelkabine 384 32

Mannschaftstransportwagen 63 86
Mannschaftsunterkunft 82 2
Manntau 376 27
Manometer *Chemie* 172 18
Manometer *Eisenbahn* 366 6
Manometer *Galvanoplastik* 331 8
Manometer *Landw.* 220 12, 236 32
Manometer *Maler* 282 35
Manometer *Tankstelle* 350 23
Manometer, Hochdruck- 294 4
Manometer, Kontakt- 137 56
Manometer, Niederdruck- 294 6
Manometer, Öldruck- 311 7
Manometer, Spiegelglas- 172 19
Manövrierkiel 383 30
Manque 89 10
Mansarddach 274 18
Mansardendach 274 18
Mansardenfenster 274 19
Mansardfenster 274 19
Manschette 35 46, 38 55
Manschette, Blutdruck- 82 15
Manschette, Druck- 30 3
Manschette, Leder- 344 98
Manschette, Luft- 28 31
Manschettenknopf *Kleidung* 38 4
Manschettenknopf *Schmuck* 43 21
Mantel *Börse* 415 25
Mantel *Böttcher* 283 2, 26
Mantel *Chemie* 173 10
Mantel *Fahrrad* 339 23
Mantel *Math.* 170 40
Mantel *Restaurant* 76 18
Mantel *Stadt* 79 74
Mantel *Theater* 137 22
Mantel, Atomreaktor- 67 67
Mantel, Bade- *Kleidung* 34 27, 37 6, 57
Mantel, Bade- *Schwimmbad* 97 34
Mantel, Blazer- *Kaufhaus* 83 17
Mantel, Blazer- *Kleidung* 35 14
Mantel, Blei- 305 43, 51
Mantel, Brems- 339 76
Mantel, Daunen- 35 18
Mantel, dreiviertellanger 83 26
Mantel, Erd- 11 2, 4, 6
Mantel, Kurz- 38 36, 49
Mantel, Loden- 35 15

Mantel, Modell- 255 8
Mantel, Morgen- 37 56
Mantel, Nerz- 284 23
Mantel, Öl- 384 7
Mantel, Ozelot- 284 24
Mantel, Popeline- 38 42
Mantel, Regen- 34 35
Mantel, Samen- 200 34
Mantel, Sommer- 36 17
Mantel, Staub- 38 42
Mantel, Stoff- 38 33
Mantel, Trauer- 183 6
Mantel, Tuch- 35 9, 38 33
Mantel, Wappen- 62 16
Mantel, Wasser- 343 54
Mantel, Winter- 35 9
Mantelleitung, Feuchtraum- 280 42
Mantelmauer 147 15
Mantelrohr 80 64
Mantelstrom 388 52
Mantelstromtriebwerk 387 18, 388 48
Mantisse 168 6
Manual 140 46, 47, 143 50, 144 42, 43, 44, 45
manuelle Belichtungseinstellung 267 65
manuelle Papierherstellung 324
manuelle Senderabstimmung 402 74
Mäppchen, Feder- 72 35–40
Mappe, Binde- 412 70
Mappe, Feder- 72 35–40
Mappe, Hänge- 411 5
Mappe, Schul- 72 32
Mappe, Unterschriften- 408 33, 409 12
Maracas 142 60
marcato 139 27
Märchenfigur *Freizeitpark* 85 3
Märchenfigur *Karneval* 124 62
Märchenschloss 85 14
Marder *Jagd* 239 26
Marder *Militär* 63 77
Marder *Zool.* 185 17
Marder, Stein- 185 18
Margarine 252 101
Margerite *Bot.* 194 4
Margerite *Garten* 203 25
Marginalie 338 70
Mariechen, Funken- 124 65
Marienkäfer 175 40
Marille 212 41
Marillenbaum 212 38
Marimbafon 142 62
Marionette 126 35
Mark *Bot.* 188 14
Mark *Geld* 59 8, 9, 11, 22, 23

Mark, Deutsche 59 10, 24
Mark, Rücken- 20 66, 21 25
Mark, verlängertes 20 65, 21 24
Mark, Zahn- 22 39
Marke, Brief- 395 13, 15
Marke, Dienst- 68 47
Marke, Garderoben- 136 8
Marke, Geflügel- 227 41
Marke, Passer- 329 17
Marke, Rippel- 14 87
Marke, Schnitt- 329 19
Marke, Schornstein- 377 2
Marke, Spiel- 89 27
Marke, Steuer- 259 26
Marke, Strafstoß- 107 6
Marke, Tiefgangs- 378 76
Marke, Wende- 101 17
Markenbutter 229 37
Markenheftchen 395 15
Markenzeichen 344 50
Marker, Flipchart- 409 42
Marker, Text- 410 18
Markierer, Schaum- 236 9
markiert 139 27
Markierung, Bandsorten- 402 58
Markierung, Fußgängerweg- 79 56
Markierung, Höhen- 116 20
Markierung, Loipen- 119 60
Markierung, Stopp- 68 14
Markierung, Strecken- 105 21
Markierung, Ziel- 108 12
Markierungsfähnchen 119 60
Markise 126 38
Markstrahl 188 11
Markt, Floh- 127
Markt, Jahr- 126
Markt, Super- 252
Marktplatz 17 51
Marlenehose 36 54
Marone 202 48, 52
Maronenpilz 199 15
Marquise 43 56
Mars 4 49
Marsch 15 23, 33
Marschland 15 30
Marschland, eingedeichtes 15 46
Marsrah 372 39
Marsrah, Ober- 373 34, 40
Marsrah, Unter- 373 33, 39
Marssaling, Groß- 373 52
Marssaling, Vor- 373 50
Marssegel 372 38
Marssegel, Ober- 373 57, 63
Marssegel, Unter- 373 56, 62
Marssegelschoner, Dreimast- 374 20

Marsstenge, Groß- 373 6
Marsstenge, Vor- 373 3
Martnet 372 36
Märzblümchen 213 1
Märzblume 213 1
Märzglöckchen 213 1
Masche, geschlossene 323 36
Masche, offene 323 30
Maschenbildung 320 9, 13, 30, 45
Maschendrahtzaun 237 7
Maschenreihe 323 42
Maschine 412
Maschine, Abfüll- 229 21
Maschine, Absack- 246 39
Maschine, Addier- 127 70
Maschine, Änderungs- 260 24
Maschine, Anleim- 338 31
Maschine, Antriebs- 298 12
Maschine, Ätz- *Druck* 335 15
Maschine, Ätz- *Galvanoplastik* 331 23, 30
Maschine, Aufschnitt- 250 59
Maschine, Ausdrück- 309 7
Maschine, Ausputz- 253 3
Maschine, Beatmungs- 30 8
Maschine, Beiwagen- 342 52
Maschine, Beregnungs- 220 27
Maschine, Beschickungs- 300 26
Maschine, Biege- 278 28, 33
Maschine, Binde- 412 72
Maschine, Bleich- 321 1–5
Maschine, Bohr- *Bau* 273 21
Maschine, Bohr- *Goldschmied* 260 6
Maschine, Bohr- *Heimwerken* 287 16
Maschine, Bohr- *Schlosser* 293 25
Maschine, Bohr- *Tischler* 286 7
Maschine, Bohr- *Werkzeugmasch.* 303 18
Maschine, Brennschneid- 294 21
Maschine, Brennschneide- 294 21
Maschine, Brot- 48 30
Maschine, Buchbinderei- 337, 338 1–35
Maschine, Buchdecken- 337 6
Maschine, Butterungs- 229 33
Maschine, Doppel- 253 26
Maschine, Dreh- *Schmied* 291 20

Maschine, Dreh- *Uhrmacher* **261** 20

Maschine, Dreh- *Werkzeugmasch.* **302** 1, 38

Maschine, Drill- **218** 67

Maschine, Durchnäh- **253** 2

Maschine, Einhänge- **338** 27

Maschine, Einlege- **278** 25

Maschine, Einsetz- **253** 53

Maschine, Entästungs- **238** 18

Maschine, Entwicklungs- *Druck* **332** 31, **335** 9

Maschine, Entwicklungs- *Film* **132** 29

Maschine, Entwicklungs- *Fotogr.* **268** 56

Maschine, Ernte- **217** 68

Maschine, Erreger- **306** 53

Maschine, Espresso- **75** 38

Maschine, Falz- **412** 47

Maschine, Faschier- **250** 22

Maschine, Feil- **293** 1

Maschine, Feinschnitt- **286** 38

Maschine, Flachstrick- **320** 1, 9

Maschine, Flaschenreinigungs- **247** 14

Maschine, Frankier- **412** 64

Maschine, Fräs- *Tischler* **285** 49, 52

Maschine, Fräs- *Werkzeugmasch.* **303** 25

Maschine, Füge- **286** 38

Maschine, Furnierbeleg- **286** 50

Maschine, Fuß- **142** 55

Maschine, Gelände- **342** 20

Maschine, Geschirrspül- **47** 54

Maschine, Gewindeschneid- *Installateur* **279** 86

Maschine, Gewindeschneid- *Klempner* **278** 27

Maschine, Gieß- **300** 35

Maschine, Glasier- **316** 23

Maschine, Glaszieh- **317** 8

Maschine, Grasbahn- **106** 42

Maschine, Haarschneide- **257** 23, **258** 33

Maschine, Hack- **325** 12

Maschine, Haupt- **377** 73

Maschine, Heft- **337** 1, **338** 16

Maschine, Hilfs- **377** 71

Maschine, Hobel- **285** 45

Maschine, Individual-Section- **317** 33

Maschine, IS- **317** 33

Maschine, Kaffee- *Hausrat* **47** 11

Maschine, Kaffee- *Restaurant* **75** 38

Maschine, Kaffee- *Tankstelle* **349** 7

Maschine, Kämm- **318** 36

Maschine, Kantenanleim- **286** 24

Maschine, Kehr- **353** 11

Maschine, Kino- **133** 24

Maschine, Klopf- **284** 4

Maschine, Knet- **251** 63

Maschine, Kopf- **251** 80

Maschine, Küchen- **47** 3

Maschine, Kuvertier- **412** 77

Maschine, Lade- **306** 35

Maschine, landwirtschaftliche **217**, **218**

Maschine, Langhobel- **303** 8

Maschine, Langwirk- **251** 76

Maschine, Licht- *Eisenbahn* **365** 46

Maschine, Licht- *Motor* **343** 45

Maschine, Lichtanlass- **366** 30

Maschine, Links- **133** 13

Maschine, Messerfalz- **338** 8

Maschine, Misch- **271** 33, **272** 29

Maschine, Näh- *Flohmarkt* **127** 3

Maschine, Näh- *Kürschner* **284** 9

Maschine, Näh- *Schneiderei* **255** 9, **256** 15

Maschine, Näh- *Schuhmacher* **253** 21

Maschine, Niet- **291** 27

Maschine, Offset- **333** 10, 17

Maschine, Papier- **325** 30

Maschine, Polier- **260** 42

Maschine, Putz- **246** 36

Maschine, Raschel- **320** 38, 45

Maschine, Rau- **321** 39–44

Maschine, Räum- **367** 17

Maschine, Rechen- *Bank* **414** 14

Maschine, Rechen- *Flohmarkt* **127** 73, 76

Maschine, Rechts- **133** 14

Maschine, Reinigungs- **261** 23

Maschine, Renn- **106** 19, 31, 34

Maschine, Ringspinn- **318** 39

Maschine, Rollier- **261** 17

Maschine, Rotationsdruck- **334** 35

Maschine, Roulette- **89** 1

Maschine, Rühr- **251** 69

Maschine, Rund- **278** 30

Maschine, Rundschleif- **303** 1

Maschine, Rundwirk- **251** 71, 76

Maschine, Sä- **218** 67, **219** 16

Maschine, Säge- *Installateur* **279** 10

Maschine, Säge- *Klempner* **278** 24

Maschine, Säge- *Tischler* **286** 1

Maschine, Sahne- **75** 36

Maschine, Saldier- **127** 70

Maschine, Sandbahn- **106** 42

Maschine, Schärf- **311** 43

Maschine, Schlag- *Bäckerei* **251** 69

Maschine, Schlag- *Textil* **318** 30

Maschine, Schlagbohr- **287** 43

Maschine, Schleif- *Klempner* **278** 16

Maschine, Schleif- *Maler* **282** 17

Maschine, Schleif- *Schlosser* **293** 4

Maschine, Schleif- *Schmied* **291** 7

Maschine, Schleif- *Tischler* **286** 10, 28, 28

Maschine, Schneide- *Buch* **337** 15

Maschine, Schneide- *Kürschner* **284** 5

Maschine, Schneide- *Papier* **325** 49

Maschine, Schreib- *Büro* **411** 24

Maschine, Schreib- *Flohmarkt* **127** 75

Maschine, Schweiß- **295** 39

Maschine, schwere **342** 14

Maschine, Spritz- **354** 40

Maschine, Stauchfalz- **338** 8

Maschine, Straßenbau- **354** 1–48

Maschine, Streich- **325** 40

Maschine, Teigausroll- **251** 67

Maschine, Teigteil- **251** 71, 80

Maschine, Tiefdruck- **335** 24

Maschine, Übertragungs- **335** 6

Maschine, Verkork- **232** 10

Maschine, Verpackungs- **229** 36, 44

Maschine, Vierzylinder- **342** 35

Maschine, Vorspinn- **318** 37

Maschine, Vortriebs- **297** 46

Maschine, Wasch- **56** 25

Maschine, Werkzeug- **302**, **303**

Maschine, Wirk- *Bäckerei* **251** 80

Maschine, Wirk- *Textil* **320** 13, 19, 30

Maschine, Zähl- **414** 12

Maschine, Zeichen- **314** 2

Maschine, Zieh- **317** 7

Maschine, Zigaretten- **259** 15

Maschine, Zug- *Kfz* **347** 20

Maschine, Zug- *Landw.* **218** 22

maschinelle Papierherstellung **325**

Maschinenbauhalle **378** 8

Maschinendisplay **337** 18

Maschinenfuß **286** 23

Maschinengewehr **63** 26, 87

Maschinengewehr, Fliegerabwehr- **63** 48

Maschinengewindebohrer **303** 34

Maschinenhalle **307** 31

Maschinenhaus *Bergwerk* **297** 3

Maschinenhaus *Energie* **306** 26, **307** 5–15

Maschinenhaus *Fluss* **370** 50

Maschinenhaus *Kraftwerk* **304** 2

Maschinenhaus *Schiff* **375** 10

Maschinenhaus *Schiffbau* **378** 34

Maschinenhaus *Straßenbau* **354** 2

Maschinenhaus *Wasserbau* **371** 25

Maschinenkanone, Bord- **63** 68

Maschinenkanone, Fla- **67** 34

Maschinenkanone, Zwillings- **63** 85

Maschinenmeister **137** 59

Maschinenpistole **63** 8

Maschinenraum *Navigation* **380** 62

Maschinenraum *Schiff* **383** 22

Maschinenraum, E- **377** 68

Maschinenraum, Haupt- **377** 72

Maschinenraum, Hilfs- *Militär* **67** 56

Maschinenraum, Hilfs- *Schiff* **377** 70

Maschinenraumlüfter **366** 37

Maschinenschlosser **293** 7

Maschinenschuppen 215 33
Maschinentechnik 363 36
Maschinenteil *Maschinenteil* 296 61–107
Maschinenteil *Optiker* 263 39
Maschinentelegraf 379 11
Maschinentransformator 306 55
Maschinerie 137 1–60
Maschinerie, Ober- 137 1–60
Maschinerie, Unter- 137 1–60
Maschinist 271 32
Maserung, Bruyère- 259 41
Maske *Karneval* 124 7
Maske *Kunst* 158 37
Maske *Rundfunk* 400 17
Maske *Vorschule* 71 39
Maske, Atemschutz- 82 81
Maske, Beatmungs- 82 12
Maske, Druckausgleichs- 93 2
Maske, Fecht- 111 13
Maske, Gesichts- *Karneval* 124 7
Maske, Gesichts- *Sport* 108 43
Maske, Holz- *Kunst* 156 9
Maske, Holz- *Völkerk.* 162 16
Maske, Loch- 328 36
Maske, Säbel- 111 22
Maske, Schutz- 293 8
Maske, Tauch- 93 2
Maske, Taucher- 93 2
Maske, Ton- 72 76
Maske, Visier- 240 68
Maske, Voll- 82 81
Maskenaufhängung 400 22
Maskenball 124 1–43
Maskenbildner 136 53
Maskenbildner, Chef- 136 52
Maskenbildnerin 131 36
Maskenfest 124 1–43
Maskerade 124 1–43
Maskierung 124 6–43
Maß, Ausschuss- 302 58
Maß, Band- *Kaufhaus* 83 47
Maß, Band- *Schneiderei* 255 2
Maß, Meter- *Kaufhaus* 83 47
Maß, Meter- *Schneiderei* 255 2
Maß, Ring- 260 27
Maß, Soll- 302 57
Massage 88 18
Massage, Herz- *Feuerwehr* 82 11
Massage, Herz- *Med.* 26 32
Massagebad 96 28
Massagebad, Unterwasser- 96 27–29

Massageliege 88 20
Massageöl 97 36
Massaikrieger 162 8
Maßanzeige 338 6
Maßband 255 2
Masse, Eis- 13 52
Masse, Füll- 305 42
Masse, Knet- 71 12
Masse, Körper- 394 21
Masse, Modellier- 158 8
Masse, Moostorf- 14 22, 24
Masse, Pendel- 12 35, 36
Masse, Plastilin- 71 12
Masse, Schwing- 262 24
Masse, Spachtel- 281 3
Masse, Spinn- 322 8
Masse, stationäre 12 35
Masse, Wurst- 250 10
Massekuchen 316 21
Massel 300 42
Masselgießmaschine 300 35
Massemühle 316 1
Massen, Locker- 12 8
Massen, Luft- 8 1–4
Massengutfrachter 382 30
Massengutschute 382 35
Massengutumschlag 382 29
Massenversammlung 69 1–16
Massestrang 316 15
Masseur 88 19
Massiv, Berg- 13 43
Massivdecke 271 16, 276 28
Massivtreppe 276 16
Massivumformung, Warm- 292
Maßliebchen 194 1
Maßlinie 314 30
Maßpfeil 314 31
Maßstab *Geogr.* 16 30
Maßstab *Setzerei* 326 25, 26
Maßstab, Dreikant- 314 39
Maßstab, typografischer 326 18
Maßstab, Zeichen- 314 38
Maßstabsverstellung 268 37
Maßwerk 154 25, 26
Maßwerkfenster 154 25–27
Mast *Schiff* 373 1–9, 375 8, 71
Mast *Segeln* 100 2
Mast *Surfen* 94 16
Mast, Abblase- 375 39
Mast, Abgas- 375 17
Mast, Abspannungs- 304 28, 36
Mast, Achter- 374 34
Mast, Ampel- 79 58
Mast, Besan- 372 31, 373 8, 9, 374 23
Mast, Bohr- 298 1
Mast, Fahnen- 95 3
Mast, Flaggen- 61 1

Mast, Fock- 372 42, 373 2–4, 374 21
Mast, Freileitungs- 304 28, 36
Mast, Gitter- *Bergbahn* 368 71
Mast, Gitter- *Kraftwerk* 304 28, 36
Mast, Gitter- *Militär* 66 18, 41
Mast, Groß- 372 40, 373 5–7, 374 22
Mast, Halb- 61 4
Mast, Kreuz- 374 24, 30
Mast, Lade- 375 58
Mast, Licht- 352 18
Mast, Mittel- 374 33
Mast, Pfahl- 66 42, 67 6
Mast, Radar- *Navigation* 379 28
Mast, Radar- *Schiff* 375 3
Mast, Schoner- 374 15
Mast, Signal- *Hafen* 381 34
Mast, Signal- *Navigation* 380 50
Mast, Signal- *Schiff* 375 3
Mast, Stahlrohr- 368 72
Mast, Turm- 375 33
Mast, Unter- 373 2, 5, 8
Mast, Vor- 380 56
Mast, Zelt- 125 2
Mastdarm 23 28, 74
Master 105 45
Master, Anderthalb- 374 9, 10
Master, Drei- 374 18–27
Master, Ein- 374 6–8
Master, Eineinhalb- 374 9, 10
Master, Vier- 374 28–31
Master, Zwei- 374 11–17
Master-Slave-Manipulator 2 47
Mastfuß 100 11
Mastino Napoletano 223 36
Mastkorb 377 38
Mastlager 94 18
Mastspitze 94 17
Masttasche 94 12
Matador 128 24, 31, 32
Match, Box- 117 20–50, 35–50
Matelot 42 25
Material 82 47
Material, Arbeits- 72 82–85
Material, Büro- 410
Material, Faser- 318 9
Material, Lehr- 73 22
Material, Naht- 27 49, 31 19
Material, Verband- 31 27
Material, Verbands- *Feuerwehr* 82 16

Material, Verbands- *Med.* 27 39
Materialbehälter 354 36
Materialien, Arbeits- 256 9
Materialien, Büro- 27 21
Materiallager 299 6
Materiallagerplatz 297 7
Materialregal 253 36
Materialschleuse *Energie* 306 44
Materialschleuse *Raumfahrt* 394 10
Materialtransport *Bergwerk* 297 37, 48
Materialtransport *Ziegelei* 313 6
Matestrauch 200 11
Mathematik 167, 168, 169, 170, 171
mathematisches Zeichen 168 15–24
Matratze 51 12, 55 3
Matratze, Federkern- 51 12
Matratze, Lagerungs- 30 11
Matratze, Latex- 51 12
Matratze, Luft- 95 26
Matratzen, Schwimm- 95 26
Matratzenlager 71 36
Matrizenprägepresse 331 7
Matrizenspanner 29 51
Matrosenanzug 127 64
Matrosenmütze 127 65
Matt 90 15
Matt, Schach- 90 15
Matt, Springer- 90 15
Matte, Bade- 57 51
Matte, Boden- 113 18
Matte, Fuß- *Bau* 276 25
Matte, Fuß- *Hausrat* 49 35
Matte, Glas- 283 19
Matte, Hänge- *Camping* 92 64
Matte, Hänge- *Vorschule* 71 35
Matte, Iso- 92 43
Matte, Isolier- 92 43
Matte, Niedersprung- 113 13, 114 7
Matte, Ring- 117 12
Matte, Rohr- 207 6
Matte, Roll- 207 6
Matte, Schatten- 207 6
Matte, Schaum- 88 24
Matte, Schwimm- 97 4
Matte, Strand- 95 28
Matte, Stroh- 207 6
Matte, Textilglas- 317 60
Matte, Turn- 71 45
Mattenklopfer 350 12
Mattenrichter 117 16
Mattensegel 161 33
Mattscheibe *Fotogr.* 267 59

Mattscheibe *Fotoreprod.*
330 2, 21
Mattscheibe, Projektions-
264 24
Mattscheibenrahmen 330 3
Matz, Star- **179** 17
Mauer *Geogr.* **17** 95
Mauer *Sport* **107** 46
Mauer, Burg- **152** 31, **153** 7
Mauer, Flügel- **370** 33
Mauer, Friedhofs- **149** 19
Mauer, Garten- **44** 31
Mauer, Kai- **371** 1
Mauer, Kirchhofs- **149** 19
Mauer, Mantel- **147** 15
Mauer, Ring- **147** 15
Mauer, Schild- **147** 19
Mauer, Schutz- **86** 16
Mauer, Stadt- *Kunst* **152** 30
Mauer, Stadt- *Stadt* **18** 33
Mauer, Stau- **177** 13
Mauer, Strahlenschutz-
306 77
Mauer, Wangen- **371** 90
Mauerbogen **155** 19
Mauergecko **182** 36
Mauergerste **214** 28
Mauerhäkler **178** 29
Mauerkörper **371** 3
Mauerkrone *Heraldik* **62** 45
Mauerkrone *Wasserbau*
371 67
Mauerpfeffer **203** 8
Mauerpfeffer, Scharfer
193 21
Mauerschwalbe **178** 29
Mauersegler **178** 29
Mauerstein **313** 20
Mauerstrebe **147** 26
Mauerstütze **147** 26
Mauerturm **147** 14
Mauertürmchen **147** 28
Mauerverband **271** 58–68
Mauerwerk, Erdgeschoss-
276 29
Mauerwerkzeug **271** 50–57
Maukhaus **313** 10
Maul *Pferd* **225** 9
Maul *Zool.* **241** 15, 50
Maul, doppelzüngiges **145** 5
Maul, Groß- **187** 10, 13
Maul, Kassetten- **266** 10
Maulbeerseidenspinner
175 54
Mäulchen, Löwen- **203** 34
Maulgatter **226** 53
Maulkorb **223** 40
Maulschlüssel, Doppel-
348 15
Maultier **224** 8
Maulwurf **184** 6
Maurer **271** 18

Maurerbleistift **271** 51
Maurerhammer **271** 53
Maurerkelle **271** 52
Maus *Bank* **414** 7
Maus *Büro* **408** 19
Maus *Film* **132** 50
Maus *Fotogr.* **270** 17
Maus *Rundfunk* **398** 11
Maus, Computer- *PC* **406** 31
Maus, Computer- *Zeichner*
315 19
Maus, Digitalisier- **315** 21
Maus, Fleder- **184** 11
Maus, Spitz- **184** 9
Maus, Spring- **184** 18
Maus, Trackball- **406** 31
Maus, Wühl- **184** 20
Mäusebussard **177** 13
Mausefalle **236** 26
Mäusegerste **214** 28
Mauser **177** 13
Mausoleum, Groß- **151** 22
Mauspad *Büro* **408** 20
Mauspad *Fotogr.* **270** 18
Mausposition **315** 30
Maustaste *PC* **406** 30, 32,
407 14
Maustaste *Zeichner* **315** 23
Mausunterlage **270** 18
Mauszeiger **315** 31
Maxi-Cosi® **33** 49
Maximum, Kurven- **170** 19
Maximumthermometer
10 53
Mayatempel **160** 20
MAZ-Gerät **399** 13
Mazis **200** 34
McPherson-Federbeinachse
345 77
Mechanik, Cembalo- **140** 48
Mechanik, Klavichord-
140 37
Mechanik, Klavier-
143 22–39
Mechanik, Ordner- **410** 35
Mechanik, Schiebelade-
410 7
Mechanik, Spiel- **144** 6–16
Mechanik, Spreiz- **392** 21
Mechanik, Tasten- **143** 22–39
Mechanik, Verstell- **307** 6
Mechanikbacke **143** 16
Mechanikbalken **143** 22
Mechaniker, Kfz- **348** 71
Mechaniker, Verfahrens-
292 15
mechanischer Baukasten
71 22
mechanische Rechen-
maschine **127** 76
mechanisches Musik-
instrument **127** 16

mechanisches Stellwerk
357 53
Mechanismus, Befestigungs-
85 12
Mechanismus, Schalt-
334 30
Mechatroniker, Kfz- **348** 71
Medaillon **158** 36
Medaillon, Rund- **158** 36
Mediäval **164** 4
Medien **70**
Medien, Digital- **328, 329**
Medien, Print- **328, 329**
Mediendesign **328**
Mediengestalterin **329** 40
Mediengestaltung **328, 329**
Medienoperating **329**
Medikament **88** 16
Medikamentenflasche **82** 74
Medium **74** 28
Medium, entliehenes **74** 19
Medium, Speicher- *Film*
134 37
Medium, Speicher- *Fotogr.*
269 30, 59, **270** 1, 8, 25
Medium, Speicher- *PC*
406 41–66
Medium, Wasch- **309** 37
Medizin, Allgemein- **27** 1
Medizin, Tropen- **381** 28
Mediziner, Allgemein- **28** 2
medizinische Assistentin
88 17
medizinisches Wörterbuch
27 22
medizinisch-technische
Assistentin **28** 39
Meduse **176** 16
Meduse, Tiefsee- **187** 5
Meer **14** 71
Meer, Eis- **16** 22, 23
Meer, Ijssel- **15** 40
Meer, Mittel- **16** 26
Meer, offenes **376** 63
Meer, Rand- **16** 27
Meer, Watten- **15** 27, 30, 34
Meer, Welt- **16** 20–27
Meeradler **177** 8
Meeresblick **376** 63
Meeresboden **11** 19
Meeresbucht **15** 7, 20, 40
Meeresbucht, abgetrennte
15 15
Meeresspiegel *Atmos.* **7** 1
Meeresspiegel *Erdöl* **299** 39
Meeresspiegel *Geogr.* **11** 22
Meeresstraße **15** 25
Meeresströmung **16** 31–46
Meeresströmung, kalte **16** 28
Meeresströmung, warme
16 29
Meeresvogel **178** 13

Meergans **178** 7
Meergott **145** 44
Meerjungfrau **145** 25
Meerrettich **209** 20
Meerschweinchen **184** 15
Meerseite **307** 33
Meertau **210** 12
Meerwasserentsalzungs-
anlage **299** 25
Megafon **99** 19
Megalithgrab **146** 16
Mehl *Bäckerei* **251** 58
Mehl *Mühle* **245** 29
Mehl *Supermarkt* **252** 88
Mehl, Gesteins- **310** 8
Mehl, Kalk- **310** 19
Mehl, Weizen- **251** 58
Mehlfrucht **221** 1–37
Mehlkäfer **233** 19
Mehlkörper **221** 13, 15
Mehlschwalbe **179** 12
Mehltau, Falscher **234** 30
Mehltaupilz **234** 30
Mehlwaage **251** 62
Mehlwurm **233** 19
Mehrbetriebsarten-Puls-
Doppler-Radar **65** 35
Mehretagen-Entwicklungs-
dose **268** 3
Mehretagen-Filmspirale
268 4
Mehrfachauswahl **328** 17
Mehrfachauswahlmenü
328 27
Mehrfachfunktionsspritze
29 7
Mehrfachgesenk **292** 25
Mehrfachmeißelhalter
302 41
Mehrfarbendruck **159** 28
Mehrfarben-Rollentiefdruck-
maschine **335** 24
mehrflammige Leuchte
78 21
Mehrformatsucher **266** 40
Mehrganggetriebe **343** 70
Mehrkammer-Front-
einspülung **56** 29
Mehrkornbrot **251** 8
Mehrkornstange **251** 19
Mehrlader **240** 2
Mehrstufengesenk **292** 26
Mehrstufengetriebe **343** 70
Mehrwegflasche **247** 40
Mehrzweckabteil **362** 6
Mehrzweckfrachter **375** 55
Mehrzweckhubschrauber
388 11
Mehrzweckkampfflugzeug
64 8
Mehrzweckmotor **261** 13
Meilenstein **17** 109

Meiose 24 39
Meise, Blau- 179 8
Meise, Kohl- 180 8
Meise, Roll- 180 8
Meise, Spiegel- 180 8
Meißel 302 45
Meißel, Abschrot- 290 32
Meißel, Bohr- 298 21, 299 44
Meißel, Dreh- 302 45–53, 48, 52, 53
Meißel, Flach- 293 31
Meißel, Inneneck- 302 51
Meißel, Kanten- 158 14
Meißel, Knochen- 29 44
Meißel, Kreuz- 293 30
Meißelhalter, Mehrfach- 302 41
Meißelschaft 302 49
Meißelschar 218 47
Meister, Bade- Schwimmbad 96 3
Meister, Bade- Schwimmen 98 12
Meister, Brau- 246 50
Meister, Bühnen- 137 45
Meister, Drechsler- 288 21
Meister, Fleischer- 250 7
Meister, Friseur- 258 2
Meister, Gartenbau- 207 20
Meister, Hau- 237 20
Meister, Kfz- 348 13
Meister, Kfz-Elektriker- 348 13
Meister, Kfz-Mechaniker- 348 13
Meister, Maschinen- 137 59
Meister, Schnitt- 132 40
Meister, Schnürboden- 137 7
Meister, Schwimm- 98 13
Meister, Spreng- 312 11
Meister, Stall- 125 29
Meister, Ton- 131 56, 132 32
Meister, Weinküfer- 232 18
Meister, Kfz-Techniker- 348 13
Meisterbrief 258 1
Meistergürtel 117 15
Meisterin, Schnitt- 132 51
Meisterschaft, Schach- 90 16
Melanocetes 187 6
Melde, Gemeine 214 24
Meldeapparat 111 32
Melden 72 3
Melder, Kenn- 280 32
Melder, Leucht- Eisenbahn 363 41, 366 15
Melder, Leucht- Kraftwerk 305 5
Meldezettel 78 12
Meldung, Verkehrs- 398 19
Melkbecher 228 30
Melker 228 25

Melkgeschirr 228 26
Melkstand, Fischgräten- 228 23
Melktakt 228 34
Melodiepfeife 140 10
Melodiesaite 140 30, 142 25
Melodieseite 142 39
melodische a-Moll-Tonleiter 138 48
Melone Kopfbedeckung 42 36
Melone Supermarkt 252 82
Membran, Akrosom- 25 11
Membran, Zell- Anat. 25 5
Membran, Zell- Genetik 24 2, 12
Membranofon 141 53–61
Menage Hausrat 53 33
Menage Restaurant 76 31
Menge 171 1, 3
Menge, angebotene 415 22
Menge, Differenz- 171 7, 8
Menge, Durchschnitts- 171 4
Menge, nachgefragte 415 20
Menge, Rest- 171 7, 8
Menge, Schnitt- 171 4
Menge, Vereinigungs- 171 5, 6
Menge, Zuschauer- 124 70
Mengenlehre 171
Mengenverstellung, Saat- 218 72
Mengmulde 250 9
Menhir 146 18
Mensch Anat. 19, 20, 21, 22, 23, 25
Mensch Genetik 24
Mensch Schule 73 16
Mensch-ärgere-dich-nicht-Spiel 55 19
Menschenaffe 186 18
Menschenfloh 233 42
Menschenhaar 160 38
Menschenhaupt 145 23
Menschenlaus 233 40, 41
Menschenleib 145 58
menschliche Figur 146 20
menschlicher Körper 19 1
menschliche Zelle 24 1
Mensur 111 10
Mensuralnotation 138 2
Menü, Aufnahme- 269 37
Menü, Auswahl- 328 16, 26, 27
Menü, Benutzer- 396 42
Menü, Einstellungs- 328 18
Menü, Kamera- 269 36, 50
Menü, Rohkost- 77 16
Menüanzeige 344 83
Menüauswahltaste 344 85
Menütaste Fotogr. 269 14, 270 38

Menütaste Telefon 396 52
Meridian 16 4
Meridian, Null- 16 5
Meridianfernrohr 265 29
Meridiankreis 265 26
Meringe 251 32
Meringue 251 32
Merkur 4 46
Merlin 177 3
Mesner 148 58
Mesolithikum 146 1–9
Mesopause 7 27
Mesosphäre 7 23
Messbecher, Viskositäts- 282 38
Messbehälter 283 25
Messbereichswähler Atom 2 4, 23
Messbereichswähler Optik 264 44
Messbereichswippe 266 58
Messbildkamera 264 67
Messblitz, Autofokus- 267 16
Messbuch 148 38
Messbügel 302 65
Messdiener 148 40
Messdrehplatte 348 5
Messe Kirche 148 31–62
Messe Rummelplatz 126
Messe Seerettung 384 25
Messeinrichtung 264 49
Messelement 10 22
Messelement, Feuchtigkeits- 10 9
Messer Garten 208 36
Messer Hausrat 47 32, 53 52
Messer Landw. 217 70
Messer Schiff 376 12
Messer Zirkus 125 41
Messer, Abhäute- 248 11
Messer, Aufschnitt- 250 1
Messer, Ausbein- 250 6
Messer, Belichtungs- 266 28, 55, 268 53, 269 44
Messer, Beschleunigungs- 386 10
Messer, Beschneid- 281 38
Messer, Blei- 277 12
Messer, Block- 248 9
Messer, Blutdruck- 28 30
Messer, Bremsdruck- 364 50
Messer, Bronze- 146 31
Messer, Buchbinder- 336 6
Messer, Butter- 53 72
Messer, Dicken- 324 30
Messer, Drehzahl- Eisenbahn 366 22
Messer, Drehzahl- Flugzeug 386 8
Messer, Drehzahl- Motorrad 342 4

Messer, Druck- Eisenbahn 364 43
Messer, Druck- Tauchen 93 6
Messer, Druckluft- 348 70
Messer, Durch- 169 45
Messer, Durchfluss- 229 4
Messer, Effilier- 257 9, 258 42
Messer, Entfernungs- 66 37
Messer, Erdbeben- 12 30
Messer, Fahrt- 386 2
Messer, Falz- 338 12
Messer, Feuchtigkeits- Druck 332 28
Messer, Feuchtigkeits- Schwimmbad 96 18
Messer, Feuchtigkeits- Zeichner 314 44
Messer, Filier- 243 12
Messer, Fisch- Angelsport 243 13
Messer, Fisch- Hausrat 53 63
Messer, Fleisch- 250 5
Messer, Fleischer- 250 1–6
Messer, Füllstand- 229 6
Messer, Garten- 208 9
Messer, Gelenk- 238 20
Messer, Geschwindigkeits- Eisenbahn 366 9
Messer, Geschwindigkeits- Flugzeug 386 2
Messer, Gold- 336 37
Messer, Halb- 169 22, 47
Messer, Hau- Forstw. 238 11
Messer, Hau- Tapezierer 281 37
Messer, Heizdruck- 364 44
Messer, Heizspannungs- 366 17
Messer, Heizstrom- 366 18
Messer, Hobel- 285 20
Messer, Höhen- 386 4
Messer, Jagd- 240 42
Messer, Kabel- 280 63
Messer, Käse- 53 71
Messer, Kaviar- 53 79
Messer, Kesseldruck- 364 47
Messer, Kitt- Glaser 277 27
Messer, Kitt- Maler 282 28
Messer, Konturen- 159 10
Messer, Körpergrößen- 27 59
Messer, Kraft- 126 23
Messer, Kraftstoffdruck- 386 19
Messer, Kurzzeit- Hausrat 47 17
Messer, Kurzzeit- Med. 28 37, 32 36
Messer, Ladedruck- 386 7
Messer, Metzger- 250 1–6
Messer, Niederschlags- 10 44
Messer, Ober- 336 10

Messer, Obst- 53 70
Messer, Okulier- 206 32
Messer, Öldruck- 386 20
Messer, Paletten- 157 14
Messer, Pflug- 218 11
Messer, Putz- 289 38
Messer, Radier- 314 48
Messer, Rand- 253 48
Messer, Rasier- 258 39
Messer, Regen- 10 38, 44
Messer, Reifendruck- 350 20
Messer, Reifenfüll- 350 20
Messer, Rotor- 238 26
Messer, Schablonen- 282 47
Messer, Schärf- 253 51
Messer, Scheitelbrechwert-
263 42
Messer, Schlachter- 250 1–6
Messer, Schlag- 237 33
Messer, Schneide- 337 17
Messer, Schuhmacher-
253 50
Messer, Schuster- 253 50
Messer, Spannungs- 280 46
Messer, Spargel- 208 10
Messer, Stärke- 126 23
Messer, Stech- 248 10
Messer, Strom- 280 46
Messer, Takt- 143 19
Messer, Taucher- 93 13
Messer, Temperatur-
Eisenbahn 366 19, 20, 21
Messer, Temperatur-
Tauchen 93 10
Messer, Tiefen- 93 9
Messer, Vergolder- 282 53
Messer, Vorlege- 53 69
Messer, Waid- 240 42
Messer, Wasserstands- 46 68
Messer, Weid- 240 42
Messer, Wiege- 159 19
Messer, Wind- 10 28
Messer, Windrichtungs-
10 31
Messer, Winkel- 72 19
Messer, Wurf- 162 15
Messer, Zug- 273 79
Messerbalken 217 4
Messerbänkchen 53 12
Messerblock 47 31
Messerfalzmaschine 338 8
Messergriff 258 40
Messerheft 250 4
Messerklinge 250 2
Messerscheide 248 12
Messersech 218 11
Messerwalze 208 35
Messerwerfer 125 40
Messerwerk 208 33
Messfeldwahlanzeige 267 70
Messfühler, Außen- 302 70
Messfühler, Innen- 302 71

Messfühler, Tiefen- 302 68
Messgarnitur 150 44
Messgerät Fotogr. 266 61
Messgerät Galvanoplastik
331 3
Messgerät Kraftwerk 305 9
Messgerät, Alkohol- 68 19
Messgerät, Feinstaub-
264 40
Messgerät, Sichtweiten-
10 60
Messgerät, Spannungs-
379 5
Messgerät, Strahlenschutz-
2 1
Messgerät, Strahlungs-
2 1–23
Messgerät, Strecken- 264 69
Messgerät, Vielfach- 280 46
Messgerät, Wind- 10 28
Messgerät, Winkel- 16 53–63
Messgeräteplattform 393 70
Messglas Chemie 173 26
Messglas Hotel 78 64
Messglas Meteor. 10 47
Messglas Tankstelle 350 4
Messing 156 15
Messinstrument 305 34
Messkabel 268 41
Messkammer 264 41
Messkammer, Reihen- 16 64
Messkammer, Stereo- 264 70
Messkännchen 150 45, 46
Messkluppe 237 21
Messkolben 173 27
Messkopf 268 55
Messkreis 267 68
Messlatte 16 48
Messlehre, Kehlnaht- 295 34
Messpipette 173 24
Messplatz 394 21
Messplatz, Katheter- 32 31
Messpult 261 25
Messsatellit 7 37
Messschenkel 295 36
Messschieber Schlosser
293 59
Messschieber Werkzeug-
masch. 302 67
Messschieber, Tiefen- Schlos-
ser 293 61
Messschieber, Tiefen- Werk-
zeugmasch. 302 72
Messschlauch 348 30
Messschraube, Bügel- 302 62
Messskala 302 63
Messsonde Fotogr. 266 62,
268 55
Messsonde Raumfahrt
391 41
Messspindel 302 66
Messstock, Klupp- 238 10

Messtrommel Navigation
379 20
Messtrommel Werkzeug-
masch. 302 64
Messuhr 229 4
Messung 172 19
Messung, Blutdruck- 28 29,
30 3
Messung, Erd- 16 47–63
Messung, Herzfrequenz-
112 18
Messung, Höhen- 16 47
Messung, Kristall- 174 27–33
Messung, Licht- 266 59
Messung, Luftbild- 16 64–67
Messung, Spot- 267 68
Messwerkzeug 302 56–72
Messwertanzeige 348 8, 40
Messwertgeber 348 4
Messwertgeber, Trägheits-
392 33
Messwinkel 293 64
Messwinkelaufnehmer 348 3
Messzylinder Chemie 173 26
Messzylinder Fotogr. 268 11
Messzylinder Med. 28 41
Messzylinder Papier 324 24
Messzylinder Schule 73 21
Metacrinus 187 3
Metall Abfall 81 19
Metall Heraldik 62 26, 27
Metall, Hart- 302 46
Metallanblasröhrchen
141 29
Metallarmband 262 5
Metallaufblockgerät 263 43
Metallbauer 293 7
Metallfeder, römische 163 25
Metallgestell 263 7
Metallhalogenlampe 332 21
Metallhut 144 35
Metallkassette 402 57
Metallknopf 38 26
Metallkugel 160 31
Metallmikroskop, Großfeld-
264 23
Metalloxidkassette 402 57
Metallpapier 305 48
Metallplatte 142 68
Metallrahmen 142 67
Metallresonanzröhre 142 69
Metallsägebogen 279 72
Metallscheibe 127 17
Metallverkleidung 129 15
Metallweste 111 15
Metaphase 24 32
Metazoon 176 14
Meteor 7 20
Meteoritenkrater 392 15
Meteorologie 8, 9
meteorologisches Instru-
ment 10

meteorologische Station 9 9
Meter, Elf- 107 41
Meter, Raum- 237 16
Metermaß Kaufhaus 83 47
Metermaß Schneiderei 255 2
Metope 153 14
Metronom 143 19
Metz, Stein- 312 31
Metzger Fleischerei 250 7
Metzger Schlachthof 248 1
Metzgerei 250 29–66
Metzgermesser 250 1–6
Meute 239 37
Meute, Hunde- Jagd 239 37
Meute, Hunde- Pferdesport
105 46
MG 63 87
MG, Fla- 63 48
MG3 63 26
Midinette 124 18
Mieder 36 90
Miederhose 37 30
Miere, Rote 214 27
Mietbungalow 92 75
Miethütte 92 75
mikroelektronische Steue-
rung 320 8
Mikrofiche 74 27
Mikrofiche-Lesegerät 74 26
Mikrofon Film 131 25
Mikrofon Fotogr. 269 4
Mikrofon Med. 27 17
Mikrofon Nachtlokal 130 39
Mikrofon Rundfunk 398 21,
39, 400 35
Mikrofon Schule 73 34
Mikrofon Sport 112 33
Mikrofon Straßenbahn
351 27
Mikrofon Telefon 396 13
Mikrofon U-Elektronik
402 44
Mikrofon Universität 74 5
Mikrofon Video 404 10
Mikrofon Wahl 69 6, 70 21
Mikrofon, Atelier- 131 31
Mikrofon, Galgen- 132 27
Mikrofon, Hand- 412 61
Mikrofon, Schiedsrichter-
109 17
Mikrofon, Sprechfunk-
386 29
Mikrofonangel 131 24
Mikrofonanordnung
131 30
Mikrofonassistent 131 21
Mikrofonkabel 131 32
Mikrofonkopf 402 45
Mikrofonständer 398 40
mikrogesteuerter Bedien-
platz 357 70

Mikrokassetten-Diktiergerät **409** 38, **412** 51
Mikromann **131** 21
Mikrometerknopf **16** 53
Mikrometerschraube **295** 35
Mikroprozessor **406** 18
Mikroskop **263** 20
Mikroskop, Ablese- **265** 28
Mikroskop, Auflicht- **264** 23
Mikroskop, Durchlicht- **264** 14
Mikroskop, Elektronen- **265** 30
Mikroskop, Forschungs- *Med.* **28** 49
Mikroskop, Forschungs- *Optik* **264** 1
Mikroskop, Foto- **264** 34
Mikroskop, Großfeld- **264** 52
Mikroskop, Laboratoriums- **264** 1
Mikroskop, Metall- **264** 23
Mikroskop, Operations- **264** 31
Mikroskop, Stereo- **264** 61
Mikroskop-Fotometer **264** 47
Mikroskopkamera **264** 53
Mikroskop-Okular **16** 54
Mikroskoptisch **264** 9
Mikrowabenscheibe **267** 59
Mikrowelle *Hausrat* **47** 36
Mikrowelle *Tankstelle* **349** 20
Mikrowellengerät *Med.* **28** 33, **29** 19
Mikrowellengerät *Tankstelle* **349** 20
Mikrowellenherd **47** 36
MILAN **63** 79
Milan, Roter **177** 15
Milbe **175** 49
Milch **75** 39, **77** 19
Milch, Frisch- **252** 102
Milch, gereinigte **229** 16
Milch, H- **252** 98
Milchannahme **229** 1
Milchbeutel **229** 22
Milchdrink **349** 31
Milcherhitzer **229** 13
Milchflasche **33** 20
Milchhof **229**
Milchkaffeeschale **75** 40
Milchkammer **215** 20
Milchkännchen *Hausrat* **52** 28
Milchkännchen *Restaurant* **75** 44
Milchkännchen *Tankstelle* **349** 14
Milchkanne **127** 92
Milchkraut **214** 13
Milchkuh **215** 51, **228** 17

Milchleitung **228** 27
Milchner **242** 12
Milchpackung **229** 21, 22
Milchprodukteregal **252** 97
Milchsammelstück **228** 32
Milchseparator **229** 14
Milchstraße **3** 35
Milchtopf **48** 16
Milchviehstall **228** 14
Militärtransport **360** 1
Military **105** 18–21
Millimeterskala **410** 40
Milz **23** 15, 34
Mimbar **151** 21
mimischer Gesichtsmuskel **22** 7
Minarett **151** 19
Minderventil, Druck- **294** 5
Mine, Grafit- **314** 51
Minenjagdboot **66** 80
Minenräumgerät **66** 87
Minensuchboot **66** 84
Minentransporter **66** 94
Mineralwasser **252** 57
Mineralwasserbereiter **47** 5
Mineralwasserflasche **77** 20
Miniaturkultwagen **146** 36
Mini-DV-Auswurftaste **404** 36
Mini-DV-Betrieb-Auswahltaste **404** 35
Mini-DV-Camcorder **404** 11
Mini-DV-Kassette **404** 49
Mini-DV-Kassettenfach **404** 37
Mini-DV-VHS-Videorekorder **404** 33
Minigolfanlage **84** 69
Minigolfbahn **84** 70
Minigolfspieler **84** 71
Minikleid **34** 58
Minimum, Kurven- **170** 20
Minimumthermometer **10** 54
Minirock **36** 42
Minislip **37** 27, 60
Ministativ **267** 44
Ministrant **148** 40, **149** 45
Minnesänger **147** 70
Minuend **167** 24
Minusfacette **263** 46, 51
Minuskel **326** 12
Minuskel, karolingische **163** 18
Minuszeichen **167** 24
Minute **262** 3
Minze, Pfeffer- **198** 3
Mira **3** 11
Mirabelle **212** 29
Mischanlage, Beton- **355** 26
Mischasphaltauslauf **354** 48
Mischatelier **132** 30

Mischbatterie *Bad* **57** 2
Mischbatterie *Friseur* **258** 15
Mischbatterie, Einhand- **57** 24
Mischbatterie, Einloch- **279** 27
Mischbatterie, Wasser- **47** 7
Mischbrot **252** 24
Mischen *Textil* **318** 7
Mischen *Ziegelei* **313** 11
Mischer **388** 50
Mischer, Beton- **347** 10
Mischer, Freifall- **271** 33
Mischer, Teig- **251** 61
Mischfarbe **166** 16, 17, 18, 23, 24, 25
Mischgerät, Füllungs- **29** 46
Mischkolben *Chemie* **173** 28
Mischkolben *Papier* **324** 23
Mischmaschine, Beton- **271** 33, **272** 29
Mischpult *Diskothek* **129** 25
Mischpult *Film* **131** 57, **132** 31
Mischpult *Nachtlokal* **130** 40
Mischpult *Rundfunk* **398** 37
Mischpult, Bild- **399** 17
Mischpult, Ton- **399** 12
Mischschnecke **236** 48
Mischtrommel *Bau* **271** 34
Mischtrommel *Kfz* **347** 12
Mischtrommel, Asphalt- **354** 44
Mischung **325** 28
Mischung, Ton- **132** 30
Mischwald **17** 13
Mischwasserkanal **352** 27
Missale **148** 38
Mistbeet **207** 16
Mistbeetfenster **207** 17
Mistbeetkasten **207** 16
Mistforke **219** 8
Mistgabel **219** 8
Misthacke **219** 9
Mistkäfer **175** 42
Mitarbeiter, Hörfunk- **398** 4
Mitarbeiter, Post- **395** 2
Mitarbeiter, Service- *Bahnhof* **358** 56, **359** 13
Mitarbeiter, Service- *Bank* **414** 33
Mitarbeiterin **411** 8
Mitarbeiterin, Service- **358** 2
Mitläufer **321** 25
Mitnehmer *Drechsler* **288** 9
Mitnehmer *Werkzeugmasch.* **302** 55
Mitnehmerstange **298** 14
Mitochondrium **24** 13
Mitose **24** 27
Mitralklappe **23** 60

Mitte, Fahrwasser- **380** 3, 19–23
Mitte-Fahrwasser-Zeichen **380** 19–23
Mitteilung, wichtige **61** 24
Mittel, Desinfektions- **31** 20
Mittel, Fluatier- **281** 7
Mittel, Fluss- **278** 7
Mittel, Genuss- **200**
Mittel, Grundier- **281** 6
Mittel, Haarpflege- **257** 41
Mittel, Haarwasch- **258** 21
Mittel, Hilfs- **26** 37
Mittel, Lebens- *Restaurant* **77** 19
Mittel, Lebens- *Supermarkt* **252**
Mittel, Löt- **260** 36
Mittel, Mal- **157** 13
Mittel, Pflanzenschutz- **236** 5
Mittel, Pflege- *Hausrat* **56** 41
Mittel, Pflege- *Optiker* **263** 27
Mittel, Reinigungs- **263** 27
Mittel, Schutz- **331** 24
Mittel, Wasch- **252** 42
mittelaktiver Abfall **306** 75
Mittelbauch **19** 48
Mittelbein **235** 8
Mittelbrust **249** 26
Mitteldecke **378** 58
Mitteldecker **385** 4
Mitteldruckzylinder **305** 28
Mittelfahne **107** 61
Mittelfeldspieler **107** 14
Mittelfinger **19** 67
Mittelflügel **385** 8
Mittelgang *Eisenbahn* **361** 9
Mittelgang *Gärtnerei* **207** 42
Mittelgang *Kirche* **148** 27
Mittelgang *Schiff* **372** 46
Mittelgebirge **11** 11, **13** 37
Mittelhandknochen **20** 21
Mittelkonsole **344** 100
Mittelkreis **107** 2
Mittellinie *Fechten* **111** 4
Mittellinie *Sport* **107** 3, **109** 6, 36, 62
Mittellinie *Zeichner* **314** 35
Mittellinienrichter **109** 21
Mittelmann **110** 34
Mittelmast **374** 33
Mittelmeer **16** 26
Mittelmoräne **13** 59
Mittelohr **22** 89
mittelozeanischer Rücken **11** 20
Mittelpfette **274** 51
Mittelpunkt **169** 28, 43
Mittelpunkt, Kristall- **174** 3

Mittelpunkt, Krümmungs- **169** 23

Mittelpunktswinkel **169** 55

Mittelrumpflängsträger **393** 10

Mittelsäule **266** 45

Mittelscheitel **40** 10

Mittelschiff **153** 76, **154** 1

Mittelschiffsektion **67** 55–74

mittelschlächtiges Mühlrad **245** 40

mittelschwerer Güterzug- dienst **366** 1

mittelschwerer Reisezug- dienst **366** 1

Mittelsenkrechte **169** 28

Mittelspieler **110** 34

Mittelspross **241** 10

Mittelsprosse **241** 10

mittelständiger Fruchtkno- ten **212** 17

Mittelsteg **37** 13

Mittelsteinzeit **146** 1–9

Mittelstoß **91** 2

Mittelstreckenläufer **116** 5

Mittelstrecken-Luft-Luft- Flugkörper **65** 25

Mittelstreckentransport- flugzeug **64** 14

Mittelstreckenverkehrs- flugzeug **387** 4, 10, 11

Mittelstreckler **116** 5

Mittelstürmer **107** 15

Mittelteil **369** 68

Mittelteil, Tubus- **265** 9

Mitteltöner **401** 15

Mitteltonsystem **401** 15

Mittelträger **378** 56

Mitteltriebwagen **365** 62

Mittelwagen **363** 5

Mittelwand **230** 54

Mittelzehe **19** 95

Mittelzeichen **109** 7

Mittelzugbremse **340** 23

Mittenkontakt **266** 71

mittlere Brennweite **267** 52

mittlere Jahrestemperatur **9** 32

Mittlerer Muschelkalk **306** 62

mittleres Dutzend **89** 16

mittlere Wintertemperatur **9** 33,34

Mittschiffslinie **101** 5

Mixbecher **78** 63

Mixer **48** 41

Mixer, Bar- **78** 68

Mizar **3** 29

Möbel, Fono- **401** 2

Möbelwagen **79** 42

Mobil, Schnee- **122** 32

Mobil, Wohn- **92** 14

Mobile **72** 71

mobile Babyüberwachung **33** 17

mobiler Computer **407**

mobiler DVD-Player **402** 1

Mobilfunkgerät **359** 15

Mobilteil **396** 39

Mobiltelefon *Börse* **415** 8

Mobiltelefon *Büro* **409** 17

Mobiltelefon *Internet* **405** 4

Mobiltelefon *Telefon* **396** 48

Mobiltelefonieren **390** 31

Modeatelier **255**

Modejournal *Kaufhaus* **83** 45

Modejournal *Schneiderei* **256** 4

Modekatalog **256** 6

Model, Holz- **159** 2

Modell, Akt- **157** 32

Modell, Atom- **1** 1–17

Modell, Brillen- **263** 3

Modell, Bühnenbild- **136** 46

Modell, Flug- **103** 81, 83

Modell, Freiflug- **103** 78

Modell, Gips- **158** 4

Modell, Orbital- **1** 9

Modell, Quark- **1** 13

Modellbühne **136** 45

Modelleur **158** 6

Modelleur, Keram- **316** 27

Modellflug, funk- ferngesteuerter **103** 77

Modellflugsport **103** 77–83

Modellflugzeug **87** 26

Modellhut **42** 8

Modellierbock **158** 9

Modellierbrett **158** 34

Modellierholz *Kunst* **158** 10

Modellierholz *Porzellan* **316** 28

Modelliermasse **158** 8

Modellierschlinge **158** 11

Modellieren **158** 31

Modellkleid **255** 6

Modellmantel **255** 8

Modem **405** 2

Modem, DSL- **397** 28

Modem, Kabel- **405** 3

Moderationstisch **70** 10

Moderator *Atom* **1** 63

Moderator *Wahl* **70** 7

moderne Plastik **84** 64

Modezeitschrift **83** 45

Modifikation, Hochdruck- **11** 5

modisches Accessoire **83** 62

Modul, Ablenk- **400** 8, 10

Modul, Antennen- **397** 3

Modul, Antriebs- *Telekomm.* **397** 7

Modul, Antriebs- *Werkzeug- masch.* **303** 49

Modul, Ausstiegs- **394** 11

Modul, Farbdecoder- **400** 5

Modul, Farbendstufen- **400** 13

Modul, Funk- **262** 45

Modul, Instrumenten- **6** 8

Modul, Interieur- **394** 32

Modul, Konvergenz- **400** 12

Modul, Labor- **394** 15

Modul, Lunar- **391** 53, **392** 17

Modul, Nachrichten- **397** 6

Modul, Nasszellen- **394** 34

Modul, Ost-West- **400** 9

Modul, Postshop- **395** 32

Modul, Raumfahrt- **393** 71

Modul, Regel- **400** 11

Modul, Schlaf- **394** 33

Modul, Service- **391** 54, **392** 38

Modul, Solarzellen- **394** 5

Modul, Synchron- **400** 7

Modul, Ton- **400** 14

Modul, Transport- **394** 10

Modul, Versorgungs- **394** 5

Modul, Verstärker- **400** 4

Modul, Wasser- **361** 46

Modul, Wohn- **394** 23

Modulation, Stimm- **398** 22

Modus, Anzeige- **401** 63

Modusanzeige **402** 43

Modusschalter **269** 28

Modustaste **403** 14

Mofa **341** 1

Mohairhut **42** 7

Mohairstoffkappe **42** 12

Mohn, Feld- **214** 2

Mohn, Klapper- **214** 2

Mohn, Klatsch- *Bot.* **214** 2

Mohn, Klatsch- *Garten* **203** 31

Mohn, Schlaf- **198** 15

Mohnblüte **214** 4

Mohnkapsel **214** 5

Mohnsamen **214** 5

Möhre **209** 17

Mohrenkopf **178** 17

Mohrrübe **209** 17

Mokassin *Schuh* **58** 30

Mokassin *Völkerk.* **160** 18

Molch, Kamm- **182** 20

Molch, Wasser- **182** 20

Molchschleuse **299** 31

Mole *Navigation* **380** 42

Mole *Wasserbau* **371** 18

Mole, Stein- **17** 47

Molekül, Binde- **24** 22

Molenfeuer **380** 39, 40

Molkerei **229**

Moll **138** 45–49

Molldreiklang **139** 2

Molle, Schlachter- **250** 9

Molltonart, parallele **138** 55–68

Molluske **176** 30

Molterbrett **218** 6, 60

Monatserdbeere **211** 18

Monatsklee **222** 9

Mönch *Bau* **275** 58

Mönch *Fischzucht* **242** 8

Mönch *Kirche* **149** 54

Mönch, Teich- **242** 8

Mönchabsperrgitter **242** 9

Mönch-Nonnen-Dach **275** 56

Mönchskopf **199** 25

Mond **4** 1–9, 30, 36, 41

Mond, abnehmender **4** 7

Mond, Erd- **4** 48

Mond, Halb- *Astron.* **4** 4, 6

Mond, Halb- *Flagge* **61** 21

Mond, Neu- **4** 2

Mond, Voll- **4** 5

Mond, zunehmender **4** 3

Mondbahn **4** 1

Möndchen **19** 83

Mondfinsternis **4** 34–38

Mondfleck **182** 39

Mondlandeeinheit **391** 53, **392** 17

Mondlandung **392**

Mondoberfläche **392** 12

Mondphase **4** 2–7

Mondrand **4** 44

Mondscheinkraut **197** 5

Mondsichel **4** 3, 7

Mondstaub **392** 13

Mondstiefel **392** 11

Mondumlauf **4** 1

Mondviertel, erstes **4** 4

Mondviertel, letztes **4** 6

Mondwechsel **4** 2–7

Monierzange **272** 85

Monitor *Bahnhof* **358** 59

Monitor *Büro* **408** 17

Monitor *Diskothek* **129** 24

Monitor *Eisenbahn* **357** 71

Monitor *Film* **132** 46, 47, 48

Monitor *Fotogr.* **270** 12

Monitor *Med.* **28** 24, **30** 6, 7, 38, 40, **31** 6, **32** 24

Monitor *Mediengest.* **329** 12

Monitor *Rundfunk* **398** 2

Monitor *U-Elektronik* **402** 2

Monitor, Daten- **267** 7, 71

Monitor, Detail- **315** 3

Monitor, EKG-Kurven- **30** 40

Monitor, Feuerlösch- **375** 6

Monitor, Front- **82** 66

Monitor, Haupt- **328** 7

Monitor, Kamera- **399** 9, **400** 28

Monitor, Kontroll- **30** 41

Monitor, LCD- *PC* **407** 17

Monitor, LCD- *Video* **404** 14
Monitor, Magnetfeld- **30** 42
Monitor, Röntgen- **30** 39
Monitor, Sechskanal- **32** 32
Monitor, Übersichts- **315** 2
Monitor, Überwachungs-
395 39
Monitor, Video- **73** 7
Monitor, Vorschau- **70** 11, 12
Monitor, Zweit- **328** 8
Monitorarm **32** 25
Monitorauflageschutz
407 18
Monitordeckel **407** 2
Monitordeckelscharnier
407 16
Monitordeckelverschluss
407 19
Monitorklappe **402** 3
Monitorkrippe **70** 13
Monitorplatte **315** 15
Monitorumschalter **328** 6
Monitorwand **399** 16
Monode **28** 36
Monogramm **43** 41
Monogramm, Christus-
150 68
monoklines Kristallsystem
174 24, 25
monoklines Prisma **174** 24
Monolith **146** 18
Monoski *Strand* **95** 11
Monoski *Wassersport* **102** 52
Monoskifahrer **95** 10
Monotaste **401** 47
Monstranz **149** 48, **150** 34
Monsun, Sommer- **9** 39
Montage **332** 23
Montagetisch *Druck* **332** 23
Montagetisch *Fotoreprod.*
330 34
Montera **128** 27
Montieren **327** 12
Montierung, Achsen- **265** 22
Montierung, deutsche
265 16
Montierung, Fernrohr-
265 16–25
Montierung, Gabel- **265** 24
Monticrung, Hufeisen-
265 25
Montierung, Knicksäulen-
265 21
Montierung, Rahmen-
265 23
Monumentalschrift, alt-
römische **163** 16
Moor **14** 15, **17** 19
Moor, Flach- **14** 16
Moor, Hoch- **14** 21
Moorbeere **195** 23
Moorheide **195** 19

Moorhuhn **178** 25
Moorpflanze **195**
Moortümpel **14** 25
Moos **195** 17
Moosknopfkäfer **234** 46
Moostorfmasse **14** 22, 24
Mops **223** 33
Mopsea **187** 8
Moräne, End- **13** 60
Moräne, Mittel- **13** 59
Moräne, Seiten- **13** 58
Moräne, Wall- **13** 58
Morchel, Speise- **199** 26
Morchel, Spitz- **199** 27
Mordent **139** 20
Morgenmantel, Seiden-
37 56
Morselampe **377** 7
Mörser **172** 8
Mortadella **250** 35
Mörtelbett **276** 27
Mörtelkasten **271** 20
Mörtelkübel **271** 84
Mörtelpfanne **271** 39
Morulastadium **25** 25
Mosaik **157** 37
Mosaikbild, Glas- **72** 70
Mosaikfigur **157** 38
Mosaikstein **157** 39
Moschee *Kirche* **151** 18
Moschee *Stadt* **18** 18
Moschusochse **185** 11
Moskito **175** 17
Moskitonetz **92** 36
Motherboard **406** 16
Motiv **157** 27
Motiv, Architektur- **60** 2, 8
Motiv, Brücken- **60** 15
Motiv, Schiffs- **376** 50
Motor *Eisenverarb.* **301** 39
Motor *Galvanoplastik* **331** 14
Motor *Glas* **317** 26
Motor *Landw.* **218** 30
Motor *Mediengest.* **329** 28
Motor *Wassersport* **102** 50
Motor *Wasservers.* **80** 7, 8,
15, 45
Motor, Antriebs- *Druck*
332 11, **333** 37
Motor, Antriebs- *Galvano-*
plastik **331** 12, 28
Motor, Antriebs- *PC* **406** 50,
51, 66
Motor, Antriebs- *Schneiderei*
255 10
Motor, Antriebs- *Wasserbau*
371 53
Motor, Antriebs- *Werkzeug-*
masch. **303** 9
Motor, Ausrichtungs- **394** 3
Motor, Außenbord- **102** 1, 22
Motor, Benzin- **236** 31

Motor, Boxer- *Flugzeug*
386 34
Motor, Boxer- *Motorrad*
342 18
Motor, Diesel- *Eisenbahn*
365 47, **366** 25, 51, 73
Motor, Diesel- *Landw.* **217** 24
Motor, Diesel- *Schiff* **377** 73
Motor, E- **377** 69
Motor, Einzylinder- **106** 46
Motor, Elektro- *Eisenbahn*
366 34
Motor, Elektro- *Haus* **46** 64
Motor, Elektro- *Schmied*
291 2
Motor, Fahr- *Eisenbahn*
365 6
Motor, Fahr- *Straßenbahn*
351 5, 7
Motor, Feststoffraketen-
393 59
Motor, Haupt- *Raumfahrt*
393 37
Motor, Haupt- *Schiff* **375** 75
Motor, Hilfs- **365** 17
Motor, Hub- **303** 22
Motor, Kran- **311** 27
Motor, luftgekühlter **342** 41
Motor, Mehrzweck- **261** 13
Motor, Otto-® **343** 1, 29
Motor, Raketentrenn-
393 61, 63
Motor, Regel- **303** 9
Motor, Reihen- **343** 48
Motor, Rotationskolben-
343 65
Motor, Schrittschalt- **262** 42
Motor, Schwenk- **285** 69
Motor, Seiten- **384** 29
Motor, Stell- *Energie* **307** 3
Motor, Stell- *Video* **404** 8
Motor, Turbodiesel- **343** 51
Motor, Verbrennungs- **343**
Motor, Viertakt- **341** 39
Motor, Wankel-® **343** 65
Motor, Wind- **207** 34
Motor, Zweitakt- *Garten*
208 30
Motor, Zweitakt- *Motor*
343 74
Motor, Zweitakt- *Motorrad*
341 2, 19
Motor, Zwölfzylinder-V-
343 50
Motorabdeckung **343** 80
Motoraggregat **56** 86
Motorbelüftung **347** 38
Motorblock **343** 59
Motorboot *Strand* **95** 9
Motorboot *Wassersport*
102 1–10
Motorboot, Renn- **102** 20–40

Motordrehzahlgeber **348** 62
Motordrehzahlmesser
366 22
Motoreinheit **237** 34
Motorenaufbau **382** 46
Motorfähre **370** 51
Motorfahrrad **341** 1
Motorfischkutter **375** 79
Motorflugzeug **104** 20, 33
Motorgartenhacke **208** 18
Motorhaube *Auto* **344** 5,
346 2
Motorhaube *Werkstatt*
348 59
motorisiertes Zweirad **341**
motorisierte Verkehrsstreife
68 9
Motorkreuzer **102** 5
Motornivellier **264** 68
Motoröl **350** 15
Motorölkanne **350** 16
Motoröltemperaturmesser
366 19
Motorpflegestoff **349** 67
Motorrad *Motorrad* **342**
Motorrad *Stadt* **79** 28
Motorrad, Klein- **341** 37
Motorrad, Renn- **106** 34
Motorrad, Schrittmacher-
106 11
Motorrad, Sport- **342** 20
Motorradfahrer **79** 27
Motorradgabel, imitierte
340 3
Motorradkette **342** 26
Motorradreifen **342** 30
Motorradsport **106** 33
Motorradständer **342** 25
Motorrasenmäher **208** 28
Motorraum **348** 60
Motorregelung, elektrische
218 30
Motorregulierung **366** 67
Motorroller **341** 38
Motorsäge **237** 22, 27, **238** 13
Motorschaltschutz **80** 46
Motorschiff, Küsten- **375** 89
Motorschmieröl **366** 55
Motorsegler **104** 26
Motorsport **106** 33–53
Motorsteuerungsgerät
393 40
Motortestgerät **348** 66
Motorträger **344** 45
Motorvorschub **30** 34
Motorwinde **104** 24
Motte, Dörrobst- **233** 27
Motte, Gespinst- **234** 5
Motte, Getreide- **233** 28
Motte, Kleider- **233** 14
Motte, Wasser- **175** 14
Mottofigur **124** 59

Mouche **124** 21
Mountainbike *Fahrrad*
340 15
Mountainbike *Sport* **106** 26
Mount Everest **7** 3
Möwe, Fisch- **178** 17
Möwe, Haff- **178** 17
Möwe, Kirr- **178** 17
Möwe, Lach- **178** 17
Möwe, Schwalben- **178** 14
Möwe, Speck- **178** 17
Mozartzopf **40** 4
MP2 **63** 8
MP3-Player **402** 16
MP3-Spieler **402** 16
MRCA **64** 8
MTA **28** 39
MTW **63** 86
Mücke, Stech- **175** 17
Muddeschicht **14** 17
Muffe **279** 43
Muffe, Gegenseil- **368** 68
Muffe, Zugseil- **368** 67
Muffelofen **293** 23
Mufflon **185** 7
Mühlbach **245** 47
Mühle *Mühle* **245**
Mühle *Spiel* **90** 23–25, 24
Mühle, Bock- **245** 33
Mühle, Doppel- **90** 25
Mühle, Gebets- **161** 29
Mühle, Getreide- **47** 4
Mühle, Holländer- **245** 30
Mühle, Kaffee- **47** 12
Mühle, Kohlen- **304** 14
Mühle, Kugel- *Porzellan*
316 1
Mühle, Kugel- *Zement*
310 8, 22
Mühle, Masse- **316** 1
Mühle, Trommel- **316** 1
Mühle, Wasser- *Geogr.*
17 77
Mühle, Wasser- *Mühle*
245 37
Mühle, Wind- *Geogr.* **17** 30
Mühle, Wind- *Mühle*
245 1, 33
Mühle, Zwick- **90** 25
Mühlebrett **90** 23
Mühleisen **245** 13
Mühlespiel **90** 18, 23–25
Mühlgraben **245** 47
Mühlrad, mittelschlächtiges
245 40
Mühlrad, oberschlächtiges
245 38
Mühlrad, unterschlächtiges
245 42
Mühlstein **245** 17
Mühlsteinauge **245** 20
Mühlwehr **245** 45

Mulde *Geogr.* **13** 21
Mulde *Kunst* **155** 48
Mulde, Auffahr- **367** 36
Mulde, Bügel- **56** 5
Mulde, Fang- **217** 10
Mulde, Kipp- **367** 38
Mulde, Kipper- **354** 12
Mulde, Meng- **250** 9
Mulde, Schneid- **216** 29
Mulde, Schrott- **300** 27
Muldenachse **13** 22
Muldengewölbe **155** 47
Muldenkipper *Hausrat* **55** 38
Muldenkipper *Steinbruch*
312 7
Muldenkippwagen **367** 37
Muldental **14** 32
Muldenwagen **300** 69
Muleta **128** 32
Muli, Werkstatt- **261** 22
Müll, Atom- **306** 60–71
Müll, Verpackungs- **81** 4, 5
Müllabfuhr **81** 11–13
Müllabfuhrwagen **353** 13
Mullauflage, keimfreie **26** 7
Müllauto **81** 12
Mullbinde **26** 10
Müllbunker **81** 21
Müllcontainer **353** 14
Mülleimer, Tret- **349** 69
Müller **245** 16
Müllfahrzeug, Press- **353** 13
Müllmann **81** 13
Müllpresse **81** 24
Mülltonne *Abfall* **81** 11
Mülltonne *Straßenrein.*
353 14
Mülltrennung **81** 1–10
Müllverbrennungsanlage
Abfall **81** 20–28
Müllverbrennungsanlage
Stadt **18** 36
Müllwagen *Abfall* **81** 12
Müllwagen *Straßenrein.*
353 13
Müllwerker **81** 13
Multifunktionsarm **394** 6
Multifunktionsjoystick
217 80
Multifunktionsschalthebel
344 68
Multiplierröhre, Foto- **329** 7
Multiplikand **167** 25
Multiplikation **167** 25
Multiplikator **167** 25
Multiplizieren **167** 25
Multirole Combat Aircraft
64 8
Multirolle **243** 29
Multitrainer **112** 24
Mumie **160** 21
Mumienschlafsack **92** 42

Mund **19** 19, 22 9, 15
Mund, Gieß- **331** 17
Mund, Magen- **23** 52
Mund, Mutter- **23** 100, 25 43
Mund, Saug- **353** 18
Mundbinde **140** 5
Mundblasen **317** 61–69
Mundglasfertigung
317 61–69
Mundharmonika **142** 35
Mundleuchte **29** 37
Mundschenk **147** 69
Mundschnur **244** 26
Mundsperrer **27** 41
Mundspiegel **29** 36
Mundstück *Med.* **32** 39
Mundstück *Musik* **141** 38,
142 33, 77
Mundstück *Polizei* **68** 21
Mundstück *Tabak* **259** 13
Mundstück, Pfeifen- **259** 40
Mundstück, Schweiß- **294** 32
Mundtuch **53** 10
Mündung, Fluss- **14** 2,
15 21, 25
Mündung, Lauf- **123** 45
Mündung, Trichter- **15** 21
Mündungsarm **14** 3
Mündungsbremse **63** 40
Mündungsfeuerdämpfer
63 17
Mündungsklappe **67** 78
Mündungswaagerechte
240 74
Mundwasser **57** 29
Mundwinkel **19** 20, 22 22
Mund-zu-Mund-Beatmung
26 30
Mund-zu-Nase-Beatmung
26 30
Munition **240** 19
Munition, Sport- **123** 28–33
Münzanhänger **43** 36
Münzbuchstabe **60** 29
Münze *Geld* **59** 1–16
Münze *Kaufhaus* **83** 5
Münze, Euro- **60** 31–37,
38–49
Münze, Gold- **43** 37
Münze, Silber- **60** 35, 42
Münze, 1-Cent- **60** 31, 38
Münze, 1-Dollar- **59** 15
Münze, 1-Euro- **60** 24, 28, 45,
46, 47, 48, 49
Münze, 1-Kronen- **59** 12
Münze, 1-Mark- **59** 8, 10, 11
Münze, 1-Schekel- **59** 14
Münze, 1-Yuan- **59** 16
Münze, 1-Złoty- **59** 13
Münze, 10-Cent- **60** 34, 41
Münze, 2-Cent- **60** 32, 39
Münze, 2-Euro- **60** 37, 44

Münze, 20-Cent- **60** 35, 42
Münze, 200-Mark- **59** 9
Münze, 5-Cent- **60** 33, 40
Münze, 50-Cent- **60** 36
Münzfassung **43** 38
Münzplättchen **59** 20
Münzprägung **59** 17–21
Münztelefon **358** 14
Münzzählbrett **414** 16
Münzzeichen **60** 29
Murmeltier **184** 21
Muschel, Hörer- **396** 10
Muschel, Jakobs- **127** 48
Muschel, Konzert- **88** 45
Muschel, Nasen- **22** 77
Muschel, Ohr- *Anat.* **22** 86
Muschel, Ohr- *Schule* **73** 35
Muschel, Okular- **134** 34
Muschel, Perl- **176** 32
Muschel, Pilger- **127** 48
Muschel, Strand- **95** 14
Muschelhorn **145** 45
Muschelkalk, Mittlerer
306 62
Muschelkalk, Oberer **306** 61
Muschelkalk, Unterer
306 63
Muschelkrebs, Riesen- **187** 1
Muschelschale **176** 35
Musette **140** 8
Museum **18** 19
Mushaus **147** 13
Musikatelier **131** 11
Musikautomat **127** 16
Musiker *Karneval* **124** 3
Musiker *Kurbad* **88** 44
Musikertribüne **125** 9
Musikinstrument
140, 141, 142, 143, 144
Musikinstrument, mecha-
nisches **127** 16
Musikkassette **402** 55–59
Musiknotation **138, 139**
Musiknote **138** 3–7
Muskatblüte **200** 34
Muskatnuss **200** 35
Muskatnussbaum **200** 30
Muskel, Arm- **21** 37, 38,
54, 55
Muskel, Armspeichen-
21 39
Muskel, Augen- **22** 53
Muskel, Bauch- **21** 43, 44
Muskel, Brust- **21** 36
Muskel, Daumen- **21** 41
Muskel, Delta- **21** 35
Muskel, Fuß- **21** 61
Muskel, Gesäß- **21** 60
Muskel, Gesichts- **22** 7
Muskel, Hals- **22** 13
Muskel, Hinterhaupt- **21** 50,
22 3

Muskel, Kappen- 21 52
Muskel, Kapuzen- 21 52
Muskel, Kau- 22 8
Muskel, Nacken- 21 51
Muskel, Ring- 22 6, 9
Muskel, Rücken- 21 59
Muskel, Säge- 21 42
Muskel, Schienbein- 21 47
Muskel, Schläfen- 22 4
Muskel, Schließ- *Anat.* 23 76
Muskel, Schließ- *Biene* 230 23
Muskel, Schneider- 21 45
Muskel, Schulter- 21 35
Muskel, Stirn- 22 5
Muskel, Untergräten- 21 53
Muskel, Waden- 21 62
Muskel, Wadenbein- 21 64
Muskelshirt 37 69, 39 26
Muskulatur 21 34–64
Müsli 252 90
Mustang 160 4
Muster 35 52, 56
Muster, Ärzte- 27 31
Muster, Farb- 257 44
Muster, Karo- 38 56
Muster, Ringel- 35 26
Muster, Schnitt- 255 3
Muster, Stoff- *Kaufhaus* 83 71
Muster, Stoff- *Schneiderei* 256 10
Muster, Strick- 58 43
Muster, Waffel- 323 29
Muster, Zopf- 35 32
Musterwalze 282 15
Mutter *Baby* 33 6
Mutter *Eisenbahn* 360 18
Mutter *Fahrrad* 339 59
Mutter *Park* 84 72
Mutter, Flügel- 296 42
Mutter, Gebär- 23 94
Mutter, Gegen- 296 30
Mutter, Konter- *Fahrrad* 339 60
Mutter, Konter- *Maschinenteil* 296 30
Mutter, Kronen- 296 24, 77
Mutter, Rohrhalte- 63 11
Mutter, Rund- 296 35
Mutter, Sechskant- 296 18
Mutter, Sicherungs- 339 70
Mutter, Stell- 296 35
Muttergang 235 25
Mutterknolle 221 39
Mutterkompass 379 46
Mutterkorn 221 4
Mutterkuchen 25 33
Muttermund 23 100
Muttermund, äußerer 25 43

Mutterpflanze 206 15
Muttersau 228 41
Mutterschaf 228 10
Mutterschloss 302 19
Mutulus 153 12
Mützchen *Baby* 33 27
Mützchen *Kleidung* 34 3
Mützchen, Binde- 34 3
Mütze *Kleidung* 39 48
Mütze *Kopfbedeckung* 42 10
Mütze *Schiff* 376 32
Mütze *Stadt* 79 75
Mütze *Straßenrein.* 353 3
Mütze, Arbeits- 42 46
Mütze, Ballon- 42 9
Mütze, Basken- 42 24, 35
Mütze, Bisamfell- 42 41
Mütze, Cord- 42 33
Mütze, Damen- 42 5
Mütze, Dienst- 68 8
Mütze, Fell- 42 42
Mütze, Fuchsfell- 42 39
Mütze, Fuchspelz- 42 20
Mütze, Fugger- 42 27
Mütze, Herren- 42 29
Mütze, Kapitäns- 379 16
Mütze, Koch- 376 88
Mütze, Krimmer- 42 42
Mütze, Leder- 42 40
Mütze, Matrosen- 127 65
Mütze, Nerz- 42 21
Mütze, Papier- 124 40
Mütze, Pudel- 42 51
Mütze, Schaffell- 161 19
Mütze, Schiffchen- 42 42
Mütze, Schirm- *Kleidung* 34 59
Mütze, Schirm- *Kopfbedeckung* 42 37
Mütze, Schirm- *Polizei* 68 8
Mütze, Schirm- *Schiff* 376 77
Mütze, Schiwago- 42 41
Mütze, Segler- 42 37
Mütze, Ski- *Kopfbedeckung* 42 53
Mütze, Ski- *Sport* 119 9
Mütze, Stierkämpfer- 128 27
Mütze, Strick- 42 11
Mütze, Tauch- 93 3
Mütze, Uniform- 359 14
Mütze, Woll- 42 34
Mütze, Zipfel- 42 53
Myrte 205 11
Myrte, Braut- 205 11
Myrte, Hühner- 214 27
Myrtensträußchen 150 20
Myrtus 205 11
mythologische Figur 145
mythologisches Tier 145
Myzel 199 2
Myzelgeflecht, Dauer- 221 4
Myzelium 199 2

N

Nabe 339 19
Nabe, Freilauf- 339 69
Nabe, Vorderrad- 339 58
Nabel 19 45
Nabelschnur 25 34
Nabenbremse 340 42
Nabengangschaltung 339 40
Nabenhülse 339 75
Nachbar, Tisch- 78 42
Nachbesserung 237 10
Nachbildung 73 16
Nachbrennerdüse 64 13, 65 18
Nachbrust 249 25
Nachdarre 246 18, 30
Nachfetten 318 8
Nachführbelichtungsmesser 266 28
nachgefragte Menge 415 20
Nachläufer *Billard* 91 3
Nachläufer *Forstw.* 238 49
Nachmischeinrichtung 236 48
Nachpflanzung 237 10
Nachreifen 322 7
Nachricht, Kurz- 165 15
Nachricht, Sport- 165 26
Nachrichten, vermischte 165 28
Nachrichtenmodul 397 6
Nachrichtensatellit 397 1
Nachrichtensprecherin 70 9
Nachrichtentaste 396 44
Nachschaltgetriebe 366 53
Nachschlag 139 18
Nachspeise *Hausrat* 53 7
Nachspeise *Restaurant* 76 22
Nächstbereich 66 62
Nachstellschritt 115 43
Nacht, Fast- 124
Nachtbar 130
Nachtfalter 183 8
Nachthemd 37 9
Nachthyazinthe 213 9
Nachtigall 180 15
Nachtigall, Wasser- 180 15
Nachtisch 76 22
Nachtkerzengewächs 205 3
Nachtkleidchen 37 8
Nachtkleidung 37
Nachtkleidung, Damen- 37 1
Nachtkleidung, Herren- 37 47
Nachtklub 130
Nachtklubband 130 31
Nachtlokal 130
Nachtschatten, Schwarzer 197 5
Nachtschattengewächs 197 7, 205 6

Nachtschmetterling 183 8, 235 15
Nachttisch *Hausrat* 51 19
Nachttisch *Schiff* 376 51
Nachttischlampe *Hausrat* 51 21
Nachttischlampe *Schiff* 376 53
Nachttischschublade 376 52
Nachtwolke, leuchtende 7 26
Nachtzeichen 357 38
Nachvertonung, digitale 132 33
Nachwärmekühler 306 46
Nachwickelrolle 133 27
Nachwickeltrommel 133 27
Nachwuchsbanderillero 128 4
Nachwuchstorero 128 2
Nacken 19 28
Nackenhalte 115 52
Nackenkissen 51 13
Nackenmuskel 21 51
Nackenpinsel 257 10, 258 28
Nackenschutz 82 20
Nackenstand 115 29
Nackenwedel 257 10
Nacktschnecke 234 44
Nadel *Maschinenteil* 296 76
Nadel *Textil* 320 35
Nadel *Zeichner* 314 61
Nadel, Abtast- 241 26
Nadel, Ansteck- 43 18
Nadel, Anzeige- 266 57
Nadel, Bronze- 146 29
Nadel, Bügel- 146 27
Nadel, chirurgische 27 50
Nadel, Fichten- 190 19
Nadel, Filet- 254 26
Nadel, Filier- 254 26
Nadel, gekröpfte 314 72
Nadel, Grammofon- 127 34
Nadel, Gravier- 159 16
Nadel, Haar- 119 50
Nadel, Häkel- 254 37
Nadel, Heft- 338 21
Nadel, Injektions- 27 57, 29 49
Nadel, Köder- 243 14
Nadel, Krawatten- *Kleidung* 38 53
Nadel, Krawatten- *Schmuck* 43 22
Nadel, Kugelkopf- 146 29
Nadel, Loch- 320 34, 46
Nadel, Näh- 254 39
Nadel, Netz- 254 26
Nadel, Radier- 159 16
Nadel, Rundstrick- 254 36
Nadel, Spitz- 320 16
Nadel, Strick- 254 32

Nadel, Tannen- **190** 11
Nadel, Zungen- **320** 10, 49
Nadelbarre **320** 36
Nadelbett **320** 5
Nadeleinsatz **314** 59
nadelförmig **188** 37
nadelfreies Injektionssystem **29** 50
Nadelhalter **27** 52
Nadelholz **190**
Nadelholzhäubling **197** 17
Nadelkäfig **296** 75
Nadelkissen **256** 23
Nadellager **296** 75, 76
Nadelöhr **254** 40
Nadelschiene **320** 36
Nadelspitze **254** 30
Nadelwald **17** 1
Nadelzeichen **159** 58
Nadir **4** 13
Nagel *Heimwerken* **287** 39
Nagel *Maschinenteil* **296** 51
Nagel, Draht- **274** 95, **275** 74
Nagel, Erd- **92** 58
Nagel, Fahnen- **61** 6
Nagel, Feil- **260** 22
Nagel, Finger- **19** 82
Nagel, Holz- **274** 92
Nagel, Klink- **101** 52
Nagel, Papp- **275** 95
Nagel, Schmiede- **274** 94
Nagel, Stimm- **142** 23, **143** 17
Nagel, Zehen- **19** 98
Nagelblech **274** 99
Nagelheft **253** 56
Nagelklaue **273** 75
Nageltasche **275** 72
Nagerl **213** 6
Nagetier **184** 14
Näglein **213** 6
Nahaufnahme **267** 26
Naheinstellgerät, Balgen- **267** 34
Näherin, Pelz- **284** 8
Nähgarnrolle **256** 12
Nahkampf **117** 31
Nähmaschine *Schuhmacher* **253** 21
Nähmaschine, Pelz- **284** 9
Nähmaschine, Schneider- *Schneiderei* **255** 9
Nähmaschine, Tret- *Flohmarkt* **127** 3
Nähmaschine, Tret- *Schneiderei* **256** 15
Nähmaschinengarn **255** 13
Nähmaschinenschublade **256** 21
Nähmaschinentisch **256** 20
Nähnadel **254** 39
Nahrungsbläschen **176** 9
Nahrungsvakuole **176** 9

Nähseidenröllchen **256** 13
Nähspitze **254** 30
Naht, Hosen- **38** 14
Naht, Längsteilungs- **35** 13
Naht, Stepp- *Handarbeit* **254** 1
Naht, Stepp- *Kleidung* **34** 43, **35** 6, **36** 3
Naht, Tapeten- **281** 20
Naht, Teilungs- **36** 76
Naht, Unterbrust- **36** 14
Naht, Zier- **36** 13
Nahtband **255** 15
Nahtmaterial **31** 19
Nahtmaterial, chirurgisches **27** 49
Nahtroller **281** 36
Nahtschneider **281** 43
Nahtspant **101** 55
Nahtspantenbau **101** 54
Nahttasche **36** 76
Nahverkehr **362**
Nahverkehr, Personen- **358** 34
Nahverkehrstriebzug **362** 1
Nähvorrichtung **286** 52
Name *Bank* **413** 20, 25, 28
Name *Börse* **415** 17, 29
Name, Boots- **102** 8
Name, Stern- **3** 9–48
Name, Straßen- **79** 4
Namensschild *Bahnhof* **358** 8
Namensschild *Segeln* **101** 46
Nansenschlitten **121** 19
Nante, Topp- **373** 47
Napf, Fress- **223** 41
Napf, Futter- **223** 41
Napf, Gummi- **88** 12
Napf, Saug- **233** 37
Napfkuchen *Bäckerei* **251** 39
Napfkuchen *Supermarkt* **252** 12
Napfkuchenform **48** 21
Narbe **188** 61, **211** 44, **212** 19
Nargileh **259** 42
Narkosewagen **31** 22
Narrenkappe **124** 34
Narrenorden **124** 56
Narrenpritsche **124** 43
Narrenzepter **124** 55
Narzisse, Dichter- **213** 4
Narzisse, Trompeten- **213** 3
Narzisse, Weiße **213** 4
Narzissengewächs **205** 8
Nase *Anat.* **19** 16, **22** 75
Nase *Bau* **275** 51
Nase *Maschinenteil* **296** 29
Nase *Pferd* **225** 6
Nase *Tischler* **285** 18
Nase *Zool.* **182** 2, **223** 4
Nase, Glatt- **184** 11

Nase, Papp- **124** 41
Nase, Pech- **147** 23
Nase, Radar- **64** 10
Nase, Rumpf- **387** 13
Nase, Torsions- **104** 15
Nasenbein **20** 50, **22** 80
Nasenhöhle **22** 76
Nasenkeil **296** 74
Nasenklammer **32** 43
Nasenklappe **385** 52
Nasenknorpel **22** 82
Nasenleiste **104** 10
Nasen-Lippen-Furche **19** 17
Nasenmuschel **22** 77
Nasenriemen **226** 7
Nasenscheibe **339** 61
Nasenscheidewandknorpel **22** 81
Nasensteg **263** 12
Nashorn, Spitzmaul- **184** 29
Nassaufbereitung **316** 1
Nassbürstgerät **260** 46
nasse Wiese **17** 18
Nassspinnen **322** 9–13
Nasszelle *Eisenbahn* **361** 51, 52
Nasszelle *Raumfahrt* **394** 32
Nasszellenmodul **394** 34
Nationalflagge **61** 16–23
NATO-Tape **26** 28
Natriumatom **1** 8
Natriumion **1** 20
Natriumkreislauf, primärer **306** 2
Natriumkreislauf, sekundärer **306** 7
Natronlauge **322** 5
Natter, Höllen- **182** 40
Natter, Ringel- **182** 38
Natter, Schwimm- **182** 38
Natter, Wasser- **182** 38
Naturfelsen **86** 26
Naturkorkgriff **243** 22
natürliche a-Moll-Tonleiter **138** 46
natürliche Zahl **167** 10
Naturtheater **84** 6
Naturwabe **230** 72
Navette **43** 56
Navigation **379, 380**
Navigation, Bild- **269** 36, 49, 50
Navigationsgerät **379** 7
Navigationsgerät, Funk- **386** 22
Navigationsgerät, GPS- **379** 30
Navigationsleiste **328** 33
Navigationsraum *Schiff* **377** 14
Navigationsraum *Seerettung* **384** 22

Navigationsscheibe **407** 34
Navigationssystem **344** 81
Navigationstaste **396** 54
Navigator-System, Decca- **379** 33
Navy-Cut **259** 25
Nazcaplatte **11** 36
Nebel **9** 22
Nebel, Hoch- **8** 4
Nebelkammer, wilsonsche **2** 24
Nebelkammeraufnahme **2** 26
Nebelscheinwerfer **344** 54
Nebelscheinwerferkontrolllampe **344** 57
Nebelschlussleuchte **344** 56
Nebelstrahlrohr **82** 82
Nebelstreifen **2** 27
Nebelwurfbecher **63** 66
Nebenauge **230** 3
Nebenbahn **17** 22
Nebenblatt **189** 73, **209** 5, **211** 51
Nebenhoden **23** 87
Nebenkern **176** 13
Nebenleitung **345** 29
Nebenluftschieber **56** 78
Nebenniere **23** 36
Nebenportal **154** 13
Nebenstation **379** 35
Nebenstrom **388** 52
Nebenwinkel **169** 14
Nebenwurzel **188** 18
Negativbühne **268** 33
negative Richtung **170** 7
negatives Vorzeichen **167** 8
negative Zahl **167** 8
Negativkohle **133** 41
Negligé **37** 8
Nehmen, Mal- **167** 25
Nehmer, Zeit- *Schwimmen* **98** 21
Nehmer, Zeit- *Sport* **117** 47
Nehrung **15** 14
Nehrung, entstehende **15** 17
Nehrung, Frische **15** 14
Nehrung, Putziger **15** 17
Neigen, Seit- **117** 29
Neiger, Kino- **134** 12
Neigung, Quer- **354** 51
Neigungsausgleich **220** 2
Neigungsverstellung *Fotoreprod.* **330** 36
Neigungsverstellung *Landw.* **218** 46
Neigungsverstellung, Schild- **354** 26
Nektarium, Blatt- **212** 21
Nelke, Bart- **213** 6
Nelke, Büschel- **213** 6
Nelke, Fleisch- **213** 6
Nelke, Garten- **213** 7

Nelke, Gewürz- **200** 28
Nelke, Korn- **214** 6
Nelke, Licht- **194** 21
Nelke, Pech- **194** 20
Nelke, Studenten- **213** 6
Nelkengewächs **222** 12
Nematode **234** 42
Nenner **167** 15, 16
Nenner, gemeinsamer
167 19
Nenner, Haupt- **167** 19
Nenner, ungleicher **167** 19
Nennwert **415** 27
Neolithikum **146** 10–20
Neopren® *Surfen* **94** 5, 32
Neopren® *Tauchen* **93** 1
Neptun **4** 54
Nerv **22** 41, 73
Nerv, Bein- **21** 30
Nerv, Brust- **21** 26
Nerv, Ellen- **21** 29
Nerv, Gehör- **22** 96
Nerv, Hüft- **21** 30
Nerv, Ischias- **21** 30
Nerv, Schenkel- **21** 31
Nerv, Schienbein- **21** 32
Nerv, Seh- *Anat.* **22** 60
Nerv, Seh- *Biene* **230** 31
Nerv, Speichen- **21** 28
Nerv, Waden- **21** 33
Nervenbahn **20** 60
Nervensystem **21** 22–33
Nerz **35** 3
Nerzfell **284** 11
Nerzfell, ausgelassenes
284 19
Nerzjäckchen **35** 1
Nerzmantel **284** 23
Nerzmütze **42** 21
Nerzpelzhut **42** 19
Nerzschirmkappe **42** 18
Nessel, Brenn- **214** 33
Nesselband **305** 50
Nest, Lege- **227** 6
Nest, Raupen- **234** 7
Nest, Schwalben- **67** 19
Nest, Überwinterungs-
234 39
Nestloch **178** 33
Network Terminal Basic Ac-
cess **397** 31
Netz *Astron.* **3** 48
Netz *Eisenbahn* **361** 35
Netz *Fischerei* **244** 5
Netz *Jagd* **239** 31
Netz *Sport* **109** 9, 54
Netz, Auffang- **305** 50
Netz, Draht- **173** 18, 19
Netz, endoplasmatisches
24 6
Netz, Gespinst- **234** 7
Netz, Grad- **16** 1–7

Netz, Kletter- *Schwimmbad*
97 18
Netz, Kletter- *Spielplatz*
87 37
Netz, Kühl- **343** 57
Netz, Moskito- **92** 36
Netz, Raster- **327** 13
Netz, Schlepp- **244** 17
Netz, Schocker- **243** 60
Netz, Schwarm- **230** 66
Netz, Sicherheits- **125** 13
Netz, Spinnen- *Spielplatz*
87 33
Netz, Spinnen- *Zool.* **175** 52
Netz, Sprung- **125** 13
Netz, Strom- **307** 25, **308** 19
Netz, Telefon- **327** 7
Netz, Tennis- **109** 9
Netz, Tischtennis- **109** 35
Netz, Tor- **107** 40
Netz, Treib- **244** 2–7
Netz, Verteilungs- **80** 22
Netz, Volleyball- **110** 7
Netz, Windschutz- **227** 14
Netz, Wohn- **233** 11
Netz, Wurf- **243** 10
Netzabschlussgerät, ISDN-
397 31
Netzanschluss **361** 59
Netzarbeit **254** 22
Netzauge **230** 26
Netzeinholer **244** 23
Netzeinspeisung **306** 13, 55
Netzflügler **175** 14
Netzgerät **269** 18
Netzgewölbe **155** 45
Netzhalter **109** 11
Netzhaut **22** 58
Netzkabelbuchse **397** 19
Netzkante **109** 10
Netznadel **254** 26
Netzpfosten **109** 12, **110** 8
Netzrichter **109** 19
Netzschalter *PC* **406** 11
Netzschalter *U-Elektronik*
401 33
Netzsonde **244** 14
Netzsondenkabel **244** 12
Netzspieler **110** 11
Netzstrumpf **37** 40
Netzteil *Film* **132** 14
Netzteil *PC* **406** 2
Netzwand **244** 5
Netzwerk, Funk- **405** 1
Netzwerkanschluss **407** 7
Netzwerkkabel **397** 29
Netzwerkrechner **398** 5
Netzzustand **305** 10
Neubau, Schiffs- **378** 30
neuer Anflug **103** 45
Neuer Schekel **59** 14
Neufundländer **223** 12

Neugeborenes **25** 50
Neumond **4** 2
Neun **91** 24
Neunachteltakt **138** 39
Neunbindengürteltier **184** 10
Neunvierteltakt **138** 40
Neustart **406** 12
neutrale Ecke **117** 38
Neutron **1** 16, 39, 59
Neutron, absorbiertes **1** 62
Neutron, freigesetztes
1 48, 54
Neutron, frei werdendes **1** 61
Neutron, kernspaltendes
1 51
Neutronenbeschuss **1** 45
NF-Ziegelstein **271** 58
nicht druckendes Teil **331** 43
nicht gesicherter Bahnüber-
gang **356** 49
nicht Linie haltende Stelle
326 34
Nichtschwimmerbecken
98 18
Nicken **386** 67
Nickendes Leinkraut **194** 26
Nicker **21** 34, **22** 2
Nicker, Kopf- **22** 2
Nicki **34** 49
Nickipulli **34** 49
Niederdruckgasleitung
309 44
Niederdruckmanometer
294 6
Niederdruckteil **306** 49
Niederdruckturbine *Flugzeug*
388 56
Niederdruckturbine *Militär*
67 62
Niederdruckverdichter
388 37
Niederdruck-Wasservorlage
294 8
Niederdruckzylinder **305** 29
Niederflur-Kleinbus **347** 33
Niederflurwaggon **360** 37
Niederführung, Antennen-
377 4
Niedergang *Militär* **66** 24
Niedergang *Schiff* **377** 24
Niederhalter **311** 70
Niederhaus **123** 50
Niederholer, Baum- **100** 12
Niederholer, Fock- **100** 8
niederländische 1-Euro-
Münze **60** 45
Niederschachtofen, Elektro-
300 54
Niederschlag *Meteor.* **8** 9, 10
Niederschlag *Sport* **117** 40
Niederschlag, gleichförmiger
8 18

Niederschlag, Schauer- **8** 19
Niederschlag, strichweise
auftretender **8** 19
Niederschlagsform **8** 18, 19
Niederschlagsgebiet **9** 21
Niederschlagsmesser **10** 44
Niederschrift **90** 6
Niedersprungmatte **113** 13,
114 7
Niedrigenergiehaus **308** 1–24
Niere **23** 35, 37
Niere, Neben- **23** 36
Nierenaufnahme **32** 15
Nierenbecken **23** 39
nierenförmig **188** 41
Nierengegend **225** 30
Nierenkelch **23** 38
Nierenkontrastdarstellung
32 7
Nierenschale **28** 43
Nieseln **9** 24
Niet **296** 57–60
Niete *Maschinenteil*
296 57–60
Niete *Rummelplatz* **126** 49
Nietenschaft **296** 58
Nietkopf **296** 57, 59
Nietmaschine **291** 27
Nietteilung **296** 60
Nietung **296** 56
Nietverbindung **296** 56
Nilpferd **184** 36
Nimbostratus **8** 10
Nimitz ICVN 68 **67** 1
Nimmersatt **178** 7
Nine Ball **91** 23, 24
Nippel, Schlauch- **208** 45
Nippel, Schmier- **296** 81
Nippel, Speichen- **339** 22
Nippelhalter **279** 64
Nippeltränke **227** 22
Nische *Camping* **92** 41
Nische *Wasserbau* **371** 79
Nische, Abriss- **12** 45
Nische, Altar- **153** 78
Nische, Anker- **378** 79
Nische, Chor- **154** 5
Nische, Gebets- **151** 20
Nische, Grab- **149** 63
Nischenpoller **371** 11
Nitscheln **318** 13
Nitschelwerk **318** 14
Niveau, Energie- **1** 27
Nivellier, Kompensator-
264 68
Nivellier, Motor- **264** 68
Nivellierinstrument **16** 49
Nivellierung **16** 47
Nivellierungstaster
355 10, 17
Nixe **145** 25
Nixe, Wasser- **145** 25

Nock, Brücken- **377** 16
Nocke **123** 63
Nocken **343** 5
Nockenwelle **343** 2
Nockenwellenantriebsrad **343** 32
Nockenwellengehäuse **343** 31
Nockenwellenlager **345** 26
Nockgording **372** 36
Noir **89** 13
Nomade **161** 15
Nonius *Navigation* **379** 21
Nonius *Schlosser* **293** 62
Noniusskala **302** 69
Nonne *Bau* **275** 57
Nonne *Kirche* **149** 50
Nonne *Zool.* **235** 18
Nordamerika **16** 13
nordamerikanisches Opossum **184** 2
Nordäquatorialstrom **16** 33
Nordfriesland **15** 26
nordischer Skisport **119** 53–65
nördliche Hemisphäre **3** 1–35
Nördliche Krone **3** 31
nördlicher Fixsternhimmel **3** 1–35
Nördliches Eismeer **16** 22
Nordostpassat **9** 37
Nordpunkt **4** 16
Nordsee **15** 2, **16** 27
Nordseeküste **15** 45
Nordstern **3** 1
Norm, Bogen- **338** 71
Normalbenzin **350** 35
Normalfilmkamera **134** 1
Normalformat-Ziegelstein **271** 58
Normalgewinde **302** 4
Normalkassette **402** 55
Normalklappe **385** 45
Normalkraftstoff **350** 35
Normalobjektiv **267** 51
Nortongetriebe **302** 8
Nortonkasten **302** 8
Norwegen **15** 4
Nose **123** 78
Notaderpresse **26** 17
Notärztin **82** 7
Notarztwagen **82** 6
Notation **90** 6
Notation, Choral- **138** 1
Notation, Mensural- **138** 2
Notation, Musik- **138** 1
Notation, Quadrat- **138** 1
Notauffangnetz **67** 17
Notausgang **133** 7
Notausknopf **311** 47
Notausschalter **286** 6

Notausstieg **361** 37
Notbeleuchtung **133** 6
Notbremse **368** 3
Notbremsventil **364** 57
Note *Geld* **59** 22–24
Note *Musik* **138** 3–7
Note, Achtel- **138** 16
Note, Bank- *Geld* **59** 22–24, **60** 1–23
Note, Bank- *Kaufhaus* **83** 5
Note, Fuß- **338** 64
Note, ganze **138** 13
Note, halbe **138** 14
Note, historische **138** 1, 2
Note, Musik- **138** 3–7
Note, Sechzehntel- **138** 17
Note, Viertel- **138** 15
Note, Vierundsechzigstel- **138** 19
Note, Zweiunddreißigstel- **138** 18
Note, 10-Euro- **60** 19
Note, 100-Euro- **60** 21
Note, 20-Euro- **60** 1
Note, 200-Euro- **60** 22
Note, 5-Euro- **60** 18
Note, 50-Euro- **60** 20
Note, 500-Euro- **60** 23
Notebook *Büro* **409** 6
Notebook *Internet* **405** 1
Notebook *PC* **407** 1
Notebook *Universität* **74** 25
Notenbalken **138** 6
Notenblatt **127** 17
Notenfähnchen **138** 5
Notenhals **138** 4
Notenkopf **138** 3
Notenlinie **138** 43
Notenpult **144** 36
Notenschlüssel **138** 8–11
Notensortierer **414** 13
Notenwert **138** 12–19
Notenzählmaschine **414** 12
Notfallabfackelanlage **299** 11
Notfallkoffer **82** 18
Notfallkoffereinschub **82** 54
Notfallopfer **82** 10
Notfalltasche **82** 14, 69
Notgelb **357** 16
Notiz, Akten- **411** 10
Notizblock **411** 34
Notizblock, Haft- **410** 20
Notizzettel **358** 54
Notreißbahn **103** 64
Notreißleine **103** 65
Notrufnummer **396** 6
Notschalter **349** 78
Notstromanlage **306** 58
Notstromversorgung **30** 5
Notverband **26** 1
Novillero **128** 2
NTBA, ISDN- **397** 31

Nudel **252** 92
Nudel, Schnecken- **251** 44
Nukleinbase **24** 25
Nukleolus **24** 30
Nukleosom **24** 21
Nukleus **24** 30
Null **89** 8
Nullhyperbel **379** 36
Nullisotherme **9** 32
Nullleiter **280** 15
Nullmeridian **16** 5
Nullpunkt **305** 25
Nullpunkt, Koordinaten- **170** 4
Nullpunkteinstellung **2** 7
Nullschicht **7** 9, 24
Nullstelle **170** 12
Numerus **168** 6
Nummer **89** 4
Nummer, Bahngleis- **358** 32, **359** 11
Nummer, Bahnsteig- **358** 32, **359** 11
Nummer, Einschreiben- **395** 7
Nummer, Einstellungs- **131** 35
Nummer, Fahrrad- **339** 55
Nummer, Garderoben- **136** 8
Nummer, Karten- **413** 23
Nummer, Kenn- **415** 18, 26
Nummer, komische **125** 23
Nummer, Konto- **413** 21
Nummer, Kreditkarten- **413** 29
Nummer, laufende **415** 28
Nummer, Lieder- **148** 24
Nummer, Notruf- **396** 6
Nummer, Paket- **395** 7, 20
Nummer, Platz- **92** 60
Nummer, Postzeitungs- **165** 8
Nummer, Rahmen- **339** 55
Nummer, Ruf- **396** 7
Nummer, Serien- **60** 14
Nummer, Start- *Pferdesport* **105** 35
Nummer, Start- *Sport* **106** 45
Nummer, Track- **401** 67
Nummer, Wahllokal- **69** 29
Nummer, Zapfstellen- **350** 34
Nummer, Zertifikats- **102** 8
Nummer, Zimmer- **78** 10
Nummer, Zirkus- **125** 23
Nummer, Zug- **358** 28
Nummerieren **237** 20
Nummerierschlägel, Revolver- **238** 12
Nummerierung **238** 33
Nummernkasten **78** 5
Nummernscheibe **396** 8

Nummernschild **78** 10
Nummerntafel **148** 24
Nuss *Bot.* **188** 109, **202** 60, **212**
Nuss *Musik* **142** 60
Nuss *Schlosser* **293** 50
Nuss, Baum- **212** 51
Nuss, Bethel- **198** 20
Nuss, Erd- *Bot.* **201** 41
Nuss, Erd- *Supermarkt* **252** 61
Nuss, Erd- *Tankstelle* **349** 5
Nuss, Hasel- **212** 58
Nuss, Kokos- **201** 53
Nuss, Muskat- **200** 35
Nuss, Para- **202** 53, 59
Nuss, Stachel- **197** 8
Nuss, Wal- **212** 51
Nuss, Welsche **212** 51
Nussbaum **212** 43
Nussfrucht **193** 43
Nussfrucht, Sammel- **188** 111
Nusshäher **179** 14
Nussknacker **53** 50
Nussstück **249** 11, 52
Nüster **225** 7
Nut **296** 85
Nut, Führungs- **371** 85
Nut, Keil- **296** 66, 85
Nut, Kolbenring- **343** 37
Nutation **4** 24
Nutkeil **296** 73, 74
Nutsche **172** 10
Nutzen, Überzug- **337** 12
Nutzenzylinder **337** 10
Nutzgarten **204**
Nutzhund **223** 1–11
Nutzlastbedienungsgerät **393** 30
Nutzlastraum **393** 14, 27
Nutzlastraumluke **393** 15
Nutzung, Sonnenenergie- **308** 1–19
Nydamschiff **372** 1–6
Nylon, Anorak- **58** 4
Nylonfaden **208** 52
Nylonsohle **107** 30
Nymphe **342** 36
Nymphe, Quell- **84** 2

O

O'Brien-Technik **116** 49
Oase **162** 4
Obelisk **152** 10
Obenentleerung **300** 44
Ober *Hotel* **78** 48
Ober *Restaurant* **76** 25
Oberarm **19** 59
Oberarmbein **20** 16
Oberarmkippe **113** 58

Oberarmknochen 20 16
Oberarmschiene 147 47
Oberbär 292 10
Oberbauch 19 47
Oberbeleuchter 131 37
Oberbramrah, Groß- 373 42
Oberbramrah, Vor- 373 36
Oberbramsegel, Groß-
373 65
Oberbramsegel, Vor- 373 59
Oberdeck 347 43
Oberdruckantrieb 292 2
Obereck 62 20, 21
obere Hohlvene 21 9, 23 66
oberer Erdmantel 11 4
oberer Lungenlappen 23 10
Oberer Muschelkalk 306 61
obere Sohle 306 86
Oberfläche, Bedien- 398 16
Oberfläche, Benutzer-
328 14, 24
Oberfläche, Erd- 11 9
Oberfläche, Mond- 392 12
Oberfläche, Programm-
315 26
Oberflächenprüfgerät
264 37
Oberflächenvorwärmer
364 23
Oberflächenwelle 12 27
Oberflügel 385 7
Obergaden 153 84
Obergeschoss Bau 271 14
Obergeschoss Haus 44 3
Obergesenk 292 4
Obergurt Bau 274 74, 80
Obergurt Brücke 369 9
Oberhaupt 371 29
Oberhaupt, Staats- 61 12
Oberhaut 22 65
Oberhemd 38 51
Oberkante, Aluminium-
119 32
Oberkante, Fahrbahn- 369 8
Oberkasten, Formautomat-
301 14
Oberkiefer 20 45, 22 30
Oberkieferbein 20 45
Oberkieferknochen 22 43
Oberklaue 241 25
Oberkohlrabi 209 26
Oberlabium 144 27
Oberlederschaft 107 26
Oberlederschere 253 42
Oberlicht Haus 44 29, 45 6
Oberlicht Kfz 347 51
Oberlicht Landw. 228 8
Oberlicht, Kasten- 137 13
Oberlichtband 274 21
Oberlid 22 48
Oberlippe Anat. 22 16
Oberlippe Musik 144 27

Oberlippe Pferd 225 8
Oberlippenrinne 19 18
Obermarsrah, Groß- 373 40
Obermarsrah, Vor- 373 34
Obermarssegel, Groß- 373 63
Obermarssegel, Vor- 373 57
Obermaschinerie 137 1–60
Obermesser 336 10
Oberrücken 241 25
Obers, Schlag- 251 34
Oberschale 249 13, 37, 54
Oberschenkel Anat. 19 87
Oberschenkel Med. 26 17
Oberschenkelbein 20 29
oberschlächtiges Mühlrad
245 38
Oberschlitten 302 22
Oberschrank 47 43, 54 27
Oberschwingung 1 12
Oberspannungsanzapfung
305 16
Oberspannungs-
durchführung 304 43
Oberspannungswandler
365 4
Oberspannungswicklung
305 18
Oberstein 245 23
Oberstempel 59 17
Oberstock 362 23
Oberstrich 164 30
Oberstromspannungs-
anzeige 365 29
Obertaste, Pedal- 144 52
Oberteil Kleidung 34 18,
37 3, 44
Oberteil Schuh 58 23, 46
Oberteil, Bikini- 95 19
Oberteil, Breitcord- 58 26
Oberteil, Rahmen- 332 15
Oberteil, Schallschutz-
134 16
Oberteil, Sport- 39 21
Oberwalze 301 29
Oberwerk 144 2, 44
Obi Sport 117 15
Obi Völkerk. 161 41
Objektfeldbeleuchtung
264 33
Objektiv Film 133 55, 134 2
Objektiv Fotogr. 266 5,
267 35, 268 35, 269 3, 32,
270 41
Objektiv Video 404 12
Objektiv, AF- 267 48
Objektiv, Aufnahme- 266 25
Objektiv, Autofokus- 267 48,
269 46
Objektiv, Fern- 267 54
Objektiv, Fischaugen- 267 49
Objektiv, Kamera- 396 50
Objektiv, Normal- 267 51

Objektiv, Projektions- 133 35
Objektiv, Spiegel- 267 55
Objektiv, Sucher- 266 24
Objektiv, Tele- 267 53
Objektiv, Vario- Film 134 23
Objektiv, Vario- Fotogr.
267 53
Objektiv, Wechsel- Fotogr.
267 48
Objektiv, Wechsel- Optik
264 62, 63
Objektiv, Weitwinkel- 267 50
Objektiv, Zoom- Film 134 23
Objektiv, Zoom- Fotogr.
267 24, 53
Objektiv, Zoom- Optik
264 63
Objektiv, Zoom- Rundfunk
400 45
Objektiv, Zoom- Video 404 2
Objektivbrücke 264 18
Objektivköcher 267 46
Objektivköcher, Weichleder-
267 47
Objektivlinse 265 36
Objektivrevolver Film 134 32
Objektivrevolver Optik
264 11, 30
Objektivstandarte 266 51
Objektschleuse 265 33
Objekttisch 264 9
Objekttischverstellung
265 34
Objektverschiebung 265 34
Oblate 150 28
Obmann 111 1
Oboe 141 40
Oboe d'Amore 141 40
Observatorium 5 1
Observatorium, Sonnen-
5 31
Observatorium, Süd- 5 1
Obst 50 32
Obst, Beeren- 211 1
Obst, Kern- 211
Obst, Stein- 212
Obstabteilung 252 76
Obstbaum, Form- 204 2, 3,
17, 18, 30
Obstbaum, hochstämmiger
204 31
Obstbaum, Spalier- 204 2, 3,
17, 18, 30
Obstbaum, Zwerg- 204 2, 3,
17, 18, 30
Obstgarten Garten 204 1
Obstgarten Geogr. 17 108
Obstgarten Landw. 215 15
Obsthochstamm 204 31
Obstkern 211 40, 63
Obstmade 211 67
Obstmesser 53 70

Obstpflücker 208 22
Obstschale 50 31, 53 44
Obsttorte Bäckerei 251 28
Obsttorte Restaurant 75 12
Obstwaage 252 77
OB-Telefon 379 13
Occhiarbeit 254 19
Oceanliner 376 1
Ochse 224 1
Ochse, Moschus- 185 11
Ochsenauge 155 2
Ochsentreiber 3 30
Octans 3 43
Oertz-Ruder 378 72, 73
Ofen 300 24
Ofen, Back- 47 29
Ofen, Brenn- 332 32
Ofen, Dreh- 310 14
Ofen, Drehrohr- 310 14
Ofen, Einbrenn- 332 32
Ofen, Emaillier- 72 64
Ofen, Etagen- 251 88
Ofen, Folienschrumpf-
382 12
Ofen, Gas- 279 25
Ofen, Härte- 293 23
Ofen, Herdwagen- 292 42
Ofen, Hoch- 300 1
Ofen, Kachel- 76 49
Ofen, Kalk- 17 86
Ofen, Kanonen- 127 6
Ofen, Kühl- 317 18
Ofen, Muffel- 293 23
Ofen, Niederschacht- 300 54
Ofen, Rund- 316 3
Ofen, Sauna- 96 16
Ofen, Schacht- 300 1
Ofen, Schmelz- Eisenverarb.
301 1
Ofen, Schmelz- Galvano-
plastik 331 19
Ofen, Schmelz- Glas 317 50
Ofen, Schmelz- Goldschmied
260 8
Ofen, Schmiede- 293 23
Ofen, Siemens-Martin-
300 21
Ofen, Stikken- 251 86
Ofen, Stoß- 301 44
Ofen, Tief- 301 21
Ofen, Trocken- 333 30
Ofen, Tunnel- Porzellan
316 12
Ofen, Tunnel- Ziegelei 313 15
Ofen, Umluft- 349 19
Ofenbank 76 51
Ofendeckel 301 8
Ofengas 300 57
Ofenkachel 76 50
Ofenklappe 251 89
Ofenkrücke 46 45
Ofenplattform 301 6

Ofenraum **300** 25
Ofenrohr **127** 7
Ofenrohrkrümmer **127** 8
Ofenschirm **127** 10
Ofenstein **96** 22
Ofentür **127** 9
offene Masche **323** 30
offener Drehgestell-
   selbstentladewagen **367** 24
offene Reling **378** 69
offener Güterwagen **367** 8
offener Helm **62** 9
offener Sternhaufen **3** 26
offenes Feuer *Hotel* **78** 25
offenes Feuer *Piktogramm*
   390 34
offenes Grab **149** 34
offenes Kerbtal **14** 30
offenes Meer **376** 63
offene Spindel **276** 76
offenes Tor **119** 46
offenes vertikales Tor **119** 48
offenes Wasser **383** 4
offene vierte Position **135** 4
offen getragenes Haar **40** 1
öffentliche Einrichtung
   390 25–30
öffentlicher Personennahverkehr **358** 34
öffentliches Gebäude *Geogr.*
   17 53
öffentliches Gebäude *Stadt*
   18 2
öffentliche Trinkwasserversorgung **80** 1–23
Offizierskajüte **377** 21
Offizierskammer **377** 21
Öffnen **318** 2
Öffner **318** 28
Öffner, Feuertür- **364** 63
Öffner, Flaschen- **53** 49
Öffnung, Abgas- **66** 79
Öffnung, Abluft- **57** 20
Öffnung, Abtast- **406** 56
Öffnung, Atem- **175** 35
Öffnung, Auswurf- **311** 58
Öffnung, Bassreflex- **401** 18
Öffnung, Befüll- **316** 7
Öffnung, Dach- **367** 23
Öffnung, Durchfluss- **371** 63
Öffnung, Einfuhr- **344** 82
Öffnung, Einfüll- **367** 19
Öffnung, Eintritts- **67** 73
Öffnung, Fenster- **133** 17
Öffnung, Füll- **103** 73
Öffnung, Kontroll- **46** 67
Öffnung, Licht- **153** 90
Öffnung, Lüfter- *Militär*
   66 43
Öffnung, Lüfter- *PC* **406** 73
Öffnung, Projektions-
   133 15

Öffnung, Rauchabzugs-
   316 5
Öffnung, Schall- **127** 21
Öffnung, Schau- *Atom* **2** 16
Öffnung, Schau- *Film* **133** 15
Öffnung, Türen- **351** 34
Öffnung, Ventilations- **39** 18
Öffnung, Versenk- **137** 32
Öffnung, Zahnwurzelkanal-
   22 45
Öffnungsfrucht **188** 100
Öffnungshebel **315** 12
Öffnungszeit **358** 62
Offsetantenne **397** 12
Offsetdruck **333**
Offsetkopie **332**
Offsetmaschine, Bogen-
   333 10
Offsetmaschine, Rollen-
   333 17
Offsetplatte **332** 16
Offshorebohrung **299**
Offshoreversorger **375** 49
Ogeeflügel **385** 22
Ogivalflügel **385** 22
Ohr *Anat.* **19** 24
Ohr *Pferd* **225** 1
Öhr **243** 52
Ohr, äußeres **22** 85
Ohr, Feder- **177** 21, **241** 83
Ohr, Herz- **23** 31
Ohr, inneres **22** 93
Ohr, Mittel- **22** 89
Öhr, Nadel- **254** 40
Ohr, Rosen- **223** 2
Ohr, Schweins- *Bäckerei*
   251 36
Ohr, Schweins- *Zool.* **224** 11
Ohrenfledermaus **184** 11
Ohrenhöhler **233** 12
Ohrenklappe **42** 39
Ohrenkneifer **233** 12
Ohrenkriecher **233** 12
Ohreule, Wald- **177** 19
Ohrgehänge **43** 11
Ohrhörer *Büro* **411** 37,
   412 53
Ohrhörer *Sport* **106** 12
Ohrhörer *U.-Elektronik*
   402 17
Ohrläppchen **22** 87
Öhrling **233** 12
Ohrmuschel *Anat.* **22** 86
Ohrmuschel *Schule* **73** 35
Ohrpflock **162** 30
Ohrpolsterung **402** 31
Ohrspeicheldrüse **22** 10
Ohrstecker *Schmuck* **43** 13
Ohrstecker *Sport* **106** 12
Ohrtrompete **22** 83
Ohrwurm **233** 12
Okarina **142** 32

Okkiarbeit **254** 19
Okklusion **9** 15
Oktaeder **174** 6, 14, 16
Oktaeder, Pyramiden- **174** 10
Oktant **3** 43
Oktanzahl **350** 35, 36, 37
Oktavbindung **111** 51
Oktave **139** 13
Oktave, dreigestrichene
   139 48
Oktave, eingestrichene
   139 46
Oktave, fünfgestrichene
   139 50
Oktave, große **139** 44
Oktave, kleine **139** 45
Oktave, Kontra- **139** 43
Oktave, Subkontra- **139** 42
Oktave, viergestrichene
   139 49
Oktave, zweigestrichene
   139 47
oktogonale Kristallfläche
   174 17
Okular *Film* **132** 12
Okular *Optik* **265** 20
Okular *Video* **404** 3
Okular, Mikroskop- **16** 54
Okular, Sucher- **134** 6
Okularabstand **264** 56
Okulareinstellung **134** 7
Okularmuschel **134** 34
Okulation **206** 31
Okulette **206** 37
Okulieren **206** 31
Okuliermesser **206** 32
Öl, Alt- **81** 17
Öl, Anlege- **282** 48
Öl, Erd- *Erdöl* **298**
Öl, Erd- *Geogr.* **13** 34
Öl, Getriebe- **366** 36, 43
Öl, Haft- **237** 35
Öl, Heiz- **46** 54
Öl, Massage- **97** 36
Öl, Motor- **350** 15
Öl, Roh- **322** 25, 40
Öl, Schmier- **366** 55
Öl, Speise- **252** 93
Ölabstreifring **343** 8
Ölansaugstutzen **343** 18
Ölausdehnungsgefäß **304** 42,
   305 12
Ölb **178** 20
Ölbadluftfilter **366** 79
Ölbaum **201** 29
Ölbehälter *Haus* **46** 48
Ölbehälter *Schwimmbad*
   97 37
Ölblock **261** 5
Ölbohrung, Haupt- **345** 23
Ölbrenner **46** 62
Öldruckklampe **344** 64

Öldruckleitung **343** 60
Öldruckmanometer **311** 7
Öldruckmesser **386** 20
Oleander **191** 13
Öleinfüllstutzendeckel
   343 52
Öler, Helm- **339** 71
Ölerklipp **339** 68
Ölfarbe **157** 11
Ölfeuerung **46** 47
Ölfilter **343** 58
Ölflasche **53** 34
Ölgeber **261** 4
ölhaltiger Samen **201** 5
Ölheizungskessel **46** 61
Olive, Blei- **243** 56
Olivenbaum **201** 29
Öljacke **384** 6
Ölkühler *Auto* **345** 21
Ölkühler *Eisenbahn* **365** 11
Ölkühler *Motor* **343** 56
Ölkühlung, Umlauf- **133** 25
Öllampe **156** 15
Ölmantel **384** 7
Ölpalme **201** 54
Ölpumpe **345** 18
Ölpumpe, Lüfter- **365** 45
Ölraffinerie **298** 36–53
Ölrauke **209** 44
Ölstandsanzeiger *Haus*
   46 58
Ölstandsanzeiger *Kraftwerk*
   305 14
Ölstandsleitung **46** 57
Ölstein **159** 21
Ölstudie **157** 36
Ölsumpf **345** 19
Öltank **46** 48
Öltemperaturanzeige
   386 21
Öltemperaturfühlerkabel
   348 61
Ölumlaufpumpe *Eisenbahn*
   365 12
Ölumlaufpumpe *Kraftwerk*
   304 45
Ölvorrat **345** 19
Ölwanne **343** 19
Öl-Wasser-Kühler **304** 46
Olympiajolle **100** 43
Olympiarolle **41** 13
olympische Flagge **61** 15
Olympisches Komitee,
   Internationales **61** 15
olympisches Turnen
   113 1–11, **114** 1–6
Ölzeug **384** 4
Omnibus **347** 33–51
Omnibus, Reise- **347** 35
Oneirophanta **187** 18
Onlineabbuchung **412** 67
Oozyte **25** 6

Open-Taste *U-Elektronik* 402 10
Open-Taste *Video* 404 60
Oper *Stadt* 18 20
Oper *Theater* 136, 137
Operateur 31 4
Operating, Medien- 329
Operationskoje 384 21
Operationslampe 32 26
Operationsleuchte 31 12
Operationsmikroskop 264 31
Operationssaal 31 2
Operationstisch 31 7
Operationstischfahrgestell 31 29
Operationstischlampe 30 37
Opernchor 136 24
Opernglas 136 10
Opernprobe 136 24–30
Opernsänger 136 25
Opernsängerin 136 26
Opfer, Notfall- 82 10
Opferaltar 153 62
Opfergabe 148 60
Opferkerze 148 53
Opferkerzentisch 148 52
Opferstock 148 55
ophthalmologischer Prüf-platz 263 52
Ophthalmometer 263 53
OP-Lampe 30 37, 31 12, 32 26
Opossum, nordamerika-nisches 184 2
OP-Saal 31 2
OP-Schwester 31 25
Optik 269 3, 32, 46
Optik, Aufnahme- 134 2
Optik, Beleuchtungs- 264 7
Optik, Lichtton- 133 46
Optik, Projektions- 73 12
Optik, Winkelkorrektur-327 21
Optiker 263 1
Optikerwerkstatt 263 29–56
Optikträger 330 29
Option, Hantel- 112 26
OP-Tisch 31 7
optische Anzeige 365 34
optische Bank 266 49
optische Kontrolle *Film* 132 12
optische Kontrolle *U-Elektro-nik* 401 21
optische Prüfung 324 16
optische Schlusskontrolle 329 38
optisches Gerät 264, 265
optische Trefferanzeige 111 28
Orange *Bot.* 202 27
Orange *Farbe* 166 7

Orangefuchsiger Hautkopf 197 18
Orangenbäumchen 207 49
Orangenblüte 202 25
Orangerie 84 3
Orang-Utan 186 20
Orbital, 2p- 1 9
Orbitalmodell 1 9
Orbiter 393 1
Orchester 136 28
Orchester, Kur- 88 44
Orchester, Tanz- 124 2
Orchestergraben 136 27
Orchesterinstrument 141
Orchestertribüne 125 9
Orchestra 153 61
Orchidee 194 27, 28
Orden, Karnevals- 124 56
Orden, Narren- 124 56
Ordensband, Rotes 183 10
Ordenskaktus 205 15
Ordinalzahl 167 6
Ordinate 170 10
Ordinatenachse 170 3
Ordinatendurchgang 170 12
Ordner 398 30
Ordner, Akten- *Büro* 408 5, 410 31, 411 7
Ordner, Akten- *Mediengest.* 328 5
Ordner, Beleg- 410 34
Ordner, Hänge- 411 5
Ordner, Pult- 408 34
Ordner, Schriftverkehrs-27 13
Ordnermechanik 410 35
Ordnung, Haus- 76 21
Ordnung, Park- 84 29
Ordnung, Säulen- 153 9, 22
Ordnung, Wahl- 69 23
Ordnungszahl 167 6
Organ, Gehör- 22 84
Organ, Geschlechts-23 79, 93
Organ, Gleichgewichts-22 84
Organ, Haft- *Bot.* 196 52
Organ, Haft- *Zool.* 233 36
Organ, inneres 23 1
Organ, Überwachungs- 305 7
Organelle *Genetik* 24 1
Organelle *Zool.* 176 7
Organisation, internationale 61 13–15
organischer Abfall 81 3
Organistrum 140 25
Organizer 49 7
Orgel 140 56, 144
Orgel, Dreh- 127 15
Orgel, Kirchen- 144
Orgel, Licht- 129 8
Orgel, Pfeifen- 144

Orgelgehäuse 144 1–5
Orgelpfeife 144 17–35
Orgelprospekt 144 1–5
Orgelspieltisch 144 36–52
Orientalin 124 36
Orientierungszeichen 390 10–13
Orientteppich 54 33
Original 330 18
Originalhalter 330 14
Originalhaltergestell 330 15
Orion 3 13
Orkanbug 67 9
Ornament, Blatt- 153 54
Ornament, griechisches 153 51
Ornament, Rokoko- 155 13
Ornament, romanisches 154 19–21
Ornament, Schachbrett-154 19
Ornament, Schuppen-154 20
Ornament, Zacken- 154 21
Ornament, Zickzack- 154 21
Ornat 148 23, 150 3
Ort 216 4
Ort, Füll- 297 27
Ort, Stand- 379 39
Ortgang *Bau* 274 3
Ortgang *Haus* 44 8
orthopädisches Fußbett 58 50
Orthopinakoid 174 25
orthotrope Fahrbahnplatte 369 2
Ortolan 180 6
Ortsbatterietelefon 379 13
Ortstein 275 80
Öse *Glaser* 277 23
Öse *Installateur* 280 40
Öse *Kleidung* 36 69
Öse *Schuhmacher* 253 63
Öse, Platin- 28 11
Öse, Transport- 304 48
Öseneinsetzmaschine 253 53
Ösenschattung 146 23
Ostaustralstrom 16 39
Osterkerze 148 44
Osterkerzenständer 148 45
Osterluzei 194 22
Ostfriesische Inseln 15 35
Ostjake 161 22
Ostpazifische Platte 11 36
Ostpunkt 4 14
Ostsee 15 3
Ost-West-Modul 400 9
Otter *Militär* 66 87
Otter *Zool.* 182 40, 41
Otter, Kreuz- 182 40
Otter, See- 185 21
Otto Hahn 375 9

Ottomotor®, Sechszylinder-Reihen- 343 1
Ottomotor®, Zwölfzylinder-V- 343 29
Outfield-Handschuh 108 50
Oval 43 49
ovaler Cabochon 43 71
ovale Tafel 43 63
Overall *Kleidung* 34 22, 38 74
Overall *Schlosser* 293 9
Overall, Renn- 119 57
Overall, Ski- 119 8
Overheadprojektor *Schule* 73 10
Overheadprojektor *Univer-sität* 74 7
Ovulation 25 20
Oxer 105 9
Oxid, Eisen- 310 7
Oxidkeramik 302 46
Oximeter 32 14
Ozean, Atlantischer 16 21
Ozean, Großer 16 20
Ozean, Indischer 16 24
Ozean, Pazifischer 16 20
Ozean, Stiller 16 20
Ozeanien 160 34–40
ozeanische Platte 11 23
ozeanischer Rücken 11 16
Ozelotmantel 284 24
Ozonschicht 7 13, 21

P

Paar 78 47
Paar, Basen- 24 21, 25
Paar, Becken- 142 51
Paar, Braut- 150 14
Paar, Fühler- 176 40
Paar, Liebes- 84 73
Paar, Tanz- *Diskothek* 129 19
Paar, Tanz- *Hotel* 78 47
Paar, Walzen- 318 40
Paarhufer 184 32, 224 9
paarig gefiedert 188 45
Paarlauf 120 7–9
Paarläufer 120 7
Paarläuferin 120 7
Paarung 24 42
Pächter 77 26
Pächter, Tankstellen- 349 40
Pack, Six- 247 23
Päckchen Post 395 25
Päckchen *Tabak* 259 25
Päckchen, Tabak- 349 45
Päckchen, Verbands- 26 5
Päckchenwaage 412 68
Packer, Sau- 239 37
Packerwalze 218 48
Packlage 276 12
Packpresse 336 19

Packset **395** 33
Packstück, unitisiertes **382** 21
Packung *Fotogr.* **268** 58
Packung *Supermarkt* **252** 53, 56
Packung, Eier- **252** 103
Packung, Fango- **88** 31
Packung, Milch- **229** 21, 22
Packung, Quark- **229** 45
Packung, Sechser- **247** 23
Packung, Stein- *Fluss* **370** 40
Packung, Stein- *Vorgesch.* **146** 39
Packung, Zwölfer- **229** 25
Packung, 250-g- **229** 37
Pad, Game- **403** 2, 7
Pad, Maus- *Büro* **408** 20
Pad, Maus- *Fotogr.* **270** 18
Pad, PIN- **395** 8
Pad, Touch- **407** 15
Padde **182** 23
Paddel **161** 14
Paddel, Doppel- **99** 2–6, 36
Paddel, einfaches **99** 35
Paddel, Stech- *Schiff* **372** 8
Paddel, Stech- *Wassersport* **99** 1, 35
Paddelboot **99** 1–6
Paddeln **99,** 57
Pädergras **214** 30
Pad-Roll-Prinzip **321** 1–5
Page **78** 18
Page, Home- **328** 29
Page, Hotel- **78** 18
Pagenkopf **41** 10
Pagode **151** 1
Pagode, indische **151** 4
Pailou **156** 7
Pair **89** 11
Paket *Post* **395** 23
Paket *Tabak* **259** 25
Paketnummer **395** 7, 20
Paketschalter **280** 19
Paketschein **395** 27
Paketwaage **395** 22
Paketwagen **395** 26
Palaeopneustes niasicus **187** 19
Paläolithikum **146** 1–9
Palas **147** 30
Palast, Renaissance- **154** 47
Palastanlage **152** 29
Palette *Hafen* **381** 43
Palette *Mediengest.* **328** 20
Palette *Theater* **136** 40
Palette, Befehls- **328** 8
Palette, Farb- **328** 19
Palette, Flach- **382** 10
Palette, Hand- *Kunst* **157** 28
Palette, Hand- *Theater* **136** 38

Palette, Werkzeug- **328** 15
Palettenmesser **157** 14
Palettenstecker **157** 29
Palisade *Pferdesport* **105** 9
Palisade *Ritter* **147** 36
Pallen, Kiel- **378** 41
Pallen, Kimm- **378** 42
Palmblattschrift **163** 21
Palme, Dattel- **202** 1
Palme, Frucht tragende **202** 2
Palme, Kokos- **201** 48
Palme, künstliche **129** 7
Palme, Kunststoff- **129** 7
Palme, Öl- **201** 54
Palme, Sago- **201** 58
Palme, Stech- **192** 9
Palmenhain **162** 5
Palmensäule **152** 17
Palmette **153** 55
Palmettenkapitell **152** 25
Palmlilie **191** 24
Palmwedel **202** 3
Pampasgras **203** 9
Pampel **43** 72, 74
Pampel, facettierte **43** 75
Pampelmuse **202** 23
Panamabindung **323** 11, 12
Pandabär **86** 17
Paneel, Holz- **76** 52
Paneel, Stabilisierungs- **103** 41
Panel **386** 1
Panel, Bedien- **133** 57
Panel, Bedienungs- *Video* **404** 44
Panel, Bedienungs- *Zeichner* **315** 13
Panel, LCD- **400** 42
Panel, Patch- **398** 50
Panflöte **140** 2
Panoramaschichtaufnahme **29** 18
Panpfeife **140** 2
Pantoffel **58** 25
Pantoffel, Bade- **57** 49
Pantoffeltierchen **176** 10
Pantograf **16** 66
Pantolette, Bade- **58** 22
Pantry **377** 43
Pants, Hot- **39** 41
Pants, Jazz- **39** 42
Panzer *Eisenbahn* **360** 3
Panzer *Militär* **63** 62–87
Panzer, Bein- **128** 19
Panzer, Flak- **63** 82
Panzer, Fliegerabwehr-kanonen- **63** 82
Panzer, Jagd- **63** 72
Panzer, Kampf- **63** 62
Panzer, Ketten- **147** 63
Panzer, Schild- **147** 65

Panzer, Schuppen- **147** 64
Panzer, Schützen- **63** 77
Panzer, Späh- **63** 67
Panzer, Transport- **63** 80
Panzerabstreichblech **218** 5
Panzerabwehrhubschrauber **63** 94
Panzerabwehr-Lenkrakete **63** 96
Panzerabwehr-Lenkwaffen-system **63** 79
Panzerfaust, leichte **63** 22
Panzerhandschuh **147** 50
Panzerhaubitze **63** 42
Panzerschrank **409** 22
Panzerschurz **147** 51
Panzerturm **63** 43
Panzertyp **147** 62
Panzerung, Rohr- **63** 58
Papageienvogel **181** 1
Papier **334** 14, 26
Papier, Alt- **325** 19, 20
Papier, Asphalt- **305** 52
Papier, Aufzeichnungs- **32** 30, 35
Papier, bedrucktes **334** 34
Papier, Drucker- **408** 13
Papier, Farbvergrößerungs- **268** 58
Papier, Foto- **268** 30, 58, **270** 24
Papier, Glas- **288** 26
Papier, Klo- **57** 10
Papier, Klosett- **57** 10
Papier, Küchen- **48** 1
Papier, Metall- **305** 48
Papier, Pigment- **335** 1, 10
Papier, Registrier- **12** 40
Papier, Sand- **288** 26
Papier, Schleif- *Heimwerken* **287** 25
Papier, Schleif- *Maler* **282** 19
Papier, Schleif- *Tapezierer* **281** 14
Papier, Schmirgel- **288** 26
Papier, Schutz- **266** 20
Papier, Toiletten- **57** 10
Papier, Wert- **415** 25–34
Papierablage **334** 15
Papierabzug **270** 26
Papieranlage **334** 15, 27
Papieraufzeichnungseinheit **32** 34
Papierausdruck **406** 72
Papierauslage **334** 34
Papierauswurf **406** 71
Papierbahn **334** 38
Papierbehälter **406** 69
Papierbelichtungsmesser **268** 53
Papierbogen *Druck* **333** 13

Papierbogen *Papier* **324** 15, **325** 51
Papierdeckchen **75** 21
Papiereingabe **412** 48
Papiereinwerfer **412** 13
Papiereinzug **270** 21
Papiereinzugsschacht **406** 70
Papierentwicklungstrommel **268** 51
Papiergeld **59** 22–24
Papierhalter **412** 10
Papierhandtuch **350** 41
Papierherstellung, manuelle **324**
Papierherstellung, maschi-nelle **325**
Papierindex **268** 54
Papierkassette **412** 38
Papierkassette, Universal- **412** 37
Papierkorb *Büro* **408** 36, **411** 48
Papierkorb *Hausrat* **54** 22
Papierkorb *Stadt* **79** 26
Papierkragen **258** 6
Papierkugel **124** 51
Papierlaterne *Garten* **204** 16
Papierlaterne *Karneval* **124** 4
Papierlaufbahn **333** 29
Papiermaschine **325** 30
Papiermütze **124** 40
Papierprüfung **324** 16–30
Papierrolle *Druck* **333** 18, **334** 41
Papierrolle *Flohmarkt* **127** 71
Papierrolle *Zeichner* **314** 19
Papierrolle, Plotter- **315** 6
Papierrollenbremse **334** 42
Papierschacht **315** 7, 12
Papierschneideautomat **338** 1
Papiersortiment **268** 57
Papierständer **314** 18
Papierstapel *Büro* **412** 63
Papierstapel *Papier* **324** 20
Papierstauung **333** 42
Papierstoffuntersuchung **324** 22–30
Papiertuch **350** 41
Papiertuchspender **350** 40
Papieruntersuchung **324** 22–30
Papierveredelung **325** 40–48
Papirossa **259** 14
Pappdach **275** 90
Pappdeckel **337** 7
Pappdeckung **275** 90–102
Pappe, Dach- **275** 62
Pappe, Mal- **157** 22
Pappel **189** 15
Pappel, Silber- **189** 23
Pappel, Zitter- **189** 21

Pappenzieher 337 8
Papphülse 240 50
Pappnagel 275 95
Pappnase 124 41
Pappschere 336 7
Pappzwischenlage 159 37
Paprika 209 42
Paprikaschote 209 42
Papst 62 39
Papstkreuz 150 67
päpstliches Kreuz 150 67
Papyrussäule 152 15
Papyrusstaude 201 64
Parabel 170 14
Parabelbogen 155 29
Parabolantenne 397 5, 9, 12
Parade 111 6
Parade, Figuren- 85 22
Parade, Quint- 111 24
Parade, Sixt- 111 8
Parade, Spielzeugsoldaten-
85 22
Parade, Terz- 111 8
Paradeis 209 12
Paradeiser 209 12
Paradiesapfel 209 12
Paradiesvogel, Blauer 181 3
Paragrafenzeichen 164 39
parallel 168 21
Parallelbohrer 288 17
Parallele 169 4
parallele Molltonart
138 55–68
parallele Schnittstelle 406 22
Parallelfalzung 338 13
Parallelitätszeichen 168 21
Parallelmanipulator 2 47
Parallelogramm 169 34,
35, 36
Parallelrückenrollsprung
116 15
Parallelschnittstelle 407 8
Parallelschraubstock 293 14
Paralympics-Radrenn-
sportler 106 29
Paranuss 202 53, 59
Parasolpilz 199 30
Paravent 27 37
Pärchen 84 73
Pardune 373 19
Pareo 376 81
Parfümflakon 51 30
Parfümzerstäuber Friseur
258 22
Parfümzerstäuber Hausrat
51 29
Parierstange 111 43
Park Geogr. 17 97
Park Park 84
Park Stadt 18 5
Park, Abenteuer- 85
Park, Freizeit- 85

Park, Kur- 88 6
Park, Landschafts- 84 41–75
Park, Schloss- 84 1–40
Park, Wind- 307 1–15
Parka, Wetter- 34 61
Parkangestellter 85 2, 40, 41
Parkautomat 79 1
Parkbank Kurbad 88 41
Parkbank Park 84 16
Parkbaum 84 59
Parkbesucherin 85 1
Parkeingang 84 32
Parkett Börse 415 1–14
Parkett Theater 136 22
Parkettboden 276 74
Parketthandel 415 1–14
Parkgärtner 84 66
Parkgitter 84 33
Parkhaus 18 13
Parkordnung 84 29
Parkplatz 18 12
Parkstuhl 84 48
Parktor 84 31
Parkwächter 84 30
Parkweg 84 38
Partei, Fang- 108 28
Parteiemblem 69 9
Parteienvertreter 70 22
Parterre 44 2
Parterreanlage 84 39
Partie, Pressen- 325 33
Partie, Schach- 90 6
Partie, Seiten- 40 7
Partie, Sieb- 325 32
Partie, Trocken- 325 34
Partner, Sparrings- 117 27
Partner, Trainings- 117 27
Partyanzug 38 1
Partydress 38 1
Partyhemd 38 2
Pasch 90 35
Paschen-Serie 1 31
Pas de deux 135 30, 31
Pasiphaea 187 12
Paspel 35 45, 36 13
Paspeltasche 35 71, 38 29
Pass, Berg- 13 51
Pass, Doppel- 107 52
Pass, Fisch- 243 61
Pass, Fünf- 154 26
Pass, Reise- 78 13
Pass, Vier- 154 25
Passage 226 3
Passage, Einkaufs- 18 14
Passagier 376 9
Passagierdampfer 381 32
Passagierhubschrauber
388 26
Passagierraum 388 28
Passagiersitz 386 38
Passant Bank 414 39
Passant Stadt 79 17

Passantin 79 33
Passat, Nordost- 9 37
Passat, Südost- 9 38
Passe 89 9
Passeinsatz 280 29
Passermarke 329 17
Passgang 225 40
passierendes Schiff 376 64
Passierscheibe 250 23
Passiflora 205 2
Passionsblume 205 2
Passionskreuz 150 56
Passschraube 280 29
passwortgeschützter Zugriff
405 16
Passzeichen 159 58
Pasta, Zahn- 252 39
Paste, Druck- 321 34
Paste, Schweiß- 294 18
Pastellstift 157 19
Pastete, Blätterteig- 251 24
Pastete, Fleisch- 250 43
Pastor 148 22, 39
Patchfeld 398 50
Patchpanel 398 50
Pate 150 12
Patene 148 9, 150 54
Patentanker Militär 66 5
Patentanker Schiffbau
378 82
Patentanker Wassersport
102 18
Patentlog 379 49
Paternosterwerk 370 42
Patient Kurbad 88 9
Patient Med. 29 2, 32 44
Patient, vorbestellter 27 4
Patientenbett 30 2
Patientenkarte 27 8
Patientenkartei 27 7
Patientenstuhl 29 3
Patientin 27 3
Patriarchenkreuz 150 66
Patrone Jagd 240 54
Patrone Schlachthof
248 14
Patrone Sport 123 32, 33
Patrone Textil 323 4, 11, 13,
19, 27
Patrone, Einweg- 314 74
Patrone, Kapillar- 314 74
Patrone, Kleinbild- 266 7
Patrone, Randzünder-
123 29
Patrone, Schrot- 240 49
Patrone, Sicherungs- 280 31
Patrone, Spreng- 312 12
Patrone, Tusche- 314 41
Patronenhülse 123 30
Patronenlager 240 15
Patronenmagazin 240 17
Patte 38 23

Pattentasche 38 27
Pauke 141 59
Pauke, Kessel- 141 59
Pauke, Schrauben- 141 59
Paukenfell 141 60
Paukenhöhle 22 91
Pauli-Prinzip 1 7
Pausche Pferd 226 48
Pausche Turnen 113 6
Pauschenpferd 113 5, 51, 54
Pauscht 324 9
Pause 138 20
Pause, Achtel- 138 24
Pause, ganze 138 21
Pause, halbe 138 22
Pause, Sechzehntel-
138 25
Pause, Viertel- 138 23
Pause, Vierundsechzigstel-
138 27
Pause, Zweiunddreißigstel-
138 26
Pausentaste 401 73, 92
Pausentaste, Aufnahme-
401 93
Pausenzeichen 138 20–27
Pausrädchen 282 46
Pavian 186 17
Pavo 3 41
Pazifische Platte 11 32
Pazifischer Ozean 16 20
PC Bank 414 5
PC Büro 408 16, 411 18
PC Fotogr. 270 5
PC Internet 405 2, 3
PC Med. 27 12, 32 42
PC Mediengest. 328 13
PC Zeichner 314 17
PC, Tablet- 407 36
PC, Tower- 406 1
PC-Betrieb 328 6
PC-Tower 270 6
PC-Turm 406 1
PDA Büro 409 11
PDA Internet 405 4
PDA PC 407 26
PDF-Datei 327 5
Peak-Search-Taste 401 64
Pechnase 147 23
Pechnelke 194 20
Pedal Fahrrad 339 37
Pedal Musik 141 64
Pedal Tischler 285 72
Pedal, Brems- Auto 344 76
Pedal, Brems- U-Elektronik
403 35
Pedal, Fahrrad- 339 84
Pedal, Flügel- 143 42, 43
Pedal, Forte- 143 8
Pedal, Fuß- Med. 30 32,
31 10
Pedal, Gas- Auto 344 77

Pedal, Gas- *U-Elektronik* 403 34

Pedal, Klavier- 143 8, 9

Pedal, Klick- 106 25

Pedal, Kupplungs- 344 75

Pedal, Piano- 143 9

Pedal, Seitenruder- 386 27, 28

Pedal, System- 106 25

Pedalachse 339 87

Pedalharfe 141 62

Pedalobertaste 144 52

Pedalpfeife 144 3

Pedalrahmen 339 89

Pedalrohr 339 86

Pedalstock 143 44

Pedaltaste 144 51, 52

Pedalturm 144 4

Pedaluntertaste 144 51

Peddigrohr 289 32

Peerd 373 46

Pegasus *Astron.* 3 10

Pegasus *Fabel* 145 28

Pegel 17 28

Pegelanzeige, Aufnahme- 401 83

Pegelrohr 380 68

Peilantenne 377 5

Peilaufsatz 379 48

Peildeck 377 4–11, 383 24

Peilkompass 379 48

Peilrahmen, Funk- 66 17

Peilstab 355 25

Peitsche, Bogen- 125 53

Pekinese 223 34

Pelargonie 205 1

Pelerine 35 17

Pelikan, Gemeiner 178 7

Pelikan, Rosa- 178 7

Pelikanaal 187 2

Pelota 123 67–71, 70

Pelotaspiel 123 67–71

Pelotaspieler 123 68

Pelzbesatz, Ärmel- 35 11

Pelzjäger 124 8

Pelzkragen 35 10

Pelzmantel 35 3

Pelznäherin 284 8

Pelznähmaschine 284 9

Pelzstift 284 22

Pelzwerkerin 284 8

Pendel 262 19

Pendel, Kompensations- 261 33

Pendel, kurzperiodisches 12 39

Pendel, Uhren- 127 60

Pendelbahn 368 27

Pendellager 307 8

Pendelmasse 12 35, 36

Pendeloque 43 54

Pendelrahmen 307 7

Pendelvorrichtung 2 35

Pendelwalze 334 40

Pendentif 153 89

Penis 19 52, 23 80

Pensee 213 2

pentagonale Kristallfläche 174 9

Pentagondodekaeder 174 8

Penthouse 44 69

Penthousewohnung 44 69

Perforation 266 9

Perforator, Tapeten- 281 12

Pergola *Garten* 203 2

Pergola *Haus* 45 23

Pergola *Park* 84 17

Périnet-Ventil 142 71

Periodenzeichen 167 22

periodischer Dezimalbruch 167 21

Peripherie 169 44

Peripheriegerät 406 24–73

Peripheriewinkel 169 56

Periskop, Kommandanten- 63 65

Perle *Schmuck* 43 8

Perle *Zool.* 176 34, 241 34

Perle, Gebets- 150 31, 32

Perle, Zier- 36 24

Perlenbrosche 43 7

Perlfang, Doppel- 323 48

Perlfang, Rechts-links- 323 45, 46

Perlglanzstreifen 60 16

Perlhuhn 224 27

Perlmuschel, Fluss- 176 32

Perlmutt 176 33

Perlmutter 176 33

Perlring 43 23

Perlschnur 153 52

PE-Rohr 220 37

Perpendikel *Flohmarkt* 127 60

Perpendikel *Uhr* 262 19

Perser 152 21–28

Persianer 35 3

Personalcomputer *Bank* 414 5

Personalcomputer *Büro* 408 16, 409 6, 411 18

Personalcomputer *Fotogr.* 270 5

Personalcomputer *Internet* 405 2, 3

Personalcomputer *Med.* 27 12

Personalcomputer *Mediengest.* 328 11, 329 11

Personalcomputer *PC* 406, 407

Personalcomputer *Telekomm.* 397 30

Personalcomputer *Zeichner* 314 17

Personalcomputer, stationärer 406 1

Personalcomputer, Windows®- 328 13

Personal Digital Assistent *Büro* 409 11

Personal Digital Assistent *Internet* 405 4

Personal Digital Assistent *PC* 407 26

Personal Identification Number 413 7

Personenaufzug 83 54

Personenfähre *Geogr.* 17 59

Personenfähre *Stadt* 18 11

Personenfahrstuhl 390 10

Personenfahrung 297 38, 39

Personenkraftwagen *Auto* 344 1–52

Personenkraftwagen *Camping* 92 10

Personenkraftwagen *Werkstatt* 348 58

Personennahverkehr, öffentlicher 358 34

Personenplakat 70 1

Personenschleuse *Energie* 306 43

Personenschleuse *Raumfahrt* 394 11

Personenwaage *Bad* 57 50

Personenwaage *Med.* 27 58

Personenzug 297 39

persönliche Geheimzahl 413 7

Perücke *Friseur* 257 45

Perücke *Theater* 136 54

Perücke, Allonge- 40 2

Perücke, Beutel- 40 6

Perücke, Halb- 40 29

Perücke, Locken- 40 2

Perücke, Staats- 40 2

Perücke, Zopf- 40 3

Perückenkopf 257 46

Perückenständer 257 46

Perustrom 16 43

Pest, Wasser- 196 58

Pétanque 123 18–21

Peter, Blauer 61 24

Peterlein 209 19

Petersilie 209 19, 210 11

Petrischale 73 20

Petruskreuz 150 59

Pettycoat 127 67

Petunie 205 6

Pfad, Saum- 13 50

Pfadfinder 92 73

Pfadfinderlager 92 69

Pfadfindertreffen 92 69

Pfaff, Dom- 179 9

Pfahl *Forstw.* 237 17

Pfahl *Weinbau* 231 7

Pfahl, Baum- 204 32

Pfahl, Gründungs- 5 30

Pfahl, Stahl- 371 5

Pfahl, Totem- 160 1

Pfahl, Wein- 231 7

Pfahl, Ziel- 108 33

Pfahlbau 146 15

Pfahlbauhütte 160 32

Pfahlgründung 370 8

Pfahlhaus 146 15

Pfahlmast 66 42, 67 6

Pfahlzaun 147 36

Pfandbeleg 252 3

Pfandflasche, 1,5-l- 349 62

Pfanne, Brat- 48 3

Pfanne, Falz- 275 59

Pfanne, Flachdach- 275 60

Pfanne, Gieß- 300 32, 301 19

Pfanne, Hohl- 275 54

Pfanne, Kran- 300 65

Pfanne, Maisch- 246 45

Pfanne, Mörtel- 271 39

Pfanne, Roheisen- 300 12, 22, 44

Pfanne, S- 275 54

Pfanne, Speis- 271 39

Pfanne, Würz- 246 53

Pfannenhaube 246 46

Pfannkuchen, Berliner *Bäckerei* 251 35

Pfannkuchen, Berliner *Restaurant* 75 11

Pfarrer 148 22, 39

Pfarrer, evangelischer 150 3

Pfarrhaus 149 18

Pfau *Astron.* 3 41

Pfau *Zool.* 224 30

Pfauenauge 224 32

Pfauenauge, Tag- 183 3

Pfauenbusch 62 38

Pfauenfeder 224 31

Pfeffer, Mauer- *Bot.* 193 21

Pfeffer, Mauer- *Garten* 203 8

Pfeffer, spanischer 209 42

Pfefferfresser 181 6

Pfefferkorn 200 39

Pfefferkraut 210 1

Pfefferminze 198 3

Pfefferspray 68 40

Pfefferstrauch 200 36

Pfefferstreuer 76 34, 77 45

Pfeife *Eisenbahn* 366 49

Pfeife *Musik* 140 57, 144 16

Pfeife, Bordun- 140 11

Pfeife, Bruyère- 259 39

Pfeife, Friedens- 160 6

Pfeife, Glasmacher- 317 62

Pfeife, Imker- 230 71

Pfeife, kurze 259 33

Pfeife, Labial- **144** 23–30, 31–33
Pfeife, lange **259** 35
Pfeife, Lippen- **144** 23–30, 31–33, 34
Pfeife, Melodie- **140** 10
Pfeife, Orgel- **144** 17–35
Pfeife, Pan- **140** 2
Pfeife, Pedal- **144** 3
Pfeife, Prospekt- **144** 1–3
Pfeife, Sack- **140** 8
Pfeife, Schiedsrichter- **107** 66
Pfeife, Ton- **259** 34
Pfeife, Wasser- **259** 42
Pfeife, Zauber- **162** 42
Pfeife, Zungen- **144** 17–22
Pfeifenbesteck **259** 44
Pfeifendeckel **259** 37
Pfeifenkopf **259** 36
Pfeifenkörper **144** 29
Pfeifenmundstück **259** 40
Pfeifenorgel **144**
Pfeifenreiniger **259** 46
Pfeifenreinigungsdraht **259** 48
Pfeifenrohr **259** 38
Pfeifenstock **144** 15
Pfeifenstrauch, Wohlriechender **191** 9
Pfeifsignal **365** 40
Pfeifsignalinstrument **365** 9
Pfeil *Fabel* **145** 58
Pfeil *Sport* **123** 60
Pfeil *Völkerk.* **160** 27
Pfeil, Anzeige- **83** 55
Pfeil, Einordnungs- **79** 78, 79
Pfeil, Funktions- **267** 78
Pfeil, Maß- **314** 31
Pfeil, Wind- **9** 10
Pfeiler **154** 18
Pfeiler, Brücken- **369** 21
Pfeiler, Bündel- **154** 35
Pfeiler, Büsten- **153** 49
Pfeiler, Dreh- **369** 65
Pfeiler, Halb- **154** 46
Pfeiler, Land- **369** 27
Pfeiler, Strebe- **154** 28
Pfeiler, Strom- **369** 21, 54
Pfeileraufsatz **154** 30
Pfeilflügel **385** 20, 21
pfeilförmig **188** 40
Pfeilkraut **196** 53
Pfeilspitze *Sport* **123** 61
Pfeilspitze *Völkerk.* **160** 28
Pfeilstirnrad **296** 87
Pfeiltaste **269** 36
Pfeilung, positive **385** 20, 21
Pfennigkraut **193** 26
Pferd *Freizeitpark* **85** 17
Pferd *Pferd* **225, 226**
Pferd *Zool.* **224** 2

Pferd, Dressur- **105** 3
Pferd, Fluss- **184** 36
Pferd, Fuß- **373** 46
Pferd, gepanzertes **128** 18
Pferd, Heu- **175** 10
Pferd, Holz- **126** 16
Pferd, Lang- **113** 1
Pferd, Nil- **184** 36
Pferd, Pauschen- **113** 5, 51, 54
Pferd, Renn- **105** 38
Pferd, Rodeo- **128** 40
Pferd, Schaukel- **55** 15
Pferd, Seit- **113** 5, **114** 1
Pferd, Spring- **105** 10
Pferd, Sprung- **113** 1, 48, 53, **114** 1, 22, 30, 31, 32
Pferd, Steppen- **160** 4
Pferd, Traber- **105** 30
Pferd, Wild- **146** 7
Pferd, Zirkus- **125** 28
Pferdchen, See- **182** 18
Pferdebohne **222** 15
Pferdebox **228** 2
Pferdeführerin **85** 21
Pferdefuß *Bot.* **198** 8
Pferdefuß *Fabel* **145** 46
Pferdehof **128** 15
Pferdekopf **372** 14
Pferdekörper **145** 59
Pferdeleib **145** 8, 29
Pferdereiten **85** 16
Pferderumpf **145** 49
Pferdeschlitten **122** 12
Pferdeschwanzfrisur **41** 22
Pferdesport **105**
Pferdestall **228** 1
Pferdestand **228** 2
Pfette **274** 76
Pfette, Beton- **272** 4
Pfette, First- **274** 43
Pfette, Fuß- **274** 44, **275** 40
Pfette, Mittel- **274** 51
Pfette, Seiten- **274** 39
Pfettendachstuhl **274** 60
Pfettendachstuhl, einfach stehender **274** 42
Pfettendachstuhl, zweifach liegender **274** 52
Pfettendachstuhl, zweifach stehender **274** 46
Pfifferling **199** 14
Pfirsich **212** 36
Pfirsichbaum **212** 30
Pfirsichbaumblatt **212** 37
Pfirsichblüte **212** 32
Pflänzchen, pikiertes **207** 23
Pflänzchen, vertopftes **207** 23
Pflanze **188** 15, **200** 53
Pflanze, Alpen- **196** 1
Pflanze, Ananas- **202** 61
Pflanze, Balkon- **44** 70

Pflanze, blühende **196** 38, **211** 19
Pflanze, Bohnen- *Bot.* **209** 8
Pflanze, Bohnen- *Garten* **204** 29
Pflanze, eingetopfte **207** 25
Pflanze, Erbsen- **209** 1
Pflanze, Erdbeer- **211** 18
Pflanze, Frucht tragende **211** 19
Pflanze, Futter- **222**
Pflanze, Gemüse- **209**
Pflanze, Gewürz- **200**
Pflanze, Gift- **197**
Pflanze, Grün- **414** 31
Pflanze, Heide- **195**
Pflanze, Heil- **198**
Pflanze, Industrie- **201**
Pflanze, Insekten fressende **195** 13
Pflanze, Keim- **221** 14
Pflanze, Kletter- *Bot.* **205** 2, **209** 8
Pflanze, Kletter- *Garten* **203** 6
Pflanze, Knollen- **221** 38
Pflanze, Kraut- **209** 28–34
Pflanze, Kübel- **207** 47
Pflanze, künstliche **97** 8
Pflanze, Moor- **195**
Pflanze, Mutter- **206** 15
Pflanze, Salat- **209** 36–40
Pflanze, Schling- **204** 6
Pflanze, Sesam- **201** 45
Pflanze, Steingarten- **203** 8
Pflanze, Sumpf- **196** 15
Pflanze, Tabak- **200** 40
Pflanze, Topf- *Gärtnerei* **207** 25
Pflanze, Topf- *Hausrat* **52** 36
Pflanze, Vanille- **200** 48
Pflanze, vertopfte **207** 25
Pflanze, Wald- **195**
Pflanze, Wasser- **196** 15
Pflanze, weibliche **201** 10
Pflanze, Zimmer- *Bot.* **205**
Pflanze, Zimmer- *Büro* **411** 16
Pflanze, Zimmer- *Hausrat* **51** 35, **54** 37
Pflanzendekoration **75** 52
Pflanzeninsel **411** 15
Pflanzenschauhaus **84** 65
Pflanzenschutzgerät **236**
Pflanzenschutzmittel **236** 5
Pflanzentisch **207** 12
Pflanzenvermehrung **206**
Pflanzenzaun **44** 60
Pflanzgarten **237** 6
Pflanzholz *Garten* **208** 1
Pflanzholz *Gärtnerei* **206** 7
Pflanzkamp **237** 6

Pflanzkelle **208** 6
Pflanztopf **206** 8
Pflanzung, Nach- **237** 10
Pflaster, Gehweg- **352** 8
Pflaster, Heft- *Med.* **26** 8, **27** 47
Pflaster, Heft- *Tankstelle* **349** 33
Pflaster, Wund- **349** 33
Pflästerchen, Schönheits- **124** 21
Pflasterspender **27** 56
Pflaume **212** 24, 28, 29
Pflaume, Rund- **212** 28
Pflaume, Wachs- **212** 29
Pflaumenbaum **212** 22
Pflaumenbaumblatt **212** 25
Pflaumenkern **212** 27
Pflaumenkuchen **75** 6
Pflege, Boden- **56** 55
Pflege, Garten- **219**
Pflege, Hof- **219**
Pflege, Säuglings- **33**
Pflegebox **33** 19
Pflegemittel **263** 27
Pflegemittel, Schuh- **56** 41
Pfleger, Tier- **86** 21
Pflegestation, Intensiv- **30** 1
Pflegestoff, Motor- **349** 67
Pflock **276** 11
Pflock, Ohr- **162** 30
Pflock, Zelt- **92** 58
Pflücker, Obst- **208** 22
Pflug **216** 11
Pflug, Anbau- **218** 54
Pflug, Beet- **216** 43
Pflug, Diagonal- **122** 29
Pflug, Einschar- **218** 1
Pflug, Karren- **218** 1
Pflug, Schnee- *Straßenrein.* **353** 24
Pflug, Schnee- *Winter* **122** 30
Pflug, Volldreh- **218** 54
Pflugbaum **218** 10
Pflugfurche **216** 7
Pflugkarren **218** 15
Pflugkolter **218** 11
Pflugkörper **218** 4
Pflugkörper, Universal- **218** 56
Pflugmesser **218** 11
Pflugrahmen **218** 63
Pflugschar *Eisenbahn* **357** 34, 35
Pflugschar *Landw.* **218** 8, 58
Pflugschar *Vorgesch.* **146** 33
Pflugscharanker **102** 17
Pflugsohle **218** 7, 59
Pflugsterz **218** 3
Pflugstützrad **218** 55
Pfortader **23** 49
Pforte, Abgangs- **128** 12

Pforte, Geschütz- 372 59
Pforte, Heck- *Hafen* 382 18
Pforte, Heck- *Schiff* 375 53
Pforte, Lade- 388 25
Pforte, Seiten- 382 14
Pfortenband 374 27
Pfortendeckel 372 60
Pförtner 23 53
Pfosten *Bau* 273 25,
274 40, 81
Pfosten *Sport* 107 37
Pfosten, Abgas- 375 17
Pfosten, Antritts- 276 43
Pfosten, Austritts- 276 54
Pfosten, Brücken- 369 36
Pfosten, Geländer- 46 30
Pfosten, Lade- 375 56, 377 35
Pfosten, Lüfter- 375 56
Pfosten, Netz- 109 12, 110 8
Pfosten, Schwergut- 375 24
Pfosten, Tor- 107 37
Pfötchen, Katzen- 195 3
Pfote, Hinter- 223 8
Pfote, Vorder- 223 6
Pfropf, Filz- 240 52
Pfropf, Schleim- 25 36
Pfropfen 206 38
Pfropfen, Spalt- 206 38
Pfropfreis 206 39
Pfund-Serie 1 33
Phantom II 64 1
Phase, Ana- 24 34
Phase, Aufschwung- 116 29
Phase, End- 24 38
Phase, Meta- 24 32
Phase, Mond- 4 2–7
Phase, Pro- 24 28, 31
Phase, Start- 391 64
Phase, Telo- 24 38
Phase, Vor- 24 28
Philippinische Platte 11 41
Philomele 180 15
Philtrum 19 18
Phlox, Stauden- 213 14
Phönix 145 10
phönizische Schrift 163 14
Phorbeia 140 5
Phoropter 263 53
Photomultiplier Tube 329 7
physikalische Größe 167 4
Physiotherapeut 88 23
Piaffe 226 1
pianissimo 139 36
pianissimo piano 139 37
piano 139 35
Piano 143 1
Piano, dreifaches 139 37
Pianoakkordeon 142 36
Pianoforte 143 1
Pianopedal 143 9
Piccolo 141 31
Piccoloflöte 141 31

Pickel 118 21, 36
Pick-up-Vorrichtung 215 46
Pictor 3 47
Picture-Card-Abdeckung
269 31
Piedestal 125 56
Piek, Achter- 383 28
Piek, Vor- 383 18
Piekfall 373 49
Pier *Hafen* 381 66
Pier *Zool.* 176 27
Pierrette 124 9
Pierrot 124 16
Pigmentdruck 335
Pigmentpapier 335 1, 10
Pigmentpapierbogen 335 9
Pigmentpapierübertragungs-
maschine 335 6
Pik 90 39
Pikador 128 16
Pikadorhut 128 20
Pikieren 206 5
pikiertes Pflänzchen 207 23
Pikör 105 43
Piktogramm 390
Pilaster 154 46
Pilgerflasche 156 14
Pilgermuschel 127 48
Pilker 243 42
Pilot, Ko- 386 25, 28
Pilote 143 33
Pilotendraht 143 34
Pilotenkanzel 68 2
Pilotensitz *Flugzeug* 386 36
Pilotensitz *Raumfahrt* 393 19
Pilottongeber 134 30
Pilottonkabel 134 29
Pilz 199 2, 3, 10, 11
Pilz, Birken- 199 22
Pilz, Butter- 199 21
Pilz, Fliegen- 197 11
Pilz, Gift- 197 10
Pilz, Habicht- 199 24
Pilz, Knollenblätter- 197 12,
13, 14
Pilz, Maronen- 199 15
Pilz, Mehltau- 234 30
Pilz, Parasol- 199 30
Pilz, Rundlauf- 87 2
Pilz, Satans- 197 15
Pilz, Semmel- 199 31
Pilz, Speise- 199
Pilz, Stein- 199 16
Pilz, Wasser- 97 11
Pilzgeflecht 199 2
Pilzkopf 40 32
Pimpernell, Großer 222 28
Pimpernell, Roter 222 28
Pimpinelle 222 28
Pin 123 11
Pinakel 154 30
Pinakoid 174 26

Pinass 66 45
PIN-Eingabe 413 7
Pinguin 86 6
Pinguin, Kaiser- 178 5
Pinguin, Riesen- 178 5
Pinguinbecken 86 5
Pinie 190 55
Pinne *Schmied* 290 27
Pinne *Segeln* 100 23
Pinne, Ruder- 102 23
Pinnenausleger 100 22
Pinole 302 27
Pinolenfeststellknebel
302 28
Pinolenverstellrad 302 30
PIN-Pad 395 8
Pinsel, Anschluss- 282 55
Pinsel, Brett- 260 33
Pinsel, Färbe- 257 2
Pinsel, Flach- 157 6
Pinsel, Grundier- 157 9
Pinsel, Haar- 157 7
Pinsel, Heizkörper- 282 26
Pinsel, Kluppen- 282 25
Pinsel, Leim- *Buch* 336 17
Pinsel, Leim- *Schule* 72 59
Pinsel, Mal- *Schule* 72 84
Pinsel, Mal- *Vorschule* 71 7
Pinsel, Nacken- 257 10,
258 28
Pinsel, Radier- 314 52
Pinsel, Ring- 282 24
Pinsel, Rund- 157 8
Pinsel, Schreib- 163 24
Pinsel, Schrift- 282 45
Pinsel, Staub- 261 18
Pinsel, Stupf- 282 56
Pinsel, Vergolder- 282 54
Pinzette *Med.* 27 45
Pinzette *Uhrmacher* 261 14
Pinzette, Arterien- 31 42
Pipeline 298 37
Pipette, automatische 28 42
Pipette, Mess- 173 24
Pipette, Voll- 173 25
Pipettenständer 28 50
Pipettiergerät 28 45
Pique 90 39
Pirat *Karneval* 124 38
Pirat *Segeln* 100 42
Piratenschiff 97 17
Pirol 179 10
Pirouette 135 25, 26
Pirouette, Bielmann- 120 6
Pirouette, Sitz- 120 5
Pirouette, Stand- 120 6
Pirschbüchse 239 5
Pirschen 239 1
Pirschgang 239 1
Pisces 4 67
Pistazie 200 51
Pistazienbaum 200 49

Piste *Fechten* 111 2
Piste *Flughafen* 389 1
Piste *Zirkus* 125 20
Piste, Rodel- 122 6
Piste, Ski- 122 1
Pistill 172 9
Pistole 63 1
Pistole, Dienst- 68 34
Pistole, Heißluft- 283 33
Pistole, Lackier- 282 31, 40
Pistole, Laser- 68 16
Pistole, Löt- *Goldschmied*
260 14
Pistole, Löt- *Heimwerken*
287 56
Pistole, Maschinen- 63 8
Pistole, Spritz- *Kürschner*
284 2
Pistole, Spritz- *Landw.*
236 10
Pistole, Spritz- *Maler* 282 31,
40, 43
Pistole, Sprüh- 68 38, 40
Pistole, Zapf- 350 39
Pistolengriff *Fechten* 111 39
Pistolengriff *Jagd* 240 6
Pistolengriff *Polizei* 68 35
Pistolenhandgriff 287 44
Pistolenmagazin 68 37
Pistolentasche 68 36
Pitsche 317 65
Pixel 134 36
Pkw *Auto* 344 1–52
Pkw *Camping* 92 10
Pkw *Eisenbahn* 360 8
Pkw *Werkstatt* 348 58
Pkw-Typ 346
Pkw-Waschanlage 349 82
Plaid 50 28
Plakat 69 29
Plakat, Info- 413 16
Plakat, Personen- 70 1
Plakat, Themen- 70 2
Plakat, Veranstaltungs-
83 36
Plakat, Wahl- 69 7, 70 1, 2
Plakat, Werbe- *Bahnhof*
358 25
Plakat, Werbe- *Kaufhaus*
83 31
Plakat, Werbe- *Optiker*
263 21
Plakat, Werbe- *Stadt* 79 53
Plakette 158 38
Plan, Decks- 67 12–20
Plan, Fahr- *Bahnhof* 359 26
Plan, Fahr- *Eisenbahn* 364 52
Plan, Fahr- *Stadt* 79 24
Plan, Spiel- 89 7
Plan, Stadt- 18, 79 20
Plan, Übersichts- 86 12
Planche 111 2

Planer, Jahres- **408** 35
Planer, Termin- **328** 2
Planer, Wand- **408** 35
Planet **4** 45–55
Planetarium **5** 18
Planetariumsprojektor **5** 25
Planetengetriebe **296** 94–96
Planetenrad **296** 94
Planetenradiostrahlungs-
  antenne **6** 25
Planetensymbol **4** 45–55
Planetensystem **4** 45–55
Planetenzeichen **4** 45–55
Planetoid **4** 50
Planetoidengürtel **4** 50
Planganghebel **302** 17
Planierraupe **354** 24
Planierschild **354** 25
Planigraf, Stereo- **16** 67
Planimetrie **169**
Planke, Außenhaut- **101** 50
Plankonkavglas **263** 48, 49
Planschbecken *Haus* **44** 40
Planschbecken *Spielplatz*
  87 17
Planspiegel **5** 4
Planübergang **17** 25
Planungsboard **398** 24
Plaque **89** 27
Plasma, Grund- **24** 3
Plasma, Proto- **176** 6
Plasma, Zyto- **24** 3
Plasmadetektor **6** 13
Plasmawellenantenne **6** 25
Plastik **158** 32
Plastik, Galvano- **331**
Plastik, moderne **84** 64
Plastik, Wachs- **158** 26
Plastikscheibenschutz
  105 27
Plastikschelle **280** 41
Plastiksohle **58** 2
Plastiktüte **252** 78
Plastilinfigur **71** 13
Plastilinmasse **71** 12
Plastron **38** 7
Platane **189** 67
Plateau **14** 49
Plateausohle **58** 8
Platine, Abschlag- **320** 15
Platine, Haupt- **406** 14, 16
Platine, Kulier- **320** 14
Platin-Iridium-Elektrode
  29 39
Platinöse **28** 11
Plättchen **243** 52
Plättchen, Führungs- **140** 40
Plättchen, Münz- **59** 20
Plättchen, Spiel- **142** 20
Plättchen, Wachs- **230** 5
Platte *Frisur* **40** 23
Platte *Geld* **59** 20

Platte *Papier* **324** 21
Platte, Abdeck- **44** 31
Platte, Abrasions- **14** 76
Platte, Afrikanische **11** 37
Platte, Amerikanische **11** 33
Platte, Anschlag- **311** 18
Platte, Antarktische **11** 42
Platte, Arabische **11** 39
Platte, Arbeits- *Hausrat* **56** 33
Platte, Arbeits- *Zeichner*
  315 17
Platte, Aushänge- **336** 27
Platte, Bank- **285** 34
Platte, Beton- **215** 26
Platte, Bild- **159** 59
Platte, Boden- **264** 27
Platte, Brandungs- **14** 76
Platte, Braten- **53** 27
Platte, Cocos- **11** 34
Platte, CtP- **327** 23, 25
Platte, Dämm- **275** 44
Platte, Deck- **378** 59
Platte, Diazo- **332** 32, 34
Platte, Dreh- **348** 5
Platte, Druck- *Bau* **276** 38
Platte, Druck- *Druck* **332** 1,
  9, **333** 4
Platte, Druck- *Mediengest.*
  329 23
Platte, Eurasiatische **11** 38
Platte, Eurasische **11** 38
Platte, Fahrbahn- **369** 2
Platte, Fest- *PC* **406** 45
Platte, Fest- *Rundfunk*
  398 56
Platte, Foto- **127** 52
Platte, Fotovoltaik- **307** 22
Platte, Fuß- *Bau* **272** 50
Platte, Fuß- *Kunst* **158** 23
Platte, Fuß- *Schneiderei*
  255 12
Platte, Fuß- *Werkzeugmasch.*
  303 19, 36
Platte, Gedenk- **149** 14
Platte, Gemüse- **53** 45
Platte, Gesenk- **293** 26
Platte, Glas- **277** 16
Platte, Glüh- **260** 37
Platte, Grammofon- **127** 33
Platte, Groß- **11** 30, 31
Platte, Grund- *Eisenverarb.*
  301 31
Platte, Grund- *Schlosser*
  293 43
Platte, Hartmetall- **302** 50
Platte, Hirnholz- **159** 1
Platte, Hohl- **313** 26
Platte, Holz- **157** 23
Platte, Holzfaser- **157** 24
Platte, Hourdis- **313** 26
Platte, Indisch-Australische
  11 40

Platte, Kalibrier- **6** 23
Platte, Karibische **11** 35
Platte, Käse- **53** 42
Platte, Klemm- *Eisenbahn*
  356 9
Platte, Klemm- *Werkzeug-
  masch.* **302** 46
Platte, kontinentale **11** 26
Platte, Krumpf- **321** 47
Platte, Kupfer- **159** 53
Platte, Langholz- **159** 2
Platte, Lauf- **276** 30
Platte, Leichtbau- **276** 58
Platte, Loch- *Schlosser* **293** 26
Platte, Loch- *Schmied* **290** 17
Platte, Metall- **142** 68
Platte, Monitor- **315** 15
Platte, Nazca- **11** 36
Platte, Offset- **332** 16
Platte, Ostpazifische **11** 36
Platte, ozeanische **11** 23
Platte, Pazifische **11** 32
Platte, Philippinische **11** 41
Platte, Press- *Buch* **336** 23
Platte, Press- *Kunst* **159** 31
Platte, Press- *Schuhmacher*
  253 15
Platte, Pressholz- **157** 24
Platte, Rand- **378** 54
Platte, Richt- **278** 3
Platte, Rund- *Galvanoplastik*
  331 21
Platte, Rund- *Kunst* **153** 35,
  46
Platte, Schall- *Diskothek*
  129 29
Platte, Schall- *Flohmarkt*
  127 33
Platte, Schall- *Hausrat* **54** 13
Platte, Schellack- **127** 33
Platte, Schlicht- **278** 4
Platte, Schloss- **302** 16
Platte, Schneid- **302** 46
Platte, Schreib- *Büro* **409** 3
Platte, Schreib- *Hausrat*
  55 23
Platte, Schutz- **406** 55
Platte, Sockel- **276** 21
Platte, Stahlbeton- **276** 28
Platte, Stampf- **354** 22
Platte, Stein- *Garten* **203** 18
Platte, Stein- *Kirche* **149** 64
Platte, Steuer- **305** 6
Platte, Tisch- *Hausrat* **52** 4
Platte, Tisch- *Tischler* **286** 2
Platte, Tischler- **285** 73
Platte, Tischtennis- **109** 34
Platte, Torten- **251** 31
Platte, Trauf- **275** 5
Platte, Tropf- **76** 4
Platte, Tropfen- **153** 15
Platte, Unterlags- **356** 5

Platte, Voll- **313** 27
Platte, vorbeschichtete
  332 31
Platte, Warmhalte- **53** 51
Platte, Wehr- **147** 8
Platte, Wende- **302** 47
Platte, Werfer- **108** 59
Platte, Werk- **262** 29
Platte, Wirk- **251** 72
Platte, Zähl- **242** 17
Platte, Zellstoff- **322** 1
Platte, Zink- *Galvanoplastik*
  331 32, 40
Platte, Zink- *Kunst* **159** 52
Plattenbau **45** 14
Plattenbelag **276** 26
Plattenbelichtung **327** 18
Plattenhalteklammer
  406 53
Plattenhalterung *Galvano-
  plastik* **331** 27
Plattenhalterung *Tischler*
  285 70
Plattenhaltestange **332** 8
Plattenkassette **265** 40
Plattenkreissäge **285** 68
Plattenkuchen *Restaurant*
  75 4–6
Plattenkuchen *Supermarkt*
  252 19
Plattenschleuder **332** 1
Plattenspieler *Diskothek*
  129 28
Plattenspieler *Hausrat* **54** 9
Plattenspieler *U-Elektronik*
  401 8, 19
Plattenstahl **288** 25
Plattenständer **331** 35
Plattenstift **143** 14
Plattentektonik **11** 19–42
plattentektonische Struktur
  11 30–42
Plattenteller **401** 24
Plattentellerauflage **401** 25
Plattenweg **44** 35
Plattenzentrifuge **332** 1
Plattenzylinder **333** 4, 24
Platterbse, Saat- **222** 19
Plattform *Landw.* **217** 65
Plattform *Schiff* **372** 49
Plattform Schwimmen
  98 35–40
Plattform, Bohrturm-
  299 1–37
Plattform, Brenner- **103** 72
Plattform, Ein-und-Aus-
  stiegs- **392** 24
Plattform, Fünfmeter- **98** 6
Plattform, Hubschrauber-
  375 19
Plattform, Lande- **67** 39, 53
Plattform, Last- **388** 19

Plattform, Messgeräte- **393** 70
Plattform, Ofen- **301** 6
Plattform, Zehnmeter- **98** 5
Plattformball **117** 24
Plattkäfer, Leistenkopf- **233** 26
Plattsticharbeit **254** 10
Plattstickarbeit **254** 10
Plattwurm **233** 35
Platz, Abbinde- **273** 1–59
Platz, Abschlag- **110** 39
Platz, Altar- **148** 1
Platz, Arbeits- *Büro* **411** 47
Platz, Arbeits- *Hausrat* **47** 19
Platz, Arbeits- *Mediengest.* **328** 1–13
Platz, Arbeits- *Raumfahrt* **394** 18
Platz, Arbeits- *Schmied* **292** 15
Platz, Arbeits- *Zeichner* **315**
Platz, Auskunfts- **74** 15
Platz, Back- **47** 25
Platz, Bedien- *Eisenbahn* **357** 70
Platz, Bedien- *Med.* **32** 10
Platz, Bedien- *Post* **395** 1
Platz, Camping- **92** 1
Platz, Codier- **395** 41
Platz, Fest- **126** 1
Platz, Flug- **17** 6
Platz, Fußball- **107** 1–9
Platz, Golf- **110** 38
Platz, Halte- **357** 31, 32
Platz, Kampf- **128** 9
Platz, Koch- **47** 25
Platz, Lade- **17** 91
Platz, Lager- **297** 7
Platz, Liege- **102** 51
Platz, Markt- **17** 51
Platz, Mess- *Med.* **32** 31
Platz, Mess- *Raumfahrt* **394** 21
Platz, Park- **18** 12
Platz, Prüf- **263** 52
Platz, Rummel- **126**
Platz, Rundholz- **311** 29
Platz, Schnittholz- **311** 32
Platz, Schreib- **54** 17
Platz, Sitz- *Med.* **29** 20
Platz, Sitz- *Stierkampf* **128** 8
Platz, Sitz- *Straßenbahn* **351** 17, 19
Platz, Sitz- *Theater* **136** 23
Platz, Speicher- **405** 8
Platz, Spiel- **87**
Platz, Spül- **47** 6
Platz, Stapel- **337** 12
Platz, Start- **116** 3
Platz, Steck- **406** 20, 21, **407** 4
Platz, Stell- **92** 30

Platz, Tennis- **109** 1
Platz, Theater- **136** 23
Platz, Vor- **49** 1
Platz, Vorbereitungs- **47** 19
Platz, Zimmer- **273** 1–59
Platz, Zuschauer- **136** 23
Platzanweiser **136** 14
Platzanweiser **136** 14
Platzanweiserin **133** 4
Platznummer **92** 60
Platzverweis **107** 62
Player, CD- *Auto* **344** 81
Player, CD- *Diskothek* **129** 23
Player, CD- *U-Elektronik* **401** 9, 56, **402** 51, 60
Player, DVD- *U-Elektronik* **402** 1
Player, DVD- *Video* **404** 51
Player, MP3- **402** 16
Plaza de toros **128** 5
Plazenta **25** 33
Plegegerät, Teppich- **56** 80
Plejaden **3** 26
Plektron **140** 19, **142** 20
Plektrum **140** 19, **142** 20
Pleuel **343** 23
Pleuellager **345** 27
Pleuelstange **343** 23
Plicht *Segeln* **101** 38
Plicht *Wassersport* **102** 3
Plinthe **153** 36
Plisseerock **35** 38
Plombe **29** 26
Plotter **315** 5
Plotter, Trommel- **314** 13
Plotterpapierrolle **315** 6
Pluderhose **124** 37
Plunger **137** 60
Plüschfutter **58** 3
Plüschjacke **34** 50
Plusfacette **263** 46
Pluszeichen **167** 23
Pluto **4** 55
PMT **329** 7
Pneumatikanlage **246** 12
Pneumatikbürste **257** 17
Pneumotachograf **32** 40
Po **19** 54
Pochette **140** 20
Podest *Bau* **276** 34–41
Podest *Kirche* **151** 24
Podest *Kunst* **157** 30
Podest *Weinbau* **231** 17
Podest, Bedienungs- **347** 16
Podest, Zwischen- **276** 55–62
Podestbalken **276** 34, 55
Podesttreppe **276** 42–54
Podium, Stockwerk- **137** 34
Podium, Versenk- **137** 34
Podium, Vorstands- **69** 3
Pofalte **19** 56
Point, Service- **358** 1
Pointer **223** 25

Pol **16** 3
Pol, Erd- **16** 3
Pol, Gang- **4** 28
Pol, Himmels- **3** 1, **4** 24, 26
Pol, Spindel- **24** 37
polare Klimazone **9** 45
polares Klima **9** 43, 44
Polarhund **161** 2
Polarimeter, Foto- **6** 19
Polarisationseinrichtung **264** 14
Polarkreis **16** 12
Polarlicht **7** 35
Polarmeerwalross **185** 25
Polarschlitten **121** 19
Polarstern **3** 1, 34
Polarstern, Zirkum- **3** 5
Polder **15** 44, 46
Polhodie **4** 28
Polierbürste *Goldschmied* **260** 44
Polierbürste *Schuhmacher* **253** 11
Polieren **261** 17
Polierhaube, Lammfell- **287** 21
Poliermaschine **260** 42
Poliermaschinenaufsatz **261** 15
Polierstahl *Goldschmied* **260** 51
Polierstahl *Kunst* **159** 17
Polierstange **298** 35
Polierteller **287** 22
Politiker **70** 19
politischer Teil **165** 16
Polizei *Polizei* **68**
Polizei *Stadt* **18** 23
Polizei, Kriminal- **68** 47
Polizeibeamtin **68** 26
Polizeihubschrauber **68** 1
Polizeihund **68** 6
Polizeihundeeinsatz **68** 5
Polizeikelle **68** 14
Polizeikreuzer **375** 88
polizeiliches Kennzeichen **341** 44
Polizeistation **18** 23
Polizeistern **68** 48
Polizeistock **68** 27
Polizeivollzugsdienst **68**
Polizist, Bundes- **359** 43
Polizistin, Verkehrs- **79** 73
Polje **14** 57
Polkörperchen **25** 9
Pollen *Biene* **230** 46
Pollen *Bot.* **188** 70
Pollensack **190** 45, 50
Pollenschlauch **188** 71
Poller **371** 13
Poller, Doppel- **371** 12
Poller, Doppelkreuz- **371** 15

Poller, Knarr- **100** 16
Poller, Kreuz- *Schiff* **383** 10
Poller, Kreuz- *Wasserbau* **371** 14
Poller, Nischen- **371** 11
Poller, Verankerungs- **368** 53
Pollux **3** 28
Polobluse **35** 35
Pololaufsohle **58** 24
Poloshirt **39** 25
Polster, Kopf- *Eisenbahn* **361** 23
Polster, Kopf- *Med.* **26** 14
Polster, Luft- **102** 62
Polster, Voluten- **153** 30
Polsterarbeit **287** 59
Polsterelementgruppe **50** 17
Polstersitz **361** 21
Polsterung, Ohr- **402** 31
Polter, Rundholz- *Forstw.* **238** 32
Polter, Rundholz- *Sägewerk* **311** 31
Polter, Sortier- **311** 31
Polyacryl **322** 40–53
Polyacrylkabel **322** 51
Polyacrylnitril **322** 43
Polyacrylspinnfaser **322** 45–53
Polyacrylspinnfaserballen **322** 53
Polyacrylspinnkabel **322** 46
Polyamidfaden **286** 51
Polycheles **187** 15
Polyester **322** 25–39
Polyesterfilamentgarn **322** 30–32, 32
Polyesterkabel **322** 37
Polyesterrohr **220** 37
Polyesterspinnfaser **322** 33–39
Polyesterspinnfaserballen **322** 39
Polyethylenterephthalat **322** 28
Polygonspiegel **327** 20
Polymerisationsanlage **298** 48
Polyp, Hydroid- **187** 9
Polyp, Korallen- **176** 21
Polyp, Riesen- **126** 31
Polzwinge **295** 33
Pommes-frites-Topf **48** 36
Pompon **34** 4
Pompondahlie **213** 23
Poncho **160** 23
Ponchocape **35** 19
Ponte Vecchio **369** 32
Ponton **382** 45
Ponton, Anlege- **381** 63
Ponton, Dock- **378** 33
Ponton, Verschluss- **378** 33

Pony *Frisur* **41** 6
Pony *Landw.* **228** 4
Pony, Reit- **228** 4
Ponyfransen **41** 11
Pool **91** 18–24
Pool, Swimming- **376** 69
Pool, Whirl- *Brauerei* **247** 2
Pool, Whirl- *Schwimmbad* **96** 27–29, **97** 31
Poolbillard **91** 18–24
Pool-Landschaft **97** 1
Poolrand **376** 70
Popelinejacke **36** 1
Popelinemantel **38** 42
Poperoller **325** 39
Pore **22** 63
Pore, Kern- **24** 4
Porenkapsel **188** 106
Poritze **19** 55
poröse Schicht **13** 32
Porree **209** 21
Porst, Sumpf- **195** 21
Portable Document Format **327** 5
Portal *Schiffbau* **378** 11
Portal *Theater* **137** 22
Portal, Brücken- **369** 42
Portal, End- **369** 38
Portal, Gewände- **154** 39
Portal, Haupt- **152** 34
Portal, Kirchen- **149** 16
Portal, Neben- **154** 13
Portal, Seiten- **154** 13
Portal, Wind- **369** 38
Portalbekleidung **152** 35
Portalfahrwerk **388** 18
Portalfigur **152** 36
Portalhelling **378** 11–18
Portalkran *Eisenbahn* **360** 40
Portalkran *Sägewerk* **311** 26
Portalkran *Schiffbau* **378** 25
Portalroboter **303** 52
Portalscheinwerfer **137** 21
Portalstapler **381** 47, **382** 4
Portalstütze **378** 12
Portativ **140** 56
portato **139** 29
Portenband **374** 27
Portier **78** 1
Portikus **153** 70
Portionieren **248** 20
Portliner **343** 71
Portokosten **412** 67
Porträtbüste **50** 12
Porzellanherstellung **316**
Porzellanmalerin **316** 25
Porzellanscherbe **316** 29
Porzellanvase **156** 1
Posaune **141** 48
Posaune, Zug- **141** 48
Posaunenstange **141** 49
Pose **243** 15–20

Pose, Federkiel- **243** 17
Pose, Knicklicht- **243** 20
Pose, Kunststoff- **243** 16
Pose, Lauf- **243** 15
Position *Sport* **107** 10–16
Position *Turnen* **113** 22–39
Position, Abfertigungs- **389** 21
Position, Arbeits- **263** 36
Position, dritte **135** 3, 9
Position, erste **135** 1, 7
Position, fünfte **135** 6, 11
Position, Maus- **315** 30
Position, T- **109** 61
Position, vierte **135** 4, 5, 10
Position, zweite **135** 2, 8
Position bras bas **135** 12
Position der Arme **135** 7–12
Position der Füße **135** 1–6
Positionslampe **103** 23
Positionslaterne **102** 11–15
Positionsleuchte, Backbord- **65** 36
Positionsleuchte, Heck- **65** 20
Positionslicht **386** 44, 50
Positionsseitenlampe **66** 15
Positiv **140** 56
Positiv, Rück- **144** 5, 42
positive Pfeilung **385** 20, 21
positive Richtung **170** 6
positives Vorzeichen **167** 7
positive Zahl **167** 7
Positivkohle **133** 40
Positivschnitt **159** 3
Post *Piktogramm* **390** 23
Post *Post* **395**
Post *Stadt* **18** 22
Post, Luft- **395** 19
Postablage **78** 2
Postangestellter **395** 2
Postauto **395** 51
Postbote **395** 53
Posten, Schranken- **356** 43
Postfach *Hotel* **78** 2
Postfach *Post* **395** 31
Postfachanlage **395** 30
Postfiliale *Post* **395** 1–33
Postfiliale *Stadt* **18** 22, 79 69
Postkundin **395** 28
Postmitarbeiter **395** 2
Postschablone **395** 16
Postschalter **395** 1
Postscript®-Datei **327** 4
Postsendung **395** 19
Postshopmodul **395** 32
Posttasche **395** 56
Postwertzeichen **395** 13
Postwertzeichengeber **395** 12
Postwertzeichengebinde **395** 14

Postzeitungsnummer **165** 8
Postzustellung **395** 52
Potenz **168** 1
Potenzieren **168** 1
Potenzrechnung **168** 1
Potenzwert **168** 1
Pottwal **185** 31
Poularde **252** 67
Powerblock **244** 23
PowerMac® **328** 11, **329** 11
PowerMac®-Betrieb **328** 6
Prächtiger Schleierling **197** 19
Prachttür **155** 9
Prägejahr **60** 30
Prägepresse **336** 25
Prägepresse, Matrizen- **331** 7
Prägering **59** 19
Prägestätte **60** 29
Prägestempel **59** 17, 18
Prägetiegel **336** 28
Prägetisch *Galvanoplastik* **331** 9
Prägetisch *Geld* **59** 21
Prägung, Münz- **59** 17–21
Prägung, Stern- **339** 60
prähistorischer Fund **146**
prähistorischer Fundgegenstand **146**
praktischer Arzt **28** 2
Praline **75** 15
Prallblech **343** 17
Prallbrecher **312** 15
Prallhang **14** 34
Prallleiste, Dämpfer- **143** 40
Pralltriller **139** 19
Prante **241** 51, 55
Präpariertisch **73** 17
Präparierter **146** 20
Präsentation **70** 16–18
Präsenzbestand **74** 12
Präserve **250** 53
Präsident **60** 7
Praxis **27** 1
Präzession **4** 24
Präzisionsfeile **293** 20
Präzisions-Kleindrehmaschine **261** 20
Präzisionslupe **315** 22
Präzisionswaage **260** 35
Predigt **148** 22
Preflight-Check **327** 8
Preis, Ehren- **193** 22
Preisanzeige **350** 31
Preiselbeere **195** 23
Preisschild *Fleischerei* **250** 34
Preisschild *Kaufhaus* **83** 27
Preistafel **350** 1
Prellen **114** 36
Préparation **135** 25
Presbyterium **148** 32

Pressbalken **338** 3
Press-Blas-Verfahren **317** 42
Pressboden **286** 54
Pressbohle **355** 15
Pressbrett **324** 11
Pressdeckel **286** 55
Pressdruckskala **338** 5
Presse, Ader- **31** 40
Presse, Druck- *Druck* **334** 12
Presse, Druck- *Kunst* **159** 29, 36, 60
Presse, Filter- *Porzellan* **316** 20
Presse, Filter- *Textil* **322** 6
Presse, Furnier- **286** 53
Presse, Gautsch- **324** 10
Presse, Glas- **317** 21
Presse, Glätt- **336** 19
Presse, Großballen- **216** 41
Presse, Hand- **159** 29
Presse, Heiz- **268** 63
Presse, internationale **358** 18
Presse, Leim- **325** 35
Presse, Müll- **81** 14
Presse, Notader- **26** 17
Presse, Pack- **336** 19
Presse, Präge- *Buch* **336** 25
Presse, Präge- *Galvanoplastik* **331** 7
Presse, Rahmen- **286** 43
Presse, Rotations- **334** 35
Presse, Schmiede- **292** 33
Presse, Schnell- **334** 22
Presse, Sohlen- **253** 43
Presse, Spindel- *Papier* **324** 10
Presse, Spindel- *Schmied* **292** 14, 17
Presse, Stock- **336** 19
Presse, Stoppzylinder- **334** 22
Presse, Strang- *Porzellan* **316** 14
Presse, Strang- *Ziegelei* **313** 12
Presse, Transport- **337** 28
Presse, Trauben- **232** 22
Presse, Trocken- **268** 63
Presse, Vakuum- **316** 14
Presse, Vergolde- **336** 25
Presse, Zitrus- **48** 33
Presse, Zylinder- **334** 22
Pressefoto **165** 23
Pressefotograf **117** 49
Presseinrichtung **337** 13
Pressekamera **266** 35
Pressen **317** 45
Pressen, Zusammen- **318** 21
Pressengestell **292** 22
Pressenpartie **325** 33

Presser, Luft- **365** 14, 44, **366** 34, 58, 72
Presseur **321** 27
Pressform **317** 30, 46
Pressglasherstellung **317** 21–32
Pressholzplatte **157** 24
Presskissen **253** 16
Presskopf **250** 37
Pressluftflasche *Feuerwehr* **82** 80
Pressluftflasche *Tauchen* **93** 19
Presslufttauchgerät **93** 5
Pressmüllfahrzeug **353** 13
Pressplatte *Buch* **336** 23
Pressplatte *Kunst* **159** 31
Pressplatte *Schuhmacher* **253** 15
Presspumpe **331** 11
Presssack **250** 37
Pressstempel *Glas* **317** 44
Pressstempel *Tischler* **286** 56
Pressunterstützung **317** 25
Presszylinder **317** 32
presto **139** 28
Preußen **374** 35
Pricke **380** 11, 17
Priel **15** 29
Priem **259** 19
Priester **148** 39, **149** 47
Priestersitz **148** 41
Primaballerina **135** 30
primärer Natriumkreislauf **306** 2
Primärfaserstoff **325** 1, 2
Primärfokuseinrichtung **5** 12
Primärfokuskabine **5** 3
Primärkreislauf *Energie* **306** 2
Primärkreislauf *Militär* **67** 65
Primärkreisumwälzpumpe **306** 5
Primärwicklung **305** 18
Primat **186** 15
Prime **139** 6
Primel **194** 8
Primelgewächs **205** 5
Primzahl **167** 13
Printer, Laser- **406** 67
Printmedien **328, 329**
Prinz, Faschings- **124** 54
Prinz, Karnevals- **124** 54
Prinzengarde **124** 66
Prinzessin, Faschings- **124** 57
Prinzessin, Karnevals- **124** 57
Prinzip, Fläche-gegen-Fläche- **334** 13
Prinzip, Flach-gegen-rund- **334** 23
Prinzip, Pad-Roll- **321** 1–5

Prinzip, Pauli- **1** 7
Prinzip, Rund-gegen-rund- **334** 36
Prinzipal **144** 31–33
Prinz Karneval **124** 54
Prisma **329** 27
Prisma, ditrigonales **174** 22
Prisma, Dreikant- **170** 37
Prisma, hexagonales **174** 21, 22
Prisma, monoklines **174** 24
Prisma, Proto- **174** 19, 20
Prisma, quadratisches **170** 34
Prisma, Umlenk- **264** 13
Prismaschiene **285** 61
Pritsche *Bau* **272** 41
Pritsche *Karneval* **124** 43
Pritsche *Kfz* **347** 7
Pritsche *Pferd* **226** 45–49
Pritsche, Lade- **347** 3
Pritsche, Narren- **124** 43
Pritschen **110** 13, 14
Pritschenwagen *Kfz* **347** 6
Pritschenwagen *Ziegelei* **313** 18
Probe **136** 24–30
Probe, Leisten- **277** 2
Probe, Opern- **136** 24–30
Probe, Rahmen- **277** 2
Probe, Wein- **232** 17
Probeabzug **159** 43
Probedruck **159** 43
Probekapsel **316** 2
Probentrennvorrichtung **299** 10
Probewürfelform **272** 84
Probiergläserkasten **263** 54
Probierglastrockner **73** 26
Problem, Schach- **90** 6
Produkt **167** 25
Produkt, Abfall- **304** 26
Produkt, Haarpflege- **257** 41
Produkt, Landwirtschafts- **221**
Produkt, Textilglas- **317** 58–60
Produktion, Crossmedia- **328** 13
Produktion, Kino- **134** 35
Produktion, Seiten- **327** 1
Produktionsanlage **229** 38
Produktionsanlage, Malz- **246** 1
Produktionsleiter **131** 26
Produktionsstudio, Vor- **398** 36
Produktlager **298** 49
Produktverladung **298** 42
Profiboxer **117** 25
Profil **296** 1–12
Profil, Grund- **385** 44

Profil, Reifen- **342** 31
Profil, Stollen- **340** 16
Profileisen **283** 15
Profilrahmen **218** 45
Profilrohrrahmen **286** 35
Profilsäule **268** 45
Profilsohle *Bergsport* **118** 50
Profilsohle *Schuh* **58** 19
Programm **136** 15
Programm, Bestell- **270** 44
Programm, Bildbearbei- tungs- **269** 24, **270** 13
Programm, Fernseh- **165** 29
Programm, Layout- **328** 14
Programm, Lehr- **73** 7, 39
Programm, Satz- **328** 14
Programm, Übertragungs- **269** 24
Programmanzeige **267** 72
Programmanzeige, Kino- **79** 54
Programmheft **136** 15
Programmiererin **411** 17
Programmiertaste **401** 57
Programmierung **337** 18
Programmkarteneinschub **348** 26
Programmoberfläche, CAD- **315** 26
Programmrückstelltaste **267** 6
Programmsymbol **407** 30
Programmübersicht **398** 18
Projektil, Greifer- **319** 20
Projektion **270** 41
Projektion, Azimutal- **16** 8
Projektion, Bild- **132** 42
Projektion, Dia- **129** 12
Projektion, Film- **129** 12
Projektion, Kegel- **16** 9
Projektion, Zylinder- **16** 10
Projektionsapparat, Bühnen- bild- **137** 17
Projektionsfläche **72** 17
Projektionskuppel **5** 23
Projektionsleinwand **69** 8
Projektionsmattscheibe **264** 24
Projektionsobjektiv **133** 35
Projektionsöffnung **133** 15
Projektionsoptik **73** 12
Projektionstisch **73** 13
Projektionswand *Schule* **72** 17
Projektionswand *Universität* **74** 8
Projektor **270** 39
Projektor, Dia- *Film* **133** 23
Projektor, Dia- *Flohmarkt* **127** 44
Projektor, Dia- *Fotogr.* **266** 72
Projektor, digitaler **133** 53

Projektor, Film- **133** 13, 14, 24
Projektor, Overhead- *Schule* **73** 10
Projektor, Overhead- *Univer- sität* **74** 7
Projektor, Planetariums- **5** 25
Projektor, Schmalfilm- **133** 52
Projektor, Sehzeichen- **263** 56
Projektor, Tageslicht- **73** 10
Projektorkopf **133** 54
Projektvorgabe **328** 5
proktologisches Untersu- chungsinstrument **28** 3
Proktoskop **28** 15
Prokyon **3** 15
Promenade **377** 27
Promenade, Kur- **88** 40
Promenadendeck **377** 22–27
Promillewert **68** 20
Proof, Farb- **328** 38
Propangasflasche **92** 47
Propangaslötgerät **278** 5–7
Propangaslötkolben **278** 5
Propeller *Flugsport* **103** 28
Propeller *Flugzeug* **386** 32
Propeller *Militär* **63** 71
Propeller, Log- **379** 50
Propeller, Schottel- **383** 20
Propeller, Steuer- **388** 31
Propelleranlage **384** 26
Propellerflugzeug **387** 1–5
Propellernabenhaube **386** 33
Propellerpumpe **371** 52
Propellerraum **383** 22
Propellerrührer **232** 6
Propellerschnellrührgerät **232** 5
Propellerturbinenantrieb **388** 26
Propeller-Turbinen-Flugzeug **387** 4
Propeller-Turbinen-Trieb- werk **64** 16
Prophase **24** 28
Prophase, fortschreitende **24** 31
Proportionszirkel **158** 2
Propyläen **153** 8
Propylen **322** 41
Proskenion **153** 60
Prospekt *Bahnhof* **358** 64
Prospekt *Bank* **414** 20
Prospekt *Musik* **144** 1–5
Prospekt *Theater* **136** 37, **137** 10
Prospekt, Orgel- **144** 1–5
Prospektbeleuchtung **137** 15
Prospekthalter **395** 11

Prospektpfeife **144** 1–3
Prospektständer *Bahnhof* **358** 63
Prospektständer *Bank* **414** 19
Prospektzug **137** 8
Proszenium *Kunst* **153** 60
Proszenium *Theater* **136** 18
Protektor, Knie- **106** 37
Prothese, Zahn- **29** 21
Protokoll, Achsmess- **348** 12
Protokoll, Auswertungs- **348** 41
Protokolldrucker **348** 22
Protokollführer **117** 48
Protokollschreiber **348** 35
Proton **1** 2, 14, 40
Protoplasma **176** 6
Protoprisma **174** 19, 20
Protopyramide **174** 19, 20
Protozoon **176** 1
Protuberanz **4** 43
Protz **182** 23
Protz, Kraft- **124** 12
Proviantraum **377** 57
Provider, Internet- **405** 13
Provider, Service- **405** 7, 9
Prozent **70** 16
Prozentrechnungstaste **410** 29
Prozentskala **330** 7
Prozentzeichen **168** 7
Prozess, Floatglas- **317** 12
Prozess, Sud- **246** 42
Prozessband **395** 40
Prozession **149** 42–51
Prozessionsfahne **149** 44
Prozessionskreuz **149** 42
Prozessionsspinner **235** 15
Prozessionsteilnehmer **149** 51
Prozessor, Mikro- **406** 18
Prozessor, Sound- **398** 49
Prozessor, Voice- **398** 34
Prüfer, Reifendruck- **350** 20
Prüfer, Spannungs- **280** 47
Prüferin, Qualitäts- **324** 16
Prüfgerät **261** 26
Prüfgerät, Batterie- **348** 56
Prüfgerät, Bremsdruck- **291** 15
Prüfgerät, Geldschein- **414** 15
Prüfgerät, Güte- **313** 16
Prüfgerät, Oberflächen- **264** 37
Prüfgerät, Umlauf- **261** 24
Prüfplatz, ophthalmologischer **263** 52
Prüfrolle, Brems- **348** 38
Prüfsiegel, Sicherheits- **82** 68
Prüfstand, Brems- **291** 16

Prüfstand, Bremsen- **348** 37
Prüfstand, Stoßdämpfer- **348** 32
Prüfung, optische **324** 16
Prüfung, Papier- **324** 16–30
Prüfung, Vielseitigkeits- **105** 18–21
Prügel, Holz- **325** 5
Prügel, Küriss- **62** 33
Prunkheck **372** 55–60
Psychrometer **10** 52
Psychrometer, Aspirations- **10** 33
Puck **120** 24
Pudel **223** 10
Pudel, Zwerg- **223** 10
Pudelmütze **42** 51
Puderdose *Bad* **57** 34
Puderdose *Hausrat* **51** 31
Puderstreuer **33** 14
Puff **90** 22
Puffärmel **36** 92
Puffer **367** 7
Puffer, Feder- **368** 44
Puffspiel **90** 18, 22
Pulli, Kinder- **34** 54
Pulli, Nicki- **34** 49
Pullover, Fleece- **34** 51
Pullover, Herren- **38** 61
Pullover, Rollkragen- **35** 22
Pullover, Schalkragen- **35** 30
Pullover, Ski- **39** 32
Pullover, Sommer- **36** 38
Pullover, Strick- **34** 57
Pullover, Überzieh- **35** 27
Pulloverblouson **38** 60
Pulmonalklappe **23** 63
Pulpa **22** 39
Pulpahöhle **22** 40
Pulper **325** 20
Puls-Doppler-Radar, Mehrbetriebsarten- **65** 35
pulsierende Vakuole **176** 7
Pulsschlagader **21** 21
Pulsuhr **112** 18
Pult **148** 37
Pult, Ausleih- **74** 18
Pult, Bedien- *Raumfahrt* **394** 19
Pult, Bedien- *Straßenbau* **354** 38
Pult, Bediener- **236** 51
Pult, Bedienungs- **335** 28
Pult, Führer- **366** 32
Pult, Lese- **148** 2
Pult, Mess- **261** 25
Pult, Misch- *Diskothek* **129** 25
Pult, Misch- *Film* **131** 57, **132** 31
Pult, Misch- *Nachtlokal* **130** 40

Pult, Misch- *Rundfunk* **398** 37, **399** 12, 17
Pult, Noten- **144** 36
Pult, Redner- **69** 5
Pult, Schalt- *Buch* **338** 2
Pult, Schalt- *Druck* **332** 10
Pult, Schalt- *Film* **132** 15
Pult, Schalt- *Fotoreprod.* **330** 6
Pult, Schalt- *Kraftwerk* **305** 2
Pult, Schalt- *Med.* **32** 11
Pult, Schalt- *Molkerei* **229** 11
Pult, Schalt- *Schule* **73** 32
Pult, Schreib- *Bank* **414** 24
Pult, Schreib- *Hotel* **78** 16
Pult, Schreib- *Kirche* **149** 60
Pult, Schreib- *Schiff* **376** 61
Pult, Steh- *Bank* **413** 14
Pult, Steh- *Wahl* **70** 23
Pult, Steuer- *Brauerei* **247** 1
Pult, Steuer- *Druck* **335** 28
Pult, Steuer- *Energie* **306** 83
Pult, Steuer- *Erdöl* **299** 28
Pult, Steuer- *Rundfunk* **399** 15
Pult, Steuer- *Theater* **137** 2
Pult, Vortrags- **74** 4
Pult, Wand- **78** 16
Pultdach *Bau* **274** 7
Pultdach *Haus* **45** 21
Pultordner **408** 34
Pultscholle **13** 11
Pulver, Email- **72** 66
Pulver, Gips- **158** 29
Pulver, rauchloses **240** 53
Pulver, Schwarz- **240** 53
Pulver, Wasch- **349** 37
Pulverladung **240** 57
Pumpanlage **299** 22
Pumpe *Atom* **2** 52
Pumpe *Landw.* **236** 31
Pumpe, Brunnenunterwasser- **80** 42
Pumpe, Druck- **137** 53
Pumpe, Einspeise- **306** 47
Pumpe, Einspritz- **365** 48
Pumpe, Evakuierungs- **220** 13
Pumpe, Fahrrad- **339** 56
Pumpe, Flügelrad- **371** 52
Pumpe, Förder- **236** 47
Pumpe, Hand- *Landw.* **236** 18
Pumpe, Hand- *Wasservers.* **80** 66
Pumpe, Haupt- **80** 15
Pumpe, Hydraulik- **82** 53
Pumpe, Kraftstoff- **345** 3
Pumpe, Kreisel- *Wasservers.* **80** 44
Pumpe, Kreisel- *Weinkeller* **232** 7

Pumpe, Kühlmittel- **306** 39
Pumpe, Luft- *Auto* **345** 11
Pumpe, Luft- *Fahrrad* **339** 56
Pumpe, Luft- *Med.* **30** 11
Pumpe, Öl- *Auto* **345** 18
Pumpe, Öl- *Eisenbahn* **365** 45
Pumpe, Press- **331** 11
Pumpe, Propeller- **371** 52
Pumpe, Quark- **229** 39
Pumpe, Rahmdosier- **229** 40
Pumpe, Rohmilch- **229** 3
Pumpe, Sauerstoff- **393** 43
Pumpe, Saug- **370** 47
Pumpe, Schlepper- **220** 17
Pumpe, Schmier- **346** 42
Pumpe, Schöpf- **80** 7
Pumpe, Servolenkungs- **343** 12
Pumpe, Speise- **304** 21
Pumpe, Speisewasser- *Eisenbahn* **364** 9
Pumpe, Speisewasser- *Energie* **306** 15
Pumpe, Spinn- **322** 9
Pumpe, Spritz- **307** 17
Pumpe, Spül- **298** 16
Pumpe, Strahl- **364** 41
Pumpe, Tief- **298** 31
Pumpe, Treibwasser- **370** 24
Pumpe, Turbo- **67** 57
Pumpe, Umlauf- **304** 45, **365** 12
Pumpe, Umwälz- **306** 5, 8, **308** 7
Pumpe, Unterwasser- **308** 26
Pumpe, Vakuum- **80** 8
Pumpe, Wärme- **308** 11, 25–26
Pumpe, Wärmemittel- **308** 7
Pumpe, Wasserstoff- **393** 42
Pumpe, Wasserstrahl- **28** 47
Pumpe, Zementierungs- **299** 34
Pumpenanschlussbogen **220** 10
Pumpenhaus *Schiffbau* **378** 34
Pumpenhaus *Wasserbau* **371** 48
Pumpenschwengel **236** 35
Pumpensteuerung **308** 6
Pumpernickel **251** 55
Pumpgestänge **298** 33
Pumps **58** 29
Pumps, Sling- **58** 53
Pumps, Spangen- **58** 27
Pumps, Stoff- **58** 54
Pumpspeicherwerk **371** 43
Pumpstativ **131** 50
Punchingball **117** 24

Punklook **40** 34
Punkt *Math.* **169** 1, **170** 8
Punkt *Schrift* **164** 18
Punkt *Setzerei* **327** 13
Punkt, Anfangs- **169** 2, 3, 7
Punkt, Anstoß- **109** 71
Punkt, Äquinoktial- **3** 6, 7
Punkt, Auslassungs- **164** 38
Punkt, Berühr- **169** 49
Punkt, Berührungs- **169** 49
Punkt, Bild- **134** 36
Punkt, Brenn- **170** 25, 27
Punkt, Doppel- **164** 19
Punkt, Eck- **169** 26
Punkt, Elfmeter- **107** 6
Punkt, End- **169** 17, 18
Punkt, Frühlings- **3** 6
Punkt, Fuß- **4** 13
Punkt, grüner **81** 2, 4, 5
Punkt, Halte- **357** 25, 33
Punkt, Herbst- **3** 7
Punkt, Hoch- **164** 25
Punkt, Knoten- **405** 12
Punkt, Mittel- *Kristall* **174** 3
Punkt, Mittel- *Math.* **169** 23, 28, 43
Punkt, Nord- **4** 16
Punkt, Null- *Kraftwerk* **305** 25
Punkt, Null- *Math.* **170** 4
Punkt, Ost- **4** 14
Punkt, Raster- **331** 39
Punkt, Scheitel- *Astron.* **4** 11
Punkt, Scheitel- *Math.* **169** 1, **170** 16, 28
Punkt, Schnitt- **169** 1, 28
Punkt, Schwer- **169** 26
Punkt, Sieben- **175** 40
Punkt, Sommersolstitial- **3** 8
Punkt, Sommersonnenwende- **3** 8
Punkt, Stern- **305** 25
Punkt, Strich- **164** 21
Punkt, Süd- **4** 17
Punkt, trigonometrischer **16** 50, **17** 70
Punkt, typografischer **326** 23
Punkt, Verlängerungs- **138** 7
Punkt, Wende- **170** 21
Punkt, West- **4** 15
Punkt, Widder- **3** 6
Punktball *Billard* **91** 12
Punktball *Sport* **117** 22
Punktiereisen **158** 15
Punktlichtkopierlampe **332** 21
Punktlichtlampe **335** 4
Punktrichter **117** 43
Punktroller **159** 18
Punktroulette **159** 18
Punktschweißmaschine **295** 39

Punktschweißung **295** 22
Punktschweißzange **295** 23
Punktstrahldüse **56** 95
Punze *Goldschmied* **260** 19, 31
Punze *Kunst* **159** 15
Punzenbüchse **260** 30
Punzenhammer **159** 14
Pupille **22** 51
Puppe *Biene* **230** 40, 43
Puppe *Flohmarkt* **127** 13
Puppe *Hausrat* **55** 11
Puppe *Rummelplatz* **126** 35
Puppe *Zool.* **175** 21, **183** 13, 233 4, 22, 25, **234** 4, 35, 235 14, 22, 33
Puppe, Ankleide- **71** 32
Puppe, Baby- **71** 24
Puppe, Barbie- **55** 9
Puppe, Glieder- **157** 31
Puppe, Lauf- **87** 50
Puppe, Schneider- **255** 7
Puppe, Tönnchen- **233** 4
Puppenkinderwagen **71** 25
Puppensportwagen **71** 30
Puppenwagen *Hausrat* **55** 10
Puppenwagen *Vorschule* **71** 25
Puppenwiege **230** 43
Purpurfiltereinstellung **268** 46
Pürzel **241** 54, 63
Push-up-BH **37** 14
Pusteblume **214** 13
Pute **224** 28
Putenschenkel **252** 69
Puter **224** 28
Putten **110** 48
Putter **110** 53
Putz **157** 42
Putz, Außen- **275** 38
Putz, Decken- **276** 59, 72
Putz, Feder- **42** 7
Putz, Kratz- **157** 41
Putz, Rau- **276** 6
Putz, Wand- **276** 60
Putzeimer **56** 58
Putzer, Schuh- **195** 9
Putziger Haff **15** 18
Putziger Nehrung **15** 17
Putzmaschine **246** 36
Putzmesser **289** 38
Putzstock **240** 61
Putzteil **42** 4
Putzträger **276** 71
Putztuch **56** 59
Putzwalze **321** 43
Puzzle **71** 9
Puzzlestück **71** 10
Puzzleteil **71** 10
PVC-Regenstiefel **58** 14
PVC-Sohle **58** 2

Pygmäe **162** 41
Pyjama **37** 2
Pylon *Brücke* **369** 42
Pylon *Kunst* **152** 9
Pyramide *Astron.* **5** 21
Pyramide *Garten* **204** 17
Pyramide *Kunst* **152** 1
Pyramide *Zirkus* **125** 26
Pyramide, Deutero- **174** 20
Pyramide, Di- **174** 18
Pyramide, Hemi- **174** 24
Pyramide, Proto- **174** 19, 20
Pyramide, rhombische **174** 23
Pyramide, Stufen- *Kunst* **152** 22
Pyramide, Stufen- *Völkerk.* **160** 20
Pyramide, vierseitige **170** 46
Pyramidenanlage **152** 6
Pyramidenbaum *Garten* **204** 17
Pyramidenbaum *Park* **84** 19
Pyramidenoktaeder **174** 10
Pyrheliometer, Silverdisk- **10** 23
Pyrometer **331** 16
Pyxis **148** 8, **150** 51
P1 **63** 1

Q

Quader **170** 36
Quaderstein **312** 27
Quadrant **170** 5
Quadrat **169** 33
quadratische Säule **170** 34
quadratisches Prisma **170** 34
Quadratnotation **138** 1
Quadratwurzel **168** 3
Quäke, Hasen- **240** 44
Qualität, Bild- **329** 35
Qualität, Faser- **318** 1
Qualität, Ton- **402** 38
Qualitätskontrolleurin **316** 24
Qualitätsprüferin **324** 16
Qualle **176** 16
Qualle, Scheiben- **176** 16
Qualle, Schirm- **176** 16
Quantensprung **1** 24, 29–34
Quarantänestation **381** 27
Quark **229** 45
Quark, Down- **1** 17
Quark, Up- **1** 15
Quarkherstellungslinie **229** 38
Quarkmodell **1** 13
Quarkpackung **229** 45
Quarkpumpe **229** 39
Quarkseparator **229** 41

Quarkverpackungsmaschine **229** 44
Quartbindung **111** 48
Quarte **139** 9
Quartier **253** 61
Quartole **139** 23
Quarz **262** 37
Quarz, Schwing- **262** 37
Quarzkristall **1** 21
Quarzuhr, elektronische **262** 36
Quaste *Kleidung* **34** 4
Quaste *Kopfbedeckung* **42** 32
Quaste *Zool.* **224** 7
Quastenschwanz **224** 6
Quecke, Binsen- **214** 30
Quecke, Gemeine **214** 30
Quecke, Hunds- **214** 30
Quecksilberbarometer **10** 1
Quecksilberbatterie **30** 20
Quecksilbersäule **10** 2
Queen Mary 2 **376** 1
Quelle *Geogr.* **17** 82
Quelle *Wasservers.* **80** 24–39
Quelle, Antriebs- **262** 38
Quelle, Hang- **13** 41
Quelle, Kaltlicht- **31** 14
Quelle, Karst- **14** 59
Quelle, Licht- *Film* **133** 39–44
Quelle, Licht- *Mediengest.* **329** 8
Quelle, Licht- *Optik* **264** 48, 50
Quelle, Spring- **12** 10
Quellnymphe **84** 2
Quellstube **80** 24
Quellwolke *Flugsport* **104** 40
Quellwolke *Meteor.* **8** 1, 17
Quendel **210** 15
Querachse **386** 68
Querachse, Körper- **116** 11
Queraussteifung **369** 53
Querbalken *Bau* **272** 67
Querbalken *Werkzeugmasch.* **303** 12
Querbruch **11** 24
Querfeldeinstrecke **105** 18
Querflöte **141** 31, 32
Querförderer **311** 20
Querförderer, Ketten- **311** 21
Querglättbohle **355** 16
Quergrätschstellung **115** 4
Querhaus **154** 3
Querholz **260** 5
Querlatte **107** 36
Querleiste **289** 8
Querlibelle **16** 62
quer liegender Grimmdarm **23** 26
Querneigung **354** 51
Querriegel *Bau* **272** 49

Querriegel *Musik* **142** 4, 13
Querrips, unregelmäßiger
  323 19–25
Querriss **118** 3
Querruder *Flugsport* **103** 20,
  104 17
Querruder *Flugzeug* **385** 40,
  42, **386** 24, 52
Querruder, Allgeschwindig-
  keits- **385** 42
Querruder, Langsamflug-
  385 40
Querschiff **154** 3
Querschlag **297** 52
Querschlitten **302** 23, 39
Querschneider **325** 51
Querschnitt, Brücken- **369** 1
Querschnitt, Straßen- *Straße*
  352
Querschnitt, Straßen-
  Straßenbau **354** 49
Quersitz, Außen- **113** 32
Querspagat **115** 15
Querspant **101** 51
Querstab **108** 25
Querstand, Innen- **113** 27
Querstand rücklings **113** 25
Querstand vorlings **113** 24
Quersteg **218** 13
Quersupport **302** 23, 39
Querträger **304** 37
Querverspannung, Fahr-
  leitungs- **351** 42
Querzeug **218** 13
Quetschhahn **173** 30
Quetschwalze **321** 3
Queue *Billard* **91** 8
Queue *Schiff* **376** 96
Queuekuppe **91** 9
Queueständer **91** 17
Quinte **139** 10
Quintole **139** 23
Quintparade **111** 24
Quipu **160** 33
Quirl **288** 9
Quitte, Apfel- **211** 52
Quitte, Birnen- **211** 53
Quitte, Japanische **191** 17
Quittenbaum **211** 49
Quittenblatt **211** 50
Quittungsdrucker **395** 18
Quotient **167** 26
Quotient, Differenzial-
  168 13

R

Rabatte, Blumen- *Garten*
  204 19
Rabatte, Blumen- *Park* **84** 41
Rabe **179** 13

Rabenvogel **179** 13
Rachen **22** 15, 27
Rachenhöhle **22** 27
Rack **401** 2
Racke, Blau- **179** 3
Rackenvogel **178** 30, **179** 1
Racket **109** 24
Rad *Fahrrad* **339** 1
Rad *Turnen* **114** 21
Rad *Zool.* **224** 29
Rad, Anker- **262** 32
Rad, Antriebs- *Landw.*
  218 73
Rad, Antriebs- *Militär* **63** 30
Rad, Antriebs- *Motor* **343** 32
Rad, Aufzugs- **262** 33
Rad, Auto- **344** 28
Rad, Beiwagen- **342** 56
Rad, BMX- **340** 11
Rad, Brems- **366** 64, 80
Rad, Bug- *Flugsport* **103** 26
Rad, Bug- *Flugzeug* **386** 40
Rad, Bug- *Militär* **65** 3
Rad, Dreh- **409** 24
Rad, Ein- **340** 30
Rad, Einstell- *Auto*
  344 78, 95
Rad, Einstell- *Fotogr.*
  266 33, 34
Rad, Fahr- *Fahrrad*
  339 1, **340**
Rad, Fahr- *Motorrad* **341** 1
Rad, Fahr- *Park* **84** 75
Rad, Fahr- *Post* **395** 55
Rad, Fahr- *Spielplatz* **87** 3
Rad, Flügel- **371** 58
Rad, Furchen- **218** 18
Rad, Hand- *Eisenbahn*
  365 20, **366** 12, 67, 81
Rad, Hand- *Flugzeug*
  386 24, 25
Rad, Hand- *Tischler* **285** 60,
  286 20
Rad, Hand- *Werkzeugmasch.*
  302 13
Rad, Hinter- **339** 41
Rad, Hohl- **296** 95
Rad, Holland- **340** 40
Rad, Justier- **348** 34
Rad, Kamm- **245** 8
Rad, Kegel- **296** 91
Rad, Klapp- **340** 6
Rad, Kraft- **341** 17, **342** 1, 43
Rad, Land- **218** 17
Rad, Lauf- *Bergbahn* **368** 7
Rad, Lauf- *Camping* **92** 26
Rad, Lauf- *Fahrrad* **340** 26
Rad, Lauf- *Landw.* **217** 37, 53
Rad, Leichtmetallguss-
  342 19
Rad, Lenk- *Auto* **344** 18, 69
Rad, Lenk- *Kfz* **347** 30

Rad, Lenk- *U-Elektronik*
  403 32
Rad, Lkw- **291** 21
Rad, Lüfter- **343** 10
Rad, Motor- *Motorrad*
  341 37, **342**
Rad, Motor- *Sport* **106** 11, 34
Rad, Motor- *Stadt* **79** 28
Rad, Mühl- **245** 38, 40, 42
Rad, Pfeilstirn- **296** 87
Rad, Planeten- **296** 94
Rad, Renn- *Fahrrad* **340** 24
Rad, Renn- *Sport* **106** 14, 19
Rad, Reserve- *Auto* **346** 12
Rad, Reserve- *Kfz* **347** 8
Rad, Rhön- **123** 72
Rad, Riesen- **126** 26
Rad, Schaufel- *Druck* **333** 43
Rad, Schaufel- *Galvano-
  plastik* **331** 33
Rad, Schlag- **336** 22
Rad, Schrauben- **345** 50, 51,
  52, 53, 54, 55, 56
Rad, Schwung- *Schmied*
  292 18
Rad, Schwung- *Schneiderei*
  256 18
Rad, Schwung- *Schuhmacher*
  253 24
Rad, Scroll- **406** 35
Rad, Sonnen- **296** 96
Rad, Spann- **262** 27
Rad, Speichen- **105** 27
Rad, Sporn- *Militär* **64** 27
Rad, Sporn- *Straßenbau*
  355 21
Rad, Stell- **262** 15
Rad, Stern- **159** 39
Rad, Steuer- *Auto* **344** 18
Rad, Steuer- *Eisenbahn*
  364 56
Rad, Steuer- *Navigation*
  379 2
Rad, Steuer- *PC* **407** 45
Rad, Streich- **140** 26
Rad, Stufen- **296** 82
Rad, Stütz- *Fahrrad* **340** 10
Rad, Stütz- *Landw.* **218** 55
Rad, Takt- **333** 43
Rad, Tast- **217** 71
Rad, Teller- **296** 93
Rad, Trekking- **340** 31
Rad, Turbinen- **343** 63
Rad, Verstell- **302** 30
Rad, Vorder- **339** 19–26
Rad, Wechsel- **10** 14
Rad, Wind- *Gärtnerei*
  207 35
Rad, Wind- *Geogr.* **17** 72
Rad, Zahn- *Bergbahn* **368** 8
Rad, Zahn- *Fahrrad*
  339 34, 39

Rad, Zahn- *Maschinenteil*
  296 82–96
Rad, Zwei- *Fahrrad* **339** 1
Rad, Zwei- *Motorrad* **341**
Radar, Puls-Doppler- **65** 35
Radar, Rundsuch- **63** 83,
  66 60
Radar, Waffenleit- **66** 35
Radar, Zielfolge- **63** 84
Radaranlage **66** 56
Radarantenne *Militär* **66** 36,
  67 8, 29, 48, 91
Radarantenne *Navigation*
  380 58
Radarantenne *Schiff* **377** 8
Radarantenne, Feuerleit-
  66 51
Radarantenne, Rendezvous-
  392 32
Radarbild **379** 29
Radarbug **64** 10
Radardom **66** 52, 77, **67** 49
Radargerät **379** 26
Radarmast *Navigation*
  379 28
Radarmast *Schiff* **375** 3
Radarnase **64** 10
Radarreflektor **10** 58
Radarschirm **379** 10
Radarsichtgerät **379** 9
Radarwarnsystem **65** 37, 38
Radaufnahme **348** 36
Rädchen, Hand- **285** 66
Rädchen, Lauf- **339** 14
Rädchen, Paus- **282** 46
Rade, Korn- **214** 6
Räderwerk **262** 41
Radfahrer, Bahn- **106** 13
Radi **209** 16
Radialbohrmaschine **303** 18
radialer Handbeuger **21** 40
radialer Handstrecker **21** 56
Radialziegel **313** 25
Radiator *Energie* **308** 14
Radiator *Installateur* **279** 20
Radiator *Med.* **28** 19
Radiator *Raumfahrt* **392** 44
Radiatorrippe **279** 21
Radierauflage **412** 5
Radierer, Glasfaser- **314** 52
Radiergummi *Büro* **410** 4
Radiergummi *Zeichner*
  314 47
Radierklinge **314** 49
Radiermesser **314** 48
Radiernadel **159** 16
Radierpinsel **314** 52
Radierschablone **314** 40
Radierstift **314** 46
Radierung **159** 51
Radieschen **209** 15

Radikand 168 2
Radio, Auto- 344 81
Radio, Dampf- 127 18
Radio, Röhren- 127 18
radioaktiver Abfall
306 60–71, 80
radioaktives Atom 1 37
Radioapparat 127 18
Radiogerät 127 18
Radiolarie 176 3
Radiometer 10 71
Radiometer, Infrarot- 6 18
Radiorekorder, CD- 402 48
Radiosonde Atmos. 7 19
Radiosonde Meteor. 10 59
Radiosondengespann 10 55
Radioteil 401 10, 45, 402 50
Radius 169 47
Radizieren 168 2
Radlader 312 6
Radleier 140 25
Radlenker 356 23
Radlerhose 39 43
Radnetzspinne 175 50
Radom 64 10, 66 52, 77, 67 49
Radrennbahn 106 2
Radrennfahrer 106 16
Radrennsportler, Paralym-
pics- 106 29
Radrodeschar 217 72
Radsatz 366 3, 367 3
Radsatzgetriebe 366 28
Radschutz 351 11
Radsport 106 1–29
Radwelle 245 6
Radzylinder 345 68
Raffinerie, Erdöl- 298 36–53
Raffinerie, Öl- 298 36–53
Raffrollo 52 14
Raffung 36 7
Raglanärmel 38 39
Rah, Bagien- 374 25
Rah, Begien- 374 25
Rah, Bram- 373 35, 36, 41, 42
Rah, Fock- 373 32
Rah, Groß- 372 37, 373 38
Rah, Mars- 372 39, 373 33,
34, 39, 40
Rah, Royal- 373 37, 43
Rähm 273 58, 274 39
Rähmchen 230 51
Rahmdosierpumpe 229 40
Rahmen Fahrrad 339 27–31
Rahmen Turnen 114 12
Rahmen, Bilder- 50 9, 51 24
Rahmen, Blend- Kunst
157 20
Rahmen, Blend- Wahl 70 14
Rahmen, Brut- 230 51
Rahmen, Bühnen- 331 3
Rahmen, Deck- 324 3
Rahmen, Dia- 266 74

Rahmen, Doppel- 218 79
Rahmen, Doppelschleifen-
342 21
Rahmen, Draht- 231 9
Rahmen, Eisen- 143 2
Rahmen, Fenster- 286 45
Rahmen, Foto- 50 16
Rahmen, Gatter- 311 8
Rahmen, Grund- 355 6
Rahmen, Hänge- 411 4
Rahmen, Keil- 157 20
Rahmen, Kopier- 332 13
Rahmen, Mattscheiben-
330 3
Rahmen, Metall- 142 67
Rahmen, Pedal- 339 89
Rahmen, Peil- 66 17
Rahmen, Pendel- 307 7
Rahmen, Pflug- 218 63
Rahmen, Profil- 218 45
Rahmen, Profilrohr- 286 35
Rahmen, Rohr- 342 12
Rahmen, Schließ- 334 6
Rahmen, Schöpf- 324 3
Rahmen, Spann- 336 34
Rahmen, Stahlbeton- 272 2
Rahmen, Trag- 218 86
Rahmen, Tür- 49 30
Rahmen, Vakuum- 335 2
Rahmen, Vergrößerungs-
268 38
Rahmenantenne, Funk-
peiler- 377 5
Rahmenbefestigung 339 50
Rahmeneinspannung 286 49
Rahmenfederung 340 22
Rahmenglaser 277 8
Rahmenholz 272 64
Rahmenholz, geschraubtes
272 74
Rahmenmontierung,
englische 265 23
Rahmennummer 339 55
Rahmenoberteil 332 15
Rahmenpresse 286 43
Rahmenprobe 277 2
Rahmenrohr 339 28
Rahmenschleifschuh 286 33
Rahmenständer 286 44
Rahmentank 341 38
Rahmentisch 285 62
Rahmentrommel Musik
142 30
Rahmentrommel Völkerk.
161 26
Rahmenwerk 155 11
Rahmerhitzer 229 13
Rähmholz 273 58
Rahmreifungstank 229 31
Rahmtank 229 19
Rahsegel 372 21, 33,
373 55–66, 374 16

Raigras, Englisches 222 26
Raigras, Italienisches 222 26
Rain, Feld- 216 4
Rain, Grenz- 216 4
Rainfarn 198 9
Rakel Papier 324 5, 325 43
Rakel Textil 321 29
Rakel, Roll- 321 35
Rakete Karneval 124 50
Rakete Militär 63 52
Rakete Seerettung 384 2
Rakete, Beschleunigungs-
391 21, 47
Rakete, Forschungs- 7 29
Rakete, Kurzstrecken- 67 26
Rakete, Lageregelungs-
391 37
Rakete, Lenk- 63 52, 96
Rakete, Retro- 391 7, 36
Rakete, Schiff-Luft- 66 55, 62
Rakete, Schiff-Schiff- 66 57
Rakete, Träger- 391 1
Raketenapparat 384 1
Raketenkreuzer 67 21, 41
Raketenmotor, Feststoff-
393 59
Raketenrohr 63 57
Raketenstarter 66 49
Raketenstarterzwilling, Fla-
67 33
Raketenstufe 391 2, 17, 32
Raketentrennmotor
393 61, 63
Raketentriebwerk, Haupt-
392 39
Raketenwerfer 63 49, 55
Raketenwerfer, U-Boot-
Abwehr- 66 30, 50
Raketenwerfersystem 63 49
Raketenzerstörer 66 1, 38
Ralle 178 25
Rambate 372 49
Rammbär 382 49
Rammbohle 351 12
Rammbrunnen 80 60
Ramme 382 47
Rammgerüst 382 48
Rammgewicht 382 49
Rammler 224 18, 241 64
Rammspitze 80 61
Rammsporn 372 9
Rammstreb 297 42
Rampe Film 133 8
Rampe Hafen 382 20
Rampe Theater 137 25
Rampe, Auffahr- Schiff
375 53
Rampe, Auffahr- Werkstatt
348 2
Rampe, Bug- 66 90
Rampe, Deich- 370 27
Rampe, Heck- 66 91

Rampe, Koks- 309 12
Rampe, Start- 63 54
Rampenlicht 137 26
Rand, Becken- 96 2
Rand, Brech- 147 44
Rand, Brillen- 263 10
Rand, Brunnen- 84 25
Rand, Ellen- 19 71
Rand, Lamellen- 199 7
Rand, Mond- 4 44
Rand, Pool- 376 70
Rand, Schaft- 58 20
Rand, Socken- 37 51
Rand, Sonnen- 4 42
Rand, Speichen- 19 70
Rand, Süll- 99 56
Rand, Weg- 193, 194
Randbalken 272 3, 55
Randbearbeitungsautomat,
Brillenglas- 263 33
Randbeet 204 19
Randbeleimung 338 31
Randbemerkung 338 70
Randbogen 104 18
Randeinstellung 412 16
Rändelring 266 38
Randich 222 21
Randlösetaste 412 22
Randmeer 16 27
Randmesser 253 48
Randplatte 378 54
Randsteller 412 17, 18
Randwasser 13 35
Randzünderpatrone 123 29
Rang 136 19, 20, 21
Rangierer 360 24
Rangierfunkanlage 367 4
Rangierfunkgerät 366 50
Rangierlok 366 68
Rangierlokomotive 360 23,
366 68
Rangierlokomotive, diesel-
hydraulische 362 43
Rangkrone 62 46–48
Ranke, Blatt- 209 4
Ranke, Dornen- 211 32
Ranke, Erbsen- 209 4
Ranke, Wein- 231 2
Ranzen, Schul- 72 29, 32
Rapport Tapezierer 281 21
Rapport Textil 323 12
Raps 201 1
Rapsglanzkäfer 234 43
Rapünzchen 209 38
Rapunze 209 38
Rapunzel 209 38
Rapunzlein 209 38
Raschelmaschine 320 38, 45
Rasen Garten 203 35
Rasen Park 84 36
Rasenbankett 354 50
Rasenbesen 203 4

Rasenfläche *Park* **84** 36
Rasenfläche *Schwimmen*
98 1
Rasenlüfter **208** 15
Rasenmäher, elektrischer
208 31
Rasenmäher, Hand- **208** 34
Rasenmäher, Motor- **208** 28
Rasenrechen **203** 5
Rasenschere **208** 48
Rasensprenger *Garten*
208 43
Rasensprenger *Haus* **44** 39
Rasentraktor **208** 37
Rasentrimmer **208** 51
Rasierapparat **57** 35
Rasierklinge, Einweg- **349** 34
Rasiermesser **258** 39
Rasierschneide **258** 41
Rasierwasser **57** 30
Raspel, Holz- *Heimwerken*
287 8
Raspel, Holz- *Schule* **72** 56
Raspel, Holz- *Tischler* **285** 1
Raspel, Säge- **287** 6
Raspel, Schuhmacher- **253** 49
Rassel *Baby* **33** 43
Rassel *Karneval* **124** 35
Rasselring **33** 43
Raste **240** 70
Raste, Fuß- *Fahrrad* **339** 49
Raste, Fuß- *Motorrad* **342** 9
Raste, Fuß- *Sport* **112** 16
Rasterbildrechner **327** 13
Raster Image Processor
327 13
Rastermagazin **330** 9
Rasternetz **327** 13
Rasterpunkt **331** 39
Rasterweite **326** 20
Rasterwert **326** 21
Rasterwinkel **326** 19
Rasterzählerschablone
329 36
Raststütze **341** 32
Rasur, Glatt- **40** 28
Rasur, glatte **40** 28
Rat, Europa- **61** 14
Rateau **89** 22
Ratsche **124** 42
Rätsche **124** 42
Rattan **289** 32
Ratte, Beutel- **184** 2
Ratte, Biber- **184** 17
Raubank **285** 39
Raubbein **175** 7
Raublattgewächs **222** 13
Raubschütz **239** 33
Raubtier *Zirkus* **125** 55
Raubtier *Zool.* **185** 12, **186** 1
Raubtierdressur **125** 48
Raubtiergang **125** 51

Raubtiergitter **125** 50
Raubtierkäfig **125** 49
Raubvogel, Tag- **177** 1
Raubwild **239** 26
Raubwildfalle **239** 24
Raubwildfang **239** 23
Rauchabsauger **63** 46
Rauchabweiser **66** 59
Rauchabzug *Haus* **46** 86
Rauchabzug *Porzellan* **316** 6
Rauchabzug *Völkerk.* **161** 17
Rauchabzugsöffnung **316** 5
Rauchabzugsrohr **66** 44
Rauchaustritt **364** 22
Rauchen **390** 32
Rauchentgasung **304** 27
Raucherbesteck **259** 44
Räucherfass **150** 38
Räucherkammer **250** 17
Raucherzone **390** 26
Rauchfang **290** 7
Rauchfass **150** 38
Rauchfassdeckel **150** 40
Rauchfasskette **150** 39
Rauchfassschale **150** 41
Rauchfleisch **250** 31
Rauchgasentschwefelungs-
anlage **304** 9
Rauchgasentstickungsanlage
304 6
Rauchgasfilter **304** 7
Rauchgaswäscher **81** 27
Rauchkammertür **364** 26
Rauchklappe **160** 9
rauchloses Pulver **240** 53
Rauchrohr **364** 8
Rauchschwalbe **179** 12
Rauchutensilie **259**
Rauchverbotsschild **359** 22
Rauchwolke **82** 28
Rauchzug **375** 70
Raufe, Doppel- **228** 12
Rauhaarfilzhut **42** 32
Rauke **214** 16
Rauke, Öl- **209** 44
Rauke, Salat- **209** 44
Rauke, Weg- **214** 16
Raum **65** 16
Raum, Angabe- **110** 2
Raum, Angiografie- **32** 13
Raum, Aufgabe- **110** 2
Raum, Avionik- **65** 10, 30
Raum, Back- **251** 61–93
Raum, Batterie- **365** 56
Raum, Behandlungs- **27** 24
Raum, Beobachtungs- **5** 36
Raum, Besatzungs- **392** 31,
393 17
Raum, Bildregie- **399** 7
Raum, Bildwerfer- **133** 12
Raum, Brut- **230** 58
Raum, Empfangs- **78** 1–27

Raum, Fahrgast- *Eisenbahn*
362 24
Raum, Fahrgast- *Fluss* **370** 59
Raum, Fahrgast- *Kfz* **347** 40
Raum, Feucht- **246** 8
Raum, Filmvorführ- **5** 28
Raum, Fluggast- **388** 28
Raum, Freiwurf- **108** 15
Raum, Führer- **365** 19
Raum, Funk- **377** 12
Raum, Gär- **251** 90
Raum, Geräte- **44** 26
Raum, Gesellschafts- **377** 26
Raum, Haupt- **153** 65
Raum, Heiz- *Gärtnerei* **207** 7
Raum, Heiz- *Haus* **46** 40
Raum, Hilfsmaschinen-
67 56
Raum, Hinter- **110** 3
Raum, Honig- **230** 57
Raum, Kaltscharr- **227** 10
Raum, Kampf- **63** 44
Raum, Klassen- **72** 1–46
Raum, Koffer- **344** 26, **346** 25
Raum, Kommandanten-
67 85
Raum, Kontroll- **299** 32
Raum, Kühl- **377** 56
Raum, Lade- *Auto* **346** 18
Raum, Lade- *Schiff* **377** 55, 75
Raum, Liege- **88** 29
Raum, Maschinen- *Navi-
gation* **380** 62
Raum, Maschinen- *Schiff*
377 68, 70, 72, **383** 22
Raum, Motor- **348** 60
Raum, Navigations- *Schiff*
377 14
Raum, Navigations- *See-
rettung* **384** 22
Raum, Nutzlast- **393** 14, 27
Raum, Ofen- **300** 25
Raum, Passagier- **388** 28
Raum, Propeller- **383** 22
Raum, Proviant- **377** 57
Raum, Sammel- **389** 11
Raum, Schienen- **351** 35
Raum, Schloss- **409** 26
Raum, Sechzehnmeter-
107 4
Raum, Sitz- **102** 3
Raum, Speise- **77** 29
Raum, Spektrografen- **5** 36
Raum, Stau- *Raumfahrt*
394 25
Raum, Stau- *Schiff* **383** 26
Raum, Stau- *Seerettung*
384 27
Raum, Stehplatz- **351** 18
Raum, Sterilisier- **31** 26
Raum, Straf- **107** 4
Raum, Tages- **227** 10

Raum, Technik- **398** 46
Raum, Theater- **136** 16
Raum, Ton- **139** 42–50
Raum, Tonmeister- **131** 55
Raum, Tonregie- **399** 11
Raum, Tor- **107** 5
Raum, Tresor- **414** 27
Raum, Überschwemmungs-
370 31
Raum, Umkleide- **96** 12, 13
Raum, Verbrennungs- *Abfall*
81 26
Raum, Verbrennungs- *Motor*
343 6
Raum, Verkaufs- *Bäckerei*
251 1–60
Raum, Verkaufs- *Optiker*
263 1–21
Raum, Verkaufs- *Supermarkt*
252 7
Raum, Vor- **49** 1
Raum, Vorbereitungs- *Med.*
31 26
Raum, Vorbereitungs- *Schule*
73 14
Raum, Vorführ- **133** 12
Raum, Warte- **27** 2
Raum, Wasch- **92** 8
Raum, Wasserpumpen-
246 11
Raum, Welt- **7** 38
Raum, Werk- **72** 47–85
Raum, Wickel- **390** 30
Raum, Wohn- *Militär* **67** 84
Raum, Wohn- *Navigation*
380 63
Raum, Wohn- *Schiff* **383** 19
Raum, Zubereitungs-
250 1–28
Raum, Zuschauer- *Theater*
136 19–23
Raum, Zuschauer- *Zirkus*
125 14
Raum, Zwischen- *Musik*
138 44
Raum, Zwischen- *Setzerei*
326 17, 38, 39
Raumanzug **392** 2–11
Raumaschine **321** 39–44
Raumbegrünung **411** 15
Räumer, Bahn- *Eisenbahn*
364 34
Räumer, Bahn- *Straßenbahn*
351 11
Räumer, Gleis- **364** 34
Räumer, Schienen-
364 34
Räumer, Schnee- **353** 24
Raumfähre **394** 12
Raumfahrt
391, 392, 393, 394
Raumfahrtmodul **393** 71

Räumfahrzeug, Schnee-
122 29
Räumgerät, Minen- 66 87
Raumgliederungselement
411 22
Raumkapsel 391 63, 392 45
Raumlabor 393 66
Raummanöver-
haupttriebwerk 393 45
Räummaschine, Schienen-
367 17
Raummeter 237 16
Räumschild 354 25
Raumsonde 6 11
Raumsprechgerät 27 27
Raumstation 394 1
Raumstütze 378 64
Raumteiler Bank 414 31
Raumteiler Büro 411 1
Raumteiler Eisenbahn
363 27
Raumthermostat 46 83
Raumtransporter 393 1–65
Raupe Bot. 211 67
Raupe Straßenbau 354 28
Raupe Zool. 183 12, 234 3, 8,
14, 17, 26, 33, 34, 37, 52,
235 21, 32, 46, 49
Raupe, Erd- 234 29
Raupe, gesellig wandernde
235 17
Raupe, Getreidemotten-
233 29
Raupe, Planier- 354 24
Raupe, Schürfkübel- 354 7
Raupe, Seiden- 175 56
Raupe, Stachelbeerspanner-
211 7
Raupenbagger 312 8
Raupenbohrgerät 312 9
Raupenfahrwerk 354 3
Raupennest 234 7
Rauputz 276 6
Rausch, Alm- 196 2
Rauschbeere 195 23
Raute Math. 169 35
Raute Schmuck 43 58
Raute, Edel- 196 7
Rautek-Griff 26 21
Rautenzeichen 164 44
Rautrommel 321 40
Rauwalze, Gegenstrich-
321 42
Rauwalze, Strich- 321 41
Raygras, Englisches 222 26
Raygras, Französisches
222 22
Raygras, Italienisches 222 26
Rayonchef 83 81
Reagenzglas 173 34
Reagenzglasgestell Chemie
173 35

Reagenzglasgestell Papier
324 28
Reagenzglashalter 173 35
REA-Gips 304 26
Reaktion, Ketten- 1 50, 57
Reaktor 306 3, 25
Reaktor, Atom- 1 57
Reaktor, Brut- 306 1
Reaktor, Druckwasser-
306 24
Reaktor, Kern- Atom 1 57
Reaktor, Kern- Energie
306 1, 24
Reaktordruckbehälter
306 3, 32
Reaktorgebäude 306 25
Reaktorkern 67 68
Reaktorrundlaufkran 306 31
Realschule 73
Realteil 167 14
Rebe, Gundel- 193 18
Rebe, Jungfern- 192 16
Rebe, Wein- Gärtnerei 206 22
Rebe, Wein- Weinbau
231 2–9
Rebenblatt 231 4
Rebenschädling 234 30–39
Rebenschere 231 12
Rebenstamm 231 6
Rebhuhn 241 75
Rebhuhnlocke 240 47
Rebstecken 231 7
Rebstock 231 2–9
Receiver Energie 307 19
Receiver U-Elektronik 401 10
Receiver, DVB-T- 397 18
Rechen 208 4
Rechen, Holz- 219 15
Rechen, Rasen- 203 5
Rechen, Schwad- 217 40
Rechen, Springer- 140 51
Rechen, Überlauf- 242 4
Rechenart, Grund-
167 23–26
Rechenbefehlstaste 410 27
Rechengerät 28 51
Rechenmaschine Bank
414 14
Rechenmaschine Flohmarkt
127 73
Rechenmaschine, mecha-
nische 127 76
Rechenscheibe Druck 335 19
Rechenscheibe Fotogr.
266 56
Rechenstein Hausrat 55 14
Rechenstein Vorschule 71 17
Rechenzentrale 411 46
Recherche 74 24, 28
Rechner Büro 408 21
Rechner Internet 405 8, 9
Rechner, Datenbank- 398 55

Rechner, Netzwerk- 398 5
Rechner, Rasterbild- 327 13
Rechner, Taschen- 409 8,
410 21
Rechner, Tisch- 408 14
Rechnerschrank 398 47
Rechnung, Dreisatz-
168 8–10
Rechnung, Hoch- 70 16
Rechnung, Hotel- 78 11
Rechnung, Infinitesimal-
168 13, 14
Rechnung, Integral- 168 14
Rechnung, Logarithmen-
168 6
Rechnung, Potenz- 168 1
Rechnung, Schluss- 168 8–10
Rechnung, Wurzel- 168 2
Rechnung, Zins- 168 7
Rechnungsart, höhere
168 1–6
Rechteck 169 33, 34
Rechteckflügel 385 16
rechteckige Flagge 61 24
rechteckige Tafel 43 64
rechte Hemisphäre 20 90
rechter Innenwinkel 169 34
rechter Winkel 169 9, 32
rechts, heraldisch 62 19–25
Rechts-Ausführung 133 14
Rechtsaußen 107 16
Rechtschreibungsbuch 72 44
Rechtslauf 302 11, 34
Rechts-links-Doppelfang
323 47
Rechts-links-Doppelperlfang
323 48
Rechts-links-Fang 323 44
Rechts-links-Perlfang 323 45
Rechts-links-Perlfang, über-
setzter 323 46
Rechtsmaschine 133 14
rechtwinkliges Dreieck
169 32
Reck Spielplatz 87 21
Reck Turnen 113 7, 59, 60
Reck, Doppel- 114 3
Reck, Schaukel- 125 6
Reck, Spann- 113 7
Reckriemen 113 47
Recksäule 113 8
Reckstange 113 8
Recurvebogen 123 54
Recyclinganlage 81 29, 30
Recyclinghof 81 14–19
Recyclinglogo 81 1
Redakteur 70 8
Redaktionsinsel 398 23
Redingote 35 9
Redner, Fest- 78 41
Redner, Wahl- 69 4
Rednerpult 69 5

Reduktionszone 300 8
Reduzierstück 279 39
Reduzierstück, Übergangs-
279 41
Reede 380 35, 36, 37
Reedetonne 380 35, 36
reelle Zahl 167 14
Reep, Fall- 375 78
Reep, Fleet- 244 3
Reff 373 72
Reff, Kinn- 147 41
Reflektor Fotogr. 266 68
Reflektor Landw. 218 52
Reflektor, Fang- 397 11
Reflektor, Front- 339 10
Reflektor, Haupt- 397 10
Reflektor, Radar- 10 58
Reflektor, Speichen-
339 26
Reflektorantenne 379 27
Reflektorröhre 96 32
Reflektorstreifen 39 12
Reflexion 7 31
Reflexionsgoniometer
174 28
Reflexhammer 27 60
Reflexstreifen Eisenbahn
360 25
Reflexstreifen Feuerwehr
82 21, 36
Reformieranlage 298 44
Refraktometer, Augen-
263 53
Refraktometer, Eintauch-
264 46
Refraktor 265 16
Regal Hausrat 50 2
Regal Kaufhaus 83 32
Regal Supermarkt 252 60
Regal, Akten- 411 12
Regal, Allzweck- 411 30
Regal, Bücher- Hausrat
51 17, 54 7
Regal, Bücher- Schiff 376 6
Regal, Bücher- Universität
74 11
Regal, Drogerieartikel-
349 32
Regal, Flaschen- Diskothek
129 4
Regal, Flaschen- Restaurant
76 10
Regal, Getränke- 252 60
Regal, Gewürz- 47 13
Regal, Gläser- Diskothek
129 3
Regal, Gläser- Hotel 78 66
Regal, Gläser- Restaurant
76 9
Regal, Hänge- 411 43
Regal, Kühl- 349 27
Regal, Material- 253 36

Regal, Milchprodukte- 252 97
Regal, Vitrinen- 54 7
Regal, Wand- 256 11
Regal, Waren- 55 36
Regal, Wein- 252 32
Regal, Zeitschriften- 74 13
Regal, Zeitungs- 74 14
Regalwand 50 1, 54 1
Regattakurs 101 14–24
Regattastrecke 101 16
Regeldetri 168 8–10
Regeleinrichtung 236 53
Regelgerät Galvanoplastik 331 3
Regelgerät Raumfahrt 392 4
Regelkompass 379 46
regelmäßiger Vielflächner 174 11
regelmäßiges Vieleck 169 41
Regelmodul 400 11
Regelmotor, Gleichstrom- 303 9
Regelteil 305 3
Regeltrieb, Haspel- 217 6
Regelturmtriebwagen 365 41
Regelung, Auflagedruck- 217 71
Regelung, Helligkeits- 400 33
Regelung, Kontrast- 400 32
Regelung, Lautstärke- 344 71
Regelung, Motor- 218 30
Regelung, Verkehrs- 79 73
Regelungsstab, Verkehrs- 68 14
Regelwidrigkeit 107 54
Regen 8 10, 9 23
Regen, Dauer- 8 18
Regen, Gold- 192 32
Regen, Land- 8 18
Regen, Sprüh- 9 24
Regenband 8 26
Regenbogen 7 5
Regenbogenfarbe 166 26
Regenbogenhaut 22 52
Regencape 49 5
Regendach 10 61
Regenerator, Sauerstoff- 392 2
Regenerieranlage 309 37
Regenerieren 309 37
Regenfallrohr 44 52
Regengürtel, tropischer 9 40
Regenmantel 34 35
Regenmesser 10 38, 44
Regenpfeiferartige 178 23
Regenrohr 275 29
Regenschirm Bahnhof 359 37
Regenschirm Hausrat 49 14
Regenstiefel, PVC- 58 14
Regentonne 204 5

Regenvogel 178 32
Regenwolke 8 10
Regenwurm, großer 176 27
Regenwurmköder 243 37
Regenzinkhut 275 101
Regieassistent Film 131 46
Regieassistent Theater 137 43
Regiebuch 137 44
Regieraum, Bild- 399 7
Regieraum, Ton- 399 11
Regietisch 137 42
Region, Spinndrüsen- 175 51
Regionalverkehr 362
Regisseur Film 131 40
Regisseur Theater 137 40
Regisseur, Film- 131 40
Regisseur, Synchron- 132 25
Regisseurin 131 20
Register 144 16
Register, Bass- 142 44
Register, Diskant- 142 41
Register, Durchsichts- 60 12
Register, Verschluss- 357 63
Registerreiter 328 17
Registerschleife 144 7
Registerschweller 144 9
Registertaste 142 42, 144 39
Registerzug 143 46, 144 6
Registratur, Hand- 144 46
Registratur, Hänge- 411 3
Registraturschrank 411 2
Registriereinrichtung 330 12
Registriergalvanometer 12 37
Registriergerät Meteor. 10 61
Registriergerät Schmied 291 19
Registrierkasse Friseur 257 48
Registrierkasse Restaurant 75 33
Registrierkasse Supermarkt 252 108
Registrierkasse, elektronische 83 1
Registrierpapier, fotografisches 12 40
registrierte Summe 83 7
Registriertrommel 12 40
Registriervorrichtung 10 42
Regler 132 35
Regler, Abstimm- 401 55
Regler, Auflagekraft- 401 31
Regler, Aufnahmebalance- 401 101
Regler, Aufnahmepegel- 401 99
Regler, Balance- 401 41
Regler, Dreh- 402 74
Regler, Druck- Kunst 159 38
Regler, Druck- Maler 282 37

Regler, Durchfluss- 30 16
Regler, Feinabstimmungs- 401 100
Regler, Flachbahn- 132 21
Regler, Höhen- 401 37
Regler, Jog- 401 76
Regler, Kraftstoffdruck- 345 9
Regler, Lautstärke- Auto 344 86
Regler, Lautstärke- Schule 73 38, 39
Regler, Lautstärke- U-Elektronik 401 39, 402 29, 40
Regler, Lautstärken- 401 96
Regler, Saalbeleuchtungs- 133 17
Regler, Schiebe- Büro 412 58
Regler, Schiebe- U-Elektronik 401 103, 402 76
Regler, Spannungs- 305 35
Regler, Stromstärke- 88 11
Regler, Stufen- 250 65
Regler, Tiefen- 401 36
Regler, Wahl- 401 22
Reglerventil 364 13
Regner Gärtnerei 207 19
Regner Landw. 220 38
Regner, Feld- 220 20
Regner, Kreis- Garten 208 43
Regner, Kreis- Landw. 220 6, 20
Regner, Viereck- 208 46
Regula 153 15
Regulator, Schwungrad- 379 51
Regulierschraube, Schleifband- 286 12
Regulierung, Flammen- 259 31
Regulierung, Gas- 173 6
Regulierung, Geschwindigkeits- 332 29
Regulierung, Getriebe- 366 67
Regulierung, Heizungs- 361 29
Regulierung, Luft- Chemie 173 3, 8
Regulierung, Luft- Hausrat 56 78
Regulierung, Motor- 366 67
Regulierung, Saugkraft- 56 76
Regulierventil 46 80
Regulierwalze 333 39
Regulus 3 17
Reh 241 38
Reh, Alt- 241 38
Reh, Gelt- 241 38
Reh, Kitz- 241 38
Reh, Schmal- 241 38

Rehblatter 240 43
Rehbock Jagd 239 20
Rehbock Zool. 241 31
Rehfiepe 240 43
Rehgeiß 241 38
Rehkitz 241 43
Rehsprung 115 40
Rehwild 241 30
Rehziemer 241 39
Reibahle Schlosser 293 36
Reibahle Uhrmacher 261 8
Reibahle, Winkel- 278 9
Reibebrett 271 57
Reiber 159 13, 63
Reiberstellung 159 62
Reibfläche 259 24
Reich, Erd- 276 9
Reichstaler 59 6
Reide 293 40
Reif, Arm- 43 17, 26
Reif, Hals- 43 14
reife Frucht 189 61, 200 33
Reifen Fahrrad 339 23
Reifen Turnen 114 43–45
Reifen, Auto- Auto 344 29
Reifen, Auto- Tankstelle 350 19
Reifen, Ballon- 340 16
Reifen, Bauch- 147 49
Reifen, Fass- 283 8
Reifen, Gelände- 347 4
Reifen, Gymnastik- Kurbad 88 36
Reifen, Gymnastik- Turnen 114 44
Reifen, Lkw- 87 8
Reifen, Motorrad- 342 30
Reifen, Nach- 322 7
Reifen, Renn- 106 22
Reifen, Rundeisen- 283 3
Reifen, Schlauch- 106 22
Reifen, Schwimm- 97 5, 22
Reifen, Sitz- 87 40
Reifen, Spann- 142 57
Reifen, Spring- 125 57
Reifen, Stollenprofil- 340 12
Reifen, Verstärkungs- 283 15
Reifen, Vor- 322 4
Reifendrahtseilbahn 87 39
Reifendruckmesser 350 20
Reifendruckprüfer 350 20
Reifenfüllmesser 350 20
Reifengriff 123 74
Reifenprofil 342 31
Reifenschaukel 87 7
Reifeteilung 24 39
Reifeteilung, erste 24 40
Reifeteilung, zweite Anat. 25 10
Reifeteilung, zweite Genetik 24 48
Reifungstank 229 42

Reihe, arithmetische **168** 11
Reihe, Bücher- **50** 3
Reihe, geometrische **168** 12
Reihe, Maschen- **323** 42
Reihe, Ruder- **372** 12
Reihe, Sitz- *Eisenbahn*
361 33, 49, **363** 13, 14, 17
Reihe, Sitz- *Film* **133** 9
Reihe, Sitz- *Schule* **73** 1
Reihenhaus **44** 63
Reihenmesskammer **16** 64
Reihenmotor, Vierzylinder-
343 48
Reihen-Ottomotor®, Sechs-
zylinder- **343** 1
Reiher, Fisch- **178** 22
Reiher, Grau- **178** 22
Reiher, Kamm- **178** 22
Reineclaude **212** 28
reine Zahl **167** 3
Reinigen *Tankstelle* **350** 27
Reinigen *Textil* **318** 6
Reiniger, Dampf- **56** 92
Reiniger, Pfeifen- **259** 46
Reiniger, Straßen- **353** 1
Reinigung, Ast- **237** 12
Reinigung, Druckwind-
217 16
Reinigung, Kühlwasser-
306 20
Reinigung, Straßen- **353**
Reinigung, Vor- **325** 21
Reinigungsanlage, Flaschen-
247 13
Reinigungsautomat **261** 30
Reinigungsbrunnen **153** 82
Reinigungsbürste, Lauf-
240 62
Reinigungsflüssigkeit **263** 41
Reinigungsgerät, Waffen-
240 61–64
Reinigungsinstrument,
Zahn- **29** 40
Reinigungsmaschine,
Flaschen- **247** 14
Reinigungsmaschine,
Vibrations- **261** 23
Reinigungsmittel **263** 27
Reinigungsschnur **240** 64
Reinigungsseparator **229** 12
Reinigungswalze **217** 73
Reinigungswerg **240** 63
Reinwasserbehälter **80** 13
Reis **221** 29
Reis, Edel- **206** 39
Reis, Pfropf- **206** 39
Reisebett, Kinder- **33** 1
Reisebüro *Bahnhof* **358** 51
Reisebüro *Kaufhaus* **83** 30
Reisebus **347** 35
Reiseflugzeug **386** 1–31,
32–66, **387** 1, 2, 3, 6

Reisegepäck **359** 34–38
Reisekahn, kurischer **374** 10
Reiselimousine **346** 1
Reisende **358** 10, **359** 39
Reisendeninformations-
system **359** 15
Reisender **358** 39, **359** 39
Reiseomnibus **347** 35
Reisepass **78** 13
Reisetasche **358** 40
Reisezentrum **358** 52
Reisezug **361**
Reisezug, Hochgeschwindig-
keits- **363** 1–48, 49
Reisezugdienst, mittel-
schwerer **366** 1
Reisezugwagen, IC®- **361** 1
Reiskorn **221** 30
Reiß **275** 89
Reißbahn **103** 67, 75
Reißbahn, Not- **103** 64
Reißbahnleine **103** 68
Reißboden **273** 11
Reißbrett **314** 1
Reißbrettverstellung **314** 5
Reißbühne **273** 11
Reißen **117** 1
Reißer *Forstw.* **238** 10
Reißer *Korbmacher* **289** 35
Reißfeder **314** 54
Reißfedereinsatz **314** 63, 66
Reißleine **103** 68
Reißleine, Not- **103** 65
Reißschiene, Hand- **314** 9
Reisstrohhut **42** 47
Reißverschluss *Kleidung*
36 6, **38** 45, **39** 15, 36
Reißverschluss *Schule* **72** 36
Reißverschluss, Innen- **58** 6
Reißverschluss, Vorder-
34 21
Reißverschlusstasche **35** 5,
39 8
Reißzahn **354** 6
Reitbahn **125** 19
Reiten, Brandungs- **94** 29
Reiten, Dressur- **105** 1–8
Reiten, Jagd- **105** 41–50
Reiten, Pferde- **85** 16
Reiten, Schul- **226** 1–6
Reiten, Spring- **105** 9–17
Reiten, Wellen- **94** 29
Reiter *Chemie* **172** 32
Reiter *Freizeitpark* **85** 18
Reiter *Kunst* **158** 25
Reiter, Brandungs- **94** 30
Reiter, Dach- **274** 14
Reiter, Dreibock- **216** 32
Reiter, Heu- **216** 30, 31
Reiter, Kartei- **411** 6
Reiter, Kunst- **125** 24
Reiter, Register- **328** 17

Reiter, Rodeo- **128** 38
Reiter, Schweden- **216** 30
Reiter, Strand- **178** 24
Reiter, Wellen- **94** 30
Reiterauflage **172** 31
Reiterschiene **172** 30
Reiterstandarte **61** 11
Reitfrack **105** 5
Reitgerte **105** 24
Reitkappe **105** 15
Reitkunst **226** 1–6
Reitpony **228** 4
Reitrock **105** 14
Reitsattel **226** 37–49
Reitschule **126** 15
Reitstock *Drechsler* **288** 7
Reitstock *Werkzeugmasch.*
302 29, **303** 5
Reitstockspitze **302** 26
Reittier **162** 2
Reizker, Edel- **199** 29
Reizker, Gift- **197** 16
Reizstromgerät **88** 10
Reizstromtherapie **88** 8
Reizvogel **239** 56
Reklame, Leucht- **79** 12
Reklamefläche **271** 45
Rekorder **132** 45
Rekorder, DAT- **398** 41
Rekorder, Kamera- *Fotogr.*
269 1
Rekorder, Kamera- *Rundfunk*
400 34
Rekorder, Kamera- *Video*
404 1
Rekorder, Kassetten- *Schule*
73 37
Rekorder, Kassetten- *U-Elek-
tronik* **402** 53
Rekorder, Radio- **402** 48
Rekorder, Video- *Fotogr.*
270 34
Rekorder, Video- *Video*
404 33
Rektoskop **28** 12
Relief, Bas- **158** 33
Relief, Flach- **158** 33
Relief, Grundmoränen- **15** 19
Reliefziegel **152** 20
Reling **376** 39
Reling, Dach- **346** 34
Reling, offene **378** 69
Remington, 222 **123** 33
Remoulade **250** 57
Ren **161** 21
Renaissance **154** 42–54
Renaissanceantiqua **164** 4
Renaissancekirche **154** 42
Renaissancepalast **154** 47
Rendezvous-Radarantenne
392 32
Reneklode **212** 28

Rengespann **161** 20
Renminbi Yuan **59** 16
Rennachter **99** 8
Rennanzug **119** 22
Rennaußenbordmotor
102 22
Rennbahn, Galopp- **105** 40
Rennbahn, Rad- **106** 2
Rennbahn, Trab- **105** 25
Rennboot, Hydroplane-
102 21
Rennbrille **121** 15
Renneiner **99** 14
Rennen, Bahn- **106** 1
Rennen, Dauer- **106** 9
Rennen, Galopp- **105** 38–40
Rennen, Hindernis-
105 22–24
Rennen, Jagd- **105** 22–24
Rennen, Sandbahn- **106** 40
Rennen, Sechstage- **106** 1
Rennen, Steher- **106** 9
Rennen, Straßen- **106** 15
Rennen, Trab- **105** 25–37
Rennfahrer **106** 36
Rennfahrer, Bahn- **106** 3
Rennfahrer, Rad- **106** 16
Rennfahrerkabine **106** 8
Rennfahrertrikot **106** 17
Rennkajak, Wildwasser- **99** 4
Rennkieljacht **101** 35
Rennleitung **106** 5
Rennlenker *Fahrrad* **340** 25
Rennlenker *Sport* **106** 21
Rennmaschine **106** 19, 31, 34
Rennmotorboot **102** 20–40
Rennmotorrad **106** 34
Rennoverall **119** 57
Rennpferd **105** 38
Rennrad *Fahrrad* **340** 24
Rennrad *Sport* **106** 19
Rennrad, Bahn- **106** 14
Rennreifen **106** 22
Rennrodel **121** 12
Rennrodeln **121** 12–18
Rennrodler **121** 13
Rennsattel **106** 20
Rennstock **119** 17
Rennwagen, Formel-
»König« **106** 48
Rennwagen, Formel-1-
106 49
Rennwagen, Formel-3-
106 52
Rennwagen, Grand-Touring-
106 53
Rennwagen, GT- **106** 53
Rentier **161** 21
Reparaturfahrzeug **291** 36
Reparaturkai **378** 10
Repetierbüchse **240** 2
Reportagekamera **134** 26

Reporter **69** 15
Reporter, Sport- **117** 50
Reproarm **267** 42
Reproduktion, Foto- **330**
Reproduktionskamera **330** 1
Reproduktionskamera,
    Universal- **330** 26
Reproduktionskamera,
    Vertikal- **330** 19
Reprostativ **267** 41
Reptilie **182** 27–41
Reptiliengehege **86** 30
Republik, Französische **61** 18
Requisite **136** 55
Reserveantrieb **368** 58
Reservebehälter, Kraftstoff-
    366 60
Reservekanister, 20-l- **349** 76
Reservekanister, 5-l- **349** 68
Reserverad *Auto* **346** 12
Reserverad *Kfz* **347** 8
Reservoir, Hoch- **80** 18
Reservoir, Wasser- **207** 2
Resettaste **406** 12
Resonanzkasten **142** 26, 64
Resonanzkörper **140** 29,
    141 3, **142** 2, 15, 30
Resonanzröhre, Metall-
    142 69
Rest, Stoff- **255** 17
Restaurant *Piktogramm*
    390 21
Restaurant *Restaurant*
    76 1–36
Restaurant, Bahnhofs-
    358 43
Restaurant, Bord- **376** 84
Restaurant, Flughafen-
    389 19
Restaurant, Hotel- **78** 20
Restaurant, SB- **77**
Restaurant, Selbstbedie-
    nungs- **77**
Restaurantbesucher *Bahnhof*
    358 45
Restaurantbesucher *Schiff*
    376 85
Restaurantbesucherin **77** 27
Restmenge **171** 7, 8
Restmülltonne **81** 6
Resultatwerk **127** 78
Reticellaspitze **254** 30
Reticulum **3** 48
Retikulum, endoplasma-
    tisches **24** 6
Retorte **172** 12
Retrorakete, Stufentrenn-
    391 7, 36
Retrostellung **267** 35
Retter **26** 35
Rettich **209** 16
Rettich, Acker- **214** 21

Rettich, Meer- **209** 20
Rettung **26** 33, 40
Rettung, See- **384** 10
Rettung, Seenot- **384** 10
Rettung, Selbst- **26** 39
Rettungsassistent **82** 9
Rettungsaxt **82** 50
Rettungsboje **384** 14
Rettungsboot *Erdöl* **299** 19
Rettungsboot *Navigation*
    380 52
Rettungsboot *Schiff* **375** 72,
    376 23, **377** 19
Rettungsbootaufhängung
    376 27–30
Rettung Schiffbrüchiger
    384 10
Rettungsfallschirm **393** 61
Rettungshubschrauber
    Militär **64** 18
Rettungshubschrauber *Schiff*
    375 20
Rettungshubschrauber
    Seerettung **384** 11
Rettungsinsel *Militär*
    66 11
Rettungsinsel *Seerettung*
    384 19
Rettungskreuzer, Seenot-
    375 18
Rettungsleine **384** 3
Rettungsring *Schiff* **376** 24
Rettungsring *Strand* **95** 37
Rettungsringhalter **376** 40
Rettungsschere **82** 75
Rettungsschwimmer *Med.*
    26 43
Rettungsschwimmer *Strand*
    95 2
Rettungsschwimmerstand
    95 1
Rettungsseil **95** 36
Rettungstau **384** 13
Rettungstelefon **390** 16
Rettungsturm **391** 64
Rettungswagen **82** 6
Rettungswesen **384**
Rettungszeichen **390** 14–16
Returntaste **406** 28
Retuscheur **335** 14
Retuschierstift **329** 32
Retuschiertisch **330** 34
Reutherbrett **113** 12, **114** 8
Revers *Geld* **60** 28
Revers *Kleidung* **36** 15
Revers, Seiden- **38** 10
Reverskragen **35** 12
Reverskragenbluse **35** 33
Revier, Jagd- **239** 1
Revolver **85** 49
Revolver, Objektiv- *Film*
    134 32

Revolver, Objektiv- *Optik*
    264 11, 30
Revolverdrehmaschine
    302 38
Revolverkopf **302** 40
Revolverlochzange **253** 44
Revolvernummerierschlägel
    238 12
Rezeption *Camping* **92** 4
Rezeption *Med.* **27** 6
Rezeption *Sport* **112** 1
Rezipient **382** 33
reziproker Wert **167** 16
Rhein-Klasse **66** 92
Rhesusaffe **186** 16
Rhododendronzikade **234** 27
Rhombendodekaeder **174** 7
rhombische Pyramide **174** 23
rhombisches Kristallsystem
    174 23
Rhomboeder **174** 22
Rhombus **169** 35
Rhönrad **123** 72
rhythmische Sportgymnastik
    114 33–48
Ribisel **211** 14
Ribosom **24** 10
Richtantenne *Astron.* **6** 10
Richtantenne *Raumfahrt*
    392 34, 40
Richtantenne, High-Grain-
    6 29
Richtantennengruppe
    391 62
Richtbaum **273** 8
Richteinrichtung, Höhen-
    63 53
Richter, Aufschlaglinien-
    109 23
Richter, Gleich- *Film* **133** 18
Richter, Gleich- *Galvano-
    plastik* **331** 2
Richter, Gleich- *Schmied*
    291 30
Richter, Grundlinien- **109** 22
Richter, Kampf- **117** 16
Richter, Linien- **107** 60,
    110 23
Richter, Matten- **117** 16
Richter, Mittellinien- **109** 21
Richter, Netz- **109** 19
Richter, Punkt- **117** 43
Richter, Ring- **117** 41
Richter, Schieds- **107** 63,
    108 55, **110** 20, 22
Richter, Seitenlinien- **109** 20
Richter, Stuhlschieds- **109** 15
Richter, Wechsel- **307** 23,
    308 17
Richter, Wende- **98** 23
Richter, Ziel- *Schwimmen*
    98 22

Richter, Ziel- *Sport* **106** 6
Richtfunkantenne **380** 60
Richtkopf **63** 73
Richtkrone **273** 8
Richtplatte **278** 3
Richtstrecke **297** 36
Richtung **4** 9
Richtung, Aufnahme- **404** 26
Richtung, Bandlauf- **404** 25
Richtung, Bewegungs- **11** 31
Richtung, Einschiebe- **396** 36
Richtung, Fahrt- **359** 10
Richtung, Fall- **13** 3
Richtung, Fließ- **15** 24
Richtung, negative **170** 7
Richtung, positive **170** 6
Richtung, Trossen- **383** 15
Richtung, Wind- *Meteor.* **9** 10
Richtung, Wind- *Segeln*
    101 1–13, 6
Richtung, Wurf- **123** 51
Richtungsanzeige **351** 39
Richtungskörperchen **25** 9
Richtungsschalter **363** 35
Richtungsstellmotor **307** 3
Richtungstaste **403** 8
Richtungsvoranzeige **357** 20
Richtungsvoranzeiger **357** 21
Rick **105** 9
Rick, Koppel- **105** 9
Ricke **241** 38
Ricke, Alt- **241** 38
Riedgras **205** 17
Riefe **404** 23
Riegel *Kleidung* **36** 8, **38** 40
Riegel *Schlosser* **293** 46
Riegel, Brüstungs- **273** 56
Riegel, Fenster- **273** 57
Riegel, Kraft- **112** 31
Riegel, Längs- **272** 48
Riegel, Quer- *Bau* **272** 49
Riegel, Quer- *Musik* **142** 4, 13
Riegel, Ring- **260** 26
Riegel, Spann- **274** 70
Riegel, Sturz- **273** 57
Riegel, Zwischen- **273** 26, 55
Riegelbolzen **409** 23
Riegelhebel **357** 55
Riemchen **318** 43
Riemen *Schiff* **372** 5
Riemen *Wassersport* **99** 12,
    31–34
Riemen *Zool.* **223** 39
Riemen, Antriebs- **406** 65
Riemen, Bügel- **226** 42
Riemen, Hals- **226** 30
Riemen, Hand- **118** 37
Riemen, Kehl- **226** 11
Riemen, Keil- **343** 13
Riemen, Nasen- **226** 7
Riemen, Reck- **113** 47
Riemen, Rücken- **226** 32

Riemen, Schulter- 72 31, 34
Riemen, Schweif- 226 34
Riemen, Schweiß- 223 39
Riemen, Steigeisen- 118 55
Riemen, Stirn- 226 9
Riemen, Trag- 72 31, 34
Riemen, Trage- 72 31, 34
Riemen, Treib- 255 11
Riemen, Zug- 107 25
Riemenauflage 99 26
Riemenblatt 99 34
Riemenboden 276 62
Riemenboot 99 7–13
Riemenbügel 240 5
Riemenhals 99 33
Riemenholm 99 31
Riemenscheibe, Generator-
343 46
Riemenscheibe, Wasser-
pumpen- 343 55
Riemenzweier 99 13
Rieselblech 364 29
Riesenfelge vorlings rück-
wärts 113 60
Riesenfigur 124 60
Riesenkänguru, Rotes 184 3
Riesenkopf 124 64
Riesenkörper 145 41
Riesenmuschelkrebs 187 1
Riesenpinguin 178 5
Riesenpolyp 126 31
Riesenrad 126 26
Riesenrutsche 97 12
Riesenschwimmkäfer 97 5
Riesenseerose 196 19
Riet 319 9
Rieteinzug 323 6
Riff, Korallen- 14 77
Riff, Kranz- 14 77
Riff, Lagunen- 14 77
Riffbildner 176 19
Riffelung 311 6
Rigel 3 13
Rikscha 161 34
Rikschakuli 161 35
Rille, Gelenk- 107 29
Rillenwalze 283 30
Rind Fleischerei 249 14–37
Rind Schlachthof 248 2
Rind Zool. 224 1
Rinde Bau 273 86
Rinde Bot. 188 8
Rinde, Brot- 251 5
Rinde, Hirn- 20 86
Rinde, Zimt- 200 25
Rindenbürste 208 23
Rindenkratzer 208 14
Rinderbrust 249 23
Rinderfilet 249 24
Rinderkamm 249 20
Rinderstar 179 17
Rinderviertel 248 22

Rindshaut 162 11
Rindviehstall 215 16
Ring Börse 415 2
Ring Chemie 173 15
Ring Forstw. 238 4
Ring Geld 60 27
Ring Schmuck 43 4, 15, 27
Ring Sport 117 35, 123 26
Ring, Abstreif- 343 8
Ring, Adapter- 267 33
Ring, Aufhalte- 226 27
Ring, Außen- 296 71
Ring, Bajonett- 267 20
Ring, Bein- 162 38
Ring, Beiß- 33 12
Ring, Box- 117 35
Ring, Brillant- 43 24
Ring, Daumen- 141 47
Ring, Edelstein- 43 15
Ring, Einlege- 172 16
Ring, Einweck- 48 29
Ring, Feder- Eisenbahn 356 8
Ring, Feder- Maschinenteil
296 34
Ring, Fleischwurst- 250 38
Ring, Front- 265 7
Ring, Führungs- 339 78
Ring, Fuß- 227 40
Ring, Hals- 146 26
Ring, Herren- 43 20
Ring, Innen- 296 72
Ring, Jahres- 237 24
Ring, Kambium- 188 10
Ring, Kampf- 117 35
Ring, Kompressions- 343 7
Ring, Korb- Flugsport 103 59
Ring, Korb- Sport 108 11
Ring, Kreis- 169 57
Ring, Kugel- 339 74
Ring, Lauf- 243 23
Ring, Perl- 43 23
Ring, Präge- 59 19
Ring, Rändel- 266 38
Ring, Rassel- 33 43
Ring, Rettungs- Schiff 376 24
Ring, Rettungs- Strand 95 37
Ring, Schlag- 142 27
Ring, Schrumpf- 283 27
Ring, Schwimm- 96 5
Ring, Servietten- 53 11
Ring, Siegel- 43 40
Ring, Spann- 92 35
Ring, Spinn- 318 45
Ring, Spitzen- 243 24
Ring, Spreng- 296 34
Ring, Trag- 300 49
Ring, Trau- 43 5
Ring, Tropf- 99 37
Ring, Umkehr- 267 34
Ring, Zellen- 391 44, 48
Ring, Zentrier- 400 23
Ringanker 273 34

Ringblitzgerät 267 31
Ringbuch Mediengest. 328 2
Ringbuch Schule 72 42
Ringe 113 4, 50, 55, 56
Ringeinfassung 207 38
Ringelblume 203 33
Ringelkrebs 233 7
Ringelmuster 35 26
Ringelnatter 182 35
Ringelschwänzchen 224 12
Ringelspiel 126 15
Ringelspinner 234 13
Ringelwurm 176 23
Ringen 117 6–12
Ringen, Freistil- 117 10–12
Ringer 117 7
Ringfinger 19 68
Ringgraben 147 37
Ringhaken 118 44
Ringhefter 72 42
Ringkampf 117 6–12
Ringkampf, griechisch-
römischer 117 6–9
Ringkämpfer 117 7
Ringkorn 123 42
Ringläufer 318 46
Ringleitung 300 57
Ringlotte 212 28
Ringmaß 260 27
Ringmatte 117 12
Ringmauer 147 15
Ringmuskel 22 6, 9
Ringnetzfischerei 244 20–23
Ringpinsel 282 24
Ringrichter 117 41
Ringriegel 260 26
Ringschlüssel, Doppel-
348 16
Ringspant 393 48
Ringspinnmaschine 318 39
Ringstock 260 25
Ringtaste 269 50
Ringwade 244 21
Ringweiten-Änderungs-
maschine 260 24
Rinne, Dach- Bau 275 28
Rinne, Dach- Haus 44 50,
46 10
Rinne, Einguss- 300 23
Rinne, Eisen- 300 37
Rinne, Entwässerungs-
354 57
Rinne, Fahr- 370 13
Rinne, Führungs- 375 35
Rinne, Hang- 13 48
Rinne, Jauche- 228 44
Rinne, Kasten- 275 83
Rinne, Kot- 228 20
Rinne, Oberlippen- 19 18
Rinne, Schmelzwasser- 15 8
Rinne, Tiefsee- 11 18
Rinne, Überlauf- 98 19

Rinnenbügel 275 32
Rinnstein 352 10
RIP 327 13
Rippe Bau 276 36
Rippe Flugzeug 386 46
Rippe, Blatt- 188 32
Rippe, echte 20 12
Rippe, falsche 20 13
Rippe, Fehl- 249 19
Rippe, Gewölbe- 154 32
Rippe, Haupt- 104 11
Rippe, Heizkörper- 46 82
Rippe, Hilfs- 104 12
Rippe, Hoch- 249 18
Rippe, Kreuz- 154 32
Rippe, Kühl- Motor 343 82
Rippe, Kühl- Motorrad
342 24
Rippe, Radiator- 279 21
Rippe, Spann- 249 21
Rippe, Verstärkungs-
Straßenbau 354 13
Rippe, Verstärkungs-
Wasserbau 371 88
Rippe, wahre 20 12
Rippe, Wurzel- 104 8
Rippelmarke 14 87
Rippendecke, Stahlbeton-
276 35
Rippenknorpel 20 14
Rips, Längs- 323 13–18
Rips, Quer- 323 19–25
Rips, Schuss- 323 13–18
Ripsband 42 14
Risalit 154 43
Rispe 188 75, 221 35
Rispe, Binsen- 163 22
Rispe, Blüten- 196 48, 200 54
Rispe, Wind- 274 30
Rispengras, Einjähriges
193 39
Riss 118 3
Riss, Boden- 12 50
Riss, Diagonal- 118 3
Riss, Längs- 118 3
Riss, Quer- 118 3
Rissunterlage 281 17
Rist 19 102
Rist, Wider- Pferd 225 17
Rist, Wider- Zool. 223 14
Ristgriff 113 40
Ritt, Gelände- 105 18–21
Ritter 175 58
Ritter, Kreuz- 147 73
Ritter, Tempel- 147 72
Ritterburg 147 1
Ritterdach 275 50
Ritterschlag 147 66
Ritterschloss 147 1
Rittersporn, Garten- 213 13
Rittertum 147
Ritterwesen 147

Ritze, Po- **19** 55
Ritzel *Fahrrad* **340** 29
Ritzel *Maschinenteil* **296** 92
Ritzer **163** 21
Rizinus **198** 14
Roadster **346** 27
Roastbeef **249** 17
Robbe **185** 22
Robbe, Bären- **185** 23
Robinie **189** 70
Roboter **87** 41
Roboter, Belade- **303** 44
Roboter, Industrie- **303** 35
Roboter, Knickarm- **303** 35, 47
Roboter, Portal- **303** 52
Rocaille **155** 13
Rock **83** 50
Rock, Bahnen- **36** 40
Rock, Ballerinen- **135** 34
Rock, Bast- **124** 15
Rock, Falten- **36** 49
Rock, Hosen- **36** 52
Rock, Jagd- **105** 42
Rock, Kleider- **35** 37
Rock, Kostüm- **35** 68
Rock, Latz- **34** 47
Rock, Loden- **35** 41
Rock, Mädchen- **34** 53
Rock, Mini- **36** 42
Rock, Plissee- **35** 38
Rock, Reit- **105** 14
Rock, Seitenschlitz- **35** 39
Rock, Träger- **34** 47, **35** 37
Rock, Unter- **37** 37
Rock, Wickel- **36** 46
Rockabrunder **83** 49
Rockinstrument **142** 47–78
Rockrunder **83** 49
Rockshorts **36** 52
Rodel **121** 1
Rodel, Jugend- **121** 3
Rodel, Renn- **121** 12
Rodel, Volks- **121** 1
Rodelhang **122** 6
Rodeln, Renn- **121** 12–18
Rodelpiste **122** 6
Rodelschlitten *Sport* **121** 1, 2
Rodelschlitten *Winter* **122** 7
Rodelschuh **121** 18
Rodelsport **121** 12–18
Rödelung **272** 66
Rodeo **128** 33
Rodeopferd **128** 40
Rodeoreiter **128** 38
Roder, Bunker- **217** 56
Roder, Köpf- **217** 68
Roder, Sammel- **217** 56
Rodler, Renn- **121** 13
Rogen **242** 11
Roggen **221** 1
Roggenähre **221** 2

Roggenbrot **251** 55
Roggenbrötchen **251** 22
Roggen-Ganzkorn-Brot **251** 15
Roggenmischbrot **251** 7
Roggenrose **214** 6
Roggenschrotbrot **251** 14
Rogner **242** 10
Rohbau *Bau* **271** 1–49
Rohbau *Schmied* **291** 28
Rohbenzolerzeugung **309** 41
Rohbenzoltank **309** 42
Rohbramme **301** 23
Roheisen **300** 42
Roheisenabfluss **300** 11
Roheisenabstich **300** 11
Roheisenpfanne **300** 12, 22, 44
Rohgewichtswaage **324** 29
Rohkohlenbunker **297** 28
Rohkostmenü **77** 16
Rohling **288** 22
Rohling, Kupfer- **72** 65
Rohmehlsilo **310** 9
Rohmilchpumpe **229** 3
Rohmilchtank **229** 5
Rohöl **322** 25, 40
Rohphenolbehälter **309** 40
Rohr *Böttcher* **283** 17
Rohr *Fahrrad* **339** 66
Rohr *Hausrat* **56** 68
Rohr *Militär* **63** 2, 39, 96
Rohr, Abfluss- **57** 25
Rohr, Abgas- **299** 5
Rohr, Abzugs- **335** 25
Rohr, Ansatz- *Hausrat* **56** 74
Rohr, Ansatz- *Musik* **142** 76
Rohr, Ansaug- **341** 41
Rohr, Auslauf- **217** 22
Rohr, Auspuff- **343** 62
Rohr, Bambus- *Bot.* **201** 60
Rohr, Bambus- *Korbmacher* **289** 31
Rohr, Blas- *Eisenbahn* **364** 25
Rohr, Blas- *Schlosser* **293** 3
Rohr, Blas- *Völkerk.* **160** 25
Rohr, Bohr- **298** 6
Rohr, Brunnen- **80** 64
Rohr, Dampf- **67** 63
Rohr, Drän- **31** 41
Rohr, Dränage- **31** 41
Rohr, Druck- **371** 56
Rohr, Einlauf- **80** 35
Rohr, Fall- *Eisenverarb.* **300** 68
Rohr, Fall- *Haus* **44** 52, **46** 11
Rohr, Fern- *Geogr.* **16** 61
Rohr, Fern- *Jagd* **240** 29
Rohr, Fern- *Kristall* **174** 31
Rohr, Fern- *Militär* **63** 24
Rohr, Fern- *Navigation* **379** 24

Rohr, Fern- *Optik* **265** 16, 29
Rohr, Fern- *Optiker* **263** 19
Rohr, Füll- **250** 19
Rohr, Futter- **299** 41
Rohr, Heber- **10** 43
Rohr, Heiz- *Eisenbahn* **364** 17
Rohr, Heiz- *Gärtnerei* **207** 8
Rohr, Hör- **28** 32
Rohr, Kabel- **380** 69
Rohr, Mantel- **80** 64
Rohr, Ofen- **127** 7
Rohr, PE- **220** 37
Rohr, Pedal- **339** 86
Rohr, Peddig- **289** 32
Rohr, Pegel- **380** 68
Rohr, Pfeifen- **259** 38
Rohr, Polyester- **220** 37
Rohr, Rahmen- **339** 28
Rohr, Raketen- **63** 57
Rohr, Rauch- **364** 8
Rohr, Rauchabzugs- **66** 44
Rohr, Regen- **275** 29
Rohr, Sä- **216** 18
Rohr, Saatleitungs- **218** 70
Rohr, Sandabfall- **364** 15
Rohr, Sandstreuer- **364** 19
Rohr, Sattelstütz- **339** 29
Rohr, Saug- **10** 37
Rohr, Schilf- **196** 23
Rohr, Seh- **67** 88
Rohr, Sicherheits- **172** 6
Rohr, Sitz- **339** 29
Rohr, spanisches **289** 32
Rohr, Sprach- **99** 19
Rohr, Spritz- *Landw.* **236** 36
Rohr, Spritz- *Textil* **321** 13
Rohr, Sprüh- **208** 25
Rohr, Spül- **279** 17
Rohr, Stand- *Erdöl* **298** 18
Rohr, Stand- *Feuerwehr* **82** 38
Rohr, Stand- *Haus* **44** 53
Rohr, Stand- *Raumfahrt* **391** 24
Rohr, Start- **63** 74
Rohr, Stau- **64** 11
Rohr, Steig- **298** 32
Rohr, Steuer- **339** 27
Rohr, Steuerkopf- **339** 27
Rohr, Strahl- *Feuerwehr* **82** 82
Rohr, Strahl- *Landw.* **236** 14
Rohr, Strahlungsschutz- **10** 37
Rohr, Teleskop- *Landw.* **218** 70
Rohr, Teleskop- *Polizei* **68** 17
Rohr, Torpedo- **66** 33, 78, **67** 79
Rohr, U- **172** 1

Rohr, Verlade- **382** 34
Rohr, Wärmeträger- **308** 4
Rohr, Wasser- *Gärtnerei* **207** 30
Rohr, Wasser- *Kraftwerk* **304** 17
Rohr, Zähl- **2** 21
Rohr, Zielfern- **16** 49
Rohr, Zinkentrag- **217** 50
Rohr, Zucker- **200** 52
Rohr, Zufuhr- **300** 30, 73
Rohr, Zuführungs- **173** 2
Rohrabschneider **279** 84
Rohrband **279** 53
Rohrband, Abstands- **279** 54
Rohrbefestigung **279** 53–57
Rohrbiegemaschine **278** 28
Rohrbieger **279** 82
Rohrblatt, Doppel- **141** 30
Rohrbock **279** 11
Rohrbremse **63** 41
Röhrchen, Anblas- **141** 29
Röhre *Musik* **141** 35
Röhre *Zool.* **176** 26
Röhre, Anzeige- **127** 20
Röhre, Bein- **147** 54
Röhre, Besonnungs- **96** 32
Röhre, Bildwandler- **32** 20
Röhre, Brunnen- **13** 28
Röhre, Chlorcalcium- **173** 43
Röhre, Dreh- **288** 16
Röhre, eustachische **22** 97
Röhre, Fernseh- **400** 3
Röhre, Fotomultiplier- **329** 7
Röhre, Giftlege- **236** 24
Röhre, Harn- **23** 82
Röhre, Leucht- **58** 34
Röhre, Leuchtstoff- **83** 51
Röhre, Luft- **20** 53, **23** 6
Röhre, Reflektor- **96** 32
Röhre, Resonanz- **142** 69
Röhre, Röntgen- **32** 8, 19
Röhre, Solariums- **96** 32
Röhre, Speise- *Anat.* **20** 52, **23** 29, 50
Röhre, Speise- *Biene* **230** 25
Röhre, Vorlagen- **329** 2
Röhrenausgang **239** 31
Röhrenbein **225** 23
Röhrenblitzgerät **127** 41
Röhrenkessel **304** 15
Röhrenradio **127** 18
Röhrenschicht **199** 17
Rohrfeder **163** 23
Rohrgutförderer **310** 2
Rohrhaltemutter **63** 11
Rohrkolben **196** 23
Rohrkonstruktion **309** 17
Rohrlager **299** 4
Rohrleitung **375** 7
Rohrleitung, Druck- **371** 46
Rohrleitung, Saug- **382** 32

Rohrmatte 207 6
Rohrpanzerung 63 58
Rohrrahmen 342 12
Rohrrutsche 85 26
Rohrsägemaschine 279 10
Rohrschelle *Bau* 275 31
Rohrschelle *Installateur* 279 56
Rohrschelle, Abstands- 279 57
Rohrschenkel 266 43
Rohrschraubstock 279 81
Rohrstativ 266 41
Rohrstück 283 16
Rohrstütze 63 45
Rohrturm 307 4
Rohrvorholer 63 47
Rohrwechselklappe 63 28
Rohrweihe 177 17
Rohrzange *Installateur* 279 60, 280 56
Rohrzange *Schlosser* 293 75
Rohrzange, Eck- 287 11
Rohstahlblock 301 23
Rohstein 158 5
Rohsteinvorratssilo 310 3
Rohstoff 325 1, 2, 19
Rohstoffaufbereitung 325 1–23
Rohstoffgemenge 316 1
Rohstoffkorrektur- komponente 310 5–7
Rohteerbehälter 309 32
Rohton 313 3
Rohwasser 80 4
Rokoko 155 9–13
Rokokoornament 155 13
Rollbahn *Flughafen* 389 2
Rollbahn *Wassersport* 99 42
Rollbodenbunker 217 64
Rollbrett 71 43
Röllchen, Nähseiden- 256 13
Rollcontainer *Büro* 408 38, 409 14
Rollcontainer *Mediengest.* 328 1
Rolle *Angelsport* 243 29–34
Rolle *Flugsport* 103 8
Rolle *Sport* 123 82
Rolle, Andruck- *Papier* 325 42
Rolle, Andruck- *Video* 404 21
Rolle, Biskuit- *Bäckerei* 251 25
Rolle, Biskuit- *Restaurant* 75 8
Rolle, Biskuit- *Supermarkt* 252 20
Rolle, Brems- 291 18
Rolle, Bremsprüf- 348 38
Rolle, Druck- 268 52
Rolle, Faden- 253 29

Rolle, Fahr- 236 52
Rolle, Farb- 282 13
Rolle, Film- 133 33
Rolle, Führungs- *Büro* 412 11
Rolle, Führungs- *Forstw.* 238 39
Rolle, Garn- 255 13
Rolle, Glas- 322 13
Rolle, Hänge- 156 12
Rolle, Haupt- 131 27, 28
Rolle, Hecht- 114 20
Rolle, Heftpflaster- 31 47
Rolle, Kabel- 111 29
Rolle, Klebestreifen- 410 15
Rolle, Küchen- 252 41
Rolle, Lammfell- 283 31
Rolle, Lauf- *Fechten* 111 29
Rolle, Lauf- *Militär* 63 32
Rolle, Lauf- *U-Elektronik* 401 6
Rolle, Laufwerk- 368 64
Rolle, Lenk- 56 85
Rolle, Multi- 243 29
Rolle, Nachwickel- 133 27
Rolle, Nähgarn- 256 12
Rolle, Olympia- 41 13
Rolle, Papier- *Druck* 333 18, 334 41
Rolle, Papier- *Flohmarkt* 127 71
Rolle, Papier- *Zeichner* 314 19, 315 6
Rolle, Sahne- 251 23
Rolle, Schneid- 334 37
Rolle, Schnur- 288 9
Rolle, Spann- 286 11
Rolle, Stationär- 243 31
Rolle, Stimm- 144 30
Rolle, Ton- 158 8
Rolle, Trag- 368 43
Rolle, Transport- 285 72
Rolle, Turm- 298 4
Rolle, Umlenk- 133 29
Rolle, Verbands- 82 70
Rolle, Vorwickel- 133 26
Rolle, Zeichnungs- 314 10
Rollen 386 71
Rollenbock 311 25
Rollenboden 137 4
Rollenbohrer 298 21
Rollenbremsprüfstand 291 16
Rollenheft 137 41
Rollenkabel 111 31
Rollenkette 339 38
Rollenkoffer 359 35
Rollenkreis 103 3
Rollenkühlofen 317 18
Rollenlager 298 4
Rollenmakulatur 281 5

Rollenoffsetmaschine, Vierfarben- 333 17
Rollenschneidemaschine 325 49
Rollenstern 333 19
Rollentabak 259 18
Rollentiefdruckmaschine, Mehrfarben- 335 24
Rollentisch 311 22
Rollenverpackung 325 50
Roller, Abdruck- 281 54
Roller, Farb- 282 13
Roller, Motor- 341 28
Roller, Naht- 281 36
Roller, Punkt- 159 18
Rolle vorwärts 114 19
Rollfilm 266 18
Rollfilmspule 266 19
Rollgabelschlüssel 279 67
Rollgang 301 25
Rolli 35 22
Rolli, Unterzieh- 35 24
Rollieren 261 17
Rolliermaschine 261 17
Rollierstuhl 261 17
Rollkragen, halsferner 35 23
Rollkragen, halsnaher 35 25
Rollkragenpullover 35 22
Rollkugel 406 29, 34
Rollladen 44 24
Rollladenaussteller 44 25
Rollmatte 207 6
Rollmeise 180 8
Rollo, Raff- 52 14
Roll-on-roll-off-Anlage 382 16
Roll-on-roll-off-Schiff 382 17
Roll-on-roll-off-Trailer 375 52
Roll-on-roll-off-Verkehr 381 39
Rollpressballen 216 37
Rollrakel 321 35
Rollreifenfass 306 80
Rollringfass 283 13
Rollschar 216 19, 218 69
Rollschiene 99 42
Rollschwanz 182 35
Rollschweller 144 49
Rollsitz *Sport* 112 15
Rollsitz *Wassersport* 99 38–47, 41
Rollsprung 116 17
Rollsprung, Rücken- 116 15, 16
rollstuhlgerechter Weg 390 13
Rolltechnik 116 18
Rolltor 82 1
Rolltreppe *Kaufhaus* 83 52
Rolltreppe *Piktogramm* 390 11
Rolltür 408 4

Rollwagen 333 16
Rollweg 389 2
Rollwerk 155 8
Romanik 154 1–21
romanische Kirche 154 1–13
romanische Kunst 154 1–21
romanisches Ornament 154 19–21
romanisches Wölbungs- system 154 15
Römer 53 88
römische Kunst 153 67–74
römische Metallfeder 163 25
römisches Kriegsschiff 372 9–12
römisches Zahlzeichen 167 1
römische Ziffer 167 1
Ronde 59 20
Röntgenassistentin 32 12
Röntgenbedienplatz 32 10
Röntgenbild 30 7, 27
Röntgenbildverstärkergerät 32 17
Röntgeneinrichtung 32 7
Röntgengerät 29 18
Röntgenkassettenhalterung 32 3
Röntgenkopf 32 19
Röntgenmonitor 30 39
Röntgenröhre 32 8, 19
Röntgenstation 32 1
Röntgenstativ 32 9
Röntgenuntersuchungstisch 32 2
Ro-ro-Anlage 382 16
Ro-ro-Schiff 382 17
Roro-Trailer 375 52
Ro-ro-Trailerfähre 375 52
Ro-ro-Verkehr 381 39
Rosa 166 4
Rosapelikan 178 7
Röschen, Heide- 195 20
Röschen, Sonnen- 195 20
Röschen, Wind- 195 1
Rose 241 7, 33
Rose, Alpen- 196 2
Rose, Busch- 204 14
Rose, Chinesische 213 15
Rose, Edel- 213 15
Rose, Elfenbein- 43 29
Rose, Erbacher 43 29
Rose, Fenster- 154 38
Rose, gefüllte 213 17
Rose, Hochstamm- 203 26, 204 22
Rose, Hunds- 191 26
Rose, Kletter- 204 13
Rose, Kompass- 379 41
Rose, Korn- 214 2
Rose, Roggen- 214 6
Rose, Schall- 142 5
Rose, See- *Bot.* 196 16, 19

Rose, See- *Garten* **203** 19
Rose, See- *Park* **84** 56
Rosendorn **213** 18
Rosenhochstamm **204** 22
Rosenklee **222** 4
Rosenknospe **213** 16
Rosenkohl **209** 30
Rosenkranz **150** 30
Rosenohr **223** 2
Rosenschere **208** 50
Rosenschliff **43** 46
Rosenstock **204** 14, 22
Rosette **154** 38
Rosette, Ball- **124** 29
Rosette, Blatt- **202** 62
Roséwein **252** 33
Rosmarin **210** 12
Ross, Flügel- **145** 28
Ross, Wal- **185** 25
Ross, Wogen- **372** 13–17
Rossbohne **222** 15
Rossbreiten **9** 36
Rossgras **222** 22
Rosshaarbezug **141** 15
Rosshaarbürste **253** 12
Rossharnisch **147** 83–88
Rosskastanie **189** 58
Rosskopf **147** 84
Rost **81** 26
Rost, Ablage- **324** 4
Rost, Ablauf- **352** 24
Rost, Kipp- **364** 5
Rost, Latten- **51** 7
Rost, Schneid- **294** 14
Rost, Schwellen- **272** 39
Roste **227** 12
Rostweihe **177** 17
rot *Heraldik* **62** 29
Rot *Farbe* **166** 1, 13, 25
Rot *Roulette* **89** 14
Rot *Spiel* **90** 44
Rotang *Korbmacher* **289** 32
Rotang *Kunst* **156** 20
Rotary-Verfahren **298** 1–21
Rotästige Kornelkirsche **191** 30
Rotationsachse **4** 25, 27
Rotationsdruck **331** 21
Rotationsdruckmaschine **334** 35
Rotationsellipsoid **170** 42
Rotationsfilmdruck **321** 34–38
Rotationskolben **343** 66
Rotationskolbenmotor **343** 65
Rotationspresse **334** 35
Rotationsscanner **329** 1
Rotationstiefdruck **335** 7, 24–31
Rote Hühnermyrte **214** 27
Roteisenstein **260** 48

rote Karte **107** 64
Rötel **180** 16
Rote Liste® **27** 23
Rote Magnolie **191** 15
Rote Miere **214** 27
Roter Gauchheil **214** 27
Roter Milan **177** 15
Roter Pimpernell **222** 28
Roter Wiesenklee **222** 1
Rotes Ordensband **183** 10
Rotes Riesenkänguru **184** 3
rotes Tuch **128** 32
Rotfuchs **185** 15, **241** 47
rotierende Bürste **350** 7
Rotkehlchen **180** 16
Rotklee **222** 1
Rotkohl **209** 32
Rotkraut **209** 32
Rotor *Flugsport* **104** 36
Rotor *Flugzeug* **388** 22
Rotor *Polizei* **68** 3
Rotor *Uhr* **262** 24
Rotor, Ausgleichs- **388** 14
Rotor, Einzel- **63** 89
Rotor, Haupt- *Flugzeug* **388** 12, 13
Rotor, Haupt- *Militär* **64** 19
Rotor, Haupt- *Polizei* **68** 3
Rotor, Heck- *Flugzeug* **388** 14
Rotor, Heck- *Militär* **64** 20
Rotor, Heck- *Polizei* **68** 4
Rotor, Kipp- **388** 33
Rotor, Loch- **238** 25
Rotorblatt **307** 2
Rotorblattlagerung **307** 5
Rotorblattverstellmechanik **307** 6
Rotorbremse **307** 11
Rotorkopf **388** 13
Rotorlagerung **307** 9
Rotormesser **238** 26
Rotorteller **331** 26
Rotorträger **388** 23
Rotschnabeltukan **181** 6
Rotschwänzchen **180** 13
Rotschwänzchen, Garten- **180** 13
Rotspecht **178** 32
Rottier *Jagd* **239** 15
Rottier *Zool.* **241** 2
Rotvogel **180** 15
Rotwein **252** 33
Rotweinglas **53** 82
Rotwild **241** 1
Rotwurst **252** 74
Rouge **89** 14
Rough **110** 41
Rouleauxdruck **321** 24–31
Roulett **89**
Roulette **89**
Roulette, Korn- **159** 18
Roulette, Punkt- **159** 18

Roulettekessel **89** 2
Roulettekugel **89** 6
Roulettemaschine **89** 1
Roulettespieler **89** 30
Roulettespielplan **89** 7
Roulettespielsaal **89** 18
Roulettespieltisch **89** 25
Router, Audio- **398** 6
Roving, Textilglas- **317** 59
Royalrah, Groß- **373** 43
Royalrah, Vor- **373** 37
Royalsegel, Groß- **373** 66
Royalsegel, Vor- **373** 60
Royalstag **373** 13
Royalstengestag **373** 13
Rübe **221** 45
Rübe, Burgunder- **222** 21
Rübe, Dick- **222** 21
Rübe, Futter- **222** 21
Rübe, Gelbe **209** 17
Rübe, Mohr- **209** 17
Rübe, Runkel- **221** 44, **222** 21
Rübe, Schweif- **225** 34
Rübe, Zucker- **221** 44
Rübenälchen **234** 42
Rübenblatt **221** 47
Rübenerntemaschine **217** 68
Rübengabel **219** 6
Rübenkopf **221** 46
Rübenkörper **221** 45
Rübenkraut **251** 55
Rücken *Anat.* **19** 30
Rücken *Bau* **275** 86
Rücken *Buch* **338** 38
Rücken *Hausrat* **53** 55
Rücken *Kunst* **155** 26
Rücken *Pferd* **225** 29
Rücken, Berg- **13** 39
Rücken, Buch- **336** 31
Rücken, Fuß- **19** 85
Rücken, Hand- **19** 85
Rücken, Hinterleibs- **175** 34
Rücken, mittelozeanischer **11** 20
Rücken, Ober- **241** 25
Rücken, ozeanischer **11** 16
Rückenflosse **182** 6
Rückenflug **103** 9
Rückenkamm **182** 21
Rückenkissen **50** 17
Rückenlage **115** 44
Rückenlehne *Auto* **344** 39
Rückenlehne *Eisenbahn* **361** 34
Rückenlehne *Restaurant* **77** 41
Rückenlehne, Beifahrer- **341** 30
Rückenlehne, Sozius- **341** 30
Rückenleimung **336** 16
Rückenmark **20** 66, **21** 25
Rückenmuskel, breiter **21** 59

Rückenriemen **226** 32
Rückenrollsprung **116** 16
Rückenrollsprung, Parallel- **116** 15
Rückenschild *Büro* **410** 32
Rückenschild *Zool.* **182** 29
Rückenschwimmen **98** 32
Rückenspalter **248** 7
Rückenspeck **249** 40
Rückenvergoldung **336** 31
Rückflusskühler **172** 5
Rückführung, Erdgas- **298** 28
Rückführung, Schlitten- **412** 3
Rückführung, Schreibwerk- **412** 3
Rückgrat **20** 2
Rückhalte **115** 51
Rückhaltekamm **217** 58
Rückhand **109** 29
Rückhandbogenwurf **123** 17
Rückhandschlag **109** 29
Rückholfeder **345** 67
Rücklauf *Haus* **46** 84
Rücklauf *Installateur* **279** 24
Rücklauf, Kühlwasser- **306** 23
Rücklaufboden, Körner- **217** 15
Rücklaufhahn **173** 49
Rücklaufleitung **46** 60
Rücklaufsammelleitung **46** 85
Rücklauftaste **401** 74
Rücklicht *Fahrrad* **339** 43
Rücklicht *Motorrad* **341** 45
Rücklichteinheit **342** 2
Rückmeldeanlage **305** 9
Rückpositiv **144** 5, 42
Rucksack *Bahnhof* **359** 38
Rucksack *Jagd* **239** 4
Rucksack, Boots- **99** 62
Rückschlag **109** 39
Rückschläger **109** 39
Rückschlaghinderer **240** 14
Rückschlagschutz **285** 47
Rückschlagsicherung **311** 63
Rückschwingspiegel **267** 18
Rückseite **60** 28, 38–49
Rücksetztaste, Bandlaufzähler- **401** 86
Rücksitz **346** 20
Rücksitzbank **346** 24
Rückspiegel *Auto* **344** 14
Rückspiegel *Motorrad* **341** 26, **342** 34
Rücksprungtaste **402** 19
Rückspulkurbel **266** 6
Rückspülschieber **370** 46
Rückspultaste **401** 89
Rückstand, Auslaugungs- **306** 65

Rücksteller 344 59
Rückstoßverstärker 63 27
Rückstrahler 339 44
Rückstrahlglas 339 92
Rücktaste 412 28
Rückteil, Kamera- 266 53
Rückteilverstellung 266 54
Rücktrittbremse 339 69
Rückverfestigung 218 48
Rückwand, Daten- 267 57
Rückwärtsgang 345 50
Rückwärtssalto 103 42
Rückwickelkurbel 266 6
Rückzieher 91 4
Rucola 209 44
Rüde 224 16, 241 47
Rüde, Hatz- 239 37
Rüde, Sau- 239 37
Rudel 239 18
Ruder Segeln 101 34, 37
Ruder Wassersport 99 23,
48–50, 102 61
Ruder Zool. 241 80
Ruder, Höhen- Flugsport
103 16
Ruder, Höhen- Flugzeug
385 27, 386 24, 63
Ruder, Oertz- 378 72, 73
Ruder, Quer- Flugsport
103 20, 104 17
Ruder, Quer- Flugzeug
385 40, 42, 386 24, 52
Ruder, Seiten- Flugsport
103 14
Ruder, Seiten- Flugzeug
385 25, 386 60
Ruder, Seiten- Militär 67 95
Ruder, Seiten- Schiff 372 6
Ruder, Steven- 372 24
Ruder, Strahl- 379 3
Ruder, Tiefen- 67 95, 96
Ruderanlage Navigation
379 2
Ruderanlage Seerettung
384 26
Ruderbank 99 25
Ruderblatt Schiff 375 44,
377 63
Ruderblatt Schiffbau 378 72
Ruderblatt Segeln 100 25
Ruderblatt Wassersport
99 50
Ruderboot Angelsport 243 6
Ruderboot Wassersport
99 7–16, 38–47
Ruderboot, Touren- 99 23–30
Ruderer Schiff 372 3
Ruderer Wassersport 99 10
Ruderfuß 178 8
Ruderfüßer 178 6
Rudergerät 112 14
Ruderhaus 379 1–16

Ruderjoch 99 48
Ruderkopf 100 24
Rudern 99
Ruderpinne 102 23
Ruderreihe 372 12
Ruderschaft 378 71
Ruderschiff, germanisches
372 1–6
Rudersklave 372 48
Rudersteven 378 73
Rudertrainer 99 18
Ruedo 128 9
Ruf, Hirsch- 240 46
Ruf, Inspizienten- 136 57
Rufer, Zwischen- 69 16
Rufnummer, Apparat- 396 7
Rufnummer, Not- 396 6
Rufsignal, Licht- 78 6
Ruftaste 280 4
Rügen 15 19
Ruhebereich Schwimmbad
97 32
Ruhebereich Vorschule
71 35–41
Ruheecke 71 35–41
Ruhemodusschalter 402 8
Ruhezone 97 32
Rührbesen 251 70
Rührer Chemie 172 17
Rührer Molkerei 229 43
Rührer, Hand- 47 20
Rührer, Propeller- 232 6
Rührer, Wendel- 324 6
Rührgerät, Hand- 47 20
Rührgerät, Schnell- 232 5
Rührmaschine 251 69
Rührmichnichtan 195 11
Rührstab, Wendel- 324 6
Rührwerk 246 47
Ruine 17 71
Ruke 214 16
Rukola 209 44
Rumbakugel 142 60
Rummel 126
Rummelplatz 126
Rumpf Anat. 19 29
Rumpf Flugsport 103 18
Rumpf Flugzeug 386 54
Rumpf Militär 63 92, 67 42
Rumpf, Boots- 388 2, 9
Rumpf, Doppel- 100 53
Rumpf, Fass- 283 6
Rumpf, Flushdecks- 66 2
Rumpf, Glattdecks- 66 2,
67 22
Rumpf, Löwen- 145 24
Rumpf, Pferde- 145 49
Rumpfbeuge rückwärts
115 34
Rumpfbeuge seitwärts
115 32
Rumpfbeuge vorwärts 115 33

Rumpfform 101 29–41
Rumpfnase 387 13
Rumpfverbindungsbeschlag
393 5
Rumpfzentraltank 65 31
rund 188 36
Rundballen 216 37
Rundballenwickler 216 38
Rundblätteriger Steinbrech
193 1
Rundbogen Camping 92 52
Rundbogen Kunst 155 27
Rundbogenfries 154 9
Rundbrot 251 7
Rundbürste Friseur 257 13
Rundbürste Hausrat 56 95
Rundbürste, Föhnwell-
257 13
Runde 70 22
Runde, Elefanten- 70 22
runde Druckform 334 35–51
Rundeisen Kunst 159 6
Rundeisen Maschinenteil
296 8
Rundeisenreifen 283 3
runde Klammer 164 33
Rundenzähler 106 7
Runder, Rock- 83 49
runder Armmuskel, großer
21 55
runder Armmuskel, kleiner
21 54
runder Hut 105 7
rundes Sechseck 43 61
runde Tonne 380 31
Rundfeile Goldschmied
260 47
Rundfeile Schlosser 293 34
Rundfenster 154 12
Rundfüller 232 9
Rundfunk 398, 399, 400
Rundfunkempfänger 127 18
Rundfunkgerät 127 18
Rundgattheck 372 25
Rund-gegen-rund-Prinzip
334 36
Rundglasschneider 277 22
Rundhalsausschnitt 36 80,
38 62, 39 23
Rundholz Bau 273 35
Rundholz Sägewerk 311 30
Rundholz Schiff 373 32–45
Rundholzleiter 87 11
Rundholzplatz 311 29
Rundholzpolter Forstw.
238 32
Rundholzpolter Sägewerk
311 31
Rundhorizont Film 131 13
Rundhorizont Theater 137 9
Rundhorn 290 13
Rundkäfig 125 49

Rundklinge 250 63
Rundkolben 173 38
Rundkugel 123 31
Rundkuppe 296 20
Rundlaufkran, Reaktor-
306 31
Rundlaufpilz 87 2
Rundlochhammer 290 36
Rundmagazin 266 73
Rundmaschine 278 30
Rundmedaillon 158 36
Rundmutter, Loch- 296 35
Rundofen 316 3
Rundpflaume 212 28
Rundpinsel 157 8
Rundplatte Galvanoplastik
331 21
Rundplatte Kunst 153 35, 46
Rundplattengießwerk 331 13
Rundsattel 292 37
Rundschild 147 57, 58
Rundschleifmaschine,
Universal- 303 1
Rundsichter 245 27
Rundspantboot 102 28–30
Rundstahl 272 80
Rundstamm 273 83
Rundstichel 159 20
Rundstrahldüse 236 15
Rundstricknadel 254 36
Rundstück 251 19–22
Rundsuchradar 63 83
Rundsuchradar, Luftraum-
66 60
Rundtanz 230 33
Rundthermometer 332 4
Rundtischglasiermaschine
316 23
Rundtonne 380 19
Rundumleuchte 82 63
Rundwirkmaschine
251 71, 76
Rundzange Installateur
280 57
Rundzange Schmied 290 25
Rundzelt 92 70
Rune 163 19
Runge Eisenbahn 367 6
Runge Forstw. 238 47
Runge, Lade- 238 30
Runkelrübe 221 44, 222 21
Runway 389 1
Rüschenbordüre 36 30
Rüssel 175 62, 184 24, 241 58
Rüssel, Schweins- 224 10
Rüssel, Stech- 175 18
Rüsselkäfer 234 10
Rüsselkäfer, Großer Brauner
235 42
Rüsseltier 184 23
Russische Föderation 61 23
Russischer Klee 222 6

russisches Kreuz **150** 58
Rußsack **46** 35
Rüster **189** 49
Rüsthaken **147** 80
Rustika **154** 51
Rüstung *Ritter* **147** 38
Rüstung *Völkerk.* **161** 38
Rüstwagen **82** 51
Rute *Angelsport* **243** 21–28
Rute *Korbmacher* **289** 14
Rute *Musik* **140** 35
Rute *Zool.* **241** 52, 54
Rute, Besan- **372** 30
Rute, Birken- **96** 24
Rute, Blei- **277** 13
Rute, gestutzte **223** 15
Rute, kupierte **223** 15
Rute, Steck- **243** 21
Rute, Stipp- **243** 28
Rute, Teleskop- **243** 25
Rute, Wind- **245** 3
Rutenhalter **243** 2
Rutenteil **243** 26
Rutsch, Berg- **12** 44
Rutsch, Erd- **12** 44
Rutschbahn **87** 13
Rutschbahn, Berg-und-Tal- **87** 38
Rutschbahn, Wellen- **85** 25
Rutsche *Hafen* **382** 56
Rutsche *Schwimmbad* **97** 24
Rutsche *Spielplatz* **87** 13
Rutsche, Riesen- **97** 12
Rutsche, Rohr- **85** 26
Rutsche, Wendel- **297** 49
Rutscher **282** 18
Rutscher, Baum- **180** 10
Rutschgefahr **390** 39
Rüttelflasche *Bau* **272** 89
Rüttelflasche *Straßenbau* **355** 14
Rüttelschuh **245** 15
Rüttelstampfer **354** 19
Rüttler **412** 62
Rüttler, Innen- **272** 88

S

Saal, Ball- **124** 1
Saal, Börsen- **415** 1
Saal, Chemie- **73** 1
Saal, Fest- *Hotel* **78** 40
Saal, Fest- *Karneval* **124** 1
Saal, Gesellschafts- **78** 40
Saal, Hör- **74** 2
Saal, Maler- **136** 31
Saal, OP- **31** 2
Saal, Operations- **31** 2
Saal, Speise- *Hotel* **78** 20
Saal, Speise- *Schiff* **377** 44
Saal, Spiel- **89** 18

Saalbeleuchtungsregler **133** 17
Saalchef **89** 24
Saaltochter **76** 25
Saalverdunkler **133** 17
Saat **237** 9
Saatauslauf **218** 71
Saatbeet **216** 15
Saatbettbereitung **216** 33
Saatbettkombination **216** 44, **218** 83
Saatgutbehälter **216** 17
Saatgutzulauf **236** 43
Saatkamp **237** 6
Saatkartoffel **221** 39
Saatkrähe **179** 15
Saatleitungsrohr **218** 70
Saatmengenverstellung **218** 72
Saatplatterbse **222** 19
Saatschale **206** 2
Saatschnellkäfer **234** 40, 41
Saatwicke **222** 18
Säbel **111** 20
Säbel, leichter **111** 34
Säbel, Sport- **111** 34
Säbelfechten **111** 19–24, 53
Säbelfechter **111** 19
Säbelhandschuh **111** 21
Säbelmaske **111** 22
Sachbearbeiterin **411** 9
Sachbearbeiterin, Kundendienst- **411** 19
Sachsenwald-Klasse **66** 94
Sack *Bau* **271** 43
Sack *Kunst* **158** 29
Sack, Dudel- **140** 8
Sack, Embryo- **188** 69
Sack, Fuß- *Baby* **33** 38
Sack, Fuß- *Winter* **122** 13
Sack, gelber **81** 5
Sack, Gips- **72** 85
Sack, Golf- **49** 16
Sack, Haut- **178** 10
Sack, Hoden- **19** 53, **23** 85
Sack, Kehl- **178** 10
Sack, Laub- **353** 10
Sack, Luft- **161** 11
Sack, Pollen- **190** 45, 50
Sack, Press- **250** 37
Sack, Ruck- *Bahnhof* **359** 38
Sack, Ruck- *Jagd* **239** 4
Sack, Ruck- *Wassersport* **99** 62
Sack, Ruß- **46** 35
Sack, Sand- *Flugsport* **103** 57
Sack, Sand- *Fluss* **370** 35
Sack, Sand- *Sport* **117** 21
Sack, Schlaf- *Baby* **33** 18
Sack, Schlaf- *Camping* **92** 42
Sack, Staub- **300** 14
Sack, Trinkwasser- **92** 45

Sack, Verpackungs- **103** 36
Sack, Waid- **239** 4
Sack, Weid- **239** 4
Sack, Wind- *Flugsport* **104** 29
Sack, Wind- *Musik* **140** 9
Sackpfeife **140** 8
Safarihut **42** 49
Safranköpfchen **180** 9
Saft, Frucht- *Restaurant* **77** 21
Saft, Frucht- *Supermarkt* **252** 56
Säge, Abläng- *Bau* **273** 14
Säge, Abläng- *Sägewerk* **311** 39
Säge, Ast- **208** 16
Säge, Band- *Heimwerken* **287** 50
Säge, Band- *Sägewerk* **311** 50
Säge, Baum- **208** 16
Säge, Besäum- **311** 60
Säge, Bogen- *Goldschmied* **260** 12
Säge, Bogen- *Korbmacher* **289** 40
Säge, Brennholz- **311** 56
Säge, Bügel- *Heimwerken* **287** 3
Säge, Bügel- *Schlosser* **293** 27
Säge, Bügel- *Schmied* **291** 23
Säge, Bügel- *Werkzeugmasch.* **303** 14
Säge, Bund- **273** 68
Säge, Fleischzerlege- **248** 20
Säge, Gatter- **311** 2
Säge, Gehrungs- **277** 30
Säge, Hand- **273** 61
Säge, Kapp- **311** 23, 69
Säge, Ketten- **273** 14
Säge, Knochen- *Fleischerei* **250** 25
Säge, Knochen- *Schlachthof* **248** 5
Säge, Kreis- *Bau* **272** 19
Säge, Kreis- *Forstw.* **237** 33
Säge, Kreis- *Kopfbedeckung* **42** 45
Säge, Kreis- *Tischler* **285** 57, 57, 68
Säge, Laub- *Drechsler* **288** 12
Säge, Laub- *Schule* **72** 54
Säge, Loch- *Bau* **273** 63
Säge, Loch- *Installateur* **279** 71
Säge, Loch- *Tischler* **285** 3
Säge, Motor- **237** 22, 27, **238** 13
Säge, Schnell- **291** 23
Säge, Stahl- **287** 17
Säge, Stich- *Installateur* **279** 71
Säge, Stich- *Tischler* **285** 3
Säge, Taschen- **280** 60

Sägeaggregat **286** 39
Sägeblatt *Bau* **273** 62
Sägeblatt *Sägewerk* **311** 3, 49
Sägeblatt *Werkzeugmasch.* **303** 16
Sägeblatt, Band- **311** 55
Sägeblatt, Laub- *Drechsler* **288** 13
Sägeblatt, Laub- *Goldschmied* **260** 13
Sägeblatt, Laub- *Schule* **72** 55
Sägebogen, Metall- **279** 72
Sägebügel *Schmied* **291** 25
Sägebügel *Werkzeugmasch.* **303** 17
Sägedach **274** 20
Sägeente **178** 19
Sägegans **178** 19
Sägehalle **311** 1
Sägekette *Bau* **273** 16
Sägekette *Forstw.* **238** 14
Sägekettenhaftöl **237** 35
Sägemaschine, Band- **286** 1
Sägemaschine, Kreis- **278** 24
Sägemaschine, Rohr- **279** 10
Sägemuskel, großer **21** 42
Sägenschärfmaschine **311** 43
Sägensetzer **285** 42
Säger, Gänse- **178** 19
Sägeraspel **287** 6
Sägerestholz **325** 2
Sägeschiene **238** 16
Sägeschlitten **285** 71
Sägeschuppen **273** 3
Sägewagen **286** 39
Sägewerk *Bergwerk* **297** 6
Sägewerk *Sägewerk* **311** 1
Sägezahnung **250** 3
Sagittarius **3** 37, **4** 64
Sagopalme **201** 58
Sahne **252** 100
Sahne, Schlag- **251** 34
Sahnekännchen **75** 44
Sahnemaschine **75** 36
Sahnerolle **251** 23
Sahneschälchen **75** 37
Sahneschnitte *Bäckerei* **251** 27
Sahneschnitte *Restaurant* **75** 7
Sahnetörtchen *Restaurant* **75** 7
Sahnetörtchen *Supermarkt* **252** 11
Sahnetorte *Bäckerei* **251** 30
Sahnetorte *Restaurant* **75** 13
Sahnetorte *Supermarkt* **252** 18
Saite *Musik* **140** 44, 55, **141** 9, 63, **142** 14, **143** 38
Saite *Sport* **109** 26
Saite, A- **141** 9

Saite, Bass- **143** 12
Saite, Begleit- **142** 24
Saite, D- **141** 9
Saite, Diskant- **143** 10
Saite, E- **141** 9
Saite, Frei- **142** 24
Saite, G- **141** 9
Saite, Griffbrett- **142** 25
Saite, Klavier- **143** 7
Saite, Melodie- **140** 30,
　142 25
Saite, Violin- **141** 9
Saitenbezug **143** 7
Saitenhalter **141** 7, **142** 4, 13
Saitenträger **142** 7
Säkasten **218** 68
Sakko **38** 22
Sakko, Smoking- **38** 9
Säkombination, zapfwellen-
　getriebene **216** 16
Sakralbau **151**
Sakralbau, islamischer
　151 18–22
Sakralbau, jüdischer **151** 23
Sakristan **148** 58
Sakristei **149** 13
Sakristeiglocke **148** 46
Sakristeitür **148** 17
Salamander, Feuer- **182** 22
Salami **252** 74
Salat, Acker- **209** 38
Salat, Endivien- **209** 39
Salat, Feld- **209** 38
Salat, Fleisch- **250** 41
Salat, grüner **209** 36
Salat, Kopf- **209** 36
Salatbesteck **53** 25
Salatblatt **209** 37
Salatgabel **53** 67
Salatgurke **252** 81
Salatlöffel **53** 66
Salatpflanze **209** 36–40
Salatrauke **209** 44
Salatschüssel **53** 24
Salatstaude **209** 36
Salatteller **77** 10
Salatzichorie **209** 40
Salbe, Bienengift- **230** 81
Salbei **210** 13
Salbei, Garten- **210** 13
Salbei, Klebriger **210** 13
Salbei, Wiesen- **210** 13
Salbentube **27** 35
Saldiermaschine **127** 70
Salicional **144** 23–30
Saline **17** 31
Saling *Schiff* **377** 37
Saling *Segeln* **100** 4
Saling, Besan- **373** 54
Saling, Bram- **373** 51, 53
Saling, Mars- **373** 50, 52
Saling, Steuerbord- **102** 10

Salon **377** 26
Salon, Damen- **257**
Salon, Herren- **258**
Salonflügel **143** 41
Salta **90** 20
Saltaspiel **90** 20
Saltastein **90** 21
Salto, Rückwärts- **103** 42
Salto rückwärts, doppelter
　98 37
Salto rückwärts gehockt
　114 15
Salto rückwärts gestreckt
　114 17
Salto vorwärts gehockt
　114 18
Salweide **189** 24
Salz, Stein- **306** 66, 67, 69
Salz, Streu- **353** 28
Salzbergwerk **306** 59, 75
Salzgebäck **53** 36
Salz-Pfeffer-Set **349** 15
Salzstange *Supermarkt*
　252 64
Salzstange *Tankstelle* **349** 5
Salzstreuer **76** 33, **77** 44
Salzwasser **299** 17
Sämaschine **218** 67
Sämaschine, Anbau- **218** 67
Sämaschine, Klee- **219** 16
Samen *Bot.* **189** 20, 65, **190** 9,
　10, 15, 28, 37, 54, 57, 60, 71,
　193 25, 28, **196** 35, 36,
　200 20, 34, 35, 39, 45,
　201 15, 23, 24, 57, **202** 10,
　20, 21, 40, 47, 52, 58, **211** 25,
　40, **212** 11
Samen *Gärtnerei* **206** 3
Samen, Ahorn- **189** 57
Samen, Bohnen- **209** 11
Samen, Erbsen- **209** 7
Samen, Kastanien- **189** 60
Samen, Mohn- **214** 5
Samen, ölhaltiger **201** 5
Samen, Walnuss- **212** 51
Samenanlage **188** 68, **211** 42,
　212 17
Samenblase **23** 91
Samenhaar **201** 19
Samenkapsel **196** 6, **214** 5
Samenkern **211** 25
Samenkorn **221** 15
Samenleiter **23** 88
Samenmantel **200** 34
Samenzelle **25** 2
Sämling **206** 6
Sammelbalgfrucht **188** 113
Sammelband, Eier- **227** 21
Sammelbehälter **10** 46
Sammelbehälter, Gas-
　309 25
Sammelbrunnen **80** 4

Sammeldrahtheftmaschine
　337 1
Sammelfrucht **211** 30
Sammelhefter **337** 1
Sammelheizung **46** 39
Sammelkasten, Dampf-
　364 21
Sammelleitung, Elektrik-
　393 56
Sammelleitung, Rücklauf-
　46 85
Sammeln, Treibstoff-
　391 21, 47
Sammelnussfrucht **188** 111
Sammelraum **389** 11
Sammelroder, Kartoffel-
　217 56
Sammelsteinfrucht **188** 112
Sammelwagen, Tank- **229** 2
Sammelzylinder **333** 40
Sammler, Kältemittel- **246** 7
Sammler, Luft- **343** 35
Sammler, Schlamm- **364** 28
Sammlung, Schädel- **73** 16
Sampan **161** 31
samtbesetzte Hosennaht
　38 14
Samtblume **213** 20
Samtschleife **40** 9
Samurai **161** 37
Sand *Geogr.* **17** 7
Sand *Navigation* **380** 73
Sand *Zement* **310** 6
Sand, Filter- **80** 10
Sand, Glas- **159** 48
Sand, Hütten- **310** 20
Sand, Streu- **353** 28
Sandabfallrohr **364** 15
Sandablagerung **370** 37
Sandale **58** 51
Sandalette **58** 49
Sandbahn **106** 41
Sandbahnmaschine **106** 42
Sandbahnrennen **106** 40
Sandberg **87** 53
Sandbett **276** 8
Sandburg **95** 27
Sanddom **364** 14
Sandfang **80** 25
Sandformanlage **301** 11–21
Sandgrube **110** 42
Sandkasten *Eisenbahn*
　366 59, 76
Sandkasten *Spielplatz* **87** 51
Sandpapier **288** 26
Sandsack *Flugsport* **103** 57
Sandsack *Fluss* **370** 35
Sandsack *Sport* **117** 21
Sandschalter **365** 32
Sandschaufel **149** 36
Sandspielfeld **110** 26
Sandstreuer **364** 55

Sandstreuerrohr **364** 19
Sandstrohblume **195** 3
Sanduhr *Schwimmbad*
　96 20
Sanduhr *Uhr* **262** 23
Sandwich **53** 38
Sänger, Erd- **180** 12
Sänger, Minne- **147** 70
Sänger, Opern- **136** 25
Sängerin **130** 36
Sängerin, Opern- **136** 26
Sanitäranlagen **92** 8, 9
Sanitärtrakt **92** 8, 9
San-José-Schildlaus **234** 23
Sanktissimum **149** 48, **150** 35
Sanskrit **163** 9
Santa Maria **374** 37
Sapine **238** 6
Sappel **238** 6
Sappho-Kolibri **181** 4
Sappie **238** 6
Sarg **149** 35
Sargonsburg **152** 29
Sargträger **149** 40
Sarkophag **152** 2, **154** 53
Särohr **216** 18
Säschar **218** 69
Satanspilz **197** 15
Satellit, ITOS- **10** 64
Satellit, Kommunikations-
　397 1
Satellit, Mess- **7** 37
Satellit, Nachrichten- **397** 1
Satellit, Wetter- **10** 64
Satellitenantenne *Rundfunk*
　399 18
Satellitenantenne *Telekomm.*
　397 12
Satellitenschüssel *Landw.*
　215 12
Satellitenschüssel *Telekomm.*
　397 12
Satinblouson **36** 9
Satinieren **325** 47
Sattel *Buch* **338** 7
Sattel *Fahrrad* **340** 9
Sattel *Freizeitpark* **85** 19
Sattel *Geogr.* **13** 19
Sattel *Musik* **141** 20
Sattel, Bananen- **340** 4
Sattel, Berg- **13** 46
Sattel, Bock- **226** 37–44
Sattel, Brems- **345** 61
Sattel, englischer **226** 45–49
Sattel, Fahrrad- **339** 51
Sattel, Flach- **292** 35
Sattel, Heft- **338** 24
Sattel, Küriss- **147** 87
Sattel, Reit- **226** 37–49
Sattel, Renn- **106** 20
Sattel, Rund- **292** 37
Sattel, Saum- **224** 4

Sattel, Scheibenbrems- **342** 45
Sattel, Schwing- **341** 13
Sattel, Spitz- **292** 36
Sattel, Spring- **105** 11
Sattel, Trag- **224** 4
Sattel, Vorschub- **338** 4
Sattelachse **13** 20
Sattelanhänger **347** 23
Satteldach *Bau* **274** 1
Satteldach *Haus* **44** 5, **45** 10
Sattelfeder **339** 52
Sattelgurt **105** 12
Sattelkissen **226** 49
Sattelknopf **226** 46
Sattelkraftfahrzeug **347** 19
Sattelkupplung **347** 25
Sattelschlepper **347** 20
Sattelsitz **226** 37
Sattelstoßdämpfer **340** 38
Sattelstütze **339** 53
Sattelstützrohr **339** 29
Satteltasche **339** 54, **340** 39
Sattelwechselmagazin **292** 34
Sattelzug *Eisenbahn* **360** 44
Sattelzug *Kfz* **347** 19
Saturn **4** 52
Satz **334** 5
Satz, Anbau- **237** 33
Satz, Arbeits- **314** 43
Satz, Dosen- **10** 6
Satz, Fünflings- **67** 36
Satz, Gabelschlüssel- **287** 2
Satz, Rad- **366** 3, **367** 3
Satz, Schneid- **294** 33
Satz, Schraubenzieher- **261** 6
Satz, Schrift- **326** 1–17
Satz, Steuerraketen- **392** 41
Satz, Zins- **168** 7
Satz, zweispaltiger **338** 66
Satzform **334** 4
Satzprogramm **328** 14
Satzspiegel **338** 62
Satzzeichen **164** 18–49
Satzzeichen, zu tilgendes **326** 31
Sau *Landw.* **228** 41
Sau *Zool.* **224** 9
Sau, Mutter- **228** 41
Sau, Wild- *Jagd* **239** 36
Sau, Wild- *Zool.* **241** 56
Saubohne **222** 15
Sauciere **53** 18
Sauergras **205** 17
Sauerstoffanschluss **294** 29
Sauerstoffatom **1** 22
Sauerstoffaufblaskonverter **300** 47
Sauerstoffdiffusor **391** 14
Sauerstoffdüse **173** 13

Sauerstoffflasche *Feuerwehr* **82** 26
Sauerstoffflasche *Schweißer* **294** 3
Sauerstofflanze **300** 52
Sauerstoffleitung **393** 52
Sauerstoffpumpe, Hoch-druck- **393** 43
Sauerstoffregenerator **392** 2
Sauerstoffschlauch **294** 10
Sauerstofftank **391** 59, **392** 42, **393** 58
Sauerstoffumlaufleitung **393** 57
Sauerstoffventil **294** 28
Sauerstoffzufuhr *Chemie* **173** 11
Sauerstoffzufuhr *Med.* **30** 4
Sauerwurm **234** 34
Saugarm **337** 11
Saugbagger **370** 44
Saugdüse **321** 49
Saugelektrode **28** 26
Sauger **33** 21
Sauger, Ab- **30** 9
Sauger, Allzweck- **56** 84
Sauger, Gas- **309** 21
Sauger, Kontaktlinsen- **263** 28
Sauger, Laub- **353** 9
Sauger, Schleppkopf- **370** 44
Sauger, Schuten- **370** 44
Sauger, Staub- *Goldschmied* **260** 43
Sauger, Staub- *Hausrat* **56** 62, 72
Sauger, Staub- *Tankstelle* **350** 9
Sauger, Trocken- und Nass- **56** 84
Sauger, Zentrier- **263** 32
Saugerandrückgerät **263** 43
Säugetier **184, 185, 186**
Saugferkel **228** 42
Sauggutumschlag **382** 29
Saugkorb *Landw.* **220** 14
Saugkorb *Wasservers.* **80** 6, 14, 43
Saugkraftregulierung **56** 76
Saugleitung *Haus* **46** 59
Saugleitung *Theater* **137** 52
Saugleitung *Wasservers.* **80** 5, 14, 42
Saugleitung, Flüssig-wasserstoff- **391** 22
Säugling **33** 5
Säuglingsbadewanne **33** 3
Säuglingspflege **33**
Saugmund **353** 18
Saugnapf **233** 37
Saugpumpe **370** 47
Saugrohr **10** 37

Saugrohrleitung **382** 32
Saugscheibe **176** 24
Saugschlauch **56** 79
Saugwanne **255** 30
Saugzuggebläse **304** 20
Sauhatz **239** 35
Saukraut **197** 5
Säule *Bau* **273** 25
Säule *Haus* **45** 7
Säule *Restaurant* **76** 14
Säule, Bild- **152** 18
Säule, Dekorations- **129** 14
Säule, dorische **153** 9
Säule, Druck- **137** 60
Säule, gekuppelte **155** 6
Säule, Gries- **218** 9
Säule, Hänge- **274** 68
Säule, ionische **153** 22
Säule, korinthische **153** 38
Säule, Lenk- **345** 42
Säule, Litfaß- **79** 46
Säule, Lotos- **152** 13
Säule, Mittel- **266** 45
Säule, Palmen- **152** 17
Säule, Papyrus- **152** 15
Säule, Profil- **268** 45
Säule, quadratische **170** 34
Säule, Quecksilber- **10** 2
Säule, Reck- **113** 9
Säule, Sinter- **14** 67
Säule, Stier- **152** 23
Säule, Tank- **350** 29
Säule, Telefon- *Bahnhof* **358** 13, **359** 23
Säule, Telefon- *Stadt* **79** 2
Säule, Trag- **268** 31
Säule, Tropfstein- **14** 67
Säule, Wirbel- **20** 2
Säule, Zapf- **349** 83, **350** 3, 29
Säulendiagramm **70** 16
Säulenfuß **153** 33–36, 44–46
Säulengang **153** 81
Säulenhals **153** 19
Säulenordnung, dorische **153** 9
Säulenordnung, ionische **153** 22
Säulenschaft **153** 20, 31, 42
Säulensockel **153** 36
Säulenstativ *Atom* **2** 29
Säulenstativ *Optik* **264** 32
Säulenumgang **153** 3
Saum **224** 5
Saum, Bein- **36** 56
Saum, Hohl- **254** 14
Saumabschluss **36** 84
Saumaufschlag **36** 66
Saumdiele **271** 73, 74
Saumlatte **245** 4
Saumpfad **13** 50
Saumsattel **224** 4
Saumschlitz **36** 61

Saumschwelle **273** 50
Sauna **96** 14–26
Saunaofen **96** 16
Saunauhr **96** 20
Saupacker **239** 37
Säure, Terephthal- **322** 26
Säurebehälter **173** 62
Saurüde **239** 37
Saustall **228** 35
Saxofon **142** 74
S-Bahn **18** 9
S-Bahn-Zug **359** 45
SB-Gaststätte **77**
SB-Restaurant **77**
SB-Zone **413** 1–17
Scaler **29** 40
Scannen **329** 1
Scanner *Kaufhaus* **83** 3
Scanner *PC* **406** 36
Scanner *Supermarkt* **252** 109
Scanner *Tankstelle* **349** 49
Scanner *Zeichner* **315** 4
Scanner, Fingerabdruck- **68** 51
Scanner, Flachbett- **328** 3
Scanner, Hand- **395** 7, 49
Scanner, Rotations- **329** 1
Scannerkasse **83** 1
Scartanschluss **269** 23
Scartbuchse **397** 21
Schabe, Deutsche **233** 16
Schabe, Haus- **233** 16
Schabe, Küchen- **233** 16
Schabefleisch **250** 44
Schaber *Kunst* **159** 17
Schaber *Schlosser* **293** 70
Schaber, Dreikant- **293** 70
Schaber, Tapeten- **281** 15
Schaber, Teig- **48** 22
Schabglocke **250** 11
Schabhobel **285** 27
Schablone, Brief- **395** 16
Schablone, Dreh- **316** 19
Schablone, Druck- **321** 37
Schablone, Ellipsen- **314** 77
Schablone, Format- **395** 16
Schablone, Kreis- **314** 76
Schablone, Post- **395** 16
Schablone, Radier- **314** 40
Schablone, Rasterzähler- **329** 36
Schablone, Schrift- **314** 75
Schablonenmesser **282** 47
Schabotte **292** 7
Schabottehammer **292** 1
Schabracke **147** 74
Schabrackenschakal **185** 14
Schabung, Aus- **31** 45
Schach **90** 1–16
Schach, Freiluft- **88** 5
Schachbrett *Hausrat* **55** 20
Schachbrett *Spiel* **90** 1

Schachbrettfeld 90 2, 3
Schachbrettornament 154 19
Schachbretttafel 357 30
Schächerkreuz 150 62
Schachfigur 90 1, 7
Schachfigurensymbol 90 4, 5
Schachmatt 90 15
Schachmeisterschaft 90 16
Schachpartie 90 6
Schachproblem 90 6
Schachspiel 90 1–16
Schacht 306 72
Schacht, Ablauf- 246 19
Schacht, Abluft- 246 14
Schacht, Anlieferungs- 81 20
Schacht, Aufnahme- 412 70
Schacht, Beobachtungs- 5 33
Schacht, Blind- 297 47
Schacht, Brenn- 300 16
Schacht, Dokumenten-
412 79
Schacht, Einschub- 407 4
Schacht, Einsteig- Haus
46 49
Schacht, Einsteig- Wasser-
vers. 80 26
Schacht, Einwurf- 311 57
Schacht, Einzugs- 406 70
Schacht, Fahrstuhl- 299 20
Schacht, Förder- 297 25
Schacht, Frischluft- 246 14
Schacht, Füll- 325 4
Schacht, Hochofen- 300 7
Schacht, Kabel- Raumfahrt
391 28, 46, 393 62
Schacht, Kabel- Straße
352 17
Schacht, Kuvert- 412 78
Schacht, Leitungs- 391 39
Schacht, Luft- 152 4
Schacht, Papier- 315 7, 12
Schacht, Schwert- 94 25
Schacht, Schwimmer- 371 40
Schacht, Spann- 368 34
Schacht, Spanngewicht-
368 34
Schacht, Stanz- 412 74
Schacht, Sucher- 266 22
Schacht, Versenk- 5 26
Schacht, Wetter- 297 32
Schachtbrunnen 308 26
Schachtdeckel 46 50
Schachtel 349 44
Schachtel, Hut- 49 13
Schachtel, Knopf- 255 16
Schachtel, Streichholz-
259 21
Schachtel, Zigaretten- 259 11
Schachtel, Zündholz- 259 21
Schachtelhalm, Acker-
194 18
Schachtgebäude 297 2

Schachtofen 300 1
Schachtsumpf 297 31
Schachturnier 90 16
Schachuhr 90 16
Schädel Anat. 20 38
Schädel Schule 73 16
Schädeldach 73 16
Schädelsammlung 73 16
Schaden, Hochwasser- 370 4
Schädling 233
Schädling, Ackerbau-
234 40–54
Schädling, Feld- 234 40–54
Schädling, Forst- 235
Schädling, Garten- 234 1–29
Schädling, Getreide- 233 26
Schädling, Hygiene- 233 1
Schädling, Reben- 234 30–39
Schädling, Vorrats- 233 17
Schädlingsbekämpfung
208 24
Schaf 224 13
Schaf, Mutter- 228 10
Schafbock 224 13
Schäfchenwolke 8 14, 15
Schäferhund, Deutscher
223 20
Schaffellmütze 161 19
Schafgarbe 194 15
Schafstall 228 9
Schaft Handarbeit 254 34
Schaft Kunst 152 27
Schaft Maschinenteil
296 15, 53
Schaft Schlosser 293 39
Schaft Sport 123 64
Schaft Textil 319 6, 323 5, 9
Schaft, Fahnen- 61 5
Schaft, Gabel- 339 15
Schaft, Kolben- 343 38
Schaft, Leisten- 323 20, 22
Schaft, Lenkstangen- 339 15
Schaft, Loch- 123 41
Schaft, Meißel- 302 49
Schaft, Nieten- 296 58
Schaft, Oberleder- 107 26
Schaft, Ruder- 378 71
Schaft, Säulen- 153 20, 31, 42
Schaft, Schläger- 109 25,
120 20
Schaft, Seil- 118 30–32
Schaft, Vorder- 240 13
Schaft, Waren- 323 21, 23
Schaft, Zusatz- 323 20
Schaftrand 58 20
Schaftstiefel, Herren- 58 7
Schäftung 240 3, 4, 6, 13
Schäftung, Ösen- 146 23
Schaftweben 319 1–14
Schakal 185 14
Schakal, Schabracken-
185 14

Schal 38 50, 39 47
Schalanken 226 16
Schalboden 272 54
Schalbrett 272 18, 76
Schälchen 31 20
Schälchen, Sahne- 75 37
Schälchen, Zucker- 75 43
Schale Restaurant 75 41
Schale Zool. 176 38, 241 26
Schale, Abdampf- 173 29
Schale, Apfel- 211 60
Schale, Aussaat- 206 2
Schale, Außen- 212 50
Schale, Büsten- 37 12
Schale, Eier- 227 26
Schale, Elektronen- 1 6, 8
Schale, Entwicklungs-
268 27, 60
Schale, Fang- 302 44
Schale, Färbe- Friseur 257 1
Schale, Färbe- Med. 28 48
Schale, Gemüse- 47 40
Schale, Gieß- 331 22
Schale, Hohl- 10 30
Schale, Hostien- 150 53
Schale, Instrumenten- 32 6
Schale, Kalk- 227 26
Schale, Labor- 324 27
Schale, Milchkaffee- 75 40
Schale, Muschel- 176 35
Schale, Nieren- 28 43
Schale, Ober- 249 13, 37, 54
Schale, Obst- 50 31, 53 44
Schale, Petri- 73 20
Schale, Rauchfass- 150 41
Schale, Saat- 206 2
Schale, Schreib- Büro 409 9
Schale, Schreib- Schule 72 7
Schale, Schwamm- 72 22
Schale, Seifen- 57 32
Schale, Tee- 156 8
Schale, Waag- 48 40
Schale, Wäge- 172 35
Schale, Wasser- 73 28
Schale, Zwiebel- 209 25
Schäleisen 238 8
Schalenaufbau 11 1
Schalenhaut 227 27
Schalensohle 58 11
Schalenstern 10 30
Schalenthermometer 268 13
Schalholz 271 41, 272 18
Schalkragenpullover 35 30
Schallbecher 141 39, 44,
144 22
Schallblase 182 25
Schalldämpfer 365 49
Schalldämpfer, Abgas-
366 42, 48
Schalldämpfer, End- 344 34
Schalldeckel 148 21
Schalldose 127 34

Schallkasten 140 18, 142 15
Schallkörper 142 2
Schallloch Kirche 149 8
Schallloch Musik 140 22,
141 6, 142 5
Schallöffnung 127 21
Schallplatte Diskothek
129 29
Schallplatte Flohmarkt
127 33
Schallplatte Hausrat 54 13
Schallplattenfach 401 5
Schallplattenspieler
401 8, 19
Schallplattenständer 127 37
Schallrose 142 5
Schallschutzgehäuse 131 48,
134 15, 27
Schallschutzoberteil 134 16
Schallschutzseitenwand
134 18
Schallschutzunterteil 134 17
Schallsender 379 57
Schallstück 141 39, 50
Schalltrichter Flohmarkt
127 35
Schalltrichter Musik 141 44
Schallwand 127 19
Schallwellenausbreitung
7 16
Schallwellenimpuls 379 58
Schalmei 140 14
Schalmei, doppelte 140 3
Schaltanlage Brauerei 247 15
Schaltanlage Kraftwerk 304 3
Schaltanlage Sägewerk
311 72
Schaltanlage, Freiluft-
304 29–35
Schaltanlagengebäude
306 57
Schaltbild, Blind- 305 10
Schaltdrehgriff 341 36
Schalter Auto 344 53, 54, 56,
80, 88, 88
Schalter Bahnhof 358 9
Schalter Druck 332 19
Schalter Eisenbahn 365 30,
33, 39
Schalter Fotogr. 269 54,
270 23, 29
Schalter Installateur 280 10
Schalter Musik 144 47
Schalter, Aus- Meteor. 10 15
Schalter, Aus- Sägewerk
311 73
Schalter, Aus- Tischler
286 6, 37
Schalter, Auswahl- 401 97
Schalter, Autoreverse-Mode-
401 98
Schalter, Betriebs- 407 43

Schalter, Blitz- **266** 32
Schalter, Dreh- **363** 42
Schalter, Drehwähl- **56** 28
Schalter, Druck- **345** 37
Schalter, Ein- *Sägewerk*
311 73
Schalter, Ein- *Tischler* **286** 37
Schalter, Ein-/Aus- **412** 30
Schalter, Fahr- *Eisenbahn*
363 37, **366** 13
Schalter, Fahr- *Straßenbahn*
351 8, 28
Schalter, Fuß- *Büro* **412** 52
Schalter, Fuß- *Hausrat* **56** 3
Schalter, Fuß- *Med.* **32** 22
Schalter, Fuß- *Sägewerk*
311 71
Schalter, Getriebe- **287** 46
Schalter, Haupt- *Eisenbahn*
365 3, 31
Schalter, Haupt- *Fotogr.*
267 2
Schalter, Haupt- *Tischler*
285 58
Schalter, Hebel- **303** 28
Schalter, Informations- **358** 1
Schalter, Kassen- **414** 2
Schalter, Kipp- **363** 45, 46,
47, 48
Schalter, Laufrichtungs-
wechsel- **401** 98
Schalter, Leistungs- **304** 34,
305 55
Schalter, Leitungsschutz-
280 27, 37
Schalter, Licht- **361** 61
Schalter, Modus- **269** 28
Schalter, Netz- *PC* **406** 11
Schalter, Netz- *U-Elektronik*
401 33
Schalter, Not- **349** 78
Schalter, Paket- **280** 19
Schalter, Post- **395** 1
Schalter, Richtungs- **363** 35
Schalter, Ruhemodus- **402** 8
Schalter, Sand- **365** 32
Schalter, Schnell- **304** 34,
305 55
Schalter, Steuer- **305** 4
Schalter, Timer- **401** 80
Schalter, Totalisator- **105** 36
Schalter, Überbrückungs-
365 25
Schalter, Um- *Kraftwerk*
305 16
Schalter, Um- *Mediengest.*
328 6
Schalter, Wahl- **269** 6
Schalter, Wippen- **280** 6
Schalter, Zeilen- **412** 29
Schalter, Zug- **280** 17
Schalterhalle **414** 1–38

Schaltfeld **132** 4, 20
Schaltgerät **80** 47
Schaltgetriebe *Eisenbahn*
365 50
Schaltgetriebe *Werkzeug-
masch.* **302** 2
Schalthaus **371** 50
Schalthebel **343** 79
Schalthebel, Fuß- **342** 50
Schalthebel, Multifunktions-
344 68
Schalthebel, Vorlege- **302** 3
Schaltkammer **305** 60
Schaltkasten *Druck* **332** 33
Schaltkasten *Werkzeug-
masch.* **303** 29
Schaltknüppel **344** 97
Schaltkupplung **383** 23
Schaltmechanismus **334** 30
Schaltpult *Buch* **338** 2
Schaltpult *Druck* **332** 10
Schaltpult *Film* **132** 15
Schaltpult *Kraftwerk* **305** 2
Schaltpult *Med.* **85** 1
Schaltpult *Molkerei* **229** 11
Schaltpult, Hänge- **330** 6
Schaltpult, zentrales **73** 32
Schaltschaubild **246** 25
Schaltschieber **267** 17
Schaltschutz, Motor- **80** 46
Schaltsignal, Weichen-
351 40
Schalttafel *Druck* **332** 17
Schalttafel *Haus* **46** 72
Schalttaste **344** 96
Schalttaste, Fuß- **255** 31
Schaltteiler **317** 24
Schaltuhr, Belichtungs-
268 26
Schaltuhr, Zeit- **29** 47
Schaltung **331** 36
Schaltung, Delta- **305** 24
Schaltung, Dreieck- **305** 24
Schaltung, Fahr- **365** 21
Schaltung, Gang- *Fahrrad*
339 6, 40
Schaltung, Gang- *Sport*
106 27
Schaltung, integrierte **262** 43
Schaltung, Stern- **305** 23
Schaltung, Transformatoren-
305 22
Schaltungskette **106** 23
Schaltwarte *Brauerei* **246** 25
Schaltwarte *Kraftwerk* **305** 1
Schaltwarte *Molkerei* **229** 7
Schaltwerk **365** 10
Schaltwerkantrieb **365** 13
Schaltwippe **344** 71, 72
Schaltung *Bau* **275** 61
Schaltung *Straßenbau* **355** 15
Schalung, Beton- **272** 54–76

Schalung, Bretter- **273** 9
Schalung, Gesims- **275** 42
Schalung, Seiten- **272** 55
Schalung, Stützen- **272** 11, 73
Schalung, Unterzug- **272** 12
Schalungsspieße **272** 13
Schalungsstütze **272** 86
Schalungsträger **272** 78
Schamane **161** 24
Schambein **19** 51, **20** 26
Schambeinfuge **23** 78
Schamhaar **19** 51
Schamlaus **233** 40
Schamlippe **23** 102
Schamottedeckel **260** 9
Schamottestein **294** 16
Schamponiervorsatz,
Teppich- **56** 83
Schanze, Sprung- **122** 8
Schanzkleid *Schiff* **377** 17
Schanzkleid *Schiffbau*
378 70
Schapp, Kommandanten-
67 85
Schappelholz **272** 61
Schar, Doppelherz- **218** 47
Schar, First- **275** 47
Schar, Flügel- **218** 46
Schar, Hobel- **354** 17
Schar, Meißel- **218** 47
Schar, Pflug- *Eisenbahn*
357 34, 35
Schar, Pflug- *Landw.*
218 8, 58
Schar, Pflug- *Vorgesch.*
146 33
Schar, Radrode- **217** 72
Schar, Roll- **216** 19, **218** 69
Schar, Sä- **218** 69
Scharbe **178** 12
Scharbe, Krähen- **178** 12
Scharbockskraut **193** 36
Schardrehkranz **354** 18
Schäre **15** 38
Schärenkreuzer, 30-m²-
100 54
Schärenküste **15** 36
Schärfe, Spreng- **245** 19
Schärfeindikator **267** 62
Scharfeinstellung **400** 30
Scharfer Hahnenfuß **193** 8
scharfer Löffel **27** 43, **31** 45
Scharfer Mauerpfeffer **193** 21
Schärfkopf **311** 48
Schärfmaschine, Sägen-
311 43
Schärfmesser **253** 51
Schärfscheibe **311** 46
Scharnier **402** 6
Scharnier, Bügel- **263** 14
Scharnier, Federring- **314** 70
Scharnier, Klapp- **340** 7

Scharnier, Kreuz- **314** 55
Scharnier, Monitordeckel-
407 16
Scharnierband **293** 56
Scharte, Schieß- **147** 18
Scharwachtturm **147** 17
Scharwachturm **147** 17
Schatten, Kern- **4** 32, 37
Schatten, Nacht- **197** 5
Schatten, Teil- **4** 33, 38
Schattenbrett **207** 9
Schattenmatte **207** 6
Schattenwasserzeichen
324 18
Schattierbrett **207** 9
Schatulle, Schmuck- **43** 31
Schaubild, Betriebs- **229** 8
Schaubild, Schalt- **246** 25
Schaubild, statistisches
411 38
Schauer **8** 19, **9** 28
Schauerniederschlag **8** 19
Schaufel *Bergsport* **118** 39
Schaufel *Mühle* **245** 41, 43
Schaufel *Zool.* **241** 46, 80
Schaufel, Erd- **207** 14
Schaufel, Feuer- **290** 2
Schaufel, Holz- **245** 25
Schaufel, Kehr- *Hausrat*
56 56
Schaufel, Kehr- *Schule* **72** 62
Schaufel, Kehr- *Stadt* **79** 63
Schaufel, Kohlen- **46** 46
Schaufel, Sand- **149** 36
Schaufel, Straßenkehr- **79** 63
Schäufelchen, Erd- **208** 6
Schaufeldeckel **249** 32
Schaufelkammer **245** 39
Schaufelrad *Druck* **333** 43
Schaufelrad *Galvanoplastik*
331 33
Schaufelsporn **63** 34
Schaufelstück **249** 30
Schaufelwalze **331** 25
Schaufelzylinder **63** 35
Schaufenster **79** 6
Schaufensterauslage **79** 9
Schaufensterdekoration **79** 7
Schaufensterfront **79** 35
Schaufler **241** 45
Schauglas *Haus* **46** 67
Schauglas *Landw.* **228** 31
Schauhaus, Pflanzen- **84** 65
Schaukasten **92** 5
Schaukasten, Glas- **86** 24
Schaukel, Doppel- **87** 27
Schaukel, Luft- **126** 20
Schaukel, Reifen- **87** 7
Schaukel, Schiffs- **126** 20
Schaukelbrett **87** 28
Schaukelkufe **55** 16
Schaukelpferd **55** 15

Schaukelreck 125 6
Schaukelsitz 87 28
Schaukelstuhl 127 63
Schaukelteddy 71 31
Schaum 82 66
Schaum, Bier- 76 6
Schaumbad 57 3
Schaumfestiger 257 40
Schaumkanone 82 65
Schaumkraut, Wiesen-
193 11
Schaumkrone 247 26
Schaumlöffel 250 12
Schaummarkierer 236 9
Schaummatte 88 24
Schaumstoffauflage *Hausrat*
51 12
Schaumstoffauflage *Sport*
107 20
Schaumstoffschwimmer
243 18
Schaumstoffzunge 107 24
Schauöffnung *Atom* 2 16
Schauöffnung *Film* 133 15
Schauseite 144 1–5
Schauspieler 137 37
Schauspieler, Film- 131 28
Schauspielergarderobe
136 47
Schauspielerin 137 38
Schauspielerin, Film- 131 27
Schausteller 126 25
Schautafel 27 15
Schauvitrine 83 16
Scheck 105 31
Scheddach 274 20
Scheibe 123 66
Scheibe, Anfangs- 357 39
Scheibe, Antriebs- 368 56
Scheibe, Autofenster- 350 27
Scheibe, Band- 25 48
Scheibe, Blei- 275 102
Scheibe, Brech- 147 82
Scheibe, Brems- *Auto* 345 60
Scheibe, Brems- *Maschinen-
teil* 296 98
Scheibe, Brems- *Motorrad*
341 27
Scheibe, Brot- 53 23
Scheibe, Dreh- *Hafen* 382 44
Scheibe, Dreh- *Porzellan*
316 18
Scheibe, Dreh- *Roulette* 89 4
Scheibe, Dreh- *Spielplatz*
87 1
Scheibe, Einstell- 264 21
Scheibe, Einstellungs- 267 59
Scheibe, Eishockey- 120 24
Scheibe, End- *Eisenbahn*
357 40
Scheibe, End- *Flugzeug*
385 33

Scheibe, Farb- 137 49
Scheibe, Feinschleif-
263 46, 47
Scheibe, Filterglas- 268 22
Scheibe, Form- 263 34, 35, 36
Scheibe, Front- 362 21
Scheibe, Gelenk- 345 76
Scheibe, Gewehr- 123 25, 27
Scheibe, Glas- *Gärtnerei*
206 9
Scheibe, Glas- *Glaser* 277 16
Scheibe, Glätt- 281 11
Scheibe, Gürtel- 146 24
Scheibe, Haft- 182 26
Scheibe, Hartgummi-
120 24
Scheibe, Heck- 344 23
Scheibe, Hohl- 218 50
Scheibe, Karborund- 29 31
Scheibe, Keim- 227 32
Scheibe, Klarsicht- 342 17
Scheibe, Knie- *Anat.* 20 30
Scheibe, Knie- *Pferd* 225 33
Scheibe, Kristallglas- 332 24
Scheibe, Kupplungs- 292 19
Scheibe, Lammfell- 287 21
Scheibe, Langsamfahr-
357 36–38
Scheibe, Lippen- 162 23
Scheibe, Magnet- 406 49
Scheibe, Matt- *Fotogr.* 267 59
Scheibe, Matt- *Fotoreprod.*
330 2, 21
Scheibe, Matt- *Optik* 264 24
Scheibe, Metall- 127 17
Scheibe, Mikrowaben-
267 59
Scheibe, Nasen- 339 61
Scheibe, Navigations- 407 34
Scheibe, Nummern- 396 8
Scheibe, Passier- 250 23
Scheibe, Rechen- *Druck*
335 19
Scheibe, Rechen- *Fotogr.*
266 56
Scheibe, Riemen- 343 46, 55
Scheibe, Saug- 176 24
Scheibe, Schärf- 311 46
Scheibe, Schleif- *Heimwerken*
287 23
Scheibe, Schleif- *Kunst*
159 46
Scheibe, Schleif- *Sägewerk*
311 44
Scheibe, Schleif- *Schlosser*
293 5
Scheibe, Schleif- *Schmied*
290 19, 291 8
Scheibe, Schleif- *Schuh-
macher* 253 6
Scheibe, Schleif- *Werkzeug-
masch.* 303 4

Scheibe, Schneid- *Hausrat*
48 35
Scheibe, Schneid- *Straßen-
bau* 355 24
Scheibe, Schwabbel- 253 10
Scheibe, Seil- 368 37
Scheibe, Seiten- 385 33
Scheibe, Silber- 10 24
Scheibe, Sonnen- *Astron.*
4 39
Scheibe, Sonnen- *Kunst*
152 12
Scheibe, Spiegelglas- 332 15
Scheibe, Streu- 131 38
Scheibe, Sucher- 267 59
Scheibe, Teil- 314 56
Scheibe, Töpfer- 316 18
Scheibe, Umlenk- 368 55
Scheibe, Unterleg- 296 17
Scheibe, Vorschleif- 263 45
Scheibe, Wähl- 396 8
Scheibe, Wand- 44 16
Scheibe, Wankel- 343 66
Scheibe, Windschutz- *Auto*
344 11
Scheibe, Windschutz- *Motor-
rad* 341 35, 342 57
Scheibe Brot 53 23
Scheibenblüte 193 32
Scheibenbremse *Auto*
344 42, 345 59
Scheibenbremse *Fahrrad*
340 36
Scheibenbremse *Landw.*
218 36, 37
Scheibenbremse *Motor*
343 72
Scheibenbremse *Motorrad*
342 44
Scheibenbremssattel
342 45
Scheibengewicht 112 4
Scheibenhantel 117 3
Scheibenhonig 230 77
Scheibenqualle 176 16
Scheibensech 218 62
Scheibenwaschanlage
344 68
Scheibenwischer *Auto* 344 8
Scheibenwischer *Straßen-
bahn* 351 34
Scheibenwischerblatt
349 73
Scheide 23 101, 25 44
Scheide, Blatt- 188 91,
202 30, 221 9, 21
Scheide, Gabel- 339 17
Scheide, Messer- 248 12
Scheide, Stachel- 230 17
Scheidenspekulum 28 9
Scheidenspiegel 28 9
Scheidetrichter 172 2

Scheidewand, Kammer-
23 65
Schein 59 22–24
Schein, Dividenden- 415 33
Schein, Erneuerungs- 415 34
Schein, Euro- 60 1–23
Schein, Geld- *Geld* 59 22–24
Schein, Geld- *Kaufhaus* 83 5
Schein, Geld- *Nachtlokal*
130 24
Schein, Gewinnanteil- 415 33
Schein, Paket- 395 27
Schein, Zahl- 413 30
Schein, Zins- 415 33
Schein, 10-Euro- 60 19
Schein, 10-Mark- 59 22, 23
Schein, 100-Euro- 60 21
Schein, 100-Mark- 59 24
Schein, 20-Euro- 60 1
Schein, 200-Euro- 60 22
Schein, 5-Euro- 60 18
Schein, 50-Euro- 60 20
Schein, 500-Euro- 60 23
scheinbare Sonnenbahn
4 10–21
Scheinfrucht 202 12, 62,
211 23
Scheinfüßchen 176 8
Scheinstamm 202 30
Scheinwerfer *Auto* 344 47
Scheinwerfer *Fahrrad* 339 12
Scheinwerfer *Film* 131 53
Scheinwerfer *Militär* 63 78,
66 28
Scheinwerfer *Motorrad*
341 21
Scheinwerfer *Wahl* 70 6
Scheinwerfer *Zirkus* 125 3
Scheinwerfer, Lande- *Flug-
sport* 103 24
Scheinwerfer, Lande- *Flug-
zeug* 386 49
Scheinwerfer, Nebel- 344 54
Scheinwerfer, Portal- 137 21
Scheinwerfer, Spiegellinsen-
137 48
Scheinwerfer, Spielflächen-
137 16
Scheinwerfer, Stativ- 131 52
Scheinwerfer, Turm- 137 21
Scheinwerferhalter 339 11
Scheitel *Anat.* 19 5
Scheitel *Flugsport* 103 39
Scheitel, Bogen- 369 31
Scheitel, Mittel- 40 10
Scheitel, Seiten- 40 16
Scheitelbein 20 40
Scheitelbrechwertmesser
263 42
Scheitelhöhe 240 77
Scheitellappen 20 74
Scheitelpunkt *Astron.* 4 11

Scheitelpunkt *Math.* 169 1, 170 16, 28
Scheitelwinkel 169 13
Scheitkeil 238 4
Schekel, Neuer 59 14
Schelf 11 25
Schelfgebiet 11 14
Schellackplatte 127 33
Schelle, Altar- 150 52
Schelle, Hand- 68 41
Schelle, Kabel- 280 41
Schelle, Kuh- 193 5
Schelle, Plastik- 280 41
Schelle, Rohr- *Bau* 275 31
Schelle, Rohr- *Installateur* 279 56, 57
Schelle, Schlitten- 122 14
Schellen 90 45
Schellenkappe 124 34
Schellentamburin 142 45
Schellentrommel 142 45
Schema, Betriebsablauf- 229 9
Schema, Energieniveau- 1 24
Schema, Spur- 404 24
Schema, Term- 1 24
Schemazeichnung 72 15
Schemel, Dreh- 238 48
Schenk, Mund- 147 69
Schenkel *Friseur* 258 38
Schenkel *Kraftwerk* 305 20
Schenkel *Maschinenteil* 296 2
Schenkel *Math.* 169 8, 27
Schenkel *Textil* 323 32
Schenkel, Mess- 295 36
Schenkel, Ober- *Anat.* 19 87
Schenkel, Ober- *Med.* 26 17
Schenkel, Puten- 252 69
Schenkel, Rohr- 266 43
Schenkel, Stütz- 56 39
Schenkel, Unter- *Anat.* 19 90
Schenkel, Unter- *Pferd* 225 36
Schenkelgefieder 177 5
Schenkelnerv 21 31
Schenkelschlagader 21 19
Scherbe *Gärtnerei* 206 8
Scherbe *Schule* 72 63
Scherbe, Glas- 277 10
Scherbe, Porzellan- 316 29
Scherben, Blumen- 206 8
Scherbrett 244 11
Schere *Pferd* 226 13
Schere *Schule* 72 50
Schere *Turnen* 113 51
Schere *Zool.* 175 45, 241 72
Schere, Ast- 208 11
Schere, Baum- 208 11
Schere, Blech- *Goldschmied* 260 23

Schere, Blech- *Klempner* 278 1
Schere, Block- 301 27
Schere, Bodenleder- 253 39
Schere, Brenn- 257 5
Schere, Dachziegel- 275 33
Schere, Effilier- 257 8, 258 34
Schere, Eisen- 272 22
Schere, Faden- 253 43
Schere, gebogene 31 36
Schere, gekröpfte 27 44
Schere, Haarschneide- 257 7, 258 35
Schere, Hand- 272 87
Schere, Hecken- 208 17, 49
Schere, Locken- 257 5
Schere, Lockenbrenn- 257 5
Schere, Oberleder- 253 42
Schere, Papp- 336 7
Schere, Rasen- 208 48
Schere, Reben- 231 12
Schere, Rettungs- 82 75
Schere, Rosen- 208 50
Schere, Schiefer- 275 84
Schere, Schlag- 278 26
Schere, Stoff- 256 14
Schere, Tafel- 278 26
Schere, Tapezier- 281 34
Schere, Verbands- 82 71
Schere, Winkel- 278 2
Schere, Zelt- 372 14
Schere, Zuschneide- 255 4
Scherenblatt 258 36
Scherenschliff 43 54
Scherenstraße 301 49
Scherenstromabnehmer 351 23
Scherenwäschetrockner 56 36
Schergang 378 47
Scher-Kehr-Technik 116 21
Schersprung 115 39, 116 22
Scherzapfen 274 85
Scheuche, Vogel- 204 28
Scheuerbürste 56 60
Scheuereimer 56 58
Scheuerleiste 66 81
Scheuertuch 56 59
Scheuklappe 226 26
Scheune 215 29
Schicht *Bau* 271 67, 68
Schicht *Sport* 119 27
Schicht, Binder- *Bau* 271 64
Schicht, Binder- *Straße* 352 3, 4
Schicht, Brems- 1 63
Schicht, Dämpfungs- 119 30
Schicht, Deck- 352 5
Schicht, E- 7 32
Schicht, Erdöl führende 298 23

Schicht, Fahrbahn- 352 1–5
Schicht, Flach- 276 7
Schicht, Frostschutz- *Straße* 352 1
Schicht, Frostschutz- Straßenbau 354 54
Schicht, F_1- 7 33
Schicht, F_2- 7 34
Schicht, Gesteins- 14 63
Schicht, Grund- 7 7
Schicht, Kopier- 332 1, 13
Schicht, Läufer- 271 63
Schicht, Leuchtstoff- 400 19
Schicht, Mudde- 14 17
Schicht, Null- 7 9, 24
Schicht, Ozon- 7 13, 21
Schicht, poröse 13 32
Schicht, Röhren- 199 17
Schicht, Schwerbeton- 380 74
Schicht, Starkwind- 7 8
Schicht, Strecker- 271 64
Schicht, Trag- 352 2
Schicht, Trenn- 7 12
Schicht, undurchlässige 13 31
Schicht, wasserführende 13 25, 80 2, 38
Schicht, wasserundurchlässige 80 36
Schichtaufnahme, Panorama- 29 18
Schichtfilter, Edelstahl- 232 8
Schichtgeflecht 289 3
Schichtgestein 14 50
Schichtholzbank 237 16
Schichtkäse 229 45
Schichtstufe 14 52
Schichtvulkan 12 4
Schichtwolke 8 3, 4, 8, 9, 10
Schiebedach 346 26
Schiebedachwagen 367 22
Schiebedeckel 332 2
Schiebefenster 361 38
Schiebekarren, Gepäck- 359 33
Schiebelademechanik 410 7
Schieber *Musik* 144 33
Schieber *Wasserbau* 371 62
Schieber, Abdeck- 2 32
Schieber, Absperr- *Wasserbau* 371 59
Schieber, Absperr- *Wasservers.* 80 48
Schieber, Aperturblenden- 264 16
Schieber, Dia- 127 45
Schieber, Entleerungs- 80 31
Schieber, Kassetten- 266 63

Schieber, Mess- *Schlosser* 293 59, 61
Schieber, Mess- *Werkzeugmasch.* 302 67, 72
Schieber, Nebenluft- 56 78
Schieber, Rückspül- 370 46
Schieber, Schalt- 267 17
Schieber, Schnee- 122 19
Schieber, Schreibschutz- 406 58
Schieber, Spann- 63 12
Schieber, Umschalt- 240 24
Schieber, Visier- 240 69
Schieberegler 412 58
Schieberegler, Frequenzband- 401 103
Schieberegler, Lautstärke- 402 76
Schiebergehäuse 371 61
Schieberhaus 371 47, 71
Schieberkasten 364 31
Schieberstange 364 30
Schiebeschild, Schnee- 353 24
Schiebetor *Landw.* 215 30
Schiebetor *Wasserbau* 371 22
Schiebetür *Auto* 346 36
Schiebetür *Brauerei* 246 48
Schiebetür *Eisenbahn* 361 19, 367 15
Schiebetür *Kaufhaus* 83 58
Schiebetür *Kfz* 347 32
Schiebetür *Schiff* 376 48
Schiebetürenschrank 408 1, 411 40
Schiebkarre 271 37, 272 42
Schiebkarren 271 37, 272 42
Schieblehre *Schlosser* 293 59
Schieblehre *Werkzeugmasch.* 302 67
Schiebung, Über- 13 8
Schied 230 59
Schiedsrichter 107 63, 108 55, 110 20, 22
Schiedsrichterassistent 107 60
Schiedsrichtermikrofon 109 17
Schiedsrichterpfeife 107 66
Schiedsrichterstuhl 109 16, 110 21
Schiefblatt 205 10
schiefe Falte 13 16
Schieferdach 275 61–89
Schieferdecker 275 71
Schieferhammer 275 73
Schieferschere 275 84
Schieferstein 275 85
Schiefertafel 127 68
Schienbein 20 32
Schienbeinknöchel 19 101

Schienbeinmuskel 21 47
Schienbeinnerv 21 32
Schienbeinschlagader 21 20
Schienbeinschoner 107 34
Schienbeinschutz *Polizei*
68 30
Schienbeinschutz *Sport*
107 34, 108 41, 120 26
Schiene *Bahnhof* 359 7
Schiene *Bergbahn* 368 10
Schiene *Eisenbahn* 356 1
Schiene *Freizeitpark* 85 6
Schiene *Korbmacher* 289 24
Schiene *Med.* 26 13
Schiene *Sport* 121 11
Schiene, Abreiß- 281 42
Schiene, Anschlag- 410 9
Schiene, Bein- 107 33
Schiene, Eisenbahn- 356 1
Schiene, Feed- 397 15
Schiene, Flügel- 356 25
Schiene, Gardinen- 52 16
Schiene, Geräteträger- 30 12
Schiene, Gleit- 382 50
Schiene, Kompendium-
134 10
Schiene, Kreuz- 398 33
Schiene, Lauf- *Atom* 2 37
Schiene, Lauf- *Werkstatt*
348 19
Schiene, Lege- 320 33
Schiene, Leit- 100 20
Schiene, Nadel- 320 36
Schiene, Oberarm- 147 47
Schiene, Prisma- 285 61
Schiene, Reiß- 314 9
Schiene, Reiter- 172 30
Schiene, Roll- 99 42
Schiene, Säge- 238 16
Schiene, Straßenbahn- 79 41
Schiene, Strom- 304 29
Schiene, Tapezier- 281 39
Schiene, Transport- 286 42
Schiene, Umführungs-
368 26
Schiene, Unterarm- 147 47
Schiene, Zwischen- 356 26
Schienen 126 12
Schienenbergbahn 368 1–14
Schienenfuß 356 4
schienengleicher gesicherter
Bahnübergang 356 39
schienengleicher Übergang
17 25
Schienengüterverkehr 360
Schienenhobel 289 39
Schienenkopf 356 2
Schienenlasche 356 12
Schienenraum 351 35
Schienenräumer 364 34
Schienenräummaschine
367 17

Schienensteg 356 3
Schienenstoß 356 11
Schierling, Gefleckter 197 4
Schießen, Bogen- 123 53–66
Schießen, Eis- 120 28–30
Schießen, Eisstock-
120 28–30
Schießen, Gewehr-
123 22–43
Schießen, Skeet- 123 44–52
Schießen, Tontauben-
123 44–52
Schießen, Wurftauben-
123 44–52
Schießer 251 92
Schießhütte 239 59
Schießleine 384 3
Schießluke 239 60
Schießscharte 147 18
Schiff *Astron.* 3 45
Schiff *Flagge* 61 24
Schiff *Rummelplatz* 126 21
Schiff, aufgelaufenes 383 2
Schiff, Bäder- 375 15
Schiff, Beiwagen- 342 53
Schiff, Container- *Hafen*
381 45, 382 5
Schiff, Container- *Schiff*
375 21, 76
Schiff, Drachen- 372 13–17
Schiff, Fahrgast- 370 56
Schiff, Feuer- *Navigation*
380 49
Schiff, Feuer- *Schiff* 375 47
Schiff, Fischfang- 375 81
Schiff, Fischverarbeitungs-
375 81
Schiff, Forschungs- 375 9
Schiff, Fracht-Fahrgast- 377
Schiff, gestrandetes 384 12
Schiff, Kampf- 67
Schiff, Kombi- 377
Schiff, Kreuzfahrt- 376 1
Schiff, Kriegs- *Militär* 66, 67
Schiff, Kriegs- *Schiff*
372 9–12
Schiff, Langleinen- 244 24
Schiff, Linien- *Hafen* 381 32
Schiff, Linien- *Schiff*
372 51–60
Schiff, Mittel- 153 76, 154 1
Schiff, Motor- 375 89
Schiff, Nydam- 372 1–6
Schiff, passierendes 376 64
Schiff, Piraten- 97 17
Schiff, Quer- 154 3
Schiff, Roll-on-roll-off-
382 17
Schiff, Ro-ro- 382 17
Schiff, Ruder- 372 1–6
Schiff, Seebäder- 375 15
Schiff, Segel- *Schiff* 373, 374

Schiff, Segel- *Völkerk.* 161 32
Schiff, Seiten- 153 77, 154 2
Schiff, Start- 101 15
Schiff, Voll- 374 24–27, 31, 35
Schiff, Vor- 372 49
Schiff, Wetterbeobachtungs-
9 9
Schiff, Wikinger- 372 13–17
schiffbarer Fluss 18 28
schiffbarer Strom 17 44
Schiffbau 378
Schiffbauhalle 378 3, 4
Schiffbrüchige 384 10
Schiffbrüchiger 384 10
Schiffbrücke 17 45
Schiffchen 254 20
Schiffchen, Weihrauch-
150 42
Schiffchenarbeit 254 19
Schiffchenmütze 42 42
Schiffer, Schlepp- 370 20
Schifferklavier 142 36
Schifffahrtszeichen
380 6–47
Schiff in Spanten 378 29
Schiff-Luft-Rakete 66 55, 62
Schiff-Schiff-Rakete 66 57
Schiffshebewerk 371 33
Schiffshobel 285 28
Schiffskonstruktion
378 47–68
Schiffsküche 377 42
Schiffsmotiv 376 50
Schiffsneubau 378 30
Schiffsschaukel 126 20
Schiffsschraube *Schiff*
375 45, 377 62
Schiffsschraube *Schiffbau*
378 75
Schiffsstapler 382 15
Schiffstrog 371 38
Schiffstyp 375, 376, 377
Schiffstyp, historischer 372
Schiffverband, Schub- 381 60
Schifter 274 61
Schifter, Walm- 274 63
Schikhara 151 12
Schild *m Heraldik* 62 2
Schild *m Völkerk.* 162 10
Schild *m Zool.* 241 60
Schild *n Straßenbau* 354 9
Schild *n Zool.* 241 76, 84
Schild, Firmen- 271 47
Schild, Front- 238 35
Schild, Hals- 175 32, 235 4
Schild, Haltestellen- *Stadt*
79 23
Schild, Haltestellen- *Straßen-
bahn* 351 37
Schild, Heck- 238 40
Schild, Hinweis- 358 35, 62
Schild, Hitze- 393 9, 41

Schild, Innen- 306 36
Schild, Kassen- 349 41
Schild, Kopf- 295 3
Schild, Lang- 147 56
Schild, Leucht- 349 81
Schild, Linien- 351 21
Schild, Namens- *Bahnhof*
358 8
Schild, Namens- *Segeln*
101 46
Schild, Nummern- 78 10
Schild, Planier- 354 25
Schild, Preis- *Fleischerei*
250 34
Schild, Preis- *Kaufhaus* 83 27
Schild, Rauchverbots- 359 22
Schild, Räum- 354 25
Schild, Rücken- *Büro* 410 32
Schild, Rücken- *Zool.* 182 29
Schild, Rund- 147 57, 58
Schild, Schneeschiebe-
353 24
Schild, Schutz- *Polizei* 68 28
Schild, Schutz- *Schiff* 372 17
Schild, Schutz- *Schweißer*
295 3
Schild, Seiten- 371 76
Schild, Sonderangebots-
83 83
Schild, Startnummern-
342 22
Schild, Stations- 359 3
Schild, Straßen- 79 4
Schild, Taxi- 79 5
Schild, Touristen-
informations- 79 31
Schild, Trag- 306 37
Schild, Vorderwand- 355 13
Schild, Wärmeschutz-
391 4, 19
Schild, Windschutz- 5 34
Schild, Ziel- *Bahnhof* 359 47
Schild, Ziel- *Straßenbahn*
351 20
Schildbogen 154 17
Schildbuckel 147 58
Schildchen 175 33, 235 5
Schilddrüse 23 2
Schildhalter 62 17, 18
Schildknorpel 23 5
Schildkröte, Karett- 182 28
Schildlaus, San-José- 234 23
Schildmauer 147 19
Schildneigungsverstellung
354 26
Schildpanzer 147 65
Schildstachel 147 58
Schildvulkan 12 2
Schilf 289 27
Schilflilie 213 8
Schilfrohr 196 23
Schilftorf 14 19

Schillerlocke **40** 7
Schimmelkäfer **234** 46
Schimpanse **186** 19
Schinken *Fleischerei* **249** 38
Schinken *Supermarkt* **252** 72
Schinken, geräucherter **252** 72
Schinken, Knochen- *Fleischerei* **250** 29
Schinken, Knochen- *Supermarkt* **252** 72
Schinken, Koch- **252** 72
Schinken, Lachs- **252** 72
Schinkenspeck **249** 53
Schinkenstück **249** 51
schintoistischer Tempelbau **151** 14–17
Schinto-Schrein **151** 14
Schippen **90** 39
Schirm *Kirche* **151** 5
Schirm *Kopfbedeckung* **42** 9
Schirm *Zool.* **176** 17
Schirm, Bild- *Bahnhof* **358** 6, 7
Schirm, Bild- *Bank* **413** 5
Schirm, Bild- *Buch* **337** 23
Schirm, Bild- *Büro* **408** 17
Schirm, Bild- *Fotogr.* **270** 44
Schirm, Bild- *Landw.* **236** 55
Schirm, Bild- *Mediengest.* **328** 7
Schirm, Bild- *PC* **407** 46
Schirm, Bild- *Polizei* **68** 50
Schirm, Bild- *Post* **395** 42
Schirm, Bild- *Rundfunk* **400** 15
Schirm, Bild- *Schule* **73** 7
Schirm, Bild- *Werkstatt* **348** 8, 25
Schirm, Bild- *Zeichner* **314** 15
Schirm, Fall- *Flugsport* **103** 29, 37, **104** 25
Schirm, Fall- *Meteor.* **10** 57
Schirm, Fall- *Raumfahrt* **393** 60, 61
Schirm, Hilfs- **103** 31
Schirm, Jagd- **239** 11
Schirm, Leucht **265** 39
Schirm, Ofen- **127** 10
Schirm, Radar- **379** 10
Schirm, Regen- *Bahnhof* **359** 37
Schirm, Regen- *Hausrat* **49** 14
Schirm, Sonnen- *Haus* **44** 42
Schirm, Sonnen- *Park* **84** 58
Schirm, Sonnen- *Stadt* **79** 51
Schirm, Wind- *Astron.* **5** 16
Schirm, Wind- *U-Elektronik* **402** 45

Schirm, Wind- *Völkerk.* **162** 35
Schirm, Wolken- **8** 20
Schirmchen, Eis- **75** 24
Schirmkappe **103** 30
Schirmmütze *Kleidung* **34** 59
Schirmmütze *Kopfbedeckung* **42** 37
Schirmmütze *Polizei* **68** 8
Schirmmütze *Schiff* **376** 77
Schirmqualle **176** 16
Schirmständer **49** 17
Schiwa **151** 13
Schiwa, tanzender **151** 13
Schiwagomütze **42** 41
Schlacht, Schneeball- **122** 10
Schlachter *Fleischerei* **250** 7
Schlachter *Schlachthof* **248** 1
Schlachterei *Fleischerei* **250** 29–66
Schlachterei *Stierkampf* **128** 13
Schlachtermesser **250** 1–6
Schlachtermolle **250** 9
Schlachtfeld **17** 93
Schlachthof **248**
Schlachtschwein **248** 4
Schlachttierteil **249**
Schlachtvieh **248** 2
Schlackenabfluss **300** 9
Schlackenabstich **300** 9
Schlackenabzug **304** 18
Schlackenhaken **290** 5
Schlackenhammer **294** 35, **295** 17
Schlackenkübel **300** 10
Schlafanzug **34** 26, **37** 2, 52
Schlafanzughose **37** 4, 5, 53, 54
Schlafdecke **51** 10
Schläfe **19** 12
Schläfenbein **20** 42
Schläfenlappen **20** 77
Schläfenmuskel **22** 4
Schläfenschlagader **21** 3
Schläfenvene **21** 4
Schlafhemd **37** 55
Schlafkoje *Camping* **92** 20
Schlafkoje *Raumfahrt* **394** 32
Schlafmodul **394** 33
Schlafmohn **198** 15
Schlafsack, Baby- **33** 18
Schlafsack, Mumien- **92** 42
Schlafsofa **54** 15
Schlaftier **55** 6
Schlafwagen **361** 36
Schlafzimmer **51**
Schlafzimmerschrank **51** 1
Schlag, Ab- **110** 39
Schlag, Auf- **109** 13, 38, **110** 12
Schlag, Doppel- **139** 21

Schlag, Durch- **293** 72
Schlag, Hammer- **110** 37
Schlag, Hau- **245** 18
Schlag, Kahl- **237** 13
Schlag, Kanonen- **124** 49
Schlag, Nach- **139** 18
Schlag, Nieder- **117** 40
Schlag, Quer- **297** 52
Schlag, Ritter- **147** 66
Schlag, Rück- **109** 39
Schlag, Rückhand- **109** 29
Schlag, Schmetter- **109** 56
Schlag, Tief- **117** 34
Schlag, Treib- **110** 44
Schlag, Über- **113** 55
Schlag, Vor- **144** 31
Schlag, Vorhand- **109** 30
Schlagader **26** 16
Schlagader, Hals- **21** 1
Schlagader, Hüft- **21** 17
Schlagader, Lungen- **21** 11, **23** 68
Schlagader, Puls- **21** 21
Schlagader, Schenkel- **21** 19
Schlagader, Schienbein- **21** 20
Schlagader, Schläfen- **21** 3
Schlagader, Schlüsselbein- **21** 7
Schlagader, Stirn- **21** 5
Schlagbesen **47** 21
Schlagbohrer **287** 43
Schlagbohrmaschine **287** 43
Schlagbolzen **240** 21
Schlagbrett **142** 80
Schlageisen **158** 14
Schlägel *Bau* **271** 54
Schlägel *Kunst* **158** 21
Schlägel *Musik* **140** 34, **141** 58
Schlägel, Nummerier- **238** 12
Schlägel, Trommel- **141** 56
Schläger **123** 69
Schläger, Badminton- **109** 57
Schläger, Baseball- **108** 52
Schläger, Durch- **287** 32
Schläger, Eishockey- **120** 19
Schläger, Federball- **109** 57
Schläger, Golf- *Hausrat* **49** 15
Schläger, Golf- *Sport* **110** 53–55
Schläger, Hockey- **108** 45
Schläger, Lacrosse- **109** 74
Schläger, Squash- **109** 67
Schläger, Tennis- **109** 24
Schläger, Tischtennis- **109** 40
Schläger, Über- **110** 33
Schlägerbelag **109** 42
Schlägerblatt **109** 41, **120** 21
Schlägergriff **109** 43
Schlägerschaft **109** 25, **120** 20

Schlagfell **141** 54
Schlagfläche **237** 13
Schlaggewicht *Flohmarkt* **127** 62
Schlaggewicht *Uhr* **262** 20
Schlaghacke **219** 12
Schlaghebel **63** 4
Schlagholz *Kunst* **158** 12
Schlagholz *Sport* **108** 30
Schlaghose **34** 60
Schlaginstrument **141** 51–61, **142** 47–59
Schlagkeule **108** 52
Schlagmallinie **108** 27
Schlagmann *Sport* **108** 29, 53, **110** 33
Schlagmann *Wassersport* **99** 10
Schlagmaschine *Bäckerei* **251** 69
Schlagmaschine *Textil* **318** 30
Schlagmesser **237** 33
Schlagobers **251** 34
Schlagrad **336** 22
Schlagring **142** 27
Schlagsahne **251** 34
Schlagschere **278** 26
Schlagschnur **281** 45
Schlagschrauber, Druckluft- **291** 6
Schlagstäbchen **140** 19
Schlagversuch **108** 53
Schlagwand **123** 71
Schlagwerkkaffeemühle **47** 12
Schlagzeile **165** 9
Schlagzeug *Musik* **142** 47
Schlagzeug *Nachtlokal* **130** 38
Schlagzeuger **130** 37
Schlagzither **142** 21
Schlamm, Heil- **88** 32
Schlämme, Ton- **313** 14
Schlammerguss **12** 49
Schlammkegel **12** 49
Schlammsammler **364** 28
Schlange *Astron.* **3** 20
Schlange *Turnen* **114** 46
Schlange *Zoo* **86** 31
Schlange *Zool.* **182** 38–41
Schlange, Gift- **182** 40
Schlange, Lernäische **145** 34
Schlange, Luft- **124** 63
Schlange, tanzende **161** 48
Schlange, Wasser speiende **97** 25
Schlangenbeschwörer **161** 45
Schlangenfibel **146** 28
Schlangenfuß **145** 43
Schlangenkopf **145** 21
Schlangenkühler **172** 5

Schlangenleib 145 2, 36
Schlangenschweif 145 33
Schlangenstern 187 11
Schlankformschlüpfer 37 31
Schlauch *Fahrrad* 339 23
Schlauch *Hausrat* 56 79
Schlauch *Maler* 282 42
Schlauch, Abgas- 348 46
Schlauch, Acetylen- 294 9
Schlauch, Aufwind- 104 39
Schlauch, Dampf- 56 93
Schlauch, Garten- *Garten*
208 27
Schlauch, Garten- *Haus*
44 38
Schlauch, Grobschmutz-
56 88
Schlauch, Mess- 348 30
Schlauch, Pollen- 188 71
Schlauch, Sauerstoff- 294 10
Schlauch, Saug- 56 79
Schlauch, Sporen- 199 12, 13
Schlauch, Staubsauger-
350 10
Schlauch, Thermik- 104 39
Schlauch, Trag- 102 26
Schlauch, Wasser- 271 38
Schlauch, Zapf- 350 35, 36,
37, 38
Schlauchanschluss 392 7
Schlauchbeutel 229 29
Schlauchboot *Militär* 66 82
Schlauchboot *Seerettung*
384 18
Schlauchboot, Sport-
Tauchen 93 23
Schlauchboot, Sport-
Wassersport 102 1
Schlauchbrause 279 30
Schlauchhahn 44 37
Schlauchklemme *Chemie*
173 30
Schlauchklemme *Hausrat*
48 25
Schlauchklemme *Werkstatt*
348 31
Schlauchnippel 208 45
Schlauchreifen 106 22
Schlauchturm 82 3
Schlauchwagen 208 26
Schlaufe, Fuß- 94 26
Schlaufe, Gürtel- 38 41
Schlaufe, Hand- 119 5
Schlaufe, Steg- 102 55
Schlehdorn 192 27
Schlehe 192 27
Schlei 15 9
Schleiche, Blind- 182 37
Schleier *Bot.* 199 5
Schleier *Kirche* 150 19
Schleier *Zool.* 177 23
Schleier, Bienen- 230 70

Schleier, Braut- 150 19
Schleier, Eiswolken- 8 7
Schleier, Trauer- 149 39
Schleier, Witwen- 149 39
Schleiereule 177 22
Schleierling, Prächtiger
197 19
Schleifaggregat 286 36
Schleifband 286 13, 31
Schleifbandregulierschraube
286 12
Schleifbock, Werkzeug-
290 18
Schleife *Kleidung* 35 61
Schleife *Textil* 323 39
Schleife, Frack- 38 17
Schleife, Register- 144 7
Schleife, Samt- 40 9
Schleife, Zopf- 40 5
Schleifen 282 16
Schleifenbildner 133 30
Schleifer 139 16
Schleifer, Diamant- 29 35
Schleifer, Vibrations- 287 53
Schleiferei 325 3
Schleifgerät 291 7
Schleifholz 325 1
Schleifklotz *Maler* 282 20
Schleifklotz *Tapezierer*
281 13
Schleiflade 144 12–14
Schleifleiste 360 34
Schleifmaschine *Maler*
282 17
Schleifmaschine *Schlosser*
293 4
Schleifmaschine, Einband-
286 28
Schleifmaschine, Kanten-
286 10
Schleifmaschine, Langband-
286 28
Schleifmaschine, Rund-
303 1
Schleifmaschine, Trenn-
278 16
Schleifmaschine, Werkstatt-
291 7
Schleifmaschinenbett 303 6
Schleifmaschinentisch 303 7
Schleifpapier *Maler* 282 19
Schleifpapier *Tapezierer*
281 14
Schleifpapier, Teller- 287 25
Schleifringkörper 307 13
Schleifscheibe *Heimwerken*
287 23
Schleifscheibe *Kunst* 159 46
Schleifscheibe *Sägewerk*
311 44
Schleifscheibe *Schlosser*
293 5

Schleifscheibe *Schmied*
290 19, 291 8
Schleifscheibe *Schuhmacher*
253 6
Schleifscheibe *Werkzeug-*
masch. 303 4
Schleifscheibenkombination
263 37, 44
Schleifschuh, Rahmen-
286 33
Schleifstein 325 7
Schleifstück 351 24
Schleifsupport 303 3
Schleiftisch 286 34
Schleimpfropf 25 52
Schlemmkanal 20 82
Schlepp 104 21
Schlepp, Flugzeug- 104 19
Schleppbügel 119 42
Schleppdach 44 65
Schleppe 105 50
Schleppe, Heck- 244 9
Schleppen 383
Schleppenleger 105 48
Schlepper *Fluss* 370 17
Schlepper *Landw.* 215 48,
218 22, 220 19
Schlepper *Schiff* 383 5
Schlepper *Schiffbau* 378 45
Schlepper, Acker- 217 43,
218 22
Schlepper, Bergungs- 66 95
Schlepper, Bugsier- *Hafen*
381 15
Schlepper, Bugsier- *Schiff*
383 16
Schlepper, Flugzeug- 389 23
Schlepper, Sattel- 347 20
Schlepper, Schmalspur-
231 18
Schlepper, Schub- 375 86
Schlepper, Stammholz-
238 34
Schlepper, Wald- 238 27
Schlepper, Weinberg- *Landw.*
236 38
Schlepper, Weinberg-
Weinbau 231 18
Schlepperbefeuerung 383 25
Schlepperpumpe 220 17
Schleppflug 104 19
Schleppflugzeug 104 20
Schleppgeschirr 383 6, 13
Schlepphaken 383 27
Schleppjagd 105 41–50
Schleppkahn 370 19
Schleppkäpsel 383 9
Schleppklüse 383 11
Schleppkopfsauger 370 44
Schlepplift *Bergahn* 368 19
Schlepplift *Sport* 119 40
Schleppnetz 244 17

Schleppnetzfischerei
244 8–19
Schleppschiffer 370 20
Schleppseil *Flugsport* 104 22
Schleppseil *Fluss* 370 18
Schleppseil *Sport* 119 44
Schleppseil *Wassersport*
102 43
Schleppspur 119 41
Schleppstart, Flugzeug-
104 19
Schlepptau 103 61
Schlepptender-Schnellzug-
lokomotive 364 64
Schlepptrosse *Fluss* 370 18
Schlepptrosse *Schiff* 383 8
Schleppwinde *Militär* 66 86
Schleppwinde *Schiff* 383 7
Schleppzug 370 16
schlesisches Frühstücks-
gebäck 251 46
Schleswig-Holstein 15 7
Schleuder, Honig- 230 73
Schleuder, Platten- 332 1
Schleuder, Schnee- 367 17
Schleuder, Speer- *Völkerk.*
160 40
Schleuder, Speer- *Vorgesch.*
146 5
Schleuder, Trocken- 332 27
Schleuderhonig 230 75, 76
Schleudern 113 55
Schleuderschutzbremse
365 33
Schleudersitz 65 6
Schleuse, Andock- 394 12
Schleuse, Deich- 370 32
Schleuse, Einspül- 236 5
Schleuse, Kammer- 17 57
Schleuse, Koppel- 371 20
Schleuse, Luft- 393 28
Schleuse, Material- *Energie*
306 44
Schleuse, Material- *Raum-*
fahrt 394 10
Schleuse, Molch- 299 31
Schleuse, Objekt- 395 33
Schleuse, Personen- *Energie*
306 43
Schleuse, Personen- *Raum-*
fahrt 394 11
Schleuse, See- 15 42
Schleuse, Stau- 17 68
Schleuse, Wetter- 297 35
Schleusenkammer 371 24
Schleusenklappe 394 16
Schleusentor 371 22
Schleusentunnel 393 72
Schleusenvorhafen 371 30
Schlichter 317 55
Schlichtfeile 293 20
Schlichthammer 290 35

Schlichthobel *Heimwerken* 287 1

Schlichthobel *Tischler* 285 15

Schlichtplatte 278 4

Schlickbank 383 3

Schlickerguss 316 22

Schliefer, Klipp- 184 27

Schließanlage, Tür- 349 79

Schließe *Kleidung* 36 70

Schließe *Schmuck* 43 32

Schließe, Ketten- 271 30

Schließe, Seil- 271 30

Schließe, Weißgold- 43 10

Schließer 134 8

Schließfach, Gepäck- 358 42

Schließfrucht 188 107

Schließhebel, Binderücken- 412 76

Schließkopf 296 59

Schließmuskel *Anat.* 23 76

Schließmuskel *Biene* 230 23

Schließrahmen 334 6

Schließwinkeltester 348 54

Schließzeug 334 7

Schliff, Achteck- 43 53

Schliff, Alt- 43 50

Schliff, Brillant- 43 45

Schliff, Ceylon- 43 44

Schliff, facettierter 43 48

Schliff, gemischter 43 48

Schliff, Hohl- 120 14

Schliff, Holz- 325 3–11

Schliff, Karree- 43 52

Schliff, Rosen- 43 46

Schliff, Scheren- 43 54

Schliff, Smaragd- 43 53

Schliff, Stein- 159 45

Schliff, Stern- 43 43

Schliff, Tafel- 43 47

Schliff, Trapez- 43 57

Schliff, Treppen- 43 59, 60, 61

Schliffansatz 173 37

Schliffart 43 42

Schliffform *Optiker* 263 44

Schliffform *Schmuck* 43 42

Schlinge 275 68

Schlinge, Abseil- 118 33

Schlinge, Arm- 26 3

Schlinge, Filet- 254 23

Schlinge, Modellier- 158 11

Schlinge, Seil- 118 11

Schlinge, Sicherungs- 118 16

Schlingerkiel 378 50

Schlingpflanze 204 6

Schlitten 120 35

Schlitten, Bett- 302 24

Schlitten, Bob- 121 20

Schlitten, Einstell- 267 37

Schlitten, Hunde- *Völkerk.* 161 3

Schlitten, Hunde- *Winter* 122 27

Schlitten, Längs- 302 42

Schlitten, Nansen- 121 19

Schlitten, Ober- 302 22

Schlitten, Pferde- 122 12

Schlitten, Polar- 121 19

Schlitten, Quer- 302 23, 39

Schlitten, Rodel- *Sport* 121 1, 2

Schlitten, Rodel- *Winter* 122 7

Schlitten, Säge- 285 71

Schlitten, Skeleton- 121 23

Schlitten, Ständer- 161 23

Schlitten, Strick- 320 4

Schlitten, Transport- 311 54

Schlitten, Unter- 302 24

Schlittenhund *Völkerk.* 161 2

Schlittenhund *Winter* 122 28

Schlittenrückführung 412 3

Schlittenschelle 122 14

Schlitterbahn 122 16

Schlittschuh 120 10

Schlittschuh, Klapp- 120 16

Schlittschuhlaufen 120 1–17

Schlittschuhläuferin 120 1

Schlitz, Abluft- 56 32

Schlitz, Ärmel- 35 63, 38 59

Schlitz, Brief- 49 34

Schlitz, Dampfaustritts- 56 15

Schlitz, Drei- 153 13

Schlitz, Eingabe- 413 8

Schlitz, Einlass- 344 7

Schlitz, Einwurf- 413 17

Schlitz, Führungs- 140 41

Schlitz, Hosen- 38 71

Schlitz, Luft- 346 38

Schlitz, Saum- 36 61

Schlitz, Schrauben- 296 38

Schlitz, Seiten- 35 64, 69, 36 50

Schlitz, Steuer- 103 38

Schlitz, Stift- 296 49

Schlitz, Stimm- 144 33

Schlitz, Telefonkarten- 396 31

Schlitz, Urnen- 69 27

Schlitzbrett 2 45

Schlitzschraube 296 36

Schlitzsystem 103 37

Schloss *Friseur* 258 37

Schloss *Geogr.* 17 96

Schloss *Jagd* 240 9

Schloss, Barock- 84 7

Schloss, Einsteck- 293 42

Schloss, Gewehr- 240 9

Schloss, Handschuhfach- 344 104

Schloss, Kombinations- 156 16

Schloss, Märchen- 85 14

Schloss, Mutter- 302 19

Schloss, Ritter- 147 1

Schloss, Sicherheits- 293 51

Schloss, Spann- *Böttcher* 283 4

Schloss, Spann- *Eisenbahn* 356 31

Schloss, Speichen- 339 57

Schloss, Sperr- 396 22

Schloss, Tür- *Hausrat* 49 31

Schloss, Tür- *Schlosser* 293 42

Schloss, Vorhänge- 46 22

Schloss, Vorlege- 46 22

Schloss, Zahlen- 409 25

Schloss, Zünd- 344 73

Schloss, Zylinder- 293 51

Schlossblech 293 43

Schlosser 293 7

Schlosser, Bau- 293 7

Schlosser, Kunst- 293 7

Schlosser, Maschinen- 293 7

Schlosser, Stahlbau- 293 7

Schlosserhahn 180 8

Schlosserhammer *Heimwerken* 287 40

Schlosserhammer *Schlosser* 293 29

Schlosserschraubstock 279 80

Schlosserwerkstatt 293

Schlossmacher 293 7

Schlosspark, barocker 84 1–40

Schlossplatte 302 16

Schlossraum 409 26

Schlot 12 6, 17

Schlotbreccie 12 16

Schlotbrekzie 12 16

Schlüpfer, Schlankform- 37 31

Schlüpfer, Zaun- 180 11

Schlupfhemdchen 34 9

Schlüssel *Polizei* 68 45

Schlüssel *Schlosser* 293 38

Schlüssel *Vorgesch.* 146 32

Schlüssel, Alt- 138 10

Schlüssel, Bass- 138 9

Schlüssel, C- 138 10, 11

Schlüssel, F- 138 9

Schlüssel, Flach- 293 55

Schlüssel, G- 138 8

Schlüssel, Gehäuse- 261 11

Schlüssel, Hydranten- 82 39

Schlüssel, Maul- 348 15

Schlüssel, Noten- 138 8–11

Schlüssel, Ring- 348 16

Schlüssel, Rollgabel- 279 67

Schlüssel, Sicherheits- 293 55

Schlüssel, Stimm- 143 20

Schlüssel, Tenor- 138 11

Schlüssel, Violin- 138 8

Schlüssel, Zimmer- 78 9

Schlüssel, Zünd- 344 74

Schlüsselanhänger 349 55

Schlüsselbein 20 8

Schlüsselbeinschlagader 21 7

Schlüsselbeinvene 21 8

Schlüsselblume 194 8

Schlüsselbord 49 20

Schlüsselbrett 78 3

Schlüsselbund 49 21

Schlüsselchen, Himmels- 194 8

Schlüsselloch 293 47

Schlüsselmacher 293 7

Schlüsselweite 296 21

Schlusshahn 173 53

Schlusskontrolle, optische 329 38

Schlussleuchte, Nebel- 344 56

Schlussmann 118 32

Schlussrechnung 168 8–10

Schlussstein 154 33, 155 23

Schmale, Fromändaner 222 22

schmalfette Schrift 326 10

Schmalfilmkamera 134 31

Schmalfilmprojektor 133 52

Schmalreh 241 38

Schmalspurschlepper 231 18

Schmaltier 241 2

Schmalwinkel-TV-Kamera 6 15

Schmalz, Schweine- 250 33

Schmälzen 318 8

Schmarotzer 233 30

Schmeißfliege 175 19

Schmelz, Zahn- 22 37

Schmelze, Spinn- 322 29

Schmelzeinsatz 280 31

Schmelzeinsatzhalter 280 30

Schmelzofen *Galvanoplastik* 331 19

Schmelzofen *Goldschmied* 260 8

Schmelzofen, Glas- 317 50

Schmelzofen, Induktions- 301 1

Schmelzsicherung 280 31

Schmelzspinnen 322 30, 33

Schmelzwanne 317 3, 14

Schmelzwanne, Glas- 317 1, 51

Schmelzwasserrinne 15 8

Schmerwurz 195 9

Schmetterball 109 32

Schmetterling *Turnen* 114 25

Schmetterling *Zool.* 175 53, 183, 235 16, 19, 45, 48

Schmetterling, Frost- 234 16
Schmetterling, Klein-
211 65, 67
Schmetterling, männlicher
235 30
Schmetterling, Nacht- 183 8,
235 15
Schmetterling, weiblicher
235 31
Schmetterlingsaufschlag
110 12
Schmetterlingsblütler 209 1
Schmetterlingsschwimmen
98 31
Schmetterlingsstellung
101 4
Schmetterlingstisch 361 11
Schmettern 110 17
Schmetterschlag 109 56
Schmidkäfer 175 26
Schmied 290 40, 291
Schmied, Gold- 260
Schmied, Silber- 260
Schmiede, Freiform- 292
Schmiede, Gesenk- 292
Schmiede, Kessel- 378 9
Schmiedeanlage, Freiform-
292 33–42
Schmiedefeuer 290 1–8,
291 34
Schmiedehandhammer
290 23
Schmiedelufthammer 290 9
Schmiedemanipulator
292 38, 41
Schmieden, Gesenk-
292 1–13
Schmiedenagel 274 94
Schmiedeofen, Gas- 293 23
Schmiedepresse, Freiform-
292 33
Schmiedeteil 292 6
Schmiedewerkzeug
290 22–39
Schmiege, Gehrungs- 273 81
Schmiege, Stell- 273 81
Schmiernippel, Druck-
296 81
Schmieröl, Motor- 366 55
Schmierpumpe 364 42
Schmierstoff 349 67
Schmierung, Druckumlauf-
345 17
Schmierung, Spurkranz-
365 52
Schminkspiegel Auto 344 16
Schminkspiegel Theater
136 48
Schminkstift 136 51
Schminktisch 136 50
Schminktuch 136 49
Schmirgelpapier 288 26

Schmörkel 241 63
Schmuck 43
Schmuck, Altar- 148 48
Schmuck, Ansteck- 43 19
Schmuck, Blumen- 77 43
Schmuck, Brust- 130 28
Schmuck, Busen- 130 28
Schmuck, Feder- 160 12
Schmuck, Fenster- 72 69
Schmuck, Fransen- 161 25
Schmuck, Tafel- 53 20
Schmuck, Tanz- 162 36
Schmuck, Tisch- 77 43
Schmuck, Wand- 76 57
Schmuckband 42 15
Schmuckelement 334 10
Schmuckfeder 130 27
Schmuckgarnitur 43 1
Schmuckgesteck 42 8
Schmuckkassette 43 31
Schmuckkästchen 43 31
Schmuckkasten 43 31
Schmuckschatulle 43 31
Schmuckset 43 1
Schmucktanne 205 16
Schmuckuhr 43 33
Schmuckwarenabteilung
83 72
Schmusetier 33 50
Schmutz, Straßen- 79 64
Schmutzbehälter 353 21
schmutziges Geschirr 77 37
schmutzige Wäsche 56 23
Schmutztitel 338 52
Schmutztitelblatt 338 51
Schmutzwasserhaus-
anschlussleitung 352 26
Schnabel 241 89
Schnabel, Gießpfannen-
300 45
Schnabel, Haken- 177 9
Schnabel, Storch- Bot.
194 24, 205 1
Schnabel, Storch- Geogr.
16 66
Schnabel, Unter- 178 10
Schnabelhöcker 178 21
Schnabeltier 184 4
Schnake 175 17
Schnalle, Gürtel- Freizeitpark
85 47
Schnalle, Gürtel- Kleidung
36 70, 38 41
Schnalle, Hosen- 38 73
Schnalle, Schuh- 58 52
Schnarrgans 178 19
Schnauzbart 40 11
Schnauze 223 3
Schnauzer Frisur 40 11
Schnauzer Zool. 223 9
Schnecke Anat. 22 95
Schnecke Bäckerei 251 44

Schnecke Musik 141 17
Schnecke Tankstelle 349 22
Schnecke, Acker- 234 44
Schnecke, Aufgabe- 246 26
Schnecke, Einzugs- 217 7
Schnecke, Fall- 302 18
Schnecke, Haar- 41 19
Schnecke, Korn- 217 18
Schnecke, Korntankfüll-
217 21
Schnecke, Misch- 236 48
Schnecke, Nackt- 234 44
Schnecke, Überkehr- 217 19
Schnecke, Verteiler- 355 12
Schnecke, Weinberg- 176 36
Schneckenfrisur 41 18, 19
Schneckengewinde 345 45
Schneckenhaus 176 38
Schneckenlenkung 345 41
Schneckennudel 251 44
Schneckenradsegment
345 43
Schnee 8 10
Schneeanzug Kleidung 34 42
Schneeanzug Winter 122 17
Schneeball 122 11
Schneeball, Gemeiner 191 10
Schneeballschlacht 122 10
Schneeband 118 4
Schneebesen 48 32
Schneeblock 161 5
Schneebrett 122 9
Schneebrille 118 23
Schneebrücke 118 8
Schneedecke 122 3
Schneefall 9 25
Schneefall, verbreiteter 8 18
Schneefang 39 19
Schneefanggitter 46 9
Schneefangstütze 275 16
Schneegamasche 118 59
Schneeglöckchen 213 1
Schneeglöggli 195 1
Schneehaufen 122 18
Schneehütte 161 4
Schneekette 122 31
Schneekreuz 10 48
Schneelawine 122 22
Schneemann 122 15
Schneemobil 122 32
Schneepflug Straßenrein.
353 24
Schneepflug Winter 122 30
Schneepflugtafel 357 34, 35
Schneeräumer 353 24
Schneeräumfahrzeug 122 29
Schneeschieber 122 19
Schneeschiebeschild 353 24
Schneeschleuder 367 17
Schneetreiben 122 24
Schnee-Wald-Klima 9 42
Schneewechte 118 25

Schneidbacke, Spreiz- 82 77
Schneide Forstw. 238 2
Schneide Hausrat 53 56
Schneide, Grenzschicht- 64 6
Schneide, Hartmetall-
302 48, 50
Schneide, Kübel- 354 9
Schneide, Rasier- 258 41
Schneideanlage, Autogen-
301 42
Schneideautomat, Papier-
338 1
Schneidehaus 131 4
Schneidekante 315 11
Schneideleiste 277 21
Schneidelineal 277 21
Schneidemaschine 284 5
Schneidemaschine, Brot-
48 30
Schneidemaschine, Rollen-
325 49
Schneidemaschine, Schnell-
337 15
Schneidemesser 337 17
Schneiden Film 132 38
Schneiden Textil 322 21,
38, 52
Schneiden, Holzgewinde-
288 15
Schneiden, Längs- 334 37
Schneiden, Zu- 325 49–51
Schneider 83 46
Schneider, Ast- 208 11
Schneider, Damen- 255 1
Schneider, Diamant- 277 25
Schneider, Fugen- 355 20
Schneider, Glas- 277 22, 25,
26, 26
Schneider, Herren- 256 25
Schneider, Naht- 281 43
Schneider, Quer- 325 51
Schneider, Seiten- 280 58
Schneider, Universal- 287 28
Schneider, Zirkel- 277 22
Schneiderbüste 255 7
Schneiderei, Damen- 255
Schneiderkreide 256 27
Schneidernähmaschine
255 9
Schneidermuskel 21 45
Schneiderpuppe 255 7
Schneidersitz 115 11
Schneiderwinkel 255 14
Schneidesystem, digitales
398 26
Schneidetisch 132 39
Schneidevorgang 237 11
Schneidevorrichtung 317 19
Schneidewinkel 277 20
Schneidezahn 22 19
Schneidkluppe 293 37
Schneidkluppe, Hand- 278 12

Schneidmulde 216 29
Schneidplatte, Wende- 302 46
Schneidrolle 334 37
Schneidrost 294 14
Schneidsatz 294 33
Schneidscheibe 48 35
Schneidscheibe, Diamant- 355 24
Schneidtrommel 217 29
Schneidwerk 208 41
Schneidwerkverstellung 217 9
Schneidwerkzeug 251 81
Schneidzylinder 333 36
Schneise *Forstw.* 237 1
Schneise *Geogr.* 17 112
schnell 139 28
Schnellbahn 18 9
Schnellboot, Flugkörper- 66 69, 75
schneller Brüter 306 1
Schnellfeuerkanone 66 54
Schnellfilteranlage 80 9
Schnellheizkathode 400 25
Schnellkochtopf 48 7
Schnellpresse 334 22
Schnellrührgerät, Propeller- 232 5
Schnellsäge 291 23
Schnellschalter, Druckluft- 304 34, 305 55
Schnellschluss-Stellventil 306 50
Schnellschneidemaschine 337 15
Schnellspannfutter 285 54
Schnelltriebzug, elektrischer 365 60
Schnelltrockenpresse 268 63
Schnelluntersuchungsgerät 232 21
Schnellverband 26 6
Schnellverstellzirkel 314 69
Schnellziehholster 68 36
Schnellzuglokomotive, Schlepptender- 364 64
Schnepfe 241 88
Schnepfe, Storch- 178 24
Schnepfe, Wald- 241 88
Schnitt *Film* 132 38
Schnitt *Zeichner* 314 33
Schnitt, Auf- 144 25
Schnitt, Durch- 171 4
Schnitt, Fäll- 237 29
Schnitt, Fein- 259 25
Schnitt, Film- 132 38
Schnitt, Fransen- 41 29
Schnitt, Fuß- 338 43
Schnitt, Gewebe- 323 14, 25
Schnitt, Haar- *Friseur* 258 4

Schnitt, Haar- *Frisur* 40 12
Schnitt, Holz- *Kunst* 159 1–13
Schnitt, Holz- *Schule* 72 83
Schnitt, Irokesen- 40 34
Schnitt, Kegel- 170 14, 22, 26
Schnitt, Keil- 206 40
Schnitt, Kerb- 146 35
Schnitt, Kopf- 338 41
Schnitt, Köpf- 217 70
Schnitt, Krüll- 259 25
Schnitt, Langholz- 159 4
Schnitt, Positiv- 159 3
Schnitt, Quer- *Brücke* 369 1
Schnitt, Quer- *Straße* 352
Schnitt, Quer- *Straßenbau* 354 49
Schnitt, T- 206 33
Schnitt, Video- 132 43
Schnitt, Vorder- 338 42
Schnitt, Zahn- 153 25
Schnittdrücker 253 9
Schnitte, Creme- 251 27
Schnitte, Sahne- *Bäckerei* 251 27
Schnitte, Sahne- *Restaurant* 75 7
Schnittgut 250 64
Schnittholz 311 21
Schnittholzplatz 311 32
Schnittkäsebetrieb 229 47
Schnittlauch 209 22, 210 14
Schnittmarke 329 19
Schnittmeister 132 40
Schnittmeisterin 132 51
Schnittmenge 171 4
Schnittmuster 255 3
Schnittpunkt 169 1, 28
Schnittstärkenautomatik 217 70
Schnittstelle 132 44
Schnittstelle, Infrarot- *PC* 407 6
Schnittstelle, Infrarot- *U-Elektronik* 403 6
Schnittstelle, Parallel- 407 8
Schnittstelle, parallele 406 22
Schnittstelle, serielle 406 22
Schnittstelle, USB- *Fotogr.* 269 33, 270 10
Schnittstelle, USB- *PC* 406 43
Schnittstelle, USB- *U-Elektronik* 403 4
Schnitttiefeneinstellung 355 22
Schnittverlaufsangabe 314 32
Schnittvorgang 337 18
Schnitzel, Hack- 325 13
Schnitzer, Bild- 158 28
Schnitzerei 146 7

Schnitzerei, Holz- *Kunst* 156 22
Schnitzerei, Holz- *Schule* 72 78
Schnock 182 16
Schnorchel *Militär* 67 72, 90
Schnorchel *Tauchen* 93 4
Schnuller 33 51
Schnupftabaksdose 259 20
Schnuppe, Stern- 7 30
Schnur 280 17
Schnur, Abstands- 10 58
Schnur, Angel- 243 33
Schnur, Drachen- 87 32
Schnur, Hagel- 227 30
Schnur, Harnisch- 319 15
Schnur, Heft- 336 3
Schnur, Knoten- 160 33
Schnur, Mund- 244 26
Schnur, Nabel- 25 34
Schnur, Perl- 153 52
Schnur, Reinigungs- 240 64
Schnur, Schlag- 281 45
Schnur, Telefon- 396 4
Schnur, Telefonhörer- 396 3
Schnur, Verlängerungs- 280 11
Schnürband 253 64
Schnürbaum 204 3, 18, 30
Schnürboden *Bau* 273 11
Schnürboden *Schiffbau* 378 3
Schnürbodenmeister 137 7
Schnurfangbügel 243 32
Schnurführung 243 30
Schnurgerüstecke 271 69
schnurkeramische Kultur 146 10
Schnürkragen 39 33
Schnurkreuz 271 70
Schnürleine 244 22
schnurloses Telefon *Hausrat* 54 21
schnurloses Telefon *Telefon* 396 38
Schnurrbart, englischer 40 21
Schnurrolle 288 9
Schnürschuh 58 31
Schnürsenkel *Schuhmacher* 253 64
Schnürsenkel *Sport* 107 32
Schnurstich 254 8
Schnürung 323 9, 22, 23
Schnürung, Zier- 36 33
Schockernetz 243 60
Schokokuss 251 42
Schokoladenüberzug 251 40
Scholle 216 8
Scholle, Buntsandstein- 306 64
Scholle, Pult- 13 11

Schöndruckwerk 334 43
Schoner, Ärmel- 142 17
Schoner, Gaffel- 374 18, 28
Schoner, Kufen- 120 11
Schoner, Marssegel- 374 20
Schoner, Schienbein- 107 34
Schoner, Toppsegel- 374 11–13, 19
Schonerbrigg 374 14
Schonermast 374 15
Schonersegel 374 12
Schönheitskönigin 124 61
Schönheitspflästerchen 124 21
Schonung 237 10
Schönwetterwolke 8 1
Schopf 225 2
Schopf, Blüten- 201 65
Schopf, Feder- 178 31
Schöpfen 324 1–6
Schöpfer 324 1
Schöpfer, Suppen- 53 16
Schöpfform 324 3, 4
Schöpfkelle 96 23
Schöpfpumpe 80 7
Schöpfrahmen 324 3
Schöpfthermometer 246 54
Schopfwalm 274 16
Schornstein *Abfall* 81 28
Schornstein *Bau* 271 21, 273 47, 275 13
Schornstein *Eisenbahn* 364 22
Schornstein *Geogr.* 17 37
Schornstein *Haus* 44 10, 46 6
Schornstein *Kraftwerk* 304 8
Schornstein *Militär* 66 19, 20, 58, 67 32
Schornstein *Schiff* 375 2, 41, 69, 377 1
Schornstein, Abgas- 299 2
Schornstein, blinder 375 16
Schornstein, Entlüftungs- 215 22
Schornsteineinfassung 275 14
Schornsteinfarbe 377 22
Schornsteinfeger 46 32
Schornsteinkappe 66 21, 59
Schornsteinmarke 377 2
Schornsteinverband 271 66
Schornsteinziegel 313 25
Schoss 231 3
Schot *Schiff* 373 68
Schot *Surfen* 94 21
Schot, Besan- 373 69
Schot, Fock- 100 14
Schot, Groß- 100 19
Schötchen 214 11
Schote 188 103, 196 35, 214 20, 23
Schote, Frucht- 201 4, 202 46

Schote, Paprika- **209** 42
Schote, Vanille- **200** 48
Schothorn **100** 32
Schottelpropeller **383** 20
Schotterbett **359** 9
Schotterterrasse **14** 41
Schotterwerk **312** 10
schraffierte Fläche **314** 34
Schrägaufzug *Eisenverarb.* **300** 2
Schrägaufzug *Ziegelei* **313** 7
schräge Fadenstrecke **323** 38
Schragen **150** 61
schräger Bauchmuskel **21** 43
schräges Doppeltor **119** 49
schräges Hakenblatt **274** 88
Schrägförderer, Ketten- **217** 8
Schrägholm **104** 9
Schrägkreuz **150** 61
Schräglenker **345** 72
Schrägseil **369** 47
Schrägseilbrücke **369** 46
Schrägseilsystem **369** 51
Schrägseilverankerung **369** 48
Schrägstrich **164** 31
Schrägstrich, umgekehrter **164** 32
Schrägverzahnung **296** 89
Schrämstreb **297** 44
Schrank, Ablage- **330** 39
Schrank, Akten- *Bank* **414** 29
Schrank, Akten- *Büro* **408** 3
Schrank, Apparate- **366** 35
Schrank, Brut- **73** 25
Schrank, Büro- **411** 14
Schrank, Eck- **47** 47
Schrank, Elektronik- **264** 51
Schrank, Gär- **251** 85
Schrank, Gefrier- **47** 42
Schrank, Geschirr- **52** 18
Schrank, Hänge- **47** 43, **50** 5
Schrank, Hängeregister- **408** 2
Schrank, Heizumrichter- **366** 40
Schrank, Hoch- **51** 1
Schrank, Instrumenten- **29** 12
Schrank, Kartei- *Büro* **411** 25
Schrank, Kartei- *Universität* **74** 21
Schrank, Kinderzimmer- **55** 21
Schrank, Klassen- **72** 24
Schrank, Kleider- *Hausrat* **55** 44
Schrank, Kleider- *Hotel* **78** 30
Schrank, Klemmen- **365** 16
Schrank, Koch- **250** 16
Schrank, Küchen- **47** 43

Schrank, Kühl- **47** 37, **54** 30
Schrank, Ober- **47** 43, **54** 27
Schrank, Panzer- **409** 22
Schrank, Rechner- **398** 47
Schrank, Registratur- **411** 2
Schrank, Schiebetüren- **408** 1, **411** 40
Schrank, Schlafzimmer- **51** 1
Schrank, Schrift- **334** 2
Schrank, Schuh- **49** 9
Schrank, Server- **405** 7, 13
Schrank, Spiegel- **57** 36
Schrank, Überwachungs- **305** 34
Schrank, Unter- *Büro* **411** 39
Schrank, Unter- *Hausrat* **47** 45, **50** 4
Schrank, Werkzeug- **287** 1–34
Schrank, Wertfach- **96** 13
Schrank, Zähler- **280** 35
Schränkchen, Wand- **27** 30
Schranke **92** 3
Schranke, Anruf- **356** 47
Schranke, Bahn- **356** 40
Schranke, Makler- **415** 2
Schranke, Zoll- **381** 4
Schränkeisen **285** 42
Schrankelement *Büro* **411** 41
Schrankelement *Hausrat* **54** 6
Schrankenposten **356** 43
Schrankenwärter **356** 42
Schrankfront **54** 2
Schrankwand *Büro* **409** 30
Schrankwand *Hausrat* **54** 1
Schratsegel **373** 20–31, **374** 15
Schraubdeckel **236** 30
Schraube *Bau* **272** 75
Schraube *Flugsport* **103** 6
Schraube *Fotogr.* **270** 42
Schraube *Heimwerken* **287** 39
Schraube *Jagd* **240** 30
Schraube *Maschinenteil* **296** 13–50
Schraube *Schwimmen* **98** 38
Schraube, Arretier- **337** 20
Schraube, Ausgleichs- **63** 91
Schraube, Blech- **296** 26
Schraube, Bug- **384** 33
Schraube, Bund- **296** 32
Schraube, Druck- **301** 37
Schraube, Eis- **118** 45
Schraube, Feinmess- **295** 35
Schraube, Haken- **356** 10
Schraube, Hammerkopf- **296** 41
Schraube, Holz- *Bau* **275** 100
Schraube, Holz- *Maschinenteil* **296** 45

Schraube, Holz- *Tischler* **285** 41
Schraube, Inbus- **296** 27
Schraube, Innensechskant- **296** 27
Schraube, Klemm- **286** 21
Schraube, Kreuzschlitz- **296** 26
Schraube, Kuppel- **356** 15
Schraube, Luft- *Flugsport* **103** 28
Schraube, Luft- *Flugzeug* **386** 32
Schraube, Luft- *Wassersport* **102** 60
Schraube, Mess- **302** 62
Schraube, Mikrometer- **295** 35
Schraube, Pass- **280** 29
Schraube, Regulier- **286** 12
Schraube, Schiffs- *Schiff* **375** 45, **377** 62
Schraube, Schiffs- *Schiffbau* **378** 75
Schraube, Schlitz- **296** 36
Schraube, Schwellen- **356** 7
Schraube, Sechskant- **296** 13
Schraube, Senk- **296** 28
Schraube, Spann- **141** 55
Schraube, Stein- **296** 43
Schraube, Stell- *Bau* **272** 79
Schraube, Stell- *Maschinenteil* **296** 107
Schraube, Stell- *Musik* **141** 55
Schraube, Steuer- **64** 20
Schraube, Stift- **296** 22
Schraube, Stimm- **141** 61
Schraube, Treppen- **276** 46
Schraube, Vierkant- **296** 39
Schraube, Zylinderkopf- **296** 36
Schraubel **188** 82
Schraubenbolzen **274** 98
Schraubenbund **296** 33
Schraubendreher *Heimwerken* **287** 4
Schraubendreher *Installateur* **279** 70, **280** 55
Schraubendreher *Schlosser* **293** 69
Schraubendreher, Kreuzschlitz- **287** 5
Schraubenfeder **344** 31, **345** 73, 80
Schraubenkupplung **360** 12
Schraubenpauke **141** 59
Schraubenrad **345** 50, 51, 52, 53, 54, 55, 56
Schraubenschlitz **296** 38
Schraubenschutz **66** 40
Schraubenschutzleiste **66** 74
Schraubensteven **378** 74

Schraubenwasser **377** 58
Schraubenwelle *Militär* **67** 59
Schraubenwelle *Schiff* **377** 65
Schraubenzieher *Heimwerken* **287** 4
Schraubenzieher *Installateur* **279** 70, **280** 55
Schraubenzieher *Schlosser* **293** 69
Schraubenzieher, Kreuz- schlitz- **287** 5
Schraubenziehersatz **261** 6
Schrauber, Schlag- **291** 6
Schraubfassung *Installateur* **280** 51
Schraubfassung *Militär* **65** 13
Schraubgewinde **56** 53
Schraubkappe **280** 30
Schraublehre **302** 62
Schraubsicherung **118** 48
Schraubstahl **288** 15
Schraubstock *Schmied* **291** 24
Schraubstock *Uhrmacher* **261** 28
Schraubstock, Flach- **293** 22
Schraubstock, Klein- **287** 10
Schraubstock, Parallel- **293** 14
Schraubstock, Rohr- **279** 81
Schraubstock, Schlosser- **279** 80
Schraubstock, Zangen- **293** 22
Schraubstollen **107** 28
Schraubzwinge *Bau* **273** 66
Schraubzwinge *Schule* **72** 48
Schraubzwinge *Tischler* **285** 14
Schrebergarten **204** 1
Schrebergärtner **204** 25
Schrecke, Heu- **175** 10
Schreibablage **348** 23
Schreibarm **10** 12, 15
Schreiber **110** 24
Schreiber, Achtkanal- **32** 29
Schreiber, Echo- **379** 61
Schreiber, Fein- **408** 27
Schreiber, Filz- **410** 19
Schreiber, Geschwindigkeits- **364** 54
Schreiber, Kompensations- **28** 53
Schreiber, Kugel- *Bank* **414** 26
Schreiber, Kugel- *Büro* **408** 30
Schreiber, Kugel- *Hausrat* **55** 26
Schreiber, Kugel- *Post* **395** 9
Schreiber, Protokoll- **348** 35

Schreibfeder **10** 13
Schreibfenster **412** 7
Schreibgerät **408** 27
Schreibgerät, CD- **270** 7
Schreibgerät, DVD- **270** 7
Schreibgerät, historisches **163** 21–26
Schreibhebel **10** 7, 21
Schreibheft *Hausrat* **55** 24
Schreibheft *Schule* **72** 46
Schreibkopf **412** 8
Schreibkopfdeckel **412** 33
Schreibkraft **411** 23
Schreib-Lese-Kopf **406** 48
Schreibmaschine *Büro* **411** 24
Schreibmaschine *Flohmarkt* **127** 75
Schreibmaschine, elektrische **412** 1
Schreibmaschine, Kugelkopf- **412** 1
Schreibmaschinenschrift **164** 9
Schreibmaschinentisch **411** 28
Schreibpinsel **163** 24
Schreibplatte *Büro* **409** 3
Schreibplatte *Hausrat* **55** 23
Schreibplatz **54** 17
Schreibpult *Kirche* **149** 60
Schreibpult *Schiff* **376** 61
Schreibpult, Kunden- **414** 24
Schreibpult, Wand- **78** 16
Schreibschale *Büro* **409** 9
Schreibschale *Schule* **72** 7
Schreibschrift, deutsche **164** 11
Schreibschrift, englische **164** 10
Schreibschrift, lateinische **164** 12
Schreibschutzschieber **406** 58
Schreibstempel, altägyptischer **163** 22
Schreibstube **149** 59
Schreibtafel **71** 16
Schreibtastatur **314** 16
Schreibtisch *Bank* **414** 34
Schreibtisch *Büro* **408** 10, **409** 2, **411** 13
Schreibtisch *Eisenbahn* **361** 58
Schreibtisch *Hausrat* **54** 18
Schreibtischlampe *Büro* **408** 15, **409** 4
Schreibtischlampe *Hausrat* **54** 20
Schreibtischschublade **54** 23
Schreibtischsessel *Büro* **409** 1

Schreibtischsessel *Hausrat* **54** 24
Schreibtischunterschrank **411** 39
Schreibtischverkleidung **414** 36
Schreibunterlage *Bahnhof* **358** 55
Schreibunterlage *Büro* **409** 5
Schreibunterlage *Hausrat* **54** 19
Schreibunterlage *Schule* **72** 8
Schreibwalze **412** 6
Schreibwerkrückführung **412** 3
Schreier, Holz- **179** 14
Schrein, Schinto- **151** 14
Schrein, Thora- **151** 25
Schreiner **285** 38
Schreinerei **285**
Schrift *Kirche* **148** 57
Schrift *Schrift* **163** 1–20, **164** 1–15
Schrift, arabische **163** 2
Schrift, armenische **163** 3
Schrift, Bilder- **163** 1
Schrift, Blinden- **164** 15
Schrift, Braille- **164** 15
Schrift, chinesische **163** 5
Schrift, dreiviertelfette **326** 2
Schrift, fette **326** 9
Schrift, georgische **163** 4
Schrift, gotische **164** 1
Schrift, griechische *Geld* **60** 4
Schrift, griechische *Schrift* **163** 15
Schrift, Grotesk- **164** 7
Schrift, halbfette **326** 3
Schrift, Hand- **149** 61
Schrift, hebräische **163** 7
Schrift, Heilige **148** 11
Schrift, japanische **163** 6
Schrift, Keil- **163** 8
Schrift, Knoten- **160** 33
Schrift, kursive **326** 7
Schrift, Kurz- **164** 13
Schrift, kyrillische **163** 20
Schrift, lateinische **60** 4
Schrift, Laut- **164** 14
Schrift, Majuskel- **163** 17
Schrift, Monumental- **163** 16
Schrift, Palmblatt- **163** 21
Schrift, phönizische **163** 14
Schrift, schmalfette **326** 10
Schrift, Schreib- **164** 10, 11, 12
Schrift, Schreibmaschinen- **164** 9
Schrift, Schwabacher **164** 2
Schrift, Sinai- **163** 13

Schrift, Tamil- **163** 11
Schrift, Thai- **163** 10
Schrift, thailändische **163** 10
Schrift, tibetische **163** 12
Schrift, Zeit- *Bahnhof* **358** 17
Schrift, Zeit- *Büro* **409** 34
Schrift, Zeit- *Tankstelle* **349** 66
Schriftenstand **148** 56
Schriftfeld **314** 36
Schriftfundament **334** 17
Schriftgröße *Mediengest.* **328** 39
Schriftgröße *Setzerei* **326** 23
Schriftpinsel **282** 45
Schriftsatz **326** 1–17
Schriftschablone **314** 75
Schriftschrank **334** 2
Schriftsetzen **334** 1
Schrifttyp **328** 17
Schriftverkehrsordner **27** 13
Schriftzeichen **163** 1–20
Schrillader **233** 9
Schrillapparat **233** 9
Schritt **225** 39
Schritt, Ausfall- **115** 42, **117** 4
Schritt, Gräten- **119** 18
Schritt, Lauf- **115** 41
Schritt, Nachstell- **115** 43
Schritt, Schul- **226** 2
Schritt, Treppen- **119** 19
Schrittmacher **106** 10
Schrittmacher, Herz- **30** 19, 25
Schrittmachermotorrad **106** 11
Schrittschaltmotor **262** 42
Schrittüberschlag vorwärts **114** 26
Schröter **175** 26
Schröter, Feuer- **175** 26
Schröter, Horn- **175** 26
Schrotladung **240** 51
Schrotlauf **240** 27
Schrotpatrone **240** 49
Schrottkasten **294** 15
Schrottmulde **300** 27
Schrottzufuhr **300** 70
Schrumpffolie **229** 25
Schrumpfkopf **160** 29
Schrumpfofen, Folien- **382** 12
Schrumpfring **283** 27
Schruppfeile **287** 9
Schrupphobel **285** 16
Schub, Geld- **83** 4
Schubdüse *Astron.* **6** 21
Schubdüse *Flugzeug* **388** 41, 47, 51, 57
Schubdüse *Raumfahrt* **393** 38, 65

Schubdüsenkraftstofftank **393** 46
Schubgelenk **347** 46
Schubgerüst **391** 20
Schubkahn **375** 87
Schubkarre **271** 37, **272** 42
Schubkarren **271** 37, **272** 42
Schubkarren, Garten- **208** 47
Schubkonus **391** 34
Schublade *Bank* **414** 10
Schublade *Büro* **409** 15, **411** 3
Schublade *Hausrat* **49** 10, **51** 20, **54** 10
Schublade *Schneiderei* **256** 9
Schublade, Ablage- **348** 11
Schublade, Besteck- **47** 46, **52** 21
Schublade, DVD- **404** 59
Schublade, Nachttisch- **376** 52
Schublade, Nähmaschinen- **256** 21
Schublade, Schreibtisch- **54** 23
Schublade, Wäsche- **52** 22, **55** 22
Schubleichter **375** 87
Schubschiffverband **381** 60
Schubschlepper **375** 86
Schubstangenentmistung **228** 21
Schubsteuerungssystem **393** 44
Schubtasche **38** 66
Schubträgergerüst **393** 6, 7
Schubtrecker **375** 86
Schubverband **375** 85
Schuh *Hausrat* **49** 18
Schuh *Schuh* **58**
Schuh *Schuhmacher* **253** 1
Schuh, Arbeits- **58** 39
Schuh, Baby- *Baby* **33** 44
Schuh, Baby- *Kleidung* **34** 7
Schuh, Bade- **95** 21
Schuh, Ballett- **135** 33
Schuh, Bast- **275** 75
Schuh, Brems- **272** 40
Schuh, Dach- **275** 75
Schuh, Eishockey- **120** 23
Schuh, Eisschnelllauf- **120** 17
Schuh, Elfen- **213** 10
Schuh, Erstlings- **34** 7
Schuh, Fecht- **111** 17
Schuh, Frauen- **194** 27
Schuh, Fußball- **107** 21
Schuh, Gymnastik- **113** 63, **114** 50
Schuh, Halb- *Schuh* **58** 31, 33
Schuh, Halb- *Völkerk.* **160** 18
Schuh, Hand- *Eisenbahn* **360** 28

Schuh, Hand- *Fechten*
111 12, 21
Schuh, Hand- *Feuerwehr*
82 8
Schuh, Hand- *Kaufhaus*
83 64
Schuh, Hand- *Kleidung*
38 77, 39 49
Schuh, Hand- *Nachtlokal*
130 26
Schuh, Hand- *Raumfahrt*
392 8
Schuh, Hand- *Ritter* 147 50
Schuh, Hand- *Schlosser*
293 10
Schuh, Hand- *Schweißer*
295 7, 30
Schuh, Hand- *Sport* 107 19,
108 44, 49, 50, 109 75, 112 7,
116 47, 117 26
Schuh, Hand- *Straßenrein.*
353 7
Schuh, Hand- *Tauchen* 93 8
Schuh, Hanf- 275 75
Schuh, Haus- 58 41
Schuh, Hütten- 58 42
Schuh, Kick- 108 42
Schuh, Kinder- 58 56
Schuh, Kletter- 118 49
Schuh, Langlauf- 119 56
Schuh, Licht- 400 36
Schuh, Rodel- 121 18
Schuh, Rüttel- 245 15
Schuh, Schleif- 286 33
Schuh, Schlitt- 120 10, 16
Schuh, Schnür- 58 31
Schuh, Sensen- 219 22
Schuh, Sicherheits- *Eisen-
bahn* 360 27
Schuh, Sicherheits- *Schlosser*
293 11
Schuh, Sicherheits- *Straßen-
rein.* 353 6
Schuh, Ski- 119 11
Schuh, Spitzen- 135 33
Schuh, Sport- 58 35, 57
Schuh, Stützen- 368 73
Schuh, Tauch- 93 14
Schuh, Tennis- 58 36
Schuh, Tragseil- 368 52, 73
Schuh, Turn- 58 35
Schuh, Zubehör- 266 4, 267 5
Schuhadapter 106 25
Schuhbürste 56 44
Schuhcontainer 81 16
Schuhcremedose 56 42
Schuhcremetube 56 46
Schuhmacher 253
Schuhmacherhammer
253 37
Schuhmachermesser 253 50
Schuhmacherraspel 253 49

Schuhmacherwerkstatt 253
Schuhmacherwerkzeug
253 37–56
Schuhpflegemittel 56 41
Schuhputzer 195 9
Schuhschnalle 58 52
Schuhschrank 49 9
Schuhspray 56 43
Schuhvitrine 83 16
Schulbuch 55 25
Schule 72, 73
Schule, Baum- *Forstw.* 237 6
Schule, Baum- *Gärtnerei*
207 3
Schule, Baum- *Geogr.* 17 111
Schule, Gesamt- 73
Schule, Grund- 72 1–46
Schule, Haupt- 72 47–85, 73
Schule, Hoch- 74
Schule, hohe 226 1–6
Schule, Real- 73
Schule, Reit- 126 15
Schule, weiterführende 73
Schüler 72 2
Schüler, Schwimm- 98 14
Schülerarbeit 72 68–81
Schülerstimme 73 38
Schülertisch 73 8
Schülerzeichnung 72 28
Schulkinderkleidung 34 34
Schulmappe 72 32
Schulranzen 72 29, 32
Schulreiten 226 1–6
Schulschritt 226 2
Schultafel 72 10
Schultafelkreide 71 15
Schultasche 72 32
Schulter 19 31
Schulter, Fels- 13 45
Schulterblatt *Anat.* 19 32,
20 9
Schulterblatt *Pferd* 225 18
Schulterblatthöcker 223 14
Schulterbogen 155 33
Schulterdecker 385 3
Schultereisen 46 34
Schultergürtel 20 7
Schulterklappe 38 38
Schulterknopf 36 39
Schulterlandung 116 12
Schultermuskel 21 35
Schulterriemen 72 31, 34
Schulterschutz 295 5
Schulterstativ 267 43
Schulterstütze *Militär*
63 9, 21
Schulterstütze *Rundfunk*
400 43
Schulturnen 113 12–21,
114 7–14
Schuppe *Bot.* 190 34, 42,
45, 50

Schuppe *Zool.* 182 11
Schuppe, Deck- 190 5
Schuppe, Frucht- 189 12,
190 67
Schuppe, Zapfen- 190 8, 14,
27, 38
Schuppen, Boots- 99 21
Schuppen, Frucht- 381 52
Schuppen, Geräte- *Garten*
204 4
Schuppen, Geräte- *Gärtnerei*
207 1
Schuppen, Geräte- *Landw.*
215 32
Schuppen, Maschinen-
215 33
Schuppen, Säge- 273 3
Schuppen, Stückgut-
381 9
Schuppen, Werft- 381 23
Schuppenornament 154 20
Schuppenpanzer 147 64
Schuppentier, Steppen-
184 12
Schüreisen 46 44
Schürfkübel 354 8
Schürfkübelraupe 354 7
Schurz, Lenden- 162 31
Schurz, Panzer- 147 51
Schürze 376 91
Schürze, Dirndl- 36 93
Schürze, Fleischer- 250 8
Schürze, Ketten- 63 50
Schürze, Leder- 295 8
Schürze, Servier- 75 19
Schuss 319 23, 323 43
Schuss, Ab- 123 53
Schuss, Blatt- 239 27
Schuss, Fang- 239 20
Schussbolzen 248 13
Schusseinrichtung, Magazin-
320 27, 42
Schusseintrag 319 17–19, 20,
21, 22–25, 26–31
Schusseintragsverfahren
319 17–31
Schüssel, Dessert- 53 29
Schüssel, Gemüse- 53 26
Schüssel, Kartoffel- 53 31
Schüssel, Küchen- 48 5
Schüssel, Salat- 53 24
Schüssel, Satelliten- *Landw.*
215 12
Schüssel, Satelliten- *Tele-
komm.* 397 12
Schüssel, Soßen- 53 18
Schüssel, Suppen- 53 15
Schüssel, Wasch- 127 82
Schussfaden 319 12, 19, 21,
23, 31, 320 22, 40, 323 3, 43
Schussfaden, gehobener
323 16

Schussfaden, gesenkter
323 15
Schussfadengatter 320 26, 41
Schussrips 323 13–18
Schussspule 319 18
Schusswaffe 240 2
Schussweite 239 18
Schusterhammer 253 37
Schustermesser 253 50
Schusterwerkstatt 253
Schusterwerkzeug 253 37–56
Schute 381 8
Schute, Bagger- 382 57
Schute, Massengut- 382 35
Schutenhut 124 20
Schutensauger 370 44
Schüttbetonwand 272 7
Schütte 382 56
Schüttergebiet, makro-
seismisches 12 29
Schüttgut 375 11
Schutthalde 13 49
Schüttkegel 217 76
Schüttler, Horden- 217 14
Schüttstein 380 71
Schuttstrom 12 46
Schüttung, Stein- 370 36
Schütz 371 87
Schutz, Anfahr- 347 9
Schutz, Ärmel- 295 6
Schutz, Auflage- 407 18
Schutz, Augen- 237 23
Schutz, Baum- 271 80
Schutz, Bein- *Fahrrad* 339 48
Schutz, Bein- *Schweißer*
295 9
Schutz, Bein- *Sport* 108 41
Schutz, Blend- 364 60
Schutz, Ellenbogen- 68 31
Schutz, Entgleisungs- 368 69
Schutz, Gesichts- 108 21
Schutz, Gummi- 105 34
Schutz, Hals- 111 14
Schutz, Hand- *Fleischerei*
250 62
Schutz, Hand- *Forstw.* 238 15
Schutz, Hand- *Militär*
63 13, 20
Schutz, Hand- *Schlachthof*
248 19
Schutz, Kanten- 276 20
Schutz, Ketten- 339 32
Schutz, Kleider- 256 17
Schutz, Knie- 108 41
Schutz, Knöchel- 107 33
Schutz, Kopf- 117 30, 120 22
Schutz, Lawinen- 122 26
Schutz, Nacken- 82 20
Schutz, Plastikscheiben-
105 27
Schutz, Rad- 351 11
Schütz, Raub- 239 33

Schutz, Rückschlag- **285** 47
Schutz, Schalt- **80** 46
Schutz, Schienbein- *Polizei*
68 30
Schutz, Schienbein- *Sport*
107 34, **108** 41, **120** 26
Schutz, Schrauben- **66** 40
Schutz, Schulter- **295** 5
Schutz, Sensen- **219** 27
Schutz, Spritz- **340** 44
Schutz, Staub- **2** 48
Schutz, Überschlag- **354** 27
Schutz, Unterfahr- **347** 9
Schutz, Voll- **82** 5
Schutz, Wangen- **63** 25
Schutz, Wärme- **341** 8
Schutz, Wind- **377** 17
Schutz, Zacken- **118** 54
Schutzanstrich **276** 5
Schutzanzug, Kälte- **93** 1
Schutzblech **339** 18, 42
Schutzblech, Ketten- **339** 32
Schutzblende, Licht- **392** 3
Schutzbrille *Chemie* **173** 64
Schutzbrille *Schlosser* **293** 21
Schutzbrille *Schweißer*
295 29
Schutzbügel **217** 52, **236** 12
Schutzdeckel **140** 27
Schütze *Astron.* **3** 37, **4** 64
Schütze *Jagd* **239** 2
Schütze, Bogen- **123** 53
Schütze, Eisstock- **120** 28
Schütze, Freistoß- **107** 45
Schützen **319** 11, 17
Schützenpanzer **63** 77
Schützenstand **123** 52
Schützenwehr **371** 82
Schützenzeichen **123** 65
Schützer, Ellbogen- **121** 16
Schützer, Gehör- **312** 20
Schützer, Knie- **121** 17
Schutzgabel **125** 54
Schutzgas **317** 16
Schutzgasschweißbrenner
295 31
Schutzgasschweißgerät
291 29
Schutzgaszuführung **295** 32
Schutzgehäuse **10** 39
Schutzgeländer **272** 43
Schutzgitter **334** 27
Schutzglas **295** 4, 38
Schutzhafen **370** 9
Schutzhandschuh *Eisenbahn*
360 28
Schutzhandschuh *Schlosser*
293 10
Schutzhaube *Sägewerk*
311 70
Schutzhaube *Schlosser* **293** 6
Schutzhaube *Schmied* **291** 9

Schutzhaube *Straßenbau*
355 23
Schutzhaube, Schweißer-
295 37
Schutzhelm *Eisenbahn*
360 26
Schutzhelm *Forstw.* **237** 23
Schutzhelm *Installateur*
280 2
Schutzhelm *Polizei* **68** 29
Schutzhelm *Raumfahrt*
392 3
Schutzhelm *Steinbruch*
312 14, 19
Schutzhose, Feuerwehr-
82 23
Schutzhütte **118** 1
Schutzisolierung **248** 19
Schutzjacke, Feuerwehr-
82 21
Schutzkappe **58** 40
Schutzkappe, Zehen- **360** 27
Schutzkasten **356** 35
Schutzkleidung *Feuerwehr*
82 20–25
Schutzkleidung *Forstw.*
237 26
Schutzkleidung *Polizei* **68** 26
Schutzkleidung, Leder-
106 44
Schutzkontakt **280** 15
Schutzkontakt-Doppelsteck-
dose **280** 8
Schutzkontaktsteckdose
280 7, 10
Schutzkontaktstecker **280** 9
Schutzleiste, Schrauben-
66 74
Schutzmantel, Beton-Blei-
1 66
Schutzmaske **293** 8
Schutzmaske, Atem- **82** 81
Schutzmauer **86** 16
Schutzmittel, Flanken-
331 24
Schutzpapier **266** 20
Schutzplatte **406** 55
Schutzschicht, Frost- *Straße*
352 1
Schutzschicht, Frost-
Straßenbau **354** 54
Schutzschild *Polizei* **68** 28
Schutzschild *Schiff* **372** 17
Schutzschild *Schweißer*
295 3
Schutzschild, Wärme-
391 4, 19
Schutzstiefel, Feuerwehr-
82 24
Schutzumschlag **338** 46
Schutzverkleidung, Kühl-
393 16

Schutzvorhang, Feuer-
137 24
Schutzwand **271** 90, **275** 35
Schutzwand, Bestrahlungs-
2 46
Schutzwand, Flammen-
67 15, 27
Schutzweste **68** 32
Schutzweste, ballistische
68 32
Schutzweste, Feuerwehr-
82 36
Schutzweste, Splitter- **68** 32
Schutzzaun, Sicht- **97** 15
Schwabacher **164** 2
Schwabacher Schrift **164** 2
Schwabbelscheibe **253** 10
Schwabenkorn **221** 24
Schwachholz **237** 37
Schwachstromkabel **88** 13
Schwad **216** 25
Schwadablage **216** 21
Schwaden **216** 25
Schwaden, Stroh- **216** 39
Schwader, Kreisel- **216** 28
Schwader, Wirbel- **217** 35
Schwadmäher **216** 21
Schwadrechen **217** 40
Schwalbe, Dorf- **179** 12
Schwalbe, Kirchen- **178** 29
Schwalbe, Kreuz- **178** 29
Schwalbe, Lehm- **179** 12
Schwalbe, Mauer- **178** 29
Schwalbe, Mehl- **179** 12
Schwalbe, Rauch- **179** 12
Schwalbe, See- **178** 14
Schwalbe, Turm- **178** 29
Schwalbe, Ufer- **179** 12
Schwalbe, Zwerg- **178** 14
Schwalbenmöwe, Kleine
178 14
Schwalbennest **67** 19
Schwalbenschwanz **175** 58
schwalbenschwanzförmige
Überblattung **274** 89
Schwalbenschwanz-Zwil-
lingskristall **174** 25
Schwamm *Schule* **72** 23
Schwamm *Zool.* **176** 15,
234 2
Schwamm, Bade- **57** 6
Schwamm, Glas- **187** 7
Schwamm, Wasser- **159** 25
Schwämmchen, Stock-
199 33
Schwammschale **72** 22
Schwammspinner **234** 1
Schwammtier **176** 15
Schwan *Astron.* **3** 23
Schwan *Park* **84** 54
Schwan, Höcker- **178** 20
Schwan, Stummer **178** 20

Schwan, Wild- **178** 20
Schwanenblume **196** 41
Schwanenhals **240** 48
Schwangerschaft **25** 30,
38, 40
Schwanz *Pferd* **225** 38
Schwanz *Zool.* **177** 11,
241 54, 72, 80, 85
Schwanz, Biber- **275** 6
Schwanz, Borsten- **233** 15
Schwanz, Drachen- **87** 31
Schwanz, Fisch- **145** 27, 47,
50, 53
Schwanz, Fuchs- *Bau* **273** 60
Schwanz, Fuchs- *Bot.* **213** 21,
222 27
Schwanz, Fuchs- *Heim-
werken* **287** 27
Schwanz, Fuchs- *Installateur*
279 73
Schwanz, Fuchs- *Tischler*
285 44
Schwanz, Hunde- **223** 15
Schwanz, Katzen- **213** 21
Schwanz, Quasten- **224** 6
Schwanz, Roll- **182** 35
Schwanz, Schwalben- **175** 58
Schwanz, Sichel- **224** 25
Schwänzchen, Ringel- **224** 12
Schwänzchen, Rot- **180** 13
Schwänzeltanz **230** 34
Schwanzflosse **182** 10,
185 35
Schwanzlurch **182** 20–22
Schwanzstachel **175** 47
Schwanzstück **249** 34
Schwanzwelle **377** 60
Schwappdämpfung **391** 12
Schwarm, Bienen- **230** 65
Schwarm, Fisch- **93** 28
Schwärmer, Liguster- **175** 61
Schwärmer, Totenkopf-
183 11
Schwarmnetz **230** 66
Schwarte *Bau* **273** 96
Schwarte *Zool.* **241** 61
Schwartling **273** 96
schwarz *Heraldik* **62** 28
Schwarz *Farbe* **166** 11
Schwarz *Roulette* **89** 13
Schwarzafrikanerin **162** 22
Schwarzamsel **180** 14
Schwarzbeere **195** 23, **197** 7
Schwarzbrot **252** 23
Schwarzdeckenfertiger
354 35
Schwarzdorn **192** 27
Schwarz-Druckwerk **333** 25
Schwarze *f* **91** 22
Schwarze *pl* **90** 5
schwarze Acht **91** 22
schwarze Figur **90** 5

schwarzer Ball **380** 44
schwarzer Gürtel **117** 15
Schwarzer Holunder **192** 35
Schwarzer Nachtschatten **197** 5
Schwarzes Bilsenkraut **197** 6
schwarzes Brett **348** 42
schwarzes Feld **90** 3
schwarze Taste **143** 5
Schwarzpulver **240** 53
Schwarzwälderuhr **261** 31
Schwarzwild **241** 56
Schwarzwurz **193** 45
Schwarzwurzel **209** 35
Schwebe, Bügler- **255** 29
Schwebebalken **114** 2, 21
Schwebegaswärmetauscher **310** 10
Schwebekippe **114** 28
Schweben **225** 44
Schwebetisch **29** 4
Schwedenklee **222** 3
Schwedenreiter **216** 30
Schwefelkopf **259** 23
Schwefelsäureerzeugung **309** 34
Schwefelsäurezufuhr **309** 33
Schwefelwasserstoffwascher **309** 22
Schweif **225** 38
Schweif, Schlangen- **145** 33
Schweifriemen **226** 34
Schweifrübe **225** 34
Schwein *Fleischerei* **249** 38–54
Schwein *Landw.* **215** 24
Schwein *Zool.* **224** 9
Schwein, Schlacht- **248** 4
Schwein, Spar- **257** 49
Schwein, Stachel- **184** 16
Schwein, Wild- *Jagd* **239** 36
Schwein, Wild- *Zool.* **241** 56
Schweinchen, Meer- **184** 15
Schweinefett **250** 33
Schweinefilet **249** 44
Schweinehälfte **248** 23
Schweinekamm **249** 47
Schweinekotelett **249** 46
Schweineschmalz **250** 33
Schweinestall **215** 21, **228** 35
Schweinskopf **249** 43
Schweinsohr *Bäckerei* **251** 36
Schweinsohr *Zool.* **224** 11
Schweinsrüssel **224** 10
Schweißarm **295** 40
Schweißbrenner **294** 11, 27, 33
Schweißbrenner, Autogen- **283** 32
Schweißbrenner, Inertgas- **295** 31

Schweißbrenner, Schutzgas- **295** 31
Schweißdrüse **22** 72
Schweißen **293** 7
Schweißer, Autogen- **294**
Schweißer, Elektro- **295**, 2
Schweißerbrille **294** 34
Schweißerhandschuh **295** 7, 30
Schweißerschutzhaube **295** 37
Schweißgerät, Folien- **48** 44
Schweißgerät, Schutzgas- **291** 29
Schweißkabel **295** 19
Schweißmaschine, Punkt- **295** 39
Schweißmundstück **294** 32
Schweißpaste **294** 18
Schweißriemen **223** 39
Schweißstab **294** 12
Schweißtisch *Schlosser* **293** 12
Schweißtisch *Schweißer* **294** 13, **295** 13, 21
Schweißtrafo **295** 1, 27
Schweißtransformator *Klempner* **278** 29
Schweißtransformator *Schweißer* **295** 1, 27
Schweißung, Punkt- **295** 22
Schweißwagen, Autogen- **291** 35
Schweizerbügel **207** 27
Schweizer Klee **222** 10
Schwelle *Bahnhof* **359** 8
Schwelle *Bau* **273** 49
Schwelle *Eisenbahn* **356** 36–38
Schwelle, Beton- **356** 37
Schwelle, Eisen- **356** 36
Schwelle, Kuppel- **356** 14, 38
Schwelle, Saum- **273** 50
Schwelle, Stahl- **371** 4
Schwellenrost **272** 39
Schwellenschraube **356** 7
Schweller **143** 47
Schweller, Jalousie- **144** 50
Schweller, Register- **144** 49
Schweller, Roll- **144** 49
Schwellkörper **23** 81
Schwellwerk **144** 45
Schwemmkegel **14** 10
Schwengel **360** 17
Schwengel, Pumpen- **236** 35
Schwenkachse **303** 54
Schwenkantrieb **303** 48
Schwenkarm *Schneiderei* **256** 30
Schwenkarm *Straßenbau* **355** 4

Schwenkarm *Werkzeug-masch.* **303** 55
Schwenkarm, Hauben- **257** 28
Schwenkarmhaube **257** 27
Schwenkbohrmaschine **303** 19
Schwenkbug **274** 57
Schwenkdach **367** 27
Schwenkdachwagen, Dreh-gestell- **367** 26
Schwenker, Kamera- **131** 42
Schwenker, Kognak- **53** 86
Schwenkflügel **64** 9
Schwenkhahn **279** 36
Schwenkmotor **285** 69
Schwenkventil **279** 36
Schwenkvorrichtung **218** 66
Schwerathletik **117**
Schwerbeton **272** 72
Schwerbetonschicht **380** 74
Schwerelosigkeit **394** 29
schwere Maschine **342** 14
schwerer Atomkern **1** 44
Schwergewichtsanker **102** 16
Schwergutbaum **375** 25, 60
Schwergutfrachter **375** 23
Schwergutpfosten **375** 24
Schwerkraftrad **342** 43
Schwerlastkraftwagen **312** 7
Schwerlastwagen **354** 10
Schwerpunkt **169** 26
Schwert *Buch* **338** 29
Schwert *Segeln* **100** 17, **101** 41
Schwert *Surfen* **94** 35
Schwert, Haupt- **94** 24
Schwert, Hilfs- **94** 28
Schwert, Kurz- **156** 10
Schwert, Seiten- *Schiff* **374** 7
Schwert, Seiten- *Wassersport* **99** 59
Schwertantenne **64** 28
Schwertblume **213** 8
Schwertel **213** 11
Schwertel, Wasser- **213** 8
Schwertjacht **101** 37–41
Schwertkasten **100** 15
Schwertleite **147** 66
Schwertlilie, Gelbe **213** 8
Schwertlilie, Wasser- **213** 8
Schwertschacht **94** 25
Schwester, OP- **31** 25
Schwibbogen **154** 29
Schwiele **225** 27
Schwimmanzug **95** 18
Schwimmart **98** 30–34
Schwimmbad *Schiff* **377** 23
Schwimmbad *Schwimmbad* **96**
Schwimmbad *Schwimmen* **98** 1–29
Schwimmbad *Stadt* **18** 25

Schwimmbagger **370** 41
Schwimmbahn **98** 28
Schwimmbalken **160** 36
Schwimmbecken *Kurbad* **88** 37
Schwimmbecken *Schwimm-bad* **96** 8, **97** 2
Schwimmbrett **98** 16
Schwimmdock *Hafen* **381** 16
Schwimmdock *Schiffbau* **378** 35
Schwimmdock, geflutetes **378** 44
Schwimmdock, gelenztes **378** 46
Schwimmen, Brust- **98** 30
Schwimmen, Delfin- **98** 31
Schwimmen, Kraul- **98** 33
Schwimmen, Rücken- **98** 32
Schwimmen, Schmetterlings- **98** 31
Schwimmen, Unterwasser- **98** 34
Schwimmen, Wett- **98** 21–29
Schwimmente *Baby* **33** 10
Schwimmente *Bad* **57** 4
Schwimmer *Flugzeug* **388** 6
Schwimmer *Installateur* **279** 15
Schwimmer *Militär* **66** 87
Schwimmer *Schwimmbad* **96** 9
Schwimmer *Wasserbau* **371** 39
Schwimmer, Rettungs- *Med.* **26** 43
Schwimmer, Rettungs-*Strand* **95** 2
Schwimmer, Schaumstoff- **243** 18
Schwimmer, Wett- **98** 25
Schwimmerbecken **98** 20
Schwimmerflugzeug **388** 5
Schwimmerin **97** 3
Schwimmerschacht **371** 40
Schwimmflosse **93** 15
Schwimmflügel **96** 6
Schwimmfuß **178** 8
Schwimmgürtel **98** 17
Schwimmhalle **98** 1
Schwimmhaut **178** 9, **224** 36
Schwimmheber **382** 31
Schwimmhilfe **98** 15
Schwimmhose **95** 22
Schwimmkissen *Schwimm-bad* **97** 19
Schwimmkissen *Schwimmen* **98** 15
Schwimmkran **381** 10, **382** 36
Schwimmlehrer **98** 13
Schwimmmatratze **95** 26

Schwimmmatte **97** 4
Schwimmmeister **98** 13
Schwimmnatter **182** 38
Schwimmreifen **97** 22
Schwimmreifen, Riesen- **97** 5
Schwimmring **96** 5
Schwimmschüler **98** 14
Schwimmsport **98**
Schwimmstaffel **98** 21–29
Schwimmstil **98** 30–34
Schwimmtier **95** 29
Schwimmunterricht
  98 13–17
Schwimmweste **384** 9
Schwimmweste, Kork- **384** 8
Schwinge *Fabel* **145** 17
Schwinge *Zool.* **241** 81
Schwinge, Hinterrad-
  341 6, 43
Schwingel, Wiesen- **222** 24
Schwingen **114** 39
Schwinghebel **220** 22
Schwinghebelfeder **220** 23
Schwingmasse **262** 24
Schwingquarz **262** 37
Schwingsattel **341** 13
Schwingtür *Eisenbahn*
  362 29
Schwingtür *Kfz* **347** 34
Schwingtür, Außen- **347** 37
Schwingtür, Doppel- **347** 49
Schwingung, Ober- **1** 12
Schwingungsdämpfer **368** 49
Schwung, Durch- **110** 45
Schwung, Unter- **113** 59
Schwungbein **116** 27
Schwungrad *Schmied* **292** 18
Schwungrad *Schneiderei*
  256 18
Schwungrad *Schuhmacher*
  253 24
Schwungradregulator **379** 51
Schwungstemme rückwärts
  113 57
Schwungtechnik **116** 30
Scooter **126** 22
Scooter, Auto- **126** 22
Scorpius **3** 38, **4** 63
Scottish Terrier **223** 31
Screen, Touch- **407** 30
Scribble **328** 4
Scrollrad **406** 35
Sea Sparrow **66** 55
Sech, Messer- **218** 11
Sech, Scheiben- **218** 62
Sechseck **43** 60
Sechseck, rundes **43** 61
sechseckige Kristallfläche
  174 15
Sechserpackung **247** 23
Sechsflächner **174** 2

Sechsgang-Sportgetriebe
  345 46
Sechskanalmonitor **32** 32
Sechskantmutter **296** 18
Sechskantschraube **296** 13
Sechsling **67** 37
Sechstagefahrer **106** 3
Sechstagerennen **106** 1
Sechsuhrstellung **116** 25
Sechsvierteltakt **138** 35
Sechszylinder-Reihen-
  Ottomotor® **343** 1
Sechzehnmeterraum **107** 4
Sechzehntel **138** 17
Sechzehntelnote **138** 17
Sechzehntelpause **138** 25
Secondhandkleidung
  127 64–67
Sedile **148** 41
Sedimentgestein **13** 1
See *f Geogr.* **14** 71
See *f Navigation* **379, 380**
See *m Geogr.* **14** 4
See, Binnen- **15** 43
See, Nord- **15** 2, **16** 27
See, Ost- **15** 3
See, Stau- **371** 65
See, Strand- **14** 90
Seeadler **177** 8
Seeanemone **187** 20
Seebäderschiff **375** 15
Seebär **185** 23
Seedrache **372** 13–17
Seefallreep **375** 78
Seefeder **187** 14
Seefischerei **244**
Seeflieger **178** 13
Seegras **196** 56
Seegurke **187** 18
Seehund **185** 24
Seeigel **176** 44, **187** 19
Seejungfer **175** 5
Seejungfrau **145** 25
Seekarte, elektronische
  379 12
Seekrähe **178** 17
Seelenachse **240** 38
Seelilie **187** 3
Seenotkreuzer **384** 15
Seenotrettung **384** 10
Seenotrettungskreuzer
  375 18
Seeotter **185** 21
Seepferdchen **182** 18
Seerabe, Weißer **178** 11
Seerettung **384** 10
Seerose *Bot.* **196** 16
Seerose *Garten* **203** 19
Seerose *Park* **84** 56
Seerose, Riesen- **196** 19
Seeschleuse **15** 42
Seeschwalbe **178** 14

Seeseite **307** 33
Seestern **176** 43, **187** 17
Seestier **145** 51
Seeungeheuer **145** 51
Seeverschleppung **383** 6
Segel **23** 61
Segel, Bagien- **374** 26
Segel, Besan- **373** 30
Segel, Bram- **372** 52, 53, 54,
  373 58, 59, 64, 65
Segel, Faltboot- **99** 58
Segel, Fock- **372** 41, **373** 55
Segel, Gaffel- **374** 1
Segel, Gaumen- **22** 24
Segel, Groß- *Schiff* **372** 33,
  373 61, **374** 11
Segel, Groß- *Segeln* **100** 37,
  101 2
Segel, killendes **101** 8
Segel, Kreuz- **374** 26
Segel, Lateiner- **372** 29, **374** 3
Segel, Lugger- **374** 4
Segel, Mars- **372** 38, **373** 56,
  57, 62, 63
Segel, Matten- **161** 33
Segel, Rah- **372** 21, 33,
  373 55–66, **374** 16
Segel, Royal- **373** 60, 66
Segel, Schoner- **374** 12
Segel, Schrat- **373** 20–31,
  374 15
Segel, Sky- **374** 32
Segel, Spriet- **374** 5
Segel, Stag- **373** 20, 24, 25,
  26, 27, 28, 29, **374** 2
Segel, Surf- **94** 6
Segel, Topp- **373** 31
Segelboot *Segeln* **100** 1–39,
  101 29–41, 42–49
Segelboot *Spielplatz* **87** 18
Segelboot, Eis- *Sport* **120** 35
Segelboot, Eis- *Winter* **122** 21
Segelfenster **100** 29
Segelflug **104**
Segelfluggelände **104** 31
Segelflugplatz **17** 6
Segelflugzeug **104** 21
Segelflugzeug, Hoch-
  leistungs- **104** 27
Segelform **374** 1–5
Segellatte **94** 19
Segeln *Segeln* **100, 101**
Segeln *Wassersport* **99** 57
Segeln, Eis- **120** 35–37
Segeln, Front- **104** 41
Segeln, Fronten- **104** 41
Segeln, Gewitter- **104** 41
Segeln, Hang- **104** 45
Segeln, Strand- **95** 7
Segeln, Thermik- **104** 38
Segeln, Wellen- **104** 34
Segeln am Wind **101** 9

Segeln hart am Wind **101** 10
Segeln hoch am Wind **101** 10
Segeln mit halbem Wind
  101 11
Segeln mit raumem Wind
  101 12
Segeln vor dem Wind **101** 1
Segelschiff *Schiff* **373, 374**
Segelschiff *Völkerk.* **161** 32
Segelstellung **101** 1–13
Segelstreifen **372** 34
Segeltasche **94** 11
Segeltuch **94** 7
Segerkegel **316** 10
Seggentorf **14** 19
Segler, Mauer- **178** 29
Segler, Motor- **104** 26
Seglermütze **42** 37
Segment *Math.* **169** 52
Segment *Zool.* **176** 28
Segment, Gitter- **394** 8
Segment, Schneckenrad-
  345 43
Segment, Spalt- **5** 15
Segment, Zahn- **412** 34
Segmentfenster **154** 50
Seher **241** 48, 65
Sehne *Math.* **169** 52
Sehne *Sport* **123** 59
Sehne, Achilles- **21** 48
Sehne, Bogen- **123** 59
Sehnerv *Anat.* **22** 60
Sehnerv *Biene* **230** 31
sehr leise **139** 36
Sehrohr, A- **67** 88
Sehrohr, Angriffs- **67** 88
sehr stark **139** 39
Sehzeichenkollimator **263** 55
Sehzeichenprojektor **263** 56
Seidel **53** 89
Seidel, Bier- *Flohmarkt*
  127 55
Seidel, Bier- *Hausrat* **53** 89
Seidelbast **195** 10
Seidenkrawatte **38** 7
Seidenmorgenmantel **37** 56
Seidenpflanzengewächs
  205 15
Seidenraupe **175** 56
Seidenrevers **38** 10
Seidenspinner, Maulbeer-
  175 54
Seidentaft **42** 43
Seife *Bad* **57** 33
Seife *Supermarkt* **252** 40
Seifenschale **57** 32
Seiher **80** 32
Seil *Med.* **26** 36
Seil *Sport* **117** 36
Seil *Turnen* **114** 40–42
Seil *Wassersport* **102** 43
Seil, Abspann- **369** 47

Seil, Aufzug- **273** 37
Seil, Berg- **118** 12
Seil, Bohr- **298** 7
Seil, Brems- *Militär* **67** 16
Seil, Brems- *Motorrad* **341** 47
Seil, Bungee- **85** 11
Seil, Draht- **125** 44
Seil, Fähr- **370** 50
Seil, Fang- **67** 16
Seil, Gegen- **368** 40
Seil, Gummi- **85** 11
Seil, Halte- *Atom* **2** 30
Seil, Halte- *Flugsport* **103** 58
Seil, Halte- *Schiff* **376** 25
Seil, Hänge- **369** 17
Seil, Hilfs- **368** 41
Seil, Hochspannungs- **304** 33
Seil, Hochspannungslei-
   tungs- **304** 32
Seil, Hüpf- **87** 5
Seil, Kletter- **87** 35
Seil, Rettungs- **95** 36
Seil, Schlepp- *Flugsport*
   104 22
Seil, Schlepp- *Fluss* **370** 18
Seil, Schlepp- *Sport* **119** 44
Seil, Schlepp- *Wassersport*
   102 43
Seil, Schräg- **369** 47
Seil, Sicherungs- **118** 18
Seil, Spring- **87** 5
Seil, Sprung- **114** 41
Seil, Trag- *Bau* **272** 37
Seil, Trag- *Bergbahn* **368** 15,
   29, 38
Seil, Trag- *Brücke* **369** 16
Seil, Turn- **71** 42
Seil, Umlauf- **368** 15
Seil, Zug- **368** 14, 15, 28, 39
Seilarbeit **368** 74
Seilbagger **354** 1
Seilbahn **17** 66
Seilbahn, Draht- **87** 39
Seilbahn, Luft- **368** 15–75
Seilbahn, Stand- **368** 12
Seilbahngondel **368** 46, 60
Seilbahnstütze **368** 70
Seilbrücke, Schräg- **369** 46
Seildritter **118** 32
Seilerster **118** 30
Seilfallschirm **104** 25
Seilführungsrolle **238** 39
Seilhüpfen **87** 4
Seilrollautomat **119** 43
Seilrollenaufzug **271** 91
Seilschaft **118** 30–32
Seilscheibe, Spann- **368** 37
Seilschließe **271** 30
Seilschlinge **118** 11
Seilspringen **87** 4
Seiltänzerin **125** 43

Seilverspannung **117** 37
Seilwinde **238** 38, 46
Seilzweiter **118** 31
Seiner **244** 20
Seismograf **12** 30
Seismograf, Horizontal-
   12 31
Seismogramm **12** 41
Seismologie **12** 22
Seismometer **12** 30
Seite *Math.* **169** 26, 27, 33, 35,
   36, 37, 38
Seite *Mediengest.* **328** 33
Seite, Abteil- **361** 36
Seite, aufgeschlagene **338** 57
Seite, Ausschuss- **302** 61
Seite, Backbord- **380** 1
Seite, Becken- **307** 32
Seite, Begleit- **142** 43
Seite, Druck- **327** 2, 3
Seite, Front- **165** 2
Seite, Giebel- *Bau* **275** 25
Seite, Giebel- *Haus* **44** 11
Seite, Gut- **302** 60
Seite, Haar- **284** 12, 17
Seite, heraldische **62** 19–25
Seite, heraldisch linke **62** 15
Seite, heraldisch rechte **62** 14
Seite, Leder- **284** 13, 18
Seite, Meer- **307** 33
Seite, Melodie- **142** 39
Seite, Rück- **60** 28, 38–49
Seite, Schau- **144** 1–5
Seite, See- **307** 33
Seite, Speck- **250** 30
Seite, Speicher- **307** 32
Seite, Start- **328** 29
Seite, Steuerbord- **380** 4
Seite, Titel- *Buch* **338** 53
Seite, Titel- *Zeitung* **165** 2
Seite, Unter- **196** 21
Seite, Vorder- **60** 25, 31–37
Seite, Web- **328** 27, 28
Seite, Zeitungs- **165** 1
Seitenanfahrschutz **347** 9
Seitenansicht **314** 23
Seitenbeschreibungssprache
   Mediengest. **328** 34
Seitenbeschreibungssprache
   Setzerei **327** 4
Seitenbezeichnung **380** 6–18
Seitenblatt **226** 40, 47
Seitendiele **276** 10
Seiteneingang **149** 15
Seitenelement **328** 26
Seitenfeintrieb **16** 57
Seitenfenster *Eisenbahn*
   362 20
Seitenfenster *Schiff* **372** 57
Seitenfensterluftdüse **344** 55
Seitenfläche **170** 31
Seitenflosse *Flugsport* **103** 13

Seitenflosse *Flugzeug*
   385 24, **386** 59
Seitenflosse *Raumfahrt*
   393 2
Seitengang *Eisenbahn* **361** 14
Seitengang *Schiffbau* **378** 48
Seitengeflecht **289** 18
Seitengraben **370** 22
Seitenhaar **41** 5
Seitenholm **393** 4
Seitenklemme **16** 58
Seitenkopf **328** 30
Seitenlage, stabile **26** 28
Seitenlampe **377** 15
Seitenlampe, Positions-
   66 15
Seitenleitwerk **385** 24, 25,
   386 58
Seitenlinie **107** 9, **109** 3, 4, 37,
   47, 48
Seitenlinienrichter **109** 20
Seitenmoräne **13** 58
Seitenmotor **384** 29
Seitenpartie **40** 7
Seitenpfette **274** 39
Seitenpforte **382** 14
Seitenportal **154** 13
Seitenproduktion **327** 1
seitenrichtige Aufnahme
   330 25
Seitenruder *Flugsport* **103** 14
Seitenruder *Flugzeug* **385** 25,
   386 60
Seitenruder *Militär* **67** 95
Seitenruder *Schiff* **372** 6
Seitenruderpedal **386** 27, 28
Seitenschalung **272** 55
Seitenscheibe **385** 33
Seitenscheitel **40** 16
Seitenschiff **153** 77, **154** 2
Seitenschild **371** 76
Seitenschlitz **35** 64, 69, **36** 50
Seitenschlitzrock **35** 39
Seitenschneider **280** 58
Seitenschwert *Schiff* **374** 7
Seitenschwert *Wassersport*
   99 59
Seitenspross **188** 23, **211** 22
Seitensteg **263** 12
Seitentafel **72** 16
Seitentank **378** 39
Seitentasche **36** 68
Seitenteil **253** 61
Seitenträger **378** 55
Seitentrawler **375** 80
Seitenüberschrift **165** 17
Seitenvorlage **328** 16
Seitenwagen **106** 39
Seitenwagengespann **106** 38
Seitenwand *Eisenbahn*
   367 29
Seitenwand *Landw.* **215** 37

Seitenwand, Schallschutz-
   134 18
Seitenwanddrehtür **367** 9
Seitenwegerung **378** 65
Seitenwurzel **188** 18
Seitenzahl **338** 65
Seitenziffer **338** 65
Seitenzugbremse **340** 27
Seitfußstoß **117** 19
Seitgrätschstellung **115** 3
Seithalte **115** 48
Seitlage **115** 46
Seitneigen **117** 29
Seitpferd **113** 5, **114** 1
Seitsitz, Außen- **113** 31
Seitspagat **115** 14
Seitspannhang **113** 50
Seitstand, Außen- **113** 26
Seitstand rücklings **113** 23
Seitstand vorlings **113** 22
Seitwärtshaken **117** 33
Sekante **169** 50
Sekondbindung **111** 51
Sekretariat **408**
Sekretärin **131** 39
Sekretärin, Chef- **411** 33
Sekt **252** 34
Sektflasche *Nachtlokal*
   130 9
Sektflasche *Tankstelle* **349** 2
Sektglas *Hausrat* **52** 32,
   53 84
Sektglas *Nachtlokal* **130** 11
Sektion, Mittelschiff-
   67 55–74
Sektkorken **78** 60
Sektkübel *Hotel* **78** 61
Sektkübel *Nachtlokal* **130** 8
Sektkühler **78** 61
Sektor **169** 54
Sektorenblende **134** 8
sekundärer Natriumkreislauf
   306 7
sekundäres Energie-
   versorgungssystem **65** 16
Sekundärfaserstoff **325** 19
Sekundärfokuseinrichtung
   5 12
Sekundärkreislauf *Energie*
   306 7
Sekundärkreislauf *Militär*
   67 63
Sekundärkreisumwälzpumpe
   306 8
Sekundärspiegel **6** 4
Sekundärstrom **388** 52
Sekundärstromkanal
   388 43, 46
Sekundärwicklung **305** 19
Sekunde, große **139** 7
selbstaufblasende Isomatte
   92 43

Selbstaufzug **262** 24–35
Selbstauslöser **127** 53
Selbstauslöserlichtsignal **267** 16
Selbstbedienungsgaststätte **77**
Selbstbedienungsgeschäft **252**
Selbstbedienungsrestaurant **77**
Selbstbedienungszone **413** 1–17
Selbstentladewagen, Drehgestell- **367** 24
Selbstfahrlafette **63** 29–61
Selbstführung, Ketten- **218** 13
Selbsthaltekette **218** 14
selbstklebende Briefmarke **395** 15
Selbstrettung **26** 39
Selbstsicherung **118** 10
Selbstspanner **240** 23
Selektor, Input- **401** 42
Sellerie **209** 27
Semikolon **164** 21
Semmel **251** 19–22
Semmelpilz **199** 31
Sendeantenne **103** 80
Sender **10** 62
Sender, Infrarot- **406** 25
Sender, Kurzwellen- **10** 59
Sender, Schall- **379** 57
Senderabstimmung, manuelle **402** 74
Senderlogo **70** 15
Senderwahl **344** 72
Sendestation **397** 8
Sendestudio **398** 12
Sendetaste **396** 53
Sendung, Brief- **395** 57
Sendung, Post- **395** 19
Sendung, Wahl- **70** 7
Senf **126** 6
Senf, Acker- **214** 18
Senf, Wilder **214** 18
Senkblei **271** 50
Senke, Köderfisch- **243** 8
Senkel, Schnür- *Schuhmacher* **253** 64
Senkel, Schnür- *Sport* **107** 32
Senkkopf **296** 46
Senkrechtantriebskopf **303** 31
Senkrechte **169** 6
Senkrechte, Mittel- **169** 28
Senkrechtfrässpindel **303** 30
Senkrechtstarter **388** 11–34
Senkrechtstarter-Flugzeug **388** 29–34
Senkschraube **296** 28
Senkung, Blut- **28** 40

Senkung, Temperatur- **344** 92
Sennesblatt **198** 16
Sennesblätterstrauch **198** 16
Sense **219** 21
Sensenbart **219** 24
Sensenblatt **219** 22
Sensengriff **219** 26
Sensenschuh **219** 27
Sensenschutz **219** 27
Sensenstiel **219** 25
Sensor **337** 23
Sensor, Autofokus- **267** 19
Sensor, Bewegungs- **349** 80
Sensor, Bild- **134** 36
Sensor, Infrarot- *Militär* **65** 7
Sensor, Infrarot- *U-Elektronik* **402** 30
Sensor, Infrarot- *Video* **404** 56
Sensor, Licht- **269** 2
Sensor, Treibstoffstand- **391** 26
Separator, Milch- **229** 14
Separator, Quark- **229** 41
Separator, Reinigungs- **229** 12
Septakkord **139** 5
Septime, große **139** 12
Septimenakkord **139** 5
Septole **139** 23
Sequenzanzeige **132** 34
Sequesterzange **31** 39
Serie, Balmer- **1** 30
Serie, Bracket- **1** 32
Serie, Lyman- **1** 29
Serie, Paschen- **1** 31
Serie, Pfund- **1** 33
serielle Schnittstelle **406** 22
Seriengesprächtaste **396** 30
Seriennummer **60** 14
Serpens **3** 20
Serpent **140** 13
Serradella **222** 11
Serradelle **222** 11
Server *Internet* **405** 14
Server *Rundfunk* **398** 54
Server, geschützter **405** 16
Server, Mail- **405** 10
Server, Suchmaschinen- **405** 15
Serverschrank **405** 7, 13
Serversystem **398** 46
Service, Wasch- **127** 81
Serviceabteil **361** 16
Servicearbeiter **405** 7, 9
Servicegruppe **414** 32
Serviceklappe **394** 31
Servicekunde **405** 8
Servicemitarbeiter *Bahnhof* **358** 56, **359** 13

Servicemitarbeiter *Bank* **414** 33
Servicemitarbeiterin **358** 2
Servicemodul **391** 54, **392** 38
Servicepoint **358** 1
Serviceprovider **405** 7, 9
Servicestation **270** 43
Servierbrett **75** 20
Servieren **110** 12
Serviererin **75** 18, **76** 25
Servierschürze **75** 19
Serviertablett **75** 20
Serviertuch **78** 49
Servierwagen **53** 32
Serviette *Hausrat* **53** 10
Serviette *Restaurant* **75** 3, **77** 4
Serviette, Stoff- **376** 15
Serviettenring **53** 11
Servolenkungspumpe **343** 12
Sesam-Leinsaat-Brot **251** 16
Sesampflanze **201** 45
Sessel *Hausrat* **50** 23
Sessel *Heimwerken* **287** 59
Sessel *Kaufhaus* **83** 44
Sessel, Balkon- **376** 45
Sessel, Bar- **130** 7
Sessel, Besucher- **409** 21
Sessel, Doppel- **368** 21, 23
Sessel, Fell- **129** 13
Sessel, Klub- **78** 25
Sessel, Küchen- **376** 4
Sessel, Liege- **96** 4
Sessel, Schreibtisch- *Büro* **409** 1
Sessel, Schreibtisch- *Hausrat* **54** 24
Sessel, Vierer- **368** 22
Sesselbahn **368** 20
Sessellift *Bergbahn* **368** 20
Sessellift *Winter* **122** 23
Sessellift, Doppel- **119** 38
Set **52** 5
Set, Pack- **395** 33
Set, Salz-Pfeffer- **349** 15
Set, Schmuck- **43** 1
Set, Twin- **36** 34
Setter, Irish **223** 24
Setzen, Schrift- **334** 1
Setzer, Sägen- **285** 42
Setzerei **326**, **327**
Setzgerät, Dübel- **355** 8
Setzhase **241** 64
Setzholz **208** 1
Setzkasten *Druck* **334** 3
Setzkasten *Gärtnerei* **207** 51
Setzkescher **243** 7
Setzkopf **296** 57
Setzstück *Theater* **136** 34, **137** 47
Setzstück *Zirkus* **125** 37
Setzstufe **276** 33, 48

Sextant **379** 17
Sexte, große **139** 11
Sextole **139** 23
SF Lance **63** 49
Sgraffito **157** 41
Shaker, Cocktail- **78** 63
Shampoo, Haar- **252** 44
Shampooflasche **257** 34
Sharpie, 12-m²- **100** 46
Sheddach **274** 20
Sherryglas **53** 83
Shirt, Kapuzen- **39** 24
Shirt, Langarm- **39** 31
Shirt, Muskel- **37** 69, **39** 26
Shirt, Polo- **39** 25
Shirt, Sweat- **39** 31
Shirt, T- **34** 30, **36** 26, **39** 22
Shirt-Top **36** 28
Shop, Auto- **350** 43
Shop, Tankstellen- **349**
Shorts **39** 40
Shorts, Bade- **376** 76
Shorts, Bermuda- **36** 65, **38** 75
Shorts, Boxer- **37** 62
Shorts, Damen- **36** 71
Shorts, Kinder- **34** 28
Shorts, Rock- **36** 52
Shorty **94** 32
Show, Western- **85** 39–49
Shuttle, Space- **393** 1–65
Siberian Husky **223** 17
Sibirer **161** 22
Sibirier **161** 22
Sichel **208** 8
Sichel, Mond- **4** 3, 7
Sicheldüne **14** 86
Sichelfeder **241** 73
Sichelflügel **385** 18
Sichelschwanz **224** 22
Sicherheitsbehälter **306** 30
Sicherheitsbeleuchtung **133** 6
Sicherheitsbindung **119** 2
Sicherheitsbügel *Freizeitpark* **85** 8
Sicherheitsbügel *Sport* **119** 34, 39
Sicherheitseinspeisepumpe **306** 47
Sicherheitsfaden **60** 11
Sicherheitsfahrschalter **366** 13
Sicherheitsfahrschaltung **365** 21
Sicherheitsgeländer **217** 66, **218** 76
Sicherheitsgurt **344** 20
Sicherheitsgurt, Feuer- **82** 25
Sicherheitskette **279** 3
Sicherheitskettenbremse **238** 15

Sicherheitskontrollleuchte
250 66
Sicherheitsleuchtstreifen
353 4, 5
Sicherheitsnetz 125 13
Sicherheitsprüfsiegel 82 68
Sicherheitsrohr 172 6
Sicherheitsschloss 293 51
Sicherheitsschlüssel 293 55
Sicherheitsschuh *Eisenbahn*
360 27
Sicherheitsschuh *Schlosser*
293 11
Sicherheitsschuh *Straßen-
rein.* 353 6
Sicherheitstürverschluss
56 27
Sicherheitsventil *Eisenbahn*
364 3
Sicherheitsventil *Haus* 46 75
Sicherheitsverdeck 238 36
Sicherheitsweste 239 43
Sicherung *Eisenbahn* 360 21
Sicherung *Jagd* 240 24
Sicherung, Handballen-
63 14
Sicherung, Leitungsschutz-
280 31
Sicherung, Rückschlag-
311 63
Sicherung, Schmelz- 280 31
Sicherung, Schraub- 118 48
Sicherung, Selbst- 118 10
Sicherung, Straßen- 82 47
Sicherung, Zug- 365 7,
366 14
Sicherungsautomat *Hausrat*
49 25
Sicherungsautomat *Installa-
teur* 280 37
Sicherungsdruckknopf
280 28
Sicherungsseil 118 18
Sicherungsflügel *Atom* 2 40
Sicherungsflügel *Jagd* 240 8
Sicherungskasten 49 24
Sicherungskasten, Batterie-
361 43
Sicherungsleine 94 33
Sicherungsmutter 339 70
Sicherungspatrone 280 31
Sicherungsschlinge 118 16
Sicherungsschraubautomat
280 27
Sicht, Drauf- 314 24
sichtbare Kante 314 28
Sichter, Rund- 314 27
Sichtfenster *Baby* 33 47
Sichtfenster *Camping* 92 39
Sichtfenster *Rundfunk*
398 13
Sichtfenster, Karten- 267 12

Sichtgerät, Radar- 379 9
Sichtgerät, Stereo- 398 7
Sichtschutzzaun 97 15
Sichtsignal 103 44–46
Sichtweitenmessgerät 10 60
Sickeneinlegemaschine
278 25
Sickenhammer 278 14
Sickenstock 278 8
Sickerungsanlage, Tiefen-
354 55
Sickerwasserableitung
370 22
Sideboard 52 34
Siderostat 5 17
Sieb, Brüh- 250 14
Sieb, Erd- 207 13
Sieb, Filter- 172 11
Sieb, Haar- 72 67
Sieb, Instrumenten- 31 17
Sieb, Lamellen- 217 17
Sieb, Spritz- 159 24
Sieb, Steh- 207 13
Sieb, Wurf- 271 85
Siebband 217 57, 74
Siebbein 20 48
Siebdruckverfahren
321 34–38
Siebengestirn 3 26
Siebenpunkt 175 40
Sieberei, Feinkoks- 309 14
Sieberei, Grobkoks- 309 14
Siebpartie 325 32
Sieder, Bier- 246 50
Sieder, Tauch- 48 31
Siedewürstchen 250 36
Siedlung 44 47
Siedlungshaus 44 48
Siegel, Prüf- 82 68
Siegel, Tritt- 239 9
Siegelring 43 40
Siegelstein 43 62
Sieger 117 39
Siegestrophäe 160 29
Siegeszeichen 160 15
Siegwurz 213 11
Siel, Deich- 370 32
Sielengeschirr 226 26–36
Siemens-Elektronieder-
schachtofen 300 54
Siemens-Martin-Ofen 300 21
Siemensstern 329 21
Sifa 365 21, 366 13
Sifa-Überbrückungsschalter
365 25
Signal, Ankünde- 357 43
Signal, Blitzbereitschafts-
267 61
Signal, Blitzeinschalt- 267 60
Signal, Eingabe- 402 39
Signal, Ersatz- 357 6
Signal, Flaggen- 377 9

Signal, Form- 357 1, 4, 5, 7,
10, 11
Signal, Geschwindigkeits-
357 44
Signal, Haupt- 357 1–6
Signal, Langsamfahr-
357 36–44
Signal, Leucht- 350 33
Signal, Licht- *Eisenbahn*
357 3, 4, 5, 9, 10, 11, 17
Signal, Licht- *Fotogr.* 267 16
Signal, Licht- *Navigation*
380 6, 13
Signal, Licht- *Polizei* 68 14
Signal, Lotsenruf- 61 24
Signal, Pfeif- 365 40
Signal, Ruf- 78 6
Signal, Schalt- 351 40
Signal, Sicht- 103 44–46
Signal, Vor- 357 7–24, 12, 14,
22, 23
Signal, Weichen- 356 19, 33,
357 45–52
Signal, Zusatz- 357 25–35
Signalarm 357 2
Signalball 380 51
Signalbuchwimpel 61 26
Signalflagge 61 24–27
Signalgeber, Akustik- 363 45
Signalgerüst 16 52
Signalhebel 357 56, 62
Signalhorn *Eisenbahn* 366 70
Signalhorn *Motorrad* 342 6
Signalinstrument, Pfeif-
365 9
Signallampe 136 57
Signalleine 377 10
Signallicht 353 27
Signalmast *Hafen* 381 34
Signalmast *Navigation*
380 50
Signalmast *Schiff* 375 3
Signalstag 377 11
Signalstellung 357 22, 23
Signaltrommel 162 18
Signet, Verlags- 338 56
Signum, Agentur- 165 20
Silageernte 216 20
Silber *Heraldik* 62 27
Silber *Kunst* 156 3
Silberdraht 260 3
Silbereinlage 156 13
Silberfischchen 233 15
Silbermünze 146 37
Silberpappel 189 23
Silberscheibe 10 24
Silberschmied 260
Silbertauschierung 156 14
Silberwaage 260 35
Silberwurz 203 8
Silhouette, Herz- 30 27
Siliciumatom 1 23

Silierwagen 216 29
Silo 381 68
Silo, Beton- 215 28
Silo, Fahr- 215 25
Silo, Flach- 215 28
Silo, Futter- 215 25
Silo, Gerste- 246 31
Silo, Gülle- 215 28
Silo, Lager- 310 23
Silo, Malz- 246 37
Silo, Rohmehl- 310 9
Silo, Vorrats- 310 3
Silo, Zement- *Bau* 272 30
Silo, Zement- *Straßenbau*
355 29
Siloballen 215 55
Silofahrzeug 310 24
Silo-Lkw 310 24
Silozelle 381 69
Silverdisk-Pyrheliometer
10 23
Sima 153 10, 23
Simm, Unter- 244 6
Simpelfransen 41 11
Sims, Kamin- 78 24
Simshobel 285 25
sin 169 32
Sinaischrift 163 13
Singdrossel 180 17
Singvogel 179 5, 180 1
Sinkkasten 352 23
Sinkkastenanschlussleitung
352 25
Sinkstücklage 380 72
Sinningia 205 7
Sintersäule 14 67
Sinterterrasse 12 12
Sinus 169 32
Siphon 279 26
Sirene *Fabel* 145 63
Sirene *Schiff* 377 3
Sirene *Zool.* 184 26
Sirene, Alarm- 82 4
Sirius 3 14
Sisal 42 14
Site, Web- *Internet* 405 8
Site, Web- *Mediengest.*
328 29, 33
Situla 146 34
Sitz *Maschinenteil* 296 65
Sitz *Pferd* 226 45
Sitz *Rummelplatz* 126 19
Sitz *Sport* 121 6
Sitz, Auto- 33 49
Sitz, Beifahrer- 344 15
Sitz, Dülfer- 118 35
Sitz, Fahrer- *Auto* 344 40
Sitz, Fahrer- *Kfz* 347 29
Sitz, Fahrer- *Straßenbau*
354 37
Sitz, Fersen- 115 8
Sitz, Fond- 344 22

Sitz, Form- **341** 5
Sitz, Grätsch- **113** 30
Sitz, Gurt- **121** 2
Sitz, Heizer- **364** 39
Sitz, Hinter- **346** 20
Sitz, Hoch- **239** 17
Sitz, Hock- **115** 9
Sitz, Hürden- **115** 12
Sitz, Integral- **346** 9
Sitz, Jagd- **239** 12
Sitz, Karabiner- **118** 34
Sitz, Kegel- **296** 67
Sitz, Kinder- **339** 46
Sitz, Klapp- **361** 57, **362** 7
Sitz, Komfort- *Eisenbahn* **362** 9, 26
Sitz, Komfort- *Landw.* **218** 41
Sitz, Kommandanten- **393** 18
Sitz, Kopiloten- **386** 37
Sitz, Lokführer- **364** 59
Sitz, Passagier- **386** 38
Sitz, Piloten- *Flugzeug* **386** 36
Sitz, Piloten- *Raumfahrt* **393** 19
Sitz, Polster- **361** 21
Sitz, Priester- **148** 41
Sitz, Quer- **113** 32
Sitz, Roll- *Sport* **112** 15
Sitz, Roll- *Wassersport* **99** 38–47, 41
Sitz, Rück- **346** 20
Sitz, Sattel- **226** 37
Sitz, Schaukel- **87** 28
Sitz, Schleuder- **65** 6
Sitz, Schneider- **115** 11
Sitz, Seit- **113** 31
Sitz, Spitzwinkel- **115** 13
Sitz, Steuer- **99** 24
Sitz, Streck- **115** 10
Sitz, Vorder- **346** 19
Sitzanordnung **365** 58
Sitzbank *Auto* **346** 37
Sitzbank *Eisenbahn* **361** 65, **366** 63
Sitzbank *Restaurant* **77** 39, 40
Sitzbank *Schwimmbad* **96** 29
Sitzbank *Spielplatz* **87** 45
Sitzbank, Einmann- **342** 23
Sitzbank, Rück- **346** 24
Sitzbank, Sport- **341** 49
Sitzbein **20** 25
Sitzer, Zwei- *Auto* **346** 27
Sitzer, Zwei- *Flugsport* **103** 10
Sitzfläche *Fotoreprod.* **330** 42
Sitzfläche *Hausrat* **52** 12
Sitzgruppe *Eisenbahn* **361** 10
Sitzgruppe *Landw.* **215** 13
Sitzgruppe *Stadt* **79** 50
Sitzgurt **118** 61

Sitzheizung **344** 96
Sitzhocker **78** 37
Sitzhöhe **330** 41
Sitzkissen *Hausrat* **50** 20, **55** 8
Sitzkissen *Schiff* **376** 46
Sitzpirouette **120** 5
Sitzplatz *Med.* **29** 20
Sitzplatz *Stierkampf* **128** 8
Sitzplatz *Theater* **136** 23
Sitzplatz, Doppel- **351** 19
Sitzplatz, Einzel- **351** 17
Sitzplatzbereich **363** 26
Sitzraum **102** 3
Sitzreifen **87** 40
Sitzreihe *Eisenbahn* **361** 49
Sitzreihe *Film* **133** 9
Sitzreihe *Schule* **73** 1
Sitzreihe, Doppel- **361** 33, **363** 13, 17
Sitzreihe, Einzel- **363** 14
Sitzrohr **339** 29
Sitzstock **239** 12
Sitzstufe **96** 15
Sitztuch **96** 21
Sitzverteilung **70** 17
Sixpack **247** 23
Sixtbindung **111** 49
Sixtparade **111** 8
Skabiose, Tauben- **193** 29
Skala *Chemie* **172** 22, 34
Skala *Sägewerk* **311** 10
Skala, Anzeige- **266** 57
Skala, Betriebs- **134** 28
Skala, Breiten- **311** 61
Skala, Druck- **10** 3
Skala, Einstell- **127** 24
Skala, Farb- **9** 2
Skala, Höhen- *Atmos.* **7** 40
Skala, Höhen- *Sägewerk* **311** 64
Skala, Mess- **302** 63
Skala, Millimeter- **410** 40
Skala, Nonius- **302** 69
Skala, Pressdruck- **338** 5
Skala, Prozent- **330** 7
Skala, Temperatur- **7** 41
Skala, Tiefen- **379** 62
Skala, Vorschub- **311** 66
Skala, Zentimeter- **410** 40
Skalp **160** 15
Skalpell **31** 37
Skateboard *Spielplatz* **87** 25
Skateboard *Sport* **123** 77
Skateboarden **123** 76–83
Skateboarder *Spielplatz* **87** 25
Skateboarder *Sport* **123** 76
Skateboardfahren **123** 76–83
Skateboardfahrer **123** 76
Skateboarding **123** 76–83
Skaten **123** 76–83

Skater **123** 76
Skaterhose **39** 39
Skeet **123** 44–52
Skeetanlage **123** 48
Skeetbockdoppelflinte **123** 44
Skeetbohrung **123** 45
Skeetschießen **123** 44–52
Skeisel **374** 32
Skeleton **121** 23
Skeletonfahren **121** 23–25
Skeletonfahrer **121** 24
Skeletonschlitten **121** 23
Skelett *Anat.* **20** 1
Skelett *Schule* **73** 15
Skelett, Kieselsäure- **176** 3
Skelett, Stahlbeton- **272** 1
Skelettbürste **257** 17
Skelettierfraß **234** 8
Skene **153** 59
Skeusel **374** 32
Ski **119** 27
Ski, Abfahrts- **119** 26
Ski, Carving- **119** 7
Ski, Figuren- **102** 52
Ski, Kompakt- **119** 1
Ski, Langlauf- **119** 54
Ski, Mono- *Strand* **95** 11
Ski, Mono- *Wassersport* **102** 52
Ski, Slalom- **102** 56
Ski, Sprung- *Sport* **119** 63
Ski, Sprung- *Strand* **95** 12
Ski, Sprung- *Wassersport* **102** 58
Ski, Wasser- **102** 41–58
Skianzug *Sport* **119** 8
Skianzug *Winter* **122** 17
Skibindung **119** 2, 35–37
Skibrille **119** 10
Skidder **238** 34
Skier, Wasser- *Strand* **95** 12
Skier, Wasser- *Wassersport* **102** 52–58
Skifahren **119** 1–52
Skifahren, Wasser- **95** 9–12
Skifahrer **122** 2
Skifahrer, Wasser- **95** 12
Skiff **99** 14
Skihelm **119** 12
Skihütte **122** 4
Skijacke **39** 13
Skilauf **119** 1–52
Skilaufen **119** 1–52
Skiläuferin, Wasser- **102** 41
Skilift *Bergbahn* **368** 19
Skilift *Sport* **119** 38–44
Skilift *Winter* **122** 23
Skimütze *Kopfbedeckung* **42** 53
Skimütze *Sport* **119** 9
Skioverall **119** 8

Skipiste **122** 1
Skipullover **39** 32
Skischuh **119** 11
Skisport **119**
Skisport, alpiner **119** 1–52
Skisport, nordischer **119** 53–65
Skisport, Wasser- **102** 41–58
Skispringen **119** 61
Skisprung **119** 61
Skistiefel **119** 11
Skistock **119** 3
Skistopper **119** 37
Skiwachs **119** 13
Skiwachsutensilien **119** 13–16
Skizze, Kreide- **157** 4
Skizzenblock **157** 35
Sklave, Galeeren- **372** 48
Sklave, Ruder- **372** 48
Sklavenaufseher **372** 47
Skorpion **3** 38, **4** 63
Skorpion, Haus- **175** 44
Skorpion, Italienischer **175** 44
Skorpion, Wasser- **175** 6
Skript **131** 45
Skriptgirl **131** 39
Skriptorium **149** 59
Skull **99** 16, 31–34
Skullboot **99** 14–16, 38–47
Skullboot, Einer- **99** 15
Skulptur **158** 32
Skysegel **374** 32
Skyservant **64** 24
Slalomlauf **119** 45
Slalomski **102** 56
Slash **164** 31
Slash, Back- **164** 32
Slat **385** 37
Slingpumps **58** 53
Slip **37** 25, 58
Slip, Hüft- **37** 28
Slip, Mini- **37** 27, 60
Slip, Sport- **37** 61
Slip, Taillen- **37** 29
Slipper **58** 34
Slot **406** 20, 21
Smaragdschliff **43** 53
Smash **109** 32, 56
Smoking **38** 8
Smokinghemd **38** 11
Smokinghose **38** 12
Smokingsakko **38** 9
Snowboard **122** 9
Söckchen **37** 41
Söckchen, Kinder- **34** 33
Socke, Herren- **37** 48
Socke, knielange **37** 50
Socke, Kurz- **37** 49
Socke, wadenlange **37** 49

Sockel *Hausrat* 52 35
Sockel *Park* 84 11
Sockel, Beton- 271 2
Sockel, Haus- 273 28
Sockel, Lampen- 280 51
Sockel, Leuchten- 280 52
Sockel, Säulen- 153 36
Sockel, Start- 98 24
Sockel, Stütz- 156 21
Sockel, Tisch- 264 15
Sockelklotz 311 37
Sockelleiste 276 63
Sockelplatte 276 21
Sockelschutzbrett 271 29
Sockenrand 37 51
Sodawasserflasche 50 37
Sofa 50 18
Sofa, Biedermeier- 155 17
Sofa, Schlaf- 54 15
Sofakissen 50 22
Sofakombination 50 17
Soffitte 137 12
Soft-Chopper-Lenker 342 10
Softrindleder 58 46
Software 132 33
Software, Gestaltungs-
328 24
Sognefjord 15 5
Sohlbank 273 33
Sohle *Navigation* 380 75
Sohle *Schuhmacher* 253 66
Sohle *Tischler* 285 22
Sohle, Brand- 107 31
Sohle, Bügel- 56 8
Sohle, Dock- 378 32
Sohle, Einlege- 107 27
Sohle, Fels- 14 47
Sohle, Fuß- 19 103
Sohle, Gummi- 58 38
Sohle, Helling- 378 17
Sohle, Holz- 58 45
Sohle, Kanal- 371 35
Sohle, Kunststoff- 58 2
Sohle, Lauf- 58 24
Sohle, Nylon- 107 30
Sohle, obere 306 86
Sohle, Pflug- 218 7, 59
Sohle, Plastik- 58 2
Sohle, Plateau- 58 8
Sohle, Profil- *Bergsport*
118 50
Sohle, Profil- *Schuh* 58 19
Sohle, PVC- 58 2
Sohle, Schalen- 58 11
Sohle, Tal- *Brücke* 369 60
Sohle, Tal- *Geogr.* 14 44
Sohle, Transparent- 58 15
Sohle, untere 306 76
Sohle, Wehr- 371 89
Sohlenleder 253 31
Sohlenpresse 253 14
Sohlental 14 31

Solargenerator 397 2
Solarium 96 30–32
Solariumsröhre 96 32
Solarkraftwerk, thermisches
307 16
Solarkreisumwälzpumpe
308 7
Solarzelle *Büro* 410 22
Solarzelle *Energie* 307 22,
308 15
Solarzellenausleger 10 66
Solarzellenflügel 397 2
Solarzellenkraftwerk 307 21
Solarzellenmodul 394 5
Soldat, Zinn- 127 54
Soldatengrab 149 32
so leise wie möglich 139 37
Solidus 59 3
Soling 100 50
Solist 135 31
Solistin 135 30
Solldaten 348 65
Solldaten, Fahrzeug- 348 11
Söller 147 12
Sollgeschwindigkeit 363 34
Sollmaß 302 57
Sollwertgeber 351 28
Solotänzer 135 31
Solotänzerin 135 30
Solstitium 3 8
Somalistrom 16 37
Sombrero 42 6
Sommelier 76 56
Sommerammer 180 6
Sommerbluse 36 19
Sommerbohnenkraut 210 1
Sommerdeich 370 30
Sommergoldhähnchen 180 9
Sommerhosenanzug 36 74
Sommerhut *Kleidung* 34 19
Sommerhut *Kopfbedeckung*
42 44
Sommerkleid 36 78
Sommerkleidchen 34 16
Sommerkönig 180 9
Sommerlaube 204 15
Sommermantel 36 17
Sommermonsun 9 39
Sommerpullover 36 38
Sommersolstitialpunkt 3 8
Sommersonnenwendepunkt
3 8
Sonargerät 67 40
Sonde 29 41
Sonde, Abgas- 348 29
Sonde, Hohl- 31 35
Sonde, Knopf- 27 46, 31 34
Sonde, Lambda- 344 36
Sonde, Mess- *Fotogr.* 266 62,
268 55
Sonde, Mess- *Raumfahrt*
391 41

Sonde, Netz- 244 14
Sonde, Radio- *Atmos.* 7 19
Sonde, Radio- *Meteor.*
10 59
Sonde, Raum- 6 11
Sonderangebot *Bahnhof*
358 4
Sonderangebot *Fleischerei*
250 48
Sonderangebotskorb 250 46
Sonderangebotsschild 83 83
Sonderpreistafel 250 47
Sondertisch 83 82
Sonderwagen 68 24
Sonderzeichen 164 18–49
Sonne *Astron.* 4 29, 34,
39–44, 45
Sonne *Haus* 46 33
Sonnenanbeterin 376 79
Sonnenbad 98 2
Sonnenbad, künstliches
96 30–32
Sonnenbaden 98 2
Sonnenbadende 96 31
sonnenbadende Frau
376 79
Sonnenbahn, scheinbare
4 10–21
Sonnenbanner 61 22
Sonnenblende *Auto* 344 16
Sonnenblende *Film* 134 3
Sonnenblume *Bot.* 222 20
Sonnenblume *Garten* 203 37,
204 8
Sonnenbrille 263 6
Sonnenbrillentasche 392 5
Sonnendeck 377 22
Sonneneinstrahlung 307 17
Sonnenenergienutzung
308 1–19
Sonnenfalle 207 17
Sonnenfinsternis 4 29–33
Sonnenfleck 4 40
Sonnenflügel 397 2
Sonnenhut *Kleidung* 34 19
Sonnenhut *Kopfbedeckung*
42 6
Sonnenhut *Strand* 95 23
Sonnenkälbchen 175 40
Sonnenkollektor *Astron.* 6 5
Sonnenkollektor *Energie*
308 1
Sonnenliege 376 82
Sonnenobservatorium 5 31
Sonnenrad 296 96
Sonnenrand 4 42
Sonnenröschen 195 20
Sonnenscheibe 4 39
Sonnenscheibe, geflügelte
152 12
Sonnenschirm *Haus* 44 42
Sonnenschirm *Park* 84 58

Sonnenschirm *Stadt* 79 51
Sonnenschutzblende 269 19
Sonnenschutzüberdachung
376 66
Sonnensensor 10 69
Sonnenspektrum 166 26
Sonnenspiegel 5 32
Sonnenstrahlen 4 9
Sonnenstrahlung, direkte
10 23
Sonnensystem 4 45–55
Sonnentau 195 14
Sonnentierchen 176 2
Sonnenuhr 262 22
Sonnenverdeck, Beiwagen-
342 54
Sonnenwende 3 8
Sopraporte 155 12
Sordine 141 10
Sordino 141 10
Sorte, Band- 402 55–59
Sorte, Brot- 251 7–18
Sorter 412 41
Sortiereinheit 412 41
Sortieren 318 1
Sortierer 325 29
Sortierer, Noten- 414 13
Sortierpolter 311 31
Sortierung 325 9, 17
Sortiment, Bonbon- 55 31
Sortiment, Knabber- 349 5
Sortiment, Papier- 268 57
Sortimentseinsatz 287 39
Soßenlöffel 53 19
Soßenschüssel 53 18
so stark wie möglich 139 40
Souffleur 137 28
Souffleurkasten 137 27
Souffleuse 137 28
Sound-Mode-Auswahltaste
404 58
Soundprozessor 398 49
Souvenirteller 127 50
Sozius 79 29
Soziusarmlehne 341 34
Soziusfußraste 342 9
Soziuskissen 342 7
Soziusrückenlehne 341 30
Spacelab 393 66
Spaceshuttle 393 1–65
Spachtel, Hand- 281 35
Spachtel, Japan- *Maler*
282 29
Spachtel, Japan- *Tapezierer*
281 10
Spachtel, Kunststoff- 281 44
Spachtel, Mal- *Kunst* 157 15
Spachtel, Mal- *Maler* 282 27
Spachtel, Maler- 287 37
Spachtel, Zahn- 281 46
Spachtelmasse 281 3
Spagat 135 22

Spagat, Quer- **115** 15
Spagat, Seit- **115** 14
Spaghettitopf **48** 15
Spaghettiträger **36** 82
Spähpanzer **63** 67
Spalier **44** 27
Spalierbaum **204** 17
Spalierbaum, Wand- **204** 2
Spalierbogen **204** 13
Spalierobstbaum **204** 2, 3, 17, 18, 30
Spalt, Beobachtungs- **5** 14
Spalt, Grat- **292** 23
Spalt, Walz- **301** 34
spaltbares Element **1** 58
Spalte *Buch* **338** 67
Spalte *Zeitung* **165** 10
Spalte, Erd- **12** 50
Spalte, Gesäß- **19** 55
Spalte, Gletscher- *Bergsport* **118** 28
Spalte, Gletscher- *Geogr.* **13** 55
Spalte, Kern- **144** 24
Spalte, Kiemen- **182** 3
Spaltenlinie **165** 12
Spaltenüberschrift **165** 11
Spalter **248** 6
Spalter, Rücken- **248** 7
Spalthammer **238** 5
Spaltkapsel **188** 104
Spaltklappe **385** 46
Spaltklappe, Doppel- **385** 47
Spaltpfropfen **206** 38
Spaltsegment **5** 15
Spaltung **1** 52
Spaltung, Kern- **1** 43, 55
Span *Bau* **273** 80
Span *Korbmacher* **289** 12
Span, Dreh- **288** 27
Span, Hobel- **285** 40
Span, Holz- **288** 27
Spanabstreifer **311** 52
Späneabsaugung **311** 53
Späneauswurf **285** 48
Späneblasrohr **293** 3
Spange *Bau* **272** 67
Spange *Sport* **121** 5
Spangenhelm **62** 8
Spangenpumps **58** 27
Spaniel, Cocker- **223** 23
spanische Kolumbine **124** 24
spanischer Pfeffer **209** 42
spanischer Tritt **226** 3
spanisches Rohr **289** 32
Spankorb **289** 11
Spann **19** 102
Spannbacke **302** 36
Spannbarren **114** 3
Spanndraht **355** 9
Spanner, Frost- **234** 16
Spanner, Frostnacht- **234** 16

Spanner, Kiefern- **235** 29
Spanner, Matrizen- **29** 51
Spanner, Selbst- **240** 23
Spanner, Wanten- **100** 10
Spanngewicht, Tragseil- **368** 35
Spanngewicht, Zugseil- **368** 36
Spanngewichtschacht **368** 34
Spannhebel, Band- **286** 14
Spannklinke **262** 26
Spannleine, Zelt- **92** 54
Spannrad **262** 27
Spannrahmen **336** 34
Spannreck **113** 7
Spannreifen **142** 57
Spannriegel **274** 70
Spannring, Zelt- **92** 35
Spannrippe **249** 21
Spannrolle **286** 11
Spannschacht **368** 34
Spannschieber **63** 12
Spannschloss *Böttcher* **283** 4
Spannschloss *Eisenbahn* **356** 31
Spannschraube **141** 55
Spannseilscheibe **368** 37
Spannstock **285** 31
Spanntuch **268** 62
Spannung, Strom- **144** 38
Spannungsanzeige, Fahrdraht- **365** 28
Spannungsanzeige, Heiz- **365** 27
Spannungsanzeige, Oberstrom- **365** 29
Spannungsmesser **280** 46
Spannungsmesser, Heiz- **366** 17
Spannungsmessgerät **379** 5
Spannungsprüfer **280** 47
Spannungsregler **305** 35
Spannungssucher **280** 47
Spannungswandler **305** 64
Spannungswandler, Ober- **365** 4
Spannvorrichtung **287** 42
Spannvorrichtung, Faden- **320** 3
Spannvorrichtung, Hilfsseil- **368** 42
Spannvorrichtung, Ketten- **311** 42
Spannwagen **311** 12, 15
Spannweite **369** 14
Spannweite, Bogen- **369** 26
Spannweite, Flügel- **385** 2
Spannzange **311** 13
Spant *Flugzeug* **386** 55
Spant *Schiffbau* **378** 29, 61
Spant *Wassersport* **99** 46

Spant, Druck- **393** 20
Spant, End- **393** 49
Spant, Haupt- **393** 11
Spant, Knick- **66** 8
Spant, Längs- **101** 55
Spant, Naht- **101** 55
Spant, Quer- **101** 51
Spant, Ring- **393** 48
Spargel **209** 14
Spargelbeet **204** 26
Spargelheber **53** 76
Spargelmesser **208** 10
Spark **222** 12
Spark, Feld- **222** 12
Sparmannia **205** 9
Sparren **274** 28, 36, **275** 19
Sparren, Binder- **274** 55
Sparren, Bund- **274** 55
Sparren, Grat- **274** 62
Sparren, Kehl- **274** 64
Sparren, Zwischen- **274** 56
Sparrendach **274** 27
Sparrengesims **44** 9
Sparrenkopf **274** 45, **275** 41
Sparringspartner **117** 27
Sparschwein **257** 49
Spatel, Zungen- **29** 45
Spaten **208** 2
Spaten, halbautomatischer **208** 12
Spationierung **326** 13
Spatz **179** 18
Spaziergänger **84** 26
Spaziergängerin **84** 74
Spazierstock **49** 6
Specht, Blau- **180** 10
Specht, Bunt- **178** 32
Specht, Fleck- **178** 32
Specht, Groß- **178** 32
Specht, Rot- **178** 32
Spechtvogel **181** 6
Speck, Rücken- **249** 40
Speck, Schinken- **249** 53
Speckmöwe **178** 17
Speckseite **250** 30
Speer **160** 40
Speerschleuder *Völkerk.* **160** 40
Speerschleuder *Vorgesch.* **146** 5
Speerwurf **116** 50–53
Speibecken **29** 9
Speiche *Anat.* **20** 17
Speiche *Fahrrad* **339** 20
Speiche *Maschinenteil* **296** 88
Speiche *Motorrad* **342** 28
Speiche, Lenkrad- **344** 70
Speicheldrüse, Ohr- **22** 10
Speichennerv **21** 28
Speichennippel **339** 22
Speichenrad **105** 27

Speichenrand **19** 70
Speichenreflektor **339** 26
Speichenschloss **339** 57
Speicher **381** 7
Speicher, Arbeits- **406** 17
Speicher, Cache- **406** 19
Speicher, Druck- **306** 42
Speicher, Garn- **319** 27
Speicher, Magnetband- **406** 60
Speicher, Stickstoffmembran- **218** 34
Speicher, Warmwasser- **308** 10
Speicherbaustein **270** 3
Speicherchip **406** 42
Speichereinrichtung **137** 2
Speichererweiterungskarte **406** 20, **407** 35
Speichergestein **13** 32
Speicherkarte *Film* **134** 37
Speicherkarte *Fotogr.* **269** 59, **270** 2
Speicherkarteneinschubfach **403** 3
Speicherkarteneinsteckleiste **406** 9
Speicherkartenleser **134** 38
Speichermedium *Film* **134** 37
Speichermedium *Fotogr.* **269** 30, 59, **270** 1, 8, 25
Speichermedium *PC* **406** 41–66
Speichermedium, magnetisches **406** 45–66
Speicherplatz **405** 8
Speicherseite **307** 32
Speicherstift, USB- **406** 41
Speichertaste *Büro* **410** 28
Speichertaste *U-Elektronik* **401** 48
Speicherwerk, Pump- **371** 43
Speicherwurzel **188** 86
Speichgriff **113** 45
Speier, Wasser- **154** 31
Speise **349** 18
Speise, Nach- *Hausrat* **53** 7
Speise, Nach- *Restaurant* **76** 22
Speiseeis **349** 57
Speisegaststätte **76** 1–36
Speisekarte *Restaurant* **76** 29
Speisekarte *Schiff* **376** 10
Speisekelch **150** 48
Speiseliste **349** 17
Speiselokal **76** 1–36
Speisemorchel **199** 26
Speisenübersicht **77** 1
Speiseöl **252** 93
Speisepilz **199**
Speisepumpe, Kessel- **304** 21

Speiseraum 77 29
Speiseröhre *Anat.* 20 52,
  23 29, 50
Speiseröhre *Biene* 230 25
Speisesaal *Hotel* 78 20
Speisesaal *Schiff* 377 44
Speisetäubling 199 23
Speiseventil 364 20
Speisewalze, Farb- 321 30
Speisewasserbehälter 306 56
Speisewasserleitung
  306 15, 41
Speisewasserpumpe *Eisen-*
  bahn 364 9
Speisewasserpumpe *Energie*
  306 15
Speisewasservorwärmer
  364 23
Speispfanne 271 39
Spektrograf, Gitter- 5 6
Spektrografenraum 5 36
spektrografische Kamera 5 7
Spektrometer, Infrarot- 6 18
Spektrometer, Ultraviolett-
  6 17
Spektrum, Sonnen- 166 26
Spekulum, Scheiden- 28 9
Spelt 221 24
Spelz 221 24
Spelze 221 11
Spender, Getränke- 77 32, 34
Spender, Kleinteile- 27 56
Spender, Papiertuch- 350 40
Spender, Pflaster- 27 56
Spender, Tupfer- 27 29
Spengler 278 17
Sperber 177 16
Spergel 222 12
Sperk 222 12
Sperling, Dach- 179 18
Sperling, Haus- 179 18
Sperling, Korn- 179 18
Sperlingstößer 177 16
Sperlingsvogel 179 6, 7, 12,
  180 1
Sperre, Gashebel- 238 17
Sperre, Tal- 371 64
Sperren 107 55
Sperrer, Mund- 27 41
Sperrgebiet 380 45–47, 48
Sperrgitter 68 25
Sperrschloss 396 22
Sperrung 326 13
Spezialfacette 263 47, 49, 50
Spezialflachwagen 367 33
Spezialfolienstreifen 60 13
Spezialkern 119 28
Spezialtapetenkleister
  281 24
Spezialwerkzeug 348 50
Spezialzubehör 56 89
S-Pfanne 275 54

Sphäre, Astheno- 11 3
Sphäre, Atmo- 7
Sphäre, Exo- 7 36
Sphäre, Himmels- 4 23
Sphäre, Litho- 11 2
Sphäre, Meso- 7 23
Sphäre, Strato- 7 11
Sphäre, Tropo- 7 2
Sphinx 145 22
Sphinx, ägyptische 152 11
Spiegel *Bad* 57 37
Spiegel *Eisenbahn* 361 24
Spiegel *Kaufhaus* 83 22
Spiegel *Kunst* 155 50
Spiegel *Mediengest.* 329 3
Spiegel *Optiker* 263 4
Spiegel *Schneiderei* 256 1
Spiegel *Segeln* 100 26,
  101 49
Spiegel *Telekomm.* 397 14
Spiegel *Zool.* 241 22, 40, 79
Spiegel, Ausricht- 396 51
Spiegel, Außen- 344 10
Spiegel, Beleuchtungs- 16 60
Spiegel, Boven- 372 55
Spiegel, Brenn- 307 18
Spiegel, Frisier- *Friseur*
  257 22, 258 7
Spiegel, Frisier- *Hausrat*
  51 34
Spiegel, Garderoben- 49 7
Spiegel, Gegen- 265 11
Spiegel, großer 379 22
Spiegel, Grundwasser- 80 1,
  41, 63
Spiegel, Hand- *Friseur*
  257 25, 258 8
Spiegel, Hand- *Optiker*
  263 17
Spiegel, Haupt- *Astron.* 5 2,
  6 9
Spiegel, Haupt- *Optik* 265 10
Spiegel, Heck- *Schiff* 375 43
Spiegel, Heck- *Wassersport*
  102 25
Spiegel, Hohl- 133 39
Spiegel, Index- 379 22
Spiegel, Jacht- 101 43
Spiegel, kleiner 379 23
Spiegel, Konkav- *Astron.* 5 35
Spiegel, Konkav- *Energie*
  307 18
Spiegel, Meeres- *Atmos.* 7 1
Spiegel, Meeres- *Erdöl*
  299 39
Spiegel, Meeres- *Geogr.* 11 22
Spiegel, Mund- 29 36
Spiegel, Plan- 5 4
Spiegel, Polygon- 327 20
Spiegel, Rück- *Auto* 344 14
Spiegel, Rück- *Motorrad*
  341 26, 342 34

Spiegel, Rückschwing-
  267 18
Spiegel, Satz- 338 62
Spiegel, Scheiden- 28 9
Spiegel, Schmink- *Auto*
  344 16
Spiegel, Schmink- *Theater*
  136 48
Spiegel, Sekundär- 6 4
Spiegel, Sonnen- 5 32
Spiegel, Stahl- 156 13
Spiegel, Umlenk- *Energie*
  307 20
Spiegel, Umlenk- *Optik*
  265 11
Spiegel, Umlenk- *Setzerei*
  327 22
Spiegel, Unter- 372 58
Spiegel, Vergrößerungs-
  57 31
Spiegel, Wand- 127 5
Spiegel, Wasser- 14 62
Spiegel, Winkel- *Fotoreprod.*
  330 30
Spiegel, Winkel- *Schule* 73 12
Spiegelbild 83 23
Spiegeldekoration 130 16
Spiegelebene 174 5
Spiegeleinrichtung 330 25
Spiegelgewölbe 155 49
Spiegelglasmanometer
  172 19
Spiegelglasscheibe 332 15
Spiegelhäher 179 14
Spiegelheck *Militär* 66 26,
  67 11
Spiegelheck *Schiff* 375 43
Spiegelheck *Segeln* 100 26,
  101 48
Spiegelkarpfen 182 4
Spiegellinsenscheinwerfer
  137 48
Spiegelmeise 180 8
Spiegelobjektiv 267 55
Spiegelreflexkamera 266 21
Spiegelreflexkamera, digitale
  269 26–39
Spiegelreflexkamera, Klein-
  bild- 267 1
Spiegelschrank 57 36
Spiegelteleskop 265 1
Spiegelverkleidung 78 67
Spiel 241 72, 85
Spiel, Backgammon-
  90 18, 22
Spiel, Ball- 107, 108, 109, 110
Spiel, Baseball- 108 48
Spiel, Basketball- 108 6
Spiel, Beachvolleyball-
  110 26–28
Spiel, Boule- 123 18–21
Spiel, Brett- 90 1–28

Spiel, Dame- 90 17–19
Spiel, Domino- 90 33
Spiel, Fahr- 403 30
Spiel, Faustball- 110 29–37
Spiel, Federball- 109 45
Spiel, Football- 108 18
Spiel, Formlege- 71 19
Spiel, Foul- 107 54
Spiel, Fußball- 107 10–16
Spiel, Gesellschafts- 90
Spiel, Glücks- 89
Spiel, Golf- 110 38–55
Spiel, Hallenhandball- 108 1
Spiel, Halma- 90 26–28
Spiel, Handball- 108 1
Spiel, Hasard- 89
Spiel, Hockey- 108 38
Spiel, Kampf- 147 71
Spiel, königliches 90 1–16
Spiel, Korbball- 108 6
Spiel, Kricket- 108 24
Spiel, Krocket- 108 32
Spiel, Kubus- 71 21
Spiel, Lacrosse- 109 69–77
Spiel, Mensch-ärgere-dich-
  nicht- 55 19
Spiel, Mühle- 90 18, 23–25
Spiel, Pelota- 123 67–71
Spiel, Puff- 90 18, 22
Spiel, Ringel- 126 15
Spiel, Salta- 90 20
Spiel, Schach- 90 1–16
Spiel, Squash- 109 59–68
Spiel, Tennis- 109 1–32
Spiel, Tischtennis-
  109 33–44
Spiel, Volleyball- 110 1–28
Spiel, Wasser- 84 8
Spiel, Wasserball- 98 41–45
Spiel, Würfel- 90 29
Spiel, 8-Ball- 91 19–22
Spiel, 9-Ball- 91 23, 24
Spielaktion, Volleyball-
  110 12–18
Spielanzug 34 25
Spielbahn 110 40
Spielball 91 18
Spielbank 89 18
Spielbein 120 3
Spielbrett *Spiel* 90 1, 22
Spielbrett *Sport* 108 8
Spieldarstellung 403 16
Spieldaueranzeige 401 68
Spieldaueranzeigemodus
  401 63
Spielemagazin 55 18
Spieler, Abwehr- 108 4
Spieler, Angriffs- 110 33
Spieler, Außen- 108 31
Spieler, Auswechsel- 107 58,
  108 17
Spieler, Basketball- 108 13

Spieler, Beachvolleyball- **110** 27
Spieler, Billard- *Billard* **91** 7
Spieler, Billard- *Schiff* **376** 95
Spieler, Boule- **123** 18
Spieler, Compact-Disc- **401** 9, 56
Spieler, Curling- **120** 31
Spieler, DVD- *Fotogr.* **270** 35
Spieler, DVD- *U-Elektronik* **402** 1
Spieler, DVD- *Video* **404** 51
Spieler, Eishockey- **120** 18
Spieler, Ersatz- **107** 58
Spieler, Faustball- **110** 33–35
Spieler, Feld- **108** 2
Spieler, Football- **108** 19
Spieler, Gegen- **109** 14
Spieler, Golf- **110** 44
Spieler, Grund- **110** 10
Spieler, Handball- **108** 2
Spieler, Hockey- **108** 47
Spieler, Kassetten- **402** 65
Spieler, Kreis- **108** 3
Spieler, Krocket- **108** 35
Spieler, Lacrosse- **109** 73
Spieler, Leierkasten- **126** 39
Spieler, Minigolf- **84** 71
Spieler, Mittel- **110** 34
Spieler, Mittelfeld- **107** 14
Spieler, MP3- **402** 16
Spieler, Netz- **110** 11
Spieler, Pelota- **123** 68
Spieler, Platten- *Diskothek* **129** 28
Spieler, Platten- *Hausrat* **54** 9
Spieler, Platten- *U-Elektronik* **401** 8, 19
Spieler, Roulette- **89** 30
Spieler, Schallplatten- **401** 8, 19
Spieler, Schau- *Film* **131** 28
Spieler, Schau- *Theater* **137** 37
Spieler, Synthesizer- **130** 35
Spieler, Tennis- **109** 13
Spieler, Tischtennis- **109** 38, 39
Spieler, Volleyball- **110** 9–11
Spieler, Vorder- **110** 33
Spielergruppe **123** 21
Spielerin, Badminton- **109** 55
Spielerin, Schau- *Film* **131** 27
Spielerin, Schau- *Theater* **137** 38
Spielerin, Squash- **109** 66
Spielfeld **107** 1, **109** 46, 59, 69, **110** 1, 29, **123** 67
Spielfeld, Sand- **110** 26
Spielfläche **91** 14
Spielflächenscheinwerfer **137** 16

Spielgerät, Video- **403**
Spielgruppe **71** 20
Spielhahn **241** 71
Spielhöschen **34** 24
Spielkarte **90** 36
Spielkarte, französische **90** 37
Spielkasino **89** 18
Spielkassette **403** 29
Spielkonsole **403** 1
Spielkonsole, Hand- **403** 22
Spielleiter *Roulette* **89** 20
Spielleiter *Theater* **137** 40
Spielmarke **89** 27
Spielmechanik **144** 6–16
Spielmenüwahltaste **403** 25
Spielplan, Roulette- **89** 7
Spielplättchen **142** 20
Spielplatz, Kinder- **87**
Spielsaal, Roulette- **89** 18
Spielstand **91** 16
Spielstein **90** 18
Spielszene **128** 1
Spieltisch, Orgel- **144** 36–52
Spieltisch, Roulette- **89** 25
Spielventil **144** 10
Spielwart **137** 30
Spielwiese **84** 44
Spielzelt **125** 1
Spielzeug **71** 21–32
Spielzeug, Holz- **72** 81
Spielzeug, Wasser- *Schwimmbad* **97** 26
Spielzeug, Wasser- *Strand* **95** 29
Spielzeugauto *Hausrat* **55** 38
Spielzeugauto *Spielplatz* **87** 49
Spielzeugauto, ferngesteuertes **55** 40
Spielzeugbagger **87** 52
Spielzeugente **87** 19
Spielzeugsoldatenparade **85** 22
Spiere **380** 10
Spierentonne **380** 9, 22, 36
Spierstrauch **192** 23
Spieß **128** 22
Spieß, Grill- **47** 35
Spika **3** 18
Spill **66** 23
Spill, Anker- **66** 6
Spill, Verhol- **371** 26
Spin, Elektronen- **1** 4
Spinat **209** 29
Spind **96** 12
Spindel *Bau* **276** 78
Spindel *Böttcher* **283** 22
Spindel *Buch* **336** 21
Spindel *Eisenbahn* **360** 16
Spindel *Installateur* **279** 32
Spindel *Papier* **324** 12

Spindel *Schlosser* **293** 16
Spindel *Schmied* **292** 21
Spindel *Textil* **318** 48
Spindel, Arbeits- **302** 20
Spindel, Bohr- **303** 23
Spindel, Dreh- **302** 20
Spindel, Druck- **285** 32
Spindel, Fräs- **303** 30, 32
Spindel, Haupt- **302** 11
Spindel, Hub- **371** 41
Spindel, Kuppel- **301** 33
Spindel, Leit- **302** 19, 32
Spindel, Mess- **302** 66
Spindel, offene **276** 76
Spindel, Umschalt- **302** 34
Spindel, Verstell- **382** 39
Spindel, volle **276** 77
Spindel, Vorschub- **302** 15
Spindel, Waagerecht- **303** 33
Spindel, Zentral- **24** 29
Spindel, Zug- **302** 33
Spindelapparat **24** 33
Spindeldrehzahl **303** 28
Spindelfaser **24** 35
Spindelgewicht **324** 14
Spindelpol **24** 37
Spindelpresse *Papier* **324** 10
Spindelpresse *Schmied* **292** 14
Spindelpresse, Kupplungs- **292** 17
Spindelstock **302** 2, **303** 2
Spindrift **374** 36
Spinnbad **322** 11
Spinndrüsenregion **175** 51
Spinndüse **322** 10
Spinne **175** 48
Spinne, Garten- **175** 50
Spinne, Haus- **233** 10
Spinne, Kreuz- **175** 50
Spinne, Radnetz- **175** 50
Spinne, Stahl- **5** 20
Spinne, Winkel- **233** 10
Spinnen, Fein- **318** 15, 25
Spinnen, Nass- **322** 9–13
Spinnen, Schmelz- **322** 30, 33
Spinnen, Trocken- **322** 45
Spinnen, Vor- **318** 23
Spinnengewebe **175** 52
Spinnenhautzotte **20** 83
Spinnennetz *Spielplatz* **87** 33
Spinnennetz *Zool.* **175** 52
Spinnentier **175** 43
Spinner *Angelsport* **243** 44, 45
Spinner *Flugzeug* **386** 33
Spinner, Fichten- **235** 18
Spinner, Prozessions- **235** 15
Spinner, Ringel- **234** 13
Spinner, Schwamm- **234** 1
Spinner, Seiden- **175** 54
Spinner, Träg- **234** 1, 36

Spinnerei **318**
Spinnerei, Baumwoll- **318** 26–48
Spinnerei, Kammgarn- **318** 22–25
Spinnerei, Streichgarn- **318** 1–15
Spinnerei, Woll- **318** 1–25
Spinnfaden **317** 56
Spinnfaser, Polyacryl- **322** 45–53
Spinnfaser, Polyester- **322** 33–39
Spinnfaser, Viskose- **322** 19–24
Spinnfaserballen, Polyacryl- **322** 53
Spinnfaserballen, Polyester- **322** 39
Spinnfaserballen, Viskose- **322** 24
Spinngewebshaut **20** 84
Spinning® **112** 32–34
Spinning®-Bike **112** 34
Spinnkabel **322** 21, 34
Spinnkabel, Polyacryl- **322** 46
Spinnlösung **322** 44
Spinnlösung, Viskose- **322** 8
Spinnmaschine, Ring- **318** 39
Spinnmasse, Viskose- **322** 8
Spinnpumpe **322** 9
Spinnring **318** 45
Spinnschmelze **322** 29
Spinnspule **317** 57
Spinnverfahren, Dreizylinder- **318** 26–48
Spinnwarze **317** 53
Spinnweb **175** 52
Spion **49** 33
Spiräe **192** 23
Spiralbindung **412** 72
Spiralbohrer *Heimwerken* **287** 49
Spiralbohrer *Schlosser* **293** 66
Spirale *Flugsport* **103** 43
Spirale *Fotogr.* **268** 2
Spirale *Turnen* **114** 48
Spirale, Eis- **118** 46
Spirale, Film- **268** 4
Spirale, Todes- **120** 9
Spiralfibel, Doppel- **146** 30
Spiralkneter **251** 63
Spiralverzahnung **296** 92, 93
spiralverziertes Gefäß **146** 13
Spirituosen **130** 5
Spiritusflamme **29** 53
Spirographis **176** 25
Spirometer **28** 28
Spirometrie **32** 37
Spitzbart **40** 13, 15

Spitzbein 249 48
Spitzboden 46 13
Spitzbogen 155 31
Spitzdocke 288 8
Spitzdose 410 3
Spitze *Fechten* 111 46
Spitze *Handarbeit* 254 33
Spitze *Kleidung* 36 94
Spitze *Maschinenteil* 296 23, 54
Spitze *Vorgesch.* 146 4
Spitze, Alençon- 254 30
Spitze, Baumwoll- 36 94
Spitze, Berg- 13 44
Spitze, Brüsseler 254 18
Spitze, Degen- 111 27
Spitze, Eingabe- 407 39
Spitze, Fahnen- 61 8
Spitze, Finger- 19 81
Spitze, ganze 135 21
Spitze, Geschoss- 146 2
Spitze, Haken- 243 50
Spitze, Kirchturm- 149 6
Spitze, Klöppel- 254 18
Spitze, Korn- 240 72
Spitze, Land- 381 65
Spitze, Lanzen- 146 21
Spitze, Mast- 94 17
Spitze, Nadel- 254 30
Spitze, Näh- 254 30
Spitze, Pfeil- *Sport* 123 61
Spitze, Pfeil- *Völkerk.* 160 28
Spitze, Ramm- 80 61
Spitze, Reitstock- 302 26
Spitze, Reticella- 254 30
Spitze, Tüll- 254 15
Spitze, Valenciennes- 254 18
Spitze, Venezianer- 254 30
Spitze, Zigaretten- 259 16
Spitze, Zug- 357 31, 32
Spitzenabschneider 238 22
Spitzenarbeit 254 30
Spitzenbesatz 36 83, 94
Spitzeneinsatz *Kleidung* 37 35
Spitzeneinsatz *Zeichner* 314 59
Spitzengrund 254 16
Spitzenring 243 24
Spitzenschuh 135 33
spitzer Winkel 169 8
Spitzgattheck 101 45
Spitzgaube 44 64
Spitzgras 214 30
Spitzhacke 312 28
Spitzkumt 226 15
Spitzmaulnashorn 184 29
Spitzmaus, Haus- 184 9
Spitzmorchel 199 27
Spitznadel 320 16
Spitzsattel 292 36
Spitzstichel 159 5

Spitztonne 380 15, 18
Spitzwegerich 198 11
Spitzwinkelsitz 115 13
Spitzwinkelstütz 115 17
spitzwinkliges Dreieck 169 28
Spließ 275 48
Spließdach 275 45
Splint 296 19, 78
Splintholz *Bau* 273 85
Splintholz *Bot.* 188 12
Splintloch 296 25
Splitt 289 23
Splitter 397 27
Splitterschutzweste 68 32
Splittstreuer 354 33
Spoiler 385 38
Spoiler, Front- 346 32
Spoiler, Heck- *Auto* 346 31
Spoiler, Heck- *Sport* 106 50
Spoiler, Lande- 385 41
spontaner Zerfall 1 37
Sporader 225 28
Spore 199 7, 13
Spore, keimende 199 8
Sporen 226 50, 51
Sporenschlauch 199 12, 13
Sporenständer 199 7
Spörgel, Acker- 222 12
Spörgel, Feld- 222 12
Spörgel, Gemeiner 222 12
Sporn *Militär* 64 23
Sporn *Zool.* 224 26, 241 87
Sporn, Anschlag- 226 50
Sporn, Anschnall- 226 51
Sporn, Lerchen- 195 8
Sporn, Ramm- 372 9
Sporn, Schaufel- 63 34
Spornrad *Militär* 64 27
Spornrad *Straßenbau* 355 21
Sport, Angel- 243
Sport, Berg- 118
Sport, Bob- 121 20–22
Sport, Eis- 120
Sport, Fallschirm- 103 29–54
Sport, Flug- 103, 104
Sport, Modellflug- 103 77–83
Sport, Motor- 106 33–53
Sport, Motorrad- 106 33
Sport, Pferde- 105
Sport, Rad- 106 1–29
Sport, Rodel- 121 12–18
Sport, Schwimm- 98
Sport, Ski- 119
Sport, Wasserski- 102 41–58
Sport, Winter- 119, 120, 121
Sportanlage 18 27
Sportart 123
Sportbekleidung 39
Sportbericht 165 25
Sportboot 102 1–10, 11–15
Sportboot, Inbord- 102 2

Sportbüstenhalter 37 16
Sportcoupé, Kabrio- 346 8
Sporteiner 99 51
Sportfallschirm 103 37
Sportfechten 111 1–33
Sportflugzeug 386 1–31, 32–66, 387 1
Sportflugzweisitzer 103 10
Sportgetriebe, Sechsgang- 345 46
Sportgewehr 123 34–41
Sportgymnastik, rhythmische 114 33–48
Sporthose 39 34
Sportjacke 38 44, 39 1
Sportler, Radrenn- 106 29
sportliche Jacke 83 14
sportliche Tasche 35 34
Sportmotorrad 342 20
Sportmunition 123 28–33
Sportnachricht 165 26
Sportoberteil 39 21
Sportreporter 117 50
Sportsäbel 111 34
Sportschlauchboot *Tauchen* 93 23
Sportschlauchboot *Wassersport* 102 1
Sportschuh 58 35
Sportschuh, Freizeit- 58 57
Sportsitzbank 341 49
Sportslip 37 61
Sportspringen, Fallschirm- 103 29–54
Sportteil 165 22
Sportwaffe 240 1–40
Sportwagen, Kabrio- 346 8
Sportwagen, Puppen- 71 30
Spot 49 37
Spot, Wahlwerbe- 70 4
Spotlight 49 37
Spotmessung 267 68
Spotmessungsanzeige 267 67
Spottgestalt 124 60
Sprache, Seitenbeschreibungs- *Mediengest.* 328 34
Sprache, Seitenbeschreibungs- *Setzerei* 327 4
Sprache, Wasserski- 102 45–51
Sprachenwahltaste 396 29
Sprachlabor 73 30
Sprachrohr 99 19
Spray, Haar- *Friseur* 257 26
Spray, Haar- *Supermarkt* 252 47
Spray, Imprägnier- 56 43
Spray, Pfeffer- 68 40
Spray, Schuh- 56 43
Spraydose 258 24
Spraydüse 56 14

Sprechanlage 129 26
Sprechanlage, Wechsel- 356 48, 357 69
Sprechapparat, Fern- 396
Sprecher, Fern- 396
Sprecher, Laut- *Bahnhof* 359 30
Sprecher, Laut- *Büro* 412 54
Sprecher, Laut- *Diskothek* 129 30
Sprecher, Laut- *Film* 132 16
Sprecher, Laut- *Fotogr.* 270 14
Sprecher, Laut- *Med.* 32 41
Sprecher, Laut- *Nachtlokal* 130 41
Sprecher, Laut- *Polizei* 68 12
Sprecher, Laut- *Rundfunk* 398 8
Sprecher, Laut- *Telefon* 396 15, 47
Sprecher, Laut- *U-Elektronik* 401 12, 16, 402 5, 54
Sprecherin, Nachrichten- 70 9
Sprecherin, Synchron- 132 25
Sprechfunkgerät 386 22
Sprechfunkgerät, Hand- 82 35
Sprechfunkmikrofon 386 29
Sprechgerät, Gegen- 27 27
Sprechgerät, Raum- 27 27
Sprechstelle, Kommando- 398 27
Sprechstelle, Tür- 280 4
Sprechtaste, Frei- 396 43
Sprechzimmer 28 1
Spreißel 311 16
Spreite, Blatt- 188 30, 93, 221 20
Spreize, Spring- 127 30
Spreizer 82 75
Spreizklappe 385 48, 49
Spreizklappe, einfache 385 48
Spreizmechanik, Landegestell- 392 21
Spreiz-Schneidbacke 82 77
Spreizsprung 120 4
Sprenger 207 19
Sprenger, Rasen- *Garten* 208 43
Sprenger, Rasen- *Haus* 44 39
Sprenggurt 226 19
Sprengmeister 312 11
Sprengpatrone 312 12
Sprengring 296 34
Sprengschärfe 245 19
Sprengwerk 369 3
Sprieß 272 59
Sprieße, Schalungs- 272 13
Spriet, Bug- 372 20, 373 1

Sprietsegel **374** 5
Springbein **175** 13
Springbrunnen **84** 21
Springen **114** 43
Springen, Bungee- **85** 9
Springen, Fallschirm-
103 29–54
Springen, Jagd- **105** 9–17
Springen, Kunst- **98** 35–40
Springen, Seil- **87** 4
Springen, Ski- **119** 61
Springen, Sport- **103** 29–54
Springen, Stil- **103** 42, 43
Springen, Turm- **98** 35–40
Springen, Wasser- **98** 35–40
Springer *Musik* **140** 50
Springer *Spiel* **90** 11
Springer, Bungee- **85** 10
Springer, Heu- **175** 10
Springer, Hoch- **116** 10
Springer, Stabhoch- **116** 29
Springer, Turm- **98** 3
Springerin **31** 23
Springermatt **90** 15
Springerrechen **140** 51
Springform **48** 20
Springglocke **105** 17
Springheuschrecke **175** 10
Springkraut, Großes **195** 11
Springmaus, Wüsten- **184** 18
Springpferd **105** 10
Springquelle **12** 10
Springreifen **125** 57
Springreiten **105** 9–17
Springsattel **105** 11
Springseil **87** 5
Springspreize **127** 30
Sprinkler **207** 19
Sprinter **116** 5
Spritzdecke **99** 53
Spritze **27** 48
Spritze, Garten- **208** 24
Spritze, Injektions- *Feuer-
wehr* **82** 72
Spritze, Injektions- *Med.*
27 57, **29** 48
Spritze, Mehrfachfunktions-
29 7
Spritzen **282** 30–43
Spritzflasche **172** 7
Spritzflüssigkeitsbehälter
236 4, 17, 29, 40
Spritzgerät, Feld- **236** 1
Spritzgerät, Hand- **236** 16
Spritzgerät, Handhebel-
236 33
Spritzgerät, Karren- **236** 28
Spritzgestänge **236** 2
Spritzkessel **282** 34
Spritzkuchen **75** 11
Spritzmaschine, Teer-
354 40

Spritzpistole *Landw.* **236** 10
Spritzpistole *Maler* **282** 31
Spritzpistole, Dampf- **284** 2
Spritzpistole, Hand- **282** 43
Spritzpistole, luftlose **282** 40
Spritzpumpe **30** 17
Spritzrohr **321** 13
Spritzrohr, Hand- **236** 36
Spritzschutz **340** 44
Spritzsieb **159** 24
Spritzstrahl **236** 7
Spritzsystem, Airless- **282** 39
Spritzsystem, luftloses
282 39
spritzwassergeschützte
Funktionstaste **220** 40
Spross **188** 20, **194** 18
Spross, Aug- **241** 8
Spross, bewurzelter **206** 17
Spross, Blüten- **190** 6, 62, 68
Spross, Eis- **241** 9
Spross, männlicher **190** 44,
49, 56
Spross, Mittel- **241** 10
Spross, Seiten- **188** 23, **211** 22
Spross, weiblicher **190** 46, 48
Sprossachse, Keim- **188** 97
Sprosse *Haus* **46** 18
Sprosse *Zool.* **241** 12
Sprosse, Augen- **241** 8
Sprosse, Blei- **277** 13
Sprosse, Eis- **241** 9
Sprosse, Kreuz- **44** 29
Sprosse, Mittel- **241** 10
Sprossenfenster **45** 5
Sprossengriff **123** 73
Sprossenleiter **46** 16
Sprossenwand *Kurbad* **88** 26
Sprossenwand *Turnen* **113** 20
Sprossenwand *Vorschule*
71 46
Sprossenzahnstange **368** 9
Sprosser **180** 18
Sprossvogel **180** 18
Spruch, Trink- **78** 41
Sprudler, Trinkwasser- **47** 5
Sprühdose **27** 53
Sprühdose, Farb- **253** 35
Sprühgerät **232** 23
Sprühgerät, Anbau- **236** 37
Sprühgerät, Anhänge- **236** 19
Sprühkammer **236** 46
Sprühpistole **68** 38, 40
Sprühregen **9** 24
Sprührohr **208** 25
Sprühsterilisator **232** 23
Sprühstrahl **236** 22
Sprung *Pferdesport* **105** 23
Sprung *Zool.* **241** 68
Sprung, Ab- **116** 26, 37
Sprung, Auerbach- **98** 36
Sprung, Decks- **67** 23

Sprung, Fuß- **98** 11
Sprung, Grätsch- **115** 37
Sprung, Handstand- **98** 40
Sprung, Hecht- *Schwimmen*
98 35
Sprung, Hecht- *Turnen*
113 48
Sprung, Hoch- **116** 9–27
Sprung, Hock- **115** 36
Sprung, Kopf- **98** 10
Sprung, Quanten- **1** 24,
29–34
Sprung, Reh- **115** 40
Sprung, Roll- **116** 15, 16, 17
Sprung, Scher- **115** 39, **116** 22
Sprung, Ski- **119** 61
Sprung, Spreiz- **120** 4
Sprung, Stabhoch- **116** 28–36
Sprung, Start- **98** 26
Sprung, Streck- **115** 35
Sprung, Wälz- **116** 23
Sprung, Weit- **116** 37–41
Sprung, Winkel- **115** 38
Sprung, Ziel- **103** 47
Sprunganlage **98** 3–9
Sprungbecken **98** 9
Sprungbrett *Schwimmen*
98 7
Sprungbrett *Turnen* **113** 12,
114 8
Sprungerlaubnis **103** 44
Sprungfallschirm **103** 29
Sprunggelenk **225** 37
Sprungglocke **105** 17
Sprunggrube **116** 39
Sprunghöhe **13** 7
Sprunghügel **116** 36
Sprungkasten **113** 15
Sprungkasten, kleiner
113 16, **114** 9, 15
Sprungkissen **116** 36
Sprunglatte *Forstw.* **237** 8
Sprunglatte *Sport* **116** 14, 34
Sprungnetz **125** 13
Sprungpferd **113** 1, 48, 53,
114 1, 22, 30, 31, 32
Sprungschanze **122** 8
Sprungseil **114** 41
Sprungski *Sport* **119** 63
Sprungski *Strand* **95** 12
Sprungski *Wassersport*
102 58
Sprungstab **116** 28
Sprungständer **116** 13, 33
Sprungstiefel **119** 65
Sprungtuch *Feuerwehr* **82** 46
Sprungtuch *Turnen* **114** 11
Sprungturm **98** 4
Sprungverbot **103** 45, 46
Sprungwurf **108** 3
Spülanschluss, Wasser-
332 5

Spülbecken *Camping* **92** 9
Spülbecken *Hausrat* **47** 8
Spülbecken *Med.* **28** 21
Spülbord **99** 40
Spülbürste **56** 54
Spüle **47** 8
Spule, Faden- **338** 18
Spule, Film- *Film* **132** 2,
133 32
Spule, Film- *Fotogr.* **266** 8
Spüle, Geschirr- **47** 8
Spule, Induktions- *Eisen-
verarb.* **301** 3
Spule, Induktions- *Geogr.*
12 37
Spule, Kreuz- **319** 22, 26
Spule, Magnetband- **406** 62
Spule, Rollfilm- **266** 19
Spule, Schuss- **319** 18
Spule, Spinn- **317** 57
Spulenhalter **338** 17
Spulenknopf **266** 26
Spüler, Druck- **279** 37
Spüler, Geschirr- **47** 54
Spülflasche, Augen- **82** 17
Spülhebel **57** 16
Spülkasten **279** 14
Spülkopf **298** 10
Spülleitung *Erdöl* **298** 13
Spülleitung *Fluss* **370** 48
Spülplatz **47** 6
Spülpumpe **298** 16
Spülrohr **279** 17
Spülung *Erdöl* **299** 42, 43
Spülung *Med.* **27** 48
Spülung, Umlauf- **332** 6
Spülwanne **331** 1
Spulwurm **233** 31
Spundbohle **371** 7
Spundfutter **288** 6
Spundloch **283** 7
Spundwand *Bau* **272** 17
Spundwand *Wasserbau*
371 6
Spur **239** 9
Spur, Schlepp- **119** 41
Spur, Synchron- **404** 29
Spur, Ton- **404** 28
Spur, Video- **404** 27
Spuranreißer **218** 74
Spürhund **223** 23–26
Spurkranzschmierung
365 52
Spurschema, VHS- **404** 24
Spurstangenhebel **345** 85
Squash **109** 59–68
Squashball **109** 58
Squashkäfig **109** 59
Squashschläger **109** 67
Squashspiel **109** 59–68
Squashspielerin **109** 66
Squaw **160** 10

Staatsflagge **61** 16–23
Staatsoberhaupt **61** 12
Staatsperücke **40** 2
Stab **283** 2
Stab, Abdeck- **276** 64
Stab, Aron- **197** 9
Stab, Befehls- **359** 17
Stab, Blitz- **266** 66
Stab, Brennelement- **306** 4
Stab, Dirigenten- **136** 30
Stab, Dirigier- **136** 30
Stab, Dreh- **345** 75
Stab, Filet- **254** 25
Stab, Form- **37** 18
Stab, Frisier- **258** 32
Stab, Geländer- **276** 51
Stab, Gitter- **84** 34
Stab, Holz- **142** 63
Stab, Lampen- **127** 42
Stab, Maß- *Geogr.* **16** 30
Stab, Maß- *Setzerei* **326** 18, 25, 26
Stab, Maß- *Zeichner* **314** 38, 39
Stab, Peil- **355** 25
Stab, Quer- **108** 25
Stab, Rühr- **324** 6
Stab, Schweiß- **294** 12
Stab, Sprung- **116** 28
Stab, Stabhochsprung- **116** 28
Stab, Teil- **319** 5
Stab, Trommel- **162** 19
Stab, Verkehrsregelungs- **68** 14
Stab, Warentrenn- **252** 112
Stabantenne **397** 22
Stäbchen, Schlag- **140** 19
Stabhochspringer **116** 29
Stabhochsprung **116** 28–36
Stabhochsprunganlage **116** 32
Stabhochsprungstab **116** 28
stabile Seitenlage **26** 28
Stabilisator *Fotogr.* **268** 10
Stabilisator *Sport* **123** 58
Stabilisierung **303** 33
Stabilisierungsflosse *Militär* **64** 22
Stabilisierungsflosse *Raumfahrt* **391** 6
Stabilisierungspaneel **103** 41
Stabilisierungssteg **340** 13
Stablampe **280** 24
Stabtasche **99** 61
Stabwerk **154** 27
staccato **139** 34
Stachel *Biene* **230** 16
Stachel *Bot.* **213** 18
Stachel *Musik* **141** 22
Stachel *Zool.* **184** 8
Stachel, Schild- **147** 58

Stachel, Schwanz- **175** 47
Stachelbeerblüte **211** 8
Stachelbeere **211** 11
Stachelbeerspannerraupe **211** 7
Stachelbeerstrauch *Bot.* **211** 3
Stachelbeerstrauch *Garten* **204** 20
Stachelbeerzweig **211** 4
Stachelhäuter **176** 42, **187** 3, 11, 17, 18, 19
Stachelnuss **197** 8
Stachelscheide **230** 17
Stachelschwein **184** 16
Stadion **18** 27
Stadium, Morula- **25** 25
Stadium, Zweizellen- **25** 24
Stadt *Geogr.* **17** 50
Stadt *Stadt* **79**
Stadt, Film- **131** 1
Stadt, Innen- **79**
Stadt, Zelt- **125** 46
Stadtautobahn **381** 54
Stadtbahn **18** 9
Stadtbahnbetrieb **351** 13
Städtebanner **372** 22
Stadtkarte **18**
Stadtmauer *Kunst* **152** 30
Stadtmauer *Stadt* **18** 33
Stadtplan **18**, **79** 20
Stadtvilla **45** 1
Stadtwappen **62** 45
Staffel, Schwimm- **98** 21–29
Staffelbruch **13** 10
Staffelei **3** 47
Staffelei, Atelier- **157** 3
Staffelei, Feld- **157** 26
Stag **373** 10
Stag, Bram- **373** 12
Stag, Bramstenge- **373** 12
Stag, Royal- **373** 13
Stag, Royalstenge- **373** 13
Stag, Signal- **377** 11
Stag, Stenge- **373** 11
Stag, Vor- **100** 6
Stag, Wasser- **373** 15
Stagsegel **374** 2
Stagsegel, Besan- **373** 27
Stagsegel, Besanbram- **373** 29
Stagsegel, Besanbramstenge- **373** 29
Stagsegel, Besanstenge- **373** 28
Stagsegel, Großbram- **373** 25
Stagsegel, Großbramstenge- **373** 25
Stagsegel, Großroyal- **373** 26
Stagsegel, Großroyalstenge- **373** 26

Stagsegel, Großstenge- **373** 24
Stagsegel, Vorstenge- **373** 20
Stahl, Abstech- **288** 25
Stahl, Band- **301** 41–49
Stahl, Dreh- *Drechsler* **288** 15, 16, 25
Stahl, Dreh- *Werkzeugmasch.* **302** 45–53
Stahl, Granier- **159** 19
Stahl, Platten- **288** 25
Stahl, Polier- *Goldschmied* **260** 51
Stahl, Polier- *Kunst* **159** 17
Stahl, Rund- **272** 80
Stahl, Schraub- **288** 15
Stahl, Tor- **272** 82
Stahl, Wetz- **248** 8
Stahlband, Einzieh- **280** 40
Stahlbandarmierung **305** 54
Stahlbauschlosser **293** 7
Stahlbesen **142** 54
Stahlbetonbau **272**
Stahlbetonbogen **369** 50
Stahlbetonbrücke **369** 49
Stahlbetondecke **272** 8
Stahlbetonhülle **306** 29
Stahlbetonplatte **276** 28
Stahlbetonrahmen **272** 2
Stahlbetonrippendecke **276** 35
Stahlbetonskelett **272** 1
Stahlbetonständer **369** 61
Stahlbetonsturz **271** 13
Stahlbewehrung **276** 37
Stahlblock **300** 34
Stahldrahtarmierung **305** 54
Stahlerzeugung **300**
Stahlfeder **340** 22
Stahlgießpfanne **300** 32
Stahlgitterbrücke **369** 34
Stahlgittermast **368** 71
Stahlgriffel, indischer **163** 21
Stahlhalter **302** 21
Stahlkante **119** 31
Stahlkappe **353** 6
Stahlkugel **296** 70
Stahlpfahl **371** 5
Stahlrad-Glasschneider **277** 26
Stahlrohrgerüst **272** 46
Stahlrohrmast **368** 72
Stahlrohrstuhl **49** 26
Stahlrohrstütze **368** 72
Stahlsäge **287** 17
Stahlschwelle **371** 4
Stahlspiegel **156** 13
Stahlspinne **5** 20
Stahltreppe **218** 77
Stahltür **409** 24
Stahlwerk **300** 21–74
Stahlwinkel **260** 28

Stake *Angelsport* **243** 9
Stake *Korbmacher* **289** 6
Staket **204** 11
Stalagmit **14** 66
Stalaktit **14** 65
Stalaktitengewölbe **156** 17
Stall **227** 11
Stall, Anbinde- **228** 14
Stall, Boxenlauf- **215** 16
Stall, Hühner- **227** 3
Stall, Kuh- **228** 14
Stall, Lauf- **33** 39
Stall, Milchvieh- **228** 14
Stall, Pferde- **228** 1
Stall, Rindvieh- **215** 16
Stall, Sau- **228** 35
Stall, Schaf- **228** 9
Stall, Schweine- **215** 21, **228** 35
Stall, Stier- **128** 14
Ställchen, Lauf- **33** 39
Stallmeister **125** 29
Stallmiststreuer **215** 39, **216** 42
Stallvollplatte **313** 27
Stamm **237** 19
Stamm, Baum- *Bot.* **188** 2, 7
Stamm, Baum- *Forstw.* **237** 19
Stamm, Baum- *Schiff* **372** 7
Stamm, Hoch- **204** 12, 22, 31
Stamm, Reben- **231** 6
Stamm, Rund- **273** 83
Stamm, Schein- **202** 30
Stammgast **76** 38
Stammhirn **20** 64
Stammholz **238** 41
Stammholzentrindung **238** 23
Stammholzhalter **311** 40
Stammholzschlepper **238** 34
Stammtischwimpel **76** 37
Stammton **138** 45, 46
Stampfer **172** 9
Stampfer, Beton- **272** 83
Stampfer, Rüttel- **354** 19
Stampfer, Vibrations- **354** 19
Stampfer, Wäsche- **127** 85
Stampffuß **354** 21
Stampfplatte **354** 22
Stand **98** 35
Stand, Artisten- **125** 5
Stand, Ballen- **115** 5
Stand, Bedienungs- **330** 5
Stand, Bienen- **230** 63
Stand, Blüten- **188** 72, **189** 8, 43, 48, **190** 17, 24, **191** 24, **196** 8, 55, 57, **200** 38, **201** 11, 13, 49, **202** 31, 50, **212** 47, 55, **221** 32, 35
Stand, Bowling- **123** 10
Stand, Diagnose- **348** 20

Stand, Einstell- 348 17
Stand, Fahr- *Navigation* 379 1
Stand, Fahr- *Seerettung* 384 23, 24
Stand, Fahr- *Straßenbau* 355 5
Stand, Fahrer- *Landw.* 217 27
Stand, Fahrer- *Straßenbahn* 351 26
Stand, Frucht- 189 22, 44, 69, 72, 191 8, 192 18, 201 56, 202 8, 32, 214 15
Stand, Führer- *Bergbahn* 368 59
Stand, Führer- *Eisenbahn* 362 2, 20, 363 10, 28, 364 38, 365 19, 57, 366 5, 367 2
Stand, Führer- *Hafen* 382 40
Stand, Grill- 126 5
Stand, Hand- *Sport* 115 27
Stand, Hand- *Turnen* 113 52
Stand, Hoch- 239 17
Stand, Hock- 115 6
Stand, Inspizienten- 137 29
Stand, Kegel- 123 1–7
Stand, Knie- 115 7
Stand, Kommando- 379 1
Stand, Kontroll- 394 20
Stand, Kopf- 115 28
Stand, Kurz- 228 22
Stand, Melk- 228 23
Stand, Nacken- 115 29
Stand, Pferde- 228 2
Stand, Prüf- *Schmied* 291 16
Stand, Prüf- *Werkstatt* 348 32, 37
Stand, Quer- 113 24, 25, 27
Stand, Rettungsschwimmer- 95 1
Stand, Schriften- 148 56
Stand, Schützen- 123 52
Stand, Seit- 113 22, 23, 26
Stand, Spiel- 91 16
Stand, Steuer- 300 71
Stand, Taxen- 79 65, 68
Stand, Taxi- *Piktogramm* 390 7
Stand, Taxi *Stadt* 79 65
Stand, Unter- 237 5
Stand, Unterarm- 115 26
Stand, Verkaufs- 55 28
Standardbrief 395 37
Standardleitwerk 385 23
Standard-T-Shirt 39 22
Standarte *Flagge* 61 12
Standarte *Fotoreprod.* 330 11
Standarte *Zool.* 241 52
Standarte, Objektiv- 266 51
Standarte, Reiter- 61 11

Standartenverstellung 266 50
Standaschenbecher 76 13
Standascher 76 13
Standbein 120 2
Standbild *Kunst* 153 6
Standbild *Park* 84 10
Standdrehwerk 218 66
Stander 244 13
Ständer *Bau* 272 47
Ständer *Chemie* 172 28
Ständer *Med.* 31 11
Ständer *Werkzeugmasch.* 303 10, 21
Ständer *Zeichner* 314 42
Ständer *Zool.* 241 86
Ständer, Abtropf- 47 9
Ständer, Arbeits- 253 54
Ständer, Bohr- 287 54
Ständer, Brillen- 263 5
Ständer, Brücken- 369 30
Stander, Doppel- 61 24
Ständer, Fahrrad- 339 33
Ständer, Formular- 413 15, 414 25
Stander, Gaffel- 373 49
Ständer, Garderoben- 76 15
Ständer, Gerüst- 271 23
Ständer, Gewürz- 55 29
Ständer, Hilfs- 61 27
Ständer, Kapillar- 28 40
Ständer, Kerzen- 127 47
Ständer, Kleider- *Kaufhaus* 83 25
Ständer, Kleider- *Restaurant* 76 15
Ständer, Kleider- *Schneiderei* 255 20
Stander, Klub- 99 22
Ständer, Korb- 108 9
Ständer, Mikrofon- 398 40
Ständer, Motorrad- 342 25
Ständer, Osterkerzen- 148 45
Ständer, Papier- 314 18
Ständer, Perücken- 257 46
Ständer, Pipetten- 28 50
Ständer, Platten- 331 35
Ständer, Prospekt- *Bahnhof* 358 63
Ständer, Prospekt- *Bank* 414 19
Ständer, Queue- 91 17
Ständer, Rahmen- 286 44
Ständer, Schallplatten- 127 37
Ständer, Schirm- 49 17
Ständer, Sporen- 199 7
Ständer, Sprung- 116 13, 33
Ständer, Stahlbeton- 369 61
Ständer, T- 330 31
Ständer, Trocken- 127 51
Ständer, Tuben- 27 36

Ständer, Vertikal- 402 32
Ständer, Walzen- 301 32
Ständer, Wasch- 127 84
Ständer, Wäsche- 56 34
Ständerbeute 230 56
Ständerschlitten 161 23
Standesabzeichen 128 25
Standgerüst 16 51
Standhahnmutternzange 279 65
ständige Langsamfahrstelle 357 41, 42, 43, 44
Standkampf 117 6
Standkorrektion 10 10
Standleiter 271 86
Standlicht 344 53
Standlinie, Hyperbel- 379 37, 38
Standort 379 39
Standpirouette 120 6
Standrohr *Erdöl* 298 18
Standrohr *Feuerwehr* 82 38
Standrohr *Haus* 44 53
Standrohr *Raumfahrt* 391 24
Standrohrkupplung 220 7
Standseilbahn 368 12
Standseilbahnwagen 368 13
Standtafel 55 13
Standuhr *Flohmarkt* 127 58
Standuhr *Uhr* 262 16
Standventil 279 31
Standvogel 179 8
Stange *Musik* 141 14
Stange *Nachtlokal* 130 18
Stange *Navigation* 380 34
Stange *Sport* 112 28
Stange *Zool.* 241 13, 34
Stange, Abhebe- 143 23
Stange, Anoden- 331 5
Stange, Aufstell- 92 33
Stange, Balancier- 125 45
Stange, Ballett- 135 29
Stange, Bohnen- 204 29
Stange, Brech- 312 29
Stange, Fahnen- 87 48
Stange, Fall- 314 65
Stange, Führungs- 2 42
Stange, Gardinen- 76 54
Stange, Gerüst- 271 23
Stange, Geweih- 146 5
Stange, Gleichgewichts- 125 45
Stange, Halte- *Druck* 332 8
Stange, Halte- *Eisenbahn* 362 11
Stange, Halte- *Flugsport* 104 4
Stange, Kipp- 119 23
Stange, Kleider- 83 42
Stange, Kolben- *Auto* 345 81

Stange, Kolben- *Eisenbahn* 364 33
Stange, Kümmel- 251 37
Stange, Kuppel- 364 11
Stange, Lenk- 339 2
Stange, Löt- 260 38
Stange, Mehrkorn- 251 19
Stange, Mitnehmer- 298 14
Stange, Parier- 111 43
Stange, Pleuel- 343 23
Stange, Polier- 298 35
Stange, Posaunen- 141 49
Stange, Reck- 113 8
Stange, Salz- *Supermarkt* 252 14
Stange, Salz- *Tankstelle* 349 5
Stange, Schieber- 364 30
Stange, Stell- 356 20
Stange, Stoß- 344 48, 346 30
Stange, Streich- 271 26
Stange, Stütz- 125 12
Stange, Vanille- 200 48
Stange, Verlängerungs- 314 62
Stange, Verstell- 57 46
Stange, Waren- 331 6
Stange, Zahn- *Bergbahn* 368 9, 11
Stange, Zahn- *Wasserbau* 371 78
Stange, Zelt- *Camping* 92 53
Stange, Zelt- *Völkerk.* 160 8
Stange, Zucker- 126 54
Stange, Zug- *Landw.* 218 20
Stange, Zug- *Maschinenteil* 296 101
Stängel 188 22, 196 33
Stängel, Blüten- 201 7, 212 6
Stängel, Bohnen- 209 10
Stängel, Kammer- 240 22
Stängelloser Enzian 196 14
Stangenbohne 204 29
Stangenbohner 273 65
Stangenholz 237 12
Stangenweißbrot *Bäckerei* 251 13
Stangenweißbrot *Supermarkt* 252 16
Stangenzirkel 278 11
Stanze, Gehrungssprossen- 277 7
Stanzhebel 412 73
Stanzschacht 412 74
Stanzwerkzeug 251 81
Stapel 334 26
Stapel, Auslage- 333 15
Stapel, Bierkasten- 247 19
Stapel, Bretter- 273 1
Stapel, Container- 181 49
Stapel, Dock- 378 41
Stapel, Fertig- 301 43

Stapel, folienverpackter
381 42
Stapel, Kiel- **378** 41
Stapel, Kimm- **378** 42
Stapel, Papier- *Büro* **412** 63
Stapel, Papier- *Papier* **324** 20
Stapel, Stein- **271** 40
Stapel, Tablett- **77** 2
Stapel, Teller- **76** 11
Stapel, Zeitungs- **335** 31
Stapelia **205** 15
Stapelkasten **229** 30
Stapellatte **311** 38
Stapelleiste **311** 38
Stapelplatz **337** 12
Stapelstein **311** 37
Stapelung, Vor- **311** 24
Stapler **317** 20
Stapler, Container- **381** 47,
382 4
Stapler, Gabel- *Brauerei*
247 18
Stapler, Gabel- *Hafen* **381** 44,
382 8
Stapler, Gabel- *Ziegelei*
313 17
Stapler, Portal- **381** 47, **382** 4
Stapler, Schiffs- **382** 15
Star *Segeln* **100** 48
Star *Zool.* **179** 17
Star, Film- **131** 27, 28
Star, Rinder- **179** 17
stark **139** 38
stark, sehr **139** 39
Stärke, Beben- **12** 28
Stärke, Laut- **132** 35
Stärke, Linien- **326** 24
Stärke, Wind- **9** 11
Stärkemesser **126** 23
Stärkeverstellung **253** 22
Starkstromleitung *Geogr.*
17 113
Starkstromleitung *Installa-
teur* **280** 21
Starkwindschicht **7** 8
Starmatz **179** 17
Start **116** 1–6
Start, Ballon- **103** 76
Start, Neu- **406** 12
Start, Schlepp- **104** 19
Start, Tief- **116** 4
Start, Tiefwasser- **102** 42
Start, Winden- **104** 23
Startbahn **104** 33
Startbehälter **67** 26
Startblock *Schwimmen* **98** 24
Startblock *Sport* **116** 1
Startboje **101** 14
Startcontainer, Flugkörper-
66 71
Starter **98** 27
Starter, Asroc- **66** 50

Starter, Elektro- **208** 39
Starter, Flarak- **67** 5, 20
Starter, Flugabwehrraketen-
66 32, **67** 25
Starter, Jagdraketentorpedo-
67 51
Starter, Kick- *Motor* **343** 77
Starter, Kick- *Motorrad*
341 18
Starter, Luftzielraketen-
67 50
Starter, Raketen- **66** 49
Starter, Senkrecht-
388 11–34
Starterflagge **87** 23
Startkatapult, Doppel- **67** 14
Startlinie **111** 3
Startnummer *Pferdesport*
105 35
Startnummer *Sport* **106** 45
Startnummernschild **342** 22
Startphase **391** 64
Startplatz **116** 3
Startrampe **63** 74
Startrohr **63** 74
Startschiff **101** 15
Startseite **328** 29
Startsockel **98** 24
Startsprung **98** 26
Starttaste **401** 23, **403** 11
Starttonne **101** 14
Start-und-Lande-Bahn **389** 1
Start-und-Pausen-Taste
402 21
Staßfurt-Flöz **306** 68
Staßfurt-Steinsalz **306** 69
Station, Antriebs- **355** 7
Station, Ausform- **229** 35
Station, Basis- **396** 46
Station, Bekohlungs- **304** 13
Station, Berg- **368** 51
Station, Boden- **397** 8
Station, Deckelsetz- **229** 46
Station, Docking **269** 55
Station, Downlink- **397** 8
Station, Druck- **137** 50
Station, Empfangs- **397** 8
Station, Haupt- **379** 34
Station, Intensiv- **30** 1
Station, Intensivpflege- **30** 1
Station, Kreuzweg- **148** 54
Station, meteorologische **9** 9
Station, Neben- **379** 35
Station, Polizei- **18** 23
Station, Quarantäne- **381** 27
Station, Raum- **394** 1
Station, Röntgen- **32** 1
Station, Sende- **397** 8
Station, Service- **270** 43
Station, Tal- **368** 33
Station, Uplink- **397** 8
Station, Weltraum- **394** 1

Station, Wetter- **9** 9
Station, Zulege- **301** 17
stationäre Masse **12** 35
stationärer Personal-
computer **406** 1
Stationärrolle **243** 31
Stationskreis **9** 9, 12
Stationsschild **359** 3
Stationstaste *Flohmarkt*
127 22
Stationstaste *U-Elektronik*
401 53, **402** 73
Statist *Film* **131** 29
Statist *Theater* **137** 39
Statistik **411** 38
Statistik, Umsatz- **411** 49
statistisches Schaubild
411 38
Stativ *Film* **131** 49, **134** 13
Stativ *Optik* **264** 2
Stativ, Brücken- **330** 13
Stativ, Büretten- **173** 22
Stativ, Mini- **267** 44
Stativ, Pump- **131** 50
Stativ, Repro- **267** 41
Stativ, Rohr- **266** 41
Stativ, Röntgen- **32** 9
Stativ, Säulen- *Atom* **2** 29
Stativ, Säulen- *Optik* **264** 32
Stativ, Schulter- **267** 43
Stativ, Tisch- **267** 44
Stativbein **266** 42
Stativfuß **264** 3
Stativscheinwerfer **131** 52
Stätte, Begräbnis- **149** 23, 62
Stätte, Gast- **76** 1–36, **77**
Stätte, Grab- **149** 23
Stätte, Kunst- **18** 20
Stätte, Lager- *Bergwerk*
297 40
Stätte, Lager- *Energie*
306 60–71
Stätte, Präge- **60** 29
Stätte, Tages- **71**
Statue *Kirche* **151** 13
Statue *Kunst* **158** 32
Statue *Park* **84** 10
Statue, Bodhisattwa- **151** 8
Statue, Buddha- **151** 3
Statue, Madonnen- **148** 51
Statuette, Elfenbein- **146** 8
Staub, Blüten- *Biene* **230** 4
Staub, Blüten- *Bot.* **188** 70
Staub, Mond- **392** 13
Staubabsaugung **236** 45
Staubabscheider **246** 40
Staubbehälter **56** 90
Staubbeutel **190** 35, **211** 48,
212 13
Staubbeutelfüllanzeige
56 65
Staubbeutelkassette **56** 66

Staubblatt **188** 62, **190** 7, 18,
191 2, 5, **192** 3, **211** 48,
212 13
Staubblüte **212** 47
Staubblütenkätzchen **212** 54
Staubblütenstand **212** 47
Staubecken **371** 44
Staubfänger **300** 14
Staubfüllanzeige **56** 77
Staubgefäß **211** 48
Staubhaube **286** 18
Staubkappe **339** 63, 88
Staubmantel **38** 42
Staubpinsel **261** 18
Staubsack **300** 14
Staubsammelkasten **260** 45
Staubsauger **350** 9
Staubsauger, Boden- **56** 72
Staubsauger, Hand- **56** 62
Staubsauger, Tisch- **260** 43
Staubsaugerschlauch **350** 10
Staubschutz **2** 48
Stauchfalte **338** 11
Stauchfalzmaschine **338** 8
Stauchkanal **321** 12
Stauchklappe **321** 11
Stauchklotz **290** 16
Staudamm **307** 27
Staude **204** 10
Staude, Bananen- **202** 28
Staude, Blumen- **204** 10
Staude, Papyrus- **201** 64
Staude, Salat- **209** 36
Staude, Tomaten- **207** 44
Staudenbeet *Garten* **204** 23
Staudenbeet *Gärtnerei*
207 37
Staudenphlox **213** 14
Staufach **341** 9
Staukiste **341** 9
Staukörper **371** 74
Staulufteinlauf **65** 19
Staumauer **371** 66
Stauraum *Raumfahrt* **394** 25
Stauraum *Schiff* **383** 26
Stauraum *Seerettung* **384** 27
Stauraumbox **347** 5
Staurohr **64** 11
Stauschleuse **17** 68
Stausee **371** 65
Staustufe **371** 73
Stauung, Papier- **333** 42
Steak **252** 73
Steamcracker **298** 43
Stechapfel **197** 8
Stechapparat **230** 14
Stechbeitel *Heimwerken*
287 30
Stechbeitel *Kunst* **158** 19
Stechbeitel *Tischler* **285** 7
Stechdrehmeißel **302** 53
Stecher *Jagd* **240** 12

Stecher *Zool.* 241 89
Stecher, Apfelblüten- 234 10
Stecher, Kupfer- 159 44
Stecher, Loch- 254 12
Stecher, Waden- 233 5
Stechfliege 233 5
Stechheber 232 13
Stechhelm *Heraldik* 62 10
Stechhelm *Ritter* 147 77
Stechknopf, Walzen- 412 2
Stechlanze 147 81
Stechmesser 248 10
Stechmücke 175 17
Stechpaddel *Schiff* 372 8
Stechpaddel *Wassersport*
  99 1, 35
Stechpalme 192 9
Stechrüssel 175 18
Stechtartsche 147 79
Stechzeug 147 76
Steckachse 342 46
Steckbrett 87 44
Steckdose *Friseur* 258 16
Steckdose *Med.* 30 5
Steckdose *Schule* 73 9
Steckdose *Werkstatt* 348 52
Steckdose, Doppel- 280 8
Steckdose, dreipolige 280 15
Steckdose, Gerät- 56 82
Steckdose, Schutzkontakt-
  280 7, 10
Steckdose, Vierfach- 280 14
Steckdose, Wand- 47 18
Stecken, Reb- 231 7
Stecker, Drehstrom- 280 16
Stecker, Klinken- 402 47
Stecker, Kupplungs- 280 12
Stecker, Ohr- *Schmuck* 43 13
Stecker, Ohr- *Sport* 106 12
Stecker, Paletten- 157 29
Stecker, Schutzkontakt-
  280 9
Stecker, Zündkerzen- 342 13
Steckholz 206 25
Steckkarte 406 22, 407 20
Steckling 206 20
Steckling, Augen- 206 22
Steckling, ausgetriebener
  206 24
Steckling, Wasser- 206 19
Steckplatz 406 20, 21
Steckplatz, Karten- 407 4
Steckrute 243 21
Stecktasche 38 29
Steckverschluss 340 7
Steert 244 19
Steg *Bau* 273 15
Steg *Brücke* 369 18
Steg *Georg.* 17 78
Steg *Kleidung* 36 64
Steg *Kunst* 153 32, 43
Steg *Maschinenteil* 296 4

Steg *Musik* 140 17, 141 5
Steg *Optiker* 263 11
Steg *Park* 84 46
Steg *Wassersport* 99 17
Steg, Anlege- 99 17
Steg, Arbeits- 137 5
Steg, Außen- 338 60
Steg, Bade- 95 31
Steg, Bass- 143 13
Steg, Bedienungs- 371 81
Steg, Blei- 277 13
Steg, Boots- *Fluss* 370 7
Steg, Boots- *Wassersport*
  99 17
Steg, Bretter- 274 75
Steg, Bund- 338 58
Steg, Diskant- 143 11
Steg, Drucker- 334 8
Steg, Führungs- 218 13
Steg, Fuß- 338 61
Steg, Geigen- 141 5
Steg, Hänge- 369 15
Steg, Kopf- 338 59
Steg, Landungs- 99 17
Steg, Lauf- *Eisenverarb.*
  300 40
Steg, Lauf- *Schiff* 375 7
Steg, Mittel- 37 13
Steg, Nasen- 263 12
Steg, Quer- 218 13
Steg, Schienen- 356 3
Steg, Seiten- 263 12
Steg, Stabilisierungs- 340 13
Steghose 36 63
Stegleitung 280 44
Stegschlaufe 102 55
stehende Falte 13 15
stehender Anschlag 123 22
stehendes Gut 373 10–19
Steher, Tür- 130 2
Steherrennen 106 9
Stehfaden 320 24
Stehfadenablaufgestell
  320 25
Stehfadeneinrichtung 320 23
Stehfalz 333 9
Stehgeiger 78 46
Stehhilfe 330 40
Stehkessel 364 62
Stehkolben 173 36
Stehkragen 36 8
Stehlampe *Energie* 308 18
Stehlampe *Hausrat* 50 38,
  54 36
Stehleiter *Installateur* 279 2
Stehleiter *Maler* 282 7
Stehplatzraum 319 18
Stehpult *Bank* 413 14
Stehpult *Wahl* 70 23
Stehsieb 207 13
Stehtisch 361 64, 363 22
Stehtisch, Bistro- 349 12

Steig, Bahn- *Bahnhof* 359 28
Steig, Bahn- *Bergbahn*
  368 45
Steig, Bürger- *Stadt* 79 45
Steig, Bürger- *Straße* 352 9
Steig, Flug- 389 12
Steig, Geh- 352 9
Steigbügel *Anat.* 22 92
Steigbügel *Pferd* 226 43
Steigbügel *Pferdesport* 105 4
Steige, Gemüse- 207 43
Steige, Gemüseversand-
  207 43
Steigeisen *Bergsport* 118 52
Steigeisen *Wasservers.* 80 28
Steigeisen, Zwölfzacker-
  118 53
Steigeisenriemen 118 55
Steigeleiter 371 9
Steigen, Berg- 118
Steiger, Berg- 118 5
Steigleiter *Haus* 46 5
Steigleiter *Landw.* 217 67
Steigleitung *Erdöl* 298 10
Steigleitung *Installateur*
  279 7
Steigleitung *Wasservers.*
  80 19
Steigrohr 298 32
Steigung 170 12
Steigung, Gewinde- 302 9
Steigung, Vorschub- 302 9
steile Lagerung 297 41, 42
Steilgewinde 302 9
Steilhang 14 34, 73
Steilküste 14 69
Steilstufe 14 67
Steilwand 13 47
Steilwandzelt 92 50
Stein *Bot.* 192 12
Stein *Spiel* 90 7
Stein, Back- 313 20
Stein, Bau- 270 3
Stein, Bimshohlblock- 272 24
Stein, Blut- 260 48
Stein, Boden- 245 24
Stein, Curling- 120 32
Stein, Dame- 90 18, 19
Stein, Domino- 90 34
Stein, Eck- 90 41
Stein, Eckfuß- 275 77
Stein, Farb- 43 15
Stein, Feld- *Landw.* 216 5
Stein, Feld- *Schwimmbad*
  96 17
Stein, Feld- *Wasservers.*
  80 37
Stein, Feuer- 259 28
Stein, Form- 313 28
Stein, Gedenk- 149 14, 26
Stein, Grab- 149 26

Stein, Grenz- 216 3
Stein, Halma- 90 28
Stein, Hinkel- 146 18
Stein, Hourdi- 313 26
Stein, Kämpfer- 155 21
Stein, Keil- 155 22
Stein, Kiesel- 146 6
Stein, Lager- 262 25
Stein, Läufer- 245 23
Stein, Leichen- 149 26
Stein, Lese- 216 5
Stein, Litho- 159 25, 57
Stein, Löt- 278 6
Stein, Mahl- 162 24
Stein, Mauer- 313 20
Stein, Meilen- 17 109
Stein, Mosaik- 157 39
Stein, Mühl- 245 17
Stein, Ober- 245 23
Stein, Ofen- 96 22
Stein, Öl- 159 21
Stein, Ort- 275 80
Stein, Quader- 312 27
Stein, Rechen- *Hausrat* 55 14
Stein, Rechen- *Vorschule*
  71 17
Stein, Rinn- 352 10
Stein, Roh- 158 5
Stein, Roteisen- 260 48
Stein, Salta- 90 21
Stein, Schamotte- 294 16
Stein, Schiefer- 275 85
Stein, Schleif- 325 7
Stein, Schluss- 154 33, 155 23
Stein, Schorn- *Abfall* 81 28
Stein, Schorn- *Bau* 271 21,
  273 47, 275 13
Stein, Schorn- *Eisenbahn*
  364 22
Stein, Schorn- *Erdöl* 299 2
Stein, Schorn- *Geogr.* 17 37
Stein, Schorn- *Haus* 44 10,
  46 6
Stein, Schorn- *Kraftwerk*
  304 8
Stein, Schorn- *Landw.* 215 22
Stein, Schorn- *Militär* 66 19,
  20, 58, 67 32
Stein, Schorn- *Schiff* 375 2,
  16, 41, 69, 377 1
Stein, Schütt- 380 71
Stein, Siegel- 43 62
Stein, Spiel- 90 18
Stein, Stapel- 311 37
Stein, Tauf- 150 9
Stein, Tropf- 14 65, 66
Stein, Wetz- 219 20
Stein, Zech- 306 65
Stein, Ziegel- *Bau* 271 58
Stein, Ziegel- *Ziegelei* 313 20
Steinbett 159 64
Steinblock 158 5

Steinbock *Astron.* 3 36, 4 65
Steinbock *Zool.* 185 8
Steinbrech, Rundblätteriger 193 1
Steinbrecher 312 18
Steinbrechgewächs 211 2
Steinbruch *Geogr.* 17 87
Steinbruch *Steinbruch* 312 1
Steinbruch *Zement* 310 1
Steinbrucharbeiter 312 25
Steinbruchbohrer 312 18
Steinbrücke *Brücke* 369 19
Steinbrücke *Geogr.* 17 49
Steinbrücke *Stadt* 18 29
Steindruck 159 25, 26
Steindruckpresse 159 60
Steinfangmulde 217 10
Steinfigur 84 2
Steinforelle 182 15
Steinfrucht 188 110, 200 51, 202 40, 212 49, 58
Steinfrucht, Sammel- 188 112
Steingabel 312 30
Steingarten *Garten* 203 7
Steingarten *Haus* 44 34
Steingartenpflanze 203 8
Steinkauz 177 24
Steinkistengrab 146 17
Steinkohlenbergwerk 297
Steinkohlenflöz 297 23
Steinkohlengebirge 297 22
Steinkohlengrube 297
Steinkrabbe 187 16
Steinkraut 214 17
Steinkresse 214 17
Steinkugel 160 31
Steinlerche 179 6
Steinmarder 185 18
Steinmetz 312 31
Steinmetzwerkzeug 312 32–34
Steinmole 17 47
Steinobst 212
Steinobstgewächs 212 1
Steinpackung *Fluss* 370 40
Steinpackung *Vorgesch.* 146 39
Steinpilz 199 16
Steinplatte *Garten* 203 18
Steinplatte *Kirche* 149 64
Steinsalz, Aller- 306 66
Steinsalz, Leine- 306 67
Steinsalz, Staßfurt- 306 69
Steinschlaghelm 118 57
Steinschliff 159 45
Steinschraube 296 43
Steinschüttung 370 36
Steinstapel 271 40
Steinvase 84 35
Steinzaun 151 6
Steinzeit, Alt- 146 1–9

Steinzeit, Jung- 146 10–20
Steinzeit, Mittel- 146 1–9
Steinzeitidol 146 8
Steinzeug 156 11
Steißbein 20 6, 23 73, 25 46
Stele *Kirche* 148 43
Stele *Kunst* 153 47
Stellanlage, Licht- 137 2
Stellantrieb 320 6
Stellbock, Hand- 356 17
Stellbogen 218 16
Stellbügel 218 16
Stelle 167 3
Stelle, Abdrück- 26 16
Stelle, Ausweich- 371 31
Stelle, Bau- 271, 272
Stelle, Bindungs- 323 28, 34, 35
Stelle, Block- 17 23
Stelle, Dezimal- 167 20
Stelle, Einer- 167 3
Stelle, Funk- 397 8
Stelle, Futter- 239 32
Stelle, Gefahren- 380 43, 44
Stelle, Grab- 149 23
Stelle, Halte- *Geogr.* 17 26
Stelle, Halte- *Stadt* 18 7, 79 19
Stelle, Herz- 62 19
Stelle, Hüft- 62 22, 23
Stelle, Hunderter- 167 3
Stelle, Hundertstel- 167 20
Stelle, Informations- 18 15
Stelle, Knick- 175 38
Stelle, Langsamfahr- 357 36–38, 39, 40, 41, 42, 43, 44
Stelle, nicht Linie haltende 326 34
Stelle, Null- 170 12
Stelle, Schnitt- *Film* 132 44
Stelle, Schnitt- *Fotogr.* 269 33, 270 10
Stelle, Schnitt- *PC* 406 22, 43, 407 6, 8
Stelle, Schnitt- *U-Elektronik* 403 4, 6
Stelle, Sprech- *Installateur* 280 4
Stelle, Sprech- *Rundfunk* 398 27
Stelle, Tank- *Piktogramm* 390 9
Stelle, Tank- *Tankstelle* 350
Stelle, Tausender- 167 3
Stelle, Tausendstel- 167 20
Stelle, Vorverkaufs- 83 35
Stelle, Wechsel- 358 21
Stelle, Wetterbeobachtungs- 9 9
Stelle, Zehner- 167 3
Stelle, Zehntel- 167 20

Stelle, zu stark erscheinende 326 29
Stellenangebot 165 37
Stellenanzeige 165 37
Steller, Bein- 117 11
Steller, Fest- 412 24
Steller, Rand- 412 17, 18
Steller, Rück- 344 59
Stellgewicht 356 18
Stelling 378 18
Stellmotor, Autofokus- 404 8
Stellmotor, Richtungs- 307 3
Stellmutter 296 35
Stellplatz 92 30
Stellrad 262 15
Stellschmiege 273 81
Stellschraube *Bau* 272 79
Stellschraube *Maschinenteil* 296 107
Stellschraube *Musik* 141 55
Stellstange 356 20
Stelltisch, Gleisbild- 357 66
Stellung, Abseits- 107 43
Stellung, Ausfall- 111 5
Stellung, Ausgangs- *Billard* 91 19, 23
Stellung, Ausgangs- *Spiel* 90 1
Stellung, Ausguss- 300 63
Stellung, Blas- 300 62
Stellung, Fecht- 111 18
Stellung, Fechter- 111 33
Stellung, Füll- 300 60, 61
Stellung, Grund- *Fechten* 111 18
Stellung, Grund- *Sport* 115 1
Stellung, Hilfe- 114 16
Stellung, Jagd- 123 46
Stellung, Lauf- 115 2
Stellung, Quergrätsch- 115 4
Stellung, Reiber- 159 62
Stellung, Retro- 267 35
Stellung, Schmetterlings- 101 4
Stellung, Sechsuhr- 116 25
Stellung, Segel- 101 1–13
Stellung, Seitgrätsch- 115 3
Stellung, Signal- 357 22, 23
Stellung, Vertikal- 388 30, 33
Stellung, Walzen- 144 37
Stellventil, Schnellschluss- 306 50
Stellwarte 137 1
Stellwartenzettel 137 3
Stellwerk 360 29
Stellwerk, elektrisches 357 61
Stellwerk, elektronisches 357 70
Stellwerk, Gleisbild- 357 65
Stellwerk, mechanisches 357 53

Stelze *Bau* 272 67
Stelze *Rummelplatz* 126 34
Stelze, Bach- 179 11
Stelzenläufer *Rummelplatz* 126 33
Stelzenläufer *Zool.* 178 24
Stemmapparat 273 17
Stemmbrett 99 44
Stemme, Schwung- 113 57
Stemmeisen *Bau* 273 71
Stemmeisen *Tischler* 285 7
Stemmtor 371 23
Stempel 212 16
Stempel, Abstütz- 356 29
Stempel, Druck- 286 48
Stempel, Eier- 227 36
Stempel, Kontroll- 248 24
Stempel, Ober- 59 17
Stempel, Präge- 59 17, 18
Stempel, Press- *Glas* 317 44
Stempel, Press- *Tischler* 286 56
Stempel, Schreib- 163 22
Stempel, Unter- 59 18
Stempel, Vertief- 260 18
Stempler, Frei- 412 64
Stenge 377 39
Stenge, Besan- 373 9
Stenge, Bram- 373 4, 7
Stenge, Groß- 373 6
Stenge, Mars- 373 3, 6
Stenge, Vor- 373 3
Stengestag 373 11
Stengewant 373 17
Stenoblock 408 29
Stenografie 164 13
Stenogrammblock 408 29
Steppanzug 34 42
Steppbrett 112 22
Steppdecke 51 10
Steppenpferd 160 4
Steppenschuppentier 184 12
Steppenzone 9 41
Stepper 112 21
Steppnaht *Handarbeit* 254 1
Steppnaht *Kleidung* 34 43, 35 6, 36 3
Steppweste 35 4
Stereoanlage *Diskothek* 129 27
Stereoanlage *Hausrat* 50 7
Stereoaufnahme 131 30
Stereomesskammer 264 70
Stereomikroskop, Großfeld- 264 61
Stereoplanigraf 16 67
Stereosichtgerät 398 7
Stereotop 16 65
sterile Abdeckung 30 33, 31 7
sterile Gaze 27 51
steriles Bauchtuch 31 18

steriles Tuch **31** 31
Sterilgut **31** 13
Sterilisator, Klein- **31** 28
Sterilisator, Sprüh- **232** 23
Sterilisierraum **31** 26
Stern **61** 21
Stern, Außen- **217** 5
Stern, Boden- **289** 19
Stern, Doppel- **3** 29
Stern, Fix- **3** 9–48
Stern, Haar- **187** 3
Stern, Haupt- **3** 9
Stern, Nord- **3** 1
Stern, Polar- **3** 1, 5, 34
Stern, Polizei- **68** 48
Stern, Rollen- **333** 19
Stern, Schalen- **10** 30
Stern, Schlangen- **187** 11
Stern, See- **176** 43, **187** 17
Stern, Siemens- **329** 21
Stern, veränderlicher **3** 11
Sternbild **3** 9–48
Sternblume **213** 4
Sterndolde **194** 7
Sternenbanner **61** 20
Sterngewölbe **155** 44
Sternhaufen, offener **3** 26
Sternhimmel, südlicher **3** 36–48
Sternkarte **3** 1–35
Sternname **3** 9–48
Sternprägung **339** 60
Sternpunkt **305** 25
Sternrad **159** 39
Sternschaltung **305** 23
Sternschliff **43** 43
Sternschnuppe **7** 30
Sternwarte **5** 1
Stern 1. Größe **3** 14
Stert **245** 34
Sterz, Pflug- **218** 3
Stethoskop **28** 32
Stetson® **128** 36
Stetsonhut **128** 36
Steuer **99** 23, 48–50
Steueraggregat **331** 29
Steueranschluss **267** 25
Steuerbanderole **259** 26
Steuerbefehl **397** 4
Steuerblatt **99** 50
Steuerbordlampe **377** 15
Steuerbordlaterne **102** 12
Steuerbordlicht **102** 12
Steuerbordsaling **102** 10
Steuerbordseite **380** 4
Steuerbox **132** 44
Steuereinheit **30** 31
Steuereinrichtung **398** 3
Steuerelement *Kraftwerk* **305** 8
Steuerelement *Militär* **67** 69
Steuerfeld **132** 11

Steuergerät *Optiker* **263** 38
Steuergerät *Schmied* **291** 31
Steuergriff **386** 24
Steuerhaus *Navigation* **379** 1–16
Steuerhaus *Schiff* **377** 18
Steuerhebel **137** 58
Steuerjoch **99** 48
Steuerkopfrohr **339** 27
Steuerleine *Flugsport* **103** 33
Steuerleine *Wassersport* **99** 49
Steuerleitung **345** 16
Steuermagnet **30** 30
Steuermann *Schiff* **372** 2
Steuermann *Sport* **121** 21
Steuermann *Wassersport* **99** 9, 15
Steuermarke **259** 26
Steuerplatte, Anwahl- **305** 6
Steuerpropeller **388** 31
Steuerpult *Brauerei* **247** 1
Steuerpult *Druck* **335** 28
Steuerpult *Energie* **306** 83
Steuerpult *Erdöl* **299** 28
Steuerpult *Theater* **137** 2
Steuerpult, Bildtechnik- **399** 15
Steuerrad *Auto* **344** 18
Steuerrad *Eisenbahn* **364** 56
Steuerrad *Navigation* **379** 2
Steuerrad *PC* **407** 45
Steuerraketengruppe **391** 61
Steuerraketensatz **392** 41
Steuerrohr **339** 27
Steuerschalter **305** 4
Steuerschlitz **103** 38
Steuerschraube **64** 20
Steuersitz **99** 24
Steuerstabantrieb **306** 33
Steuerstand **300** 71
Steuerstrich **379** 42
Steuertaste **396** 42
Steuerteil **305** 3
Steuerung *Eisenbahn* **364** 18
Steuerung *Kaufhaus* **83** 57
Steuerung *Navigation* **379** 3
Steuerung *Schweißer* **294** 22
Steuerung *Tischler* **286** 25
Steuerung, Aufnahme- **269** 6, 14
Steuerung, automatische **74** 6
Steuerung, Bahnkanten- **333** 20
Steuerung, Cursor- **404** 64
Steuerung, Drehkranz- **220** 31
Steuerung, Druck- **31** 6
Steuerung, Fern- **103** 79
Steuerung, Flug- *Flugsport* **103** 82

Steuerung, Flug- *Raumfahrt* **393** 24
Steuerung, mikroelektronische **320** 8
Steuerung, Pumpen- **308** 6
Steuerung, Tisch- **30** 38
Steuerungseinheit **292** 16
Steuerungsgerät, Motor- **393** 40
Steuerungssystem, Schub- **393** 44
Steuerungstaste **402** 68
Steuerungstaste, Cursor- **402** 14
Steuerungstastenfeld **412** 80
Steuerungstastenkonsole **395** 38
Steuerventil **305** 57
Steuerwagen **359** 19
Steuerwagen, Doppelstock- **362** 14
Steven *Militär* **66** 3
Steven *Schiff* **375** 14
Steven, Achter- *Schiff* **372** 1
Steven, Achter- *Schiffbau* **378** 73, 74
Steven, Auf-und-nieder- **101** 40
Steven, Bulb- **375** 46
Steven, gerader **101** 40
Steven, Hinter- **378** 73, 74
Steven, Leit- **378** 73
Steven, Ruder- **378** 73
Steven, Schrauben- **378** 74
Steven, Vor- *Schiff* **372** 4
Steven, Vor- *Schiffbau* **378** 77
Stevenruder **372** 24
Steyrer Klee **222** 1
Stich, Hexen- **254** 9
Stich, Holz- **159** 1
Stich, Ketten- **254** 2
Stich, Knötchen- **254** 13
Stich, Knoten- **254** 13
Stich, Kreuz- **254** 5
Stich, Kupfer- **159** 14–24
Stich, Langetten- **254** 6
Stich, Schnur- **254** 8
Stich, Stiel- **254** 4
Stich, Zier- **254** 3
Stich, Zopf- **254** 7
Stichbalken **273** 42
Stichel, Boll- **159** 20
Stichel, Bolz- **159** 20
Stichel, Grab- *Drechsler* **288** 25
Stichel, Grab- *Kunst* **159** 20
Stichel, Konturen- **159** 5
Stichel, Linien- **159** 5
Stichel, Rund- **159** 20
Stichel, Spitz- **159** 5
Stichleitung **345** 24

Stichloch **234** 12
Stichsäge *Installateur* **279** 71
Stichsäge *Tischler* **285** 3
Stick, Joy- **403** 2, 9, 17, 30
Stick, USB- *Fotogr.* **270** 3
Stick, USB- *PC* **406** 41
Stickel **231** 7
Stickerei **34** 32, **36** 23
Stickerei, Bändchen- **254** 31
Stickerei, Label- **39** 10
Stickerei, Loch- **254** 11
Stickstoffmembranspeicher **218** 34
Stickstofftetroxidtank **391** 57
Stiefel *Musik* **144** 17
Stiefel *Schuhmacher* **253** 57
Stiefel *Sport* **106** 43
Stiefel, Damen- **58** 12
Stiefel, Eishockey- **120** 23
Stiefel, Eislauf- **120** 10
Stiefel, Fell- **58** 10
Stiefel, Filz- **161** 30
Stiefel, Herren- **58** 5
Stiefel, Leder- **130** 22
Stiefel, Mond- **392** 11
Stiefel, Regen- **58** 1
Stiefel, Schaft- **58** 7
Stiefel, Schutz- **82** 24
Stiefel, Ski- **119** 11
Stiefel, Sprung- **119** 65
Stiefel, Straßen- **58** 12, 13
Stiefel, Wander- **58** 18
Stiefel, Western- **58** 1
Stiefel, Winter- **58** 1
Stiefelhose **105** 6
Stiefelkappe **58** 16
Stiefmütterchen, Garten- **213** 2
Stieglitz **180** 3
Stiel *Bau* **273** 25
Stiel *Bot.* **199** 18
Stiel *Flugzeug* **385** 11
Stiel *Forstw.* **238** 3
Stiel *Hausrat* **53** 58, 61
Stiel *Schmied* **290** 30
Stiel, Apfel- **211** 40
Stiel, Besen- *Haus* **46** 38
Stiel, Besen- *Hausrat* **56** 52
Stiel, Birnen- **211** 37
Stiel, Blatt- **188** 29
Stiel, Blüten- **188** 57
Stiel, Bund- **273** 53
Stiel, Eck- **273** 52
Stiel, Fenster- **273** 51
Stiel, Frucht- **211** 15
Stiel, Hacken- **219** 2
Stiel, Hammer- **143** 25
Stiel, Sensen- **219** 25
Stiel, Trauben- **211** 15
Stiel, Zwischen- **273** 51
Stielauge **176** 39

Stieleis 349 58
Stielkasserolle 48 17
Stielstich 254 4
Stier *Astron.* 3 25, 4 57
Stier *Heraldik* 62 17
Stier *Stierkampf* 128 28
Stier *Zool.* 224 1
Stier, Jung- 128 34
Stier, See- 145 51
Stierattrappe 128 3
Stierkampf 128 1–32
Stierkampfarena 128 5
Stierkämpfer 128 16–29
Stierkämpfermütze 128 27
Stierkapitell 152 28
Stierleib 145 52
Stiersäule 152 23
Stierstall 128 14
Stift *Glaser* 277 29
Stift *Med.* 29 30
Stift, Arretier- 293 54
Stift, Bedien- 357 74
Stift, Blei- *Bau* 271 51, 273 77
Stift, Blei- *Hausrat* 55 26
Stift, Blei- *Schule* 72 38
Stift, Blei- *Zeichner* 314 50
Stift, Bunt- *Hausrat* 55 26
Stift, Bunt- *Schule* 72 40
Stift, Bunt- *Vorschule* 71 11
Stift, Dachdecker- 275 74
Stift, Dachpappen- 296 55
Stift, Draht- 296 51
Stift, Eingabe- 407 29, 37
Stift, Filz- *Büro* 410 19
Stift, Filz- *Hausrat* 55 26
Stift, Filz- *Schule* 72 39
Stift, Führungs- *PC* 407 22
Stift, Führungs- *Video* 404 17
Stift, Gewinde- 296 48
Stift, Gummi- 339 90
Stift, Kegel- 296 37
Stift, Kerb- 296 40
Stift, Klebe- 410 11
Stift, Kohle- 157 16
Stift, Kreide- 157 5
Stift, Leisten- 281 30
Stift, Mal- 71 18
Stift, Pastell- 157 19
Stift, Pelz- 284 22
Stift, Platten- 143 14
Stift, Radier- 314 46
Stift, Retuschier- 329 32
Stift, Schmink- 136 51
Stift, Speicher- 406 41
Stift, Wachsmal- 72 41
Stift, Wurzel- 29 30
Stift, Zeichen- 72 38, 40
Stift, Zylinder- 296 40
Stiftdraht 277 28
Stifteklöbchen 261 16
Stifteköcher 408 28
Stiftenkopf 40 12

Stiftenzieher 253 47
Stifthammer 277 18
Stiftschlitz 296 49
Stiftschraube 296 22
Stift-Stumpf-Aufbau 29 27
Stikkenofen 251 86
Stikkenwagen 251 87
Stil, City- 42 30
Stil, Jugend- 155 18
Stil, Schwimm- 98 30–34
Stilhaarbürste 257 17
Stilkamm 257 16
Stille, Wind- 9 13
Stillengürtel 9 36
Stiller Ozean 16 20
Stillleben 157 27
Stillung, Blut- 26 15
Stilspringen 103 42, 43
Stimme, Schüler- 73 38
Stimmhammer 143 20
Stimmkeil 143 21
Stimmkrücke 144 21
Stimmlappen 144 30
Stimmmodulation 398 22
Stimmnagel 142 23, 143 17
Stimmrolle 144 30
Stimmschlitz 144 33
Stimmschlüssel 143 20
Stimmschraube 141 61
Stimmstock 142 22, 143 18
Stimmung, Licht- 137 2
Stimmvorrichtung 144 30
Stimmwirbel 143 17
Stimmzettel 69 24
Stinkvogel 178 30
Stipprute 243 28
Stirn *Anat.* 19 9
Stirn *Kunst* 155 24
Stirn *Pferd* 225 3
Stirnauge 230 3
Stirnband 39 46
Stirnbein 20 39
Stirnbeinhöhle 22 79
Stirnhaar 41 3
Stirnhöcker 19 10
Stirnlampe 118 58
Stirnlappen 20 71
Stirnlocke 40 31
Stirnmuskel 22 5
Stirnriemen 226 9
Stirnschlagader 21 5
Stirnvene 21 6
Stirnwand 367 10
Stirnwulst 19 11
Stock *Korbmacher* 289 15
Stock *Med.* 26 18
Stock, Bienen- 230 56
Stock, Billard- *Billard* 91 8
Stock, Billard- *Schiff* 376 96
Stock, Eier- 23 98, 25 16
Stock, Eis- 120 29
Stock, Eishockey- 120 19

Stock, Flaggen- *Flagge* 61 1
Stock, Flaggen- *Militär* 66 4,
    67 87
Stock, Flaggen- *Schiff* 377 31
Stock, Gösch- *Militär* 66 4
Stock, Gösch- *Schiff* 377 53
Stock, Halb- 61 4
Stock, Heckflaggen- 66 25
Stock, Helm- 372 13
Stock, Hockey- 108 45
Stock, Holz- 159 1
Stock, Jagd- 239 12
Stock, Knie- 274 46, 47
Stock, Korallen- 176 20
Stock, Langlauf- 119 58
Stock, Mal- 282 50
Stock, Mess- 238 10
Stock, Ober- 362 23
Stock, Opfer- 148 55
Stock, Pedal- 143 44
Stock, Pfeifen- 144 15
Stock, Polizei- 68 27
Stock, Putz- 240 61
Stock, Reb- 231 2–9
Stock, Reit- *Drechsler* 288 7
Stock, Reit- *Werkzeugmasch.*
    302 29, 303 5
Stock, Renn- 119 17
Stock, Ring- 260 25
Stock, Rosen- 204 14, 22
Stock, Schraub- *Heimwerken*
    287 10
Stock, Schraub- *Installateur*
    279 80, 81
Stock, Schraub- *Schlosser*
    293 14, 22
Stock, Schraub- *Schmied*
    291 24
Stock, Schraub- *Uhrmacher*
    261 28
Stock, Sicken- 278 8
Stock, Sitz- 239 12
Stock, Ski- 119 3
Stock, Spann- 285 31
Stock, Spazier- 49 6
Stock, Spindel- 302 2, 303 2
Stock, Stimm- 142 22, 143 18
Stock, Takt- 136 30
Stock, Tanz- 162 37
Stock, Trommel- 141 56
Stock, Unter- 362 22
Stock, Wachs- 230 78
Stock, Weich- 246 8
Stock, Wein- 231 2–9
Stock, Wurzel- *Bot.* 211 20
Stock, Wurzel- *Forstw.*
    237 14
Stock, Zeige- 72 9
Stock, Zoll- *Bau* 273 76
Stock, Zoll- *Heimwerken*
    287 33
Stockanker *Schiffbau* 378 83

Stockanker *Wassersport*
    102 16
Stockbett 55 1
Stöckelabsatz 58 28
Stockgriff 119 4
Stockholm 15 39
Stockpresse 336 19
Stockschwämmchen 199 33
Stockteller 119 6
Stocktomate 207 44
Stockwerkanzeiger 83 56
Stockwerkpodium 137 34
Stoff 321
Stoff, Abfall- 81 19
Stoff, Anzug- 256 3
Stoff, Bezugs- 287 60
Stoff, Brenn- 306 4
Stoff, Farb- 325 26
Stoff, Faser- 325 1, 2, 19, 28
Stoff, Frottee- 58 23
Stoff, Füll- 325 25
Stoff, Ganz- 325 28, 31
Stoff, Gardinen- 83 68
Stoff, Hilfs- 325 24–26, 28
Stoff, Kraft- *Erdöl* 299 18, 26
Stoff, Kraft- *Tankstelle*
    350 35, 36, 37, 38
Stoff, Kunst- 81 19
Stoff, Leim- 325 24
Stoff, Motorpflege- 349 67
Stoff, Roh- 325 1, 2, 19
Stoff, Schmier- 349 67
Stoff, ungerauter 321 39
Stoff, Unterlags- 281 5
Stoff, Vlies- 255 32
Stoff, Wasser- 1 1
Stoff, Zumahl- 310 19–21
Stoff, Zuschlag- 271 36,
    272 26
Stoffabteilung 83 66
Stoffaufbereitung 325 27
Stoffauflauf 325 31
Stoffaufschlaghut 42 26
Stoffbahn 256 2
Stoffballen 83 69
Stoffbürste 256 34
Stoffeingabe 395 34
Stoffelefant 55 6
Stoffhund *Hausrat* 55 41
Stoffhund *Vorschule* 71 38
Stoffmantel 38 33
Stoffmuster *Kaufhaus* 83 71
Stoffmuster *Schneiderei*
    256 10
Stoffpumps 58 54
Stoffrest 255 17
Stoffschere 256 14
Stoffserviette 376 15
Stoffwindel 33 16
Stoffzentrale 325 28
Stollen *Bäckerei* 251 12
Stollen *Hausrat* 54 4

Stollen, Christ- **251** 12
Stollen, Schraub- **107** 28
Stollen, Weihnachts- **251** 12
Stollenprofil **340** 16
Stollenprofilreifen **340** 12
STOL-Transportflugzeug
64 24
STOL-Verbindungsflugzeug
64 24
Stopfbuchse *Eisenbahn*
364 33
Stopfbuchse *Schiff* **377** 64
Stopfbüchse **298** 34
Stopfen **220** 24
Stopfen, Achtkantschliff-
172 3
Stopfen, Hahn- **173** 44
Stopfenverschluss **300** 32
Stopfer **259** 47
Stopp **61** 24
Stoppelacker **216** 36
Stoppelbart **40** 26
Stoppelfeld **216** 36
Stoppeln **40** 26
Stoppeln, Bart- **40** 26
Stopper, Bei- **383** 14
Stopper, Ketten- **377** 51
Stopper, Ski- **119** 37
Stopphärtebad **268** 10
Stoppmarkierung **68** 14
Stopp-Programm-Knopf
262 9
Stopptaste *U-Elektronik*
401 72, 91, **402** 22
Stopptaste *Video* **404** 39, 62
Stoppzylinderpresse **334** 22
Storchschnabel *Bot.* **194** 24,
205 1
Storchschnabel *Geogr.* **16** 66
Storchschnepfe **178** 24
Storchvogel **178** 22
Store **50** 39
Störklappe *Flugsport* **104** 14
Störklappe *Flugzeug*
385 38, 41
Störung, Transform- **11** 24
Stoß *Bau* **275** 94
Stoß *Tapezierer* **281** 20
Stoß *Zool.* **177** 11, **241** 72,
80, 85
Stoß, Ab- **107** 38
Stoß, Billard- **91** 2–6
Stoß, Degen- **128** 30
Stoß, Eck- **107** 42
Stoß, Effet- **91** 5
Stoß, Frei- **107** 44
Stoß, Fuß- **117** 19
Stoß, gerader *Fechten* **111** 7
Stoß, gerader *Sport* **117** 28
Stoß, Hoch- **91** 3
Stoß, Holz- **237** 16
Stoß, Horizontal- **91** 2

Stoß, Kontereffet- **91** 6
Stoß, Kopf- **107** 51
Stoß, Mittel- **91** 2
Stoß, Schienen- **356** 11
Stoß, Straf- **107** 41
Stoß, Tief- **91** 4
Stoßaxt **273** 72
Stoßball **91** 11
Stoßbesen **46** 36
Stoßdämpfer *Auto* **344** 27,
345 74
Stoßdämpfer *Fahrrad* **340** 21
Stoßdämpfer, Federbein-
345 82
Stoßdämpfer, Hinterrad-
342 8
Stoßdämpfer, Sattel- **340** 38
Stoßdämpferprüfstand
348 32
Stoßdegen **128** 31
Stößel **143** 30
Stößel, Tassen- **343** 3
Stoßen **117** 4
Stoßen, Glatt- **412** 62
Stoßen, Kugel- **116** 48, 49, 54
Stößer, Sperling- **177** 16
Stoßfänger **346** 40
Stoßharpune **161** 9
Stoßkragen **147** 44
Stoßlade, Gehrungs- **277** 31
Stoßofen **301** 44
Stoßstange **344** 48
Stoßstange, integrierte
346 30
Stoßstrahl **12** 26
Stoßwaffe **111** 11, 20, 34,
36, 38
Stoßzahn **184** 25
Stoßzunge **143** 30
Straddle **116** 23
Sträfling, Galeeren- **372** 48
Strafraum **107** 4
Strafstoß **107** 41
Strafstoßmarke **107** 6
Strahl **169** 20
Strahl, Elektronen- **400** 16
Strahl, Mark- **188** 11
Strahl, Spritz- **236** 7
Strahl, Sprüh- **236** 22
Strahl, Stoß- **12** 26
Strahl, Verteilungs- **272** 69
Strahl, Wasser- **84** 22
Strahl, Zentral- **32** 4
Strahlblüte **193** 31
Strahlen, Sonnen- **4** 9
Strahlenbündel **169** 19
Strahlengang, Beleuchtungs-
264 6
Strahlengang, Coudé- **5** 4
Strahlenkranz **150** 37
Strahlenschutzkopf **2** 31
Strahlenschutzmauer **306** 77

Strahlenschutzmessgerät **2** 1
Strahlentierchen **176** 3
Strahler, Beleuchtungs-
27 33
Strahler, Decken- *Nachtlokal*
130 15
Strahler, Decken- *Restaurant*
77 48
Strahler, Elektronen- **265** 31
Strahler, Licht- **129** 9
Strahler, Rück- **339** 44
Strahlflugzeug **387** 6–21
Strahlkopf **265** 31
Strahlpumpe **364** 41
Strahlrohr **236** 14
Strahlrohr, Nebel- **82** 82
Strahlruder **379** 3
Strahlung, Alpha- **1** 39, 40
Strahlung, Beta- **1** 41
Strahlung, elektro-
magnetische **1** 42, 49, 65
Strahlung, Gamma- **1** 42,
49, 65
Strahlung, Sonnen- **10** 23
Strahlungskessel **304** 15
Strahlungsmessgerät **2** 1–23
Strahlungsschutzrohr **10** 36
Strahlverstellung **236** 11
Strähne **257** 18
Straight **123** 14
Straightball **123** 14
Strampelanzug **34** 26
Strampelhöschen **34** 13
Strampelhose **33** 25
Strampler *Baby* **33** 25
Strampler *Kleidung* **34** 13
Strand **14** 80
Strand, Bade- **380** 33
Strand, gehobener **12** 52
Strandbad **95**
Strandburg **95** 27
Strandebene **14** 80
Strandgeröll **14** 74
Strandgymnastik **95** 13
Strandhafer **17** 8
Strandhut **95** 23
Strandkanal **14** 79
Strandkleidung **95** 18–23
Strandkorb **95** 30
Strandkorbvermieter **95** 32
Strandmatte **95** 28
Strandmuschel **95** 14
Strandreiter **178** 24
Strandsee **14** 90
Strandsegeln **95** 7
Strandtasche **95** 15
Strandversetzung **15** 12
Strandwall **14** 81, **15** 11, 35
Strandwärter **95** 16
Strandweizen **214** 30
Strandzugang **95** 38
Strang **226** 22, 35

Strang, Bock- **275** 67
Strang, Butter- **229** 34
Strang, Masse- **316** 15
Strangpresse **316** 14
Strangpresse, Vakuum-
313 12
Strangtrennvorrichtung
333 35
Straße **44** 66
Straße, aufgeständerte
369 59
Straße, Bundes- **17** 16
Straße, Fahr- **357** 68
Straße, Fernverkehrs- **17** 16
Straße, Fertig- **301** 46
Straße, Hoch- **369** 59
Straße, Kai- **381** 38
Straße, Laden- **358** 47
Straße, Meeres- **16** 25
Straße, Milch- **3** 35
Straße, Scheren- **301** 49
Straße, Vor- **301** 45
Straße, Vorfeld- **389** 4
Straße, Walzen- **301** 41–49
Straße, Wasch- **350** 5
Straße, Zugangs- **147** 34
Straße I. Ordnung **17** 83
Straße II. Ordnung **17** 35
Straße III. Ordnung **17** 29
Straßenatlas **349** 72
Straßenbahn *Stadt* **79** 40
Straßenbahn *Straßenbahn*
351
Straßenbahnbetrieb **351** 13
Straßenbahnfahrplan **79** 24
Straßenbahnhaltestelle
79 19
Straßenbahnschiene **79** 41
Straßenbahnzug **79** 40
Straßenbau **354**, **355**
Straßenbau, Beton- **355**
Straßenbaumaschine
354 1–48
Straßenbeleuchtung **79** 44
Straßenbesen *Stadt* **79** 62
Straßenbesen *Straßenrein.*
353 2
Straßenbrücke **17** 54
Straßencafé **79** 49
Straßendecke **371** 2
Straßenecke **352** 12
Straßenfahrer **106** 16
Straßenfeger **353** 1
Straßenhobel **354** 15
Straßenkarte **349** 70
Straßenkehrer *Stadt* **79** 61
Straßenkehrer *Straßenrein.*
353 1
Straßenkehrmaschine
353 11
Straßenkehrschaufel **79** 63
Straßenkehrwagen **79** 39

Straßenlampe *Haus* **44** 62
Straßenlampe *Stadt* **79** 44
Straßenlaterne **44** 62
Straßenleuchte **44** 62
Straßenname **79** 4
Straßenquerschnitt *Straße* **352**
Straßenquerschnitt *Straßenbau* **354** 49
Straßenreiniger **353** 1
Straßenreinigung **353**
Straßenrennen **106** 15
Straßenschild **79** 4
Straßenschmutz **79** 64
Straßensicherung **82** 47
Straßenstiefel, Damen- **58** 12
Straßenstiefel, Herren- **58** 13
Straßentransport **238** 42
Straßenüberfahrt **17** 39
Straßenüberführung **79** 43
Straße von Gibraltar **16** 25
Stratocumulus **8** 3
Stratokumulus **8** 3
Stratopause **7** 22
Stratosphäre **7** 11
Stratosphärenflugzeug **7** 17
Stratovulkan **12** 4
Stratus **8** 4
Strauch, Beeren- *Bot.* **211** 1
Strauch, Beeren- *Garten* **204** 20
Strauch, Brombeer- **211** 27
Strauch, Hasel- **212** 52
Strauch, Haselnuss- **212** 52
Strauch, Himbeer- **211** 27
Strauch, Hüls- **192** 9
Strauch, Johannisbeer- *Bot.* **211** 12
Strauch, Johannisbeer- *Garten* **204** 20
Strauch, Kaffee- **200** 1
Strauch, Mate- **200** 11
Strauch, Pfeffer- **200** 36
Strauch, Pfeifen- **191** 9
Strauch, Sennesblätter- **198** 16
Strauch, Spier- **192** 23
Strauch, Stachelbeer- *Bot.* **211** 3
Strauch, Stachelbeer- *Garten* **204** 20
Strauch, Tee- **200** 7
Strauch, Zier- *Bot.* **191, 192**
Strauch, Zier- *Park* **84** 14
Strauß **178** 3
Strauß, Blumen- *Bahnhof* **358** 49
Strauß, Blumen- *Hausrat* **50** 14
Strauß, Blumen- *Tankstelle* **349** 63
Strauß, Braut- **150** 17

Sträußchen, Myrten- **150** 20
Straußenfeder **62** 32
Straußengelege **178** 4
Straußenvogel **178** 1
Streamer **406** 60
Streb, Abbauhammer- **297** 41
Streb, Hobel- **297** 43
Streb, Ramm- **297** 42
Streb, Schräm- **297** 44
Strebe *Bau* **273** 27, 54, **274** 58, 69, 82
Strebe *Bergwerk* **297** 40–44
Strebe, Brücken- **369** 35
Strebe, Hinterrad- **339** 30, 31
Strebe, Kreuz- **271** 88
Strebe, Mauer- **147** 26
Strebe, Zug- **345** 87
Strebebogen **154** 29
Strebepfeiler **154** 28
Strebewerk **154** 28–30
Strecke *Jagd* **239** 44
Strecke *Math.* **169** 16
Strecke *Textil* **318** 34
Strecke, Eisenbahn- **356, 357**
Strecke, Faden- **323** 38, 41
Strecke, Flöz- **297** 45
Strecke, Funken- **305** 67
Strecke, Haupt- **17** 20
Strecke, Kreuz- **101** 22, 25
Strecke, Querfeldein- **105** 18
Strecke, Regatta- **101** 16
Strecke, Richt- **297** 36
Strecke, Umwind- **101** 24
Strecke, Vormwind- **101** 23
Strecken **318** 17, 21, 22
Streckenblock **357** 59
Streckenlokomotive **360** 30
Streckenmarkierung **105** 21
Streckenmessgerät **264** 69
Streckenvortriebsmaschine **297** 46
Streckenwärter **356** 44
Strecker, Bein- **112** 9
Strecker, Finger- **21** 57
Strecker, Hand- **21** 56
Strecker, Unterschenkel- **21** 46
Strecker, Zehen- **21** 63
Streckerschicht **271** 64
Streckerverband **271** 60
Streckhang rücklings **113** 34
Streckhang vorlings **113** 33
Strecksitz **115** 10
Strecksprung **115** 35
Streckstütz **113** 38
Streckteich **242** 5
Streckwerk **318** 40
Strehler **288** 15
Strehler, Gewinde- **288** 15
Streichanlage **325** 36
Streichbalken **273** 40

Streichblech **218** 5, 57
Streichbürste **282** 5
Streichdalben **378** 37
Streiche, Brüstungs- **271** 24
Streichelzoo **85** 31
Streichen **13** 2
Streicher, Flächen- **282** 3
Streicher, Fußboden- **282** 4
Streichgarnspinnerei **318** 1–15
Streichholz **259** 22
Streichholzschachtel **259** 21
Streichinstrument **141** 1–27
Streichmaschine **325** 40
Streichrad **140** 26
Streichstange **271** 26
Streichwalze **319** 4
Streife, Verkehrs- **68** 9
Streifen, Auslass- **284** 7
Streifen, Fall- **8** 9
Streifen, Folien- **60** 13
Streifen, Fundament- **276** 2
Streifen, Gaze- **336** 13
Streifen, Iriodin- **60** 16
Streifen, Leucht- **353** 4, 5
Streifen, Leuchtstoff- **400** 18
Streifen, Magnet- **413** 26
Streifen, Nebel- **2** 27
Streifen, Perlglanz- **60** 16
Streifen, Reflektor- **39** 12
Streifen, Reflex- *Eisenbahn* **360** 25
Streifen, Reflex- *Feuerwehr* **82** 21, 36
Streifen, Segel- **372** 34
Streifen, Wand- **154** 11
Streifen, Zebra- *Stadt* **79** 18
Streifen, Zebra- *Straße* **352** 11
Streifenbeamter **68** 13
Streifenbeleimung **338** 31
Streifenhyäne **186** 10
Streifenwagen **68** 10
Streitaxt *Völkerk.* **160** 16
Streitaxt *Vorgesch.* **146** 19
Streitkräfte **63, 64, 65**
Stretchbund **36** 10
Stretchgürtel **36** 62
Stretchhose **36** 55
Stretchkragen **36** 11
Streu, Katzen- **252** 53
Streuaggregat **215** 40
Streuer, Dung- **215** 39
Streuer, Pfeffer- **76** 34, 77 45
Streuer, Puder- **33** 47
Streuer, Salz- **76** 33, 77 44
Streuer, Sand- **364** 55
Streuer, Splitt- **354** 33
Streuer, Stallmist- **215** 39, **216** 42
Streugutbehälter **353** 28
Streugutverteiler **353** 29

Streuklappe **354** 34
Streusalz **353** 28
Streusand **353** 28
Streuscheibe **131** 38
Streuselkuchen *Bäckerei* **251** 49
Streuselkuchen *Restaurant* **75** 5
Streuwalze **215** 41
Strich, Anführungs- **164** 36
Strich, Ausgleichs- **276** 39
Strich, Binde- **164** 26, 48
Strich, Bruch- **167** 15, 16
Strich, Fein- **276** 40
Strich, Gedanken- **164** 27
Strich, Geviert- **164** 28
Strich, Glatt- **272** 9, 276 14
Strich, Ober- **164** 30
Strich, Schräg- **164** 31, 32
Strich, Steuer- **379** 42
Strich, Takt- **138** 42
Strich, Trenn- **164** 46
Strich, Unter- **164** 29
Strichätzung **331** 42
Strichcode *Post* **395** 50
Strichcode *Supermarkt* **252** 110
Strichcode *Tankstelle* **349** 49
Strichpunkt **164** 21
Strichrauwalze **321** 41
Strichstärkenkennzeichnung **314** 45
Strichverstellung, Bild- **133** 29
strichweise auftretender Niederschlag **8** 19
Strickbund **39** 6
Strickerei **320**
Strickjacke **36** 36
Strickkleid **35** 54
Strickkleidchen **34** 31
Strickleiter *Schiff* **375** 78
Strickleiter *Spielplatz* **87** 36
Strickleiter *Zirkus* **125** 8
Strickmuster **58** 43
Strickmütze **42** 11
Stricknadel **254** 32
Stricknadel, Rund- **254** 36
Strickpullover **34** 57
Strickschlitten **320** 4
Striegel **226** 54
Stringer *Flugzeug* **386** 47, 57
Stringer *Schiffbau* **378** 53
Stringtanga *Kleidung* **37** 26
Stringtanga *Nachtlokal* **130** 21
Stripmakulatur **281** 5
Stripperin **130** 25
Striptänzerin **130** 25
Stroboskop **401** 21
Stroh *Korbmacher* **289** 30
Stroh *Landw.* **227** 13

Strohballen 228 7
Strohbesen 219 3
Strohblume, Sand- 195 3
Strohhalm 75 31
Strohhut 42 45
Strohmatte 207 6
Strohschwaden 216 39
Strohzuführung 217 13
Strom 144 47
Strom, Agulhas- 16 38
Strom, Anzeige- 12 37
Strom, Benguela- 16 44
Strom, Brasil- 16 36
Strom, Dreh- 280 15
Strom, Dreiphasen- 305 46
Strom, elektrischer 390 40
Strom, Gegen- 16 34
Strom, Golf- 16 31
Strom, Grundwasser- 80 3
Strom, Humboldt- 16 43
Strom, Kalifornischer 16 40
Strom, Kanaren- 16 42
Strom, Labrador- 16 41
Strom, Lava- 12 7
Strom, Mantel- 388 52
Strom, Neben- 388 52
Strom, Nordäquatorial-
16 33
Strom, Ostaustral- 16 39
Strom, Peru- 16 43
Strom, schiffbarer 17 44
Strom, Schutt- 12 46
Strom, Sekundär- 388 52
Strom, Somali- 16 37
Strom, Südäquatorial- 16 35
Strom, Westaustral- 16 46
Stromabnehmer *Bahnhof*
359 20
Stromabnehmer *Eisenbahn*
360 33, 362 4, 363 6,
365 2, 30
Stromabnehmer *Energie*
308 18
Stromabnehmer *Straßen-
bahn* 351 2
Stromabnehmer, Scheren-
351 23
Stromanschluss *Eisenverarb.*
301 7
Stromanschluss *Schule* 73 9
Stromanschlussbuchse
407 41
Stromerzeuger 82 52
Stromgerät, Boden- 389 22
Strominsel 370 5
Stromkabel *Camping* 92 23
Stromkabel *Garten* 208 32
Stromkabel *Straße* 352 19
Stromleiter 305 47
Stromleitung 308 16
Strommesser 280 46
Strommesser, Heiz- 366 18

Stromnetz 307 25, 308 19
Strompfeiler 369 21, 54
Stromrichterwagen 363 4
Stromschiene 304 29
Stromspannung 144 38
Stromstärkeregler 88 11
Stromumwandler 307 23
Strömung 370 6
Strömung, Luft- 9 14, 18, 19
Strömung, Meeres- 16 28, 29,
31–46
Strömung, zusammen-
gesetzte 13 9
Strömungskanal 97 20
Strömungskraftwerk 307 26
Strömungsverlauf 370 6
Stromversorgung *Fotogr.*
269 18, 60
Stromversorgung *Raumfahrt*
394 2
Stromversorgungskabel
352 14
Stromwandler 305 63
Stromzuführung 295 25
Strudel, Luft- 8 33
Strudelbad 96 27–29, 97 31
Strudelkanal 97 20
Struktur, Desoxyribo-
nukleinsäure- 24 23
Struktur, DNS- 24 23
Struktur, Gitter- 11 18–23
Struktur, hitzebeständige
393 35
Struktur, Kristall- 174 1–26
Struktur, plattentektonische
11 30–42
Struktur, Triebwerkraum-
393 3
Strumpf *Kleidung* 37 38
Strumpf *Supermarkt* 252 38
Strumpf, Fein- 83 28
Strumpf, Knie- 37 42
Strumpf, Netz- 37 40
Strumpfhalter 37 21
Strumpfhaltergürtel 37 22
Strumpfhose 34 48, 37 39
Strumpfwirker 180 7
Stubben 237 14
Stube, Back- 251 61–93
Stube, Quell- 80 24
Stube, Schreib- 149 59
Stube, Wechsel- 358 21
Stube, Wein- 76 37–57
Stubenfliege, Gemeine 233 3
Stubenfliege, Große 233 3
Stubenfliege, Kleine 233 2
Stubenwagen 33 31
Stubenwagengarnitur 33 32
Stück 89 27
Stück, Backen- 226 8
Stück, Boden- 63 38
Stück, Bruch- 24 45

Stück, Brust- 147 46
Stück, Bug- 249 29
Stück, Dekorations-
137 12, 35
Stück, dickes 249 50
Stück, Einbau- 301 36
Stück, End- 251 6
Stuck, Fassaden- 45 3
Stück, Fleisch- *Fleischerei*
250 28
Stück, Fleisch- *Jagd* 239 50
Stück, Fuß- 336 24
Stück, Geld- 59 1–16
Stück, Genick- 226 10
Stück, Griff- *Militär* 63 6, 18
Stück, Griff- *U-Elektronik*
403 19
Stück, Halm- 201 63
Stück, Hals- 147 83
Stück, Hand- *Goldschmied*
260 7
Stück, Hand- *Med.* 29 6
Stück, Hänge- 137 10, 11
Stück, Herz- 356 24
Stück, Holz- 72 57
Stück, Honigmelonen- 77 9
Stück, Kehl- 147 42
Stück, Kleidungs- *Flohmarkt*
127 64–67
Stück, Kleidungs- *Schneide-
rei* 255 22
Stück, Kontakt- 280 33, 34
Stück, Kopf- *Buch* 336 20
Stück, Kopf- *Eisenbahn*
360 13
Stück, Kreuz- 279 50
Stück, Kropf- 276 49
Stück, Land- 15 44
Stück, Lenden- 250 32
Stück, Luftverteiler- 228 32
Stück, Milchsammel- 228 32
Stück, Mund- *Med.* 32 39
Stück, Mund- *Musik* 141 38,
142 33, 77
Stück, Mund- *Polizei* 68 21
Stück, Mund- *Schweißer*
294 32
Stück, Mund- *Tabak*
259 13, 40
Stück, Nuss- 249 11, 52
Stück, Pack- 382 21
Stück, Puzzle- 71 10
Stück, Reduzier- 279 39, 41
Stück, Rohr- 283 16
Stück, Rund- 251 19–22
Stück, Schall- 141 39, 50
Stück, Schaufel- 249 30
Stück, Schinken- 249 51
Stück, Schleif- 351 24
Stück, Schwanz- 249 34
Stück, Setz- *Theater* 136 34,
137 47

Stück, Setz- *Zirkus* 125 37
Stück, T- 279 44, 47
Stück, Übergangs- 279 38
Stück, Verbindungs- 173 56
Stück, Versatz- 136 34,
137 47
Stück, Walz- 301 26
Stück, Werk- *Schlosser*
293 18
Stück, Werk- *Schneiderei*
256 28
Stück, Werk- *Schweißer*
294 20, 295 28
Stück, Werk- *Tischler* 286 45
Stück, Winkel- 29 6
Stück, Zwischen- 391 15
Stückchen, Eis- 76 46
Stuckelement 45 4
Stückgut, unitisiertes 382 11
Stückgutfrachter 381 14,
382 13
Stückgutschuppen 381 9
Stück Kuchen 76 22
Stückliste 314 37
Student 74 9
Studentenblume 213 4, 20
Studentennelke 213 6
Studentin 74 10
Studie, Öl- 157 36
Studierende 74 10
Studierender 74 9
Studio, Fitness- 112
Studio, Sende- 398 12
Studio, Synchron- 132 24
Studio, Vorproduktions-
398 36
Studio, Wahl- 70 5
Studiokamera 400 26
Studiokulisse 70 24
Studiowand 54 1
Stufe *Bergsport* 118 22
Stufe *Haus* 46 28
Stufe *Hausrat* 56 40
Stufe, Abstiegs- 392 18–26
Stufe, Altar- 148 5, 31
Stufe, Antritts- 276 18, 42
Stufe, Aufstiegs- 392 27–37
Stufe, Auftauch- 93 12
Stufe, Austritts- 276 19
Stufe, Block- 276 17
Stufe, Dekompressions-
93 12
Stufe, Einstieg- 386 42
Stufe, Einstiegs- 96 27
Stufe, Entwicklungs- 73 16
Stufe, Gitterrost- 218 77
Stufe, Keil- 276 31
Stufe, Leiter- 56 40
Stufe, Liege- 96 15
Stufe, Raketen- 391 2, 17, 32
Stufe, Schicht- 14 52
Stufe, Setz- 276 33, 48

Stufe, Sitz- **96** 15
Stufe, Stau- **371** 73
Stufe, Steil- **118** 2
Stufe, Transformations-
28 54
Stufe, Treppen- *Hausrat*
49 28
Stufe, Treppen- *Schiff* **376** 74
Stufe, Tritt- *Bau* **276** 32, 47
Stufe, Tritt- *Straßenbahn*
351 15
Stufenbarren **114** 3, 28, 29
Stufenboot **102** 34–37
Stufendach **151** 2
Stufengraukeil **166** 27
Stufenheck **346** 7
Stufenpyramide *Kunst*
152 22
Stufenpyramide *Völkerk.*
160 20
Stufenrad **296** 82
Stufenregler **250** 65
Stufentrenn-Retrorakete
391 7, 36
Stufenturm **152** 32
Stufenwinkel **169** 12
Stuhl *Bank* **414** 33
Stuhl *Kaufhaus* **83** 33
Stuhl *Schiff* **376** 60
Stuhl, Ansitz- **239** 12
Stuhl, Balkon- **44** 71
Stuhl, Bar- **76** 12
Stuhl, Behandlungs- **29** 3
Stuhl, Besprechungs- **409** 37
Stuhl, Besucher- **414** 37
Stuhl, Büro- **411** 27
Stuhl, Camping- **92** 61
Stuhl, Dach- **273** 7, **274** 37,
42, 46, 52, 60, **275** 66
Stuhl, Dreh- *Büro* **408** 39,
411 27
Stuhl, Dreh- *Mediengest.*
328 9
Stuhl, Dreh- *Uhrmacher*
261 20
Stuhl, Esszimmer- **52** 11
Stuhl, Fahr- *Erdöl* **299** 8
Stuhl, Fahr- *Piktogramm*
390 10
Stuhl, Fahr- *Schiff* **375** 54
Stuhl, Frisier- *Friseur* **257** 19,
258 17
Stuhl, Frisier- *Hausrat* **51** 27
Stuhl, Garten- **44** 44
Stuhl, Glasmacher- **317** 68
Stuhl, Gleit- **356** 22
Stuhl, Jagd- **239** 12
Stuhl, Kaffeehaus- **75** 47
Stuhl, Kinder- **33** 34
Stuhl, Kipp- **301** 9
Stuhl, Klapp- *Baby* **33** 34
Stuhl, Klapp- *Camping* **92** 61

Stuhl, Konferenz- **409** 37
Stuhl, Korb- **51** 3
Stuhl, Küchen- **47** 52
Stuhl, Lehn- **155** 18
Stuhl, Liege- *Garten* **203** 3
Stuhl, Liege- *Haus* **44** 41
Stuhl, Park- **84** 48
Stuhl, Patienten- **29** 3
Stuhl, Rollier- **261** 17
Stuhl, Schaukel- **127** 63
Stuhl, Schiedsrichter-
109 16, **110** 21
Stuhl, Stahlrohr- **49** 26
Stuhlschiedsrichter **109** 15
Stulpe **39** 45
Stülper **230** 64
Stülpkorb **230** 64
Stummel, Flossen- **388** 3
Stummelheck **346** 16
Stummer Schwan **178** 20
Stumpen *Kopfbedeckung*
42 2
Stumpen *Tabak* **259** 4
Stumpf **29** 29
Stumpf, Baum- **237** 14
Stumpf, Kegel- **170** 45
Stumpf, Zahn- **29** 23
stumpfer Winkel **169** 11
Stumpftonne **380** 8, 12
stumpfwinkliges Dreieck
169 30
Stunde **262** 3
Stundenachse *Astron.* **5** 9
Stundenachse *Optik*
265 15, 18
Stundenachsenantrieb **5** 8
Stupa **151** 4, 10
Stupfbürste **282** 23
Stupfpinsel **282** 56
Sturm **107** 15, 16
Sturmball *Hafen* **381** 35
Sturmball *Strand* **95** 4
Sturmböe **8** 26
Sturmdämon **145** 60
Stürmer **98** 45
Stürmer, Außen- **107** 16
Stürmer, Mittel- **107** 15
Sturmgewehr **63** 16
Sturmhaube **147** 60
Sturmhut **197** 1
Sturz, Fels- **12** 44
Sturz, Fenster- *Bau* **271** 9
Sturz, Fenster- *Haus* **44** 14
Sturz, Stahlbeton- **271** 13
Stürze **141** 39
Sturzflugbremse **104** 14
Sturzhang **113** 36
Sturzhang gestreckt **113** 37
Sturzhelm *Pferdesport*
105 20
Sturzhelm *Sport* **106** 4,
121 14

Stürzner **278** 17
Sturzriegel **273** 57
Stute **224** 2
Stütz, Beuge- **113** 39
Stütz, Liege- **115** 20, 21, 22,
23, 24, 25
Stütz, Streck- **113** 38
Stütz, Winkel- **115** 16, 17, 18
Stutzbart **40** 18
Stützbock **220** 9
Stütze, Drehmomenten-
365 54
Stütze, Einmast- **368** 17
Stütze, Fachwerk- **368** 71
Stütze, Fahrzeug- **63** 60
Stütze, Fuß- *Friseur* **257** 20,
258 20
Stütze, Fuß- *Sport* **116** 2,
119 39
Stütze, Hand- **123** 39
Stütze, Kinn- **141** 8
Stütze, Kopf- *Auto* **344** 38,
346 3
Stütze, Kopf- *Bau* **272** 59
Stütze, Lade- **238** 45
Stütze, Lenker- **339** 8
Stütze, Lyra- **143** 44
Stütze, Magen- **37** 24
Stütze, Mauer- **147** 26
Stütze, Portal- **378** 12
Stütze, Rast- **341** 32
Stütze, Raum- **378** 64
Stütze, Rohr- **63** 45
Stütze, Sattel- **339** 53
Stütze, Schalungs- **272** 86
Stütze, Schneefang- **275** 16
Stütze, Schulter- *Militär*
63 9, 21
Stütze, Schulter- *Rundfunk*
400 43
Stütze, Seilbahn- **368** 70
Stütze, Stahlrohr- **368** 72
Stütze, Tonarm- **401** 29
Stütze, Tor- **368** 18
Stütze, Wein- **232** 16
Stütze, Zelt- **125** 12
Stütze, Zwischen- **368** 32, 70
Stutzen *Jagd* **239** 34
Stutzen *Sport* **107** 49
Stutzen, Abluft- **295** 16
Stutzen, Absack- **236** 50
Stutzen, Absaug- **286** 41
Stutzen, Ansaug- **343** 18
Stutzen, Anschluss- **173** 5
Stutzen, Einführungs-
305 44
Stutzen, Einfüll- *Haus* **46** 51
Stutzen, Einfüll- *Hausrat*
56 13
Stutzen, Einlauf- *Bau* **275** 30
Stutzen, Einlauf- *Haus* **44** 51
Stutzen, Flansch- **283** 23

Stutzen, Flugbetankungs-
64 7
Stutzen, Foto- **264** 55
Stutzen, Luftbetankungs-
65 5
Stutzen, Luftfüll- **350** 24
Stützenfundament **368** 75
Stützengalgen **368** 74
Stützenschalung **272** 11, 73
Stützenschuh **368** 73
Stützfuß *Feuerwehr* **82** 62
Stützfuß *Landw.* **220** 29
Stützkonstruktion **299** 38
Stützlager **245** 11
Stützlager, Federbein- **345** 79
Stützrad **340** 10
Stützrad, Pflug- **218** 55
Stützrohr, Sattel- **339** 77
Stütz rücklings **113** 29
Stützschenkel **56** 39
Stützsockel **156** 21
Stützstange **125** 12
Stützverband, behelfs-
mäßiger **26** 11
Stütz vorlings **113** 28
Stützweite **369** 14
Stylingbürste **257** 17
Stylobat **153** 37
Subkontraoktave **139** 42
subpolare Klimazone **9** 46
Substanzbehälter **173** 61
Substitut **252** 107
Subtrahend **167** 24
Subtrahieren **167** 24
Subtraktion **167** 24
subtraktive Farbmischung
166 19
subtropische Klimazone
9 48
subtropischer Kalmengürtel
9 36
Subvulkan **12** 9
Suchboot, Minen- **66** 84
Sucher *Fotogr.* **266** 14, **269** 7,
35, 43
Sucher *Rundfunk* **400** 40
Sucher, Mehrformat- **266** 40
Sucher, Spannungs- **280** 47
Sucherausblick **266** 2
Sucherfuß **266** 70
Sucherobjektiv **266** 24
Sucherokular **134** 6
Sucherschacht **266** 22
Sucherscheibe **267** 59
Suchfeder **280** 40
Suchjagd **239** 1
Suchmaschinenserver
405 15
südafrikanischer Klipp-
schliefer **184** 27
Südamerika **16** 14
Südäquatorialstrom **16** 35

Südfrucht **202**
Sudhaus **246** 42
südlicher Sternhimmel **3** 36–48
Südliches Dreieck **3** 40
Südliches Eismeer **16** 23
Südliches Kreuz **3** 44
Südobservatorium, Europäisches **5** 1
Südostpassat **9** 38
Sudprozess **246** 42
Südpunkt **4** 17
Südwester *Kopfbedeckung* **42** 38
Südwester *Seerettung* **384** 5
Suit, Body- **37** 32
Sulfat, Ammonium- **309** 36
Sulfidierung **322** 5
Sulky **105** 26
Süll, Luken- **378** 67
Süllrand **99** 56
Sumatra **259** 2
Summand **167** 23
Summe **167** 23, **169** 12, 14
Summe, registrierte **83** 7
Summenfolge **168** 11, 12
Summer **280** 5
Sumpf, Öl- **345** 19
Sumpf, Schacht- **297** 31
Sumpfhaus **313** 10
Sumpfheide **195** 19
Sumpfpflanze **196** 15
Sumpfporst **195** 21
Sumpfweihe **177** 17
Sundbrücke **369** 57
Super, Euro- **350** 36
Superkraftstoff **350** 36
Supermarkt **252**
Suppenhuhn **252** 68
Suppenkelle **53** 16
Suppenlöffel **53** 60
Suppenschöpfer **53** 16
Suppenschüssel **53** 15
Suppenteller **52** 7, **53** 6
Suppenterrine **52** 9
Suppentopf **48** 14
Support, Längs- **302** 22, 42
Support, Quer- **302** 23, 39
Support, Schleif- **303** 3
Support, Werkzeug- **303** 13
Supraporte **155** 12
Surfanzug **94** 5, 32
Surfboard **94** 34
Surfbrett **94** 34
Surfbrett, Wind- **94** 22
Surfen **94**
Surfen, Wind- **94** 1
Surfer **94** 30
Surfer, Wind- **94** 2
Surfing **94** 29
Surfing, Wind- **94** 1

Surfsegel **94** 6
Sur le cou-de-pied **135** 16
Süßklee **222** 10
Süßwaren **349** 52
Sweater, Kapuzen- **39** 2
Sweatjacke **39** 2
Sweatshirt **39** 31
Swimmingpool **376** 69
Sylvius-Furche **20** 76
Symbol *Börse* **415** 23, 24
Symbol *Flagge* **61** 14
Symbol *Geld* **59** 2
Symbol, Aufnahme- **404** 48
Symbol, Euro- **60** 13, 16
Symbol, Funkuhr- **262** 4
Symbol, Kartentelefon- **396** 33
Symbol, Planeten- **4** 45–55
Symbol, Programm- **407** 30
Symbol, Schachfiguren- **90** 4, 5
Symbol, Wiedergabe- **404** 47
Symbol, Zodiakus- **4** 56–67
Symmetrieachse *Kristall* **174** 4
Symmetrieachse *Math.* **169** 25
Symmetrieebene **174** 5
Symmetriezentrum **174** 3
Symphyse **25** 49
Synagoge *Kirche* **151** 23
Synagoge *Stadt* **18** 17
Synchronfassung **132** 28
Synchronisation **132** 24
Synchronisiereinrichtung **305** 36
Synchronisierung **132** 24
Synchronkabel **134** 29
Synchronklappe **131** 35
Synchronkopf **404** 30
Synchronkopf, Audio- **404** 20
Synchronmodul, Horizontal- **400** 7
Synchronregisseur **132** 25
Synchronsprecherin **132** 25
Synchronspur **404** 29
Synchronstudio **132** 24
Synchrotron **2** 49
Synklinale **13** 21
Synthesizer **130** 34
Synthesizerspieler **130** 35
synthetische Chemiefaser **322** 25–39, 40–53
Syrinx **140** 2
System, Absehen- **240** 31
System, Antivortex- **391** 10
System, Antriebs- **292** 1
System, Archiv- **398** 51
System, Auspuff- **348** 73
System, Bau- **154** 28–36
System, Dämpfungs- **393** 54

System, Decca-Navigator- **379** 33
System, Duales **81** 2
System, ECDIS- **379** 12
System, Elektronenstrahl- **400** 24
System, Förder- **391** 58
System, Handels- **415** 15–22
System, Hochton- **401** 14
System, Höhlen- **14** 61
System, Informations- **359** 15
System, Injektions- **29** 50
System, Kardinal- **380** 24–27
System, Klappen- **385** 37–53
System, Klimatisierungs- **65** 12
System, Kniehebel- **336** 29
System, Koordinaten- **170** 1
System, Kristall- **174** 1–17, 18, 19, 20–22, 23, 24, 25, 26
System, Kuppel- **153** 86
System, Kursübertragungs- **415** 5
System, Lateral- **380** 6–18
System, Lebenserhaltungs- **392** 6
System, Lenkwaffen- **63** 79
System, Linien- **138** 42–44
System, Lüftungs- **308** 20
System, Mittelton- **401** 15
System, Navigations- **344** 81
System, Nerven- **21** 22–33
System, Planeten- **4** 45–55
System, Raketenwerfer- **63** 49
System, Schlitz- **103** 37
System, Schneide- **398** 26
System, Schrägseil- **369** 51
System, Schubsteuerungs- **393** 44
System, Server- **398** 46
System, Sonnen- **4** 45–55
System, Spritz- **282** 39
System, Teleskop- **220** 1
System, Tiefton- **401** 16
System, Tonabnehmer- **401** 27
System, Versorgungs- **65** 16
System, Vielseil- **369** 51
System, Warn- **65** 37, 38
System, Wartungs- **394** 17
System, Wind- **9** 35–39
System, Wölbungs- **154** 15
System, Zahnstangen- **368** 7–11
System, Zugbeeinflussungs- **363** 29
System, Zweirohr- **279** 22
Systemkamera **267** 1
System Leitz **264** 1
Systemmenütaste **404** 66

Systempedal **106** 25
Systemtelefon **408** 22, **409** 16
Systemüberwachung **391** 16
System Zeiss **264** 14
Szene **137** 36
Szene, Spiel- **128** 1
Szenenbildner **131** 43
szenischer Beleuchtungskörper **137** 14

T

Tabak **259** 25
Tabak, Kau- **259** 19
Tabak, Rollen- **259** 18
Tabakblatt **200** 43
Tabakpäckchen **349** 45
Tabakpflanze, Virginische **200** 40
Tabaksbeutel **259** 43
Tabakwaren **259**
Tabelle, Wechselkurs- **358** 22
Tabernakel **148** 42
Tableau **89** 7
Tableau, Grafik- **315** 20
Tablet-PC **407** 36
Tablett *Hausrat* **50** 25, **52** 23, **54** 35
Tablett *Restaurant* **75** 20, **76** 26, **77** 37
Tablett, Auftrage- **75** 20
Tablett, Bedien- **357** 73
Tablett, Digitalisier- **357** 73
Tablett, Dreh- **47** 48
Tablett, Instrumenten- **29** 5
Tablett, Servier- **75** 20
Tablettablage **77** 7
Tablettstapel **77** 2
Tabulatorlöschtaste **412** 27
Tabulatortaste **412** 25
Tacho *Auto* **344** 60
Tacho *Motorrad* **341** 10, 25
Tachograf **364** 54
Tachometer *Auto* **344** 60
Tachometer *Druck* **334** 49
Tachometer *Motorrad* **341** 10, 25, **342** 4, 39
Tachometer, Fahrrad- **339** 7, **340** 33
TAE-Dose **397** 25
Tafel *Bahnhof* **359** 25
Tafel *Film* **131** 35
Tafel *Friseur* **257** 44
Tafel *Schule* **72** 10
Tafel *Universität* **74** 6
Tafel, achteckige **43** 65
Tafel, Anfangs- **357** 42
Tafel, Anschluss- **399** 4
Tafel, Anzeige- *Bahnhof* **358** 26
Tafel, Anzeige- *Billard* **91** 16

Tafel, Anzeige- *Pferdesport* **105** 37

Tafel, Anzeige- *Sport* **109** 28, **110** 25

Tafel, Anzeigen- **95** 35

Tafel, Armaturen- **351** 30

Tafel, Augenhintergrund- **27** 25

Tafel, Bedienungs- *Fotoreprod.* **330** 23

Tafel, Bedienungs- *Rundfunk* **400** 31

Tafel, Dreieck- **357** 13

Tafel, Erläuterungs- **86** 4

Tafel, Farb- **328** 10

Tafel, fassförmige **43** 66

Tafel, Gedenk- **149** 14

Tafel, Geschwindigkeits- **357** 41

Tafel, gewölbte **43** 67, 68

Tafel, Halte- **357** 31, 32

Tafel, Haltepunkt- **357** 33

Tafel, Harnsediments- **28** 56

Tafel, Info- **83** 53

Tafel, Informations- **83** 53

Tafel, Kilometer- **370** 15

Tafel, Klingel- **78** 29

Tafel, Kurs- **415** 10

Tafel, Nummern- **148** 24

Tafel, ovale **43** 63

Tafel, Preis- **350** 1

Tafel, rechteckige **43** 64

Tafel, Schachbrett- **357** 30

Tafel, Schalt- *Druck* **332** 17

Tafel, Schalt- *Haus* **46** 72

Tafel, Schau- **27** 15

Tafel, Schiefer- **127** 68

Tafel, Schneepflug- **357** 34, 35

Tafel, Schreib- **71** 16

Tafel, Schul- **72** 10

Tafel, Seiten- **72** 16

Tafel, Sonderpreis- **250** 47

Tafel, Stand- **55** 13

Tafel, Terminplan- **314** 12

Tafel, Trapez- **357** 25

Tafel, Vorsignal- **357** 24

Tafel, Wand- **72** 10, 73 31

Tafel, Warn- *Landw.* **218** 51

Tafel, Warn- *Strand* **95** 5

Tafel, Warten- **305** 9

Tafel, Well- **275** 97

Tafel, Werbe- **79** 22, 36

Tafel, Zusatz- **357** 12

Tafelberg **14** 36

Tafelbesteck **53** 62

Tafelglasherstellung **317** 1–20

Tafelleuchter **53** 17

Tafelschere **278** 26

Tafelschliff **43** 47

Tafelschmuck **53** 20

Tafeltuch **53** 2

Tafelzeichnung **72** 14

Tafelzirkel **72** 21

Tafelzubehör **53**

Taft, Seiden- **42** 43

Tagebau **312** 1

Tagesdecke *Hausrat* **51** 9

Tagesdecke *Schiff* **376** 55

Tageskilometerzähler **344** 59

Tageslicht-Einspuldose **268** 5

Tageslichtfilmkassette **132** 10

Tageslichtlampe **329** 39

Tageslichtprojektor **73** 11

Tagesraum **227** 10

Tagesstätte, Kinder- **71**

Tageszeichen **357** 36

Tageszeitung *Bahnhof* **358** 16

Tageszeitung *Tankstelle* **349** 65

Tageszeitung *Zeitung* **165**

Tagetes **213** 20

Tagfalter **183** 1

Tagpfauenauge **183** 3

Tagraubvogel **177** 1

Tagundnachtgleiche **3** 6, 7

Tail **123** 79

Taille **19** 42

Taillenabnäher **38** 35

Taillenslip **37** 29

Tailleurjacke **35** 67

Takelung **373**

Takt, Dreiachtel- **138** 36

Takt, Dreihalbe- **138** 38

Takt, Dreiviertel- **138** 37

Takt, Entlastungs- **228** 33

Takt, Fünfviertel- **138** 41

Takt, Melk- **228** 34

Takt, Neunachtel- **138** 39

Takt, Neunviertel- **138** 40

Takt, Sechsachtel- **138** 34

Takt, Sechsviertel- **138** 35

Takt, Vierachtel- **138** 31

Takt, Vierhalbe- **138** 33

Takt, Vierviertel- **138** 32

Takt, Zweiachtel- **138** 28

Takt, Zweihalbe- **138** 30

Takt, Zweiviertel- **138** 29

Taktart **138** 28–41

Taktgeber **30** 21

Taktmesser **143** 19

Taktrad **333** 43

Taktstock **136** 30

Taktstrich **138** 42

Taktvorzeichnung **138** 28–41

Tal, Fluss- **14** 33

Tal, Kerb- **14** 29, 30

Tal, Mulden- **14** 32

Tal, Sohlen- **14** 31

Tal, Trocken- **14** 60

Tal, Trog- **15** 5

Talar **150** 4

Talaue **14** 39

Taler, Reichs- **59** 6

Taler, Vereins- **59** 7

Talform **14** 27

Talgdrüse **22** 70

Talgletscher **13** 54

Talgrund **14** 44

Talje **375** 27, 376 28

Taljenläufer **376** 30

Tallandschaft **14** 33

Tallehne **14** 42

Talon **415** 34

Talsohle *Brücke* **369** 60

Talsohle *Geogr.* **14** 44

Talsperre **371** 64

Talstation **368** 33

Taltempel **152** 8

Tambour **154** 44

Tamburin **142** 30, 45

Tamburin, Schellen- **142** 45

Tamilschrift **163** 11

Tampen, Trapez- **94** 4

Tampon **159** 22

tan **169** 32

Tandemanordnung **388** 22

Tandemfahrgestell **220** 28

Tang, Zucker- **196** 50

Tanga, String- *Kleidung* **37** 26

Tanga, String- *Nachtlokal* **130** 21

Tangens **169** 32

Tangente *Math.* **169** 48

Tangente *Musik* **140** 43

Tank *Erdöl* **299** 18

Tank *Molkerei* **229** 16

Tank, Ballast- **377** 78

Tank, Boden- **387** 40

Tank, Buttermilch- **229** 18

Tank, Dieselkraftstoff- **299** 13

Tank, Dieselöl- **380** 67

Tank, Druckgas- **391** 42

Tank, Dung- **375** 66

Tank, Edelstahl- **232** 4

Tank, Fahrzeug- **347** 22

Tank, Fäkalien- **361** 40

Tank, Feuerlöschschaum- **384** 28

Tank, Flügel- **64** 4

Tank, Flügelspitzen- **387** 8

Tank, Flüssigsauerstoff- **391** 11, 23, 38

Tank, Flüssigwasserstoff- **391** 25, 40

Tank, Frischmilch- **229** 15

Tank, Frischwasser- *Camping* **92** 21

Tank, Frischwasser- *Schiff* **375** 64, 377 79

Tal, Trog- **15** 5

Talar **150** 4

Tank, Futter- **375** 67

Tank, Heck- **387** 21

Tank, Heizöl- **380** 66

Tank, Kerosin- **391** 8

Tank, Korn- **217** 20

Tank, Kraftstoff- *Auto* **345** 2

Tank, Kraftstoff- *Flugzeug* **386** 48

Tank, Kraftstoff- *Landw.* **218** 33

Tank, Kraftstoff- *Raumfahrt* **393** 22, 46

Tank, Kugel- **375** 37

Tank, Lade- **347** 24

Tank, Lager- *Brauerei* **247** 8

Tank, Lager- *Erdöl* **298** 41

Tank, Magermilch- **229** 17

Tank, Öl- **46** 48

Tank, Rahm- **229** 19

Tank, Rahmen- **341** 38

Tank, Rahmreifungs- **229** 31

Tank, Reifungs- **229** 42

Tank, Rohbenzol- **309** 42

Tank, Rohmilch- **229** 5

Tank, Sauerstoff- **391** 59, 392 42, 393 58

Tank, Seiten- **378** 39

Tank, Stickstofftetroxid- **391** 57

Tank, Tip- **387** 8

Tank, Tragflächen- **387** 17

Tank, Tragwerks- **65** 26

Tank, Treiböl- **375** 65, 377 80

Tank, Treibstoff- *Astron.* **6** 24

Tank, Treibstoff- *Militär* **65** 15

Tank, Treibstoff- *Motorrad* **341** 20, 342 11, 48

Tank, Treibstoff- *Raumfahrt* **391** 56, 392 19, 27, 43

Tank, Trinkmilch- **229** 15

Tank, Trinkwasser- **299** 16

Tank, Unterflügel- **64** 4

Tank, Vorrats- **299** 15, 17

Tank, Waschöl- **309** 43

Tank, Wasser- *Kfz* **347** 11

Tank, Wasser- *Navigation* **380** 65

Tank, Wasser- *Schneiderei* **255** 27

Tank, Wasserstoff- **392** 42, 393 55

Tank, Zentral- **65** 31

Tank, Zusatz- **388** 20

Tankanzeige **344** 66

Tankauflieger **347** 23

Tankbodenventil **46** 53

Tankdecke **378** 57

Tanken **350** 13

Tankentlüftung **391** 43

Tankentlüftungsdüse **65** 22

Tanker **381** 73

Tanker, Betriebsstoff- **66** 96
Tanker, Flüssiggas- **375** 36
Tanker, Mammut- **375** 1
Tankfüllung **217** 23
Tankklappe **350** 14
Tanklager **381** 61
Tanklastzug **347** 19
Tanksammelwagen **229** 2
Tanksäule **350** 29
Tankstelle *Piktogramm* **390** 9
Tankstelle *Tankstelle* **350**
Tankstellenpächter **349** 40
Tankstellenshop **349**
Tankwagen **389** 22
Tankzwischenstück **391** 15
Tanne, Edel- **190** 1
Tanne, Schmuck- **205** 16
Tanne, Weiß- **190** 1
Tanne, Zimmer- **205** 16
Tannenklee **222** 6
Tannennadel **190** 11
Tannenzapfen **190** 2
Tanz, Bienen- **230** 32
Tanz, Rund- **230** 33
Tanz, Schwänzel- **230** 34
Tanzen **78** 47
Tanzender **129** 18
tanzender Schiwa **151** 13
tanzende Schlange **161** 48
Tänzer **129** 19
Tänzer, Duk-Duk- **160** 34
Tänzer, Solo- **135** 31
Tänzerin *Diskothek* **129** 19
Tänzerin *Nachtlokal* **130** 19
Tänzerin, Ballett- **135** 28
Tänzerin, indische **124** 22
Tänzerin, Seil- **125** 43
Tänzerin, Solo- **135** 30
Tänzerin, Striptease- **130** 25
Tanzfläche **129** 17
Tanzkapelle **124** 2
Tanzorchester **124** 2
Tanzpaar *Diskothek* **129** 19
Tanzpaar *Hotel* **78** 47
Tanzschmuck **162** 36
Tanzstock **162** 37
Tanztrommel **162** 14
Tape **398** 53
Tapedeck **401** 78
Tape-Library **398** 51
Tapete **281** 18
Tapete, Decken- **281** 53
Tapete, Unter- **281** 5
Tapetenabdruckroller **281** 50
Tapetenablösegerät **281** 9
Tapetenablöser **281** 1
Tapetenandrückwalze **281** 47
Tapetenbahn **281** 19
Tapetenkleister **281** 23

Tapetenkleister, Spezial- **281** 24
Tapetenleiste **281** 29
Tapetennaht **281** 20
Tapetenperforator **281** 12
Tapetenschaber **281** 15
Tapetenschutzlack **281** 32
Tapetenwechselgrund **281** 4
Tapezierbürste **281** 40
Tapezieren **281** 18–54
Tapezierer **281**
Tapeziererleiter **281** 52
Tapeziergerät, Decken- **281** 50
Tapeziergerätekleister **281** 26
Tapezierkasten **281** 33
Tapezierschere **281** 34
Tapezierschiene **281** 39
Tapeziertisch **281** 31
Tapezierwischer **281** 49
Tapir, Flachland- **184** 30
Tartar-Flugkörper **66** 49
Tartsche, Stech- **147** 79
Täschchen **42** 44
Täschchen, Abend- **130** 13
Täschchen, Hand- **130** 13
Täschchenform **214** 11
Tasche *Forstw.* **237** 30
Tasche *Kleidung* **39** 5
Tasche *Schiff* **372** 57
Tasche, Akten- **49** 19
Tasche, Anker- **378** 79
Tasche, Arzt- **27** 26
Tasche, aufgesetzte **34** 63, **36** 2, 21, 45
Tasche, Babytrage- **33** 46
Tasche, Bade- **95** 15
Tasche, Bein- **38** 67
Tasche, Bereitschafts- **267** 45
Tasche, Brust- **38** 18, 34, 72
Tasche, Eingriff- **36** 59, **39** 15
Tasche, Falz- **338** 10
Tasche, Feder- **23** 75–40
Tasche, Hand- **130** 13
Tasche, Handfessel- **68** 42
Tasche, Hänge- **411** 5
Tasche, Hemd- **38** 54
Tasche, Hinterrad- **340** 37
Tasche, Hüft- **119** 20
Tasche, Innen- **39** 14
Tasche, Jacken- **38** 48
Tasche, Kamera- **267** 27
Tasche, Känguru- **39** 5, 24
Tasche, Kastenleerungs- **395** 48
Tasche, Kleinteil- **407** 24
Tasche, Laptop- **407** 23
Tasche, Latten- **100** 34
Tasche, Leisten- **36** 57
Tasche, Lenker- **340** 20
Tasche, Mast- **94** 12

Tasche, Nagel- **275** 72
Tasche, Naht- **36** 76
Tasche, Notfall- **82** 14, 69
Tasche, Paspel- **35** 71, **38** 29
Tasche, Patten- **38** 27
Tasche, Pistolen- **68** 36
Tasche, Post- **395** 56
Tasche, Reise- **358** 40
Tasche, Reißverschluss- **35** 5, **39** 8
Tasche, Sattel- **339** 54, **340** 39
Tasche, Schub- **38** 66
Tasche, Schul- **72** 32
Tasche, Segel- **94** 11
Tasche, Seiten- **36** 68
Tasche, Sonnenbrillen- **392** 5
Tasche, sportliche **35** 34
Tasche, Stab- **99** 61
Tasche, Steck- **38** 29
Tasche, Strand- **95** 15
Tasche, Vorder- **36** 73
Tasche, Vorderrad- **340** 35
Tasche, Werkzeug- *Fahrrad* **339** 54
Tasche, Werkzeug- *Raumfahrt* **392** 10
Tasche, Zustell- **395** 54
Täschel, Hirten- **214** 9
Täschelkraut **214** 9
Taschencomputer **409** 11
Taschendosimeter **2** 15
Taschengeige **140** 20
Taschenklappe **38** 23
Taschenklemme **2** 18
Taschenlampe **280** 24
Taschenlampenbatterie **280** 25
Taschenrechner **409** 8, **410** 21
Taschensäge **280** 60
Tasse *Restaurant* **77** 35
Tasse *Schiff* **376** 13
Tasse, Kaffee- *Hausrat* **52** 26
Tasse, Kaffee- *Restaurant* **75** 45
Tasse, Kaffee- *Tankstelle* **349** 9
Tasse, Kinder- **33** 28
Tasse, Tee- **50** 27
Tasse, Unter- *Hausrat* **52** 27
Tasse, Unter- *Restaurant* **75** 46
Tasse, Unter- *Schiff* **376** 14
Tassenstößel **343** 3
Tasso **278** 23
Tastatur *Bahnhof* **358** 60
Tastatur *Bank* **413** 7, **414** 6
Tastatur *Buch* **337** 18
Tastatur *Büro* **408** 18, **412** 21
Tastatur *Film* **132** 49
Tastatur *Fotogr.* **270** 16

Tastatur *Musik* **143** 4, 5
Tastatur *PC* **407** 13
Tastatur *Post* **395** 6, 45
Tastatur *Rundfunk* **398** 10
Tastatur *Werkstatt* **348** 10, 21
Tastatur *Zeichner* **315** 18
Tastatur, Eingabe- **379** 31
Tastatur, Infrarot- **406** 24
Tastatur, Schreib- **314** 16
Tastatur, Wähl- **408** 24, **409** 18
Tastaturanschlussbuchse **407** 42
Tastaturfeld **344** 84
Taste *Fotogr.* **267** 4, **270** 40
Taste *Kaufhaus* **83** 2
Taste *Musik* **144** 8, 40
Taste *Supermarkt* **252** 3
Taste *Telefon* **396** 14
Taste, Abheben- **396** 45
Taste, Abruf- **398** 17
Taste, Abstell- **262** 14
Taste, Abstimmbetriebsarten- **401** 54
Taste, Aktions- **403** 26
Taste, Audio-direct- **404** 57
Taste, Aufnahme- *Fotogr.* **269** 9
Taste, Aufnahme- *U-Elektronik* **401** 94
Taste, Auslöse- *Fotogr.* **266** 12
Taste, Auslöse- *PC* **407** 44
Taste, Ausschalt- **344** 94
Taste, Auswahl- *Auto* **344** 85
Taste, Auswahl- *Bank* **413** 6
Taste, Auswahl- *Fotogr.* **269** 37, 38, 51, 52, **270** 37
Taste, Auswahl- *PC* **407** 33, 38
Taste, Auswahl- *U-Elektronik* **401** 87, **402** 24, **403** 10, 20
Taste, Auswahl- *Video* **404** 35, 42, 58
Taste, Auswurf- *Büro* **412** 56
Taste, Auswurf- *Video* **404** 36, 41
Taste, Bedien- **407** 40
Taste, Bedienungs- *Fotogr.* **270** 45
Taste, Bedienungs- *Schule* **73** 40
Taste, Befehls- **315** 24
Taste, Bestätigungs- *U-Elektronik* **402** 26
Taste, Bestätigungs- *Video* **404** 65
Taste, Betriebs- **407** 12
Taste, Direct-Mode- **401** 94
Taste, Druck- *Eisenbahn* **357** 67

Taste, Druck- *U-Elektronik* 403 12
Taste, DVD-Menü- 404 63
Taste, Ein/Aus- 267 8
Taste, Eingabe- *PC* 406 28
Taste, Eingabe- *Schweißer* 294 23
Taste, Einschalt- *Auto* 344 94
Taste, Einschalt- *Büro* 412 60
Taste, Einschalt- *Video* 404 34, 52
Taste, Einstell- 267 3, 21
Taste, Eject- 401 70, 79
Taste, Feuer- 403 13
Taste, Folien- 236 54
Taste, Freisprech- 396 43
Taste, Funktions- *Büro* 408 25, 26, 409 20, 410 24, 412 43, 59, 66
Taste, Funktions- *Landw.* 220 40
Taste, Funktions- *PC* 406 26
Taste, Funktions- *U-Elektronik* 402 15, 64, 72
Taste, Fuß- 337 21
Taste, Fußschalt- 255 31
Taste, Intro- 401 62
Taste, Klavier- 143 4, 5
Taste, Komma- 410 26
Taste, Kopier- 412 46
Taste, Kurzwahl- 396 20
Taste, Lautsprecher- 396 12
Taste, Leer- 412 26
Taste, Lösch- *Büro* 412 27
Taste, Lösch- *U-Elektronik* 401 58
Taste, Loudness- 401 38
Taste, Maus- *PC* 406 30, 32, 407 14
Taste, Maus- *Zeichner* 315 23
Taste, Menü- *Fotogr.* 269 14, 270 38
Taste, Menü- *Telefon* 396 52
Taste, Modus- 403 14
Taste, Mono- 401 47
Taste, Nachrichten- 396 44
Taste, Navigations- 396 54
Taste, Ober- 144 52
Taste, Open- *U-Elektronik* 402 10
Taste, Open- *Video* 404 60
Taste, Pausen- 401 73, 92, 93
Taste, Peak-Search- 401 64
Taste, Pedal- 144 51, 52
Taste, Pfeil- 269 36
Taste, Programmier- 401 57
Taste, Programmrückstell- 267 6
Taste, Prozentrechnungs- 410 29
Taste, Randlöse- 412 22
Taste, Rechenbefehls- 410 27

Taste, Register- 142 42, 144 39
Taste, Reset- 406 12
Taste, Return- 406 28
Taste, Richtungs- 403 8
Taste, Ring- 269 50
Taste, Rücklauf- 401 74
Taste, Rücksetz- 401 86
Taste, Rücksprung- 402 19
Taste, Rückspul- 401 89
Taste, Ruf- 280 4
Taste, Schalt- 344 96
Taste, schwarze 143 5
Taste, Sende- 396 53
Taste, Seriengespräch- 396 30
Taste, Speicher- *Büro* 410 28
Taste, Speicher- *U-Elektronik* 401 48
Taste, Sprachenwahl- 396 29
Taste, Start- 401 23, 403 11
Taste, Start-und-Pausen- 402 21
Taste, Stations- *Flohmarkt* 127 22
Taste, Stations- *U-Elektronik* 401 53, 402 73
Taste, Steuer- 396 42
Taste, Steuerungs- 402 14, 68
Taste, Stopp- *U-Elektronik* 401 72, 91, 402 22
Taste, Stopp- *Video* 404 39, 62
Taste, Systemmenü- 404 66
Taste, Tabulator- 412 25
Taste, Time-Mode- 401 63
Taste, Umschalt- *Büro* 412 23
Taste, Umschalt- *Hausrat* 56 63
Taste, Unter- 144 51
Taste, Vorlauf- 401 75
Taste, Vorsprung- 402 20
Taste, Vorspul- 401 90
Taste, Wahl- *Auto* 344 87
Taste, Wahl- *U-Elektronik* 401 34, 403 25
Taste, Wahlwiederholungs- 396 19
Taste, weiße 143 4
Taste, Wellenbereichs- 401 46
Taste, Wiedergabe- *U-Elektronik* 401 71, 88
Taste, Wiedergabe- *Video* 404 38, 61
Taste, Wiederholungs- 401 59, 60
Taste, Wipp- 269 10
Taste, Zahlen- 127 72
Taste, Ziffern- *Büro* 410 25, 412 65

Taste, Ziffern- *Telefon* 396 18
Taste, Zoom- 404 9
Taste, Zufallswiedergabe- 401 61
Tastenfeld *Büro* 408 25
Tastenfeld *Telefon* 396 11, 18
Tastenfeld, Block- 412 21
Tastenfeld, Steuerungs- 412 80
Tastenfeldkonsole 396 26
Tastenhebel 140 38, 49
Tasteninstrument 143 1
Tastenkreuz, Bewegungs- 403 27
Tastenmechanik 143 22–39
Tastentelefon 396 17
Taster 351 34
Taster, Außen- 288 19
Taster, Innen- 288 24
Taster, Kipp- 363 45, 46, 47, 48
Taster, Klingel- 280 3
Taster, Nivellierungs- 355 10, 17
Taster, Tipp- 344 91, 92
Taster, Tür- 280 3
Tastrad 217 71
Tastzirkel *Drechsler* 288 19
Tastzirkel *Kunst* 158 3
tätiger Vulkan 12 4
Tätowierung 124 39
Tatze *Wassersport* 102 40
Tatze *Zool.* 186 5
Tatzelwurm 145 1
Tau 376 26
Tau, Anker- 372 18
Tau, Grund- 244 15
Tau, Kletter- 113 19
Tau, Mann- 376 27
Tau, Meer- 210 12
Tau, Mehl- 234 30
Tau, Rettungs- 384 13
Tau, Schlepp- 103 61
Tau, Sonnen- 195 14
Taube 224 33
Taube, Turtel- 178 28
Taubenkabiose 193 29
Täuberich 224 33
Taubgerste 214 28
Täubling, Speise- 199 23
Tauchanzug 93 1
Tauchausrüstung 93 1–20
Tauchbecken 96 26
Tauchen *Schwimmen* 98 34
Tauchen *Tauchen* 93
Tauchen *Zool.* 178 14
Taucher 93 22
Taucher, Fett- 178 5
Taucher, Flossen- 178 5
Tauchermaske 93 2
Tauchermesser 93 13

Taucheruhr 93 11
Tauchgang 93 21
Tauchgerät 93 17
Tauchgerät, Pressluft- 93 5
Tauchhandschuh 93 8
Tauchhuhn, Dummes 178 16
Tauchmaske 93 2
Tauchmütze 93 3
Tauchschuh 93 14
Tauchsieder 48 31
Tauchzeitüberwachung 93 11
Taufbecken 150 10
Taufe, christliche 150 1
Taufkapelle 150 2
Taufkleid 150 8
Täufling 150 7
Taufstein 150 9
Taufwasser 150 11
Taukreuz 150 60
Taurus 3 25, 4 57
Tauscher, Wärme- *Eisenbahn* 366 36, 43, 55
Tauscher, Wärme- *Energie* 308 10
Tauscher, Wärme- *Kokerei* 309 27
Tauscher, Wärme- *Militär* 65 19, 67 66
Tauscher, Wärme- *Textil* 321 23
Tauscher, Wärme- *Zement* 310 10
Tauschierung, Silber- 156 14
Tausenderstelle 167 3
Tausendgüldenkraut 198 10
Tausendschön 213 21
Tausendstelstelle 167 20
Tauwerkshaken 376 41
Tauwurm 176 27
Taxe 79 66
Taxenstand 79 65, 68
Taxi 79 66
Taxischild 79 67
Taxistand *Piktogramm* 390 7
Taxistand *Stadt* 79 65
Taxiway 389 2
Tazette 213 4
Technik, Auslass- 284 10
Technik, Bohr- 299 40–44
Technik, Drehstoß- 116 54
Technik, Druckluft- 282 30
Technik, Fernseh- 400
Technik, Fuß- 117 19
Technik, Gebäude- 308
Technik, Hang- 116 41
Technik, Landfahrzeug- 291
Technik, Laufsprung- 116 40
Technik, Maschinen- 363 36
Technik, O'Brien- 116 49
Technik, Roll- 116 18
Technik, Scher-Kehr- 116 21

Technik, Schwung- **116** 30
Technik, Wälz- **116** 24
Techniker, Kfz- **348** 71
Techniker, Kraftfahrzeug-
  348 71
Techniker, Ton- **131** 22
Technikerin, Bild- **399** 8
Technikraum **398** 46
technische Daten **314** 37
technische Zeichnung
  314 21
Teckel **223** 27
Teclu-Brenner **173** 4
Teddy Hausrat **55** 7
Teddy Kleidung **37** 33
Teddy Rummelplatz **126** 47
Teddy Vorschule **71** 40
Teddy, Schaukel- **71** 31
Teddybär Flohmarkt **127** 14
Teddybär Spielplatz **87** 15
Teddybär Vorschule **71** 40
Teddyjäckchen **34** 50
Tee Sport **110** 52
Tee Supermarkt **252** 94
Teeblatt **200** 9
Teegedeck **75** 32
Teekanne **50** 26
Teerkessel **354** 41
Teerkocher **354** 40
Teerspritzmaschine **354** 40
Teeschale **156** 8
Teestrauch **200** 7
Teetasse **50** 27
Teich Geogr. **17** 79
Teich Park **84** 50
Teich, Abwachs- **242** 5
Teich, Brut- **242** 5
Teich, Forellen- **242** 5
Teich, Garten- **203** 17
Teich, Karpfen- **242** 5
Teich, Streck- **242** 5
Teich, Vorstreck- **242** 5
Teichkarpfen **182** 4
Teichmönch **242** 8
Teigausrollmaschine **251** 67
Teigling **251** 76, 93
Teigmischer **251** 61
Teigschaber **48** 22
Teigteiler **251** 74
Teigteilmaschine **251** 71, 80
Teil, Akku- **127** 43
Teil, Annoncen- **165** 36
Teil, Anzeigen- **165** 36
Teil, Bass- **142** 43
Teil, Bindungs- **323** 12
Teil, Dach- **274** 1–26
Teil, Diskant- **142** 39
Teil, Erd- **16** 13–19
Teil, Ersatz- **261** 22
Teil, Fertigteil- **369** 58
Teil, Feuilleton- **165** 34
Teil, Fleisch- **248** 20

Teil, Flügelnasen- **393** 33
Teil, Fuß- **51** 6
Teil, Gebäude- **154** 43
Teil, Generator- **266** 65
Teil, Hand- **243** 27
Teil, Hinter- **19** 54
Teil, Hochdruck- **306** 49
Teil, Imaginär- **167** 14
Teil, Kamera- **264** 20
Teil, Kopf- Hausrat **51** 8
Teil, Kopf- Kopfbedeckung
  42 20
Teil, Kultur- **165** 34
Teil, männlicher **196** 24
Teil, Maschinen- Maschinen-
  teil **296** 61–107
Teil, Maschinen- Optiker
  263 39
Teil, Mittel- Brücke **369** 68
Teil, Mittel- Optik **265** 9
Teil, Mobil- **396** 39
Teil, Netz- Film **132** 14
Teil, Netz- PC **406** 2
Teil, nicht druckendes
  331 43
Teil, Niederdruck- **306** 49
Teil, Ober- Druck **332** 15
Teil, Ober- Film **134** 16
Teil, Ober- Kleidung **34** 18,
  37 3, 44, 39 21
Teil, Ober- Schuh **58** 23,
  26, 46
Teil, Ober- Strand **95** 19
Teil, politischer **165** 16
Teil, Putz- **42** 4
Teil, Puzzle- **71** 10
Teil, Radio- **401** 10, 45,
  402 50
Teil, Real- **167** 14
Teil, Regel- **305** 3
Teil, Rück- **266** 53
Teil, Ruten- **243** 26
Teil, Schlachttier- **249**
Teil, Schmiede- **292** 6
Teil, Seiten- **253** 61
Teil, Sport- **165** 22
Teil, Steuer- **305** 3
Teil, tief geätztes **331** 43
Teil, überregionaler **165** 27
Teil, Unter- **134** 17
Teil, Wagen- **351** 5, 6, 7
Teil, weiblicher **196** 26
Teilblütenkorb **196** 13
Teilchen, Alpha- **1** 39, 40,
  2 27
Teilchen, Beta- **1** 41
Teilen **167** 26
Teilen, Flor- **318** 12
Teiler **167** 26
Teiler, Halm- **217** 2
Teiler, Raum- Bank **414** 31
Teiler, Raum- Büro **411** 1

Teiler, Raum- Eisenbahn
  363 27
Teiler, Teig- **251** 74
Teilfuge **292** 29
Teilkreis Kristall **174** 32
Teilkreis Optik **265** 27
Teilnehmer, Kur- **88** 9
Teilnehmer, Prozessions-
  149 51
Teilschatten **4** 33, 38
Teilscheibe **314** 56
Teilstab **319** 5
Teilung, Furchungs- **25** 23
Teilung, Niet- **296** 60
Teilung, Reife- Anat. **25** 10
Teilung, Reife- Genetik **24** 39,
  40, 48
Teilung, Zeit- **10** 17
Teilung, Zell- **24** 27, 46
Teilungsnaht **36** 76
Teilungszahl **167** 26
Teilvergoldung **156** 3
Teilwert **167** 26
T-Eisen **296** 3
T-Eisen, Doppel- **296** 6
Tektonik, Platten- **11** 19–42
Telefax **408** 7
Telefaxgerät **408** 6
Telefon Börse **415** 6
Telefon Büro **411** 11
Telefon Hausrat **49** 8
Telefon Hotel **78** 6
Telefon Med. **27** 19
Telefon Telefon **396**
Telefon, Bord- **399** 10
Telefon, Design- **396** 23
Telefon, ISDN- **397** 32
Telefon, Karten- Bahnhof
  358 14
Telefon, Karten- Telefon
  396 27
Telefon, Kinder- **55** 35
Telefon, Kompakt- **396** 9
Telefon, Mobil- Börse **415** 8
Telefon, Mobil- Büro **409** 17
Telefon, Mobil- Internet
  405 4
Telefon, Mobil- Telefon
  396 48
Telefon, Münz- **358** 14
Telefon, OB- **379** 13
Telefon, Ortsbatterie- **379** 13
Telefon, Rettungs- **390** 16
Telefon, schnurloses Hausrat
  54 21
Telefon, schnurloses Telefon
  396 38
Telefon, System- **408** 22,
  409 16
Telefon, Tasten- **396** 17
Telefon, Wählscheiben-
  396 1

Telefon, Zimmer- **78** 35
Telefonanlage **398** 9
Telefongabel **396** 24
Telefongehäuse **396** 5
Telefonhörer Büro **409** 19
Telefonhörer Telefon **396** 2
Telefonhörerschnur **396** 3
Telefonieren, Mobil- **390** 31
Telefonkabel Büro **412** 67
Telefonkabel Straße **352** 15
Telefonkabel Telekomm.
  397 26
Telefonkarte **396** 32
Telefonkartenautomat
  358 12
Telefonkartenschlitz **396** 31
Telefonleitung **405** 2
Telefonnetz, digitales **327** 7
Telefonsäule Bahnhof
  358 13, **359** 23
Telefonsäule Stadt **79** 2
Telefonschnur **396** 4
Telefonzelle **361** 18, **363** 25
Telegabel **341** 3, **342** 5
Telegraf, Maschinen- **379** 11
Telekommunikation Telefon
  396
Telekommunikation
  Telekomm. **397**
Telekommunikations-
  anschlusseinheit **397** 25
Telekommunikationshaus-
  anschlussleitung **352** 20
Telekommunikationskabel
  352 15
Telekommunikationskabel-
  durchgangsleitung **352** 16
Telekommunikationsleitung
  405 5
Telekommunikations-
  zentrale **405** 6
Telekonverter **267** 56
Telemetrieantenne **10** 70
Teleobjektiv **267** 53
Teleskop **393** 69
Teleskop, Spiegel- **265** 1
Teleskop, Weltraum- **6** 1
Teleskopantenne **402** 71
Teleskopdrehleiter **82** 30
Teleskopfedergabel **342** 27
Teleskopgabel **341** 3
Teleskopkran **82** 58
Teleskoprohr Landw. **218** 70
Teleskoprohr Polizei **68** 17
Teleskoprute **243** 25
Teleskopsystem **220** 1
Teller Hausrat **47** 53, 52 8,
  53 5
Teller Schiff **376** 11
Teller Tankstelle **349** 11
Teller, Dessert- **53** 7
Teller, Drahtbürsten- **287** 24

Teller, Ess- **47** 56, **52** 30, **53** 5
Teller, Film- **132** 41
Teller, Früchte- **77** 17
Teller, Frühstücks- **47** 10
Teller, Grund- **53** 4
Teller, Gummi- **287** 22
Teller, Hand- **19** 72
Teller, Hostien- **148** 9
Teller, Käse- **77** 11
Teller, Kinder- **33** 29
Teller, kleiner **53** 7
Teller, Kuchen- **75** 2
Teller, Lande- **392** 23
Teller, Platten- **401** 24
Teller, Polier- **287** 22
Teller, Rotor- **331** 26
Teller, Salat- **77** 10
Teller, Schalt- **317** 24
Teller, Souvenir- **127** 50
Teller, Stock- **119** 6
Teller, Suppen- **52** 7, **53** 6
Teller, tiefer **52** 7, **53** 6
Teller, türkischer **141** 52
Teller, Unter- **53** 6
Teller, Warmhalte- **33** 29
Teller, Zahl- **349** 51
Tellerbürste **353** 12
Tellerfuß *Fotoreprod.* **330** 43
Tellerfuß *Friseur* **257** 29
Tellerkragen **38** 43
Tellerrad **296** 93
Tellerschleifpapier **287** 25
Tellerstapel **76** 11
Telophase **24** 38
Tempel, dorischer **153** 2
Tempel, etruskischer **153** 63
Tempel, Maya- **160** 20
Tempel, Tal- **152** 8
Tempel, Toten- **152** 7
Tempelanlage *Kirche* **151** 11
Tempelanlage *Kunst* **153** 1
Tempelbau, buddhistischer **151** 1–10
Tempelbau, hinduistischer **151** 11–13
Tempelbau, schintoistischer **151** 14–17
Tempelbezirk **151** 17
Tempelritter **147** 72
Tempelturm *Kirche* **151** 12
Tempelturm *Kunst* **152** 32
Temperafarbe **157** 17
Temperatur, Jahres- **9** 32
Temperatur, Winter- **9** 33, 34
Temperaturanzeige *Auto* **344** 93
Temperaturanzeige *Rundfunk* **398** 58
Temperaturanzeige, Öl- **386** 21
Temperaturanzeige, Wasser- **344** 58

Temperaturanzeige, Zylinder- **386** 9
Temperaturbereich **9** 2
Temperaturerhöhung **344** 91
Temperaturfühler, Luft- **345** 13
Temperaturfühler, Wasser- **345** 8
Temperaturlinie **7** 39
Temperaturmesser **93** 10
Temperaturmesser, Getriebeöl- **366** 20
Temperaturmesser, Kühlwasser- **366** 21
Temperaturmesser, Motoröl- **366** 19
Temperatursenkung **344** 92
Temperaturskala **7** 41
Temperaturwähler **56** 9
Temperaturwert **9** 32–34
Tempo **102** 47
Tender **66** 92
Tender, Brennstoff- **364** 68
Tenderbrücke **364** 2
Tenderlok **364** 66
Tennis **109** 1–32
Tennis, Tisch- **109** 33–44
Tennisball **109** 27
Tennisnetz **109** 9
Tennisplatz **109** 1
Tennisschläger **109** 24
Tennisschuh **58** 36
Tennisspiel **109** 1–32
Tennisspieler **109** 13
Tenorhorn **141** 41
Tenorschlüssel **138** 11
Tentakel **176** 18
tenuto **139** 30
Teppich, Altar- **148** 3
Teppich, Boden- **344** 41
Teppich, Orient- **54** 33
Teppich, Velours- **78** 36
Teppichboden **49** 23, **51** 26, **52** 17
Teppichbürste **56** 48
Teppichbürstvorsatz **56** 83
Teppichkehrer **56** 61
Teppichklopfvorsatz **56** 83
Teppichpflegegerät, Kombinations- **56** 80
Teppichschamponiervorsatz **56** 83
Terephthalsäure **322** 26
Terminal *Flughafen* **389** 15
Terminal *Landw.* **218** 43
Terminal, Ausleih- **74** 19
Terminal, Beistell- **74** 28
Terminal, Benutzer- **74** 24
Terminal, Bestell- **74** 28
Terminal, Buchungs- **395** 5
Terminal, Container- **381** 48, **382** 1

Terminal, EMV- **358** 61
Terminal, Fahrkarten- **358** 59
Terminkalender **409** 7
Terminplaner **328** 2
Terminplantafel **314** 12
Termschema **1** 24
Terrarium **86** 23
Terrasse **44** 30
Terrasse, Besucher- **389** 20
Terrasse, Dach- **44** 68
Terrasse, Fels- **14** 40, 50
Terrasse, Schotter- **14** 41
Terrasse, Sinter- **12** 12
Terrassencafé **84** 57
Terrier, Scottish **223** 31
Terrier, Welsh **223** 30
Terrine **53** 15
Terrine, Suppen- **52** 9
Tertiärkreislauf **306** 14
Terz, große **139** 8
Terzbindung **111** 49
Terzel **239** 53
Terzparade **111** 8
Tester, Abgas- **348** 27, 67
Tester, Generator- **348** 55
Tester, Lichtmaschinen- **348** 55
Tester, Schließwinkel- **348** 54
Tester, Zündwinkel- **348** 54
Tester, Zündzeitpunkt- **348** 54
Testgerät, Motor- **348** 66
Tetradrachme **59** 1
Tetraeder **174** 1
tetragonale Dipyramide **174** 18
tetragonales Kristallsystem **174** 18, 19
Tetra Pak® **77** 19
Teufel **124** 11
Teufelskirsche **197** 7
Text **327** 2
Text, Gesetzes- **348** 43
Text, Klappen- **338** 48
Textelement **328** 32
Textfeld **328** 23
Textfeldgröße **328** 18
textile Bindung **323**
textile Fläche **321** 1, 15
Textilglasgarn **317** 59
Textilglasherstellung **317** 50–57
Textilglasmatte **317** 60
Textilglasprodukt **317** 58–60
Textilglasroving **317** 59
Textilgürtel **36** 69
Textilveredelung **321**
Textmarker **410** 18
Textverarbeitung **164** 46–49
TGV **363** 49

thailändische Schrift **163** 10
Thaischrift **163** 10
Thalamus **20** 68
Thallom **196** 51
Thallus **196** 51
Theater *Stadt* **18** 20
Theater *Theater* **136, 137**
Theater, Film- **133** 1
Theater, griechisches **153** 58
Theater, Lichtspiel- **133** 1
Theater, Natur- **84** 6
Theaterbesucher **136** 9
Theaterbillett **136** 12
Theaterfriseur **136** 53
Theaterkarte **136** 12
Theaterkasse **83** 35
Theaterkostüm **136** 56
Theaterplatz **136** 23
Theaterraum **136** 16
Theatervorhang **137** 23
Theaterwerkstatt **136** 31
Theke *Hotel* **78** 51
Theke *Restaurant* **76** 1–11
Theke, Bar- *Hotel* **78** 51
Theke, Bar- *Nachtlokal* **130** 6
Theke, Kühl- **250** 40
Theke, Verkaufs- *Bäckerei* **251** 1
Theke, Verkaufs- *Kaufhaus* **83** 76
Thekenanlage **414** 1
Themenplakat **70** 2
Theodolit **16** 53–63
Theodolit, Foto- **264** 66
Therapeut, Physio- **88** 23
Therapie, Bewegungs- **88** 22
Therapie, Reizstrom- **88** 8
Thermalbecken **97** 30
Thermalbereich **97** 28
Thermenbereich **97** 28
Thermenbesucher **97** 33
Thermenlandschaft **97** 28
Thermikschlauch **104** 39
Thermiksegeln **104** 39
thermischer Aufwind **104** 39
thermisches Solarkraftwerk **307** 16
Thermobindung **412** 69
Thermobürste **258** 31
Thermograf **10** 19, 51
thermokonstantes Wasserbad **28** 45
Thermometer *Meteor.* **10** 25, 34, 35
Thermometer *Schwimmbad* **96** 19
Thermometer, Bad- **268** 13
Thermometer, Bade- **33** 30
Thermometer, Entwickler- **268** 8
Thermometer, Extrem- **10** 53, 54

Thermometer, Fern- **364** 48
Thermometer, Kessel- **46** 69
Thermometer, Maximum- **10** 53
Thermometer, Minimum- **10** 54
Thermometer, Rund- **332** 4
Thermometer, Schalen- **268** 13
Thermometer, Schöpf- **246** 54
Thermometerhütte **10** 49
Thermoskanne® **349** 8
Thermostat, Raum- **46** 83
Thermostatentwicklungs-schale **268** 60
Thomasbirne **300** 59
Thomaskonverter **300** 59
Thoraschrein **151** 25
Thorax **175** 31
Thymele **153** 62
Thymian **210** 15
Thymin **24** 25
Thymus **210** 15
Tiara **62** 39
Tibeter **161** 27
tibetische Schrift **163** 12
Ticket **358** 58
Tief *Geogr.* **15** 16
Tief *Meteor.* **9** 6
Tiefdecker **385** 5, 14, **387** 1
Tiefdruck **335**
Tiefdruck, Rotations- **335** 7, 24–31
Tiefdruckätzer **335** 18
Tiefdruckgebiet **9** 6
Tiefdruckmaschine, Rollen- **335** 24
Tiefdruckverfahren *Druck* **335**
Tiefdruckverfahren *Kunst* **159** 14–24
Tiefdruckverfahren *Textil* **321** 24–31
Tiefdruckwalze **335** 10, 17
Tiefdruckzylinder **335** 22
Tiefe, Herd- **12** 25
Tiefeneinstellung *Landw.* **218** 49
Tiefeneinstellung *Sägewerk* **311** 46
Tiefenführung **218** 48
Tiefengestein, magmatisches **12** 19
Tiefengesteinskörper **12** 20
Tiefenlehre *Schlosser* **293** 61
Tiefenlehre *Werkzeugmasch.* **302** 72
Tiefenlinie **17** 12
Tiefenmagmatismus **12** 18
Tiefenmesser **93** 9
Tiefenmessfühler **302** 68

Tiefenmessschieber *Schlosser* **293** 61
Tiefenmessschieber *Werkzeugmasch.* **302** 72
Tiefenregler **401** 36
Tiefenruder **67** 95, 96
Tiefensickerungsanlage **354** 55
Tiefenskala **379** 62
Tiefenverstellung **286** 19
tiefer Teller **52** 7, **53** 6
Tiefgangsmarke **378** 76
tief geätztes Teil **331** 43
tiefgefrorenes Fertiggericht **250** 51
tiefgestelltes Zeichen **164** 17
Tiefhalte **115** 47
Tiefkühlgericht **252** 70
Tiefkühltruhe *Fleischerei* **250** 49
Tiefkühltruhe *Supermarkt* **252** 66
Tiefland **11** 13
Tieflöffel **271** 82
Tiefofen **301** 21
Tiefofenkran **301** 22
Tiefpumpe **298** 31
Tiefpumpenantrieb **298** 30
Tiefpumpenförderung **298** 29
Tiefschlag **117** 34
Tiefseebecken **11** 17
Tiefseefauna **187**
Tiefseegraben **11** 21
Tiefseemeduse **187** 5
Tiefseerinne **11** 18
Tiefstart **116** 4
Tiefstoß **91** 4
Tieftöner **401** 16
Tieftönerabdeckung **401** 17
Tieftonsystem **401** 16
Tiefwasserstart **102** 42
Tiegel *Eisenverarb.* **301** 2
Tiegel *Kunst* **159** 31
Tiegel, Druck- **334** 16
Tiegel, Grafit- **260** 10
Tiegel, Präge- **336** 28
Tiegel, Ton- **173** 31
Tiegeldruckpresse *Druck* **334** 12
Tiegeldruckpresse *Kunst* **159** 29
Tiegelzange *Chemie* **173** 32
Tiegelzange *Goldschmied* **260** 11
Tier **241** 2
Tier, Beutel- **184** 1
Tier, Blumen- **176** 19
Tier, Dam- **241** 45
Tier, Edel- **241** 2
Tier, Fabel- **145**
Tier, Faul- **184** 13

Tier, Flatter- **184** 11
Tier, Gelt- **241** 2
Tier, Gewebe- **176** 14
Tier, Gürtel- **184** 10
Tier, Haus- **224**
Tier, Herren- **186** 15
Tier, Hohl- **176** 16, **187** 5, 9, 14, 20
Tier, Horn- **224** 1
Tier, Huf- **185** 1
Tier, Kerb- **175** 4
Tier, Kloaken- **184** 4
Tier, Korallen- **176** 19
Tier, Krebs- **175** 1
Tier, Kriech- **182** 27–41
Tier, Kuschel- *Hausrat* **55** 6
Tier, Kuschel- *Vorschule* **71** 38
Tier, Last- **162** 3
Tier, Maul- **224** 8
Tier, Murmel- **184** 21
Tier, mythologisches **145**
Tier, Nage- **184** 14
Tier, Raub- *Zirkus* **125** 55
Tier, Raub- *Zool.* **185** 12, **186** 1
Tier, Reit- **162** 2
Tier, Ren- **161** 21
Tier, Rot- *Jagd* **239** 15
Tier, Rot- *Zool.* **241** 2
Tier, Rüssel- **184** 23
Tier, Säuge- **184, 185, 186**
Tier, Schlaf- **55** 6
Tier, Schmal- **241** 2
Tier, Schmuse- **33** 50
Tier, Schnabel- **184** 4
Tier, Schuppen- **184** 12
Tier, Schwamm- **176** 15
Tier, Schwimm- **95** 29
Tier, Spinnen- **175** 43
Tier, Trag- **162** 3
Tier, Trampel- **184** 34
Tier, Weich- **176** 30
Tier, wirbelloses **176**
Tierbändiger **125** 52
Tierchen, Gitter- **176** 2
Tierchen, Pantoffel- **176** 10
Tierchen, Sonnen- **176** 2
Tierchen, Strahlen- **176** 3
Tierchen, Ur- **176** 1
Tierchen, Wechsel- **176** 4
Tierchen, Wimper- **176** 10
Tierfutter **349** 38
Tiergehege **84** 49
Tierkreiszeichen **4** 56–67
Tierpfleger **86** 21
Tiertransport **375** 63
Tiger *Zirkus* **125** 55
Tiger *Zool.* **186** 6
Tilde **164** 55
Timbales **142** 58
Time-Mode-Taste **401** 63

Timerschalter **401** 80
Tinboard **109** 63
Tinktur **62** 26–31
Tintenbeere **197** 7
Tintenfass, Klapp- **127** 74
Tintenfeinschreiber **408** 27
Tintenfisch **187** 4
Tintenfisch, Gemeiner **176** 41
Tipi **160** 7
Tipptaster **344** 91, 92
Tiptank **387** 8
Tisch *Eisenbahn* **361** 65
Tisch *Med.* **26** 37
Tisch *Raumfahrt* **394** 26
Tisch *Restaurant* **77** 42
Tisch, Abendmahls- **148** 4
Tisch, Ablege- **337** 14
Tisch, Abwurf- **31** 15
Tisch, Anlage- **334** 24
Tisch, Anlege- **337** 16, 24
Tisch, Arbeits- *Glaser* **277** 15
Tisch, Arbeits- *Optiker* **263** 29
Tisch, Arbeits- *Schneiderei* **256** 8
Tisch, Arbeits- *Schuhmacher* **253** 33
Tisch, Arbeits- *Zeichner* **315** 14
Tisch, Auffang- **412** 50
Tisch, Aufgabe- **311** 68
Tisch, Auflage- **286** 15
Tisch, Aufnahme- **303** 20
Tisch, Auslagen- **83** 18
Tisch, Auslege- **337** 5
Tisch, Balkon- **44** 72
Tisch, Beistell- *Hausrat* **50** 34
Tisch, Beistell- *Med.* **31** 17
Tisch, Belichtungs- **327** 24
Tisch, Besäum- **285** 64
Tisch, Besprechungs- **409** 36
Tisch, Bestrahlungs- **2** 36
Tisch, beweglicher **30** 31
Tisch, Biege- **272** 20
Tisch, Billard- *Billard* **91** 13
Tisch, Billard- *Schiff* **376** 98
Tisch, Bohr- **286** 8
Tisch, Bügel- *Hausrat* **56** 16
Tisch, Bügel- *Schneiderei* **255** 23
Tisch, Camping- **92** 62
Tisch, Couch- **50** 29
Tisch, Dickten- **285** 46
Tisch, Dreh- *Erdöl* **298** 15
Tisch, Dreh- *Optik* **264** 17
Tisch, Dreh- *Schmied* **292** 39
Tisch, Dreh- *Schweißer* **295** 42
Tisch, Druck- **159** 41
Tisch, Einfuhr- **338** 34

Tisch, Empire- **155** 16
Tisch, Ess- 52 2, **53** 1, **54** 31
Tisch, Experimentier- **73** 3
Tisch, Förderband- **251** 68
Tisch, Fräs- **303** 26
Tisch, Frisier- **257** 21
Tisch, Garten- **44** 43
Tisch, Geräte- **366** 31
Tisch, Gletscher- **13** 61
Tisch, Hobel- **303** 11
Tisch, Instrumenten- **30** 29, **31** 16, 30
Tisch, Kaffeehaus- **75** 48
Tisch, Kassen- **257** 47
Tisch, Klapp- *Camping* **92** 62
Tisch, Klapp- *Eisenbahn* **361** 34
Tisch, Konferenz- **409** 36
Tisch, Kreuz- **264** 29
Tisch, Küchen- **47** 51
Tisch, Lehrer- **72** 5–8
Tisch, Licht- **329** 31
Tisch, Louis-seize- **155** 14
Tisch, Mal- **157** 25
Tisch, Mikroskop- **264** 9
Tisch, Moderations- **70** 10
Tisch, Montage- *Druck* **332** 23
Tisch, Montage- *Fotoreprod.* **330** 34
Tisch, Nach- **76** 22
Tisch, Nacht- *Hausrat* **51** 19
Tisch, Nacht- *Schiff* **376** 51
Tisch, Nähmaschinen- **256** 20
Tisch, Objekt- **264** 9
Tisch, OP- **31** 7
Tisch, Operations- **31** 7
Tisch, Opferkerzen- **148** 52
Tisch, Pflanzen- **207** 12
Tisch, Präge- *Galvanoplastik* **331** 9
Tisch, Präge- *Geld* **59** 21
Tisch, Präparier- **73** 17
Tisch, Projektions- **73** 13
Tisch, Rahmen- **285** 62
Tisch, Regie- **137** 42
Tisch, Retuschier- **330** 34
Tisch, Rollen- **311** 22
Tisch, Röntgen-untersuchungs- **32** 2
Tisch, Schleif- **286** 34
Tisch, Schleifmaschinen- **303** 7
Tisch, Schmetterlings- **361** 11
Tisch, Schmink- **136** 50
Tisch, Schneide- **132** 39
Tisch, Schreib- *Bank* **414** 34
Tisch, Schreib- *Büro* **408** 10, **409** 2, **411** 13

Tisch, Schreib- *Eisenbahn* **361** 58
Tisch, Schreib- *Hausrat* **54** 18
Tisch, Schreibmaschinen- **411** 28
Tisch, Schüler- **73** 8
Tisch, Schwebe- **29** 4
Tisch, Schweiß- *Schlosser* **293** 12
Tisch, Schweiß- *Schweißer* **294** 13, **295** 13, 21
Tisch, Sonder- **83** 82
Tisch, Spiel- *Musik* **144** 36–52
Tisch, Spiel- *Roulette* **89** 25
Tisch, Steh- *Eisenbahn* **361** 64, **363** 22
Tisch, Steh- *Tankstelle* **349** 12
Tisch, Stell- **357** 66
Tisch, Tapezier- **281** 31
Tisch, Tischtennis- **109** 33
Tisch, Umroll- **133** 21
Tisch, Untersuchungs- **32** 2, 27
Tisch, Verbands- **27** 34
Tisch, Versenk- **137** 33
Tisch, Vierer- **72** 1
Tisch, Wasch- **361** 48
Tisch, Werk- *Schule* **72** 47
Tisch, Werk- *Uhrmacher* **261** 2
Tisch, Zahl- **351** 33
Tisch, Zeichen- **314** 6
Tisch, Zuführ- *Buch* **338** 9
Tisch, Zuführ- *Büro* **412** 48
Tisch, Zuschneide- **255** 5
Tischabroller, Klebestreifen- **410** 14
Tischaschenbecher **76** 35
Tischbein **52** 3
Tischbelag **294** 16
Tischchen **376** 57
Tischchen, Klapp- **361** 28, 56
Tischdame **78** 44
Tischdecke *Restaurant* **76** 39
Tischdecke *Schiff* **376** 22
Tischfeuerwerk **124** 51
Tischfläche **295** 14
Tischgesellschaft **78** 41–44
Tischhefter **410** 5
Tischherr **78** 43
Tischhöhenverstellung **286** 20, 21
Tischkalender **410** 30
Tischkarte **53** 14
Tischkasse **89** 26
Tischkonsole **286** 22
Tischlampe **50** 35
Tischläufer **54** 32
Tischler **285** 38, 286

Tischlerei **285**
Tischlerleim **285** 13
Tischlerplatte **285** 73
Tischlerwerkstatt **285**
Tischlerwerkzeug **285** 1–28
Tischlerwinkel **285** 6
Tischleuchte **50** 35
Tischleuchter **53** 17
Tischnachbar **78** 42
Tischplatte *Hausrat* **52** 4
Tischplatte *Tischler* **286** 2
Tischrechner **408** 14
Tischschmuck **77** 43
Tischsockel **264** 15
Tischstativ **267** 44
Tischstaubsauger **260** 43
Tischsteuerung **30** 38
Tischtennis **109** 33–44
Tischtennisball **109** 44
Tischtennisnetz **109** 35
Tischtennisplatte **109** 34
Tischtennisschläger **109** 40
Tischtennisspiel **109** 33–44
Tischtennisspieler **109** 38, 39
Tischtennistisch **109** 33
Tischtuch *Restaurant* **76** 39
Tischtuch *Schiff* **376** 22
Tischvorschubantrieb **303** 27
Tischwalze **285** 46
Tischwäsche **83** 60
Tischwurstfüller **250** 18
Titan **145** 40
Titel, Film- **131** 35
Titel, Haupt- **338** 54
Titel, Innen- **338** 53
Titel, Kolumnen- **338** 68
Titel, Schmutz- **338** 52
Titel, Unter- *Buch* **338** 55
Titel, Unter- *Zeitung* **165** 6
Titel, Vor- **338** 52
Titel, Zwischen- **338** 69
Titelanzeige *U-Elektronik* **402** 23
Titelanzeige *Video* **404** 54
Titelanzeige, Gesamt- **401** 69
Titelblatt **338** 53
Titelei **338** 51–56
Titelseite *Buch* **338** 53
Titelseite *Zeitung* **165** 2
Titelwahl **344** 72
Titelwiederholungstaste **401** 60
Tjalk **374** 6
Tjost **147** 71
T-Lage **103** 54
T-Leitwerk *Flugsport* **104** 28
T-Leitwerk *Flugzeug* **385** 29
Toast *Hausrat* **53** 39
Toast *Hotel* **78** 41
Toastdeckchen **376** 17
Toaster **47** 33
Tochter, Saal- **76** 25

Tochterboot **384** 17
Tochterchromosom **24** 37
Tochterkompass **379** 47, 48
Todesanzeige **165** 35
Todesspirale **120** 9
Töffel **58** 47
Toilette *Bad* **57**, 11
Toilette *Camping* **92** 8
Toilette *Eisenbahn* **365** 59
Toilette *Erdöl* **299** 29
Toilette *Installateur* **279** 14
Toilette *Piktogramm* **390** 29
Toilette *Raumfahrt* **394** 36
Toilette *Stadt* **79** 52
Toilette *Strand* **95** 6
Toilette, Baustellen- **271** 49
Toilettenbürste **57** 18
Toilettenhäuschen *Bau* **271** 49
Toilettenhäuschen *Strand* **95** 6
Toilettenpapier **57** 10
Toilettenpapierhalter **57** 9
Toilettenwagen **389** 22
Toilettenwasser **258** 10
Tollkirsche **197** 7
Tölpel, Bass- **178** 11
Tomahawk **160** 16
Tomate *Bot.* **209** 12
Tomate *Supermarkt* **252** 80
Tomate, Stock- **207** 44
Tomatenstaude **207** 44
Tomtom **142** 50
Tom-Tom **142** 50
Ton **158** 31
Ton, Grund- **138** 55–68
Ton, Halb- **138** 50, 51, 52, 53
Ton, Leit- **138** 47
Ton, Modellier- **158** 31
Ton, Roh- **313** 3
Ton, Stamm- **138** 45, 46
Ton, unreiner **313** 3
Tonabbau **313** 1
Tonabnehmersystem **401** 27
Tonangel **131** 24
Tonarm **401** 28
Tonarmlifthebel **401** 30
Tonarmstütze **401** 29
Tonart **138** 55–68
Tonart, Dur- **138** 55–68
Tonart, Moll- **138** 55–68
Tonassistent **131** 58
Tonaufnahme **134** 26
Tonaufnahmegerät **131** 23
Tonaufzeichnung **132** 1–23
Tonaufzeichnungsgerät **131** 59
Tonbandgerät **127** 38
Tonbandkoffer **127** 38
Tonbearbeitung **132** 46
Tonbildner **158** 6
Tondämpfung **143** 43

Tondichtung **80** 39
Tondreieck **173** 17
Toneffekt **131** 60
Töner, Hoch- **401** 14
Töner, Mittel- **401** 15
Töner, Tief- **401** 16
Tonfigur *Kunst* **156** 5, **158** 7
Tonfigur *Schule* **72** 68
Tonform **316** 9, 13
Tongerät *Film* **133** 28
Tongerät *Rundfunk* **399** 14
Tongeschlecht **138** 45–49
Tongrube **17** 88
Tonhohlplatte **313** 26
Tonkanzelle **144** 13
Tonkiste **158** 30
Tonkopf **404** 31
Tonkrug **72** 79
Tonlampe **133** 48
Tonleiter, a-Moll- **138** 46, 47, 48
Tonleiter, C-Dur- **138** 45
Tonleiter, chromatische **138** 49
Tonloch **141** 34, **142** 34
Tonmaske **72** 76
Tonmeister **131** 56, **132** 32
Tonmeisterraum **131** 55
Tonmischpult **399** 12
Tonmischung **132** 30
Tonmodul **400** 14
Tönnchenpuppe **233** 4
Tonne **380** 6, 13, 20, 24, 25, 27, 43, 47
Tonne, Abfall- **81** 11
Tonne, Ausguck- **377** 38
Tonne, Bio- **81** 3
Tonne, braune **81** 3
Tonne, Fass- **380** 30, 35, 45
Tonne, gelbe **81** 4
Tonne, graue **81** 6
Tonne, grüne **81** 3
Tonne, Müll- *Abfall* **81** 11
Tonne, Müll- *Straßenrein.* **353** 14
Tonne, Reede- **380** 35, 36
Tonne, Regen- **204** 5
Tonne, Restmüll- **81** 6
Tonne, Rund- **380** 19
Tonne, runde **380** 31
Tonne, Spieren- **380** 9, 22, 36
Tonne, Spitz- **380** 15, 18
Tonne, Start- **101** 14
Tonne, Stumpf- **380** 8, 12
Tonne, Wertstoff- **81** 4
Tonne, Ziel- **101** 14
Tonnengewölbe **155** 38
Tonpfeife **259** 34
Tonqualität **402** 38
Tonraum **139** 42–50
Tonregieraum **399** 11
Tonrolle **158** 8

Tonscheibenwurfanlage **123** 48
Tonschlämme **313** 14
Tonspur **404** 28
Tonsur **149** 57
Tontaubenschießen **123** 44–52
Tontechniker **131** 22
Tontiegel **173** 31
Tonwelle **404** 19
Top **36** 31, 35, **39** 29
Top, Hard- **346** 28
Top, Shirt- **36** 28
Topf *Baby* **33** 45
Topf *Gärtnerei* **206** 18
Topf *Rummelplatz* **126** 6, 7
Topf, Auspuff- **344** 33
Topf, Blumen- **206** 8
Topf, Braten- **48** 13
Topf, Creme- **51** 32
Topf, Deckel- **156** 3
Topf, End- **366** 69
Topf, Fleisch- **48** 11
Topf, Frucht- **202** 58
Topf, Koch- *Camping* **92** 48
Topf, Koch- *Hausrat* **47** 49, **48** 7
Topf, Leim- *Schule* **72** 58
Topf, Leim- *Tischler* **285** 13
Topf, Milch- **48** 16
Topf, Pflanz- **206** 8
Topf, Pommes-frites- **48** 36
Topf, Spaghetti- **48** 15
Topf, Suppen- **48** 14
Töpfchen **33** 45
Topfdeckel **48** 12
Topfen **229** 45
Töpferin **316** 16
Töpferscheibe **316** 18
Topfhut **42** 13
Topfkuchen *Bäckerei* **251** 39
Topfkuchen *Restaurant* **75** 9
Topflappen **47** 24
Topflappenhalter **47** 23
Topfpflanze *Gärtnerei* **207** 25
Topfpflanze *Hausrat* **52** 36
Topografie, Foto- **16** 64–67
topografische Karte **17**
Topplicht **102** 11
Toppnante **373** 47
Toppsegel, Gaffel- **373** 31
Toppsegelschoner **374** 11–13
Toppsegelschoner, Dreimast- **374** 19
Toppzeichen **380** 7, 14, 21, 24, 25, 26, 27, 44
Tor *Bau* **271** 46
Tor *Kirche* **151** 17
Tor *Sport* **107** 35, **120** 27
Tor, blindes vertikales **119** 47
Tor, Bug- **375** 30

Tor, Burg- **147** 32
Tor, Dock- **378** 33
Tor, Doppel- **119** 49, 51
Tor, Ehren- **156** 7
Tor, Eingangs- **151** 7
Tor, Friedhofs- **149** 20
Tor, Giebel- **215** 19
Tor, Gitter- **84** 31
Tor, Gletscher- **13** 56
Tor, Haltungs- **371** 36
Tor, Hockey- **108** 39
Tor, Hub- **371** 36
Tor, Kirchhofs- **149** 20
Tor, Kricket- **108** 25
Tor, Krocket- **108** 34
Tor, Lacrosse- **109** 72
Tor, offenes **119** 46
Tor, offenes vertikales **119** 48
Tor, Park- **84** 31
Tor, Roll- **82** 1
Tor, Schiebe- *Landw.* **215** 30
Tor, Schiebe- *Wasserbau* **371** 22
Tor, Schleusen- **371** 22
Tor, Stemm- **371** 23
Tor, Trog- **371** 37
Tor, Wasserball- **98** 41
Tor, Werkstatt- **273** 5
Torabstoß **107** 38
Torauslinie **107** 7
Torbau **152** 9, **153** 8
Torbau, klassizistischer **155** 15
Torero **128** 16–29
Torero, Nachwuchs- **128** 2
Torf, Erlenbruch- **14** 20
Torf, Schilf- **14** 19
Torf, Seggen- **14** 19
Torfmullballen **207** 31
Torgraben **147** 33
Torhaus **147** 22
Torii **151** 17
Torlauf **119** 21
Torlinie **107** 7
Tormann *Schwimmen* **98** 42
Tormann *Sport* **107** 10, **108** 40, **120** 25
Tornado *Meteor.* **8** 29–35
Tornado *Militär* **64** 8
Tornetz **107** 40
Toros **153** 33, 44
Torpedorohr **66** 78, **67** 79
Torpedorohr, U-Boot-Jagd- **66** 33
Torpfosten **107** 37
Torraum **107** 5
Torselett **37** 19
Torsionsnase **104** 15
Torso *Kaufhaus* **83** 70
Torso *Kunst* **158** 7
Torstahl **272** 82
Torstütze **368** 18

Törtchen **251** 26
Törtchen, Sahne- *Restaurant* **75** 7
Törtchen, Sahne- *Supermarkt* **252** 11
Torte *Bäckerei* **251** 28–31
Torte *Schiff* **376** 92
Torte, Brie- **252** 29
Torte, Creme- **251** 30
Torte, Frucht- *Restaurant* **75** 12
Torte, Frucht- *Supermarkt* **252** 17
Torte, Käse- **251** 29
Torte, Obst- *Bäckerei* **251** 28
Torte, Obst- *Restaurant* **75** 12
Torte, Sahne- *Bäckerei* **251** 30
Torte, Sahne- *Restaurant* **75** 13
Torte, Sahne- *Supermarkt* **252** 18
Tortenboden **251** 53
Tortendiagramm **70** 17
Tortenheber **75** 10
Tortenplatte **251** 31
Torus **153** 33, 44
Torwächter **108** 28
Torwart **107** 10, **120** 25
Torwarthandschuh **107** 19
Tosbecken **371** 69
Totalisatoranzeigetafel **105** 37
Totalisatorschalter **105** 36
Totemfigur **160** 2
Totempfahl **160** 1
Töten **128** 30
Totenbahre **149** 41
Totenblume **213** 20
Totengräber **149** 22
Totenhalle **149** 21
Totenkopf **183** 11
Totenkopfschwärmer **183** 11
Totentempel **152** 7
Totenvogel **177** 24
toter Flussarm **370** 10
Totholz **101** 47
Totoanzeigetafel **105** 37
Totokasse **105** 36
Touchpad **407** 15
Touchscreen **407** 30
Toupet **40** 29
toupierte Frisur **41** 23
Tourenruderboot **99** 23–30
Tourenzweier **99** 57
Tourist, Hoch- **118** 5
Touristengruppe **84** 28
Touristeninformation **18** 15, **79** 30
Touristeninformationsschild **79** 31

Touristik, Hoch- **118**
Tower **389** 17
Tower, Free-Fall-® **85** 30
Tower, PC- **270** 6
Towergehäuse **270** 6
Tower-PC **406** 1
T-Position **109** 61
Trab **225** 41
Trabant **4** 48
Trabdress **105** 28
Traber **105** 30
Traberbahn **105** 25
Traberpferd **105** 30
Trabrennbahn **105** 25
Trabrennen **105** 25–37
Trabwagen **105** 26
Tracht, Bart- **40**
Tracht, Haar- *Frisur* **40, 41**
Tracht, Haar- *Völkerk.* **162** 9
Trachten **226** 41
Track **105** 25
Trackanwahl **401** 76
Trackball **406** 29, 34
Trackballmaus **406** 31
Tracknummer **401** 67
Trademarkzeichen **164** 42
Trafo **304** 39
Trafo, Schweiß- **295** 1, 27
Trafowagen **363** 3
Tragbalken **272** 57
tragbarer CD-Player **402** 60
tragbarer Computer *Büro* **411** 53
tragbarer Computer *PC* **407** 1
tragbarer Computer *Universität* **74** 25
tragbarer Kassettenspieler **402** 65
Tragbütte **231** 15
Trage, Behelfs- **26** 26
Trage, Glas- **277** 9
Tragebeutel **82** 22
Tragebügel **402** 49
Tragebutte **231** 15
Tragegriff *Baby* **33** 48
Tragegriff *Med.* **26** 25
Tragegriff *PC* **407** 25
Tragegriff *Rundfunk* **400** 37
Tragegriff *Schule* **72** 33
Tragegurt **269** 25
Tragegurt, Haupt- **103** 34
Träger *Kleidung* **37** 11
Träger *Raumfahrt* **394** 8
Träger *Zool.* **241** 4
Träger, Antennen- **67** 6
Träger, Baldachin- **149** 46
Träger, Ball- **108** 19
Träger, Baustahl- **296** 3–7
Träger, Bord- **65** 15
Träger, Brief- **395** 53
Träger, Brücken- **378** 27

Träger, Bütten- **231** 14
Träger, Daten- *Astron.* **6** 30
Träger, Daten- *Fotogr.* **270** 1
Träger, Druck- **333** 24
Träger, Eisen- **296** 3–7
Träger, Erb- **164** 60
Träger, Flugkörper- **65** 32
Träger, Flugzeug- **67** 1
Träger, Gepäck- *Bahnhof* **359** 32
Träger, Gepäck- *Camping* **92** 12, 17, 18
Träger, Gepäck- *Fahrrad* **339** 45, **340** 34
Träger, Gitter- **393** 13
Träger, Haupt- **368** 61
Träger, Hinterachs- **345** 71
Träger, Hosen- **34** 29, 38
Träger, Kiel- **393** 8
Träger, Kopf- **132** 6
Träger, Kreuz- **149** 43
Träger, Längs- **393** 10
Träger, Laternen- **380** 54
Träger, Magnetkopf- **132** 3
Träger, Mittel- **378** 56
Träger, Motor- **344** 45
Träger, Optik- **330** 29
Träger, Putz- **276** 71
Träger, Quer- **304** 37
Träger, Rotor- **388** 23
Träger, Saiten- **142** 7
Träger, Sarg- **149** 40
Träger, Schalungs- **272** 78
Träger, Seiten- **378** 55
Träger, Spaghetti- **36** 82
Träger, Vollwand- **274** 72
Träger, Vorderachs- **345** 90
Träger, Zinken- **218** 80
Trägerhemd **39** 28
Trageriemen **72** 31, 34
Trägerin, Erb- **164** 61
Trägerkleid **36** 88
Trägerkleidchen **34** 16
trägerloser Büstenhalter **37** 17
Trägerrakete **391** 1
Trägerrock **34** 47, 35 37
Trägerschiene, Geräte- **30** 12
Tragetasche, Baby- **33** 46
Tragfläche *Flugsport* **103** 19, **104** 5
Tragfläche *Flugzeug* **386** 43, **388** 34
Tragfläche *Militär* **64** 9
Tragflächenanordnung **385** 1–14
Tragflächenform **385** 15–22
Tragflächengrundprofil **385** 44
Tragflächentank **387** 17
Tragflügel **103** 19
Traggebälk **151** 16

Traghaken **82** 60
Trägheitsmesswertgeber **392** 33
Traghenkel **282** 10
Traghimmel **149** 49
Tragkabel **369** 40
Tragkabelverankerung **369** 43
Tragkreuz **149** 42
Traglast **224** 5
Traglatte **273** 45, **276** 67
Tragrahmen **218** 86
Tragriemen **72** 31, 34
Tragring **300** 49
Tragrohr **217** 48
Tragrolle, Zugseil- **368** 43
Tragsattel **224** 4
Tragsäule **268** 31
Tragschicht, Asphalt- **352** 2
Tragschild **306** 37
Tragschlauch **102** 26
Tragseil *Bau* **272** 37
Tragseil *Bergbahn* **368** 15, 29, 38
Tragseil *Brücke* **369** 16
Tragseilbremse **368** 65
Tragseilschuh **368** 52, 73
Tragseilspanngewicht **368** 35
Tragseilverankerungspoller **368** 53
Trägspinner **234** 1, 36
Tragtier **162** 3
Tragwagen, Container- **360** 43
Tragwerkanschlussbeschlag **65** 34
Tragwerkstank, Integral- **65** 26

Trailer, Roll-on-roll-off- **375** 52
Trailer, Roro- **375** 52
Trailerfähre, Ro-ro- **375** 52
Train à Grande Vitesse **363** 49
Trainer *Kurbad* **88** 35
Trainer *Sport* **107** 59, **112** 32, **117** 44
Trainer, Bauchmuskel- **112** 23
Trainer, Butterfly- **112** 27
Trainer, Cross- **112** 20
Trainer, Multi- **112** 24
Trainer, Ruder- **99** 18
Trainingsgerät **117** 20–24
Trainingsgerät, Butterfly- **112** 11
Trainingshose **39** 35
Trainingsjacke **39** 7
Trainingspartner **117** 27
Trajekt **375** 68
Trakt, Sanitär- **92** 8, 9

Traktionsleistung **363** 30
Traktor *Landw.* **215** 48, **216** 10, **218** 22
Traktor *Schmied* **291** 36
Traktor *Spielplatz* **87** 42
Traktor, Rasen- **208** 37
Traktur **144** 6–16
Trampeltier **184** 34
Trampolin **114** 10, 17
Trampolin, Absprung- **114** 14, 18
Tränenbein **20** 49
Tränendes Herz **213** 5
Tränengrube **241** 16
Tränenhöhle **241** 16
Tränke **215** 10, **227** 16
Tränke, Glocken- **227** 16
Tränke, Nippel- **227** 22
Tranlampe **161** 7
Transall **64** 14
Transferfolie **270** 31
Transformationsstufe **28** 54
Transformator *Brauerei* **246** 21
Transformator *Eisenbahn* **365** 10
Transformator *Energie* **306** 12, **307** 24
Transformator *Kraftwerk* **304** 24, **305** 11
Transformator, Leistungs- **304** 30, 39
Transformator, Maschinen- **306** 55
Transformator, Schweiß- *Klempner* **278** 29
Transformator, Schweiß- *Schweißer* **295** 1, 27
Transformator, Wander- **304** 30, 39
Transformatorenkessel **304** 40
Transformatorenschaltung **305** 22
Transformatorkessel **304** 40
Transformatorwagen **363** 3
Transformstörung **11** 24
Transmissometer **10** 60
Transmitter **402** 33
Transparent **73** 11
Transparentgummisohle **58** 38
Transparentsohle **58** 15
Transport **313** 19
Transport, Auto- **367** 35
Transport, Eileiter- **25** 13
Transport, Formstoff- **301** 11
Transport, Material- *Bergwerk* **297** 37, 48
Transport, Material- *Ziegelei* **313** 6
Transport, Militär- **360** 1

Transport, Straßen- 238 42
Transport, Tier- 375 63
Transportband 252 6
Transporter 313 18
Transporter, Klein- 348 72
Transporter, Minen- 66 94
Transporter, Raum-
393 1–65
Transporter, Vieh- 375 62
Transportfahrzeug *Landw.*
215 34
Transportfahrzeug *Straßen-*
bau 355 31
Transportfass, Fisch- 242 3
Transportflugzeug, Mittel-
strecken- 64 14
Transportflugzeug, STOL-
64 24
Transportgriff 26 44
Transporthubschrauber
Flugzeug 388 21
Transporthubschrauber
Militär 63 88, 64 18
Transportmodul 394 10
Transportöse 304 48
Transportpanzer 63 80
Transportpresse 337 28
Transportrolle 285 72
Transportrollengröße 325 49
Transportschiene 286 42
Transportschlitten 311 54
Transportwagen 313 5
Transportwagen, Block-
292 40
Transportwagen, Fahrzeug-
360 5
Transportwagen, Mann-
schafts- 63 86
Transportwalze 317 11
Transportzeichen 390 1–9
transvenös geführte Elek-
trode 30 26
Trapez *Math.* 169 37
Trapez *Surfen* 94 3
Trapez *Zirkus* 125 6
Trapezband 94 4
Trapezdraht 100 3
Trapezflügel 385 17
Trapezkünstler 125 7
Trapezschliff 43 57
Trapeztafel 357 25
Trapeztampen 94 4
Trapper 124 8
Trapping 327 11
Traube 231 5
Traube, Bären- 195 15
Traube, Blüten- 192 33,
211 17
Traube, Frucht- 211 13
Traube, geschlossene 188 74
Traube, Wein- *Supermarkt*
252 87

Traube, Wein- *Weinbau*
231 5
Traubenhotte 231 15
Traubenpresse, Horizontal-
232 22
Traubenstiel 211 15
Traubenwagen 231 16
Traubenwickler, Einbindiger
234 32
Trauergast 149 33
Trauermantel 183 6
Trauernde 149 33
Trauernder 149 33
Trauerschleier 149 39
Trauerweide 84 63
Traufe *Bau* 274 4, 275 92
Traufe *Haus* 44 6
Traufel 271 56
Trauf-First-Lüftung 215 18
Traufgebinde 275 49
Traufleiste 153 10, 23
Traufplatte 275 5
Trauring 43 5
Trauringkästchen 43 6
Trauung, kirchliche 150 13
Trauzeuge 150 23
Trauzeugin 150 22
Traveller 100 18
Traverse *Bau* 272 57
Traverse *Glas* 317 22
Traverse *Kraftwerk* 304 37
Traverse *Schiffbau* 378 15
Trawler, Fisch- 244 8
Trawler, Heck- 375 81
Trawler, Seiten- 375 80
Treber 246 51
Trecker 218 22
Trecker, Schub- 375 86
Treff 90 38
Treffen, Pfadfinder- 92 69
Trefferanzeige, elektrische
111 25–32
Trefferanzeige, optische
111 28
Trefffläche, gültige
111 52–54
Treibachse 364 37
Treibbeet 207 16
Treiben, Kessel- 239 38
Treiben, Schnee- 122 24
Treiber 239 42
Treiberei, Früh- 207 24
Treibhaus 207 4
Treibjagd 239 38
Treibnetz 244 2–7
Treibnetzfischerei 244 1–7
Treiböltank 375 65, 377 80
Treibriemen 255 11
Treibschlag 110 44
Treibstoffbehälter 393 47
Treibstoffsammeln
391 21, 47

Treibstoffstandsensor
391 26
Treibstofftank *Astron.* 6 24
Treibstofftank *Militär* 65 15
Treibstofftank *Motorrad*
341 20, 342 11, 48
Treibstofftank *Raumfahrt*
391 56, 392 19, 27, 43
Treibwasserpumpe 370 45
Trekkingrad 340 31
Trema 164 54
Tremse 214 1
Trenchcoat 38 37
Trennband 217 60
Trennen *Eisenverarb.* 301 20
Trennen *Forstw.* 237 22
Trenngerät 217 59, 61
Trennmotor, Raketen-
393 61, 63
Trennschicht 7 12
Trennschleifmaschine
278 16
Trennstrich, bedingter
164 46
Trennung 299 9
Trennung, Abfall- 81 1–10
Trennung, Müll- 81 1–10
Trennvorrichtung 299 28
Trennvorrichtung, Proben-
299 10
Trennwand *Bau* 272 25
Trennwand *Büro* 411 1, 22
Trennwand *Landw.* 228 38
Trense 105 13
Treppe *Bahnhof* 358 38
Treppe *Kaufhaus* 83 80
Treppe *Rundfunk* 399 21
Treppe *Schiff* 376 73
Treppe *Stadt* 79 52
Treppe, Außen- 271 4
Treppe, Bahnsteig- 359 40
Treppe, Eingangs- 44 56
Treppe, fest stehende 390 12
Treppe, Frei- 152 33
Treppe, Garten- 44 33
Treppe, Geschoss- 276 42–54
Treppe, Holz- 46 26
Treppe, Hühner- 227 4, 12
Treppe, Kanzel- 148 18
Treppe, Keller- 276 16
Treppe, Massiv- 276 16
Treppe, Podest- 276 42–54
Treppe, Roll- *Kaufhaus* 83 52
Treppe, Roll- *Piktogramm*
390 11
Treppe, Stahl- 218 77
Treppe, viertelgewendelte
276 75
Treppe, Wendel- *Bau*
276 76, 77
Treppe, Wendel- *Navigation*
380 64

Treppenabsatz *Bau*
276 34–41
Treppenabsatz *Diskothek*
129 16
Treppenbau 276
Treppengeländer *Bau*
276 22, 50
Treppengeländer *Haus*
44 57, 46 26
Treppengeländer *Rundfunk*
399 22
Treppenhaus 45 17
Treppenhausabdeckung
271 22
Treppenhausfenster *Bau*
276 65
Treppenhausfenster *Haus*
45 24
Treppenleiter 279 2
Treppenleuchte 49 22
Treppenloch 273 46
Treppenschliff 43 59, 60, 61
Treppenschraube 276 46
Treppenschritt 119 19
Treppenstufe *Hausrat* 49 28
Treppenstufe *Schiff* 376 74
Treppenvorplatz 276 23
Tresen 129 1
Tresen, Bar- 130 6
Tresen, Bedienungs- 83 37
Tresen, Gebäck- 349 21
Tresen, Kaffeehaus- 75 25
Tresen, Kühl- 77 8
Tresen, Kunden- 414 1
Tresen, Verkaufs- *Bäckerei*
251 1
Tresen, Verkaufs- *Eisenbahn*
361 63, 363 21
Tresenbedienung 129 5
Tresenbeleuchtung 75 50
Tresenfluter 75 50
Tresenhocker *Diskothek*
129 6
Tresenhocker *Restaurant*
75 42
Tresor 409 22
Tresorraum 414 27
Tresotauto 87 42
Tretboot 95 8
Tretkurbel *Fahrrad* 339 35
Tretkurbel *Sport* 106 24
Tretkurbellager 339 36
Tretlager 339 36
Tretmülleimer 349 69
Tretnähmaschine *Flohmarkt*
127 3
Tretnähmaschine
Schneiderei 256 15
Tretwerk 143 48
Trial 106 47
Triangel *Musik* 141 51
Triangel *Schmuck* 43 59

Triangulum Australe **3** 40
Tribüne **105** 36
Tribüne, Musiker- **125** 9
Tribüne, Orchester- **125** 9
Trichter *Chemie* **173** 16
Trichter *Musik* **142** 75
Trichter *Werkstatt* **348** 47
Trichter, Ablauf- **355** 30
Trichter, Ansaug- **371** 57
Trichter, Aufgabe- **81** 23
Trichter, Büchner- **172** 10
Trichter, Einfüll- *Bäckerei* **251** 79
Trichter, Einfüll- *Fotogr.* **268** 12
Trichter, Einsturz- **12** 47, **14** 56
Trichter, Falz- **333** 33, **334** 48
Trichter, Fertigmalz- **246** 20
Trichter, Gemenge- **317** 13
Trichter, Schall- *Flohmarkt* **127** 35
Trichter, Schall- *Musik* **141** 44
Trichter, Scheide- **172** 2
Trichter, Tropf- **172** 2
Trichterbecherkultur **146** 12
Trichterkübel **300** 5
Trichterling **199** 25
Trichtermündung **15** 21
Tricktrack **90** 22
Trieb, Aperturblenden- **265** 35
Trieb, Fein- *Fotogr.* **268** 36
Trieb, Fein- *Optik* **264** 5
Trieb, Fein- *Zeichner* **314** 71
Trieb, Grob- **264** 4
Trieb, Jahres- **190** 25
Trieb, Ketten- **339** 34–39
Trieb, Kurz- **190** 23, 31
Trieb, Lang- **231** 3
Trieb, Zahn- **264** 39
Triebachse, Frontal- **218** 23
Triebdrehgestell **351** 9
Triebfahrzeug **359** 46
Triebradbereifung **217** 25
Triebwagen *Bahnhof* **359** 46
Triebwagen *Bergbahn* **368** 1
Triebwagen, Akkumulator- **365** 55
Triebwagen, Diesel- **365** 41
Triebwagen, End- **365** 61
Triebwagen, Fahrleitungsunterhaltungs- **365** 41
Triebwagen, Gelenk- **351** 1, 13
Triebwagen, Mittel- **365** 62
Triebwagen, Regelturm- **365** 41
Triebwerk *Flugsport* **103** 27
Triebwerk *Militär* **64** 13

Triebwerk *Raumfahrt* **391** 3, 18, 33, **392** 20
Triebwerk, Aft-Fan- **388** 44
Triebwerk, Backbord- **65** 11
Triebwerk, Düsen- **388** 35–52
Triebwerk, Flugzeug- **388** 35–62
Triebwerk, Front-Fan- **388** 35
Triebwerk, Frontgebläse- **388** 35
Triebwerk, Haupt- **391** 55, **393** 45
Triebwerk, Heck- **387** 9
Triebwerk, Heckgebläse- **388** 44
Triebwerk, Lageregelungs- **392** 29
Triebwerk, Luftstrahl- *Flugzeug* **388** 35–52
Triebwerk, Luftstrahl- *Militär* **65** 14
Triebwerk, Mantelstrom- **387** 18, **388** 48
Triebwerk, PropellerTurbinen- **64** 16
Triebwerk, Raketen- **392** 39
Triebwerk, Turbinen- **388** 17, 24
Triebwerk, Turboprop- *Flugzeug* **387** 5, **388** 27, 53
Triebwerk, Turboprop- *Militär* **64** 16
Triebwerk, Zweiwellen- **388** 53
Triebwerkraumstruktur **393** 3
Triebwerksgondel *Flugzeug* **387** 19
Triebwerksgondel *Militär* **64** 25
Triebwerkskardan **392** 26
Triebwerksverkleidung **391** 5
Triebwerkswiderlager **391** 20
Triebzahnrad **368** 8
Triebzug, Nahverkehrs- **362** 1
Triebzug, Schnell- **365** 60
Triere **372** 9–12
Triforium **154** 34
Triglyphe **153** 13
trigonometrische Funktion **169** 32
trigonometrischer Punkt **16** 50, **17** 70
triklines Kristallsystem **174** 26
Trikolore **61** 18
Trikot *Kleidung* **39** 27
Trikot *Sport* **107** 47
Trikot, Rennfahrer- **106** 17

Trikotbindung, Längs- **323** 26–28
Trikotfutter **58** 17
Trikotgewebe, Längs- **323** 26
Trikothose **107** 48
Triller **139** 17, 18
Triller, Prall- **139** 19
Trilling **245** 12
Trimmer, Rasen- **208** 51
Trimmklappe **103** 17, 22
Trinkbecher **88** 4
Trinkbrunnen *Kurbad* **88** 2
Trinkbrunnen *Piktogramm* **390** 27
Trinkflasche *Fahrrad* **340** 18
Trinkflasche *Sport* **106** 18
Trinkflaschenhalter **340** 17
Trinkgeld **257** 49
Trinkglas **53** 80
Trinkhalm **75** 31, **77** 3
Trinkkur **88** 1
Trinkmilchtank **229** 15
Trinkspruch **78** 41
Trinkwasser **390** 33
Trinkwasserleitung **352** 22
Trinkwassersack **92** 45
Trinkwassersprudler **47** 5
Trinkwassertank **299** 16
Trinkwasserversorgung, öffentliche **80** 1–23
Trio, Bar- **78** 45
Triole **139** 23
Triplett, Basen- **24** 26
Trireme **372** 9–12
Triton **145** 44
Tritt **256** 16
Tritt, Bedienungs- **143** 48
Tritt, Fuß- **144** 48
Tritt, Klapp- *Eisenbahn* **361** 39
Tritt, Klapp- *Feuerwehr* **82** 57
Tritt, spanischer **226** 3
Tritt, Unter- **35** 40
Trittfolge **323** 10
Tritthebel, Fuß- **336** 9
Tritt im Eis **118** 22
Trittsiegel **239** 9
Trittstufe *Bau* **276** 32, 47
Trittstufe *Straßenbahn* **351** 15
Triumphbogen **153** 73, 85
Trizeps **21** 38
Trochilus **153** 34, 45
Trockenautomat **56** 30
Trockenbatterie **280** 25
Trockendock *Hafen* **381** 17
Trockendock *Schiffbau* **378** 31
Trockenfutter, Katzen- **349** 39
Trockengerät **56** 24

Trockenhaube **257** 27
Trockenkammer **313** 13
Trockenofen, Infrarotlicht- **333** 30
Trockenpartie **325** 34
Trockenpresse, Schnell- **268** 63
Trockenschleuder, Vertikal- **332** 27
Trockenspinnen **322** 45
Trockenständer **127** 51
Trockental **14** 60
Trockentrommel **56** 31
Trocken-und-Misch-Anlage, Walzasphalt- **354** 42
Trocken- und Nasssauger **56** 84
Trockenzone **9** 41
Trocknen **318** 5, **322** 17, 23, 49
Trockner, Etagen- **322** 23
Trockner, Film- **268** 23
Trockner, Filter- **345** 36
Trockner, Haar- *Bad* **57** 41
Trockner, Haar- *Friseur* **258** 23
Trockner, Probierglas- **73** 26
Trockner, Wäsche- **56** 30, 34, 36
Trocknung, Gas- **309** 30
Trocknung, Haar- **258** 25
Trocknung, Luft- **324** 15
Trocknung, Vor- **310** 4
Trog *Landw.* **215** 53
Trog *Papier* **324** 2
Trog *Textil* **321** 17
Trog, Ätz- *Druck* **335** 16
Trog, Ätz- *Galvanoplastik* **331** 24, 31
Trog, Batterie- **365** 56
Trog, Farb- **321** 31
Trog, Faser- **325** 8
Trog, Futter- **228** 37
Trog, Langstrom- **242** 16
Trog, Lösch- **290** 8
Trog, Schiffs- **371** 38
Trog, Weichen- **356** 34
Trogdeckel **331** 37
Trogtal **15** 5
Trogtor **371** 37
Trolley **359** 36
Trommel *Kunst* **154** 44
Trommel *Meteor.* **10** 5, 16, 20
Trommel, Bild- **268** 20
Trommel, Brems- *Auto* **345** 64
Trommel, Brems- *Schmied* **291** 11
Trommel, Conga- **142** 56
Trommel, Dresch- **217** 12
Trommel, Film- **133** 16, 25

Trommel, große **141** 57, **142** 48
Trommel, Häcksel- **217** 29
Trommel, Kabel- **82** 45
Trommel, kleine **141** 53, **142** 49
Trommel, Kopf- **404** 7, 15
Trommel, Landsknechts- **124** 69
Trommel, Mess- *Navigation* **379** 20
Trommel, Mess- *Werkzeug-masch.* **302** 64
Trommel, Misch- *Bau* **271** 34
Trommel, Misch- *Kfz* **347** 12
Trommel, Misch- *Straßenbau* **354** 44
Trommel, Nachwickel- **133** 27
Trommel, Papierentwick-lungs- **268** 51
Trommel, Rahmen- *Musik* **142** 30
Trommel, Rahmen- *Völkerk.* **161** 26
Trommel, Rau- **321** 40
Trommel, Registrier- **12** 40
Trommel, Schellen- **142** 45
Trommel, Schneid- **217** 29
Trommel, Signal- **162** 18
Trommel, Tanz- **162** 14
Trommel, Trocken- **56** 31
Trommel, türkische **141** 57
Trommel, Vorwickel- **133** 26
Trommel, Wasch- **56** 26
Trommel, Wende- **217** 13
Trommel, Wirbel- **141** 53
Trommelbremse *Auto* **345** 63
Trommelbremse *Motorrad* **341** 46, 48
Trommelfell *Anat.* **22** 90
Trommelfell *Musik* **141** 54
Trommelmühle **316** 1
Trommelplotter **314** 13
Trommelschlägel **141** 56
Trommelstab **162** 19
Trommelstock **141** 56
Trommler, afrikanischer **162** 13
Trommlerzug **124** 68
Trompete *Flohmarkt* **127** 56
Trompete *Musik* **141** 45
Trompete, Bass- **141** 45
Trompete, Jazz- **142** 70
Trompete, Ohr- **22** 83
Trompetennarzisse **213** 3
Tropaeolum **205** 4
Tropengewächshaus **84** 65
Tropeninstitut **381** 28
Tropenmedizin **381** 28
Tropfbeutel **105** 49
Tröpfchen, Fett- **24** 11

Tropfen **43** 55
Tropfen, Cabochon- **43** 76
Tropfenfelge **340** 26
Tropfenplatte **153** 15
Tropfenzähler **30** 15
Tropfinfusion **31** 11
Tropfplatte **76** 4
Tropfring **99** 37
Tropfstein **14** 65, 66
Tropfsteinhöhle **14** 64
Tropfsteinsäule **14** 67
Tropftrichter **172** 2
Tropfwurz **213** 8
Trophäe, Sieges- **160** 29
tropische Gewürzpflanze **200**
tropische Klimazone **9** 49
tropischer Regengürtel **9** 40
tropisches Genussmittel **200**
Tropopause **7** 10
Troposphäre **7** 2
Trosse **370** 50
Trosse, Schlepp- *Fluss* **370** 18
Trosse, Schlepp- *Schiff* **383** 8
Trosse, Verhol- **371** 27
Trossenrichtung **383** 15
Trottellumme **178** 16
Trubausscheidung **247** 1–5
Trubausscheidung, Heiß- **247** 2
Trübli **211** 14
Trucks **123** 81
Truck-to-Truck-Verfahren **381** 41, **382** 7
Trudeln **103** 7
Trüffel, Weiße **199** 9
Trugdolde **188** 76
Trugdolde, Blüten- **192** 36
Truhe, Eis- **349** 56
Truhe, Tiefkühl- *Fleischerei* **250** 49
Truhe, Tiefkühl- *Supermarkt* **252** 66
Truhe, Wäsche- **56** 22
Trümmerfrauenfrisur **41** 14
Truthahn **224** 28
Truthenne **224** 28
Tschibuk **259** 32
Tschinelle **141** 52
T-Schnitt **206** 33
T-Shirt **36** 26
T-Shirt, Kinder- **34** 30
T-Shirt, Standard- **39** 22
T-Ständer **330** 31
T-Stück **279** 44, 47
Tsunami **12** 51
Tuba **141** 46
Tuba, Bass- **141** 46
Tuba, Kontrabass- **141** 46
Tube **257** 3
Tube, Farb- **157** 11
Tube, Klebstoff- **72** 52

Tube, Salben- **27** 35
Tube, Schuhcreme- **56** 46
Tubenständer **27** 36
Tubenverschluss **72** 53
Tuberose **213** 9
Tubus *Meteor.* **10** 27
Tubus *Optik* **265** 8
Tubus, Binokular- **264** 12
Tubus, Gegenlicht- **134** 5
Tubus, Lichtschnitt- **264** 38
Tubus, Zwischen- **267** 32
Tubusdeckel **173** 52
Tubusmittelteil **265** 9
Tuch **258** 26
Tuch, Abdeck- **31** 13
Tuch, Altar- **148** 36
Tuch, Armtrage- **26** 3
Tuch, Bade- *Baby* **33** 9
Tuch, Bade- *Bad* **57** 8
Tuch, Bauch- **31** 18
Tuch, Bett- **51** 11
Tuch, Bügel- **256** 35
Tuch, Damast- **53** 2
Tuch, Dreieck- **26** 3
Tuch, Dreiecks- **26** 3
Tuch, Einsteck- **38** 20
Tuch, Endlosdruck- **321** 24
Tuch, Fahnen- **61** 9
Tuch, Filz- **159** 42
Tuch, Flaggen- **61** 3
Tuch, Flanell- **281** 48
Tuch, Hals- *Kaufhaus* **83** 63
Tuch, Hals- *Schiff* **376** 89
Tuch, Hals- *Stierkampf* **128** 37
Tuch, Hand- *Bad* **57** 22
Tuch, Hand- *Friseur* **257** 42, **258** 25
Tuch, Hand- *Kurbad* **88** 21
Tuch, Hand- *Schiff* **376** 80
Tuch, Hand- *Strand* **95** 17
Tuch, Hand- *Tankstelle* **350** 41
Tuch, Kopf- *Frisur* **41** 15
Tuch, Kopf- *Kopfbedeckung* **42** 28
Tuch, Kosmetik- **252** 50
Tuch, Lein- **51** 11
Tuch, Papier- **350** 41
Tuch, Putz- **56** 59
Tuch, rotes **128** 32
Tuch, Scheuer- **56** 59
Tuch, Schmink- **136** 49
Tuch, Segel- **94** 7
Tuch, Servier- **78** 49
Tuch, Sitz- **96** 21
Tuch, Spann- **268** 62
Tuch, Sprung- *Feuerwehr* **82** 46
Tuch, Sprung- *Turnen* **114** 11
Tuch, steriles **31** 31

Tuch, Tafel- **53** 2
Tuch, Tisch- *Restaurant* **76** 39
Tuch, Tisch- *Schiff* **376** 22
Tuch, Über- **376** 86
Tuch, Wickel- **376** 81
Tuch, Ziertaschen- **38** 20
Tuchballen **83** 69
Tuchbespannung **91** 14
Tuchbindung **323** 1–10, 24
Tuchmantel **35** 9, **38** 33
Tudorbogen **155** 37
Tuff **12** 8
Tuff, Locken- **41** 8
Tuffwall **12** 15
Tukan *Zoo* **86** 11
Tukan *Zool.* **181** 6
Tukan, Rotschnabel- **181** 6
Tüllarbeit **254** 15
Tülle **339** 65, 85
Tüllenbeil **146** 23
Tüllgrund **254** 16
Tüllspitze **254** 15
Tulpenbaum, Gemeiner **192** 1
Tumba *Kunst* **154** 53
Tumba *Musik* **142** 56
Tümmler **185** 29
Tümpel, Moor- **14** 25
Tundren-Klimagürtel **9** 43
Tuner *Rundfunk* **398** 32
Tuner *U-Elektronik* **401** 45
Tuner, UHF- **400** 6
Tuner, VHF- **400** 6
Tuneserblume **213** 20
Tunika **35** 51
Tunikakleid **35** 51
Tunique **35** 51
Tunnel *Bergbahn* **368** 6
Tunnel *Geogr.* **17** 69
Tunnel, Eingangs- **161** 6
Tunnel, Folien- **207** 40
Tunnel, Folienschrumpf- **229** 24
Tunnel, Schleusen- **393** 72
Tunnel, U-Bahn- **352** 29
Tunnel, Übergangs- **394** 24
Tunnel, Wellen- **377** 66
Tunnelbürste **257** 17
Tunnelofen *Porzellan* **316** 12
Tunnelofen *Ziegelei* **313** 15
Tunnelzug **36** 86
Tupfbeutel **282** 51
Tüpfelfarn **195** 16
Tupferhalter **28** 8
Tupferspender **27** 29
Tür **76** 20
Tür, Abschluss- **49** 29
Tür, Abteil- **361** 13
Tür, Aschen- **46** 42
Tür, Auto- **344** 12
Tür, Balkon- *Haus* **44** 20

Tür, Balkon- *Schiff* **376** 48
Tür, Bodenkammer- **46** 21
Tür, Bretter- **44** 28
Tür, Doppel- **78** 28
Tür, Dreh- *Eisenbahn* **367** 9
Tür, Dreh- *Kaufhaus* **83** 8
Tür, Duschkabinen- **57** 43
Tür, Eingangs- *Bank* **413** 1
Tür, Eingangs- *Hausrat* **49** 29
Tür, Eingangs- *Kaufhaus* **83** 8
Tür, Einstiegs- **361** 3, 39
Tür, Fahrer- **346** 5
Tür, Fall- **46** 14
Tür, Falt- **351** 14
Tür, Feuer- **364** 61
Tür, Fond- **346** 6
Tür, Front- **56** 32
Tür, Füll- **46** 66
Tür, geöffnete **83** 34
Tür, Glas- *Hausrat* **47** 44, **52** 19
Tür, Glas- *Tankstelle* **349** 77
Tür, Haus- *Bau* **276** 24
Tür, Haus- *Haus* **44** 54
Tür, Haus- *Hausrat* **49** 29
Tür, Hauseingangs- **276** 24
Tür, Heck- *Auto* **346** 22, 39
Tür, Heck- *Militär* **63** 81
Tür, Kamera- **134** 25
Tür, Keller- **271** 6
Tür, Kirchen- **149** 16
Tür, Korridor- **49** 29
Tür, Lade- **347** 32
Tür, Ofen- **127** 9
Tür, Pracht- **155** 9
Tür, Rauchkammer- **364** 26
Tür, Roll- **408** 4
Tür, Sakristei- **148** 17
Tür, Schiebe- *Auto* **346** 36
Tür, Schiebe- *Brauerei* **246** 48
Tür, Schiebe- *Eisenbahn* **361** 19, **367** 15
Tür, Schiebe- *Kaufhaus* **83** 58
Tür, Schiebe- *Kfz* **347** 32
Tür, Schiebe- *Schiff* **376** 48
Tür, Schwing- *Eisenbahn* **362** 29
Tür, Schwing- *Kfz* **347** 34, 37, 49
Tür, Stahl- **409** 24
Tür, Wind- **245** 5
Turas **382** 23, 28
Turban *Frisur* **41** 15
Turban *Völkerk.* **161** 46
Turbine *Energie* **306** 49, **307** 28
Turbine *Flugzeug* **388** 42, 49
Turbine *Landw.* **220** 35
Turbine *Militär* **63** 90

Turbine, Antriebs- **388** 40
Turbine, Auflade- **366** 51
Turbine, Dampf- *Energie* **306** 10
Turbine, Dampf- *Kraftwerk* **304** 22, **305** 26
Turbine, Hochdruck- *Flugzeug* **388** 55
Turbine, Hochdruck- *Militär* **67** 62
Turbine, Niederdruck- *Flugzeug* **388** 56
Turbine, Niederdruck- *Militär* **67** 62
Turbinenanlage **299** 5
Turbineneinlauf **307** 29, 30
Turbinenhaus *Kraftwerk* **304** 2
Turbinenhaus *Wasserbau* **371** 48
Turbinenkondensator **306** 52
Turbinen-Propeller-Flugzeug **387** 4
Turbinenrad **343** 63
Turbinentriebwerk **388** 17, 24
Turbinenüberwachungsschrank **305** 34
Turbodieselmotor **343** 51
Turbogruppe, Dampf- **305** 26
Turbolader **343** 60
Turbopropflugzeug **387** 4
Turbopropriebwerk *Flugzeug* **387** 5, **388** 27, 53
Turbopropriebwerk *Militär* **64** 16
Turbopumpe, Kreisel- **67** 57
Türenöffnung **351** 34
Türer, Drei- **346** 21
Türfach **47** 41
Türfenster **344** 17
Türfreigabe **363** 42
Türgriff **344** 13
Türkei **61** 21
Türkenbund **195** 4
türkischer Honig **126** 57
türkischer Teller **141** 52
türkischer Weizen **221** 31
türkische Trommel **141** 57
Türklinke **49** 32
Turm *Bau* **272** 34
Turm *Geogr.* **17** 52
Turm *Militär* **66** 67, 70, **67** 71
Turm *Spiel* **90** 12
Turm, Aussichts- **17** 67
Turm, Auswurf- **217** 32
Turm, Bohr- *Erdöl* **298** 1, **299** 12
Turm, Bohr- *Geogr.* **13** 36
Turm, Eck- **147** 14

Turm, Feuer- **380** 54
Turm, Förder- **297** 1
Turm, Funk- **17** 32
Turm, Gebets- **151** 19
Turm, Gefechts- **67** 31, 43, 44
Turm, Geschütz- **66** 29, 47, **67** 52
Turm, Glocken- **151** 15
Turm, Haupt- **147** 4
Turm, Hi-Fi- **401** 7
Turm, Kirch- **149** 2
Turm, Kletter- **87** 6
Turm, Kohlen- **309** 5
Turm, Kokskohlen- **297** 15
Turm, Kokslösch- **297** 16
Turm, Konditionier- **310** 11
Turm, Kontroll- *Flughafen* **389** 17
Turm, Kontroll- *Flugsport* **104** 30
Turm, Kühl- *Bergwerk* **297** 10
Turm, Kühl- *Energie* **306** 16
Turm, Kühl- *Kraftwerk* **304** 5
Turm, Leucht- *Geogr.* **17** 9
Turm, Leucht- *Navigation* **380** 57
Turm, Lösch- **309** 11
Turm, Mälz- **246** 1
Turm, Mauer- **147** 14
Turm, Panzer- **63** 43
Turm, PC- **406** 1
Turm, Pedal- **144** 4
Turm, Rettungs- **391** 64
Turm, Rohr- **307** 4
Turm, Schlauch- **82** 3
Turm, Sprung- **98** 4
Turm, Stufen- **152** 32
Turm, Tempel- *Kirche* **151** 12
Turm, Tempel- *Kunst* **152** 32
Turm, Überlade- **217** 32
Turm, Video- **31** 6
Turm, Vierungs- **154** 6
Turm, Wach- **147** 14, 17
Turm, Wacht- **147** 14, 17
Turm, Wart- **147** 35
Turm, Wasser- *Bergwerk* **297** 9
Turm, Wasser- *Geogr.* **17** 81
Turm, Wasser- *Wasservers.* **80** 18
Turm, Wehr- **147** 4
Turm, Zwillings- **67** 30
Türmchen, Mauer- **147** 28
Turmdrehkran **272** 31
Türmer **147** 9
Turmgrab **152** 21
Turmhelm **154** 7
Turmknauf **149** 5
Turmkopflager **307** 14
Turmmast **375** 33
Turmrolle **298** 4
Turmscheinwerfer **137** 21

Turmschwalbe **178** 29
Turmspringen **98** 35–40
Turmspringer **98** 3
Turn **103** 4
Turnanzug **114** 49
Turnen, Geräte- **113**, **114**
Turnen, olympisches **113** 1–11, **114** 1–6
Turnen, Schul- **113** 12–21, **114** 7–14
Turnen, Vereins- **113** 12–21, **114** 7–14
Turngerät **113** 1–11, **114** 1–6
Turnhemd **113** 61
Turnier **147** 71
Turnier, Schach- **90** 16
Turnierbogen **123** 54
Turnierfähnchen **62** 35
Turnkleidung **113** 61–63, **114** 49, 50
Turnmatte **71** 45
Turnschuh **58** 35
Turnseil **71** 42
Türrahmen **49** 30
Türschließanlage **349** 79
Türschloss *Hausrat* **49** 31
Türschloss *Schlosser* **293** 42
Türsprechstelle **280** 4
Türsteher **130** 2
Türtaster **280** 3
Turteltaube **178** 28
Türverschluss, Sicherheits- **56** 27
Tuschebehälter **314** 68
Tuschefüller **314** 42, 43
Tuschepatrone **314** 41
Tüte, Bonbon- **55** 32
Tüte, Flüster- **99** 19
Tüte, Plastik- **252** 78
Tutu **135** 32
TV-Elektronik **6** 16
TV-Gerät **270** 32
TV-Kamera, Schmalwinkel- **6** 15
TV-Kamera, Weitwinkel- **6** 14
Twinset **36** 34
Tympanon **153** 4, **154** 41
Typ, Auto- **346**
Typ, Flugzeug- **387** 1–21
Typ, Haus- **44**, **45**
Typ, Panzer- **147** 62
Typ, Pkw- **346**
Typ, Schiffs- **372**, **375**, **376**, **377**
Typ, Schrift- **328** 17
Type **412** 32
Typhon **377** 3
Typografie **326**
typografische Gestaltung **165** 3

typografischer Maßstab **326** 18
typografischer Punkt **326** 23
Typometer *Mediengest.*
328 39
Typometer *Setzerei* **326** 18

U

U-Bahn **18** 8
U-Bahn-Tunnel **352** 29
U-Bahn-Zug **352** 30
Überbindung **139** 24
Überblattung, schwalben-
schwanzförmige **274** 89
Überbrückungsschalter, Sifa-
365 25
Überdachung **368** 23
Überdachung, Bahnsteig-
359 2
Überdachung, Sonnen-
schutz- **376** 66
Überdeckung **275** 99
Überdruck, Dampf- **364** 3
Überdruckabschaltung
220 34
Überdruckfarbe **329** 15
Überdruckventil **48** 8
Überfahrt, Straßen- **17** 39
Überfall **371** 68
Überfall, Blatt- **152** 24
Überfall, Wasser- **245** 46
Überführung **317** 38, 46
Überführung, Bahn- **17** 41
Überführung, Bahnsteig-
359 42
Überführung, Straßen- **79** 43
Überfüllen **327** 11
Übergang **7** 38
Übergang, Bahn- **356** 39–50
Übergang, Fahrzeug- **361** 7,
362 15
Übergang, Plan- **17** 25
Übergang, schienengleicher
17 25
Übergang, Wagen- **363** 15
Übergangsreduzierstück
279 41
Übergangsstück **279** 38
Übergangstunnel **394** 24
Übergangswinkel **279** 49, 51
Übergangszone **11** 5
Übergardine **50** 40
Übergrätschen **113** 49
Übergröße **34** 57
Überhitzer, Zwischen- **306** 9
Überkehrschnecke **217** 19
überkippte Falte **13** 17
Überkopfball **109** 32
Überkreuzung **24** 44
Überladeturm **217** 32

Überlandbahn, elektrische
351
Überlandbetrieb **351** 1
Überlappung **296** 56
Überlauf *Haus* **46** 74
Überlauf *Wasservers.* **80** 33
Überlaufbecken **84** 23
Überlaufbehälter **173** 60
Überlaufen **116** 7
Überlaufleitung **80** 20
Überlaufrechen **242** 4
Überlaufrinne **98** 19
übermäßiger Dreiklang
139 4
Überprüfen **327** 8
Überprüfung **261** 25
Überqueren **116** 31
überregionaler Teil **165** 27
Überrollbügel **346** 13
Überschallverkehrsflugzeug
387 12
Überschiebung **13** 8
Überschlag, freier **114** 25
Überschlag, Handstand-
114 22, 24
Überschlag, Kopf- **114** 27
Überschlag, Schritt- **114** 26
Überschläger **110** 33
Überschlag rückwärts **113** 55
Überschlagschutz **354** 27
Überschlag seitwärts **114** 21
Überschrift, Kapitel- **338** 63
Überschrift, Seiten- **165** 17
Überschrift, Spalten- **165** 11
Überschwemmungsraum
370 31
Übersetzgerät **301** 15, 16
übersetzter Rechts-links-
Perlfang **323** 46
Übersicht, Bereichs- **357** 72
Übersicht, Bild- **270** 33
Übersicht, Getränke- **77** 1
Übersicht, Programm-
398 18
Übersicht, Speisen- **77** 1
Übersichtsbeleuchtung
264 50
Übersichtsmonitor **315** 2
Übersichtsplan **86** 12
Überspannungsableiter
304 35
Überströmleitung **306** 51
Überströmleitung, Dampf-
305 32
überstumpfer Winkel
169 12
Übertagebau **306** 73
Übertragungseinheit **402** 33
Übertragungsmaschine,
Pigmentpapier- **335** 6
Übertragungsprogramm
269 24

Übertragungssystem, Kurs-
415 5
Übertragungswagen **399** 1
Übertuch **376** 86
Überwachung **68** 1
Überwachung, Baby- **33** 17
Überwachung, System-
391 16
Überwachung, Tauchzeit-
93 11
Überwachungsfeld **357** 64
Überwachungskamera
413 13, **414** 28
Überwachungsmonitor
395 39
Überwachungsorgan **305** 7
Überwachungsschrank,
Turbinen- **305** 34
Überweg, Fußgänger- *Stadt*
79 18, 72
Überweg, Fußgänger- *Straße*
352 11
Überweisungsauftrag **413** 30
Überwinterungsnest **234** 39
Überziehpullover **35** 27
Überzug, Drillich- **51** 12
Überzug, Frottier- **57** 13
Überzug, Schokoladen-
251 40
Überzugnutzen **337** 12
U-Boot **66** 64
U-Boot, Atom- **67** 54
U-Boot, Küsten- **67** 75
U-Boot-Abwehr-Raketen-
werfer **66** 30, 50
U-Boot-Jagd-Torpedorohr
66 33
Übung, Geräte- **113** 48–60,
114 15–32
Übungsheft **72** 45
U-Eisen **296** 7
Ufer *Angelsport* **243** 1
Ufer *Geogr.* **14** 5
Ufer, Fluss- **370** 1
Uferabbruch **370** 4
Uferbefestigung **370** 36–40
Uferböschung **371** 32
Uferdamm **370** 3
Uferschwalbe **179** 12
Uferwelle **14** 82
UHF-Tuner **400** 6
Uhr *Auto* **344** 67
Uhr *Uhr* **262**
Uhr, Armband- **262** 1, 6,
24–35
Uhr, Bahnhofs- **358** 33
Uhr, Bahnsteig- **359** 41
Uhr, Bord- **386** 11
Uhr, Doppel- **90** 16
Uhr, Gas- **279** 5
Uhr, Kirchturm- **149** 7
Uhr, Kontroll- *Druck* **335** 20

Uhr, Kontroll- *Musik*
144 37, 38
Uhr, Küchen- *Hausrat* **47** 16
Uhr, Küchen- *Uhrmacher*
261 34
Uhr, Kuckucks- **261** 31
Uhr, Kurzzeit- **261** 35
Uhr, Log- **379** 52
Uhr, Mess- **229** 4
Uhr, Puls- **112** 18
Uhr, Quarz- **262** 36
Uhr, Sand- *Schwimmbad*
96 20
Uhr, Sand- *Uhr* **262** 23
Uhr, Sauna- **96** 20
Uhr, Schach- **90** 16
Uhr, Schalt- **268** 26
Uhr, Schmuck- **43** 33
Uhr, Schwarzwälder- **261** 31
Uhr, Sonnen- **262** 22
Uhr, Stand- *Flohmarkt*
127 58
Uhr, Stand- *Uhr* **262** 16
Uhr, Taucher- **93** 11
Uhr, Wand- *Büro* **408** 9
Uhr, Wand- *Flohmarkt*
127 90
Uhr, Wand- *Hausrat* **50** 11
Uhr, Wand- *Tankstelle* **349** 1
Uhr, Wand- *Uhrmacher*
261 32
Uhr, Wasser- **80** 53
Uhr, wasserdichte **261** 26
Uhr, Weck- **262** 11
Uhr, Zeit- **365** 37, **366** 16
Uhr, Zeitschalt- **29** 47
Uhrenanlage **83** 73
Uhrengehäuse **127** 59
Uhrenpendel **127** 60
Uhrgehäuse **262** 18
Uhrmacher **261** 1
Uhrmacherdrehstuhl **261** 20
Uhrwerk *Meteor.* **10** 14
Uhrwerk *Uhr* **262** 28
Uhu *Jagd* **239** 56
Uhu *Zool.* **177** 20
Uhu, Kleiner **177** 19
Uhuhütte **239** 59
U-Jagdraketensalven-
werfer **67** 24, 37
U-Jagdraketentorpedo-
starter **67** 51
U-Jagdtorpedofünflings-
satz **67** 36
ULCC **375** 1
Ulme **189** 49
ulnarer Handbeuger **21** 58
Ultra-high Frequency **400** 6
Ultra Large Crude Carrier
375 1
Ultraviolett-Spektrometer
6 17

Umbellula encrinus 187 14
Umblatt 259 6
Umdrehungszählwerk 127 79
Umfang 169 44
Umfangswinkel 169 56
Umformung, Massiv- 292
Umführungsschiene 368 26
Umgang, Säulen- 153 3
umgekehrter Schrägstrich
164 32
Umhang 128 26
Umhang, Frisier- 257 36,
258 5
Umholz 283 2
Umhüllung, Jute- 305 53
umkehrbar eindeutige
Abbildung 171 11
Umkehrring 267 34
Umklammerung 26 41
Umkleidebereich 96 11,
12, 13
Umkleidekabine *Schneiderei*
255 18
Umkleidekabine *Schwimm-
bad* 96 12, 13
Umkleideraum 96 12, 13
Umkreis 169 29
Umkreisen, Hand- 114 45
Umlauf 101 19, 20, 21
Umlauf, Mond- 4 1
Umlaufbahn 368 15–26
Umlaufberg 14 13
Umlaufkabine, kuppelbare
368 25
Umlaufleitung, Sauerstoff-
393 57
Umlaufölkühlung 133 25
Umlaufprüfgerät 261 24
Umlaufpumpe, Öl- *Eisen-
bahn* 365 12
Umlaufpumpe, Öl- *Kraftwerk*
304 45
Umlaufschmierung, Druck-
345 17
Umlaufseil 368 15
Umlaufspülung 332 6
Umlenkprisma 264 13
Umlenkrolle 133 29
Umlenkscheibe, Zugseil-
368 55
Umlenkspiegel *Energie*
307 20
Umlenkspiegel *Optik* 265 11
Umlenkspiegel *Setzerei*
327 22
Umlenkwalze 321 6
Umluftofen 349 19
Ummauerung 84 25
Umpflanzen 206 5
Umrahmung, Klosett- 57 17
Umrandung, Brunnen- 80 65
Umrandung, Klosett- 57 17

Umrichterschrank, Heiz-
366 40
Umrolltisch 133 21
Umsatzstatistik 411 49
Umschalter 305 16
Umschalter, Autofokus-
267 23
Umschalter, Monitor- 328 6
Umschaltfeststeller 412 24
Umschaltschieber 240 24
Umschaltspindel 302 34
Umschalttaste *Büro* 412 23
Umschalttaste *Hausrat*
56 63
Umschlag 36 56
Umschlag, Massengut-
382 29
Umschlag, Sauggut- 382 29
Umschlag, Schutz- 338 46
Umschlag, Wahl- 69 25
Umschlaganlage, Bananen-
382 22
Umschlagärmel 35 29
Umschlagbahnhof 360 39
Umschlagklappe 338 47
Umschlagkragen 35 28
Umschrift, fonetische 164 14
Umsetzen 206 5
Umsetzung 327 4
Umspannanlage 371 51
Umspanner 304 39
Umspuler, Unterfaden-
256 19
Umspulung, Film- 133 21
Umstellung, größere 326 35
Umwälzpumpe, Primärkreis-
306 5
Umwälzpumpe, Sekundär-
kreis- 306 8
Umwälzpumpe, Solarkreis-
308 7
Umwandler, Frequenz-
132 37
Umwandler, Strom- 307 23
Umwandlung *Setzerei*
327 13
Umwandlung *Textil* 322 5
Umwindstrecke 101 24
Umzug, Faschings- 124 52
Umzug, Karnevals- 124 52
unbearbeitete Fläche 314 25
unbearbeitetes Holz 288 22
Unbekannte 168 4, 8
unbenannte Zahl 167 3
unbeschrankter Bahnüber-
gang 356 49
unbunte Farbe 166 10, 11
undurchlässige Gesteins-
schicht 14 63
undurchlässige Schicht 13 31
undurchlässiges Gestein
13 26

Und-Zeichen, kauf-
männisches 164 43
unechter Bruch 167 16
uneigentlicher Bruch
167 16, 18
unendlich 168 15
unendlicher Dezimalbruch
167 21
Unfall, Eis- 26 33
Unfallhilfe 26
ungeflügelte Blattlaus 175 15
Ungeheuer, See- 145 51
ungerade Zahl 167 12
ungerauter Stoff 321 39
ungesäumtes Brett 273 94
Ungeziefer 233
Ungeziefer, Haus- 233 1
ungleich 168 18
ungleicher Nenner 167 19
Ungleichheitszeichen 168 18
ungleichnamiger Bruch
167 19
Uni 74
Uniform 68 7
Uniform, Dienst- 376 31
Uniformmütze 359 14
Union, Europäische *Flagge*
61 14
Union, Europäische *Geld*
60 6
Union Jack 61 17
unitisierte Ladung 382 9
unitisiertes Packstück
382 21
unitisiertes Stückgut 382 11
Universaldrehstich 264 17
Universalfräsmaschine
303 25
Universalkletterhaken
118 43
Universalkondensor 264 65
Universalkühlwagen 367 39
Universalladewagen 215 45
Universalpapierkassette
412 37
Universalpflugkörper 218 56
Universalreproduktions-
kamera 330 26
Universalrundschleif-
maschine 303 1
Universalschneider 287 28
Universal Serial Bus *Fotogr.*
269 12
Universal Serial Bus *PC*
406 41, 407 10
Universal Serial Bus *U-Elek-
tronik* 403 4
Universalzentriergerät
263 30
Universität 74
Universitätsbibliothek
74 11–28

Unpaarhufer 184 28
unpaarig gefiedert 188 46
unpaarig gefiedertes Blatt
212 48
Unparteiischer 107 63
unregelmäßiger Querrips
323 19–25
unregelmäßiges Vieleck
169 40
unregelmäßiges Viereck
169 39
unreiner Ton 313 3
Unruh 262 31
unsichtbare Kante 314 29
Unterarm *Anat.* 19 62
Unterarm *Pferd* 225 21
Unterarmschiene 147 47
Unterarmstand 115 26
Unterbär 292 12
Unterbau *Erdöl* 298 2
Unterbau *Kunst* 153 5
Unterbau *Straßenbau* 354 53
Unterbauch 19 49
Unterbeton 276 13
Unterbindung 26 15
Unterbramrah, Groß- 373 41
Unterbramrah, Vor- 373 35
Unterbramsegel, Groß-
373 64
Unterbramsegel, Vor- 373 58
Unterbrustnaht 36 14
Unterdeck *Kfz* 347 42
Unterdeck *Raumfahrt* 393 29
Unterdeckfeder 177 5
Unterdruckabschaltung
220 34
Untereck 62 24, 25
untere Hohlvene 21 15, 23 70
Unterelbe 15 22
unterer Erdmantel 11 6
Unterer Keuper 306 60
Unterer Muschelkalk 306 63
untere Sohle 306 76
Unterfadenumspuler 256 19
Unterfahrschutz 347 9
Unterflügel 385 9
Unterflügeltank 64 4
Unterflurhydrant 82 37
Unterflurinstallation 280 20
Unterführung, Bahn- 17 21
Untergesenk 292 5, 23
Untergestell *Eisenbahn*
360 13
Untergestell *Optik* 265 2
Untergestell, Kopierrahmen-
332 14
Untergrätenmuskel 21 53
Untergrundvorbehandlung
281 1–17
Untergurt *Bau* 274 73, 79
Untergurt *Brücke* 369 10
unterhaltener Fahrweg 17 99

Unterhaltungselektronik **401, 402, 403**
Unterhaupt **371** 21
Unterhaut **22** 67
Unterhemd **37** 34, 65, 68
Unterhemd, langärmeliges **37** 66
Unterhemd, Viertelarm- **37** 67
Unterholz **237** 5
Unterhose, lange **37** 63
unterirdische Grabkammer **152** 5
Unterkasten **301** 16
Unterkasten, Formautomat- **301** 13
Unterkiefer **20** 44
Unterkieferbein **20** 44
Unterkieferdrüse **22** 12
Unterkissen **41** 7
Unterkleid **37** 36
Unterkleidung, Damen- **37** 1
Unterkleidung, Herren- **37** 47
Unterkühlungsbadewanne **384** 21
Unterkunft **299** 33
Unterkunft, Mannschafts- **82** 2
Unterkunftshaus **118** 1
Unterlabium **144** 26
Unterlage **206** 34
Unterlage, Bügel- **56** 17
Unterlage, Maus- **270** 18
Unterlage, Riss- **281** 17
Unterlage, Schreib- *Bahnhof* **358** 55
Unterlage, Schreib- *Büro* **409** 5
Unterlage, Schreib- *Hausrat* **54** 19
Unterlage, Schreib- *Schule* **72** 8
Unterlagen, vertrauliche **409** 27
Unterlagsplatte **356** 5
Unterlagsstoff **281** 5
Unterlegscheibe **296** 17
Unterleib **19** 49
Unterlid **22** 49
Unterliek *Segeln* **100** 31
Unterliek *Surfen* **94** 10
Unterlippe *Anat.* **22** 29
Unterlippe *Musik* **144** 26
Unterlippe *Pferd* **225** 10
Untermann **125** 27
Untermarsrah, Groß- **373** 39
Untermarsrah, Vor- **373** 33
Untermarssegel, Groß- **373** 62
Untermarssegel, Vor- **373** 56
Untermaschinerie **137** 1–60

Untermast, Besan- **373** 8
Untermast, Fock- **373** 2
Untermast, Groß- **373** 5
Untermauerung **276** 15
Unternehmer, Kreditkarten- **413** 28
Unterricht, Biologie- **73** 14
Unterricht, Chemie- **73** 1–13
Unterricht, Schwimm- **98** 13–17
Unterrock **37** 37
Unterschenkel *Anat.* **19** 90
Unterschenkel *Pferd* **225** 36
Unterschenkelbeuger, zwei-köpfiger **21** 61
Unterschenkelstrecker **21** 46
unterschlächtiges Mühlrad **245** 42
Unterschlitten **302** 24
Unterschnabel **178** 10
Unterschrank **47** 45, 50 4
Unterschrank, Schreibtisch- **411** 39
Unterschrift *Börse* **415** 30, 31
Unterschrift *Geld* **60** 7
Unterschrift, Bild- **165** 24
Unterschriftenmappe **408** 33, **409** 12
Unterschwung vorlings rückwärts **113** 59
Unterseeboot **66** 64
Unterseil **368** 40
Unterseite, Blatt- **196** 21
Untersetzer, Bier- **76** 3
Untersetzungsgetriebe *Flugzeug* **388** 61
Untersetzungsgetriebe *Militär* **67** 61
Untersimm **244** 6
Unterspannungsdurchfüh-rung **304** 44
Unterspannungswicklung **305** 19
Unterspiegel **372** 58
Unterstand **237** 5
unterständiger Fruchtknoten **211** 9
Unterstempel **59** 18
Unterstock **362** 22
Unterstrich **164** 29
Unterstützung, Press- **317** 25
Untersuchung, Papier- **324** 22–30
Untersuchung, Papierstoff- **324** 22–30
Untersuchungsgerät, Schnell- **232** 21
Untersuchungsinstrument, gynäkologisches **28** 3
Untersuchungsinstrument, proktologisches **28** 3

Untersuchungsliege **27** 28, **28** 5
Untersuchungstisch, angiografischer **32** 27
Untersuchungstisch, Röntgen- **32** 2
Untertageanlage **297** 21–52
Untertapete **281** 5
Untertasse *Hausrat* **52** 27
Untertasse *Restaurant* **75** 46
Untertasse *Schiff* **376** 14
Untertaste, Pedal- **144** 51
Unterteil, Schallschutz- **134** 17
Unterteilung, Frequenz- **262** 43
Unterteller **53** 4
Untertischkappsäge **311** 23, 69
Untertitel *Buch* **338** 55
Untertitel *Zeitung* **165** 6
Untertritt **35** 40
Untertunnelung, Hafen- **381** 55
Unterwalze **301** 30
Unterwäsche, Damen- **37** 1
Unterwäsche, Herren- **37** 47
Unterwasserkamera **93** 25
Unterwasserlampe **93** 26
Unterwassermassagebad **96** 27–29
Unterwasserpumpe **308** 26
Unterwasserschwimmen **98** 34
Unterziehrolli, kurzärmeliger **35** 24
Unterzug **272** 5, **274** 67
Unterzugschalung **272** 12
Untiefe **380** 24–27
Unziale **163** 17
Uplinkstation **397** 8
Up-Quark **1** 15
Uranus **4** 53
Urbevölkerung **160** 34–40
Ureinwohner Australiens **160** 37
Urethroskop **28** 17
Urhahn **241** 77
Urkunde, Aktien **415** 25–34
Urne **149** 31
Urne, Aschen- **146** 38
Urne, Gesichts- **146** 38
Urne, Wahl- **69** 26
Urne, Zylinderhals- **146** 40
Urnengrab *Kirche* **149** 30
Urnengrab *Vorgesch.* **146** 39
Urnenschlitz **69** 29
Urnenwahl **69** 17–29
U-Rohr **172** 1
Ursa Major **3** 29
Ursa Minor **3** 34
Ursprung **170** 4

Urtierchen **176** 1
USB-Anschluss **269** 15, 33, 57
USB-Anschlusskabel **407** 10
USB-Ausgang **269** 12, **270** 10
USB-Kabel **407** 10
USB-Schnittstelle *Fotogr.* **269** 33, **270** 10
USB-Schnittstelle *PC* **406** 43
USB-Schnittstelle *U-Elek-tronik* **403** 4
USB-Speicherstift **406** 41
USB-Stick *Fotogr.* **270** 3
USB-Stick *PC* **406** 41
Utensil, Mal- **157** 6–19
Utensilie, Frisier- **257** 1–18
Utensilie, Rauch- **259**
Utensilien, Wachs- **119** 13–16
Uterus **25** 32
UV-Geldscheinprüfgerät **414** 15
Ü-Wagen **399** 1

V

Vakuole, Nahrungs- **176** 9
Vakuole, pulsierende **176** 7
Vakuum **400** 21
Vakuumdeckel **330** 22
Vakuumfilmhalter **330** 8
Vakuumformung **317** 40, 48
Vakuumherstellung **332** 19
Vakuumkopierrahmen **332** 13
Vakuumleitung **228** 29
Vakuumpresse **316** 14
Vakuumpumpe **80** 8
Vakuumrahmen **335** 2
Vakuumstrangpresse **313** 12
Valander **198** 7
Valenciennesspitze **254** 18
Van **346** 33
Vancarrier **381** 47, **382** 4
Vanillepflanze **200** 46
Vanilleschote **200** 48
Vanillestange **200** 48
Vaporisator **88** 15
Variable **167** 9
Variante, Aufschlag- **110** 28
Variometer **386** 14
Varioobjektiv *Film* **134** 23
Varioobjektiv *Fotogr.* **267** 53
Vase, Blumen- *Flohmarkt* **127** 4
Vase, Blumen- *Hausrat* **50** 13
Vase, Blumen- *Schiff* **376** 58
Vase, griechische **153** 51
Vase, handbemalte **316** 26
Vase, Porzellan- **156** 1
Vase, Stein- **84** 35
Vasenmalerei **153** 51
Vaterunser **150** 31

V-Ausschnitt **36** 27, **37** 68
V-Boden-Boot **102** 31–33
Veilchen, Alpen- **205** 5
Velo **339** 1
Veloursteppich **78** 36
Velum **199** 5
Vene **21** 2
Vene, Hohl- **21** 9, 15,
  23 66, 70
Vene, Hüft- **21** 18
Vene, Lungen- **21** 12, **23** 69
Vene, Schläfen- **21** 4
Vene, Schlüsselbein- **21** 8
Vene, Stirn- **21** 6
Venezianerspitze **254** 30
venöses Blut **21** 11
Ventil *Fahrrad* **339** 24
Ventil *Flugsport* **103** 69, 74
Ventil *Haus* **46** 78
Ventil *Militär* **65** 9
Ventil *Musik* **141** 43, **144** 10
Ventil *Sport* **107** 18
Ventil, Ablauf- **279** 16
Ventil, Absperr- *Installateur*
  279 4
Ventil, Absperr- *Schweißer*
  294 7
Ventil, Absperr- *Wasservers.*
  80 30
Ventil, Auslass- *Auto* **345** 15
Ventil, Auslass- *Motor* **343** 27
Ventil, Auslauf- **279** 34
Ventil, Auslöse- **364** 58
Ventil, Brems- **364** 53, 57,
  365 22, 23, **366** 11
Ventil, Brenngas- **294** 31
Ventil, Doppel- **279** 35
Ventil, Druckluft- **282** 33
Ventil, Düsen- **305** 33
Ventil, Einlass- **345** 14
Ventil, Einspritz- *Auto* **345** 7
Ventil, Einspritz- *Motor*
  343 33
Ventil, Expansions- **345** 33
Ventil, Flaschen- **93** 20
Ventil, Fuß- **80** 6, 14, 43
Ventil, Minder- **294** 5
Ventil, Périnet- **142** 71
Ventil, Regler- **364** 13
Ventil, Regulier- **46** 80
Ventil, Sauerstoff- **294** 28
Ventil, Schwenk- **279** 36
Ventil, Sicherheits- *Eisen-
  bahn* **364** 3
Ventil, Sicherheits- *Haus*
  46 75
Ventil, Speise- **364** 20
Ventil, Spiel- **144** 10
Ventil, Stand- **279** 31
Ventil, Stell- **306** 50
Ventil, Steuer- **305** 57
Ventil, Tankboden- **46** 53

Ventil, Überdruck- **48** 8
Ventilationsöffnung **39** 18
Ventilator *Motor* **343** 10
Ventilator *Straßenrein.*
  353 20
Ventilator, Brenner- **246** 17
Ventilator, Wand- **76** 19
Ventilfeder **343** 4, 53
Ventilhorn **141** 42
Ventilkappe **339** 25
Ventilleine **103** 70
Venus **4** 47
Venusfliegenfalle **195** 14
Veranda **45** 2
Veränderliche **168** 14
veränderlicher Stern **3** 11
Verankerung, Schrägseil-
  369 48
Verankerung, Tragkabel-
  369 43
Verankerungspoller, Tragseil-
  368 53
Veranstalter **117** 45
Veranstaltung, Box-
  117 35–50
Veranstaltungsplakat **83** 36
Verarbeitung, Asphalt-
  298 52
Verarbeitung, Text-
  164 46–49
Verarbeitungsschiff, Fisch-
  375 81
Verband, Arm- **26** 2
Verband, Bast- **206** 36
Verband, Binder- **271** 60
Verband, Block- **271** 62
Verband, Dach- **274** 27–83
Verband, Druck- **26** 19
Verband, Gummi- **206** 37
Verband, Holz- **274**
Verband, Kopf- **26** 4
Verband, Kreuz- **271** 65
Verband, Längs- **378** 47–59
Verband, Läufer- **271** 59
Verband, Mauer- **271** 58–68
Verband, Not- **26** 1
Verband, Schnell- **26** 6
Verband, Schornstein-
  271 66
Verband, Schub- **375** 85
Verband, Schubschiff-
  381 60
Verband, Strecker- **271** 60
Verband, Stütz- **26** 11
Verbandmaterial **31** 27
Verbandsflagge **102** 7, 10
Verbandsmaterial *Feuerwehr*
  82 16
Verbandsmaterial *Med.*
  27 39
Verbandspäckchen **26** 5
Verbandsrolle **82** 70

Verbandsschere **82** 71
Verbandstisch **27** 34
Verbinder, Flach- **274** 99
Verbindung, Anzapfungs-
  305 21
Verbindung, Funk- *Internet*
  405 1, 4
Verbindung, Funk- *Raum-
  fahrt* **392** 7
Verbindung, Grund-
  323 30–48
Verbindung, Holz- **274** 84–99
Verbindung, Niet- **296** 56
Verbindungsbeschlag **392** 18
Verbindungsbeschlag,
  Rumpf- **393** 5
Verbindungsbrücke **393** 50
Verbindungsdraht **116** 44
Verbindungselement *Büro*
  411 42
Verbindungselement *Raum-
  fahrt* **394** 9
Verbindungsflugzeug, STOL-
  64 24
Verbindungskabel **406** 14, 23
Verbindungsstück **173** 56
Verblendkrone **29** 24
Verbot, Sprung- **103** 45, 46
Verbotsschild, Rauch-
  359 22
Verbotszeichen **390** 31–38
Verbraucher **80** 52
verbreiteter Schneefall **8** 18
Verbrennungsanlage, Müll-
  81 20–28
Verbrennungsmotor **343**
Verbrennungsraum *Abfall*
  81 26
Verbrennungsraum *Motor*
  343 6
Verbuchung **74** 19
Verdächtiger **68** 53
Verdampfer **345** 34
Verdeck *Auto* **346** 10
Verdeck *Baby* **33** 36
Verdeck *Wassersport* **99** 54
Verdeck, Sicherheits- **238** 36
Verdeck, Sonnen- **342** 54
verdeckelte Zelle **230** 43, 44
Verdichter, Hochdruck-
  388 38
Verdichter, Niederdruck-
  388 37
Verdichter-Verflüssiger-
  Aggregat **361** 44
Verdichtung **321** 6–13
Verdickung **24** 43
Verdrängungsboot
  102 28–33
Verdrängungskörper **385** 30
Verdunkler, Saal- **133** 17
Verdünnung **325** 31

Veredelung, Papier-
  325 40–48
Veredelung, Textil- **321**
Veredlung **206** 30
Vereinigtes Königreich von
  Großbritannien und Nord-
  irland **61** 17
Vereinigte Staaten von
  Amerika **61** 20
Vereinigungsmenge **171** 5, 6
Vereinstaler **59** 7
Vereinsturnen **113** 12–21,
  114 7–14
Vereinte Nationen **61** 13
Vereisungsgerät **27** 55
Verfahren, Blas-Blas- **317** 34
Verfahren, Druck- **159** 1–13,
  14–24, 25, 26
Verfahren, Fourcault- **317** 1
Verfahren, Gaslift- **298** 27
Verfahren, Press-Blas- **317** 42
Verfahren, Rotary- **298** 1–21
Verfahren, Schusseintrags-
  319 17–31
Verfahren, Siebdruck-
  321 34–38
Verfahren, Spinn- **318** 26–48
Verfahren, Tiefdruck- *Druck*
  335
Verfahren, Tiefdruck- *Textil*
  321 24–31
Verfahren, Truck-to-Truck-
  381 41, **382** 7
Verfahren, Zieh- **317** 50–57
Verfahrensmechaniker
  292 15
Verfestigung, Rück- **218** 48
Verführung, Wind- **144** 14
Verfüllung **380** 73
Vergaser *Auto* **345** 12
Vergaser *Motor* **343** 78
Vergaser *Motorrad* **341** 40
Vergissmeinnicht **196** 28
Vergleich, Fingerabdruck-
  68 49
Vergolden *Buch* **336** 31
Vergolden *Maler* **282** 44
Vergoldepresse **336** 25
Vergolderkissen **282** 52
Vergoldermesser **282** 53
Vergolderpinsel **282** 54
Vergoldung, Rücken- **336** 31
Vergoldung, Teil- **156** 3
Vergrößerer **268** 28
Vergrößerer, Farb- **268** 43
Vergrößerungsapparat
  268 28
Vergrößerungsbelichtungs-
  messer **268** 53
Vergrößerungsgerät **268** 28
Vergrößerungskassette
  268 38

Vergrößerungsrahmen 268 38
Vergrößerungsspiegel 57 31
Verhalten zum Gerät 113 22–39
Verhältnisse, geologische 306 60–71
verheiratet 164 59
Verholspill 371 26
Verholtrosse 371 27
Verkauf, Fahrkarten- 358 56
Verkäufer, Bauchladen- 126 43
Verkäufer, Eis- 126 36
Verkäufer, Flohmarkt- 127 2
Verkäufer, Zeitungs- 79 14
Verkäuferin *Bäckerei* 251 2
Verkäuferin *Kaufhaus* 83 67
Verkäuferin *Supermarkt* 252 13
Verkäuferin, Flohmarkt- 127 2
Verkaufskurs 415 21
Verkaufsraum *Bäckerei* 251 1–60
Verkaufsraum *Optiker* 263 1–21
Verkaufsraum *Supermarkt* 252 7
Verkaufsstand 55 28
Verkaufstheke *Bäckerei* 251 1
Verkaufstheke *Kaufhaus* 83 76
Verkaufstresen *Bäckerei* 251 1
Verkaufstresen *Eisenbahn* 361 63, 363 21
Verkehr, Güter- 360
Verkehr, Huckepack- 360 36
Verkehr, Ladungs- 360 39
Verkehr, Nah- *Bahnhof* 358 34
Verkehr, Nah- *Eisenbahn* 362
Verkehr, Regional- 362
Verkehr, Roll-on-roll-off- 381 39
Verkehr, Ro-ro- 381 39
Verkehr, Wagenladungs- 360 4
Verkehrsampel 79 57
Verkehrsflugzeug 7 6
Verkehrsflugzeug, Kurzstrecken- 387 4, 10
Verkehrsflugzeug, Langstrecken- 387 15
Verkehrsflugzeug, Mittelstrecken- 387 4, 10, 11
Verkehrsflugzeug, Überschall- 387 12
Verkehrshubschrauber 68 1
Verkehrskontrolle 68 9

Verkehrsmeldung 398 19
Verkehrspolizistin 79 73
Verkehrsregelung 79 73
Verkehrsregelungsstab 68 14
Verkehrsstreife, motorisierte 68 9
Verkehrszeichen *Piktogramm* 390 1–9
Verkehrszeichen *Stadt* 79 68, 72
Verkleidung *Karneval* 124 6–43
Verkleidung *Sport* 106 35
Verkleidung, Bandscheiben- 286 30
Verkleidung, Dach- 65 30
Verkleidung, Holz- *Meteor.* 10 26
Verkleidung, Holz- *Schwimmbad* 96 14
Verkleidung, Isolations- 393 14
Verkleidung, Ketten- 340 43
Verkleidung, Kühlschutz- 393 16
Verkleidung, Kunststoff- 341 31
Verkleidung, Metall- 129 15
Verkleidung, Schreibtisch- 414 36
Verkleidung, Spiegel- 78 67
Verkleidung, Triebwerks- 391 5
Verkleidung, Windleit- 342 36
Verkleidungsklappe 412 39
Verkleidungskonus 393 64
Verklicker 100 39
Verkorkmaschine 232 10
Verkostung, Wein- 232 17
Verkürzung, Bremsweg- 357 12, 14
Verladebrücke *Hafen* 381 20
Verladebrücke *Schiff* 375 77
Verladerohr 382 34
Verladung, Koks- 309 15
Verladung, Produkt- 298 42
Verlagsangabe 338 56
Verlagssignet 338 56
Verlandungszone 14 11
verlängerte Mark 20 65, 21 24
Verlängerung, Auslauf- 347 15
Verlängerungspunkt 138 7
Verlängerungsschnur 280 11
Verlängerungsstange 314 62
verlassenes Bergwerk 17 34
Verlauf, Strömungs- 370 6
Verlaufsangabe, Schnitt- 314 32
Verlaufsfarbenbalken 329 20

Verleih, Auto- 390 8
Verleimvorrichtung 286 27
Verleseband 217 62
Verletzter 26 23
Verlies 147 5
Verlinkung 328 27
Vermehrung, Pflanzen- 206
Vermessung 16 47–63
Vermessung, Landes- 16 47–63
Vermieter, Strandkorb- 95 32
verminderter Dreiklang 139 3
vermischte Nachrichten 165 28
Vernichter, Akten- 408 37
Verpackung, Karton- 77 19
Verpackung, Rollen- 325 50
Verpackungsanlage 229 20
Verpackungsmaschine 229 36
Verpackungsmaschine, Quark- 229 44
Verpackungsmüll 81 4, 5
Verpackungssack 103 36
Verpflanzen 206 5
Verputzarbeit 271 83–91
Verreiben 334 19
Verriegelung 402 4
Verriegelung, Gehäuse- 134 33
Verrohrung 298 20
Versal 326 11
Versalbuchstabe 326 11
Versammlung 69 10
Versammlung, Massen- 69 1–16
Versammlung, Wahl- 69 1–16
Versammlung, Wähler- 69 1–16
Versammlungsleiter 69 1
Versandkäfig, Königinnen- 230 55
Versatz 273 54
Versatz, doppelter 274 91
Versatz, einfacher 274 90
Versatzstück 136 34, 137 47
Verschalung, Fassaden- 44 74
Verschiebung, Gelände- 12 48
Verschiebung, Horizontal- 11 24
Verschiebung, Objekt- 265 34
Verschlag, Holz- 46 20
Verschlagwagen 367 28
Verschleppung, See- 383 6
Verschluss 269 11
Verschluss, Balg- 142 38

Verschluss, biomedizinischer 392 9
Verschluss, Deck- 37 59
Verschluss, Deckel- 56 87
Verschluss, End- 305 37
Verschluss, Flaschen- 48 10
Verschluss, Geruchs- 279 26
Verschluss, Kronen- 247 22
Verschluss, Monitordeckel- 407 19
Verschluss, Reiß- *Kleidung* 34 21, 36 6, 38 45, 39 15, 36
Verschluss, Reiß- *Schuh* 58 6
Verschluss, Reiß- *Schule* 72 36
Verschluss, Steck- 340 7
Verschluss, Stopfen- 300 32
Verschluss, Tuben- 72 53
Verschluss, Tür- 56 27
Verschluss, Weichenspitzen- 356 28
Verschluss, Zier- 36 44
Verschlusshebel 240 25
Verschlusskappe 314 45
Verschlusskegel 300 6
Verschlusssponton 378 33
Verschlussregister 357 63
Verschlusszeitanzeige 267 64, 76
verschmutzter Buchstabe 326 29
Verschnürung 58 21
Verschnürung, Zier- 34 41
Verschraubung 279 42
Verschraubung, Winkel- 279 40, 45
Verschwertung 272 14
Versenköffnung 137 32
Versenkpodium 137 34
Versenkschacht 5 26
Versenktisch 137 33
Versenkwalze 371 77
Versetzen 206 5
versetzter Ansatz 281 22
versetztes vertikales Doppeltor 119 51
Versetzung, Strand- 15 12
Versicherungsbüro 79 32
Versickerung, Fluss- 14 58
Versickerungsbrunnen 308 25
Versorger 66 93
Versorger, Bohrinsel- 375 49
Versorger, Offshore- 375 49
Versorgung, Notstrom- 30 5
Versorgung, Strom- *Fotogr.* 269 18, 60
Versorgung, Strom- *Raumfahrt* 394 2
Versorgung, Trinkwasser- 80 1–23

Versorgung, Wasser-
80, 40–52
Versorgungsblock, Energie-
361 47
Versorgungskabel, Strom-
352 14
Versorgungsmodul 394 5
Versorgungssystem, Energie-
65 16
Versorgungswürfel 348 51
Verspannung *Flugzeug*
385 12
Verspannung *Turnen* 113 10,
114 5
Verspannung, Quer- 351 42
Verspannung, Seil- 117 37
Verstärker *Film* 133 19
Verstärker *U-Elektronik*
401 10, 32
Verstärker, Aufnahme-
132 5, 14
Verstärker, Rückstoß-
63 27
Verstärker, Verteil- 398 48
Verstärker, Wiedergabe-
132 5
Verstärkermodul, ZF- 400 4
Verstärkung 66 81
Verstärkung, Längsträger-
367 12
Verstärkungsreifen 283 15
Verstärkungsrippe *Straßen-
bau* 354 13
Verstärkungsrippe *Wasser-
bau* 371 88
Versteifung *Straßenbau*
354 13
Versteifung *Theater* 136 35
Versteifung *Wassersport*
99 43
Versteifung, Haut- 386 47
Versteifung, Längs- 386 57
Versteigerungshalle 381 58
Verstellbügel 258 18
Verstelleinrichtung, Höhen-
236 6
Verstellhebel, Zoom- 134 22
Verstellmechanik, Rotor-
blatt- 307 6
Verstellrad, Pinolen- 302 30
Verstellspindel 382 39
Verstellstange 57 46
verstellter Buchstabe 326 33
Verstellung, Absehen-
240 30
Verstellung, Auslauf- 347 14
Verstellung, Bildstrich-
133 29
Verstellung, Höhen- *Fotogr.*
268 37
Verstellung, Höhen- *Foto-
reprod.* 330 36

Verstellung, Höhen- *Landw.*
217 54
Verstellung, Höhen- *Straßen-
bau* 355 3
Verstellung, Höhen- *Zeichner*
315 16
Verstellung, Kreis- 16 63
Verstellung, Laufrad- 217 55
Verstellung, Maßstabs-
268 37
Verstellung, Mengen- 218 72
Verstellung, Neigungs- *Foto-
reprod.* 330 36
Verstellung, Neigungs-
Landw. 218 46
Verstellung, Neigungs-
Straßenbau 354 26
Verstellung, Objekttisch-
265 34
Verstellung, Reißbrett- 314 5
Verstellung, Rückteil- 266 54
Verstellung, Schneidwerk-
217 9
Verstellung, Standarten-
266 50
Verstellung, Stärke- 253 22
Verstellung, Strahl- 236 11
Verstellung, Tiefen- 286 19
Verstellung, Tischhöhen-
286 20, 21
Verstellvorrichtung
253 19, 20
Verstrebung *Bau* 272 51
Verstrebung *Brücke* 369 4
Verstrebung, Leitwerk- 388 4
Verstrecken 322 20, 31, 35, 47
Verstrich 275 55
Versuch, Schlag- 108 53
Verteidiger 98 44
Verteidiger, Außen- 107 13
Verteidiger, Innen- 107 12
Verteidigung 107 11–13
Verteidigungszone 110 3
Verteiler 82 40
Verteiler, Flugblatt- 69 11
Verteiler, Luft- 317 31
Verteiler, Streugut- 353 29
Verteiler, Zünd- 343 9
Verteilerschnecke 355 12
Verteilung, Sitz- 70 17
Verteilungsanlage, Hoch-
spannungs- 304 29–35
Verteilungsnetz 80 22
Verteilungsstrahl 272 69
Verteilverstärker 398 48
Verteilzentrum, Brief-
395 34–45
Vertical Take-Off and
Landing 388 11–34
Vertiefstempel 260 18
Vertikalablenkmodul 400 8
Vertikale 369 36

vertikale Ausdehnung
8 28, 35
vertikales Doppeltor, versetztes 119 51
vertikales Tor, blindes 119 47
vertikales Tor, offenes 119 48
Vertikalknickarmroboter,
6-Achsen- 303 35
Vertikalreproduktions-
kamera 330 19
Vertikalseismograf 12 38
Vertikalständer 402 32
Vertikalstellung 388 30, 33
Vertikaltrockenschleuder
332 27
Vertonung, Nach- 132 33
Vertopfen 206 5
vertopfte Pflanze 207 25
vertopftes Pflänzchen
207 23
vertrauliche Unterlagen
409 27
Vertreter, Parteien- 70 22
Verunglückter 26 23
Vervielfachen 167 25
Verwaltungsbereich 5 19
Verwaltungsgebäude *Berg-
werk* 297 8
Verwaltungsgebäude *Erdöl*
298 39
Verwaltungsgebäude *Film*
131 5
Verwaltungsgebäude *Flug-
hafen* 389 16
Verwaltungsgebäude *Schiff-
bau* 378 1
Verwaltungsgebäude
Wasserbau 371 28
Verwässerungszone 14 26
Verweilkammer 321 5
Verweis, Platz- 107 62
Verwerfung *Bergwerk* 297 24
Verwerfung *Geogr.* 13 5
Verwerfungslinie 13 6
Very High Frequency 400 6
Very High Frequency Omni-
directional Range 388 15
Verzahnung 296 82–96
Verzahnung, Schräg- 296 89
Verzahnung, Spiral-
296 92, 93
Verzierung *Frisur* 41 2
Verzierung *Kunst* 156 16
Verzierung *Musik* 139 14–22
Verzierung, Fries- 153 14
Vesen 221 24
Vestibül 78 1–27
V-Form 36 58
VHF-Tuner 400 6
VHS-Auswurftaste 404 41
VHS-Betrieb-Auswahltaste
404 42

VHS-Kassette 404 50
VHS-Kassettenfach 404 40
VHS-Kopftrommel 404 15
VHS-Spurschema 404 24
Vibrafon 142 66
Vibrationsreinigungs-
maschine 261 23
Vibrationsschleifer 287 53
Vibrationsstampfer 354 19
Victoria regia 196 19
Videoanschluss 269 17, 270 9
Videoanschluss 269 58
Videocodierplatz 395 41
Videogerät 404
Video Home System 404 15
Videokamera *Schiff* 375 38
Videokamera *Video* 404 1, 11
Videokamera, digitale *Film*
134 35
Videokamera, digitale *Fotogr.*
269 1
Videokopf 404 22, 32
Videomonitor 73 7
videooptischer Kamera-
einschub 31 6
Videorekorder 270 34
Videorekorder, Mini-DV-
VHS- 404 33
Videoschnitt, digitaler
132 43
Videospielgerät 403
Videospur 404 27
Videoturm 31 6
Video-8-Kassette 404 5
Vieh, Groß- 224 1, 2
Vieh, Klein- *Eisenbahn*
367 28
Vieh, Klein- *Zool.* 224 18–36
Vieh, Schlacht- 248 2
Vieh, Weide- 215 50
Viehbohne 222 15
Viehhaltung 228
Viehtransporter 375 62
Viehweide 215 49
Vieleck, regelmäßiges 169 41
Vieleck, unregelmäßiges
169 40
Vielfachmessgerät 280 46
Vielflächner, regelmäßiger
174 11
Vielle 140 25
Vielseilsystem 369 51
Vielseitigkeitsprüfung
105 18–21
Vielzeller 176 14
Vierachteltakt 138 31
Vierbackenfutter 302 35
vierblättriges Kleeblatt 222 5
Viereck 169 33–39
Viereck, Aufschlag- 109 60
Viereck, Drachen- 169 38
Viereck, Dressur- 105 1

Viereck, unregelmäßiges **169** 39
Viereckregner **208** 46
Vierer ohne **99** 7
Vierer ohne Steuermann **99** 7
Vierersessel **368** 22
Vierertisch **72** 1
Vierfachsteckdose **280** 14
Vierfarben-Rollenoffsetmaschine **333** 17
Vierflächner **174** 1
Vierfleckiger Bohnenkäfer **233** 20
viergestrichene Oktave **139** 49
Vierhalbetakt **138** 33
Vierkanteisen **296** 9
Vierkantholzhammer **285** 5
Vierkanthorn **290** 12
Vierkantloch **293** 50
Vierkantschraube **296** 39
Vierklang **139** 5
Vierkomponentenabgastester **348** 67
Vierling **66** 30
Viermastbark **374** 29
Viermaster **374** 28–31
Viermastgaffelschoner **374** 28
Viermastvollschiff **374** 31
Viermastzelt **125** 1
Vier-Nationen-Abzeichen **65** 1
Vierpass **154** 25
Vierscharbeetpflug **216** 43
vierseitige Pyramide **170** 46
vierstellige Zahl **167** 3
Viertaktmotor, Einzylinder- **341** 39
Viertel **138** 15
Viertel, Hafen- **381** 1
Viertel, Rinder- **248** 22
Viertelarmunterhemd **37** 67
viertelgewendelte Treppe **276** 75
Viertelnote **138** 15
Viertelpause **138** 23
vierte Position **135** 10
vierte Position, gekreuzte **135** 5
vierte Position, offene **135** 4
vierte Zehe **19** 96
Vierundsechzigstel **138** 19
Vierundsechzigstelnote **138** 19
Vierundsechzigstelpause **138** 27
Vierundzwanzigflächner **174** 12
Vierungsturm **154** 6
Viervierteltakt **138** 32

Vierzylinder-Boxermotor **386** 34
Vierzylindermaschine **342** 35
Vierzylinder-Reihenmotor **343** 48
Vignette **334** 10
Villa, Stadt- **45** 1
Villenkolonie **17** 27
Viola **141** 27
Viola da Gamba **140** 23
Violett **166** 9
Violinbogenfibel **146** 27
Violine **141** 1
Violinsaite **141** 9
Violinschlüssel **138** 8
Violoncello **141** 16
Violone **141** 23
Viper **182** 40, 41
Viper, Aspis- **182** 41
Virginische Tabakpflanze **200** 40
Virgo **3** 18, 4 61
Visier *Ritter* **147** 40
Visier *Sport* **123** 56
Visier, Licht- **2** 34
Visiereinrichtung **240** 65
Visierklappe **240** 67
Visiermaske **240** 68
Visierschieber **240** 69
Visierung, Diopter- **123** 42, 43
Visitation, Leibes- **68** 52
Viskokupplung **343** 44
Viskose **322** 1–24
Viskosebecher **283** 29
Viskosefilament **322** 12, 14, 19
Viskosefilamentgarn **322** 14–18, 18
Viskosespinnfaser **322** 19–24
Viskosespinnfaserballen **322** 24
Viskosespinnlösung **322** 8
Viskosespinnmasse **322** 8
Viskositätsmessbecher **282** 38
Vitrine **52** 18
Vitrine, Backwaren- **252** 10
Vitrine, Informations- **359** 26
Vitrine, Schau- **83** 16
Vitrine, Schuh- **83** 16
Vitrinenregal **54** 7
V-Leitwerk **385** 31
Vlies **318** 16, 33
Vliesstoff **255** 32
V-Motor, Zwölfzylinder- **343** 50
Vogel *Fabel* **145** 11
Vogel *Zool.* **177, 178, 179, 180, 181**

Vogel, angelockter **239** 58
Vogel, Beiz- **239** 53
Vogel, Dreck- **178** 30
Vogel, Dreh- **178** 32
Vogel, Drossel- **180** 12
Vogel, einheimischer **179, 180**
Vogel, Eis- **179** 4
Vogel, Eissturm- **178** 15
Vogel, exotischer **181**
Vogel, Finken- **180** 2, 3
Vogel, flugunfähiger **178** 1, 5
Vogel, Gänse- **178** 18
Vogel, Greif- **177** 1
Vogel, Heer- **178** 30
Vogel, Hühner- **178** 27
Vogel, Korn- **180** 5
Vogel, Kot- **178** 30
Vogel, Lock- **239** 56
Vogel, Meeres- **178** 13
Vogel, Papageien- **181** 1
Vogel, Paradies- **181** 3
Vogel, Raben- **179** 13
Vogel, Racken- **178** 30, 179 1
Vogel, Raub- **177** 1
Vogel, Regen- **178** 32
Vogel, Reiz- **239** 56
Vogel, Rot- **180** 15
Vogel, Sing- **179** 5, 180 1
Vogel, Specht- **181** 6
Vogel, Sperlings- **179** 6, 7, 12, 180 1
Vogel, Spross- **180** 18
Vogel, Stand- **179** 8
Vogel, Stink- **178** 30
Vogel, Storch- **178** 22
Vogel, Straußen- **178** 1
Vogel, Toten- **177** 24
Vogel, Zug- **179** 2, 3, 10, 12
Vogelfuß, Großer **222** 11
Vogelhaus **86** 9
Vogelklaue **145** 66
Vogelkönig **180** 11
Vogelleib **145** 62
Vogelscheuche **204** 28
Voiceprozessor **398** 34
Voith-Getriebe **366** 74
Volant **36** 30
Voliere **86** 9
Völkerkunde **160, 161, 162**
Volksrodel **121** 1
Vollautomat, Wasch- **56** 25
Vollbart **40** 17
Vollbeleimung **338** 31
Vollcontainerschiff *Hafen* **382** 5
Vollcontainerschiff *Schiff* **375** 21
Volldrehpflug **218** 54
volle Kugel **91** 20
Vollerntemaschine, Zuckerrüben- **217** 68

volle Spindel **276** 77
Volley **109** 31
Volleyball **110** 1–28, 19
Volleyball, Beach- **110** 26–28
Volleyballnetz **110** 7
Volleyballspiel **110** 1–28
Volleyballspielaktion **110** 12–18
Volleyballspieler **110** 9–11
Vollflächner **174** 2
Vollgalopp **225** 43, 44
Vollgatter **311** 2
voll getakelter Mast **374** 16
Vollgriff **146** 22, 31
Vollgusskrone **29** 24
Vollkonserve **250** 53
Vollkornbrot **251** 11, 54
Vollmantelgeschoss **240** 55
Vollmaske, Gesichts- **82** 81
Vollmond **4** 5
Vollpipette **173** 25
Vollplatte, Stall- **313** 27
Vollschiff, Dreimast- **374** 24–27
Vollschiff, Fünfmast- **374** 35
Vollschiff, Viermast- **374** 31
Vollschutz **82** 5
Vollwandbrücke **369** 52
Vollwandträger **274** 72
Vollwappen **62** 1
Vollwertbrot **251** 14–18
Vollziegel **313** 20
Vollzugsdienst, Polizei- **68**
Voltmeter **379** 5
Volumen, Aufwand- **236** 53
Volute **152** 26, **153** 29, 40, 155 10
Volutengiebel **155** 5
Volutenpolster **153** 30
Vorambsos **290** 14
Voranzeige, Richtungs- **357** 20
Voranzeiger, Geschwindigkeits- **357** 19
Voranzeiger, Richtungs- **357** 21
Vorbau, Einlege- **317** 2
Vorbaugerüst **369** 62
Vorbehandlung, Untergrund- **281** 1–17
Vorbelichtungslampe **330** 24
Vorbereitungsplatz **47** 19
Vorbereitungsraum *Med.* **31** 26
Vorbereitungsraum *Schule* **73** 14
vorbeschichtete Platte **332** 31
Vorbestellbuch **27** 11
vorbestellter Patient **27** 4
Vorblasen **317** 36
Vorbramsaling **373** 51

Vorbramsegel 372 52
Vorbramstenge 373 4
Vorbrecher 310 4
Vorbühne 137 25
Vordach 92 32, 51
Vordarre 246 16, 29
Vordeck *Schiff* 377 47
Vordeck *Segeln* 100 1
Vorderachsfederung 218 24
Vorderachsträger 345 90
Vorderansicht 314 22
Vorderbein 235 7
Vorderblatt 253 60
Vorderdame 123 2
vordere Aufschlaglinie
109 51
Vordereckkegel 123 1
Vordereingang 92 38
Vorderfalte 36 41
Vorderflug 147 45
Vorderflügel 175 39
Vorderfuß *Pferd* 225 22–26
Vorderfuß *Sport* 121 8
Vorderfußwurzelgelenk
225 22
Vordergasse 123 3
Vordergassenkegel 123 2
Vorderhachse 249 8
Vorderhaxe 249 8
Vorderhesse 249 28
Vorderholz 123 1
Vorderkappe 253 58
Vorderkastell 372 19
Vorderlauf 223 5, 241 27, 69
Vorderpfote 223 6
Vorderrad 339 19–26
Vorderradantrieb 344 43
Vorderradbremse 339 5
Vorderradbremsscheibe
341 27
Vorderradfahrwerk 344 43
Vorderradfederung 340 21
Vorderradgabel 339 15–17
Vorderradgepäckträger
340 34
Vorderradnabe 339 58
Vorderradtasche 340 35
Vorderreißverschluss 34 21
Vorderschaft 240 13
Vorderschnitt 338 42
Vorderseite 60 25, 31–37
Vordersitz 346 19
Vorderspieler 110 33
Vordertasche 36 73
Vorderwand 172 26
Vorderwandschild 355 13
Vorderzange 285 30
Vorderzwiesel 226 38
Vordrehen 288 16
Vordruck, Formular- 414 11
Vorfach *Angelsport* 243 48
Vorfach *Schule* 72 30

Vorfeld 389 3
Vorfeldstraße 389 4
Vorflügel 385 37
Vorflügel, Führungskanten-
65 13
Vorfluter 370 34
Vorform 317 38
Vorführer, Film- 133 20
Vorführgerät, Film- 133 24
Vorführkabine 133 12
Vorführraum 133 12
Vorführung, Film- 133 1–23
Vorfußgummi 102 53
Vorfußknochen 20 36
Vorgabe, Projekt- 328 5
Vorgang, Schneide- 337 21
Vorgang, Schnitt- 337 18
Vorgarn 318 13, 24, 38
Vorgärschrankanlage 251 81
Vorgarten 44 59
Vorgelege, Keilriemen-
261 21
Vorgeschichte 146
vorgeschichtlicher Fund 146
vorgeschichtlicher Fund-
gegenstand 146
Vorgewicht 244 18
Vorhafen, Schleusen- 371 30
Vorhalle 153 64
Vorhalte 115 50
Vorhand *Pferd* 225 18–27
Vorhand *Sport* 109 30
Vorhandschlag 109 30
Vorhang *Eisenbahn* 361 31
Vorhang *Hausrat* 50 40
Vorhang *Schneiderei* 255 19
Vorhang *Theater* 137 23
Vorhang, Bühnen- 133 10
Vorhang, eiserner 137 24
Vorhang, Feuerschutz-
137 24
Vorhang, Theater- 137 23
Vorhangbogen 155 35
Vorhängeschloss 46 22
Vorhangzug 136 1–4
Vorhaut 23 84
Vorhof 23 57
Vorholer, Rohr- 63 47
vorjähriger Zapfen 189 32
Vorkern, männlicher
25 19, 22
Vorkern, weiblicher 25 12, 22
Vorlage *Mediengest.* 329 5
Vorlage *Textil* 323 4
Vorlage, Druck- 335 1–23
Vorlage, Format- 328 28
Vorlage, Gas- 309 17
Vorlage, Hand- 288 5
Vorlage, Layout- 328 4,
329 13
Vorlage, Seiten- 328 16
Vorlage, Wasser- 294 8

Vorlagenglas 406 39
Vorlagenhalter 330 32, 37
Vorlagenherstellung, analoge
332
Vorlagenherstellung, digitale
327
Vorlagenröhre 329 2
Vorlauf *Haus* 46 79
Vorlauf *Installateur* 279 23
Vorlauf, Kühlwasser- 306 22
vorläufiges amtliches End-
ergebnis 70 16
Vorlauftaste 401 75
Vorlegegabel 53 68
Vorlegelöffel 53 73
Vorlegemesser 53 69
Vorleger 381 63
Vorleger, Bade- 57 51
Vorleger, Bett- 51 25
Vorlegeschalthebel 302 3
Vorlegeschloss 46 22
VOR-Leitkursanzeiger
386 15
Vorlesung 74 1
Vorliek *Segeln* 100 33
Vorliek *Surfen* 94 8
Vormaischer 246 43
Vormannkabine 384 31
Vormarssaling 373 50
Vormarsstenge 373 3
Vormast 380 56
Vormauerung 275 39
Vormwindstrecke 101 23
Voroberbramrah 373 36
Voroberbramsegel 373 59
Vorobermarsrah 373 34
Vorobermarssegel 373 57
Vorphase 24 28
Vorpiek 383 18
Vorplatz *Hausrat* 49 1
Vorplatz *Landw.* 215 13
Vorplatz, Treppen- 276 23
Vorproduktionsstudio
398 36
Vorrat, Holz- 72 82
Vorrat, Öl- 345 19
Vorratsbehälter, Beizmittel-
236 49
Vorratshaus 147 13
Vorratsschädling 233 17
Vorratssilo, Rohstein- 310 3
Vorratstank 299 17
Vorratstank, Zement-
299 15
Vorratszelle 230 46
Vorraum 49 1
Vorreifen 322 4
Vorreinigung 325 21
Vorrichtung 299 9
Vorrichtung, Abfall- 300 41
Vorrichtung, Ablass- 92 22
Vorrichtung, Absaug- 295 13

Vorrichtung, Abschneide-
314 20
Vorrichtung, Abspul- 337 4
Vorrichtung, Abtransport-
338 35
Vorrichtung, Anbinde-
228 15, 16
Vorrichtung, Anhänge-
218 53
Vorrichtung, Anstell-
301 36–40
Vorrichtung, Anzeige-
301 40
Vorrichtung, Austrag-
335 29
Vorrichtung, Einpress-
261 29
Vorrichtung, Einspann-
Tischler 285 51
Vorrichtung, Einspann-
Werkzeugmasch. 303 15
Vorrichtung, Entlade- 215 47
Vorrichtung, Fixierungs-
250 61
Vorrichtung, Gurt- 94 3
Vorrichtung, Halte- 311 49
Vorrichtung, Kipp- *Eisen-
verarb.* 300 46, 64
Vorrichtung, Kipp- *Landw.*
215 35
Vorrichtung, Kipp- *Straßen-
rein.* 353 14
Vorrichtung, Klebe- 286 27
Vorrichtung, Klemm- 2 43
Vorrichtung, Kupplungs-
218 65
Vorrichtung, Leit- 320 3
Vorrichtung, Näh- 286 52
Vorrichtung, Pendel- 2 35
Vorrichtung, Pick-up- 215 46
Vorrichtung, Registrier-
10 42
Vorrichtung, Schneide-
317 19
Vorrichtung, Schwenk-
218 66
Vorrichtung, Spann- *Berg-
bahn* 368 42
Vorrichtung, Spann- *Heim-
werken* 287 42
Vorrichtung, Spann- *Säge-
werk* 311 42
Vorrichtung, Spann- *Textil*
320 3
Vorrichtung, Stimm- 144 30
Vorrichtung, Strangtrenn-
333 35
Vorrichtung, Trenn-
299 10, 28
Vorrichtung, Verleim- 286 27
Vorrichtung, Verstell-
253 19, 20

Vorrichtung, Ziel- **63** 19
Vorroyalrah **373** 37
Vorroyalsegel **373** 60
Vorsager **137** 28
Vorsagerin **137** 28
Vorsatz **338** 45
Vorsatz, Bürst- **56** 83
Vorsatz, Diakopier- **267** 38
Vorsatz, Heckenscheren- **287** 55
Vorsatz, Klopf- **56** 83
Vorsatz, Kreissäge- **287** 52
Vorsatz, Schamponier- **56** 83
Vorsatzband **217** 63
Vorsatzblatt **338** 45
Vorsatzelevator **217** 63
Vorschäler **218** 12, 61
Vorschaumonitor **70** 11, 12
Vorschiff **372** 49
Vorschlag **144** 31
Vorschlag, kurzer **139** 15
Vorschlag, langer **139** 14
Vorschlaghammer **290** 22
Vorschleifscheibe **263** 45
Vorschneider **218** 12
Vorschneider, Hebel- **293** 74
Vorschrift **358** 37
Vorschub **302** 18
Vorschub, Motor- **30** 34
Vorschubantrieb, Tisch- **303** 27
Vorschubanzeiger **311** 9
Vorschubeinrichtung **302** 14
Vorschubeinstellung **253** 28
Vorschubgetriebe **302** 10
Vorschubgetriebekasten **302** 8
Vorschubklinke **311** 45
Vorschubsattel **338** 4
Vorschubskala **311** 66
Vorschubspindel **302** 15
Vorschubsteigung **302** 9
Vorschubwalze *Forstw.* **238** 19, 24
Vorschubwalze *Sägewerk* **311** 41
Vorschulkind **71** 2
Vorsignal **357** 7–24
Vorsignal, Form- **357** 12, 22, 23
Vorsignal, Licht- **357** 14
Vorsignalbake **357** 26–29
Vorsignaltafel **357** 24
Vorsignalwiederholer **357** 17
Vorsitzender, Aufsichtsrats- **415** 30
Vorsitzender, Vorstands- **415** 31
Vorspinnen **318** 23
Vorspinnmaschine **318** 37
Vorsprung, Dach- **44** 9

Vorsprung, Fundament- **276** 3
Vorsprungtaste **402** 20
Vorspultaste **401** 90
Vorstag **100** 6
Vorstand **69** 1, 2
Vorstandspodium **69** 3
Vorstandsvorsitzender **415** 31
Vorstapelung **311** 24
Vorsteherdrüse **23** 90
Vorstehhund, Deutscher **223** 26
Vorstehhund, Englischer **223** 24
Vorstenge **373** 3
Vorstengestagsegel **373** 20
Vorsteven *Schiff* **372** 4
Vorsteven *Schiffbau* **378** 77
Vorstraße **301** 45
Vorstreckteich **242** 5
Vorstufe, Druck- **327** 9
Vortitel **338** 52
Vortragkreuz **148** 47
Vortragsbezeichnung **139** 27–41
Vortragspult **74** 4
Vortriebsmaschine, Strecken- **297** 46
Vortrocknung **310** 4
vorübergehende Langsamfahrstelle **357** 36–38, 39, 40
Vorunterbramrah **373** 35
Vorunterbramsegel **373** 58
Voruntermarsrah **373** 33
Voruntermarssegel **373** 56
Vorverkaufsstelle, Karten- **83** 35
Vorwärmanlage **306** 18
Vorwärmer, Oberflächen- **364** 23
Vorwärmer, Speisewasser- **364** 23
Vorwärmer, Zyklon- **310** 10
Vorwärmerdruckmesser **364** 43
Vorwärmgerät **366** 41
Vorwärmheizung **338** 30
Vorwärmung **28** 4
Vorwickelrolle **133** 26
Vorwickeltrommel **133** 26
Vorzeichen **138** 50–54
Vorzeichen, negatives **167** 8
Vorzeichen, positives **167** 7
Vorzeichnung, Takt- **138** 28–41
Vorzelt **92** 15, 24
Vorzelt, Wohnwagen- **92** 29
Vorzimmer **408**
V-Ottomotor®, Zwölfzylinder- **343** 29
Voute **272** 6

Voyager **6** 11
VTOL-Flugzeug **388** 29–34
VTOL-Luftfahrzeug **388** 11–34
Vulkan, erloschener **12** 17
Vulkan, Schicht- **12** 4
Vulkan, Schild- **12** 2
Vulkan, Strato- **12** 4
Vulkan, Sub- **12** 9
Vulkan, tätiger **12** 4
vulkanische Lockermassen **12** 8
Vulkanismus **12** 1
Vulkankrater **12** 5

W

Waage *Astron.* **3** 19, **4** 62
Waage *Brauerei* **246** 32
Waage *Hausrat* **55** 33
Waage, Analysen- **172** 24
Waage, Baby- **27** 32
Waage, Behälter- **251** 62
Waage, Brief- *Büro* **412** 68
Waage, Brief- *Post* **395** 22
Waage, Geld- **414** 17
Waage, Gemüse- **252** 77
Waage, Gold- **260** 35
Waage, Hang- **113** 56
Waage, Küchen- *Flohmarkt* **127** 80
Waage, Küchen- *Hausrat* **48** 39
Waage, Laufgewichts- **27** 58
Waage, Mehl- **251** 62
Waage, Obst- **252** 77
Waage, Päckchen- **412** 68
Waage, Paket- **395** 22
Waage, Personen- *Bad* **57** 50
Waage, Personen- *Med.* **27** 58
Waage, Präzisions- **260** 35
Waage, Rohgewichts- **324** 29
Waage, Silber- **260** 35
Waage, Wasser- *Bau* **271** 55
Waage, Wasser- *Heimwerken* **287** 29
Waage, Wasser- *Installateur* **279** 79
Waage, Zeit- **261** 27
Waagebalken *Chemie* **172** 29
Waagebalken *Musik* **140** 39
Waagerechte, Mündungs- **240** 74
Waagerechtfrässpindel **303** 32
Waagerechtspindel **303** 33
Waage rücklings **115** 31
Waage vorlings **115** 30
Waagschale **48** 45
Wabe **230** 41, 53
Wabe, Bienen- **230** 41

Wabe, Brut- **230** 58
Wabe, Honig- **230** 57
Wabe, Natur- **230** 72
Wache, Deich- **370** 28
Wache, Feuer- **82** 1–4
Wacholder **190** 47
Wacholderbeere **190** 52
Wachs, Bienen- **230** 80
Wachs, Haar- **257** 38
Wachs, Ski- **119** 13
Wachsbügler **119** 14
wachsender Bock **62** 34
Wachskerze **230** 79
Wachskorken **119** 15
Wachskratzeisen **119** 16
Wachsmalstift **72** 41
Wachspflaume **212** 29
Wachsplastik **158** 26
Wachsstock **230** 78
Wachsutensilien, Ski- **119** 13–16
Wachszieher **230** 12
Wachtel **178** 27
Wachtellocke **240** 45
Wächter, Druck- **80** 47
Wächter, Park- **84** 30
Wächter, Tor- **108** 28
Wachtturm **147** 14
Wachtturm, Schar- **147** 17
Wachturm **147** 14
Wachturm, Schar- **147** 17
Wade **19** 91
Wade, Ring- **244** 21
Wadenbein **20** 31
Wadenbeinknöchel **19** 100
Wadenbeinmuskel **21** 64
wadenlange Socke **37** 49
Wadenmuskel, Zwillings- **21** 62
Wadennerv **21** 33
Wadenstecher **233** 5
Waffe, Artillerie- **63** 29–61
Waffe, Fecht- **111** 34–46
Waffe, Feuer- **240** 2
Waffe, Hand- **63** 1–28
Waffe, Hieb- **111** 20, 34
Waffe, Jagd- **240**
Waffe, Luft- **64, 65**
Waffe, Schuss- **240** 2
Waffe, Sport- **240** 1–40
Waffe, Stoß- **111** 11, 20, 34, 36, 38
Waffel **251** 51
Waffel, Eis- **126** 55
Waffelautomat **48** 43
Waffelbindung **323** 29
Waffeleisen **48** 43
Waffelmuster **323** 29
Waffenleitanlage **66** 56
Waffenleitradar **66** 35

Waffenreinigungsgerät
240 61–64
Waffensystem, Lenk- 63 79
Wägeglas 172 23
Wagen *Freizeitpark* 85 5
Wagen *Sägewerk* 311 16
Wagen, Behälter- 367 18
Wagen, Boots- 99 63
Wagen, Bord-Bistro- 363 20
Wagen, Caddie- 110 46
Wagen, Diagnose- 348 64
Wagen, Docken- 321 5
Wagen, Doppelstock- 360 5,
367 35
Wagen, Düsen- 220 1
Wagen, Einkaufs- *Hausrat*
56 91
Wagen, Einkaufs- *Super-
markt* 252 65
Wagen, Eis- 126 37
Wagen, End- 363 2, 9
Wagen, Fahrzeugtransport-
360 5
Wagen, Faschings- 124 53
Wagen, Flach- 360 2, 367 5,
11, 33, 40
Wagen, Flaschen- 294 19
Wagen, Förder- 297 37
Wagen, Förderband- 389 22
Wagen, Frischwasser-
389 22
Wagen, Führungs- *Kokerei*
309 9
Wagen, Führungs- *Schweißer*
294 33
Wagen, Füll- *Bergwerk*
297 18
Wagen, Füll- *Kokerei* 309 6
Wagen, Gelände- 346 11
Wagen, Gelenk- 351 13
Wagen, Gepäck- 390 19
Wagen, Geschirr- 47 55
Wagen, Golf- 110 46
Wagen, Grand-Tourisme-
346 29
Wagen, Großer 3 29
Wagen, Großraum- 363 16
Wagen, GT- 346 29
Wagen, Güter- 360 11,
367 8, 14
Wagen, Hand- *Bau* 273 6
Wagen, Hand- *Straßenrein.*
353 8
Wagen, Hilfs- 311 11
Wagen, Jagd- 239 21
Wagen, Käfig- 125 47
Wagen, Karnevals- 124 53
Wagen, Kasten- 347 31
Wagen, Kehrichtabfuhr-
353 13
Wagen, Kessel- 360 10,
367 31

Wagen, Kinder- *Spielplatz*
87 20
Wagen, Kinder- *Vorschule*
71 25
Wagen, Kipp- *Eisenbahn*
367 37
Wagen, Kipp- *Eisenverarb.*
301 24
Wagen, Klein- 346 21
Wagen, Kleiner 3 34
Wagen, Kokslösch- 297 19
Wagen, Kombi- *Auto* 346 17
Wagen, Kombi- *Baby* 33 35
Wagen, Korb- 33 31
Wagen, Kraft- *Auto*
344 1–52, 346 17
Wagen, Kraft- *Camping*
92 10
Wagen, Kraft- *Eisenbahn*
360 38, 367 32
Wagen, Kraft- *Kfz* 347 1–32
Wagen, Kraft- *Steinbruch*
312 7
Wagen, Kraft- *Werkstatt*
348 58
Wagen, Kühl- 367 39
Wagen, Kult- 146 36
Wagen, Lade- 215 45
Wagen, Last- 347 31
Wagen, Leiter- 127 89
Wagen, Lese- 231 16
Wagen, Lösch- 309 10
Wagen, Mittel- 363 5
Wagen, Möbel- 79 42
Wagen, Mulden- 300 69
Wagen, Müll- *Abfall* 81 12
Wagen, Müll- *Straßenrein.*
353 13
Wagen, Müllabfuhr- 353 13
Wagen, Narkose- 31 22
Wagen, Notarzt- 82 6
Wagen, Paket- 395 26
Wagen, Pritschen- *Kfz* 347 6
Wagen, Pritschen- *Ziegelei*
313 18
Wagen, Puppen- *Hausrat*
55 10
Wagen, Puppen- *Vorschule*
71 25
Wagen, Reisezug- 361 1
Wagen, Renn- 106 48, 49,
52, 53
Wagen, Rettungs- 82 6
Wagen, Roll- 333 16
Wagen, Rüst- 82 51
Wagen, Säge- 286 39
Wagen, Sammel- 229 2
Wagen, Schiebedach-
367 22
Wagen, Schlaf- 361 36
Wagen, Schlauch- 208 26
Wagen, Schweiß- 291 35

Wagen, Schwenkdach-
367 26
Wagen, Schwerlast- 354 10
Wagen, Seiten- 106 39
Wagen, Selbstentlade-
367 24
Wagen, Servier- 53 32
Wagen, Silier- 216 29
Wagen, Sonder- 68 24
Wagen, Spann- 311 12, 15
Wagen, Sport- *Auto* 346 8
Wagen, Sport- *Vorschule*
71 30
Wagen, Standseilbahn-
368 13
Wagen, Steuer- *Bahnhof*
359 19
Wagen, Steuer- *Eisenbahn*
362 14
Wagen, Stikken- 251 87
Wagen, Straßenkehr- 79 39
Wagen, Streifen- 68 10
Wagen, Stromrichter- 363 4
Wagen, Stuben- 33 31
Wagen, Tank- 389 22
Wagen, Toiletten- 389 22
Wagen, Trab- 105 26
Wagen, Trafo- 363 3
Wagen, Trag- 360 43
Wagen, Transformator-
363 3
Wagen, Transport- *Militär*
63 86
Wagen, Transport- *Schmied*
292 40
Wagen, Transport- *Ziegelei*
313 5
Wagen, Trauben- 231 16
Wagen, Trieb- *Bahnhof*
359 46
Wagen, Trieb- *Bergbahn*
368 1
Wagen, Trieb- *Eisenbahn*
365 41, 55, 61, 62
Wagen, Trieb- *Straßenbahn*
351 1, 13
Wagen, Ü- 399 1
Wagen, Übertragungs- 399 1
Wagen, Verschlag- 367 28
Wagen, Werkzeug- 348 69
Wagen, Wild- 239 45
Wagen, Wohn- *Camping*
92 11, 24
Wagen, Wohn- *Zirkus* 125 35
Wagen, Zahnradbahn- 368 5
Wagen, Zirkus- 125 35
Wagen, Zug- 238 43
Wagenbug 351 3
Wagenfähre 17 46
Wagenförderung 297 51
Wagenheber 348 6
Wagenheck 351 4

Wagenkasten 361 2
Wagenladungsverkehr 360 4
Wagenteil, A- 351 5
Wagenteil, B- 351 6
Wagenteil, C- 351 6
Wagenteil, D- 351 6
Wagenteil, E- 351 7
Wagenübergang 363 15
Wägeschale 172 35
Waggon 126 11
Waggon, Niederflur- 360 37
Wahl 69, 70
Wahl, Sender- 344 72
Wahl, Titel- 344 72
Wahl, Urnen- 69 17–29
Wahlanzeige 70 3
Wahlaufruf 69 29
Wahlbenachrichtigung 69 28
Wahlberichterstattung
70 5–18
Wahlbezirk, gewonnener
70 18
Wähler 69 22
Wähler, Farbband- 412 19
Wähler, Funktions- 267 9
Wähler, Messbereichs- *Atom*
2 4, 23
Wähler, Messbereichs- *Optik*
264 44
Wähler, Temperatur- 56 9
Wahlergebnis 70 16
Wählerliste 69 19
Wählerversammlung
69 1–16
Wahlhelfer 69 18
Wahlhelferin 69 18
Wahlkabine 69 21
Wahllokal 69 17
Wahllokalnummer 69 29
Wahlordnung 69 23
Wahlplakat 69 7, 70 1, 2
Wahlredner 69 4
Wahlregler, Drehzahl- 401 22
Wahlschalter 269 6
Wählschalter, Dreh- 56 28
Wählscheibe 396 8
Wählscheibentelefon 396 1
Wahlsendung 70 7
Wahlstudio 70 5
Wähltastatur 408 24, 409 18
Wahltaste, Funktions-
344 87
Wahltaste, Lautsprecher-
401 34
Wahltaste, Spielmenü-
403 25
Wahltaste, Sprachen- 396 29
Wahlumschlag 69 25
Wahlurne 69 26
Wahlversammlung 69 1–16
Wahlwerbespot 70 4
Wahlwerbung 70 1–4

Wahlwiederholungstaste **396** 19
wahre Rippe **20** 12
Währungseinheit **60** 4
Waidmann **239** 2
Waidmesser **240** 42
Waidsack **239** 4
Waidwerk **239**
Wal **185** 28
Wal, Pott- **185** 31
Wald **237** 1–14
Wald, Laub- **17** 4
Wald, Misch- **17** 13
Wald, Nadel- **17** 1
Waldarbeiter **237** 18
Walddrossel **180** 17
Walderdbeere **211** 18
Waldfrostspanner **234** 16
Waldgeißbart **195** 5
Waldhorn **141** 42
Waldkante **273** 89
Waldlandindianer **160** 19
Waldohreule **177** 19
Waldpflanze **195**
Waldschlepper **238** 27
Waldschnepfe **241** 88
Waldweg *Forstw.* **237** 3
Waldweg *Geogr.* **17** 102
Waldzecke **175** 49
Walfisch **3** 11
Walke, Zylinder- **321** 6–13
Walkman® **402** 65
Walkzylinder **321** 10
Wall **105** 19
Wall, Strand- **14** 81, **15** 11, 35
Wall, Tuff- **12** 15
Wall, Wolken- **8** 21
Wallach **224** 2
Wallberg **12** 13
Waller **182** 12, 13
Wallerfisch **182** 12, 13
Walliser Hackbrett **140** 34
Wallmoräne **13** 58
Walm, Krüppel- **274** 17
Walm, Schopf- **274** 16
Walmdach **274** 10, 60
Walmfläche **274** 11, **275** 10
Walmgaube **274** 13
Walmgaupe **274** 13
Walmkappe **275** 9
Walmschifter **274** 63
Walmziegel **275** 8
Walnuss **212** 51
Walnussbaum **212** 44
Walnussbaumzweig **212** 45
Walnussfrucht **212** 49
Walnusssamen **212** 51
Walross, Polarmeer- **185** 25
Walzasphalt-Trocken-und-Misch-Anlage **354** 42
Walze *Kunst* **159** 40
Walze *Papier* **325** 47

Walze *Straßenbau* **354** 31
Walze *Wasserbau* **371** 74
Walze, Abstreifer- **217** 61
Walze, Andrück- **281** 47
Walze, Antriebs- **339** 79
Walze, Arbeits- **301** 29, 30
Walze, Ausgangs- **318** 44
Walze, Band- **286** 16
Walze, Blech- **260** 1
Walze, Breitlege- **321** 8
Walze, Doppelabstreifer- **217** 59
Walze, Draht- **260** 1
Walze, Dreirad- **354** 29
Walze, Druck- **321** 28
Walze, Einführ- **321** 9
Walze, Eingangs- **318** 41
Walze, Einlauf- **333** 34
Walze, Einzugs- *Landw.* **217** 7
Walze, Einzugs- *Sägewerk* **311** 4
Walze, entwickelte **335** 13
Walze, Farb- **333** 21, **334** 18, 32
Walze, Feucht- **333** 22
Walze, Gelatine- **159** 12
Walze, Gummi- **335** 8
Walze, Kalander- **321** 32
Walze, Kehr- **353** 16
Walze, Kletter- **311** 5
Walze, Kühl- **333** 31
Walze, Leder- **159** 23
Walze, Leim- **338** 33
Walze, Leit- **321** 16
Walze, Messer- **208** 35
Walze, Muster- **282** 15
Walze, Ober- **301** 29
Walze, Packer- **218** 48
Walze, Pendel- **334** 40
Walze, Putz- **321** 43
Walze, Quetsch- **321** 3
Walze, Rau- **321** 41, 42
Walze, Regulier- **333** 39
Walze, Reinigungs- **217** 73
Walze, Rillen- **283** 30
Walze, Schaufel- **331** 25
Walze, Schreib- **412** 6
Walze, Speise- **321** 30
Walze, Streich- **319** 4
Walze, Streu- **215** 41
Walze, Tiefdruck- **335** 10, 17
Walze, Tisch- **285** 46
Walze, Transport- **317** 11
Walze, Umlenk- **321** 6
Walze, Unter- **301** 30
Walze, Versenk- **371** 77
Walze, Vorschub- *Forstw.* **238** 19, 24
Walze, Vorschub- *Sägewerk* **311** 41
Walze, Wickel- **321** 14

Walze, Zug- **333** 35
Walzenbewicklung **56** 4
Walzendrehknopf **412** 15
Walzenentwicklungsmaschine *Druck* **335** 9
Walzenentwicklungsmaschine *Fotogr.* **268** 56
Walzenführungsring **339** 78
Walzenkorrektur **335** 12
Walzenkrone **371** 75
Walzenlager **301** 35
Walzenlöser **412** 4
Walzenpaar **318** 40
Walzenständer **301** 32
Walzenstechknopf **412** 2
Walzenstellung **144** 37
Walzenstraße **301** 41–49
Walzenwehr **371** 73
Walzgerüst **301** 31–35
Walzgut **301** 26
Wälzlager **296** 69
Walzspalt **301** 34
Wälzsprung **116** 23
Walzstück **301** 26
Wälztechnik **116** 24
Walzwerk **301** 21–49
Wamme **249** 39
Wand **118** 2
Wand, Apartment- **54** 1
Wand, Außen- **274** 32, 77, **275** 37
Wand, Backstein- *Bau* **271** 8
Wand, Backstein- *Schule* **72** 26
Wand, Bestrahlungsschutz- **2** 46
Wand, Beton- **276** 1
Wand, Bild- **133** 11
Wand, Blei- **2** 46
Wand, Bord- **215** 43, **216** 29
Wand, Bretter- **272** 25
Wand, Bruch- **312** 4
Wand, Eis- **118** 19
Wand, Fachwerk- **273** 48
Wand, Fels- **118** 2
Wand, Flammenschutz- **67** 15, 27
Wand, Frucht- **212** 50
Wand, Fruchtknoten- **188** 66
Wand, Garderoben- **49** 2
Wand, Gitter- **215** 44, **228** 5
Wand, Haus- **273** 29
Wand, Hohlblockstein- **271** 15
Wand, Keller- **276** 1
Wand, Kopftrommel- **404** 23
Wand, Küchen- **54** 1
Wand, Kulissen- **70** 24
Wand, Ladebord- **218** 51
Wand, LED- **70** 14
Wand, Lein- *Diskothek* **129** 12

Wand, Lein- *Kunst* **157** 21
Wand, Lein- *Wahl* **69** 8
Wand, Mittel- **230** 54
Wand, Monitor- **399** 16
Wand, Netz- **244** 5
Wand, Projektions- *Schule* **72** 17
Wand, Projektions-*Universität* **74** 8
Wand, Regal- **50** 1, **54** 1
Wand, Rück- **267** 57
Wand, Schall- **127** 19
Wand, Scheide- **23** 65
Wand, Schlag- **123** 71
Wand, Schrank- *Büro* **409** 30
Wand, Schrank- *Hausrat* **54** 1
Wand, Schüttbeton- **272** 7
Wand, Schutz- **271** 90, **275** 35
Wand, Seiten- *Eisenbahn* **367** 29
Wand, Seiten- *Film* **134** 18
Wand, Seiten- *Landw.* **215** 37
Wand, Sprossen- *Kurbad* **88** 26
Wand, Sprossen- *Turnen* **113** 20
Wand, Sprossen- *Vorschule* **71** 46
Wand, Spund- *Bau* **272** 17
Wand, Spund- *Wasserbau* **371** 6
Wand, Steil- **13** 47
Wand, Stirn- **367** 10
Wand, Studio- **54** 1
Wand, Trenn- *Bau* **272** 25
Wand, Trenn- *Büro* **411** 1, 22
Wand, Trenn- *Landw.* **228** 38
Wand, Vorder- **172** 26
Wand, Werkzeug- **348** 14
Wandbalken **273** 39
Wandbild *Büro* **409** 29
Wandbild *Kunst* **157** 40
Wandbrunnen **84** 15
Wanddekoration *Büro* **408** 8, **411** 21
Wanddekoration *Restaurant* **76** 57, **77** 36
Wandelgang **136** 13
Wandelhalle **136** 13
Wanderdüne **14** 85
Wanderer **235** 40
Wanderfalke **177** 4
Wanderform **235** 40
Wanderkajak **99** 5
Wanderkino **133** 52
Wandern, Berg- **118**
Wanderstiefel **58** 18
Wandertransformator **304** 30, 39
Wanderzirkus **125**

Wandfolie 215 27
Wandhalterung 397 13
Wandkachel 57 19
Wandkalender *Büro* 411 45
Wandkalender *Med.* 27 18
Wandkarte 72 25
Wandlampe *Drechsler* 288 14
Wandlampe *Eisenbahn* 361 60
Wandlaus 233 39
Wandler, A/D- 329 9
Wandler, Analog-digital- 329 9
Wandler, Bild- *Med.* 32 20
Wandler, Bild- *Video* 404 4
Wandler, Drehmoment- 343 68
Wandler, Format- 133 58
Wandler, Föttinger- 343 68
Wandler, Oberspannungs- 365 4
Wandler, Spannungs- 305 64
Wandler, Strom- 305 63
Wandleuchte 49 22
Wandleuchter 148 16
Wandlüfter 76 19
Wandplaner 408 35
Wandpult 78 16
Wandputz 276 60
Wandregal 256 11
Wandscheibe 44 16
Wandschmuck 76 57
Wandschneidekelle 281 41
Wandschränkchen 27 30
Wandschreibpult 78 16
Wandspalierbaum 204 2
Wandspiegel 127 5
Wandsteckdose 47 18
Wandstreifen 154 11
Wandtafel 72 10, 73 31
Wanduhr *Büro* 408 9
Wanduhr *Flohmarkt* 127 90
Wanduhr *Hausrat* 50 11
Wanduhr *Tankstelle* 349 1
Wanduhr *Uhrmacher* 261 32
Wandung, Lauf- 240 35
Wandventilator 76 19
Wandwange 276 45
Wange *Anat.* 19 15
Wange *Haus* 46 27
Wange *Hausrat* 56 38
Wange *Kunst* 155 40
Wange *Tischler* 285 23
Wange, Drehbank- 288 2
Wange, Frei- 276 44
Wange, Licht- 276 44
Wange, Wand- 276 45
Wangenbein 19 14
Wangenfleck 224 23
Wangenmauer 371 90
Wangenschutz 63 25

Wankelmotor®, Zwei-scheiben- 343 65
Wankelscheibe 343 66
Wanne *Militär* 63 33
Wanne *Weinbau* 231 10
Wanne, Absteh- 317 15
Wanne, Arbeits- 317 5
Wanne, Bade- *Baby* 33 3
Wanne, Bade- *Bad* 57 1
Wanne, Bade- *Seerettung* 384 21
Wanne, Dusch- 57 47
Wanne, Entwicklungs- 335 11
Wanne, Fett- 251 84
Wanne, Läuter- 317 4
Wanne, Lege- 219 11
Wanne, Öl- 343 19
Wanne, Saug- 255 30
Wanne, Schmelz- 317 1, 3, 14, 51
Wanne, Spül- 331 1
Wanne, Wasch- 127 86
Wanne, Wässerungs- 268 15
Wannenablauf 57 48
Want *Schiff* 373 16
Want *Segeln* 100 9
Want, Bramstenge- 373 18
Want, Stenge- 373 17
Wantenspanner 100 10
Wanthänger 100 5
Wanze 233 39
Wanze, Bett- 233 39
Wanze, Wasser- 175 6
Wanzenkraut 210 8
Wapiti 185 3
Wappen 62 14, 15
Wappen, Allianz- 62 14, 15
Wappen, Ehe- 62 14, 15
Wappen, Stadt- 62 45
Wappen, Voll- 62 1
Wappenbeschreibung 62 19–25
Wappenfeld 62 19–25
Wappenhelm 62 7–10
Wappenkunde 62 1–38
Wappenmantel 62 16
Wappenzelt 62 16
Waran, Wüsten- 182 31
Ware 321 1, 15, 19, 26, 36, 45
Ware, Aufschnitt- 250 42
Ware, Back- 349 19
Ware, Block- 311 33
Ware, dekorierte 83 41
Ware, gehängte 83 40
Ware, gelegte 83 40
Ware, geraute 321 44
Ware, gestapelte 83 40
Ware, Holz- 288 20
Ware, Woll- 321 6–13
Waren, Back- 251 53–60
Waren, Fleisch- 250 29–33

Waren, Konditorei- 251 23–52
Waren, Süß- 349 52
Waren, Tabak- 259
Waren, Weiß- 83 60
Waren, Wirk- 83 61
Waren, Wurst- 250 34–39
Warenabzug 320 28, 43
Warenaufrollung 320 29, 44
Warenbaum 319 14
Warenhaus *Kaufhaus* 83
Warenhaus *Stadt* 79 34
Warenkorb 83 59
Warenregal 55 36
Warenschaft 323 21, 23
Warenstange 331 6
Warentrennstab 252 112
Warenzeichen, eingetragenes 164 41
Warmbeet 207 16
Wärmeableitung 1 64
Wärmeaustauschelement 394 41
Wärmekamin 335 5
Wärmekraftwerk 18 34
Wärmelampe 349 26
warme Luftströmung 9 18
warme Meeresströmung 16 29
Wärmemittelabflussleitung 308 9
Wärmemittelpumpe 308 7
Wärmemittelzuflussleitung 308 8
Wärmepumpe 308 11, 25–26
Wärmer, Bein- 39 45
Wärmer, Bier- 76 27
Wärmeregulierungsklappe 10 65
Wärmeschutz 341 8
Wärmeschutzschild 391 4, 19
warmes Gericht 77 23
Wärmetauscher *Eisenbahn* 366 36, 55
Wärmetauscher *Energie* 308 10
Wärmetauscher *Kokerei* 309 27
Wärmetauscher *Militär* 65 19, 67 66
Wärmetauscher *Textil* 321 23
Wärmetauscher, Schwebe-gas- 310 10
Wärmetauscher, Zusatz- 366 43
Wärmeträgerrohr 308 4
Wärmflasche 127 91
Warmfront 8 5, 9 17
Warmhaltebox 33 22
Warmhalteplatte 53 51

Warmhalteteller 33 29
Warmhaus 207 4, 32
Warmluft *Meteor.* 8 24, 31
Warmluft *Textil* 318 5
Warmmassivumformung 292
Wärmung, Vor- 28 4
Warmwasserbehälter 246 10
Warmwasserboiler 46 73
Warmwassergriff 279 28
Warmwasserheizung 46 39
Warmwasserspeicher 308 10
Warnball 95 4
Warnblinklicht *Auto* 344 80
Warnblinklicht *Feuerwehr* 82 55
Warnblinklicht *Flugzeug* 386 64
Warnhinweis 348 44
Warnkleidung 360 25
Warnkreuz 356 41
Warnsystem, Radar- 65 37, 38
Warntafel *Landw.* 218 51
Warntafel *Strand* 95 5
Warnweste 239 43
Warnzeichen 390 39, 40
Wart, Campingplatz- 92 7
Wart, Spiel- 137 30
Wart, Tor- 107 10, 120 25
Warte 306 48
Warte, Leucht- 382 27
Warte, Schalt- *Brauerei* 246 25
Warte, Schalt- *Kraftwerk* 305 1
Warte, Schalt- *Molkerei* 229 7
Warte, Stell- 137 1
Warte, Stern- 5 1
Warte, Weg- 194 25
Warte, Wetter- 381 33
Wartebank 359 27
Wartehalle 389 18
Wärtel, Grieß- 147 75
Wartentafel 305 9
Wärter, Deich- 370 28
Wärter, Schranken- 356 42
Wärter, Strand- 95 16
Wärter, Strecken- 356 44
Warteraum 27 2
Wartezimmer 27 2
Wartturm 147 35
Wartungsfahrzeug 389 22
Wartungsklappe 311 65
Wartungssystem 394 17
Warze, Brust- 19 39
Warze, Spinn- 317 53
Warzenhof 19 40
Waschanlage *Friseur* 257 30
Waschanlage *Tankstelle* 350 5

Waschanlage, Pkw- **349** 82
Waschanlage, Scheiben- **344** 68
Waschbär **186** 12
Waschbecken *Bad* **57** 23
Waschbecken *Camping* **92** 9
Waschbecken *Friseur* **258** 13
Waschbecken *Med.* **29** 14
Waschbecken, Doppel- **78** 33
Waschbecken, Hand- **27** 38
Waschbrett **127** 87
Waschbütte **127** 86
Wäsche **37**
Wäsche, Bett- **83** 60
Wäsche, Blut- **30** 10
Wäsche, Damen- **37** 1
Wäsche, Druckluft- **246** 3
Wäsche, Herren- **37** 47
Wäsche, schmutzige **56** 23
Wäsche, Tisch- **83** 60
Wäsche, Unter- **37** 1, 47
Wäscheabteil **78** 32
Wäschefach **51** 2
Wäschehaken **46** 23
Wäscheleine *Haus* **46** 24
Wäscheleine *Hausrat* **56** 35
Waschen *Textil* **318** 4, **322** 15, 22, 48
Wascher, Ammoniak- **309** 23
Wascher, Benzol- **309** 24
Wäscher, Rauchgas- **81** 27
Wascher, Schwefel- wasserstoff- **309** 22
Wäscheschublade **52** 22, **55** 22
Wäschestampfer **127** 85
Wäscheständer **56** 34
Waschetage **246** 3, 27
Wäschetrockner **56** 34
Wäschetrockner, Abluft- **56** 30
Wäschetrockner, Scheren- **56** 36
Wäschetruhe **56** 22
Waschflasche, Gas- **173** 58
Waschgerät **56** 24
Waschküchenfenster **271** 5
Waschmaschine **56** 25
Waschmedium **309** 37
Waschmittel **252** 42
Waschöltank **309** 43
Waschprogrammanzeige **350** 8
Waschpulver **349** 80
Waschraum **92** 8
Waschschüssel **127** 82
Waschservice **127** 81
Waschständer **127** 84
Waschstraße **350** 5
Waschtisch **361** 48

Waschtrommel **56** 26
Waschvollautomat **56** 25
Waschwanne **127** 86
Wasser *Feuerwehr* **82** 66
Wasser *Kirche* **150** 45
Wasser *Restaurant* **76** 40
Wasser *Tankstelle* **350** 28
Wasser, Alt- **17** 75
Wasser, Fahr- *Fluss* **370** 13
Wasser, Fahr- *Navigation* **380** 2, 5, 6–18
Wasser, filtriertes **80** 12
Wasser, Frucht- **25** 37
Wasser, Gas- **309** 39
Wasser, Grund- **13** 24
Wasser, Haar- **258** 11
Wasser, Heil- **88** 3
Wasser, Kiel- **377** 58
Wasser, Kühl- *Eisenbahn* **366** 78
Wasser, Kühl- *Energie* **306** 19
Wasser, Löt- **278** 7
Wasser, Mineral- **252** 57
Wasser, Mund- **57** 29
Wasser, offenes **383** 4
Wasser, Rand- **13** 35
Wasser, Rasier- **57** 30
Wasser, Roh- **80** 4
Wasser, Salz- **299** 17
Wasser, Schrauben- **377** 58
Wasser, Tauf- **150** 11
Wasser, Toiletten- **258** 10
Wasser, Trink- **390** 33
Wasserabfluss **80** 57
Wasserablauf *Fischzucht* **242** 7
Wasserablauf *Fotogr.* **268** 17
Wasserabscheider **306** 9
Wasseranschluss *Landw.* **220** 33
Wasseranschluss *Med.* **28** 47
Wasseranschluss *Schule* **73** 4
Wasserassel **175** 3
Wasserauffangbehälter **246** 5
Wasseraufnahme **131** 12
Wasserbad *Chemie* **172** 13
Wasserbad *Tischler* **285** 12
Wasserbad, thermo- konstantes **28** 46
Wasserball *Schwimmbad* **97** 27
Wasserball *Schwimmen* **98** 41–45, 43
Wasserball *Strand* **95** 25
Wasserballast **377** 78
Wasserballspiel **98** 41–45
Wasserballtor **98** 41
Wasserbassin **207** 29
Wasserbau **371**
Wasserbehälter *Gärtnerei* **207** 29

Wasserbehälter *Kunst* **156** 11
Wasserbehälter *Theater* **137** 51
Wasserbombenablaufbühne **66** 34
wasserdichter Beton **380** 70
wasserdichte Uhr **261** 26
Wassereimer **350** 26
Wasserfall *Geogr.* **12** 43
Wasserfall *Schwimmbad* **97** 10
Wasserfall, künstlicher **84** 9
Wasserfarbbild **71** 5
Wasserfarbe **157** 18
Wasserfarbkasten **71** 6
Wasserfläche, gekennzeich- nete **380** 37
Wasserflugzeug **388** 1–10
Wasserfontäne **97** 7
wasserführende Schicht **13** 25, **80** 2, 38
Wassergeflügel **84** 51–54
Wassergerät **279** 12–25
Wasserglas *Med.* **29** 10
Wasserglas *Vorschule* **71** 8
Wassergraben *Pferdesport* **105** 22
Wassergraben *Zoo* **86** 27
Wassergymnastik **88** 33
Wasserhahn *Hausrat* **47** 7
Wasserhahn *Installateur* **279** 31, 34
Wasserhaltung **297** 30
Wasserhochbehälter **80** 18
Wasserhochreservoir **80** 18
Wasserhuhn **178** 25
Wasserinstallateur **279** 1
Wasserjagd **239** 46
Wasserjungfer **175** 5
Wasserkanne **127** 83
Wasserkanone *Schwimmbad* **97** 21
Wasserkanone *Theater* **137** 18
Wasserkaraffe **53** 47
Wasserkasten *Bad* **57** 15
Wasserkasten *Eisenbahn* **364** 67
Wasserkasten *Schweißer* **294** 17
Wasserkessel **47** 26
Wasserkissen **14** 18
Wasserkraftwerk **307** 26
Wasserkugel **243** 19
Wasserkühler **342** 47
Wasserkühlung **392** 7
Wasserkunst **84** 8
Wasserlauf **84** 45
Wasserleitung **153** 68
Wasserlilie **213** 8

Wasserlinie *Militär* **66** 27
Wasserlinie *Segeln* **101** 31
Wasserlinse **196** 37
Wassermalbild **71** 5
Wassermalkasten **71** 6
Wassermann **4** 66
Wassermantel **343** 54
Wassermischbatterie **47** 7
Wassermodul **361** 46
Wassermolch **182** 20
Wassermotte **175** 14
Wassermühle *Geogr.* **17** 77
Wassermühle *Mühle* **245** 37
Wassernachtigall **180** 15
Wassernatter **182** 38
Wassernixe **145** 25
Wasserpest **196** 58
Wasserpfeife **259** 42
Wasserpflanze **196** 15
Wasserpilz **97** 11
Wasserpumpenraum **246** 11
Wasserpumpenriemen- scheibe **343** 55
Wasserpumpenzange *Heim- werken* **287** 12
Wasserpumpenzange *Instal- lateur* **279** 62, **280** 56
Wasserreservoir **207** 2
Wasserrohr *Gärtnerei* **207** 30
Wasserrohr *Kraftwerk* **304** 17
Wasserschale **73** 28
Wasserschlange **3** 16
Wasserschlauch **271** 38
Wasserschwamm **159** 25
Wasserschwertel **213** 8
Wasserschwertlilie **213** 8
Wasserski **102** 41–58
Wasserskier *Strand* **95** 12
Wasserskier *Wassersport* **102** 52–58
Wasserskifahren **95** 9–12
Wasserskifahrer **95** 12
Wasserskiläuferin **102** 41
Wasserskisport **102** 41–58
Wasserskisprache **102** 45–51
Wasserskorpion **175** 6
Wasser speiende Schlange **97** 25
Wasserspeier **154** 31
Wasserspiegel, Karst- **14** 62
Wasserspiel **84** 8
Wasserspielzeug *Schwimm- bad* **97** 26
Wasserspielzeug *Strand* **95** 29
Wasserspringen **98** 35–40
Wasserspülanschluss **332** 5
Wassertag **373** 15
Wasserstandsanzeiger *Chemie* **172** 15
Wasserstandsanzeiger *Eisen- bahn* **364** 45

Wasserstandsanzeiger *Hafen* 381 37
Wasserstandsmesser 46 68
Wassersteckling 206 19
Wasserstoff 1 1
Wasserstoffatom 1 24, 35
Wasserstoffballon 10 56
Wasserstoffbomben- explosion 7 15
Wasserstoffhauptzufuhr 393 36
Wasserstoffkühler 305 31
Wasserstoffleitung 393 51
Wasserstoffpumpe, Hoch- druck- 393 42
Wasserstofftank 392 42, 393 55
Wasserstoffzufuhr 173 12
Wasserstrahl 84 22
Wasserstrahlpumpe 28 47
Wassertank *Kfz* 347 11
Wassertank *Navigation* 380 65
Wassertank *Schneiderei* 255 27
Wassertemperaturangabe 95 35
Wassertemperaturanzeige 344 58
Wassertemperaturfühler 345 8
Wasserturm *Bergwerk* 297 9
Wasserturm *Geogr.* 17 81
Wasserturm *Wasservers.* 80 18
Wasserüberfall 245 46
Wasseruhr 80 53
Wasser-und-Dampf-Fontäne 12 11
wasserundurchlässige Schicht 80 36
Wässerungsgerät 268 15
Wässerungswanne 268 15
Wasserversorgung 80
Wasserversorgung, Einzel- 80 40–52
Wasservorlage, Niederdruck- 294 8
Wasserwaage *Bau* 271 55
Wasserwaage *Heimwerken* 287 29
Wasserwaage *Installateur* 279 79
Wasserwanze 175 6
Wasserwellklammer 257 15
Wasserwolf 182 16
Wasserzähler 80 58
Wasserzähler, Flügelrad- 80 53
Wasserzeichen, Balken- 60 10
Wasserzeichen, Bild- 60 8

Wasserzeichen, Schatten- 324 18
Wasserzeichen, Wert- 60 9
Wasserzufluss *Installateur* 279 18
Wasserzufluss *Wasservers.* 80 54
Wasserzuflussleitung 246 49
Wasserzulauf *Fischzucht* 242 6
Wasserzulauf *Fotogr.* 268 16
Wasserzulauf *Landw.* 220 32
Wasserzuleitung *Landw.* 227 17
Wasserzuleitung *Schneiderei* 255 26
Watt 15 27, 34
Watte, Brenn- 316 11
Watte, Zucker- 126 53
Wattebällchen 252 46
Wattebäuschchen 252 46
Wattenküste 15 26
Wattenmeer 15 27, 30, 34
Wattgrenze 17 10
WC 361 17, 52, 363 19, 24
Webcam 407 9
Weben, Jacquard- 319 15, 16
Weben, Schaft- 319 1–14
Weber 323 4
Weber, Leine- 180 7
Weberei 319
Webfach 319 10
Webkamm 319 9
Webkante 323 20
Webseite 328 27, 28
Webseitengestaltungs- software 328 24
Website *Internet* 405 8
Website *Mediengest.* 328 29, 33
Wechsel *Bau* 273 41
Wechsel *Jagd* 239 19
Wechsel, Druckbogen- 333 8
Wechsel, Mond- 4 2–7
Wechsel, Wild- 239 19
Wechselaufbau 367 40
Wechselbalken 273 41, 274 71
Wechselbrücke 347 23
Wechselfräser 253 5
Wechselgeldkasse 395 21
Wechselgrund, Tapeten- 281 4
Wechselhebel 285 56
Wechselkurstabelle 358 22
Wechselobjektiv *Fotogr.* 267 48
Wechselobjektiv *Optik* 264 62, 63
Wechselrad 10 14
Wechselräderkasten 302 7

Wechselrichter 307 23, 308 17
Wechselschalter, Lauf- richtungs- 401 98
Wechselsprechanlage 356 48, 357 69
Wechselstelle 358 21
Wechselstromzähler 280 36
Wechselstube 358 21
Wechseltierchen 176 4
Wechselwinkel 169 10
Wechsler, Farbscheiben- 137 49
Wechsler, Geld- 351 33
Wechte 118 25
Wechte, Firn- 118 25
Wechte, Schnee- 118 25
Weckalarmknopf 262 8
Wecke 251 19–22
Wecken 251 19–22
Wecker *Hausrat* 51 22
Wecker *Uhr* 262 11
Wecker, Kurzzeit- *Fotogr.* 268 18
Wecker, Kurzzeit- *Uhr- macher* 261 35
Wecker, Labor- 268 18
Weckglas 48 28
Weckuhr 262 11
Weckzeitanzeige 262 13
Wedel 241 21
Wedel, Lösch- 290 3
Wedel, Nacken- 257 10
Wedel, Palm- 202 3
Wedel, Weihwasser- 150 50
Weg, Bohlen- 271 79
Weg, Fahr- 17 99
Weg, Feld- *Geogr.* 17 102
Weg, Feld- *Landw.* 216 14
Weg, Flucht- 390 14
Weg, Forst- 237 3
Weg, Fuß- 17 42
Weg, Garten- 203 15, 204 24
Weg, Geh- *Haus* 44 61
Weg, Geh- *Straße* 352 9
Weg, Hohl- 17 84
Weg, Holzabfuhr- 237 3
Weg, Kies- 84 18
Weg, Kreuz- 148 54
Weg, Park- 84 38
Weg, Platten- 44 35
Weg, Roll- 389 2
Weg, rollstuhlgerechter 390 13
Weg, Über- *Stadt* 79 18, 72
Weg, Über- *Straße* 352 11
Weg, Wald- *Forstw.* 237 3
Weg, Wald- *Geogr.* 17 102
Wega 3 22
Wegeinfassung *Garten* 203 16
Wegeinfassung *Park* 84 37

Weger, Ducht- 99 28
Wegerich, Spitz- 198 11
Wegerung, Boden- 378 66
Wegerung, Seiten- 378 65
Wegmalve 194 13
Wegrand 193, 194
Wegwarte 194 25
Wegweiser 17 110
Wegwerffeuerzeug 259 30
Wegwerfhandschuh 82 8
Wegwerfwindel 33 15
Wehr 17 65
Wehr, Brust- 147 21
Wehr, Chemie- 82 5
Wehr, Feuer- *Feuerwehr* 82
Wehr, Feuer- *Flughafen* 389 7
Wehr, Mühl- 245 45
Wehr, Schützen- 371 82
Wehr, Walzen- 371 73
Wehrgang 147 20
Wehrhahn 178 30
Wehrplatte 147 8
Wehrsohle 371 89
Wehrturm 147 4
Weibchen 233 32
Weibchen, Ameisen- 175 22
weibliche Blüte 189 6, 13, 190 43, 191 20, 196 27, 55, 200 32, 50, 201 50, 202 7, 14, 42, 43, 212 46
weibliche Hauptrolle 131 27
weibliche Pflanze 201 10
weiblicher Blütenkolben 202 6
weiblicher Blütenstand 201 11, 202 50, 221 32
weiblicher Schmetterling 235 31
weiblicher Spross 190 46, 48
weiblicher Teil 196 26
weiblicher Vorkern 25 12, 22
weibliches Geschlechtsorgan 23 93
Weichbleikern 240 56
Weichbodenmatte 113 18
Weiche *Anat.* 19 43
Weiche *Eisenbahn* 356 27
Weiche, Bild- 264 19
Weiche, einfache 357 45–48
Weiche, Hand- 356 16
Weiche, Kanal- 371 31
Weiche, Kreuzungs- 357 49–52
weiche Hirnhaut 20 80
weiche Kontaktlinse 263 24
Weichenanlage 351 38
Weichenantrieb *Eisenbahn* 356 35
Weichenantrieb *Straßenbahn* 351 44

Weichenhebel **357** 55, 62
Weichenlaterne **356** 19
Weichenschaltsignal **351** 40
Weichensignal **356** 19, 33,
357 45–52
Weichenspitzenverschluss
356 28
Weichentrog **356** 34
Weichenzunge **356** 21
weicher Gaumen **22** 24
Weich-Keim-Etage **246** 8, 28
Weichleder-Objektivköcher
267 47
Weichstock **246** 8
Weichtier **176** 30
Weichwasserkondensator
246 6
Weide **289** 14, 15
Weide, Korb- **189** 29
Weide, Sal- **189** 24
Weide, Trauer- **84** 63
Weide, Vieh- **215** 49
Weidelgras, Deutsches
222 26
Weidelgras, Welsches **222** 26
Weidenklee **222** 2
Weidevieh **215** 50
Weidezaun **215** 54
Weidmann **239** 2
Weidmesser **240** 42
Weidsack **239** 4
Weidwerk **239**
Weigelie **191** 23
Weihe, Gabel- **177** 15
Weihe, Königs- **177** 15
Weihe, Rohr- **177** 17
Weihe, Rost- **177** 17
Weihe, Sumpf- **177** 17
Weihnachtsstollen **251** 12
Weihrauchfass **150** 38
Weihrauchlöffel **150** 43
Weihrauchschiffchen **150** 42
Weihwasserkessel **150** 47
Weihwasserwedel **150** 50
Weiler **17** 101
Weimutskiefer **190** 30
Wein *Kirche* **150** 46
Wein *Supermarkt* **252** 33
Wein, Rosé- **252** 33
Wein, Rot- **252** 33
Wein, Weiß- **252** 33
Wein, wilder *Bot.* **192** 16
Wein, wilder *Garten* **203** 6
Weinbau *Landw.* **236** 37
Weinbau *Weinbau* **231**
Weinbauer **231** 13
Weinbaugelände **231**
Weinbeere **231** 5
Weinberg *Geogr.* **17** 64
Weinberg *Weinbau* **231** 1
Weinbergschlepper *Landw.*
236 38

Weinbergschlepper *Weinbau*
231 18
Weinbergschnecke **176** 36
Weinbergsgelände **231**
Weinbütte **231** 15
Weindieb **232** 13
Weinfass **232** 3
Weinflasche *Restaurant*
76 23
Weinflasche *Tankstelle* **349** 3
Weinflasche *Weinkeller*
232 15
Weingarten **231** 1
Weinglas *Hausrat* **52** 31,
53 13
Weinglas *Restaurant* **76** 24
Weinglas *Weinkeller* **232** 20
Weinkaraffe **76** 42
Weinkarte **76** 41
Weinkeller **232**
Weinkellner **76** 56
Weinkrug **232** 16
Weinküfer **232** 19
Weinküfermeister **232** 18
Weinkühler **76** 45
Weinlaub **76** 48
Weinleserin **231** 11
Weinlokal **76** 37–57
Weinpfahl **231** 7
Weinprobe **232** 17
Weinranke **231** 2
Weinrebe *Gärtnerei* **206** 22
Weinrebe *Weinbau* **231** 2–9
Weinrebenblatt **231** 4
Weinrebenzeile **236** 41
Weinregal **252** 32
Weinstock **231** 2–9
Weinstube **76** 37–57
Weinstütze **232** 16
Weintraube *Supermarkt*
252 87
Weintraube *Weinbau* **231** 5
Weinverkostung **232** 17
Weise, Bau- **330** 1
Weisel **230** 6
Weiselwiege **230** 48
Weiser, Weg- **17** 110
Weiß *Farbe* **166** 10
Weiß *Heraldik* **62** 27
Weiß, Edel- **196** 10
Weißblässe **178** 25
Weißbrot *Bäckerei* **251** 10
Weißbrot *Supermarkt* **252** 22
Weißbrot, Stangen- *Bäckerei*
251 13
Weißbrot, Stangen- *Super-
markt* **252** 16
Weißbuche **189** 63
Weißclown **125** 33
Weißdorn, Eingriffeliger
192 30
Weißdrossel **180** 17

Weiße **90** 4
Weiße Bachstelze **179** 11
Weiße Erve **222** 19
weiße Figur **90** 4
Weiße Lilie **213** 12
Weiße Narzisse **213** 4
Weißer Knollenblätterpilz
197 14
Weißer Seerabe **178** 11
Weißer Wiesenklee **222** 2
weißes Feld **90** 2
weiße Taste **143** 4
Weiße Trüffel **199** 9
Weißglascontainer **81** 7
Weißgoldschließe **43** 10
Weißkäse **229** 45
Weißklee **222** 2
Weißkohl **209** 32
Weißkraut **209** 32
Weißleim **287** 36
Weißling, Kohl- **234** 25, 26
Weißtanne **190** 1
Weißwaren **83** 60
Weißwein **252** 33
Weißweinglas **53** 81
Weite **253** 19
Weite, Brenn- **267** 50, 52, 53
Weite, lichte **369** 13
Weite, Raster- **326** 20
Weite, Schlüssel- **296** 21
Weite, Schuss- **239** 18
Weite, Spann- *Brücke*
369 14, 26
Weite, Spann- *Flugzeug* **385** 2
Weite, Stütz- **369** 14
weiterführende Schule
73 1–40
Weitfixleisten **253** 55
weit sichtbare Kirche **17** 63
Weitsprung **116** 37–41
Weitwinkelobjektiv **267** 50
Weitwinkel-TV-Kamera **6** 14
Weizen **221** 23
Weizen, Gift- **236** 24
Weizen, Strand- **214** 30
Weizen, türkischer **221** 31
Weizenbrötchen **251** 20
Weizenmehl **251** 58
Weizenmischbrot **251** 9
welke Blüte **211** 58
Welle **296** 61
Welle, Antriebs- *Auto* **345** 47
Welle, Antriebs- *Motor*
343 43
Welle, Antriebs- *Wasserbau*
371 55
Welle, Brandungs- **94** 31
Welle, Brems- **296** 99
Welle, Bug- **377** 81
Welle, Drehkraft- **65** 13
Welle, Eingangs- **345** 49
Welle, Erdbeben- **12** 27

Welle, Flügel- **245** 6
Welle, Flut- **12** 51
Welle, Föhn- **104** 35
Welle, Gelenk- *Auto* **345** 70
Welle, Gelenk- *Eisenbahn*
365 51, **366** 29, 83
Welle, Gelenk- *Landw.*
217 36, 45, **220** 18
Welle, Getriebeeingangs-
388 60
Welle, Kreisel- **218** 80
Welle, Kupplungs- **388** 58
Welle, Kurbel- **343** 20, 49
Welle, Lee- **104** 35
Welle, Luftschrauben-
388 62
Welle, Mikro- *Hausrat* **47** 36
Welle, Mikro- *Tankstelle*
349 20
Welle, Nocken- **343** 2
Welle, Oberflächen- **12** 27
Welle, Rad- **245** 6
Welle, Schrauben- *Militär*
67 59
Welle, Schrauben- *Schiff*
377 65
Welle, Schwanz- **377** 60
Welle, Ton- **404** 19
Welle, Ufer- **14** 82
Welle, Zapf- **216** 23, **217** 46,
218 26
Welle, Zwischen- **388** 59
Wellen, Kurz- **7** 31
Wellenbad **96** 1–7
Wellenbalken **62** 11
Wellenband **153** 53
Wellenbereichsanzeige
401 50
Wellenbereichstaste **401** 46
Wellenbock **377** 61
Wellenbrecher *Militär*
66 7, 76
Wellenbrecher *Wasserbau*
371 19
Wellenfrisur **41** 12
Wellenhose **377** 59
Wellenreiten **94** 29
Wellenreiter **94** 30
Wellenrutschbahn **85** 25
Wellensegeln **104** 34
Wellentunnel **377** 66
Weller **182** 12, 13
Wellnessbad **97**
Welltafel **275** 97
Welltafeldach **275** 96
Welltafeldeckung
275 90–102
Welpe **224** 16, **241** 47
Wels **182** 12, 13
Wels, Fluss- **182** 12, 13
welsche Haube **155** 3
Welsche Nuss **212** 51

Welscher Klee **222** 9
Welsches Weidelgras **222** 26
Welschkraut **209** 33
Welsh Terrier **223** 30
Weltempfänger **402** 70
Weltkarte **16** 11–46
Weltmeer **16** 20–27
Weltraum **7** 38
Weltraumlaboratorium **393** 66
Weltraumstation **394** 1
Weltraumteleskop **6** 1
Wende **114** 30
Wende, Sonnen- **3** 8
Wendeboje *Segeln* **101** 17
Wendeboje *Wassersport* **102** 27
Wendegetriebe *Eisenbahn* **366** 74
Wendegetriebe *Werkzeug- masch.* **302** 14
Wendegetriebe, Achs- **365** 53
Wendegetriebe, Leitspindel- **302** 6
Wendehaken **238** 7, 9
Wendehals **178** 32
Wendekreis **16** 11
Wendekreis des Krebses **3** 4
Wendelrührer **324** 6
Wendelrührstab **324** 6
Wendelrutsche **297** 49
Wendelrutschenförderung **297** 49
Wendeltreppe *Bau* **276** 76, 77
Wendeltreppe *Navigation* **380** 64
Wendemarke **101** 17
Wenden *Forstw.* **237** 18
Wenden *Segeln* **101** 32
Wenden *Wassersport* **102** 48
Wendeplatte **302** 47
Wendepunkt **170** 21
Wender, Wirbel- **217** 42
Wenderichter **98** 23
Wendeschneidplatte **302** 46
Wendetrommel **217** 13
Wendezeiger **386** 12
Werbeanzeige **165** 21
Werbebanner **328** 31
Werbediapositiv **133** 23
Werbefläche **271** 45
Werbeplakat *Bahnhof* **358** 25
Werbeplakat *Kaufhaus* **83** 31
Werbeplakat *Optiker* **263** 21
Werbeplakat *Stadt* **79** 53
Werbespot, Wahl- **70** 4
Werbetafel **79** 22, 36
Werbung, Dach- **79** 38
Werbung, Leucht- **358** 44
Werbung, Wahl- **70** 1–4
Werfen, Dosen- **126** 29

Werfer **108** 31, 58
Werfer, Bild- **133** 24
Werfer, Jagdraketensalven- **67** 24, 37
Werfer, Messer- **125** 40
Werfer, Raketen- **63** 49, 55, **66** 30, 50
Werfer, Schein- *Auto* **344** 47, 54
Werfer, Schein- *Fahrrad* **339** 12
Werfer, Schein- *Film* **131** 52, 53
Werfer, Schein- *Flugsport* **103** 24
Werfer, Schein- *Flugzeug* **386** 49
Werfer, Schein- *Militär* **63** 78, **66** 28
Werfer, Schein- *Motorrad* **341** 21
Werfer, Schein- *Theater* **137** 16, 21, 48
Werfer, Schein- *Wahl* **70** 6
Werfer, Schein- *Zirkus* **125** 3
Werferplatte **108** 59
Werft **378** 1–46
Werftkran **381** 24
Werftschuppen **381** 23
Werg, Reinigungs- **240** 63
Werk, Antriebs- **262** 35
Werk, Bau- **371** 45, 49
Werk, Becher- **354** 43
Werk, Berg- *Bergwerk* **297** **306** 59, 75
Werk, Berg- *Energie* **306** 59, 75
Werk, Berg- *Geogr.* **17** 33, 34
Werk, Bohr- **291** 22
Werk, Bossen- **154** 51
Werk, Busch- **17** 14
Werk, Dreh- **218** 66
Werk, Druck- *Büro* **408** 12
Werk, Druck- *Druck* **333** 25, 26, 27, 28, **334** 43, 44, 47, **335** 26
Werk, Elektrizitäts- **304** 1–28
Werk, Fahr- *Flugsport* **103** 25
Werk, Fahr- *Flugzeug* **386** 41, **388** 10, 18
Werk, Fahr- *Militär* **64** 26, **65** 40
Werk, Fahr- *Raumfahrt* **393** 32
Werk, Fahr- *Straßenbau* **354** 3
Werk, Falz- **338** 14
Werk, Farb- **333** 3, 25–28, **334** 19, 31, 45
Werk, Feucht- **333** 2
Werk, Feuer- **124** 51
Werk, Flecht- **289** 4
Werk, Gieß- **331** 13

Werk, Glätt- **325** 37
Werk, Gradier- **17** 31
Werk, Gurt- **93** 5
Werk, Hammer- **143** 3
Werk, Hänge- **274** 65
Werk, Hauf- **312** 5
Werk, Haupt- **144** 1, 43
Werk, Hebe- **298** 11
Werk, Hebel- **357** 54
Werk, Hub- *Eisenbahn* **360** 41
Werk, Hub- *Landw.* **218** 25
Werk, Hütten- **300**
Werk, Kipp- **215** 35
Werk, Klär- **297** 14
Werk, Kopier- **131** 3, **132** 29
Werk, Kraft- *Bergwerk* **297** 11
Werk, Kraft- *Energie* **306** 24, 24, **307**, 16, 21, 26
Werk, Kraft- *Kraftwerk* **304**, 1–28, **305**
Werk, Kraft- *Stadt* **18** 34
Werk, Lauf- *Bergbahn* **368** 31, 47, 60
Werk, Lauf- *Film* **132** 13, 23, **133** 25–38
Werk, Lauf- *Fotogr.* **270** 11
Werk, Lauf- *Landw.* **217** 79
Werk, Lauf- *Mediengest.* **328** 12
Werk, Lauf- *PC* **406** 4, 6, 13, 45
Werk, Lauf- *Rundfunk* **398** 52
Werk, Lauf- *Straßenbau* **355** 11
Werk, Läut- **366** 49
Werk, Läute- **280** 5
Werk, Leit- *Flugsport* **104** 28
Werk, Leit- *Flugzeug* **385** 23, 24, 25, 26, 27, 28, 29, 31, 32, 34, 35, 36, **386** 58, 61
Werk, Maß- **154** 25, 26
Werk, Mauer- **276** 29
Werk, Messer- **208** 33
Werk, Netz- **405** 1
Werk, Nitschel- **318** 14
Werk, Ober- **144** 2, 44
Werk, Paternoster- **370** 42
Werk, Räder- **262** 41
Werk, Rahmen- **155** 11
Werk, Resultat- **127** 78
Werk, Roll- **155** 8
Werk, Rühr- **246** 47
Werk, Säge- *Bergwerk* **297** 6
Werk, Säge- *Sägewerk* **311** 1
Werk, Schalt- **365** 10
Werk, Schiffshebe- **371** 33
Werk, Schneid- **208** 41
Werk, Schotter- **312** 10
Werk, Schwell- **144** 45
Werk, Speicher- **371** 43

Werk, Spreng- **369** 3
Werk, Stab- **154** 27
Werk, Stahl- **300** 21–74
Werk, Stell- **357** 53, 61, 65, 70, **360** 29
Werk, Strebe- **154** 28–30
Werk, Streck- **318** 40
Werk, Tret- **143** 48
Werk, Trieb- *Flugsport* **103** 27
Werk, Trieb- *Flugzeug* **387** 5, 9, 18, **388** 17, 24, 27, 35–62
Werk, Trieb- *Militär* **64** 13, 16, **65** 11, 14
Werk, Trieb- *Raumfahrt* **391** 3, 18, 33, 55, **392** 20, 29, 39, **393** 45
Werk, Uhr- *Meteor.* **10** 14
Werk, Uhr- *Uhr* **262** 28
Werk, Waid- **239**
Werk, Walz- **301** 21–49
Werk, Weid- **239**
Werk, Wind- **371** 84
Werk, Zähl- *Büro* **412** 57
Werk, Zähl- *Flohmarkt* **127** 79
Werk, Zähl- *Navigation* **379** 52
Werk, Zähl- *Wasservers.* **80** 55, 59
Werk, Ziegel- **313**
Werkbank *Heimwerken* **287** 41
Werkbank *Klempner* **278** 10
Werkbank *Schlosser* **293** 19
Werkbank *Schmied* **290** 21
Werkbrett *Goldschmied* **260** 22
Werkbrett *Korbmacher* **289** 7
Werkbrettfell **260** 21
Werkbühne **273** 11
Werken, Heim- **287** 1–34
Werker, Heim- **287** 61
Werker, Müll- **81** 13
Werkerin, Pelz- **284** 8
Werkhalle **378** 4
Werkplatte **262** 29
Werkraum **72** 47–85
Werkstatt *Energie* **306** 28
Werkstatt *Erdöl* **299** 30
Werkstatt *Film* **131** 7
Werkstatt *Landw.* **215** 32
Werkstatt, Drechsler- **288**
Werkstatt, Glaser- **277** 1
Werkstatt, grafische **159** 27–54
Werkstatt, Kfz- **348**
Werkstatt, Kürschner- **284**
Werkstatt, Optiker- **263** 29–56

Werkstatt, Schlosser- **293**
Werkstatt, Schuhmacher-
253
Werkstatt, Schuster- **253**
Werkstatt, Theater- **136** 31
Werkstatt, Tischler- **285**
Werkstatt, Zimmerer- **273** 4
Werkstattbereich **5** 19
Werkstattgebäude **306** 28
Werkstattmuli **261** 22
Werkstattschleifmaschine
291 7
Werkstatttor **273** 5
Werkstück *Schlosser* **293** 18
Werkstück *Schneiderei*
256 28
Werkstück *Schweißer*
294 20, **295** 28
Werkstück *Tischler* **286** 45
Werkstückaufnahmetisch
303 20
Werkstückklemme **295** 33
Werktisch *Schule* **72** 47
Werktisch *Uhrmacher* **261** 2
Werkzeug *Bau* **272** 77–89
Werkzeug *Kopfbedeckung*
42 1
Werkzeug, Drechsel- **288** 15,
16, 25
Werkzeug, Federsteg- **261** 9
Werkzeug, Fress- **175** 28
Werkzeug, Hack- **208** 21
Werkzeug, Hand- **82** 48
Werkzeug, Installations-
279 58–86
Werkzeug, Mauer-
271 50–57
Werkzeug, Mess- **302** 56–72
Werkzeug, Schmiede-
290 22–39
Werkzeug, Schneid- **251** 81
Werkzeug, Schuhmacher-
253 37–56
Werkzeug, Schuster-
253 37–56
Werkzeug, Spezial- **348** 50
Werkzeug, Stanz- **251** 81
Werkzeug, Steinmetz-
312 32–34
Werkzeug, Tischler-
285 1–28
Werkzeugablage **348** 24
Werkzeugauflage **288** 5
Werkzeugbord **348** 49
Werkzeugkasten *Bau* **273** 20
Werkzeugkasten *Eisenbahn*
366 45
Werkzeugkasten *Heim-*
werken **287** 35
Werkzeugkoffer **280** 59
Werkzeugkoffereinschub
82 54

Werkzeugmaschine **302, 303**
Werkzeugpalette **328** 15
Werkzeugschleifbock **290** 18
Werkzeugschrank **287** 1–34
Werkzeugsupport **303** 13
Werkzeugtasche *Fahrrad*
339 54
Werkzeugtasche *Raumfahrt*
392 10
Werkzeugwagen **348** 69
Werkzeugwand **348** 14
Wermut **198** 4
Wert, Grund- **168** 7
Wert, Karten- **396** 34
Wert, Kehr- **167** 16
Wert, Nenn- **415** 27
Wert, Noten- **138** 12–19
Wert, Potenz- **168** 1
Wert, Promille- **68** 20
Wert, Raster- **326** 21
Wert, reziproker **167** 16
Wert, Teil- **167** 26
Wert, Temperatur- **9** 32–34
Wert, Wurzel- **168** 2
Wert, Zahlen- **167** 4
Wertbezeichnung **60** 3, 4
Wertfachschrank **96** 13
Wertpapier **415** 25–34
Wertpapierhändler **415** 9
Wertpapierkennnummer
415 18, 26
Wertpapierkürzel **415** 16
Wertstoffanlieferung **81** 29
Wertstoffaufbereitung
81 30
Wertstoffkreislauf **81**
Wertstofftonne **81** 4
Wertwasserzeichen **60** 9
Wertzahl **60** 3, 9, 13, 16
Wertzeichen, Post- **395** 13
Wesen, Fabel- **145**
Wesen, Rettungs- **384**
Wesen, Ritter- **147**
Weser **15** 32
Wespe **235** 36
Wespe, Gall- **235** 34
Westaustralstrom **16** 46
Weste **85** 45
Weste, Dienst- **395** 3
Weste, Frack- **38** 19
Weste, Freizeit- **38** 63
Weste, Jeans- **36** 25
Weste, Metall- **111** 15
Weste, Schutz- *Feuerwehr*
82 36
Weste, Schutz- *Polizei* **68** 32
Weste, Schwimm- **384** 8, 9
Weste, Sicherheits- **239** 43
Weste, Splitterschutz-
68 32
Weste, Stepp- **35** 4
Weste, Warn- **239** 43

Westerneisenbahn **85** 39
Westernhut **85** 42
Westernshow **85** 39–49
Westernstiefel **58** 9
Westfassade **154** 37
Westküste **15** 10
Westpunkt **4** 15
Westwinddrift **16** 45
Wetter **8** 1–19
Wetterbeobachtungsschiff
9 9
Wetterbeobachtungsstelle
9 9
Wetterbericht **165** 30
Wettererscheinung **9** 20
Wetterfahne *Bau* **274** 26
Wetterfahne *Kirche* **149** 4
wettergeschützter Eingang
92 52
Wetterkanal **297** 33
Wetterkarte *Meteor.* **9** 1
Wetterkarte *Zeitung*
165 31
Wetterkunde **8, 9**
Wetterleuchten **9** 30
Wetterparka **34** 61
Wettersatellit **10** 64
Wetterschacht **297** 32
Wetterschleuse **297** 35
Wetterstation **9** 9
Wetterwarte **381** 33
Wettschwimmen **98** 21–29
Wettschwimmer **98** 25
Wetzstahl **248** 8
Wetzstein **219** 20
Weymouthskiefer **190** 30
Wheels **123** 82
Whirlpool *Brauerei* **247** 2
Whirlpool *Schwimmbad*
97 31
Whirlpool, Hot **96** 27–29
Whiskyflasche *Hausrat*
50 36
Whiskyflasche *Tankstelle*
349 4
Whiskyglas **78** 58
wichtige Mitteilung
61 24
Wicke, Acker- **222** 18
Wicke, Feld- **222** 18
Wicke, Futter- **222** 18
Wicke, Gemeine **222** 18
Wicke, Saat- **222** 18
Wickel *Bot.* **188** 83
Wickel *Textil* **318** 31
Wickel, Locken- **257** 12
Wickelauflage **33** 4
Wickelbluse **36** 22
Wickelkeule **305** 40
Wickelkind **33** 5
Wickelkleid **35** 48
Wickelkommode **33** 11

Wickelraum **390** 30
Wickelrock **36** 46
Wickeltuch **376** 81
Wickelwalze **321** 14
Wickler, Apfel- **211** 65
Wickler, Apfelschalen- **234** 9
Wickler, Dauerwell- **257** 4
Wickler, Eichen- **235** 44
Wickler, Kaltwell- **257** 4
Wickler, Locken- **257** 12
Wickler, Rundballen- **216** 38
Wickler, Trauben- **234** 32
Wickler, Zigaretten- **259** 15
Wicklung **116** 53
Wicklung, Oberspannungs-
305 18
Wicklung, Primär- **305** 18
Wicklung, Sekundär- **305** 19
Wicklung, Unterspannungs-
305 19
Widder *Astron.* **4** 56
Widder *Zool.* **224** 13
Widderpunkt **3** 6
Widerdruckwerk **334** 44
Widerhaken *Angelsport*
243 50
Widerhaken *Biene* **230** 15
Widerhaken *Maschinenteil*
296 44
Widerhaken *Stierkampf*
128 22
Widerlager *Brücke* **369** 29
Widerlager *Kunst* **155** 20
Widerlager *Schiff* **375** 29
Widerlager, Brücken- **369** 45
Widerlager, Triebwerks-
391 20
Widerrist *Pferd* **225** 17
Widerrist *Zool.* **223** 14
Widerstand **305** 61
Widerstand, Anlass- **288** 3
Widmung **338** 49
Widrigkeit, Regel- **107** 54
Wiedehopf **178** 30
Wiederbelebung **26** 27, 32
Wiederbelebungsapparat
26 31
Wiedererhitzen **317** 47
Wiedererhitzung **317** 39
Wiedergabebetrieb **404** 43
Wiedergabekopf **132** 6
Wiedergabesymbol **404** 47
Wiedergabetaste *U-Elek-*
tronik **401** 71, 88
Wiedergabetaste *Video*
404 38, 61
Wiedergabetaste, Zufalls-
401 61
Wiedergabeverstärker **132** 5
Wiederholer, Vorsignal-
357 17
Wiederholungstaste **401** 59

Wiederholungstaste, Titel- **401** 60
Wiederholungstaste, Wahl- **396** 19
Wiederholungszeichen **139** 26
Wiederkäuer **184** 32, **224** 1
Wiederkreuz **150** 69
Wiederverwertungsanlage **81** 29, 30
Wiege **159** 19
Wiege, Doppel- **368** 62
Wiege, Puppen- **230** 43
Wiege, Weisel- **230** 48
Wiege, Zweirad- **368** 63
Wiegebunker **381** 22
Wiegeeinheit **355** 27
Wiegeeisen **159** 19
Wiegemesser **159** 19
Wiegen **318** 10
Wiese *Geogr.* **17** 17
Wiese *Landw.* **216** 24
Wiese, Fest- **126** 1
Wiese, Liege- **98** 1
Wiese, nasse **17** 18
Wiese, Spiel- **84** 44
Wiesel **185** 20
Wiesel, Kaninchen- **239** 28
Wiesenaue **14** 14
Wiesenblume **193, 194**
Wiesenchampignon **199** 1
Wiesenflockenblume **194** 12
Wiesenfuchsschwanz **222** 27
Wiesenhafer **222** 22
Wiesenklee, Roter **222** 1
Wiesenklee, Weißer **222** 2
Wiesenknopf, Großer **222** 28
Wiesenknöterich **194** 10
Wiesensalbei **210** 13
Wiesenschaumkraut **193** 11
Wiesenschwingel **222** 24
Wikingerdrache **372** 13–17
Wikingerschiff **372** 13–17
Wild **241**
Wild, Dam- **241** 44
Wild, Edel- **241** 1
Wild, Feder- **239** 47
Wild, Haar- **239** 40
Wild, Kahl- **241** 2
Wild, Raub- **239** 26
Wild, Reh- **241** 30
Wild, Rot- **241** 1
Wild, Schwarz- **241** 56
Wilddieb **239** 33
Wilde Kamille **214** 8
Wildente **84** 51
Wildentzung **239** 47
Wilderer **239** 33
Wilder Senf **214** 18
wilder Wein *Bot.* **192** 16
wilder Wein *Garten* **203** 6
Wildfrevler **239** 33

Wildfutterstelle **239** 32
Wildgatter **237** 7
Wildgehege **84** 49
Wildhafer **214** 29
Wildkanzel **239** 17
Wildkraut **214**
Wildkräuter **214**
Wildpferd **146** 7
Wildsau *Jagd* **239** 36
Wildsau *Zool.* **241** 56
Wildschwan **178** 20
Wildschwein *Jagd* **239** 36
Wildschwein *Zool.* **241** 56
Wildschweinjagd **239** 35
Wildwagen **239** 45
Wildwasserbahn **85** 36
Wildwasser-Rennkajak **99** 4
Wildwechsel **239** 19
Wilson-Kammer **2** 24
wilsonsche Nebelkammer **2** 24
Wimpel, Antwort- **61** 26
Wimpel, Fahrten- **92** 71
Wimpel, Signalbuch- **61** 26
Wimpel, Stammtisch- **76** 37
Wimpel, Zahlen- **61** 25
Wimper *Anat.* **22** 50
Wimper *Bot.* **188** 55
Wimperg *Zool.* **176** 11
Wimperg **154** 22
Wimperinfusorium **176** 10
Wimpertierchen **176** 10
Wind *Meteor.* **9** 8
Wind *Musik* **144** 47
Wind, Auf- **104** 39, 43, 46
Windbeutel **251** 33
Windblütler **212** 52
Windbrett **275** 27
Winde, Acker- **214** 26
Winde, Anker- **377** 49
Winde, Kabeltrommel- **66** 85
Winde, Motor- **104** 24
Winde, Schlepp- *Militär* **66** 86
Winde, Schlepp- *Schiff* **383** 7
Winde, Seil- **238** 38, 46
Windeisen **293** 35
Windel, Stoff- **33** 16
Windel, Wegwerf- **33** 15
Windelhöschen **34** 12
Windelhose **33** 23
Windenergieanlage **17** 73
Windenergieanlage, große **307** 1
Windenergiekonverter **307** 1
Windenhaus **382** 42
Windenstart **104** 23
Winderhitzer **300** 15
Windfahne *Gärtnerei* **207** 36
Windfahne *Kirche* **149** 4
Windfahne *Meteor.* **10** 32
Windfarm **307** 1–15

Windflüchter **14** 89
Windform **300** 20
Windgeschwindigkeit **9** 11, **10** 29
Windhafer **214** 29
Windhose **8** 30
Windhund, Afghanischer **223** 28
Windkammer **144** 12
Windkanal **144** 11
Windkessel **80** 17, 50
Windkraftanlage *Energie* **307** 1
Windkraftanlage *Geogr.* **17** 73
Windlade **144** 12–14
Windleiterverkleidung **342** 36
Windmesser **10** 28
Windmessgerät **10** 28
Windmotor **207** 34
Windmühle *Geogr.* **17** 30
Windmühle *Mühle* **245** 1
Windmühle, Bock- **245** 33
Windmühlenflügel **245** 2
Windmühlengetriebe **245** 12
Windmühlenhaube **245** 31
Windows®-Personal-computer **328** 13
Windpark **307** 1–15
Windpfeil **9** 10
Windportal **369** 38
Windrad *Gärtnerei* **207** 35
Windrad *Geogr.* **17** 72
Windrichtung *Meteor.* **9** 10
Windrichtung *Segeln* **101** 1–13, 6
Windrichtungsmesser **10** 31
Windrispe **274** 30
Windröschen, Busch- **195** 1
Windrute **245** 37
Windsack *Flugsport* **104** 29
Windsack *Musik* **140** 9
Windschirm *Astron.* **5** 16
Windschirm *U-Elektronik* **402** 45
Windschirm *Völkerk.* **162** 35
Windschutz **397** 17
Windschutznetz **227** 14
Windschutzscheibe *Auto* **344** 11
Windschutzscheibe *Motor-rad* **341** 35
Windschutzscheibe, Beiwagen- **342** 57
Windschutzscheibenheizung **344** 89
Windschutzschild **5** 34
Windstärke **9** 11
Windstärkenfahne **9** 11
Windstille **9** 13
Windsurfbrett **94** 22
Windsurfen **94** 1

Windsurfer **94** 2
Windsurfing **94** 1
Windsystem **9** 35–39
Windtür **245** 5
Windung, Fluss- **14** 12
Windung, Gehirn- **20** 78
Windverführung **144** 14
Windwerk **371** 84
Windwerkbrücke **371** 83
Windwerkshaus **371** 80
Wingert **231** 1
Winglet **387** 20
Wink **102** 51
Winkel *Installateur* **279** 52
Winkel *Math.* **169** 8
Winkel, Abgangs- **240** 75
Winkel, Abräum- **353** 25
Winkel, Anreiß- **273** 69
Winkel, Anschlag- **287** 26
Winkel, Außen- **169** 26
Winkel, Decken- **279** 48
Winkel, Drehungs- **174** 33
Winkel, Eckenschneide- **281** 51
Winkel, Eisen- **273** 78
Winkel, Elevations- **240** 76
Winkel, Erhöhungs- **240** 76
Winkel, Fall- **240** 78
Winkel, Gegen- **169** 11
Winkel, Gehrungs- **273** 82
Winkel, gestreckter **169** 14
Winkel, Innen- **169** 26, 34
Winkel, Komplementär- **169** 15
Winkel, Lineal- **285** 65
Winkel, Mess- **293** 64
Winkel, Mittelpunkts- **169** 55
Winkel, Mund- **22** 22
Winkel, Neben- **169** 14
Winkel, Peripherie- **169** 56
Winkel, Raster- **326** 19
Winkel, rechter **169** 9, 32
Winkel, Scheitel- **169** 13
Winkel, Schneide- **277** 20
Winkel, Schneider- **255** 14
Winkel, spitzer **169** 8
Winkel, Stahl- **260** 28
Winkel, Stufen- **169** 12
Winkel, stumpfer **169** 11
Winkel, Tischler- **285** 2
Winkel, Übergangs- **279** 49, 51
Winkel, überstumpfer **169** 12
Winkel, Umfangs- **169** 56
Winkel, Wechsel- **169** 10
Winkel, Zeichen- **314** 7
Winkel, Zentri- **169** 55
Winkelband **293** 57
Winkeldeck **67** 12
Winkeleisen **296** 1

Winkelfunktion **169** 32
Winkelhalbierende **169** 30
Winkelkorrekturoptik
  327 21
Winkelliegestütz **115** 24
Winkellineal *Schule* **72** 18
Winkellineal *Tischler* **286** 17
Winkellineal *Zeichner* **314** 4
Winkelmesser **72** 19
Winkelmessgerät **16** 53–63
Winkelreibahle **278** 9
Winkelschere **278** 2
Winkelspiegel *Fotoreprod.*
  330 30
Winkelspiegel *Schule* **73** 12
Winkelspinne **233** 10
Winkelsprung **115** 38
Winkelstück **29** 6
Winkelstütz **115** 16
Winkelstütz, Grätsch- **115** 18
Winkelstütz, Spitz- **115** 17
Winkelverschraubung
  279 40, 45
Winkelzange **290** 37
Winkelzeichen **168** 23
Winnetouhütte **87** 46
Winsch **66** 86
Winsch, Anker- **67** 82
Winteranorak **34** 44
Winterblume **197** 3
Winterdeich **370** 21
Winterdienstfahrzeug
  353 23
Winterfutterstelle **239** 32
Wintergarten *Landw.* **227** 10
Wintergarten *Militär* **67** 93
Wintergoldhähnchen **180** 9
Winterhafen **370** 9
Winterhose **35** 72
Winterjacke **35** 7
Winterjacke, Funktions-
  39 13
Winterkleid **35** 44
Winterkohl **209** 34
Winterkönig **180** 11
Winterlandschaft **122**
Wintermantel **35** 9
Wintersport **119, 120, 121**
Winterstiefel **58** 1
Wintertemperatur, mittlere
  9 33, 34
Winzer **231** 13
Wipfel **188** 4
Wippe *Eisenbahn* **360** 34
Wippe *Spielplatz* **87** 24
Wippe *Zirkus* **125** 39
Wippe, Baby- **33** 2
Wippe, Messbereichs- **266** 58
Wippe, Schalt- **344** 71, 72
Wippenschalter **280** 6
Wippkran, Dreh- **378** 23
Wipptaste **269** 10

Wirbel *Anat.* **19** 5
Wirbel *Angelsport* **243** 47
Wirbel *Astron.* **4** 41
Wirbel *Musik* **141** 18,
  142 11
Wirbel, Brust- **20** 4
Wirbel, Hals- **20** 3
Wirbel, Lenden- **20** 5, 25 48
Wirbel, Stimm- **143** 17
Wirbelbrett **142** 19
Wirbelkasten **141** 19,
  142 10
Wirbellose **176**
wirbelloses Tier **176**
Wirbelsäule **20** 2
Wirbelschwader **217** 35
Wirbeltrommel **141** 53
Wirbelwender **217** 42
Wireless Local Area Network
  405 1
Wirker, Strumpf- **180** 7
Wirkerei **320**
Wirkmaschine **251** 80
Wirkmaschine, Ketten-
  320 19, 30
Wirkmaschine, Kulier-
  320 13
Wirkplatte **251** 72
Wirkung, Erdbeben- **12** 42
Wirkwaren **83** 61
Wirsing **209** 33
Wirsingkohl **209** 33
Wirt, Forst- **237** 18
Wirtel **288** 9
Wirtschaft, Forst- **237** 4–14,
  238
Wirtschaft, Land- **216**
Wirtschaftsbahn **17** 90
Wirtschaftsgebäude
  147 27
Wirtshaus **76** 1–36
Wischer, Scheiben- *Auto*
  344 8
Wischer, Scheiben- *Straßen-*
  bahn **351** 34
Wischer, Tapezier- **281** 49
Wisent **146** 9
Witterung **8** 1–19
Witwenschleier **149** 39
WLAN **405** 1
Wobbler **243** 39
Wobbler, Kugel- **243** 41
Wobbler, Lang- **243** 40
Wochenendhaus **45** 9
Wochenkalender **410** 30
Wogenross **372** 13–17
Wohlriechender Pfeifen-
  strauch **191** 9
Wohnanhänger **92** 24
Wohneinheit **394** 23
Wohnhaus **215** 11
Wohnhochhaus **45** 26

Wohnmobil **92** 14
Wohnmodul **394** 23
Wohnnetz **233** 11
Wohnraum *Militär* **67** 84
Wohnraum *Navigation*
  380 63
Wohnraum *Schiff* **383** 19
Wohnung, Dachterrassen-
  44 69
Wohnung, Loft- **44** 76
Wohnung, Penthouse- **44** 69
Wohnwagen *Camping*
  92 11, 24
Wohnwagen *Zirkus* **125** 35
Wohnwagen, Falt- **92** 11
Wohnwagenvorzelt **92** 29
Wohnzelt **161** 15
Wohnzimmer **50**
Woilach **226** 44
Wok **48** 42
Wölbungsklappe **385** 45–47
Wölbungssystem, romani-
  sches **154** 15
Wolf **185** 16
Wolf, Fleisch- *Fleischerei*
  250 22
Wolf, Fleisch- *Hausrat* **48** 34
Wolf, Wasser- **182** 16
Wolfen **318** 6
Wolfsbeere **197** 7
Wolfshund **223** 20
Wolfskirsche **197** 7
Wolke **8** 1–19
Wolke, Amboss- **8** 29
Wolke, Eis- **8** 6
Wolke, Explosions- **7** 14, 15
Wolke, Gewitter- *Atmos.* **7** 4
Wolke, Gewitter- *Flugsport*
  104 44
Wolke, Gewitter- *Meteor.*
  8 17
Wolke, Haufen- *Flugsport*
  104 40
Wolke, Haufen- *Meteor.* **8** 1,
  2, 17
Wolke, Kumulonimbus-
  104 44
Wolke, Kumulus- **104** 40
Wolke, Lentikularis-
  104 37
Wolke, Nacht- **7** 26
Wolke, Quell- *Flugsport*
  104 40
Wolke, Quell- *Meteor.* **8** 1, 17
Wolke, Rauch- **82** 28
Wolke, Regen- **8** 10
Wolke, Schäfchen- **8** 14, 15
Wolke, Schicht- **8** 3, 4, 8,
  9, 10
Wolke, Schönwetter- **8** 1
Wolkenfetzen **8** 11, 12
Wolkenschirm, Zirrus- **8** 20

Wolkenwall **8** 21
Wollblume **194** 9
Wolldecke **50** 28
Wolle **201** 19
Wolle, Baum- **201** 16
Wolle, Docht- **42** 10
Wollgras **195** 18
Wollhandkrabbe **175** 2
Wollkämmerei **318** 16–21
Wollklee **222** 6
Wollkleid **35** 59
Wollkraut **194** 9
Wollmütze **42** 34
Wollspinnerei **318** 1–25
Wollware **321** 6–13
Wort, fehlendes **326** 30
Wort, zu tilgendes **326** 37
Wörterbuch, medizinisches
  27 22
Wortzwischenraum,
  fehlender **326** 39
Wrack **380** 28
Wrange, Boden- **378** 62
Wrasenabzug **47** 22, 54 28
Wucherblume **194** 4, **214** 7
Wucherung **234** 21
Wühlmaus **184** 20
Wühlmausfalle **236** 27
Wulst **153** 33, 44
Wulst, Bug- *Schiff* **375** 46
Wulst, Bug- *Schiffbau* **378** 78
Wulst, Gummi- **362** 15
Wulst, Helm- **62** 5
Wulst, Igel- **153** 18
Wulst, Stirn- **19** 11
Wunde **26** 9
Wunderkerze **376** 93
Wunderlampe **187** 4
Wundhaken **31** 43
Wundklee **222** 6
Wundpflaster **349** 33
Wurf **219** 25
Wurf, Bogen- *Sport*
  123 16, 17
Wurf, Bogen- *Turnen* **114** 33
Wurf, Falten- **157** 33
Wurf, Haken- **123** 15
Wurf, Hammer- **116** 42–47
Wurf, Hoch- **114** 35
Wurf, Judo- **117** 17
Wurf, Speer- **116** 50–53
Wurf, Sprung- **108** 3
Wurfanlage, Tonscheiben-
  123 48
Wurfarm **123** 55
Wurfart **123** 14–17
Wurfbecher, Nebel- **63** 66
Wurfbrett **161** 8
Würfel *Kristall* **174** 2, 14, 16
Würfel *Math.* **170** 30
Würfel *Spiel* **90** 31
Würfel, Eis- **130** 10

Würfel, Versorgungs- **348** 51
Würfelanke **260** 18
Würfelbecher *Hausrat* **55** 42
Würfelbecher *Spiel* **90** 30
Würfelbindung **323** 11, 12
Würfelkapitell **154** 14
Würfeln **90** 29
Würfelspiel **90** 29
Wurfgerät **160** 30
Wurfgitter **207** 13
Wurfholz **160** 39
Wurfkontrolle **243** 34
Wurfkugel **123** 20
Wurfmesser **162** 15
Wurfnetz **243** 10
Wurfrichtung **123** 51
Wurfsieb **271** 85
Wurftaubenschießen **123** 44–52
Wurm *Bot.* **211** 67
Wurm *Zool.* **176** 22
Wurm, Band- **233** 35
Wurm, Borsten- **176** 25
Wurm, Draht- **234** 41
Wurm, Faden- **234** 42
Wurm, Glieder- **176** 23
Wurm, Heu- **234** 33
Wurm, Korn- **233** 18
Wurm, Lind- **145** 1
Wurm, Mehl- **233** 19
Wurm, Ohr- **233** 12
Wurm, Platt- **233** 35
Wurm, Regen- **176** 27
Wurm, Ringel- **176** 23
Wurm, Sauer- **234** 34
Wurm, Spul- **233** 31
Wurm, Tatzel- **145** 1
Wurm, Tau- **176** 27
Wurmfarn **195** 16
Wurmfortsatz **23** 24
Wurmloch **211** 68
Wurmzüngler **182** 33
Wurst *Supermarkt* **252** 74
Wurst *Tankstelle* **349** 28
Wurst, Brat- **250** 39
Wurst, Fleisch- **252** 74
Wurst, Rot- **252** 74
Würstchen, Brüh- **250** 36
Würstchen, Siede- **250** 36
Wurstcroissant **349** 25
Wurstfüller, Hand- **250** 18
Wurstfüller, Tisch- **250** 18
Wurstgabel **250** 13
Wurstküche **250** 1–28
Wurstmasse **250** 10
Wurstwaren **250** 34–39
Wurz, Augen- **214** 13
Wurz, Dick- **222** 21
Wurz, Drachen- **213** 8
Wurz, Dreh- **214** 26
Wurz, Gold- **213** 10

Wurz, Haus- **203** 8
Wurz, Schmer- **195** 9
Wurz, Schwarz- **193** 45
Wurz, Sieg- **213** 11
Wurz, Silber- **203** 8
Wurz, Tropf- **213** 8
Würze **246** 51, 52, 53
Würzekühler **247** 5
Würzekühlung **247** 1–5
Wurzel *Anat.* **22** 33
Wurzel *Bot.* **188** 16, 84, **201** 43, **209** 17, **221** 17, 45
Wurzel *Gärtnerei* **206** 21
Wurzel *Math.* **168** 3
Wurzel, Adventiv- **188** 85
Wurzel, Atem- **188** 89
Wurzel, Hand- **19** 78
Wurzel, Haupt- **188** 17
Wurzel, Keim- **188** 96
Wurzel, Kletter- **188** 87
Wurzel, Kubik- **168** 2
Wurzel, Neben- **188** 18
Wurzel, Quadrat- **168** 3
Wurzel, Schwarz- **209** 35
Wurzel, Seiten- **188** 18
Wurzel, Speicher- **188** 86
Wurzel, 2. **168** 3
Wurzel, 3. **168** 2
Wurzelbohrer, Mais- **234** 53, 54
Wurzeldorn **188** 88
Wurzelexponent **168** 2
Wurzelfüßer **176** 4
Wurzelgrad **168** 2
Wurzelhaar **188** 19, **221** 18
Wurzelhaut **22** 35
Wurzelheber **29** 43
Wurzelkanal **22** 42
Wurzelrechnung **168** 2
Wurzelrippe **104** 8
Wurzelstift **29** 30
Wurzelstock *Bot.* **211** 20
Wurzelstock *Forstw.* **237** 14
Wurzelwert **168** 2
Wurzelzeichen **168** 2
Wurzelziehen **168** 2
Würzpfanne **246** 53
Wüstenspringmaus **184** 18
Wüstenwaran **182** 31
Wüstenzone **9** 41

X

x-Achse **170** 2
Xanthogenat **322** 5
Xenonlampe **330** 17
Xetra® **415** 15–22
Xetra®-Logo **415** 13
X-Lage **103** 52
XXL-Form **34** 57
Xylofon **142** 62

Y

y-Achse **170** 3
Ysop **192** 5, **210** 16
Yuan, Renminbi **59** 16

Z

Zack, Drei- **288** 11
Zacke, Frontal- **118** 53
Zackenornament **154** 21
Zackenschutz **118** 54
Zacker, Zehn- **118** 52
Zahl **167** 1–8
Zahl, allgemeine **167** 9
Zahl, benannte **167** 4
Zahl, Bruch- **167** 15
Zahl, digitale **350** 2
Zahl, Dreh- *Textil* **318** 40
Zahl, Dreh- *Werkzeugmasch.* **303** 28
Zahl, Geheim- **413** 7
Zahl, gemischte **167** 10
Zahl, gerade **167** 11
Zahl, Grund- **167** 5, **168** 2
Zahl, Hoch- **168** 1
Zahl, imaginäre **167** 14
Zahl, Jahres- **60** 30
Zahl, Kardinal- **167** 5
Zahl, Kenn- **227** 37, 39
Zahl, komplexe **167** 14
Zahl, natürliche **167** 10
Zahl, negative **167** 8
Zahl, Oktan- **350** 35, 36, 37
Zahl, Ordinal- **167** 6
Zahl, Ordnungs- **167** 6
Zahl, positive **167** 7
Zahl, Prim- **167** 13
Zahl, reelle **167** 14
Zahl, reine **167** 3
Zahl, Seiten- **338** 65
Zahl, Teilungs- **167** 26
Zahl, unbenannte **167** 3
Zahl, ungerade **167** 12
Zahl, vierstellige **167** 3
Zahl, Wert- **60** 3, 9, 13, 16
Zahlbetrag **83** 7
Zählbrett, Münz- **414** 16
Zählen, Aus- **117** 42
Zählen, Zusammen- **167** 23
Zahlenschloss **409** 25
Zahlentaste **127** 72
Zahlenwert **167** 4
Zahlenwimpel **61** 25
Zähler **167** 15, 16
Zähler, Bild- **134** 28
Zähler, Bogen- **334** 49
Zähler, Faden- *Fotoreprod.* **330** 38
Zähler, Faden- *Mediengest.* **329** 38

Zähler, Gas- **309** 31
Zähler, Geiger- **2** 19
Zähler, Kilometer- **344** 59
Zähler, Runden- **106** 7
Zähler, Tropfen- **30** 15
Zähler, Wasser- **80** 53, 58
Zähler, Wechselstrom- **280** 36
Zählerschrank **280** 35
Zählmaschine, Noten- **414** 12
Zahlmeisterbüro **377** 45
Zählplatte, Eier- **242** 17
Zählrohr **2** 21
Zählrohrfassung **2** 20
Zählrohrgerät **2** 19
Zahlschein **413** 30
Zahlteller **349** 51
Zahltisch **351** 33
Zählwerk *Navigation* **379** 52
Zählwerk *Wasservers.* **80** 55, 59
Zählwerk, Band- **412** 57
Zählwerk, Umdrehungs- **127** 79
Zahlzeichen **167** 1–8
Zahlzeichen, römisches **167** 1
Zahn *Anat.* **22** 31
Zahn *Maschinenteil* **296** 83
Zahn, Backen- **22** 21, 34
Zahn, Eck- **22** 20
Zahn, Grab- **354** 6
Zahn, Hau- **241** 59
Zahn, Holz- **245** 10
Zahn, Löwen- *Bot.* **214** 13
Zahn, Löwen- *Garten* **203** 36
Zahn, Reiß- **354** 6
Zahn, Schneide- **22** 19
Zahn, Stoß- **184** 25
Zahnarzt **29** 1
Zahnarzthelferin **29** 15
Zahnbein **22** 38
Zahnbürste, elektrische **57** 27
Zahnbürstenaufsatz **57** 28
Zahncreme **252** 39
Zahneisen **158** 13
Zahnersatz **29** 21
Zahnersatz, fest sitzen- der **29** 22
Zahnfleisch **22** 17
Zahnfüllung **29** 26
Zahngrund **296** 84
Zahnhobel **285** 17
Zahnkranz *Fahrrad* **339** 80, **340** 29
Zahnkranz *Maschinenteil* **296** 90
Zahnleiste **275** 26
Zahnmark **22** 39

zahnmedizinische Fach-
angestellte **29** 15
Zahnpasta **252** 39
Zahnprothese **29** 21
Zahnputzbecher **57** 26
Zahnputzglas **57** 26
Zahnrad *Fahrrad* **339** 34
Zahnrad *Maschinenteil*
296 82–96
Zahnrad, Ketten- **339** 39
Zahnrad, Trieb- **368** 8
Zahnradbahn **368** 4–11
Zahnradbahnwagen **368** 5
Zahnradlokomotive **368** 4
Zahnreinigungsinstrument
29 40
Zahnschmelz **22** 37
Zahnschnitt **153** 25
Zahnsegment **412** 34
Zahnspachtel **281** 46
Zahnstange **371** 78
Zahnstange, Doppelleiter-
368 11
Zahnstange, Sprossen- **368** 9
Zahnstangensystem
368 7–11
Zahnstocherbehälter **76** 32
Zahnstumpf **29** 23
Zahntrieb **264** 39
Zahnung, Säge- **250** 3
Zahnwurzelkanalöffnung
22 45
Zange *Bau* **274** 49, 59
Zange *Zool.* **175** 27
Zange, Abisolier- *Heim-
werken* **287** 15
Zange, Abisolier- *Installateur*
280 64
Zange, Angler- **243** 11
Zange, Beiß- *Korbmacher*
289 37
Zange, Beiß- *Schuhmacher*
253 40, 41
Zange, Biopsie- **28** 13
Zange, Brenner- **279** 59
Zange, Doppel- **274** 50
Zange, Entwicklungs- **268** 50
Zange, Extraktions- **29** 42
Zange, Falz- **253** 38
Zange, Flach- *Installateur*
279 63
Zange, Flach- *Schlosser*
293 73
Zange, Flach- *Schmied*
290 24
Zange, Geburts- **31** 46
Zange, Glasbrech- **277** 19
Zange, Glaser- **277** 19
Zange, Greif- *Atom* **2** 44
Zange, Greif- *Kunst* **159** 50
Zange, Hinter- **285** 37
Zange, Hinterleibs- **233** 13

Zange, Kappenheber- **253** 52
Zange, Kneif- *Heimwerken*
287 13
Zange, Kneif- *Installateur*
279 66
Zange, Kneif- *Schlosser*
293 76
Zange, Knochen- **31** 44
Zange, Kombi- **287** 14
Zange, Kombinations-
279 61, **280** 61
Zange, Korn- *Med.* **28** 8
Zange, Korn- *Uhrmacher*
261 14
Zange, Kran- **311** 28
Zange, Krösel- **277** 19
Zange, Loch- **253** 44
Zange, Monier- **272** 85
Zange, Punktschweiß-
295 23
Zange, Rohr- *Heimwerken*
287 11
Zange, Rohr- *Installateur*
279 60, **280** 56
Zange, Rohr- *Schlosser*
293 75
Zange, Rund- *Installateur*
280 57
Zange, Rund- *Schmied*
290 25
Zange, Sequester- **31** 39
Zange, Spann- **311** 13
Zange, Standhahnmuttern-
279 65
Zange, Tiegel- *Chemie* **173** 32
Zange, Tiegel- *Goldschmied*
260 11
Zange, Vorder- **285** 30
Zange, Wasserpumpen-
Heimwerken **287** 12
Zange, Wasserpumpen- *In-
stallateur* **279** 62, **280** 56
Zange, Winkel- **290** 37
Zangenbrett **285** 33
Zangengriff **116** 52
Zangenkran **301** 22
Zangenschraubstock **293** 22
Z-Antrieb **102** 2
Zapfanlage *Diskothek* **129** 2
Zapfanlage *Rummelplatz*
126 3
Zapfapparat, Bier- **77** 30
Zäpfchen **22** 25
Zapfen **296** 31, 63
Zapfen, Achs- **345** 84
Zapfen, Blüten- **190** 4, 16, 22,
34, 62, 66, 68
Zapfen, Dreh- *Brücke* **369** 69
Zapfen, Dreh- *Militär* **65** 28
Zapfen, einfacher **274** 84
Zapfen, Eis- **122** 5
Zapfen, Fichten- **190** 13

Zapfen, Frucht- **190** 2, 29, 30,
36, 41, 57
Zapfen, Führungs- **293** 48
Zapfen, Kiefern- **190** 26
Zapfen, Lärchen- **190** 36
Zapfen, Scher- **274** 85
Zapfen, Tannen- **190** 2
Zapfen, vorjähriger **189** 32
Zapfenachse **190** 3
Zapfenschuppe **190** 8, 14,
27, 38
Zapfhahn *Kurbad* **88** 2
Zapfhahn *Restaurant* **76** 2
Zapfhahn *Tankstelle* **350** 39
Zapfpistole **350** 39
Zapfsäule **349** 83, **350** 3, 29
Zapfsäulenanzeige **349** 84
Zapfschlauch **350** 35, 36,
37, 38
Zapfstellennummer **350** 34
Zapfwelle **216** 23, **217** 46
Zapfwelle, Front- **218** 26
zapfwellengetriebene Sä-
kombination **216** 16
Zapklappe **385** 49
Zarge **140** 33, **141** 4, 25
Zauberpfeife **162** 42
Zaum **226** 7–13, 25
Zaumzeug **226** 7–13, 25
Zaun, Bau- **271** 44
Zaun, Bretter- **271** 44
Zaun, Draht- **17** 38
Zaun, Elektro- **215** 54
Zaun, Flecht- **370** 39
Zaun, Garten- **204** 11
Zaun, Grenzschicht- **387** 7
Zaun, Holz- **44** 46
Zaun, Kultur- **237** 7
Zaun, Latten- **204** 11
Zaun, Maschendraht- **237** 7
Zaun, Pfahl- **147** 36
Zaun, Pflanzen- **44** 60
Zaun, Sichtschutz- **97** 15
Zaun, Stein- **151** 6
Zaun, Weide- **215** 54
Zauneidechse **182** 27
Zaunkönig **180** 11
Zaunschlüpfer **180** 11
Zebra **184** 31
Zebrastreifen *Stadt* **79** 18
Zebrastreifen *Straße* **352** 11
Zeche **297**
Zechstein **306** 65
Zechsteinletten **306** 71
Zecke, Hunde- **175** 49
Zecke, Wald- **175** 49
Zeh, großer **19** 93
Zehe, große **19** 93, **21** 49
Zehe, kleine **19** 97
Zehe, Mittel- **19** 95
Zehe, vierte **19** 96

Zehe, zweite **19** 94
Zehenknochen **20** 37
Zehennagel **19** 98
Zehenschutzkappe **360** 27
Zehenstrecker **21** 63
Zeher, Haft- **182** 36
Zehner **98** 5
Zehnerbruch **167** 20
Zehnerlogarithmus **168** 6
Zehnerstelle **167** 3
Zehn-Meter-Filmmagazin
267 58
Zehnmeterplattform **98** 5
Zehntelstelle **167** 20
Zehnzacker **118** 52
Zeichen, Ab- **117** 15
Zeichen, Absatz- **164** 47
Zeichen, Ähnlichkeits-
168 22
Zeichen, Anführungs-
164 36, 37
Zeichen, At- **164** 45
Zeichen, Auflösungs- **138** 54
Zeichen, Ausrufe- **164** 23
Zeichen, B- **138** 52
Zeichen, Bucheigner- **338** 50
Zeichen, Copyright- **164** 40
Zeichen, diakritisches
164 50–56
Zeichen, Differenzial- **168** 13
Zeichen, Divisions- **167** 26
Zeichen, Dreiecks- **168** 24
Zeichen, Einzelgefahr-
380 43, 44
Zeichen, Erniedrigungs-
138 52
Zeichen, Et- **164** 43
Zeichen, Feld- **61** 11
Zeichen, Frage- **164** 22
Zeichen, genealogisches
164 57–61
Zeichen, geometrisches
168 21–24
Zeichen, Gleichheits- **167** 23
Zeichen, Hand- *Sport* **110** 28
Zeichen, Hand- *Stadt* **79** 76
Zeichen, Hand- *Wassersport*
102 45–51
Zeichen, Hash- **164** 44
Zeichen, Hinweis-
390 20–24, 25–30
Zeichen, hochgestelltes
164 16
Zeichen, Identitäts- **168** 16
Zeichen, Integral- **168** 14
Zeichen, kardinales
380 24–27
Zeichen, Karten- *Geogr.* **17**
Zeichen, Karten- *Stadt* **18**
Zeichen, Kenn- **341** 44
Zeichen, Korrektur- **326** 27
Zeichen, laterales **380** 6–18

Zeichen, Leer- **164** 49
Zeichen, Lese- **338** 74
Zeichen, Leucht- **350** 33
Zeichen, Licht- **79** 60
Zeichen, Mal- **167** 25
Zeichen, Marken- **344** 50
Zeichen, mathematisches **168** 15–24
Zeichen, Minus- **167** 24
Zeichen, Mitte-Fahrwasser- **380** 19–23
Zeichen, Mittel- **109** 7
Zeichen, Münz- **60** 29
Zeichen, Nacht- **357** 38
Zeichen, Nadel- **159** 58
Zeichen, Orientierungs- **390** 10–13
Zeichen, Paragrafen- **164** 39
Zeichen, Parallelitäts- **168** 21
Zeichen, Pass- **159** 58
Zeichen, Pausen- **138** 20–27
Zeichen, Perioden- **167** 22
Zeichen, Planeten- **4** 45–55
Zeichen, Plus- **167** 23
Zeichen, Postwert- **395** 13
Zeichen, Prozent- **168** 7
Zeichen, Rauten- **164** 44
Zeichen, Rettungs- **390** 14–16
Zeichen, Satz- *Schrift* **164** 18–49
Zeichen, Satz- *Setzerei* **326** 31
Zeichen, Schifffahrts- **380** 6–47
Zeichen, Schrift- **163** 1–20
Zeichen, Schützen- **123** 65
Zeichen, Sieges- **160** 15
Zeichen, Sonder- **164** 18–49
Zeichen, Tages- **357** 36
Zeichen, tiefgestelltes **164** 17
Zeichen, Tierkreis- **4** 56–67
Zeichen, Topp- **380** 7, 14, 21, 24, 25, 26, 27, 44
Zeichen, Trademark- **164** 42
Zeichen, Transport- **390** 1–9
Zeichen, Und- **164** 43
Zeichen, Ungleichheits- **168** 18
Zeichen, Verbots- **390** 31–38
Zeichen, Verkehrs- *Pikto-gramm* **390** 1–9
Zeichen, Verkehrs- *Stadt* **79** 68, 72
Zeichen, Vor- *Math.* **167** 7, 8
Zeichen, Vor- *Musik* **138** 50–54
Zeichen, Waren- **164** 41
Zeichen, Warn- **390** 39, 40
Zeichen, Wasser- *Geld* **60** 8, 9, 10

Zeichen, Wasser- *Papier* **324** 18
Zeichen, Wiederholungs- **139** 26
Zeichen, Winkel- **168** 23
Zeichen, Wurzel- **168** 2
Zeichen, Zahl- **167** 1–8
Zeichenatelier **157**
Zeichenbefehl **315** 28
Zeichenblock **157** 35
Zeichenbock **157** 34
Zeichenbüro **314**
Zeichenerklärung **16** 28–30
Zeichenkegel **314** 73
Zeichenkopf **314** 3, 14, **315** 9
Zeichenmaschine **314** 2
Zeichenmaßstab **314** 38
Zeichenstift **72** 38, 40
Zeichentisch **314** 6
Zeichenwinkel **314** 7
Zeichnung, Schema- **72** 15
Zeichnung, Tafel- **72** 14
Zeichnung, technische **314** 21
Zeichnungsfenster **315** 27
Zeichnungsrolle **314** 10
Zeigefinger **19** 66
Zeiger **172** 33
Zeiger, großer **262** 40
Zeiger, kleiner **262** 39
Zeiger, Maus- **315** 31
Zeiger, Wende- **386** 12
Zeigeramboss **261** 7
Zeigestock **72** 9
Zeile **326** 4
Zeile, Schlag- **165** 9
Zeile, Weinreben- **236** 41
Zeilenabstand **326** 5, 22
Zeileneinsteller **412** 14
Zeilenhaus **45** 19
Zeilenschalter **412** 29
Zeisig, Erlen- **180** 7
Zeiss, System **264** 14
Zeit **168** 7
Zeit, Abfahrt- **359** 10
Zeit, Abfahrts- **358** 30
Zeit, Ankunfts- **358** 29
Zeit, Beregnungs- **220** 41
Zeit, Bronze- **146** 21–40
Zeit, Eisen- **146** 21–40
Zeit, Öffnungs- **358** 62
Zeitabgleichknopf **268** 42
Zeitangabe **398** 14
Zeiteinstellrad **266** 34
Zeitnehmer *Schwimmen* **98** 21
Zeitnehmer *Sport* **117** 47
Zeitschaltuhr **29** 47
Zeitschrift *Bahnhof* **358** 17
Zeitschrift *Hausrat* **50** 33
Zeitschrift *Med.* **27** 5
Zeitschrift *Restaurant* **75** 28

Zeitschrift *Tankstelle* **349** 66
Zeitschrift *Universität* **74** 13
Zeitschrift, Fach- **409** 34
Zeitschrift, Mode- **83** 45
Zeitschriftenregal **74** 13
Zeitteilung **10** 17
Zeituhr **365** 37, **366** 16
Zeitung *Druck* **334** 35, 51, **335** 24
Zeitung *Restaurant* **75** 27
Zeitung *Schiff* **376** 5
Zeitung *Stadt* **79** 15
Zeitung *Zeitung* **165**
Zeitung, Tages- *Bahnhof* **358** 16
Zeitung, Tages- *Tankstelle* **349** 65
Zeitung, Tages- *Zeitung* **165**
Zeitungsaustragvorrichtung **335** 29
Zeitungsbox **79** 16
Zeitungsdruck **334**
Zeitungshalter **75** 26
Zeitungskasten **79** 16
Zeitungskopf **165** 4
Zeitungsregal **74** 14
Zeitungsseite **165** 1
Zeitungsstapel **335** 31
Zeitungsverkäufer **79** 14
Zeitwaage **261** 27
Zelle *Biene* **230** 35
Zelle *Mühle* **245** 39
Zelle, Ankleide- **83** 39
Zelle, Arbeiterinnen- **230** 45
Zelle, bestiftete **230** 37
Zelle, Bienen- **230** 35
Zelle, Brennstoff- **391** 60
Zelle, Brut- **230** 42
Zelle, Drohnen- **230** 47
Zelle, Ei- **25** 1, 6, 20, 21, 22
Zelle, Follikelepithel- **25** 7
Zelle, Foto- *Druck* **333** 42
Zelle, Foto- *Film* **133** 49
Zelle, Fotovoltaik- **308** 15
Zelle, Honig- **230** 44
Zelle, Keim- **24** 49
Zelle, Königinnen- **230** 48
Zelle, menschliche **24** 1
Zelle, Nass- *Eisenbahn* **361** 51, 52
Zelle, Nass- *Raumfahrt* **394** 32
Zelle, Samen- **25** 2
Zelle, Silo- **381** 69
Zelle, Solar- *Büro* **410** 22
Zelle, Solar- *Energie* **307** 22, **308** 15
Zelle, Telefon- **361** 18, **363** 25
Zelle, verdeckelte **230** 43, 44
Zelle, Vorrats- **230** 46
Zelle, Zwischen- **391** 30, 35

Zellenboden **230** 54
Zellenring **391** 44, 48
Zeller **209** 27
Zeller, Viel- **176** 14
Zellkern *Anat.* **25** 3
Zellkern *Genetik* **24** 4, 30
Zellkern *Zool.* **176** 5
Zellmembran *Anat.* **25** 5
Zellmembran *Genetik* **24** 2, 12
Zellstoffherstellung **325** 12–18
Zellstoffkocher **325** 14
Zellstoffplatte **322** 1
Zellteilung **24** 27, 46
Zellulose, Alkali- **322** 4, 5
Zellulosexanthogenat **322** 5
zellulosische Chemiefaser **322** 1–24
Zelt **372** 15
Zelt, Bungalow- **92** 50
Zelt, Haus- **92** 37
Zelt, Iglu- **92** 31
Zelt, Innen- **92** 40, 55
Zelt, Rund- **92** 70
Zelt, Spiel- **125** 1
Zelt, Steilwand- **92** 50
Zelt, Viermast- **125** 1
Zelt, Vor- **92** 15, 24, 29
Zelt, Wappen- **62** 16
Zelt, Wohn- **161** 15
Zelt, Zirkus- **125** 1
Zeltapsis **92** 41
Zeltdach **274** 22
Zeltleine **92** 54
Zeltmast **125** 2
Zeltpflock **92** 58
Zeltschere **372** 14
Zeltspannleine **92** 54
Zeltspannring **92** 35
Zeltstadt **125** 46
Zeltstange *Camping* **92** 53
Zeltstange *Völkerk.* **160** 8
Zeltstütze **125** 12
Zement *Anat.* **22** 36
Zement *Bau* **271** 43
Zementestrich **276** 14
Zementglattstrich **276** 14
Zementherstellung **310**
Zementierungspumpe, Hochdruck- **299** 34
Zementklinkerkühler **310** 15
Zementklinkerlager **310** 18
Zementlagersilo **310** 23
Zementleisteneinfassung **204** 21
Zementsilo *Bau* **272** 30
Zementsilo *Straßenbau* **355** 29
Zementvorratstank **299** 15
Zenit **4** 11
Zentaur **145** 57

Zentimeter **326** 25
Zentimeterskala **410** 40
Zentralbank, Europäische **60** 6, 7
Zentralbau **153** 69
Zentralblende **6** 6
Zentrale, Daten- **411** 46
Zentrale, Heiz- **308** 20
Zentrale, Kühlwasser- **306** 58
Zentrale, Rechen- **411** 46
Zentrale, Stoff- **325** 28
Zentrale, Telekommunikations- **405** 6
Zentraleinheit **406** 18
zentrales Schaltpult **73** 32
Zentralfurche **20** 73
Zentralheizung **46** 39
Zentralheizungskessel **46** 61
Zentralheizungskörper **279** 20
Zentralkörperchen **24** 7
Zentralluk **67** 86
Zentralspindel **24** 29
Zentralstrahl **32** 4
Zentraltank, Rumpf- **65** 31
Zentriergerät **263** 43
Zentriergerät, Universal- **263** 30
Zentrierring **400** 23
Zentriersauger **263** 32
Zentriersaugeraufnahme **263** 31
Zentrifuge **28** 57
Zentrifuge, Platten- **332** 1
Zentriole **24** 7
Zentriwinkel **169** 55
Zentromer **24** 19
Zentrum **169** 43
Zentrum, Brief- **395** 34–45
Zentrum, Briefverteil- **395** 34–45
Zentrum, Einkaufs- **18** 14
Zentrum, Epi- **12** 24
Zentrum, Hypo- **12** 23
Zentrum, Reise- **358** 52
Zentrum, Symmetrie- **174** 3
Zepter, Narren- **124** 55
Zerberus **145** 31
Zerealien **221** 1–37
Zerfall, spontaner **1** 37
Zerfaserung, Heiß- **325** 22
Zerkleinern **322** 2
Zerkleinerung **310** 4
Zerkleinerung, Grob- **313** 8
Zerlegen **250** 27
Zero **89** 8
Zerstäuber, Parfüm- *Friseur* **258** 22
Zerstäuber, Parfüm- *Hausrat* **51** 29
Zerstörer, Raketen- **66** 1, 38

Zertifikatsnummer **102** 8
Zettel, Kassen- **83** 6
Zettel, Kurs- **414** 22
Zettel, Melde- **78** 12
Zettel, Notiz- **358** 54
Zettel, Stellwarten- **137** 3
Zettel, Stimm- **69** 24
Zettelkasten **74** 22
Zettelkastenkatalog **74** 20
Zetter, Kreisel- **216** 26
Zeug, Fahr- *Auto* **344** 1–52
Zeug, Fahr- *Bahnhof* **359** 46
Zeug, Fahr- *Eisenbahn* **361, 362, 363, 364, 365, 366, 367**
Zeug, Fahr- *Feuerwehr* **82** 42, 64
Zeug, Fahr- *Flughafen* **389** 22
Zeug, Fahr- *Flugzeug* **388** 11–34
Zeug, Fahr- *Kfz* **347** 19
Zeug, Fahr- *Militär* **63** 51, 67, 80
Zeug, Fahr- *Motorrad* **341** 11
Zeug, Fahr- *Schiff* **375** 85
Zeug, Fahr- *Schmied* **291** 36
Zeug, Fahr- *Straßenbau* **355** 31
Zeug, Fahr- *Straßenrein.* **353** 13, 15, 23
Zeug, Fahr- *Wassersport* **102** 59
Zeug, Fahr- *Werkstatt* **348** 58
Zeug, Fahr- *Winter* **122** 29
Zeug, Fahr- *Zement* **310** 24
Zeug, Feuer- **259** 27, 30
Zeug, Flug- *Flugsport* **104** 20, 21, 27, 33
Zeug, Flug- *Flugzeug* **385, 386, 387, 388**
Zeug, Flug- *Militär* **64** 8, 14, 24
Zeug, Flug- *Spielplatz* **87** 26
Zeug, Gurt- **103** 35
Zeug, Halb- **301** 41
Zeug, Handwerks- **273** 60–82
Zeug, Öl- **384** 4
Zeug, Quer- **218** 13
Zeug, Schlag- *Musik* **142** 47
Zeug, Schlag- *Nachtlokal* **130** 38
Zeug, Schließ- **334** 7
Zeug, Spiel- *Schule* **72** 81
Zeug, Spiel- *Schwimmbad* **97** 26
Zeug, Spiel- *Strand* **95** 29
Zeug, Spiel- *Vorschule* **71** 21–32
Zeug, Stech- **147** 76
Zeug, Stein- **156** 11
Zeug, Werk- *Bäckerei* **251** 81

Zeug, Werk- *Bau* **271** 50–57, 272 77–89
Zeug, Werk- *Drechsler* **288** 15, 16, 25
Zeug, Werk- *Feuerwehr* **82** 48
Zeug, Werk- *Installateur* **279** 58–86
Zeug, Werk- *Kopfbedeckung* **42** 1
Zeug, Werk- *Schmied* **290** 22–39
Zeug, Werk- *Schuhmacher* **253** 37–56
Zeug, Werk- *Steinbruch* **312** 32–34
Zeug, Werk- *Uhrmacher* **261** 9
Zeug, Werk- *Werkstatt* **348** 50
Zeug, Werk- *Werkzeugmasch.* **302** 56–72
Zeug, Werk- *Zool.* **175** 28
Zeug, Zaum- **226** 7–13, 25
Zeuge, Trau- **150** 23
Zeugin, Trau- **150** 22
ZF-Verstärkermodul **400** 4
Zibbe **224** 18
Ziborium **150** 48
Zichorie **194** 25, 209 40
Zichorie, Salat- **209** 40
Zicke **85** 33
Zickel **85** 35
Zickzackornament **154** 21
Ziege *Freizeitpark* **85** 33, 34
Ziege *Zool.* **224** 14
Ziegel, Biberschwanz- **275** 46
Ziegel, Dach- **275** 45–60
Ziegel, Decken- **313** 24
Ziegel, First- **275** 3, 52
Ziegel, Firstschluss- **275** 4
Ziegel, Gitter- **313** 23
Ziegel, Grat- **275** 8
Ziegel, Loch- **313** 21, 22
Ziegel, Lüftungs- **275** 7
Ziegel, Radial- **313** 25
Ziegel, Relief- **152** 20
Ziegel, Schornstein- **313** 25
Ziegel, Voll- **313** 20
Ziegel, Walm- **275** 8
Ziegeldach **275** 1
Ziegelei *Geogr.* **17** 89
Ziegelei *Ziegelei* **313**
Ziegelhammer **275** 20
Ziegelstein **313** 20
Ziegelstein, NF- **271** 58
Ziegelstein, Normalformat- **271** 58
Ziegelwerk **313**
Ziegenbart **224** 15
Ziegenbart, Gelber **199** 32
Ziegenbock **85** 34

Ziegenjunges **85** 35
Ziegenkäse **252** 31
Ziegenkopf **145** 20
Zieget **239** 50
Ziehbank **260** 2
Ziehbrunnen *Geogr.* **17** 100
Ziehbrunnen *Ritter* **147** 3
Ziehdüse **317** 9, 52
Ziehen, Wurzel- **168** 2
Zieher, Fallrück- **107** 50
Zieher, Fass- **283** 12
Zieher, Korken- **48** 9, 53 48
Zieher, Pappen- **337** 8
Zieher, Rück- **91** 4
Zieher, Schrauben- *Heimwerken* **287** 4, 5
Zieher, Schrauben- *Installateur* **279** 70, 280 55
Zieher, Schrauben- *Schlosser* **293** 69
Zieher, Stiften- **253** 47
Zieher, Wachs- **230** 12
Ziehhacke **219** 1
Ziehharmonika **142** 36
Ziehmaschine **317** 7
Ziehmaschine, Glas- **317** 8
Ziehverfahren, Düsen- **317** 50–57
Zielanzeige **347** 48
Zielbahnhof **358** 31
Zielball **91** 19, 20–22, 23, 24
Zielboje **101** 14
Zielentfernungsanzeige **363** 39
Zielfeld, Autofokus- **267** 63, 69
Zielfernrohr *Geogr.* **16** 49
Zielfernrohr *Jagd* **240** 29
Zielfernrohr *Militär* **63** 24
Zielfernrohrabsehen **240** 31, 32
Zielfläche **120** 34
Zielfolgeradar **63** 84
Zielkreis **103** 49, 50, 51
Zielkreuz **103** 44, 48
Zielkugel **123** 19
Zielmarkierung **108** 12
Zielpfahl **108** 33
Zielrichter *Schwimmen* **98** 22
Zielrichter *Sport* **106** 6
Zielschild *Bahnhof* **359** 47
Zielschild *Straßenbahn* **351** 20
Zielsprung **103** 47
Zieltonne **101** 14
Zielvorrichtung **63** 19
Zielzeigereinrichtung **63** 56
Ziemer **241** 20, 39
Ziemer, Reh- **241** 39
Zier, Helm- **62** 6, 32–38
Zierband 153 52

Zierbaum **191, 192**
Ziergarten **203** 1
Ziergiebel **154** 22
Zierkordel **34** 41
Zierkragen **85** 44
Ziernaht **36** 13
Zierperle **36** 24
Zierschnürung **36** 33
Zierstich **254** 3
Zierstrauch *Bot.* **191, 192**
Zierstrauch *Park* **84** 14
Ziertaschentuch **38** 20
Zierverschluss **36** 44
Zierverschnürung **34** 41
Ziffer, arabische **167** 2
Ziffer, Fallblatt- **262** 12
Ziffer, Kenn- *Eisenbahn* **357** 37
Ziffer, Kenn- *Math.* **168** 6
Ziffer, römische **167** 1
Ziffer, Seiten- **338** 65
Zifferblatt *Uhr* **262** 17
Zifferblatt *Wasservers.* **80** 58
Ziffernfeld **412** 45
Zifferntaste *Büro* **410** 25, **412** 65
Zifferntaste *Telefon* **396** 18
Zigarette *Hotel* **78** 55
Zigarette *Tankstelle* **349** 43, 44
Zigarette, Filter- **259** 12
Zigarettenautomat **79** 47
Zigarettenetui **259** 10
Zigarettenmaschine **259** 15
Zigarettenpapierheftchen **259** 17
Zigarettenschachtel **259** 11
Zigarettenspitze **259** 16
Zigarettenwickler **259** 15
Zigarillo **259** 3
Zigarre **259** 2
Zigarrenabschneider **259** 9
Zigarrenetui **259** 8
Zigarrenkiste **259** 1
Zikade, Rhododendron- **234** 27
Zikade, Zwerg- **234** 27
Zikkurat **152** 32
Zille **370** 19
Zimbal **140** 32
Zimmer, Billard- *Billard* **91** 7–17
Zimmer, Billard- *Schiff* **376** 94
Zimmer, Chef- **409**
Zimmer, Doppel- **78** 28–39
Zimmer, Ess- **52**
Zimmer, Hotel- **78** 28–39
Zimmer, Kinder- **55**
Zimmer, Klassen- **72** 1–46
Zimmer, Konsultations- **28** 1
Zimmer, Schlaf- **51**

Zimmer, Sprech- **28** 1
Zimmer, Vor- **408**
Zimmer, Warte- **27** 2
Zimmer, Wohn- **50**
Zimmerbock **175** 41
Zimmerer **273**
Zimmererwerkstatt **273** 4
Zimmerkellner **78** 34
Zimmerlinde **205** 9
Zimmermann **273** 12
Zimmermannsbleistift **273** 77
Zimmermannsbock **175** 41
Zimmermannshammer **273** 74
Zimmermannshut *Bau* **273** 13
Zimmermannshut *Kopfbedeckung* **42** 52
Zimmernummer **78** 10
Zimmerpflanze *Bot.* **205**
Zimmerpflanze *Büro* **411** 16
Zimmerpflanze *Hausrat* **51** 35, **54** 37
Zimmerplatz **273** 1–59
Zimmertanne **205** 16
Zimmertelefon **78** 35
Zimtbaum **200** 22
Zimtrinde **200** 25
Zingel **147** 15
Zingulum **20** 58
Zink, krummer **140** 12
Zinkblech **275** 14
Zinke *Hausrat* **53** 59
Zinke *Landw.* **218** 82
Zinken **219** 5
Zinken, Feder- **217** 5, 38, 51
Zinkenbefestigung **218** 81
Zinkenegge **218** 84
Zinkenträger **218** 80
Zinkentragrohr **217** 50
Zinkhut, Regen- **275** 101
Zinkplatte **159** 52
Zinkplatte, geätzte **331** 40
Zinkplatte, kopierte **331** 32
Zinn, geschmolzenes **317** 17
Zinn, Löt- **279** 76
Zinne **147** 7
Zinnenkranz **147** 6
Zinnie **213** 22
Zinnsoldat **127** 54
Zins **168** 7
Zinsfuß **168** 7
Zinsrechnung **168** 7
Zinssatz **168** 7
Zinsschein **415** 33
Zipfelmütze **42** 53
Zippe **180** 17
Zirbelkiefer **190** 29
Zirkel, Einsatz- **314** 57
Zirkel, Fallnullen- **314** 64

Zirkel, Greif- **288** 19
Zirkel, Kreide- **72** 21
Zirkel, Loch- **288** 24
Zirkel, Proportions- **158** 2
Zirkel, Schnellverstell- **314** 69
Zirkel, Stangen- **278** 11
Zirkel, Tafel- **72** 21
Zirkel, Tast- *Drechsler* **288** 19
Zirkel, Tast- *Kunst* **158** 3
Zirkelschneider **277** 22
Zirkumflex **164** 52
Zirkumpolarstern **3** 5
Zirkus **125**
Zirkus, Wander- **125**
Zirkusdiener **125** 25
Zirkusdirektor **125** 16
Zirkuskapelle **125** 10
Zirkusloge **125** 15
Zirkusnummer **125** 23
Zirkuspferd **125** 28
Zirkuswagen **125** 35
Zirkuszelt **125** 1
Zirrokumulus **8** 14
Zirrostratus **8** 7
Zirrus **8** 6
Zirrus-Wolkenschirm **8** 20
Ziselierhammer **260** 41
Ziselierung **156** 3
Zither **142** 21
Zither, Schlag- **142** 21
Zitrone **202** 23
Zitronenfalter **183** 5
Zitruspresse **48** 33
Zitterpappel **189** 21
Zitze **228** 19
Zivilkleidung **68** 54
Złoty **59** 13
Zobel *Kleidung* **35** 3
Zobel *Zool.* **185** 19
Zocker **243** 46
Zodiakussymbol **4** 56–67
Zoll *Piktogramm* **390** 17
Zoll *Setzerei* **326** 26
Zollamt, Hafen- **381** 6
Zolldurchlass **381** 5
Zollgitter **381** 3
Zollhaus **381** 6
Zollkreuzer **375** 88
Zollschranke **381** 4
Zollstock *Bau* **273** 76
Zollstock *Heimwerken* **287** 33
Zömeterium **149** 62
Zona pellucida **25** 8
Zone, Angriff- **110** 6
Zone, Bade- **380** 29–31, 32
Zone, Fußgänger- **18** 6, **79** 48
Zone, Gefahren- **2** 50
Zone, Klima- **9** 45–49
Zone, Kolbenring- **343** 36
Zone, Küsten- **15** 6

Zone, Low-Velocity- **11** 3
Zone, Raucher- **390** 26
Zone, Reduktions- **300** 8
Zone, Ruhe- **97** 32
Zone, SB- **413** 1–17
Zone, Selbstbedienungs- **413** 1–17
Zone, Steppen- **9** 41
Zone, Trocken- **9** 41
Zone, Übergangs- **11** 5
Zone, Verlandungs- **14** 11
Zone, Verteidigungs- **110** 3
Zone, Verwässerungs- **14** 26
Zone, Wüsten- **9** 41
Zoo **86**
Zoo, Streichel- **85** 31
Zoobesucher **86** 3
Zoobesucherin **86** 3
zoologischer Garten **86**
Zoom, digitaler **269** 10
Zoomauswahl **269** 48
Zoomobjektiv *Film* **134** 23
Zoomobjektiv *Fotogr.* **267** 53
Zoomobjektiv *Optik* **264** 63
Zoomobjektiv *Rundfunk* **400** 45
Zoomobjektiv *Video* **404** 2
Zoomobjektiv, Autofokus- **267** 24
Zoomtaste **404** 9
Zoomverstellhebel **134** 22
Zopf, geflochtener **41** 17
Zopf, Hänge- **41** 20
Zopf, Hefe- **251** 47
Zopf, Mozart- **40** 4
Zopfband **40** 5
Zöpfchen **128** 25
Zopffrisur **40** 35, **41** 20
Zopfmuster **35** 32
Zopfperücke **40** 3
Zopfschleife **40** 5
Zopfstich **254** 7
Zotte, Spinnenhaut- **20** 83
Zubehör **267** 26, **269** 18–25
Zubehör, Spezial- **56** 89
Zubehör, Tafel- **53**
Zubehörschuh **266** 4, **267** 5
Zubereitungsraum **250** 1–28
Zubringerbesen **353** 17
Zubringerfeder **240** 18
Zubringergreifer **319** 25
Zucht, Bienen- **230**
Zucht, Fisch- **242**
Zucht, Forellen- **242** 13, 14
Züchter, Bienen- **230** 69
Zuchtperlenarmband **43** 9
Zuchtperlenkette **43** 12, 32
Zucker **252** 89
Zuckerdose **52** 29
Zuckergast **233** 15
Zuckerrohr **200** 52
Zuckerrübe **221** 44

Zuckerrübenvollernte-
maschine 217 68
Zuckerschälchen 75 43
Zuckerstange 126 54
Zuckertang 196 50
Zuckerwatte 126 53
Zufallswiedergabetaste
401 61
Zufluss, Wasser- *Installateur*
279 18
Zufluss, Wasser- *Wasservers.*
80 54
Zuflussleitung, Wärme-
mittel- 308 8
Zuflussleitung, Wasser-
246 49
Zufuhr, Druckluft- 30 4
Zufuhr, Haupt- 393 36
Zufuhr, Kalk- 304 27
Zufuhr, Luft- *Raumfahrt*
392 7
Zufuhr, Luft- *Textil* 319 29
Zufuhr, Sauerstoff- *Chemie*
173 11
Zufuhr, Sauerstoff- *Med.*
30 4
Zufuhr, Schrott- 300 70
Zufuhr, Schwefelsäure-
309 33
Zufuhr, Wasserstoff- 173 12
Zufuhrrohr, Blasluft- 300 73
Zufuhrrohr, Luft- 300 30
Zuführtisch 412 48
Zuführtisch, Bogen- 338 9
Zuführung *Sägewerk* 311 68
Zuführung *Textil* 321 1
Zuführung, Faden-
320 21, 39
Zuführung, Gas- 293 24
Zuführung, Kühlmittel-
Schmied 291 26
Zuführung, Kühlmittel-
Werkzeugmasch. 302 25
Zuführung, Luft- 290 6
Zuführung, Schutzgas-
295 32
Zuführung, Stroh- 217 13
Zuführung, Strom- 295 25
Zuführungsrohr, Gas- 173 2
Zug *Jagd* 240 36
Zug *Spiel* 90 6, 14
Zug *Theater* 137 8
Zug, Block- 311 17
Zug, Bowden- 341 47, 342 3
Zug, deutscher 136 3
Zug, Doppelstock- 362 14–29
Zug, Draht- 356 30
Zug, Durch- 254 17
Zug, Fern- 390 4
Zug, Flaschen- *Erdöl* 298 8
Zug, Flaschen- *Schiff*
375 27

Zug, Flaschen- *Schmied*
290 20
Zug, Ganz- 360 1
Zug, griechisch-deutscher
136 4
Zug, griechischer 136 1
Zug, Gummi- 114 13
Zug, Güter- 360 4
Zug, Hilfskran- 300 66
Zug, Höhen- 14 37
Zug, Intercityexpress- 359 18
Zug, italienischer 136 2
Zug, kombinierter 136 4
Zug, Last- *Eisenbahn* 367 34
Zug, Last- *Kfz* 347 19
Zug, Personen- 297 39
Zug, Prospekt- 137 8
Zug, Rauch- 375 70
Zug, Register- 143 46, 144 6
Zug, Reise- 361, 363 1–51, 52
Zug, Sattel- *Eisenbahn*
360 44
Zug, Sattel- *Kfz* 347 19
Zug, S-Bahn- 359 45
Zug, Schlepp- 370 16
Zug, Straßenbahn- 79 40
Zug, Trieb- 362 1, 365 60
Zug, Trommler- 124 68
Zug, Tunnel- 36 86
Zug, U-Bahn- 352 30
Zug, Unter- 272 5, 274 67
Zug, Vorhang- 136 1–4
Zug, Wildenten- 239 47
Zugabe, Füller- 354 46
Zugang *Bank* 413 3
Zugang *Landw.* 215 33,
227 11
Zugang *Schwimmbad* 96 11
Zugang *Universität* 74 24
Zugang, Internet- 405 1–4
Zugang, Strand- 95 38
Zugangsleiter 392 25
Zugangsstraße 147 34
Zugbahnfunkgerät 366 23
Zugbalken 216 22
Zugband 369 44
Zugbeeinflussungssystem
363 29
Zugbegleiter 359 16
Zugbegleiterabteil 363 23
Zugbrett 321 7
Zugbrücke 147 25
Zugdienst, Güter- 366 1
Zugdienst, Reise- 366 1
Zugehörigkeit, Klub- 102 9
Zügel *Freizeitpark* 85 20
Zügel *Pferd* 226 25, 33
Zügelgurtbrücke 369 46
Zugführer 352 31
Zugfunkgerät 363 31–33
Zuggurt 226 24
Zughaken *Eisenbahn* 360 15

Zughaken *Erdöl* 298 9
Zughaken *Landw.* 218 21
Zughaken *Pferd* 226 14
Zughakenkette 218 19
Zugkaliber 240 37
Zugkonfiguration 363 1
Zugkraftanzeige 365 26
Zugkräfteanzeige 363 38
Zugleitbetrieb 357 25
Zugmaschine *Kfz* 347 20
Zugmaschine *Landw.* 218 22
Zugmesser 273 79
Zugnummer 358 28
Zugposaune 141 48
Zugriemen, Gelenk- 107 25
Zugriff, passwortgeschützter
405 16
Zugriffsarm 406 47
Zugschalter 280 17
Zugseil 368 14, 15, 28, 39
Zugseilantriebsscheibe
368 56
Zugseilmuffe 368 67
Zugseilrollenbatterie 368 54
Zugseilspanngewicht
368 36
Zugseiltragrolle 368 43
Zugseilumlenkscheibe
368 55
Zugsicherung, induktive
365 7, 366 14
Zugspindel 302 33
Zugspindeldrehmaschine
302 1
Zugspitze 357 31, 32
Zugstange *Landw.* 218 20
Zugstange *Maschinenteil*
296 101
Zugstrebe 345 87
Zugvogel 179 2, 3, 10, 12
Zugwagen 238 43
Zugwagen, Reise- 361 1
Zugwalze 333 35
Zugzielanzeige 362 19
Zuhaltung 293 45
Zuhaltungsfeder 293 49
Zuhörer 88 47
Zulauf, Heizkörper- 308 12
Zulauf, Saatgut- 236 43
Zulauf, Wasser- *Fischzucht*
242 6
Zulauf, Wasser- *Fotogr.*
268 16
Zulauf, Wasser- *Landw.*
220 32
Zulegestation 301 17
Zuleitung *Hausrat* 56 81
Zuleitung *Schlachthof* 248 18
Zuleitung, Druckluft- 286 46
Zuleitung, elektrische 47 15
Zuleitung, Hydraulik- 82 76
Zuleitung, Luft- 300 17

Zuleitung, Wasser- *Landw.*
227 17
Zuleitung, Wasser-
Schneiderei 255 26
Zulu 162 36
Zuluft 308 21
Zumahlstoff 310 19–21
Zündblättchen 124 45
Zündholz 259 22
Zündholzschachtel 259 21
Zündhütchen 240 59
Zündkabel 312 13
Zündkerze 349 74
Zündkerzendeckel 343 75
Zündkerzenstecker 342 13
Zündkopf 259 23
Zündschloss 344 73
Zündschlüssel 344 74
Zündverteiler 343 9
Zündwinkeltester 348 54
Zündzeitpunktbestimmung
348 63
Zündzeitpunkttester 348 54
zunehmender Mond 4 3
Zunge *Anat.* 20 55, 22 28
Zunge *Musik* 140 52, 144 19
Zunge *Schuh* 58 32
Zunge *Schuhmacher* 253 65
Zunge, Film- 266 9
Zunge, gespaltene 145 6
Zunge, Land- 15 14
Zunge, Schaumstoff- 107 24
Zunge, Stoß- 143 30
Zunge, Weichen- 356 21
Zungenbein 23 4
Zungennadel 320 10, 49
Zungenpfeife 144 17–22
Zungenspatel 29 45
Züngler, Wurm- 182 33
Zünsler, Mais- 234 45
Zupfinstrument 140 21,
142 1–31
Zupfinstrument, Kasten-
140 45
Zurichtung, Halbzeug-
301 41–43
zurückgenommene
Korrektur 326 32
zusammengesetztes
Luchsfell 284 20
zusammengesetzte
Strömung 13 9
Zusammenpressen 318 21
Zusammenzählen 167 23
Zusatz, Bade- *Bad* 57 5
Zusatz, Bade- *Supermarkt*
252 49
Zusatz, Haarwasch- 258 11
Zusatzbeleuchtung 218 40
Zusatzbremse 366 10
Zusatzbremsventil 365 23
Zusatzflügel 357 8

Zusatzgerät **287** 50–58
Zusatzlicht **357** 14, 15, 17
Zusatzschaft **323** 20
Zusatzsignal **357** 25–35
Zusatztafel **357** 12
Zusatztank **388** 20
Zusatzwärmetauscher **366** 43
Zuschauer **130** 23
Zuschauereingang **125** 17
Zuschauermenge **124** 70
Zuschauerplatz **136** 23
Zuschauerraum *Theater* **136** 19–23
Zuschauerraum *Zirkus* **125** 14
Zuschlag **289** 17
Zuschlagstoff **271** 36, **272** 26
Zuschlagstofffraktion **355** 28
Zuschneiden **325** 49–51
Zuschneideschere **255** 4
Zuschneidetisch **255** 5
Zustand, angeregter **1** 28
Zustand, gespannter **321** 14–18
Zustand, Netz- **305** 10
zu stark erscheinende Stelle **326** 29
Zusteller **395** 53
Zustellfahrrad **395** 55
Zustelltasche **395** 54
Zustellung, Post- **395** 52
zu tilgender Buchstabe **326** 37
zu tilgendes Satzzeichen **326** 31
zu tilgendes Wort **326** 37
zu weiter Zwischenraum **326** 38
Zwackeisen **317** 67
Zwangsentlüftung **344** 24
Zwanzigflächner **174** 11
Zwecke **214** 30
Zweckgras **214** 30
Zweiachteltakt **138** 28
Zweibackenfutter **288** 10
Zweibettabteil **361** 54
Zweibettkabine **377** 29
Zweier **99** 13
Zweier, Faltboot- **99** 57, 60
Zweier, Riemen- **99** 13
Zweier, Touren- **99** 57
Zweierbob **121** 20
Zweierkajak **99** 3
Zweifachkombination **280** 10
zweifach liegender Pfettendachstuhl **274** 52
zweifach stehender Kehlbalkendachstuhl **274** 37
zweifach stehender Pfettendachstuhl **274** 46

Zweig **188** 6, **189** 10, 25, 59, **190** 36, 43, **200** 17, **201** 34, 46, **202** 8, 12, 42
Zweig, Apfel- **211** 55
Zweig, Aprikosen- **212** 39
Zweig, Birnbaum- **211** 35
Zweig, Blatt- **189** 27, 29, **201** 61
Zweig, blühender **196** 29
Zweig, Blüten- **189** 2, 10, 16, 32, 34, 39, 51, 54, 66, 71, **190** 33, **196** 3, **200** 3, 8, 12, 23, 27, 31, 41, 47, 50, **201** 22, 26, 30, 38, 42, **202** 17, 24, 37, 49, 54, **212** 31
Zweig, Frucht- **189** 3, 11, 18, 31, 36, 41, 47, 50, 56, 64, **190** 40, 51, 59, 63, 66, 70, **200** 2, 37, **202** 38, **212** 35
Zweig, Frucht tragender **212** 7, 23, 57
Zweig, gebogener **357** 46, 47, 48
Zweig, gerader **357** 45
Zweig, Hasel- **212** 53
Zweig, Johannisbeer- **211** 16
Zweig, Kirsch- **212** 3
Zweig, Stachelbeer- **211** 4
Zweig, Walnussbaum- **212** 45
Zweigebündel **370** 38
zweigestrichene Oktave **139** 47
Zweihalbtakt **138** 30
zweihöckriges Kamel **184** 34
zweiköpfiger Armmuskel **21** 37
zweiköpfiger Unterschenkelbeuger **21** 61
Zweimaster **374** 11–17
zweinadliger Kurztrieb **190** 23
Zweirad **339** 1
Zweirad, motorisiertes **341**
Zweiradwiege **368** 63
Zweirohrsystem **279** 22
Zweisäulenhebebühne **348** 74
Zweischeiben-Wankelmotor® **343** 65
Zweiseilbahn **368** 27, 33, 51
Zweisitzer **346** 27
Zweisitzer, Kunstflug- **103** 10
Zweisitzer, Sportflug- **103** 10
zweispaltiger Satz **338** 66
Zweiständer-Langhobelmaschine **303** 8
Zweistromturbinen-Luftstrahltriebwerk **65** 14
Zweitaktgemisch **350** 3

Zweitaktmotor *Garten* **208** 30
Zweitaktmotor *Motorrad* **341** 2
Zweitaktmotor, Einzylinder-Motor **343** 74
Zweitaktmotor, Einzylinder-Motorrad **341** 19
zweite Position **135** 2, 8
Zweiter, Seil- **118** 31
zweite Reifeteilung *Anat.* **25** 10
zweite Reifeteilung *Genetik* **24** 48
zweite Zehe **19** 94
Zweitfrisur **257** 45
Zweitgehäuse **267** 30
Zweitmonitor **328** 8
Zweiunddreißigstel **138** 18
Zweiunddreißigstelnote **138** 18
Zweiunddreißigstelpause **138** 26
Zweivierteltakt **138** 29
Zweiwalzen-Gerät **301** 28
Zweiwegehahn **173** 49
Zweiwellentriebwerk **388** 53
Zweizehenfaultier **184** 13
Zweizellenstadium **25** 24
zweizipfeliger Doppelstander **61** 24
Zweizylinder-Boxermotor **342** 18
Zwerchfell **23** 12, 33
Zwerchhaus **147** 11
Zwerg **85** 3
Zwergarkade **154** 8
Zwerghund **223** 32–34
Zwergkiefer **190** 21
Zwergobstbaum **204** 2, 3, 17, 18, 30
Zwergpudel **223** 10
Zwergschwalbe **178** 14
Zwergzikade **234** 27
Zwetsche **212** 24
Zwetschge **212** 24
Zwetschgenbaum **212** 22
Zwetschgenbaumblatt **212** 25
Zwetschgenkern **212** 27
Zwetschgenkuchen **251** 49
Zwickel, Hänge- **153** 89
Zwickmühle **90** 25
Zwieback **251** 60
Zwiebel **209** 24
Zwiebel, alte **206** 28
Zwiebel, Brut- **206** 27, 29
Zwiebel, Garten- **209** 24
Zwiebel, Küchen- **209** 24
Zwiebelbrot **252** 25
Zwiebelgalle **235** 38
Zwiebelkuppel **274** 25

Zwiebelschale **209** 25
Zwiegriff **113** 42
Zwiesel, Hinter- **226** 39
Zwiesel, Vorder- **226** 38
Zwilling **67** 25
Zwilling, Raketenstarter- **67** 33
Zwillinge **3** 28, **4** 58
Zwillingsätzmaschine **331** 30
Zwillingsflak **66** 31
Zwillingskristall, Schwalbenschwanz- **174** 25
Zwillingsmaschinenkanone **63** 85
Zwillingssturm, Fla- **67** 30
Zwillingswadenmuskel **21** 62
Zwinge, Pol- **295** 33
Zwinge, Schraub- *Bau* **273** 66
Zwinge, Schraub- *Schule* **72** 48
Zwinge, Schraub- *Tischler* **285** 14
Zwingenknebel **72** 49
Zwinger **147** 31
Zwirl **288** 11
Zwischenbalken **274** 54
Zwischenbildfenster **265** 37
Zwischenboden **273** 43, **276** 68
Zwischenbodenauffüllung **276** 69
Zwischenbühne **298** 5
Zwischendeck **377** 76
Zwischendecke **276** 61, 68, 69
Zwischenhängestück **137** 11
Zwischenhirn **20** 67, **21** 23
Zwischenlage **356** 6
Zwischenlage, Papp- **159** 37
Zwischenlagerung **310** 3, 9
Zwischenlatte **271** 89
Zwischenpodest **276** 55–62
Zwischenraum *Musik* **138** 44
Zwischenraum *Setzerei* **326** 17
Zwischenraum, Wort- **326** 39
Zwischenraum, zu weiter **326** 38
Zwischenriegel **273** 26, 55
Zwischenrufer **69** 16
Zwischenschiene **356** 26
Zwischensparren **274** 56
Zwischenstiel **273** 51
Zwischenstück, Tank- **391** 15
Zwischenstütze **368** 32, 70
Zwischentitel **338** 69
Zwischentubus **267** 32
Zwischenüberhitzer **306** 9
Zwischenwelle **388** 59
Zwischenzelle **391** 30, 35

Zwitterblüte **192** 10, **200** 12, 14
Zwölferpackung **229** 25
Zwölffingerdarm **23** 19, 54
Zwölfling **67** 24
Zwölfzacker-Steigeisen **118** 53
Zwölfzylinder-V-Motor **343** 50
Zwölfzylinder-V-Ottomotor® **343** 29
Zyane **214** 1
Zyclamen **205** 5
Zyklone **9** 6
Zyklone, Anti- **9** 7
Zyklonvorwärmer **310** 10
Zylinder *Chemie* **173** 45
Zylinder *Kopfbedeckung* **42** 43
Zylinder *Math.* **170** 38
Zylinder *Pferdesport* **105** 7
Zylinder *Schlosser* **293** 52
Zylinder *Textil* **318** 40
Zylinder, Dampf- *Eisenbahn* **364** 32
Zylinder, Dampf- *Textil* **321** 46
Zylinder, Druck- *Druck* **333** 6, **334** 28, 39
Zylinder, Druck- *Landw.* **217** 71
Zylinder, Druck- *Tischler* **286** 47
Zylinder, Elektrodenkraft- **295** 26
Zylinder, Falt- **333** 40
Zylinder, Falzklappen- **333** 41
Zylinder, Form- **334** 46
Zylinder, Gummi- **333** 23
Zylinder, Gummituch- **333** 5
Zylinder, Hochdruck- **305** 27
Zylinder, Hub- **63** 37
Zylinder, Hydraulik- *Eisenverarb.* **301** 10
Zylinder, Hydraulik- *Militär* **65** 29
Zylinder, Kreis- **170** 38
Zylinder, Kupfer- **335** 7
Zylinder, Mess- *Chemie* **173** 26
Zylinder, Mess- *Fotogr.* **268** 11
Zylinder, Mess- *Med.* **28** 41
Zylinder, Mess- *Papier* **324** 24
Zylinder, Mess- *Schule* **73** 21
Zylinder, Mitteldruck- **305** 28
Zylinder, Niederdruck- **305** 29
Zylinder, Nutzen- **337** 10

Zylinder, Platten- **333** 4, 24
Zylinder, Press- **317** 32
Zylinder, Rad- **345** 68
Zylinder, Sammel- **333** 40
Zylinder, Schaufel- **63** 35
Zylinder, Schneid- **333** 36
Zylinder, Tiefdruck- **335** 22
Zylinder, Walk- **321** 10
Zylinderfuß **331** 10
Zylinderhalsurne **146** 40
Zylinderhut **42** 43
Zylinderkopf **343** 28
Zylinderkopfschraube **296** 36
Zylinderlötgebläse **260** 16
Zylinderpresse **334** 22
Zylinderprojektion **16** 10
Zylinderschloss **293** 51
Zylinderstift **296** 40
Zylindertemperaturanzeige **386** 9
Zylinderwalke **321** 6–13
Zypergras **205** 17
Zypresse **190** 58
Zyste, Blasto- **25** 28
Zytoplasma **24** 3

1

1-Cent-Münze **60** 31
1-Cent-Münze, deutsche **60** 38
1-Dollar-Münze **59** 15
1-Euro-Münze **60** 24
1-Euro-Münze, deutsche **60** 28
1-Euro-Münze, finnische **60** 48
1-Euro-Münze, französische **60** 47
1-Euro-Münze, griechische **60** 46
1-Euro-Münze, irische **60** 49
1-Euro-Münze, niederländische **60** 45
1. Gang **345** 53
1. Klasse **363** 11, 12
1-Kronen-Münze **59** 12
1-Mark-Münze **59** 8, 10, 11
1-Schekel-Münze **59** 14
1-Yuan-Münze **59** 16
1-Złoty-Münze **59** 13
10-Cent-Münze **60** 34
10-Cent-Münze, deutsche **60** 41
10-Euro-Note **60** 19
10-Euro-Schein **60** 19
10-Liter-Abfüllanlage **229** 26
10-Mark-Schein **59** 22, 23
100-Euro-Note **60** 21
100-Euro-Schein **60** 21

100-Mark-Schein **59** 24
12-m²-Sharpie **100** 46
1,5-l-Pfandflasche **349** 62
16-mm-Kamera **134** 31

2

2-Cent-Münze **60** 32
2-Cent-Münze, deutsche **60** 39
2-Euro-Münze **60** 37
2. Gang **345** 56
2. Klasse **363** 16
2p-Orbital **1** 9
2. Wurzel **168** 3
20-Cent-Münze **60** 35
20-Cent-Münze, deutsche **60** 42
20-Euro-Note **60** 1
20-Euro-Schein **60** 1
20-l-Reservekanister **349** 76
20-m²-Jollenkreuzer **100** 51
200-Euro-Note **60** 22
200-Euro-Schein **60** 22
200-Mark-Münze **59** 9
22 long rifle **123** 32
222 Remington **123** 33
250-g-Packung **229** 37

3

3. Gang **345** 54
3. Wurzel **168** 2
30-m-Hochseejacht **102** 6
30-m²-Schärenkreuzer **100** 54
35-mm-Kamera **134** 1
3,5-Zoll-HD-Diskette **406** 54

4

4. Gang **345** 55
4-Hühner-Käfig **227** 20
470er-Jolle **100** 41
49er-Jolle **100** 44

5

5-Cent-Münze **60** 33
5-Cent-Münze, deutsche **60** 40
5-Euro-Note **60** 18
5-Euro-Schein **60** 18
5. Gang **345** 52
5-l-Reservekanister **349** 68
50-Cent-Münze **60** 36

50-Cent-Münze, deutsche **60** 43
50-Euro-Note **60** 20
50-Euro-Schein **60** 20
500-Euro-Note **60** 23
500-Euro-Schein **60** 23
5,5-m-Klasse **100** 55

6

6-Achsen-Vertikalknickarmroboter **303** 35
6. Gang **345** 51

8

8-Ball **91** 19–22
8-Ball-Spiel **91** 19–22
8er-Ball **91** 22

9

9-Ball **91** 23, 24
9-Ball-Spiel **91** 23, 24
9er-Ball **91** 24

Für freundliche Unterstützung und Mitarbeit haben wir zu danken:

ADB GmbH, Bestwig; AEG-Telefunken, Wolfenbüttel; Agco GmbH & Co. oHG., Melanie Knoll, Marktoberdorf; Agfa-Gevaert AG, Leverkusen; Eduard Ahlborn GmbH, Hildesheim; AID, Land- und Hauswirtschaftlicher Auswertungs- und Informationsdienst e. V., Bonn-Bad Godesberg; Bruno Allmann KG, Hans Hassert, Hamburg; Amazonen Werke H. Dreyer GmbH & Co. KG, Wilfried Koldehoff, Hasbergen; Arbeitsausschuss der Waldarbeitsschulen beim Kuratorium für Waldarbeit und Forsttechnik, Bad Segeberg; Arnold & Richter KG, München; Atema AB, Härnösand (Schweden); Audi NSU Auto-Union AG, Ingolstadt; Bayerische Motorenwerke AG, BMW, Stefano Tognoli, München; Bayerische Motorenwerke AG, München; Béché & Grohs GmbH, Hückeswagen/Rhld.; Berufsbildungswerk des Steinmetz- und Bildhauerhandwerks e. V., Wiesbaden; Big Dutchman (Deutschland) GmbH, Bad Mergentheim und Calveslage über Vechta; Biologische Bundesanstalt für Land- und Forstwirtschaft, Braunschweig; Biologische Bundesanstalt für Land- und Forstwirtschaft: Fachgruppe Anwendungstechnik, Dirk Rautmann, Institut für Pflanzenschutz in Ackerbau und Grünland, Prof. Dr. Gerhard Bartels, Dr. Wolfgang Büchs, Institut für Pflanzenschutz im Forst, Prof. Dr. Alfred Wulf, Institut für Pflanzenschutz in Gartenbau, Dr. Martin Hommes, Braunschweig; Black & Decker, Idstein/Ts.; Bolex GmbH, Ismaning; Botanisches Institut Hamburg, Dr. Carsten Schirarend; Braun AG, Frankfurt am Main; Maschinenfabrik zum Bruderhaus GmbH, Reutlingen; Bund Deutscher Radfahrer e. V., Gießen; Bundesanstalt für Arbeit, Nürnberg; Bundesanstalt für Wasserbau, Karlsruhe; Bundesbahndirektion Karlsruhe; Bundesinnungsverband des Deutschen Schuhmacher-Handwerks, Düsseldorf; Bundeslotsenkammer, Hamburg; Bundesverband Bekleidungsindustrie e. V., Köln; Bundesverband der Deutschen Gas- und Wasserwirtschaft e. V., Frankfurt am Main; Bundesverband der Deutschen Zementindustrie e. V., Köln; Bundesverband Glasindustrie e. V., Düsseldorf; Bundesverband Metall, Essen-Kray und Berlin; Bundeszahnärztekammer, Berlin; Burkhardt + Weber KG, Reutlingen; Busatis-Werke KG, Remscheid; Claas GmbH, Harsewinkel; Copygraph GmbH, Hannover; Dr. Irmgard Correll, Mannheim; Daimler-Benz AG, Stuttgart; Dalex-Werke Niepenberg & GmbH, Wissen; Dango & Dienenthal Filtertechnik GmbH, Rainer Dango, Erwin Tschapowetz, Siegen; Elisabeth Daub, Mannheim; John Deere Vertrieb Deutschland, Mannheim; Deutsche Bahn AG, Änne Kliem, Berlin; Deutsche Bank AG, Filiale Mannheim; Deutsche Post AG, Bonn; Deutsche Telekom AG, Bonn; Deutsche Eislauf-Union e. V., München; Deutsche Gesellschaft für das Badewesen e. V., Essen; Deutsche Gesellschaft für Schädlingsbekämpfung mbH, Frankfurt am Main; Deutsche Gesellschaft zur Rettung Schiffbrüchiger, Bremen; Deutsche Milchwirtschaft, Molkerei- und Käserei-Zeitung (Verlag Th. Mann), Gelsenkirchen-Buer; Deutsche Reiterliche Vereinigung e. V., Abteilung Sport, Warendorf; Deutsche Schmuck und Uhren GmbH, Oswald Meisenbacher, Pforzheim; Deutsche Versuchs- und Prüf-Anstalt für Jagd- und Sportwaffen e. V., Altenbeken-Buke; Deutscher Amateur-Box-Verband e. V., Essen; Deutscher Bob- und Schlittensportverband e. V., Berchtesgaden; Deutscher Eissport-Verband e. V., München; Deutscher Fechter-Bund e. V., Bonn; Deutscher Fußball-Bund, Frankfurt am Main; Deutscher Handball-Bund, Dortmund; Deutscher Hockey-Bund e. V., Köln; Deutscher Jagdschutz-Verband e. V., Bonn; Deutscher Leichtathletik-Verband, Darmstadt; Deutscher Motorsport-Verband e. V., Frankfurt am Main; Deutscher Schwimm-Verband e. V., München; Deutscher Turner-Bund, Würzburg; Deutscher Verein von Gas- und Wasserfachmännern e. V., Eschborn; Deutscher Wetterdienst, Zentralamt, Offenbach; Deutsches Institut für Normung e. V., Fachnormenausschuss Theatertechnik, Frankfurt am Main; Deutsches Rotes Kreuz, Bonn; Friedrich Dick GmbH, Esslingen; DIN Deutsches Institut für Normung e. V., Köln; Dr. Maria Dose, Mannheim; Dual Gebrüder Steidinger, St. Georgen/Schwarzwald; Durst AG, Bozen (Italien); Gebrüder Eberhard, Pflug- und Landmaschinenfabrik, Ulm; Gabriele Echtermann, Hemsbach; Dipl.-Ing. W. Ehret GmbH, Emmendingen-Kollmarsreute; Eichbaum-Brauereien AG, Worms/Mannheim; Walter Emrich, Maschinen u. Werkzeuge für Holz und Kunststoff, Barsbüttel; ER-WE-PA, Maschinenfabrik und Eisengießerei GmbH, Erkrath bei Düsseldorf; Escher Wyss GmbH, Ravensburg; Eumuco Aktiengesellschaft für Maschinenbau, Leverkusen; European Honda Motor Trading GmbH, Offenbach; European Space Agency, ESA, Markus Bauer, Bernhard von Weyhe, Darmstadt; Euro-Photo GmbH, Willich; ExxonMobil Central Europe Holding GmbH, Karl-Heinz Schult-Bornemann, Hamburg; Fachgemeinschaft Feuerwehrfahrzeuge und -geräte, Verein Deutscher Maschinenbau-Anstalten e. V., Frankfurt am Main; Fachnormenausschuss Maschinenbau im Deutschen Normenausschuss DNA, Frankfurt am Main; Fachnormenausschuss Schmiedetechnik in DIN Deutsches Institut für Normung e. V., Hagen; Fachverband der Polstermöbelindustrie e. V., Herford; Fachverband des Deutschen Tapetenhandels e. V., Köln; Fachverband Rundfunk und Fernsehen im Zentralverband der Elektrotechnischen Industrie e. V., Frankfurt am Main; Fahr AG Maschinenfabrik, Gottmadingen; Fendt & Co., Argrartechnik, Marktoberdorf; Fichtel & Sachs AG, Schweinfurt; Karl Fischer, Pforzheim; FischerAppelt Kommunikation, Düsseldorf;

Heinrich Gerd Fladt, Ludwigshafen am Rhein; Förderungsgemeinschaft des Deutschen Bäckereihandwerks e. V., Bad Honnef; Forschungsanstalt für Weinbau, Gartenbau, Getränketechnologie und Landespflege, Geisenheim am Rhein; Forschungsinstitut der Zementindustrie, Düsseldorf; Johanna Förster, Mannheim; Stadtverwaltung Frankfurt am Main, Straßen- und Brückenbauamt, Frankfurt am Main; Freier Verband Deutscher Zahnärzte e. V., Bonn-Bad Godesberg; Fuji Photo Film (Europa) GmbH, Düsseldorf; Gartenakademie Baden-Württemberg e. V., Jeanette Schweikert, Heidelberg; Gesamtverband der Deutschen Maschen-Industrie e. V., Gesamtmasche, Stuttgart; Gesamtverband der deutschen Textil- und Modeindustrie e. V., Eschborn; Gesamtverband der Textilindustrie in der BRD, Gesamttextil, e. V., Frankfurt am Main; Gesamtverband des Deutschen Steinkohlenbergbaus, Essen; Geschwister-Scholl-Gesamtschule, Mannheim-Vogelstang; Eduardo Gomez, Mannheim; Gossen GmbH, Erlangen; Rainer Götz, Hemsbach; Grapha GmbH, Ostfildern; Ines Groh, Mannheim; Heinrich Groos, Geflügelzuchtbedarf, Bad Mergentheim; Grundig AG, Fürth; A. Gruse, Fabrik für Landmaschinen, Großberkel; Hafen Hamburg, Informationsbüro, Hamburg; Hagedorn Landmaschinen GmbH, Warendorf/Westf.; kino-hähnel GmbH, Erftstadt Liblar; Angelika Haller-Wolf, Oftersheim; Dr. Adolf Hanle, Mannheim; Hauptverband Deutscher Filmtheater e. V., Hamburg; Haus des Sports, Hamburg; Dr.-Ing. Rudolf Hell GmbH, Kiel; W. Helwig Söhne KG, Ziegenhain; Geflügelfarm Hipp, Mannheim; Gebrüder Holder, Maschinenfabrik, Metzingen; Holsten-Brauerei AG, Horst Bollmann, Hamburg; Michael Holtmann, Bayreuth; Horten Aktiengesellschaft, Düsseldorf; IBM Deutschland GmbH, Stuttgart; Industrie der Steine + Erden, Das Fachmagazin für Arbeit, Sicherheit und Gesundheit; Industrieverband Gewebe, Frankfurt am Main; Industrieverband Massivumformung e. V., Hagen; Industrievereinigung Chemiefaser e. V., Frankfurt am Main; Innenministerium Baden-Württemberg, Stuttgart; Institut für angewandte Trainingswissenschaften, Dr. Karin Knoll, Leipzig; Instrumentation Marketing Corporation, Burbank (CA); IT-PR GmbH, Hamburg; ITT Schaub-Lorenz Vertriebsgesellschaft mbH, Pforzheim; M. Jakoby KG, Maschinenfabrik, Hetzerath/Mosel; Jenoptik Jena GmbH, Jena; Gebr. Jürgens, Hamburg; Dipl.-Ing. Helmut Kahnt, Ammelshein; Wilhelm Kaßbaum, Hockenheim; Van Katwijk s Industrieën N. V., Staalkat Div., Aalten (Holland); Forschungszentrum Karlsruhe; Leo Keskari, Offenbach; Dr. Rolf Kiesewetter, Mannheim; Ev. Kindergarten, Hohensachsen; Kinderparadies Hamburg, Hamburg; Kindertagesstätte Caprivistraße, Thomas Wulf, Hamburg; Klambt-Druck GmbH, Offset-Abteilung, Speyer; Susanne Klein, Hamburg; Maschinenfabrik Franz Klein, Salzkotten; Dr. Klaus-Friedrich Klein, Mannheim; Klimsch + Co., Frankfurt am Main; Dieter Kneifel, Speyer; Kodak AG, Stuttgart; Alfons Kordecki, Eckernförde; Heichrich Kordecki, Mannheim; Brigitte Karnath, Wiesbaden; Krefelder Milchhof GmbH, Krefeld; Dr. Dieter Krickeberg, Musikinstrumenten-Museum, Berlin; H. Krieghoff GmbH, Ralf Müller, Ulm; Bernard Krone GmbH, Spelle; Christoph Krümpelmann, Bissee; Pelz-Kunze, Mannheim; Heinrich Kuper GmbH & Co. KG, Rietberg; Kuratorium für Technik und Bauwesen in der Landwirtschaft e. V., KTBL, Dr. Rainer Metzner, Darmstadt; Kuratorium für Technik und Bauwesen in der Landwirtschaft, Darmstadt-Kranichstein; Lafarge Deutschland, Ralf-Joachim Krenzin, Oberursel; Landesanstalt für Pflanzenschutz, Stuttgart; Landesbetrieb Krankenhäuser, LBK, Jens Oliver Bonnet, Hamburg; Landesinnungsverband des Schuhmacherhandwerks Baden-Württemberg, Stuttgart; Landespolizeidirektion Karlsruhe; Landwirtschaftskammer Nordrhein-Westfalen, Dr. Carl-Ludwig Riedel; Landwirtschaftskammer Weser-Ems, Silke Schierhold; Landwirtschaftskammer, Hannover; Metzgerei Lebold, Mannheim; Louis Leitz, Stuttgart; Ernst Leiz Wetzlar GmbH, Wetzlar; Christa Leverkinck, Mannheim; Franziska Liebisch, Mannheim; Franz-Karl Frhr. von Linden, Mannheim; Linhof GmbH, München; Loewe Opta GmbH, Kronach; Beate Lüdicke, Mannheim; MAN AG, Werk Augsburg; Mannheimer Verkehrs-Aktiengesellschaft (MVG), Mannheim; Medizinische Universität Lübeck, Dr. Christian Brockmann; Milchzentrale Mannheim-Heidelberg AG, Mannheim; Mineralölwirtschaftsverband e. V., Dr. Barbara Meyer-Bukow, Hamburg; Ministerium für Ernährung und Ländlichen Raum Baden-Württemberg, Thomas Huttenlocher, Stuttgart; Minolta GmbH, Ahrensburg; Ing. W. Möhlenkamp, Melle; Adolf Mohr Maschinenfabrik, Hofheim; Mörtl Schleppergerätebau KG, Gemünden/Main; Elke Müller, Schneverdingen; Hans-Heinrich Müller, Mannheim; Müller Martini AG, Zofingen; Museum für Kommunikation, Dr. Oliver Rump, Hamburg; Norddeutscher Rundfunk, Wingolf Grieger, Thorsten Samesch, Hamburg; Gebr. Nubert KG, Spezialeinrichtungen, Schwäbisch Gmünd; Nürnberger Hercules-Werke GmbH, Nürnberg; Oberfinanzdirektion Hamburg, Pressestelle Zoll, Arne Petrick, Hamburg; Ing. C. Olivetti & C., Ivrea (Italien); Olympia Werke AG, Wilhelmshaven; Opel AG, Rüsselsheim; Ludwig Pani Lichttechnik und Projektion, Wien (Österreich); Ulrich Papin, Mannheim; Pfalzmilch Nord GmbH, Ludwigshafen/Albisheim; Adolf Pfeiffer GmbH, Ludwigshafen am Rhein; Philips Pressestelle, Hamburg; Carl Platz GmbH Maschinenfabrik, Frankenthal/Pfalz; Andreas Piel, Jork; Porzellanhaus Lenffer & Sohn KG,

Laurenz Lenffer, Hamburg; Posttechnisches Zentralamt, Darmstadt; Rabe-Werk Heinrich Clausing, Bad Essen; Rahdener Maschinenfabrik August Kolbus, Rahden; Rank Strand Electric, Wolfenbüttel; Dipl.-Ing. Hubert Reichert, Architekt, Karlsruhe; Stephan Reinhardt, Worms; Nic. Reisinger, Graphische Maschinen, Frankfurt-Rödelheim; Rena Büromaschinenfabrik GmbH & Co., Deisenhofen bei München; Werner Ring, Speyer; Ritter Filmgeräte GmbH, Mannheim; Röber Saatreiniger KG, Minden; Rollei Werke, Braunschweig; Margarete Rossner, Mannheim; Roto-Werke GmbH, Königslutter; Ruhrkohle Aktiengesellschaft, Essen; Hans-G. Sack, Hamburg; Papierfabrik Salach/Württ.; Dr. Karl Schaifers, Heidelberg; Oberarzt Dr. med. Hans-Jost Schaumann, Städt. Krankenanstalten, Mannheim; Schlachthof Mannheim; Hildegard Schmider, Mönchengladbach; Joachim Schmidt, Mannheim; Dr. Schmitz + Apelt, Industrieofenbau GmbH, Wuppertal; Maschinenfabrik Schmotzer GmbH, Bad Windsheim; Hans Schoeneberg, Ahrensburg; Mälzerei Schragmalz, Berghausen b. Speyer; Ulrich Schulz-Gericke, Zahnarzt, Hamburg; Christian Schura, Mannheim; Schutzgemeinschaft Deutscher Wald, Bonn; Schwarzkopf Professional, Hamburg; Shell Deutschland Oil GmbH, Raffinerie Heide, Corinna Walter; Siemens AG, Bereich Mess- und Prozesstechnik, Bild- und Tontechnik, Karlsruhe; Siemens AG, Dental-Depot, Mannheim; Siemens-Reiniger-Werke, Erlangen; Sinar AG, Schaffhausen, Feuerthalen (Schweiz); Sony Deutschland GmbH, Köln; Spitzenorganisation der Filmwirtschaft e. V., Wiesbaden; Stadtwerke Verkehrsbetriebe Mannheim; Stahlinstitut VdEh, Hans-Peter Pannek, Düsseldorf; W. Steenbeck & Co., Hamburg; Steinbruchs-Berufsgenossenschaft, Peter Schrandt, Langenhagen; Stiftung Alfred-Wegener-Institut für Polar- und Meeresforschung, Dr. Frank Poppe, Bremerhaven; Streitkräfteamt, Dezernat Werbemittel, Bonn-Duisdorf; Bau- und Möbelschreinerei Fritz Ströbel, Mannheim; Gebrüder Sucker GmbH & Co. KG, Möchengladbach; Gebrüder Sulzer AG, Winterthur (Schweiz); Dr. med. Alexander Tafel, Weinheim; Technical Office, Martin Holländer, Hamburg; Technische Universität Berlin, Prof. Dr. Johannes Cramer, Barbara Perlich; Technische Universität Hamburg-Harburg, Prof. Dr. Knut Wichmann, Hamburg; Klaus Thome, Mannheim; Tischler-Innung Hamburg beim Fachverband Holz und Kunststoff Hamburg e. V.; Toyota Deutschland GmbH, Köln; Prof. Dr. med. Michael Trede, Städt. Krankenanstalten, Mannheim; Trepel AG, Wiesbaden; Verband der Deutschen Hochseefischereien e. V., Bremerhaven; Verband der Deutschen Schiffbauindustrie e. V., Hamburg; Verband der Korbwaren-, Korbmöbel- und Kinderwagenindustrie e. V., Coburg; Verband des Deutschen Drechslerhandwerks e. V., Nürnberg; Verband des Deutschen Faß- und Weinküfer-Handwerks, München; Verband Deutscher Maschinen- und Anlagenbau e. V.: Fachabteilung Glasmaschinen- und Anlagen, Fachverband Textilmaschinen, Frankfurt am Main; Verband Deutscher Papierfabriken e. V., Bonn; Verband Kommunaler Städtereinigungsbetriebe, Köln-Marienburg; Verband technischer Betriebe für Film und Fernsehen e. V., Berlin; Verein Deutscher Eisenhüttenleute, Düsseldorf; Verein Deutscher Zementwerke, Düsseldorf; Vereinigung Deutscher Elektrizitätswerke, VDEW, e. V., Frankfurt am Main; Verkehrsverein Weinheim/Bergstr.; J. M. Voith GmbH, Heidenheim; Volkswagenwerk AG, Wolfsburg; Helmut Volland, Erlangen; Dr. med. Dieter Walter, Weinheim; J. Walter Co. Maschinen GmbH, Wilhelmsthal (Steinberg); W. E. G. Wirtschaftsverband Erdöl- und Erdgasgewinnung e. V., Hannover; Einrichtungshaus für die Gastronomie Jürgen Weiss & Co., Düsseldorf; Wella Aktiengesellschaft, Darmstadt; Optik-Welzer, Mannheim; Werbe & Graphik Team, Schriesheim; Dr. Matthias Wermke, Weinheim; Wiegand Karlsruhe GmbH, Ettlingen; Dr. Klaus Wiemann, Gevelsburg; Eigel Wiese, Hamburg; Wirtschaftsvereinigung Bergbau, Bonn; Wirtschaftsvereinigung Eisen- und Stahlindustrie, Düsseldorf; Wolf-Dietrich Wyrwas, Mannheim; Yashica Europe GmbH, Hamburg; Zechnersche Buchdruckerei, Speyer; Carl Zeiss, Oberkochen; Zentrale für Gussverwendung, ZGV, im Deutschen Gießereiverband, DGV, Düsseldorf; Zentralverband der Deutschen Elektrohandwerke, ZVEH, Frankfurt am Main; Zentralverband der Deutschen Goldschmiede, Silberschmiede und Juweliere e. V., Königstein; Zentralverband der deutschen Seehafenbetriebe e. V., Hamburg; Zentralverband der elektrotechnischen Industrie e. V., Fachverband Phonotechnik, Hamburg; Zentralverband des Deutschen Bäckerhandwerks e. V., Bad Honnef; Zentralverband des Deutschen Friseurhandwerks, Köln; Zentralverband des Deutschen Handwerks ZDH, Bonn; Zentralverband des Kürschnerhandwerks, Bad Homburg; Zentralverband für Uhren, Schmuck und Zeitmesstechnik, Bundesinnungsverband des Uhrmacherhandwerks, Königstein; Zentralverband Sanitär-, Heizungs- und Klimatechnik, Bonn; Dr. Michael Zimmer, Internist, Hamburg; Erika Zöller, Edingen; Zündapp-Werke GmbH, München.